## LE LAC TITICACA



## CUSCO ET SA RÉGION

© MICHAL K

Alpamayo.

## LA CORDILLÈRE CENTRALE



## LA CORDILLÈRE BLANCHE



## LA CORDILLÈRE NORD



## LA CÔTE NORD

## L'AMAZONIE

© STÉPHAN SZEREMETA

*Jeune fille en costume traditionnel entre Puno et Cusco.*



## PENSE FUTÉ

COLOMBIE
EQUATEUR
BRESIL
0 km
125
250
375
500 km
Napo
Bartra Nuevo
Putumayo
Santa Clotilde
Tigre
Puerto Tunigrama
Francisco de Orellana
Pebas
Iquitos
Nanay
Amazone
Fleuve Amazone
Puerto José Pardo
Pastaza
AMAZONIE
Javari
Nauta
Marañón
Réserve naturelle Pacaya Samiria
Huallaga
Ucayali
Tumbes
Talara
Cerro Viejo 3934 m.
Sullana
Paita
Chulucanas
Piura
CORDILLERE DES ANDES
Site Archéologique de Kuelap
Yurimaguas
Moyobamba
Bayóvar
Chachapoyas
Bolognesi
El Señor de Sipán
Chongoyape
Lambayeque
Tarapoto
Chiclayo
LE PÉROU ACTUEL
L'ANCIEN EMPIRE INCA (Tahuantisuyo)
Cajamarca
Site Archéologique de Chan Chan
Trujillo
Salaverry
Pucallpa
Santa
Chimbote
Nev. Huascarán 6768 m.
Tingo Maria
PN
1
2
3
4
5
6
7
8
9
10
11
PROVINCES
1- Tumbes
2- Piura
3- Lambayeque
4- Cajamarca
5- Amazonas
6- La Libertad
7- Loreto
8- Ancash
9- Hucnuco
10- Ucayali
11- Pasco
12- Junîn
13- Lima

16- Cuzco
17- Apurîmac
18- Ayacucho
19- Arequipa
20- Madre de Dios
21- Puno
22- Moquegua
23- Tacna
Pérou
OCÉAN PACIFIQUE
BOLIVIE
CORDILLERE DES ANDES
Huaraz
Cordillière blanche
Zone archéologique Chavin de Huántar
Huármey
Huánuco
Pozuzo
Cerro de Pasco
Huacho
Tarma
La Oroya
Huaral
Comas
LIMA
Site archéologique de Pachamamac
Huancayo
Mala
Huancavelica
Ayacucho
Chincha Alta
Pisco
Ica
Réserva nacional de Paracas
Nazca
Lomas
Lineas de Nazca
Atico
Camaná
Matarani
Mollendo
Moquegua
Ilo
Tacna
Tarata
Arequipa
Aguada Blanca
Volcan Tutupaca 5806 m.
Nev. Chachani 6075 m.
Nev. Coropuna 6425 m.
Andagua
Cañon de Colca
Juliaca
Puno
Juli
Lac Titicaca
La Paz
Huancane
Pucara
Santa Rosa
Santo Tomás
Pampas
Cotabambas
Andahuaylas
Abancay
Cusco
Urcos
Machu Picchu
Quincemil
Macusani
Inambari
PN Bahuaja-Sonene
PN Tambopata
Puerto Maldonado
Itahuania
Madre de Dios
Manú
PN Manú
Iñapari
Abunã
Urubamba
Ucayali
Atalaya
Altitude (en mètres)
3000
2000
1000
200
Forêt
PN
Parc national
Réserve nationale
Aéroport international
Site touristique
Frontières
Limites départementales
Route asphaltée
Route de terre
Voie ferrée
7

*L'arc-en-ciel des couleurs du mont Vinicunca, dans la région de Cusco.*

*Le tissage compte parmi les nombreux artisanats du pays.*

*Jeune péruvienne de l'Altiplano.*

*Les îles flottantes de Los Uros sont une des surprises du lac Titicaca.*

# LES PLUS DU PÉROU

## Merveilleux Machu Picchu

L'incontournable cité, perdue et soigneusement isolée par les Incas dans la vallée du río Urubamba, à 4 jours de marche à l'époque de Cusco, n'a été découverte qu'au début du XXe siècle, les Espagnols, lors de la conquête du pays, n'ayant jamais réussi à l'atteindre. C'est l'attraction touristique numéro 1 sur laquelle veille aussi l'Unesco pour que le site ne soit pas surexploité. Les règles de visite mises au cours de l'année 2019 semblent avoir porté leurs fruits et le site avoir un peu retrouvé de sa magie en échelonnant les visiteurs au fil de la journée.

## Une terre de mystères

Comment, quand, pourquoi et par qui les lignes de Nazca ont-elles été tracées ? Quels étaient le rôle et la signification du Machu Picchu ? Quel est le pouvoir mystique de l'ayahuasca, la plante sacrée des chamans d'Amazonie ? Des mystères parmi tant d'autres dans un pays enclin à la magie et au surnaturel…

## L'héritage des civilisations précolombiennes

L'une des plus grandes richesses du pays réside dans les sites archéologiques pré-incas. Partout des vestiges de civilisations très remarquables vous attendent : sur la côté nord les Chimú, Mochica ou Vicús, dans la jungle nord-orientale les Chachapoyas ou rois de la forêt de nuages, dans la sierra centrale les Chavin, sur la côte sud les Paracas et Nazca…

## Les sommets andins

La cordillère des Andes traverse le pays du nord au sud nous offrant des paysages multicolores : tour à tour, le marron et le rouge des terres sèches cèdent la place au vert des vallées et des cultures en terrasses, avant que ne surgissent, proches ou lointains, des sommets enneigés atteignant 6 768 m dont les plus hauts parsèment la Cordillère Blanche.

## 3 000 km de côtes

Le Pérou compte 3 000 km de côtes. Tout au long, s'étendent de nombreuses plages (au nord, il fait chaud toute l'année) avec un océan Pacifique déchaîné et des dunes de sable que les surfeurs tentent de maîtriser, des sites archéologiques majeurs et une cuisine à base de fruits de mer délicieux (le fameux « ceviche » ou « cebiche » – les deux orthographes sont admises – plat national et fédérateur).

## Une faune et une flore très riches

L'Amazonie, même si on en parle peu, occupe les deux tiers du territoire péruvien. Le fleuve Amazone prend en effet sa source au Pérou et dessine d'innombrables méandres avant de continuer son chemin au Brésil. La selva est l'occasion de découvrir une nature à l'état quasiment vierge, avec une faune exotique et une flore extravagante.

# Argent

## Monnaie

Le nuevo sol (nouveau sol péruvien) est divisé en 100 centavos, symbole S/. On trouve des billets de S/ 200, S/ 100, S/ 50, S/ 20 et S/ 10 ainsi que des pièces de S/ 5, S/ 2, S/ 1, S/ 0,50, S/ 0,20, S/ 0,10 et S/ 0,05.

## Taux de change

En novembre 2019 : 1 € = S/ 3,73 ; S/ 1 = 0,26 € et 1 US$ = S/ 3,37 ; S/ 1 = 0,30 US$. Attention, les grosses sommes sont souvent indiquées en dollars (US$).

## Idées de budget

- **Petit budget**. Hébergement jusqu'à S/ 100 la chambre double (26 € environ). Il s'agit le plus généralement d'hôtels gérés par des familles. Dans certains d'entre eux, le service reste de bonne facture et l'ambiance très décontractée. Il ne faut toutefois pas s'attarder sur les détails.
Petit déjeuner à moins de S/ 5. Il est possible de se promener dans la rue et de prendre un petit déjeuner dans l'un des nombreux marchés ou encore d'emporter quelques viennoiseries d'une boulangerie et de boire un café par la suite mais comme c'est encore peu pratiqué, c'est plus cher. Un bon café coûte S/ 7. Repas jusqu'à S/ 30. Il est possible de manger à moindre prix dans de nombreux établissements au sein des villes. Les endroits les plus touristiques ne sont pas toujours les moins onéreux. Pour les restaurants les moins chers, vérifier les conditions d'hygiène. Ils acceptent rarement le paiement par carte bancaire.
- **Budget moyen**. Hébergement de S/ 100 à S/ 335 (ou 100 US$) la chambre double (de 26 à 85 € environ). Dans la partie haute de cette tranche, se trouvent des hôtels au confort standard qui proposent des chambres avec télévision, wifi et salle de restauration, ainsi que des services supplémentaires payants.
Petit déjeuner entre S/ 5 et S/ 15. Les hôtels, s'ils n'offrent pas le petit déjeuner, proposent ce service à des prix qui restent abordables. De même, il est possible de se diriger vers l'un des nombreux établissements des villes qui proposent des formules petit déjeuner.
Repas de S/ 30 à S/ 100. De merveilleux plats à base de poisson agrémentés d'une boisson sont disponibles dans les ports de pêche. Fraîcheur assurée ! Certains petits hôtels réaliseront également des plats sur demande. Attention l'addition monte vite si on ajoute de l'alcool, un dessert ou un café.
- **Gros budget**. Hébergement à plus de 100 US$ (plus de 85 €). Pour ceux qui souhaitent voyager dans des conditions d'hébergement et de service optimales. A partir de 100 € par personne, certaines chaînes luxueuses proposent de grandes chambres avec bain à remous.
Repas à plus de S/ 100. Il faut compter ce minimum par personne dans les hôtels de bon standing. Les prix pourront largement s'envoler pour qui souhaite manger des plats de haute qualité accompagnés d'un bon vin.
- **Hôtels.** A noter que les non-résidents sont exonérés des 18 % de TVA sur les hébergements. Dans les régions touristiques les prix sont souvent présentés sans ces 18 % donc au prix « touriste ». Par contre ailleurs cela peut vous permettre quelques économies.

# Le Pérou en bref

## Le pays

- **Nom officiel** : république du Pérou.
- **Capitale** : Lima.
- **Superficie** : 1 285 220 km².
- **Chef de l'Etat** : Martin Vizcarra (nommé en mars 2018 suite à la démission de Pedro Pablo Kuczynski).
- **Régime politique** : démocratie présidentielle.
- **Langues officielles** : espagnol et quechua, mais l'espagnol est le plus répandu.
- **Autres langues parlées** : aymara et 46 autres langues régionales principalement dans la *selva*.
- **Religion** : catholique (76 %), évangélistes (14,1 %), autres religions (4,8 %). Seuls 5,1 % d'athées.
- **Fête nationale** : 28 juillet.

## La population

- **Population totale** : 31,488 millions d'habitants (2017).
- **Densité** : 25 hab/ km².
- **Espérance de vie** : 75 ans.
- **Analphabétisme** : 5,9 % de la population.

## L'économie

- **Taux de croissance en 2018** : + 4 % (+3,5 % projection 2019).
- **Taux de chômage** : 4,5 % (OIT, 2018).
- **Salaire minimum** : S/ 930 (247 €).

© AUTHOR'S IMAGE

*AREQUIPA – Plaza de Armas à Arequipa.*

## Téléphone

- **Code pays :** 51.

## Comment téléphoner ?

- **Téléphoner de France au Pérou** : 00 51 + indicatif départemental sans le 0 + les 6 chiffres (ou 7 pour Lima) du numéro local (ex : de Paris à Cajamarca : 00 51 76 123 456).
- **Téléphoner du Pérou en France** : 00 33 + indicatif régional sans le 0 + les 8 chiffres du numéro local (ex : de Lima à Toulouse : 00 33 5 12 34 56 78).
- **Téléphoner du Pérou au Pérou dans le même département** : les 6 chiffres (ou 7 pour Lima) du numéro local (ex : de Ica à Pisco : 123 456).
- **Téléphoner du Pérou au Pérou d'un département à l'autre** : indicatif régional avec le 0 + les 6 chiffres (ou 7 pour Lima) du numéro local (ex : de Ayacucho à Iquitos : 065 123 456).

## Coût du téléphone

- **Une carte téléphonique** à S/ 15 vous permet d'appeler sur des téléphones fixes pendant 2 heures.
- **Dans les centres téléphoniques**, un appel à l'international coûte S/ 1 à S/ 2 (0,25 à 0,50 €) la minute.
- **Service des renseignements** : 103 (en espagnol) ou 108 pour l'international.
- **Une heure de connexion à Internet** coûte de S/ 1 à S/ 5 dans les cybercafés. Wifi très répandu.
- **Nous vous conseillons de dé-simlocker votre portable** dans votre pays d'origine, afin de pouvoir acheter une puce sur place (et donc d'obtenir un numéro de téléphone portable péruvien). Compter S/ 20 la nouvelle puce. Deux compagnies se partagent le marché de la téléphonie cellulaire au Pérou : Movistar, Claro. Des nouveaux ? Bitel ou Entel. Le contrôle est plus rigoureux pour la vente des cartes SIM qu'on ne peut en théorie plus acheter avec un simple passeport. En insistant un peu...
- **What's App est devenu un outil de communication très usité** dans les grandes villes. Pratique puisqu'on peut se servir de son numéro français en utilisant le réseau wifi.

## Décalage horaire

7 heures de plus en France qu'au Pérou en été et 6 heures en hiver (ex : quand il est midi à Lima, il est 19h à Paris en été et 18h en hiver).

## Formalités

- **Pour un séjour touristique de moins de six mois**, aucun visa n'est exigé. Il est par contre obligatoire que votre passeport soit toujours valable au moins 6 mois après votre date d'arrivée dans le pays.

## Le drapeau péruvien

Les couleurs du drapeau péruvien auraient été choisies, lors de la guerre contre l'Espagne en 1820, par le général José de San Martín. Il aurait vu s'envoler des flamants à dos blanc et ailes rouges et se serait exclamé : « Voici l'étendard de la liberté ! » Ce drapeau fut officiellement adopté en 1825. Le lama, le quinquina (arbre originaire d'Amérique centrale et des Andes) et la corne d'abondance, situés sur les armes de l'Etat, symbolisent la faune, la flore et les ressources naturelles du pays.

En général on vous octroie 90 jours, à moins de spécifier au moment du passage en douanes et au bon vouloir du douanier. Le maximum par an est de 183 jours. Le visa s'obtient une fois sur le territoire et peut être valable de 30 à 183 jours. Il n'y a plus de fiche d'immigration, tout est informatisé.

- **Si vous envisagez de rester plus de six mois**, il convient de déposer une demande de visa de long séjour auprès de l'Ambassade du Pérou en France. Il est possible de prolonger votre séjour auprès de la Direction des migrations (prolongación avenida España 734, Breña, Lima). Si votre situation change en cours de séjour, vous pouvez désormais modifier le type de visa sans ressortir du Pérou.

## Climat

- **Il n'y a pas de demi-saison au Pérou**, seuls l'été et l'hiver sont marqués et diffèrent d'une région à l'autre.
- **La côte n'est pas uniforme.** De Ica à Trujillo (incluant Lima), en été (décembre à mars), les températures atteignent les 30 °C. En hiver (mai à octobre), le climat est humide et froid, le ciel gris et les températures descendent jusqu'à 12 °C, plus marqué à Lima. L'extrême Nord (de Piura à Tumbes) jouit du soleil toute l'année (35 °C en été), alors que le brouillard s'installe sur la côte Sud pendant l'hiver.
- **En montagne**, le climat est sec et tempéré. La saison estivale s'étend de mai à octobre, avec des journées ensoleillées, des nuits très froides et peu de pluies (époque idéale). La saison des pluies s'étend de décembre à mars. Les températures peuvent varier entre 2 et 20 °C dans la même journée.
- **Dans la jungle**, le climat est humide et tropical ; deux saisons climatiques sont nettement différenciées : l'une estivale (de mai à octobre), avec des jours ensoleillés et des températures supérieures à 30 °C ; l'autre pluvieuse (de novembre à mars), avec des averses fréquentes et une augmentation du débit des fleuves.

## Saisonnalité

- **Haute saison touristique** : de mai à novembre.
- **Basse saison touristique** : de décembre à avril.
- **Attention !** Ces informations concernent surtout le tourisme international. En effet, janvier/février correspondent aux vacances scolaires péruviennes : les habitants de Lima (entre autres) voyagent donc beaucoup, notamment sur les côtes où c'est l'été. De plus, la *Semana Santa* (qui se déroule la semaine précédant Pâques) et les jours fériés et vacances d'hiver autour du 28 juillet (fête nationale) entraînent de fortes perturbations dans le domaine hôtelier. Il est donc préférable de réserver son logement plusieurs semaines à l'avance.

**Lima**

| Janvier | Février | Mars | Avril | Mai | Juin | Juillet | Août | Sept. | Octobre | Nov. | Déc. |
|---|---|---|---|---|---|---|---|---|---|---|---|
| 19°/ 28° | 19°/ 28° | 19°/ 28° | 17°/ 27° | 16°/ 23° | 14°/ 20° | 14°/ 19° | 13°/ 19° | 14°/ 20° | 14°/ 22° | 16°/ 23° | 17°/ 26° |

# IDÉES DE SÉJOUR

## Séjour court

### Séjour de 9 jours : Lima et la Vallée sacrée

**Jour 1**. Vol à destination de Lima. A l'arrivée, transfert vers l'hôtel. Nuit à Lima.

**Jour 2**. Lima attire de nombreux visiteurs en son centre historique. La matinée se consacre donc à la découverte de la Plaza de Armas qui abrite le palais du gouvernement et la cathédrale. Suivent ensuite une excursion à l'église et au couvent de Santo Domingo et une autre à l'église et au couvent de San Francisco. Un autre exemple de l'art colonial se situe au niveau du Palacio Torre Tagle, doté d'un superbe balcon de bois. Ceux qui s'intéressent à la culture péruvienne se dirigeront vers les musées Larco et Amano. Nuit à Lima.

**Jour 3**. A l'aube, décollage de l'aéroport international à destination de Cusco. Afin d'éviter un mal de l'altitude trop important, le voyageur quittera directement Cusco pour se diriger vers la Vallée sacrée (el Valle Sagrado), plus basse, mais le répit est de courte durée puisque le reste de la journée s'enchaîne avec les visites de Chinchero et de son marché, suivi des salines de Maras et du site archéologique de Moray. Nuit dans la Vallée sacrée.

**Jour 4**. Visite de la ville de Písaq et de son marché, ainsi que des ruines situées à quelques kilomètres du village. Ces dernières sont accessibles par la route ou par voie pédestre. S'ensuit la rencontre avec l'immense site d'Ollantaytambo, dont le tour est réalisé en une à deux heures. Nuit sur place dans le village inca, plus champêtre et moins touristique que Machu Picchu Pueblo.

**Jour 5**. Si vous avez réservé à l'avance au Huayna Picchu ou Montaña Machu Picchu, il vous faudra passer la nuit précédente à Machu Picchu Pueblo car vous devez être sur le site tôt pour respecter vos horaires d'accès. Huayna Picchu reste l'excursion à faire pour avoir la vue la plus exclusive du site. Dans le cas contraire, on ne serait trop vous conseiller de faire votre visite l'après-midi. Le site est moins fréquenté, les navettes pour monter et descendre moins assaillies. La visite est limitée à 4 heures sur place, mais si on entre par exemple à 12h on peut tranquillement faire la fermeture du site à 17h30. Retour en bus vers la ville d'Aguas Calientes. Bains chauds au bout de la ville pour se délasser. Nuit sur place.

**Jour 6**. Le matin, retour en train vers Cusco. Balade et shopping dans le quartier artisan de San Blas. Nuit à Cusco.

**Jour 7**. Excursion dans le centre colonial de Cusco, avec la découverte des lieux et monuments suivants : Qorikancha, également appelé « temple du Soleil », les murs incas d'Inti Q'ijllo, Aj lla Wasi, la pierre aux douze angles et la Plaza de Armas avec sa fontaine, sa cathédrale et son église jésuite. Afin d'en connaître davantage sur l'art inca et pré-inca s'ensuit le parcours du musée d'art précolombien. Soirée au centre de folklore Qosqo, inclus dans le *boleto turistico*. Retour à l'hôtel pour y passer la nuit.

**Jour 8**. Cette huitième journée débute avec une excursion vers les fameux murs incas de Saqsaywaman, et les sites de Puka Pukara et Tambomachay. De retour à Cusco, après-midi libre et nuit à l'hôtel.

**Jour 9**. Transfert vers l'aéroport afin de prendre l'avion pour Lima. Le mieux est de compter 5 à 6 heures entre l'arrivée de votre vol national et le départ du vol international. Se replonger dans Lima la grise et son trafic routier n'est pas forcément une excellente idée.

## Séjours longs

### Le sud du Pérou en 19 jours

Il faudrait de nombreuses semaines pour parcourir le Pérou dans son intégralité, et nous déconseillons tout circuit qui se proposerait de faire découvrir la partie Nord et Sud du Pérou en 3 semaines. Le circuit ci-dessous possède l'avantage de faire découvrir les points touristiques les plus importants du Pérou, accessibles à tous, ainsi que d'autres moins connus. Attention toutefois : il est prudent d'envisager des solutions de repli au cas où le mal de l'altitude viendrait à retarder ce voyage. En fonction des saisons, les routes peuvent en outre être bloquées. Mieux vaut ainsi prévoir quelques jours à Lima en fin de parcours plutôt que de programmer son retour dans la capitale la veille d'un départ en avion.

**Jour 1**. Cette première journée se consacre à la visite du centre historique de Lima et à quelques heures de shopping dans les ruelles environnantes pour rassembler les derniers éléments qui pourraient manquer lors de ce voyage. Ne pas manquer la Plaza Major, emplacement où furent construits la cathédrale et le palais gouvernemental. Soirée dans le quartier animé de Barranco.

**Jour 2**. Lever aux aurores afin de prendre un avion en direction de Cusco. Parti du niveau de la mer pour se retrouver à environ 3 400 m, il reste impératif de dormir quelques heures une fois arrivé, car le mal de l'altitude n'épargnera personne. Toutes les pharmacies du centre vendent d'ailleurs quelques gélules pour vaincre ces maux. Le reste de la journée, promenade autour de la Plaza de Armas avec ses constructions coloniales. Ne pas faire d'efforts et se reposer.

**Jour 3**. Visite de la ville avec une agence de voyages locale pendant une demi-journée. Celle-ci débute par une visite de la cathédrale qui contient plus de quatre cents peintures de l'école de Cusco, puis se poursuit par la découverte du temple du Soleil, centre religieux inca consacré au culte du soleil. Un bus conduit ensuite les participants aux magnifiques ruines de Sacsayhuamán, puis vers Q'enqo et Tambomachay. Retour en ville pour y passer la nuit.

**Jour 4**. Excursion dans la vallée sacrée (durée : 1 journée). Celle-ci demande l'achat d'un billet touristique qui offre l'accès à de nombreux lieux culturels et monuments. Premier arrêt dans la ville de Písaq, connue pour son marché particulièrement animé le dimanche, et où de nombreux habitants sont vêtus d'habits traditionnels. Il s'agit d'un bon endroit pour emporter quelques souvenirs. Déjeuner dans la ville d'Urubamba, où chacun peut goûter au célèbre maïs cultivé dans la région. Ensuite, direction vers les ruines incas d'Ollantaytambo puis vers le site archéologique de Chinchero, qui se pare d'une magnifique église coloniale. Nuit dans la vallée sacrée où se trouvent de très nombreux lodges au vert, pour tous les budgets.

**Jour 5**. Direction vers la gare d'Ollantaytambo où de nombreux trains attendent les touristes qui souhaitent visiter l'un des sites mythiques du Pérou : Machu Picchu. La visite sur place est désormais limitée à 4 heures sur le site et un guide est obligatoire mais ces nouvelles normes sont encore assez flexibles. Selon que vous visitiez le site le matin ou l'après-midi, réservez une nuit à Ollantaytambo (on y retourne en train) ou à Machu Picchu Pueblo directement.

**Jour 6**. Retour en train vers la gare d'Ollantaytambo au départ de Machu Picchu Pueblo. Ici, un guide attendra le voyageur afin de l'entraîner dans un trek d'une journée et demie dont la première étape est le site d'Huchuy Qosqo. Il s'agit d'une ancienne cité inca située au beau milieu de nulle part avec une superbe vue sur la chaîne de montagnes de la cordillère de Vilcanota. Nuit en camping au beau milieu des ruines.

**Jour 7**. Le lendemain, la marche continue pour rejoindre les environs de Cusco. Celle-ci passe par des paysages divers et variés, souvent situés en haute altitude (environ 4 300 m). Sur demande, il est possible de déjeuner au bord d'un lac de montagne. Quelques cuisiniers prépareront alors ce repas, tout comme pour la soirée précédente. Après une longue journée d'effort, nuit à Cusco.

**Jour 8**. Journée libre à Cusco. C'est l'occasion de partir à la découverte des nombreuses églises de la ville et du musée d'Art religieux (*boleto religioso*) ou des murs incas. Cusco comporte d'autres musées pour ceux qui sont avides de culture : le musée inca ou le musée d'Art précolombien. Nuit à Cusco.

**Jour 9**. Une longue journée de bus mène vers la ville de Puno, laquelle longe le superbe lac Titicaca. Mieux vaut prendre un bus de qualité (Inka Express ou Turismo Mer) afin de ne pas subir une route parfois difficile. Ces bus de classe supérieure passent en outre des vidéos, disposent d'hôtesses qui servent à boire, et d'un guide qui fournit toutes les explications nécessaires pendant les arrêts, ces derniers se transformant en visites de lieux architecturaux. Nuit à Puno.

**Jour 10**. La matinée est dédiée à la visite des îles flottantes d'Uros. Il est possible d'y faire quelques emplettes et de naviguer sur des bateaux construits manuellement à base de matériau naturel. La seconde partie de la journée se consacre à la visite de l'île de Taquile. Afin que cette excursion qui nécessite de traverser plusieurs centaines de marches ne se transforme pas en calvaire, demandez à emprunter ce fameux escalier en fin de journée, en descendant les marches pour rejoindre le bateau plutôt qu'en les montant en arrivant sur l'île. Possible d'y passer la nuit chez l'habitant et de rentrer à Puno le matin qui suit.

**Jour 11**. Seconde journée à Puno. C'est l'occasion de visiter le très grand marché de la ville : vêtements en laine d'alpaga, fruits et légumes, produits d'entretien et de consommation courante, tout se trouve ici ! L'après-midi, excursion vers le site de Sillustani. Les tours funéraires de ce lieu, appelées chullpas, où les cadavres de familles entières étaient regroupés, comptent parmi les plus hautes du Pérou. Le soir, prendre un bus de nuit en direction d'Arequipa.

Quoi de mieux qu'une agence locale
pour découvrir le Perou ?
CIRCUIT COMBINÉS
ARGENTINA • CHILE • BOLIVIA • PARAGUAY
• Équipe franco-péruvienne installée à Cuzco et Lima
• Voyages sur mesure hors des sentiers battus
• Accueil et roadbook à Cuzco et Lima
• Assistance francophone sur place 24/7
PERÚ
EXCEPCIÓN
EXCEPTIONAL TOURS AND HOTELS
WWW.PERU-EXCEPCION.COM

**Jour 12**. Le bus arrive très tôt à Arequipa, à l'aube. Journée libre dans la ville où les lieux majeurs sont le monastère de Santa Catalina, une véritable ville dans la ville, ainsi que le musée Santuarios Andinos, lequel comporte la momie d'une enfant sacrifiée en haut de l'Ampato : Juanita. Son état de conservation est tel qu'il est encore possible de distinguer les cheveux et la texture de peau de la fillette. Nuit à Arequipa.

**Jour 13**. L'excursion vers le Canyon du Colca, l'un des plus profonds du monde, existe sous deux formules, en une ou deux journées. Très clairement, l'excursion d'une journée n'apporte que fatigue et beaucoup de route. Après avoir traversé des plateaux déserts de haute altitude où l'on rencontre alpagas, vigognes et lamas, un court arrêt permet de boire un thé à la feuille de coca, recommandé pour une meilleure adaptation à l'altitude. Le bus repart ensuite vers la ville de Chivay, réputée pour ses sources thermales naturelles. Nuit à Chivay, Yanque, Coporaque ou au Colca Lodge.

**Jour 14**. La seconde journée représente celle où le voyageur entre directement en contact avec le canyon. Après la traversée de routes tortueuses, l'objectif principal de cette expédition est atteint : le mirador des condors. Par chance, le visiteur y observera des condors en plein vol. Retour et nuit à Arequipa. Avec minimum 2 jours de plus, possible de descendre en trek jusqu'à l'oasis.

**Jour 15**. Nouvelle journée libre à Arequipa, où l'achat de quelques souvenirs est possible dans les rues adjacentes à la sublime Plaza de Armas. Sachant que le bus qui conduit vers Nasca ne part que vers 22h, mieux vaut profiter des terrasses des grands hôtels pour boire un verre avec une vue magnifique sur la fontaine et la cathédrale de cette place. Bus de nuit vers Nasca.

**Jour 16**. Un grand mystère encercle Nasca et sa région. En survolant le désert, de larges figures peuvent être observées du ciel, certaines ayant pour apparence un singe, une araignée ou encore une main. Bien que de nombreuses théories tentent de répondre au pourquoi de l'existence de ces lignes, appelées lignes de Nasca, nul n'en connaît aujourd'hui la signification. Bus en fin d'après-midi au départ de Nasca pour rallier Paracas. Nuit dans le joli port de pêche de Paracas.

**Jour 17**. Excursion aux îles Ballestas, également surnommées les mini-Galapagos. Elles s'attribuent cette appellation par la faune abondante d'oiseaux (pétrels, cormorans et autres) et de lions de mers qui habitent ces lieux. Tous les cinq ans, et pendant environ trois mois, des ouvriers viennent vivre sur ces îles pour y récupérer le guano, déjection des animaux qui, à force de s'accumuler, peut atteindre jusqu'à plusieurs dizaines de mètres d'épaisseur. De retour sur le port, un bus enchaînera avec la visite de la réserve nationale de Paracas. L'après-midi transfert à l'oasis de la Huacachina, à 1 heure de route pour arriver à l'heure du coucher de soleil sur les dunes.

**Jour 18**. Tour en buggy des dunes si on n'en a pas eu le temps la veille et profiter des lieux pour effectuer du sandboarding, l'équivalent du surf des neiges, mais sur le sable. Bus à destination de Lima. Nuit à Lima dans le quartier de Miraflores ou Barranco.

**Jour 19**. A Lima, avant de décoller pour le retour, tous les amoureux ne devront pas oublier de se retrouver au pont des Soupirs du quartier de Barranco ou visiter ses musées et flâner parmi ses *casonas*. Quelques heures au site archéologique de Pachacamac, encore plus au sud, est une autre solution pour ceux qui ne souhaitent pas rester en ville. Nuit à Lima.

**A noter qu'on peut faire cette boucle dans ce sens ou dans l'autre** ce qui permettra une adaptation par paliers à l'altitude. Puis voler de Cusco à Lima et retour en Europe.

## Le nord du Pérou en 17 jours

Le nord attire beaucoup moins de touristes, et c'est sans doute pour cette raison que nous le préférons ! Il séduira tous les amoureux des sites solitaires et des passionnés d'histoire, précolombienne ou naturelle.

**Jour 1**. Arrivée à Lima.

**Jour 2**. Visite de la capitale (centre colonial, centre moderne, musées).

**Jour 3**. Bus vers Huaraz, dans la cordillère blanche. Attention au mal d'altitude !

**Jour 4**. Excursion d'une journée au site de Chavin de Huantar. Paysages somptueux.

**Jour 5**. Visite de la lagune de Llanganuco et des villages de Carhuaz et Yungay.

**Jour 6**. Bus vers Trujillo via le spectaculaire canyon del Pato.

**Jour 7**. Visite de la Huaca Arco Iris (temple chimu), des pyramides du soleil et de la lune, ainsi que du site magnifique de Chan Chan. Dîner au bord du Pacifique (port de pêche de Huanchaco).

**Jour 8**. Visite du centre colonial de Trujillo le matin, puis bus dans l'après-midi vers Chiclayo. Nuit possible dans le lodge charmant de Tucume.

**Jour 9**. Visite du site archéologique de Tucume et du musée de Sipan. Nuit à Tucume ou Chiclayo.

**Jour 10.** Visite du musée de Sican et du bosque de Pomac, bus dans l'après-midi vers Cajamarca.

- **Jour 11**. Visite de la ville (superbes vestiges coloniaux), puis des fenêtres de l'Otuzco (nécropole précolombienne), ainsi que des fameux thermes (Baños del Inca).
- **Jour 12**. Bus vers Chachapoyas. Une compagnie relie les deux villes en passant par Leymebamba. Route en à-pic très panoramique. Possible de dormir proche du site de Kuélap dans de jolies auberges.
- **Jour 13**. Visite des ruines mystérieuses de Kuélap. Retour pour passer la nuit dans la paisible Chachapoyas.
- **Jour 14**. Journée à Gocta (on peut aussi y dormir) pour approcher ses chutes d'eau spectaculaires.
- **Jour 15**. Bus vers Tarapoto ; possible de descendre à Moyobamba et découvrir la forêt de *renacales* de Tingana toute la journée du lendemain. 2 heures séparent Moyobamba de Tarapoto.
- **Jour 16**. Le matin, visite des chutes de l'Ahuashiyacu ou Huacamayllo et du village de Lamas, puis avion pour Lima.
- **Jour 17.** Départ vers votre pays d'origine.

## Séjour thématique

### Expédition en Amazonie

- **Jour 1**. De Lima, prendre un vol pour Puerto Maldonado. Un exemple via l'équipe très pro de Rainforest Expeditions qui possède les lodges les plus éloignés et mieux placés pour l'observation de la faune. Puis un bateau motorisé vous mène vers le Posada Amazonas Lodge. Durant les deux heures de transport, vous rencontrerez de nombreuses espèces de la faune amazonienne. A quinze minutes du lodge se trouve une tour de 35 mètres de hauteur. Tous les deux mètres, des plates-formes constituent des lieux de repos et d'observation. Du haut de la tour, une magnifique vue s'offre sur la rivière, la réserve de Tambopata et la faune qui y réside. Nuit au Posada Amazonas Lodge.
- **Jour 2**. Après un réveil lors du lever du soleil, visite du lac Tres Chimbadas. Il faut environ 15 minutes de bateau et 30 minutes de marche pour arriver en ce lieu riche en animaux, dont font partie les loutres et les tortues. Afin de mieux les observer, des plateformes flottantes ont été aménagées. L'après-midi, votre bateau navigue sur la rivière Tambopata au cœur de la réserve, pendant près de 4 heures. Au bout de quelque temps, plus aucun signe d'habitation. La faune devient dès lors plus diversifiée. L'embarcation se dirige ensuite vers le Tambopata Research Center, où sera présentée l'activité du centre. Emprunter le chemin du Bamboo, qui permet d'observer des oiseaux très rares, devenus quasi inexistants au sud du Pérou. Retour au centre pour dîner et y passer la nuit. Les amateurs de grenouilles peuvent les observer la nuit tombée aux abords du centre.
- **Jour 3**. A l'aube, traversée de la rivière afin de découvrir des centaines de perroquets de toutes les couleurs picorant l'argile de la falaise (*collpa*). Ceux-ci s'envoleront au moindre signe de danger. De retour au centre, emprunter un nouveau chemin, aussi court que celui du Bamboo : le chemin Ocelot. Cette piste passe dans une forêt de plusieurs centaines d'années et a pour particularité de comporter régulièrement des traces de pumas ou jaguars.
Ces derniers sont toutefois rarement observables. Retour au centre pour déjeuner, suivi d'une nouvelle expédition pédestre à la rencontre d'une colonie de perroquets qui nidifient régulièrement. Nuit au centre.
- **Jour 4**. Cette journée commence également très tôt puisqu'une nouvelle rencontre avec ces centaines de perroquets vus la journée précédente est prévue. De retour au centre, une nouvelle piste sera empruntée, Tounca, qui traverse les forêts Terra Firme. La faune qui vit dans cet emplacement boisé diffère totalement des animaux précédemment observés. L'après-midi est passée sur un lac qui dispose d'une plate-forme afin d'observer les oiseaux. Nuit au centre.
- **Jour 5**. Troisième matinée au contact des nombreux perroquets qui procurent un véritable émerveillement. La journée se poursuit par un départ du centre afin de rejoindre le lodge Posada Amazonas. L'arrivée en ce lieu n'est prévue qu'en milieu d'après-midi. Nuit au Posada Amazonas Lodge.
- **Jour 6.** Lors de ce dernier jour, le voyageur reprend les mêmes chemins de navigation qu'à l'aller afin de se retrouver dans la ville de Puerto Maldonado. Déjeuner au Burgo's. Vol retour vers Lima.

A noter que d'autres lodges proposent des séjours repos et découverte de la jungle comme le Corto Maltes ou la chaîne des Inkaterra avec des excursions au très joli lac Sandoval. Les petits budgets peuvent aussi trouver un circuit à leur mesure.

**REPÉREZ LES MEILLEURES VISITES**

★ INTÉRESSANT ★★ REMARQUABLE ★★★ IMMANQUABLE ★★★★ INOUBLIABLE

# COMMENT PARTIR ?

## PARTIR EN VOYAGE ORGANISÉ

### Spécialistes

Vous trouverez ici les tours opérateurs spécialisés dans votre destination. Ils produisent eux-mêmes leurs voyages et sont généralement de très bon conseil car ils connaissent la région sur le bout des doigts. À noter que leurs tarifs se révèlent souvent un peu plus élevés que ceux des généralistes.

**NOSTALATINA**
19, rue Damesme (13e)
Paris ✆ 01 43 13 29 29
www.ann.fr
info@ann.fr
M° Tolbiac.
*Ouverture du lundi au samedi de 10h à 13h et de 14h à 18h.*
Le véritable voyage sur mesure, telle est la devise de ce voyagiste avec une petite équipe de connaisseurs passionnés qui, depuis 1994, se plaît à faire du vrai travail cousu main pour les voyageurs avertis et curieux. La formule Estampe propose aux débrouillards les grands transferts de ville en ville et quartier libre, tandis qu'Aquarelle la complète avec chauffeur, guides et visites pour ceux qui n'ont pas trop de temps. Parmi les voyageurs, beaucoup de fidèles. Le sud du Pérou est privilégié, avec des étapes à Lima, Arequipa, Cañon del Colca, Puno et le lac Titicaca avec en point d'orgue le fameux Machu Picchu. Plusieurs extensions peuvent venir compléter votre circuit comme « L'Amazonie en 4 jours » ou « Trek sur le chemin des Incas en 4 jours ».

**AKAÏNA**
4, rue Gabriel-Péri
Grenoble ✆ 04 76 86 30 26
www.akaina.fr
info@akaina.fr
*Ouvert du lundi au vendredi de 9h30 à 12h et de 14h à 18h30.*
Des séjours sur mesure d'une dizaine de jours à plusieurs semaines, selon votre formule choisie parmi « Grands voyages », « Périples à la carte », « Itinéraires en liberté » et « Vivre avec ». Une douzaine de séjours orientés sur le trekking sont proposés au Pérou, de l'Amazonie jusqu'aux sommets andins. On aura le choix entre un trek vers les sources de l'Amazone sur les contreforts du Nevado Mismi, ou d'autres sur le volcan Misti, vers le Machu Picchu, dans le Cañon del Colca, vers les sommets de l'Ausangate, etc. Un circuit-randonnée de 30 jours est aussi proposé pour découvrir à la fois le Pérou, la Bolivie et le Chili.

**AKAOKA – COMPAGNIE DU TREK**
✆ 01 83 62 19 68
www.compagnie-du-trek.com
Cette agence construit avec vous vos équipées terrestres, de la randonnée individuelle au trek accompagné, en respectant vos choix de destination et vos envies. Au Pérou, 8 séjours sont proposés dont « Rando et découverte en famille : lac Titicaca, Cuzco et Machu Picchu » de 15 jours avec guide ou encore « Trek au Pérou dans la cordillère blanche » de 15 jours pour des treks en altitude avec des panoramas magnifiques.

**AGENCE DU VOYAGE À CHEVAL**
1, rue Eugène-Cusenier
Ornans
✆ 03 81 62 02 96
www.agenceduvoyageacheval.com
remy@agenceduvoyageacheval.com
*Ouvert du lundi au samedi de 9h à 19h.*
L'Agence du Voyage à Cheval est spécialiste du voyage à cheval en France et dans le monde entier, avec pour spécificité la relation locale authentique, le respect de l'environnement et du cheval. Toujours à la recherche de nouveautés, dans toutes les disciplines et pour tous les âges, le credo de l'agence est de « répondre aux désirs des cavaliers pour faire de leur randonnée équestre une expérience inoubliable ». L'agence propose une importante offre randonnée équestre, tout comme un engagement permanent pour le tourisme responsable et la préservation de l'environnement. Trois mots d'ordre : authenticité, paysages à couper le souffle, liberté à cheval. Au Pérou, des randonnées équestres permettent d'admirer les paysages grandioses du Machu Picchu, du Cañon del Colca et du lac Titicaca.

**ALMA VOYAGES**
573, route de Toulouse
Villenave-d'Ornon
✆ 05 56 87 58 46
www.alma-voyages.com
agvalma@almavoyages.com
*Ouvert du lundi au vendredi de 8h à 19h et le samedi de 9h à 18h.*
Chez Alma Voyages, les conseillers connaissent parfaitement les destinations. Ils ont la chance d'aller sur place plusieurs fois par an et donc, bien vous conseiller. En plus, chaque client est suivi par un agent attitré ! Une large offre de voyages (séjour, croisière ou circuit individuel) avec l'émission de devis et si vous trouvez moins cher ailleurs, l'agence s'alignera sur ce tarif et vous bénéficierez en plus, d'un bon d'achat de 30 euros sur le prochain voyage. Surfez sur leur site pour découvrir les dizaines d'offres proposées parmi lesquelles « Circuit Trésors du Pérou » en 10 jours pour découvrir les sites incontournables de Lima, du lac Titicaca et du Machu Picchu ou encore « Circuit Soleil Inca » pour explorer la vallée sacrée des Incas, les îles flottantes des Uros et les autres incontournables.

**ALTIPLANO VOYAGE**
Park Nord, les Pléiades n° 35
Epagny Metz-Tessy
✆ 04 50 46 90 25
www.altiplano-voyage.com
info@altiplano-voyage.com
*Ouvert du lundi au vendredi de 9h à 13h et de 14h à 18h.*
Osez l'inédit ! A votre écoute, cette agence vous invite à la rencontre des couleurs et des traditions andines. Plusieurs idées de circuits sont présentées sur le site Internet avec des nuits chez l'habitant, des excursions originales à pied, à cheval et en buggy. Le circuit « Trésors du Pérou », par exemple, vous fait découvrir les plus beaux sites du pays : les villes coloniales d'Arequipa et Cusco, le fameux lac Titicaca et bien sûr le magnifique Machu Picchu. Ces itinéraires sont 100% personnalisables. L'agence propose aussi des activités atypiques et originales et vous pouvez combiner votre itinéraire avec la Bolivie et/ou le Chili. Demandez dès maintenant votre devis sur-mesure.

**Autre adresse :** En Suisse : Place du Temple 3, 1227 Carouge – ✆ 022 342 49 49 – agence@altiplano-voyage.ch – www.altiplano-voyage.ch

**AMPLITUDES**
60, rue Sainte Anne (2e)
Paris
✆ 01 44 50 18 58
www.amplitudes.com
contact@amplitudes.com
*Ouvert du lundi au vendredi de 10h à 19h et le samedi de 10h à 18h.*
Spécialiste du voyage sur mesure depuis presque 30 ans, Amplitudes propose des circuits partout dans le monde. Les différentes propositions sont disponibles sur le site internet, mais il est également possible d'aborder la conversation au sein des agences Amplitudes. Informations pratiques, bons plans voyages, conseils d'experts, l'équipe vous sera d'une grande aide. Pour le Pérou, Amplitudes offre une sélection de 5 circuits avec chauffeur et guide pour visiter les sites incontournables du pays et pourquoi pas, les combiner avec l'Argentine, le Chili et la Bolivie grâce à diverses formules entre 9 et 22 jours. Amplitudes propose aussi une croisière en bateau de 13 jours « Colombie, Pérou, Brésil : les Trois Rivages de l'Amazonie ».

**ANAPIA VOYAGES**
✆ 04 42 54 21 52
www.anapiavoyages.fr
sylvia@anapiavoyages.fr
Anapia voyages a été créée par Sylvia, une Péruvienne vivant depuis plus de trente ans en France. Le plus d'Anapia ? Panacher sur mesure des sites incontournables et des lieux inédits, de petites structures d'hébergement de charme avec de confortables hôtels typiques, mais surtout une vraie rencontre avec les populations grâce à des repas, des activités et des nuits chez l'habitant. Le mélange est très ouvert, dosé selon un vrai cahier des charges élaboré avec chaque client. Plusieurs séjours sont proposés au Pérou, du circuit gastrono-

mique à Lima au séjour dans la jungle du Parque nacional del Manu en passant par l'observation des baleines à bosses sur la côte nord ou un séjour solidaire avec une association de soutien aux enfants.

**Autres adresses :** à Saint-Jean-de-Luz ✆ 05 47 02 08 61. • Bayonne, Mauléon Licharre, Lyon et Paris.

### BACK ROADS

14, place Denfert-Rochereau (14e)
Paris
✆ 01 43 22 65 65
www.backroads.fr
contact@backroads.fr
*Ouvert du lundi au vendredi de 9h30 à 19h et le samedi de 10h à 18h.*
Vols à prix réduits, location de voitures, large sélection d'hébergements... Back Roads possède tous les éléments utiles pour monter un voyage sur mesure, sans oublier la possibilité d'un guide francophone sur place. Un circuit « Pérou Arequipa, Lac Titicaca et Vallée sacrée » de 18 jours permet d'embrasser toute la diversité du pays en partant sur les traces des Incas.

### CERCLE DES VACANCES

31, avenue de l'Opéra (1er)
Paris
✆ 01 40 15 15 15
www.cercledesvacances.com
M° Pyramides.
*Ouvert du lundi au vendredi de 9h à 20h et le samedi de 10h à 18h30.*
Les conseillers du Cercle des Vacances sont des spécialistes qui partageront avec vous leurs conseils et leurs petits secrets pour faire de votre voyage une expérience inoubliable. Confiez-leur vos habitudes de voyage, les différentes régions que vous souhaitez découvrir, et élaborez ensemble un voyage sur mesure, qui vous ressemble. Leur agence en plein cœur de Paris vous accueille du lundi au samedi pour vous proposer des séjours, des circuits et des vols à prix économiques avec un original service de conciergerie. Pour le Pérou, 3 circuits sont proposés : « Le trio magique Lima-Cusco-Titicaca » pour les sites incontournables du pays, « Trésors péruviens : de la ville blanche d'Arequipa aux montagnes couleurs arc-en-ciel » et enfin « Chachapoyas et Incas : deux cultures et deux cités perdues » pendant 12 jours.

### COMPTOIR DES VOYAGES

2-18, rue Saint-Victor (5e)
Paris ✆ 01 53 10 30 15
www.comptoir.fr
*Ouvert du lundi au vendredi de 9h30 à 18h30, et le samedi de 10h à 18h30.*
Comptoir des Voyages a comme concept de vendre une destination animée par de vrais spécialistes originaires ou ayant vécu dans le pays. Les Comptoirs (30 comptoirs et plus de 60 destinations au total) ont chacun leur spécificité, mais sont tous spécialisés dans le voyage en individuel à la carte. Pas moins de 7 séjours permettent de découvrir le Pérou. L'originalité est de mise avec « La découverte des civilisations méconnues du Nord », « Le Pérou en famille », « Pérou tout-terrain », ou encore « Tandem andin » qui combine le Pérou et la Bolivie en 19 jours.

### DESTINATIONS LATINES

114, allée des Peintres
Bouc-Bel-Air ✆ 06 10 30 72 96
www.destinationslatines.com
david@destinationslatines.com
Après ses premières expéditions dans les Andes dans les années 90 où il arpente les hauts sommets de la cordillère Blanche, David se retrouve naturellement embarqué dans le monde du tourisme. En 2016, il crée Destinations latines. Cherchant avant tout à satisfaire ses clients, il allie admirablement plaisir et authenticité. Avec son équipe de guides locaux francophones au top, il vous proposera avec votre accord, de sortir de votre zone de confort pour vivre des expériences uniques. Après l'effort le réconfort, vous pourrez aussi profiter du confort d'hébergements atypiques pour vous remettre de vos émotions. Les échanges sincères avec les habitants et les itinéraires hors sentiers battus seront privilégiés pour que vous découvriez un Pérou authentique et des lieux magiques comme le canyon de Cotahuasi, Chachapoyas, Tres Canyones à Cusco, ou encore le parc national de Pacaya Samira dans la région de Loreto, autant de sites à l'écart des sentiers touristiques.

### AMERIK AVENTURE

✆ 09 75 17 11 30
www.amerikaventure.com
info@amerikaventure.com
*Plusieurs agences au Québec, en France, en Belgique et en Suisse.*
Amerik Aventure propose plusieurs séjours à destination du Pérou soit uniquement dans le pays pour visiter Lima, Arequipa, le lac Titicaca, Puno, Sillustani, Cusco, la Vallée sacrée et Machu Picchu... soit en combiné avec la Bolivie durant 15 jours.

### EMOTIKA VOYAGES

33, boulevard de la liberté (1er)
Marseille ✆ 06 48 36 76 28
www.emotikavoyages.fr
contact@emotikavoyages.fr
*Ouvert du lundi au samedi de 9h à 18h.*
Emotika Voyages crée des voyages authentiques, entièrement sur mesure. La particularité de cette agence est de faire découvrir en toute sécurité des destinations hautes en couleur, à l'image du Cap-Vert, de l'Iran, et de nombreux pays d'Amérique latine tels que le Costa Rica ou la Colombie, en rencontrant la population ou en immersion au cœur de la nature. Emotika Voyages vous propose des hébergements de charme, parfois chez l'habitant, ainsi que des visites originales et toujours de qualité. C'est une option idéale pour ceux qui souhaitent voyager hors des sentiers battus, sans passer à côté des incontournables. Pour le Pérou, Emotika Voyages propose un circuit sur mesure de 14 jours pour découvrir les sites incontournables du pays (lac Titicaca, Machu Picchu, Lima...) ou un combiné Pérou-Bolivie 100 % personnalisable selon vos envies.

### ESCURSIA

2, rue Jean-Emile-Laboureur
Nantes ✆ 02 53 35 40 29
www.escursia.fr
contact@escursia.fr
*Ouvert du lundi au vendredi de 9h à 12h30 et de 14h à 18h.*
Escursia propose des séjours rares et authentiques, pour découvrir la nature et les hommes, en compagnie de personnages rares et passionnants. Pour le Pérou, un voyage ornithologique de 16 jours vous emmènera découvrir les plus beaux sites du pays accompagnés d'un guide local francophone qui attirera votre attention sur certains oiseaux et animaux rares durant vos visites.

### ESPACES ANDINS

35, rue de la Tombe Issoire (14e)
Paris ✆ 01 45 65 48 37
www.espaces-andins.com
infos@espaces-andins.com
Spécialiste de l'Amérique latine, Espaces Andins propose des circuits personnalisés pour découvrir le Pérou. Ceux-ci peuvent être individuels, en groupe, ou sous forme de croisière et accompagnés de guides locaux francophones. Des circuits classiques à travers tout le pays sont possibles comme « Les Classiques du Pérou » en petit groupe ou « Mythique Pérou ». A noter un intéressant séjour en privé qui se concentre sur les trésors cachés naturels, archéologiques et culturels du Nord Pérou.

### HORIZONS NOUVEAUX

Rue de Médran 6
Case postale 196
VERBIER (Suisse)
✆ +41 27 761 71 71
horizonsnouveaux.swiss
info@horizonsnouveaux.swiss
*Ouvert du lundi au vendredi de 9h à 13h et de 14h à 18h.*
Horizons Nouveaux vous proposent de partir pour des destinations atypiques, hors des sentiers battus. Pour le Pérou, l'agence propose une sélection d'hébergements de charme ainsi que plusieurs circuits qui sont disponibles dont « De part et d'autre des Andes », « Le Trek de l'Ausangate » ou « Escapade andine » en 10 jours avec une nuit au plus près du Machu Picchu pour vivre le lever du soleil sur la citadelle.

### HUWANS CLUB AVENTURE

18, rue Séguier (6e)
Paris
✆ 01 44 32 09 30
www.huwans-clubaventure.fr
*Ouvert du lundi au vendredi de 10h à 19h et le samedi de 10h à 18h.*
Club Aventure propose 3 types de voyages d'aventure : les trekkings, les randonnées, les voyages découverte. Club Aventure propose de découvrir le Pérou grâce à une quinzaine de circuits. Des treks à pied et même à cheval permettent d'aller découvrir le Machu Picchu, la Cordillère Vilcanota, le Lac Titicaca, le Canyon du Colca, d'aller sur les traces des indiens chachapoyas, etc. Un circuit « Contraste entre Pérou et Bolivie » permet de sillonner Lima, le lac Titicaca, le Machu Picchu, l'Isla del Sol... et des extensions sont possible, en Amazonie par exemple.

### IMAGES DU MONDE

14, rue de Siam (16e)
Paris ✆ 01 44 24 87 88
www.images-du-monde.com
info@images-du-monde.com
A deux pas de la Tour Eiffel, l'équipe de spécialistes d'Images du Monde vous recevra sur rendez-vous dans son Espace Voyage : Arabica du Pérou servi dans le salon de l'agence puis

projection sur grand écran des sites incontournables du Pérou et de la Bolivie ainsi que des différentes possibilités d'hébergement. Votre conseiller « construira » votre voyage selon vos envies et saura articuler les formidables potentialités de ce pays en mêlant pour vous villes coloniales, écolodges inédits, sites archéologiques, marchés colorés, navigation, nuit sur le lac Titicaca et rencontres andines… Extension possible en Equateur, aux Galapagos, au Chili et en Bolivie. Surfez sur leur site pour découvrir les nombreux formules modulables avec chauffeur, guide francophone, croisières, combiné, extension, etc.

■ **INTERMÈDES**
10, rue de Mézières (6e)
Paris ✆ 01 45 61 90 90
www.intermedes.com
info@intermedes.com
M° Saint-Sulpice ou Rennes
*Ouvert du lundi au jeudi de 9h à 19h ; le vendredi de 9h à 18h ; le samedi de 9h30 à 16h de janvier à mars et de septembre à octobre.*
Un spécialiste des voyages culturels avec conférencier en Europe et dans le monde. Depuis près de 25 ans, Intermèdes crée des voyages sur des routes millénaires. Conçus dans un esprit « grand voyageur », les voyages sont proposés en petits groupes, accompagnés par des conférenciers historiens : vous partez seul, à deux ou plus avec un groupe constitué d'autres voyageurs (12 personnes en moyenne). Si vous préférez un voyage cousu main, les spécialistes vous proposent un itinéraire selon vos goûts, vos envies et votre budget. Pour le Pérou, 3 circuits vous sont proposés dont « Pérou, culture de désert et royaume de l'Inca » et « Pérou, les seigneurs des Andes ».

■ **MAKILA VOYAGES**
4, place de Valois (1er)
Paris
✆ 01 42 96 80 00
www.makila.fr
info@makila.fr
M° Palais Royal-Musée du Louvre.
*Du lundi au vendredi de 9h à 19h sans interruption (sur rendez-vous uniquement).*
Au Pérou, Makila Voyages propose plusieurs formules pour découvrir à son rythme les sites incas incontournables tels que le Machu Picchu, Pisac et Ollantaytambo, la ville de Cusco et la belle Arequipa, les sites naturels du canyon de Colca et ses condors, la faune marine des îles Ballestas, l'observation des lignes de Nazca vues du ciel, ou encore la beauté sauvage de la forêt amazonienne au départ d'Iquitos ou de Puerto Maldonado... Les itinéraires proposés sont des suggestions, modulables à votre guise.

■ **LA MAISON DES AMÉRIQUES LATINES**
3, rue Cassette (6e)
Paris
✆ 01 40 51 95 11
www.maisondesameriqueslatines.com
info@maisondesameriqueslatines.com
La Maison des Amériques latines propose de découvrir le Pérou en voyage individuel : « Le Pérou à sa guise » est un itinéraire abordant les étapes majeures du pays andin, et permet une découverte en toute liberté tout en profitant d'une organisation spécialement étudiée, retirant tout souci d'intendance sur place. Un séjour « Duo très gourmet » à la découverte de la capitale gastronomique de Lima ou des séjours en Amazonie sont possibles, dans le Lodge Ceiba Tops à Iquitos ou dans l'Hacienda Concepcion by Inkaterra près de puerto Maldonado.

### MELTOUR

103, avenue du Bac
La Varenne-Saint-Hilaire
✆ 01 73 43 43 43
www.meltour.com
meltour@meltour.com
*Ouvert du lundi au vendredi de 9h à 19h.*
Spécialiste des voyages sur mesure, Meltour propose de nombreuses prestations pour personnaliser votre circuit au Pérou. Vous trouverez des suggestions d'itinéraires ainsi que des circuits guidés pendant lesquels vous serez accompagnés d'un guide francophone pour aller découvrir les splendeurs de ces terres d'Amérique du Sud. « De la côte Pacifique à l'Amazonie », « Le grand tour du Pérou » en 25 jours ou encore « Le combiné Pérou – Bolivie » sont des exemples de circuits personnalisés au Pérou.

### NOMADE AVENTURE

40, rue de la Montagne-Sainte-Geneviève (5e)
Paris ✆ 01 46 33 71 71
www.nomade-aventure.com
infos@nomade-aventure.com
M° Maubert-Mutualité ou RER Luxembourg.
*Ouvert du lundi au samedi de 9h30 à 18h30. Circuits sur mesure. Activités.*
Nomade Aventure est une agence qui vous change de vos habitudes sédentaires. Avec ses voyages placés sous le thème de la nature, de la culture et de la rencontre, elle vous propulse vers de nouvelles aventures. Loin des meutes de touristes, vous mettrez à profit les bonnes connaissances des agents sur la région en profitant à la fois de circuits originaux et de spots incontournables. Pour le Pérou, Nomade Aventure propose différents circuits en petit groupe dont « Au pays des Incas » mais aussi plusieurs circuits adaptés aux enfants comme « Aventure andine en famille » pendant 16 jours.

**Autre adresse :** autres agences à Lyon, Toulouse et Marseille.

### LA ROUTE DES VOYAGES

10, rue Choron (9e)
Paris
✆ 01 55 31 98 80
www.laroutedesvoyages.com
info@route-voyages.com
*Ouvert du lundi au jeudi de 9h à 19h, le vendredi jusqu'à 18h, le samedi de 10h à 17h.*
La Route des Voyages, c'est une équipe dynamique et enthousiaste dotée d'une vraie connaissance du terrain avec près de 25 ans de voyage à travers le monde (oui, tout a commencé à Lyon en 1994). Tous les voyages sont composés sur mesure, selon votre inspiration et les connaissances de la Route des Voyages, en fonction du nombre de participants et de leurs centres d'intérêt. Quant aux prix (parfois proches des voyages standard), ils sont obtenus grâce à l'absence d'intermédiaires et aux précieux contacts locaux. Pour le Pérou, La Route des Voyages suggère plusieurs itinéraires dont certains très originaux comme « Pérou en séjour chez l'habitant » pendant 17 jours ou « Voyage en train, du Pacifique à la Vallée sacrée » en 12 jours.

### TERRE ET NATURE VOYAGES

23, rue d'Ouessant (15e)
Paris ✆ 01 45 67 60 60
www.terreetnature.com
contact@terreetnature.com
*Ouvert du lundi au vendredi de 9h30 à 19h. Sur rendez-vous en dehors de ces horaires.*
Terre et Nature Voyages propose aventure, découverte et culture. Trek, randonnée à pied, canoë, voile, VTT, trail, raids multisports, croisières… vous attendent ! Deux séjours de 8 jours qui s'adressent principalement aux passionnés de kite-surf sont proposés à destination du Pérou.

### TERRES DES ANDES

Association Terres des Andes
96, avenue de Saint Maur
Montpellier
✆ 09 70 40 55 71
www.terresdesandes.org
contact@terresdesandes.org
*Ouvert du lundi au vendredi de 10h à 18h. Rendez-vous conseillé.*
« Terres des Andes » propose des voyages équitables et solidaires. Des programmes de voyages complets ou sur mesure, combinant rencontres et échanges avec les habitants, découverte culturelle, soutien financier de projets solidaires locaux pour contribuer durablement à leur développement. Au Pérou, plusieurs formules sont ainsi disponibles, comme un séjour chez l'habitant en Amazonie en lien avec une ONG oeuvrant pour la biodiversité, un séjour randonnée dans la vallée de l'Urubamba avec immersion dans une famille quechua, un *roadtrip* à moto ou encore une boucle dans le sud du pays pour y découvrir tous les immanquables.

### TERRES LOINTAINES

2, rue Maurice-Hartmann
Issy-les-Moulineaux
✆ 01 75 60 63 50
www.terres-lointaines.com
contact@terres-lointaines.com
M° Porte de Versailles ou Corentin Celton
*Possibilité de venir à l'agence sur rendez-vous uniquement. Appel par téléphone du lundi au vendredi de 9h à 19h et le samedi de 10h à 18h.*
Véritable créateur de voyages sur mesure, Terres Lointaines est un spécialiste reconnu

du long-courrier sur plus de 30 destinations en Amérique, en Afrique, en Asie et en Australie-Nouvelle-Zélande. Vous serez séduits par ses prix compétitifs et son discours de transparence. Grâce à une sélection rigoureuse de partenaires sur place et un large choix d'hébergements de petite capacité et de charme, Terres Lointaines offre des voyages de qualité et hors des sentiers battus. Les circuits itinérants sont déclinables à l'infini pour coller parfaitement à toutes les envies et tous les budgets. Au Pérou, un grand choix de treks dans les Andes, de croisières en Amazonie et de circuits combinés avec la Bolivie sont possibles.

**Autre adresse :** 4, rue Esprit-des-Lois 33000 Bordeaux ✆ 05 33 09 09 10.

**TERRE VOYAGES**

28, boulevard de la Bastille (12e)
Paris
✆ 01 44 32 12 80
www.terre-voyages.com

Terre Voyages-Fleuves du Monde est un tour-opérateur qui cherche à sortir des sentiers battus. Ce voyagiste permet aux voyageurs soucieux de découvrir d'autres facettes du Pérou. Il propose notamment deux croisières à bord du Selva Viva pour explorer le fleuve Cururay, l'un des plus sauvages de l'Amazonie péruvienne. On pourra préférer le séjour « Pérou, côté luxe » pour profiter des hébergements d'exception que compte le pays.

**TIERRA LATINA**

55, rue d'Arthelon
Meudon ✆ 06 43 07 31 09
www.tierra-latina.com
contact@tierralatina.fr

Cette agence fondée par Chloé et Arthur est spécialisée sur l'Amérique du Sud ; l'une a vécu plusieurs mois au Pérou et en Colombie avant de s'installer une partie de l'année à Buenos Aires. Leur connaissance du terrain, ils ont décidé de l'utiliser pour mettre au point des séjours chez l'habitant de grande qualité, cherchant à procurer aux voyageurs une expérience en immersion et très axée sur la culture locale et authentique et la rencontre avec les locaux. Pour le Pérou, des voyages sur mesure et clefs en main sont possibles et modulables comme un trek de 4 jours au cœur de l'Amazonie avec pêche, rencontre de familles locales et activités d'artisanat ou encore plusieurs circuits de 8 jours à l'occasion de festivités locales comme les Fêtes de la Vierge ou le festival du Queswachaka.

**Autre adresse :** Bolivar 553, Buenos Aires – ✆ +54 911 3285 1189

**TIRAWA**
Parc d'Activité Alpespace
170, voie Albert-Einstein
Montmélian ✆ 04 79 33 76 33
www.tirawa.com
infos@tirawa.com
Tirawa propose des circuits variés allant du voyage de découverte à des treks soutenus, durant 2 à 3 semaines, dans plus de 30 pays. Au Pérou, une quinzaine de circuits sont proposés comme « La Grande Traversée de la Cordillère Blanche » en 30 jours dont 23 jours de marche, ou encore la « Balade au Pérou » en 2 semaines pour découvrir les incontournables du pays (Cusco, lac Titicaca, canyon de Colca, etc.) tout en partageant le quotidien des habitants.

## Réceptifs

**AGENCE PUKA NINA**
Condominio La Floresta B-1, Calle José Carlos Mariategui
Urbanización Santa Mónica N-21 et N-22, Wanchaq
CUSCO ✆ +51 84 285643
www.pukanina.com
perou@pukanina.com
Une des agences de référence au Pérou que l'on connaît depuis de nombreuses années et qui s'est imposée comme l'une des plus professionnelles et des plus humaines. Ils se définissent comme les hauts couturiers du voyage au Pérou et nous vous le confirmons. Depuis plus de 15 ans ils pensent et proposent des circuits au Pérou et en Bolivie répondant aux envies et capacités de chacun (budget, âge, condition). Vous y trouverez des circuits individuels sur mesure ou en petits groupes en français.

**ANDEAN ADVENTURES PERU**
Urb. Lucrepata E-13
CUSCO
✆ +51 84 229911
www.andeanadventuresperu.com
sales@andeanadventuresperu.com
Fondée en 1985, une agence très professionnelle et particulièrement efficace. On voyage avec leurs propres bus, leurs 4x4. Plutôt luxe, hébergement à l'Hacienda del Valle dans la Vallée sacrée ou dans la région de Puerto Maldonado en Amazonie (propriétaires du Tambopata Ecolodge). Toutes sortes d'excursions et treks sont proposées à Cusco et dans sa région, dans la jungle (Tambopata mais aussi aux abords du parc Manu) et partout dans le sud péruvien (Lima, Nazca, Arequipa, canyon del Colca, etc.).

**ANDES AUTHENTIQUES TOURS**
19 Calle Cruz Verde
CUSCO
✆ +33 1 40 50 33 67
andes-authentiques-tours.fr
contact@andes-authentiques-tours.fr
Stéphane – Français vivant en Amérique du Sud depuis 12 ans –, son épouse péruvienne Roxana et leur équipe bolivienne vous invitent à découvrir le Pérou authentique avec des voyages uniques loin des sentiers touristiques. Du Lac Titicaca jusqu'à l'Amazonie en passant par Cusco, le Canyon de Colca, Arequipa, Nazca ou le Machu Picchu, Andes Authentiques Tours s'occupe de tout afin de créer le voyage d'exception qui vous correspond pour une découverte unique et inoubliable du Pérou. Possibilité de réaliser des séjours combinés avec la Bolivie ou le Chili. Du voyage sur mesure au voyage en petit groupe, Andes Authentiques Tours vous propose aussi bien des circuits classiques que des circuits uniques de qualité. Andes Authentiques Tours possède également un bureau en France à Paris.

**ANTIPODE**
Calle Choquechaka 229 -D
CUSCO
✆ +51 84 240867
antipode-peru.com
info@antipode-travel.com
Thierry et Olivier, deux anciens guides, ont créé il y a presque 15 ans cette agence située à Cusco, en plein cœur de la cordillère péruvienne. Ils vous proposent un combiné « aventure et culture » à travers les paysages extraordinaires du Pérou tout entier, des Andes à l'Amazonie, pour vivre l'intensité de ces décors et les richesses culturelles qu'ils abritent. Antipode vous emmènera à la découverte de ces sites fabuleux par des chemins peu connus du tourisme classique.

**Autres adresses :** Depuis la France métropolitaine ✆ 09 70 44 04 88 (prix d'un appel local). • Skype : Antipode-travel

**ARACARI**
Jr. Schell 237 # 602
Miraflores
LIMA
✆ +511 651 2424
www.aracari.com
travel@aracari.com
Voilà plus de 20 ans qu'Aracari sillonne le Pérou, la Bolivie et les Galapagos pour offrir des voyages grand luxe, axés tantôt sur les grands classiques de ces destinations, tantôt sur les secrets les mieux gardés. Des itinéraires thématiques sont également possibles, comme un séjour culinaire au Pérou, une lune de miel, un voyage en famille ou un combiné Pérou-Bolivie.

**CASAS DEL PERU**
Pasaje Esmeralda 102
Santiago
CUSCO
✆ +51 956 289 869
www.casasdelperu.com
casasdelperu@gmail.com
*Actuellement le réseau compte plus de 30 maisons dans tout le pays, avec des familles porteuses de valeurs : connaissance du patrimoine immatériel, revalorisation du patrimoine naturel, développement des économies locales et projets avec un objectif social. Parmi les activités que les familles peuvent partager avec les visiteurs : la pêche, la gastronomie, la musique, la danse, la floriculture, le café, le ceviche, les marchés...*
Agence franco-péruvienne, spécialiste du tourisme responsable, Perú Durable Travels a débuté avec le projet Casas del Peru, 1er réseau de chambres d'hôtes au Pérou qui amplifie son offre de région en région : Amazonas, Loreta, Lambayeque, la Libertad, Ancash, Lima, Huancavélica, Ica, Cusco, Arequipa, Puno. Depuis l'offre s'est élargie pour proposer des circuits sur mesure qui alternent hôtels et nuits chez l'habitant. Une façon de partir vraiment à la découverte de la culture inca et du Pérou d'aujourd'hui dans le partage. L'offre met l'accent sur des destinations atypiques hors des sentiers battus à la recherche du Pérou authentique. L'équipe est jeune, le service simple, mais très sympathique. Derrière tout ça, l'énergie inépuisable d'un Aréquipénien, Carlos Gonzales Orihuela.

**DESTINATION AMÉRIQUE LATINE**
2512 Sanchez Lima
LA PAZ (Bolivie)
✆ +591 7156 4997
www.destinosamericalatina.com
info@destinationameriquelatine.com
C'est une agence bolivienne locale sans intermédiaires composée d'agents de voyage avec plus de quinze ans d'expérience dans l'activité touristique en Bolivie et en Amérique latine (Pérou, Équateur, Argentine, Chili). Pour faciliter vos échanges et l'organisation de votre séjour, l'agence a une collaboratrice francophone en France. Elle organise votre séjour en fonction de votre profil et de vos envies. Destination Amérique Latine propose également des voyages organisés (culturels classiques, de découverte, de randonnée, d'aventure, ou d'expédition en 4x4), des voyages privés à partir de deux personnes en petit groupe ou bien en liberté, des circuits organisés pour découvrir le lac Titicaca, le Salar d'Uyuni, la cordillère Royale, et le partage avec des communautés boliviennes comme celle de Kallawayas, ainsi que des circuits combinés entre le Pérou et la Bolivie et entre la Bolivie et le Chili. Une entreprise sérieuse et sûre, des prix justes et un service de qualité.

**CHASKI VENTURA**
Av. Manco Cápac 515
Wanchaq
CUSCO
✆ +51 84 233952
www.chaskiventura.com
info@chaskiventura.com
Une agence pointue qui offre un service en français. Circuits non conventionnels. Ils proposent par exemple des modules d'ethnotourisme à la rencontre des artisans ou pour vivre la fête de la Virgen del Carmen. Interviennent au Tambopata et aux abords du Manu. Ils vous guident sur le trek de l'Ausangate, du Choquequirao, et d'autres plus personnels et moins fréquentés. Présence également dans le nord du Pérou. Une dose de culture en plus.

**Autre adresse :** Dans la région de Lambayeque : Manuel María Izaga 740, bureau 207, Chiclayo ✆ +51 74 221 282.

**CIRCUITPEROU.COM**
Urb Lambramani F-10
3e étage
AREQUIPA
✆ 09 70 44 67 29
www.circuitperou.com
direction@circuitperou.com
Circuitperou.com est une agence de voyages francophone située à Arequipa au Pérou. On aime leurs suggestions de circuits établies suivant de nombreux thèmes. L'agence spécialiste de la destination pourra également vous établir le circuit à la carte qui vous correspondra en termes de coût et d'attentes. Propositions et devis gratuits. Une bonne agence, des interlocuteurs de confiance, pour une organisation parfaite de votre séjour au pays des Incas. Arnaud est chaudement recommandé par nos lecteurs.

**CORDILLERAS TRAVEL**
Av. General Vivanco 1060
Ofc. 1001
LIMA
✆ +51 912 03 6757
www.perouvoyage.fr
persovoyage@cordillerastravel.com
Cordilleras Travel est une agence de voyages spécialisée dans les voyages sur mesure, désireuse de faire connaître et découvrir le Pérou et la Bolivie, avec la grande variété de leurs paysages, leur héritage historique, la richesse culturelle de leur peuple. On s'émerveille à Cusco, devant l'incomparable Machu Picchu, symbole de la grandeur de l'Empire

inca, ou le Salar d'Uyuni et ses époustouflants paysages. Cordilleras Travel est avant tout une équipe avec une solide connaissance du terrain. Beaucoup de voyageurs souhaitent voyager autrement et qu'on les aide à réaliser ce souhait. C'est pour leur répondre qu'a été créé Cordilleras Travel. Bien plus qu'une agence de voyages, on vous propose ici une rencontre et un échange avec un interlocuteur qui saura vous conseiller avec expérience et répondre à vos attentes. Ils connaissent les routes, ont vécu les heures de trajet, ont dormi dans les hôtels, connaissent leurs chauffeurs, leurs guides. Cordilleras Travel vous propose un service complet dès le jour de votre arrivée qui inclut : les transferts, les nuits d'hôtel, les transports terrestres, le(s) vol(s) domestiques, les visites guidées et toutes autres prestations souhaitées. Un voyage personnalisé est un voyage unique, élaboré pour vous : en couple, en famille, entre amis. Le savoir-faire ici ouvre un champ de possibilités à explorer pour dessiner le voyage sur mesure espéré.

### DOS MANOS PERU

Calle San Agustin 249
CUSCO
✆ +51 84 235115
www.dosmanosperu.com
A 200 m de la Plaza de Armas.
*Ouvert de 9h à 18h.*
Cette agence propose un large choix d'excursions, aussi bien dans la région de Cusco que vers Arequipa, Puno ou le Parc Manu. Les guides s'adaptent parfaitement au rythme des participants. Les tarifs ne se montrent pas trop chers au vu du service fourni. L'agence peut également organiser des circuits personnalisés sur simple demande.

### ECOAMERICA PERU

Oficina 8, 2e étage
Calle Marqués 259
CUSCO
✆ + 51 84 255 136
www.ecoamericaperu.com
info@ecoamericaperu.com
Une agence menée par des consultants péruviens et boliviens spécialistes en conservation de la nature et du patrimoine, avec une expérience de 30 ans en Amazonie et dans les Andes, principalement sur des destinations spectaculaires comme Manu, Tambopata, Machu Picchu et Cusco. Ils opèrent en Bolivie et au Pérou, et de nombreuses excursions et activités y sont proposées : des tours culturels et historiques, trekking, *camino* inca, escalade, observations des oiseaux, yoga et photographie. Ils peuvent vous aider à organiser tout votre voyage, mais vous pouvez aussi les contacter pour des excursions plus spécifiques. Cette entreprise d'écotourisme sérieuse et reconnue fera le bonheur des aventuriers aimant les grands espaces. Son public est principalement anglophone.

### PÉROU VOYAGE

Los Incas 415-A, Cerro Colorado
AREQUIPA
✆ + 51 54 446944
www.perou-voyage.com
info@perou-voyage.com
Cette agence propose des circuits sur mesure dans tout le pays : la vallée sacrée autour du Machu Picchu, Arequipa et son canyon de Colca bien sûr, mais aussi les lignes de Nazca, l'Amazonie ou encore le lac Titicaca.

### MIL COLORES POR DESCUBRIR

Av. Los Incas 1508, Dpt 302 Wanchaq
Cercado de Lima
CUSCO (Pérou)
✆ +51 9930 83514 - +51 9899 68702
www.milcolorespordescubrir.com
milcolorespordescubrir@gmail.com

Thomas et Mayra sont des amoureux du Pérou qui vous transmettent leur passion pour ce pays fabuleux en un rien de temps. Ils offrent des voyages dans tout le pays en privilégiant les lieux hors des sentiers battus, les randonnées, le trek, les rencontres avec la population et l'écotourisme. Il est possible de trouver sur leur site des itinéraires de trek en autonomie dans les cordillères oubliées du Pérou. Tout est transparent. Le numéro de portable français (✆ 06 89 38 52 18) est accessible entre novembre et mars lors de leur passage en France.

### EVASION PEROU

Calle Modigliani 123
Of 601 - Surquillo
LIMA ✆ +51 1 449 2575
www.evasion-perou.com
info@evasion-perou.com

Cette agence de voyages réceptive francophone est basée à Lima depuis 2008. Elle est tenue par Gurvan, Français expatrié sur le continent depuis plus de 20 ans, passionné de tourisme et de voyage avec l'aide précieuse d'Antonio son bras droit, péruvien, expert en création de voyages à la carte et fin connaisseur de son pays et de sa culture. Ils sont entourés d'une équipe dynamique et professionnelle qui vit dans chaque zone géographique du pays, cette dernière partagera avec vous ses coutumes et traditions ancestrales. Ils se feront un plaisir de créer avec vous le voyage de vos rêves selon vos attentes et répondront personnellement via téléphone et mail à vos envies pour adapter votre séjour à vos besoins. Evasion Pérou est créateur de circuits sur mesure personnalisés dans tout le Pérou et aussi de séjours combinés avec la Bolivie, le Chili, l'Équateur et ailleurs. On débute par Lima, indispensable pour sa gastronomie puis on fait route vers le sud avec le désert et la découverte de la Réserve de Paracas, les Iles Ballestas, l'Oasis de la Huacachina, le survol des mystérieuses Lignes de Nasca, la visite culturelle ou d'aventure à Arequipa, un trek dans le Canyon du Colca ou un séjour plus contemplatif. On continue avec Puno et le Lac Titicaca avec possibilité de séjour chez l'habitant dans des lieux peu fréquentés ou activités sportives. Ce réceptif offre aussi à Cusco et dans sa région une étape culturelle ou d'aventure, sans oublier la mythique Vallée Sacrée, le majestueux Machu Picchu et l'Amazonie avec sa faune et sa flore uniques au monde. Evasion Pérou opère également dans la partie centrale des Andes péruviennes à Huaraz où se trouvent les cordillères blanches et noires, l'idéal pour les amateurs de treks. Ils proposent aussi des circuits à la carte dans la région nord, très riche en histoire pré-inca comme le site de Chan-Chan à Trujillo, les *huacas* dans toute la région, ou Chiclayo, riche du Musée du Señor de Sipán et les pyramides de Tucume. On peut aussi ajouter au parcours Chachapoyas et l'imposante forteresse de Kuelap, les chutes de Gocta ou la ville de Cajamarca. Il est possible de terminer en beauté sur les magnifiques plages du Pacifique à Mancora ou en Amazonie avec une croisière aux alentours d'Iquitos, etc. Evasion Pérou travaille depuis plusieurs années en étroite collaboration avec la plateforme « Le Voyage Autrement » (le-voyage-autrement.com), un label de confiance et de qualité de services.

### INCA TRILOGY TOURS

Jr Ancash 265
Centro Historico
LIMA
✆ +51 920 843 180
www.incatrilogy.com
incatrilogytours@hotmail.com

Inca Trilogy est une agence 100 % péruvienne qui offre un service de qualité conforme aux standards internationaux. A Lima ils proposent des visites du centre historique, de Barranco et Miraflores ou de Pachcamac puis de nombreuses excursions à Ica, Nazca, Paracas, Cusco, Machu Picchu, Puno… L'équipe est aux petits soins, les guides certifiés et les véhicules de bonne qualité et confort. On peut utiliser leur plateforme ou leur rendre visite à l'agence pour réserver en direct.

INCA TRILOGY TOURS
Tu deseo un destino
Venez découvir
la magie du Pérou
Jiron Ancash 265, Centro Histórico de Lima
reservas@incatrilogy.com / info@incatrilogy.com
www.incatrilogy.com
(+51) 920 843 180
2019 CERTIFICATE of EXCELLENCE
tripadvisor
Mincetur
Ministerio de Comercio Exterior y Turismo

### MUNDO QUECHUA

43 Av. Circunvalación
LA PAZ (Bolivie) ✆ +591 7121 3352
www.mundoquechua.com
info@mundoquechua.com
Cette entreprise de services touristiques a été créée dans le but de vous faire découvrir le monde Quechua. Pour simplifier vos échanges avec l'agence, Carlos, guide et propriétaire des lieux, est francophone. Tous vous aideront à parcourir des lieux d'une grande valeur culturelle et historique et traverserez des paysages d'une beauté naturelle singulière en Bolivie et au Pérou, là où la bio-diversité est protégée. Leur devise : rendre possible le voyage de vos rêves. Pour cela, Mundo Quechua réalise vos itinéraires en fonction de votre budget pour un voyage sur mesure.

### SANTA MARIA TRAVEL & TOURS

Jr. Ayacucho 932
Plaza de Armas
CHACHAPOYAS ✆ +51 943 162 707
trekkingkuelap.com
info@trekkingkuelap.com
Ce sont les spécialistes du tour à la journée. Les véhicules sont modernes et confortables. Les guides dominent l'espagnol et un peu l'anglais. Les entrées et déjeuners sont inclus. Plutôt que de tenter de rallier les sites par soi-même si on a peu de temps et qu'on a établi son camp de base à Chachapoyas, la formule est efficace.

### FRANCO ANDINO TOURS

Pasaje Tacna 172, oficina A
Barranco
LIMA ✆ +33 6 81 29 57 59
www.francoandinotours.com
nathalie@francoandinotours.com
Depuis 2006, cette petite agence, fondée par deux amies passionnées du Pérou, Véronique à Lima et Nathalie en France, prépare des programmes sur mesure pour les couples, les familles ou de groupes d'amis. Leurs circuits s'adaptent du 2 étoiles au 5 étoiles. A votre rythme, avec ou sans guide, elles vous proposent d'explorer la côte entre Lima, Paracas et Nazca, les Andes au rythme des Incas, le lac Titicaca chez l'habitant, la jungle via leur réseau de lodges... Ce réceptif offre également des visites personnalisées en petits groupes (ou exclusives) pour un réel contact avec les populations locales. Ils organisent beaucoup de circuits Pérou-Bolivie ou Pérou-Bolivie-Chili et ont mis en ligne leurs départs en groupe à prix plus serrés. Franco Andino Tours travaille aussi via la plateforme Evaneos, gage de confiance !

### PACHAMAMA TURISMO ALTERNATIVO PERU

San Martin de Porres
Av Dominicos Mz C – Lt 11 Praderas del Sol
LIMA ✆ +51 1 5751851
www.pachamamaturismo.org
info@pachamamaturismo.org
Cette agence de voyages réceptive péruvienne se dédie depuis sa création en 2001 au tourisme alternatif et responsable au Pérou. Ils font partie de la famille CIAP, une organisation d'artisans péruviens encourageant le développement durable, le commerce équitable et l'économie solidaire. Ce sont les pionniers du tourisme responsable, durable et alternatif au Pérou. Leurs voyages favorisent l'échange interculturel entre les voyageurs et la population locale. Ils offrent l'opportunité de connaître des lieux et des communautés différentes du tourisme traditionnel grâce à leurs programmes couvrant tout le Pérou et une partie de la Bolivie.

### PAPRIKA TOURS

Urb. Los Alamos E1
Vallecito
AREQUIPA
✆ +51 54 600139
www.paprikatours.com
info@paprikatours.com
Paprika Tours est une des agences pionnières au Pérou, installée à Arequipa. En plus des voyages sur mesure, ils ont su développer des circuits types avec des départs à des dates fixes pour maîtriser les coûts et offrir un voyage regroupant les plus beaux sites péruviens et boliviens à des prix abordables. Vous y trouverez de véritables professionnels et une équipe francophone qui vous accompagne de la préparation de votre voyage à votre retour dans l'hexagone. Consultez les départs sur le site de l'agence.

© FRANÇOIS BRIANCON

*Le volcan Misti.*

## PÉROU TOURS

Zona Residencial
Avenue Jorge Chavez B-1 – Wanchaq
CUSCO ✆ +51 84 223455
www.peroutours.com
info@peroutours.com

Ce tour-opérateur local est basé à Cusco et propose des circuits à la carte sur le Pérou et la Bolivie voisine. On aime leurs thématiques plus pointues comme la proposition d'un séjour en famille ou un autre circuit axé sur les montagnes et canyons pour les trekkeurs et amoureux de la nature. L'équipe est petite et familiale, composée en majorité de péruviens francophones.

## PERU CLUB AVENTURA

Av. Los Alisos 199 – Naranjal
LIMA ✆ +51 932 113 018
www.peruclubaventura.com
info@peruclubaventura.com

*Pour appeler : du lundi au samedi de 14h à 23h (heures françaises).*

Cette agence péruvienne est spécialisée dans les voyages traditionnels, culturels ou d'aventures qu'ils soient classiques ou établis spécialement à la demande. Ils peuvent également organiser des séjours complets hors des sentiers battus. Que vous soyez seuls ou en groupe, optez pour un voyage « découverte ». Les visites du littoral, des montagnes ou des forêts amazoniennes se feront au cours de parcours soigneusement étudiés et planifiés afin d'éviter la foule s'il y a lieu. L'équipe est désireuse de faire connaître et découvrir le Pérou, avec sa grande variété de paysages, son héritage historique, sa richesse culturelle et ses populations. Parcourez leur site web et n'hésitez pas à appeler. Les bureaux sont situés à Lima, mais dans une zone excentrée.

## TERRA ANDINA PERU

Av 28 de Julio 562
Miraflores
LIMA ✆ 09 70 46 66 20
www.voyage-perou.com
contact@terra-andina.com
*Contact Skype Pseudo : terraandinaperu.*

Créée par des Français, cette agence propose des circuits à la carte à travers tout le pays. Terra Andina Peru organise également des circuits combinés avec la Bolivie, l'Equateur, le Chili, l'Argentine ou encore le Brésil. On vous y propose des prestations sérieuses et en français, du trek tout confort au voyage équitable. Partez à pied sur les sentiers des Incas, vous ne serez pas déçu !

**Autres adresses :** Calle Tandapata 296, San Blas, à Cusco ✆ +51 84 252 132. • Pour vous renseigner de France, vous pouvez appeler le ✆ 09 70 46 6620 (prix d'un appel local en France) du lundi au vendredi entre 16h et 18h et entre 20h30 et 22h30.

## PERÚ EXCEPCIÓN

Oficina 101
Prof. C8 Quartier Urbanización
CUSCO ✆ +51 84 437 690
peru-excepcion.com
info@peru-excepcion.com

Perú Excepción est une agence de voyages haut de gamme francophone, spécialiste du séjour individuel et sur mesure. Trois types d'hôtels ont été sélectionnés selon leur gamme : Confort, Charme et Exception.

Des chauffeurs-guides privés triés sur le volet vous font découvrir chaque région du Pérou. Leurs circuits thématiques, comme des séjours en Relais & Châteaux à Lima et Cusco, la croisière sur l'Amazone dans la région d'Iquitos ou encore la découverte des sites pré-incas du nord du pays, sont préparés avec le plus grand soin. Organisation fiable et professionnelle. Leur site web propose un guide de voyage complet pour préparer son séjour au Pérou. Le concept est né en Argentine créé par Alain d'Etigny et s'est étendu à l'Amérique latine. Pour ceux qui veulent explorer le pays en tout confort.

### TERRES MAGIQUES DES INCAS

Res. Andalucía Of. 101
Urbanizacion Barrio Profesional C8
CUSCO
✆ +51 84 231 300
www.terresmagiques.com
info@terresmagiques.com
Agence tenue par le Français Philippe Pierre, spécialiste du circuit à la carte pour individuels ou groupes désireux de découvrir le pays des Incas, son histoire, sa géographie ou encore ses habitants. La culture d'entreprise de cette agence repose sur les valeurs de responsabilité et de respect, tant vis-à-vis des clients que des partenaires. Ils visent l'excellence en termes de service en se basant sur une attention personnalisée pour atteindre un objectif clair : la pleine satisfaction des clients !

### TIERRAS DE LOS ANDES

Urb. Kennedy A
Calle Turquezas E-11
CUSCO ✆ +51 84 247277
www.terandes.com
ventascusco@terandes.com
Ce tour-opérateur et agence de voyages francophone implanté à Cusco est riche d'une expérience de 14 années dans la conception de voyages sur mesure. Quel que soit votre profil, l'agence mettra tout en œuvre pour vous préparer le voyage dont vous rêvez : séjour culturel et confortable grâce à des guides passionnés par leur patrimoine matériel et immatériel, séjour sportif avec des randonnées soigneusement sélectionnées dans des lieux peu fréquentés ; séjour communautaire en partageant vos nuits chez l'habitant... Une offre touristique fiable et de grande qualité dans une démarche équitable, responsable et respectueuse de l'environnement. Ils sont également spécialistes du trekking haut de gamme, hors des sentiers battus. Echanges en français pour préparer le voyage et guides parlant français sur place.

## TERRES PERUVIENNES

Quinta Leoncio Prado 19
Yanahuara
AREQUIPA
✆ +51 54 275704
www.terresperuviennes.com
info@terresperuviennes.com

Une agence francophone sérieuse et de qualité tenue par une famille franco-péruvienne très investie et dévouée, et qui propose des circuits sur mesure pour découvrir le pays et ses merveilles. Attachée au développement durable, cette entreprise est engagée dans plusieurs actions auprès des populations locales et garantit un séjour sans accroc sur place. Apporte un soin particulier à l'acclimatation, l'équilibre, la progressivité… Un de ses principaux atouts est la qualité de suivi pendant toute la préparation du voyage et une fois sur place. L'agence propose aussi des circuits combinés Pérou-Bolivie. Terres Péruviennes est référencée par le consulat du Pérou à Paris.

## TOUT PEROU RESEAU SOLIDAIRE

LIMA
www.toutperou.com
toutperou@gmail.com

Le réseau solidaire n'est pas une agence de voyages, mais vous aidera dans vos préparatifs et tout au long de votre séjour. L'équipe basée à Lima vous mettra directement en relation avec des partenaires de confiance, que vous paierez directement à des tarifs avantageux et transparents. Tout Pérou vous permet de réussir un voyage en indépendant. Ils vous proposent des réductions sur près de 200 hôtels, restaurants et activités et 10 % sur vos billets PeruRail. Un plus, leur assistance francophone pour pouvoir voyager en liberté l'esprit léger.

## TRAVELATIN

Choquesaca 393
CUSCO
✆ + 33 1 82 88 56 92
www.travelatin.com
info@travelatin.com

Menée par Joël, depuis plus de 35 ans au Pérou, cette agence est spécialisée dans la création et la vente de voyages culturels et d´aventures au Pérou comme en Bolivie. Tous types de circuits sont proposés, avec une petite préférence pour les formules sur mesure ou à la carte pour découvrir selon vous envies et votre budget les beautés de l´Altiplano andin. N´hésitez pas à consulter les différents voyages proposés sur leur site internet qui est très fourni. L'agence se situe dans l´hôtel Arqueologo de Cusco qui appartient au même propriétaire.

### TOURS DE L'IN-KA

Apt 402 - Lote 8
Urb. Los Rosales D-8
Cercado -Arequipa
AREQUIPA
✆ +51 54 234559
www.toursdelinka.com
info@toursdelinka.com

Tours de l'in-ka, c'est le Pérou… ! Telle est la devise de ces 2 amis franco-péruviens qui ont lancé leur agence de voyages réceptive à la carte en 2011. François et Alonso vous proposent des séjours classiques comme des séjours loin du tourisme de masse. Du Machu Picchu à l'Amazonie en passant par les îles du lac Titicaca, Arequipa et Cusco, les lignes de Nazca ou les îles Ballestas, sans oublier les plages du nord du Pérou, leur équipe professionnelle et dynamique vous conseillera et vous répondra par téléphone et par mail dans les plus brefs délais. Ils vous concocteront le voyage dont vous rêvez. Vous êtes passionné de culture, d'histoire, de nature, de treks ou encore de gastronomie ? Ils vous organiseront le séjour sur mesure, adapté à vos besoins et exigences. Possibilités d'extensions en Bolivie.

### YUNKA TREK

LIMA
✆ +51 949 107 887
www.treks-perou.com
stephane@yunka-trek.com

Un groupe de guides francophones et passionnés vous emmènent sur des routes qu'ils connaissent par cœur. Sébastien a relié le Qhapaq Ñan de bout en bout sur le territoire péruvien et Stéphane est un spécialiste des cordillères passionné d'images. Des spécialistes du genre donc, qui ont le sens du détail et savent faire face aux imprévus. Idéal pour partir seul mais s'offrir une belle excursion bien entouré. Ils ont aussi deux séjours découverte au long court et des mini treks. Ils couvrent toutes les cordillères : nord et Kuélap, centre et Huaraz, sud et Colca ou Cusco.

### RESPONSIBLE TRAVEL PERU

Pasaje los Lirios 7A
Urbanización Mariscal Gamarra
CUSCO
✆ +51 84 598331
www.responsibletravelperu.com
francais@responsibletravelperu.com

Une agence vraiment pro-active sur le tourisme durable en travaillant main dans la main depuis

© AUTHOR'S IMAGE

*Plaza de Armas à Arequipa.*

ses débuts avec les communautés. Guido et son équipe ont débuté dans la province d'Ancash (Vicos) mais l'agence travaille désormais avec de nombreuses communautés locales dans plein d'autres régions du nord au sud, avec plus de 70 expériences communautaires à vous proposer. L'agence propose ainsi de nombreux treks avec logement chez l'habitant ou encore la possibilité de faire du volontariat avec les communautés. Les itinéraires sont personnalisables et se font sur mesure. Ils opèrent aussi au Manu avec des séjours engagés au cœur de cette jungle unique. Pas mal de bonnes idées pour les familles. Il est aussi possible d'avoir un confort plus important. Bref ils savent tout faire.

## Sites comparateurs

Plusieurs sites permettent de comparer les offres de voyages (packages, vols secs, etc.) et d'avoir ainsi un panel des possibilités et donc des prix. Ils renvoient ensuite l'internaute directement sur le site où est proposée l'offre sélectionnée. Attention cependant aux frais de réservation ou de mise en relation qui peuvent être pratiqués, et aux conditions d'achat des billets.

**■ EASYVOYAGE**

✆ 08 99 19 98 79 – www.easyvoyage.com

Le concept peut se résumer en trois mots : s'informer, comparer et réserver. Des infos pratiques sur plusieurs destinations en ligne (saisonnalité, visa, agenda...) vous permettent de penser plus efficacement votre voyage. Après avoir choisi votre destination de départ selon votre profil (famille, budget...), le site vous offre la possibilité d'interroger plusieurs sites à la fois concernant les vols, les séjours ou les circuits. Grâce à ce méta-moteur performant, vous pouvez réserver directement sur plusieurs bases de réservation (Lastminute, Go Voyages, Directours... et bien d'autres).

**■ JETCOST**

www.jetcost.com – contact@jetcost.com

Jetcost compare les prix des billets d'avion et trouve le vol le moins cher parmi les offres et les promotions des compagnies aériennes régulières et *low cost*. Le site est également un comparateur d'hébergements, de loueurs d'automobiles et de séjours, circuits et croisières.

**■ QUOTATRIP**

www.quotatrip.com

QuotaTrip est une nouvelle plateforme de réservation de voyage en ligne mettant en relation voyageurs et agences de voyages locales sélectionnées dans près de 200 destinations pour leurs compétences. Le but de ce rapprochement est simple : proposer un séjour entièrement personnalisé aux utilisateurs. QuotaTrip promet l'assurance d'un voyage serein, sans frais supplémentaires.

# PARTIR SEUL

## En avion

Prix moyen d'un vol Paris-Lima au mois de juillet (haute saison) : environ 1 000 €. A partir de 700 € environ en basse saison. A noter que la variation de prix dépend de la compagnie empruntée mais, surtout, du délai de réservation. Pour obtenir des tarifs intéressants, il est indispensable de vous y prendre très en avance. Pensez à acheter vos billets six mois avant le départ !

## Principales compagnies desservant la destination

**■ AIR EUROPA**

✆ 01 42 65 08 00

www.aireuropa.com

Air Europa propose de rejoindre Lima depuis Paris via Madrid. Départ quotidien à 23h55 de Madrid. Compter au moins quinze heures de voyage à partir de Paris. Arrivée à 5h10 à Lima.

**AIR FRANCE**
✆ 36 54 – www.airfrance.fr
Air France assure la liaison directe pour Lima en 12h, mais aussi vers Amsterdam depuis les aéroports de France avec KLM qui affrète un vol par jour pour Lima, comptez alors 15h de voyage.

**AVIANCA**
4, rue Gramont (2e)
Paris ✆ 01 44 50 58 60
www.avianca.com
Grâce à des accords inter-compagnies, Avianca propose avec Air France et Iberia des vols quotidiens de Paris à Lima, via Madrid et Bogotá, et bien sûr des extensions au départ de Lima vers tous les autres pays d'Amérique du Sud, sans oublier une liaison quotidienne Lima-Cusco.

**Autre adresse :** 1, rue d'Hauteville 75010 Paris ✆ 0825 869 883

**IBERIA**
✆ 0 825 800 965 – www.iberia.com
Iberia dispose de plusieurs vols quotidiens entre Paris Orly et Lima, via Madrid. Pour le trajet Paris-Madrid, comptez 1h45 de vol, entre Madrid et Lima, comptez 12 heures.

**LATAM AIRLINES GROUP**
✆ 01 85 14 87 25
www.latam.com
Lan propose de relier la France et le Pérou en partage des codes avec Iberia. De Paris à Lima, les vols se font via Madrid. LATAM Airlines Group forme la plus grande compagnie aérienne d'Amérique du Sud. Elle est le résultat de la fusion en 2010 de LAN, compagnie chilienne, et TAM, compagnie brésilienne. Avec plus de 115 destinations dont 40 au Brésil, 20 en Colombie, 16 au Chili, 14 en Argentine, 14 au Pérou et 6 en Equateur, la compagnie a su développer son réseau grâce à une réputation qui ne fait que se renforcer.

## Sites comparateurs

Certains sites vous aideront à trouver des billets d'avion au meilleur prix. Certains d'entre eux comparent les prix des compagnies régulières et *low-cost*. Vous trouverez des vols secs (transport aérien vendu seul, sans autres prestations) au meilleur prix.

**MISTERFLY**
✆ 08 92 23 24 25
www.misterfly.com
*Ouvert du lundi au vendredi de 9h à 21h. Le samedi de 10h à 20h.*
MisterFly.com est le nouveau-né de la toile pour la réservation de billets d'avion. Son concept innovant repose sur un credo : transparence tarifaire ! Cela se concrétise par un prix affiché dès la première page de la recherche, c'est-à-dire qu'aucun frais de dossier ou frais bancaire ne viendront alourdir la facture finale. Idem pour le prix des bagages ! L'accès à cette information se fait dès l'affichage des vols correspondant à la recherche. La possibilité d'ajouter des bagages en supplément à l'aller, au retour ou aux deux... tout est flexible !

**OPTION WAY**
✆ 04 22 46 05 23
www.optionway.com
contact@optionway.com
*Du lundi au jeudi, et le samedi de 8h à 20h, le vendredi de 8h à 19h.*
Option Way est l'agence de voyage en ligne au service des voyageurs. L'objectif est de rendre la réservation de billets d'avion plus simple, tout en vous faisant économiser. 3 bonnes raisons de choisir Option Way :

## QuotaTrip, l'assurance d'un voyage sur-mesure

Une nouvelle plateforme en ligne de voyages personnalisés est née : QuotaTrip. Cette prestation gratuite et sans engagement joue les intermédiaires inspirés en mettant en relation voyageurs et agences de voyages locales, toutes choisies pour leur expertise et leur sérieux par Petit Futé. Le principe est simple : le voyageur formule ses vœux (destination, budget, type d'hébergement, transports ou encore le type d'activités) et QuotaTrip se charge de les transmettre aux agences réceptives. Ensuite, celles-ci adressent un retour rapide au voyageur, avec différents devis à l'appui (jusqu'à 4 par demande). La messagerie QuotaTrip permet alors d'échanger avec l'agence retenue pour finaliser un séjour cousu main, jusqu'à la réservation définitive. Un détail qui compte : un système de traduction est proposé pour converser sans problème avec les interlocuteurs locaux. Une large sélection d'idées de séjours créée à partir des fonds documentaires du Petit Futé complète cette offre. QuotaTrip est la promesse d'un gain de temps aussi bien dans la préparation du voyage qu'une fois sur place puisque tout se décide en amont.
En bref, avec ce nouvel outil, fini les longues soirées de préparation, le stress et les soucis d'organisation, créer un voyage sur-mesure est désormais un jeu d'enfant : www.quotatrip.com !

Vous rêvez
d'un voyage
sur mesure ?

**EASY VOLS**
✆ 08 99 19 98 79
www.easyvols.fr
Comparaison en temps réel des prix des billets d'avion chez plus de 500 compagnies aériennes.

- **La transparence comme mot d'ordre.** Finies les mauvaises surprises, les prix sont tout compris, sans frais cachés.
- **Des solutions innovantes et exclusives** qui vous permettent d'acheter vos vols au meilleur prix parmi des centaines de compagnies aériennes.
- **Le service client,** basé en France et joignable gratuitement, est composé de véritables experts de l'aérien. Ils sont là pour vous aider, n'hésitez pas à les contacter.

## Location de voitures

**ALAMO RENT A CAR**
✆ 08 05 54 25 10
www.alamo.fr
Avec plus de 40 ans d'expérience, Alamo possède actuellement plus de 1 million de véhicules au service de 15 millions de voyageurs chaque année, répartis dans 1 248 agences implantées dans 43 pays. Des tarifs spécifiques sont proposés, comme Alamo Gold aux États-Unis et au Canada, le forfait de location de voiture tout compris incluant le GPS, les assurances, les taxes, les frais d'aéroport, un plein d'essence et les conducteurs supplémentaires. Alamo met tout en œuvre pour une location de voiture sans souci.

**AUTO EUROPE**
✆ +33 974 592 518
www.autoeurope.fr
reservations@autoeurope.fr
Auto Europe négocie toute l'année des tarifs privilégiés auprès des loueurs internationaux et locaux afin de proposer à ses clients des prix compétitifs. Les conditions Auto Europe : le kilométrage illimité, les assurances et taxes incluses à tout petits prix et des surclassements gratuits pour certaines destinations. Vous pouvez récupérer ou laisser votre véhicule à l'aéroport ou en ville.

**BSP AUTO**
✆ 01 43 46 20 74
www.bsp-auto.com
*Site comparatif acccessible 24h/24. Ligne téléphonique ouverte du lundi au vendredi de 9h à 21h30 et le week-end de 9h à 20h.*
Il s'agit là d'un prestataire qui vous assure les meilleurs tarifs de location de véhicules auprès des grands loueurs dans les gares, aéroports et les centres-villes. Le kilométrage illimité et les assurances sont souvent compris dans le prix. Les bonus BSP : réservez dès maintenant et payez seulement 5 jours avant la prise de votre véhicule, pas de frais de dossier ni d'annulation (jusqu'à la veille), la moins chère des options zéro franchise.

# SE LOGER

## Hôtels

L'offre, au niveau de l'hébergement, est impressionnante. Bien que la priorité soit donnée actuellement à la construction d'hôtels de luxe, il vous sera toujours possible de trouver un hôtel bon marché ou de classe moyenne. Dans les hôtels de luxe, les nuits seront payables en dollars, ou en soles mais à un taux de change exécrable. Attention, bon marché et propre ne sont pas des notions toujours associées au Pérou. Les critères de choix pourront être les suivants : eau chaude (*agua caliente*) et/ou une salle de bains privée (*baño privado*). N'oubliez pas qu'en tant qu'étranger vous n'avez pas à payer les 18 % de taxe locale (la *tarjeta andina* est désormais informatisée et le contrôle est fait lorsque vous présentez votre passeport à la réception). Dans les régions touristiques les prix, basés sur les étrangers, sont souvent corrects car hors taxes. Dans les régions moins fréquentées, on pourra vous consentir un rabais équivalent.

Voici quelques principes sur lesquels se guider quand on choisit une chambre dans un hôtel à petit prix :

- **Toujours demander à voir la chambre avant de la prendre,** au risque de surprises. Derrière une façade aimable peuvent se cacher des chambres dans un état lamentable...
- **S'informer sur l'existence d'eau courante.** Après avoir vu la chambre et essayé toutes les lampes, ne pas oublier de faire un petit tour dans la salle de bains, et de tout tester : les robinets, la chasse d'eau, l'alimentation du chauffe-eau...
- **Comparer les prix avec ceux des hôtels voisins de même catégorie** et faire alors jouer la concurrence ! Tester la fermeture des portes et la sécurité (fenêtres ouvrables de l'extérieur !). Vérifier la propreté des draps et du lit (dans le doute, utiliser un sac de couchage).

- **S'accorder sur le prix avant la première nuit** et marchander ferme si vous voyagez seul ou restez plusieurs nuits.
- **S'informer de l'heure à laquelle vous devez rendre la chambre.** Vous pouvez laisser vos bagages en consigne (elles sont gratuites) et les récupérer ensuite.

### Auberges de jeunesse

Le concept d'auberge de jeunesse (Hostelling International) existe au Pérou : on compte plus d'une dizaine d'adresses appartenant au réseau officiel. Avec une carte de membre (voir www.hihostels.com), on bénéficie d'une réduction, mais on peut aussi y loger sans carte. On y dort en dortoir ou en chambre privée, et les lieux disposent de sanitaires communs ou privés, d'une cuisine, d'une salle télé câblée et parfois d'un patio avec jardin et barbecue...

Au Pérou il existe plusieurs types d'établissements bon marché : les *residenciales*, les *alojamientos* et les *hospedaje*. Leur confort et leur ambiance varient, mais en général il s'agit de structures plus intimes et familiales et on aura plus de chance d'y perfectionner son espagnol !

### Campings

Au Pérou, il y a très peu d'emplacements de camping avec une installation complète : toilettes, douches, cuisine commune... Cependant, on peut camper, à condition d'en demander la permission au propriétaire du terrain, au paysan ou au garde du parc national. Le camping n'entrant que très progressivement dans les mœurs péruviennes, votre tente risque d'attirer la curiosité de vos voisins (les enfants particulièrement). Un intérêt qui pourrait quelquefois se transformer en une menace pour vos biens.



## SE DÉPLACER

### Avion

- **Compte tenu de l'immensité du pays,** du mauvais état des routes et des bus, souvent il vaut mieux prendre l'avion, surtout quand le séjour est court (deux ou trois semaines). Le plus pratique est d'acheter ses billets sur place car les offres sont nombreuses, ou en avance via les sites Internet des compagnies locales. Au Pérou, l'avion est relativement cher comparé au bus, mais reste abordable quand on vole avec les compagnies locales : compter environ entre 50 US$ et 70 US$ selon les trajets, les compagnies et la période de l'année. Plusieurs compagnies se disputent le beau ciel du Pérou et font souvent des promotions. Sachez néanmoins que certaines ont un même prix pour tous tandis que d'autres sont plus onéreuses pour les étrangers (150 à 200 US$ le billet dans ce cas). Faites le tour des agences car certaines ne travaillent qu'avec une compagnie et vous induisent en erreur en affirmant que seule cette compagnie propose un service régulier sur tel ou tel parcours.

*Les alpagas sont très appréciés pour leur laine.*

**Quand il s'agit d'aller d'une grande ville du Nord à une ville du Sud** (de Tumbes ou Piura à Cusco ou Arequipa) ou vers Iquitos, les vols passent par Lima, où il faut parfois passer la nuit. Il convient donc de bien se renseigner. En règle générale, on peut acheter son billet l'avant-veille, sauf en certaines périodes (fête de l'Indépendance ou Semaine sainte). Si l'on réserve longtemps à l'avance, il faut impérativement confirmer son départ deux jours avant la date choisie, surtout si le billet a été acheté dans une autre ville.

**AVIANCA PERU**
Av José Pardo 811 – Miraflores
LIMA ✆ +51 1 511 8222
www.avianca.com
e_solutions@centrosolucionavianca.com
*Du lundi au vendredi de 8h30 à 19h, le samedi de 9h à 14h.*
Cette compagnie colombienne propose des vols vers l'ensemble de l'Amérique latine (Amérique centrale y compris). Elle a renforcé ses connexions inter-régionales mais a réduit ses vols intérieurs. Elle n'a conservé que Cusco. Ses prix sont tout inclus (valises en soute).

**ATSA**
CHACHAPOYAS ✆ +51 1 717 3268
atsaairlines.com
atsaairlines@atsaperu.com
*A partir de 55 US$ le trajet simple. Le tarif inclut une valise cabine de maxi 5 kg et une valise en soute de maxi 10 kg.*
Pour l'heure c'est la seule compagnie qui atterrisse à Chachapoyas même. Ce sont de petits bimoteurs avec une capacité de 19 ou 50 passagers qui effectuent la liaison Lima – Chachapoyas – Lima avec 4 fréquences par semaine de mai à novembre. L'aéroport est très petit et dans une zone accidentée, il n'est pas possible d'y faire atterrir des unités plus grandes pour le moment.

**LATAM**
Av. José Pardo 513 – Miraflores
LIMA ✆ +51 1 213 8200
www.latam.com
*Lundi au vendredi de 8h30 à 19h et le samedi de 9h à 14h.*
Vols internationaux, mais aussi très nombreux vols intérieurs. Latam a enfin ouvert aux touristes tous ses tarifs ce qui en fait une compagnie très compétitive et sans aucun doute celle qui offre le plus grand nombre de vols et connexions dans le pays. Le tarif Light n'inclut qu'un bagage à main. Les autres tarifs permettent d'enregistrer une valise en soute. Les repas ne sont plus inclus à bord, il existe toutefois un service payant à bord. Si vous prenez un vol international ensuite, c'est l'option sûre qui saura vous dédommager et vous obtenir une place garantie dans un autre vol international en cas de soucis. Il est conseillé de faire son check-in 48h avant, la compagnie pratique le surbooking et il est plus sage de reconfirmer son siège.

**SKY PERU**
✆ +51 1 391 3600
www.skyairline.com/peru
*Du lundi au vendredi de 6h à 22h.*
Dernière née des low cost, la compagnie SKY propose des vols vers Arequipa, Cusco, Iquitos, Piura, Pucallpa, Tarapoto et Trujillo. Les tarifs évoluent selon les services : *tarifa zero* avec uniquement un bagage à main (35x25x45 cm), *tarifa plus* avec un bagage de 23 kg en soute et *tarifa full* avec deux bagages de 23 kg en soute. Il est aussi possible d'ajouter un bagage à main extra de maximum 20 kg. Tarifs à partir de 5 US$ plus taxes par trajet.

**VIVAAIR PERU**
✆ +51 1 7050107 – vivaair.com/pe
C'est l'une des nouvelles compagnies low cost péruviennes qui propose des vols peu chers avec 10 kg de bagages (dimensions 40x35x25 cm, possibilité de payer pour rajouter des bagages et autres services en plus). Il faut par exemple impérativement imprimer son check-in soi-même, le service est payant à l'aéroport. Les prix varient selon les jours de voyage. Les destinations ne sont pas encore toutes desservies quotidiennement. Arequipa, Cusco, Puno, Cajamarca, Chiclayo, Jaen, Iquitos, Tarapoto, Talara, Tacna sont proposées. Un accord avec Rental Cars a été signé pour proposer de la location de voiture via leur page. La compagnie s'ouvre désormais aux destinations interrégionales en connectant vers la Colombie et l'Argentine.

## Bateau

Ce moyen de transport est utilisé en Amazonie uniquement à partir/vers Yurimaguas, Pucallpa, Iquitos, Triple Frontière (Pérou-Brésil-Colombie) en 3 ou 5 jours selon le sens du courant et le bateau utilisé (vedette rapide et chère ou gros ferry bondé pas cher mais qui vous laissera un souvenir impérissable).

## Bus

C'est le moyen de transport le plus répandu, le moins cher et le plus pratique. Le pays est sillonné en tous sens par ces véhicules, qui favorisent des déplacements fréquents. L'état des routes et des bus eux-mêmes (les plus déglingués sont affectés aux pistes les plus défoncées) font qu'au Pérou les trajets ne se comptent pas en kilomètres mais en heures, ces mêmes heures étant extensibles en fonction des pluies ou des avaries.

**Les personnes ayant des problèmes de dos et celles dépassant 1,80 m doivent s'attendre à souffrir.** Dans les bus populaires, la musique est tonitruante, même la nuit, et dans nombre d'entre eux sont projetés les pires navets de guerre ou de karaté (ceux que le bruit incommode prévoiront des boules Quies). Pour les trajets dans la sierra, les meilleures places sont à l'avant du bus, là où ça secoue le moins. Pour pouvoir choisir sa place et être sûr d'avoir un siège, il faut réserver la veille, ou le matin pour le soir. Une majorité de bus circule la nuit, ce qui a l'avantage d'économiser une nuit d'hôtel et de ne pas faire perdre de précieuses heures de jour qui peuvent être consacrées à la visite. Si le bus arrive à destination dans la nuit, pas de panique : le code oblige le transporteur à garder les voyageurs à l'abri jusqu'au lever du jour.

**Beaucoup de compagnies,** le long de la côte ou vers les grosses destinations touristiques (Cusco, Arequipa, Puno) proposent aujourd'hui des véhicules avec toilettes, dîner, petit déjeuner et hôtesse. Ce service est plus onéreux, mais la différence ne doit pas vous faire reculer surtout pour de très longs voyages : compter par exemple S/ 170 le billet de luxe (siège lit, DVD, caméras de sécurité à bord, service de petit déjeuner, déjeuner et/ou dîner) contre environ S/ 70 pour le service courant pour faire Lima-Tumbes, soit 1 200 km en 21 heures. Au Pérou, soit on trouve des « terminaux » de bus où sont regroupées les différentes compagnies (Cusco, Puno, Arequipa), soit ces dernières sont en général toutes situées dans un périmètre de quelques cuadras. Leurs tarifs respectifs variant peu, il est préférable de choisir celles qui possèdent de bons véhicules et qui jouissent de la meilleure réputation. Nous citerons Cruz del Sur, Oltursa, Movil Tours.

**Bus urbains.** En ville, une nuée de microbus ou mini-vans assurent les liaisons d'un point à l'autre. Les assistants des chauffeurs crient les directions desservies, qui figurent aussi sur les pare-brise, ce qui est fort pratique, bien qu'ils ne soient pas toujours très lisibles. Compter environ S/ 1 le billet jusqu'à S/ 3 selon la distance. Pour descendre ? On crie : *paradero* ! Mieux vaut savoir où l'on va ou redemander régulièrement au *cobrador* (l'assistant du chauffeur en charge des paiements) ou aux autres passagers. Depuis les petites combis, les grands ne verront pas grand-chose de la route et auront du mal à s'asseoir.

**Colectivos.** Les *colectivos* sont des voitures partagées qui suivent un itinéraire préétabli. Ils attendent en général à la station et démarrent quand ils sont pleins. Plus chers que le bus, ils sont toutefois plus rapides et intéressants pour les courts trajets au sein d'une même région. Les chauffeurs sont peu prudents par contre, rappelez-les à l'ordre.

**REDBUS.PE**
Av. Jorge Chavez 631
Miraflores
LIMA
✆ +51 1 708 5170
redbus.pe
contacto@redbus.pe
L'ancien réseau Busportal rebaptisé RedBus est d'un grand secours pour voyager au Pérou de ville en ville. Il s'agit d'un site comparateur consacré aux principales compagnies de bus du pays (Tepsa, Linea, Oltursa, Civa, Cial, Movil Tours...). En deux clics on trouvera les horaires des départs et arrivées, le comparatif des prix des différentes compagnies et des photos de l'intérieur des bus selon le confort choisi. On peut acheter directement son billet sur le site avec les cartes Visa, MasterCard, American Express et Paypal. Le billet vous arrive sur votre adresse mail et/ou téléphone. Il faudra vous présenter 40 minutes avant, à la station de bus, pour avoir le billet physique. Cerise sur le gâteau, le site est entièrement disponible en français et on peut attribuer des notes aux compagnies et types de bus pour que tout le monde s'y retrouve. Top !

## Train

Au Pérou, comme dans de nombreux pays d'Amérique latine, le train, par faute de moyens, a cédé la place à la route. Les conditions géographiques rendaient ce moyen de transport fort onéreux à entretenir.

**L'un des trains les plus hauts du monde,** le Ferrocarril Central Andino (Lima-Huancayo), n'est en service que deux fois par mois entre avril et novembre. La voie ferrée franchit une multitude de tunnels et de ponts suspendus, au pied des montagnes couvertes de neiges éternelles. A noter aussi le Tren Macho entre Huancayo et Huancavélica dont des travaux de rénovation ont été annoncés à plusieurs reprises.

**Dans les Andes,** une nouvelle ligne de chemin de fer de luxe relie Arequipa, Puno et Cusco. Elle est opérée par Belmond Andean Explorer et propose des trains-couchettes et circuits grand luxe. Une autre (la plus célèbre) mène de Cusco (Poroy à 40 minutes de la ville) ou Ollantaytambo au site de Machu Picchu et est la voie d'accès la plus rapide et pratique au village de Machu Picchu Pueblo, en contrebas des ruines. Sur cette ligne on trouve le prestigieux Belmond Hiram Bingham et ses voitures bleues de style Pullman, mais aussi différentes gammes de services signées Peru Rail et Inka Rail. Attention, des éboulements ou des glissements de terrain perturbent de temps à autre cette voie ferrée très fréquentée. Renseignez-vous avant de partir.

## Voiture

Louer un véhicule est facile mais peu conseillé. Même si l'état des routes péruviennes s'est améliorée, elles sont dangereuses à la saison des pluies, et encombrées par des caravanes de camions et de bus. Les accidents y sont fréquents et très graves, comme en témoignent les milliers d'autels funéraires dressés sur les bas-côtés. Les lignes jaunes et les limitations de vitesse, pas plus que les feux et les stops ne sont respectés, et les Péruviens ont la fâcheuse tendance à se prendre tous pour Fangio. Aussi, en voiture, la plus grande prudence s'impose. On trouve des agences de location dans toutes les villes. Préférer les voitures tout-terrain pour la sierra. Il faut compter environ 25 US$ par jour, plus 0,25 US$ au kilomètre, ce qui rend la location relativement chère. En revanche, l'essence est meilleur marché que chez nous : de S/ 14 à S/ 16 (environ 4 €), selon la qualité, pour presque quatre litres (un galon).

**RENT A CAR SAN JOSÉ**
TRUJILLO ✆ +51 994 061 184
rentacarsanjose.pe
Présents à Trujillo, Chiclayo, Piura ou Tumbes. A partir de S/ 160 la journée en Toyota Yaris.

**SIXT**
✆ +51 1 444 3050
www.sixt.com/es/renta-de-autos/peru
Un service efficace et des prix compétitifs, Sixt est implanté à l'aéroport de Lima, à Miraflores, et aux aéroports de Cusco, Jaen, Chiclayo, Piura et Trujillo.

## Taxi

**En ville,** il est souvent plus simple de prendre un taxi. Ceux-ci étant dépourvus de taximètre, il convient auparavant de se mettre d'accord sur le prix de la course. Pour avoir une idée des tarifs pratiqués, il suffit de s'informer à l'hôtel où l'on est descendu ou auprès d'un habitant. Dans les grandes villes, notamment à Lima, des milliers de salariés gagnent un petit bonus grâce à leur voiture, après avoir apposé un autocollant « taxi » sur le pare-brise. Ces chauffeurs informels ont envahi les rues de la capitale, rendant le trafic quasiment impossible. Ne prenez que des taxis avec la plaque indiquée sur le côté du véhicule, formels. Pour éviter tout désagrément il est préférable d'avoir sur soi les numéros de quelques compagnies sérieuses ou de faire appeler un taxi depuis l'hôtel ou le restaurant. A Arequipa, de faux taxis sévissent : prudence donc.

**Les applications comme Uber** ou ses dérivés locaux (Easy taxi, Taxi VIP, Cabify) fonctionnent très bien à Lima et dans les grandes villes touristiques.

**Les mototaxis proposent leurs services dans les villages.** Ce sont en fait des mobylettes, équipées comme des pousse-pousse et où l'on peut monter à deux ou trois. Leurs tarifs sont inférieurs à ceux des taxis. Moins rapides que les voitures, ils sont plus pittoresques et bien plus marrants.

## Auto-stop

L'auto-stop n'est pas une pratique courante au Pérou. Toutefois, il est pratiqué par de nombreux Indigènes sur l'altiplano, qui ne disposent d'aucun véhicule pour se rendre dans des lieux reculés : bien souvent, le propriétaire d'un 4x4 leur demandera de payer à la fin du voyage, parfois au même tarif qu'un bus.
Nous déconseillons l'auto-stop sur les principales routes du pays, mais nous savons par expérience qu'il est tout à fait possible de tendre le pouce et que vous n'attendrez probablement pas longtemps, curiosité oblige ! Essayez de ne pas faire de stop tout(e) seul(e), pour plus de sécurité.

# DÉCOUVERTE

*Femme péruvienne et son enfant près de Pisaq.*

# LE PÉROU EN 20 MOTS-CLÉS

## Adobe

Cette brique est utilisée depuis des temps immémoriaux. Mélange d'argile et de paille, elle est séchée au soleil, dans des gabarits. Peu coûteuse, si ce n'est le travail auquel sont souvent astreints les enfants, la brique d'adobe entre dans la construction de la plupart des habitations de la campagne et de la sierra. Un mur d'adobe ne résiste pas à un séisme de force 6, ce qui explique les très lourds bilans en vies humaines dûs à des catastrophes naturelles qui frappent régulièrement le pays.

## Ajî

Il en existe de toutes les couleurs et des plus doux aux plus relevés. Du tendre *aji amarillo* (jaune) au féroce *rocotto* (rouge), il est de tous les plats.

## Ceviche

La formule magique pour se faire des amis taxis et des amis péruviens tout court : « me gusta el ceviche ». Tout le monde aime le *ceviche*, ce plat très frais de poisson cru mariné. Surtout sur la côte. Plus largement l'engouement pour la gastronomie est vraiment un point culturel clé du pays.

## Chicha

La boisson concoctée à partir de maïs que l'on boit pendant les repas. Elle peut être alcoolisée (de *jora*) ou non (*morada*), et les indigènes de la sierra en font une consommation immodérée.

## Coca

Le Pérou est, avec la Bolivie, le principal producteur de la coca, la plante sacrée des Incas. De la feuille de coca est extraite la pâte qui, envoyée dans les laboratoires de Colombie ou du Brésil, est transformée en cocaïne. Mâchée, la feuille de coca est excellente pour combattre le mal d'altitude.

## Condor

Il n'est pas rare d'apercevoir le plus grand oiseau du monde (jusqu'à 4 m d'envergure) quand on marche le long d'un canyon, à Arequipa notamment. Un condor adulte fait entre 10 et 12 kg et pond un œuf tous les 2 ans. Il est noble et fidèle ; en effet, si le pire devait arriver à sa moitié, le condor plongerait d'une falaise et se suiciderait sur les rochers. Simon et Garfunkel avaient rendu hommage à ce géant en reprenant une célèbre chanson andine, *El condor pasa* !

## Cultures en terrasse

Elles sont omniprésentes dans le pays, particulièrement dans la région du Canyon del Colca ou près de Pisac. Elles existaient avant les Incas et avaient trois fonctions : pratique, car les terrasses empêchaient les éboulements et les glissements de terrain ; agricole ; et aussi esthétique, car les Incas, en véritables artistes, leur donnaient différentes formes (en demi-lune notamment) afin qu'elles servent aussi d'ornement.

## Emoliente

Etrange boisson chaude servie par des petits vendeurs ambulants et où sont mélangés plusieurs liquides de couleur et consistance différentes (notamment une espèce de gel extrait d'une plante de cactus) qui lui donnent un aspect visqueux. Il paraît que c'est bon pour le transit intestinal, l'estomac et les reins. A essayer absolument, mais seulement *sin amargo* (sans goût amer).

## Football

On n'étonnera personne en disant que le football est au Pérou, comme sur tout le continent latino-américain, LE sport par excellence. Le pays vit toujours dans la nostalgie des grands joueurs du passé : Juan Carlos Oblitas, Teófilo Cubillas, Héctor Chumpitaz et autres Ramón Quiroga hantent les nuits des supporters qui rêvent de voir la sélection « blanche et rouge » retrouver son lustre d'antan. Pendant la Copa América, tout le monde se retrouve autour d'un écran géant de fortune. Le Pérou s'est qualifié pour la dernière Coupe du Monde 2018 en Russie, un exploit après 36 ans d'absence dans la compétition, exploit qui aurait provoqué un mini séisme (enregistré officiellement) le soir de la qualification le 15 novembre 2018.

## Hora peruana

Comme dans la plupart des pays d'Amérique du Sud, le temps, au Pérou, n'est pas vraiment quantifiable. Ainsi, on vous dira *ahorita* pour dire « tout de suite », mais on vous fera attendre des heures. Inutile donc de donner un rendez-vous précis à un Péruvien, la ponctualité n'est pas son fort, et c'est contagieux.

Les lundis découverte
Faut pas rêver
Le lundi à 20.55
3
à (re)voir sur
france•tv
En partenariat avec petit futé
© DR-FFR

## Inca kola

Cette boisson au goût de bubble-gum pétillant, d'un jaune fluo très reconnaissable, bat dans son pays tous les records de vente ! Inca Kola est l'une des grandes fiertés des Péruviens. Elle a été racheté par le géant Coca-Cola.

## Mamita/papito

C'est ainsi que les gens s'appellent en signe d'affection, même lors d'une première rencontre, ce qui témoigne encore une fois de la proximité naturelle des habitants de ce pays, surtout dans les campagnes andines.

## Orchidées

Parmi les 30 000 espèces d'orchidées recensées à ce jour, presque 3 000 d'entre elles se trouvent au Pérou, dans les zones tropicales à haute altitude. Leur diversité de couleur et de taille est unique : ces fleurs peuvent être minuscules, ou mesurer jusqu'à 70 centimètres. Au temps des Incas, les orchidées, déjà très appréciées, portaient le nom de *tika* (en quechua). Une légende prétend même que la variété alors connue sous le nom de *wakanki* serait née des larmes d'une jeune princesse inca à qui l'on aurait ordonné d'oublier son bien-aimé.

## Pisco

Alcool de raisin blanc, cette boisson nationale est fabriquée à Ica et non pas à Pisco... Généralement appréciée sous la forme de *pisco sour* (cocktail avec blanc d'œuf, jus de citron vert, sucre, glace pilée et bitter). Le Pérou se bat avec le Chili sur la question de la paternité du pisco, mais il paraît qu'on ne le fabrique pas de la même façon dans les deux pays...

## Quechua

Deuxième langue officielle avec l'espagnol, c'est la langue parlée par la plupart des indigènes de la sierra, l'aymara étant plus utilisé sur les rives du lac Titicaca. Environ 45 % de la population du Pérou est d'origine indigène et, même si la plupart des habitants sont bilingues, ils utilisent le quechua comme première langue. Le Pérou compte 47 langues natives dont la majorité sont encore parlées en Amazonie.

## Séismes

Riche en volcans, situé sur une fracture appelée plaque de Nazca, s'étendant du nord du Chili au sud de l'Equateur, le Pérou connaît une activité sismique intense, se traduisant par des tremblements de terre fréquents. Le tremblement de terre récent le plus meurtrier a pratiquement rasé les villes du Callejón de Huaylas (Caraz, Yungay, Huaraz), en 1970. En 1996, un séisme a ravagé la moitié des habitations de Nazca. En août 2007, un séisme de magnitude 7,9 sur l'échelle de Richter a détruit la région de Pisco et d'Ica. Depuis, une réglementation antisismique a été mise en place sur les nouvelles constructions (vous pouvez repérer un S majuscule en vert), mais cela reste artisanal. Le pays organise régulièrement des *simulacros* ou répétitions où le pays entier se paralyse quelques minutes pour se préparer au pire.

## Sentier lumineux

Le « Sendero Luminoso », groupe de guérilleros venus des montagnes d'Ayacucho, a semé la terreur dans le pays pendant plus de 20 ans. 1980-2000 ont été les années les plus violentes (bombes, attentats, massacres de civils...), et la population reste aujourd'hui encore très choquée. Deux musées ont ouvert pour commémorer la mémoire des disparus : à Ayacucho (Museo de la Memoria) et à Lima (Lugar de la Memoria, Miraflores). Les mouvements qui en découlent aujourd'hui comme le Movadef sont très critiqués. le sujet du terrorisme rouge reste très sensible.

## Sol

Depuis la nuit des temps, le soleil régit la vie des Péruviens... Ils se lèvent et se couchent très tôt afin de suivre le même rythme de vie que leur divinité. C'était le dieu des Incas, c'est aujourd'hui également le nom de la monnaie nationale (sol). Comme quoi, la religion et les finances...

## Soroche

Au Pérou, on passe sans transition, notamment lors des voyages en avion, du niveau de la mer aux hauts plateaux andins : gare au *soroche*, le mal de l'altitude ! On passe aussi de la chaleur humide au froid sec et vif. L'organisme peut souffrir de ces changements brutaux. Une règle d'or : ne jamais forcer la mécanique !

## ¡ Ya pues !

Le « *ya* » (bien, voilà, déjà, oui) et le « *pues* » (donc, puisque, bon) sont utilisés à outrance dans le vocabulaire péruvien. L'association des deux marque l'insistance : « naturellement, bien sûr » et constitue une expression typiquement péruvienne. Dans la série, « *claro* » n'est pas mal non plus...

# FAIRE - NE PAS FAIRE



## Faire

**Parler espagnol et pas anglais :** il est préférable pour toute communication de bafouiller quelques mots d'espagnol plutôt que d'engager la conversation en anglais ; vous gagnerez ainsi la sympathie de votre interlocuteur.

**S'extasier sur la cuisine locale :** depuis Gaston Acurio et le renouveau de la cuisine péruvienne, c'est l'un des piliers de l'identité nationale. Tous les chauffeurs de taxi n'auront qu'une question à la bouche « y le gusto nuestra cocina ? ». A cela il n'y a qu'une réponse : « por supuesto » (bien sûr) et vous êtes partis pour des palabres sans fin. Et un chauffeur revigoré dans son orgueil !

**Bise ou *abrazo* :** pour se dire bonjour entre connaissances, la coutume veut qu'on se fasse une bise (sur la joue droite en principe) ou qu'on se prenne dans les bras pour témoigner du bonheur que l'on a de se revoir.

**« Chau ! »** (ciao) pour dire au revoir. Ça passe aussi bien qu'un « *hasta luego* ! »

**Manifester le respect le plus souriant pour les forces de l'ordre.** Quand l'on s'adresse à un agent de police, l'appeler par exemple *jefe* (chef).

**Veiller à toujours avoir de la monnaie sur soi,** surtout pour payer les vendeurs de rue ou les taxis. Sinon on vous regardera avec des yeux effarés et vous attendrez le vendeur partir chercher de la monnaie chez ses voisins !

**Ne soyez pas gêné par tous les vendeurs ambulants** et les petits métiers de la rue ; ils permettent souvent à des familles de se nourrir. Donnez une pièce si l'on garde votre voiture, si on lave votre pare-brise, etc.

**Ne jamais sortir** sans votre rouleau de PQ, car les toilettes péruviennes n'en sont que très rarement pourvues...

## Ne pas faire

**Ne pas vous énerver si l'on vous appelle « *gringo* »,** le terme n'est pas spécialement péjoratif et, à dire vrai, un Péruvien de la ville qui voyage dans les lointains villages sera aussi appelé de la sorte.

**Eviter le deuxième degré.** Les expressions françaises classiques comme « ce n'est pas mauvais » ne sont pas comprises comme « c'est bon » mais « c'est très passable ». Et ainsi de suite. Pareil si vous essayez de plaisanter, évitez de vous égarer dans des considérations métaphysiques. Forcez votre caractère et allez y franchement sur l'enthousiasme, vous gagnerez des points.

**Danser seul :** question de fierté ou de machisme, vous ne verrez jamais un homme danser seul dans une *peña* ; il invitera forcément une femme pour l'accompagner, faites-en autant !

**Parler politique :** dans la mesure du possible, évitez de parler politique avec des inconnus. Soit votre interlocuteur n'y connaît pas grand-chose, et ça l'ennuie, soit il est très virulent et peut être choqué par vos propos...

**Prendre les indigènes en photo :** une très mauvaise idée, surtout si vous ne demandez pas la permission. Beaucoup de brochures disent que les autochtones croient que l'objectif vole leur âme. Ce n'est pas tout à fait vrai : en réalité, vous n'aurez aucun problème à photographier si vous connaissez les gens. Le contact humain avant tout !

**Conduire comme si vous étiez en France sur une route de campagne :** ici, tout est possible, et l'on change plus souvent de voie que de chemise. Ne pas se fier aux clignotants, les routes du Pérou figurant parmi les plus dangereuses d'Amérique latine. Les morts se comptent par milliers chaque année, et les nombreuses croix qui bordent le tarmac en sont un triste rappel.

# SURVOL DU PÉROU

## GÉOGRAPHIE

**Avec ses 1 285 220 km² et ses 31,152 millions d'habitants (en 2015),** le Pérou est le troisième pays d'Amérique du Sud par l'étendue (après le Brésil et l'Argentine) et le quatrième par le peuplement (après le Brésil, la Colombie et l'Argentine). Il est bordé, au nord, par l'Equateur et la Colombie, à l'est par le Brésil et la Bolivie, au sud par le Chili et à l'ouest par l'océan Pacifique. Ce pays, grand comme deux fois la France, est composé de 24 départements et est traditionnellement divisé en trois zones géographiques : la *costa*, plaine littorale désertique ; la *sierra*, c'est-à-dire les Andes ; et la *selva*, regroupant les forêts tropicales. La *selva* occupe 60 % du territoire, la *sierra* 30 % et la *costa*, bien que la plus peuplée, 10 %.

**La *costa*.** Cette immense bande de sable de 3 000 km du nord au sud et d'une extension maximale de 250 km d'est en ouest, bordant le Pacifique et s'élevant jusqu'à 500 m d'altitude, est habitée autour des quelque 52 fleuves qui se jettent dans l'océan et font naître sur leurs rives de véritables oasis cultivées. Sur la dizaine qui se jette dans les flots froids du Pacifique, un seul est navigable, le *río* Tumbes, à la frontière équatorienne, tout au nord. Il y constitue un delta inextricable de canaux et d'îles où poussent les manglares formant une forêt riche en faune aquatique.

L'océan Pacifique, aussi appelé mer de Grau, qui couvre plus de 126 millions de km², forme au Pérou un littoral de quelque 3 000 km de longueur, bordé par des courants froid (Humboldt) et chaud (El Niño), ayant chacun leur impact sur le climat, la faune et la flore. Le phénomène d'El Niño est occasionnel et provoque des pluies torrentielles.

*Le sommet Alpamayo.*

**La *sierra*.** Parallèles à la côte pacifique, les Andes comportent trois chaînes montagneuses : les *sierras* occidentale, centrale et orientale, qui séparent le désert côtier des forêts amazoniennes. La *sierra* enregistre une intense activité volcanique, dont témoignent les superbes *nevados* (monts enneigés) du Callejón de Huaylas, près de Huaraz, la vallée des Volcans près d'Arequipa, dominée par le mythique volcan Misti éternellement enneigé, et les milliers de sources thermales. Les montagnes les plus élevées se concentrent dans les Cordillères centrale et sud, avec une altitude moyenne de 5 300 m. La Cordillère blanche (département d'Ancash) compte plus de 30 sommets enneigés culminant au-dessus de 6 000 m, dont le majestueux Huascarán qui, avec ses 6 768 m, est le plus haut du pays et le 3ᵉ plus élevé du continent, après l'Aconcagua qui culmine à 6 959 m et le Nevado Ojos del Salado tous deux à la frontière Argentine-Chili. Autre paysage caractéristique des Andes, la puna s'étend à une altitude moyenne de 4 000 m. L'herbe rase et dure qui y pousse, le « ichu », nourrit les camélidés (lamas, alpagas, guanacos et vigognes) sans lesquels les Andes ne seraient pas ce qu'elles sont. La puna se rencontre essentiellement dans la région de Puno, entre les Cordillères occidentale et orientale, sur l'Altiplano que le Pérou partage, comme le lac Titicaca, avec la Bolivie. A l'étage inférieur, c'est-à-dire entre 3 500 et 4 000 m, se situe une région de transition entre la froide puna et les zones chaudes. Là, on rencontre une grande activité agricole, avec d'impressionnantes cultures en terrasses où poussent toutes sortes de pomme de terre et quelques céréales typiquement andines comme le *quínua* (quinoa) et autres graminées de haute valeur énergétique et nutritive. La nature hostile des Andes fait que 80 % des terres cultivées ne sont pas irriguées et sont tributaires des pluies. Les propriétés sont très morcelées et les rendements médiocres : on s'y sert toujours d'un outillage sommaire, parfois hérité des Incas. Pendant la saison des pluies, et notamment de janvier à avril, s'y produisent de mortels glissements de terrain et des avalanches de boue, les « *huaycos* », qui ajoutent au désarroi des populations. Durant cette période, les visiteurs devront redoubler de vigilance et éviter, autant que faire se peut, les transports routiers sur les pistes en terre ravinées.

**La *selva*.** Cette région, très différente des précédentes, est à la fois la plus étendue et la moins peuplée du Pérou. Sa nature sauvage empêcha autrefois les Incas de la pénétrer en profondeur et de la coloniser. Avec l'arrivée des Espagnols, la *selva* éveilla un certain intérêt car on y situait le mythique El Dorado. En 1559, eut lieu la fameuse expédition d'Ursua à laquelle participa Lope de Aguirre et qui fut immortalisée par le film de Werner Herzog *Aguirre ou la colère de Dieu* en 1972. A la fin du XIXe siècle, la région amazonienne connut une intense activité économique, avec l'exploitation du caoutchouc jusque dans les années 1920. Aujourd'hui, la flore, la faune et le tourisme en constituent les principales richesses. L'exploitation du gaz, du pétrole, de la forêt et les mines d'or illégales, les menacent en permanence.
La *selva* haute ou *ceja de montaña*, comprise entre 500 et 2 000 m d'altitude, est recouverte d'une végétation dense. Ces régions sont essentiellement peuplées de colons indigènes de la *sierra* que les crises des dernières décennies ont jeté sur les voies de l'exil intérieur. Ce mouvement a donné lieu à la construction, dans les années 1960, de la Carretera marginal de la *selva* qui unit la *selva* du Nord à celle du Sud et permet les échanges. C'est aussi dans les régions de la *selva* haute que se sont réfugiés les groupes révolutionnaires armés du Sentier lumineux et du MRTA (Mouvement révolutionnaire Túpac Amaru). Aujourd'hui, eu égard au redéploiement des cultures du pavot à l'échelon mondial, la *selva* haute voit se développer ces cultures illégales d'un nouveau type.
La *selva* basse ou Amazonie se situe elle entre 80 et 400 m d'altitude et recouvre le lit de l'Amazone, le fleuve le plus long du monde. Ce dernier reçoit les affluents nés des Andes que sont l'Ucayali et le Marañon. La source officielle de l'Amazone est le Nevado Mismi, à une vingtaine de kilomètres au nord-ouest de Chivay. Le torrent Apacheta qui s'écoule de la falaise nord de la montagne est considéré comme la source du réseau amazonien la plus éloignée de l'embouchure du fleuve. Sur les 6 800 km de son cours, 680 se trouvent au Pérou. Le nom d'Amazone (Amazonas en espagnol) aurait été donné au fleuve par le conquistador Orellana qui eut à combattre de redoutables guerrières, les Amazones. Ici, les fleuves se croisent à l'envi, dessinant des méandres paresseux, baignant une végétation luxuriante peuplée d'une faune exubérante et inondant périodiquement les villages construits sur pilotis. Les fleuves y constituent, avec l'avion, les seules voies d'accès aux zones peuplées.

**Géologie.** On retrouve au Pérou le schéma géologique de toute l'Amérique du Sud, qui met en opposition une zone orientale stable (l'Amazonie au nord, la pampa au sud) et une zone occidentale (les Andes) à forte activité tectonique et sismique. Cette activité est née de la subduction de la plaque océanique pacifique sous la plaque continentale de l'Amérique du Sud. La plaque océanique, en plongeant jusqu'au centre de la terre, entre en fusion, puis remonte sous la plaque continentale des Andes et engendre des massifs volcaniques. La zone andine péruvienne est séparée du nord au sud en deux bandes par le large plateau de la puna. On y trouve une intense activité volcanique, particulièrement dans le Sud, avec recouvrement des plateaux par des nappes de lave. Cette partie centrale de la cordillère est dite sans ophiolites, par opposition aux Andes distales à ophiolites situées au sud et au nord du continent. La bande côtière, qui appartient à la zone andine, se compose d'un bassin sédimentaire au nord, et d'un ensemble de roches primaires et secondaires qui prolongent le versant occidental des Andes au sud. La zone de plaines orientales, qui repose sur un bassin secondaire et tertiaire, présente des sols riches en hydrocarbures et en gaz.

## CLIMAT

**Le climat péruvien** est à l'image de la géographie naturelle du pays : varié ! Les côtes bordées par le Pacifique (la *costa*) ont un climat doux et sec, soumis à l'influence du courant froid de Humboldt. Il fait froid dans les Andes (la *sierra*) en raison de l'altitude, et le climat y est également sec. Toute l'humidité du pays se trouve dans la zone orientale, la *selva* : le climat y est de type équatorial humide, et les pluies y sont abondantes.

## Les ravages du Niño Costero

Les inondations qui ont durement frappé le Pérou entre décembre 2016 et mars 2017 ont eu leur lot d'images marquantes. Celle qui a fait le tour du monde est celle d'une femme émergeant de la boue, titubante, alors que les flots continuent de charrier tout ce qu'ils trouvent sur leur passage. Evangelina fut l'un des symboles de ce phénomène climatique qui a choqué tout le pays et durement touché toute la région côtière du nord : Chimbote, Trujillo, Chiclayo, Piura, Tumbes et les campagnes alentour. De fortes coulées de boue ont aussi touché les régions proches de Lima. Partout des cours d'eau asséchés autour desquels on construit des habitats précaires ou on cultive malgré les dangers se sont soudainement remplis puis sont sortis de leur lit inondant tout sur leur passage. Une sécheresse importante et plusieurs incendies forestiers ont précédé, puis le réchauffement des eaux du Pacifique a déclenché des précipitations sans précédent.

Le bilan a été lourd : plus de 1 million de personnes affectées, 231,874 sinistrés et 143 morts. De nombreux habitats ravagés, des cultures perdues... Une fois de plus ce sont les familles les plus humbles qui ont été les principales victimes du phénomène dans un pays où les assurances privées sont quasiment inexistantes. La reconstruction est progressive, très discutée comme souvent lorsque l'argent public est en jeu, le touriste de passage dans ses régions ne se rendra pas forcément compte des dommages, car tous les sites touristiques ont été remis en état rapidement pour ne pas freiner davantage l'économie.

Le phénomène El Niño est récurrent. Deux épisodes importants en 82-83 et 97-98 qui avaient fait davantage de victimes. Cette fois-ci les dommages matériels furent importants, mais la réponse efficace à l'urgence a permis sans doute de limiter le nombre de victimes. Lors de la crise de 2017, un bel élan populaire appuyé par le Président de la République sous le slogan #unasolafuerza a permis de dispenser des soins d'urgence et répartir des produits de première nécessité. Le pays s'est uni comme rarement. Les policiers et forces de l'ordre dont l'intervention a été primordiale dans les zones reculées ont été fortement valorisés. Un habile traitement a permis de mettre en avant les héros et de faire oublier les responsables, la plupart du temps les collectivités publiques fort mal préparées. La reconstruction et l'argent qui lui a été alloué subissent malheureusement une règle assez systématique quand il s'agit de mise en place de politiques locales : retards, corruption, inefficacité... Le défi sera de prendre les mesures préventives nécessaires comme celle de faire respecter les zones inconstructibles et de mettre en place des systèmes de drainage efficaces des cours d'eau. On a beaucoup dit que le pays voisin l'Equateur, également victime des pluies, mais à une échelle moindre, était beaucoup mieux préparé. Encore un défi important.

**Située entre le niveau de la mer et une altitude de 500 m**, la *costa*, bien que toute proche de la ligne équatoriale, connaît une température annuelle moyenne de 18 °C. Cela s'explique par la proximité du courant froid de Humboldt qui lèche la quasi-totalité du littoral, occasionnant une brume permanente qui empêche la formation de pluies (moins de 100 mm de précipitations annuelles) ; aussi y règne-t-il une forte sécheresse malgré un taux d'humidité de l'ordre de 80 %. Ce toit nuageux couvre le ciel de la côte de mai à octobre jusqu'à 600 m d'altitude, hauteur au-dessus de laquelle la température devient plus clémente et le soleil plus présent. Dans le Nord, les plages sont ensoleillées et avec une température moyenne de 25 °C. Le courant chaud, el Niño, qui permet la baignade, a favorisé le développement d'une importante réserve piscicole de plus de 800 espèces de poissons de mer et a fait du Pérou l'un des premiers pays de pêche du monde. Dans le Sud, où la faune est différente, il produit l'effet inverse.

**Sur la *costa* centrale**, en hiver (de juin à septembre), s'abat une pluie très fine, imperceptible, la « *garúa* ». Ce phénomène si particulier disparaît au fur et à mesure que l'on se dirige vers le nord ; après Chiclayo, le climat devient franchement chaud. En été (de décembre à mars), quand se dissipe la nappe brumeuse, la chaleur y est proprement accablante. La végétation devient de plus en plus dense à mesure que l'on approche de la frontière avec l'Equateur. Les pluies peuvent y être véritablement catastrophiques et provoquer inondations et glissements de terrain, comme en 1983 et 1997. L'apparente aridité des sols n'empêche pas la *costa* d'être l'un des greniers du Pérou grâce à des systèmes sophistiqués d'irrigation hérités souvent des civilisations préincas. On y cultive les principaux produits d'exportation : coton et canne à sucre et, plus récemment, riz, asperges, mangues, avocats, objets d'une demande internationale grandissante. Les zones agricoles les plus développées du pays se trouvent dans les régions de Chiclayo et Trujillo, où la propriété prend la forme des « latifundios », grandes propriétés rurales reconverties en coopératives à la suite de la réforme agraire de 1972 et à nouveau parcellisées récemment. Pour des raisons historiques, la *costa* concentre la quasi-totalité de l'activité économique du Pérou : 90 % de l'investissement privé et 83 % de l'implantation des banques.

**Le Pacifique péruvien**, possède, en face des côtes centrales et méridionales, des caractéristiques qui ne correspondent pas à celles d'une mer tropicale. En effet, selon la latitude, la température de l'eau devrait être de 25 à 26 °C. Or, elle oscille entre 18 et 19 °C et descend même à 13-14 °C en hiver dans le sud du Pérou. En résumé, les températures de la mer de Grau sont au moins de 6 à 7 °C plus basses qu'elles ne devraient être. Cette anomalie thermique provient de la montée à la surface d'eaux se trouvant à 300 ou 400 m de fond. Ces eaux profondes, plus froides, contiennent des sels marins en grande quantité qui servent à l'expansion des plantes aquatiques. Cette configuration de prolifération de plantes aquatiques crée une grande richesse en plancton, ce qui a pour conséquence un environnement piscicole idéal, qui attire en grande quantité tous les éléments de la chaîne alimentaire marine. En face du littoral péruvien existe donc un déplacement de masses d'eaux phénoménal qui atteint une vitesse moyenne de 23 km par jour. Un premier courant, qui se déplace du sud au nord, parallèlement au littoral, s'appelle le courant côtier péruvien et ne va pas plus profond que 200 m. Le second, courant océanique péruvien ou courant de Humboldt, vient de couches plus profondes et a une température de 17 à 20 °C. Il se déplace également du sud au nord. Entre ces deux courants, il y a le courant normal des eaux équatoriales qui va du nord au sud (effet de Coriolis).

**Dans la *sierra***, la température peut être très basse et, au-dessus de 4 800 m, il n'y a pas de peuplement à l'exception de ceux liés à l'exploitation des mines (Cerro de Pasco et La Oroya), activité qui, avec la pêche, est une des principales sources d'exportation et d'apport de devises. Ici sont extraits le zinc, le cuivre (région de Moquegua et Tacna), l'or (départements de Cajamarca, Arequipa et Puno), l'argent, le fer et le plomb. Cette activité lucrative a comme revers de médaille la pollution des rivières et donne lieu à de fréquents conflits entre la population et les groupes miniers. Sur l'Altiplano, dans la région de Puno, à 4 000 m d'altitude, la température annuelle est froide avec une moyenne de 3 à 8 °C et des gelées en saison humide (de novembre à mai), et de 10 °C en saison sèche. Entre 2 500 et 3 500 m, le climat est plus tempéré, mais la température varie beaucoup entre le jour et la nuit.

**Dans la *selva* haute**, la température moyenne oscille entre 22 et 26 °C, diminuant avec l'altitude. Des pluies particulièrement intenses y sévissent entre novembre et avril. Le reste de l'année, le climat est sec et chaud. Dans la *selva* basse, la température moyenne est de 31 °C. Il y pleut moins que dans la *selva* haute, mais le taux d'humidité est élevé et les orages fréquents.



## ENVIRONNEMENT – ÉCOLOGIE

**La biodiversité du Pérou est très riche :** on considère que 84 des 117 zones naturelles existantes au monde peuvent se découvrir au Pérou. On recense ainsi 515 espèces de mammifères, 365 de reptiles, 449 d'amphibiens, plus de 20 % des oiseaux (1 816 espèces !) et entre 40 000 et 50 000 plantes endémiques. Dans la jungle de Tambopata, autour de Puerto Maldonado, un observateur pourrait contempler en un instant quelque 1 265 des 4 000 espèces de papillons qui virevoltent dans l'air du Pérou ! Le Pérou est le 9e pays au monde avec le plus d'espèces endémiques : une importante responsabilité.

Aujourd'hui, environ 10 % des forêts du Pérou ont été rasées, et 250 000 hectares supplémentaires disparaissent chaque année. 301 espèces de la faune sont menacées : 65 mammifères, 172 oiseaux, 26 reptiles et 38 amphibiens, en danger critique, en danger, vulnérable ou quasi menacés (chiffres de l'UICN, Union internationale pour la conservation de la nature).

**Si l'on divise ordinairement le pays en trois zones** à l'écosystème bien distinct (*costa*, *sierra* et *selva*), la richesse environnementale du Pérou mérite bien que l'on creuse davantage cette arbitraire division.
En réalité, certains spécialistes déchiffrent jusqu'à 11 diverses éco-régions au pays des Incas : mer tropicale (tout au nord, pluies sur les côtes de Tumbes et Piura, eaux plus chaudes), mer froide (brume récurrente sur la côte nommée garúa, peu ou pas de pluies), le désert du Pacifique (une grande frange aride, sèche en été et humide en hiver, la brume peut s'écraser sur des altitudes plus élevées et former ce que l'on appelle des « lomas », oasis verdoyantes à l'insolite richesse faunistique et florale ; pas moins de 52 rivières sillonnent ces étendues monotones), la forêt sèche équatoriale (végétation comme l'algarrobo et le ceibo, sur la côte nord, climat sec et chaud), la forêt tropicale du Pacifique (une zone étroite d'arbres immenses et de végétation exubérante, au cœur du département de Tumbes, au climat humide ; on peut y observer le puma ou le paresseux, la « serranía esteparia » (un relief montagneux de steppe qui commence vers 1 000 m d'altitude, et présente un enchevêtrement de vallées fertiles, de torrents tonitruants ; climat sec, assez chaud en journée et très froid la nuit, le cactus fait son apparition), la puna (au-delà de 3 500 à 3 800 m d'altitude, souffre de grandes variations de température entre le jour et la nuit ; pays des condors et des flamants andins), le « páramo » (une sorte de puna humide, au climat froid et pluvieux, aux brumes mystérieuses, notamment dans les hauteurs de Piura et vers Cajamarca ; pays des arbres nains, abritant le fameux pudu ou « sachacabra », un petit cervidé), la jungle haute (aussi appelée « yunga », au climat chaud et humide, au relief montagneux et complexe, à la végétation exubérante ; nombreuses orchidées, énormes bégonias et fougères baroques ; on y déniche le « gallito de las rocas », oiseau national du Pérou, ou le singe « choro de cola amarilla », que l'on croyait disparu il y a peu, ainsi que le mythique quetzal des Mayas du Guatemala), la jungle basse ou forêt pluvieuse tropicale (qui couvre les deux tiers du territoire national, foyer d'une faune et d'une flore uniques au monde ; on a recensé plus de 20 000 espèces de plantes ; la faune inclut le jaguar, le tapir, deux espèces de dauphins, des tortues aquatiques, des singes, des caïmans noirs et des anacondas), la savane de palmiers (à la frontière orientale du département de Madre de Dios, près de la frontière bolivienne, aussi surnommé « Pampas del Heath » à cause du fleuve frontalier, au climat chaud et humide, très pluvieux ; on y découvre le cerf des marécages, le toucan, le carpintero blanco, un gros rongeur).

**Le Pérou doit faire face à deux problèmes majeurs** : la pénurie d'eau et la déforestation de l'Amazonie. Le gouvernement ne sait comment résoudre le problème de l'eau, sinon par des campagnes publicitaires visant à éviter le gaspillage de cette ressource essentielle « *Agua es vida, cuidala !* ». Pour la déforestation de l'Amazonie, au-delà de la menace étrangère, la nature est menacée par ses propres occupants. Ainsi, les migrants venus de la *sierra* s'installer en Amazonie abattent des hectares de forêt pour les remplacer par des plantations de café, bananiers, agrumes... Et de grosses entreprises ont ici aussi fait prospérer la fameuse huile de palme.
Le pays n'a pas eu à affronter de vagues d'incendie comme chez les voisins boliviens ou brésiliens, mais il n'est pas rare que les agriculteurs locaux qui pratiquent encore le brûlis incendient plusieurs hectares au passage comme par exemple aux environs de Kuélap en 2019.
D'une manière générale, la faune péruvienne a souffert de l'ingérence humaine, comme en bien d'autres pays ; la chasse et la pêche excessives ont, par exemple, entraîné la disparition du chinchilla et mettent gravement en danger la survie des vigognes, des singes, de nombreuses espèces d'oiseaux, de reptiles ou d'amphibiens.
La faune aquatique a aussi souffert d'une abondante contamination, comme la prolifération de la truite dans le lac Titicaca, qui a déséquilibré l'écosystème local. Enfin, la chasse illégale de peaux et de cuirs, comme celles du jaguar ou de la loutre, ou ceux des boas et des lézards, est un dernier facteur négatif pour la biodiversité péruvienne.
D'après les informations données par le Senamhi (service national de météorologie), le fleuve Amazone a un débit moyen de 33 500 m$^3$ par seconde. S'y succèdent des périodes de basses eaux et des crues importantes, de plus en plus désordonnées. Si l'on en ignore les raisons précises (changement climatique global ou déforestation de l'Amazonie ?), on sait en revanche que la déforestation a touché pas moins de 8 millions d'hectares à ce jour (150 000 chaque année). Les sécheresses impliquent des problèmes de transport tandis que les importantes inondations détruisent un habitat déjà précaire.

**Lutte contre l'orpaillage, un défi majeur.** Une grande partie de l'Amazonie notamment autour de la Réserve Tambopata dans la région de Madre de Dios souffre aujourd'hui d'une chasse à l'or de plus en plus invasive. Le pays est l'un des premiers producteurs, mais on calcule qu'environ 25 % de la production provient des activités minières illégales. Une étude de la Red Amazónica de Información Socioambiental Georreferenciada a répertorié 95 750 hectares déforestés de

1984 à début 2018, cela exclusivement dû à l'orpaillage. Le mercure qui sert à l'extraction affecte évidemment durablement les fleuves et lagunes voisines. Trois bases militaires dédiées ont été créées dans la région pour intensifier une lutte qui se double aussi de problèmes sociaux, mafias, traites de personne, prostitution. Une partie de la zone dite La Pampa est une zone de non-droit.

**Vers une crise de l'eau**. D'après les statistiques, le Pérou est un pays riche en eau : plus de douze mille lacs et lagunes, plus de 74 700 m³ d'eau renouvelable chaque année (l'une des plus grandes surfaces au monde). Pourtant, les chiffres sont moins flatteurs quand on évoque la qualité de l'eau : le Pérou se situe à la 60e position sur 122 pays. Plus de 31 millions d'habitants peuplent aujourd'hui le pays, et l'on estime que la population se stabilisera en 2025 autour de 39 millions d'individus. Il est ainsi probable que le pays connaisse une sérieuse crise de l'eau, surtout sur la côte pacifique : les 88 % des gens qui y vivent ne bénéficient que de 2 % de la quantité d'eau disponible sur tout le territoire (l'eau tombe des Andes sur le versant atlantique et l'Amazonie). De graves problèmes menacent ainsi Lima : si son débit d'eau semble suffisant pour subvenir aujourd'hui aux besoins de quasi 10 millions d'habitants, une mauvaise administration et des pertes dans le système de distribution de l'eau impliquent que plus de la moitié des Liméniens ne reçoivent que 14 heures d'eau courante par jour. On estime que sur l'ensemble du pays, 60 % de la population n'a pas accès à l'eau potable.

**Et il existe d'autres menaces pour l'environnement au Pérou,** liées à l'exploitation des ressources minières et de l'extraction de gaz et de pétrole dans le pays. Ces exploitations causent en effet des problèmes tels que la contamination des eaux et la destruction de la biodiversité. Concernant les minerais, l'essor considérable de la demande mondiale a conduit à la multiplication des grands projets miniers. Cependant, les firmes désireuses de créer de nouvelles exploitations minières de grandes dimensions (et dès lors à l'impact environnemental considérable) risquent de se heurter à une opposition des populations locales, soutenues par des ONG environnementalistes. Ces dernières obtiennent de plus en plus de victoires sur le front du respect des normes environnementales. Toutefois le problème n'est pas résolu, car le passif environnemental est toujours présent. En effet, malgré le respect des normes, des particules de plomb, de zinc, ou autre minerai du genre, peuvent toujours s'accumuler sur la terre au fil des années. Les conséquences se répercutent dès lors au niveau agricole et sur la santé des consommateurs.



## PARCS NATIONAUX

Le Pérou, riche de paysages les plus divers, se doit de préserver tous ses sites afin que rien (et surtout pas l'homme, son pire ennemi) ne vienne abîmer sa nature. Il existe un Système national d'aires protégées par l'Etat (Sinanpe) géré par le Sernanp (Servicio Nacional de Áreas Naturales Protegidas por el Estado) créé en 2008. A ce jour, on recense 231 aires naturelles protégées publics nationales ou régionales et privées (134 ACP), couvrant environ 17,51 % du pays. Les subdivisions les plus importantes sont : parcs nationaux (embrassant seulement 3 % du territoire), sanctuaires nationaux, sanctuaires historiques, réserves nationales, refuges de vie sauvage, réserves paysagères (Nor Yauyos et Cotahuasi), réserves communales (nombreuses en Amazonie), aires de conservation régionales...

**Les quinze parcs nationaux sont** : Alto Purus, Bahuaja-Sonene, Cerros de Amotape, Cordillera Azul, de Cutervo, Manu, Río Abiseo, Güeppi-Sekime, Huascarán, Itchigkat Muja ou Cordillère du Condor, Otishi, Sierra del Divisor, Tingo María, Yanachaga-Chemillén et Yaguas.

**Les quinze réserves nationales sont** : Allpahuayo Mishana, Calipuy, Junin, Lachay, Pacaya-Samiria, Pampa Galeras, Paracas, Salinas y Aguada Blanca, Titicaca, Tambopata, Tumbes, Matsés, toutes les îles, îlots et falaises liées au guano, Pucacuro et San Fernando.

**Les neuf sanctuaires nationaux sont** : Ampay, Huayllay, Calipuy, Lagunas de Mejía, Tabaconas-Namballe, Manglares de Tumbes, Megantoni, Pampa Hermosa, Cordillera de Colán.

**Les quatre sanctuaires historiques** sont : Chacamarca, Pampa de Ayacucho, Machu Picchu et Bosque de Pómac.

**REPÉREZ LES MEILLEURES VISITES**

★ INTÉRESSANT ★★ REMARQUABLE ★★★ IMMANQUABLE ★★★★ INOUBLIABLE

# FAUNE ET FLORE

## Faune

Les quatre espèces de camélidés qui paissent la *puna* andine se nomment *llama* (le lama), *alpaca* (l'alpaga), *vicuña* (la vigogne) et *huanaco* (le guanaco). Les deux premières sont domestiquées, les deux autres vivent à l'état sauvage. Venant de la côte, ces animaux ont dû s'adapter à l'herbe rase des hauts plateaux (l'*ichu*) et aux rudes climats d'altitude où ils vivent entre 3 700 et 5 000 m. Au nombre de 10 millions à l'arrivée des Espagnols, ils sont aujourd'hui 4 millions, ayant été chassés pour leur viande. La population la plus importante est celle des alpagas (3 millions d'individus environ), puis viennent les lamas (1 million), les vigognes (50 000 à 60 000) et enfin le guanaco (quelques milliers).

**Le lama est le plus gros des camélidés.** Il mesure 1,15 m au garrot et pèse entre 80 et 110 kg. Utilisé pour porter les lourdes charges, il peut rester cinq jours sans manger. C'est un animal intéressant puisqu'il paît les pires pâturages. Sa chair, proche de celle des ovins, est savoureuse et contient très peu de graisses. Sa laine, plus grossière que celle de l'alpaga, est identifiable au toucher par sa rudesse.

**L'alpaga, plus petit que le lama** (90 cm au garrot et 80 kg), avec des oreilles courtes et le corps entièrement couvert de poils, est élevé pour sa laine. Les plus beaux vêtements, des pull-overs épais aux costumes d'été les plus légers, sont faits de cette laine de très grande qualité, fine et soyeuse. La chair de l'alpaga est également savoureuse et riche en protéines, tout en étant pauvre en graisses. Le Pérou possède 90 % des alpagas du continent. Il faut donc profiter du voyage pour faire quelques achats. Les principales boutiques et marchés qui vendent de l'alpaga se trouvent à Puno, Cusco et Arequipa.

**Le guanaco sauvage évite les zones peuplées** où il a été pratiquement exterminé. De même taille que le lama, il peut atteindre, dans de bonnes conditions alimentaires, un poids de 300 kg, raison pour laquelle il a été chassé sans pitié. La qualité du cuir que l'on tire de sa peau explique l'acharnement mis à le chasser. Aujourd'hui protégé dans le cadre d'un programme de repeuplement, on ne le trouve guère que dans le département de La Libertad, à des altitudes toujours plus élevées, à mesure qu'avancent les hommes.

**La vigogne est une élégante miniature de camélidé** mesurant 90 cm. Très agile, gracieuse, elle est de couleur tabac et blanc, avec une très chic mèche de poils longs sur le poitrail. Vénérée par les indigènes, elle fut traquée par les Espagnols, attachés à détruire tout symbole et idole des vaincus. C'est ainsi que la population des vigognes passa de 1 million à quelques poignées en 1960, date à laquelle fut lancée une campagne pour le sauvetage de l'espèce. Elle est encore aujourd'hui l'objet de la chasse de braconniers sans scrupule, avides de la laine d'une très grande finesse de ce petit animal. Au marché noir, le kilo est vendu 500 US$ et le tissu peut atteindre 3 000 US$ le kilo, en Europe.

**Dans les lacs salés des Andes** existe un biotope particulier qui convient parfaitement aux flamants roses, dont on compte trois espèces au Pérou, différents par la couleur de leurs pattes, grises, rouges ou jaunes.

**Les condors sont difficiles à observer** car ils se sont retirés dans les montagnes. Mais les voyageurs en aperçoivent régulièrement dans le canyon de Colca.

**Dans la jungle haute et brumeuse**, les loups et renards sont particulièrement présents alors que les ours à lunettes ne font plus que de très rares apparitions.

**Au nord, les rivières d'Amazonie abritent deux espèces de mammifères** très appréciés des visiteurs : le dauphin gris, petit et qui est le plus facile à voir, et le dauphin rose. En réalité, la couleur de ce dernier va du gris au rose (sous le ventre). Son espèce a été considérée comme éteinte pendant des décennies, jusqu'à la fin des années 1980, où les films du commandant Cousteau l'ont fait redécouvrir au monde entier. Aujourd'hui, le dauphin rose est l'attraction attendue de toutes les promenades en bateau à Iquitos ou Pucallpa. Mais il n'est pas souvent visible. La tortue taricaya ou le lamentin sont deux espèces en voie de repeuplement dans cette région nord de l'Amazonie. Il existe 6 500 espèces de poissons parmi lesquelles on peut observer l'impressionnant *paiche* à la chair délicate et qui peut peser jusqu'à 200 kg, le poisson-chat (*pez gato*), le poisson d'or, l'anguille électrique ou encore le piranha en Amazonie (paradis des pêcheurs), la truite saumonée, la perche et la sole, moins originales mais tout aussi savoureuses, sur le lac Titicaca et la côte. Si les rencontres avec les jaguars, pumas et autres prédateurs se font rares, de nombreux moustiques, sangsues, fourmis géantes, tapirs, singes, paresseux, aigles, serpents, tarentules, caïmans et autres reptiles sont toujours observables en Amazonie. La Réserve nationale Tambopata est encore particulièrement intéressante pour la diversité de la faune.

- **Sur la côte du côté de Pisco**, sur les Islas Ballestas, ou même las Islas Palomino près de Lima, vivent de nombreux manchots et éléphants de mer.

- **Mais la faune la plus intéressante** est la faune ornithologique : le Pérou abrite le plus grand nombre d'espèces de papillons au monde, et se classe 2e pour les oiseaux après la Colombie. Nous vous conseillons de vous référer à la bible incontestée et actualisée chaque année (en anglais ou espagnol seulement) *Birds of Peru* de Thomas S. Schulenberg, Thomas S Stotz, Daniel F Lane et John P O'neill, Princeton University Press.

## Flore

- **La selva haute est riche en flore** (pas moins de 200 espèces par hectare), en plantes alimentaires et en fruits exotiques : café, cacao, thé, palme à huile, camote (patate douce), papaye, ananas, goyave… Les zones les plus riches en fruits sont la vallée de Chanchamayo et les environs de Tingo María, dans la selva centrale, la région de Quillabamba dans la *selva* sud et la province de Bagua, au nord. C'est également dans la selva haute que, depuis des millénaires, pousse la coca, plante sacrée des cultures préincas et inca. La forte demande internationale en matière de drogue et la chute des cours des denrées traditionnelles incitent les agriculteurs à la production de coca. Mais la production chute chaque année sous la pression d'une forte politique avec financements nord-américains de culture de remplacement notamment en développant le cacao. En 2014 l'aire d'extension de cette plante est de l'ordre de 42 900 ha, selon l'Office des Nations Unies contre la Drogue et le Crime (ONUCD) principalement dans la vallée du fleuve Apurimac et Ene (VRAEM).
Riche en animaux, l'Amazonie l'est aussi en bois rares : acajou, cèdre, palo de sangre (bois de sang), dont la coupe, souvent faite sans ménagement, constitue une bénédiction sur le plan économique et une plaie sur le plan écologique. De toutes ces essences, celle du caoutchouc occasionna le plus de fièvres, représentant, dans les années 1920, un cinquième des exportations et ayant été à l'origine d'une exploitation cruelle de la main-d'œuvre indienne.

- **La végétation, en rapport avec les trois grandes zones biogéographiques**, est d'une grande variété. Sur la côte, il s'agit d'une végétation de type sol aride avec, au nord, des mangroves dans les bras de rivières et une végétation de type savane qui alterne buissons de petite taille et cactus. Sur les versants des cordillères, on trouve une grande diversité de cactus, une diversité bien plus importante que sur la côte. L'arbre le plus célèbre du Pérou est le puya Raimondi, qui peut atteindre 12 m et qui ne pousse que dans quelques régions du monde. Dans les vallées andines, les graminées sont très présentes (l'ichu est la mieux représentée) ainsi que toutes les sortes de mousses, lichens et herbacées, ces dernières également dans la puna. La yareta peut être observée jusqu'à 5 000 m. Sur la partie inférieure du versant qui descend vers la selva apparaît la forêt tropicale humide avec une grande variété d'arbres comme le cèdre, de nombreuses herbes médicinales et bien d'autres espèces. Le nombre total d'espèces endémiques au Pérou dépasse les 200… Le résultat de cette diversité géographique est une biodiversité extraordinaire comprenant plus de 84 des 104 niches écologiques répertoriées sur la planète. Les conditions spéciales rencontrées au Pérou en font un lieu privilégié pour les orchidées (on peut en voir un fabuleux spécimen sur le site de Kuélap, dans la région de Chachapoyas au nord). Selon les experts, le nombre d'espèces d'orchidées recensées au Pérou se situe entre 1 850 et 3 000. Malheureusement, la déforestation, le commerce international grandissant de l'orchidée et les collectionneurs locaux ont mis en danger l'existence d'un grand nombre d'espèces.

*Pingouins des îles Ballestas.*

## LE TEMPS DES PIONNIERS

Les premiers Péruviens furent des chasseurs lancés sur la trace des lamas, vigognes et autres cobayes. C'était il y a environ 21 000 ans. De cette première civilisation, demeurent les traces sur les murs des cavernes : les peintures rupestres de Toquepala ou de Lauricocha ne sont pas sans rappeler celles, peintes à la même époque, de Lascaux ou d'Altamira. La grotte de Toquepala, près de Tacna, est profonde de 10 m, large de 5 m et haute de 3 m environ ; elle dévoile des scènes de chasse de divers camélidés du continent ; les couleurs utilisées sont surtout le rouge, le jaune, le vert et le noir. Les spécialistes pensent que ces dessins ont été réalisés à des fins magico-religieuses, pour assurer une chasse abondante. On estime qu'ils sont vieux de 11 000 ans environ.
Ces premiers habitants de ce qui n'était encore qu'une vaste terre à explorer étaient les descendants de ceux qui avaient franchi le détroit de Béring sur un pont de glace… selon la version européenne. Plusieurs chercheurs latino-américains évoquent aussi d'autres possibilités, comme le peuplement par les îles polynésiennes.
La végétation était alors abondante et une lourde humidité sévissait sur ce qui est aujourd'hui le désert côtier. La modification du climat entraîna celle de la végétation et de la faune ; les chasseurs se sédentarisèrent et cultivèrent la terre. Maïs, haricot, courge, jaillissant du sol, fixèrent les hommes. Puis le coton poussa et le cultivateur brava l'océan sur de frêles embarcations de roseau (*totora*) pour pêcher. Ce grand saut dans la modernité culmina avec l'élevage des camélidés dont on consomma la chair et dont on tissa la laine. Enfin, la culture de la pomme de terre vint révolutionner les habitudes alimentaires et sauver de la disette des populations entières, quelques siècles plus tard, de l'autre côté de l'Atlantique. S'y ajoutèrent d'autres tubercules et graminées, dont le *quinua*, céréale à forte valeur énergétique et nutritive.

## LES CULTURES ORIGINELLES

### La culture chavín (1000 à 300 av. J.-C.)

Plus que les cultures qui l'ont précédée (kotosh,…), celle de Chavín de Huántar a laissé des traces durables sur la terre péruvienne pour s'être étendue sur toute la côte Nord et jusqu'au lac Titicaca. Chavín est l'expression d'une société très avancée et hiérarchisée. La maîtrise de l'eau lui permit un développement spectaculaire dont jouissait une caste politico-religieuse trônant au sommet de la pyramide sociale. De cette culture, subsiste le grandiose temple de Chavín de Huántar, situé dans le département d'Ancash, avec ses terrasses, ses escaliers, ses sculptures et ses masques de pierre représentant des êtres fantastiques. Dans les entrailles de pierre du temple, s'élèvent des monolithes gravés de figures d'animaux sacrés tels que serpents, rapaces et pumas. On retrouve l'influence chavín sur la côte Nord, près de Casma, dans le beau temple de Sechín aux murs gravés d'énigmatiques scènes de carnage. Bons céramistes, les artisans ont laissé des objets (*huacos*) de belle facture, de couleurs sombres et aux dessins géométriques, n'excluant toutefois pas les motifs réalistes. Les conditions de la disparition de cette civilisation demeurent mystérieuses. On suppose que d'autres communautés suffisamment puissantes se révoltèrent contre leur hégémonie, et l'annihilèrent vers 500 avant J.-C. A cette époque, les spécialistes s'accordent pour dire que la céramique des Pucara et les textiles des Paracas étaient de meilleure qualité que ceux de Chavín, et que cette nouvelle donne socioculturelle régionale fut à l'origine de la périclitation idéologique de la civilisation d'Ancash.

### La culture paracas (700 av. J.-C.-400 apr. J.-C.)

Découverte par Julio C. Tello, cette culture n'a légué que des nécropoles dans le désert côtier et d'étonnantes momies enveloppées dans des fardeaux de coton, ce qui a amené certains chercheurs à affirmer que Paracas ne serait que la queue de comète d'une civilisation andine encore marquée par Chavín. On distingue deux étapes dans le développement de la culture paracas : Paracas cavernas et Paracas necropolis. La première doit son appellation au fait que les momies, enveloppées de tissus colorés, étaient déposées en position fœtale dans des puits profonds et entourées d'offrandes (vêtements usagés, peut-être ceux du mort, aliments végétaux, plaquettes en or…). Nombre d'entre elles étaient trépanées, preuve d'une pratique magique et curative très répandue… à moins qu'elle ne suivît des critères purement esthétiques, une option que les chercheurs n'excluent pas forcément. En tout cas, la déformation du cerveau (plane, oblique ou droite) témoigne d'une parfaite maîtrise de l'opération, sans doute peaufinée au cours des siècles. On sait que les enfants, ainsi soumis à ce traitement, ne devenaient pas plus bêtes pour autant, mais on ignore si la perception de la réalité en était altérée. Dans la seconde étape, les momies étaient enroulées dans de somptueuses couvertures de coton (jusqu'à trois pour les personnages importants), témoignant du haut degré technologique atteint par cette civilisation en matière de tissage. Devant la momie, on déposait quelques pièces de céramique, généralement entre une et sept. Un bâton ou une canne accompagné d'un assortiment de plumes indiquait l'endroit où l'ensemble était enterré. On sait encore trois choses : les enterrements étaient collectifs (on suppose que chaque « chambre mortuaire » regroupait les membres d'une même famille), et les momies, avant de demeurer à tout jamais dans leur « palais funèbre », résidaient pour un temps dans un endroit provisoire. Enfin, les cimetières se situaient près des villages, très souvent sur les ruines d'une zone habitée auparavant, qui servirent à l'élaboration des chambres en question. C'est Paracas necropolis qui nous a légué les plus belles pièces textiles aujourd'hui exposées dans les musées (à Ica ou au musée Amano à Lima Miraflores) : des tissus de coton avec applications de fils de laine, représentant principalement des êtres fantastiques, ainsi que des animaux et hommes stylisés, dans une harmonie de tons époustouflante. Sur certaines pièces, on dénombre jusqu'à 200 nuances différentes. Du très grand art !

## La culture nazca (100 av. J.-C.-800 apr. J.-C.)

Bien que confinée sur la côte, à 400 km au sud de Lima, cette culture a influencé les autres peuples jusque dans la sierra, à Ayacucho. Leur grande connaissance de l'hydrographie a permis aux ingénieurs de l'époque de construire dans le désert un réseau de canaux souterrains en pierre, toujours utilisé aujourd'hui, qui permit la culture intensive du maïs et du coton. La céramique nazca, véritablement extraordinaire, est d'une richesse chromatique trouvant son pendant dans celle des tissus paracas. Les *huacos* (poteries) représentent des êtres fantastiques de la mythologie (monstres à cent pattes, serpents bicéphales, têtes trophées…), sur toute leur surface, ce qui les rend facilement identifiables. Quelques artisans de Nazca travaillent encore la terre cuite comme leurs ancêtres et perpétuent la renommée d'une région connue dans le monde entier pour ses mystérieuses lignes, ou géoglyphes, tracées sur le sable du désert.

*Rencontres entre conquistadors et incas.*

## La culture mochica (100 av. J.-C.-800 apr. J.-C.)

Née dans la vallée du río Moche, près de Trujillo, et s'étendant jusqu'à Piura au nord et Lima au sud, la culture *moche* ou *mochica* est l'une des plus remarquables de l'ancien Pérou en matière d'architecture, de céramique et d'orfèvrerie. Le plus bel exemple de son savoir-faire architectural nous est donné par les temples de la Lune et du Soleil, dans les environs de Trujillo, de forme pyramidale et construits entièrement en adobe. La céramique livre d'importantes informations sur la mythologie, les guerres, les sacrifices humains, la vie quotidienne, les mœurs et les classes sociales. Les célèbres *huacos* érotiques, exposés au musée Larco Herrera de Lima, sont d'origine mochica, comme l'est le Señor de Sipán, découvert en 1987 et qui représente l'une des trouvailles les plus importantes du Pérou antique. Les objets découverts dans la tombe de ce souverain témoignent de l'extraordinaire maîtrise acquise par les orfèvres de l'époque dans le travail des métaux et des pierres précieuses.

## La culture vicús (400 av. J.-C. à 400 apr. J.-C.)

Cette culture, située sur les rives du río Piura, n'a été découverte que dans les années 1960. La céramique vicús imite celle de la culture *mochica* avec laquelle elle cohabitait. La manière grossière de traiter les sujets passe, auprès de certains archéologues, pour un choix esthétique. Les animaux (coqs de bruyère, serpents, singes, écureuils), les êtres humains exhibant ostensiblement leur sexe sont les principales sources d'inspiration des artisans vicús, ce qui permet leur identification immédiate. Habiles travailleurs de métaux, comme leurs voisins, les Vicús ont laissé auprès de leurs morts des bijoux de cuivre gravés, avec incrustations d'or, et des armes en cuivre. Cette culture est quelque peu éclipsée par celle avec qui elle partagea, des siècles durant, un coin de côte pacifique : la culture mochica.

## La culture tiahuanaco (200-1000)

Si la plus grande imprécision subsiste quant aux dates, il n'en demeure pas moins que cette culture fut l'une des plus remarquables de la période pré-inca. Issue des pourtours du lac Titicaca, elle a influencé les autres cultures jusqu'en Bolivie et au nord de l'Argentine et du Chili, imposant notamment la figure de Wiracocha, la divinité supérieure. Le plus beau vestige de cette civilisation est la porte du Soleil (en Bolivie actuelle) où trône Wiracocha entouré de génies ailés. La disparition brutale de l'empire tiahuanaco demeure l'une des énigmes de notre temps.

## La culture wari (600-1200)

Le royaume wari d'Ayacucho débute son expansion à partir du VII^e^ siècle. La céramique et les sculptures de pierre qu'il nous a laissées sont fortement marquées par l'influence tiahuanaco. Au fur et à mesure de leurs conquêtes, les Huaris construisent des cités caractérisées par une architecture monumentale en pierre brute, entourées de hauts murs d'enceinte. Aux alentours de l'an mille, l'empire se désagrège et disparaît. Ce sont finalement les Incas qui s'imposeront quelques siècles plus tard. L'art wari, reprenant celui de Tiahuanaco, doit sa notoriété aux sculptures de pierre reproduisant des divinités anthropomorphes. La céramique, où dominent l'orange, le noir et le rouge, est ornée de figures stylisées de camélidés et de condors. La forme la plus typique est celle du « kero », verre rituel que reprendront les Incas et qui a subsisté jusqu'à nos jours. On leur doit aussi le premier réseau de chemins qui sera ensuite amplifié pour devenir le *Qhapaq Ñan* inca.

## La culture chimú (1200-1400)

Tandis que se décomposait l'empire tiahuanaco-wari au nord, sur la côte existaient des royaumes unis par un tronc culturel commun. Le plus important fut l'empire chimú, dans la région de Trujillo. Sa capitale, Chan Chán, constitue l'un des fleurons architecturaux de l'ancien Pérou. Héritier de la culture mochica, l'empire chimú, à son apogée, s'étendait de Tumbes jusqu'au nord de Lima, soit sur environ 1000 km de côte. Jusqu'à sa conquête par les Incas, l'empire connut un développement harmonieux, grâce, notamment, à l'irrigation assurée par un système de canaux qui allaient capter l'eau dans les Andes. La langue mochica survécut, sur la côte Nord, jusqu'au début du XX^e^ siècle. Chan Chán, la capitale, est la plus grande cité de terre du monde. Ses murs d'adobe sont ornés de frises et de bas-reliefs où se multiplient à l'infini les figures géométriques ou d'animaux tel le poisson. Fins orfèvres, les Chimú ont laissé des objets que les Espagnols emportèrent. On estime que la plus grande partie des trésors pillés par les conquérants fut d'origine chimú.

## Autres cultures préincas

Dans le Nord, sur la côte, s'est développée une culture très liée à l'empire chimú : la culture lambayeque, ville proche de Chiclayo.

# CHRONOLOGIE



- **21 000 av. J.-C.** > Première implantation près de Ayacucho.
- **20 000-10 000 av. J.-C.** > Trois vagues d'immigration de peuples asiatiques sur la voie de Béring. Hypothèse la plus plausible.
- **10 000-7500 av. J.-C.** > Peintures rupestres des cavernes de Toquepala et de Lauricocha.
- **1000-300 av. J.-C.** > Culture chavín, société très avancée et hiérarchisée. Début de la maîtrise de l'eau.
- **700-400 av. J.-C.** > Culture paracas, civilisation andine encore marquée par chavín.
- **100 av. J.-C.-800 apr. J.-C.** > Culture nazca. Connaissance de l'hydrographie très avancée.
- **100 av. J.-C.-800 apr. J.-C.** > Culture mochica, l'une des plus remarquables du Pérou ancien en matière d'architecture, de céramique et d'orfèvrerie.
- **400 av. J.-C.-400** > Culture vicús, quelque peu éclipsée par celle avec qui elle a partagé, des siècles durant, un coin de côte pacifique : la culture mochica.
- **200-1000** > Culture tiahuanaco, l'une des plus remarquables de la période pré-inca.
- **600-1200** > Culture huari, dont la céramique et les sculptures de pierre sont fortement marquées par l'influence tiahuanaco.
- **1200-1400** > Culture chimú. Sa capitale, Chan Chán, constitue l'un des fleurons architecturaux du Pérou ancien.
- **1200-1438** > Empire des Incas.
- **1438-1532** > Fulgurantes conquêtes des Incas.
- **1532** > Au nom du roi d'Espagne, Francisco Pizarro débarque à Tumbes.
- **1535** > Fondation de Lima.
- **1538-1541** > Des rivalités opposent les conquistadores. Beaucoup sont assassinés, comme Pizarro en 1541.
- **1572** > Túpac Amaru Ier, le dernier Inca, est exécuté.
- **1742** > Insurrection, dirigée par Juan Santos Atahualpa, à Tarma.
- **1781** > Importante révolte de Túpac Amaru II à Cusco.
- **28 juillet 1821** > Proclamation de l'indépendance du Pérou, une indépendance dont les principaux acteurs sont Simón Bolívar et le général argentin San Martín.
- **1824** > L'indépendance devient effective après la victoire d'Ayacucho.
- **1850-1875** > 100 000 Chinois immigrent et sont employés à la place des esclaves émancipés.
- **1879-1883** > Guerre du Pacifique : bien qu'allié à la Bolivie, le Pérou est vaincu par le Chili.
- **1919-1930** > Le Parti civiliste porte à la présidence du pays Augusto Leguía, qui avait été président quelques années auparavant.
- **1929** > Restitution de la région de Tacna au Pérou.
- **1932** > L'insurrection de l'APRA (Alliance populaire révolutionnaire américaine) donne lieu à une féroce répression. Cette haine entre l'APRA et l'armée marque d'un fil rouge toute l'histoire contemporaine du Pérou.
- **1941** > Guerre avec l'Equateur pour des questions territoriales.
- **1942** > La signature du traité de Rio de Janeiro met fin à la guerre, mais ne règle pas le problème territorial.
- **1948-1956** > Dictature de Manuel Odría.
- **1963-1969** > Dictature de Fernando Belaúnde Terry, de l'Action populaire (AP).
- **1968-1980** > Dictature militaire conduite par le général Velasco Alvarado connu pour la réforme agraire mise en place. Il sera remplacé en 1975 par le général Francisco Morales Bermudez.
- **17 mai 1980** > A Chushi, dans la région d'Ayacucho, un petit groupe brûle les listes électorales et les urnes. Le Sentier lumineux vient de faire son entrée sur la scène politique.
- **1980** > Année de violence due au terrorisme du Sentier lumineux. Elections générales : pour la deuxième fois, Fernando Belaúnde Terry accède à la présidence.
- **28 juillet 1985** > Alan García Peréz accède à la présidence du pays : l'APRA est enfin au pouvoir. Son mandat se clôt par la plus grave crise économique et financière du pays.
- **1990** > Alberto Fujimori, un fils d'émigrés japonais, devient président et crée une énorme surprise en battant l'écrivain Vargas Llosa.
- **Avril 1992** > Coup d'Etat civil et dissolution du Congrès. Fujimori se donne les pleins pouvoirs.
- **Septembre 1992** > Arrestation d'Abimael Guzmán, le n° 1 du Sentier lumineux.
- **1995** > Alberto Fujimori bat un poids lourd de la politique mondiale : Javier Peréz de Cuellar, ex-secrétaire de l'ONU.

**1999** > Signature d'un traité entre l'Equateur et le Pérou concernant leur différend territorial.

**Septembre 2000** > Fujimori annonce sa démission en exil depuis le Japon après sa réélection contestée à la tête du pays et des accusations de fraude (affaire Montesinos).

**2000-2001** > Gouvernement transitoire présidé par Valentín Paniagua.

**Juin 2001** > Election du premier président indigène, Alejandro Toledo.

**Novembre 2005** > Arrestation au Chili de l'ancien président péruvien Alberto Fujimori.

**Juin 2006** > Election présidentielle remportée par Alan García.

**21 Septembre 2007** > Fujimori est extradé du Chili et revient au Pérou sous haute surveillance (une première dans l'histoire de l'Amérique latine) ; sept procès attendent l'ex-président péruvien.

**7 avril 2009** > Fujimori est reconnu coupable de violations des droits de l'homme et condamné à 25 ans de prison par le tribunal de Lima, plus 7 ans et demi pour détournement de fonds.

**30 septembre 2009** > Fujimori est condamné pour 6 ans supplémentaires dans l'affaire des écoutes téléphoniques et de la corruption de députés d'opposition et de journalistes.

**Juin 2011** > Le président socialiste Ollanta Humala s'impose largement au 2e tour de l'élection présidentielle face à Keiko Fujimori (la fille du dictateur déchu).

**Février 2012** > « Marche pour l'eau » entre Cajamarca et Lima pour protester contre le projet Conga (4,8 milliards de dollars d'investissement) qui sacrifierait quatre lacs-réservoirs d'altitude.

**Septembre 2013** > Avec 2 ans d'avance le Pérou a atteint les objectifs fixés par les Nations unies concernant la réduction du taux de mortalité infantile et celle du seuil de pauvreté dans le pays.

**Septembre 2015** > Le couple Humala est au plus bas de sa popularité. Les changements de gouvernement se sont multipliés sans résultats. Les affaires et amitiés suspectes (Lopez Meneses, Belaunde Lossio) acculent le couple et particulièrement Nadine (dépenses inconsidérées, suspicions sur les comptes de campagne), dont on pensait qu'elle pourrait se présenter aux prochaines élections.

**10 avril 2016** > Au 1er tour des élections présidentielles, Keiko Fujimori arrive largement en tête avec 39,7 % des voix. Autre surprise la 3e place de Veronika Mendoza qui représente le Frente Amplio, une espèce de front de gauche. De mère française et père péruvien, cette cusquénienne convaincue a bousculé un paysage politique figé.

**5 juin 2016** > Pedro Pablo Kuzcinsky, politicien avisé et ancien banquier de Wall Street, remporte d'un cheveu la présidentielle, mais se retrouve assez vite bloqué par un Congrès à grande majorité fujimoriste.

**Juillet 2017** > Le scandale Odebrecht, entreprise de construction brésilienne qui versait des pots-de-vin en échange de contrats publics dans de nombreux pays d'Amérique latine, secoue le pays. Le scandale a valu une condamnation à neuf ans et demi de prison à l'ex-président Lula au Brésil. Ollanta Humala et Nadine Heredia sont placés en détention préventive depuis le 14 juillet 2017. Ils ont été libérés le 30 avril 2018, le Tribunal constitutionnel a tranché en faveur de l'habeas corpus (mesure garantissant qu'un accusé reste libre jusqu'à l'épuisement de tous ses recours), mais le procès reste à venir. La même sentence a été dictée contre Alejandro Toledo qui a fui avant la décision et vit désormais aux Etats-Unis. Il a été arrêté le 16 juillet 2019, mais son extradition n'était pas garantie. Kuzcinsky était ministre de l'Economie et des Finances sous le gouvernement Toledo, difficile de garder le cap comme figure anti-corruption.

**21 mars 2018** > PPK renonce à la présidence suite aux pressions du Congrès en majorité fujimoriste et malgré la mesure d'amnistie humanitaire concédée à Alberto Fujimori le 24 décembre 2017. Le vice-président (en poste comme ambassadeur au Canada au moment de la démission et écarté du gouvernement pour un cas de présomption de corruption dans l'attribution de l'aéroport de Chincheros, près de Cusco) Martin Vizcarra prend les rênes du pouvoir et entre en guerre frontale contre le Congrès pour tenter d'imposer des réformes de fonds. Vizcarra, moins connu sur la scène politique, essaie de se revendiquer comme la voix du peuple fatigué de la corruption.

**1er novembre 2018** > Keiko Fujimori, fille d'Alberto, leader du parti fujimoriste Fuerza Popular et ancienne candidate présidentielle, est mise en détention préventive dans l'affaire Caso Cocteles également liée à Odebrecht. Elle se trouve à la prison de Chorrillos.

**26 juillet au 11 août 2019** > Lima organise les Jeux panaméricains, un motif de fierté et de retour à l'union du moins dans l'opinion publique. Cet événement sportif largement décrié lors de la préparation a su rencontrer son public et fédérer.

**30 septembre 2019 >** Martin Vizcarra dissout le Congrès. De nouvelles élections ont lieu le 26 janvier 2020.

L'orfèvrerie de ce peuple était si riche qu'elle a alimenté et influencé tout l'ancien Pérou ; les objets en or visibles dans les musées proviennent dans leur quasi-totalité de la région occupée par les Chimú et les Lambayeque. On doit à ces derniers le couteau de sacrifice, le tumi, si caractéristique avec sa lame en demi-lune en or ou en cuivre, dont la garde est constituée par la figure de Naymlap, demi-dieu masqué présentant au dos deux petites ailes. Sur la côte, se sont également développées les cultures tumpi (région de Tumbes), tallán et ayabaca (Piura). Près de Lima, la culture chancay a légué des céramiques et des tissus de grande valeur. Les céramiques emblématiques de cette culture qui s'est développée entre 1200 et 1450 apr. J.-C., les cuchimilcos, ont d'ailleurs servi de modèle pour créer Milco, la mascotte des Jeux Panamércains de Lima 2019. Plus au sud, on a retrouvé les traces de la culture chincha-ica.

## L'EMPIRE INCA (1200-1438)



Dans la sierra, les groupes étaient plus nombreux et éclatés, donc plus difficiles à cerner. On signalera les Collas et les Lupacas autour du lac Titicaca, les Canas et les Canchis dans la région de Cusco, les Huancas près de Huancayo, les Collaguas à Arequipa, les Chancas de l'Apurímac qui agressèrent sans trêve les Incas, les Huaylas dans le Callejón de Huaylas ou encore les Pocras de Huamanga, l'ancienne Ayacucho. Deux sources imaginaires alimentent l'histoire de l'apparition des Incas. La première fait remonter leur origine au Titicaca, le lac sacré. Le Soleil, dieu suprême, ayant tiré des eaux ses deux enfants, Manco Capác et Mama Ocllo, confie son bâton de commandement en or à son fils Manco Capác et lui ordonne de fonder une ville à l'endroit où celui-ci pénétrera sans résistance dans le sol. Le bâton s'enfonce dans la terre fertile de la vallée de Cusco. La seconde légende, plus complexe, met en présence quatre frères, les Ayars, surgis de la caverne de Tamputoco en quête d'une terre promise. Chacun à la tête d'une tribu, les quatre frères se livreront bataille sur bataille afin d'asseoir leur hégémonie. A ce jeu, le vainqueur, après des années de durs combats, sera Ayar Manco ou Manco Capác, premier des treize Incas qui administreront l'empire. Si l'on est mal renseigné sur leur origine, on pense cependant que les Incas, peuple quechua qui s'imposa sur les ruines de l'empire tiahuanaco-wari, venaient de la province de Cusco, même si certains historiens leur prêtent des origines amazoniennes.

## LA CONQUÊTE INCA (1438-1532)

Tous cependant sont d'accord pour situer le début de l'expansion des Incas sous le règne de Pachacútec (ou Pacha Kutiy Inqa Yupanki en quechua « celui qui transforme le monde »), qui soumit les peuples voisins après s'être défait des redoutables Chancas d'Ayacucho, recevant l'aide, selon la légende, de guerriers qui étaient en fait des pierres auxquelles le Soleil donna vie. A partir de la victoire sur les Chancas d'Ayacucho, en 1438, les Incas vont entreprendre de fulgurantes conquêtes qui amèneront les frontières de l'empire jusqu'en Colombie, au nord et, au sud, à la moitié du Chili et de l'Argentine actuels. Commencée avec Pachacútec, qui annexe les vallées interandines jusqu'à Cajamarca, l'expansion se poursuit avec Túpac Yupanqui, qui s'empare de l'empire chimú et du Sud et, enfin, avec Wayna (ou Huayna) Cápac, qui ajoute l'Equateur à l'empire. Ces nombreuses expéditions de conquête fascinent les historiens : pourquoi une telle obstination à étendre les frontières de l'empire, unique sur le continent sud-américain ? Au début du XVIe siècle (chronologie occidentale), de mauvais augures commencèrent à agiter l'empire (selon la tradition). Déjà, un oracle ancien mentionnait que « passé douze rois, des gens étranges et jamais vus viendraient pour soumettre l'empire et détruire sa république et son idolâtrie ». En 1511, on dit que Huayna Capác célébrait l'Inti Raymi au Cusco ; un aigle royal passa alors dans le ciel, poursuivi par six autres petits rapaces (faucons, etc.). L'aigle s'effondra sur la place centrale, et mourut quelques jours après malgré des soins intensifs. Les prêtres incas discutèrent activement ce présage, et le virent d'un très mauvais œil. On dit aussi qu'une nuit, l'éclat de la lune était beaucoup plus coloré qu'à l'accoutumée. Selon le llaica royal, c'était un signe que Pachacamac allait déchaîner sa furie. Huayna Capác sortit sur la terrasse du palais, fut tétanisé par cette vision extraordinaire et appela tous les mages et les devins ; l'un d'eux, du peuple Yauyu, affirma que des choses jamais vues allaient bientôt se passer. Mais l'Inca ne fit point cas de ces remarques, ajoutant : « Il n'est pas possible d'imaginer que le Soleil, mon père, haïsse autant son propre sang pour permettre la destruction totale de ses fils. » Malgré tout, Huayna Capác changea à partir de ce jour, et envisagea l'avenir avec angoisse et frayeur.

# LA CONQUÊTE ESPAGNOLE

Quand Huayna Capác mourut, en 1525, l'empire était agité par les soulèvements des peuples nouvellement soumis, et ses deux fils Huáscar et Atahualpa allaient se livrer une guerre sans merci pour la succession. Une rivalité dont surent jouer de nouveaux acteurs tout frais débarqués : les conquistadores espagnols sous les ordres de Francisco Pizarro. Arrivés en Amérique en 1492 avec Christophe Colomb, les Espagnols, après avoir conquis le Mexique entre 1519 et 1521, se lancent vers les terres du Sud, réputées pour leur richesse en métaux précieux. Leur arrivée coïncide avec le moment où l'empire inca connaît de grandes difficultés à ses marges, avec des soulèvements de populations et surtout la lutte fratricide que se livrent Huáscar et Atahualpa, fils de Huayna Cápac. Huáscar est soutenu par la noblesse de Cusco, dont il est issu par sa mère, tandis qu'Atahualpa a l'appui de celle de Quito (capitale actuelle de l'Equateur), sa mère étant originaire de cette ville de l'empire bâtie à plus de 2 000 km de la capitale. Aujourd'hui, nombre d'observateurs n'hésitent pas à faire remonter la source des conflits qui ont agité – et continuent d'agiter – les rapports Pérou-Equateur à la rivalité entre les deux fils de Huayna Cápac. Deux premières tentatives de conquête espagnole entre 1524 et 1527 se soldent par de cuisants échecs. L'accueil des populations autochtones est plutôt mauvais ; Francisco Pizarro (né dans une famille très pauvre, bouvier et sans aucune instruction, il ne savait en effet ni lire ni écrire et ne le saura jamais, même une fois nommé marquis par le roi) est blessé, et son compère Diego de Almagro perd un œil. Mais peu importe. L'appât des extraordinaires richesses de ce monde inconnu fascine les esprits, et Pizarro, revenu en Espagne en 1528, rencontre le roi Carlos V qui lui donne tous pouvoirs pour coloniser les terres mythiques du sud. Il semblerait que Pizarro ait alors voulu partager le gouvernement du Pérou, mais on s'y opposa, l'expérience ayant montré qu'en pareil cas les hommes finissaient par s'assassiner. Lors de la signature de la Capitulation de Toledo le 26 juillet 1529, Pizarro obtint ainsi pour lui seul le vaste royaume des Incas, la Nouvelle Castille. Les treize héros de la Isla del Gallo reçurent alors le titre d'hidalgos ; pour Almagro et Hernando de Luque, le gain était bien maigre comparé à celui de leur associé. La tension monte entre les trois compères (réunis au Panama) qui depuis plusieurs années négociaient des expéditions vers le sud ; on finit par taire les rancœurs, grâce aux médiations de Hernando de Soto et Hernando Ponce de León. Partis du Panama en 1531 avec 180 hommes et 37 chevaux, quand les Espagnols débarquent à Tumbes, ils ne trouvent pas beaucoup d'or et d'argent, mais des populations hostiles, la guerre et la famine. L'indiscipline règne dans leur camp, on se bat déjà, comme le dit une locution castillane, « pour les olives avant d'avoir planté les oliviers ». La trahison était le lot commun de tous les jours ; tous les coups bas étaient permis. Mais des conversations avec Quilimasa, un cacique près de Tumbes, les informent qu'un grand seigneur a soumis toutes ces peuplades et qu'il existe un pays où l'or coule à flots. Il n'en fallait pas plus pour aiguiser les appétits. Le 29 septembre 1531, Pizarro fonde la première ville du Pérou, Villa de San Miguel. Il a tout juste appris que l'Inca Atahualpa se trouve aux environs, et qu'il est en guerre contre Huáscar, son demi-frère. Puis il se dirige vers Cajamarca via le Qhapaq Ñan, le Chemin del Inca de la sierra, le 24 septembre 1532, après avoir pris une série de dispositions et commencé le peuplement des territoires conquis. Il était accompagné de 62 hommes à cheval, et 102 à pied. A ce moment, Atahuapla vient de soumettre les troupes de Huáscar à Huanacopampa, ce dernier ayant été fait prisonnier. Il semblerait que les châtiments imposés aux fidèles et à la famille de Huáscar Tupac Yupanqui furent monstrueux.

## La ruse de Pizarro

Avisé de l'arrivée de drôles de personnages qui « habitaient sur des maisons flottantes et montaient d'énormes animaux », Atahualpa décide de retarder son départ et se rend à Cajamarca, fort de 50 000 guerriers. De nombreux conquistadores, informés d'une telle troupe, refusèrent de poursuivre vers Cajamarca afin de mieux préparer une entrevue qui pouvait s'avérer cruelle. Mais Pizarro avait été instruit en Espagne par Hernán Cortez, le conquérant du Mexique, de la nécessité de s'emparer tout de suite du plus grand chef de l'empire, car celui-ci était considéré comme un dieu et sans lui plus rien ne serait fait pour contrer leurs projets. En outre, Pizarro avait rondement mené son jeu de stratégie politique, en se proclamant le vengeur de Huáscar aux populations concernées, tout en assurant aux envoyés d'Atahualpa qu'il était l'un des leurs. Le trouble était consommé, il ne fallait pas perdre de temps si ce coup de poker diplomatique voulait aboutir. A deux reprises, des ambassades d'Atahualpa apportent des vivres aux Espagnols. Il semble que l'Inca n'ait pas mesuré les possibilités d'être vaincu : il faut dire que ses émissaires, malgré de terribles descriptions (arquebuses, canons, chevaux, etc.), devaient probablement indiquer le peu d'hommes qui arrivaient.

# LA DYNASTIE INCA



On entend souvent parler de l'empire inca mais son vrai nom est en fait l'empire Tahuantinsuyo. En quechua, *tawa* signifie « quatre », et *suyo*, « Etat ». Si nous voulons donc être tout à fait exacts, il faut parler d'un Empire Tahuantinsuyo, régi par la dynastie (ou la civilisation) des Incas. En effet, les Incas ont pris le contrôle des quatre régions et les ont ensuite unifiées en un empire puissant.
Voici les souverains incas qui gouvernèrent l'empire du Soleil :

- **1. Manko Kapak** fonde l'empire.
- **2. Sinchi Ruka,** son fils, procède au recensement et divise l'empire en quatre régions.
- **3. Lluq'ë Yupanqui,** troisième de la lignée, élargit le Kollasuyu, après avoir vaincu les Ayaviris (au nord du lac Titicaca), et prend Hatunkolla y Pukara.
- **4. Maïta Kapak,** son fils, est un grand guerrier. Il soumet les Kollas et instaure le système des *quipus*.
- **5. Kapak Yupanqui,** fils de Maïta Kapak, soumet les hardis Omasuyus (au nord de La Paz, en Bolivie) et de la ville de Chayanta, et vainc les redoutables armées de Macha, qui deviendront par la suite les soldats les plus redoutés de l'empire.
- **6. Inca Ruka,** son fils, militaire émérite et constructeur actif, crée les écoles de la noblesse et fait adopter la langue quechua comme langue officielle de l'empire.
- **7. Yawar Wakaj** doit céder son trône à son fils, par manque de caractère.
- **8. Wirakocha,** ou Inca Ripak, pousse sa conquête jusqu'à l'actuel Tucuman (Argentine). Il fait construire le palais de Nustas, ainsi qu'un canal long de 600 km à Huancavelica (Pérou).
- **9. Pacha Kutij,** son fils, étend l'empire au Grand Chimú, fait construire la forteresse de Sacsayhuaman (Cusco), et instaure le calendrier inca. On le connaît sous le nom de *Pachacútec.*
- **10. Tupak Yupanqui,** fils du Pacha Kutij, avance vers Quito et fait construire le temple Pilkokaïne dans l'île du Soleil, le temple des vestales dans l'île de la Lune, et Copacabana (à ne pas confondre avec la célèbre plage de Rio de Janeiro). Militaire audacieux et grand constructeur, il règne pendant près d'un demi-siècle.
- **11. Huayna Kapak,** son fils, consacre 17 années à la conquête totale de l'Equateur. Il conquiert Quito et se marie avec la fille du souverain vaincu, Cachas. De leur union naîtra Atau Wallpa (plus connu sous le nom d'Atahualpa). Huayna Kapak est averti de la présence des Espagnols sur les côtes du Nord, en même temps qu'épidémies et tremblements de terre s'abattent sur le royaume.
- **12. Waskar** (Tupak Kusi Wallpa), demi-frère d'Atau Wallpa et fils légitime de Huayna Kapak, gouverne pendant deux ans et quatre mois.
- **13. Atau Wallpa** (Tijci Kapak Inca), son demi-frère, sera le dernier empereur inca. Fait prisonnier en 1532, il est assassiné sur ordre de Pizarro qui lui avait pourtant promis la vie sauve.
- **14. Toparpa** (Tupak Wallpa), frère des deux derniers. Fait prisonnier, il est tué par Pizarro.
- **15. Manko Inca Yupanqui** (Manko Kapak II), quatrième fils de Huayna Kapak, prend la tête du soulèvement. Il s'enrôle d'abord dans les troupes de Pizarro et apprend le métier des armes. Ensuite, il mène une guerre d'usure contre les Espagnols. Il vainc Hernando Pizarro, frère de Francisco, à la bataille d'Ollantaytambo, ville qui devient le siège de son gouvernement. Finalement réfugié dans les Andes, il fonde la dynastie de Vilcabamba. Trahi, il meurt assassiné vers 1537. Trois souverains vont encore se succéder sur le trône par la suite.
- **16. Sairy Tupak,** fils de Manko Kapak II. Couronné à Vilcabamba, il meurt encore enfant, empoisonné par les Espagnols.
- **17. Tito Kusi Yupanqui,** deuxième fils de Manko Kapak II. Personnalité complexe, il combat les conquérants avec une bande de pillards. Après un bref gouvernement, il meurt de pneumonie.
- **18. Tupak Amaru Inca,** troisième fils de Manko Kapak II. Grand guerrier, il fait subir de nombreuses défaites aux troupes d'occupation. Pris par les Espagnols, il sera décapité par ordre du vice-roi Francisco de Toledo, le 24 septembre 1572, sur la grande place de Cusco.

Ainsi mourut le dernier représentant de la dynastie des Incas, dont certains avaient été entraînés dans une collaboration avec le système établi par la Conquista. Des mariages entre princesses indiennes et nobles de la cour d'Espagne vinrent légitimer la domination de la couronne espagnole.

Atahualpa ne pouvait penser qu'une poignée de drôles allait bouleverser à tout jamais la donne de l'empire du Soleil. Le 15 novembre, les Espagnols entrent à Cajamarca, après 53 jours de marche depuis San Miguel. Hernando de Soto est envoyé aux Bains de l'Inca, où ce dernier se reposait. Il semblerait que l'accueil réservé au conquistador fut plutôt froid. A cette occasion, les Espagnols décident d'impressionner les indigènes, et se livrent à une véritable démonstration de cavalerie avec leurs équidés (cabrioles, etc.). On dit que des guerriers incas furent grandement effrayés, tandis que Atahualpa et sa suite ne bronchèrent point ; après le départ des Espagnols, l'Inca exigea aussitôt que l'on tuât ceux qui avaient eu peur, avec leurs femmes et leurs enfants, en donnant l'ordre que « personne ne fuisse lorsqu'il faudra combattre avec les chrétiens ». Atahualpa ordonna aussi que 20 000 hommes fussent placés autour de Cajamarca, pensant que devant une telle armée les nouveaux venus allaient fuir. On imagine bien la stupeur et la frayeur des Espagnols, réunis autour d'un grand feu de camp. Mais Pizarro possédait un avantage de poids : il connaissait très bien les récits de la conquête de Cortez au Mexique, et savait qu'un tel prodige (la mise à bas d'un empire fabuleux) n'était pas impossible. Le 16 novembre 1532, Pizarro invite Atahualpa à Cajamarca. Ce dernier s'étonne de n'y voir personne ; Pizarro a fait installer ses petits canons, tout aussi inconnus des Incas que les chevaux, sur la colline qui domine la place (Cerro Santa Apolina). De même, la plupart de ses hommes s'étaient cachés et ne devaient se montrer, au son des trompettes, que sur ordre du père Valverde et de son cri d'attaque : « Santiago ! ». Dans l'attente de l'arrivée des indigènes, les Espagnols tremblaient d'angoisse. Pedro Pizarro rapporta ensuite dans *Récit de la découverte et de la conquête des Royaumes du Pérou* qu'il en avait entendu beaucoup trahir leurs émotions… Finalement, Atahualpa pénétra dans la ville avec une foule non armée, les guerriers formant l'arrière-garde. Le père Vicente de Valverde, le soldat Hernando de Aldama et l'interprète Martinillo (l'un des premiers indigènes à avoir été capturés par Pizarro sur les terres du sud) s'avancèrent à la rencontre de l'Inca. Valverde lui tendit une Bible en lui recommandant d'embrasser la foi catholique. Que se passa-t-il alors ? Aucun témoignage ne concorde. Il est clair qu'en un tel moment historique, l'un des plus légendaires de la conquête des Amériques, la rencontre entre une poignée d'hommes sales et barbus et le plus grand empire qui ait existé sur le continent américain, la tension devait être à son comble. Certains chroniqueurs assurent que la réaction de l'Inca fut la surprise, l'indignation et le dédain. Il aurait ouvert le livre et l'aurait lu scrupuleusement ; mais, n'y trouvant probablement aucune réponse à ses questions, il l'aurait ensuite jeté à terre. Ensuite, il aurait demandé à Aldama son épée ; celui-ci la lui aurait montrée, sans la lui donner. Puis il aurait demandé à Valverde que les Espagnols lui rendissent tous les territoires occupés sans son consentement, que personne n'était en mesure d'exiger au Fils du Soleil ce qu'il avait à faire, et que c'en était assez. Une autre explication est donnée par de nombreux historiens péruviens : Atahualpa aurait offert aux Espagnols un *quero* (ou *kero*, vase cérémoniel) rempli de chicha ; et les envahisseurs n'auraient pas accepté de boire (redoutant probablement un empoisonnement), une réaction inadmissible dans la cosmovision indigène de l'époque (cet échange de *kero* étant absolument indispensable à tout préambule de discussion). Après un tel refus, on se doute que l'Inca ne se montra pas ouvert aux lectures bibliques… « Pourquoi accepterais-je quelque chose de vous, si vous refusez ce qui est nôtre ? » Telle aurait été sa remarque… En tout cas, c'est alors que Pizarro émit un signal qui scella à jamais le destin du monde. Les coups de canon résonnèrent et les trompettes se mirent à ébranler les murs, tandis que les chevaux sortaient de nulle part. La confusion et la surprise furent totales. Les indigènes se mirent à courir en tous sens. Commence, dans le fracas des bouches à feu, un épouvantable massacre. Impressionnés tout à la fois par les canons, les chevaux et les mauvais augures des années passées (sans parler des éternelles légendes et oracles anciens), les Incas n'offrent pas grande résistance. De puissants seigneurs sont éventrés, et Atahualpa aurait sans doute connu le même sort si Pizarro lui-même n'avait pas exigé qu'on n'en fît rien.

## L'empereur est fait prisonnier

Quel sort insolite pour le plus grand des empereurs ! On sait que la moindre embuscade dans un défilé aurait anéanti pour toujours les rêves de conquête des Espagnols ; qu'il aurait été extrêmement facile d'en venir à bout. Mais l'Inca crut bon de satisfaire sa curiosité ; n'ayant jamais douté de sa bonne étoile, lui, le Fils du Soleil, sous-estima en permanence un danger que pourtant, semblerait-il, ses émissaires lui décrivaient abondamment. On a encore du mal à imaginer qu'une telle foule d'indigènes ait pu être mise en déroute par d'aussi peu nombreux cavaliers, qui, en outre, ne devaient plus être très frais. On a encore du mal à prendre conscience que cet empire si glorieux allait s'achever, en deux heures de temps à peine, sur une place d'une ville de province. Car le Tahuantinsuyo était bien mort, en cette soirée du 16 novembre 1532.

# LA SOCIÉTÉ INCA

## L'Inca

Souverain régnant sur la noblesse et le peuple, qui le vénéraient comme le descendant direct du Soleil (Inti) et de Wiracocha, le dieu créateur, l'Inca exerçait le pouvoir absolu. Seuls les hauts dignitaires de la cour pouvaient lui adresser la parole. Outre son épouse légitime, la Colla, il avait un nombre infini de favorites. L'Inca était élu parmi les Panacas, lignages ou *ayllus* royaux. L'une des tâches de la Panaca, lorsque mourait l'Inca, était de conserver le corps embaumé et de transmettre oralement à son successeur – les Incas ne connaissaient pas l'écriture – le catalogue de ses réalisations et conquêtes.

## La noblesse

Pour accéder à la cour de l'Inca, il fallait être membre de la Panaca impériale, être né ou avoir vécu à Cusco et parler le quechua, appartenir à la caste supérieure des groupes soumis à l'empire, ou bien se voir accorder par l'Inca ce privilège à la suite d'une action guerrière d'éclat ou de la réalisation d'un ouvrage architectural remarquable. Les fonctionnaires de plus haut rang et de plus grand prestige étaient ceux chargés des routes ou des dépôts de vivres, ou les comptables, qui utilisaient pour leur travail les *quipus* (système de cordes à nœuds de couleur).

## El Tahuántinsuyo

Ce mot quechua, qui signifie « les quatre directions », définit l'Empire inca, divisé en quatre régions administratives, ou *suyos,* dont le centre était Cusco, la ville sacrée. Le Chinchaysuyo comprenait le nord et le centre de la cordillère des Andes ; le Contisuyo, l'ouest, de Cusco au Pacifique ; le Collasuyo, le sud et l'Altiplano (Bolivie, nord de l'Argentine et du Chili) ; et l'Antisuyo, le nord et le sud-est jusqu'à l'Amazonie. Chacune de ces entités était divisée en provinces dont la cellule de base était l'*ayllu*.

## El ayllu

C'est la cellule de base de la société, antérieure à l'Empire inca. Elle est constituée de familles qui avaient un ancêtre commun, possédaient une terre déterminée, la *marca*, et reconnaissaient l'autorité d'un chef, ou *curaca,* qui avait des liens avec les activités sacrées. Les membres de l'*ayllu* ne faisaient pas partie de la noblesse, mais pouvaient y accéder pour services rendus à l'Inca. Chaque famille de l'*ayllu* était propriétaire d'une parcelle de terre divisée en trois parties : une pour ses besoins, et les deux autres destinées à payer l'impôt à l'Inca et au culte. L'Etat pouvait ainsi payer ses fonctionnaires et subvenir aux nécessités alimentaires des peuples de l'empire en cas de calamités ou de catastrophes naturelles. Dans l'*ayllu,* les prairies et les bois étaient des espaces communautaires exploités en commun. Les travaux agricoles et de maintien des infrastructures étaient collectifs, comme cela se pratique encore aujourd'hui dans les communautés villageoises indiennes (notamment sur les îles du lac Titicaca). Les habitants de l'*ayllu* se devaient aide et assistance réciproques.

## La mita

C'était le service obligatoire. Chaque individu devait accomplir une tâche déterminée pour l'Etat, de manière alternée. Ainsi, l'Etat était assuré de pouvoir compter sur une main-d'œuvre nombreuse et disponible pour les travaux tels que constructions d'ouvrages routiers et service militaire. La *mita* était contrôlée par les *curacas,* que les Espagnols surent utiliser plus tard et à qui ils donnèrent le nom de *caciques*.

## Les mitimaes (déplacements de population)

Grâce aux constants dénombrements et inventaires, l'Inca connaissait parfaitement les affaires de l'Empire. Le compte de soldats, de travailleurs, l'évaluation des richesses produites par le travail des corvées et des ressources nécessaires à l'entretien de la main-d'œuvre, étaient rendus possibles grâce aux quipus. Les peuples qui voulaient s'incorporer à l'empire recevaient une « aide technique » par l'intermédiaire des mitimaes, des techniciens en mission hors de leur communauté. Les peuples hostiles aux Incas couraient le risque d'être envoyés dans des régions très éloignées de leur territoire. On vit ainsi des populations de l'Amazonie déportées dans les Andes, ou inversement.

## Le peuple

Il était formé de paysans qui travaillaient dans le cadre de la *mita*. Au-dessous se situaient les *yanaconas,* groupe de serviteurs de basse extraction créé par Túpac Yupanqui ; en faisaient partie les peuples rebelles vaincus par l'Inca. Tous ces individus étaient monogames, à la différence de la noblesse, polygame. L'adultère parmi le peuple était sévèrement puni.

*Temple inca de Sacsayhuaman.*

## La religion

Le pouvoir religieux était exercé par les membres de la noblesse, et parmi eux le Willac Umu, parent de l'Inca chargé du culte du Soleil, dans le temple qui lui était dédié, le Qoricancha. La hiérarchie religieuse comprenait également les prêtres communiquant avec les momies, ceux chargés des sacrifices (d'animaux, rarement d'hommes), les devins et les mages, et les *acllas*, femmes choisies pour leur grande beauté, qui résidaient dans l'*acllawasi* ou « maison des élues ». Les *mamaconas*, femmes âgées de plus de 50 ans, étaient chargées de la confection des vêtements rituels et de la chicha, boisson traditionnelle (alcoolisée ou non) à base de maïs. Le dieu suprême de la religion inca était Inti, le Soleil, et l'on adorait également la Terre (Pachamama) et la Lune, en plus des phénomènes naturels tels que la foudre, l'eau, les collines, etc. – auxquels il fallait faire des offrandes sous peine de châtiment.

Les Incas ne croyaient pas au paradis ni à l'enfer, mais bien à une vie après la mort. Respectueux des croyances des peuples vaincus, ils ne leur imposaient pas de nouvelle religion, mais rendaient officiel le culte du Soleil. Toutefois, si ces peuples osaient les trahir après s'être soumis, le châtiment était terrible. Ainsi, Huayna Capac domina les Huancauillcas, et ceux-ci sollicitèrent des spécialistes de l'Empire pour développer leur culture ; mais au lieu de les écouter, ils les tuèrent. L'Inca se rendit lui-même sur place, et exigea une rédemption exemplaire : il réunit tous les chefs et les personnalités importantes de ce peuple, et imposa comme peine le sacrifice du dizième d'entre eux ; les survivants n'en seraient pas quittes pour autant : on leur ôta deux dents en haut et deux en bas, pour avoir menti, une tâche qui échut aux fils et aux descendants des victimes concernées.

## Ouvrages et constructions

- **Les *huacas*.** Ce terme désigne les lieux de culte et est, par extension, appliqué à toute ruine préhispanique. Une *huaca* pouvait être un temple, une colline, un rocher... Tous étaient sacrés.

- **Les chemins.** A l'apogée de l'Empire, le réseau de routes et chemins atteignit 24 000 km (entre 30 000 et 50 000 selon des estimations de Hyslop en 1984). Ainsi étaient reliés tous les centres religieux et militaires, ainsi que les magasins de vivres et les cités. Conçus pour les piétons et les lamas de trait, les chemins étaient larges de 5 à 10 m, et empruntaient les hauteurs et les vallées andines : un extraordinaire réseau qui témoigne d'une parfaite organisation sociale et économique. Le caractère rectiligne du tracé nécessitait la construction de nombreux ponts suspendus en corde (de fibre végétale ou de roseau) et d'escaliers. Les *chasquis,* messagers qui transportaient au pas de course les quipus et les denrées alimentaires destinés à l'Inca, se relayaient pour parcourir ces chemins (les armées aussi, ainsi que les administrateurs, les juges, etc.). On dit qu'ils pouvaient relier Cusco à Quito en 5 jours. Les *chasquis,* entraînés dès l'enfance à la course, constituaient une sorte de caste à part.

- **Les *tambos*.** La pratique de la *mita* donna lieu à la construction de magasins de vivres, les *tambos,* placés tout le long des chemins. Les excédents de production y étaient stockés afin de pouvoir être redistribués aux peuples qui en avaient besoin. Ils étaient également mis à la disposition des armées en campagne. Le territoire du Pérou est truffé de restes de *tambos*, et ce terme entre dans la composition de nombreux noms de lieux, rappelant leur origine inca.

## Arts

- **Les métaux.** Les Incas travaillaient avec maestria les métaux précieux – or, cuivre, argent, platine – qui appartenaient à l'Etat, et servaient à la confection des attributs royaux. Pour ce faire, ils employaient différentes techniques de fonte, de soudure ou encore de dorure, qu'ils avaient empruntées aux artisans Chimú après la conquête de la côte. Les principaux objets de métal étaient le *tumi*, ou couteau de sacrifice, et le *tupu*, épingle qui fixait la cape que l'Inca et les membres de la noblesse portaient sur les épaules. A cela, il faut encore ajouter les différentes petites figurines animales (lama principalement) et humaines que l'on a retrouvées dans les temples.

**La pierre.** Si les Incas sculptaient peu de statues de pierre, en revanche ils excellaient dans la taille des bas-reliefs, représentant surtout des animaux sacrés stylisés (puma, crapaud, serpent, lézard, etc.). Les petits objets en pierre que l'on trouve encore actuellement dans la sierra (lamas, épis de maïs, etc.) étaient offerts à la déesse-mère Pachamama, afin qu'elle favorise la fertilité des sols.

**La céramique.** Comme dans toutes les cultures préhispaniques, cette forme d'artisanat était très développée et les Incas en avaient une très bonne maîtrise, même si leur production, dans laquelle dominaient les dessins géométriques, n'atteignit pas la qualité de celle des civilisations Chimú ou Nazca. La forme originale des céramiques incas est l'*aribalo*, vase de grande taille de plus de 1,5 m de hauteur, avec anses et fond en pointe, utilisé pour les liquides, et notamment la chicha. Comme les autres céramiques, les *aribalos* étaient sobrement décorés de figures géométriques ou de plantes et d'oiseaux.

**Le bois.** L'objet inca typique en bois est le *kero*, ou verre cérémonial, emprunté aux cultures Tiahuanaco et Wari. Les scènes qui les ornent sont celles de la vie quotidienne et les couleurs, employées selon la technique de l'encaustique (incisions remplies de résine ou de poudre), sont plus vives que dans la céramique. La fabrication des *keros* a survécu à l'Empire inca durant toute la colonisation.

**Les tissus.** Les Incas faisaient preuve de grandes qualités techniques et artistiques. Utilisant le métier à tisser vertical, toujours en usage dans la Sierra, les artisans incas ont légué des tissus d'une grande finesse, notamment ceux destinés à l'Inca et à la noblesse, les *cumpis*. L'Inca portait une tunique sans manche tombant jusqu'au genou, le *uncu*, et une cape, la *llaccola*, retenue aux épaules à l'aide du *tupu*. Les motifs géométriques hérités des Incas sont aujourd'hui reproduits sur les vêtements des paysans andins : ponchos ou chullos (ces fameux bonnets à oreillettes si caractéristiques du Pérou).

**La construction.** C'est probablement dans le domaine de l'architecture et de l'ingénierie hydraulique que les Incas laissèrent les témoignages les plus étonnants. Comment ne pas être fasciné par les murs cyclopéens aux pierres à angles multiples (sur le site du Machu Picchu, il existe une pierre ayant 32 angles !), parfaitement ajustées, au point qu'il est impossible de glisser une feuille de papier dans les interstices ? Le plus bel exemple en est donné par les murailles en zig-zag de Sacsayhuamán qui dominent Cusco. Dans le Qoricancha, le temple du Soleil de la cité impériale, les pierres sont taillées en rectangles, avec une surface polie, légèrement convexe. La rusticité de certaines constructions ne témoigne pas d'une quelconque antériorité mais, parfois, d'une fonction précise : ainsi les murs des forteresses sont-ils plus épais et grossiers que ceux des temples et palais. C'est par leurs extraordinaires constructions que les Incas ont surtout marqué les esprits. Ce sont elles qui continuent à témoigner de la richesse de leur culture, malgré l'acharnement mis par les Espagnols à détruire toute preuve du passé glorieux de l'un des empires les plus étendus et les mieux organisés de l'histoire, un empire constitué en moins d'un siècle, de 1438 à 1532.

*Tapisserie aux motifs incas.*

*Arrivée des conquistardors au Pérou.*

## La colonisation

L'Inca, en prison, se rend compte que les Espagnols cherchent seulement à se procurer le plus d'or et d'argent possible. Déjà, toutes ses possessions aux Bains de l'Inca ont été dévalisées, constituant le premier grand trésor jamais obtenu sur les terres du Pérou. Atahualpa va proposer alors de racheter sa liberté en remplissant sa cellule, « *el cuarto del rescate* », jusqu'à hauteur de son bras levé, deux fois d'argent et une fois d'or. Il faudra plusieurs mois pour réunir le trésor, qui arriva peu à peu, sous les yeux miroitants des conquistadores, lesquels n'avaient jamais été à pareille fête. Leurs ambitions ou plutôt leur avidité commençaient à inquiéter Pizarro, qui craignait une guerre civile entre les Espagnols. Le 14 avril 1533, Diego de Almagro arrive à Cajamarca, compliquant encore davantage une pesante situation. Pendant ce temps, les chargements d'or et d'argent arrivent régulièrement. Le 13 mai, devant la pression des Espagnols, Pizarro ordonne que l'on fonde une partie du butin en lingots d'or. On imagine avec quels soins le conquistador faisait garder la place forte de Cajamarca, où était entreposé un trésor aussi fabuleux, et où séjournait l'Inca ! Le 18 juin, devant tant de joyaux, Pizarro décida que l'ensemble fût fondu et partagé. Le total du butin atteignit 1 326 439 pesos d'or (d'après Pablo Macera, environ 6 000 kg d'or et 11 800 kg d'argent, soit, selon l'historien anglais Prescott au milieu du XIX$^{e}$ siècle, 3,5 millions de livres sterling d'alors) ; après avoir payé le quinto real (la cinquième partie qui revient au roi), restèrent 262 259 pesos d'or ; les cavaliers reçurent en moyenne 9 400 pesos d'or, les fantassins 3 450. Diego de Almagro et ses hommes ne reçurent, en tout et pour tout, que 20 000 pesos d'or, beaucoup moins que ce qu'escomptait l'associé de Pizarro, ce qui fut un nouveau motif d'éloignement entre les deux hommes. Le trône d'Atahualpa, qui pesait 83 kg d'or, échut à Pizarro (qui s'octroya d'ailleurs sept fois plus de bénéfices qu'aux cavaliers). Que l'on juge de cette situation incroyable : 171 conquistadores seulement (le père Valverde, 65 cavaliers et 105 fantassins) se partageaient le plus riche trésor jamais découvert jusqu'alors sur les terres d'Amérique, tandis que des millions d'indigènes pleuraient la destruction de leur ordre établi. Des cultures millénaires étaient anéanties (pas seulement celle des Incas, mais toutes celles des tribus soumises par le Fils du Soleil), un univers tout entier disparaissait dans le rire gras de la vulgaire soldatesque, qui ne pensait qu'à s'enrichir, augurant de siècles nouveaux. Cajamarca, ou la naissance d'une certaine forme du capitalisme moderne. Durant sa captivité, Atahualpa, obsédé par sa lutte avec son frère, le fera exécuter, dans sa prison d'Antamarca, près de Yanamayo, commandant le meurtre depuis sa prison (ironie de l'histoire : les deux Incas se livraient une guerre fratricide pour le pouvoir alors que celui-ci avait disparu à tout jamais, et qu'un autre, bien plus pernicieux, était en train de détruire des siècles d'Histoire !). L'Inca pensait peut-être que les Espagnols respecteraient leur parole, et qu'il serait libéré. Mais comment cela aurait-il pu être possible ? Lui en liberté, les conquistadores devraient lutter contre une armée revigorée par la rage : le prestige du Fils du Soleil, quoique ébranlé depuis son emprisonnement, était immense. De fait, les Espagnols firent courir le bruit que des fidèles de l'Inca cherchaient à se rebeller. Hernando de Soto, qui s'était fait l'ami d'Atahualpa et le défendait, fut envoyé vérifier la véracité de ces rumeurs (infondées, comme on le sait). Pendant son absence, l'Inca fut jugé, puis condamné : on le brûlerait s'il ne voulait pas être chrétien ; Atahualpa décida alors de se convertir pour ne pas souffrir l'épreuve du feu, terrible pour les Incas, car les flammes empêchaient de revenir dans la mort, la vie n'étant qu'un passage ou un état premier : la perte du corps empêchait la momification et l'immortalité. Atahualpa, le Fils du Soleil, fut nommé Francisco et étranglé peu après.

## Cusco sous la coupe espagnole

Un terrible crime venait d'être commis, ce qui ne manqua pas d'être signalé par les chroniqueurs par la suite. Afin de ne pas risquer une guerre civile dans les limites de l'ancien empire inca, Pizarro nomma bientôt un douzième Zapa Inca, Túpac Huallpa (frère d'Atahualpa, qui se soumit à la couronne espagnole mais mourut, probablement empoisonné, peu après), pour éviter des rébellions indigènes. Le 14 novembre 1533, Pizarro, Soto et Almagro pénètrent sans résistance aucune dans la légendaire Cusco. Quand Pedro de Alavardo, qui a soumis le Guatemala, débarque à son tour sur les côtes de l'actuel Equateur afin de coloniser le nord de l'empire inca, Pizarro préfère négocier, plutôt que de devoir affronter l'un des conquérants les plus redoutables du nouveau monde : il lui remettra 100 000 pesos d'or, une fortune immense, supérieure à ce qu'Alvarado perçut de toutes ses propres conquêtes en Amérique centrale. La confrontation entre deux mondes, l'hispanique et l'inca, venait de tourner en faveur du premier et la face de tout un continent allait en être modifiée en profondeur. Ce n'est pas la résistance opposée à Saqsaywamán par Manco Inca, d'où Pizarro sera un instant délogé en 1537, puis de l'amazonienne Vilcabamba, foyer de la résistance inca, où Manco Inca sera assassiné en 1545 (par des Espagnols qu'il hébergeait et protégeait, à une époque de guerre civile entre les Espagnols : en effet, l'Inca aidait matériellement et financièrement l'armée du fils de Diego de Almagro, après l'assassinat de celui-ci par Pizarro), qui pourra arrêter la marche triomphale des conquistadores, pas plus que la lutte des descendants de Manco Inca, Tayri Túpuc, Titu Cusi Yupanqui (qui fut l'un des seuls à réunir la plupart des indigènes dans une glorieuse révolte de type « guerilla », le « Taquiy Onqoy » ou « soulèvement général » en 1567) et, enfin, Túpac Amaru Ier, dernier Inca, exécuté en septembre 1572 après avoir brûlé Vilcabamba pour que les Espagnols ne s'en emparent jamais.

## Rivalités intestines des colons

La conquête, la fièvre de l'or et du pouvoir devaient déchaîner des luttes intestines entre les conquistadores, luttes dont allait être victime Almagro, assassiné en 1538 par les partisans de Francisco Pizarro. Au moment de la « Capitulation de Toledo », Pizarro reçut tous les honneurs et les bénéfices, au détriment de ses partenaires Diego de Almagro et le padre Hernando de Luque. Cette haine tenace rejaillit brutalement au moment de la rencontre historique de Cajamarca. En effet, Atahualpa ne fut pas le seul à arriver sur une literie en or ; un autre personnage l'accompagnait, tout aussi privilégié. Pizarro demandait qui était ce noble individu : il s'agissait du seigneur de Chincha (tué sur place par les conquistadores), un riche négociant propriétaire de plus de 200 bateaux et l'homme le plus riche de tous les sujets de l'Empereur. Aussitôt, Pizarro et Almagro entrèrent dans une mauvaise dispute à propos des limites de leurs gouvernements, tous deux y incluant Chincha. Le sort ne s'avéra pas plus plaisant pour Pizarro, assassiné à son tour en 1541, aux portes de son palais de Lima, ville qu'il avait prise pour capitale, suivant en cela l' « amical » conseil des Incas qui lui avaient recommandé la ville la plus ingrate du pays (ciel gris quasiment toute l'année, pas vraiment une aubaine pour les adorateurs du soleil !). Loin de l'autorité royale, les nouveaux maîtres du continent échafaudèrent intrigues et rébellions (comme celle de Lope de Aguirre en Amazonie), finalement étouffées par la Couronne d'Espagne. Le souverain ibère assit son autorité sur le Nouveau Monde et entreprit, en plus de le piller, de le christianiser, y imposant également la langue espagnole et son propre modèle de société. La colonisation fut subventionnée en partie par l'argent de la Couronne espagnole, en partie par des capitaux privés, et notamment des banques anglaises et hollandaises.

Les colons furent souvent des hommes d'âge mûr, ni trop jeunes pour souffrir d'un manque de respect, ni trop vieux pour perdre la vigueur nécessaire à une telle entreprise. 30 % à peine étaient des « hidalgos », le grade le plus bas de la noblesse espagnole. Les Conquêtes du Pérou et du Mexique présentent des caractéristiques communes : elles vinrent à bout des deux plus grandes civilisations du monde précolombien, toutes deux en proie à des troubles intérieurs au moment de l'arrivée des Espagnols (une confusion qui leur fut d'un grand secours) ; ils bénéficièrent du concours de tribus soumises au joug des deux empires (les Tlaxcaltecas au Mexique et les Huancas au Pérou) ; les envahisseurs se livrèrent dans les deux cas à des intrigues et des coups bas entre eux pour la possession des trésors à disposition ; mais dans tous les cas, ils exerçaient une oppression de tous les instants sur les indigènes.

## La société coloniale

Une fois la conquête achevée, les Espagnols instaurèrent un type d'organisation hiérarchisée où les nouveaux maîtres dominaient sans partage une classe inférieure : les indigènes, évangélisés par la force et privés de leurs croyances et coutumes. Ceux-ci virent leurs habitudes alimentaires modifiées et leur organisation sociale éradiquée : le système de l'ayllu fut supprimé et, avec lui, toute organisation collective du travail. Les Espagnols s'emparèrent des terres les plus riches et forcèrent les paysans à les travailler, tels de véritables esclaves.

Ainsi s'établit le système de l'encomienda qui dépouilla totalement les indigènes de leurs terres. Les maladies, apportées par les conquistadores et inconnues jusqu'ici, décimèrent des populations entières. Regorgeant de minerais et de métaux précieux, l'empire inca se transforma bientôt en un champ d'extraction intensif des richesses naturelles. Les mines d'or et d'argent travaillaient à plein régime, expédiant vers la métropole des galions bourrés de lingots et de trésors pillés. Potosí, aujourd'hui en Bolivie, fournissait l'argent, Huancavelica, le mercure. Des milliers d'indigènes étaient réquisitionnés pour ces durs travaux : à l'exploitation des entrailles de la terre s'ajoutait celle des hommes. 20 000 indigènes travaillaient à Potosí, les paysans étaient contraints d'abandonner leur terre pour aller s'épuiser dans l'insalubrité des mines. La population du Pérou passa d'environ 6 millions en 1500, à 1,5 million soixante ans plus tard. Des aventuriers sans le sou, tirés des bas-fonds de l'Europe, bâtissaient des fortunes colossales et s'emparaient des rênes du pouvoir politique.

L'Espagne, forte de cette manne, devint une grande puissance économique. Et pour faire tourner chaque jour davantage la grande machine à produire des richesses, les colons s'attachèrent à détruire, avec le plus grand zèle, les racines des peuples soumis. Les missionnaires sillonnèrent le pays, des églises plus hautes que les cathédrales hérissèrent villes et villages, de la costa à la sierra. Malgré tout, les indigènes, en catimini, continuèrent à honorer les dieux des Incas, à pratiquer leur langue, le quechua, et à se vêtir selon la tradition. Dès le XVIIe siècle apparaissent de nouveaux acteurs sociaux : les métis, issus de mariages mixtes ou de viols, et les Noirs venus d'Afrique en qualité d'esclaves. Ces derniers furent requis pour la construction des villes de la côte, Lima notamment, et c'est dans ces régions que vivent aujourd'hui leurs descendants. Pour maintenir leur autorité sur les autochtones, les colons créèrent les *reducciones*, sur le modèle castillan, aggravant la ségrégation. De nouveaux modes de production et de nouveaux produits furent importés : bétail porcin, ovin et chevalin qui repoussa vers les hauteurs inhospitalières les camélidés ; céréales qui se substituèrent au *quinua* par exemple. La société péruvienne s'organisa alors en haciendas, vastes domaines agraires où régnait le propriétaire en maître absolu. Une parcelle de terre y était concédée aux indigènes. Ceux-ci avaient obligation de travailler pour le maître, qui envoyait son tribut à la Couronne d'Espagne pour laquelle il jouait aussi le rôle d'organisateur et de policier. Les

## Des vice-rois pas comme les autres

Parmi tous les vice-rois qui administrèrent les terres mythiques du Pérou, on compte plusieurs énergumènes dignes d'intérêt :

- **Un honnête pacifiste**, Pedro de la Gasca : il ne remit jamais aucun cadeau au roi, se contentant de verser le *quinto real* obligatoire. Sa phrase favorite : « Le roi m'a autorisé à donner mais non à recevoir. » Ainsi, il n'accepta jamais aucune offrande des nobles de Lima, qui tous essayaient de s'attirer ses faveurs.
- **Des hommes splendides** qui finirent dans la misère la plus totale, comme Gaspar de Zuñiga Acevedo (comte de Monterrey, vice-roi de 1561 à 1564) ou Agustin de Jauregui y Aldecoa (vice-roi de 1780 à 1784). Pour pouvoir les enterrer, on dut solliciter une collecte publique !
- **Des opportunistes** qui revinrent en Espagne couverts de richesses, comme Francisco de Toledo, comte de Oropesa (cinquième vice-roi de 1569 à 1581), ou José Antonio de Mendoza Caamaño y Sotomayor, marquis de Villagarcia (vice-roi de 1736 à 1745), dont la fortune était estimée à 200 000 pesos, soit 3,5 fois plus que tout ce que reçut Pizarro du trésor d'Atahualpa. On peut encore citer Manuel Amat y Juniet, vice-roi de 1761 à 1776.
- **Des contrebandiers** : comme Manuel de Oms y de Santa Pau, marquis de Castellosrius (vice-roi de 1707 à 1710), ou Baltazar de la Cueva Henriquez, comte de Castellar (vice-roi de 1674 à 1678). Tous deux profitèrent de leur charge pour se livrer à toutes sortes d'activités illicites, et s'enrichirent grandement.
- **Ou encore des courtisans** : tels Diego de Zuñiga y Velasco, comte de Nieva (vice-roi de 1561 à 1564), assassiné, ou Felipe de Borja y Aragaon, prince de Esquilache (vice-roi de 1616 à 1621), une sorte de poète (il affectionnait les sonnets). Tous deux s'adonnèrent à une vie de plaisirs faciles, à la bohème artistique et à la vie trépidante de la « jet-set » de l'époque.

latifundos, grandes propriétés rurales, fonctionnaient selon un mode semi-féodal, voire esclavagiste sur la côte où étaient concentrés les Noirs. Parallèlement, à Lima, se constitua une classe sans cesse en expansion : celle des commerçants et négociants. Toute cette organisation allait régir le vice-royaume du Pérou deux siècles durant sans anicroches notoires, jusqu'à ce que, au milieu du XVIIIe siècle, éclatent les premières révoltes, fruits de la brutalité des colons et de l'injustice. Un même sentiment d'appartenance ethnique et culturelle unissait indigènes et créoles, sentiment vivifié par la pratique du quechua et des coutumes ancestrales. Des insurrections vinrent à éclater : celle dirigée par Juan Santos Atahualpa, à Tarma, en 1742, et celle qui devait « réveiller » toutes les Amériques, la révolte de Túpac Amaru II, en 1781, à Cusco. Après cet épisode sanglant, les autorités espagnoles réalisèrent quelques réformes, tout en exerçant une répression féroce contre les indigènes, leur interdisant de pratiquer les religions animistes, le quechua et de revêtir les vêtements traditionnels. Elles ne parvinrent heureusement pas à leurs fins puisque persistent, notamment dans la sierra, ces coutumes aujourd'hui menacées par un danger aussi grand : l'américanisation (dont casquettes de base-ball et publicités pour Coca-Cola). Il est enfin important d'évoquer le sort des missions jésuites, si intiment liées au destin des indigènes au cours des deux premiers siècles de la Conquête, comme en témoigne l'excellent film *Misiones* (ou *Mission*). En réalité, les jésuites furent plutôt bien accueillis par les indigènes d'Amérique latine (surtout dans l'actuel Paraguay avec les Guaranis). Pas toujours, bien sûr, comme en témoignent les massacres de huit missions dispersées dans la jungle péruvienne : les cofanes, les cocamas, les gayes, les cunibos, les campas, les aguaricos, les pebas et les abijiras n'approuvaient sans doute pas leurs méthodes de fonctionnement ! Mais la chute des jésuites fut provoquée par les Espagnols eux-mêmes. Le 27 février 1767, le roi Carlos III signa en effet un ordre unilatéral d'expulsion de la Compagnie de Jésus de tous les territoires sous gouvernement espagnol. On parle de 2 641 jésuites basés en Espagne et 2 630 en Amérique latine. En contrepartie, on décidait de leur verser une rente annuelle de 100 pesos, mais leurs biens étaient confisqués par la Couronne. Pour quelles raisons ? Selon le décret officiel, pour des « causes graves, des raisons urgentes et nécessaires », sans en dire davantage. En effet, il est probable qu'en cette période réformiste, certains (comme Campomanes, José Moñino ou le comte d'Aranda) ne virent pas d'un bon œil ce clergé sur lequel ils n'avaient aucun pouvoir ; ils accusèrent la Compagnie de Jésus de fomenter les troubles et les révoltes indigènes, au détriment de l'Etat central, une notion qui commençait à faire son chemin dans les pays européens.



## L'INDÉPENDANCE ET LE TEMPS DES CONFLITS

Au Pérou, le vice-roi Manuel Amat y Juniet accomplit le décret le 9 septembre 1767. Tous les jésuites de Lima sont embarqués à Callao pour l'Espagne. Puis vint le tour de tous ceux qui vivaient dans les provinces, même les plus éloignées comme Amazonas, Mojos et Chiquitos. Au début du XIXe siècle, toute l'Amérique latine se souleva contre l'Espagne, et les pays accédèrent à l'indépendance. La révolte fut cette fois-ci le fait des Créoles et non plus des seuls indigènes. Au Pérou, place forte sur le continent des souverains espagnols, la liberté fut arrachée par les armées patriotiques commandées, au sud, par le général San Martín, promoteur de l'indépendance argentine et, au nord, par les troupes de Simón Bolívar, père de l'émancipation de la Grande-Colombie (Venezuela, Panama, Equateur et actuelle Colombie). Proclamée le 28 juillet 1821, l'indépendance du Pérou devint effective après la victoire d'Ayacucho, en 1824. Les premières années furent marquées par de sanglantes luttes entre caudillos, notables locaux tenus à l'écart du peuple et notamment des indigènes et des Noirs, qui avaient participé aux luttes antérieures. La stabilisation politique donna un élan économique significatif au Pérou, avec l'exploitation commerciale du salpêtre et surtout du guano, cet excrément d'oiseau utilisé comme fertilisant et exporté massivement vers l'Europe à une époque où celle-ci entrait en pleine révolution industrielle. Cette activité permit à une poignée de propriétaires de s'enrichir et au pays de s'équiper en infrastructures. Un système commercial et bancaire se mit dès lors en place, sous influence britannique. En 1869, le président Ramón Piérola concéda l'exploitation du guano à une société française. C'est également au cours de cette période que le maréchal Castilla mit fin à l'esclavage. Dopée par l'or du guano, l'agriculture se modernisa à grande vitesse, nécessitant chaque jour davantage de main-d'œuvre. Conséquence de la libération des esclaves noirs, on eut massivement recours aux travailleurs asiatiques : 100 000 Chinois émigrèrent ainsi vers le Nouveau Monde de 1850 à 1875.

Malheureusement, la nouvelle classe dirigeante du Pérou était davantage soucieuse de récolter le plus d'argent possible en exportant des matières premières, que de développer le pays de façon industrielle et constructive. Ainsi, les indigènes s'enfoncèrent peu à peu dans une misère de laquelle ils peinent à sortir aujourd'hui. Le XIXe siècle s'acheva par une guerre cruelle contre le Chili, de 1879 à 1883, connue sous le nom de guerre du Pacifique. Allié à la Bolivie mais vaincu malgré les exploits maritimes de l'amiral Miguel Grau, le « chevalier des mers », le Pérou fut envahi et Lima occupée. Le pays fut dépouillé de la région de Tarapacá (actuelle province chilienne d'Antofagasta), riche en gisements de nitrate, et des provinces d'Arica et Tacna, cette dernière rendue au Pérou en 1929. Cette défaite fit naître de nombreux mouvements politiques et sociaux qui, dans les années suivantes, allaient contester le mode d'organisation de la société péruvienne.

## LE PÉROU AU XXe SIÈCLE

Quand débute le siècle, le Pérou compte 3 millions d'habitants, dont 70 % d'agriculteurs. C'est le moment où s'ouvrent, dans les Andes, les mines de cuivre, d'or et d'argent de Cerro de Pasco, et où l'on commence à exploiter le pétrole de la région de Piura et le caoutchouc d'Amazonie. C'est aussi l'époque de l'apogée du sucre et du coton. C'est alors qu'apparaissent les grandes banques et sociétés industrielles. Une nouvelle oligarchie voit le jour, se dotant d'une organisation, le Parti civiliste, qui porte à la présidence du pays, de 1919 à 1930, Augusto Leguía. Dans le même temps se constitue une classe moyenne qui se fixe dans les grandes villes de la côte et à Lima, soutenue par un marché textile de plus en plus développé. Entre 1918 et 1933, le nombre d'ouvriers passe ainsi de 12 000 à 18 000. C'est dans ce contexte particulier que naissent l'APRA (Alliance populaire révolutionnaire américaine), créée par Víctor Raúl Haya de la Torre en 1924, et le Parti socialiste, bientôt transformé en Parti communiste, sous l'impulsion de José Carlos Mariátegui. Ce sont des années de troubles civils : entre 1922 et 1930, ont lieu 697 révoltes, favorisées par un mouvement « indigéniste » visant à reconnaître les droits des populations natives et de meilleures conditions de vie pour les agriculteurs et les ouvriers. En 1932, l'insurrection de l'APRA, à Trujillo, protestant contre la fraude qui a empêché l'élection de Víctor Raúl à la présidence de la république au profit du général Sánchez Cerro, assassiné l'année suivante, donne lieu à une féroce répression. Cette haine entre l'APRA et l'armée marque d'un fil rouge toute l'histoire contemporaine du Pérou. Au début des années 1940, le pays, en pleine expansion économique, présente le visage d'une société inégalitaire d'où sont rejetés métis et indigènes. Tous les pouvoirs sont centralisés à Lima, ce qui provoque une rivalité qui perdure entre gens de la cordillère et de la côte, et entre Blancs, métis et indigènes.

### Les années charnières (1940-1965)

Les migrations intérieures atteignent leur pic entre 1940 et 1960. Lima, pôle du développement industriel, attire les paysans pauvres de la sierra, notamment les jeunes fuyant un mode d'organisation archaïque dominé par l'exploitation. L'économie péruvienne est alors florissante, atteignant, en 1966, un taux annuel de croissance de 5,5 %, le plus élevé d'Amérique latine. L'amélioration des conditions générales permet à l'espérance de vie de passer, durant cette période, de 36 à 49 ans, et à la population de 6 à 10 millions. La société, rurale à 70 % en 1940, est urbaine à 50 % un quart de siècle plus tard (76 % au dernier recensement de 2007). La modernisation du pays, commencée sous la dictature de Manuel Odría (1948-1956), s'amplifie avec Fernando Belaúnde Terry (1963-1968), de l'Action populaire (AP), qui dispute à l'APRA les suffrages du peuple. C'est durant ce quinquennat qu'est construite la Carretera marginal, qui ouvre la selva aux échanges, et que s'élèvent les premiers logements sociaux. Mais les espoirs déçus donnent naissance à des mouvements révolutionnaires armés qui s'inspirent de l'esprit de mai 1968 ou de la guerre du Vietnam. Une guerre secoue aussi le Pérou. Il s'agit d'un différend territorial avec son voisin, l'Equateur. La guerre se terminera avec la signature, en 1942, du traité de Rio, qui ne résout cependant pas le problème de fond. Celui-ci pourrira les relations entre ces deux pays jusqu'à la fin du siècle.

### Le temps des militaires (1968-1980)

Les idées de planification et de bien-être social dispensées par l'Etat, telles qu'elles se mettaient en pratique dans les pays de l'Est, animent le mouvement des généraux qui, autour du général Velasco Alvarado, déposent le président Belaúnde Terry. Ce gouvernement, qualifié de « révolutionnaire », cherche à se dégager des modèles communistes et capitalistes. Il entreprend immédiatement de nationaliser le pétrole, puis les secteurs économiques stratégiques comme la sidérurgie et les mines, et met en place la réforme agraire, expropriant les grands latifundos (75 % des terres appartenaient à 0,4 % de Péruviens) pour y installer des coopératives. Non aligné et proche de l'URSS, le Pérou de Velasco se trouve en butte à l'hostilité des Etats-Unis. Si la situation économique se stabilise, demeure la question de la productivité et de l'accroissement de la dette extérieure. L'opposition de larges secteurs patronaux, la lente dégradation de l'économie, la grogne croissante des syndicats (de graves troubles populaires ont lieu à Lima en 1975) ont raison de Velasco Alvarado, remplacé par le général Francisco Morales Bermudez, qui promet des élections et imprime un tour différent à la politique de son prédécesseur sans parvenir à résoudre la crise. L'exode vers les villes continue et, chaque jour, les grandes villes, Lima surtout, voient fleurir les bidonvilles, « *los pueblos jóvenes* ». 1977 est l'année des grèves et des manifestations réunissant employés licenciés et sans travail venus de la sierra. Nombre d'entre eux se lancent dans le commerce informel pour subsister, phénomène qui s'est accentué ces dernières années. Les militaires convoquent des élections pour la formation d'une Assemblée chargée de rédiger une nouvelle Constitution. C'est l'APRA qui les remporte. Le 12 juillet 1979 est adoptée la Carta magna ; le 2 août disparaît, à l'âge de 84 ans, Víctor Raúl Haya de la Torre, fondateur de l'APRA.



## Figures historiques

Ces noms-là vous les retrouverez partout. Ils font partie de l'histoire péruvienne.

- **José de San Martín (1778-1850).** Cet argentin est l'un des Libertadores sud-américain qui ont permis aux pays latins de prendre leur indépendance. San Martín et O'Higgins, avec l'aide de Lord Thomas Cochrane, organisent une expédition par voie maritime qui part le 20 août 1820 du port de Valparaíso. La bannière est chilienne, mais le commandement aux mains du général San Martín. Le 8 septembre, il débarque avec une armée de 4 000 hommes (composée d'Argentins, de Chiliens et d'autres nationalités) dans le port de Pisco, au Pérou, pour atteindre finalement Lima en juillet 1821. Le 28 juillet, San Martín déclare l'Indépendance du Pérou et est nommé « protecteur du Pérou », avec autorité civile et militaire. Il gouverne ainsi le Pérou depuis le 3 août 1821 jusqu'au 20 septembre 1822. Il a également appuyé la libération de l'Equateur voisin. En 1824 le généralissime du Pérou, revenu en Argentine, se résout à l'exil. Il a vécu ses dernières années à Paris, Evry, puis Boulogne sur Mer où on trouve même une maison-musée en son honneur.
- **Miguel Grau (1834-1879).** Originaire de Piura, le « chevalier des mers » est respecté dans tout le Pérou pour son sens de l'honneur. Il était amiral et officier de la marine péruvienne et a été tué à la bataille navale d'Angamos sur le bateau qu'il commandait, le *Huáscar*, lors de la guerre du Pacifique (1879-1884) entre Pérou et Chili. Même si son destin est scellé par une défaite il est souvent cité comme exemple pour sa courtoisie envers l'ennemi. Le 21 mai 1879 il gagne le combat naval de Iquique coulant le navire chilien, Esmeralda, mais porte secours aux naufragés ennemis et envoie une lettre émouvante à la veuve du commandant Arturo Prat accompagnée de ses effets personnels.
- **Ramón Castilla (1797-1867).** Président du Pérou par deux fois, il a gouverné le pays de 1845 à 1851 puis de 1855 à 1862. Après des années de guerre et de luttes internes, c'est avec lui que débuta véritablement le Pérou républicain mettant en place les bases d'une nouvelle société. C'est lui qui décréta officiellement la fin de l'esclavage noir en 1854 mais il a aussi à son actif la loi sur la liberté de la presse, l'abolition du tribunal indigène et de la peine de mort, et la mise en place d'une administration publique cohérente. Avec lui, le Pérou est entré dans la modernité adoptant le télégraphe, l'éclairage à gaz ou les chemins de fer.
- **Isabel Flores de Oliva, Santa Rosa de Lima (1586-1617).** Peu de femmes au Panthéon national mais Isabel apparaît sur les billets de 200 Soles. Née à Lima en avril 1586, cette dominicaine a été canonisée par le pape Clément X en 1671. Ce fut la première sainte du Nouveau Monde. Jeûne, pénitences corporelles, lit composé de fragments de vaisselle et de tuiles tranchants, elle ne s'épargna pas pour le rachat des âmes du Purgatoire et la conversion de tous les pécheurs. Sainte Rose de Lima est patronne des Amériques, des Philippines, du Pérou, de la ville de Lima, de la police nationale et de l'université catholique du Pérou. Elle est fêtée chaque 30 août.

## Naissance des mouvements armés (1980-1985)

Le nouveau gouvernement appelle aux élections générales pour le 18 mai 1980. La veille, à Chushi, dans la région d'Ayacucho, un petit groupe brûle les listes électorales et les urnes. Le Sentier lumineux vient de faire son entrée sur la scène politique. Pour la deuxième fois, Fernando Belaúnde Terry accède à la présidence et son parti, l'AP, obtient la majorité absolue dans les deux Chambres, l'APRA et l'Izquierda Unida (Gauche unie), assurant l'opposition. Le programme libéral appliqué par la nouvelle équipe dirigeante accentue la crise : l'inflation et le déficit public, ainsi que le chômage s'intensifient. Ces difficultés sont le terreau sur lequel croît le Sentier lumineux, officiant dans les départements les plus pauvres et reculés du pays : Ayacucho, Apurímac et Huancavelica. En 1983, c'est l'Izquierda Unida qui emporte les élections municipales de Lima, marquant un tournant dans la vie politique du Pérou. En 1984, apparaît un autre groupe, qui s'oppose à la fois au Sentier lumineux et au gouvernement : le MRTA (Mouvement révolutionnaire Túpac Amaru). En 1996, le MRTA investira l'ambassade du Japon, à Lima, pour une très longue prise d'otages.

## L'APRA aux commandes (1985-1990)

Le 28 juillet 1985, Alan García Peréz, âgé de 35 ans et élu avec 53 % des voix, accède à la présidence du pays : l'APRA réalise un rêve vieux de soixante ans. De grandes espérances se réveillent. Le paiement de la dette extérieure, qui asphyxiait le pays, est réduit à 10 % de la valeur des exportations ; le Pérou est frappé de sanctions par le FMI. Les années 1986 et

### Le Sentier Lumineux

Ce groupe, placé sur la liste officielle des organisations terroristes de l'Union européenne, se revendique Parti Communiste du Pérou. Ses membres se nomment les *senderistas* et se rassemblent depuis la fin des années 1960 sous l'autorité de son fondateur Abimael Guzmán, alors professeur de philosophie, et surnommé « Presidente Gonzalo » .

L'organisation, à tendance maoïste-marxiste-léniniste, a utilisé le terrorisme à des fins politiques dans les années 1980 et 1990, durant lesquelles plus de 70 000 victimes ont été dénombrées.

Traqué pendant plus d'une quinzaine d'années par le Grupo Especial de Inteligencia (GEIN) de la Dirección Nacional Contra el Terrorismo (DINCOTE), Abimael Guzmán, qui avait réussi à échapper aux autorités pendant tout ce temps grâce à son obsession pour la sauvegarde de son anonymat, finit par être arrêté en 1992, sous le régime d'Alberto Fujimori.

Lors de sa capture, la police saisit l'ordinateur de Guzmán, qui révèle des données inédites sur Le Sentier Lumineux ; on apprend par exemple que l'organisation compte plus de 20 000 membres. En octobre 1993, Guzmán propose un accord de paix sous la pression du bras droit de Fujimori, Vladimir Montesinos. Cependant, ce pacte entre l'État péruvien et les membres du Sentier Lumineux (encore dans la clandestinité) ne deviendra pas réalité. En effet, cette proposition a fait débat au sein des dirigeants du Sentier Lumineux. Dans un sentiment de trahison et signe de faiblesse, l'organisation ne rendra finalement pas les armes.

De fait, si l'intensité des attaques n'a plus connu le pic des années 1980-90, la violence n'a toutefois pas cessé. On retient par exemple l'embuscade de 2008 dans laquelle l'armée péruvienne perdit 14 hommes. Entre 2008 et 2009, ce sont 50 soldats et policiers qui perdirent la vie. Plus récemment, le 11 août 2013, c'est au tour du Sentier Lumineux de voir ses rangs décimés avec la mort d'Alejandro Borda Casafranca et de Marco Antonio Quispe Palomino, respectivement numéros 2 et 4 de l'organisation terroriste. La zone de combat la plus intense est celle du VRAEM (Valle de los Rios Apurimac et Ene) où le gouvernement Humala a mené une politique de lutte intense.

Le Movadef, bras politique du mouvement, est toujours actif. Le 12 septembre 2017, après avoir purgé 25 ans de peine, l'une des terroristes emblématiques du Sentier Lumineux a été libérée : Maritza Garrido Lecca, danseuse, en charge de la protection du leader Abimael Guzmán. Lui-même est toujours détenu dans la prison de la Base Navale du Callao. Guzmán a 84 ans et a été condamné à la prison perpétuelle.

1987 sont marquées par une augmentation de la consommation des ménages. L'APRA triomphe alors aux municipales avant que ne reprenne la crise : l'inflation se remet à galoper, les finances publiques à accumuler les déficits. Les désordres de la rue réapparaissent, plus forts. On voit, lors de certaines manifestations, Mario Vargas Llosa en tête de cortège : le grand écrivain, admirateur en économie de Margaret Thatcher, fait irruption dans le scénario. Autour de lui, se constitue le Mouvement Libertad. En 1988, l'inflation est de 1 789 %, elle est de 2 777 % l'année suivante. Le Sentier lumineux commence à frapper hors de ses fiefs andins et Lima connaît l'angoisse des attentats. En 1989, c'est un indépendant, Ricardo Belmont qui, pour la première fois, devient maire de Lima.

## Les années Fujimori (1990-2000)

Un fils d'émigrés japonais va créer une énorme surprise en battant Vargas Llosa, soutenu par le FREDEMO (Front démocratique) où figuraient tous les partis libéraux. Alberto Fujimori, candidat de Cambio 90, reçoit, au second tour, l'appui de l'APRA et des partis de gauche, et applique, dès son arrivée au palais présidentiel, une thérapie de choc, privatisant les entreprises, taillant dans les budgets sociaux, augmentant les impôts des classes intermédiaires, payant les dettes du Pérou au FMI, tout en menant une guerre sans merci aux groupes armés révolutionnaires. L'inflation, qui avait atteint 7 600 % lors de son accession au pouvoir, commence à baisser. Désireux de réussir et doté d'un caractère très autoritaire, Alberto Fujimori, s'appuyant sur les militaires, déclenche un coup d'Etat civil en avril 1992, dissout le Congrès et s'attribue les pleins pouvoirs pour « lutter contre le terrorisme ». Sous la pression internationale, il convoque des élections. Une nouvelle Constitution est adoptée, qui lui permet notamment de briguer un second mandat. En juillet, un grave attentat affecte la capitale et, en septembre, la DINCOTE (Direction de lutte contre le terrorisme) réussit sa plus belle prise en arrêtant Abimael Guzmán, le n° 1 du Sentier lumineux. Si la violence ne cesse pas, elle diminue notoirement, au point de permettre à Alberto Fujimori, quelques semaines avant la prise de l'ambassade du Japon par le MRTA, d'affirmer que le pays était « pacifié ». Toutefois cette pacification s'est faite en laissant les mains libres à l'armée qui a elle-même gravement abusé de ses pouvoirs, les populations locales en faisant les frais.

Economiquement, la situation évolue dans le sens que souhaitaient les grands organismes internationaux, souvent au détriment des classes moyennes. Porté par les plus pauvres, Alberto Fujimori bat, à l'élection de 1995, un poids lourd de la politique mondiale : Javier Peréz de Cuellar, ex-secrétaire de l'ONU. En 1999, après quelques années de combats à la frontière avec l'Equateur, un accord concernant ces territoires est enfin signé et le problème, laissé en suspens depuis le traité de Rio en 1942, est réglé. En septembre 2000, éclate « l'affaire Montesinos », une incroyable épopée de cassettes vidéo enregistrées tandis que de hauts dignitaires recevaient des pots-de-vin pour favoriser certaines entreprises. Fujimori démissionne par fax depuis le Japon et s'empresse de reprendre la nationalité japonaise, devenant ainsi intouchable pour la justice péruvienne.

Après 5 ans d'exil, il est arrêté au Chili peu de temps avant l'élection présidentielle de 2006. Au courant de l'année suivante, son extradition finalement acceptée par la Cour suprême du Chili, il est condamné à 25 ans de prison par le Tribunal de Lima. Les charges qui sont retenues contre lui sont les suivantes : violation des Droits de l'Homme (au cours de sa présidence), détournement de fonds pour l'affaire Montesinos (7 ans) ainsi que corruption (de députés d'opposition, de journalistes) et écoutes illégales (d'opposants et autres personnages politiques, 6 ans). Les peines ne s'additionnant pas au Pérou, Fujimori ne devra purger que les 25 ans de prison qui ont été confirmés par la Cour Suprême du pays.

Sa main de fer a aussi eu des conséquences terribles pour les populations des zones où se déployaient les terroristes. Une Commission nationale de la vérité et de la réconciliation a vu le jour en 2007 et dressé une liste des abus commis par les forces armées durant cette période de répression du terrorisme, mais les indemnités se font attendre. Au total on compte 69 280 victimes des deux camps entre 1980 et 2000, plus que toutes les guerres depuis l'indépendance.

En juillet 2017, un sondage démontrait que 60 % des Péruviens seraient pour la grâce humanitaire de l'ex-président Fujimori. Pedro Pablo Kuczynski (PPK), alors président en activité, parlait non pas de grâce, mais de pardon médical. Une commission a été formée pour une évaluation complète de l'état de santé de l'ex-mandataire. Le 24 décembre 2017, PPK lui accorde une grâce humanitaire très critiquée, car elle semble une monnaie d'échange pour que le congrès, à majorité fujimoriste, cesse de menacer PPK et le laisse gouverner. Le 5 janvier 2018, Alberto Fujimori sort, libre. Peu après, en février, s'ouvre un nouveau procès lié à la mort de villageois en 1992 qui annule la grâce et ordonne une arrestation. Un nouveau séjour à l'hôpital retarde la mise en place de la sentence, mais depuis janvier 2019, Fujimori est de nouveau incarcéré.

# LE PÉROU CONTEMPORAIN

Le 5 juin 2001, Alejandro Toledo est élu président de la République du Pérou pour 5 ans. C'est le premier indigène investi de cette charge. Dès le début de son mandat, il a été confronté à une grave crise de crédibilité : les manifestations sociales se succédant pendant plusieurs mois l'ont obligé à proclamer, en juin 2003, l'état d'urgence. Il a dû affronter une révolte civile (avortée en janvier 2005) menée par les deux frères Antauro et Ollanta Humala, aux idées nationalistes, anti-occidentales et indigénistes. Son taux de popularité a souvent été au plus bas (moins de 10 % d'avis favorables dans les sondages !) : il n'aurait, dit-on, rempli aucune de ses promesses électorales… Malgré cette instabilité politique, force est d'admettre que les indicateurs macroéconomiques du Pérou ont progressé : dynamisme de l'activité, orthodoxie de la politique économique et bonne gestion de la dette. Les enquêtes révèlent aujourd'hui de fortes suspicions de corruption liées à l'attribution de marché public sous son gouvernement. Depuis février 2017 il est sous le coup d'un mandat d'arrêt international. En janvier 2019 il a été arrêté aux Etats-Unis mais pas d'extradition en vue. Alors que la fin du mandat de Toledo approchait et que les alliances commençaient à se former pour les prochaines élections présidentielles, Alberto Fujimori décide de revenir sur la scène politique péruvienne. Il est arrêté dès que son avion se pose sur le sol chilien. Après cinq années d'exil au Japon, Fujimori restera en détention préventive au Chili avant qu'une décision judiciaire ne soit prise pour son extradition vers le Pérou en 2007. A la tête du Pérou de 1990 à 2000, il est accusé d'avoir commandité l'assassinat de 24 hommes et d'un enfant au début de sa présidence, ainsi que de s'être livré à des délits de corruption. Il est sous le coup de 21 chefs d'accusation et terminera condamné à 25 ans de réclusion pour l'ensemble de ces crimes. Fujimori est aussi inquiété pour sa politique forcée de limitation des naissances. Dans les années 1990, son programme national de planification familiale a débouché sur la stérilisation chirurgicale de plus de 300 000 femmes et 20 000 hommes. Des femmes ont eu le courage de porter plainte, et en 2011 le président Humala a demandé à la justice d'ouvrir des enquêtes sur ces crimes.

En juin 2006, Alan García (le retour !) remporte de palpitantes élections présidentielles, contre Ollanta Humala. García est élu grâce à la classe aisée de Lima, alors que la grande majorité du pays a été séduite par les vues indigénistes d'Humala qui était arrivé en tête au 1er tour à Huancavelica (79 % des voix), Ayacucho (84 %), Cusco (73 %), Apurimac (71 %)… En 2007 et 2008, les chiffres de l'économie péruvienne sont au vert, malgré la crise financière internationale. Toutefois, la pauvreté touchait encore 36,2 % de la population en 2008. Fin 2009, le Pérou entretient des rapports très délicats avec le Chili, en raison d'un différend maritime qui a été porté devant la Cour internationale de justice de La Haye, et d'une suspicion d'espionnage militaire.

Un président socialiste au pouvoir : Ollanta Humala remporte les élections présidentielles de juin 2011 face à Keiko Fujimori, la fille du dictateur déchu, avec 51,4 % des voix. Une désillusion électorale de plus, car si son programme était de gauche, la politique mise en place n'a pas été à la hauteur des attentes. Après la mise en place de quelques avancées sociales comme Pension 65 (minimum vieillesse), l'augmentation du salaire minimum ou des programmes de bourses (Beca 18), toute la fin de son mandat a été rattrapée par des affaires de corruption qui l'ont fait dégringoler dans les sondages. Suspicions qui semblent justifiées : entre juillet 2017 et avril 2018, Ollanta Humala et sa femme, Nadine Heredia, présidente du Partido Nacionalista Peruano, ont passé plusieurs mois en prison préventive, le temps qu'une enquête sur le blanchiment d'argent éclaire les financements troubles de sa campagne et d'éventuels pots-de-vin reçus dans le cadre du scandale Odebrecht, entreprise de construction brésilienne. Ils ne doivent leur sortie qu'à un habile recours à l'*habeas corpus* et le procès reste à venir.

L'élection présidentielle d'avril 2016 a opposé au 2e tour Keiko Fujimori de nouveau et Pedro Pablo Kuzcinski, économiste et ancien ministre de Toledo. Il l'a emporté de justesse avec 50,12 % des voix. Alors que sa candidature n'a guère suscité d'enthousiasme durant la campagne, lors de laquelle il est perçu comme le représentant de l'élite blanche et du secteur privé, la crainte chez beaucoup d'électeurs d'un retour au pouvoir de la famille Fujimori lui a donné un avantage décisif à la fin de la campagne. Malgré un discours virulent contre la corruption, des soupçons forts pèsent contre lui notamment pendant son exercice comme ministre de l'Economie et des Finances sous Toledo, lui-même soupçonné et condamné à la prison préventive dans les affaires Ecoteva et Odebrecht. L'urgence qui a secoué le pays face au Niño Costero lui a permis de redorer son blason grâce à une campagne glorifiant les héros nationaux sous le slogan #unasolafuerza. Mais avec un Congrès en majorité acquis aux fujimoristes, il a peu de marge pour développer une politique claire. La concession de l'immunité humanitaire accordée à Alberto Fujimori le 24 décembre 2017 n'y changera rien, le Congrès oblige PPK à la démission le 21 mars 2018. Lui aussi lié à l'affaire Lava Jato, il est depuis le 19 avril 2019 en prison préventive, sentence qui est exercée à domicile en raison de sa santé fragile.

## 2019 : corruption à tous les étages et bras de fer politique

Le 2 avril 2018, Martin Vizcarra, vice-président, prend les rênes du pouvoir comme le prévoit la constitution. Un peu timoré au départ, il a réussi à se placer comme la voix du peuple face à un Congrès archi corrompu lui aussi et protégeant certains de ses membres de poursuites judiciaires en refusant de lever leur immunité parlementaire. Il pousse dans leurs retranchements les députés en majorité fujimoriste et affaiblis depuis l'arrestation de leur leader Keiko Fujimori (en prison préventive depuis le 1er novembre 2018) et la remise en prison d'Alberto Fujimori le 23 janvier 2019. sa dernière allocution le 28 juillet 2019 s'est terminée de nouveau sur une provocation en présentant un projet pour avancer les prochaines élections à 2020 et ainsi en finir avec les freins incessants que le Congrès impose aux politiques présidentielles. Le message a été résumé par la presse sous le slogan percutant de « Nos vamos todos » : « Nous partirons tous ». Vizcarra renoncerait à la présidence lui aussi.
Tous les hommes politiques récents du paysage péruvien sont éclaboussés par le scandale Odebrecht. Que ce soit à droite comme à gauche. L'irréprochable ex-maire de Lima, Susana Villaran, est depuis le 15 mai 2019 la voisine de cellule de Keiko Fujimori par exemple. Mais le plus spectaculaire coup de théâtre et événement marquant de 2019 fut sans nul doute le suicide d'Alan García le 17 avril 2019. Mis en accusation lui aussi dans le scandale Oderbrecht, il a d'abord sollicité l'asile politique auprès de l'ambassade d'Uruguay pour persécution politique. Celui-ci lui a été publiquement refusé. Au petit matin du 17 avril, le deux fois ex-président du Pérou s'est tiré une balle dans la tête à l'étage de son domicile au moment même où les équipes du ministère public venaient l'arrêter. Après quelques heures de suspens où les scénarios les plus fous se sont élaborés, la nouvelle est rendue publique : Alan García est décédé. Ses funérailles furent un moment de paralysie médiatique. Bien que l'opinion publique soit majoritairement convaincue des malversations de García, son parti, l'APRA, lui a offert des funérailles de martyr. À 69 ans, García a su tirer sa révérence avec panache laissant une lettre que son plus jeune fils a lu à haute voix lors de son enterrement qui réitérait son discours de toujours : « Les autres se vendent, moi non ». Nous adaptons ici quelques lignes : « Je laisse en héritage à mes enfants la dignité de mes décisions, à mes compagnons un signal d'orgueil et à mes adversaires mon

© STÉPHAN SZEREMETA

*Défilé militaire sur Plaza de Armas, Cusco.*

cadavre comme une marque de mépris... ». Alan García se retire du jeu, mais cela ne change pas grand-chose au désastreux bilan politique du Pérou d'aujourd'hui. Depuis 2001 tous les présidents en exercice ont été ensuite accusés de corruption. La plupart des procès ne sont pas encore bouclés, mais se dessinent de nouvelles figures de super héros péruviens comme notamment José Domingo Pérez, procureur en charge du cas Lava Jato pour lequel sont directement mis en accusations Toledo, García, PPK et Keiko Fujimori.
Difficile de dire à la fin de l'année 2019 qui sera le prochain président ni même la date exacte des élections. Elles sont normalement prévues pour le 26 janvier 2020, mais le tribunal constitutionnel et le comité national d'élections devaient encore se prononcer. Veronica Mendoza, à la tête des forces d'ultra-gauche s'est faite très discrète, mais ses députés sont en tête des révoltes citoyennes. Une ultime alliance avec Perú Libre (Vladimir Cerrón) et Juntos por el Perú (Yehude Simon) eux aussi éclaboussés de scandales a fait renoncé certains de ses députés les plus médiatiques et engendré encore plus de confusion dans la redéfinition du paysage. A côté de cela apparaissent de nouvelles têtes peu crédibles, mais dont la jeunesse séduit les électeurs. Le Pérou nous réserve sans doute bien d'autres surprises dans cette télenovela politique.

# POLITIQUE ET ÉCONOMIE

## POLITIQUE

### Structure étatique

Le Pérou est une république démocratique, dont la nouvelle Constitution date de 1993. La présidence dure cinq ans, et une seule réélection est possible. Comment, dans ces conditions, Alberto Fujimori a-t-il pu se présenter à l'élection à la présidence, une troisième fois, en avril 2000 ? Vous le verrez, au Pérou, beaucoup de choses sont possibles, même si cela ne suit pas toujours à la lettre la loi ou la Constitution. Quoi qu'il en soit, Fujimori s'est servi de son coup d'Etat civil de 1993 et de la nouvelle Constitution afin d'effacer des tablettes sa première élection de 1990. Comme la Cour constitutionnelle n'a pas pris de position franche, il a participé à cette élection où s'affrontaient pas moins de 15 partis politiques et donc 15 candidats, pour 25 circonscriptions électorales.

Le premier tour permet aussi d'élire les membres du Congrès, une Chambre au Pérou avec 120 membres (pouvoir législatif), ce qui ne rend pas le vote simple. Celui-ci est obligatoire pour toute personne âgée de 17 à 70 ans et facultatif pour les citoyens plus âgés. Ceux qui ne votent pas doivent payer une forte amende et leurs papiers sont bloqués, aucune démarche administrative n'étant alors possible, jusqu'au paiement de l'amende. Le bulletin de vote comprend le nom, la photo du candidat et le logo de son parti, puis une seconde colonne pour élire les représentants au Congrès dont on doit noter le numéro. Il faut vraiment avoir un doctorat en politique pour comprendre comment voter ! Avant les élections, tous les partis installent des bureaux où l'on distribue des copies des bulletins, avec des croix aux endroits stratégiques. Les électeurs n'ont plus qu'à recopier sur leur bulletin de vote original. La culture politique des Péruviens est vraiment très basique. Le plus habile et le plus démagogique des concurrents est celui qui gagne. Au moment des élections, tous les moyens de transport sont bondés : on vote dans son district de résidence mais les bureaux sont parfois très distants. Ce système oblige des gens déjà pauvres à dépenser des sommes importantes pour aller voter.

- **Pouvoir législatif.** Le Congrès de la République péruvienne compte 120 membres, élus pour cinq ans en même temps que le président de la République. Il faut obtenir plus de 4 % des votes pour siéger. Le Congrès se compose comme suit à ce jour : 73 députés pour Fuerza Popular (Keiko Fujimori), 20 pour Frente Amplio (parti de gauche mené par Véronica Mendoza), 18 pour PPK (Peruanos por el Kambio, le parti présidentiel), 9 pour Alianza por el Progreso, 5 pour Accion Popular et 5 pour Alianza Popular (APRA, parti historique incarné par l'ancien président Alan Garcia qui s'est suicidé en avril 2019). La prochaine élection sera en avril 2021 comme la présidentielle. Un projet de loi déposé par le président en fonction, Martin Vizcarra (vice-président qui remplace Pedro Pablo Kuczynski poussé à la démission) évoquait l'organisation de nouvelles élections en avril 2020, mais rien n'était encore décidé.

- **Le pouvoir judiciaire** est affirmé par une Cour suprême qui gère l'ensemble des tribunaux locaux. Le Tribunal constitutionnel, chargé de vérifier la compatibilité des mesures économiques énoncées avec la Constitution, a pris une importance croissante ces dernières années.

- **Découpage administratif.** Le pays est divisé en 24 départements, politiquement indépendants. La centralisation est cependant énorme au Pérou, et quasiment toutes les décisions importantes sont prises à Lima. En 1993, on a voulu changer la division politique et il a été question d'avoir onze régions, deux départements et une province constitutionnelle, Callao. Ce système ayant été jugé trop compliqué, l'ancien système est resté en place. Les départements sont divisés en 155 provinces et celles-ci en 1 586 districts. La décentralisation est un thème récurrent de la politique péruvienne.

### Partis

Les partis politiques importants du Pérou sont les suivants :

- **Fuerza Popular**. Parti fondé à l'origine pour l'élection présidentielle de 2011 par Keiko Fujimori (et qui se nommait alors Fuerza 2011). Son changement de nom a été pensé dans le but de consolider le Fujimorisme en un parti politique unique, à vision plus large. Gros succès aux urnes. Si Keiko n'est pas arrivé en tête à la présidence, elle obtient une majorité absolue au Congrès avec 73 députés.

Fuerza Popular est donc un parti important, influent et dominant dans le paysage politique. Ici aussi le jeu des démissions a joué et on ne trouve plus que 54 représentants de Fuerza Popular. D'autres se sont unis à Kenji Fujimori, le plus jeune de la dynastie, qui regroupe 6 députés sous la bannière de Cambio 21, un nom qui pointe l'objectif final : la prochaine présidentielle.

**Alliance populaire révolutionnaire américaine (APRA).** Fondé par Victor Raul Haya de la Torre en 1930. Social-démocrate, affilié à l'Internationale socialiste, mais défend aussi des principes d'économie de marché. Avec ce parti, Allan García Pérez a été élu deux fois président. D'abord en 1985 où il devint, à 36 ans, le plus jeune président jamais élu au Pérou, qui était alors marqué par la pire crise économique de l'histoire républicaine. Son deuxième mandat, qui débuta en 2006, s'achève en 2011 en laissant le pays dans une bonne situation de stabilité économique et politique. Allan García Pérez a en effet profité de sa présidence pour suivre et améliorer les politiques mises en place par ses prédécesseurs. Candidat en 2016, il a essuyé une cuisante défaite avec seulement 5 % des suffrages. Seulement 5 députés actuellement au Congrès sous cette étiquette. Son leader historique, Garcia, a mis fin à ses jours le 17 avril 2019 alors que la police venait procéder à sa mise en détention préventive dans le cadre du scandale Odebrecht. Mauricio Mulder Bedoya, député, est en charge de la direction nationale de l'APRA.

**Peruanos por el Kambio (PPK). Le parti a été créé pour soutenir la candidature de** Pedro Pablo Kuczynski, économiste péruano-américain en 2011. Cet ancien ministre sous Belaúnde Terry et Alejandro Toledo, est arrivé 3e aux élections 2011 puis a remporté celles de 2016 in extremis. 18 députés ont été élus au Congrès sous cette étiquette en 2011, mais suite à la grâce humanitaire, à la démission de Kuczynski et aux différents scandales ils ne sont plus que 5 députés sous cette étiquette.

**Nuevo Peru**. Derrière ce parti de gauche 10 députés sous la houlette de Véronika Mendoza, candidate franco-péruvienne à l'élection présidentielle 2016 et qui a remporté une surprenante 3e place. Le parti défend une politique propre. Les fantômes d'une extrême gauche populiste et autoritaire ne lui ont pas permis de se faire plus de place, mais dans un paysage ravagé par la corruption l'image de Nuevo Peru s'est redorée. Véronika Mendoza s'est faite très discrète ces dernières années attendant probablement son heure pour s'engager dans une nouvelle campagne présidentielle.

**Parti nationaliste péruvien (PNP).** Parti fondé en 2005 par le président Ollanta Humala. Tendance nationaliste. En 2011, Humala s'est présenté sous l'étiquette de « Gana Peru », une coalition de gauche, et a remporté la présidence de la République. En 2016, il n'a obtenu aucun siège à l'élection. Nadine Heredia (épouse de Ollanta Humala) en était la présidente, mais les époux ont tous deux passé plusieurs mois en prison préventive dans le cadre de l'enquête sur le blanchiment d'argent qui aurait servi à financer la campagne 2011. Libérés en avril 2018 à la suite d'une demande d'habeas corpus, ils se font très discrets sur la scène politique. Autant dire que le parti périclite.

**Peru Posible (PP).** Parti fondé par l'ancien président Alejandro Toledo en 1994. Pas de tendance politique claire (les membres sont aussi bien conservateurs que catholiques de gauche). Vision économique assez néolibérale au demeurant. Ce parti a redonné l'image d'un Pérou stable pour les investissements étrangers durant la période ou Toledo était au pouvoir (2001-2006). Aujourd'hui Toledo est en fuite. Il a contre lui un ordre de capture pour une affaire de blanchiment d'argent et trafic d'influence dans le cas appelé Ecoteva pour lequel il devrait être en prison préventive. Aucun représentant au Parlement. Toledo s'est présenté en 2016, avant que la sentence contre lui ne tombe, mais n'a réuni que 2 % des votes. Il ne possède pas de représentants au Congrès.

**Solidarité nationale.** Jusqu'en 2008, il composait un seul et même groupe avec le parti populaire chrétien. Il a été créé par l'actuel maire de Lima Luis Castañeda Lossio. Il ne possède pas de représentants au Congrès.

## Enjeux actuels

Résumer la politique péruvienne est une tâche difficile tant il est aberrant de revoir les mêmes candidats et présidents décriés se représenter et parfois être réélus. Le paysage actuel donne une idée assez nette du problème de fond : une corruption systématique des gouvernants et une déception systématique des électeurs. Septembre 2019, voilà un panorama qui devrait vous permettre de vous faire une idée de l'ampleur du désastre. Alberto Fujimori, président de 1990 à 2000, est en prison, condamné à 25 ans pour homicide prémédité dans les massacres de Barrios Altos, la Cantuta, délit de détournements de fonds publics et délits de corruption et d'usurpation de fonctions. Gracié suite aux pressions parlementaires fin 2017, il est finalement retourné en prison en janvier 2019, condamné dans un procès qui n'avait pu avoir lieu jusqu'alors.

Malgré ce palmarès impressionnant, sa fille Keiko Fujimori est arrivée largement en tête du 1er tour de la présidentielle 2016 puis a obtenu 48,88 % au 2e tour perdant la présidentielle pour une poignée de voix. Son parti Fuerza Popular est majoritaire au Congrès et son frère, Kenji Fujimori, le député qui a recueilli le plus de voix lors de cette élection. Depuis Keiko est elle aussi sous les barreaux, sous le coup d'une détention préventive depuis novembre 2018, éclaboussée par le scandale Odebrecht, entreprise de construction brésilienne qui a construit sa toute-puissance à coup de pots-de-vin systématiques, qui a secoué toute l'Amérique latine.
Alejandro Toledo, président de 2001 à 2006, a aujourd'hui un ordre de capture contre lui accusé d'avoir accepté 25 millions d'euros de pots-de-vin. Il a quitté le pays avant que ne tombe la sentence de prison préventive pour blanchiment d'argent et trafic d'influence. Il a été arrêté aux Etats-Unis en juillet 2019, mais son extradition n'était pas encore à l'ordre du jour.
Ollanta Humala, président et 2001 à 2016, et son épouse Nadine Heredia, présidente du parti national, ont tous les deux effectués plusieurs mois de prison préventive pour blanchiment d'argent le temps de l'enquête sur le financement de la campagne présidentielle. Ils ne doivent leur liberté qu'à un habile jeu d'avocats et le procès dictera la sanction définitive.
Alan Garcia, deux fois président en 1985 puis 2006, est lui aussi suspecté de corruption suite au scandale Odebrecht, mais l'enquête a été abandonnée suite à son suicide le 17 avril 2019, au moment même où les forces de police venaient faire appliquer un ordre de détention préventive.
Les choses ne sont donc pas reluisantes. Humala, après avoir soulevé les espoirs populaires, a laissé pas mal de déceptions et de conflits notamment sur l'utilisation des ressources naturelles des communautés. Pedro Pablo Kuczinski, élu en avril 2016 avec 50,12 % des voix, a dû démissionner en mars 2018 et est lui aussi suspecté et en détention préventive qu'il effectue à sa résidence en raison de sa santé fragile.
Le remplaçant Martin Vizcarra a fort à faire pour s'extraire du lot. Bien que Odebrecht ne doive pas l'inquiéter, une affaire sur l'attribution de l'aéroport de Chinchero au consortium Kuntur Wasi l'a pointé du doigt à plusieurs reprises. Kuntur Wasi a finalement renoncé au marché public qu'il avait remporté et un projet de taille est à nouveau mis de côté. Le sud du pays bloque les routes régulièrement pour contrer le projet d'investissement minier de Tia Maria. Malgré tout l'opinion publique lui est plutôt favorable (environ 55 % d'opinions favorables selon les sondages) dans sa lutte contre un Congrès tout puissant lui aussi truffé de corruption et qui protège certains de ses membres en refusant de leur ôter leur immunité. La dernière estocade de Vizcarra a été lors de son message à la Nation la proposition de convoquer de nouvelles élections en 2020 même si celle-ci lui coûteront sa place. Les grandes réformes sont impossibles à mener avec un Congrès à majorité fujimoriste et l'impasse politique a considérablement compliqué la tâche de PPK et de son successeur Vizcarra. Sa proposition d'avancer les élections est soutenue par 75 % de l'opinion. Reste à espérer qu'un grand ménage sur la scène politique soit réellement possible et qu'émergent de nouvelles figures plus probes qui guident le pays vers un développement qui frémit économiquement, mais manque de structures solides pour l'encadrer.

## ÉCONOMIE

Indiscutablement, le Pérou fait partie des nouveaux pays émergents. Son économie est reconnue comme l'une des plus dynamiques d'Amérique latine ce qui vaut au pays le surnom flatteur de « Tigre des Andes ». Durant cette dernière décennie, le taux de croissance moyen a été de 5,9 %, et ce dans un contexte d'inflation faible (2,9 %). En 2018, le Pérou a affiché un taux de 4 %, des résultats sensiblement similaires sont attendus pour 2019.
En 2018 on recense 20,5 % de la population en situation de pauvreté soit 6 millions 593 mille personnes. Entre 2008 et 2018, ce chiffre a chuté de 16,8 %. La pauvreté extrême touche encore 2,8 % du pays soit 900 000 personnes, mais s'est réduite par exemple en 2017 de 1 %.
Le pays doit notamment sa prospérité à son ouverture économique, puisqu'il dispose d'une législation très favorable aux investissements étrangers (récemment, le pays a même conclu plusieurs traités de libre-échange dont l'importance est capitale pour son développement, avec la Chine, les USA, l'UE, etc.).
Le Pérou peut aussi largement compter sur son patrimoine minier. En effet, il dispose de nombreuses ressources minières (or, argent, cuivre, zinc, étain, plomb, etc.) ainsi que d'hydrocarbures.
Enfin, le secteur agro-alimentaire et le tourisme offrent également de nombreuses perspectives de développement puisqu'ils constituent une source importante de revenus.

## Principales ressources

### Agriculture

Le peuple péruvien, très bien organisé au niveau agraire, a toujours utilisé des techniques en avance sur son époque et a su profiter de la grande biodiversité que lui offrait son sol. Les produits agraires forment une part prédominante du régime alimentaire péruvien (les farineux, les céréales et les légumes étant la réalité quotidienne de tout estomac local). De nombreuses cultures et techniques ont été exportées durant des siècles dans bien d'autres pays. De nos jours, l'agriculture andine continue de fonctionner sous un régime de coopératives de développement, mais est devenue extrêmement précaire car dépendante de facteurs extérieurs comme les conditions météorologiques (durée et intensité de la saison des pluies), l'absence de nouvelles technologies, les problèmes d'approvisionnement des marchés urbains, mais surtout la surexploitation et donc l'appauvrissement des sols.
De nombreux agriculteurs se sont aussi tournés vers de nouvelles activités comme l'élevage, et cela au détriment de l'agriculture. Ce phénomène touche les régions andines. La région côtière connaît le phénomène inverse. Basée jusqu'à il y a trente ans sur la culture de la canne à sucre et du coton (produits en grande partie exportés), l'agriculture (les asperges, les fruits tropicaux, etc.) a connu, grâce à de gros investissements et à la réforme agraire de 1969, un essor très considérable. Situation qui est due également à la rapide modification de la structure de la société. Au cours de ces dernières années, en effet, de nombreux Péruviens sont venus s'installer dans les villes côtières, ce qui a créé des besoins auxquels une agriculture revigorée a su répondre. La région amazonienne de la jungle haute et montagneuse a aussi connu un développement agricole.
De nombreux paysans andins y ont été attirés par des promesses alléchantes d'accession à la propriété. Ils se consacrent aux arbres fruitiers, au café, au cacao, à l'élevage, non sans conséquence sur la déforestation. Ces activités sont majoritairement aux mains des migrants. Les indigènes locaux se contentant souvent d'une petit agriculture de survie à base de yuca et bananes.



## Le fléau de la drogue

Les trois plus grands producteurs de cocaïne dans le monde sont toujours trois pays andins : le Pérou, la Colombie et la Bolivie. Selon le rapport 2017 de l'Office des Nations Unies contre la drogue et le crime, après des années de baisse, le Pérou a de nouveau légèrement augmenté sa production de feuille de coca avec 49 900 hectares cultivés, soit 14 % de de plus qu'en 2016. La principale région productrice est le VRAEM (rio Apurimac, Ene et Mantaro). Les chiffres sont les mêmes qu'en 2011, soit des années de baisse réduites à néant. Le Pérou serait capable de produire en moyenne 490 tonnes de cocaïne par an qui sortent du pays via des pistes d'atterrissage clandestine et points établis le long de la côte. Le commerce de la cocaïne représente environ 8 500 millions de dollars chaque année. On dénombre 1 617 détenus d'origine étrangère dans les prisons péruviennes dont une grande majorité sont des « mules » (ces étrangers passeurs de cocaïne) dont il tombe en moyenne 250 par an. En 2017 la Police Nationale a saisi plus de 21 000 kg de cocaïne et plus de 15 000 de *pasta basica*, une année importante pour les forces de police, mais une goutte d'eau dans le trafic global.

Le combat contre le narcotrafic a été lancé activement pendant les années 1990, mais a toujours subi un effet de compression ; si une partie de l'industrie se réduit grâce à des contrôles et des actions restrictives, une autre s'étend en conséquence. Aujourd'hui, il est difficile d'identifier précisément les acteurs de ce marché illégal, mais il n'y a pas de doute sur le fait que le trafic infiltre depuis plusieurs années différents secteurs de la société péruvienne. Il existe une relation entre le narcotrafic et le grand capital ainsi qu'avec le secteur des forces armées et de la police nationale, voire le milieu politique. Ainsi, le trafic illicite de drogues est étroitement lié à la corruption.

La plupart de la drogue péruvienne est exportée illégalement au Brésil (où elle est coupée avec des substances addictives et rendue meilleur marché) ainsi qu'en Europe. En effet, contrairement à la tendance aux Etats-Unis, l'appétit des Européens est grandissant. En Angleterre par exemple, la consommation aurait doublé au cours des années 2000.

## De grands projets dans les tuyaux

### Le défi interocéanique : un train Pérou-Brésil

Depuis des années on discute d'une ligne ferroviaire qui relierait Pérou et Brésil mais le budget colossal nécessaire fait que les deux pays se renvoient la balle sans réelle avancée. Cette ligne de chemin de fer de 5 300 km de long relierait la côte pacifique du Pérou à la côte atlantique du Brésil. Le projet devrait traverser la forêt amazonienne. Un accord a été signé en mai 2015 entre Ollanta Humala et Li Keqiang, Premier ministre chinois. Aux dernières nouvelles, le coût total du projet est estimé à 16 000 millions de dollars mais la voie n'est pas encore définie. Le problème de l'altitude au Pérou entraînerait des surcoûts et l'on tente de définir une route qui ne passerait pas par des points trop élevés pour respecter le budget provisionnel. Le changement de président au Pérou depuis la signature et les cas récents de corruption au Brésil avec l'entreprise de construction Odebrecht ne sont pas pour pousser au développement de cet éléphant blanc. Sauf un sérieux coup de pression de la Chine pourrait faire avancer le projet.

### La Hidrovía Amazónica

Un projet plus crédible et dont on parle davantage est celui de la Hidrovia Amazonica qui relierait les ports et communautés de l'immense région Loreto (au nord du pays au bord du fleuve Amazone et autres) au grand port de Manaus au Brésil. Cette zone est l'une des plus pauvres du Pérou avec 17 % de pauvreté dans les zones urbaines et 36 % dans les zones rurales. Le projet vise à ce que les déplacements entre Pérou et Brésil puissent être plus constants. C'est le cas quand les eaux sont hautes et facilement praticables mais plus quand les eaux baisses et des embarcations plus volumineuses ne peuvent plus passer. Il s'agit de draguer et ouvrir les fleuves. Le but établir une espèce d'autoroute fluviale de 2 500 km entre los ríos Marañón, Huallaga, Ucayali et Amazonas, accessible 365 jours par an. Le coût du projet est estimé à 95 millions de dollars. Le projet est désormais aux mains de Consorcio Hidrovías II qui regroupe la chinoise Sinohydro y péruvienne Construcción et Administración S.A. qui ont reçu une concession pour 20 ans en juillet 2017.

L'Amazonie de la jungle basse, avec ses 70 millions d'hectares, représente le futur de l'agriculture péruvienne. Localement, on voit par exemple apparaître, sur les bords des fleuves, des rizières cultivées uniquement au moment des crues qui font partie d'une petite agriculture familiale. Malheureusement la destruction de la forêt amazonienne a déjà commencé notamment via les plantations de palmiers à huile aux mains de gros consortiums. »

### Pêche

Ce secteur est très florissant, car un phénomène naturel rend l'océan qui longe le Pérou particulièrement prolifique. Il s'agit en fait du courant marin froid de Humboldt, cause de la richesse piscicole du pays. Cette importante source du PIB n'a été exploitée correctement que depuis la fin des années 1950. A cette époque-là, l'industrie de l'anchois a connu un essor exceptionnel, mettant de nombreux navires à flot.

Ce développement a aussi d'importantes conséquences démographiques, attirant un grand nombre de travailleurs et paysans sur la côte. Chimbote, port péruvien important de la côte Nord, est passé de 4 000 habitants en 1940 à 66 000 en 1961, 232 000 en 1981 et 371 000 en 2015. Cet important développement est apparu dans bien d'autres endroits du pays, et les fermes piscicoles ont poussé comme des champignons. La pêche fluviale a connu un essor tout aussi considérable.

Cependant, une surexploitation des fleuves a entraîné une diminution importante des ressources au début des années 1970. Une grave crise a alors touché ce secteur, crise qui a duré près de dix ans. Les années 90 ont été très prospères, puis un coup dur a été porté en 1999 à l'économie péruvienne de la pêche par la mise en place de quotas sur l'anchois.

De nos jours, une pêche plus contrôlée quant au tonnage permet à cette activité de reprendre une place importante dans l'économie du pays, représentant en moyenne chaque année près de 7 % de ses exportations, mais des volumes financiers plus importants, près de 6 000 millions de US$ par an. Aujourd'hui, ce secteur bénéficie de conditions favorables et connaît peu à peu un nouvel essor. Le Niño Costero qui a frappé les côtes de toute la partie nord du pays a condamné l'année 2017 à une pêche très diminuée, mais l'année 2018 confirme cette reprise plus mesurée d'une activité fondamentale dans le paysage économique.

## Minerai

De tout temps, le Pérou a été considéré comme un pays minier. C'est d'ailleurs de cette richesse en minerai que vient l'expression « C'est le Pérou ! ». Actuellement, grâce à une politique stable et à de forts investissements étrangers, l'industrie minière est redevenue le fer de lance de l'économie péruvienne. Près de Huaraz, les Cordillères noire et blanche renferment des quantités colossales de minerais, ce qui a créé une relance de l'emploi et de l'économie locale dans la région. Les minerais les plus courants au Pérou sont le cuivre, le zinc, le plomb, l'argent et l'or, ce dernier connaissant de nos jours une relance très importante de son exploitation, notamment à Cajamarca. Avec la hausse du prix de l'or depuis quelques années, la prospection s'intensifie massivement. Elle est entrée désormais, et principalement aux mains de petits mineurs informels, dans la région de Madre de Dios, polluant les rivières aux mercures et entraînant une déforestation incontrôlée (plus de 185 000 ha juste pour cette région entre 2001 et 2017).

## Industrie manufacturière

Le Pérou n'a initié son processus d'industrialisation que tardivement. La première loi, encourageant véritablement la création d'industries, ne date que de 1959. Avant cela, le Pérou avait de la peine à subvenir aux besoins intérieurs de la population en tabac, boissons, aliments et confection. La seule industrie qui tirait son épingle du jeu était celle de la métallurgie. Depuis lors, le secteur industriel se développe et se caractérise surtout par une concentration de ses activités dans la région de Lima (70 % des produits industriels sont fabriqués dans et autour de la capitale).

Ces dernières années, touché par la crise mondiale, le secteur a connu un ralentissement certain. Ce phénomène a été amplifié par d'autres mesures, comme l'ouverture des frontières aux importations et la suppression de nombreux subsides. Entre 1988 et 1990, l'industrie chutait de 38 %. De nos jours, plusieurs secteurs ont retrouvé leur rythme d'antan, alors que d'autres ont de la peine à maintenir leur niveau de crise. Parallèlement à ce phénomène, le Pérou tente de plus en plus de se vendre à l'étranger, grâce à ses secteurs porteurs comme les conserveries de poisson, la confection et l'agro-industrie.

## Services

Le secteur tertiaire a une place très importante dans l'économie péruvienne. Les statistiques montrent qu'environ 40 % de la population active travaille dans ce domaine et que les services représentent près de la moitié du PIB. Cependant, contrairement à ce qui se passe dans de nombreux pays développés, le secteur tertiaire génère un nombre incalculable d'emplois informels et précaires. C'est toujours le défi du Pérou pour ces années à venir.



## Le cas de la migration vénézuelienne

Même si vous n'êtes que de passage il est probable que vous vous rendiez compte de la migration massive de Vénézuéliens au Pérou. Ils fuient le régime de Nicolas Maduro et viennent chercher de nouvelles opportunités de travail. Les chiffres changent constamment, mais ils sont officiellement, en septembre 2019, 859 659 Vénézuéliens sur le sol péruvien, soit le second pays d'accueil après la Colombie. Environ 486000 sont munis d'un permis de résidence temporaire et donc de travail. De nombreux autres ne sont pas enregistrés légalement. Dans les rues ils sont très nombreux à vendre des cafés, des gâteaux ou plats locaux. Ils sont également nombreux à monter dans les bus pour solliciter un geste. La majorité travaille dans les services : taxis (d'application), livraisons, restauration, hôtellerie, salons de coiffure... Ils ont la réputation d'une amabilité et d'un sourire à toutes épreuves. Vous parviendrez peut-être à déceler un accent légèrement différent. Les Péruviens ne voient pas toujours d'un bon œil cette main d'œuvre à bas prix qui vient les concurrencer sans parler d'une augmentation des violences de rue et agressions.

Le thème est délicat. Depuis le 22 juin 2019 le Pérou exige un visa aux citoyens vénézuéliens ce qui a considérablement réduit le flux migratoire sur les derniers mois. Les cas exceptionnels sont désormais traités par la Commission Spéciale pour les Réfugiés à Lima. La principale frontière située à Aguas Verdes, Tumbes, reçoit toujours de nombreuses sollicitations.

On trouve des entreprises très productives dans les différents secteurs économiques péruviens : SIDERPERU (exploitant en acier et en fer depuis 1956, à Chimbote), Empresa Agroindustrial Pomalca (compagnie « agri-business », producteur majeur de sucre), La Ibérica (industrie du chocolat fondée en 1909, à Arequipa), Backus and Johnston (plus grande brasserie au Pérou, membre du Grupo Empresarial Bavaria, à Lima), Walon Sport (ou simplement Walon, business multinational de textiles fondé en 1989), National Television of Peru ou National Television of Peru Corporation (TV Perú, réseau de télévision sans but lucratif), Bembos (fast-food péruvien), ou encore Wong (plus grande chaîne de supermarchés du Pérou, créée en 1942 par des Péruviens d'origine chinoise, à Lima).

## Place du tourisme

Le potentiel touristique péruvien est impressionnant. Sa diversité géographique (*costa, sierra, selva*) et sa richesse culturelle (cultures pré-incas et incas) en font un pays très intéressant. Le Machu Picchu (environ 1,5 million de visiteurs en 2019, la limite a été fixée à environ 6 000 visiteurs par jour sur le site et les règles ont encore changé avec un nombre de visiteurs limité chaque heure pour tenter de fluidifier les visites), ainsi que le lac Titicaca sont les sites les plus fréquentés, mais le futur du tourisme péruvien se trouve peut-être dans les régions du Nord : Huaraz, pour ses treks parmi les plus beaux du monde, l'Amazonie, mais aussi et surtout, les départements de La Libertad (Chan Chán), Lambayeque (El Señor de Sipán, Túcume, Sipán), Cajamarca et Amazonas (Kuélap), pour leurs somptueux sites archéologiques pré-incas, où de nombreuses fouilles sont toujours en cours.

L'insécurité liée au terrorisme du Sentier lumineux a longtemps fortement joué en la défaveur du tourisme local. La situation s'étant nettement améliorée depuis l'an 2000, l'industrie du tourisme connaît aujourd'hui une croissance exponentielle. En 2018, 4,4 millions de touristes ont visité le Pérou, ce qui représente environ 4 milliards de dollars de devises (le tourisme contribue à hauteur de 4 % au PIB). Entre 2015 et 2017, la progression représentait 8 %. L'objectif pour 2021 a été fixé à 7 millions, mais les infrastructures manquent encore. En 2018, La France occupe la 2e place en Europe de pays émetteurs après l'Espagne avec 100 951 visiteurs, soit une augmentation constante ces dernières années.

Les régions à sports extrêmes (Huaraz pour l'ascension de ses glaciers, Ica pour le surf dans ses dunes) sont très fréquentées par les jeunes, beaucoup d'Israéliens, et les sites culturels voient défiler de nombreux Européens. Encore 60 % des touristes étrangers proviennent d'Amérique latine.

## Enjeux actuels

L'économie péruvienne reste l'une des plus fortes du continent. Le Produit Intérieur Brut par habitant a augmenté de 40 % dans la dernière décennie. Ces dernières années marquent un léger ralentissement. En 2018, la croissance du PIB est de +3,99 % selon la Banque Mondiale. Les dépenses des ménages péruviens et une hausse de l'offre de crédit ont tiré vers le haut l'activité du pays, malgré le ralentissement observé en Europe et ailleurs dans le monde. Pour 2019, l'hypothèse de croissance est d'environ 3,2 %.

- **La balance des exportations a vu sa hausse ralentie** fin 2018 et 2019 suite à une diminution des exportations traditionnelles minières (cuivre, or, plomb, zinc), du gaz et du pétrole. Le Pérou se positionne toujours bien et en hausse sur les secteurs de la pêche ou du textile et les produits agricoles : café, asperges, raisins, airelles (bluets), avocats, quinoa, cacao. Les partenaires principaux restent les Etats-Unis et la Chine puis la Suisse, le Canada ou l'Espagne. La France joue un rôle mineur.
- **Le chômage** affiche un taux de 6 % en 2018. Cependant, l'économie informelle est encore très étendue, tout comme le sous-emploi ! Même si le Pérou est en pleine expansion, cette richesse n'est pas forcément répartie entre tous, loin de là.
- **Le réseau des transports** reste assez limité : la seule route asphaltée de bout en bout est la Panamericana, qui traverse le pays du nord au sud en longeant la côte. Les routes annexes sont souvent étroites, sinueuses et en terre ; il n'est donc pas rare de devoir prévoir 15 heures pour parcourir 300 km en bus... Malgré les défis majeurs de la géologie péruvienne, les choses se sont améliorées avec notamment la construction achevée de l'Interoceanica par exemple qui relie le Pacifique à l'Atlantique et la côte péruvienne à Cusco puis Puerto Maldonado, ou via Arequipa et Juliaca et enfin Moquegua et Puno. Le nord et le centre ont moins bénéficié de ce bond en avant. Les récents scandales de corruption liés à l'entreprise de construction brésilienne Odebrecht, leader sur le marché local, ont malheureusement freiné de nombreux projets.

VERSION NUMÉRIQUE
OFFERTE
Obtenez votre guide numérique en scannant le QR code
ou rendez-vous sur le site
www.ebookfute.com
avec le code avantage
24R2BS
petit futé
2020 2021
PÉROU
WWW.PETITFUTE.COM
OFFRE VALABLE JUSQU'À L'ARRÊT DE COMMERCIALISATION DU TITRE EN FRANCE MÉTROPOLITAINE ET DANS LE MONDE ET SOUS RÉSERVE QUE LE NOMBRE DE TÉLÉCHARGEMENTS SOIT INFÉRIEUR OU ÉGAL AU NOMBRE D'EXEMPLAIRES DE GUIDES PAPIER IMPRIMÉS. FORMATS DISPONIBLES POUR SMARTPHONES, TABLETTES, LISEUSES ET ORDINATEURS PC OU MAC.
© PERFECTLAB - SHUTTERSTOCK.COM

# POPULATION ET LANGUES

## POPULATION

Le Pérou est un pays de peuplement ancien. La présence de l'homme sur cette terre date de 21 000 ans. Entre le IIe et le Ier millénaire av. J.-C., les systèmes agricoles et les techniques de traitement et de transformation des matières premières ont radicalement évolué et ont permis un développement constant de la société andine jusqu'à l'arrivée des conquistadores espagnols. L'apparition de cultures hautement élaborées a conduit à un accroissement important de la population péruvienne. Pendant la période inca (1200-1532), l'Etat avait une politique démographique très rigide qui réglementait l'âge des mariés ainsi que l'emplacement où devait vivre chaque famille afin d'orienter le développement social dans tel ou tel sens. Les spécialistes estiment que la population péruvienne, au moment de la conquête espagnole, comptait entre 5,5 et 6 millions d'âmes. Ils sont unanimement d'accord pour rendre la conquête responsable de la drastique diminution de la population péruvienne qui, à la proclamation de l'Indépendance en 1821, ne comptait plus que 1,5 million de citoyens. Le premier recensement vraiment sérieux, en 1876, sous l'égide de la république, faisait état de 2,7 millions d'habitants. Le recensement suivant, 64 ans plus tard, soit en 1940, comptabilisait 6,7 millions d'habitants, chiffre sous-évalué, car le recensement dans la selva ne s'est fait que partiellement. Tels quels, ces chiffres représentent un accroissement annuel de la population de 1,4 %.

- **La vigueur de l'évolution démographique** a provoqué de grands changements dans la société péruvienne. Le développement rapide des transports et des communications, dès les années 1920, n'a pas seulement rapproché le monde rural de la ville, mais a surtout causé, dès le début des années 1940, un mouvement migratoire intense en direction de la ville. Associé à l'amélioration des conditions sanitaires, ce mouvement a remodelé la face de la société péruvienne. Il se caractérise en particulier par un taux de natalité très important (dû à la persistance au sein de la société des facteurs favorisants comme les mariages précoces et une psychologie nataliste) et une diminution considérable du taux de mortalité (due aux meilleures conditions sanitaires et aux progrès de la médecine). Situation qui se traduit par les chiffres suivants : taux d'accroissement de la population de 2,2 % entre 1940 et 1961 et de 2,9 % entre 1961 et 1972.
- **L'exode rural**, qui a connu son apogée dans les années 1960, a favorisé également un remodelage de la société péruvienne où la pyramide des âges prend désormais une forme triangulaire avec une très large base (les jeunes de 0 à 19 ans représentaient 50 % de la population en 1972). Il y a eu à l'époque une demande importante sur les plans sanitaire, éducatif et social. La part de population active a augmenté rapidement (200 000 nouveaux

*Péruvienne portant son enfant.*

## Une culture singulière : les Afro-Péruviens

On ne connaît pas encore assez bien la culture afro-péruvienne qui subsiste encore près d'Ica, 150 km au sud de Lima, vers les localités de Chincha, Cañete, El Carmen au sud ou Zaña au nord. Tout à coup, au milieu d'un désert côtier plutôt triste, on pénètre un monde créole qui respire la Caraïbe et la lointaine Afrique, au milieu de champs de cotons et de patates douces. C'est un « monde métis », ou les *morenos* (Noirs) et les *cholos* (indigènes) composent un panaché séduisant. Les Noirs descendent d'esclaves africains aménés de force à partir du XVIe siècle pour les diverses cultures des haciendas coloniales. Leur rôle dans l'histoire péruvienne a été toujours occulté, et leurs traditions mises au ban de la société. Evincés à partir du XVIIIe siècle par l'immigration chinoise (notamment pour la production de guano), professeurs de piano au XIXe siècle pour les riches héritières liméniennes, ils tentent aujourd'hui de récupérer un passé qu'on n'a jamais voulu leur reconnaître. A leur rencontre, on peut apprendre la danse du « zapateo », sorte de claquettes africaines au son du violon, ou la « zamacueca » (comme le fameux air « *toro mata* »), où l'homme danse avec une bougie et doit brûler un bout de papier attaché à la jupe de sa partenaire, et s'enivrer de *tutuma* (un alcool local, mélange de vin et de pisco) en ripaillant gaiement dans l'une des *peñas* aux entrées de village (grandes tavernes festives). Attention : il ne s'agit pas de visiter de beaux petits villages traditionnels, les lieux n'ont en général pas grand charme ; mais de partir à la découverte d'une idiosyncrasie différente et peu connue. Au mois d'août par exemple, à Cañete, on peut assister au Festival de Arte Negro.



individus entrent dans cette catégorie chaque année), ce qui a généré des pressions importantes sur le gouvernement et l'appareil économique. La costa est alors devenue la région naturelle la plus peuplée, passant devant celle des Andes qui avait été, durant des siècles, la réserve démographique du pays. A partir des années 1980, la société péruvienne est entrée dans une période de transition démographique se caractérisant surtout par des taux de natalité et, dans une moindre mesure, de mortalité, en chute libre. Dès 1990, l'accroissement de la population péruvienne est repassé en dessous des 2 %. En même temps, la vitesse et la fréquence migratoires ont baissé singulièrement. Le niveau culturel de la population a augmenté de manière significative, passant d'un taux d'analphabétisme de 40 % en 1961 à moins de 13 % en 1993. Ces phénomènes ont créé une littoralisation de la société péruvienne, les sociétés andine et amazonienne perdant peu à peu de leur importance.

**Aujourd'hui, sur plus de 31 237 millions d'habitants**, près de la moitié vit dans et aux environs de Lima. La densité moyenne de population est de 24,3 hab./km², mais très inégalement répartie. La costa, qui compte 58 % de la population totale, cumule une moyenne de 50 à 90 hab./km² dans les villes côtières, alors que la partie amazonienne (60 % du territoire) ne compte que 13,9 % de la population et une densité d'à peine 3 hab./km². La sierra se trouve entre ces deux extrêmes avec une densité de population de 23 hab./km², mais une diminution constante de sa population. Lima Centre, pour sa part, affiche une densité de 3 278 hab./km², elle est encore plus importante dans la province voisine du Callao. Mise à part Lima, seulement une quinzaine de villes comptent plus de 100 000 habitants. Les projections concernant la population péruvienne utilisent trois hypothèses (haute, moyenne ou officielle, et basse). Le scénario haut, avec un taux de fécondité de 2,6, estime la population en 2025 à 38 600 000. Le moyen, avec un taux de fécondité de 2,1, l'estime à 35 500 000 et, finalement, le scénario bas, avec un taux de fécondité de 1,6, projette un chiffre de 32 500 000.

**D'un point de vue ethnique,** la société péruvienne est très diversifiée. Originaires d'Europe, d'Asie et d'Afrique, les nombreux migrants des différentes périodes de l'histoire ont en effet fortement favorisé le métissage du peuple péruvien. Dès le XVIe siècle, le processus de colonisation a entraîné la mixité des diverses composantes raciales. Au XIXe siècle, ce sont 80 000 Chinois qui sont arrivés au Pérou, notamment pour travailler dans les plantations de cannes à sucre.

Aujourd'hui, près de la moitié des Péruviens sont des métis, mi-Amérindiens et mi-Européens. Dans certaines régions du Pérou, particulièrement sur la côte, il existe de nombreux métis d'ascendance africaine. Enfin, les indigènes sont majoritairement situés dans les régions andines, et de fortes minorités, telles les Ashaninkas ou les Aguarunas, sont toujours présentes dans l'Amazonie.

© SIME

*Deux indiens utilisant des sarbacanes dans la région d'Iquitos.*

# LANGUES

Les langues officielles du Pérou sont l'espagnol et le quechua. L'espagnol est parlé par pratiquement toute la population. Près de 4 millions de Péruviens, soit 13,6 % de la population, parlent encore le quechua, principalement dans les Andes. 500 000 personnes, dans la région de Puno, parlent l'aymara, langue qu'ils partagent avec les Boliviens. Mais les langues régionales sont plus de 50, des langues natives qui ont survécu principalement dans la jungle.

Les langues natives longtemps mises de côté sont progressivement valorisées tout comme le double enseignement ; en octobre 2019 une étudiante de l'Université San Marcos, humaniste et fondée en 1551, a soutenu sa thèse en quechua. La thèse de Roxana Quispe s'intitule « Les larmes de sang, transfiguration et singularité dans le monde poétique quechua de l'harawi (un genre musical traditionnel) d'Andrés Alencastre Gutiérrez » (1909-1984). Ce dernier est considéré comme « le poète quechua le plus important du XXe siècle ». La chaîne de TV publique propose d'ailleurs aussi des programmes en langue native.

L'espagnol pratiqué ici est très pur ; on dit qu'avec la Colombie, le Pérou parle le meilleur castillan d'Amérique latine : une bonne occasion pour l'apprendre ou le perfectionner.

En règle générale, on peut affirmer qu'au Pérou le niveau d'anglais est encore plus mauvais qu'en France, ce qui n'est pas peu dire ! La langue de Shakespeare devient toutefois de plus en plus populaire et est enseignée à l'école dès la sixième année, si bien que dans les villes touristiques, vous trouverez partout un autochtone qui se fera un plaisir de vous aider. Souvent, on assiste ainsi à des situations assez ridicules, le Péruvien se plaisant à utiliser ses connaissances d'anglais alors que le touriste répond en espagnol, préférant pratiquer la langue du pays ! Quant au français, vous n'aurez que peu l'occasion de l'utiliser, bien que de nombreux expatriés travaillent dans le tourisme. Vous trouverez toutefois dans ce guide de nombreuses adresses francophones qui devraient en sauver plus d'un, d'autant que lesdites adresses ont aussi été sélectionnées pour leur qualité intrinsèque. Apprendre des rudiments d'espagnol vous permettra donc déjà de communiquer avec les locaux, ce qui enrichira assurément votre séjour sur place. De surcroît, il s'agit d'une langue relativement facile à apprendre pour les francophones, étant donné que les deux langues dérivent du latin.

**Quelques spécificités linguistiques au Pérou**. Attention, le temps ne répond pas aux mêmes critères au Pérou : on dira *ahorita* (« maintenant ») même si cela peut être dans cinq heures ! La deuxième particularité qui mérite d'être relevée est l'absence de la conjugaison de la deuxième personne du pluriel : *vosotros* (« vous ») ne s'emploie jamais – on emploie à la place la troisième personne du pluriel, *ustedes*, et la conjugaison de cette dernière, quelle que soit votre relation aux personnes à qui vous parlez.

# MODE DE VIE

## VIE SOCIALE

### Education

Le système éducatif est à deux vitesses au Pérou. Dans le secteur public, les classes sont souvent surchargées. Les enseignants du secteur public ont également mauvaise réputation : ils touchent un salaire si bas qu'ils doivent chercher un autre travail à côté. Dans presque toutes les écoles (publiques et privées) les élèves portent l'uniforme (un marché très lucratif !). Ceux du secteur privé (et très coûteux) suivent généralement des études plus longues, parfois jusqu'à l'université (payante elle aussi). Public comme privé, les classes sont souvent le matin. D'après l'INEI (Institut National de Statistiques), le taux d'analphabétisme s'élève au Pérou à 5,9 %.

### Santé

D'après l'INEI, 76,4 % des Péruviens ont accès à une sécurité sociale. Si de nos jours, la situation s'améliore au rythme du développement économique du pays, tout n'est certainement pas gagné. Depuis 2002, le gouvernement péruvien a mis en place une assurance maladie intégrale (Seguro Integral de Salud) destinée à garantir aux plus pauvres l'accès aux services de santé de base. Ce système doit encore faire ses preuves aujourd'hui, surtout en zone rurale où l'accès aux soins et aux médicaments est difficile. Le système public Essalud a une assez mauvaise réputation due à l'engorgement des hôpitaux et au manque de moyens, le système privé est lui très onéreux. En général la santé est très chère et l'automédication de mise.

### Famille

Le nombre de naissances a chuté de plus de 50 % depuis un demi-siècle au Pérou. En 2017, le taux de fécondité s'élevait à 2,23 en moyenne par femme (contre 6,9 en 1960). L'indicateur de développement humain (IDH) a lui fortement augmenté ces dernières années : +26 % en 30 ans ! Cet indice permet de mesurer la qualité de vie moyenne de la population, il se calcule en fonction de l'espérance de vie, du niveau de scolarisation et du PIB. Le Pérou occupe le poste 89 sur 187 pays recensés.

### Retraites

Depuis le début des années 1990, le Pérou a restructuré son plan national de retraite en transférant la responsabilité sociale du système à une responsabilité individuelle (épargne individuelle obligatoire et régimes privés et volontaires de retraite). Le nouveau président Ollanta Humala a installé un minimum vieillesse en 2011 (le programme Pension 65) en effet les personnes âgées sont nombreuses à vivre en dessous du seuil de pauvreté. Ce système compte plus de 500 000 bénéficiaires qui reçoivent S/ 250 tous les 2 mois. L'espérance de vie est aujourd'hui en moyenne de 75 ans.

*Artisanat péruvien en vente jusqu'aux plus hautes altitudes.*

© STÉPHAN SZEREMETA

*Office dans la cathédrale de Lima.*

## Droits de l'Homme

Le Pérou a ratifié sans réserve la plupart des traités internationaux sur les droits de l'homme et les a transposés dans sa législation nationale. La situation s'est améliorée ces dernières années, mais de gros progrès restent à faire sur le travail des enfants : il est courant dans les zones rurales (*selva* et *sierra*) et au sein des communautés indigènes. Le Sentier Lumineux qui a sévi entre 1980 et 2000 a fortement traumatisé le pays (le conflit a fait 70 000 morts et disparus). Ce mouvement terroriste est aujourd'hui nettement affaibli, car ses responsables sont en prison, mais il a encore fait parler de lui en avril 2012 avec un enlèvement de 36 ouvriers péruviens dans la région de Cusco. Tous ont été relâchés sains et saufs. La zone de combat plus importante est le VRAEM (Valle rio Apurimac, Ene et Mantaro). La branche politique du mouvement, le Movadef, est régulièrement accusée de vouloir faire renaître de ses cendres le mouvement et surveillée de près.

# MŒURS ET FAITS DE SOCIÉTÉ

© STÉPHAN SZEREMETA

*CUSCO – Marché central.*

## Place de la femme

Le Pérou reste un pays machiste. Les violences conjugales sont un problème gravissime au Pérou : selon des statistiques de la justice, 149 femmes ont été tuées en 2018 par leur conjoint et on a recensé 304 tentatives. De janvier à août 2019, on en était déjà à 112 morts, les médias relaient ces informations et les mobilisations sont présentes, mais les chiffres continuent d'augmenter. En 2011, le crime de « féminicide » a enfin été reconnu passible de 15 ans de prison, mais les chiffres ne baissent pas, bien au contraire. Aujourd'hui, de plus en plus de femmes s'impliquent contre la violence faite aux femmes. Le mouvement #niunamenos marche chaque année au mois d'août dans les rues de Lima et sonne l'alarme dès qu'un cas est déclaré. Une police peu à l'écoute et une justice qui statue encore trop souvent à la légère sont des points que les associations dénoncent continuellement.

### Homosexualité

L'homosexualité est légale au Pérou, mais dans la vie courante elle est encore taboue. Les homosexuels font l'objet de discriminations et il est très rare de voir des couples s'afficher. La communauté gay et lesbienne s'était invitée dans l'actualité en 2015 avec un projet de loi présenté par le membre du congrès Carlos Bruce pour un équivalent du PACS appelé Unión Civil. Le projet a été définitivement archivé non sans soulever des polémiques très douteuses. Lors de son passage au vote à la Commission de la justice et des droits de l'homme il a reçu 4 votes pour 7 contre et 2 abstentions. Depuis les scandales de corruption ont malheureusement effacé de l'agenda les problématiques sociales de fonds.

### Avortement

Interdit au Pérou, les politiques sont là aussi inflexibles. Même en cas de viol, l'avortement n'est pas permis. Et les mentalités sont toujours très fermées à ce sujet. Cela réduit les possibilités à des avortements clandestins et/ou onéreux. Selon les chiffres du ministère de la Santé, il y aurait malgré tout chaque année près de 400 000 avortements clandestins et 19 % des femmes péruviennes déclarent en avoir pratiqué au moins un. Chaque projet de loi pour la dépénalisation est systématiquement rejeté : une culture de l'hypocrisie soumise aux diktats religieux qui ne bouge que très peu malgré les chiffres.

## RELIGION

La liberté de religion ne date que de 1973, et l'abolition de son enseignement obligatoire que de la Constitution de 1980. La principale religion au Pérou est le catholicisme, qui concerne 76 % de la population. Les évangélistes représentent 14,1 % surtout dans les zones pauvres du pays. De plus en plus de Péruviens se déclarent également non croyants, signe des changements de mentalité. Volontiers teinté de diverses croyances païennes, le catholicisme péruvien s'accommode sans conflit apparent de rites ancestraux locaux. Les saints ont donc souvent une double face et leurs fêtes ou les autres célébrations religieuses sont souvent un mélange de rites relevant de cultes à l'origine radicalement étrangers les uns aux autres.

### Croyances et divinités précolombiennes

Avant l'arrivée des Européens, le Pérou comptait de nombreuses cultures auxquelles s'associaient croyances et divinités. Les représentations graphiques et les fouilles archéologiques ont permis (et permettent d'ailleurs encore) d'en apprendre toujours plus sur ces religions polythéistes.

- **Entre 1200 et 1400 avant J.-C.**, une religion apparut au Pérou autour du culte d'un félin : un jaguar aux formes humaines, avec des serpents en guise de sourcils et de cheveux. Cette religion s'est répandue autour du temple Chavín de Huántar, au nord du Pérou, et fut pratiquée notamment par les Mochicas.

- **Pour les Chimus**, c'est la Lune qui fut reconnue comme la divinité la plus importante car contrairement au Soleil, elle brille de jour comme de nuit. Les constellations tenaient également une place importante puisque par exemple, la constellation des Pléiades était la patronne de l'agriculture. Les cultes des dieux mi-homme mi-animaux avaient alors disparu.

- **Enfin, chez les Incas**, Viracocha était considéré comme le dieu créateur du Soleil, de la Lune, des humains et des êtres surnaturels. Il constituait la source du pouvoir divin, et les êtres surnaturels, dont le Soleil, l'aidaient dans ce processus de création. La déesse Mamacocha, son épouse, protégeait la mer. Sur la côte de l'Empire, on vénérait Pachacamac, lié à la Lune. Tous les êtres et toutes les forces de la nature étaient vénérés et on pratiquait pour eux, dans certaines occasions particulières, des sacrifices d'animaux ou d'humains.

Le culte du dieu soleil (Inti) était au centre de ce culte et les temples qui lui étaient dédiés étaient entourés de domaines majestueux. Contrairement aux autres religions, le culte des ancêtres était très répandu et les morts recevaient de nombreuses offrandes.

# ARTS ET CULTURE

## ARCHITECTURE

### Architecture précolombienne

Les différentes civilisations précolombiennes ont produit des réalisations impressionnantes d'un point de vue architectural. Les sites de Sacsayhuaman ou d'Ollantaytambo, dans la Vallée Sacrée autour de Cusco, sont des exemples emblématiques du savoir-faire de ces peuples. Ces forteresses ont été érigées grâce à des centaines de pierres alors que les Incas ne connaissaient ni le cheval ni la roue. On ne sait comment ils ont fait pour acheminer toutes ces pierres aux angles multiples, mesurant parfois jusqu'à 5 m de hauteur et pesant jusqu'à 360 tonnes !

Parmi les vestiges les plus incroyables, outre le célébrissime Machu Picchu, on retiendra le site de Kuélap, érigé par les Chachapoyas, dont la spécificté était de réaliser des constructions circulaires, orné de frises aux motifs géométriques (losanges et zig-zag). Citons également le site de la Huaca del Sol et de la Luna, près de Trujillo, imaginé par les Mochicas et bâti en briques d'adobe (terre séchée) dans une forme pyramidale.

### Architecture coloniale

De tous les pays d'Amérique du Sud, le Pérou est celui qui a gardé le plus de traces du passé colonial espagnol. Le vice-royaume du Pérou fut le plus important pour la métropole, aussi les colons y édifièrent-ils de nombreuses et riches églises, preuves de la prédominance de la religion catholique sur celles des vaincus. La nouvelle bourgeoisie espagnole, puis créole, bâtit de vastes casonas, véritables petits palais, signes de sa puissance économique et sociale. Le passé colonial a légué également au pays nombre de couvents, hôpitaux, collèges et autres bâtiments administratifs. Si les premières années de la conquête furent peu propices aux architectes, eu égard à la situation agitée – révoltes et guerres intestines entre conquistadores –, les XVII<sup>e</sup> et XVIII<sup>e</sup> siècles furent ceux des bâtisseurs. Les indigènes furent enrôlés pour la construction des différents édifices religieux, selon le principe de la mita, mais souvent ils s'engageaient d'eux-mêmes, ayant embrassé avec conviction la nouvelle religion. Les somptueuses églises péruviennes témoignent tout à la fois de la ferveur des nouveaux convertis et de la volonté du clergé d'affirmer la prédominance du catholicisme. Des navires débarquaient des aventuriers en armes mais aussi des gens de robe : dominicains dès 1532, ordre de la Merced l'année suivante, franciscains en 1534, augustins en 1551 et, enfin, jésuites en 1568. Les clochers des églises sortirent de terre comme des fleurs

### Qhapaq Ñan à l'UNESCO

Qhapaq Ñan, le Chemin de l'Inca, vaste réseau routier qui compta jusqu'à 6 000 km de voies tracées du nord au sud au XV<sup>e</sup> siècle par les Incas pour rallier les confins de l'empire, fait partie depuis juin 2014 du Patrimoine mondial de l'Unesco. Qhapaq Ñan chemine entre 2 500 et 5 000 m d'altitude, sur un sentier ou une route de 20 m de large, souvent pavé ou semé de pierres, avec un degré de finition et d'ingénierie qui émerveillent depuis toujours les archéologues. En débarquant au XVI<sup>e</sup> siècle, les conquistadores espagnols le comparèrent même au réseau de voies de l'Empire romain ! Le Pérou, la Bolivie, l'Equateur, la Colombie, le Chili et l'Argentine, traversés à des degrés divers par ce maillage, ont collaboré ensemble pour déposer cette candidature. Au Pérou on peut l'arpenter en divers endroits : le très fameux chemin de l'Inca qui mène au Machu Picchu, mais tout au long de la cordillère également.

Au Pérou, 250 km de chemins, 81 sites archéologiques et 156 communautés ont été incorporés au patrimoine mondial.

Consultez Yunka Trek (www.yunka-trek.com), ou Responsible Travel Peru (https://responsibletravelperu.com), les deux agences les plus à même de vous faire découvrir ces chemins préservés.

© STÉPHAN SZEREMETA

*Retables laissant place aux scènes de vie péruvienne.*



de pierre richement taillées à Cusco (cathédrale et église de la Compañía), à Cajamarca (église de Belén), à Arequipa (San Francisco), à Lima (San Francisco ou San Pedro) ou à Ayacucho, la ville aux trente-trois églises. Au milieu du XVIIe siècle, l'Amérique du Sud ne comptait pas moins de 70 000 églises et 500 couvents, dont une bonne partie dans le vice-royaume du Pérou. Et ce ne sont pas les séismes, mettant à terre quelques édifices religieux (comme en 1650, à Cusco), qui purent ralentir l'incroyable fièvre de construction des nouveaux maîtres de l'empire du Soleil.

Les Espagnols exportèrent aux Amériques les styles de construction en usage dans la Péninsule. Ainsi, au XVIe siècle, c'est l'art de la Renaissance qui dominait en Europe, mais en Espagne, ce style importé d'Italie se mêla au style mauresque apparu pendant la domination arabe (VIIIe-XVe siècles) et à l'art chrétien roman et gothique français. Aussi le visiteur ne sera-t-il pas seulement étonné, mais également envoûté par les églises et couvents péruviens qui reproduisent les styles espagnols, rapidement métissés des éléments hérités des cultures indiennes. Les bâtiments civils reproduisent ces différentes influences, dotant ainsi le Pérou d'une architecture profondément originale où les motifs indigènes enrichissent moucharabiehs et azulejos hérités des Maures d'Espagne.

- **Le plateresque**. Premier art de la Renaissance, cette architecture se caractérise par le faible relief des édifices en même temps que par la richesse et la délicatesse de son ornementation. Les portes d'églises, notamment, sont décorées de motifs taillés que leur finesse rapproche du travail des argentiers (plateros). Les façades plateresques, quoique souvent chargées, sont de véritables joyaux ciselés dans la pierre, comme on peut le voir, par exemple, à Cajamarca, sur les deux églises qui ferment la plaza de Armas.

- **Le baroque**. Le style baroque succède à celui de la Renaissance. Très en vogue dans la métropole, sous la forme du churrigueresque, il sera donc exporté aux colonies. Il triomphe au Pérou auquel il va donner ses plus beaux monuments. Il se caractérise par une efflorescence des motifs décoratifs. Le baroque délivre toute sa puissance émotionnelle dans les meubles et les éléments de bois taillés : autels et retables, chaires et sièges d'église. C'est, par excellence, l'art du Pérou où il s'est épanoui en toute liberté.

- **Le churrigueresque**. Ce style désigne la forme que prend le style baroque en Espagne. Il doit son nom aux trois frères Churriguera (entre 1665 et 1755), des artistes espagnols dont l'œuvre se caractérise par une surcharge baroque des colonnes et des piliers torsadés, des corniches finement sculptées et par l'abondance des dorures. Se manifestant notamment dans les nombreux retables qui agrémentent les nefs des églises, le churrigueresque célèbre la magnificence de la « vraie religion ». La cathédrale de Cusco en est un exemple frappant.

- **Le néoclassique**. Inspiré des temples grecs et romains, avec frontispices et chapiteaux corinthiens, c'est le style le plus récent. De nombreuses églises édifiées au XVIIIe siècle arborent colonnes et coupoles épurées, marquant la volonté des Créoles d'affirmer une nouvelle vision du monde, parallèlement aux luttes politiques d'émancipation qu'ils mènent à partir de la fin du XVIIIe siècle contre la couronne d'Espagne. La cathédrale de Lima est l'une des constructions les plus caractéristiques du néoclassicisme.

**Le métissé**. Confiées aux artistes et artisans locaux, la construction et la décoration deviennent rapidement le champ d'expériences esthétiques originales. Les indigènes introduisent dans le baroque dominant des éléments propres aux cultures et civilisations que les conquérants tentent de nier. Les façades des églises, les retables mêlent allégrement l'iconographie chrétienne avec l'imagerie indigène : fleurs et fruits tropicaux couronnent des Vierges entourées de lunes, d'étoiles et de soleils, ces divinités païennes que continuent de vénérer les indigènes. Le style métissé varie selon les régions, subissant les influences de la sierra, de la selva ou de la costa. Il culminera à la fin du XVII$^{e}$, après avoir tâtonné un siècle, dans les constructions les plus époustouflantes, dont Arequipa conserve les plus beaux fleurons.

### Architecture moderne

L'architecture moderne s'est développée tardivement au Pérou, puisqu'elle s'est implantée environ 20 ans après l'architecture moderne européenne. On parle d'une architecture péruvienne « néocoloniale » qui évolua très peu jusqu'à la fin des années 1940, avec une exception pendant les années 1930 qui furent marquées par le développement d'un style international, avec quelques constructions dans la ville de Lima. Suite à la visite des architectes Richard Neutra, José Luís Sert et Walter Gropius dans le pays au cours des années 1940, l'architecture péruvienne bénéficia d'un coup de pouce supplémentaire vers la modernité, et se découvrit une identité propre. En 1945, le Congrès soutient les projets qui permettent de « donner un coup de jeune » à l'architecture péruvienne et mène ainsi une politique en conséquence. Après la réforme estudiantine de 1946, revendiquant l'ouverture de la société mais aussi des arts à l'international, un groupe d'architectes, d'intellectuels et d'artistes se crée et adopte le nom d'ESPACIO. Il participera activement à l'évolution de l'architecture moderne au Pérou, en prenant soin de mettre en valeur le patrimoine national tout en se préoccupant d'intégrer leurs créations dans une époque actuelle, voire futuriste.

## ARTISANAT

Le Pérou moderne a hérité des civilisations préincas et inca un savoir-faire artisanal remarquable. Les techniques anciennes subsistent dans le travail des métaux précieux, de la céramique, des tissus. Leur inventivité fait l'admiration des visiteurs ; elle éclate ici en formes originales et en couleurs chatoyantes. Des mélanges qui, chez nous, peuvent paraître un peu criards, mais qui chantent si bien sous le soleil du Pérou. Les marchés artisanaux abondent dans tout le pays. Ils drainent, hélas, avec eux, de nombreux articles de basse qualité. Aussi faut-il savoir attendre et n'acheter que dans les endroits les plus appropriés. Les principales boutiques liméniennes se trouvent avenida de la Marina et avenida Petit Thouars. Les artisans péruviens sont passés maîtres indiscutés dans le travail des métaux précieux, du bois, du plâtre, de la pierre, de la céramique et de la laine de mouton et d'alpaga. Ils fabriquent également de très belles calebasses. Voici une liste des principaux objets et des meilleurs lieux où les trouver.

### Les métaux précieux

On sait que les Chavín étaient les premiers à travailler l'or (vers 1000 av. J.-C.), puis les Mochica, les Chimu et les Lambayeque ont pris la relève. C'est dire si l'on est devenu expert en la matière. L'argent, pour être authentique, doit porter le poinçon 925. On travaille aussi l'onyx, la turquoise, l'obsidienne, l'opale, ainsi que la « spondylus », un coquillage considéré jadis comme « l'aliment sacré des dieux ».

**Bijoux en argent ou or de Catacoas** (département de Piura) : ils sont typiques de l'art métissé de la costa Nord (filigrane en or, technique héritée de la culture Vicus).

**Bijoux en argent de la région de Cusco** : principalement les bracelets, colliers et boucles d'oreilles à motifs gravés caractéristiques du style colonial (fleurs, paons, colombes...).

**Argenterie de Huancayo**, Junin, Huancavelica et Ayacucho.

**Etriers en argent ou en plaqué.** On les trouve surtout à Lima et à Arequipa.

### La céramique

**Les *toritos* de Pucará**, fabriqués près de Puno, ont acquis une réputation mondiale. Faits et peints à la main, ils étaient à l'origine destinés aux cérémonies magico-religieuses (de marquage du bétail également), en tant qu'offrandes aux dieux de la montagne.

**A Cusco, on essaye de remettre au goût du jour l'artisanat inca**, en une sorte de « renaissance précolombienne » : plats, *keros*, *arybalos*, *qochas*, *ayanas*, *raquis*... La « céramique grotesque » ou « vulgaire », qui s'inspire de celle de Quinua, représente des personnages aux formes disproportionnées.

**Les céramiques de Quinua**, fabriquées près d'Ayacucho, reproduisent églises, animaux, scènes folkloriques et chandeliers, et sont fort recherchées pour la couleur rouge et crème de la boue utilisée, leur simplicité expressive presque enfantine.

**Vers Piura, à Chulucanas** (particulièrement dans le district de La Encantada), on élabore une céramique utilitaire et décorative, qui témoigne d'une grande maîtrise des couleurs noires et brunes. On retrouve cette céramique sur les marchés de Cusco, Juliaca et Arequipa.

**A Nazca, la poterie** reprend les thèmes et les techniques artisanales des grands ancêtres, ceux-là mêmes qui tracèrent les célèbres géoglyphes sur le sable du désert.

**Les indigènes Shipibos**, près de Pucallpa (ainsi que les Arabela), ornent leurs poteries de motifs géométriques et anthropomorphiques où dominent le marron et le noir. Leur argile, appelée *neapo*, est très malléable.

## Le bois

On trouvera au Pérou de très beaux miroirs et cadres en bois taillé, dorés à la feuille, de style baroque des églises. Les prix pratiqués sont tout à fait abordables et le travail d'une extrême finesse.

**Les artisans de Huancayo** proposent des objets décoratifs, des jouets fameux.

**Les miroirs de Cajamarca** qui, comme leur nom ne l'indique pas, sont faits à Lima, s'ornent de motifs floraux dans la pure tradition vénitienne.

**La réputation des retables d'Ayacucho** a largement dépassé les frontières du pays et du continent. Ces triptyques, enfermés dans des boîtes en bois, sont décorés, tout comme la poterie, de scènes tirées de la vie quotidienne (fêtes et danses, corridas, processions...). Les figurines, polychromes, sont faites de farine, de pomme de terre et de plâtre. Le travail est absolument remarquable, aussi les artisans ont-ils accédé récemment au statut d'artistes, ce qui a augmenté les prix.

**En Amazonie**, on pourra se procurer des ustensiles de cuisine en palo de sangre ou en bois d'olivier. On ne trouve ces objets qu'à Iquitos et au marché du samedi du Parque Central de Miraflores, à Lima.

## Le plâtre

**Cette forme d'artisanat est surtout présente à Cusco et dans sa région.** Les objets sont modelés dans une pâte à base de farine de blé et de riz, de pomme de terre, de papier mâché et de plâtre. Représentant des personnages et des scènes bibliques (Rois Mages, Sainte Famille, Vierge Marie et archanges), ils sont offerts aux enfants péruviens à leur naissance. Les principaux artisans-artistes sont les Mendivil, dont les ateliers se trouvent place San Blas, à Cusco.

**Dans la région d'Ayacucho,** on sculpte dans cette même pâte des petits personnages que l'on met en scène dans de jolies boîtes colorées appelées *retablos*.

## La calebasse

Les *mates burilados* sont d'éminents représentants de l'artisanat péruvien. La tradition de graver la calebasse remonte aux temps immémoriaux d'avant la céramique (il y a 3 500 ans, comme en témoignent les découvertes à Huaca Prieta, dans la vallée de Chicama). Pratiqué au poinçon dans les régions de Huancayo et Ayacucho, ou à l'eau-forte dans les environs de Chiclayo, cet art est à l'origine de belles pièces reflétant l'histoire du Pérou et ses traditions. Les plus beaux *mates burilados* proviennent de Cochas, près de Huancayo.

## La laine de mouton et d'alpaga

Ce sont probablement les vêtements qui constituent ici les plus grandes tentations. Il convient de distinguer l'artisanat traditionnel (où le tissage à la main, bien que plus grossier, produit de beaux modèles originaux), de la production mécanisée répondant aux normes d'exportation. Contrairement à ce qu'affirment certains vendeurs, toute la laine « alpaga » n'est pas « baby », c'est-à-dire très fine, donc plus chère. Même si les étiquettes indiquent 100 % alpaga, il s'agit le plus souvent de mélanges de laine, notamment de mouton. A Arequipa, on trouvera les principales fabriques et des marques de qualité. S'agissant d'un poncho, il faut prendre garde à l'appellation « antiguo », qui souvent signifie d'occasion et non pièce ancienne. On peut cependant trouver des ponchos anciens, notamment à Cusco ; il s'agit de bien observer la trame et la qualité du travail. Les vêtements les plus courants sont les chompas (pull-overs), les ponchos, les mantas (châles), les gants et bas, les bonnets et écharpes, sans oublier les sacs de voyage, les bourses et les élégantes ceintures, dont on préfèrera celles tissées des deux côtés. Les plus belles ceintures, ornées de motifs géométriques incas, s'achètent à Cusco.

## Que rapporter de son voyage ?

Si le traditionnel bonnet péruvien avec des lamas et des pompons fera toujours sensation à votre retour, voici tout de même quelques idées de shopping plus originales...

- **Masques de carnaval** fabriqués à Puno (ils représentent les personnages de la danse de la *diablada*) et à Huancayo (masques des danseurs de la *choguinada*).
- **Arcs et flèches, javelots et sarbacanes** d'Amazonie.
- **Tissus brodés shipibos** d'Amazonie. Ils dessinent la cosmovision traditionnelle de cette ethnie.
- **Instruments de musique de la sierra** : grelots, cymbales, petit tambour (*huancar*), flûte (*quena*), flûte de pan ou syrinx (*antara*)...
- **Chapeaux** : les plus originaux et les plus seyants proviennent de Monsefu, d'Eten, de Celendín et de Cajamarca (en paille tressée), ainsi que de Puno et de Cusco (en feutre).

### Textiles

Une autre tradition précolombienne bien établie, puisque l'on a retrouvé des exemples datant d'il y a 4 000 ans à Huaca Prieta, Chicama. On utilise le coton marron et blanc, les fibres d'alpaga, de lamas et de vigognes, parfois les poils des chauve-souris (mais c'est plus rare). On associe fréquemment des encres naturelles, et les métiers à tisser artisanaux ont toujours de beaux jours devant eux. En Amazonie, on tisse de superbes hamacs en coton et fibre végétale, très résistants. L'artisanat shipibo, originiare de Pucallpa mais répandu dans toute la jungle, propose de magnifiques tentures aux motifs géométriques de couleurs noire, marron et écrue ou brodées de fils colorés. Les broderies les plus fines proviennent de Monsefú et d'Eten (environs de Chiclayo) et de Cajamarca. A Cusco, on achètera bannières, fanions, voire vêtements religieux brodés au fil d'or. Les tapis d'Ayacucho (quartier de Santa Ana) ou San Pedro de Casta (Lima) représentent des motifs géométriques préhispaniques, couplés à des perspectives occidentales.

## CINÉMA

Peu de films péruviens réussissent à traverser les frontières... On peut tout de même citer *Fausta* (*La Teta asustada,* titre original), un film hispano-péruvien de la réalisatrice Claudia Llosa sorti en 2008. Ce film raconte l'histoire d'une jeune fille marquée par les événements du Sentier Lumineux dans les années 1980. Il a été projeté pour la première fois en février 2009, pendant le 59e Festival de Berlin, où il a été récompensé de l'Ours d'or, et a été nommé aux Oscars 2010 dans la catégorie « Meilleur film étranger ». Elle avait déjà réalisé en 2006 le film *Madeinusa.* En 2014 elle signe *Aloft* (en espagnol : *No Llores, Vuela*) avec Jennifer Connelly, Cillian Murphy et Mélanie Laurent qui, s'il puise aussi dans le surnaturel ou les croyances enfouies en chacun, s'ambiante dans le Grand Nord canadien.

On peut citer également les nombreux films de Francisco José Lombardi ou les comédies décalées d'Alvaro Velarde, *El destino no tiene favoritos* (2003) et *Como quien no quiere la cosa* (*That Thing You Love*, 2013). Tout récemment, les films péruviens connaissent le succès auprès d'un public local jusque-là consommateur de comédies américaines. Le succès est surtout celui des comédies, *Asu Mare I* (plus de 3 millions de spectateurs) et *II* de Carlos Alcántara, *Viejos Amigos* de Fernando Villarán L. ou *A los 40* de Bruno Ascenzo. Les films d'horreur ont aussi leurs crus locaux, le plus connu *Cementerio General* qui a aussi son *I* et *II.*

On touche aussi davantage à des sujets de l'histoire récente dont les plaies n'ont pas encore été pansées. *Magallanes*, de Salvador del Solar, présenté en compétition aux Goya, présente une galerie de personnages qui doivent faire face aux fantômes du conflit armé qui secoua le Pérou dans les années 1980 et 1990 quand le Sentier Lumineux ravageait la région d'Ayacucho entre autres. Tout récemment, *La Hora Final*, retrace l'opération qui a décapité la plus fameuse organisation terroriste du pays. En 2017, Ayacucho est de nouveau à l'honneur avec un film d'Alvaro Delgado-Aparicio intitulé *Retablo* en espagnol et *Mon père* en français. On se glisse ici dans l'univers des artisans qui confectionnent les *retablos*, ces petites maisonnettes de bois à deux battants qui cachent des personnages et une histoire sculptée à partir de farine de nèfle et

de pomme de terre. Cette coproduction allemano-novergo-péruvienne sélectionnée à Sundance et la Berlinade évoque l'homosexualité refoulée d'un père et la difficile ouverture au monde d'un peuple andin ancré dans ses traditions et fragile face à la modernité.
La veine documentaire a su produire de fort jolies surprises comme l'hommage au folklore et à la musique de tous les Pérou dans *Sigo Siendo* de Javier Corcuera ou les films plus engagés de l'équipe de Ernesto Caballos Damián et Guarango Productions dont le dernier, *Hija de la Laguna*, revient sur le conflit de l'eau à Cajamarca et le respect de la Yacumama (mère-eau en quechua). *El Choque de Dos Mundos de* Heidi Brandenburg et Mathew Orzel revient sur un fait récent de l'histoire péruvienne, el Baguazo, un affrontement entre les communautés indigènes awajun et les soldats de l'armée péruvienne qui reçurent l'ordre d'attaquer. Ce 5 juin 2009 s'est soldé par un bilan de 33 morts : 10 civils et 23 policiers. Jusqu'à présent le président Alan Garcia, qui avait qualifié les indigènes de « citoyens de 2e classe » a échappé aux tentatives pour démontrer sa responsabilité dans un massacre qui aurait sans doute pu être évité en usant de dialogue. Dernier en date, Pacificum de Mariana Tschudi, une ode à l'Océan Pacifique riche de superbes images. Dans un pays qui offre pourtant une politique de soutien culturel relativement faible, on trouve beaucoup de créativité documentaire et on ne peut que s'en féliciter.
Côté grands classiques, citons les œuvres magistrales du réalisateur allemand Werner Herzog *Aguirre, la colère de Dieu* et *Fitzcarraldo*, tournées au Pérou. L'acteur Klaus Kinski a révélé dans ces deux films toute l'étendue de son talent et de sa folie. Le premier film, sorti en 1972, évoque une expédition d'aventuriers espagnols à la recherche de l'Eldorado dans la forêt amazonienne en 1560. Le deuxième, réalisé en 1982, narre l'aventure picaresque d'un homme, Fitzcarraldo, qui s'embarque dans l'exploitation d'hévéas pour financer à Iquitos, en pleine forêt péruvienne, la construction d'un opéra digne de celui de Manaus dans lequel viendrait chanter l'immense Caruso.

**Les multiplexes** ont fait leur apparition dans de nombreuses grandes villes du Pérou au côté des *malls*. Leur programmation est majoritairement cinéma américain commercial. A Lima quelques festivals importants et intéressants, plus pointus.



## LITTÉRATURE

La littérature péruvienne est riche et complexe ; elle remonte au temps de la période coloniale (on sait bien peu de choses sur la période précolombienne, hormis sur la production poétique assez riche, constituée de *harawis* ou poésie lyrique, et de *hayllis* ou poésie épique), avec les premiers récits, écrits par des Espagnols ou leurs descendants, de la Conquête des Incas et des ouvrages religieux visant à convertir les indigènes au catholicisme. Le premier ouvrage publié à Lima fut la *Doctrina Christiana y Catecismo para la Instrucción de los Indios* (*Doctrine chrétienne et catéchisme pour l'instruction des Indiens*), par Antonio Ricardo en 1584.
Le XXe siècle a vu l'émergence d'un courant moderniste et avant-gardiste, avant l'irruption d'une certaine littérature indigéniste mettant en scène le quotidien et la vie des indigènes. L'un des plus grands écrivains péruviens reconnu dans le monde entier est Mario Vargas Llosa, prix Nobel de Littérature 2010. Aujourd'hui, en ce début de XXIe siècle, on assiste à une résurgence de la culture andine et de ses traditions : on pourra lire les récits d'Oscar Colchado, de Dante Castro, de Felix Huaman Cabrera ou de Zein Zorrilla.

**Ciro Alegría (1909-1967).** Toute la vie de l'auteur de *Vaste est le monde*, *Le Serpent d'or* ou *Calixto Garmendia* a été consacrée à l'écriture et aux gens de son pays. Rebelles, contestataires, sa vie et son œuvre se confondent. La prose de cet écrivain du soleil palpite au rythme de la nature péruvienne et du cœur de ses personnages. Dans un style direct et dépouillé, il a décrit ce qu'il aimait plus que tout : son pays. Ses livres sont d'excellentes introductions à ce vaste et étrange pays qu'est le Pérou.

**José Carlos Mariátegui (1894-1930).** Né à Moquegua, cet écrivain fit ses débuts dans le journalisme. Il écrivit dans différentes revues avant de créer *Nuestra Epoca*, à laquelle collaboreront tous les grands intellectuels péruviens de l'époque. Quand il fonde *La Razón*, qui soutient les luttes populaires, les militaires au pouvoir le contraignent à l'exil en Europe. Là, il fréquente les milieux socialistes et marxistes. A son retour au Pérou, il fonde le syndicat CGTP et le Parti socialiste, qui deviendra bientôt communiste. Dans le même temps, il dirige la revue *Amanta* et le journal *Labor*. Considéré comme l'un des plus brillants intellectuels de son pays, Mariátegui continue par ses écrits, dont les *Sept Essais*, à alimenter la réflexion politique et les luttes sociales actuelles.

**Ricardo Palma (1833-1919).** Après avoir pris part aux principales batailles de son temps (Callao, guerre contre l'Espagne, guerre contre le Chili), il se vit confier la direction de la Bibliothèque nationale, tout en présidant l'Académie péruvienne de la langue. Créateur du « traditionalisme », un genre littéraire mêlant histoire et fiction, Ricardo Palma, poète et romancier, est connu pour *Les Traditions*, écrit entre 1872 et 1918.

**Manuel Scorza (1928-1983).** Né à Lima, poète – on lui doit *Les Imprécations* ou *La Valse des reptiles* – il s'engage dans les luttes des paysans indigènes, ce qui lui vaudra l'exil en France. Son premier roman, *Roulements de tambours pour Rancas*, évoque les conflits et la terreur que fait régner un grand propriétaire terrien sur les communautés indiennes. Il publiera ensuite *Garabombo l'invisible*, *Le Cavalier insomniaque*, *Le Chant d'Agapito Robles* et *Le Tombeau de l'éclair*, romans participant tous d'une œuvre où l'humour n'est jamais absent.
Ses livres, baignés d'un grand humanisme, témoignent, au même titre que ceux de Gabriel García Márquez, de la belle vitalité d'un genre, le réalisme magique, qui fit la notoriété de la littérature d'Amérique latine. Scorza a péri dans une catastrophe aérienne en Espagne le 27 novembre 1983.

**César Vallejo (1892-1938).** Le plus grand poète péruvien est également l'un des plus importants poètes latino-américains, avec Pablo Neruda et Ruben Darío. En 1923, il se fixa à Paris où il connut les difficultés de tout immigré. Il survécut, avec son épouse française, en vendant des articles à la presse, tout en écrivant essais, poésies et romans. Acquis aux idées communistes, il se rendra en Espagne pendant la guerre civile. Sa poésie, précise, exempte de tout lyrisme inutile, exprime la douleur de l'être solitaire et les difficultés qui accablent les opprimés du monde entier. Ses principaux livres sont *Les Hérauts noirs*, *Poèmes humains* et *Espagne, éloigne de moi ce calice*.

**Mario Vargas Llosa.** Né en 1936 à Arequipa, c'est l'un des plus importants écrivains latino-américains. Ce virtuose de la langue a exploré en profondeur la société péruvienne, dont il a peint une fresque fort utile à qui veut connaître le pays des Incas. De son œuvre tissée des fils d'or de l'humour et de l'érotisme, et traduite dans son ensemble en français, on retiendra notamment *Pantaléon et les visiteuses*, *La Ville et les Chiens*, *La Maison verte*, *Les Chiots*, *Eloge de la marâtre*, *La Fête au bouc*...
Entré en politique sous la présidence d'Alan Garcia, il est candidat de tous les partis de droite à l'élection présidentielle de 1990. Contre toute attente, il sera sévèrement défait au second tour par l'inconnu Alberto Fujimori. Vargas Llosa s'installe alors à Londres et à Madrid, où il obtient la nationalité espagnole et de nombreux prix littéraires. Son roman *Le Paradis un peu plus loin*, publié en avril 2003, met en scène Paul Gauguin et sa grand-mère Flora Tristan, dans un dialogue entre deux monologues (puisque ces deux-là ne se sont jamais connus). Ce génie de la plume, titulaire de plus de 40 doctorats, a reçu le prix Nobel de littérature en 2010. La toute nouvelle Casa de la Literatura (dans l'ancienne gare de Lima) lui rend hommage. Son avant-dernier roman, *Le Rêve du Celte*, sorti à l'automne 2011, retrace le destin d'un héros oublié, Roger Casement, diplomate britannique dont le rapport dénonça les conditions d'exploitation des communautés indigènes lors du boom du caoutchouc puis héros de l'indépendance irlandaise. En septembre 2013, il a sorti *Le héros discret*, où il revient à ses premiers amours : l'histoire de la lutte de deux personnages contre un destin trop étroit. En 2016 il publie *Aux Cinq Rues, Lima*, une comédie de mœurs qui critique à la fois la presse de caniveau et une société liménienne cancanière, là encore un thème de prédilection et assez autobiographique. En février 2018 il a signé *La Llamada de la tribu* non encore traduit en français, une défense du libéralisme et des penseurs qui ont forgé sa trajectoire en réponse aux penchants nationalistes. Le 18 octobre 2019 un nouvel opus devait paraître avec un titre âpre « Tiempos recios » (*Les temps durs*). A presque 80 ans Vargas Llosa ne cesse d'asticoter le Pérou et ses travers.

## MÉDIAS LOCAUX

**Le marché de la presse est florissant au Pérou** : il n'est pas rare de voir des attroupements de lecteurs devant les kiosques à journaux où sont accrochées les publications à l'aide de pinces à linge. Âmes sensibles s'abstenir : les faits divers ont la part belle en une, images violentes à l'appui ! Les journaux *El Comercio* et *La Republica* sont les plus lus. *El Peruano* est l'équivalent du *Journal Officiel*. La radio RPP sert de référence pour les informations économiques et politiques.

**Le Pérou fait partie des pays régulièrement épinglés** par Reporters sans frontières. En 2014 un journaliste et la femme d'un 2e ont été

## Chroniques depuis Lima dans *Courrier International*

Les blogueurs et blogueuses de voyage ne manquent pas sur la destination, mais si vous voulez poser un œil pertinent, amusé, un brin critique, bref très français sur le Pérou, nous vous conseillons le blog de Lauriane Brulebeaux en ligne sur *Courrier International*.

**Lien :** blog.courrierinternational.com/chronique-peruvienne

tués dans des conditions suspectes. Un attentat a également été dénoncé. RSF réclame aussi la fin des peines de prison et des amendes exorbitantes infligées aux journalistes pour les délits de « diffamation », « injure » ou « calomnie ». Le Pérou se situe à la 85e position sur 180 dans le classement mondial de la liberté de la presse 2019 établi par Reporters sans frontières.

**ANDEAN TRAVEL WEB**
www.andeantravelweb.com
Site d'informations touristiques très complet sur le Pérou, avec notamment un listing des meilleurs établissements touristiques et hôteliers dans chaque grosse ville. Attention mises à jour irrégulières.

**EL COMERCIO**
www.elcomercio.pe
Fondé en 1839 il est tiré à 100 000 exemplaires et est considéré comme le principal journal de référence du pays. Ancré libéral. Son supplément économique *Gestion* est aussi une bonne source d'informations.

**LE PEROU EN QUELQUES MOTS**
www.partir.com/Perou/
La page consacrée au Pérou sur Partir, « le Web de l'Amérique latine », présente les principaux lieux, l'artisanat, le folklore, les civilisations, avec de nombreuses photos et des liens. Cartes en ligne et visuels attrayants.

**EL PERUANO**
www.elperuano.com.pe
La version en ligne du journal officiel qui s'appelle *El Peruano*. Vous y trouverez des infos nationales et internationales : articles politiques, économiques, culturels et sportifs.

**PERU THIS WEEK**
www.peruthisweek.com
Depuis dix ans, un site de référence pour l'actualité péruvienne en anglais. Il se couple avec *Living in Peru* qui vous donnera de nombreux conseils d'excursions, sorties, restaurants sur internet ou via leur newsletter. Le journal papier *An Extra Shot* de la même équipe est gratuit chaque mois dans la chaîne de café Starbucks à Lima.

**PROMPERU-OFFICE DU TOURISME**
www.peru.travel/fr/
Site officiel de PromPerú, l'organe administratif du Ministère du Tourisme pour la promotion du pays en internet et à l'extérieur. Informations touristiques, économiques et culturelles en français. Les campagnes de communication sont efficaces et ingénieuses. L'organisme a beaucoup fait ces 10 dernières années pour placer le Pérou en tête de liste des destinations rêvées.

**LA REPUBLICA**
www.larepublica.pe
Fondé en 1981, plus à gauche et social, il s'est imposé comme le 2e journal de référence du pays.

**RPP**
www.rpp.com.pe
Radio del Programa del Perú est une référence dans le paysage médiatique : c'est là où sont invités tous les hommes politiques et acteurs économiques. Sur le site, vous pouvez écouter la radio en direct et réécouter des émissions.

# MUSIQUE ET DANSE

La découverte d'instruments préhistoriques témoigne que l'on jouait de la musique il y a 10 000 ans au Pérou : *quenas, zampoñas, pututos* (des trompettes de coquillages) et une grande variété d'instruments à vent élaborés à partir de canne à sucre, d'ossements, de boue, de cornes et de métaux témoignent de l'ingéniosité des premiers artistes andins. L'apport d'instruments occidentaux est évident, mais ceux-ci connurent parfois aussi un destin bien spécifique, comme la harpe, la guitare ou le violon. L'influence africaine eut son importance pour les instruments de percussions et les tambours (le *cajon* par exemple). Dans la jungle amazonienne, on utilise le *manguaré* (un arbre tubulaire) pour diffuser des messages aux environs.

*Joueur de flûte de pan péruvien.*

Sur les quelque 1 300 genres musicaux recensés au Pérou, deux sortent du lot : le *huayno* (précolombien puis mélangé à des influences occidentales, dont la base pentatonique de rythme binaire a rejailli récemment dans la *chicha* et le rock andin, aujourd'hui à la mode) et la *marinera*. Un nouveau genre s'est aujourd'hui popularisé en Amérique du Sud : la *chicha* (ou cumbia péruvienne), un mélange de rock, de *huayno* et de cumbia colombienne. Avec la Bolivie, le Pérou est en effet le fief de ce que l'on a coutume d'appeler la « musique andine ». Il serait toutefois plus juste de parler de musiques et de danses, au pluriel. Dans la seule région de Puno, par exemple, il existe 300 groupes qui comptent à leur répertoire près de quarante danses différentes. Sur l'ensemble des Andes péruviennes, on pense qu'il existe plusieurs milliers de variantes régionales.

## Musiques et danses de la Costa

A Lima, et dans les autres grandes villes de la côte, c'est la salsa, d'origine caraïbe, qui domine. Elle a donné naissance à des lieux particuliers, les « salsodromes », où elle côtoie le rock et le reggae.

- ***El vals peruano*** (ou *vals criollo*). Une variante de la valse viennoise, plus rapide et plus rythmée quand elle exprime l'allégresse. Très populaire chez les immigrants, à la fin du XIXe siècle, elle marque aujourd'hui le pas. On joue surtout de la guitare et du *cajón*.
- ***La marinera***. D'origine noire (*zamacueca* et *mozamala*) et ayant subi ensuite des influences indiennes et métissées, elle est devenue la danse nationale du Pérou, un glorieux chemin depuis qu'Abelardo Gamarra « El Tunante » la baptisa ainsi en 1893 (en hommage au héros naval Miguel Grau). Exécutée en couple, avec des foulards artistiquement maniés, c'est une manière de théâtre dansé, rythmé par les percussions et fort spectaculaire. On en distingue plusieurs formes : la *marinera criolla* (créole) ou de Lima, l'élégante *marinera norteña*, plus alerte et sensuelle, et la *marinera del sur*, plus sentimentale et austère. En aucun cas les partenaires ne se touchent. L'un des morceaux les plus fameux reste « La Decana », également nommée « La Concheperla ». Le festival le plus populaire est celui de Trujillo au mois de janvier.
- ***El tondero***. Sur un rythme endiablé, cette danse reproduit la cour que le coq fait à la poule.
- ***El festejo***. D'influence africaine également, cette danse est exécutée au son de la guitare, du tambour et du *cajón*. On danse en couple, on se cherche, on se frôle, mais on ne se touche jamais ; le corps exprime alors toute sa sensualité.
- **Parmi les autres danses de la côte**, on citera *el alcatraz*, très érotique et importée d'Afrique, la polka d'origine européenne et *el panalivio*, elle aussi venue du continent noir.

## Musiques et danses de la Sierra

- ***El huaylarsh***. En quechua « jeunes amoureux ». La danse, très allègre, reprend les gestes liés aux travaux agricoles. On y joue du violon, de la harpe, du saxophone, de la clarinette, de la trompette.
- ***La tunantada***. C'est une danse dont on reconnaît clairement les origines européennes, le menuet notamment.
- ***La chonguinada***. Les danseurs portent des masques raillant les Espagnols et ils imitent de façon satirique le menuet que l'on dansait dans les salons bourgeois et nobles d'Europe.
- ***La muliza***. Inventée par les âniers, cette danse s'inspire du pas des mules.
- ***Danzantes de Tijeras***. Les *danzaq* (participants de ce rituel) font preuve de beaucoup d'équilibre et d'habileté physique pour effectuer de véritables acrobaties gymnastiques, au son de la harpe et du violon ; mais il ne s'agit pas d'un sport. En même temps, ils doivent passer des « épreuves » (*atipanakuy*), comme manger des insectes, des couleuvres ou des crapauds, glisser une épée dans l'œsophage… La musique est symbolisée par les « *tijeras* », deux plaques de métal de 25 cm de long présentant l'aspect de ciseaux (d'où leur nom). A voir surtout à Ayacucho, Arequipa, Huancavelica et Lima.

## Musiques et danses de l'Altiplano

- ***La diablada***. C'est l'une des danses les plus colorées et les plus spectaculaires du Pérou. Au son du *sikú* ou de la *zampoña*, les danseurs, vêtus de fastueux costumes brodés d'or et d'argent et dissimulés sous leur masque de diable, rendent hommage à la Virgen de la Candelaria (début février).
- ***El harawi***. On l'appelle aussi *yaravi* ; ce thème musical, mélancolique et plutôt triste, trouve son origine aux temps précolombiens de l'empire Inca (un genre poétique portait alors ce nom). De fréquents silences ponctuent la mélodie. On ne danse pas en général, et l'on utilise le *charango*, la mandoline et la *quena*.
- ***El santiago***. On joue de cette musique lors des cérémonies de marquage du bétail ou pour les rituels de fertilité du troupeau. En général, de jeunes femmes interprètent des chansons simples et émouvantes.
- ***Los ayarichis***. Se pratique dans la région de Puno, à Lampa et sur l'île de Taquile. Quinze à vingt hommes accompagnent les femmes qui dansent.
- ***La llamerada***. Dans cette danse, les exécutants imitent le pas chaloupé du lama.
- ***El kajelo***. C'est la danse de l'amour qui met en présence deux personnages, le Huaylachu et la Linlicha, version andine de nos Pierrot et Colombine.
- ***El sikuri***. Une danse un rien martiale. Les danseurs forment un cercle autour des musiciens qui jouent des *zampoñas* de tailles diverses. Les chanteurs sont divisés en groupes, chacun émettant une partie de la mélodie ; ainsi, l'ensemble forme la mélodie complète : en quelque sorte un « communisme musical » !
- ***La morenada***. Les danseurs parodient les danses africaines importées par les esclaves.
- **On citera également** les *pasacalles* et *pallas* d'Ancash, l'impressionnante *danza de las tijeras* pratiquée dans le département d'Apurímac, les *villancicos* d'Ayacucho, le *yaravi* d'Arequipa, mélancolique et alangui…

## Musiques de la Selva

Dans ces régions isolées, la musique a conservé sa pureté originelle. Elle utilise en priorité les percussions, comme le *manguare*, grand tambour de bois d'un tronc tubulaire.

# PEINTURE ET ARTS GRAPHIQUES

## L'école de Lima (Escuela Limeña)

Initiée par l'arrivée dans le vice-royaume du Pérou du jésuite italien Bernardo Bitti, à la fin du XVIe siècle, la peinture limègne traduit la rigueur espagnole alors en vogue puisqu'elle est l'expression artistique de la capitale où se concentraient tous les pouvoirs de l'époque. L'école de Lima est très sombre, inspirée d'un Zurbarán, par exemple ; très espagnole en somme. Les principales églises de la capitale sont dotées de peintures qui, souvent, sont d'une réelle valeur artistique, comme celles que l'on peut voir dans la cathédrale ou dans l'église San Francisco.

## L'école de Cusco (Escuela Cusqueña)

C'est paradoxalement à Cusco, l'ex-capitale de l'empire inca, que la peinture connut son essor le plus spectaculaire. Volonté d'affirmer l'identité de la *sierra* ? Désir d'effacer toute trace du passé glorieux des Incas ? C'est en tout cas ici, avec la création d'une Ecole des beaux-arts et sous l'influence de Bitti, que se forme le courant artistique le plus vivace et le plus prolifique de toute l'Amérique espagnole. Aux XVIIe et XVIIIe siècles, c'est de Cusco que partent pour tout le vice-royaume, vers La Paz, Lima ou Quito, des centaines de milliers de tableaux peints par les artistes indigènes et créoles, et constituant l'une des principales sources de richesse de l'ancienne capitale. Echappant rapidement aux canons pathétiques espagnols, l'école de Cusco produit une peinture lumineuse, peuplée de personnages roses et joufflus (les archanges, source d'inspiration inépuisable, sont des adolescents évanescents en armes et habits contemporains), de paysages suaves et ensoleillés, reflet d'un art européen en pleine renaissance.

En 1650, apparaît le baroque de Cusco, grâce à l'apport décisif d'artistes indigènes comme Diego Quispe Tito ou Antonio Sinchi Rocca. Au XVIIIe siècle, les peintres se détachent des thèmes classiques religieux pour une vision « indigène » du monde incluant les symboles préhispaniques : les madones sont richement vêtues de manteaux brodés de motifs ouvertement indigènes et les couleurs renvoient à celles qu'utilisaient les civilisations antérieures. C'est l'époque de l'apogée de l'école de Cusco, qui se traduit par l'utilisation de l'ornement doré comme moyen d'identification. L'école de Cusco perdra de son originalité dès le début du XIXe siècle et disparaîtra en tant que mouvement artistique.

## Martín Chambi, photographe

Martín Chambi est aujourd'hui reconnu comme le plus grand photographe amérindien. Il est né en 1881 à Coaza (Puno), dans une famille d'agriculteurs indigènes. Il apprend très jeune le métier de photographe à Arequipa, où il s'installe en 1920. Il y rencontre Juan Manuel Figueroa, un autre photographe important de cette époque. Martín Chambi explore les variations de lumière et d'éclairage et la mise en scène des portraits. La manière particulière qu'il a de traiter ses modèles, à la fois humble et très attentive à leur personnalité, rend son studio extrêmement populaire parmi toutes les couches de la société. Photographe engagé, reporter, il a joué un rôle important dans la prise de conscience de l'identité culturelle des indigènes. Une galerie financée par Scotiabank regroupe certaines de ses photos à Cusco au sein du Palacio del Inca Tupac Yupanqui.

### L'école indigéniste

**Mario Urteaga** (1875-1957) est né à Cajamarca, c'est l'un des premiers artistes péruviens à s'intéresser aux paysans indigènes de sa province avec José Sabogal (1888-1956) et son neveu Camilo Blas (1903-1986). Il sera, en 1936, le premier peintre péruvien à faire son entrée au Modern Art Museum de New York. Sa maison, à Cajamarca, où il vécut et écrivit des articles politiquement très engagés, est, depuis peu, un musée tenu par ses descendants. Ses œuvres ont leur place dans tous les musées du Pérou et un peu partout dans le monde.

**Jorge Vinatea Reinoso** (1900-1931). Considéré comme l'un des fondateurs de la peinture indigéniste, il a, malgré sa disparition précoce causée par la tuberculose, laissé une œuvre considérable. En plus de son travail comme caricaturiste dans la presse (Mundial, Variedades), il peignit les indigènes et les gens humbles de la sierra. Son trait est vif, comme les tons qu'il emploie, et l'humour est souvent présent dans ses toiles. On peut voir ses peintures dans la plupart des musées du pays et les portraits satiriques à Arequipa.

### L'art contemporain

L'art contemporain s'inspire amplement des traditions folkloriques, évoquant des histoires et mythes indigènes qui permettent aux artistes contemporains d'exprimer des angoisses de la société moderne. Les figures représentent souvent des fortes réactions telles que la peur, le dédain ou encore l'agressivité. La culture populaire péruvienne est mise en évidence et représente une source intarissable d'inspiration pour l'art contemporain. On retient des artistes tels qu'Angel Chavez et sa peinture indigéniste et naïve, Kukuli Velarde et ses sculptures en céramique, ou Christian Bendayan et sa critique de la société consumériste en Amazonie. Le travail photographique de Morfi Jimenez Mercado est également intéressant. A Lima, dans le quartier de Barranco, diverses petites galeries d'art exposent les artsistes contemporains comme 80m2, Wu ou Lucia de la Puente. On trouve aussi la création d'aujourd'hui au Musée d'Art Contemporain (MAC) de Lima, inauguré en 2013.

## SCULPTURE

Au Pérou, on taille dans le granit, le basalte, l'andésite, et l'albâtre. La crisocola, ou turquoise du Pérou, de belle couleur vert-bleu sombre, est utilisée en bijouterie et se marie parfaitement avec l'or et l'argent.

**Les objets les plus recherchés** sont ceux de Huamanga (Ayacucho). Taillés dans l'albâtre, ils représentent des maisons, des églises.

**A Arequipa**, c'est dans le sillar, une pierre volcanique blanche utilisée dans la construction des maisons et des églises, que les artisans taillent de menus objets.

**A Porcón**, un village près de Cajamarca connu pour le faste avec lequel y est fêtée la Semaine sainte, on fabrique des pièces ornementales telles que bancs et sculptures de granit. Peut-être un peu pesant dans les bagages !

# FESTIVITÉS



*On célèbre plus de 3 000 fêtes par an au Pérou : autant dire que vous aurez probablement l'occasion d'assister à l'une de ces cérémonies, nationales ou locales. La plupart concernent un saint patron, héros d'un jour du calendrier chrétien qui doit composer avec les croyances magico-religieuses de chaque localité donnée. Le sacré et le profane y font en général bon ménage ; la tradition préhispanique du « taki » (chant et danse à la fois, comme un opéra indigène), qui célèbre les dieux païens, a été incorporée au corpus chrétien en vigueur depuis les temps de la Conquête. Dans tous les cas, la Pachamama (Terre-Mère) est l'objet de toutes les vénérations et pas un Indigène ne l'oublie.*

**N'hésitez pas à vous connecter** au site Internet www.peru.travel

## Janvier

### ADORATION DES ROIS MAGES

HUANCAVELICA

*Du 4 au 7 janvier.*

Sans doute la fête la plus typique, représentant le passage des Rois Mages à Bethléem. Les participants s'ornent de masques, de perruques et de plumages, composant de grotesques personnages appelés « Kichcamachu ».

### CARNAVAL DE CAJAMARCA

CAJAMARCA

*Du 27 janvier au 26 février.*

Le carnaval de Cajamarca est très couru ! La tradition de la « yunza » y est respectée : on plante artificiellement un arbre chargé de cadeaux, avant de danser tout autour et d'essayer de l'abattre avec une machette. Le couple qui parvient à donner le coup fatal devra organiser cette cérémonie l'année d'après. Attention : il est alors très courant de « fusiller » les passants avec des armes à eau !

### ANNIVERSAIRE D'IQUITOS

IQUITOS

*Le 5 janvier.*

Toute la ville est en liesse avec des défilés costumés en musique.

### CONCOURS NATIONAL DE MARINERA

TRUJILLO

*Du 20 au 30 janvier.*

Le plus important du Pérou : les « coquetteries » de ces dames et de ces messieurs sauront vous séduire. Profitez-en pour apprendre à agiter votre mouchoir de la main droite comme les danseurs.

## Février

### FÊTE DE LA VIRGEN DE LA CANDELARIA

PUNO

*Du 1er au 18 février.*

Plus de 200 groupes de musique et de danse sont réunis. Le jour principal est le 2 février, quand la Vierge est conduite à travers la ville en une lente et colorée procession. L'une des principales manifestations reste la « danse des diables » (ou *diablada*), que des mineurs bloqués dans un souterrain auraient composée pour prier la Vierge. On porte alors des masques fantasmagoriques et zoomorphes. Le dernier jour, les festivités se terminent par un culte rendu aux morts dans le cimetière de la ville.

## La fête du sang

La Yawar Fiesta, rite sauvage pratiqué dans les coins reculés, est aujourd'hui heureusement interdite. Il se dit cependant que çà et là, parfois… Mais on aura peu de chances d'y assister. Apparue après la conquête, cette joute bestiale est une sorte d'exorcisme pratiqué par les Indiens pour leur faire oublier, l'espace d'une journée, les vexations passées et présentes. Les hommes montent vers les sommets vierges, accompagnés d'un cheval, animal qu'amena dans les soutes de ses navires l'infâme Pizarro. Le meilleur ami de l'homme est égorgé et ensuite abandonné en pâture au condor, ses blessures ayant été préalablement arrosées de chicha. L'oiseau impérial, rassasié, ivre de viande et d'alcool, est alors capturé et ramené au village. Lié sur le dos d'un taureau, il combat cet autre symbole de la servitude imposée par l'Espagnol. La lutte dont, invariablement, sort vainqueur l'oiseau, peut durer un jour entier, à la grande joie des spectateurs qui relâchent ensuite le condor après l'avoir gratifié de toute leur reconnaissance et admiration.

## Mars

### FÊTE DES VENDANGES

ICA

*Deuxième semaine de mars.*

Musique, défilés, concours de miss dans chaque bodega : tout est bon pour fêter les vendanges ! Attention, la liqueur obtenue sert à élaborer le pisco, on ne produit pas de vin comme au Chili ou en Argentine.

### SEMAINE SAINTE

AYACUCHO

*Fin mars, début avril.*

La Semaine sainte débute le vendredi précédant le Vendredi saint et se prolonge jusqu'au dimanche de Pâques. Ayacucho attire chaque année des milliers de visiteurs de tout le Pérou et des pays limitrophes : les rues sont recouvertes de tapis de fleurs, que les processions piétinent dans leur folle farandole partout dans la ville.

## Avril

### CABALLO PERUANO DE PASO

PACHACÁMAC

*Du 15 au 20 avril.*

On y célèbre le cheval endémique du Pérou, un mélange de races espagnole et arabe. Des festivités en son honneur ont lieu dans tout le pays, mais celles-ci sont probablement les plus représentatives et les plus populaires.

### SEIGNEUR DE LOS TEMBLORES

CUSCO

*Fin mars, début avril. Le lundi Saint.*

Cette cérémonie trouve son origine en 1650 et se déroule les Lundi Saints. Elle témoigne d'une symbiose entre les croyances précolombiennes et le corpus chrétien. L'icône, que l'on promène dans la ville tandis que les fidèles dispersent les pétales des fleurs de *ñucchu* (une couleur qui évoque le sang du Christ), a été donnée par le roi Carlos V et a été conservée en l'état.

*Lima – Célébration traditionnelle sur la Plaza de Armas.*

## Mai

### VIERGE DE CHAPI

AREQUIPA

*Le 1er mai.*

Ce pèlerinage date de 1790. On marche 45 km pendant 15 heures, soit toute une nuit à travers le désert. En chemin, à trois endroits différents, les pèlerins forment des petits tas de pierres, nommés *apachetas*, symbolisant les péchés dont on s'épure.

## Juin

### INTI RAYMI

CUSCO

*Le 24 juin.*

Les festivités commencent quelques jours avant, avec la Fête de la bière, puis se poursuivent ensuite avec le Corpus Christi (procession en l'honneur des 16 Saints patrons vénérés dans la ville). L'Inti Raymi (en l'honneur du Soleil) est probablement la fête indigène la plus célèbre de toute l'Amérique latine, autant dire qu'elle est devenue très touristique. Pour autant, il ne s'agit pas d'un folklore tout juste bon à attirer les photographes amateurs... Des archéologues et des historiens du Cusco ont pu établir une cérémonie très fidèle à l'esprit des Incas, dans l'enceinte de la forteresse de Sacsayhuaman. Places gratuites avec la foule sur les hauteurs du site, on voit et entend bien mieux en payant sa place.

### PUENTE Q'ESWACHACA

*La 2e semaine de juin.*

Chaque année, on reconstruit ce pont tressé qui date de l'époque des Incas. Il enjambe le río Apurímac dans le village de Quehue, province de Canas, département de Cuzco. Le pont lui-même est classé au patrimoine culturel immatériel de l'Unesco depuis 2013.

### QOYLLUR RITI

CUSCO

*Première semaine de juin, attention les dates changent selon le calendrier catholique.*

L'une des plus grandes manifestations indigènes de l'Amérique latine ! Même si l'icône du Christ semble le symbole apparent, l'idée est bien de réintroduire l'homme dans la nature. On y célèbre les Apus, les monts tutélaires, notamment au pied du glacier

Ausangate, à 4 700 m d'altitude, dans le sanctuaire de Sinakara. Des membres de la communauté quechua Queros se rendent vers le sommet du glacier (6 362 m d'altitude !) afin de découvrir l'étoile de la neige. L'événement reçoit entre 500 000 et 600 000 pèlerins chaque année, 10 % sont représentants des nations locales.

### SAN JUAN

IQUITOS

*Le 24 juin.*

Le jour de la Saint-Jean, on célèbre l'eau et son symbole de fertilité dans toute l'Amazonie. Un mythe populaire veut que les habitantes de cette région soient particulièrement sensuelles, grâce à de fameuses concoctions aphrodisiaques (à base de fruits et d'herbes macérés dans de l'eau-de-vie de canne à sucre), comme le *chuchuhuasi*. A Iquitos, Tarapoto, Pucallpa, la fête bat son plein. On y élit la miss San Juan, on y boit beaucoup de bière et on y danse la *cumbia* autour d'orchestres électroniques.

### SEMAINE TOURISTIQUE

CHACHAPOYAS

*Du 3 au 10 juin.*

Le folklore à l'honneur ! Festival de danse et musique : le Raymi Llaqta.

## Juillet

### ANNIVERSAIRE DE HUARAZ

HUARAZ

*Le 25 juillet.*

Animations culturelles et festives dans toute la ville.

### ANNIVERSAIRE DE PUERTO MALDONADO

PUERTO MALDONADO

*Le 10 juillet*

Au programme : régates sur le rio Tambopata, dégustations culinaires, élection de reines de beauté...

### FIESTA DE LA VIRGEN DEL CARMEN

PAUCARTAMBO

*Du 15 au 18 juillet.*

Dans ce village au sud de Cusco, une fête impressionnante de syncrétisme. Nombreuses danses et symboles des colons, migrants et indigènes autour de la Mamacha Carmen. Très fréquentée car la tradition a su être préservée. Le village de Paucartambo, capitale folklorique de la région de Cusco, attire à partir du 15 juillet des Péruviens venus de tous les coins du pays pour affirmer leur foi, espérant aussi la réalisation de leurs vœux. La Vierge del Carmen est en effet une Vierge miraculeuse dont le culte exige que l'on y revienne 3 années consécutives faire les trois mêmes vœux afin qu'elle les exauce. Pendant pratiquement toute une semaine, le village est en fête : succession de chants, groupes de musique et danses folkloriques propres à chaque région (16 groupes différents), avec de somptueux costumes et mises en scène, processions religieuses et cérémonies d'offrandes à la Vierge. Le soir, cette fête prend les allures d'une gigantesque orgie, dans l'esprit de nos fêtes du Sud-Ouest. Ceux qui se sont déplacés jusqu'ici uniquement pour l'occasion n'ont pas d'endroit où dormir. Tout en s'apprêtant à passer la nuit dans la rue, la plupart se mettent à boire pour oublier le froid glacial qui sévit. Tous espèrent que le ciel soit clair le lendemain pour le lever du soleil qu'ils iront admirer sur la colline de Tres Cruces, où, paraît-il, plusieurs soleils se lèvent... Dès 5h du matin, le 16 juillet, jour principal de la fête, une « messe de l'aurore » est célébrée devant la multitude de fidèles. Jusqu'au soir, on assiste à nouveau à des défilés dans les rues jusqu'à ce que, à la nuit tombante, la Vierge sorte de son temple et fasse ainsi mourir les diables postés sur les toits des maisons... Superbe mise en scène, à ne manquer sous aucun prétexte si vous êtes dans la région.

### FIESTAS PATRIAS

LIMA

*Les 28 et 29 juillet.*

L'Indépendance (le 28 juillet 1821, José de San Martín mit un terme à trois siècles de colonisation espagnole) est fêtée dans tout le pays, mais particulièrement dans la capitale avec défilé militaire et feux d'artifices sur la Plaza de Armas.

## Août

### ANNIVERSAIRE D'AREQUIPA

AREQUIPA

Les festivités s'étalent sur une semaine (du 15 au 22 août) : fête sur le Cerro Juli, expositions artisanales sur le Fundo El Fierro, festival de danses sur le Misti et course de l'amitié.

### FESTIVAL DE CINE DE LIMA

LIMA

www.festivaldelima.com

festivaldelima@pucp.pe

*Première quinzaine du mois d'août.*

Depuis 1997, ce festival se tient chaque année dans les différentes salles de concert et les centres culturels de Lima. L'idée est de promouvoir le travail de réalisateurs péruviens ainsi que de chercher à augmenter la distribution des films d'Amérique Latine au Pérou et ailleurs. En plus de la diffusion des films en compétition, le festival présente une cinématographie internationale et d'autres activités culturelles, comme des *master class*, des conférences et des expositions.

**FÊTE DE SANTA ROSA**
LIMA
*Le 30 août (jour férié).*
Ce pèlerinage, à l'église Santa Rosa dans le centre historique de Lima, en hommage à la sainte patronne des Amériques, est très suivi. Les fidèles jettent leurs lettres de vœux dans un puits situé dans le jardin. Près de Tarapoto à Lamas, carnaval folkorique, en l'honneur de la patronne du village.

## Septembre

**FESTIVAL DE LA PRIMAVERA**
TRUJILLO
*La dernière semaine de septembre.*
Concours de marinera et *caballo de paso*, défilé de chars en ville, élection de la miss de rigueur, Trujillo fête tout en fleurs et couleurs l'arrivée du printemps.

**SEMAINE TOURISTIQUE**
ICA
*Troisième semaine de septembre*
Au programme : démonstrations équestres, combats de coqs, concours de vin, dégustation de pisco, visite des bodegas et concours international de sandboard.

## Octobre

**ANNIVERSAIRE DE TINGO MARÍA**
TINGO MARÍA
*Le 15 octobre.*
Au programme : musique et danses typiques. Course de VTT et de canoë sur le rio Huallaga.

**MISTURA**
LIMA
www.mistura.pe – turismo@mistura.pe
*Fin octobre-début novembre, une semaine.*
Un salon gastronomique où vous pourrez manger des plats typiques et acheter des produits de toutes les régions du Pérou. Animations et concerts toute la semaine. Les dates précises et le lieu changent chaque année.

**PROCESSION DU SEÑOR DE LOS MILAGROS**
LIMA
*Du 18 au 28 octobre.*
Au temps de la colonie, un esclave d'Angola dessina un modeste Christ brun (« moreno ») sur les murs d'un couvent de Pachacamilla, près de Lima ; malgré toutes les tentatives cela fut impossible de m'effacer. Le tremblement de terre de 1746 détruisit tous les murs alentour, mais pas celui-ci.

## Novembre

**ANNIVERSAIRE DE PUNO**
PUNO
*1er novembre.*
Le 1er novembre, c'est la Toussaint dans tout le pays. Mais à Puno, c'est aussi l'évocation de la fondation légendaire de l'empire inca. Au programme : nombreux défilés et célébration de la naissance de Manco Capac sur le lac Titicaca (le 5 novembre).

## Décembre

**CÉLÉBRATION DE LA BATAILLE D'AYACUCHO**
AYACUCHO
*Du 2 au 9 décembre.*
Le 9 décembre 1824, sur la pampa de Quinua, 9 000 soldats espagnols affrontèrent 5 750 Indépendantistes menés par le général Sucre. Cette bataille mythique ne dura en fait que 2 heures et se solda par une victoire des Péruviens.

**FESTIVAL DE LOS NEGRITOS**
HUÁNUCO
*Du 24 décembre au 19 janvier.*
Cette fête commémore la liberté donnée aux esclaves noirs par des défilés et des danses.

**FÊTE DE LA VIRGEN DEL CARMEN**
CHINCHA
*Le 27 décembre*
La communauté afro-péruvienne rend hommage à la Virgen del Carmen, qui porte aussi le nom de « Peoncita ».

**SANTURANTIKUY**
CUSCO
www.cuscoperu.com
*Le 24 décembre.*
A Cusco, la grande célébration artisanale de Santuranticuy prend forme. On y propose toutes sortes de figurines pour égayer la nuit du Réveillon de Noël, ainsi que des objets en terre cuite, mais aussi des céramiques, des objets en bois…

# CUISINE PÉRUVIENNE

## PRODUITS CARACTÉRISTIQUES



### Les entrées

- ***Anticuchos***. Ce sont de succulentes brochettes de cœur de bœuf, marinées dans le vinaigre avant d'être cuites au feu de bois.
- ***Ensalada de chonta***. Typique de l'Amazonie, cette salade est faite uniquement de cœurs de palmier coupés en lamelles très fines.
- ***Causa a la limeña***. Cette pomme de terre farcie contient des oignons, des œufs durs, du piment doux, du citron et de la mayonnaise.
- ***Ceviche***. Les morceaux de filets de poisson tronçonnés et les fruits de mer crus (le plus courant est la *concha negra*, une espèce de palourde) sont marinés dans le jus de citron, relevés avec du piment fort, servis avec un hachis d'oignon et de coriandre et accompagnés de patate douce et de maïs bouilli.
- ***Ocopa arequipeña***. Cette pomme de terre cuite à la vapeur, couverte d'une sauce verte à base de crème fraîche, de crevettes, d'ail, de piment et d'une herbe aromatique, le *huacatay*, rappelle la *papa a la huancaína*.
- ***Palta rellena***. L'avocat est fourré de crevettes ou de crabe et arrosé d'un filet de citron.
- ***Papa a la huancaína***. La pomme de terre est recouverte d'une généreuse couche de sauce jaune piquante faite avec du fromage et de la crème fraîche.
- ***Papa rellena***. La pomme de terre est servie en beignet, fourrée de viande, oignon, poivron et sauce piquante.
- ***Rocoto relleno***. Poivron farci du même genre que la *papa rellena* mais qui, sous ses allures de poivron doux, vous emportera la bouche…
- ***Sopa***. La soupe est l'entrée quasi obligatoire des formules *almuerzo*, *cena* ou *menú*. Il en existe de toutes sortes, avec morceaux de bœuf ou abats de poulets, voire tripes, et légumes variés (pomme de terre, maïs, petits pois, fèves, céleri, sans oublier riz ou pâtes). Pour les petits appétits, la *sopa de casa* peut constituer un plat unique, tant elle est roborative à défaut d'être raffinée.
Dans les Andes, ne pas manquer de déguster la *sopa de quinua* où domine cette céréale translucide qui fut une plante sacrée chez les Incas.
- ***Tamales***. Le maïs, pilé et aromatisé, est cuit à la vapeur dans sa feuille. Pouvant être sucré ou salé, il est servi au petit déjeuner, au déjeuner ou au goûter.

### Les plats de resistance

- ***Arroz chaufa***. Ce riz cantonais a acquis un statut national : ne figure-t-il pas dans les livres de recettes traditionnelles et à la carte de pratiquement tous les restaurants du pays, et non plus seulement dans les *chifas* !

*Soupe de Quinoa et Inca Kola.*

- ***Arroz con pato a la chiclayana***. Plat traditionnel de la grande cuisine péruvienne de Chiclayo, c'est une sorte de paella à base de canard, de piments doux et forts, d'origan et de coriandre, et dont le riz reste légèrement mouillé. Un régal.
- ***Cau Cau***. Ces tripes, cuites à la tomate et épicées, sont traditionnellement servies avec des frites baignant dans la sauce.
- ***Carapulcra a la limeña***. Des pommes de terre séchées, de la viande de porc (parfois de poulet) également séchée, le tout cuit avec des cacahuètes et du piment jaune.
- ***Chupe de camarones***. Une soupe de crevettes, cuites avec du lait, du piment et de l'origan. Ce plat absolument délicieux est parfois proposé en entrée.
- ***Cuy***. C'est le nom donné dans la sierra à notre cochon d'Inde. Sauvage ou domestique, il est rôti ou cuit dans une sauce piquante au cumin. Assez proche du lapin somme toute, malgré la présence de la tête et des pattes qui pourraient rebuter certains. Une curiosité.
- ***Lomo saltado***. Le steak de bœuf, coupé en fins morceaux, est cuit ensuite dans la sauce du seco ou sudado (à la vapeur). Accompagné de riz blanc et de frites, il est ferme sous nos dents occidentales habituées au steak tendre et saignant.
- ***Pollo a la brasa***. Le poulet cuit au feu de bois est servi partout au Pérou, dans les *pollerías*. Avec le *seco*, c'est le plat le plus populaire et le plus consommé. Servi avec riz et salade (frites sur demande).
- ***Salsa escabeche***. Dans cette sauce à la tomate et aux oignons émincés, aromatisée avec piment et vinaigre, sont cuits poissons et viandes.
- ***Seco***. C'est le véritable plat national. Ce ragoût de poule (*gallina*), de bœuf (*res*) ou de cabri (*chivo*), avec tomate, poivron, oignon, ail et piment, est accompagné de riz blanc et de lentilles, de pois chiches ou de haricots secs.
- ***Tacu Tacu***. C'est un plat très consistant, avec du riz et de la purée de haricots noirs formant une pâte indigeste, généralement accompagné d'une viande.

## Les desserts

Parmi tous les desserts, tous toujours fort sucrés, les plus intéressants sont la m*azamorra morada*, sorte de gelée de maïs violet rehaussée de fruits, et les *picarones*, beignets de farine de patate douce (*camote*) et de courge, trempés dans le sirop de figue (*higo*).

- **Le *manjar blanco***, confiture de lait très sucrée, entre dans la composition de nombreux desserts et gâteaux, comme le *suspiro*, arrosé d'un trait d'alcool.
- **Les glaces et les sorbets** les plus variés sont abondamment consommés au Pérou. Dans les supermarchés et tiendas, la firme D'Onofrio exerce un quasi-monopole. Nombreux petits glaciers locaux. Goûtez notamment au *queso helado* (blanc d'œuf, lait, sucré, vanille glacée) vendu à Arequipa.

## Le pain

On trouve dans les boulangeries de la sierra toutes sortes de petits pains de blé, de maïs ou de *camote*. Le meilleur de ce complément indispensable de nos repas est fabriqué par les indigènes de la sierra et se nomme *pan de trigo* (pain de blé) ; ces petites galettes triangulaires, cuites au feu de bois, sont vendues sur les marchés et dans les rues des principales villes andines : Puno, Cusco, Cajamarca ou Arequipa. Ailleurs le pain est peu consommé. Les supermarchés restent la source la plus sûre pour en trouver.

## Le pays de la Superfood

Sous ce nom *gringo*, on retrouve toute une liste de super-aliments traditionnels plus riches les uns que les autres pour leurs apports en protéines ou vitamines. On y retrouve les grains andins comme le quinoa, kiwicha, canihua, maca, yacon, maïs géant de Cusco, maïs violet et les innombrables sortes de pomme de terre... des fruits et produits de l'Amazonie comme les châtaignes, les grenades, le cacao, le camu camu, les baies d'aguaymanto... et des fruits et légumes côtiers comme la chérimole ou le corossol (assez similaires), la lucuma, les mangues (il y en a de beaucoup de sortes), les raisins, les mandarines et les anchois. Les bleuets, asperges, brocolis, avocats, déjà réputés dans le monde, sont les plus exportés. Vous découvrirez sans doute le reste sur place mais sachez que Promperu, l'organisme qui gère la marque Pérou à travers le monde, a lancé une nouvelle campagne autour de ces superfoods. Sur place il faut tout goûter. Se balader dans les marchés et la découverte de ces produits fait partie des indispensables de votre voyage.

## Inca Kola

Vendue dans de petites bouteilles en verre ou en plastique, cette boisson pétillante de couleur jaune fluo est considérée, avec la chicha et le pisco, comme la boisson nationale et fait la fierté de tous les Péruviens. En vente libre dans tous les kiosques et restaurants, ce breuvage lumineux pourra être l'objet d'un moment de partage avec n'importe quel Péruvien, toutes classes sociales confondues. C'est l'élément réconciliateur qui met, l'espace d'un instant au moins, tout le monde sur le même pied d'égalité. Le succès était tel que la firme Coca-Cola l'a racheté et intégré.



### Les boissons

Du fait de l'état sanitaire du pays (risque de choléra et de gastro-entérite), il ne faut jamais boire d'eau qui ne serait pas achetée en bouteille dûment capsulée, sauf toutefois dans les grands restaurants de Lima. Les principales marques sont San Luis, Cielo et San Mateo, avec ou sans gaz.

- **La boisson nationale** est l'Inca Kola, un mélange jaune au goût de bubble-gum gazeux.
- **La boisson forte péruvienne** par excellence est le pisco. Fait à partir de la fermentation des bouillons frais des moûts de raisin cultivés dans des zones très précises du Pérou, c'est une eau-de-vie fine et très alcoolisée. Elle sert de base au fameux cocktail pisco sour : cocktail avec blanc d'œuf, jus de citron vert, sucre, glace pilée et bitter.
- **La *chicha***, qui se boit dans la sierra, est une boisson à base de maïs fermenté, de faible teneur en alcool. La *chicha morada*, elle, n'en contient pas du tout. A base de maïs violet, aromatisée à la cannelle, au clou de girofle et au citron, elle se boit glacée. C'est une boisson rafraîchissante très populaire, qui accompagne notamment les formules *almuerzo* et *cena*.
- **C'est cependant la bière qui est la boisson vedette du pays**. Les Péruviens en consomment des quantités phénoménales. Conditionnée en bouteilles de 66 cl ou d'un litre, brune ou blonde, elle est l'accompagnement obligé des réunions de café. La Cusqueña est la marque commerciale la plus savoureuse. Ces dernières années, un boom de la bière artisanale a eu lieu. On en trouve à Lima, Arequipa, Huaraz, Cusco sous des noms comme Sierra Andina, Nuevo Mundo, La Candelaria, Barbarian...
- **Le Pérou n'est pas grand producteur de vins**. On y boit surtout des vins chiliens. Parmi les productions locales, les plus connus sont Tacama, Ocucaje ou Vista Alegre, souvent sucrés.
- **Le refresco**. Si vous goûtez aux menus établis du midi on vous proposera du refresco : une eau fruitée (de toutes les saveurs) et sucrée qui accompagne le repas. Elle est normalement bouillie.

**■ PISCO VIÑAS DE ORO**
✆ +51 1 706 22 41
www.piscovinasdeoro.com.pe

## HABITUDES ALIMENTAIRES

Le Pérou, du fait de ses particularités géographiques et climatiques, offre un éventail de produits alimentaires fort étendu, incluant les fruits exotiques et les légumes des régions froides d'altitude, les viandes les plus variées et les fruits de mer et poissons ou les épices. Il ne faut pas oublier que la pomme de terre, le maïs, la tomate ou la dinde ont été introduits en Europe après la conquête espagnole.
Les influences culturelles liées aux aléas de l'Histoire ont donné naissance à une cuisine péruvienne très diversifiée, où se mêlent saveurs et modes de cuisson, aller-retour perpétuel entre deux continents. S'y sont ajoutées au cours des siècles des touches africaines, avec l'arrivée des esclaves noirs, mais aussi française et italienne et surtout japonaise et chinoise, au point que les restaurants « chifas » et les mets du même nom font aujourd'hui partie intégrante de la tradition culinaire nationale.
Le Pérou n'a pas, lui non plus, échappé à la vague de la nouvelle cuisine, une cuisine que l'on peut déguster dans les grands restaurants liméniens aux mains de chefs nationaux souvent formés au Cordon Bleu, une école française. L'influence indigène est aussi sensible dans le mode de cuisson : on préfère dans la sierra le bouilli au frit et la pomme de terre est omniprésente (il en existe une centaine de variétés).

*Marché central de Nazca.*

Les plats à base de pomme de terre s'appellent *ajices*, *ajiacos*, *causas*, *papas rellenas*, *chupes*, *carapulcras* ou encore *asados*. Le maïs, autre plante de la sierra, entre dans la composition des tamales ou, blanc et jeune (*choclo*), est consommé bouilli.

La mer est d'un apport important dans la cuisine locale. Avec 3 000 km de côtes, le Pérou est un grand pays de pêche et cette activité remonte au premier peuplement du continent. Le poisson, séché et salé, était acheminé vers les Andes du temps de l'empire inca. Les deux grands plats de la mer sont le *ceviche*, consommé cru et à qui sont consacrés des lieux spécialisés dans tout le pays, les *cevicherías*, et le *sudado*, cuit à la vapeur.

Les Péruviens prennent leurs repas relativement tôt comparé aux Français, surtout dans les villages, car la population est souvent active dès 5h du matin. Le petit déjeuner traditionnel est souvent salé et consistant. On peut y trouver du bouillon, des pommes de terre et du fromage, des œufs, des gâteaux de maïs (*tamales*)... Les portions du déjeuner sont gargantuesques. En province, si vous déjeunez dans les petits menus, vous aurez du mal à terminer. Attention aux glucides. Le riz accompagne tout. Il n'est pas rare de se voir servir riz et pommes de terre dans un plat ou pâtes et pommes de terre dans la soupe. Les péruviens sont aussi carnivores dans l'âme et un bon repas signifie une belle pièce de viande, cuisse de poulet ou côtes la plupart du temps. Le dîner en revanche est souvent plus léger. Cela peut être une infusion sucrée, du pain, du fromage, souvent pris sur le pouce. Lima comme souvent fait exception car les mœurs changent.

Parmi les traditions péruviennes, l'une concerne directement l'alimentation : les quechuas, descendants des Incas, versent encore à ce jour un peu de leur boisson sur le sol avant de la boire. C'est une offrande à la Pacha Mama, mère nourricière, en remerciement de la nourriture et de l'eau qu'elle fournit.

Des petites cantines typiques aux grands restaurants de luxe, des cafés-bars aux *pollerias* en passant par les menus dans les autobus péruviens, ce pays va d'un extrême à l'autre en ce qui concerne la restauration et ce, suivant le degré de modernité de la ville où l'on dépose sa fourchette.

# RECETTES

D'après le site : www.tierra-inca.com

## Pisco Sour

**Ingrédients**. 1 tasse de jus de citron • 1 tasse de sucre • 3 tasses de pisco (alcool péruvien) • 2 blancs d'œuf • ½ mixer de glace • Angostura.

**Préparation**. Mettre la glace dans le mixer. Mixer les blancs d'œuf avec le sucre jusqu'à dissolution. Ajouter le pisco puis le citron et la glace. Bien mixer. Servir doucement afin d'obtenir beaucoup de mousse. Ajouter quelques gouttes d'Angostura dans chaque verre.

## Ceviche

**Ingrédients** (pour 6 personnes). 1 kg de filet de poisson blanc de chair ferme • 1 gros oignon • 1 gousse d'ail • 1/2 tasse de jus de citron vert • 1/2 tasse de jus d'orange • 1 piment frais haché • Coriandre moulue • 1 gros maïs (ou maïs en boîte) • Sel et poivre.

**Préparation**. Nettoyer le poisson et le couper en dés ; ajouter sel et poivre et couvrir avec les jus d'orange et citron. Laisser macérer 1 heure. Couper l'oignon en long, ajouter à la préparation avec le piment et laisser encore macérer 1 heure. Parsemer de coriandre en poudre. Servir froid avec des rondelles de maïs.

# JEUX, LOISIRS ET SPORTS

## DISCIPLINES NATIONALES

### Football

C'est bien sûr la discipline phare du Pérou, comme dans tout le continent latino-américain. Les anciennes stars du ballon rond s'appellent Juan Carlos Oblitas, Teófilo Cubillas, Héctor Chumpitaz et Ramón Quiroga, que personne n'a vraiment remplacées de nos jours. Pendant la Copa América qui se dispute chaque année au mois de juillet, les Péruviens s'habillent en rouge et blanc (les couleurs de la sélection nationale) et se retrouvent autour d'un écran géant de fortune. La qualification pour la Coupe du Monde Russie 2018 en repêchage a secoué le pays, au sens propre comme au figuré, car la secousse a déclenché les détecteurs de séisme. Rappelons que la dernière qualification pour un Mondial datait de 1982. 36 ans d'absence et un jour férié national pour fêter ça. Le parcours ensuite a été malheureusement trop court, car le Pérou s'est arrêté aux phases de groupe où il s'est d'ailleurs retrouvé face à la France. Les nouveaux noms à connaître son Guerrero, Farfan, Flores, Cueva, Advincula ou Gallese, sous la tutelle d'un entraîneur argentin qui a remis au pas la sélection et est célébré partout, Ricardo Gareca. Lors de la dernière Copa America le Pérou a réalisé un match extraordinaire contre le rival de toujours, le Chili, en s'imposant 3-0 avant de s'incliner face au Brésil en finale.

### Athlétisme

Les derniers Jeux panaméricains qui se sont tenus à Lima en août 2019 ont donné un beau coup de projecteur à de nombreuses disciplines. Le pays a remporté 39 médailles au total dont 11 en or. L'athlétisme qui ouvrait les jeux a été un vrai moment de fête nationale et d'orgueil avec la victoire au marathon de Gladys Tejeda chez les femmes et Christian Pacheco chez les hommes, deux coureurs de la région de Junin dans la sierra au profil humble qui permettent de redonner une image plus diverse au sport.

### Surf

Les résultats sont souvent bons et les titres fréquents. Lors des Panaméricains 7 médailles ont été gagnées grâce au surf.

### Jeux

- **Il n'est pas rare de voir des Péruviens** jouer aux dominos et miser de l'argent. Mais ils préfèrent en général miser sur un combat de coqs ou sur des taureaux…
- **Combat de coqs.** Cruelles et fascinantes, ces joutes portent au paroxysme l'excitation des parieurs. Chaque ville du Pérou possède un ou plusieurs lieux où se déroulent, en fin d'après-midi, ces *pelleas de gallos*. La saison s'étend de mi-avril à fin novembre.
- **Un jeu assez rigolo** consiste à jeter un palet en bois dans la gueule d'une grenouille, à une certaine distance. On y joue dans certains bars et restaurants.
- **Dans les fêtes foraines**, dont les Péruviens sont friands, un autre jeu consiste à lancer un jeton sur un panneau posé à plat sur le sol. Sur le panneau sont inscrites, dans de petites cases collées les unes aux autres, des sommes d'argent (minimes). Si le joueur parvient à lancer son jeton sur une de ces cases sans toucher une bordure, il empoche la somme indiquée dans la case. Mais, comme la plupart des jeux, celui-ci est étudié pour que l'on perde plus souvent que l'on ne gagne.
- **Les casinos sont extrêmement nombreux** au Pérou, ce qui provoque de graves problèmes d'addiction.

## ACTIVITÉS À FAIRE SUR PLACE

### Randonnée – Alpinisme

Dans ce secteur, le Pérou offre des possibilités infinies. Le choix dépendra de vos objectifs, de votre expérience et de la période de l'année où vous planifiez votre séjour. L'organisation s'est perfectionnée au fil des ans et vous trouverez toujours un guide compétent ou une agence qui pourront vous aider. Une première difficulté à laquelle il faut s'attendre est le besoin d'acclimatation à l'altitude, dont la durée varie selon les individus mais qui exige au minimum trois jours.

Les trois principales régions du Pérou pour les marches en montagne sont celles de Huaraz, Cusco et Arequipa. Voici les tours qui y sont les plus pratiqués :

- **Huaraz :** l'Alpamayo, le trek de Santa Cruz dans le parc national Huascaran, la Cordillère Huayhuash.
- **Cusco :** Chemin de l'Inca jusqu'au Machu Picchu, Choquequirau, le Salkantay dans la Vallée Sacrée ou le trek de l'Ausangate (la montagne la plus haute de la région Cusco, au sud).
- **Arequipa :** Vallée des Volcans, Canyon de Colca (condors) et ascension du Misti.
- **Quelques recommandations**. Les maisons de guides (*casas de guías*) des villes mentionnées vous donneront de nombreux renseignements concernant la difficulté des treks, leur intérêt, la nécessité d'avoir un guide ou non et les conditions météo. Ces maisons disposent évidemment d'un grand nombre de guides et de porteurs.

La meilleure saison pour marcher en montagne s'étend de juin à août ; les mois d'avril, mai, septembre et octobre offrent également d'excellentes conditions. Pendant les autres mois, redoublez de précautions ! Les chutes de pluie rendent le terrain très glissant, et un équipement spécifique est alors nécessaire. Le mauvais temps ne dure généralement pas plus de trois jours. La région d'Arequipa est plus protégée du mauvais temps que les autres. Il est important de partir tôt afin de parcourir la partie enneigée le matin car, dès midi, la neige perd de sa stabilité et des avalanches sont à redouter. Il peut faire très chaud en montagne, cependant ne vous découvrez pas trop car les rayons de soleil sont menaçants. Le matin, le ciel et les paysages sont sans nuages, ceux-ci arrivent vers la mi-journée ; une raison de plus pour monter avant midi.

L'équipement de base pour un trek est le suivant : tente de camping, sac de couchage, natte isolante, matériel de cuisine, chaussures de randonnée (dès que vous aurez passé 5 000 m, vous rencontrerez de la neige et de la glace, il faudra alors prévoir des chaussures spéciales, sur lesquelles on peut monter des crampons), des bâtons de ski (équilibre et rythme), un baudrier, une protection contre la pluie (les K-ways n'étant pas étanches, ils ne sont pas conseillés), des habits chauds (la température chute la nuit), un piolet (en cas de neige), un chapeau sombrero ou une casquette saharienne (les coups de soleil et les insolations s'attrapent rapidement en montagne, attention à la nuque), des lunettes de soleil (un brûlement de la rétine irréversible peut se produire en moins de 15 min – des lunettes de glacier de qualité sont donc nécessaires), une crème solaire (indice important, au moins 30) et des guêtres en cas de neige. La plus grande partie de ce matériel peut se louer ou s'acheter sur place, cependant son état ne sera pas toujours à la hauteur de vos besoins, il est donc préférable de prévoir votre propre équipement (renseignez-vous auprès de votre compagnie d'aviation sur le poids de bagages autorisé).

Votre santé dépendra du soin que vous lui porterez. Emportez des pastilles pour purifier l'eau et évitez la nourriture trop locale les premiers jours, préférez les restaurants. L'acclimatation (entre 3 et 7 jours) est très importante car le mal d'altitude commence par des maux de tête mais peut finir par un œdème. Les signes du pré-œdème sont : gonflements, maux de dos, ballonnements (lorsque vous buvez) et difficultés respiratoires. Il faut alors descendre immédiatement. Ne jamais monter, même pour passer un col, et prendre un diurétique car il faut beaucoup boire quand on a le *soroche*, et il est parfois difficile d'uriner en montagne. N'attendez pas l'aide d'un hélicoptère, on n'est pas en Europe ! Une petite pharmacie est également importante. N'oubliez pas d'emporter, en plus du matériel habituel, un antibiotique à large spectre, un diurétique et ce qu'il faut pour parer aux entorses, très fréquentes pendant les marches en montagne. Vérifiez que votre assurance n'exclut pas les activités à risque, comme pourrait l'être la randonnée en montagne.

Sachez que le cramponnage est plus facile ici qu'en Europe car la neige locale est plus poreuse, cependant attention aux entorses ! Des cours de marche sur glace sont dispensés dans les trois régions mentionnées plus haut. Ne vous jetez pas tout de suite sur votre objectif principal qui serait un 6 000 m. Passez d'abord par un ou deux 5 000 m. Allez-y progressivement !

Enfin et pour finir, emportez une petite corde que les randonneurs auront à la main lors de randonnées, même si le terrain vous paraît facile. Cela ne coûte rien et peut sauver la vie d'une personne qui aurait glissé. On dénombre quelques accidents mortels de ce type chaque année. Les chemins sont souvent étroits et peuvent être rendus glissants par la pluie.

## Rafting

Le Pérou est l'un des plus beaux endroits du monde pour pratiquer le rafting. On peut s'y adonner dans des environnements très différents, toute l'année, dans des paysages à couper le souffle. La première difficulté qu'il vous faudra affronter, avant même d'avoir donné le premier coup de pagaie, sera de trouver une bonne agence qui organisera votre expédition. Les deux arguments principaux à garder en tête sont la sécurité et l'environnement. Les lieux où se pratique ce sport sont souvent reculés et difficiles d'accès. En cas d'accident, seront-ils accessibles aux secours ? La réponse que l'on vous donnera restera souvent évasive. Dans tous les cas, vérifiez que vous avez une bonne assurance personnelle qui couvre l'activité rafting. Il n'existe pas actuellement de contrôle des agences et celles impliquées dans des accidents peuvent trop souvent continuer à fonctionner comme si rien ne s'était passé. De plus, il faut savoir que certaines rivières ne sont parcourues que deux ou trois fois par an et les agences organisatrices n'acceptent que les inscriptions de l'étranger et longtemps à l'avance.

**Quelques recommandations.** Exigez un billet qui obligera l'agence à payer des impôts qui serviront à entretenir non pas les politiciens locaux mais les parcs nationaux. Ce billet est aussi une preuve de service et doit pouvoir être présenté à l'occasion de toute plainte. Il vous sera aussi demandé par votre assurance en cas d'accident.
Demandez des renseignements utiles sur le guide qui vous accompagnera ou essayez de le rencontrer (quelle est son expérience, est-il entraîné aux premiers secours et quand a-t-il pris son dernier cours, parle-t-il français ou au moins anglais ?). La licence officielle concernant les guides de rafting est le Swiftrafter Technician Certificate. Très peu de guides le possèdent au Pérou, mais demandez quand même. De nombreux guides vont travailler à l'étranger pendant la basse saison et acquièrent ainsi une précieuse expérience. Certaines compagnies font accompagner leurs tours par des kayaks pour la sécurité, cependant il est bon de vérifier si le kayakiste est vraiment un sauveteur ou s'il est juste là pour prendre des photos ou faire une vidéo des clients, ce qui rendra son efficacité proche de zéro.
Un équipement approprié et en bon état est garant de votre sécurité. Autant que possible, essayez de voir le matériel avant de signer, même si vous n'y connaissez rien, vous aurez une idée de sa qualité et surtout de son entretien. Les pagaies doivent être en plastique et métal, car celles en bois peuvent blesser en provoquant des cloques. Vérifiez le bon état du matériel de camping ainsi que celui de communication (radio, afin de prévenir en cas d'accident). Sur les longs tours, une tente et une moustiquaire seront fournies (vérifiez les zips !). L'eau étant souvent très froide, des combinaisons devront être mises à disposition. Dans quel état sont les gilets de sauvetage ? Des sacs étanches sont-ils à disposition ? Vérifiez leur étanchéité ! Tous les tours doivent partir avec un kit de premiers secours et un kit de réparation pour le raft et les pagaies. Demandez à le voir et surtout assurez-vous que le guide sait l'utiliser.
Concernant la nourriture, la règle est de bien observer si le guide (ou cuisinier) nettoie les légumes et la vaisselle dans la rivière ou s'il utilise de l'eau pure ou au moins iodée. Assez peu d'opérateurs ont une véritable conscience de l'environnement et cela se sent sur les berges des rivières les plus pratiquées. Installent-ils une tente pour les toilettes, fournissent-ils un briquet afin de brûler le papier hygiénique ? Le bois est une denrée rare au bord de certaines rivières. Son utilisation pour faire la cuisine est inutile alors que des containers de gaz ou de kérosène se trouvent facilement.

**Si toutes ces recommandations** ne vous ont pas dissuadé, sachez qu'une journée de rafting coûte en Europe de 75 US$ à 100 US$. Au Pérou, vous aurez des offres à 20 US$, alors vérifiez ce que vous aurez pour ce prix. Pour les noms d'agences recommandées, vous pouvez vous référer aux chapitres concernant les villes de Huaraz (sur la rivière Santa, dans le Callejón de Huaylas), d'Arequipa (sur la rivière Colca) et Cusco (sur l'Urubamba ou l'Apurimac).

## VTT

Le callejon de Huaraz se prête au VTT et propose plusieurs circuits balisés. Attention, il faut supporter l'effort en altitude ! Vous trouverez aussi quelques loueurs de VTT dans la vallée sacrée de Cusco et dans le canyon del Colca près d'Arequipa. Encore une fois, renseignez-vous sur le matériel (l'état des vélos peut-être sujet à caution) et vérifiez bien les pièces de rechange (bombe anti crevaison, chambre à air, etc...).

## Surf

Les plages au sud de Lima sont très prisées des surfeurs. Le spot de Mancora, tout au nord près de la frontière équatorienne, attire des débutants comme des plus confirmés (en plus, l'eau y est plus chaude !). Enfin, les vagues de Huanchaco (près de Trujillo) sont tellement réputées que des compétitions internationales y sont régulièrement organisées.

## Parapente

Un club a élu domicile dans le quartier de Miraflores à Lima (près du parc de l'Amour). Les débutants peuvent sauter en tandem et survoler ainsi les immeubles du quartier d'affaires et la plage de la capitale. Comptez tout de même 80 US$ les 12 minutes.

# ENFANTS DU PAYS

## Gastón Acurio

Difficile de rater sa gouaille de bon-vivant sur les livres de recettes qui cartonnent dans les librairies ou dans les émissions de téléréalité type « Top chef », très suivies au Pérou. Ce chef cuisinier très réputé, né à Lima en 1967, a décidé de mettre sa popularité au profit de la cuisine péruvienne. Il tient plusieurs restaurants à Lima (dont le fameux Astrid & Gastón, classé 13e meilleur restaurant au monde en 2019 par le classement The World's 50 Best) où il a à cœur d'expérimenter de nouvelles combinaisons avec les ingrédients typiques de son pays et de s'inspirer des traditions locales. Il a développé un empire culinaire avec de nombreuses marques et franchises. C'est aussi lui qui est à l'origine du Mistura, un énorme salon gastronomique qui réunit dans une ambiance bon enfant toutes les spécialités culinaires du pays. Son succès a suscité un engouement auprès des jeunes pour la cuisine. Gastón Acurio a aussi fondé l'école Instituto de Cocina Pachacutec pour les jeunes défavorisés. Grâce à des partenariats locaux et étrangers, cette école offre gratuitement une formation complète en cuisine à de jeunes Péruviens. Gastón Acurio a également prêté sa voix à l'un des personnages de la version doublée en espagnol de *Ratatouille*.

## Eva Ayllon

La voix du Pérou noir. Si vous demandez à un Péruvien quelle est sa chanteuse préférée, spontanément il répondra : Eva Ayllon ! Bien que le public européen ne l'ait découverte que récemment, cela fait plus de trente ans qu'Eva, forte de plus de vingt albums, est considérée comme la meilleure interprète péruvienne, dotée d'une voix magnifique et d'une formidable présence sur scène.

Elle débute dans différents établissements de Lima avant de faire partie du trio Los Kipus dont elle est la voix féminine. A partir de 1977, elle connaît le succès et brille de sa propre lumière. Elle entame alors de nombreuses tournées en Europe, aux Etats-Unis, au Canada et au Japon. Eva porte très haut la musique péruvienne de la région côtière, en particulier la musique afro-péruvienne, la música criolla, sauvant de l'oubli des siècles de souffrance quotidienne, des comptines et des mélodies traditionnelles qui s'expriment à travers les rythmes syncopés de valses et de polkas, et surtout à travers la *marinera*, danse nationale du Pérou accompagnée de la guitare et du *cajón*. L'une de ses chansons les plus connues est : *Estoy enamorada de mi país* (« Je suis amoureuse de mon pays »). Son dernier album s'intitule *Eva ! Leyenda Peruana*.

## Susana Baca

Compositrice et chanteuse née en 1944 à Lima, c'est l'ambassadrice de la musique afro-péruvienne. Elle a enrichi son répertoire avec des poèmes populaires du Pérou, ainsi que ceux de Pablo Neruda. Elle danse, elle chante d'une voix profonde où se mêlent la mélancolie et le rythme joyeux du *festejo*, et les peines de son peuple deviennent du bonheur...Parallèlement à sa carrière artistique internationale, Susana reste en contact avec la nouvelle génération de son pays, à laquelle elle offre une grande partie de son temps et de son cœur : avec son mari, Ricardo Pereira, elle a fondé en 1992, à Chorillos (Lima), l'« Instituto Negro Continuo », qui réunit musiciens académiques et populaires s'employant à diffuser la musique afro-péruvienne. Les jeunes Péruviens peuvent venir y écouter des enregistrements de musique ancienne et lire des documents sur l'histoire de la musique métisse. Susana a obtenu le Grammy latin 2002 du « Best folk album » pour *Lamento Negro*, et a édité une dizaine d'albums. En 2011, elle a été nommée ministre de la Culture du Pérou dans le gouvernement d'Humala : un bref passage de quelques mois.

## Herman Braun-Vega

Les couleurs de la mémoire. Pénétrer dans l'univers pictural du peintre péruvien H. Braun-Vega, c'est d'abord s'exposer à une déflagration : celle de l'éclat des couleurs. Ce sont elles qui vous saisissent tout d'abord, vives, gaies, audacieuses… Formidablement vivantes ! On est loin de l'image stéréotypée que l'on peut se faire de la peinture contemporaine, souvent associée à l'abstraction, à une vision intellectuelle, incompréhensible pour le non-initié.

De prime abord, les tableaux de Braun-Vega sont saisissants par la proximité qu'ils instaurent avec le spectateur. Des scènes quotidiennes en apparence, vibrantes à force de couleur et de mouvement, qui permettent à tous de se glisser avec plaisir dans cet univers et d'écouter les histoires simples qu'il nous raconte. Mais qu'on ne s'y trompe pas, cette simplicité n'est que la première marche d'un escalier qui souhaite nous emmener bien au-delà de l'anecdotique. Car le projet du peintre est aussi audacieux que sont éclatantes ses couleurs. Il s'agit d'embrasser l'espace entier de l'imaginaire, à la fois collectif et singulier, pour, comme il le dit lui-même, « ne pas laisser place au non-sens, à la barbarie ». Il est décédé en France, à Arcueil où il s'était installé, le 2 avril 2019.

## Javier Pérez de Cuellar

Né en 1920 à Lima, diplomate de formation, Pérez de Cuellar a assuré durant 10 ans, de 1982 à 1992, la présidence de l'ONU. Soucieux d'être utile à son pays et auréolé d'une reconnaissance mondiale, il n'en sera pas moins nettement battu par Alberto Fujimori à l'élection présidentielle de 1995. A la tête du vieux parti libéral Acción Popular (AP), il prépara en vain l'échéance de l'an 2000. Entre 2001 et 2004, il fut ambassadeur du Pérou en France. Grâce à lui, les relations du Pérou avec la France ont franchi une nouvelle étape en privilégiant les échanges culturels, commerciaux et touristiques.

## Juan Diego Flórez

Né en 1973 ce ténor péruvien connaît un succès sans précédent sur les scènes des opéras internationaux. Luciano Pavarotti ou Plácido Domingo ont fait part de leur admiration. Il est le fils d'une chanteur et guitariste de musique créole qui accompagna à la célébrissime Chabuca Grande. Diplômé de l'Institut Curtis à Philadelphie, Etats-Unis, sa carrière a été lancée à 23 ans au Festival Rossini de Pésaro. En 2007 Alan García Pérez lui a attribué le grade de Gran Cruz de la Orden El Sol del Perú. Il a été nommé ambassadeur de bonne volonté par l'Unesco et appartient au groupe Kammersänger, une distinction du gouvernement autrichien. En 2011 il a créé la fondation Sinfonía por el Perú pour développer la pratique de la musique et du chant classique dans les quartiers défavorisés, qui a reçu le prix Cristal en 2014, une distinction du Forum Economique Mondial.

## Alberto Fujimori

Quand, en 1990, débarque sur la scène politique un inconnu, ancien recteur de l'université agraire né en 1938 à Lima, personne n'aurait parié un centime sur ce fils d'émigrés japonais. A la tête d'un nouveau parti, Cambio 90, et soutenu par l'APRA et les autres organisations de gauche, il va pourtant défaire au second tour Mario Vargas Llosa et son programme ultralibéral. Populiste et fin tacticien, Alberto Fujimori saura se concilier les bonnes grâces de Washington, appliquant au Pérou une thérapie de choc qui, loin d'apaiser les tourments des plus pauvres, maintient la majorité du pays dans la misère. Bien qu'éclaboussé par les scandales, nanti d'une réputation d'autoritarisme et accusé d'expansionnisme par ses voisins équatoriens avec qui il livra bataille en 1995, il est réélu cette même année, après avoir fomenté un coup d'Etat civil pour modifier la Constitution (n'autorisant que deux mandats présidentiels). Sa réputation sulfureuse ne sera pas démentie lors de la prise d'otages de l'ambassade du Japon, à Lima, où il ordonne l'assaut mortel et l'élimination sans pitié des 14 membres du commando du MRTA, après avoir donné l'impression de rechercher une issue pacifique à la crise. En 2000, sa nouvelle victoire est très contestée ; des accusations de corruption le poussent à démissionner quelques mois plus tard et il s'envole vers le Japon, son pays d'origine. En novembre 2005, il est arrêté au Chili et extradé au Pérou en septembre 2007 pour y être jugé. Le 25 avril 2009, il a été condamné à 25 ans de réclusion pour violations de droits de l'homme ; ce jugement a été entériné par la Cour Suprême le 2 janvier 2010. Depuis, sa fille Keiko Fujimori a repris le flambeau. Elle s'est inclinée face à Ollanta Humala au 2e tour de l'élection présidentielle de 2011 puis face à PPK en 2016, mais avec un écart de quelques milliers de voix seulement. Son parti, Fuerza Popular, est majoritaire au Congrès. Keiko a demandé la grâce de son père pour raison de santé et l'a obtenu le 24 décembre 2017 de la main de l'ex-président PPK. La joie des fujimoristes a été de courte durée. Encore vindicatifs au Congrès, ils sont malgré tout affaiblis depuis l'arrestation de leur leader Keiko Fujimori (en prison préventive depuis le 1er novembre 2018) et la remise en prison d'Alberto Fujimori le 23 janvier 2019 jugé de nouveau dans un procès sur ses actes à l'époque de sa présidence. L'avenir du clan Fujimori se nomme peut-être Kenji Fujimori, le fils cadet, député populaire, leader du petit parti Cambio 21 et très écouté des jeunes. Sa fronde contre Fuerza Popular s'appelait d'ailleurs les Avengers et utilisait la BD et les super-héros comme figures de bataille. Kenji est rentré de nouveau dans le rang avec d'autant plus d'obédience que l'ombre de Keiko n'est plus là pour le freiner.



**REPÉREZ LES MEILLEURES VISITES**

★ INTÉRESSANT ★★ REMARQUABLE ★★★ IMMANQUABLE ★★★★ INOUBLIABLE

## Alan García

Deux fois président du Pérou, cet orateur hors pair et animal politique a marqué par son parcours flamboyant l'histoire du Pérou. Sa trajectoire s'est terminée le 17 avril 2019 au petit matin par une balle dans la tête lorsque la police venait procéder à sa mise en détention provisoire dans le cadre de l'affaire Odebrecht – le scandale de corruption qui éclabousse de nombreux dirigeants latino-américains depuis cinq ans. Alan García a préféré tirer sa révérence avec panache plutôt que de rendre des comptes à la justice. Les dernières lignes de la lettre qu'il a laissée à ses proches sont très claires ; nous adaptons ici quelques lignes : « Je laisse en héritage à mes enfants la dignité de mes décisions, à mes compagnons un signal d'orgueil et à mes adversaires mon cadavre comme une marque de mépris... ». Il avait fait une partie de ses études de sociologie en France à la Sorbonne au milieu des années 1970, avant de revenir dans son pays pour participer aux élections de 1985.

Lorsque le 28 juillet 1985, Alan García Peréz, âgé de 35 ans, est élu avec 53 % des voix, de grandes espérances se réveillent, mais l'inexpérience a raison des rêves de justice sociale. Le Pérou connaît alors sa plus grave crise économique. Au même moment, Le Sentier lumineux commence à frapper hors de ses fiefs andins et Lima connaît l'angoisse des attentats. Lorsqu'il termine son mandat en 1990, il laisse un pays exsangue, au bord de l'asphyxie économique, avec une récession et une inflation record de 7 600 %.

Malgré cet épisode et une « disparition » du paysage politique de plusieurs années quand il revient en juin 2006, García est à nouveau élu, porté par la classe aisée de Lima. Cette présidence se passe sans heurts majeurs sauf l'épisode du Baguazo (soulèvement des indigènes à Bagua contre un projet de loi qui remettait en cause leur propriété du sous-sol et permettait à l'Etat d'en exploiter ou vendre les ressources) qui a laissé 33 morts (23 policiers et 10 indigènes) et un disparu le 5 juin 1999 et au sujet duquel García avait eu ces mots malheureux : « nous n'allons pas nous laisser dicter notre conduite par quelques sauvages qui souhaitent empêcher le développement du Pérou ». Bref, aimé, jalousé ou haï, García ne laissait personne indifférent et son enterrement a été l'un des grands moments politiques de 2019.

## Paolo Guerrero

En termes d'icône footballistique, il y eut longtemps Claudio Pizarro, footballeur au parcours primé en Europe (Werder de Brême depuis plus de 10 ans), mais qui n'a jamais pu remporter de victoire marquante avec l'équipe nationale. Paolo Guerrero a totalement surpassé le premier pour imposer sa marque et son style. A 35 ans, l'attaquant vedette de l'équipe nationale est partout. Originaire de Chorrillos, il est passé par le club populaire liménien, Alianza Lima, par l'Allemagne lui aussi (Bayern de Munich), mais c'est au Brésil qu'il épanouit son jeu et se gagne son surnom « el depredador ». L'événement incontournable de 2017 (le 16 novembre) a été la qualification du Pérou à une Coupe du Monde, un retour dans le jeu mondial après 36 ans d'absence. Tous les espoirs se sont cristallisés autour de cette équipe et de son capitaine. Pourtant Guerrero n'était pas sur le terrain ce soir-là, suspendu pour dopage. La défense du joueur a toujours été de plaider l'ingestion involontaire d'un maté

*Trekking dans la Cordiliera Huayhuash.*

de coca. Le 9 décembre 2017, la FIFA lui impose une sanction de 1 an qui le priverait de Coupe du Monde. Le pays ne l'a jamais lâché et le joueur a épuisé tous les recours. Le 31 mai 2019, le tribunal fédéral suisse suspend la sanction, Guerrero sera au Mondial. Le pays respire à nouveau. Malheureusement ces mois sans jouer au plus haut niveau et une équipe fébrile n'amènent pas les résultats espérés : le Pérou rentre à la maison terminant 3e de sa poule où figurait d'ailleurs la France. Mais Guerrero et ses pairs ont également fait un beau parcours lors de la dernière Copa America se hissant en final après deux matchs incroyables face à l'Uruguay et au Chili. Le Brésil s'impose 3-1, mais le pays est reconnaissant à Guerrero et sa génération d'avoir hissé de nouveau le jeu péruvien à un niveau mondialement reconnu : le Pérou est au rang 19 du ranking Fifa en juillet 2019. Rappelons tout de même que suite à la classification au Mondial, le Président avait accordé un jour férié national exceptionnel : au Pérou la passion du foot c'est sérieux et Guerrero est le visage le plus représentatif d'une nouvelle génération plus humble. Derrière lui Edison Flores par exemple est aussi une référence de ce football propre et digne qu'aiment les Péruviens.

## Abimael Guzmán

On pourrait se demander ce qui a poussé un jeune professeur de philosophie de l'université de Huamanga, à Ayacucho, à prendre la voie de la lutte armée. Ce serait toutefois ignorer les difficultés dans lesquelles se débattait le Pérou des années 1980, et notamment les indigènes de la sierra. Inspiré par Mao Zedong, anticastriste, Abimael Gúzman, le « Presidente Gonzalo », va, à la tête d'une armée de guérilleros, el Sendero Luminoso (le Sentier lumineux), propager une terrible vague de violence qui ensanglantera le pays, faisant des milliers de victimes et d'exilés intérieurs.

Sa chute, en septembre 1992, sera l'occasion pour Alberto Fujimori d'annoncer le triomphe de sa politique de « pacification ». Emprisonné dans la base militaire de Callao, Guzmán n'est que le chef fantôme d'une armée en déroute qui continue cependant épisodiquement la lutte, avec d'autres méthodes, dans les départements d'Ayacucho, d'Apurímac et de Huancavelica, où sévit la misère la plus dure. Il est toujours en prison.

## Ollanta Humala

Ce fringuant quadragénaire a été élu président en juin 2011 face à Keiko Fujimori, marquant ainsi le retour de la gauche absente du pouvoir depuis 1975. Ollanta Humala s'est présenté comme socialiste avec des propositions-chocs dans son programme : la création d'un minimum vieillesse pour les personnes de plus de 65 ans ne disposant pas de retraite, augmentation de 25 % du salaire minimal ou encore le droit des indigènes à être consultés sur leurs territoires. Son mandat achevé, beaucoup se sont sentis trahis par une politique bien plus libérale et qui n'a pas échappé aux scandales de corruption. Sa femme, Nadine Heredia, présidente du Parti National, qui a porté son mari au pouvoir, rêvait d'un destin politique. Ils ont tous deux passé plusieurs mois en prison préventive, le temps que l'enquête sur le présumé blanchiment d'argent et financement illégal de la campagne présidentielle tire au clair les nombreuses suspicions de corruption contre le couple. Ils ne doivent leur remise en liberté qu'à un recours habile à l'*habeas corpus*.

## Lorry Salcedo-Mitrani

Photographe et historien péruvien, de croyance juive, Lorry Salcedo-Mitrani est né à Chepén, près de Trujillo. Il est connu aux Etats-Unis et en Amérique du Sud pour son remarquable travail sur les origines de la culture péruvienne et latino-américaine.

Il publia *L'Eternel retour* en 2002, un ouvrage qui lui coûta 13 ans de recherches et qui raconte l'histoire de la communauté juive péruvienne entre 1870 et 1950, à travers de nombreux documents d'archives, dont les photos du Français Eugène Courret. En 1985, il expose avec succès à Lima sa première œuvre, *El Carmen*, consacrée à la culture afro-péruvienne. En 1988, il part aux Etats-Unis s'ouvrir à de nouveaux horizons et, aujourd'hui, ses photos sont exposées dans plusieurs musées et galeries américaines. Il a réalisé de nombreuses expositions en Europe, en Amérique et en Afrique et a participé à la production de quelques films. Il a publié *A la sombra del guarango* en septembre 2007 puis *Cuerpos fotografiados por Salcedo*, une série consacrée aux momies, en janvier 2013.

## Pedro Suárez-Vértiz

Ce chanteur de pop-rock est l'un des chouchous du Pérou. Ses chansons principalement composées entre 1993 et 2009 sont sur toutes les lèvres et font partie du patrimoine populaire péruvien. Depuis 2011 il souffre d'un problème cérébral qui l'empêche de chanter. Il s'exprime toutefois régulièrement dans la presse. Un grand concert hommage à sa carrière a réuni toute la scène nationale et quelques noms internationaux en 2014. « Pedro » reste une référence artistique incontournable. Il a composé par exemple la chanson des Jeux panaméricains qui se sont tenus à Lima en août 2019.

## Fernando de Szyszlo

Peintre abstrait majeur de l'Amérique latine, décédé en octobre 2017 à Lima, dont la vie et la mémoire plongent leurs racines dans les cultures péruvienne et européenne. Né en 1925 à Lima, il suit d'abord les cours de l'Ecole d'arts plastiques de l'Université catholique de Lima, puis part s'installer en Europe en 1948. Il y étudie les grands maîtres mais aussi participe au bouillonnement intellectuel de l'époque : cubisme, surréalisme, abstraction. De retour au Pérou en 1957, il sait concilier sa recherche non figurative et sa sensibilité nourrie des paysages et des couleurs, des mythes et rites précolombiens de son pays. Caractérisé par une maîtrise très subtile de l'ombre et de la lumière, le style pictural de Szyszlo a fortement influencé la nouvelle génération des peintres péruviens, et ses œuvres figurent dans la collection de l'Art Museum of the Americas, à Washington. La Maison de l'Amérique latine de Paris réalisa une rétrospective de son œuvre début 2003. A ce jour, on lui connaît plus d'une centaine d'exhibitions dans les galeries et musées d'Amérique latine, des Etats-Unis et d'Europe.

## Mario Testino

On a longtemps pensé que Testino était brésilien. C'est en effet là que sa carrière a démarré. Ce photographe de mode, ami de Diana, de Madonna, de Kate Moss, parmi beaucoup d'autres, est installé à Londres. Depuis 2012 il a ouvert à Lima dans le quartier de Barranco son centre culturel, MATE, qui présente quelques-uns de ces portraits les plus célèbres, son travail sur les costumes folkloriques andins, et héberge un espace dédié aux expositions de jeunes photographes locaux prometteurs. Collaborateur très régulier de *Vogue* ou *Vanity Fair*, il a beaucoup contribué au positionnement du Pérou comme destination pointue et à la revalorisation de la culture locale. Sa carrière a pris du plomb dans l'aile en 2018, en pleine ère #metoo, lorsque des accusations de harcèlement sexuel à son encontre sont sorties.

## Alejandro Toledo

Un « Indien » à la présidence ! Né le 28 mars 1946 à Cabana, dans une modeste famille du département d'Ancash, il a connu une ascension sociale fulgurante. Contraint de travailler encore enfant, après l'école, comme cireur de chaussures, il obtint une bourse pour étudier l'économie à San Francisco. Après l'obtention d'un doctorat, il devint consultant à la Banque mondiale et conseiller auprès de plusieurs gouvernements. En 1995, Alejandro Toledo fonda le parti Perú Posible et présenta sa candidature à la présidence de la République la même année, mais ce n'est qu'en 2001, après la démission de Fujimori, qu'il remporta les élections présidentielles, en s'appuyant sur ses origines indiennes pour faire campagne. Il fut élu avec 52 % des suffrages contre 48 % à son adversaire Alan García, ancien président accusé de corruption et revenu de neuf ans d'exil. Mais celui qui se fait appeler le « cholo », terme d'argot qui désigne les métis, a aussi gagné ses galons par le rôle qu'il a joué dans la chute d'Alberto Fujimori. Le nouveau président fut pourtant rapidement confronté à deux défis majeurs : la consolidation de la démocratie et la réactivation de l'économie. En 2006, son bilan s'avéra très mitigé quand Alan García lui succéda à la présidence pour un mandat jusqu'en 2011. Il est aujourd'hui en fuite avec un mandat d'arrêt contre lui. Une sentence de prison préventive a en effet été dictée contre lui pour l'affaire Ecoteva et Odebrecht dans laquelle il est soupçonné d'avoir reçu pas moins de 25 millions d'euros de pots-de-vin et sur laquelle son homme de main a livré des aveux. Jusqu'à il y a peu, il résidait à Stanford (EEUU) où il enseignait toujours. Depuis février 2017 il est sous le coup d'un mandat international. En janvier 2019, il a été arrêté aux Etats-Unis, mais pas d'extradition en vue.

# LIMA ET SA RÉGION

*Plaza Mayor.*

SAN MARTÍN DE PORRES
Av. Gambetta
Aéroport international
Jorge Chavez
Av. Perú
Río Rimac
Av. Argentina
Av. Benavides
Av. Argentina
Av. Elmer Faucett
Av. Universitaria
Stade
Av. Alejandro Bertello
La Alborada
Av. Tingo María
Plaza de
La Bande
Av. Mariano Cornejo
Av. República de Venezuela
Av. Guardia Chalaca
Av. Saenz Peña
Buenos Aires
Parque de
las Leyendas
Av. Bolivar
PUEBLO LIBRE
SAN MIGUEL
Av. La Mar
Av. Sucre
Av. de la Marina
Av. de la Marina
Costanera
MAGDALEN
OCÉAN PACIFIQUE
0
1 km
Gare
Musée
Centre de soins
Marché
Golf

Lima
Av. Francisco Pizarro
Estacion Monserrate
Polyclinique
Desamparados
Av. Tacna
Av. Abancay
CENTRE
Av. A. Ugarte
Av. Nicolas de Pierola
Musée de la culture péruvienne
Gare centrale
Av. Grau
Av. Chosica
Av. Sebastian Lorente
EL AGUSTINO
Via de Evitamiento
Place Francisco Bolognesi
Av. Garcilaso de la Vega
Av. 28 de Julho
Museo metropolitano de Lima
BREÑA
Campo de Marte
Parque de la Reserva
Av. Salaverry
Av. Arequipa
Av. Petit Thouars
Av. Arenales
Av. México
Av. Nicolas Arriola
SAN LUIS
Golf Los Incas
LA MOLINA
JESÚS MARIA
Av. Canada
Musée de la Nation
LA VICTORIA
Hippodome
El Paseo de la República
Av. César Canevaro
Av. Javier Prado Oeste
Av. San Luis
San Borja Norte
Panamericana Sur
Av. Cesar Vallejo
Av. Aviación
Av. G.
Av. Allaga
Camino Real
SAN BORJA
SAN ISIDRO
Golf Club de Lima
SURQUILLO
Av. Angamos
Av. Tomás Marsano
MIRAFLORES
Plaza Centro América
Av. José Pardo
Av. Benavides
Av. Velasco Atete
BARRANCO
Plage Waikiki
Plage Makaha
Plage La Estrella
SANTIAGO DE SURCO
Av. Jorge Chavez
Plage Barranquito
Plage Los Pavos
Musée de l'aéronautique
Plage Barranco
Av. Los Proceres
Av. Panama
Aéroport Las Palmas
Av. Rivas
CHORILLOS
Av. Matellini
Av. Condores
Marché Santa Colonia
Av. Huaylas

# LIMA

*« Lima la grise » (c'est le surnom qu'on lui donne) à cause de la garua (le brouillard qui y sévit une bonne partie de l'année), sur la côte du Pacifique, compte aujourd'hui plus de neuf millions d'habitants répartis dans 43 quartiers, dix si l'on y ajoute les banlieues informelles, soit quasi la moitié de la population du Pérou. Sa superficie de 2 644,67 km² en fait la ville la plus étendue au monde sur un désert, devant Le Caire. A Lima, comme partout ailleurs dans les pays en voie de développement, le visiteur est frappé par la cohabitation d'îlots à la richesse tapageuse avec des bidonvilles sans eau ni électricité. Les premiers se sont développés sur la plaine littorale (Miraflores, San Isidro et Barranco), tandis que les pueblos jóvenes, où vivent les jeunes générations issues de l'exode rural, montaient à l'assaut des collines de terre décharnées bordant le fleuve (río Rímac). Dans les quartiers résidentiels, se dressent des centres commerciaux élégants, des parcs, les sièges des grandes entreprises, comme on en trouve dans les pays les plus industrialisés. Rien à voir avec les quartiers du Rímac et de Barrios Altos, avec leur lot de misère, de délinquance, leurs cabanes d'adobe ou de tôle aux couleurs vives, leurs rues sans asphalte, leur poussière, leurs monceaux d'ordures sur lesquels s'affairent les gallinazos, petits vautours noirs présents sur toute la côte. La population augmente de 250 000 personnes par an, principalement des paysans pauvres, fuyant la misère de la sierra et espérant trouver dans la capitale les moyens de survivre. Ce flux n'en finit pas de poser de nouveaux problèmes à la municipalité : logement, circulation, adduction d'eau (un peu partout à la sortie de la ville, des inscriptions disent : « ¡ agua es la vida, cuidala ! », l'eau, c'est la vie, prends-en soin !), santé, délinquance. La chasse aux vendeurs à la sauvette – qui, avec la crise, se sont multipliés, mais fondent l'identité populaire de Lima – est ouverte dans le centre-ville, où la concentration policière est véritablement impressionnante. S'étendant sur quarante districts (d'incessants embouteillages rendent les trajets encore plus longs et pénibles), Lima est construite selon le principe de rues parallèles et perpendiculaires formant des cuadras : chaque cuadra représente environ cent mètres, soit cent numéros de rue (exemple : la cuadra 5 regroupe les numéros de 500 à 599). Cette organisation, typique des villes d'Amérique latine, en rend l'orientation assez facile. Les styles d'architecture et de vie diffèrent d'une partie à l'autre de la ville. De novembre à avril, la température oscille entre 16 et 28 °C, de juin à septembre, elle stagne aux alentours de 14 °C. S'il ne pleut jamais à Lima, une brume continuelle, appelée garúa, l'enveloppe en revanche en automne et en hiver (de mai à novembre). Elle aggrave aujourd'hui les problèmes de pollution d'une mégalopole, surnommée à juste titre la ville grise, envahie par des millions d'automobiles et de bus. Toutefois la ville est active et le ciel gris ne limite en rien ses ardeurs. Gastronomie en tête, elle s'impose de plus en plus comme une halte incontournable pour sa richesses architecturale et culturelle, ses projets nouveaux. Les World Travel Awards l'ont consacrée leader sur la région sud-américaine comme destination pour un week-end et les Liméniens regardent un peu surpris cet engouement pour une ville qu'ils connaissent au fond assez mal.*

*Une bonne idée ? Visitez Lima en été (décembre-mai). L'impression est tout autre. Le soleil perce le voile opaque et s'impose sur le ciel bleu. Parapente et surfeurs sont de sortie. En fin d'après-midi, une légère brise marine dissipe la touffeur, dispensant même une sensation de réelle fraîcheur liée à l'humidité ambiante.*

## Histoire

Lima fut fondée le 18 janvier 1535, par Francisco Pizarro, qui était à la recherche d'un nouveau site sur la côte afin d'y installer sa capitale. Selon une légende, c'est un cacique du coin qui, cherchant à se venger des conquistadores, aurait conseillé à Francisco Pizarro d'installer sa capitale dans ce réduit de côte, sans pluie et embrumé la majeure partie de l'année. Il existe plusieurs versions pour expliquer l'origine du nom « Lima ». Don Pedro Villar Córdova, dans son ouvrage Archéologie de Lima, souligne l'étymologie aymara, qui évoquerait une fleur jaune appelée « limac limac », ou « limac huayta », et qu'on utilisait jadis pour faciliter la parole chez le jeune enfant (on leur passait la tige sur la langue). Toutefois, Garcilaso de la Vega affirme que le toponyme Lima est une évolution du mot « rimac », qui en castillan signifie « celui qui parle », et qui ferait référence à un oracle vénéré par les Indigènes. Enfin, Guillermo Lohmann Villena soutient que ce terme n'est ni aymara, ni quechua, et qu'il n'a rien à voir avec le río Rimac ; d'après lui, il s'agit d'un vocable pré-inca (Ishma), le nom primitif de l'idole de Pachacamac. A partir de 1542 et trois siècles durant, Lima se trouva à la tête du vice-royaume d'Amérique du Sud qui s'étendait jusqu'à l'actuelle Colombie, au nord, et jusqu'en Argentine et au Chili au sud (l'ancienne capitale étant Jauja, près de Huancayo). Appelée « Ciudad de los Reyes », ou cité des Rois, la ville était située sur les bords du río Rímac où vivaient une vingtaine de tribus indigènes soumises par les Incas. La fertile vallée du Rímac, avec ses temples (huacas) et ses terrasses, était très peuplée. En 1551, la première université du continent, San Marcos, fut ouverte à Lima. En 1584, les jésuites y créèrent la première imprimerie. Les XVIIe et XVIIIe siècles virent la construction des casonas et palais, preuve de l'importance qu'avait prise Lima en tant que centre politique, administratif, et commercial : la ville bénéficiait alors de l'exploitation intensive des mines d'or et d'argent de Potosí (actuellement en Bolivie) et de mercure de Huancavelica. Au sommet de la hiérarchie se trouvaient Espagnols et Créoles, Noirs et Indiens n'étant pas considérés comme des êtres humains. Le calme relatif de la colonie n'était troublé que le temps d'un séisme (comme ceux de 1687 et 1746, les plus éprouvants pour la capitale) ou d'un raid des pirates hollandais ou des corsaires anglais comme le redoutable John Drake, qui pilla et détruisit Callao. En 1821, Lima devint naturellement capitale du nouvel Etat indépendant. De 1879 à 1883, la guerre du Pacifique contre le Chili occasionna force destructions, et Lima subit l'humiliation d'être occupée par les vainqueurs. Les hautes murailles érigées en 1670 pour défendre la ville des incursions des pirates furent abattues à la fin du XIXe siècle, donnant une respiration nouvelle à la capitale qui s'étendit vers le sud : apparurent alors Miraflores, Chorrillos et Magdalena. Au milieu du XXe siècle, l'industrialisation du pays imprima à Lima un boom démographique qui ne devait plus se démentir. Arrivèrent dans la capitale les populations de la sierra, débarquant avec leur culture et leurs bras pour toute richesse. Un exode rural accéléré par la vague de terrorisme qui sévit encore plus durement à l'intérieur du pays dans les années 1980 et 1990. Ce métissage forcé fait aujourd'hui de Lima une ville tout à la fois attrayante, agitée et parfois dure.



## Les immanquables de Lima

- **Une visite du centre-ville colonial** en entrant dans la Cathédrale, en s'asseyant sur la Plaza Mayor entourée de balcons républicains, en visitant le couvent Santo Domingo et en grimpant à sa tour pour une vue sur le centre historique.
- **Découvrir le musée Larco** dans le quartier de Pueblo Libre, c'est le plus riche et didactique sur le Pérou précolombien. On peut aussi y déjeuner sous une délicieuse pergola. La Plaza de Pueblo Libre juste à côté est charmante.
- **Se glisser dans les églises.** Elles sont impressionnantes et la plupart sont gratuites comme San Francisco et sa placette aux pigeons, La Merced pour sa façade ciselée ou San Pedro pour son ornementation intérieure très riche.
- **Un dîner gastronomique à Miraflores ou Barranco** qui comptent avec plusieurs restaurants de chef mondialement reconnus ou sur le pouce dans une *cevicheria* pour goûter au *ceviche*, cette entrée de poisson frais cuit dans le jus du citron qui fait s'affoler les papilles de tout Liménien.
- **Passer une après-midi et soirée dans le quartier bohème de Barranco** Pour son pont des Soupirs, l'un des endroits les plus romantiques de Lima. Mais aussi ses musées comme le Pedro de Osma sis dans un petit palais incroyable ou le Mate de Testino, ses galeries d'art contemporain, ses murs street art colorés, ses cafés et boutiques bio et toutes les scènes de rue qui lui donnent son identité bohème.
- **Longer le Malecon** : la ville de Lima s'élève sur une falaise qui domine le Pacifique. On peut longer sur des kilomètres cette falaise au fil du Malecon et de ses jardins. Le parcours le plus agréable relie Barranco au Parc du Faro à Miraflores et on peut continuer jusqu'à San Isidro à hauteur du parc de La Pera. En été, c'est une balade prisée. On peut aussi la faire à vélo ou trottinette. Superbes couchers de soleil quand le temps le permet.
- **Consacrer une journée (au moins) au site extraordinaire de Marcahuasi** (80 km à l'est de Lima après plus de 2h de randonnée).

# QUARTIERS

La ville étant quadrillée en blocs (*cuadras*), il est relativement simple de s'y orienter. Attention, les marcheurs impénitents doivent savoir que les plans ne donnent pas une idée exacte des dimensions de la ville. Ainsi un parcours de quelques *cuadras* sur le papier peut occasionner une perte de temps très importante.

Les différents districts de la capitale portent souvent les mêmes noms de rues (les plus courants étant Pardo, Grau ou Bolognesi). Pensez à bien vérifier l'adresse avant de partir (ex : l'Avenida Pardo existe à Miraflores, tout comme à San Isidro ou à Pueblo Libre et ne pas confondre José Pardo et Javier Prado !).

## Centro histórico ★★★

**Le Centro histórico,** adossé au río Rímac au bord duquel passe la fameuse route panaméricaine, est compris entre les avenues Abancay, Nicolás de Piérola et Tacna. Regroupant la plupart des monuments de Lima, ce quartier est malheureusement oppressant par sa circulation, sa pollution et sa surpopulation. Toutefois les quelques *cuadras* du centre même sont piétonnes et plutôt agréables et peu à peu la population réinvestit le centre qui fut longtemps synonyme d'insécurité. Les voitures ou taxis ne peuvent désormais plus accéder à La Plaza de Armas, mais cette piétonisation est un vrai plus pour la découverte. En tant que touriste, on parcourt surtout un périmètre situé entre la Plaza San Martin et la Plaza de Armas, le long du très commercial et piétonnier Jirón de la Unión. C'est ici qu'on trouvera les plus belles églises, *casonas*, balcons coloniaux. Beaucoup ont été réhabilités. C'est aussi le cœur du Lima administratif où siègent la municipalité, le Congrès et les principaux journaux. En continuant derrière le palais présidentiel, on se retrouve sur la Alameda Chabuca Grande, une esplanade piétonne et populaire avec petits stands de nourriture et ambiance plutôt familiale. Le cœur du Centre historique est aujourd'hui un lieu sûr et festif, à condition de ne pas s'éloigner.

**Barrio Chino.** A quelques *cuadras* à l'est du centre historique (autour des calles Capón et Paruro) se trouve le Barrio Chino (quartier chinois, faisant partie des Barrios Altos), dont les immigrants de la fin du XIX$^{e}$ concoctent de délicieuses spécialités culinaires, fin mélange de cuisines chinoise et péruvienne appelé « chifa ».

C'est également ici que se trouvent les marchés noirs en tout genre.

**Rímac.** Après avoir franchi le pont et la Panaméricaine nord, prudence : on pénètre dans un tout autre univers par le Jirón Trujillo, bordé de balcons branlants. Au bout se dresse l'église San Lázaro, en piteux état, flanquée d'un couvent qui fut une léproserie. Le Rímac, peuplé à l'origine par les pêcheurs et les esclaves africains, garde, *grosso modo*, son visage d'autrefois, mais s'est étendu sur les collines décharnées des alentours, dont le Cerro San Cristóbal et sa terrasse panoramique, où les maisonnettes d'adobe peintes de couleurs pastel composent une étonnante mosaïque : la carte postale typique. On peut se rendre à pied jusqu'à la Plaza de Toros de Acho par la calle Marañon, il faut toutefois faire très attention à soi, de jour comme de nuit.
Depuis un accident meurtrier en juillet 2017, l'ascension au Cerro San Cristóbal est conseillée en taxi. Les bus touristiques partant de la Plaza de Armas ne sont pas sûrs. Il est fortement déconseillé de traverser les quartiers en contrebas du Cerro par soi-même à pied.

## Callao, Pueblo Libre et l'ouest

A l'ouest, entre le centre historique et l'aéroport, se situent deux quartiers attachants : Callao-La Punta, le grand port de Lima, et Pueblo Libre, un quartier résidentiel pour la classe moyenne qui s'enorgueillit de deux superbes musées à ne pas manquer.

**Callao-La Punta.** A 14 km de la capitale, sur une péninsule en forme de botte, Callao, avec 800 000 habitants, est le port le plus important du pays. C'est ici qu'on trouve aussi l'aéroport. Ce quartier populaire et fort mouvementé possède aussi une forte identité propre. Le cœur du Callao entre la fortaleza Real Felipe et la plaza José Galvez a fait l'objet récemment d'un fort projet de renouveau artistique. Il y souffle un vent de créativité. Tout au bout, à la pointe, on trouve le quartier résidentiel de La Punta, station balnéaire et privilégiée qui a gardé beaucoup de *casonas* d'époque et un calme royal, un vrai coup de cœur. Explorer ces deux quartiers peut être une occasion de découvrir Lima sous un autre jour.

**Pueblo Libre.** Entre le centre historique et l'aéroport, on trouve Pueblo Libre, quartier relativement tranquille, où réside la classe moyenne de Lima. Peu de touristes y circulent... sauf pour visiter les deux superbes musées qui y sont situés. On peut aussi s'attarder autour de la Plaza Bolivar à l'architecture encore traditionnelle (à ne pas confondre avec la place du même nom dans le centre historique).

## San Isidro et Miraflores ★

Au sud du centre-ville, là où l'avenue Tacna (puis Wilson) change de nom pour devenir l'avenue Arequipa, on entre dans les quartiers de San Isidro et Miraflores, quartiers de luxe, résidentiels et d'affaires. On y trouve de jolies résidences de style méditerranéen (les plages sont proches) protégées par des grilles ainsi que d'immenses tours.
C'est le centre névralgique des affaires de la capitale, mais aussi le point clé de la ville pour les touristes autour de l'Avenida Larco et du Parque Kennedy. Hôtels, restaurants, galeries d'art, cafés, boutiques, agences de voyages et bancaires s'alignent le long des avenues.

**A San Isidro,** quartier d'affaires et financier, on trouve l'ambassade de France et le paisible Parque El Olivar planté d'oliviers. Beaucoup de très belles maisons de maître se laissent apercevoir dans les petits quartiers qui se cachent derrière les avenues principales. La Huaca Huallamarca se situe également ici.

**Miraflores.** Quartier verdoyant, Miraflores accueille, sous les frondaisons de ses parcs, quelques *casonas* comme la Quinta Bustos, la Quinta Leuro et beaucoup de buildings modernes le long du bord de mer. Débouchant sur le Parque Kennedy, la rue piétonne San Ramón, rebaptisée calle de las Pizzas, était le rendez-vous des jeunes venus de toute la ville. Elle est aujourd'hui très touristique, mais reste le centre de ralliement pour débuter les soirées étudiantes et sortir.
Par l'avenue Larco ou le Malecón 28 de Julio, on atteint le Malecón (front de mer) avec ses beaux jardins : le Parque Salazár, que Mario Vargas Llosa et Julio Ramón Ribeyro ont élu comme décor pour nombre de leurs livres, aujourd'hui à côté de l'immense centre commercial à ciel ouvert Larcomar et le Parque del Amor qui, inauguré le 14 février 1993, prend des airs du Parque Güell de Gaudi à Barcelone... La balade continue jusqu'au Parque del faro et bien au-delà avec toujours le Pacifique en contrebas.
De l'autre côté du Parque Kennedy, en traversant la via Expressa, on trouve le marché de Surquillo, populaire et coloré à souhait, excellent pour manger sur le pouce et le petit parc Reducto.

## Barranco et la Costa Verde ★★

**Barranco.** Le quartier de Barranco conserve son caractère fin XIXe siècle, et beaucoup d'intellectuels et d'artistes l'ont choisi pour son calme, ses villas de l'époque républicaine, ses arbres séculaires et la proximité de la plage. Là, abondent bars et restaurants, pubs et cafés : chacun peut y faire la fête selon ses affinités et désirs, ce qui fait de Barranco l'un des quartiers les plus animés de la capitale. Sa Plaza centrale est toujours animée les fins de semaine. Récemment, il a réaffirmé son âme artistique et bohème avec l'ouverture de plusieurs musées, projets culturels et cafés bio et « bobos ». Son parc central et son Puente de los Suspiros (pont des Soupirs) lui donnent un petit côté romantique. Il ne faut pas hésiter à se perdre dans les petites rues plus étroites comme la calle Cajamarca ou autour du Malecon Saenz Peña.

**La Costa Verde.** Il faut franchir le Puente de los Suspiros et longer sur la gauche pour accéder au mirador d'où le regard se perd sur la Costa Verde. La Costa Verde (même si elle est souvent plus grise que verte) est une chaîne ininterrompue de plages en contrebas, une voie express à ses côtés, longeant les falaises, de Magdalena del Mar au nord (juste au sud de Pueblo Libre), jusqu'à Chorrillos au sud. C'est là que se succèdent les restaurants à la mode (qui ne sont pas nécessairement les plus fins) et clubs privés. Envahies par les baigneurs en été, ces plages populaires, bordées d'immeubles et de maisons de pêcheurs sur les hauteurs, où l'eau est froide et agitée, ne sont pas des parangons de propreté, mais sont en revanche propices à la pratique de la planche à voile et du surf.

**Chorrillos.** Le petit port de pêche de Chorrillos verrouille la plage de Barranco au sud, avec son Christ immaculé qui veille sur la colline. Quelques bonnes adresses pour déguster des fruits de mer le midi ! Attention, il vaut mieux descendre au port le matin ou à midi, ensuite la zone se désertifie et peut devenir dangereuse.

# SE DÉPLACER

## L'arrivée

### Avion

**AIR FRANCE & KLM**
Av Alvarez Calderon 185, Of 601
San Isidro
✆ +51 1 708 5469
www.airfrance.fr
*Lundi à vendredi de 9h à 17h30 et samedi de 9h à 13h.*

**AVIANCA PERU**
Av José Pardo 811
Miraflores
✆ +51 1 511 8222
*Voir page 46.*

**AEROPUERTO INTERNACIONAL JORGE CHAVEZ**
s/n Av. Elmer Faucett
Callao
✆ +51 1 517 3100
www.lima-airport.com
Cet aéroport comporte comme d'habitude son lot de magasins détaxés mais aussi un service de change, un cybercafé, des restaurants, une consigne et un office de tourisme (I Peru) ouvert 24 heures sur 24. N'oubliez pas de confirmer votre vol 72 heures avant la date de votre départ.

**La « tarjeta andina » est désormais informatisée**. Plus de papiers à remplir au cours du vol. En contrôlant votre passeport à la réception des hôtels, ils se connectent au système de Migraciones pour vous exempter des 18 % de taxes (dans la plupart des villes touristiques, les prix sont annoncés sans taxes, donc déjà au prix touristique).

**Pour rejoindre le centre-ville**. Plusieurs compagnies de taxi, juste après la sortie des douanes à l'intérieur, indiquent clairement ses tarifs (par exemple Taxi Green), comptez entre S/ 55 pour Miraflores, San Isidro et S/ 60 pour Barranco. C'est le plus sûr. On peut également payer par carte bancaire ou en US$. Une fois à l'extérieur, les taxis devant l'aéroport (là où ils déposent les passagers), proposent souvent des prix plus chers, profitant de votre ignorance. Dernière option : sortir de l'aéroport et négocier : la course sera souvent S/ 15 à S/ 20 moins chère mais attention les parages ne sont pas sûrs et les taxis qui vous font ces prix sont souvent informels.

**La nouvelle navette Airport Express** est une bonne option pour les voyageurs logés à Miraflores.

**AIR EUROPA**
Av Benavides 611
Miraflores ✆ +51 1640 8084
www.aireuropa.com

### QUICKLLAMA NAVETTE AÉROPORT

Av Ricardo Palma 262
Miraflores✆ +51 916 165 148
www.quickllama.com
contacto@quickllama.com
*Depuis le parc Kennedy S/ 15 par personne, depuis votre hôtel S/ 20 par personne, sur Miraflores uniquement.*
Un mini van violet et coloré avec wifi à bord qui fait du porte-à-porte des hôtels, B&B ou domiciles de Miraflores et un ramassage moins cher directement à côté du parque Kennedy (rendez-vous Av Ricardo Palma 262). le service est disponible de 2h20 à 23h de Miraflores vers l'aéroport et de 3h15 à 00h15 de l'aéroport vers Miraflores. Il est aussi possible de solliciter un service privé, intéressant si on voyage en groupe. Des services privés peuvent être demandés pour aller, en plus de Miraflores, à d'autres districts de Lima ou des villes proches, comme Paracas par exemple.

### STAR PERU

Av. Comandante Espinar 331
Miraflores
✆ +51 1 705 9000
www.starperu.com
servicioalcliente@starperu.com
*Ouverture du lundi au vendredi de 9h à 18h30 et le samedi de 9h à 13h.*
Vols pour Iquitos, Tarapoto, Pucallpa. Cusco, Chiclayo et Cajamarca. Cette petite compagnie a été malmenée ces dernières années et a dû réduire ces opérations. Certains vols sont opérés par Peruvian Airlines. Nous ne la recommandons pas, annulations et reprogrammations trop fréquentes.

### AIRPORT EXPRESS LIMA

Av. José Larco 812, Oficina 403
Miraflores
✆ +51 1 4465539
airportexpresslima.com
info@airportexpresslima.com
*8 US$ le trajet simple et 15 US$ le trajet aller-retour. 6 US$ et 12 US$ pour les enfants. Gratuit pour les moins de 4 ans.*
Un bus confort avec prises USB, wifi, bagages à bord (pas de limites) et différents arrêts proches des hôtels et hostales de Miraflores (la navette ne dessert que Miraflores pour le moment). On achète son billet en ligne, à l'aéroport ou directement au chauffeur (seulement en liquide). Un très bon service qui vaut la peine pour 1 à 2 passagers, au-delà le taxi sera encore moins cher.

### LATAM

Av. José Pardo 513
Miraflores
✆ +51 1 213 8200
*Voir page 46.*

## Train

### FERROCARRIL CENTRAL ANDINO

Av. Jose Galvez Barrenechea 566
San Isidro
✆ +51 1 390 5858
www.ferrocarrilcentral.com.pe
*Compter par adulte entre S/ 700 et S/ 1 000 selon la classe (aller/retour). Réductions pour les enfants. Compter entre S/ 500 et S/ 750 un aller simple depuis Lima. Compter entre S/ 311 et S/ 520 un aller simple depuis Huancayo. Petit déjeuner et déjeuner compris. Les départs s'effectuent depuis Lima deux fois par mois entre avril et novembre : départ le samedi à 7h du matin et arrivée 12 heures plus tard. Le train part de la Estación Desamparados. Trois jours plus tard, il « redescend ».*
Le train a repris du service entre Lima et Huancayo. Cette ligne fut conçue dans la douleur au cours de la deuxième moitié du XIXe siècle. Sur 335 km, le train franchit 58 ponts, 69 tunnels et négocie pas moins de 1 154 virages. A Ticlio, le point culminant, on se retrouve tout de même à 4 818 m d'altitude ! Autant dire que ce trajet est mythique. Il a même inspiré Hergé pour l'album de Tintin, *Le temple du Soleil*. Commentaires en espagnol, en anglais... et en français ! Les sièges sont confortables partout, mais seuls les voyageurs en « classe touristique » ont accès au wagon-bar en plein air (idéal pour les photos). Pensez à prévoir des habits chauds.

**Autre adresse :** Estación Desamparados : Jr Ancash 201, juste derrière le Palais du Gouvernement.

## Bus

La plupart des compagnies de bus se situent dans le quartier La Victoria (arrêt du Metropolitano Estadio Nacional). Généralement, les enfants de moins de 5 ans (qui voyagent sur vos genoux) ne payent pas. Les tarifs varient considérablement selon la qualité du service : les « directs » passent partout et vous voyagez avec les poules ou presque ; les VIP sont de loin les plus confortables (les sièges sont inclinables jusqu'à devenir des lits ou presque) et offrent le repas ou le petit déjeuner. Choisissez dans la mesure du possible les *semi-cama* (demi-lit) ou les *cama* (lit) quand vous voyagez de nuit. Pour un voyage pittoresque, les « directs » ou les « normaux » font l'affaire.

### CIVA-EXCLUCIVA

Av Paseo de la República 569
✆ +51 1 418 1111
www.civa.com.pe
callcenter@turismociva.com
Propose des bus basiques et bon marché pour le Nord (Mancora, Piura, Chiclayo, Trujillo et Chimbote), la cordillère centrale (Chachapoyas et Tarapoto) et le Sud (Nazca, Arequipa, Cusco, Puno et Moquegua). Désormais le service Excluciva, plus luxe, offre des lits à 180° à bord, depuis leur terminal de Javier Prado.

**Autre adresse :** Excluciva : Av. Javier Prado Este Nro. 1155

### CRUZ DEL SUR

Av Javier Prado 1109
La Victoria
✆ +51 1 311 5050
www.cruzdelsur.com.pe
Très bonne compagnie, favorite des touristes et donc un peu plus chère. Recommandée pour un voyage de nuit (les vols sont bien moins fréquents). Grand nombre de destinations : au nord (Chimbote, Trujillo, Chiclayo, Cajamarca, Piura, Tumbes), au centre (Ayacucho, Huaraz, Huancayo) et au sud (Nazca, Ica, Arequipa, Cusco, Ilo et Tacna). On peut aussi acheter ses billets via les modules *Teleticket* qu'on trouve dans les supermarchés Wong et Metro à Miraflores ou Barranco.

### LÍNEA

Av. Paseo La Republica 941-959
La Victoria
✆ +51 948318723
www.linea.pe
callcenter@linea.pe
Spécialiste du nord du pays. Propose 8 bus entre 8h30 et 12h pour Trujillo (de S/ 25 à S/ 100), 2 bus pour Cajamarca en fin d'après-midi (de S/ 110 à S/ 250), 1 bus pour Chiclayo et jusqu'à Piura (de S/ 55 à S/ 105) et 2 bus pour Chimbote (de S/ 25 à S/ 75). Egalement services vers Huaraz-Caraz.

### MÓVIL TOURS

Av Paseo de la República 749
La Victoria
✆ +51 1 716 8000
www.moviltours.com.pe
info@moviltours.com.pe
Spécialisé vers le nord du pays. Par exemple 5 bus pour Huaraz (entre S/ 35 et S/ 100 pour 8h de trajet) et 2 bus pour Moyobamba-Tarapoto-Yurimaguas (entre S/ 135 et S/ 165 pour 28h de trajet). Mais aussi pour Trujillo, Chiclayo, Chachapoyas. Ils opèrent désormais aussi Nazca, Cusco et Puerto Maldonado au sud. Bon service. Compétitifs.

### ORMEÑO

Av Javier Prado Este 1057 – La Victoria
✆ +51 1 4721710 – grupo-ormeno.com.pe
Assure des liaisons sur toute la côte du Pérou au nord comme au sud ainsi que vers Puno, mais aussi vers l'international : Argentine, Chili, Bolivie, Brésil, Equateur, Colombie et Venezuela. Attention, les Péruviens ne lui reconnaissent ni prestige, ni sécurité.

### FLORES

Av Paseo de la República 627
La Victoria
✆ +51 1 4800725
floreshnos.pe
Très large couverture mais les bus ne sont pas confortables et surtout attention à votre sécurité. En 2016 la SUTRAN (super-intendance de transport terrestre) a recensé 16 accidents juste pour Flores. Elle est désormais déconseillée par l'Ambassade de France.

### OLTURSA

Av Aramburu 1160
Surquillo ✆ +51 1 708 5000
Considérée par certains comme la compagnie au meilleur rapport qualité/prix pour le Pérou, le service qui y est offert est très bon. Trajet essentiellement vers le nord, de Trujillo à Tumbes. Mais aussi la côte Sud (Paracas, Ica, Nazca, Arequipa, Tacna) ou Huaraz, Huancayo et Cusco.

### REDBUS.PE

Av. Jorge Chavez 631
Miraflores
✆ +51 1 708 5170
*Voir page 47.*

### SOYÚZ

Av México 333
La Victoria
✆ +51 1 205 2370
www.soyuzonline.com.pe

Départs très réguliers pour Cañete (S/ 25), Chincha (S/ 28), Pisco (S/ 30), Ica (S/ 38 pour 5h de trajet) et Nazca. Propose également 8 allers-retours quotidiens pour Ica avec Perubus VIP (plus rapides mais un peu plus chers).

### ■ TEPSA

En face de Cruz del Sur
Av Javier Prado Este 1091
La Victoria
✆ +51 1 617 9000
www.tepsa.com.pe
Cette compagnie est dotée d'une nouvelle flotte et offre une grande variété de destinations : côte nord et sud, Cajamarca, Cusco, Puno, Pucallpa, Tarapoto, Puerto Maldonado. Elle organise aussi de « faux directs » entre Lima et Puno (connexion assurée à Arequipa). Semi-cama en haut, plus confortable en bas. Prix très compétitifs.

### ■ TERMINAL TERRESTRE PLAZA NORTE

✆ +51 945 018 248
Ce terminal né en 2010 regroupe 80 entreprises de transport et 150 destinations. Pratique, son moteur de recherche on-line où l'on trouve toutes les compagnies vendues sur place. Ici, vous trouverez beaucoup de petites compagnies, plus populaires mais moins sûres, et quelques importantes. Il est situé dans le quartier Independencia (à 15-20 min de l'aéroport) et est desservi par le Metropolitano (arrêt Tupac Amaru). Les compagnies commerciales y marquent parfois l'arrêt pour faire monter ou descendre des voyageurs en plus de leur terminal du centre-ville.

## Voiture

Si le mauvais état des routes, les nombreux chauffards et les embouteillages monstres de Lima (le vendredi et le samedi soir, c'est encore pire !) ne vous dissuadent pas de louer une voiture, voici quelques adresses :

### ■ AVIS

Av 28 de Julio 587
Miraflores ✆ +51 1 207 6001
www.avis.com.pe
reservas@avis.com.pe
*Agence de location de voitures. Agences à l'aéroport, dans le centre et à Miraflores.*

▶ **Autre adresse :** Av. Javier Prado Este N° 1117 – La Victoria

### ■ BUDGET

Av. Bolognesi 808
Barranco ✆ +51 1 204 4400
www.budgetperu.com
atencionalcliente@budgetperu.com
*Agence de location de voitures. Agences à l'aéroport, Barranco, Miraflores, Surco, San Borja et San Isidro.*
Locations depuis Lima uniquement.

Les bus de Lima

### ■ HERTZ

Pasaje Tello 215
Miraflores ✆ +51 1 5172402
hertzperu.com.pe
recepcion@hertzperu.com.pe
Agence de locations de voiture, présents à Lima, Cusco, Arequipa et Chiclayo.

▶ **Autre adresse :** Aéroport de Lima. Ouvert 24h/24 et 7/7

**TOUT PEROU**
✆ +51 941 700 634
www.toutperou.com – toutperou@gmail.com
Tout Pérou est une équipe francophone basée à Lima, qui négocie auprès de loueurs locaux (voitures, 4x4) à des prix transparents et avantageux. Forte d'une grande expérience de terrain, elle vous conseillera également les routes les plus sûres, le meilleur itinéraire à suivre, et les étapes à ne pas manquer : un panorama grandiose sur les Cordillères, ou encore une pause dans un village reculé aux traditions encore bien ancrées. De quoi vous encourager à parcourir le Pérou au volant d'un véhicule de location.

## En ville

### Bus

Les « combis » sont les minibus locaux bariolés qui contiennent une vingtaine de personnes. Le chauffeur ne s'occupe que de la conduite et un rabatteur crie par la porte, toujours ouverte, la destination et le trajet qu'il emprunte. Faites-vous bien confirmer votre point de chute afin de ne pas vous retrouver de l'autre côté de la ville. C'est sportif mais typique ! On les appelle toujours « combis » mais il y en a plusieurs tailles : bus, gros van ou mini-van. Les passants en général peuvent vous aider à trouver la combi qui convient à votre route. Une fois qu'on l'a repéré, on prend toujours la même. Trajets entre S/ 1 et S/ 2 selon la distance.

### Taxi

Rapides et économiques, les taxis sont très populaires au Pérou : où que vous soyez, les chauffeurs de taxi vous repèreront et vous klaxonneront pour vous offrir leurs services. Négociez le prix avant la course et n'hésitez pas à marchander. Une course en ville vous coûtera à peu près S/ 8 à S/ 10 pour les petites distances et S/ 15 à S/ 20 pour plus de kilomètres. Les prix augmentent aux heures de pointe.

## Le Metropolitano et le Tren electrico à Lima

Voilà qui a donné un petit coup de vieux aux nombreux « combis » qui polluent, klaxonnent et ont une interprétation bien à eux du code de la route ! La mise en service du Metropolitano n'a pas sonné le glas de ces ancestraux moyens de transport en commun (qui restent encore très prisés des Péruviens), mais c'est une alternative rapide et sûre, bien que pleine à craquer aux heures de pointe. De plus 25 ans après le début du chantier et après moult péripéties judiciaires, un train électrique circule aussi depuis février 2012 du nord au sud de Lima sur un parcours essentiellement aérien. Il dessert quelques étapes centrales mais rapprochent surtout les quartiers populaires les plus éloignés. Un aller-retour à bord peut aussi vous permettre de mieux comprendre cette capitale éclectique. Les travaux pour la mise en place de la Linea 2 qui reliera le Callao et Ate le long d'un sous-terrain nord-sud sont en cours mais avancent très lentement.

**METRO DE LIMA, LINEA 1**
✆ +51 1 207 2900 – www.lineauno.pe
*Compter S/ 5 la carte rechargeable à acheter dans les stations et S/ 1,50 le trajet. Plusieurs passagers peuvent utiliser la même carte.*
La ligne 1 traverse Lima du Nord au Sud. Il faut compter 1 heure pour parcourir les stations entre Villa El Salvador et San Juan de Lurigancho. Il passe par Surco, San Borja, La Victoria, Grau au centre. Aérien, le trajet peut être intéressant pour voir ce Lima populaire et ses quartiers construits sur les collines du désert où vous n'aurez pas forcément l'occasion de vous aventurer. Il circule entre 6h et 22h.

**METROPOLITANO**
Jirón Cuzco 286 – 7e étage
✆ +51 1 428 3333 – www.metropolitano.com.pe
*S/ 4,50 la carte de transport rechargeable et S/ 2,50 le trajet. Attention, les machines ne rendent pas la monnaie. Des usagers peuvent vous faire monter via leur carte si vous leur payez directement le trajet.*
Depuis sa mise en circulation en 2010, les habitants de Lima ont bien adopté ces bus nouvelle génération. Le confort est tout autre (sièges tout neufs, rampe d'accès aux personnes handicapées) et surtout les couloirs de bus permettent d'éviter les fameux bouchons de la capitale. 12 quartiers sont desservis : de Chorrillos (au sud de Barranco) à Comas (tout au nord) toute la semaine de 5h à 23h. Intéressant pour relier le Centro Historico à Miraflores ou Barranco. Attention, forte affluence aux heures de pointe (7h-9h et 18h-20h).

Attention quand même, il est recommandé d'utiliser des taxis ayant un signalement clair : sur le toit ou le côté du véhicule. Les illégaux indiquent juste taxi sur le pare-brise et l'enlèvent ensuite. L'état du véhicule et l'instinct devraient vous guider pour le reste.

**De très nombreuses applications** fonctionnent : Uber, Easy taxi, Taxi VIP, Cabify.

**Pour plus de sécurité**, vous pouvez aussi contacter les compagnies suivantes :

**TAXI SEGURO**
✆ +51 1 200 2000
reserva@taxiseguro.com.pe

**TAXI SATELITAL**
✆ +51 1 355 5555
www.3555555satelital.com
Ce service est considéré comme l'un des plus sûrs de Lima. Il est aussi disponible via une application à télécharger sur son téléphone.

## Vélo

**GOGO BIKING**
Av. Arequipa 5031
Tienda 183 - dentro del Inka Plaza
✆ +51 959 820 555
www.gogobiking.pe
hola@gogobiking.pe
*Du lundi au samedi de 9h à 18h et les dimanches et jours fériés de 10h à 18h. Location : 3 heures 8 US$, 4 heures 10 US$ et journée complète 12 US$.*
Ici on vous propose des prix de location raisonnables qui incluent le casque, le cadenas et une carte avec toutes les voies cyclables de la ville. Ils proposent aussi des tours en groupe vers Barranco (3 heures, 25 US$) ou le Morro Solar de Chorillos avec vue sur toute la baie de Lima (3 heures, 30 US$) .

**CITYBIKE LIMA**
✆ +51 1 640 2470
citybikelima.com
contacto@citybikelima.com
*Usage libre les premières 30 min. De 30 min à 2 heures S/ 2 les 30 min. Au-delà de 2 heures S/ 7 l'heure. Abonnements 24 heures S/ 4, 1 mois S/ 18 ou 1 an S/ 140.*
Ce tout nouveau service de prêt de vélos lancé par la municipalité de Miraflores est similaire au système qui a fleuri dans toutes les grandes villes du monde : une cinquantaine de bornes dans tout le quartier pour retirer ou rendre son vélo. Il faut s'enregistrer sur Internet ou sur l'app et choisir un abonnement pour pouvoir commencer à utiliser le service ou être titulaire d'une carte de transport public à laquelle on peut associer son City Bike. Hors les frais d'abonnement, tout trajet court est gratuit. Au-delà de 30 minutes des frais de location sont à payer. Un système au top et peu cher comparé aux loueurs, mais qui ne travaillait malheureusement pas encore avec les quartiers voisins.

**MIRABICI**
Módulo Parque Alfredo Salazar S/N
Miraflores
✆ +51 1 4688517
www.mirabiciperu.pe
informes@mirabiciperu.pe
*S/ 23 de l'heure (7 US$) et S/ 33 de l'heure en tandem (10 US$).*
On peut suivre trois itinéraires recommandés au choix : Miraflores centre et mer, Miraflores à San Isidro, Miraflores à Barranco. Du lundi au dimanche entre 9h et 19h. Les vélos sont en bon état et stratégiquement situés juste au-dessus du centre commercial Larcomar mais c'est aussi plus cher qu'ailleurs.

## Moto / Scooter

**GRIN SCOOTERS**
✆ 018004610065
ongrin.com
soporte@ongrin.com
*60 centimes la minute, sur Miraflores et San Isidro.*
C'est le nouveau boom à Lima, des trottinettes électriques qu'on trouve dans les points de stationnement partenaires pour découvrir la ville à son rythme. Il faut télécharger l'application Grin pour pouvoir commencer le voyage en débloquant l'une des trottinettes de couleur verte. Grin est partenaire de la société de livraison Rappi via l'App de laquelle on peut aussi accéder aux services. Attention à la circulation.

**MOVO PERU**
movo.me/pe/
*50 centimes la minute, sur Miraflores et Barranco, de 7h à 20h.*
Movo est une autre application de trottinettes électriques, partenaire de la société de taxi Cabify également. Le principe est le même, une fois qu'on a téléchargé l'application, on cherche une trottinette proche de soi, on la débloque via un code et on parcourt la ville. Attention toutefois, les déplacements doivent, en théorie, se faire sur la voie automobile et la circulation chaotique de Lima est une rude épreuve. Les Movo sont de couleur noir et bleu.

# PRATIQUE

- **Indicatif téléphonique :** 01.

## Tourisme – Culture

**BIENVENIDO A LIMA**
Pasaje Nicolás de Rivera 145
Centre Historique ✆ +51 1 632 1542
*De 8h30 à 16h30.*
L'Office de tourisme municipal qui possède pas mal de cartes et d'infos pertinentes sur la ville.

**I PERU**
Larcomar (centre commercial) -Niveau 1
Miraflores
✆ +51 944492314
www.peru.travel.fr
iperularcomar@promperu.com.pe
*Ouvert tous les jours de 11h à 20h (sauf de 14 à 15h).*
L'office de tourisme national.

- **Autres adresses :** à l'aéroport : Aeropuerto Internacional Jorge Chávez • Tel 24h sur 24h : ✆ +51 1 574 8000

## Réceptifs

**ARACARI**
Jr. Schell 237 # 602
Miraflores
✆ +511 651 2424
*Voir page 26.*

**IB TRAVEL**
Oficina 6
Calle Las Tres Marias 363
Surco ✆ +51 1 436 9475
internationalbusinesstravel.pe/
inter.travel@ibusinesstravel.net
Gisella, péruvienne, dynamique et francophone, a pour mission de rendre votre séjour inoubliable et agréable. Elle vous fera découvrir ce pays riche de plus de 10 000 ans d'histoire, qui accueillit l'une des plus grandes civilisations du monde, les Incas. Découvrez l'un des pays les plus surprenants d'Amérique du Sud, avec ses montagnes vertigineuses, ses déserts arides et sa jungle luxuriante. IB Travel vous offre un service personnalisé pour planifier le séjour que vous souhaitez.

**CORDILLERAS TRAVEL**
Av. General Vivanco 1060
Ofc. 1001 ✆ +51 912 03 6757
*Voir page 28.*

**EVASION PEROU**
Calle Modigliani 123
Of 601 - Surquillo
✆ +51 1 449 2575
*Voir page 30.*

**INCA TRILOGY TOURS**
Jr Ancash 265
Centro Historico ✆ +51 920 843 180
*Voir page 30.*

## Banques fermées ?

Pas d'inquiétude ! Vous trouverez des distributeurs dans tous les supermarchés Wong et Metro, ouverts tous les jours (même les jours fériés), qui vous fourniront des soles ou des dollars ; il n'est donc pas forcément nécessaire de vous en procurer avant votre départ. Attention cependant à ne pas utiliser les machines telles que celles de Globalnet qui vous chargeront S/ 14 en plus du taux de change. Il est également possible de retirer de l'argent dans des commerces comme les pharmacies, où il vous en coûtera une petite commission supplémentaire. Plusieurs bureaux de change (*casas de cambio*) dans le centre (à l'angle de Jirón Camaná et de l'avenida Nicolás de Piérola) ou aux alentours de l'ovalo de Miraflores.

**■ INFO PERU**
Cour intérieure Casona Tambo de Oro
Jirón de la Unión 1066
Oficina Interior 102
✆ +51 1 425 0414
www.infoperu.com.pe
info@infoperu.com.pe
C'est l'agence du centre-ville de Lima. Idéalement placée à deux pas de la plaza de Armas et du Jirón de la Unión, les touristes s'y précipitent souvent pensant qu'il s'agit du point d'information touristique de la ville. Ce n'est pas le cas, mais on peut vous proposer des itinéraires sur mesure.

**■ FRANCO ANDINO TOURS**
Pasaje Tacna 172, oficina A
Barranco
✆ +33 6 81 29 57 59
*Voir page 32.*

**■ PACHAMAMA TURISMO ALTERNATIVO PERU**
San Martin de Porres
Av Dominicos Mz C – Lt 11 Praderas del Sol
✆ +51 1 5751851
*Voir page 32.*

**■ PERU CLUB AVENTURA**
Av. Los Alisos 199
Naranjal ✆ +51 932 113 018
*Voir page 34.*

**■ MUNDO AVENTURA TRAVEL**
Av Larco 345, Interior M25
Miraflores
✆ +51 945 100 834
www.mundoaventuratravel.com
informes@mundoaventuratravel.com
Une agence locale spécialisée dans les treks et séjours courts d'aventures autour de Lima chaque fin de semaine. Pratique pour découvrir Rupác ou le Cañon de Autisha et autres aventures dans la province de Huarochirí (S/ 100-110 à dates fixes) : rappel, canyoning, aventures à Huancaya ou la Huacachina. Ils offrent des modules en groupe et avec guide espagnol, sorties spéciales ou en anglais sur demande. Leur clientèle est principalement locale mais c'est une façon simple d'aller explorer des zones plus difficiles d'accès quand on voyage seul. Attention, sur les longues distances les déplacements en minibus sont fatigants.

**■ TERRA ANDINA PERU**
Av 28 de Julio 562
Miraflores ✆ 09 70 46 66 20
*Voir page 34.*

**■ TOUT PEROU RESEAU SOLIDAIRE**
*Voir page 38.*

**■ TRANSHUMANCIAS**
Malecon de la Marina 250
Miraflores
✆ +51 1 3339857
www.transhumancias-voyages.com
antoine@transhumancias.com
*Ouvert de 9h à 18h.*
Antoine George est un passionné de l'Amérique du Sud et il a créé Transhumancias pour partager avec les voyageurs qui s'adressent à lui les endroits magiques qu'il a traversé et repéré au cours de plus de 20 ans de voyages, principalement au Pérou, mais aussi sur tout le continent. Il organise principalement des voyages à la carte, orientés luxe, ou des expéditions autour de rencontres exceptionnelles comme avec le peuple Qeros des hauteurs andines où il possède de précieux contacts et une solide expérience.
▸ **Autres adresses :** Cusco : Urb. Lucrepata D-20 • Skype : antoinegeorge5093

**■ VIVENTURA PÉROU**
✆ 01 76 34 00 57
www.viventura.fr
Viventura est un opérateur franco-allemand qui propose des voyages en groupe à dates fixes avec accompagnement francophone. Ambiance sympathique et prix raisonnables.

**■ YUNKA TREK**
✆ +51 949 107 887
*Voir page 40.*

## Représentations – Présence française

### ALLIANCE FRANÇAISE

Av Arequipa 4595
Miraflores
✆ +51 1 610 8000
www.alianzafrancesa.org.pe
informes@alianzafrancesa.org.pe
Cette ravissante maison coloniale aux teintes saumonées abrite des cours de français, une bibliothèque bien fournie (romans, livres pour enfants, CD, DVD...), une salle d'exposition ainsi que le « Café Provence », situé dans un charmant patio, où vous pourrez déguster votre entrecôte au roquefort en écoutant *La Vie en rose* d'Edith Piaf. L'Alliance organise aussi régulièrement des cycles de ciné avec des projections gratuites (en français sous-titré en espagnol).

**Autre adresse :** d'autres adresses à Jesus Maria, La Molina, le centre historique, San Miguel, et Los Olivos.

### AMBASSADE DE BELGIQUE

Av Angamos Oeste 380
Miraflores
✆ +51 1 241 7566
diplomatie.belgium.be/peru/
lima@diplobel.fed.be
*Ouverte du lundi au vendredi de 9h à 16h.*

### AMBASSADE DE FRANCE

Avenida Arequipa 3415
San Isidro
✆ +51 1 215 8400
www.ambafrance-pe.org
france.embajada@amba-pe.org
*Ouverte du lundi au vendredi de 8h30 à 12h15.*

### Besoin urgent de faire débloquer son portable ?

Le centre commercial Compu Palace situé Avenida Arequipa (*cuadra* 53) à Miraflores regroupe sur trois étages des dizaines de boutiques spécialisées dans l'informatique, les téléphones portables et les appareils photo. Pas de souci pour faire réparer son téléphone, trouver une nouvelle batterie d'appareil photo ou acheter un téléphone avec une double carte SIM. Ouverture du lundi au samedi de 10h à 21h.

### AMBASSADE DE SUISSE

Av Salaverry 3240
San Isidro
✆ +51 1 264 0305
https://www.eda.admin.ch/lima
lim.vertretung@eda.admin.ch
*Ouverte du lundi au vendredi de 9h à 12h.*

### AMBASSADE DU CANADA

Av Bolognesi 228
Miraflores
✆ +51 1 319 3200
lima.immigration@international.gc.ca
*Ouverture les lundi, mardi, mercredi et jeudi de 8h à 12h30 et de 13h15 à 17h. Le vendredi de 8h à 12h30.*

## Argent

Les banques sont en général ouvertes du lundi au vendredi de 9h à 18h, voire 19h, et le samedi jusqu'à 13h. Elles possèdent toutes de nombreuses agences de quartier et proposent en général le service Western Union.

### BANCO DE LA NACION

Av Canaval y Moreyra 150
San Isidro
✆ +51 1 440 5305

**Autres adresses :** Barranco : Avenida Graú N° 101 • Centre : Jirón Lampa N° 801. • Miraflores : Av Pardo y Mártir Olaya 211.

### SCOTIABANK

Av Larco 1119, Miraflores
✆ +51 1 311 6000
Accords avec le Crédit Agricole en France.

**Autres adresses :** Barranco : Av Grau 422 • Miraflores : Av Diagonal 176

## Moyens de communication

Vous pourrez téléphoner pour environ S/ 1 par minute à l'étranger dans la plupart des cabines Internet, comme à Miraflores : Av Larco 1040.

### INTERNET

Av Diagonal 218-Parque Kennedy
Miraflores
Wifi dans beaucoup de lieux publics même le Parque Kennedy. Vous trouverez pas mal de cabines Internet (comptez S/ 3 de l'heure). Cette adresse de Miraflores offre la possibilité de « skyper », de scanner ou d'imprimer des documents et dispose aussi de téléphone.

### SERPOST CENTRO HISTORICO

Pasaje Piura ✆ +51 1 4279370
www.serpost.com.pe
*Ouvert du lundi au samedi de 8h15 à 20h30.*
Dans un grand et bel immeuble colonial dont les galeries abritent un petit musée postal et

## Quelques conseils

Comme dans tout le pays, la pauvreté génère à Lima une délinquance multiforme. Les consignes de prudence doivent être particulièrement suivies ici : éviter les quartiers populaires du centre à la tombée de la nuit, ne pas répondre aux sollicitations des dealers de cocaïne qui sévissent notamment dans le centre historique ou à Barranco, ne pas arborer de signes de richesse ostentatoires, se méfier des pickpockets, surtout dans le quartier des compagnies de bus et à la sortie de l'aéroport.

- **Pour les déplacements le soir,** appeler un taxi pour l'aller et le retour. Compte tenu de l'absence de réglementation, de mauvaises expériences sont possibles. Autant que possible, préférer les bus, à peine moins confortables mais plus sûrs. Ils circulent en général jusque 23h.
- **Profiter du séjour** pour visiter des musées uniques. Lima est la ville qui en compte le plus.
- **Les voyageurs qui ne se rendent pas à Puno ou à Cusco** effectueront leurs emplettes d'artisanat à Miraflores plutôt que dans les boutiques du centre.



philatélique et, le dimanche matin, les collectionneurs de timbres. Service de poste restante (compter une semaine pour venir de France) : « lista de correos ». N'oubliez pas votre carte d'identité pour venir chercher votre courrier.

- **Autre adresse :** San Isidro : Calle las Palmeras 205

**SERPOST MIRAFLORES**
Avenida Petit Thouars 5201
Miraflores
✆ +51 1 445 0697
*Ouvert du lundi au samedi de 8h à 20h30, le dimanche de 9h à 13h30.*

- **Autre adresse :** Miraflores : Av Larco 868

## Santé – Urgences

**CLINIQUE ANGLO-AMÉRICAINE**
Alfredo Salazar 350
San Isidro
✆ +51 1 616 8900
clinicaangloamericana.pe
citas@angloamericana.com.pe

**HOSPITAL DE EMERGENCIA JOSÉ CASIMIRO ULLOA**
Av República de Panamá 6355
Miraflores
✆ +51 1 204 0900
*Urgences. Ouvert 24h/24.*

**HOSPITAL NACIONAL ARZOBISPO LOAYZA**
Av Alfonso Ugarte 848
Centro de Lima
✆ +51 1 614 4646
www.hospitalloayza.gob.pe
comunicaciones@hospitalloayza.gob.pe
*Ouvert 24h/24.*

**NUMEROS D'URGENCE**
Policia (Police) : 105
Bomberos (Pompiers) : 116
Cruz Roja (Croix Rouge) : 115
Defensa Civil : 110

## Adresses utiles

**EL SOL**
Grimaldo del Solar 469
Miraflores
✆ +51 1 242 7763
www.elsol.idiomasperu.com
elsol@idiomasperu.com
*Différentes formules à la carte : compter S/ 460 pour 10h de cours pendant une semaine de conversation-compréhension et S/ 805 la semaine de 20h de débutants à avancés.*
Une école de langues qui a pignon sur rue à Lima. Les prix ne sont pas donnés mais les enseignants proposent des cours en groupe ou en individuel selon votre niveau (évaluation le premier jour) et vos envies. Egalement des activités : films, cours de cuisine, sorties, visites de musées... L'école propose aussi de vous mettre en relation avec une famille d'accueil. Attention, tout se fait en espagnol. Pas de professeurs français ou parlant français.

**POLICE TOURISTIQUE**
Jr Moore 268
Magdalena del Mar
✆ +51 1 460 1060

- **Autres adresses :** Comisaria Turismo Lima Norte : Av. España, cuadra 4 (à l'intérieur du bâtiment de la Gobernacion de Lima), ✆ +51 1 423 3500. • Comisaría Turismo Miraflores : General Vidal 230 (proche du Mercado Indio de artesañias ou du grand magasin Hiraoka), ✆ +51 1 445 7943.

# SE LOGER

## Centro histórico

Lima compte des centaines d'hôtels. En haute saison, les moins chers sont pris d'assaut, aussi faut-il souvent pousser plusieurs portes. Quoi qu'il en soit, nul besoin de se précipiter sur le premier établissement venu ; le parc est suffisamment important et il y a de la place pour tout le monde. De plus, le centre, bien qu'il soit le cœur de la ville, n'est pas le quartier le plus agréable pour se loger. Il n'offre que quelques auberges et des hôtels plus luxueux et il faut y faire attention la nuit tombée. Méfiez-vous des *hostales* arborant de grandes enseignes lumineuses, ce sont pour la plupart des hôtels de passe assez lugubres... Pour être dans un quartier sûr et agréable à pied à toute heure, optez pour Miraflores ou Barranco.

### Bien et pas cher

**■ 1900 BACKPACKER'S HOSTEL**
Avenida Garcilaso de la Vega 1588
Centro Historico ✆ +51 1 424 3358
www.1900hostel.com
customerservice@1900hostel.com
*9 US$ la dortoir de 14 lits, 14 US$ le dortoir de 4 lits, à 32 US$ la double avec salle de bains partagée et 38 US$ avec salle de bains privée, petit déjeuner buffet inclus.*
Une immense *casona* aux allures de manoir, haute de plafond avec un sol en marbre : l'établissement a du cachet sans nul doute. Les chambres sont assez petites et basiques, mais impeccables compte tenu du turn-over. Les tatillons préféreront l'option salle de bains privée. L'eau chaude vient parfois à manquer, mais on aime la terrasse et les espaces communs avec billard et baby-foot ainsi que les activités extras proposées pour découvrir la ville.On est à 20 minutes à pied de la Plaza de Armas, à côté du Parque de la Exposición et du musée Mali. L'ambiance est jeune et internationale, beaucoup de fêtes et bar ouvert jusqu'à tard, cela peut être bruyant, mais de meilleure facture que les autres *hostales* plus poussiéreux du centre. Un super rapport qualité-prix. Attention, si vous payez sur place, il faudra le faire en espèces, commission sur les paiements par carte bleue.

**■ HOSTAL ESPAÑA**
Jirón Azángaro 105
Centro Historico ✆ +51 1 428 5546
www.hotelespanaperu.com
info@hotelespanaperu.com
*Chambre matrimoniale S/ 85, chambre double à S/ 95, chambre triple S/ 120, et chambre quadruple S/ 160. Toutes les chambres ont leur salle de bains privée. Pas de petit déjeuner inclus, S/ 11 par personne additionnelle.*
A quatre *cuadras* de la Plaza De Armas, cet hôtel connu sur toute la planète (ici on parle plus anglais, français ou italien que castillan) affiche souvent complet. La vieille *casona* est baroque du sol au plafond (le propriétaire des lieux est un passionné d'art), labyrinthique, et grouille d'activité. Les chambres sont idéales pour les petits budgets, assez sombres et vieillottes toutefois. Elles sont toutes équipées de salle de bains. Les prix ont gonflé ces dernières années malheureusement. Sur la terrasse, c'est un peu l'Arche de Noé avec des perroquets, une tortue, des paons... Les chambres qui y sont situées sont plus sympathiques. Consigne gratuite pour les bagages, accès Internet, service de laverie, bureau d'informations et cafétéria aux prix doux. A conseiller avant tout à la jeunesse voyageuse, car le lieu reste bruyant.

**■ ORCHID HOSTELS**
Jirón Carabaya 959 ✆ +51 977 862 653
orchidhostels.com
customerservice@orchidhostels.com
*A partir de 8 US$ la nuit en dortoir de 20 personnes, 12-13 US$ de 6 à 4 personnes, chambre simple avec salle de bains privée extérieure 23 US$, chambre matrimoniale 34 US$ avec salle de bains partagée et 36 à 40 US$ avec salle de bains privée. Petit déjeuner inclus. Wifi.*
Situé dans un joli bâtiment d'époque, cet hostel a le mérite d'être bien tenu avec un joli parquet, des balcons boisés, des azulejos au sol et quelques touches de décoration bien choisies. Ils proposent plusieurs types de dortoirs et quelques chambres privées. Le gros problème comme souvent dans le centre historique c'est le bruit des klaxons et de la circulation extérieure. Petit-déjeuner basique. La porte est toute petite, cherchez bien. C'est un point de chute honnête par rapport à ce qu'on a pu voir d'autre. Restaurant végétarien sur place.

### Confort ou charme

**■ LA POSADA DEL PARQUE PENTHOUSE**
Avenida Petit Thouars (cuadra 1) – 3e étage
Parque Hernán Velarde 77
Santa Beatriz ✆ +51 998 001 934
www.incacountry.com
posada@incacountry.com
*Comptez 40 US$ pour une chambre simple, 50 US$ pour matrimoniale,55 US$ pour une double, 70 US$ pour une triple et 80 US$ pour une quadruple. Petit déjeuner inclus.*

Un charmant hôtel des années 1970 aux chambres correctes et aux lits confortables avec un petit côté rétro. Celles-ci sont équipées de matelas de qualité, de la télévision câblée, d'un coffre-fort, d'un ventilateur l'été, de salles de bains avec eau chaude. L'hôtel propose aussi un penthouse, style Art déco, entouré de terrasses avec vue sur le parc Hernan Valerde. Wifi et petite terrasse extérieure. Petit déjeuner correct. Pas de cartes de crédit. Au calme, situé entre le Parque de la Exposición et le Parque de las Aguas, à 15 minutes en taxi du centre historique même.

### GRAN HOTEL BOLIVAR

Jirón de la Unión 958 Plaza San Martin

Cet hôtel mythique qui donne sur l'une des plus belles places de la ville a entamé un remodelage complet. Surveillez si les nouvelles chambres sont disponibles. Durant les travaux, nous ne vous conseillons pas d'y séjourner. Pour se consoler, on peut visiter le rez-de-chaussée qui a beaucoup de cachet et il reste le bar chaleureux avec sa terrasse intérieure. Record à battre, celui de Orson Wells (l'établissement a une longue histoire) et ses 42 Pisco Sour.

### HOTEL CONTINENTAL

Jr. Puno 196 ✆ +51 1 428 6334
www.hotelcontinentallima.com

*Standard-chambre simple 55 US$, double 67 US$, triple 80 US$. Supérieures-chambre double 87 US$ et triple 105 US$. Supérieures avec balcon 120 US$. Petit déjeuner inclus.*

Le charme n'est pas vraiment au rendez-vous mais le confort si : propre, plus lumineux que ses concurrents, bon service. Un hôtel buisness typique, pas tout jeune mais solide. Bémols, l'eau chaude n'est pas très fiable et le petit déjeuner mériterait d'être plus varié. Tv câblée et wifi. Bien situé.

### HOSTAL BONBINI

Jr Cailloma 209 ✆ +51 1 427 6477
www.hostalbonbini.com
hostalbonbini@hotmail.com

*Chambre simple pour 40 US$, double pour 50 US$ et triple pour 60 US$, petit déjeuner continental inclus. Wifi.*

Une bonne option pour ceux qui cherchent plus de privacité et un lieu plus calme et bien tenu. Cet hôtel qui a gardé son charme ancien propose des chambres spacieuses et lumineuses avec moquette au sol. Un peu cher pour la qualité du service proposé mais bien situé, à proximité de la Plaza de Armas.

### KAMANA HOTEL

Jirón Camaná 547 ✆ +51 1 426 7204
www.hotelkamana.com
reservas@hotelkamana.com

*Chambre simple 42 US$, double ou matrimoniale 54 US$, triple 72 US$. Petit déjeuner américain inclus. Promotions sur Internet.*

Derrière la façade moderne, mais austère, on trouve des chambres assez classiques et correctes. Chacune des chambres comporte la télévision câblée et une salle de bains privée avec eau chaude. Elles sont plutôt simples et peu lumineuses, mais c'est le cas de tous les hôtels du centre. Le bar est ouvert 24h/24. Wifi.

## Luxe

### HOTEL SHERATON

Paseo de la República 170
✆ +51 1 315 5000
sheraton.marriott.com
lima.reservations@sheraton.com

*Chambre double à partir de 135 US$, suite junior à 178 US$. Réductions importantes sur Internet.*

La célèbre institution dresse ses vingt étages et 431 chambres modernes et élégantes (les classiques sont équipés de lit king et les 21 suites de plus de 60 m² d'un bain bouillonnant) face au Palais de justice, faisant de l'ombre aux statues des héros péruviens qui s'illustrèrent sur les mers. On y trouve tout ce dont on peut rêver : un business center bien équipé, un restaurant-bar, une salle de sports, une jolie piscine, un tennis, un salon de beauté… et même un casino. Wifi dans certaines aires de l'hôtel, supplément en chambre. Vue panoramique depuis les toits. N'hésitez pas à vous glisser au Kero Bar, que vous y soyez hébergés ou non, *happy hour* de 18 à 20h. Ou au buffet-déjeuner du joli restaurant La Cupula : au choix dix viandes et fruits de mer en brochettes, bar de salades, tiraditos, sushis, plats chauds (S/ 155 sans desserts ou boissons, en semaine). Samedi et dimanche buffet créole (S/ 59).

## Callao, Pueblo Libre et l'ouest

### Bien et pas cher

**ASSOCIATION MANO A MANO PERU**
Alameda de el Pinar Trapiche (à 2 cuadras de la Cevicheria Puerto Huachano)
Calle 14 MZ H lote 28
✆ +51 1 717 6699
www.manoamanoperou.org
sylviedumans@hotmail.com
*Compter S/ 25 par personne (dortoir de 4 personnes, double, selon les nécessités), env. S/ 5 le petit déjeuner et S/ 7 le menu le midi.*
A 45 min du centre de Lima (compter S/ 55 à S/ 60 en taxi), dans le quartier populaire de Comas, ce lieu est géré par l'association Mano a Mano. Vous serez (très bien) accueilli par Sylvie, la directrice, qui a quitté son travail d'infirmière en France pour s'installer au Pérou depuis une vingtaine d'années. L'argent récolté grâce à l'activité de tourisme sert à financer les projets de l'association (bibliothèques et ludothèques pour les enfants du quartier et aides pour les familles) auxquels vous pouvez prendre part. Les locaux de l'association sont équipés de salle de bains avec eau chaude, Internet et service de restauration. Un conseil : demandez que l'on vienne vous chercher à l'aéroport ou à votre domicile, car l'association est difficile à trouver. C'est un endroit vraiment intéressant pour découvrir un autre visage de Lima, il est par contre loin des « attractions » habituelles.

**MAMA BACKPACKERS**
Avenida Antunez de Mayolo 1389 Covida – Los Olivos
✆ +51 966 798 431
ayala79.wixsite.com/mamabackpackers
mamabackpackers@gmail.com
*S/ 35 le lit en dortoir de 4 personnes et S/ 85 la chambre privée pour 2, petit déjeuner inclus.*
Situé dans le quartier populaire de Los Olivos, proche de l'aéroport (entre 15 et 20 minutes en voiture) cette petite auberge de jeunesse est une maison familiale qui propose des dortoirs partagés et quelques chambres indépendantes. Les chambres sont petites, toutes partagent les salles de bains, avec eau chaude. On accède à la cuisine et les espaces communs sont amples et propres. On profite avec plaisir de la terrasse aménagée. Ici on se croise pour une nuit entre deux avions. Mama vous reçoit comme à la maison et soigne le petit déjeuner, Luigi son époux veille et Alfredo, le fils, distille les conseils quand il est de passage. Bonus, Mama parle français. Le lieu n'est pas très stratégique pour ceux qui veulent vraiment voir Lima, mais pour une nuit de pause c'est douillet.

### Confort ou charme

**HOSTAL MAMI PANCHITA**
Av Federico Gallesi 198
San Miguel ✆ +51 1 263 7203
www.mamipanchita.com
info@mamipanchita.com
*Chambre simple 30 US$ et double 40 US$ avec salle de bains à partager. Chambre simple 41,50 US$, double 55 US$ et triple 64 US$ avec salle de bains privée.*
Une jolie maison d'hôtes au style colonial appartenant à un Hollandais et à sa femme péruvienne. Elle se situe dans le quartier de San Miguel, une zone située entre l'aéroport, Miraflores et le centre historique. Pratique par exemple si on ne veut que survoler Lima et être proche (20 minutes en voiture quand il n'y a pas de bouchons) de l'aéroport. L'endroit se révèle propre et agréable, avec un patio, un salon équipé d'une télévision, un bar, une salle pour le petit déjeuner, un patio fleuri. Par contre les chambres mêmes sont assez petites et le petit déjeuner plutôt léger. L'eau chaude est garantie 24h/24. L'établissement dispose de sa propre agence de voyages. Il est proche des points de vue sur les plages qui se sont embellis de ce côté aussi.

**LIMAQ HOTEL**
(A hauteur de la Cuadra 19 de la Av. Elmer Faucett)
Calle Los Cóndores 112-116
Bellavista – Callao ✆ +51 1 606 4446
hotellimaq.com
reservas@hotellimaq.com
*Chambre simple 86 US$, chambre matrimoniale 110 US$, chambre double 122 US$. Petit déjeuner inclus.*
Confort et proximité avec l'aéroport. Des chambres modernes, pratiques et plutôt élégantes, cet hôtel neuf propose ce qu'on vient y chercher : une nuit confortable, au calme, avec une douche chaude et un bon Internet. Toutes les chambres n'offrent pas une fenêtre sur la rue, mais les chambres intérieures sont les plus calmes. Parfait pour un séjour de passage, le quartier n'est pas recommandé pour s'aventurer bien loin. Le prix est malheureusement lui aussi conséquent.

**MANHATTAN INN**
Jr Luna Pizarro 168 (Urb. La Colonia)
Callao
✆ +51 1 464 5811
www.hmanhattan.com.pe
reservas@hmanhattan.com.pe
*Compter de 33 US$ à 39 US$ la simple, 46 US$ la double ou matrimoniale, 52 US$ la familiale (3 à 4 pers), petit déjeuner américain inclus.*

C'est propre, moderne, bien tenu, et proche de l'aéroport (environ 15 minutes en voiture). Les chambres très classiques sont équipées de TV câblée, wifi, eau chaude, certaines disposent d'un minibar. Parfait pour une nuit de transit ou si vous ne désirez pas plonger dans le chaos urbain. Un peu cher toutefois pour la qualité d'ensemble.

## San Isidro et Miraflores

Miraflores c'est le cœur du Lima touristique, mais c'est surtout aussi plus paisible. Logeront dans ce quartier ceux qui préfèrent les larges avenues bordées de grands magasins, ponctuées de parcs tranquilles, et ceux qui souhaitent se rapprocher des plages et de la balade qui les longe, le Malecón. A Miraflores se concentre une bonne partie de la vie nocturne de Lima, partagée avec le quartier proche de Barranco.

### Bien et pas cher

**LA CASA NOSTRA HOSTAL**
Grimaldo Del Solar 265
Miraflores
✆ +51 1 2411718
www.casanostrahostal.com
*Chambre simple 27 US$, chambre double 38 US$ et matrimoniale 41 US$, toutes avec salle de bains privée et petit déjeuner continental.*
Cet *hostal* vient de faire peau neuve. Dans une jolie *casona*, il propose des chambres contemporaines élégamment rénovées avec salle de bains privée, écran plat, wifi. Lit queen dans les chambres simples ou doubles et king dans les chambres matrimoniales. Bémol, les chambres sont petites et pas toutes lumineuses. La salle à manger a un très joli sol en marbre, on profite du petit patio. Bon esprit et calme. L'hôtel est bien situé, au cœur de Miraflores.

**FLYING DOG HOSTEL**
Calle Diez de Canseco 117
Miraflores ✆ +51 1 242 7145
www.flyingdogperu.com
flyingdoghostels@gmail.com
*Compter S/ 40 pour un lit dans un dortoir de 8 personnes, S/ 110 la double ou matrimoniale sans salle de bains et S/ 140 avec salle de bains, S/ 160 premium avec vue, petit déjeuner compris que l'on prend au Café El Parquetito juste en bas. Les prix sont les mêmes dans les 3 hosteles.*
A deux pas de l'Ovalo de Miraflores (et de ses nombreux restaurants, bars et discothèques), vous aurez à disposition un salon avec TV câblée, baby-foot et canapés de cuir rouge, une cuisine, le wifi, un service d'échange de livres et des casiers qui ferment à clef. Bar avec balcons. L'ensemble est plutôt propre avec de l'eau chaude. Les chambres sont petites mais pratiques. La Premium avec vue sur le parc est une belle surprise. La rotation est importante d'où un service pas très personnel. Ils ont 2 autres adresses proches qui pratiquent les mêmes prix.

**Autres adresses :** Hostel B&B-Calle Lima 457 ; Miraflores ; ✆ +51 1 444 5753 • Hostel-Jr Martir Olaya 280 ; Miraflores ; ✆ +51 1 447 0673

**HOSTAL EL PATIO**
Calle Diez Canseco 341
✆ +51 1 444 2107
www.hostalelpatio.net
reserva@hostalelpatio.net
*Chambre simple 45 US$, double ou matrimonial 60 US$. Supérieur simple 55 US$ et supérieure matrimonial 70 US$. Suite simple 70 US$ et suite matrimonial 85 US$. Petit déjeuner continental inclus.*
Autour de ses 17 chambres, dont 7 simples/doubles, 5 mini-suites (standard plus) et 5 suites, l'hostal El Patio existe depuis maintenant vingt ans. Sa propriétaire est anglaise. Les chambres donnent sur de calmes terrasses ou sur un patio verdoyant, au doux son des oiseaux et d'une fontaine à eau. L'ensemble est coloré et lumineux, très fleuri. L'extérieur est charmant comme une *quinta* d'antan, mais les chambres sont plus vieillottes et plus sombres. Optez pour les suites constituées d'une chambre et d'un salon et équipées d'une kitchenette. Vous êtes au centre de Miraflores, à 10 minutes du Malecón. Wifi. Parking.

**KACLLA**
Calle Porta 461
Miraflores ✆ +51 1 241 8977
kacllahostel.com
*Dortoirs à partir de S/ 30 et chambres matrimoniales ou double S/ 110, triple S/ 155 et quadruple S/ 180. Pour profiter de ces tarifs, il faut « liker » leur page Facebook. Petit déjeuner inclus.*
Un petit goût d'Amazonie et de mystère s'est glissé dans cette jolie maison rouge et bleue. En retrait de la rue et donc au calme, on trouve ici deux étages, des fleurs et un patio central carrelé pour ce petit hostel avec des chambres minuscules et plutôt sombres mais neuves, colorées et joliment décorées (attention si vous voulez un grand lit, pensez à bien prendre une matrimoniale, les doubles ont souvent des lits superposés). Les espaces communs sont accueillants et cosy. La cuisine est bien aménagée. Le petit déjeuner est frais. Tout y est très propre. Un sans-faute pour le moment. Et la vedette de la maison, Pisco, le chien péruvien, vous fait la fête. Bien situé.

### LION BACKPACKERS

Calle Grimaldo del Solar 139-143
Miraflores ✆ + 51 1 447 1827
www.lionbackpackers.com
info@lionbackpackers.com
*Lit en dortoir S/ 43,50, chambre simple S/ 124, double S/ 150 (avec TV et salle de bains). Chambres triples S/ 201, quadruples S/ 248 et quintuples S/ 292 également disponibles. Petit déjeuner continental inclus.*

Point de chute de nombreux *backpackers* dans la capitale, cette auberge offre toutes les installations nécessaires : salles de bains correctes, cuisine, wifi... Ils ont trois dortoirs, mais surtout 11 chambres privées avec salle de bains, TV et wifi. Les chambres sont colorées et lumineuses, pas toutes fraîches, mais bien tenues. On aime la petite terrasse extérieure à l'entrée. Moins festif donc plus calme. Bien situé, à 5 minutes à pied du Parque Kennedy. Service aimable.

### PARIWANA

Av Larco 189
Miraflores ✆ +51 1 242 4350
www.pariwana-hostel.com
lima@pariwanahostel.com
*Dortoir (14 lits) à partir de 12,50 US$ avec petit déjeuner buffet inclus et 19 US$ pour des dortoirs plus petits (6 lits) avec salle de bains dans la chambre. 52 US$ la double ou matrimoniale avec salle de bains. Petit déjeuner inclus.*

Cette auberge est située juste en face du fameux ovalo (rond-point) de Miraflores. C'est une auberge qui a une grande capacité d'accueil. Les dortoirs de 6 à 14 lits sont propres, avec de l'eau chaude. Les chambres sont modernes et accueillantes. Dans une ambiance friendly et cosmopolite, on vous proposera des animations (bar, restauration, baby-foot, ping-pong, excursions...) sur la grande terrasse à l'étage. Attention, mieux vaut ne pas avoir le sommeil léger : la fête est au programme... Cuisine partagée en libre utilisation. Service de laverie. Wifi. Cours de surf. Pariwana dispose aussi d'une adresse à Cusco.

### RED PSYCHO LLAMA

Entre Av. Arequipa et Av. Petit Thouars
Calle Narciso de la Colina 183
Miraflores ✆ +51 1 242 7486
redllamahostel.com
lima@redllamahostel.com
*Dortoirs mixtes de 5 lits S/ 40 ; dortoir mixte ou filles avec salle de bains (4 lits) S/ 50, matrimoniale avec salle de bains S/ 130-150, triple S/ 160 et quadruple S/ 190. Petit déjeuner buffet inclus.*

Derrière cette coquette maison turquoise, on trouve un *hostal* plus intime qui a mis au cœur de ses préoccupations le recyclage. Ici la déco est originale et colorée. Vous ne trouverez pas de dortoirs immenses, mais uniquement des chambres de 4 ou 5 lits maximum. Terrasse à disposition (les chambres sur la terrasse sont les plus agréables) et cuisine en libre-service. Tour gastronomique proposé, soirées barbecue ou poker. Livres, DVD. Service de laverie. Wifi. Comme partout les chambres sont petites, mais le service excellent. Ils se sont associés avec Mama Simona qui propose des hôtels à Cusco et Ollantaytambo avec la même philosophie.

### SELINA MIRAFLORES LIMA

Calle Alcanfores 465
Miraflores
✆ +51 1 444 0306
www.selina.com/peru/miraflores-lima
*Dortoirs de 12 lits 12 US$, dortoirs de 6 lits 16 US$, chambre simple avec salle de bains partagée 46 US$ ou privée 66 US$, chambre matrimoniale lit queen 66-71 US$ avec salle de bains privée, triple 86 US$, quadruple 120 US$, petit déjeuner inclus. Offres sur Internet.*

La révolution Selina est arrivée au Pérou. Cette chaîne de *hosteles* nouvelle génération a été fondée par deux Panaméens voyageurs au long cours qui ont créé des lieux colorés, remplis d'énergie et de petits détails bohèmes. Celui de Lima est très bien placé. A la réception, immense café cosy avec une belle peinture murale, les réceptionnistes sont installés dans une camionnette rétro. Les chambres sont réparties sur plusieurs étages. On trouve des dortoirs, mais aussi beaucoup de chambres privées, des appartements et même une chambre VIP appelée unique avec la plus belle surface et la plus belle vue. Wifi partout, salle télé XXL et petite terrasse pour faire du yoga sur place. Tout est neuf et coloré. Attention aux prix qui sont au-dessus de la moyenne (le bobo, ça se paie) et aux co-voyageurs. Selon les jours les lieux peuvent être très tranquilles ou beaucoup plus bruyants. Ils sont aussi à Arequipa, Cusco et Huaraz.

## Confort ou charme

### ANTIGUA MIRAFLORES HOTEL

Avenida Grau 350
Miraflores ✆ +51 1 201 2060
www.antiguamiraflores.com
reservas@antiguamiraflores.com
*Chambre simple tradicional à partir de 96 US$ et double à partir de 109,50 US$. Double colonial 125,25 US$ et señorial 145,50 US$. Petit déjeuner buffet inclus. Certaines chambres ont vue sur les patios intérieurs, les señorial ont vue sur le jardin.*

Cette affaire familiale implantée au cœur du quartier de Miraflores a su résister au boom immobilier que connaît le quartier. C'est une des rares haciendas d'antan qui n'a pas été détruite pour être remplacée par un building. Elle a beaucoup de charme avec sa fontaine centrale, son petit jardin, ses couleurs. D'un excellent rapport qualité-prix, cette adresse vous garantira un séjour paisible dans cette capitale bouillonnante. La quartier est calme et central. Les chambres sont spacieuses et confortables, avec moquette au sol, toutes avec salle de bains et vue sur les différentes cours ou jardins. Le seul reproche qu'on pourrait leur faire c'est qu'elles sont un rien vieillottes et avec des TV notamment anciennes. Le petit déjeuner est de belle taille et les équipes sur place aimables. L'Antigua possède désormais également un Antigua Casona San Blas qui propose de grandes chambres avec cachet et confort à Cusco et des bungalows proches de Mancora.

### BUSINESS TOWER HOTEL

Av. Guardia Civil 727, Córpac
San Isidro-San Borja
© +51 1 319 53 00
www.bth.pe
reservas@bth.pe

*A partir de 88 US$ la nuit dans la chambre Urban/Cosmopolitan/City avec lit queen ou king, TV, wifi, bain bouillonnant. Petit déjeuner inclus (continental en semaine, créole le week-end).*

Cet établissement s'inscrit dans la lignée du BTH de Paris et de New York. Résolument contemporain, il est spacieux, moderne et distingué, mais reste amical et très chaleureux. Chaque étage fait référence à une célèbre ville du monde et chaque chambre possède un style sobre et raffiné. Il est situé entre San Isidro et San Borja dans un quartier business, peu de choses à faire à pied mais aucun souci en taxi.Vous pouvez aussi vous y rendre pour prendre un cocktail au Madbar branché et avec une carte audacieuse. Petite terrasse sur place.

### CALIMA BOUTIQUE HOTEL

Avenida de la Aviación 175
Miraflores © +51 1 7654119
calimaboutiquehotel.com
reservations@calimaboutiquehotel.com

*Queen room 120 US$, king room 130 US$, suite 150 US$. Petit déjeuner buffet inclus.*

Un joli boutique-hôtel de poche situé dans une belle demeure républicaine. Ici on ne trouve que 5 chambres contemporaines et élégantes avec lit queen ou king très confortables, salles de bains privées, et entre 15 et 25 m² au sol. Toutes sont équipées de TV écran plat, wifi, sèche-cheveux, coffre-fort et air conditionné. Le rez-de-chaussée propose salon, petite salle pour le petit déjeuner relax et mini patio. Les chambres sont réparties aux 1er et 2e étages. Mist et Clouds sont les plus petites. Bruma offre une mini terrasse. Calima Suite, plus vaste, possède un petit balcon. Lima Suite est la plus vaste. On aime les détails de la décoration, les belles matières, l'atmosphère sereine. L'accueil en réception était encore un peu brouillon, mais le lieu est prometteur. Bien situé, proche du Malecón.

### CASA ANDINA MIRAFLORES SAN ANTONIO

Av 28 de Julio 1088
© +51 1 241 4050
www.casa-andina.com

*Chambre double ou matrimoniale queen 96 US$, buffet-petit déjeuner compris.*

Casa Andina est l'une des chaînes de référence au Pérou. Elle propose des hôtels confortables. Celui-ci fait partie de sa gamme la plus accessible, standard. Situé à quelques blocs du centre de Miraflores, à 15 minutes à pied de son centre, cet hôtel de cinq étages dispose de 52 chambres, toutes équipées d'une salle de bains privée, d'une télé câblée 21 pouces, d'air conditionné, de chauffage, de sèche-cheveux, d'un coffre-fort. Une petite salle de restauration permet de dîner et de prendre le petit déjeuner (parfois fermée le soir). Wifi partout. Parking. Services de taxi, laverie, échange de devises. Ça manque un peu de personnalité, mais c'est confortable et pratique.

**Autre adresse** : Casa Andina Miraflores Centro : Av. Petit Thouars 5444, © +51 1 447 0263

### HOSTAL TORREBLANCA

Av José Pardo 1453
© +51 1 447 0142
www.torreblancaperu.com
reservas@torreblancaperu.com

*Chambre simple 72US$ et double ou matrimonial 72US$. Petit déjeuner américain et transport de/vers l'aéroport international inclus.*

Cette élégante maison républicaine saumonée est située tout au bout de l'Av. Pardo dans un quartier résidentiel et proche du Malecón. Elle dispose de 30 chambres chaleureuses, décorées avec des objets d'art précolombien, carrelage ou parquet et tapis au sol, certaines avec poutres au plafond. Toutes disposent d'une salle de bains privée avec eau chaude, ainsi que de la télévision câblée et le wifi. Certaines disposent en plus de ventilateurs et de mini-réfrigérateurs. La maison ne manque pas de charme et est labyrinthique, mais les chambres sont assez inégales. Privilégiez celles qui donnent sur l'intérieur. Le rond-point au bord duquel se situe l'hôtel est extrêmement passant. On aime les multiples terrasses et patios. Rapport qualité-prix correct.

**HOTEL EL TAMBO I**
Av. la Paz 1276
Miraflores
✆ +51 1 2194080
www.eltamboperu.com
reservas@eltamboperu.com
*Chambre simple 83 US$, double ou matrimoniale 97 US$, triple 110 US$, petit déjeuner inclus.*
Ce petit immeuble moderne et coquet est posé sur l'avenue La Paz, mais suffisamment en retrait pour être au calme. Très propre et lumineux, il est extrêmement bien tenu avec un petit jardin-terrasse et de petits salons intérieurs. Les chambres sont classiques et modernes, équipées d'écran plat, salle de bains privée (impeccable), wifi. Ça manque un peu de personnalité, mais tout y est bien pensé, agréable et on se laisse charmer. L'hôtel est également très bien situé, à 5 minutes à pied de Larcomar et du Malecón sur une avenue élégante et plantée d'arbres.

**HOTEL SAN ANTONIO ABAD**
Calle Ramón Ribeyro 301
✆ +51 1 447 6766
www.hotelsanantonioabad.com
reservas@hotelsanantonioabad.com
*Chambre simple 66 US$ et chambre double ou matrimoniale 72 US$, petit déjeuner inclus.*
Dans une *casona* républicaine élégante, cet hôtel possède une petite terrasse arrière et un jardinet que viennent picorer de nombreux oiseaux. Les chambres sont classiques, sans fioritures, meublées à l'ancienne. Elles offrent toutes une salle de bains privative avec eau chaude 24h/24, télévision câblée, wifi un peu paresseux. L'hôtel est situé un peu en retrait (derrière l'agréable Parque Reducto) mais à peine à 10 minutes à pied du centre de Miraflores. Petit déjeuner buffet très correct.

**PUCLLANA LODGE HOSTEL**
General Borgoño 546
Miraflores ✆ +51 1 242 6530
www.pucllanalodge.com
*Chambre simple 39 US$ sans salle de bains et 50 US$ avec salle de bains privée, double ou matrimonial 50 US$ sans salle de bains et 65 US$ avec salle de bains privée. Appartements 160 US$ jusqu'à 6 personnes, 180 US$ jusqu'à 8 personnes. Petit déjeuner inclus.*
Ce lodge intime est composé de quinze chambres indépendantes, modernes et élégantes avec une déco arty et lit king size, TV écran plat, câble, Internet, espace salon, salle de bains avec douche italienne et sèche-cheveux.Ils proposent aussi des chambres tout aussi design avec salle de bains à partager pour les budgets plus justes. L'espace petit déjeuner est à l'air libre. Idéal pour les couples qui ont envie d'être au calme. Ils offrent aussi tout proches à pied deux appartements élégants, modernes et lumineux avec terrasse pour les familles ou groupes. On aime la déco coquette et moderne et le service personnalisé. Calme, bien situé à mi-chemin entre le Parque Kennedy et la Huaca Pucllana. Petit coup de cœur.

## Luxe

A noter que la plupart des chaînes internationales offrent d'importants rabais sur Internet et des tarifs souvent moins chers en fin de semaine (nuits des samedi et dimanche). L'occasion de se faire un petit cadeau à l'arrivée ou avant le départ.

**AC HOTEL LIMA MIRAFLORES**
Malecón de la Reserva 729
Miraflores ✆ +51 1 5969480
www.marriott.com
*A partir de 170 US$ la Deluxe city view et 215 US$ la Deluxe ocean view. Petit déjeuner inclus.*
Le dernier-né des Marriott a trouvé sa place sur le Malecon, le long de cette falaise qui surplombe le Pacifique. L'ensemble est contemporain et résolument moderne. Les chambres sobres et confortables sont équipées de netflix et Internet ultra-rapide. On aime la vue sur l'océan et ses couchers de soleil exceptionnels en été, la bibliothèque comme une bulle chic et le rooftop et son restaurant Insumo ouvert à tous, sur réservation.

**ATEMPORAL**
Santa María 190
Miraflores
✆ +51 1 700 5141
www.atemporal.pe
recepcion@atemporal.pe
*Chambres LAB 242 US$ et LAB+ 322 US$, petit déjeuner inclus.*
Une maison de maître préservée, dans un quartier calme et résidentiel de Miraflores. Ici on vous propose neuf chambres à l'élégance bohème et équipées des dernières technologies comme de larges écrans plats branchés sur Netflix. L'ensemble a été pensé comme la maison raffinée d'un photographe globe-trotter qui vous hébergerait pour quelques jours. Le « maître de maison » est à votre service 24h sur 24, un chauffeur peut vous emmener dans le quartier grâce à la mini-cooper au service des hôtes, et l'on vous prête aussi des vélos. Les jardins entourent la petite propriété. Le petit déjeuner est servi sur la terrasse avec un large choix de produits triés sur le volet. Condé Nast l'a primé. C'est sans doute le plus classe des boutiques-hôtels de Lima. Le risque c'est que vous ne vouliez plus partir.

■ **BELMOND MIRAFLORES PARK**
Malecón de la Reserva 1035
Miraflores ✆ +51 1 610 4000
belmond.com/miraflores-park-lima
perures.fits@belmond.com
*A partir de 392 US$ la junior suite avec vue sur le jardin et 464 US$ avec vue sur la mer, petit déjeuner buffet inclus. Réductions sur Internet.*
Situé au bord du Malecón de Miraflores et du Pacifique, au pied d'un petit parc, cet hôtel offre des prestations très haut de gamme et des chambres très confortables. Panoramas à couper le souffle depuis le onzième étage (l'Observatoire où est servi le petit déjeuner). Un service impeccable et des prestations parfaites font du Miraflores Park le plus luxueux de tous les hôtels en ville. Bon plan, pour tout service au Zest Spa, vous pouvez faire usage de la piscine ouverte du dernier étage. Ils proposent notamment en extérieur 30 minutes de réflexologie pour 47 US$ ou massages du dos pour 64 US$. Enfin, le restaurant de l'hôtel, le Tragaluz, propose une petite terrasse tranquille au bord d'un parc verdoyant (réservez !).

■ **CASA ANDINA PREMIUM MIRAFLORES**
Av La Paz 463 ✆ +51 1 213 4300
www.casa-andina.com
travel@casa-andina.com
*A partir de 144 US$ la chambre traditionnelle en simple, double ou matrimonial, 157,50 US$ la supérieure, 198 US$ la suite et 216 US$ la senior suite. Petit déjeuner buffet inclus.*
Cet établissement de grande classe, au design contemporain, propose 148 chambres sur 17 étages, contemporaines et sophistiquées avec écran plat, wifi, salle de bain en marbre, sèche-cheveux, bureau, coffre-fort, panier thé/café de courtoisie, artisanat typique. Les chambres standard (dites traditionnelles) commencent avec une surface de 26 m². Piscine intérieure chauffée, gymnase, salon de massage, centre d'affaires, cinq salles de conférences. Restaurants, café et bar complètent des infrastructures de très haut niveau. Seul bémol, un décor d'hôtel buisness plutôt neutre. Bon plan, son Café de Viajes est accessible à tous.

■ **COUNTRY CLUB LIMA HOTEL**
Calle Los Eucaliptos 590
San Isidro ✆ +51 1 611 9000
www.hotelcountry.com
country@hotelcountry.com
*Chambres et suites à partir de 254 US$ (de Master Room à suite présidentielle), petit déjeuner inclus.*
Inauguré en 1927 par le président Augusto Leguía (restauré en 1998 et entièrement redécoré en 2008), cet hôtel de tradition a été déclaré patrimoine culturel en raison de son superbe style colonial. Il compte 78 chambres et suites (d'une superficie de minimum 40 m² et décorées avec style et sens du détail, elles rendent hommage à son histoire), avec wifi et salle de bains en marbre. Le Spa Yaku est l'un des mieux équipés de la capitale, et un parcours de golf est mis à disposition des clients. On peut y aller également pour son restaurant chic, le Perroquet. L'hôtel reçoit de très nombreuses conférences. Il vaut définitivement le coup d'œil.

■ **HOTEL DE AUTOR**
Quinta Bustos
Av. 28 de Julio 562B
Miraflores
✆ +51 1 3962740
autor.pe
info@autor.pe
*Suites à partir de 170 US$ + 10 % de services. Petit déjeuner inclus.*
Ce petit boutique-hôtel de poche se cache dans l'une des *quintas* les plus anciennes du quartier. La déco est très soignée, chaleureuse, avec de beaux objets d'art et chinés. Les chambres sont toutes différentes pour s'adapter à l'architecture de cette élégante maison de maître (l'une des suites est disposée sur 3 étages chacun séparés par une marche). Dans cette 1re adresse, il n'y a que 4 chambres et un concierge à votre service. Lits king très confortables et salles de bains élégantes avec douche italienne ou baignoire à pieds. Le petit déjeuner est servi au sous-sol, moins élégant, est le seul point faible. Par contre la paisible terrasse accessible aux hôtes est un vrai bonus. La 2e adresse offre 5 chambres plus contemporaines à partir de 150 US$.

▸ **Autre adresse :** Hotel de Autor II : Av. de la Aviación 316, Miraflores, ✆ +51 1 3834268.

■ **JW MARRIOTT**
Malecón de la Reserva 615
Miraflores
✆ +51 1 217 7000
www.marriotthotels.com
*A partir de 246 US$ la Deluxe. Tarifs très variables selon la date. Offres sur Internet.*
Situé en face du centre commercial Larcomar, cet hôtel propose une vue incroyable sur la mer et les parapentes qui volent dans les airs depuis quasiment toutes ses chambres (depuis le centre d'affaires du vingt-quatrième étage, le panorama est à couper le souffle). La salle de sport est très complète, avec spa, piscine et tennis. Le service y est impeccable (excellente literie) et les prestations d'ensemble d'excellente facture. Idéal pour hommes d'affaires ou couples en lune de miel. Ouvert à tous, le très élégant et contemporain JW Ceviche Lounge avec une belle vue sur l'esplanade de Larcomar. Bon plan, un Starbucks Coffee s'est glissé au rez-de-chaussée de l'hôtel.

**SONESTA HOTEL EL OLIVAR**
Calle Pancho Fierro 194
San Isidro ✆ +51 1 712 6000
www.sonesta.com/lima
reservasolivar@sonestaperu.com
*Compter 157 US$ la chambre matrimonial supérieure. Petit déjeuner inclus.*
Face au plus vieux parc de Lima, planté d'oliviers, l'hôtel dispose de 134 chambres spacieuses. Les chambres classiques sont toutes équipées de la télévision câblée, de l'air conditionné, de sèche-cheveux, d'un mini bar, d'une salle de bains en marbre avec baignoire, d'un coffre de sécurité, du wifi. Petite piscine extérieure sur le toit bien agréable, le spa et la salle de sport sont aussi très complets. Le restaurant avec vue sur le parc est très agréable, l'hôtel compte aussi avec un sushi-bar. C'est l'hôtel contemporain qui affiche le plus de charme dans cette zone.

## Barranco et la Costa Verde

### Bien et pas cher

**BACKPACKERS INN**
Malecón Castilla 260
Barranco ✆ +51 1 412 6918
www.barrancobackpackersperu.com
barrancobackpackersinnperu@gmail.com
*A partir de 15 US$ par personne en dortoir de quatre avec vue sur le Pacifique (sanitaires privés). 35 US$ la double ou 45-48 US$ la matrimoniale queen ou king avec vue, TV et salle de bains privée. Petit déjeuner inclus.*
Une bonne adresse, à deux pas de la mer, au cœur du « village colonial » de ce quartier attachant. Ici on trouve deux petits dortoirs, deux chambres doubles et deux matrimoniales. On est un peu à la maison. Salon avec télévision câblée, accès Internet gratuit, service de laverie, de consigne et de transferts à l'aéroport et cuisine à disposition. Vue sur l'océan depuis les chambres (les *matrimoniales* sont celles qui offrent la plus jolie vue) et la terrasse ! L'ensemble accuse le poids des années, mais reste propre et lumineux. L'accueil est sympathique. Ambiance jeune et animée.

**BERAJA FAMILY HOSTEL**
Jr. Jaén 325
Barranco
✆ +51 1 247 7102
berajaperu.com
berajaperu@gmail.com
*Dortoirs de 6 lits, 4 lits et 3 lits S/ 44 par personne, chambre matrimoniale avec salle de bains partagée S/100 et chambre matrimoniale avec salle de bains privée S/ 115. Petit déjeuner inclus. Wifi.*
Une maison familiale de bric et de broc avec une petite terrasse. Ici on vous propose de petits dortoirs avec salle de bains partagée et deux chambres privées. C'est convivial et cosmopolite, petite cuisine à disposition. Le genre d'endroit où on croise d'autres voyageurs et s'échangent les bons plans. L'hôtel est situé au nord du quartier de Barranco (à la frontière avec Miraflores) dans une zone plus populaire mais sûre. Proche du Metropolitano, estacion Las Flores. Willy et Luz sont de très bons conseils pour partir à la conquête de la ville. Le lieu est tranquille. Option de petit déjeuner végétarien. Ils proposent aussi un menu pour le déjeuner et des desserts forts appétissants.

**DRAGONFLY HOSTELS BARRANCO**
Jiron Perez Roca 232
Barranco ✆ +51 1 7652670
dragonflyhostels.com
barranco.dragonfly@gmail.com
*Dortoirs de S/ 30 à S/ 45, chambre double S/ 119 et chambre matrimoniale S/ 149, petit déjeuner inclus.*
Situé dans une petite rue tranquille du quartier, dans une maison résidentielle et autour du patio fleuri, cette petite auberge de jeunesse qui a déjà des adresses à Miraflores, Cusco ou Arequipa venait d'ouvrir. Ils ont aménagé l'endroit de façon vraiment sympathique. Les chambres proposées sont des dortoirs de 12, 8, 6 ou 4 lits (attention c'est vraiment petit) avec salle de bains partagée, une chambre double avec salle de bains partagée et une chambre matrimoniale avec salle de bains privée qui donne sur la terrasse. Ambiance auberge espagnole avec accès à la cuisine. Wifi. Dans le patio la nuit tombée s'installe un bar pour les voyageurs hébergés.

**FAMILLE CARRASCO**
Urbanizacion Benavides (altura del Wong de Tomas Marsano con Tinoco)
Calle Huancabamba 110
Surco
✆ +51 1 274 6432
casafamiliacarrasco@gmail.com
*Chambre simple S/ 50, double ou matrimoniale S/ 90. Salle de bains privée. Petit déjeuner traditionnel péruvien (très copieux) inclus.*
Ici, c'est « comme à la maison » ! Abel, Catalina (sa maman) et toute la famille vous ouvre les portes de leur foyer. Certains y restent pour quelques nuits (3 chambres disponibles, toutes avec salle de bains privée), d'autres passent quelques mois à partager des bons repas et à se régaler des conseils avisés de leurs hôtes. Une adresse parfaite pour une immersion rapide et toute naturelle. Wifi, accès à la cuisine. Bonus : Abel s'est mis en français.

**D'OSMA BED & BREAKFAST**
Avenida Pedro De Osma 240
Barranco ✆ +51 987 688 247
deosma.com
deosma@gmail.com
*Chambre simple à S/ 128 avec salle de bains, chambre double à S/ 145 avec salle de bains à partager, chambre matrimoniale avec salle de bains S/ 201, supérieure double ou matrimoniale S/ 217. Petit déjeuner complet inclus.*
Cette jolie trouvaille égaie l'horizon des voyageurs en manque d'hébergement avec une vraie identité : cette petite maison située sur l'une des principales avenues de Barranco compte 5 chambres chaleureuses, de bric et de broc mais charmantes. Wifi. Petit patio fleuri. Et cuisine en accès libre pour tous. Leur slogan ? Pas de luxe, comme à la maison. Repérez bien le numéro et la porte boisée, ce n'est pas indiqué. Frappez fort.

## Confort ou charme

**3B BARRANCO**
Jr. Centenario 130
Barranco
✆ +51 1 247 6915
www.3bhostal.com
reservas@3bhostal.com
*Chambre simple 66 US$, chambre double 77 US$. Petit déjeuner américain inclus.*
Moderne, pratique, impeccable, central : ces 16 chambres ont tout pour plaire aux voyageurs qui aiment leur confort. Micro-ondes et réfrigirateur à disposition, parking, wifi, ordinateurs à disposition, café et thé à la réception, petite terrasse, garderie pour vos sacs, laverie. Dans une zone calme à 5 minutes à pied de la Plaza de Barranco. Par contre il est étiqueté à tort B&B, on dirait plutôt *business* décontracté.

**CASA NUESTRA PERU**
Jr Tumbes 270
Barranco ✆ +51 1 248 8091
casanuestraperu.com
info@casanuestraperu.com
Entrée par l'Av. El Sol, au 1er croisement dans le Jr. Tumbes.
*Compter 40 US$ la chambre simple avec salle de bains, 50 US$ la double ou matrimonial sans salle de bains, 60 US$ avec salle de bains. Possible de louer les chambres ainsi qu'un studio au mois. Petit déjeuner inclus.*
Une jolie *casona* vert citron peuplée d'artisanat et de touches de couleur, *azulejos* au sol. Ici vous trouverez sept chambres petites mais lumineuses, modernes et colorées elles aussi. Un studio est également disponible pour la longue durée. Une terrasse au dernier étage complète l'offre. Les espaces communs sont amples et confortables et on a une jolie cuisine pour prendre le petit déjeuner accoudé au bar. Wifi, ordinateur à disposition, échanges de livres, cartes de la ville avec leurs coups de cœur, excursions proches. Ce B&B se situe dans une petite rue calme proche du musée MAC, à 5 min à pied du Malecón et 15 min de la Plaza de Barranco. Une belle découverte. Francesco et Carmen ont mis sur pied la maison et ses bonnes ondes. Ils vivent désormais une partie de l'année à Cocachimba (Gocta) mais il y a toujours un couple résident pour vous accueillir et vous faire sentir comme chez vous.

**SECOND HOME PERU**
Calle Domeyer 366
Barranco
✆ +51 1 247 5522
www.secondhomeperu.com
liliandelfin@gmail.com
*Compter 135 US$ la chambre matrimonial vue sur le jardin et 135-195 US$ avec vue sur l'océan. 165 US$ la suite familiale avec deux lits doubles. Petit déjeuner inclus.*
Cette superbe demeure propose huit chambres distinguées, confortables et élégantes. L'ensemble dégage un charme subtil, et la vue sur l'océan depuis la terrasse est magnifique (la bâtisse est construite sur la falaise). Votre hôte, Lilian Delfin, est une passionnée d'art et de voyages (la demeure regorge d'œuvres d'art, notamment du sculpteur péruvien Victor Delfin, son papa). Petite piscine extérieure, joli et vaste jardin sur le devant, terrasse sur l'arrière. L'hôtel est très calme. L'une de nos adresses préférées à Lima surtout quand le soleil est de la partie. En hiver c'est plus humide et froid.

## Luxe

**CASA REPUBLICA**
Avenida Saenz Peña 208
Barranco ✆ +51 1 4886059
casarepublica.com
reservas@casarepublica.com
*De 260 US$ à 359 US$ selon les catégories. Petit déjeuner inclus.*
Voilà une autre maison de maître superbement restaurée et imposante. Les chambres affichent beaucoup d'élégance. Tout est immaculé. Les plus petites chambres sont les classiques avec un lit double queen et douche. Les supérieures, plus hautes de plafond, proposent des lits king et douches. Les Junior Suite ont un lit king, douche et baignoire. Le Malecon Saenz Peña est plutôt calme, mais d'autres chambres donnent sur les jardins en catégories supérieurs et junior suite. Les espaces communs sont sobres et chics ponctués de petites touches artistiques contemporaines. L'ensemble est lumineux, un rien pompeux peut-être. Des vélos sont à disposition.

*Survol de Lima.*

### HOTEL B

Sáenz Peña 204, croisement Av. San Martin
Barranco ✆ + 51 1 206 0800
hotelb.pe – reservas@hotelb.pe
*A partir de 440 US$ la nuit. Petit déjeuner et tea-time inclus.*

Avec son label Relais & Châteaux, cette demeure originale et immaculée a été entièrement remise à neuf pour accueillir un hôtel-boutique luxueux de 16 chambres. Les plus petites sont les Alcoba avec lit queen et plus de 20 m², les *Aposento* sont plus amples avec un lit king (demandez celles qui donnent sur le patio intérieur), enfin au 2e étage et sous de hauts plafonds on trouve les 4 chambres Atelier avec un lounge à part et plus de 30 m² au sol. Dans toutes les chambres déco vintage et chinée. Wifi, minibar, TV plasma, station iPod, et une gamme de savons et shampoings maison « El Huerto de mi Amada » à base de figues, en hommage à l'arbre gardien originel de la maison. Cette maison tout entière est un hommage chic au Barranco balnéaire de la grande époque. Bibliothèque, patio, bar boisé avec une carte de cocktails élaborée, restaurant comme les bistrots chics d'époque. Envie d'y jeter un œil ? Le midi (de 12h à 16h, tous les jours), on y sert un menu à S/ 65 avec entrée, plats et dessert (4 options au choix). De 16h30 à 18h30 c'est le traditionnel « lonche » (S/ 59) : un *tea-time* péruvien avec café, thé ou chocolat chaud, desserts traditionnels, fruits frais. Le soir, à la carte.

### VILLA BARRANCO

Calle Carlos Zegarra 272-274
Barranco
✆ +51 1 421 7790
ananay-hotels.com/villa-barranco
vbreservas@ananayhotels.com
*Chambres Deluxe 350 US$, junior suite 385 US$, master suite 550 US$. Petit déjeuner inclus. Prix négociés sur le web.*

Les hôtels Ananay sont de petites perles élégantes et cette Villa Barranco, une maison de maître de 1920, subtilement rénovée, le confirme. Elle est située dans une petite rue perpendiculaire à l'Av. San martin et au Malecon, dans une zone calme, dos au célèbre magasin d'artisanat Dédalo. Résultat un petit hôtel boutique chic qui propose seulement 9 chambres : des chambres *Deluxe* (2 dont une avec jardin), des junior suites (2 avec jardin, 1 avec terrasse et 1 avec balcon) et enfin une master suite à l'étage avec une terrasse qui embrasse l'Océan accessible via un escalier en bois dans la chambre. Les espaces sont amples, en harmonie avec l'architecture originale. Les chambres sont lumineuses et douillettes. Les salles de bains élégantes (mention spéciale pour celle de la master suite avec sa baignoire sur pieds). Une autre terrasse à l'étage est accessible à tous les clients. On aime le petit jardin, la façade colorée et une architecture à taille humaine qui a su garder l'âme de la maison.

# SE RESTAURER

Lima est une vraie ville gourmande et une nouvelle capitale gastronomique mondiale. Pour peu que vous disposiez d'un budget assez libre, vous pourrez goûter à des merveilles culinaires, dont le *ceviche*, plat national, à consommer sans modération dans l'une des nombreuses *cevicherias* (attention, celles-ci sont souvent fermées le soir). Ou vous offrir un dîner gourmet de chefs classés parmis les 50 meilleurs mondiaux (pas moins de 3 chefs au top 50 à Lima). Les fruits de mer sont souvent un délice, mais les viandes ne sont pas en reste. Enfin, on ne peut repartir sans connaître un *huarique*, ces petits restos typiques informels, genre « chez grand-mère », et l'excellente cuisine bon marché des *chifas*, ces restos chinois qui pullulent au Pérou. Vous l'aurez compris : vous ne mourrez pas de faim à Lima ! A noter : la plupart des bons restos se situent à Miraflores, San Isidro ou Barranco.

## Centro histórico

### Sur le pouce

**LIMA CAFÉ**
Jr Carabaya 552 ✆ +51 1 715 6565
limacafe.com.pe
*Ouvert de 7h à 23h.*
Une cafeteria simple, mais qui permet une pause bienvenue au milieu de la pollution et des concerts de klaxons aux alentours. Ici on sert du vrai café préparé à la machine (ils ont aussi du Tunki, le meilleur café du Pérou), frappés, jus de fruits ou smoothies, *empanadas*, glaces et *postres*... On vous conseille le généreux pudding !

### Bien et pas cher

Au coin du Jr Lampa et du Jr Ancash, en diagonale de l'Eglise San Francisco, on trouve quelques adresses de menus peu chers les uns à côté des autres avec des petites terrasses. Choisissez un plat du jour.

**EL QUEIROLO**
Jr. Camana 900, au coin de Jr. Quillca
✆ +51 1 425 0421
bodegaqueirolo.com
*Menus le midi, en semaine, à S/ 12 entre 12h30 et 14h. A la carte de S/ 20 à S/ 34. Ouvert du lundi au samedi midi et soir.*
Lima ne serait plus Lima si on oubliait ce bistrot génial, en fait une ancienne bodega de cette excellente marque de pisco péruvien. Très populaire auprès des locaux, qui y dégustent pisco (comme de juste) et autres bières pas chères. Tables en bois, nappes à carreaux, plats créoles. Le menu est à bas prix mais ne propose que les spécialités les plus appréciées de la cuisine populaire : beaucoup de tripes et de gras. A la carte, on trouve des soupes, plats de pâtes, viandes et spécialités comme les *tacu-tacu* (haricots secs et riz en sauce), le *arroz con pato* du vendredi ou les lasagnes du vendredi-samedi. Le soir, sandwiches, piqueos et quelques plats chauds. A tester el Masco de *ciruela* maison : un pisco parfumé à la prune. Ambiance pittoresque, à ne pas manquer !

**DOÑA NIEVES**
Pasaje Olaya 118 ✆ +51 1 4272886
*Fermé le soir. Menu du jour à S/ 10 à S/ 18 selon les options.*
Ce restaurant est davantage une cafétéria mais il est idéalement situé dans un passage piéton avec une petite terrasse agréable. Ils servent une cuisine simple.

**SOPEROS UNIDOS**
Av. Nicolás de Piérola 700
*A la carte S/ 20-30. Tous les jours de 7h30 à 17h et jusqu'à 22h les vendredis et samedis. Fermé le dimanche.*
Une taverne comme celles d'antan même si celle-ci venait d'ouvrir à quelques cuadras de la Plaza San Martin. Ici on trouve un très bon café artisanal, des *empanadas* et *butifarras* savoureuses et des plats le midi du répertoire national comme le *seco de res*. L'adresse s'inscrit dans la vague de retour aux saveurs et à la cuisine des grands-mères et c'est réussi.

### Bonnes tables

**CASA BELGA**
Jr Azangaro 254-260 ✆ +51 1 428 3877
*Menus le midi de S/ 25. A la carte S/ 30 à S/ 50. Ouvert de 12h à 18h du lundi au mercredi et de 12h à 21h du jeudi au samedi. Fermé le dimanche.*
Une très belle surprise adossée à une rue parallèle à la Plaza de Armas où l'on ne s'aventurerait pas. Derrière la porte en bois, on pénètre dans une vraie *casona* d'antan avec ses azulejos au sol et sa petite fontaine au centre (et son Manneken-Pis). On peut s'asseoir à l'une de tables dans le patio ou dans l'espace plus cosy du restaurant. C'est ici que Timothée a décidé de tenter de secouer le paysage gastronomique du centre assez restreint. On y trouve le menu de midi (attention il n'y a que 30 places, il faut donc réserver), des plats d'inspiration gourmet (cuisine péruvienne revisitée) à la carte à marier avec une bière belge fraîche, des cafés et desserts à toute heure.

### EL CORDANO

Jirón Ancash 202 ✆ +51 1 427 0181

*Compter environ S/ 30 le plat. Tous les jours, de 8h à 20h.*

Située juste en face de la magnifique Casa de la Literatura, cette institution, qui affiche plus d'un siècle au compteur, n'a rien perdu de son charme suranné (hauts plafonds, petites tables rondes en fer forgé, bar aussi interminable que l'est le tablier blanc des serveurs hors d'âge). On y trouve tous les classiques de la gastronomie péruvienne ainsi que des sandwiches. Tentez la *butifarra* (sandwich de jambon à l'os traditionnel et oignons) ou le *tamal* (à base de maïs) avec son petit café au lait pour bien commencer la journée. Ou le pisco sour pour la terminer.

### L'EAU VIVE

Jirón Ucayali 370 ✆ +51 1 427 5612

*Menus à S/ 19 le midi en semaine et entre S/ 32 et S/ 55 midi et soir à la carte (entrée/plat/dessert). Ouvert du lundi au samedi de 12h30 à 15h et de 19h30 à 21h. Fermé le dimanche.*

Vieille et élégante maison rose, s'harmonisant parfaitement avec son prestigieux environnement architectural. L'établissement est tenu par des missionnaires du monde entier et est sans prétention. On y sert une cuisine populaire créole et française, avec plusieurs menus (de S/ 19 le midi à S/ 55 le plus chic), dans lesquels on trouve par exemple un savoureux « canard au miel et à la moutarde ». Options à la carte également. Les portions sont généreuses, les assiettes brûlantes et le rapport qualité-prix est bon : un sans faute ! A 21h, on chante l'Ave Maria avec toute l'assistance...

### LA MURALLA

Parque de la Muralla (qui date du XVIIe siècle, très agréable pour se promener)
Jr. Amazonas & Jr Lampa-derrière San Francisco ✆ +51 983 479 615
lamurallarestaurante.com

*Compter S/ 30 à S/ 45 le plat. S/ 40 la formule buffet du jeudi et vendredi à 12h30. Ouvert tous les jours de 11h30 à 18h.*

Un cadre très sympa, sur le site des anciens remparts de la ville et non loin du rio Rimac avec une cuisine bien travaillée dans votre assiette. Au programme ? Le meilleur de la mer : trilogie de ceviche, fruits de mer déclinés sous toutes les formes, risottos. Le lomo saltado a été élu le meilleur de la ville par Gaston Acurio lui-même ! Les jeudis et vendredis midi uniquement, buffet *criollo* pour goûter à tout. La Muralla possède aussi une 2e adresse ouverte du matin au soir, proche de la Plaza San Martin.

**Autre adresse :** La Muralla : Av. Nicolas de Pierola 1018, Alt. Plaza San Martin, ✆ +51 959 910 631.

### MUSEO DEL PISCO

Jirón Carabaya 193
A l'angle de la Plaza de Armas
✆ +51 1 494 8042
museodelpisco.org
info@museodelpisco.org

*Du lundi au jeudi 10h-22h, les vendredis et samedis 10h-23h, le dimanche de 10h à 19h. Environ S/ 25-40 le plat. Plat du jour S/ 25 du lundi au vendredi, le midi.*

Pisco bien sûr mais aussi très bonne cuisine traditionnelle autour d'une carte réduite. Le local est plutôt petit avec une dizaine de tables et un immense bar en bois. On peut aussi s'offrir une dégustation pour s'initier aux subtilités de l'alcool local. Le tout à 2 pas de la Plaza de Armas que l'on voit depuis la porte ouverte. Les plats sont une cuisine de brasserie correcte avec mention spéciale pour le lomo saltado et ses frites ou les spaghettis à la huacaina.

### TANTA

Pasaje Nicolás de Rivera 142
✆ +51 1 428 3115
tantaperu.com

*Du lundi au samedi de 9h à 22h et le dimanche de 9h à 18h. Plats S/ 30-45.*

Tanta est l'une des chaînes du restaurateur-entrepreneur Gaston Acurio. C'est donc une valeur sûre avec une jolie terrasse dans un passage piétonnier derrière la Municipalité de Lima, tout proche de la Plaza de Armas. On y trouve des sandwichs chauds, des pâtes, des spécialités de la cuisine créole. Sans être incroyable c'est varié et correct et le service est aimable. N'oubliez pas le verre de chicha maison (jus de maïs rouge, sucré) pour accompagner votre déjeuner liménien.

### WA LOK

Jirón Paruro 878 ✆ +51 1 427 2750
www.walok.com.pe

*Compter environ S/ 20 à S/ 35 une soupe, de S/ 35 à S/ 60 le plat à base de poulet ou bœuf et de S/ 60 à S/ 80 les plats plus délicats à base de pigeon ou canard. Du lundi au samedi de 9h à 23h, dimanche et fériés de 9h à 22h.*

Le *chifa* Wa Lok se situe à la sortie de la fameuse Calle Capón, la rue piétonne du quartier chinois. De l'avis général, voici l'un des meilleurs *chifas* (restaurants chinois) en ville. A essayer : les langoustines sauce à l'ail ou... la soupe d'ailerons de requin... La carte propose plus de 300 plats, aussi convient-il de solliciter les serveurs pour vous guider dans cet aussi vaste choix. Faites attention aux prix, plus élevés. Un must dans son genre même si l'espace moderne et vaste manque de charme.

**Autre adresse :** Miraflores : Av. Angamos Oeste 700, ✆ +51 1 447 1314

# LIMA SE MET AU VERT : LIEUX SAINS ET BRANCHÉS



La nouvelle tendance qui fait fureur dans les quartiers bobos de Miraflores et Barranco consiste en de petits cafés stylés et aérés qui propose des plats frais et sains, des jus, une carte de thés, parfois une petite épicerie bio. Ce ne sont pas les endroits les moins chers mais il y fait bon traîner quand on a envie de s'alléger de la traditionnelle cuisine populaire péruvienne qui fait souvent la part belle à la viande et aux fritures. Notre top 5.

## ■ BIOFERIA DE MIRAFLORES

Parque Reducto – A hauteur de Cuadra 2 de Av. Benavides et Via Expresa

*Le samedi matin, de 9h à 15h.*

La rue qui longe ce petit parc paisible se remplit de stands comme sur nos marchés et de produits sympathiques que découvrir : fruits et légumes, fromages et yaourts (goûtez au yaourt battu sur confiture d'aguaymanto de Vacas Felices), pain complet frais, petits cadeaux bobos, cafés, miel, produits de beauté : tout ce que le Pérou produit de zen. L'un des derniers stands propose des petits plats, tartes et douceurs de la même équipe que la BioFactoria La Verde. Ce qui est sympa c'est de faire ses courses au gré des envies puis de se poser dans le parc pour picorer. Il ne désemplit pas de familles venues respirer un peu d'air frais.

**Autre adresse :** à noter, presque chaque quartier a sa Bioferia : le dimanche matin à côté du marché de Surquillo ; Av. San Martin cuadra 7, à côté du parque de los Heroes à Barranco ; Av. Brasil cuadra 32, à Magdalena del Mar ; Calle Miguel Dasso, à San Isidro.

## ■ HOMEMADE

Calle Revett 259

Miraflores © +51 1 445 9913

*De 8h à 20h et le dimanche de 9h à 15h. Compter S/ 8-10 le jus, S/ 20-30 le plat.*

C'est le lieu idéal pour les petits déjeuners vitaminés avec une carte de smoothies, de cafés crémeux à souhait ou lait d'amande et avoine. Le midi on déguste, à la carte, des sandwiches, burgers, wraps, pâtes aux céréales complètes misant sur la fraîcheur avant tout. Le curry thaï est excellent. Les sandwichs chauds accompagnés de frites maison sont tout aussi réconfortants. On le reconnaît à sa façade rose fuchsia et sa bicyclette vintage à l'entrée. Au fond, on aime sa terrasse couverte avec murs roses, plantes, sofas et tables basses.

## ■ LA BODEGA VERDE

Jr. Mariscal Jose Antonio de Sucre 335A

Barranco© +51 1 247 8804

*De 8h à 22h. A la carte à partir de S/ 20.*

Ce joli petit bout de terrasse se situe dans un jardin avec ses quelques tables sous parasol à côté du parc en haut des escaliers du Puente de los Suspiros. Une fois que vous l'aurez trouvé, vous ne voudrez plus le quitter. Ce café propose cafés bios, thés et infusions maison, jus frais, sandwiches (option pain sans gluten) et butifarras, plats légers, desserts et délicieux brownies de La Bodeguita Belga. Romantique en soirée. Ambiance cosmopolite. Ils ont également des vins et des bières artisanales. Leur 2e adresse, une terrasse plantée au cœur du jardin à l'arrière du MAC, est l'adresse secrète de tous les expats jeunes parents.

**Autre adresse :** à l'arrière du MAC (Museo de Arte Contemporeano) dans le jardin, accès libre aux heures d'ouverture du musée.

## ■ VEGGIE PIZZA

Colina 112 – Barranco

© +51 1 760 0660 – www.veggiepizza.pe

*Du lundi au samedi de 20h à 23h, du mardi au dimanche 13h à 16h. Le midi, menus de 1/4 de pizza-salade-eau fruitée à S/21. A la carte compter S/ 60-65 la pizza complète.*

Ce concept a connu un succès immédiat : petit bar de salades fraîches en entrée et pizzas avec une pâte au blé complet et des ingrédients sains. A tester, la *4 sabores* pour tenter un peu de tout. On a aimé la *Puesta del Sol* avec ses petites tomates fraîches et ses noix de pécan, et la *Sueños del campo* avec son pesto maison. Le bar ne sert que des cocktails sucrés à la stévia ou au miel. Il faut monter quelques marches et suivre un long couloir pour arriver à son petit patio mi-ciel ouvert. Il n'y a guère plus d'une dizaine de tables.Ils proposent aussi un menu enfant et des crayons de couleur/dessins pour passer le temps.

**Autre adresse :** Enrique Palacios 350, Miraflores, © +51 469 8709 tous les jours de 12h à minuit.

## ■ LA VERDE

Calle Gnl Recavarren 315

Miraflores © +51 1 469 6040

*Ouvert de 8h30 à 21h. Fermé samedi-dimanche. A la carte S/ 17 à S/ 30.*

Cette petite adresse s'appelle une biofactoria, un laboratoire de saveurs saines qui propose une carte avec des plats du jour qui changent selon l'inspiration, et à la carte tartines froides ou chaudes, salades et quiches. On y trouve aussi des petits déjeuners énergétiques, du pain maison et des desserts très tentants, dont certains sans gluten ou végans. Il y a aussi une petite épicerie sur place. Les propriétaires ont dirigé el Alma Zen, pionnier des restaurants végétariens de la capitale, pendant de nombreuses années. C'est excellent, par contre il faut avoir un peu de temps devant soi.

**EMBARCADERO 41**
Jr Ucayali 149
✆ +51 1 426 3493
embarcadero41.com
reservas@embarcadero41.com
*Compter environ S/ 35-50 le ceviche et S/ 40-60 le plat. Du lundi au jeudi et le dimanche de 11h30 à 21h. Vendredi-samedi de 11h30 à 23h.*
Idéalement placé au bout du passage piéton Olaya (au croisement avec Ucalayali), cette *cevicheria* propose une carte très complète. Côté fruits de mer, petit faible pour le trio de *ceviche*, le *pulpo a la parilla* en salsa *anticuchera* et le *picante de mariscos*. On y trouve aussi les poissons à toutes les sauces et des classiques comme le *lomo saltado*, le risotto *huancaina*, des plats de pâtes de *tacus-tacus*... Bref, il y a du choix. Cette cevicheria fait partie d'une chaîne, la qualité est donc contrôlée. C'est moderne, bien tenu et propre, qu'on soit à l'intérieur ou en terrasse. On aime la petite planche pour préparer soi-même son *chilcano* (pisco et tonic) selon ses goûts ou la variété de limonade (coco, fruits de la passion-basilic ou menthe-gingembre) pour les plus sages. Un bon choix.

### Luxe

## Callao, Pueblo Libre et l'ouest

**ANTIGUA TABERNA QUEIROLO**
Avenida San Martin 1090
Pueblo Libre
✆ +51 1 460 0441
*Tous les jours de 9h30 à 23h ou minuit. Le dimanche jusque 16h.*
A côté du Museo Nacional de Arqueologia, voilà un stop tout trouvé pour faire un bond dans le temps et se retrouver dans le Lima bohème du début du siècle : café dans son jus avec photos aux murs, poutres au plafond, immense bar boisé. A la carte, spécialités créoles ou *sanguches de pejerrey* (petit poisson frit) ou *lomo ahumado* (boeuf fumé). C'est la maison mère du Queirolo du centre de Lima et une adresse mythique.

**EL BODEGON**
Pje. Julio C. Tello 886
elbodegon.com.pe
reservas@elbodegon.com.pe
*Du lundi au samedi de 12h à minuit et le dimanche de 11h à 21h. Plats S/ 29-39 ou de S/ 56-78 à partager.*
Une cuisine de grand-mère signée Acurio qui fonctionne très bien à Miraflores. Ce deuxième local proche des musées et des maisons traditionnelles du quartier est une option de choix : abordable, généreuse, dépaysante. Tous les classiques du répertoire créole sont au rendez-vous : soupes, abats, *aji de gallina* ou *lomo saltado*, quelques plats végétariens et des desserts gourmands. Bref, on vous conseille. Pas de réservations. Premiers arrivés, premiers servis.

**PACHAMANCA- LA CASITA DE RICARDO**
Calle Commandante Espinar 240
San Miguel
✆ +51 1 566 3875
www.lacasitadericardo.com
reservas@lacasitadericardo.com
*Plats compris entre S/ 40 et S/ 50. Pachamanca pour 3 pers S/ 120. Du mardi au dimanche, de 12h à 16h.*
Après avoir vécu cinq ans en France et voyagé à travers tout le Pérou, le chef Ricardo est revenu s'installer au Pérou avec une proposition 100 % andine. On y trouve la fameuse pachamanca, plat typique cuit dans des pierres chauffantes, le *cuy* ou le *lechón* (porc). La boisson du chef « El beso de la ñusta » est un incontournable de ce lieu. Une adresse à ne pas manquer pour les amateurs de bonne cuisine et convivialité péruviennes. Ces plats généreux qui ont fondé la cuisine populaire ne sont pas à la carte de la majorité des restaurants dans les quartiers plus chics. Petits estomacs s'abstenir.

## San Isidro et Miraflores

### Sur le pouce

**BESO FRANCES**
Parque Intihuatana, juste après le Puente Mellizo Villena Rey
Malecon de la Reserva
Miraflores
✆ +51 1 7178949
besofrances.pe
info@besofrances.pe
*Tous les jours de 7h30 à 23h. S/ 12-19 les crêpes salées et S/ 10-19 les crêpes sucrées, cafés et jus de fruits. S/ 16-20 menus du jour (crêpe salée + boisson) du lundi au vendredi de 12h à 15h.*
Une autre *success story* a la française, celle de Samantha qui a conquis Lima avec ses kiosques à crêpes. Elle en a 9 aujourd'hui à Lima, la majorité dans les centres commerciaux. Mais elle a aussi cette superbe adresse avec un point de vue sur le Pacifique unique et quelques chaises hautes en terrasse. Juste à côté un 2e kiosque vient d'ouvrir au Parque del Amor. On y mange des crêpes salées bien garnies (roastbeef, napoléon ou césar...) et des crêpes sales gourmandes (nutella, glace,

fraises ou banane pour la XXL. Ce n'est pas très dépaysant on vous l'accorde, mais l'atmosphère est unique. Petits airs d'accordéon les fins de semaine. Beaucoup de monde le week-end à partir de 17h.

**Autres adresses :** Av. Larco 1291, de 8h00 à 23h00, terrasse et salon. • Larcomar, à côté de Pinkberry, pour emporter. • Malecon Cisneros, Parque del Amor.

### CAFÉ DE LIMA

Av. Angamos Oeste 1003
✆ +51 1 6199580
cafedelima.pe
*Du lundi au vendredi de 7h à 23h, samedi de 8h à 23h, dimanche de 8h à 22h. Compter environ S/ 20-36 les tartines, salades, pizzas. S/ 9-12 les jus. S/ 6-18 les desserts.*
Une terrasse contemporaine bienvenue dans ces avenues plutôt bruyantes qui se situe à deux pas du musée Amano. Ici on vient travailler sur les grands canapés colorés à l'étage, partager un café ou un déjeuner léger et dîner-picorer le soir, quelques cocktails à la carte. On vous recommande les tartines savoureuses (prenez les trois et partagez). Un bel endroit pour souffler et recharger ses batteries. Wifi.

### LA LUCHA

Av Diagonal 308, parque Kennedy
Miraflores
www.lalucha.com.pe
*A partir de S/ 15. Tous les jours, midi et soir.*
Une institution péruvienne pour ses sandwiches et ses hamburgers. Ils servent à toute heure (jusqu'à 1h et 3h les fins de semaine). Il y a souvent la queue et c'est savoureux. Le hamburger ou *el pavo a la leña* (sandwiches à la dinde fumée) sont les classiques. A accompagner absolument d'une corbeille de *papas huayros* (pommes de terre frites et fondantes). Sélection de sandwiches et jus. La Lucha est présente sur l'avenue qui longe le Parque Kennedy, sur l'Av. Larco et au Larcomar. Pas d'excuses donc.

**Autres adresses :** Avenida Larco 999, Miraflores • Centre Commercial Larcomar, Miraflores. • Ovalo Gutierrez, San Isidro.

## Pause gourmande

### ARABICA

Calle General Recavarren 269
Miraflores
✆ +51 1 447 0904
*De 8h à 22h (23h le vendredi), le samedi de 9h à 23h, jeudi et dimanche de 14h à 21h.*
Poussez ces portes rouges comme les cabines téléphoniques londoniennes. Vous dégusterez un bon café dans un cadre chic : tables décorées avec des plans de métro du monde entier, dessins d'artistes accrochés au mur, bibliothèque et deux terrasses intérieures. Wifi. Occasionnellement, des cours sont donnés pour vous apprendre à reconnaître les différents arômes du café. Les *baristas* décorent avec grâce vos cappuccinos. Croissants, pains au chocolat, roulés à la cannelle en plus de snacks salés et gâteaux. C'est le premier-né de Bisetti, une toastaduria qui a repris du service à Barranco. Et le pionnier de la vague de cafés bios-bobos qui a envahi Miraflores.

**Autres adresses :** Barranco : voir Bisetti. • Miraflores : Larcomar, à côté de l'entrée du théâtre.

### CAFÉ VERDE

Av Santa Cruz 1305
Miraflores
✆ +51 1 652 7682
*Ouvert du lundi au mercredi de 7h à 21h, jeudi et vendredi de 9h à 18h, fermé samedi-dimanche.*
Bonne atmosphère pour discuter tranquillement ou travailler, en méditant devant la frise illustrant la Route du café. Boutique. Wifi. La café est toasté dans une « bécane » Otto Swadlo de 1958 et les grains soigneusement sélectionnés.

### CHOCOMUSEO

Calle Berlin 375
✆ +51 1 445 97 08
www.chocomuseo.com
chocomuseo@gmail.com
*Autour de S/ 7-12 le café, S/ 7-18 sandwiches et crêpes, S/ 7-15 les desserts. Tous les jours de 9h à 20h30.*
Un concept signé par un petit Français à qui le Pérou réussit : Alain Schneider. Il a débuté au Guatemala et conquis l'Amérique latine avec ses locaux colorés où l'on sert le chocolat ou café local sous toutes ses formes et où l'on peut aussi découvrir le processus et shopper dans la petite boutique des souvenirs sucrés. Le plus ? Des ateliers drôles et dynamiques pour apprendre par soi-même à faire du chocolat. Pour les grands et les petits. Ici, à l'adresse historique de la calle Berlin, petite terrasse ouverte, café bien sûr mais aussi thés aromatiques, crêpes et desserts à la carte.
Il a ouvert des petits Chocomuseo à Miraflores sur le Parque Kennedy, dans le Centro Historico de Lima à deux pas de la Plaza de Armas, à Cusco ou à Ollantaytambo. Bravo !

**Autres adresses :** Centro Historico : Jr Carabaya 191-195, ✆ +51 1 239 85 31, ✆ +51 987 634 778, de 9h à 18h30. • Miraflores : Av. Diagonal 344, face au Parque Kennedy, ✆ +51 977 197 560

### LA GRAN FRUTA

Av. Reducto 1350

✆ +51 1 241 0949

*De 07h à 22h. Fermé le dimanche. Env S/ 15.*

Le paradis des *jugos* (jus de fruits frais) et des salades de fruits qui sont servies avec de la crème, du miel et des céréales, un vrai régal ! La liste des jus et des saveurs est infinie. On y sert également des sandwichs frais et des salades. Wifi. Quelques adresses en ville. C'est par contre un peu cher mais super frais.

**Autre adresse :** San Isidro : Calle Las Begonias 463.

### KULCA FÉ

Calle Bellavista 370

Miraflores

✆ +51 1 243 4677

*Du lundi au samedi de 8h à 23h (minuit vendredi-samedi), dimanche de 9h30 à 22h.*

Petit café style brocante sympathique avec une terrasse de poche sur l'avant. On y sert de la petite restauration, des sandwiches et des jus mais surtout de délicieux gâteaux dont le Apfelstrudel de la propriétaire Christiane qui se marie à merveille au Nutella latte. Une pause gourmande essentielle. Attention la cuisine ferme environ 1h avant le local lui-même. Wifi.

### SAMA HEALTHY EXPRESS

Av. La Paz 463

A l'angle de l'Av. Diez Canseco, Miraflores

✆ +51 1 213 4300

casa-andina.com

*Tous les jours de 7h à 22h.*

C'est le café du voyage de la chaîne d'hôtels Casa Andina : fauteuils confortables, un coin librairie et une bonne connexion Internet (même des prises électriques en cas de panne de batterie !). Bonnes *empanadas* et savoureux cakes aux carottes, mais ils servent aussi des petits déjeuners complets, des *bowls*) base de céréales andines et fruits, des salades, des wraps, des sandwichs (truite fumée...). On y est tranquille. Il y en a un en bas de chaque Casa Andina. Celui-ci, situé en bas du Casa Andina Premium au cœur du quartier de Miraflores, a les horaires les plus extensifs.

## Bien et pas cher

**Les calles Porta ou Pasaje Los Pinos** (en bas du Parc Kennedy de Miraflores) et Berlin regorgent de petits restaurants pas chers qui proposent des menus créoles entre S/ 10 ou S/20. Ceux de la calle Berlin sont un peu plus chers mais plus divers et agréables (essayez El Embrujo, au 528).

**Plus sympathiques et de meilleure qualité,** les restaurants situés sont côte à côte dans la calle Lima qui longe le bas du parc, El Tigre (excellente papa a la huancaina) et le Café de La Paz, avec tables en terrasse, face au parc.

### CAFE CAFE

Mártir Olaya 250

Miraflores

✆ +51 1 445 1165

*A la carte environ S/ 30-50 par personne. Tous les jours de 9h à 1h ou 3h les fins de semaine.*

Ce resto bar design et accueillant est parfait toute la journée. On y trouve des petits déjeuners du monde de 7h à 12h, et une carte extensive au déjeuner avec saveurs nationales et internationales (salades, viandes, pâtes, paellas). On profite de l'offre 2 x 1 (2 pour le prix d'un) sur le cocktail national, le *pisco sour*, toute l'après-midi et jusque 20h. En plus il est central.

**Autre adresse :** Ovalo Guttiérez, Miraflores. ✆ +51 1 242 8945.

### CAFE DE LA PAZ

Calle Lima 351

Miraflores

✆ +51 1 241 6043

www.cafedelapazperu.com

jhw@sctdosdemayo.com

*Compter une moyenne de S/ 39-52 le plat. Sandwiches ou salades S/ 22-30.*

Un petit air de café parisien du début du XXe siècle, où l'on peut venir dès le petit déjeuner pour discuter et chanter les louanges de la paix, comme le suggère la déco. Dans cette brasserie, on sert des spécialités péruviennes, des lasagnes et pâtes, des sandwiches, des crêpes salées ou sucrées. Les pizzas ne sont pas exceptionnelles... C'est un peu cher pour ce que c'est, mais on est installés dans une belle terrasse face au parc Kennedy et son marché artisanal, à l'abri des klaxons ! Cartes bancaires acceptées.

**Autre adresse :** Bd Tarata 227, Miraflores, ✆ +51 1 241 8073.

### EL BODEGON

Av. Tarapaca 197

✆ +51 1 4444704

elbodegon.com.pe

reservas@elbodegon.com.pe

*A la carte à partir de S/ 30. Du lundi au vendredi de 12h30 à minuit, samedi à partir de 11h, dimanche de 11h à 21h.*

Ce bistrot populaire qui a remis au goût du jour les recettes créoles à l'ancienne est encore signé Gaston Acurio. *Chilcanos* et sandwiches de jambon à l'os, soupes, pâtes généreuses avec poulet sauce aigre, soufflé de chou-fleur, rigatonis crémeux à la cervelle de bœuf, *lomo saltado* à partager, moelleux au chocolat. Bref que du lourd, chaleureux et réconfortant. La déco est *ad hoc*. Une excellente adresse où malheureusement on ne peut pas réserver. Venir tôt, le rapport qualité-prix est super.

**GIAN FRANCO**
Av Angamos Oeste 598
Miraflores
✆ +51 1 446 9518
*Compter S/ 30 le menu ejecutivo de lundi à vendredi et S/ 20 à 40 un plat à la carte. Tous les jours de 7h à 23h30.*
Une grande brasserie qui ne désemplit pas, malgré le fait qu'elle soit un peu excentrée ! En semaine le midi, on y vient pour son menu. A la carte, on y propose des plats de pâtes consistants et des pizzas. Bonne sélection de glaces crémeuses. Le week-end, la clientèle péruvienne se presse pour aller boire un verre (le irish coffee est fameux !), goûter les pizzas cuites au feu de bois, déguster les délicieuses pâtisseries, et écouter la musique *en vivo*. Wifi.

**HAITI**
Avenida Diagonal 160
Miraflores
✆ +51 1 445 0539
haitimiraflores.pe
*Compter S/ 30 par personne. Tous les jours.*
Le café indémodable et dans son jus de Miraflores (depuis 55 ans tout de même !), où se réunissent voyageurs étrangers et intellectuels péruviens. La carte est simple (petit déjeuner, jus, salades, sandwiches, œufs et accompagnements) et le resto coloré se divise en deux étages, sans oublier la terrasse donnant sur la rue très animée qui longe le parc Kennedy (plus central, impossible). On vous le conseille davantage pour un café, petit déjeuner ou repas léger.

**MERCADO 28**
Vasco Nuñez de Balboa con 28 de Julio
Miraflores
mercado28.pe
info@mercado28.pe
*Du dimanche à mardi de 11h à 23h, mercredi de 11h à minuit, du jeudi au samedi de 11h à 1h. Compter environ S/ 30-35 les plats. S/ 10 les desserts.*
Si vous n'avez pas peur du monde et voulez goûter un petit peu de tout, le Mercado 28 est fait pour vous. Au 2e étage de ce petit centre commercial au cœur du quartier on trouve une immense terrasse et des kiosques avec à peu près tout ce que le Pérou propose de plats fusion, populaires ou créatifs. On trouve des ceviches bien sûr, des sushis nikkei, des bowls, du *pollo à la brasa*, des plats de la selva, des *saltados* à toutes les sauces et plein de plus petits kiosques avec des tapas péruviennes,

des bouchées italiennes, des plats sains, des glaces, du café, des cocktails aussi bien sûr... C'est très très à la mode. Le seul souci c'est que c'est souvent très (trop) plein et si on ne trouve pas de table l'expérience est moins sympathique. Venir tôt donc.

**PAPACHO'S**
Av. la Paz 1045
✆ +51 1 253 6460
www.papachos.com
*A partir de S/ 30 à la carte. Tous les jours, de midi à minuit. Promotions le midi.*
Tant qu'à manger un hamburger, autant qu'il soit signé Gaston Acurio. Le chef renommé a ouvert sa chaîne de fast-food chic pour estomacs solides. Dans un local moderne aux touches d'acier brossé, au cœur de Miraflores, il s'est amusé à proposer de vrais hamburgers aux saveurs étudiées. A part les classiques, on trouve un français (emmenthal et champignons), un *papacha* avec bleu et bacon, un *de pollo a la brasa* ou avec bananes-oeufs-patate douce. Bref de quoi ravir les puristes et les aventuriers. Quelques salades alléchantes elles aussi et des desserts gourmands. Si vous avez aimé, il y en a un autre, à Cusco, à deux pas de la Plaza de Armas et un au Larcomar avec vue sur le Pacifique.

■ **LA PICANTERIA**
Francisco Moreno 388 esquina con Gonzales Prada
Surquillo
✆ +51 1 2416676
picanteriasdelperu.com
*Du lundi au samedi de 11h à 17h. Seulement le midi. Fermé le dimanche. Poissons prix au poids. Plats S/ 45 à S/ 60, à partager.*
Une picanteria c'est une espèce de cantine locale qui propose une cuisine maison et généreuse. Dans ce quartier voisin de Miraflores (de l'autre côté de la voie express) cette adresse où l'on est au coude à coude propose des plats de poisson au kilo et préparés à l'instant, des plats créoles traditionnels à partager et de couper le wifi pour parler à son voisin. Gaston Acurio le recommande. Attention cependant, même si l'ambiance est populaire, les prix sont élevés, mais le résultat à s'en lécher les babines. Essayez plutôt d'y aller tôt.

■ **PUNTO AZUL**
Jr San Martin 595
Miraflores
✆ +51 1 445 8078
puntoazulrestaurante.com
*Compter S/ 35-37 un ceviche et S/ 37-41 un plat. Ouvert midi et soir (possible de réserver le soir). Fermé dimanche soir et lundi midi.*
C'est le rendez-vous des jeunes et des travailleurs du coin pour un repas sympa en terrasse sous les parasols. Bon rapport qualité-prix. Risotto de fruits de mer ou *aji de langostinos* conseillés ! Venir tôt, surtout les fins de semaine. Ça ne désemplit pas et c'est comme ça depuis des années, preuve d'une présence spéciale dans le cœur des Liméniens. Il y a d'autres adresses, mais beaucoup moins centrales et uniquement le midi.

▸ **Autres adresses :** Av. Benavides 2370, Miraflores, ✆ +51 1 764 2145, uniquement le midi jusque 16h • Esq. Javier Prado con Petit Thouars, San Isidro, ✆ +51 1 221 3747, uniquement le midi jusque 16h.

■ **RINCON CHAMI**
Calle Esperanza 154
Miraflores
✆ +51 1 444 4511
*Compter S/ 20 à S/ 30 le plat, le midi. De 8h à 21h, dimanche de 8h à 17h.*
Une vraie cafétéria péruvienne avec son bar tout en long à l'américaine et ses tabourets hauts en cuir, dans une seconde pièce quelques tables en formica et sur l'avant une petite terrasse sur une rue piétonne. A la carte, tous les classiques péruviens de la cuisine créole : du *mondoguito italiano* (tripes) au *lomo saltado* ou *aji de gallina*. Et un plat spécial chaque jour, très très bien servi. Pour les timides, la *ensalada chami* ou les *tamales* sont aussi délicieux. Une plongée dans la cuisine populaire de qualité.

## Bonnes tables

■ **BRUJAS DE CACHICHE**
Calle Bolognesi 472
Miraflores
✆ +51 1 447 1883
www.brujasdecachiche.com.pe
travelinfo@incasdelperu.org
*Fermé le dimanche soir. A la carte. Compter de S/ 35 à S/ 80 le plat. Cocktails autour de S/ 25. Piqueos de S/ 115-120 (à partager).*
Les sorcières qui habitent le village de Cachiche, au sud d'Ica, ont inspiré le nom du restaurant. Ce restaurant a installé son cachet dans une maison de style Tudor qui exhale des parfums de cuisine fusion : filet de thon sauce groseille, *lomo* sauté au pisco et tacu-tacu de champignons, sauté de mérou, crevettes et noix de Saint-Jacques et desserts créoles (*alfajores, suspiro a la limeña, crema de lucuma*). Le soir, musique lounge, faune chic, idéal pour un verre et un plat de bouchées à partager. Mérite un détour.

■ **CEBICHERIA LA MAR**
Avenida La Mar 770
Miraflores
✆ +51 1 421 3365
www.lamarcebicheria.com
lamar@lamarcebicheria.com.pe
*A partir de S/ 48 le ceviche et S/ 65 les plats principaux. Tous les jours, de 12h à 17h.*
Une autre adresse signée Gaston Acurio, à la déco tendance (toit de bambou, chaises turquoise) qui ne fait que des poissons et fruits de mer. Très populaire alors attention, les réservations n'étant pas acceptées, il est avisé de s'y rendre le plus tôt possible. *Ceviche* sous toutes ses formes, *tiraditos*, sushis, nigris ou makis, délicieux riz marinés et cuits dans de petites marmites à partager. Elégant mais bruyant les fins de semaine et bien plus cher que les autres cevicherias. La Mar reste une référence. L'Avenue La Mar est d'ailleurs devenue branchée. On y trouve une épicerie bio, des glaces artisanales et d'autres restaurants si celui-ci affiche complet.

■ **EDO SUSHI BAR**
Calle Berlin 601
Miraflores
✆ +51 1 243 2448
edosushibar.com
catering@edosushibar.com
*Compter S/ 60-80 par personne. Makis 10 pièces S/ 35. Plateaux à partager S/ 125. Le midi de 12h30 à 15h30 et le soir de 19h à 23h. Dimanche : de 13h à 16h.*

La cuisine péruvienne ne fusionne pas qu'avec la chinoise mais aussi avec la japonaise... et le mariage est réussi. Ici la spécialité c'est avant tout les makis (par 20 ou 40 makis à partager) avec crevettes croquantes, avocat, fromage frais... Les makis flambés et *acevichados* (cuisinés dans la sauce du *ceviche*, le plat national) ont aussi leur charme. Une cuisine fine dans un local moderne avec une touche de zen. Ils offrent aussi la livraison. On trouve des Edo Sushi dans quasiment chaque quartier de Lima. C'est la référence en ville.

### EL VERIDICO DE FIDEL

Calle Colón 246
Miraflores
✆ +51 1 4459297
*Tous les jours de 12h à 16h ou 17h. Fermé le soir. Ceviches S/ 35-40. Plats S/ 35-45.*
Dans cette petite rue, le restaurant passerait inaperçu. Pourtant il s'ouvre sur une grande terrasse couverte un peu comme sur les plages du nord et propose une belle cuisine de la mer dans un espace aéré. On recommande le Risotto de Langostinos ou el Arroz de Fidel avec langoustines, crabe, oursin et une goutte de vin pour relever le tout. On peut même partager un ceviche puis un plat ensuite, car les portions sont généreuses. Ils ont aussi un menu enfant. Si on y va tôt, pas de souci pour la place. Nous, on aime beaucoup.

### LA TRANQUERA

Av José Pardo 285
Miraflores
✆ +51 1 447 5111
www.restaurantelatranquera.com
latranquera@restaurantelatranquera.com
*Ouvert tous les jours de midi à minuit. A la carte env. S/ 52 à S/ 90 par plat.*
Un restaurant pour les amateurs de viandes grillées (bœuf, agneau, porc, veau avec choix du morceau) « à la gaucho » ou « à la cow-boy », sans omettre le fameux *cuy* (cochon d'Inde). Sélection de vins fins d'Argentine, de Chili et d'Espagne. Grande salle classique et petit salon pour boire un verre. Parrilla pour 5 personnes S/ 450 ou pour 2 personnes S/ 200.

### MANGOS

Centre commercial Larcomar
Miraflores
✆ +51 1 242 8110
mangosperu.com
*Tous les jours de 8h à 00h et 2h les fins de semaine. Buffet petit-déjeuner : S/ 49 les samedi et dimanche entre 8h et 12h. Buffet déjeuner : S/ 69 ou S/ 79 le dimanche, de 12h à 16h. Buffet goûter : S/ 44 avec un pisco sour ou jus, de 17h à 20h, pas le dimanche. A la carte S/ 50-100 par personne.*
Indémodable ! On y vient pour ses buffets servis au petit-déjeuner, déjeuner ou goûter (on appelle cela le *lonche*). Ou, à tout heure, pour un plateau à la carte qui propose cuisine créole ou de la mer raffinée. Les grandes baies vitrées donnent du cachet à l'ensemble, tout comme la magnifique terrasse ouverte sur l'océan (très populaire en soirée et le week-end, réservez !). Excellents cocktails et *piqueos* à la carte pour les petites faims. Le décor est unique.

### SAQRA

La Paz 646
Miraflores
✆ +51 1 650 8884
saqra.pe
saqra@saqra.pe
*Compter S/ 34-36 entrées et salades, S/ 38 à S/ 50 le plat. S/ 34-36 le dessert. De 12h à minuit. Fermé le dimanche.*
Un restaurant bohème avec poutres, chaises dépareillées, dessins au mur, caché dans un des petits passages de Miraflores. Saqra signifie « petit démon » en quechua. Et ici on s'amuse avec les saveurs et on fusionne : risotto d'olives noires et poulpe à l'olive, gnocchis à la *huancaina,* on cuisine traditionnel le *lomo saltado*, le *adobo* ou le *aji de gallina* et quelques poissons. On termine par des *picarones* à l'ananas avec une glace à la coco ou truffes de chocolat et glace épicée. De belles découvertes, portions légères et fines.

### LA TRATTORIA DI MAMBRINO

Centre Commercial Larcomar
✆ +51 1 447 5941
www.latrattoriadimambrino.com
*Compter entre S/ 75 et S/ 100 environ. De 12h à 23h tous les jours.*
L'un des restaurants les plus réputés dans les spécialités italiennes. Excellentes pâtes, délicieux desserts et bon accueil de Ugo (Ugo Plevisani, un animateur télé très connu) et Sandra (qui anime elle aussi une émission télé dédiée aux desserts), les deux propriétaires. On aime les lasagnes al ragu, le risotto criollo, les gnocchis à la roquette avec ses langoustes ou les pizzas audacieuses (chèvre et figues, langoustines et artichauts, lomo et gorgonzola). La cuisine est raffinée, les prix coquets et le service empressé mais insistant sur le pourboire. L'adresse historique de Miraflores a fermé, ils sont à Larcomar. Même esprit mais prix plus accessibles à La Bodega de la Trattoria.

**Autres adresses :** La Bodega de la Trattoria : Av. Armendariz 299, ✆ +51 1 446 5672 • La Bodega de la Trattoria : General Borgoño 784, ✆ +51 1 241 6899. A la sortie de la Huaca Pucllana.

**LA GLORIA**
Calle Atahualpa 201
Miraflores
✆ +51 1 445 5705
www.lagloriarestaurant.com
reservas@lagloriarestaurant.com
*Ouvert du lundi au samedi le midi à 13h et le soir à 20h. Fermé le dimanche. S/ 65-80 le plat.*
Plus de dix ans d'âge pour cette excellente table, qui propose foie gras mi-cuit (aussi bon que chez nous !), corbine sauce fruit de la passion sur sa purée de manioc (un délice !), des desserts très fins... La carte des vins est de très bonne facture. Une table classique, un décor élégant, réservation conseillée.

## Luxe

**MAIDO**
Calle San Martín 399
Miraflores
✆ +51 1 313 5100
www.maido.pe
reservas@maido.pe
*Menu Dégustation 11 temps S/ 485 et S/ 795 avec les accords de vin. A la carte, à partir de S/ 100. Tous les jours le midi, de 12h30 à 16h. Du lundi au samedi le soir, de 19h à 22h45.*
Bienvenue dans le temple de la cuisine Nikkei, fusion de japonaise et péruvienne. Mistuharu Tsumura est le chef qui a porté cette nouvelle tendance à son apogée : il est le 1er en Amérique latine selon le classement des *World's Best 50 Restaurants*, juste devant Central avec lequel il est souvent au coude à coude. Dans une ambiance, zen, on pourra au choix goûter à une cuisine japonaise traditionnelle ou à son menu dégustation qui offre une cuisine Nikkei novatrice. Pour les budgets plus serrés, délicieuses soupes qui pétillent de saveurs. Réservation fortement conseillée, il faut choisir à ce moment-là si on opte pour une dégustation ou à la carte.

**ASTRID Y GASTÓN**
Casa Moreyra
Av. Paz Soldán 290
San Isidro
✆ +51 1 442 2775
www.astridygaston.com
restaurante@astridygaston.com
*S/ 445 le menu dégustation en 12 temps. S/ 280 additionnels avec les accords de vin. A partir de S/ 100 à la carte. Du lundi au samedi, de 13h à 15h et de 19h à 23h, le dimanche de 12h30 à 15h30. Fermé le dimanche soir. Menu dégustation avant 14h30 le midi et 21h30 le soir.*
L'un des restaurants les plus fameux de Lima. Il appartient au charismatique chef péruvien Gastón Acurio (que l'on voit partout à la télé). En 2014 l'adresse intime de ses débuts a été fermée pour rouvrir au sein d'une gigantesque *casona* d'époque avec son bar, son restaurant, deux salons privés et un jardin bio. Cuisine raffinée et inventive qui se renouvelle à chaque saison, on peut commander à la carte ou opter pour le menu dégustation (attention, il n'y en a qu'une certaine quantité, il est possible de le stipuler en réservant si votre choix est déjà fait). Certains critiquent un virage vers plus de complexité et des prix beaucoup plus chers, il reste l'incontournable de la ville et en 2019 a regagné la 13e place parmi les 50 meilleurs restaurants selon *The World's 50 Best* après plusieurs années de moins bonnes notes. Il est plus facile de réserver ou débarquer à l'improviste que dans d'autres adresses. Gastón Acurio a multiplié ces dernières années ses franchises : on trouve dans la ville Tanta (créole), Madame Tusan (*chifa*), Los Bachiche (*parillas*), Papacho's (hamburgers) et dernièrement El Bodegon (cuisine créole d'antan).

**RAFAEL**
Av San Martin 300
Miraflores ✆ +51 1 242 4149
rafaelosterling.pe
info@rafaelosterling.pe
*Compter S/ 39-67 entrées, S/ 48-65 le plat de pâtes, poissons et viandes S/ 69-87. Midi et soir. Fermé le dimanche.*
Si l'on dépasse le regard réprobateur du serveur à notre arrivée en tenue de vacancier, voici l'une des meilleures adresses de Lima. La déco est originale et avant-gardiste avec des photos et des tableaux contemporains. Cuisine d'auteur aux saveurs méditerranéennes : tapas, pizzas ou plats plus élaborés de pâtes, viandes ou poissons. On peut aussi demander des *piqueos* pour accompagner une bonne bouteille de vin. Réservation conseillée. Attention, quand il y a du monde c'est bruyant. Rafael était classé n° 19 sur l'Amérique latine lors du dernier *Worlds'50 Best.*

**Autre adresse :** El Mercado (Hipolito Unanue 203, ✆ +51 1 221 1322, du mardi au dimanche de 12h30 à 17h, compter S/ 60-80) : une cevicheria bobo à l'excellente réputation.

**MALABAR**
Camino Real 101
San Isidro
✆ +51 1 440 5200
malabar.com.pe
restaurante@malabar.com.pe
*Compter à partir de S/ 48-85 le plat à la carte. A partir de S/ 100-150 le menu complet.*
Pedro Schiaffino est un peu moins connu sur la scène internationale que ses comparses, mais

très populaire au Pérou notamment pour son travail de revalorisation des saveurs et produits amazoniens. Dans un restaurant luxueux et au design contemporain du centre financier, il propose une carte audacieuse qui joue avec les plats traditionnels et les saveurs nouvelles. Elle se renouvelle régulièrement, propose viandes et poissons (la pêche du jour) et des desserts à tomber. Plus abordable que ses concurrents. Son autre restaurant, Amaz, dans le centre de Miraflores est un hommage à la cuisine amazonienne très réussi. Moins cotée que d'autres, la cuisine de Schiaffino reste surprenante.

▸ **Autre adresse :** Amaz (Av. la Paz 1079, ✆ +51 1 221 9393) où il décline encore davantage ses attaches amazoniennes en revisitant les classiques juanes, tacachos et patarashca, à un prix plus doux (à partir de S/ 60). La déco est très chouette aussi.

### ■ LA ROSA NÁUTICA

Circuito de Playas (Espigón 4)
Miraflores
✆ +51 1 445 0149
www.larosanautica.com
*Compter à partir de S/ 60-80 le plat à la carte. Menu Dégustation S/ 184 (3 entrées, 3 plats, 3 desserts). Ouvert tous les jours, de 12h à minuit.*

Cette maison victorienne est un site exclusif bâti en bois, posé sur pilotis, sur la plage la plus courue de Lima. C'est une « fausse » vieille demeure puisqu'elle a été construite de toutes pièces en 1983 et inaugurée le 25 septembre de cette même année. Elle reste toutefois un incontournable d'une espèce de renouveau de la capitale péruvienne. Ambiance toute de fraîcheur et de romantisme (avec recoins où s'isoler), digne d'un roman de Duras. On y sert une cuisine créole et des poissons et fruits de mer à des prix raisonnables au vu de l'emplacement. Une fois installé, on peut décider de piocher dans la carte ou opter pour le menu dégustation plus complet. Y aller plutôt de jour ou au coucher du soleil en été. On peut aussi commander un cocktail, une ronde de *piqueos* et se poser au bar (El Espigon) ou à l'intérieur du restaurant à l'espace bar. Un décor comme celui-ci, face au Pacifique, on en a rêvé, Rosa Nautica l'a réalisé et ce serait dommage de s'en priver.

### ■ STATERA

Av. Mariscal la Mar 463
✆ +51 940 323 503
www.staterarestaurante.pe
reservas@staterarestaurante.pe
*Du mardi au samedi 12h45-15h15 et 20h-22h15. Le dimanche 12h45-15h15. Plats entre S/ 55 et S/ 120 : menu Dégustation en 10 plats S/ 389 et S/ 290 avec l'accord mets & vins.*

Sur l'avenue qui s'est imposée comme celle de belles adresses créatives, on trouve cet établissement élégant qui sert 32 couverts midi et soir dans un décor minéral et brut. Les produits sont locaux, les saveurs aussi, mais fines et surprenantes. Beaucoup de bouchées créatives en entrées à base de poisson et fruits de mer fondants, racines, fleurs, grains andins. En plat on aime les pâtes fraîches au jambon sauvage d'Amazonie et algues croustillantes, le riz aux fruits de mer crémeux, ou le cochon de lait au miel caramélisé. Les desserts sont frais et fondants, de petites touches sucrées qui explosent en bouche avec bonheur. Le chef et propriétaire, André Patsias, a fait l'Institut Paul Bocuse et travaillé dans des restaurants étoilés en Espagne et au Danemark. En plus des plats, le lieu propose une excellente sélection de vins.

**PESCADOS CAPITALES**
Av La Mar 1337
Miraflores ✆ +51 1 421 8808
www.pescadoscapitales.com
*Fermé le dimanche soir. Ceviches S/ 49-69. Plats à partir de S/ 51-69. Desserts S/ 23-25. Compter env S/ 120 le menu complet.*
L'un des meilleurs restaurants pour goûter *ceviches* et *tiraditos* ! On ne compte que deux plats de viande à la carte et des mariages relevés pour les poissons. Piochez dans la sélection de saison ou les Originales qui se démarquent des plats plus classiques qu'on trouve dans les autres *cevicherias*. Déco rustique (grande salle revêtue de bois) mais on peut aussi manger à l'extérieur, en terrasse. Ici on communique sur la qualité des produits : 100 % libre de glutamate de sodium et margarine, 70 % libre de gluten, 52 % libre de lactose et peu de farine, sucre ou sel. Les portions aussi sont light !

**Autre adresse :** à San Borja et Chacarilla.

## Barranco et la Costa Verde

### Pause gourmande

**TOSTADURÍA BISETTI**
Av. Pedro de Osma 116
✆ +51 1 713 9565
www.cafebisetti.com
laboratorio@cafebisetti.com
*De 8h à 21h. Vendredi-samedi-dimanche de 9h à 22h.*
Sans doute l'un des meilleurs cafés de Lima, un vrai, bien fort. L'odeur qui s'en échappe les jours où les grains sont torréfiés dans l'arrière-boutique ne trompe pas. Ici on ne travaille qu'avec des plantations bio. On propose le café sous forme d'expresso, presse française ou aeropress et toujours avec une décoration spéciale des *baristas*. Les thés ont eux aussi des théières design pour laisser infuser les fruits et fleurs séchés. On y trouve de délicieux sandwiches et gâteaux (ah ! *la pie de chocolate bitter* !) et viennoiseries comme chez Arabica, le petit frère miraflorien. Dans l'immense salle design, on pioche dans une sélection de livres que l'on parcourt sur de confortables sofas – il y a aussi le wifi. Un joli micro jardin est caché au fond du café.

### Bien et pas cher

**LAS MESITAS**
Av. Grau 341 ✆ +51 1 3757645
*Menu le midi en semaine à S/ 12, 50. A la carte plats autour de S/15-25. Desserts à partir de S/ 7. Tous les jours de 12h à 22h.*
Cette cafétéria iconique du quartier avec son sol à damiers et ses tables en bois carrées a repris du service. Ici on vient goûter une cuisine créole simple, mais correcte, prendre un dessert (ils sont présentés dans une vitrine à l'entrée) ou profiter du menu économique à l'heure du déjeuner. On recommande la *papa a la huancaina*, l'*arroz con pollo*, le *pollo saltado* ou le *pescado a la plancha*. Les assiettes sont bien servies. Calme. Bon service.

**RESTAURANTE ARLOTIA**
Av. Grau 340
✆ +51 1 2562269
*Le midi en semaine menu à S/ 17,50 et S/ 25 avec un verre de vin. A la carte plats à partir de S/25 à S/ 42. S/ 26 les 6 tapas. De 12h à 23h, le dimanche de 12h30 à 16h30. Fermé dimanche soir et lundi.*
Ici on propose une cuisine vasco-peruana à partir de produits frais et sélectionnés. Les portions ne sont pas gigantesques, mais les saveurs sont justes. Le menu du midi est d'un excellent rapport qualité-prix. Les tortillas sont parfaites et il y a plein de plats à découvrir entre terre et mer comme les *vongoles a la marinera*, la *panceta confitada* ou le *lomo fino en salsa de hongos*. Pour picorer, les tapas sont au rendez-vous, originales et un rien addictives. Sans parler du volcan de chocolate à la carte des desserts. Une adresse familiale vraiment chouette. La salle est petite et coquette, venir tôt. Vous trouverez cette belle adresse dans une ancienne maison de maître peinte en jaune.

**RESTAURANT EXPRESO VIRGEN DE GUADALUPE**
A côté de la municipalité de Barranco
Prolongation de San Martín 150
✆ +51 1 252 8907
*Le midi, petit buffet S/ 21 du lundi au vendredi et S/ 23 le samedi-dimanche, de 12h à 16h. Le soir, cocktails et piqueos ou pizzas. Ouvert tous les jours jusque 3h.*
Cette locomotive tout habillée de bois trône sur le côté de la Plaza principale, avec ses beaux vitraux et sa décoration Art déco, et rappelle le passé ferroviaire de Barranco. Vous pouvez y manger une formule buffet : entrées, plats chauds et chicha. Il y a le choix entre 2 à 3 options à chaque étape. Le soir, on vous le recommande pour prendre un verre, la restauration à la carte n'est pas exceptionnelle. Il y a souvent de petits concerts acoustiques. Poussez la porte du wagon, toute petite terrasse sur l'arrière.

**SIBARIS**
Jr. 28 de Julio 206-B ✆ +51 1 247 0263
sibarisperu.com
reservas@sibarisperu.com
*Menu à S/ 19 le midi, options végétariennes. A la carte, environ S/ 35-40 le plat. Pizzas*

*S/ 20. Brunch samedi et dimanche de 10h à 15h S/ 30-35 le plat. Horaires : de 12h à 23h. Fermé dimanche soir et lundi.*
On aime ce resto-bar fin et gourmet mais décontracté. La cuisine y est bio, avec des produits locaux, créative et à prix raisonnable pour la qualité proposée. Le midi un menu inclut entrée, plat et jus avec une option diététique chaque jour. Le reste de la carte fait plutôt la part belle aux plats traditionnels revisités comme le tacu-tacu, l'osso buco, le ragoût de canard et les pâtes fraîches. Le soir pizzas individuelles fraîches et cocktails. Une belle surprise. Attention, le Jirón 28 de Julio est bien à Barranco, dos à la Plaza. A ne pas confondre avec l'Avenida 28 de Julio de Miraflores.

## Bonnes tables

### AWICHA
Jirón Domeyer 296
✆ +51 993 251 446
awicha.negocio.site
awicharest@gmail.com
*Entrées S/ 20-45, plats S/ 30-45. Menu dégustation possible. Cours de cuisine.Ouvert de 12h à 15 : 30h et de 19h à 22h/23h. Fermé le lundi.*
Dans la série des petits restos de poche qui se développe à Barranco, Awicha est une belle surprise à des prix raisonnables. Le local est situé dans une maison-hôtel, sur la gauche et propose moins d'une dizaine de tables avec une cuisine centrale ouverte. Le lieu est haut de plafond, fleuri, aéré donc agréable. Et surtout dans l'assiette c'est fin et créatif. Les plats sont gourmets, portions moyennes. L'idéal est d'en partager plusieurs. La carte change tous les mois. On avait aimé le *ceviche de pato* (canard), le tartare de langoustines et pêches au romarin, le magret de canard maison qui fond en bouche. L'adresse est nouvelle, mais elle pousse vite et bien.

### AMORAMAR
Garcia y Garcia 175
✆ +51 1 619 9595
www.amoramar.com
*A la carte S/ 80-100. Du lundi au samedi de 12h30 à 16h et de 20h à 23h. Le dimanche, uniquement le midi.*
Au fond de Barranco, dos à l'Av. Bolognesi dans un quartier plus populaire, se cache cette adresse sélect où mieux vaut réserver. L'espace est lumineux et moderne, avec galerie d'art à côté. On y mange des plats revisités comme l'*arroz con pato* servis sous forme de tacos ou des fruits de mer. Chic et à la mode, cette adresse peut être un peu bruyante les fins de semaine car on y vient en tablée pour faire honneur à la cuisine de la mer.

## LA 73

Av. El Sol Oeste 175
✆ +51 1 247 0780
www.restaurantela73.com
info@restaurantela73.com

*Compter S/ 30-48 le plat. De 12h à minuit tous les jours, dimanche et jours fériés jusqu'à 22h.*

Cette grande cantine branchée est plantée juste à côté du Parque de los Heroes, du stade Chipoco et du MAC, à la sortie de Barranco. On y vient pour sa grande terrasse (attention bruyante, les bus passent à côté) et sa carte qui propose une cuisine péruvienne avec une touche moderne et gourmande. On y trouve des bowls de saumon, langoustines ou falafel pour les estomacs légers. Les plats à l'ardoise changent selon les saisons, quelques exemples : *paella cholla*, *lomo quinoto* avec du bleu et des coings ou encore un plat de *cordero* (agneau) au four. On n'oublie pas de partager quelques traditionnels churros fourrés de *manjar blanco* en dessert (beignets frits et sucrés). Bar à cocktails le soir, plus de monde. La carte est audacieuse et vaut bien un petit détour. Le Boom Birra mélange vodka, bière, bleu, aguaymanto et mangue. Le Yoruba Tiki mixe rhum, ananas, cannelle, menthe et citron. Faites vos jeux !

## ANTICA

Av. Prol. San Martín 201
✆ +51 1 247 3443
www.anticapizzeria.com.pe

*Compter S/ 35-55 un plat ou une pizza. Tous les jours, de 12h à minuit.*

Une excellente taverne italienne qui propose des produits frais dans un décor sombre mais élégant (plus intime de nuit, à la bougie). Salades, pâtes, raviolis fourrés, osso buco et viandes, pizzas au feu de bois à la pâte légère avec en fond sauce tomate, blanches ou sucrées : la carte est immense. Le plus ? La qualité des fromages, jambons, artichauts... Les saveurs réconfortantes de l'Italie sont au rendez-vous ici.

## CANTA RANA

Calle Génova 101 ✆ +51 1 247 7274

*Compter autour de S/ 30-40 l'entrée et S/ 40-55 le plat. De 11h30 à 22h30, du mardi au samedi. Jusqu'à 17h ou 18h les dimanches et lundis.*

Fiez-vous à la façade verte, car il n'y a pas d'enseigne. Cet Argentin est brillamment passé à la cuisine péruvienne (on privilégiera les poissons, les coquillages, et l'excellent ceviche mixto) et entretient dans son restaurant-bistrot une bonne ambiance populaire, à des prix qui ne le sont pas toujours néanmoins. Sélection de pâtes fraîches également. Les fins de semaine, la queue se poursuit dans la rue et il faut réclamer son ticket. Une fois installés, on est « collés serrés » dans un décor hallucinant de posters, photos de famille et coupure de presse du sol au plafond. C'est l'une des adresses locales qui ne désemplit jamais.

Il existe un Canta Ranita, au fond du marché de Barranco (Jiron Union 147), pris d'assaut lui aussi. Tabourets et petites tables serrées, mais assiettes fraîches et à la hauteur. On a beaucoup aimé. de S/ 25-30 les ceviches et plats. Essayez d'arriver avant 13h.

## HOSSO

Malecon Castilla 111
Au coin de la Plaza de Armas & Pedro de Osma
✆ +51 1 496 5838

*De 12h à 16h et de 19h à 23h. Service continu de 12h à 01h le samedi et de 12h à 22h le dimanche. Fermé lundi midi. Barra Libre (makis à volonté) S/ 45 du lundi au samedi. Plats à la carte S/ 32-43. Makis à la carte S/ 69 les 30.*

Hosso est une adresse nikkei qui s'est fait une petite place à Barranco. Le nikkei est la cuisine japonaise à la sauce péruvienne. En spécialité se trouvent les makis, en plus des classiques, on trouve les *acevichados*, couronnés de noix de St Jacques, imbibé de *leche de tigre*... C'est excellent et surprenant. Les plats à la carte sont plutôt réussis et à un prix raisonnable. On y trouve aussi quelques desserts japonisants. Les cocktails sont excellents tout comme les thés froids et parfumés (très sucrés, on peut demander d'avoir la main plus légère). Le lieu est contemporain, dans les tons gris et rouges avec de larges banquettes. On voit travailler les maîtres makis derrière le bar. On recommande !

## ISOLINA

Av. San Martin 101
Esquina Domeyer 202
✆ +51 1 2475075
isolina.pe
reservas@isolina.pe

*Lundi-mardi de 10h à 22h. Mercredi-vendredi de 12h à 23h. Samedi 9h-23h. Dimanche 9h-17h. Réservations possibles du lundi au vendredi et le samedi soir. Le reste du week-end, attention par ordre d'arrivée. A la carte S/ 35-58.*

Cette taverne péruvienne, sise dans une jolie *casona* au décor boisé et azulejos au sol, est tout simplement un boom gastronomique. L'endroit ne désemplit pas autour d'une formule simple : une cuisine de grand-mère généreuse, à partager. Les plats sont servis au centre de la table. On y trouve des pots-au-feu, des spaghettis sautés, des abats, un *lomo saltado* bien servi... bref tous les plats chaleureux de la cuisine créole et, le week-end, des petits déjeuners du même ordre avec des œufs, du riz sauté, des petits oignons émincés... Une cuisine comme avant qui pourrait même vous rappeler nos saveurs du terroir. Le seul bémol c'est le monde. On peut réserver via leur site web, en semaine. Les fins de semaine, y aller tôt ou faire la queue dans la bonne humeur, un verre à la main, comme les autres. Isolina s'est très bien placé en 12e position lors du dernier classement en Amérique latine *des World's 50 Best*.

### ■ SONIA

Agustin Lozano La Rosa 173
Chorillos ✆ +51 1 251 6693
www.restaurantsonia.com
*A partir de S/ 40-60 le plat. Du lundi au dimanche, de 12h à 17h.*
Ce resto de fruits de mer très populaire est situé non pas à Barranco, mais à Chorrillos, un quartier adjacent. Ici on plonge dans une histoire de famille de pêcheurs depuis les années 70 ! On dit que Sonia est à l'origine des recettes du poisson *« a la chorrillana »* et *« a lo macho »*. La petite salle décorée avec filets et accessoires de pêche fait le plein surtout les fins de semaine. L'ambiance est festive. Les plats sont réussis mais plutôt légers. On a beaucoup aimé le *risotto huancaina con pulpo parillero*. On peut aussi y déguster des poissons entiers (la *chita*, un poisson à chair blanche ou le plus prisé *lenguado*, la sole). Musique créole certains jours (S/ 10) additionnels. A ne pas manquer le moment du « Poeta del Mar » où l'homme de la maison (Fredy) compte une ode à un poisson frais pêché. Une belle adresse populaire. Mieux vaut réserver les fins de semaine.

## Luxe

### ■ CENTRAL

Av. Pedro de Osma 301
Barranco
✆ +51 1 242 8515
www.centralrestaurante.com.pe
reservas@centralrestaurante.com.pe
*Menu dégustation : Alturas Mater/Vegetal S/ 592 et Ecosistemas Mater/Vegetal S/ 568. Mariage des vins ou jus de fruits en extra. Arrivées entre 12h45 et 13h30 le midi et entre 19h45 et 20h30 le soir. Fermé le dimanche. Réservation obligatoire et menus dégustation uniquement.*
Ce restaurant très coté de Lima offre à ses visiteurs une expérience gastronomique inoubliable. Il était auparavant logé dans une maison de Miraflores et est à présent dans une vaste maison contemporaine à Barranco. A sa tête, le jeune Virgilio Martinez, prodige de la cuisine qui l'a hissé au rang de n° 2 en Amérique latine selon le dernier classement des *50 World's Best Restaurants* ; devançant et de loin Gaston Acurio et ses troupes. Dans une salle aux hauts plafonds lumineux, on déguste un voyage poétique entre les différentes altitudes et écosystèmes du Pérou, tout en admirant le travail des chefs dans une cuisine séparée du restaurant simplement par de grandes baies vitrées. Couleurs, sensations, goûts, tout est pensé avec un grand sens artistique qui a fait la renommée de l'établissement. On ne peut découvrir les lieux que *via* les deux menus dégustation, un voyage en 16 ou 12 étapes. Il faut absolument réserver, et ce plusieurs mois à l'avance, via la page web et en indiquant une carte bancaire. Toute réservation non annulée 48 heures avant est facturée 35 US$. Bref c'est du sérieux.Le nouvel emplacement a permis de réserver un espace à la cockteleria et bouchées salées chez Mayo. Et surtout l'épouse de Martinez qui a longtemps été son bras droit, Pia Leon, a ouvert son propre restaurant, Kjolle, qui a déjà fait une entrée remarquée au classement des meilleurs restaurants d'Amérique latine en se positionnant à la 21e place.

### ■ KJOLLE

Av. Pedro de Osma 301
Barranco ✆ +51 1 242 8575
www.kjolle.com
reservas@kjolle.com
*Du lundi au samedi de 13h à 15h15 et de 20h à 23h. Fermé le dimanche. A la carte entrées S/ 46-57, plats S/ 82-92, dégustation S/ 387, mariage des vins S/ 195.*
Kjolle est pour l'instant au 2e étage du Central. Dans une ambiance un peu moins cérémonieuse, on découvre la cuisine de Pia Léon, bras droit, sous-chef et épouse de Virgilio Martinez. Bouchées aérées, colorées et créatives. Excellents desserts. Le menu dégustation reste à un prix raisonnable pour se faire une idée d'ensemble. L'élève va-t-elle dépasser le maître ?

# SORTIR

## Cafés - Bars

### Centro histórico

**BAR DEL HOTEL MAURY**
Jr. Ucayali 201
✆ +51 1 428 8188
*Du lundi au jeudi jusque 21h. Vendredi-samedi jusque minuit. Dimanche jusque 21h.*
La polémique peine à déterminer où est né exactement le pisco sour, le cocktail emblème du Pérou avec pisco, jus de citron frais, blanc d'oeuf et glaçons mais nous avons choisi le lieu le plus chic pour le déguster au centre : ce bar d'hôtel boisé, tout en moquette et canapé de velours fait un excellent écrin. Il est plus intime et agréable que son voisin célèbre l'hôtel Bolivar assez froid.

**LA CASONA DE CAMANA**
Jr Camana 975
✆ +51 1 4235317
Le nouveau bar qui donne le ton dans le centre historique. C'est ici que sort la jeunesse expat. Ils organisent de nombreuses soirées à thème, on y boit beaucoup de bières et de pisco et on y danse les standards cumbia, reggaeton et technos du moment.

**ETNIAS**
Jr. Carabaya 815
✆ +51 999 063 368
*Jeudi, vendredi et samedi soir.*
Un bar rock, reggae, alternatif sous une façade colorée et taggée. Belle affiche certains soirs les fins de semaine. L'un des plus dynamiques sur la programmation.

**MI TERCER LUGAR**
Jr. Carabaya 612
✆ +51 1 3372701
https://mitercerlugar.pe/
administracion@mitercerlugar.com
Ce bar à deux étages tout en bois propose une ample carte de bières artisanales et en pression. Petite restauration, concerts live les week-ends. Sympathique.

**OLVIDATE BAR**
Jr. Contumaza 951
*Du mercredi au samedi, à partir de 19h30.*
Un bar de poche vintage et plein de bonnes ondes. Les chilcano de muña (menthe sauvage) ou mango sont à tester. Bières artisanales péruviennes. Pour une ambiance tranquille style bar d'étudiants.

### San Isidro et Miraflores

**LA EMOLIENTERIA**
Avenida Diagonal 598
Bajada Balta. Face au Supermarché Wong.
✆ +51 1 446 3431
*Tous les jours jusqu'à 1h, vendredi et samedi jusqu'à 3h. Menus le midi S/ 24,90. Carte bières, cocktails et tapas à partir de S/ 15.*
Un bar coloré : lettres fluorescentes chicha dehors, masques folkloriques andins à l'intérieur. De jour, on y trouve un menu ouvrier qui tient au corps à S/ 24,90 (7 plats du jour, un verre d'*emoliente* et une portion de pain à l'ail, tous les jours de 12h à 15h). Et de nuit, des cocktails épicés et des mix en live les fins de semaine. L'*emoliente*, d'où ce bar tire son nom, ce sont de petits chariots aux coins des rues de boissons à base de plantes médicinales, miel, jus de citron. Ici il est décliné sous forme de cocktails, comme par exemple le « mojito emolientero ». A la carte, vous aurez le choix entre une ample gamme de cocktails sucrés à base de fruits et pisco. A accompagner d'une *salchipapa* (saucisses et frites). Public jeune, musique à bon volume. Déjà plein ? La même équipe a ouvert La Lupe Bar avec la même énergie à côté. Bon à savoir, il y a aussi une Emolienteria dans le centre historique de Lima.

**Autres adresses :** Jr.Carabaya 937, Centre Historique. • La Lupe Bar, Manuel Bonilla 117, Miraflores.

**NUEVO MUNDO DRAFT BAR**
Manuel Bonilla 103
nuevomundocerveceria.com
*Tous les jours de 17h à 1h, vendredis-samedis jusqu'à 3h.*
Nuevo Mundo est une des très nombreuses bières artisanales qui se sont développées ces dernières années au Pérou. On a un vrai faible pour la fraîcheur et l'amertume de la Cabo Blanco. Ici on trouve les bières maison en pression et plus de 10 marques invitées. On peut s'essayer à faire le tour de la production locale servie sous forme de shots. On y sert aussi des hamburgers, ailes de poulet et quesadillas. Ah, et détail qui a son importance, derrière ce projet une équipe française. Si l'expérience vous a plu, on peut aussi visiter la fabrique tous les vendredis soir, à Surquillo. Ambiance plus jeune au Lupulo Draft Bar (auparavant associé) qui se situe le long du Parc Kennedy, Av. Larco 413-421, à l'étage.

## Nos endroits préférés pour sortir !

**Dans le centre,** nous recommandons une soirée au Queirolo (Jr Camana 900), pour son ambiance populaire et pittoresque. Pour les fans de foot, El Estadio Futbol Club (Jr de Piérola 934, Plaza San Martin) est un incontournable !

**A Miraflores,** O'Murphy's Irish Pub (Calle Shell 619) joue la carte irlandaise, comme son nom l'indique. Son de Cuba (Bulevar San Ramón 277, la fameuse rue piétonne Calle de las Pizzas) propose des rythmes caribéens avec concert du jeudi au dimanche. Jazz Zone pour les concerts et les soirées afro-péruviennes.

**A Barranco,** allez admirer la belle vue sur l'océan à La Posada del Mirador (Pasaje La Ermita 104) ou juste à côté à l'Acantilado. Pour prendre un verre avec classe, le nouveau bar à cocktail Barra 55 (Jr 28 de Julio 206 D). Pour une soirée rock, reggae ou folklore décontractée, direction le Cholo Bar (Av. Bolognesi 198). Pour danser, super programmation à El Dragon (Nicolás de Piérola 168) avec concerts et DJ ; le Help (Calle Catalino Miranda 158) pour ses concerts du jeudi et mix chaloupés ; l'immense discothèque The Noise (le vendredi) ou Danza (le samedi) (Plaza Butters 291) ; Frida est un club nouveau-venu plutôt chouette (Av. Republica de Panama 220). Les deux incontournables restent la Noche et Sargento y Pimienta. Bref Barranco a toujours la flamme et c'est ici le cœur de la vie alternative et du bon son. Très actifs sur les réseaux sociaux, on choisit un lieu ou l'autre selon la programmation.

**Nous vous recommandons de passer une soirée dans une *peña*** (endroit traditionnel où l'on écoute de la musique créole jouée par un groupe). Sachún (Av del Ejército 657, ✆ +51 1 441 4465) est un restaurant touristique avec show folklorique (S/ 20 le jeudi et S/ 30 les vendredis et samedis, 21h, dîner). A Barranco, nous recommandons d'aller à Del Carajo, gros show populaire auprès des locaux avec musique afro-péruvienne (Calle Catalino Miranda 158, à 22h les vendredis et samedis, de S/ 35 à S/ 50 l'entrée selon la table), cela finit en discothèque. Plus traditionnel et intimiste, Don Porfirio (Manuel Segura 115, S/ 25 avec un pisco sour, le vendredi soir à partir de 22h). Dans le centre, le show de Brisas del Titicaca est le plus réputé.

**Public gay & lesbien :** Downtown Vale Todo (Pasaje Los Pinos 160, à Miraflores) est une disco gay emblématique, l'une des plus vieilles de Lima. Irrévérencieux et gay friendly, El New Kitsch (Av. Bolognesi 743) à Barranco renaît de ses cendres. Picas est aussi à la mode, ouvert à tous, mais estampillé gay friendly.

**Enfin pour les cinéphiles,** sachez que des journaux, comme *El Comercio* ou *La República*, publient tous les jours la programmation des cinémas de Lima avec leurs adresses.



**JAZZ ZONE**
Av. La Paz 656
Miraflores ✆ +51 1 241 8139
www.jazzzoneperu.com
*Du mardi au samedi, à partir de 20h.*
Cette salle propose des stands-ups et des concerts souvent courus : jazz flamenco, salsa et nuits de musique afro-péruviennes qui valent le détour. Consultez la programmation sur leur site.

**SUKHA BUDA LOUNGE**
Calle 2 de Mayo 694
Miraflores ✆ +51 956 553 912
www.sukha.pe
*De 18h30 à 1h, vendredis-samedis jusqu'à 3h. Fermé les dimanche, lundi, mardi.*
Si vous voulez sortir chic et branché c'est ici que ça se passe. Un immense bouddha, des lanternes chinoises pour tamiser l'ambiance, des cocktails, de la musique électro... c'est un temple en l'honneur du glamour pour prendre un verre puis danser en fin de soirée. Les filles sont sur leur 31 et les garçons sport chic.

### Barranco et la Costa Verde

**JUANITO**
Av. Grau 270
Face à la Place de Barranco
✆ +51 991362750
*Du mardi au samedi, midi et soir jusque 2h du matin.*
Pour une chope de bière et un sandwich jambon à l'os, de *pejerrey* (petit poisson fin), fromage ou olives... El Juanito, autre local intemporel de Barranco, a rouvert et affiche souvent plein dans une ambiance très décontractée. Le midi, plats créoles et très liméniens. De 12h à 15h30 en semaine il existe une formule créole entrée + plat à S/ 19.

**AYAHUASCA**

Avenida Prolongacion San Martin 130
✆ +51 981044745
ayahuascarestobar.com
reservas@ayahuascarestobar.com
*Du lundi au samedi de 20h à 3h. Fermé le dimanche.*

Cette sublime maison coloniale en bois s'anime à 22h. La jeunesse dorée s'y déchaîne dans une enfilade de pièces à la décoration sophistiquée, ponctuée d'artisanat en résonance avec la jungle et le nom du lieu (l'ayahuasca est la plante médicinale qui permet les visions des chamans). Carte de cocktails extensive. Plein à craquer les fins de semaine. Assez cher. On ne vous recommande pas d'y dîner, mais un verre sur la petite terrasse au fond de la casona est fort agréable, tapas à la carte.

**CALA**

Circuito de Playa
Barranco
✆ +51 1 477 2020
www.calarestaurante.com
reservas@calarestaurante.com
*Compter à partir de S/ 50-80 le plat. Tous les jours de 12h à minuit.*

Un lieu privilégié, planté au bord du Pacifique, à côté de la plage de Barranquito et la pointe où s'élancent les surfeurs. Ici un concept lounge et design s'étire avec une grande terrasse sur la mer et un salon cosy. Il faut réserver pour avoir l'une des tables pour 2 qui ont vue sur l'Océan. A la carte, on vous propose des classiques comme *ceviches*, poulpes, crevettes, pâtes et risottos ou viandes. La cuisine est correcte, sans plus. On vous recommande davantage les lieux pour prendre un cocktail et grignoter face à l'Océan un soir d'été. Faune chic et branchée au rendez-vous.

**DADA**

Av. San Martin 154
DADA.com.pe – reservas@dada.com.pe
*Du mardi au jeudi de 19h à 1h. Du vendredi au samedi de 19h à 3h. Fermé dimanche et lundi.*

Cette maison de maître immaculée a vu naître un projet ambitieux. On trouve ici un bar boisé avec petites tables hautes extérieures, pizzas au feu de bois et une carte de cocktails novatrice. A l'intérieur chaque pièce a son identité et ses bizarreries avec une cabine londonienne, des téléphones suspendus au plafond ou un vélo qui survole la salle. C'est ici que vous trouverez la programmation la plus pointue. Le lieu n'est plus ouvert que le soir. Si on vient tôt la terrasse sur le côté et le patio derrière la maison de maître sont très chouettes et sans réservation. Partout ailleurs, il est préférable de réserver (on choisit son salon), l'entrée est triée sur le volet. Le dimanche le lieu accueille des *ferias* et autres marchés alternatifs.

**PISELLI**

28 De Julio 297 ✆ +51 1 252 6750
*Du lundi au samedi, de 19h à minuit. Fermé le dimanche.*

L'idéal pour ceux qui cherchent un bar traditionnel, dans son jus, pour déguster un pisco ou une bière. Là depuis toujours (1915 !), un décor en bois, simple, sans fioritures.

**PICAS**

Bajada de Baños 340
Barranco
www.picas.com.pe
reservas@picas.com.pe
*Du lundi au samedi de 17h à 3h.*

Incontournable de la vie bohème à Barranco depuis des années. Picas appartient à Carlos Bruce, célèbre député gay qui se bat toujours

## Un spectacle dans les environs de Lima

**HACIENDA MAMACONA**

A Lurin ✆ +51 1 295 7461
www.haciendamamacona.com.pe
reserva@haciendamamacona.com.pe
*Le dimanche midi, buffet et représentation. Ou sur réservations pour les groupes. Show folklorique (15h30) : S/ 55 y S/ 27,50 de 4 à 12 ans. Buffet (13h) et show : S/ 135 adulte et S/ 67,50 enfant. Boissons non incluses.*

Sur toute la côte nord et jusqu'à Lima, la tradition se conjugue avec les *caballos de paso* et *la marinera*. Cette danse en couple sur fond de rythme militaire est un modèle d'élégance, de jupes froufroutantes et de séduction entre les partenaires. Mamacona est une *hacienda* hors de la ville, juste avant les ruines de Pachacamac, qui propose au public et touristes de vivre cette tradition éminemment créole. La meilleure formule est le buffet suivi du show qui permet de passer une après-midi agréable, approcher les chevaux et goûter aux traditions des grandes familles liméniennes.

pour l'union civile. C'est donc *gay friendly* mais largement fréquenté par tous. Tapas, quelques plats, cocktails et les fins de semaine mix et saxophone en live se mélangent pour une sélection de musique qui vous fera danser. Terrasse extérieure. Juste sous le Pont des Soupirs, difficile de le rater.

### VICTORIA BAR

Avenida Pedro de Osma 135-137
✆ +51 1 2472180
*De 19h à 3h du mardi au samedi. Fermé les dimanches-lundis.*
L'ex-Mochilero Bar s'appelle désormais La Victoria. La casona Cillóniz d'époque est sublime, la terrasse extérieure sympathique surtout en été, musique live dans la salle du bas certains soirs (attention certains autres, elle est privatisée). On y propose cocktails et bières artisanales. Attention tout de même à vos affaires : pas beaucoup de sécurité sur place.

## Clubs et discothèques

### LA CASONA DE CAMANA

Jr Camana 975 ✆ +51 1 4235317
*Voir page 168.*

### BAZAR

Francisco de Paula Camino 231
Miraflores ✆ +51 1 4478833
www.bazarlima.com
*Sur réservation ou arrivez tôt, fermé dimanche-lundi. De 19h30 à 1h et jusqu'à 3h le samedi.*
Un bar-club où l'ambiance monte petit à petit, au milieu d'une foule trentenaire plutôt chic. Selon les jours la programmation varie entre *after work*, concerts live ou sets de DJ. C'est l'un des lieux à la mode du moment.

### BIERHAUS

Pasaje Sanchez Carrion 106-108
Le fameux Búlevar de Barranco n'est plus ce qu'il était et les pubs qui restent ont bien du mal à faire le plein. Le Bierhaus reste une valeur sûre pub avec ses balcons et une piste de danse qui s'anime le week-end ! Public plutôt jeune. Les fêtes plus pointues se sont regroupées dans les bars-disco de la Plaza Butters, la Av. Bolognesi ou la Av. Nicolas Ariola.

### SARGENTO Y PIMIENTA

Francisco Bolognesi 757
✆ +51 1 247 3265
www.sargentopimienta.com.pe
info@sargentopimienta.com.pe
*Du mardi au samedi, à partir de 22h.*
Un bar-club à la mode qui nous plaît pour sa programmation tendance entre rock et funk et ses mardis à entrée libre pour une nuit de salsa.

## Spectacles

### Centro histórico

### GRAN TEATRO NACIONAL

Av. Javier Prado Este 2225
San Borja ✆ +51 1 715 3659
www.granteatronacional.pe
Un immeuble moderne et subliment éclairé de nuit, juste à côté du Museo de la Nación. Ce théâtre inauguré en 2013 reçoit aujourd'hui les meilleurs spectacles de la ville. Consultez le calendrier. Ici se présente compagnies de danse, musique classique, spectacles folkloriques. Il peut y avoir de belles surprises.

### BRISAS DEL TITICACA

Heroes de Tarapacá 168
A hauteur de la cuadra 1 de l'Av. Brasil-Breña
✆ +51 1 715 6960
www.brisasdeltiticaca.com
eventos@brisasdeltiticaca.com
*Mardi-mercredi à 21h, jeudi à 21h45 et vendredi-samedi à 22h, de S/ 39 à S/ 79 et choix libre dans la carte. Déjeuners folkloriques les vendredis et samedis de 13h à 17h30, entrée S/ 30, vip S/ 35 ou entrée + menu de S/ 50 à S/ 80.*
Un grand spectacle folklorique très bien coté, incluant les danses de la côte, de la *sierra* et de la *selva*. On a aimé le joli voyage. La carte est très classique et pas incroyable. On vous conseille plutôt le spectacle du soir avec un verre. Les prix varient selon les jours (semaine/fin de semaine) et l'emplacement dans la salle. On peut acheter ses entrées dans les modules Teleticket qui fonctionnent dans les supermarchés Wong ou Metro.

### Barranco et la Costa Verde

### LA NOCHE

Sanchez Carrion 199
Au bout du Búlevar, angle Av. Bolognesi-Barranco ✆ +51 1 247 1012
www.lanoche.com.pe
reservas@lanoche.com.pe
*Fermé le dimanche.*
Tout en bois et sur deux étages, c'est le bar idéal pour boire un verre en discutant et mangeant des tapas dans la salle principale. Ils organisent aussi des concerts de jazz tous les lundis soir gratuits dans la salle de spectacle à côté. Tous les autres soirs (sauf le dimanche fermé), on y écoute de chouettes concerts payants dans une ambiance intime. La programmation est intéressante pour découvrir les groupes de reggae, salsa, rock locaux. C'est selon nous le meilleur lieu en ville et ce depuis plus de 25 ans. On aime aussi sa petite terrasse extérieure sur l'avant.

# À VOIR - À FAIRE

La majorité des monuments se trouvent dans le Lima historique, autour de la Plaza de Armas, entre les avenues Abancay, Nicolás de Piérola, Tacna et le río Rímac. Dans ce périmètre subsiste ce que la ville compte de balcons de bois à moucharabiehs, de casonas, comme ce bijou inestimable qu'est le Palacio Torre Tagle, et d'églises qui, si elles ne possèdent pas la grâce baroque de celles de Cusco ou d'Arequipa, n'en sont pas moins somptueuses. La plus grande partie des maisons coloniales, habitées par les familles pauvres, sont en mauvais état. La restauration du centre-ville a commencé sous l'égide de l'Unesco qui l'a inscrit sur la Liste du patrimoine culturel de l'humanité. Jusqu'au début des années 1960, siégeaient ici les banques et institutions. Avec les vagues migratoires, ces dernières ont déménagé vers les quartiers de San Isidro et Miraflores.

Depuis quelques années le centre historique connaît une importante mise en valeur. Il est accessible par le Metropolitano (Stations Jr de la Unión et Colmena). Des voies piétonnes ont été dessinées (Jr. de la Unión, Ucayali et Ica), la sécurité est plus importante, des orientateurs postés sur la Plaza de Armas vous facilitent le chemin. Il est de plus en plus difficile d'accéder directement à la Plaza de Armas en taxi. Il faudra vous faire déposer à quelques rues et marcher ensuite, la Plaza San martin est un bon point d'arrivée et/ou de départ. Sur les avenues principales, le constat reste le même : les chaussées sont congestionnées par l'intense trafic automobile et les trottoirs encombrés par les étals des marchands à la sauvette. Dès que vous vous éloignez du centre piéton ou que vous franchissez le Rimac, attention aux bandes de gamins, les *pirañitas*, qui pratiquent l'art brutal du vol à l'arraché. On ne peut néanmoins pas découvrir Lima sans passer au moins une demi-journée ici.

## City Sightseeing Lima

- **Tous les jours, les touristes se retrouvent au centre commercial Larcomar** pour découvrir en bus la capitale (départ à 9h15 ou 14h15, circuits fixes). Le circuit est classique : le Parc de l'Amour de Miraflores, la Huaca Pucllana, la Plaza San Martin, la Plaza Mayor et la Cathédrale (4h pour 32 US$).
- **Le soir (du mercredi au dimanche), à 19h, le bus vous emmène jusqu'au Circuit magique des fontaines** (c'est le plus grand au monde !), mais aussi aux Plazas San Martin et Mayor, la Casa de la Literatura et le Monastère San Francisco. Parcours de 3h et 28 US$.

## Visites guidées

### ALTERNATIVE PERU

✆ +51 971 269 423
www.alternativeperu.org
info@alternativeperu.org
*A partir de 35 US$ la demi-journée et 70 US$ la journée.*

Une petite agence qui monte et propose de découvrir Lima autrement. Ils ont des tours qui vous emmènent dans les quartiers périphériques (*pueblos jovenes*) à la découverte par exemple de l'impressionnant cimetière de Villa Salvador. Les habitants vous reçoivent chez eux pour déjeuner et la visite inclut aussi un coup de pouce à des projets d'éducation de petites associations locales. Ils proposent aussi une excursion à la journée pour découvrir Pachacamac et les artisans migrants de Ayacucho qui sont installés dans cette zone. D'autres tours plus courts vous emmènent à Chorillos pour découvrir le quotidien des pêcheurs, dans le centre historique en s'éloignant des casonas ou au Callao, un quartier en plein renouveau, coloré, mais où il est parfois compliqué de s'aventurer seul. Les tours se font en groupe et en anglais-espagnol et un guide local en fait également partie. Les prix varient selon le nombre de participants.

### CORDILLERAS TRAVEL

Av. General Vivanco 1060
Ofc. 1001
✆ +51 912 03 6757
*Voir page 28.*

### EXQUISITO PERU

✆ +51 915 155 430
exquisitoperu.com
book@exquisitoperu.com
*Circuit de 4 heures centre historique 68 US$, Barranco 87 US$.*

Une journée à Barranco en 15 saveurs (10 plats et 5 boissons) ou une fin d'après-midi/soirée au centre historique en 14 saveurs (9 plats et 4 boissons) avec un guide anglophone ou hispanophone et un groupe qui, comme vous, a décidé de ne pas se laisser mourir de faim, c'est une bonne idée pour découvrir la capitale péruvienne sous l'angle qui plaît le plus aux péruviens eux-mêmes : la cuisine. La version centre historique est dédiée aux saveurs traditionnelles et créoles tandis que le tour de Barranco est une pointe plus branchée. Cette petite agence tenue par un Suisse et une Canadienne qui ont fondu pour la bonne bouffe péruvienne propose aussi des soirées « gourmet » pour découvrir les chefs de demain ou des nuits thématiques (à suivre sur les réseaux sociaux). Ce concept jeune et enthousiaste a la pêche et les saveurs et lieux sont un condensé du quartier que vous visitez. Possible de privatiser en français.

**MIRABUS**
Calle Martir José Olaya 190
Miraflores
✆ +51 1 242 6699
www.mirabusperu.com
*Tous les jours de 9h à 19h. Compter S/ 75 les tours de 3 à 4 heures. Full Day Caral S/ 240.*
C'est la compagnie de bus panoramique avec l'offre la plus complète de la ville. Lima ville, le centre colonial, Miraflores, le long de la Costa Verde et des plages, le musée Larco ou musée d'archéologie et le centre, circuits de nuit vers le Circuito Magico del Agua. Ils gèrent aussi un petit train qui part pour un tour de 20 minutes toutes les 45 minutes de la Plaza de Armas (sauf le lundi).
Pour ceux qui aiment que ce soit pratique et qui n'ont pas peur des groupes.

**C'est aussi une bonne option pour visiter Pachacamac,** le site archéologique au sud de Lima, difficile d'accès par soi-même. Départs du mardi au dimanche à 10h du Parque Kennedy (Miraflores). Compter S/ 75 le tour de 4 heures qui inclut le transport aller-retour et une visite guidée en anglais-espagnol.

**Ils proposent aussi des tours à la journée pour Caral** chaque samedi qui partent à 5h15 (S/ 240).

**LIMA VISION TOURS**
Jr. Chiclayo 444
Miraflores
✆ +511 447 7710
www.limavision.com
Cette agence propose des visites partagées du site de Caral qui quittent Lima à 7h et incluent transport, guide anglais-espagnol et le déjeuner pour 269 US$. Possibilité aussi de rejoindre Pachacamac avec la formule Musée Larco, déjeuner et Pachacamac à 100 US$. Les prix sont élevés quand on est seul, mais baissent si on forme un groupe ou s'unit à un groupe déjà programmé.

**GOGO BIKING**
Av. Arequipa 5031
Tienda 183 - dentro del Inka Plaza
✆ +51 959 820 555
*Voir page 137.*

**INCA TRILOGY TOURS**
Jr Ancash 265
Centro Historico
✆ +51 920 843 180
*Voir page 30.*

**LIMA BICI**
Miraflores
*De 25 US$ à 75 US$ le tour.*
Lima Bici propose des tours pour découvrir la ville à vélo et c'est plutôt tentant. Le tour économique longe Miraflores et Barranco. On peut le décliner avec une version food tour pour picorer en chemin et tester des adresses locales qu'on aurait du mal à dénicher seul. Le Urban Tour monte plus au nord entre Miraflores et San Isidro avec visite de la Huaca Pucllana incluse. Enfin le Downtown Lima est le plus long. Il faut courageusement pédaler 1 heure à travers la ville pour arriver au centre mais on y visite le Mali, la Casa Aliaga et les catacombes de San Francisco, le déjeuner est inclus. On peut également sur réservation faire le tour en privé et en français. Les programmes sont bien faits.

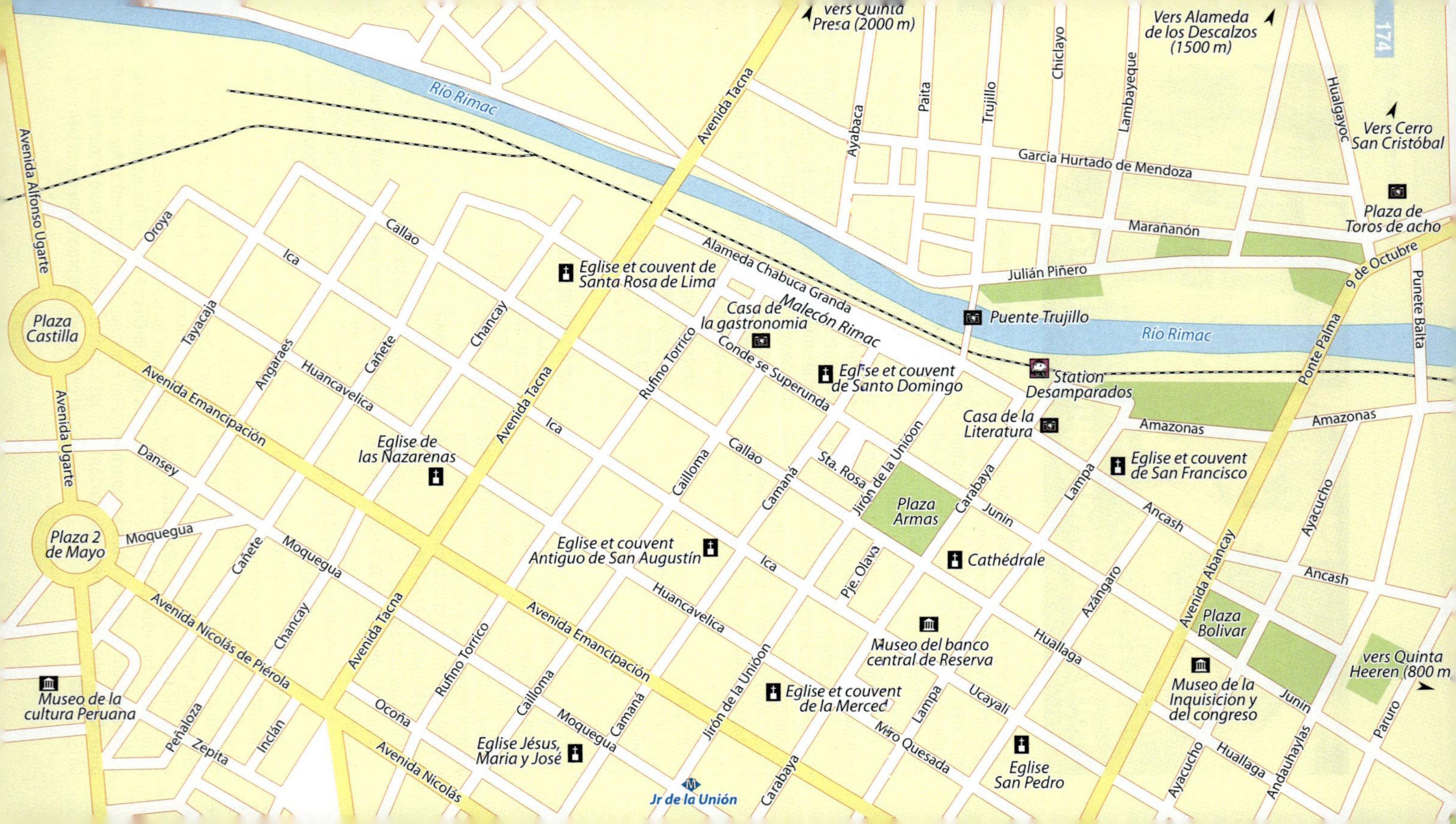
vers Quinta Presa (2000 m)
Vers Alameda de los Descalzos (1500 m)
Vers Cerro San Cristóbal
Plaza de Toros de acho
vers Quinta Heeren (800 m)
Río Rimac
Río Rimac
Avenida Alfonso Ugarte
Avenida Ugarte
Plaza Castilla
Plaza 2 de Mayo
Avenida Tacna
Avenida Tacna
Avenida Tacna
Avenida Emancipación
Avenida Emancipación
Avenida Nicolás de Piérola
Avenida Nicolás
Avenida Abancay
Ponte Palma
9 de Octubre
Punete Balta
Hualgayoc
Garcia Hurtado de Mendoza
Marañanón
Julián Piñero
Ayabaca
Paita
Trujillo
Chiclayo
Lambayeque
Alameda Chabuca Granda
Malecón Rimac
Puente Trujillo
Station Desamparados
Casa de la Literatura
Casa de la gastronomia
Conde se Superunda
Eglise et couvent de Santa Rosa de Lima
Eglise et couvent de Santo Domingo
Eglise et couvent de San Francisco
Eglise de las Nazarenas
Eglise et couvent Antiguo de San Augustín
Eglise et couvent de la Merced
Eglise Jésus, Maria y José
Eglise San Pedro
Cathédrale
Plaza Armas
Plaza Bolivar
Museo del banco central de Reserva
Museo de la Inquisicion y del congreso
Museo de la cultura Peruana
Jr de la Unión
Jirón de la Unión
Jirón de la Unión
Sta. Rosa
Pje. Olava
Amazonas
Amazonas
Ancash
Ancash
Ayacucho
Ayacucho
Junín
Junín
Huallaga
Huallaga
Andauhaylas
Paruro
Lampa
Lampa
Carabaya
Carabaya
Azángaro
Ucayali
Miro Quesada
Camaná
Camaná
Callao
Callao
Ica
Ica
Ica
Callloma
Callloma
Rufino Torrico
Rufino Torrico
Huancavelica
Huancavelica
Huancavelica
Chancay
Chancay
Cañete
Cañete
Moquegua
Moquegua
Moquegua
Angaraes
Tayacaja
Oroya
Dansey
Ocoña
Inclán
Zepita
Peñaloza

Le centre historique de Lima
Plaza San Martin
Plaza Gastañeta
Plaza Francia
Eglise de la Recoleta
Museo del Banco Wiese
Casona san Marcos
Parque universitario
Colmera
Quilca
España
Police touristique
Museo de arte italiano
Museo de arte de Lima (MALI)
Parque de la Exposición
Plaza Bolognesi
Jardín botánico
Vers Parque de la Reserva
Avenida Nicolás de Piérola
Avenida Abancay
Avenida Grau
Avenida Alfonso Ugarte
Avenida Inca Garcilaso de la Vega
Paseo de la República
Avenida 9 de Diciembre
Avenida Roosevelt
Avenida Bolivia
Avenida España
Avenida Uruguay
Avenida Manco Capac
Avenida Luna Pizarro
Jirón de la Unión
Ave. Arica
Ave. Brasil
Ave. Guz. Blanc
Quilca
Chota
Lisson
Washington
Ilo
Rosita
Rufino Torrico
Camaná
Velarde
Garcia Calderón
Carabaya
Pachitea
Lampa
Lino Cornejo
Apurimac
Puno
Azángaro
Cusco
Miro Quesada
Paruro
Ayacucho
Andauhaylas
Huanta
Inambari
Leticia
Cotabambas
Sandia
Miguel Ajovín
Manuel Cuadros
Zavala Loayaza
Montevideo
Huascaran
Misti
Renovación
Obreros
Antonio Raimondi
Iquitos
Tarma
Huancayo
0
250 m
N

### THE LIMA GOURMET COMPANY

✆ +51 1 415 8159
www.limagourmetcompany.com
contact@limagourmetcompany.com
*Classe ceviche & pisco 12h à 13h 40 US$, tour à la journée 9h30-14h30 135 US$, tour soirée 16h30-21h30 135 US$.*

Comme son nom le laisse entendre une compagnie très chic pour découvrir les incontournables culinaires de la capitale en compagnie d'un groupe et guide anglophone ou hispanophone. Un café bio, des fruits exotiques, une visite du marché, un *ceviche* cuisiné et un repas gourmet pour finir : les prix sont chers, mais l'offre complète et le restaurant qui clôt la route, le Huaca Pucllana avec vue sur les ruines de la capitale est très chouette. A noter une classe express ceviche-pisco pour ceux qui ont moins de budget ou de temps, réalisée à la Transtienda sur la Costa Verde. Ils ont été les pionniers du genre, mais les prix proposés sont très exclusifs.

## Centro histórico ★★★

### ALAMEDA DE LOS DESCALZOS ★

Au bout du Jr. Chiclayo
Rimac

Cette « promenade des pieds-nus » dallée date de 1616. Placée sous la surveillance de douze sculptures en marbre, importées d'Italie et représentant les signes du zodiaque, elle est ombragée par des arbres centenaires et cernée d'une grille en fer forgé du plus bel effet, longue de 900 m et ornée de vasques. Au fond, sous la colline, le couvent de los Descalzos. Deux églises, del Patrocinio, de 1688, et de Santa Liberata, de 1713, encadrent l'allée. Assurément, le coin le plus romantique de la vieille ville. On y arrive depuis le puente Trujillo (moderne en lieu et place du Puente Piedra antique) et en remontant les Jirón Trujillo et Chiclayo. Récemment restaurée, elle est élégante mais reste dans un quartier dangereux. Prudence.

### CASA DE LA GASTRONOMIA

Jr. Conde de Superunda 170
Ancien Palacio de Correos
*S/ 3. Du mardi au dimanche de 9h à 17h.*

Inauguré en mars 2011 à seulement une cuadra de la Plaza Mayor, ce tout nouveau lieu est dédié comme son nom l'indique à la gastronomie. Vous y apprendrez les différentes influences qui ont marqué la cuisine péruvienne à l'aide d'une carte et d'une frise géante. Mais aussi les différents apports caloriques, les ustensiles de cuisine, les techniques de conservation... Sans oublier la salle du pisco.

### CASA DE LA LITERATURA ★

Jirón Ancash 207
*Ouvert du mardi au dimanche de 10h à 20h. Entrée libre.*

Cette ancienne gare (les trains en direction de Huancayo partent encore de là) a été remodelée en lieu d'exposition avec plusieurs salles et un grand hall surplombé par un magnifique plafond vitré. Mario Vargas Llosa, l'enfant du pays et Prix Nobel de Littérature 2010, est mis à l'honneur avec ses romans traduits dans toutes les langues. Possibilité de lire la presse, des magazines ou des livres en terrasse à côté des voies de chemin de fer. Un endroit très bien restauré et fort agréable !

### CERRO SAN CRISTÓBAL ★★

*Accès en taxi uniquement.*

Tout au long de l'ascension et en traversant un *pueblo joven* (bidonville), où les maisons précaires sont quasiment toutes faites d'adobe, vous suivrez le chemin de croix (13 croix vertes symbolisant l'espoir bordent la piste). La dernière, la plus grande, se trouve au sommet à 400 mètres, et brille la nuit. Appelée la Croix des Miracles, elle domine toute la capitale du haut de ses 26 m et est l'aboutissement d'un pèlerinage célébré chaque année durant la Semaine Sainte. Essayez d'y aller par un jour de beau temps afin d'avoir une vue dégagée pour pouvoir observer l'immensité de la ville et sa fameuse route panaméricaine. Un petit musée consacre une rétrospective au mont et retrace l'extension de la ville depuis 1915. Petite leçon d'architecture !

Attention, en juillet 2017, un minibus touristique a perdu le contrôle et basculé dans le vide. Résultat 9 morts. Ces bus touristiques, qui se font concurrence les uns aux autres, ne remplissent pas toutes les conditions de sécurité. Prudence.

### CIRCUITO MAGICO DEL AGUA ★★

Parque de la Reserva
✆ +51 1 424 0827
circuitomagicodelagua.com.pe
circuitomagicodelagua@emilima.com.pe
*Ouvert du mardi au dimanche soir de 15h à 22h30, tout comme les jours fériés. Entrée : S/ 4. Gratuit pour les moins de 4 ans.*

Un endroit qui mérite le détour ! En tout, 13 fontaines extraordinaires raviront vos sens grâce à leur mise en lumière et leur musique. Fuente magica, Fuente de la fantasia de 120 m, Fuente del arco iris : c'est le circuit de jets d'eau le plus grand du monde ! Le parc est propice à la promenade et à la rêverie. Le spectacle « son et lumière » est impressionnant, il est visible à 19h15, 20h15 et 21h30. Un endroit idéal avec les enfants ou pour se rafraîchir au cours de l'été.

**IGLESIA DE LAS NAZARENAS**

Angle Jirón Huancavelica et avenida Tacna

*Visites tlj de 7h à 13h et de 17h à 20h.*

De cette modeste église du XVIII^e siècle part, chaque année le 18 octobre, la procession del Señor de los Milagros, prélude à la Feria de toros, fête très populaire et la plus authentique de Lima. Œuvre d'un artiste angolais, ce seigneur, appelé aussi Cristo Moreno (Christ noir), a été peint sur un mur qui resta seul debout après un tremblement de terre. Il est vénéré depuis lors.

**IGLESIA SAN PEDRO**

Azángaro 451 (au coin avec Jr. Ucayali)

*Visites du lundi au samedi de 9h30 à 11h30 et de 17h à 18h.*

Edifiée par les Jésuites au début du XVII^e siècle, elle résista mieux que d'autres aux séismes et, jusqu'à une date récente, fut le lieu de culte attitré de la grande bourgeoisie de la capitale. Sa façade, relativement simple, cache des trésors de décoration baroque, dont de superbes retables dorés à la feuille. Des quelques toiles de belle facture qui s'accrochent aux parois de la nef, se détache un étonnant Christ au gourdin (ledit gourdin ressemblant fort à une raquette de tennis) ; la sacristie abrite des œuvres des écoles de Cusco et Quito. Les parties basses sont rehaussées d'azulejos qui captent la douce lumière.

**IGLESIA JESÚS, MARÍA Y JOSÉ**

Angle Jirón Camaná et Moquegua

*Visites du lundi au samedi de 7h à 12h et de 15h à 20h.*

Construite en 1659, cette église est touchante de simplicité. La nef et les niches abritent des toiles quelconques, à l'exception d'un puissant portrait de la Vierge. L'autel central, doré à la feuille comme il se doit, scintille de mille feux.

**IGLESIA Y CONVENTO ANTIGUO DE SAN AGUSTÍN**

Angle Jirón Ica et Camaná

*Visite du mardi au vendredi de 8h à 12h et de 15h30 à 19h.*

L'admirable façade de l'église du XVII^e siècle laisse le passant pantois. De pierre taillée, elle illumine le carrefour de son délire lapidaire. L'intérieur est épuré : maintes fois réparée, l'église a perdu, petit à petit, ses plus belles pièces. Dans la sacristie, se trouve la *Estatua de la Muerte*, une fameuse sculpture de Baltazar Gavilán, qui, ébloui par la beauté de l'œuvre achevée, tomba raide mort en la contemplant. Méfiance donc !

**IGLESIA Y CONVENTO DE LA MERCED**

Jr de La Unión 621

*Visite du lundi au samedi de 8h à 12h30 et de 16h à 20h30 ; et le dimanche de 7h à 12h30.*

Construite en 1534, c'est-à-dire avant même la fondation de la ville. Nombreux retables baroques, bien entendu, dorés à la feuille, et autel d'où émerge le tabernacle en argent repoussé. Sa façade est aussi très ouvragée. Vaut le coup d'œil.

**IGLESIA Y CONVENTO DE LOS DESCALZOS**

*Visites du lundi au samedi de 10h à 13h et de 15h à 18h.*

Les Jésuites sont à l'origine de ce lieu de retraite datant de 1594. Au pied du Cerro San Cristóbal dans le quartier de Rimac, l'ensemble marie la pénombre des couloirs et l'efflorescence des cloîtres. L'intéressant autel baroque dans la chapelle de la Virgen del Carmen et les nombreuses peintures que le visiteur cherchera à rapporter à leurs origines (écoles de Cusco, Lima, Quito) augmentent l'intérêt de ce lieu hors du temps.

**IGLESIA Y CONVENTO DE SAN FRANCISCO** ★★★

Angle Jirón Lampa et Ancash

www.museocatacumbas.com

*Entrée S/ 15, étudiants S/ 5 et enfants S/ 1. Tous les jours de 9h30 à 20h15. Eglise gratuite, de 7h à 11h et de 16h à 20h.*

Ne manquez surtout pas de visiter ce lieu, en particulier pour les catacombes ! Entourée des églises de la Soledad et del Milagro, celle de San Francisco mit plus d'un siècle à s'élever au-dessus du pavé : en conséquence, elle fut l'une des rares à supporter sans dommage tous les séismes. Sa façade de pierre taillée vaut à elle seule le déplacement. A droite en entrant, un fantastique retable, dédié à Judas Tadeo, éclipse par ses ors l'autel central. Les chaises du chœur sont taillées dans le cèdre du Nicaragua ; colonnes et voûte sont ornées de reliefs en plâtre. Cette église est la plus belle de Lima et son parvis, envahi de pigeons, lui donne un faux air de Venise. La belle salle du chapitre, avec un retable doré à la feuille, est cernée de portraits attribués à Zurbarán et à ses élèves. La bibliothèque abrite quelque 25 000 volumes. Les catacombes, découvertes seulement en 1951, hébergent les ossements de près de 70 000 défunts. Fascinant !

**MUSEO ANDRÉ DEL CASTILLO DE MINERALES** ★

Jr. De La Unión 1030

✆ +51 1 433 2831

*S/ 10, tous les jours de 10h à 18h.*

Un joli petit musée qui héberge des minéraux de tout le Pérou, une salle de tissus et vêtements antiques et une collection de céramiques Chancay (côte nord, pré-inca). Son écrin ? La Casa Belén d'architecture républicaine impeccablement restaurée.

### PLAZA MAYOR – PLAZA DE ARMAS ★★★★

C'est probablement l'une des plus belles places du Pérou, où se concentrent comme souvent les marques du pouvoir politique et religieux (cathédrale, mairie et siège du gouvernement). Ici règne comme un enchantement : c'est là que Francisco Pizarro créa la ville, en traçant, dit-on, avec sa rapière, un damier matérialisant les rues. Le palais du gouvernement fut érigé sur les ruines de la demeure de Tauli Chusco, cacique du Rímac ; la cathédrale à l'emplacement du temple inca dédié au puma ; quant au Cabildo, le conseil municipal, il remplaça la maison d'un envoyé de l'Inca. La plaza fut le théâtre de tous les événements politiques du pays, à commencer par l'assassinat du fondateur de la ville sur les marches de son palais. La place servit également d'arène pour les corridas (la première eut lieu en 1540) et les exécutions publiques commandées par l'Inquisition, à l'endroit précis où trône aujourd'hui la fontaine élevée en 1651, autour de laquelle jouent le soir des groupes musicaux. Le palais présidentiel, appelé aussi Maison de Pizarro, trouve tout naturel d'y afficher sa majesté, notamment depuis sa restauration de 1937.

Chaque jour à 12h, la foule s'agglutine contre la grille pour assister aux fastes de la relève de la garde sur le son de *El condor pasa*. A côté du palais, la statue équestre de Pizarro encombre la petite place du même nom. A l'autre angle, on ne manquera pas la Casa del Oídor et son long balcon vert, maison la plus ancienne de la place, et le Palacio Episcopal aux balcons de bois taillé. Sur un autre flanc, face à la cathédrale, la Municipalidad, reconstruite en 1944 dans le style néocolonial, est un bel immeuble à balcons de bois. Ambiance de fête populaire et nombreux événements folkloriques le week-end ou lors d'événements nationaux.

### PALACIO DE GOBIERNO DEL PERÚ ★★

Jirón de la Unión s/n

Plaza de Armas

On l'appelle aussi la « Maison de Pizarro ». Ici se trouve est le siège du gouvernement du Pérou, la résidence du président de la République du Pérou et le siège du pouvoir exécutif. Il se trouve sur la Plaza Mayor (ou Plaza de Armas). C'est ici même que Pizarro fonda Lima le 18 janvier 1535, il reste encore le figuier qui trônait dans son jardin. Les vice-rois s'y succédèrent et transformèrent une demeure plutôt humble en petit palais inspiré dit-on du Château de Versailles. José de San martin, le libérateur, y fit un bref passage mais lui préféra Pueblo Libre. Le palais connut son heure de gloire sois le gouvernement du maréchal Ramon Castilla avant d'être occupé lors de la guerre avec le Chili. Le palais tel qu'on le voit aujourd'hui date de 1937, il a été embelli en 2005 comme de nombreux monuments historiques du centre. A l'intérieur, le Salon Dorado est le plus somptueux, doré à la feuille d'or et meublé à la française. C'est ici qu'ont lieu par exemple les remises de décorations de l'Ordre du Grand Soleil *(Orden de Gran Sol)*. On ne peut y entrer mais postez-vous face aux grilles à 12h. C'est l'heure de la relève de la garde – où les gardes dragons –, escorte du président de la République, saluent le drapeau. Là encore leur tenue est inspirée de la garde républicaine française.

### CATEDRAL DE LIMA ★★★

Plaza Mayor

*Visite du lundi au vendredi de 9h à 17h15 et le samedi de 10h à 13h. Entrée S/ 30 avec la visite du Palacio Arzobispal. S/ 10 entrée seule.*

Avec sa chapelle attenante, elle domine la Plaza de Armas de ses deux clochers. Edifiée en 1625, elle apparaît telle qu'elle fut reconstruite (cette réalisation fut, et demeure, très controversée) après le séisme de 1940 : mélange – un peu lourd – d'éléments baroques, romans et gothiques. Ses trois nefs principales sont plantées d'élégantes colonnes et des nervures gothiques habillent élégamment ses coupoles. Le long des deux nefs latérales a pris place un Chemin de croix reproduit sur d'immenses tableaux ainsi que les 12 apôtres sur les 12 colonnes. Elle ne compte pas moins de 13 chapelles chacune avec des autels ciselés d'or, certaines permettent de faire connaissance avec d'illustres « figures » locales qu'on recroisera ensuite en chemin comme la Virgen de la Candelaria, Santa Rosa de Lima ou San Martin de Porres. Les pièces maîtresses sont les sièges et bancs du chœur, dus à l'artiste catalan Pedro Noguera, sculptés finement dans le bois et d'une précision impeccable. La sacristie abrite un musée religieux. L'autre sujet de controverse est la prétendue présence ou la supposée absence des restes de Francisco Pizarro qui reposerait dans la chapelle, à droite de la nef. Cela reste la crypte la plus richement décorée.

Pour ceux qui ne souhaiteraient pas s'acquitter du droit d'entrée, la cathédrale est ouverte pour les offices la samedi à 9h et le dimanche à 11h ; dans ce cas, discrétion souhaitée.

© STÉPHAN SZEREMETA

Célébration traditionnelle sur la Plaza de Armas.

© STÉPHAN SZEREMETA

Soldat de la garde présidentielle.

© STBAUS7

La belle façade de la Municipalidad de Lima.

© STÉPHAN SZEREMETA

La cathédrale de Lima et les palmiers de la Plaza Mayor.

*Plaza Mayor.*

### CASA DEL OIDOR

Au croisement des Jiron Junin
et Jiron Carabaya
La Casa del Oidor dont on dit qu'elle est l'une des plus anciennes constructions de Lima est un peu pâlichonne sous sa peinture jaune. C'est la seule construction datant du XVIe siècle qui est encore sur pied sur la Plaza Mayor. Le 2e étage et son balcon boisé vert ont été construits au XVIIe siècle. Les magistrats coloniaux ou « *oidores* » étaient en charge ici d'écouter les demandes du peuple et de statuer. Et depuis le balcon vert, plutôt simple et humble au regard d'autres constructions, les visiteurs et les femmes voilées (*las tapadas*) pouvaient avoir une vue panoramique sur la Plaza Mayor et les festivités qui s'y tenaient. L'Institut national de la Culture l'a déclaré Patrimoine culturel de la nation. Le site est fermé au public mais on peut l'apprécier de l'extérieur. Sa dernière restauration date de 2005. Il mériterait un petit coup de neuf.

### MUNICIPALIDAD METROPOLITANA DE LIMA

Jirón de la Unión 300
Plaza de Armas
www.munlima.gob.pe
Cette mairie élégante affiche une façade néocoloniale et des intérieurs se style Renaissance. On dit que le terrain appartenait à Hernando Pizarro. Depuis ses balcons, les membres de la mairie assistaient aux corridas de taureaux et aux processions qui avaient lieu sur la Plaza Mayor. On la reconstruisit plusieurs fois, notamment après le tremblement de terre de 1746. En 1939 le maire de Lima, Eduardo Dibós Dammert, ordonna la construction de l'édifice que l'on voit encore aujourd'hui qui fût inauguré en 1944. La mairie héberge une superbe bibliothèque et ses quelque 18 000 ouvrages, ouverte au public du lundi au vendredi de 8h30 à 16h, au 2e étage. On peut la visiter. Dans le silence bien sûr.

**IGLESIA Y CONVENTO DE SANTO DOMINGO** ★★

Angle de Jirón Conde de Superunda et Camana
conventosantodomingo.pe
lima@peru.op.org
*S/ 10, tous les jours de 8h30 à 17h30.*
L'église où reposent Santa Rosa de Lima et Martín de Porres, le saint noir, possède une façade sobre, de nombreuses fois restaurée. Le clocher a été reconstruit après le séisme de 1940. Les retables baroques qui meublent les nefs sont de forte influence mauresque. Les cloîtres sont une oasis de fraîcheur dans la chaleur ambiante. Le premier, du XVIIe siècle, est orné d'azulejos sévillans, le second déploie ses arcades autour d'une fontaine. Belle bibliothèque. On peut aussi grimper à l'une de ses tours et avoir une vue très chouette sur le centre historique.

**IGLESIA Y SANTUARIO DE SANTA ROSA DE LIMA**

Angle Av Tacna et Callao
*Ouvert tous les jours de 7h30 à 12h et de 17h à 20h.*
L'église ne présente aucun intérêt mais le sanctuaire est un des rares exemples « vivants » de l'architecture limègne du XVIe siècle. Ici naquit, vécut et se mortifia Rosa, « sainte patronne des Amériques ». Le lieu, avec son agréable jardin et son puits, accueille les visiteurs de tout le continent, surtout le 30 août (jour férié à Lima), où la foule se précipite pour envoyer sa lettre de vœux dans le puits. On peut s'en passer.

**MUSEO DE ARTE DE LIMA (MALI)** ★★

Parque de la Exposicion
Paseo Colón 125 © +51 1 204 0000
www.mali.pe – informes@mali.pe
*Ouvert du mardi au dimanche de 10h à 20h (fermeture à 17h le samedi). Jeudis à partir de 15h et le 1er vendredi du mois de 17h à 22h, entrée gratuite. Entrée S/ 30.*
Les salles du vaste édifice couvrent l'ensemble des manifestations artisanales de l'ère pré-inca (céramiques, textiles, bijoux) ainsi que les différents courants artistiques péruviens, de la conquête à la fin du XXe siècle. Importantes collections de peintures du Virreynato (écoles de Cusco et Lima notamment) et meubles de la période républicaine. On découvrira les œuvres du Français Bonnaffé ou de Carlos Baca-Flor, mort à Neuilly et membre de l'Académie française des Beaux-Arts. Dans l'escalier, une immense tapisserie d'Aubusson. Le tout constitue un utile résumé de l'histoire du Pérou. Toute la galerie qui héberge la collection a été récemment rénovée. C'est ici que se présentent les expositions temporaires les plus importantes de la capitale, présentant souvent des pièces archéologiques exclusives.

**MUSEO DE ARTE ITALIANO**

Paseo de la República 250
© +51 1 3215622
*Ouvert du mardi au dimanche de 10h à 17h. Entrée S/ 6 pour les adultes et S/ 3 pour les étudiants.*
Situé en face du MALI, ce petit musée offre à la visite des œuvres de peintres italiens et des expositions temporaires dans une grande demeure seigneuriale. Pas indispensable.

**MUSEO DE LA INQUISICIÓN Y DEL CONGRESO**

Jr Junin 548
Plaza Bolivar © +51 1 311 7777
*Ouvert tous les jours de 9h à 17h. Entrée libre.*
Le plafond ouvragé de la salle d'audience, les cellules aux murs chargés de graffitis tracés par les prisonniers et les reproductions des instruments de torture utilisés par le tribunal du Saint-Office nous replongent en des temps anciens où la religion catholique s'imposa par le fer et le feu aux Indiens des Amériques.

**MUSEO DEL BANCO CENTRAL DE RESERVA DEL PERU**

Jirón Ucayali 271 © +51 1 613 2000
www.bcrp.gob.pe
*Ouvert le mardi, jeudi et vendredi de 10h à 16h30, le mercredi de 10h à 19h et le week-end de 10h à 13h. Entrée libre.*
Dans un bâtiment cossu d'une rue piétonne du centre un petit musée a été aménagé par la banque du Pérou en conservant les aménagements de celle-ci. Au sous-sol, dans la salle des coffres, des pièces (céramiques, bijoux, armes...) des cultures pré-incas dont quelques objets érotiques, ainsi qu'une belle figure féminine de culture chancay. Peu d'objets mais tous bien choisis et de ce fait très « parlants ». Au deuxième étage, la pinacothèque expose les artistes des XIXe et XXe siècles (on appréciera les toiles de José Sabogal et de Camilo Blas, dignes représentants de l'école indigéniste). Un musée petit mais riche. A ne pas manquer pour son originalité.

**MUSEO NACIONAL DE LA CULTURA PERUANA**

Av Alfonso Ugarte 650 © +51 1 321 5626
*Ouvert du mardi au vendredi de 10h à 17h et le samedi de 10h à 14h. Entrée S/ 5.*
Tout ce que le Pérou renferme de créations artisanales est contenu dans les quatre salles de ce musée à la façade de type inca. Avant de se rendre dans les provinces, on se familiarisera avec les céramiques et sculptures en bois des Indiens amazoniens (Aguarunas, Cocamas, Boras, Fakatayus ou Shipibos), les mates burilados (calebasses gravées) de Cochas, les retables de Cusco, les textiles andins... Un guide utile pour les achats d'artisanat ancien.

### MUSEO DE SITIO BODEGA Y QUADRA

Jr. Áncash N°209-213-217

*Du mardi au dimanche de 9h à 17h, entrée libre.*

Une collection d'objets archéologiques de la période coloniale et républicaine dans cette très jolie casona républicaine finement restaurée. Surprise : au fond, un superbe espace à ciel ouvert qui montre les fondations de la maison et ses usages antérieurs. Bien pensé.

### PLAZA DE TOROS DE ACHO

Calle Hualgayoc 332

✆ +51 1 481 1467

*Ouvert du lundi au samedi de 9h à 16h30. Entrée S/ 5.*

Les plus anciennes arènes d'Amérique (1760), situées sur la rive droite du Rímac, ont été reconstruites en 1946. Tous les dimanches d'octobre et novembre, les plus grands noms de la tauromachie mondiale viennent y disputer le trophée Señor de los Milagros. Vous pouvez y visiter le Musée taurin, le plus complet dans le genre avec des costumes de lumière, photos et gravures (Goya, Buffet). Depuis la visite de Juan Carlos en 2001, ces arènes s'enorgueillissent d'avoir été les premières à accueillir un roi d'Espagne. Elles servent aujourd'hui de colisée sportif. Pour les passionnés du genre.

### PLAZA SAN MARTÍN ★

Cette place majestueuse est fermée sur deux côtés par des arcades où se bousculent les petits vendeurs et cireurs de chaussures. Débouché naturel du Jirón de La Unión, rue piétonne qui la relie à la plaza Mayor, la plaza San Martín est un lieu de rencontre apprécié des jeunes liméniens, autour de la statue équestre du Libertador. Elle a été rénové et ses imposants bâtiments blancs lui donnent de la prestance.

### QUINTA HEEREN

Jiron Junin 1201

Barrios Altos

Entrée par la cuadra 2 de la Av. Abancay.

Au bout d'une ruelle, on débouche soudain sur un décor digne d'*Autant en emporte le vent*. Appelée également Quinta del Carmen, cette propriété a été construite par un diplomate allemand, Oscar Heeren, à la fin du XIXe siècle. C'est là qu'au début du XXe siégeaient différentes ambassades (Japon, Pays-Bas, Etats-Unis). C'est aussi là que vécut le président de la République, Manuel Pardo, gendre d'Oscar Heeren. Ce fut donc le lieu où aimait à se retrouver la haute société de Lima. Sur ses 42 000 m² ont été bâtis rues, placettes, jardins arborés. Aujourd'hui, les logements voisins sont occupés par des artistes et des membres des professions libérales. La quinta est malheureusement fort dégradée et le quartier dangereux pour des touristes sans guide.

### QUINTA PRESA

Jirón Chira 344

Rimac

Construite en 1760, selon les plans du vice-roi Amat – ce qui fit longtemps croire qu'il l'avait offerte à la Perricholi, sa maîtresse – cette demeure est la dernière représentante des casas de campo de Lima de la fin du XVIIIe siècle au style rococo. La maison domine un mirador en bois dans le plus pur style kiosque à musique. La rénovation de cette quinta et sa place a été terminée, il n'en est pas de même pour la maison. Attention toutefois le quartier est dangereux.

## Callao, Pueblo Libre et l'ouest

### HUACA MATEO SALADO

Pueblo Libre

*S/ 10. Du mercredi au dimanche de 9h à 16h.*

Ouvert au public en septembre 2013, ce site s'avère extrêmement prometteur ! Avec ses cinq *huacas* grandioses construites par la culture Ychma et désignées aujourd'hui par les lettres A à E, c'est le plus grand centre archéologique de la zone. Il se situe entre les avenidas Tingo María (Breña) et Mariano Cornejo (Pueblo Libre), et doit son nom au Français Matheus Saladé (1528-1573). Ce dernier embarqua pour le Pérou afin d'échapper aux persécutions religieuses en France et arriva probablement via le port de Callao. Le luthérien trouva refuge dans ce lieu de culte où il fit en sorte de se faire oublier – en vain. En effet, il fut rattrapé par la Sainte Inquisition et mis au bûcher en novembre 1573, sur la Plaza Mayor de Lima.

### MONUMENTAL CALLAO

Casa Fugaz

Jr. Constitución 250

✆ +51 1 288 4008

monumentalcallao.com

*Du mardi au dimanche de 11h à 18h. Visites du mardi au dimanche de 12h à 15h, S/ 25 et enfants 6-12 ans S/ 15, durée approximative 1h30.*

Le Monumental Callao est l'emblème de la renaissance de ce quartier à la réputation très malmenée. Au cœur du centre historique, les *casonas* ont été remises en état, des graffeurs sont intervenus, des galeries se sont ouvertes et autour de ces quelques rues c'est le boom de la contre-culture. La Casa Fugaz est en fait un passage Art nouveau où ont émergé de petites boutiques et des restaurants à la mode. On vous conseille la visite guidée du quartier pour mieux comprendre. Beaucoup de sécurité sur place, mieux vaut ne pas s'éloigner de ces quelques blocs, car le quartier a aussi ses zones de non-droit.

# LES CASONAS DE LIMA

Ces perles architecturales de la colonisation espagnole ne sont pas toutes ouvertes à la visite mais, à l'occasion d'un portail entrebâillé, vous pourrez apercevoir leur magnificence. On peut aussi se risquer à demander à visiter les casonas non ouvertes au public : la réponse dépendra de l'humeur du gardien... Vous trouverez, au gré de vos pérégrinations, d'autres casonas, de moindre envergure mais d'égal intérêt.

**CASA ALIAGA** ★★

Jr de la Union 224 ✆ +51 1 427 7736
www.casadealiaga.com
reservas@casadealiaga.com
*Entrée à S/ 30. Visite tous les jours de 9h30 à 17h, sur rendez-vous via e-mail.*
Construite en 1535 sur l'emplacement d'un temple précolombien, c'est la doyenne de Lima. Située sur le côté gauche du palais présidentiel, dans la ruelle menant au río Rímac, cette *casona* est toujours habitée par les descendants du fondateur, compagnon d'armes de Pizarro. Le patio ouvre sur des pièces parmi les plus richement décorées qui se puissent voir. Certainement l'une des plus belles demeures coloniales de l'Amérique latine, très bien conservée et richement meublée. Ce joli bijou abrite aussi des événements spéciaux et parfois des repas (minimum 20 personnes, selon disponibilité, ce sont souvent les agences qui pourront vous le proposer).

**PALACIO TORRE TAGLE** ★★

Ucayali 363 ✆ +51 1 3112400
Siège du ministère des Affaires étrangères, c'est le plus édifiant et le plus époustouflant exemple d'architecture coloniale. Construit en 1730, il arbore à sa boutonnière de pierre, en façade, deux balcons de bois à jalousies et une porte cochère en pierre taillée du plus pur baroque. Le patio est entouré de balustrades, arches et colonnes mauresques. On peut le visiter les fins de semaine.

**CASA DE PILATOS**

Jirón Ancash 390
La Casa de Pilatos accueille le Tribunal constitutionnel. Selon la légende, des rabbins lusitaniens y pratiquaient des messes noires au XVIe siècle. Le visiteur du XXIe siècle, lui, admirera le patio.

**CASA DE RIVA AGÜERO**

Jirón Camaná 459
La Casa de Riva Agüero est la propriété de l'université catholique. Elégante, avec ses deux patios et sa grille en fer forgé, elle abrite le Museo de Arte y Tradición Popular (ouvert du lundi au vendredi de 10h à 13h et de 14h à 19h ; S 2) qui présente une intéressante collection d'œuvres d'art populaire (retables, crucifix, masques... de la sierra).

**CASA DE BARBIERI**

Jirón Callao 380
Cette casona en piteux état mais très représentative d'un style colonial totalement baroque, avec son explosion chromatique d'azulejos, balcons andalous, miroirs en bois taillé dorés à la feuille d'or... On ne s'attardera pas sur l'horrible papier peint à fleurs mais sur un retable d'une infinie beauté que rehausse sa sobriété. Comme d'autres édifices du centre, ce palais attend les subsides pour retrouver tout son lustre. Les imprimeurs qui l'utilisaient ont été expulsés et on parle de sa réhabilitation.

**CASA GOYENECHE** ★

En face du Palacio Torre Tagle, encore appelée Casa Cavero ou Casa Rada, cette casona bâtie au XVIIIe siècle est d'influence nettement française. A côté du Torre Tagle, visitez le Centro Cultural Inca Garcilaso : jolie casona républicaine, sols marbrés, expositions temporaires.

**CASONA DE LOS MARQUESES DE LA RIVA**

Jirón Ica 426
Datant du XVIIe siècle, elle ne peut malheureusement pas se visiter mais sa façade vaut le détour.

**CASONA DE SAN MARCOS**

Av Nicolás de Piérola 1222
*Visite du lundi au samedi de 9h à 17h, entrée à S/ 5.*
Complexe architectural du XVIIe siècle qui hébergea le Noviciat jésuite San Antonio Abad et la première Université de San Marcos. On y découvre une chapelle baroque, un salon néoclassique, cinq patios coloniaux et un café-restaurant pour prendre le frais.

**MUSEO DE LOS COMBATIENTES DEL MORO DE ARICA**

Jirón Cailloma 125
*Du lundi au vendredi de 8h à 15h. Adulte S/ 3.*
C'est la maison qui a vu naître le héros national Bolognesi. Cet intéressant exemple de construction républicaine est aussi un musée militaire.

**PALACIO DE OSAMBELA**

Jirón Conde de Superanda 261
✆ +51 1 4277987
*Visite sur rendez-vous, du lundi au vendredi, entre 9h et 17h.*
Siège de l'Académie péruvienne de langues, superbe maison à étages. La maison Osambela comporte un très beau patio, pas moins de 40 chambres, et huit superbes balcons qui offrent une magnifique vue de la ville, parfois jusqu'au port.

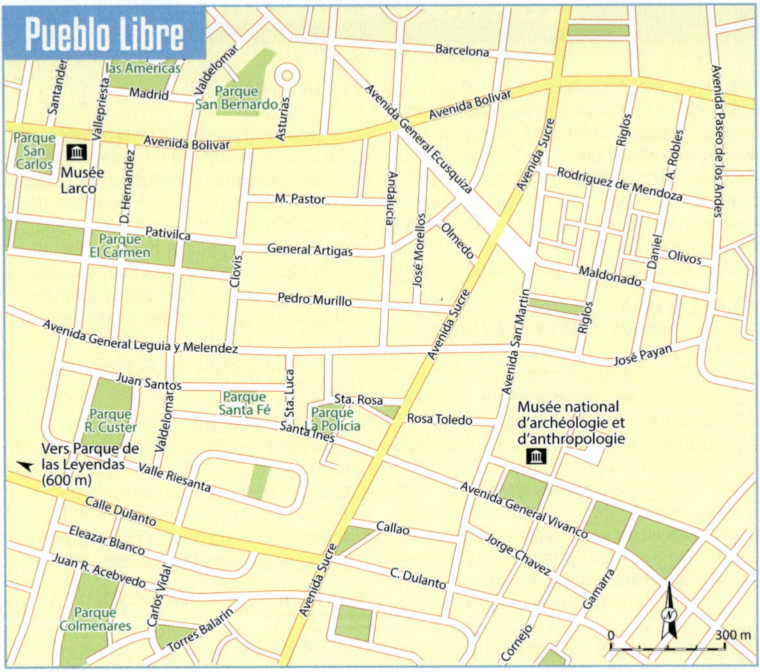


■ **FORTALEZA DEL REAL FELIPE**

Plaza Independancia
Callao
✆ +51 1 429 0532

*Ouvert tous les jours de 9h à 16h. Entrée S/ 10. Etudiants ou enfants S/ 5.*

Edifiée entre 1747 et 1774, sur 70 000 m², voici une belle construction ! Destiné à contenir les attaques des pirates qui avaient maintes fois, comme John Drake, mis à sac le port, c'est le fort le plus puissant que possédait l'Espagne en Amérique latine. A l'intérieur, le Museo del Ejército offre une interminable collection d'armes des XVIIIe et XIXe siècles. Des remparts, on surveille le Pacifique. On peut aussi grimper son Donjon pour la vue. Compter deux heures pour la visite complète guidée. Mirabus propose un circuit incluant cette visite.

■ **MUSEO NACIONAL DE ARQUEOLOGIA Y ANTROPOLOGIA** ★★

Av. Bolívar
Pueblo Libre
✆ +51 1 3215630

A hauteur de la cuadra 8 Géneral Vivanco, face à la Municipalidad.

*Ouvert du mardi au samedi de 8h45 à 16h et de 9h à 15h30 le dimanche. Entrée S/ 10 pour les adultes et S/ 5 pour les étudiants.*

Ce musée possède d'inestimables trésors des différentes cultures préincas. A ne pas manquer, la salle mochica et les vitrines consacrées à la culture wari, les quelques céramiques érotiques, les textiles de Paracas, les bijoux et ustensiles chimú, les momies au crâne déformé et trépané des peuples de la côte (une momie particulièrement impressionnante se voile la face avec la main gauche où luisent les ongles). Les pierres gravées – dont la stèle Raimondi de la période chavín, haute de 2 m, et l'obélisque Tello trouvé à Chavín de Huantar, avec ses gravures d'animaux fantastiques – tout comme les mains croisées de Kotosh, constituent autant de sujets époustouflants. Passionnant également, le Museo Nacional de Historia présente des meubles et des peintures des périodes coloniale et républicaine (et notamment une remarquable galerie des quelque 35 portraits des vice-rois du Pérou). Cette partie est située dans la Quinta de los Libertadores, une vaste maison coloniale avec patio fleuri, qu'habitèrent successivement José de San Martín et Simón Bolívar, les libérateurs du pays. Une visite importante avant de se rendre sur les sites archéologiques de l'intérieur. Service de guide en français (S/ 15). Autour de la Plaza de Pueblo Libre, maisons colorées et quelques adresses traditionnelles.

# Callao

Jorge Chávez
CALLAO
Nestor Bambetta
Avenida Mora
Morales Duares
Morales Duares
CAMEN DE LA LEGUA REYNOSO
SANTA ROSA
Avenida Argentina
Avenida Argentina
Elmer Faucett
Insurgentes
Avenida Colonial
Guardia Chalaca
Manco Capac
Colonial
Avenida Juan Pablo II
BELLAVISTA
Avenida Venezuela
Avenida Venezuela
Fortaleza del Real Felipe
Avenida Saenz Peña
Buenos Aires
ZONA 01
Jiron Bolognesi
Buenos Aires
Costanera
Avenida La Marina
Ave. 2
Elmer Faucett
La Mar
Laguna Recreativa
LA PERLA
La Mar
Costanera
SAN MIGUEL
La Marina
R. Escardo
Universitaria
Costanera
Vers Lima Miraflores
Île de Cavinzas
El Frontón
Isla de Palomino
0
1500 m

### ISLAS PALOMINO ★★

Jirón Fanning 175
La Punta-Callao ✆ +51 1 6566355
www.maradentroexcursiones.com
*Départs quotidiens à 10h, sur réservation. Adultes 50 US$, enfants moins de 12 ans 40 US$.*
Partant du Marina Club (sur le port, à côté de la Fortaleza Real Felipe) un bateau vous emmène jusqu'à las Islas Palomino où se concentre la plus importante colonie de lions de mer du Pérou. Les îles Palomino ne sont pas aussi célèbres que les îles Ballestas, plus au sud, pourtant, on y trouve les mêmes richesses naturelles, et il est tout aussi possible de photographier les lions de mer et de se baigner à leurs côtés. Les îles Ballestas sont accessibles depuis Paracas (à 4h de route au sud de Lima). Pour les îles Palomino, le bateau part du Callao et le tout dure seulement 3 heures. A bord entre 25 à 35 personnes mais c'est l'un des bateaux qui offre des combinaisons et la possibilité de se baigner in situ. Chouette quand le temps s'y prête. Parfois la houle exige de fermer le port. Passez un coup de fil avant.
Pour ceux qui auraient une petite faim en sortant, le restaurant Cabos juste devant les yachts, avec vue sur le port, est une excellente adresse.

### MUSEO LARCO ★★★

Avenida Bolívar 1515
Pueblo Libre ✆ +51 1 461 1312
www.museolarco.org
*Ouvert tous les jours de 9h à 22h. Entrée S/ 30 pour les adultes. Réduction pour les étudiants et les plus de 65 ans.*
Dans une merveille de casona coloniale du Lima moderne, la plus importante collection particulière précolombienne rassemble plus de 45 000 pièces. Très beaux textiles paracas, dont un tissu comptant 398 brins dans un pouce carré et des sculptures de pierre provenant de Chavín de Huantar. Sans oublier la bóveda, le coffre renfermant des objets en métaux et pierres précieuses, dont une fabuleuse parure complète de dignitaire chimú : pectoral, bracelets, diadème, boucles d'oreilles. Le musée Larco doit une bonne part de sa réputation justement méritée à ses céramiques érotiques. Ici s'exhibent les objets de la culture mochica. Ces fins artisans, aux mœurs débridées s'il en fut, ont décliné toutes les étapes de la vie sexuelle de leurs contemporains, avec une grande crudité, sans omettre ni les détails les plus scabreux ni les risques vénériens encourus. L'autre curiosité unique de ce musée réside dans le « depósito », magasin où sont entreposés, sur des étagères et par catégories (femmes – thème rare dans ces cultures – vampires, guerres, sacrifices, fleurs…), des milliers de céramiques. Autre bon point : les panneaux sont rédigés en espagnol, anglais, français, italien, allemand et japonais. Joli café-restaurant avec terrasse sous un boungainvilliers (pâtes, plats de la cuisine créole locale, plats pour enfants). C'est LA visite indispensable.

### PARQUE DE LAS LEYENDAS

Av. Las Leyendas 580 - 582 - 586
San Miguel ✆ +51 1 6449200
www.leyendas.gob.pe
*Ouvert tous les jours de 9h à 17h. Entrée S/ 15 pour les adultes et S/ 8 pour les enfants de 3 à 12 ans.*
Un des rares poumons verts de la capitale ! Ce zoo est divisé en quatre régions : la côte, la forêt, la jungle et l'espace international. Vous y verrez donc pêle-mêle des lions de mer (spectacle le dimanche à 15h) qui nagent dans un vaste aquarium et que l'on peut observer depuis un tunnel, des lamas, des condors, des ours, des jaguars, des tigres et plein de variétés d'oiseaux ! L'espace des félins a été joliment amélioré avec de plus grands espaces et des vitres pour observer. L'île aux singes est elle aussi sympathique. La serre aux papillons est bien pensée également. En faisant un tour en bateau sur le lac, vous pourrez observer la réplique du Machu Picchu, anecdotique. Les enfants adorent... Attention en fin de semaine et jours fériés il y a vraiment beaucoup de monde.

### LA PUNTA ★★

Au bout du Callao
Si vous allez jusqu'au Callao visiter la Fortaleza Real Felipe ou las Islas Palomino, ne passez pas à côté de ce détour : ultime pointe de Lima, ce balnéaire chic a encore de très beaux restes. Plages de galets prisées en été (l'eau y est froide malheureusement), promenade bordée de demeures de maîtres, on trouve ici l'école navale et quelques clubs prestigieux comme le Regatas mais aussi de très bonnes cevicherias ou picarones et une ambiance hors du temps qui a su maintenir sa tranquillité. Les beaux jours c'est un enchantement. De plus la zone est résidentielle et très sûre. Il offre une promenade agréable le long du Malecón, un panorama sur la Baie de Lima et de très belles vues depuis la plage sur les îles en face.

## San Isidro et Miraflores ★

### MUSEO DE LA NACIÓN

Av Javier Prado Este 2466
San Borja ✆ +51 1 476 9878
*Ouvert du mardi au dimanche de 9h à 18h.*
Un énorme bâtiment massif qui héberge aussi le ministère de la Culture. Inauguré en 1990, ce musée, œuvre majeure du premier mandat d'Alan García, n'a jamais été totalement terminé. L'exposition permanente d'archéologie et histoire a été fermée. Ne reste que des expos temporaires sur le folklore. Le 6e étage du musée revient sur les actions du mouvement terroriste du Sentier lumineux qui commença dans les années 1980 et qui fit 70 000 morts ou disparus au Pérou. Bof.

## HUACA HUALLAMARCA

Angle avenidas El Rosario et Nicolás de Rivera
San Isidro ✆ +51 1 222 4124
*Ouvert du mardi au dimanche de 9h à 17h. Entrée S/ 5.*

Construction pyramidale, symbole d'un centre cérémonial de la culture lima. Dans le quartier tranquille de San Isidro, cette pyramide imposante en adobe (brique d'argile séchée) vaut par sa structure proche des pyramides aztèques du Mexique. Un petit musée est visible au pied de la pyramide. En grimpant la rampe centrale on accède à une plateforme pré-inca où se trouvent des momies. Contraste saisissant avec les buildings modernes aux alentours.

Le site évoque un centre spirituel et administratif de la culture lima (200 à 700 après J.-C.). Les pyramides en « adobitos » (les murs, semblables à des bibliothèques, sont construits en « petits livres d'adobe » espacés les uns des autres, ce qui leur donne des propriétés antisismiques) de 30 m de hauteur seraient érigées sur des ossements de femmes sacrifiées ainsi que sur des bris de vasques en céramique. Les plantes, arbres et fleurs font également l'objet d'une reconstitution de l'époque, tout comme el perro peruano, chien typique péruvien sans poil… On voit aussi des lamas, alpacas et cuy dans un enclos. Une visite intéressante, surtout que le site est bien valorisé avec un guide compris dans le prix du billet. Dommage qu'il y ait si souvent du brouillard, car on aurait une belle vue sur Lima du haut de la pyramide !

- **Les visites nocturnes** sont une nouvelle façon de profiter de la touche mystique du site. On ne peut pas grimper la plus haute des pyramides mais le site est joliment mis en lumière.

- **Son restaurant** (✆ +51 1 445 4042 – www.resthuacapucllana.com) vaut le détour. Tout d'abord, son emplacement est unique et offre sans doute l'un des panoramas les plus romantiques du Pérou. On peut d'ailleurs se promener au milieu des ruines illuminées après dîner. Ensuite, la cuisine péruvienne, avec une touche « fusion nouvelle cuisine », est excellente ! Comptez S/ 100 à la carte.

- **Plus économique et avec une petite terrasse tranquille** et saveurs italiennes : la Bodega de la Trattoria, au sortir de la Huaca (Calle General Borgoño 748, ✆ +51 1 2416899).

## MUSEO AMANO ★★

Calle Retiro 160
Cuadra 11 Av. Angamos Oeste-Miraflores
✆ +51 1 441 2909
museoamano.org
info@museoamano.org
*Tous les jours de 10h à 17h. Entrée S/ 30. Visite guidée S/ 30-50 par groupe.*

Un collectionneur (d'origine japonaise) fou des tissus chancay a amassé les objets de sa passion dans sa somptueuse demeure. Le musée s'est ouvert au public et présente 5 petites salles mais intelligemment construites. On y admirera également des tissus brodés, des teintes naturelles, des matières qui ont traversé les siècles. Une salle est dédiée aux outils qui ont permis de créer ses peintures tissées. Une dernière salle contient quelques céramiques très fines et des centaines de tissus dans des casiers. Pour en faire une visite et voir de près ces pièces uniques il vous faudra prendre un guide expert. Pour les passionnés, c'est un lieu unique et moins fréquenté que le musée Larco. Au total Yoshitaro Amano a amassé plus de 6 000 pièces lors de ses expéditions.

## HUACA PUCLLANA ★

Jirón General Borgoño cuadra 8
Miraflores
✆ +51 1 617 7148
huacapucllanamiraflores.pe
*Ouvert du mercredi au lundi de 9h à 17h. Entrée S/ 12 et S/ 6 pour les étudiants. Ouverture nocturne du mercredi au dimanche de 19h à 22h. Entrée S/ 15 et S/ 7.50 pour les étudiants. Fermé le mardi.*

Le site évoque un centre spirituel et administratif de la culture lima (200 à 700 après J.-C.). Les pyramides en « adobitos » (les murs, semblables à des bibliothèques, sont construits en « petits livres d'adobe » espacés les uns des autres, ce qui leur donne des propriétés antisismiques) de 30 m de hauteur seraient érigées sur des ossements de femmes sacrifiées ainsi que sur des bris de vasques en céramique. Les plantes, arbres et fleurs font également l'objet d'une reconstitution de l'époque, tout comme el perro peruano, chien typique péruvien sans poil… On voit aussi des lamas, alpacas et cuy dans un enclos. Une visite intéressante, surtout que le site est bien valorisé avec un guide compris dans le prix du billet. Dommage qu'il y ait si souvent du brouillard, car on aurait une belle vue sur Lima du haut de la pyramide !

- **Les visites nocturnes** sont une nouvelle façon de profiter de la touche mystique du site. On ne peut pas grimper la plus haute des pyramides mais le site est joliment mis en lumière.

- **Son restaurant** (✆ +51 1 445 4042 – www.resthuacapucllana.com) vaut le détour. Tout d'abord, son emplacement est unique et offre sans doute l'un des panoramas les plus romantiques du Pérou. On peut d'ailleurs se promener au milieu des ruines illuminées après dîner. Ensuite, la cuisine péruvienne, avec une touche « fusion nouvelle cuisine », est excellente ! Comptez S/ 100 à la carte.

### MUSEO DE ORO DEL PERU ★

Av Alonso de Molina 1100
Monterrico, Surco
✆ +51 1 3451292
www.museoroperu.com.pe

*Ouvert tous les jours de 10h30 à 18h. Entrée S/ 33 pour les adultes, S/ 16 pour les enfants.*

La somptueuse résidence abrite une splendide collection d'orfèvrerie précolombienne provenant essentiellement des cultures chimus et lambayeque (XIe au XVe siècle). Les pièces ont été achetées, une à une, aux « huaqueros » et aux collectionneurs privés du monde entier, commanditaires le plus souvent du pillage des tombes ; une partie importante a été prêtée. Le visiteur est saisi de vertige devant tant d'objets, somme toute usuels, d'argent, d'or pur, de cuivre, de pierres précieuses : colliers, bracelets, boucles d'oreilles et de nez de taille incroyable, ornés de figures zoomorphes, masques funéraires, coupes incrustées de turquoises, couronnes, couteaux de sacrifice (tumis) et diadèmes brillant de dix mille feux. Et comme si cela ne suffisait pas, le musée possède une collection unique d'armes et uniformes. Audioguide en français.

Prévoir trois à quatre heures pour une visite (in) complète. La collection est toutefois moins importante aujourd'hui, d'où des plaintes sur le prix d'entrée. Le musée souffre d'ailleurs de mauvaise réputation depuis la médiatisation des soupçons sur l'authenticité de certaines pièces. A noter que ce musée est excentré vers l'est de Miraflores : prendre un *colectivo* sur l'avenida Angamos Este qui fasse aussi la avenida Primavera.

### PERUVIAN EXPERIENCE

Calle San Martin 509
✆ +51 1 6822375
https://peruvianexperience.com/es/
reservas@peruvianexperience.com

*Mardi et mercredi de 11h50 à 19h00, de jeudi à samedi de 11h50 à 20h30. Dimanche de 12h00 à 17h00. Fermé le lundi. Voyage interactif (20 min) 19 US$, classe de piso (25 min) 27 US$, classe de cuisine (25 min) 29 US$, dégustation (45 min) 39 US$, expérience complète 2 heures et 89 US$. Moins de 4 ans gratuits. Réductions de 4 à 11 ans.*

Le leitmotiv ici ? Où l'histoire et la nourriture se servent dans une même assiette. Cet espace flambant neuf propose des expériences sensorielles et interactives pour découvrir (un peu) l'histoire du Pérou et (beaucoup) celle de sa cuisine. L'expérience complète dure 2 heures mais on peut aussi n'acheter que certains modules. Ça commence par un petit train qui s'ouvre sur un monde de sensations pour vous plonger dans la jungle ou sous la mer et vous parler des produits qui en viennent. On passe ensuite sous les vignes de pisco pour apprendre à faire son *pisco sour* soi-même acceuillis par les percussions du cajon. Un autre module nous apprend à faire un *ceviche* ou una *causa* (millefeuille salé de patates douces) avec un expert aux commandes et des petites scènes de théâtre pour rythmer le tout. Enfin le dernier espace reproduit un marché typique où on picore les bouchées proposées et en apprend plus sur les principaux plats emblématiques du pays. Ne mangez pas avant, l'expérience complète est substantielle. Petit spectacle et cours de danse afro-péruvienne pour finir. On y allait un peu à reculons car le tout est très orchestré mais au final le moment est sympathique et ça permet un vrai tout d'horizon. Ça peut être aussi une belle activité en famille car les activités sont courtes et diversifiées. Les tours ne sont proposées pour le moment que en espagnol et anglais.

## Barranco et la Costa Verde ★★

### MAC ★

Av. Almte. Miguel Grau 1511
✆ +51 1 514 6800 – www.maclima.pe
contacto@maclima.pe

*S/ 20 et S/ 12 pour étudiants et plus de 65 ans, gratuit pour les moins de 5 ans, du mardi au dimanche de 10h à 18h et vendredi jusqu'à 20h.*

Un bel espace moderne à la frontière entre Miraflores et Barranco, ce Museo de Arte Contemporeano est entouré d'un joli jardin où, aux beaux jours, il fait bon traîner sur la terrasse de la Bodega Verde qui sert thés, cafés, jus, sandwiches et desserts, le tout avec options bios et sans gluten s'il vous plaît. La boutique design à l'entrée est intéressante bien que chère. L'exposition permanente est bien pensée, c'est un espace ample où sont présentés les contemporains du cru comme Fernando de Szyszlo, Kukuli Velarde, ou Elliot Tupac. Le plus intéressant c'est de se fixer sur les expositions temporaires prévues : nouveaux artistes plasticiens, photographes nationaux talentueux et pointures internationales.

### MUSEO PEDRO DE OSMA ★

Avenida Pedro de Osma 421
✆ +51 1 467 0063
www.museopedrodeosma.org

*Ouvert du mardi au dimanche, de 10h à 18h. Entrée S/ 30 pour les adultes et S/ 10 pour les étudiants et plus de 60 ans, gratuits moins de 11 ans. Ticket 3 musées Barranco S/ 52. Ticket Pedro de Osma-Mate S/ 44. S/5 le 1er dimanche du mois pour tous.*

La villa d'Angélica et Pedro de Osma, généreux médecins et donateurs (ils ont fondé une maison de retraite et un orphelinat pour nécessiteux), a été transformée en un élégant musée où sont exposées les acquisitions du couple. Elles constituent le plus bel ensemble d'œuvres du Virreynato (XVIIe et XVIIIe siècles) qui se puisse trouver. Dans la spacieuse demeure toute blanche, on pourra admirer des meubles incrustés de nacre et des retables dorés à la feuille.

SURQUILLO
BARRANCO
Miraflores
M. Almenara
Av. República de Panamá
De Paula Ugarriza
Enrique del Campo
Casimiro Ulloa
Machuca
Parque Leoncio Prado
Parque Arguedas
J. Arias Arguez
Ramón Ribeyro
Juan de la Fuente
F. del Castillo
Parque Las Tradiciones
Pedro Silva
Bartolomé Trujillo
Parque Reducto
Av. Ricardo Palma
Mariano Odicio
Av. Reducto
Paseo de la República
L. Avendaño
Vasco Nuñez de Balboa
Grimaldo del Solar
Av. Primavera
Florez Aráoz
Parque Miranda
Marché d'artisanat
Petit Thouars
Pershing
De la Colina
Manuel Bonilla
Esperanza
Cantuarias
Diez Canseco
Schell
La Paz
Av. Benavides
Alcantores
Av. 28 de Julio
Clemente Palma
José González
Aljovín
Av. Arequipa
Ovalo
José Pardo
Cathédrale
Hôtel de ville
Centre commercial
Supermarché
Av. José Larco
Atahualpa
Cinémas
Parque Kennedy
Diagonal (Oscar Benavides)
Los Pinos
Porta
Juan José Leuro
Colón
Juan Fanning
Parque Salazar
Cnl. Inclán
Enrique Palacios
2 de Mayo
Av. José Pardo
Rue des pizzarias
S. Ramón
Ocharan
D. Ferré
Discos and bars
Centre Larcomar
F. Gardez
Bellavista
Fajardo
Malecó 28 de Julio
Buenos Aires
Plaza República
Gral. Borgoño
Federico Recavarren
Banques
Av. Hernando de Lavalle
Miguel Grau
Batalla de Sangarará
Trípoli
Av. Angamos Oeste
Elcorrobarrutia
Bolognesi
Ambassade du Canada
Francia
Plaza Bolognesi
Italia
Venecia
Av. Comandante Espinar
Baquíjano y Carrillo
Discos and bars
Parapente
Ambassade du Brésil
Chiclayo
El Rosario
Miguel Iglesias
Roma
Elias Olivera
Piura
Torre Tagle
Berlín
Ramón Zavala
Parque Carosio
Av. Costa Verde
Av. Santa Cruz
Chacaltana
Plaza
Morales
Barro
Napanga
José Gálvez
Parque Correa Elías
Manuel Tovar
Villena
Ugarte
Dogny
Plaza
Centro
América
Oscar Valdez
Gral. Mendiburu
De la Torre
Parque Dunnant
Pacheco
Carpio
Av. del Ejército
Felipe Bar
Malecó de la Marina
500 m.

Aux cimaises des murs en boiserie sont accrochées les peintures de l'école de Cusco (dont une admirable Virgen de Mopata). D'anciennes pièces d'orfèvrerie d'Ayacucho achèvent de donner une idée de ce que fut cet El Dorado qui fit couler tant d'encre et de sang, et brisa tant de rêves. Bâtiment et pièces sublimes.

**MATE MUSEO MARIO TESTINO** ★

Pedro de Osma 409
✆ +51 1 200 5400
www.mate.pe
*S/ 25, du mardi au dimanche de 10h à 18h30. S/ 12.50 pour les étudiants et plus de 65 ans. Gratuit pour les moins de 12 ans. Ticket 3 musées Barranco S/ 52. Ticket Mate-Pedro de Osma S/ 44. Expositions temporaires gratuites.*
Pour les fans du photographe de mode qui a immortalisé les plus grandes stars. Né à Lima, Mario Testino fait beaucoup pour le renouveau culturel de la ville. Cette galerie propose plusieurs salles : l'une dédiée à Kate Moss, l'autre à Diana, et autres portraits de stars. Une salle est aussi consacrée à son travail sur le folklore. Les expos temporaires sont souvent pile dans l'air du temps et l'accès est gratuit. Le musée est plutôt petit, mais situé dans une jolie *casona* élégante, avec une boutique pour des cadeaux branchés et un agréable café-restaurant avec mini terrasse.

# SHOPPING

## Centro histórico

**MERCADO CENTRAL**

Entre les avenues Huallaga et Ucayali
Cercado de Lima
*De préférence le matin.*
Ce marché s'étend sur plusieurs *cuadras*, non loin du centre historique et du quartier chinois, de l'autre côté de l'avenue Abancay. C'est un véritable labyrinthe pour qui s'y aventure sans l'aide d'un liménien ! C'est le marché noir de la ville et l'on y trouve de tout, si l'on est accompagné : montres, CD, cigarettes, bijoux, lunettes, sacs... mais il y aussi des étals plus classiques de fruits et légumes, viandes, poissons.

**MERCADO SANTO DOMINGO**

Au coin de Jr. Condé de Superunda et Camaná
*Du lundi au samedi de 10h à 20h.*
Face à l'église du même nom, une galerie sur trois étages faite de petites boutiques dans une casona. Ici s'approvisionnent les artisans péruviens en perles et autres matières premières. On trouve aussi beaucoup de pièces d'artisanat standard que les revendeurs achètent en quantité (« al por mayor ») mais les boutiques sont ouvertes aux particuliers. Le choix est vaste : cuirs, miroirs et cadres, ponchos, bonnets et vêtements, bijoux. N'hésitez pas à marchander de quelques soles. Quelques boutiques aussi en remontant le Jr Camaná.

## Callao, Pueblo Libre et l'ouest

**MERCADO ARTESANAL**

Pueblo libre – Av de la Marina (cuadra 6 à 8)
S'étalant sur plusieurs cuadras, c'est le marché le mieux fourni de Lima, bien qu'il y manque les objets provenant de la selva. On y trouve de tout, du meilleur au pire. Intéressant d'y faire un tour le jour où on visite les musées Larco et Nacional de Arqueología situés dans le même secteur, sinon l'éloignement ne vaut pas une visite tout spécialement.

## San Isidro et Miraflores

### Cadeaux

**AGUA Y TIERRA**

Avenida Ernesto Diez Canseco 298
Miraflores ✆ +51 1 444 6980
*Du lundi au samedi de 10h à 20h.*
Une petite boutique spécialisée dans l'artisanat de la *selva* : superbes tissus shipibos, poteries, belles pièces. Assez cher mais pointu et de qualité.

**CUY ARTS**

Av Jose Larco 812 ✆ +51 932 359 494
www.cuy-arts.com – info@cuy-arts.com
Une boutique décalée qui propose polos pour tous les âges et sexes et objets de déco. Ici l'idée est de faire rire ou sourire et d'afficher son amour pour le Perú. De bonne facture.

**MERCADO ARTESANAL**

Av Petit Thouars (cuadra 50-53)
Un grand et beau marché qu'on appelle aussi Mercado Indio. Composé de plusieurs boutiques le long de la rue, puis de plusieurs grandes entrées donnant sur un dédale de galeries. En flânant, on tombe sur des vêtements, textiles, bijoux, objets de décoration de belle qualité, assez uniformes, à des prix beaucoup plus bas que dans les boutiques proches (mais plus élevés, malgré tout, qu'à Puno ou Cusco). Visite indispensable pour ceux qui n'auront pas le temps ou l'occasion de faire le plein de cadeaux dans les villes de la sierra.

San Isidro
400 m.
N
Vers Museo de la Nacion
Vers Miraflores
Historia Natural
Parque Bustamante Rivero
Panama
Castellas
Carnaval
Avenida La Republica
Las Begonias
Los Gavilanes
Los Pelicanos
Saga Falabella
Avenida Parque
Avenida M. Gonzales Olachea
Torre America
Rivera Navarrete
Radio Programas del Peru
Avenida Las Camelias
Asuncion
Av. Aramburu
La Florida
Rio Plata
Chinchon
Los Linos
Edifice Lafayette
Paseo Parodi
Avenida Petit Thouars
Avenida Arequipa
Ambassade de France
Avenida Javier Prado Este
Miguel Banon
Mairie
Museo Marina Nùñez del Prado
Los Incas
Parque El Olivar
Paseo de los Vireyes
Camino Real
Los Olivos
Paz Soldan
Bibliothèque municipale de San Isidro
Los Conquistadores
Avenida Santa Cruz
La Torre
Los Angeles
Felipe Pardo y Ariaga
Centre Artisanal San Isidro
Los Pinos
Avenida Camino Real
Huaca de Huallamarca
Santo Toribio
Los Ficus
El Rosario
Ambassade de Roumanie
Jorge Basadre
Fco. Tudela y Varela
Las Palmeras
Jose Domingo Choquehuanca
GOLF CLUB DE LIMA
Juan Antonio Pezet
Alvarez Calderon
Los Robles
Ambassade du Mexique
Los Cedros
Avenida Aurelio Miro Quesada
Blas Cerde
Los Nogales
Avenida Javier Prado Oeste
Avenida Dos de Mayo
Los Laureles
Gra A Elizalde
Las Flores
Belen
Los Eucaliptos
Parque Alfonso Ugarte
Parque Renan Elias
Oso
Jose Romanet
Pezet
Jorge Polar
Los Castaos
Pedro Portillo
Las Morenas
Clinica El Golf
Edificio Portillo
Los Jardines de Portillo
Los Manzanos
Uctavio Espinoza
Baltazar la Torre
Valle Riestra
Avenida Perez Aranibar

## Librairie

**CRISOL**
Av Santa Cruz 816
Óvalo Gutiérrez ✆ +51 1 221 1010
*Tous les jours de 10h à 23h.*
Une librairie très bien achalandée !

**Autre adresse :** Centre commercial Jockey Plaza : Av Prado Este 4200. ✆ +51 1 436 0004.

## Mode - Sport

**LARCOMAR**
Malecón de la Reserva 610
*Tous les jours de 10h à 21h.*
C'est ici qu'on trouvera le plus beau florilège de marques de sport et aventures. Attention souvent plus cher qu'en France. On y trouve pêle-mêle North Face, RKF (qui propose Columbia par exemple), Lippi (chilien donc un peu moins cher pour les produits de leur marque), Salomon. Il y a aussi une librairie bien fournie Ibero Librerias.

## Multimédia - Image - Son

**TALLER DE FOTOGRAFIA PROFESIONAL**
Avenida Benavides 1171 ✆ +51 1 628 5915
www.tfprosa.com – tfprosa@tfprosa.com
Si vous désirez un service véritablement professionnel, voici la meilleure adresse sur Lima avec impression numérique de vos photos, agrandissement et réparation d'appareils photo. important en cas de problème technique en voyage.

## Panier gourmand

**CHOCOMUSEO**
Calle Berlin 375 ✆ +51 1 445 97 08
www.chocomuseo.com
chocomuseo@gmail.com
*Tous les jours, de 9h à 20h30.*
Outre le salon de thé et les cours de chocolat, ici on produit le chocolat maison sous toutes ses formes : pisco, savons, tee-shirts et tabliers décalés. Il y a même des préservatifs chocolatés. Bref, ici on trouve une boutique avec des petits cadeaux clins d'œil pour tous les goûts.

**Autres adresses :** Centro Historico : Jr Carabaya 191-195, ✆ +51 1 239 85 31, +51 987 634 778, de 9h à 18h30. • Miraflores : Av. Diagonal 344, face au Parque Kennedy, ✆ +51 977 197 560

**LA GASTRONOMA**
Calle Libertad 439 ✆ +51 1 4471383
*Du mardi au samedi de 11h à 20h, le lundi de 15h à 20h. Fermé le dimanche.*
Des produits gourmands italiens pour les expats mais aussi des produits péruviens gourmands. Miel et olives biologiques, sel de Maras, café et thé, bières artisanales, confitures, chocolat de Xocoatl (le aguaymanto, coco et cerise !). Quelques bonnes bouteilles de vin péruvien (si, si goûtez le Quebrada de Ihuanco). Petit coin épicerie et minuscule terrasse pour se poser et déguster paninis, quiches et quelques douceurs sucrées comme la *barra brutal,* un brownie maison avec huile d'olive et une pincée de sel.

# Barranco et la Costa Verde

**DEDALO**
Saenz Peña 295 ✆ +51 1 477 5131
dedalo.pe
*Du lundi au samedi de 10h à 20h, le dimanche de 11h à 16h. Nocturnes les mercredis.*
Une adresse chic qui offre une sélection complète et pointue de ce qu'offre le Pérou contemporain. Bijoux, déco, vêtements, enfants. Cette casona est immense. Certaines pièces sont traditionnelles comme les tissus shipibos ou la sélection de laine andine. D'autres sont des créations de marques locales que vous ne trouverez qu'ici. On peut y déambuler avec bonheur, mais les produits y sont assez coûteux. Mais vous ne serez pas venu pour rien : un café très tranquille vous attend dans le patio. Les mercredis soir, ici, on déguste des pizzas maison dans une ambiance romantique éclairée à la bougie, avec concerts. En journée, menu bio le midi à S/ 19,50 et sandwiches, gâteaux, jus de fruits et café à la carte.
Une autre adresse à Larcomar pour les cadeaux.

**Autre adresse :** Miraflores : Centro comercial Larcomar, sous-sol à côté de l'entrée du théâtre

**FERIA LA UNION**
Jr Union 108
Barranco
*Vendredi, samedi et dimanche. Horaires plus amples durant les jours fériés.*
Ce petit marché de plein air fait le plein les fins de semaine pour proposer les créations locales. On y trouve beaucoup de vêtements (dont des tee-shirts avec l'écusson péruvien ou des imprimés *chicha* colorés) mais aussi des produits gourmands bios et des produits de beauté. Concerts gratuits. Petits stands pour déguster une glace, un café, une pizza, des sushis.

**FERIA LA UNION**
Jr Union 108 – Barranco
*Vendredi, samedi et dimanche. Horaires plus amples durant les jours fériés.*
Ce petit marché de plein air fait le plein les fins de semaine pour proposer les créations locales. On y trouve beaucoup de vêtements (dont des tee-shirts avec l'écusson péruvien ou des imprimés *chicha* colorés) mais aussi des produits

## Le coin des bouquinistes

C'est à Miraflores et San Isidro que l'on trouvera les librairies les mieux fournies en livres d'art, histoire et littérature. La plus pointue ? El Virrey (Bolognesi 510, Miraflores, de 11h à 19h).

Dans le centre, la rue Quilca (n° 257, ouverture tous les jours de 9h à 21h30) et les rues adjacentes proposent de nombreuses « ferias du livre », où il est possible de trouver des livres d'occasion en espagnol, en anglais et même quelques exemplaires en français.

gourmands bios et des produits de beauté. Concerts gratuits. Petits stands pour déguster une glace, un café, une pizza, des sushis.

### LAS PALLAS

Jirón Cajamarca 212 ✆ +51 1 477 4629
*Ouvert du lundi au samedi de 10h à 18h30. Fermé le dimanche.*

Cette boutique vend des pièces uniques d'artisanat, authentiquement anciennes. Qualité garantie. Le prix s'en ressent bien sûr, mais reste encore abordable pour les bourses occidentales. Si elle vous a à la bonne, la propriétaire, Mari Solari, galloise amoureuse du Pérou depuis des années, vous fera visiter aussi sa collection privée dans sa maison.



# SPORTS – DÉTENTE – LOISIRS

### PARAPUERTO

A côté du Parque del Amor de Miraflores
✆ +51 970 547 238
www.parapuerto.com
info@parapuerto.com
*De 10h30 à 17h30, si la météo s'y prête. Vol de 10 min en tandem pour S/ 260 inclus l'assurance et la vidéo du vol sur une carte SD 4Go. Réductions possible si on forme un petit groupe.*

L'occasion de survoler la Costa Verde de Miraflores et de frôler ses buildings. Possibilité de baptême en tandem ou de vol en individuel pour les plus aguerris. L'expérience se fait plus belle l'été avec un temps dégagé. Les instructeurs sont des professionnels. Et vous repartez avec une vidéo de votre vol. C'est cher certes mais c'est un souvenir unique. Contactez Ronald Flores Trujillo de Volando por el Perú (✆ +51 947 266 396 - volandoporelperu@gmail.com), un excellent pilote testé et approuvé.

### PERU BIKE

Calle Punta Sal 506
Surco
✆ +51 1 260 8225
www.perubike.com
info@perubike.com
*A partir de 70 US$ le tour classique privé et 100 US$ le tour de Pachacamac privé.*

Avec eux, il est possible de parcourir les 31 km depuis Lima vers Pachacamac en VTT pour les plus sportifs (6 à 7 heures de tour dont 4h à vélo). Ils proposent aussi les tours classiques de Lima en privé, le tour *riders* en grimpant au Morro Solar de Chorillos et un tour du centre historique disponible le dimanche (jour bien plus tranquille niveau circulation).

### PUKANA SURF

Playa Makaha
Miraflores-face au Club Waikiki
✆ +51 980 822 946
pukana-surf.com
jeac_amaya@hotmail.com
*Classe privée S/ 80. 4 classes S/ 300. Classe en groupe S/60. 8 classes S/ 450. Planche et combi à louer S/ 30. Paddle et combi à louer S/ 70.*

Les écoles de surf se sont regroupées sur ce petit bout de plage où s'entraînent aussi les surfeurs liméniens par tous les temps. On peut faire une classe d'essai pour le défi, s'inscrire au mois ou louer seulement les équipements. Chez Pukana, le matériel est bon. Il y a plusieurs tentes côte à côte. Regardez et négociez.

### VIENTO SUR PARAPENTE

Malecon Souza
Barranco
✆ +51 987 135 670
*S/ 200 le survol. Promotions les mardis et jeudis S/ 140. De 11h à 16h.*

Pour ceux qui (comme nous) pensent que les prix des survols de la ville en parapente sont un peu exagérés, voilà un bon plan depuis Barranco. Juanito déploie sa voile rouge et orange et vous fait survoler le quartier et la côte durant environ 15 minutes. Les contacter avant pour être sûr de les trouver. Tout dépend du vent.

# LES ENVIRONS DE LIMA

## AU NORD

### ANCÓN

Par la Panamericana Norte, au km 43, voici Ancón, plage de prédilection des Liméniens aisés jusque dans les années 1960. Aujourd'hui, ce petit port de pêche, qui abrite un cimetière pré-inca, vivote. La destination est devenue populaire des classes sociales plus modestes qui vivent dans les quartiers situés au nord de Lima. La baie est jolie, et on retrouve encore ci et là des restes du Ancón d'antan, mais mieux vaut éviter les fins de semaine en été ou les jours fériés. Un peu plus loin commence el Valle de Chancay, centre de la culture du même nom, qui abrite un château de type médiéval populaire les fins de semaine.

### RESERVA NACIONAL DE LACHAY

A 105 km, la déviation à droite conduit à la Reserva Nacional de Lachay où, en plein désert, croît, sous un microclimat, une étrange et abondante végétation. Une verte vallée à visiter entre juillet et novembre pour une verdeur maximum. S/ 10 l'entrée pour une journée. Possible de planter la tente. Infos Reserva Nacional de Lachay, ✆ +51 1 339 8342.

### RÚPAC

A Rúpac, dans la province de Huaral, on le surnomme aussi le Machu Picchu limeño. Un rien présomptueux sans doute mais cet ensemble de tours carrées, planté sur un promontoir au cœur des montagnes et antérieur aux Incas, ne manque pas de charme mystique. Surtout lorsque la brume domine l'horizon et se lève peu à peu.

La route mène de Lima à Huaral puis Acos, et enfin au village de La Florida, dernier stop pour les vivres (compter 8h de route tout de même). On y trouve des guides locaux. Certaines voitures peuvent vous avancer jusqu'à Pampas et il vous restera 7 km à marcher jusqu'à l'objectif bien visible. Possible de planter la tente à Pampas ou Rúpac même ou de dormir dans les familles de La Florida. Affluence les jours fériés péruviens.

- **Une bonne agence** : Mundo Aventura Travel s'est spécialisée dans les treks et séjours courts d'aventures autour de Lima. Ils proposent le trek en 2 jours pour S/ 190.
- **En solo** : c'est l'aventure. Depuis le terminal Lima Norte, bus jusqu'à Huaral à 2h puis autos colecticos jusqu'à Acos et une autre jusqu'à La Florida. Partez tôt : les colectivos ne partent que quand ils sont pleins ou vous devrez payer les places vides. Prévoir vos vivres, un gros sac de couchage et la tente pour la nuit sur place.

■ **MUNDO AVENTURA TRAVEL**
Av Larco 345, Interior M25
Miraflores
LIMA
✆ +51 945 100 834
*Voir page 139.*

### CARAL ★★

A 180 kilomètres au nord de Lima, au bord du río Supe, on trouve les vestiges de la plus ancienne cité précolombienne d'Amérique connue à ce jour (plus de 5 000 ans), inscrite au patrimoine mondial de l'Unesco depuis 2009. Cette civilisation, vivant de l'agriculture et de la pêche, a laissé sa marque avec six pyramides au milieu d'un désert aride presque blanc. La plus imposante s'élève à 18 mètres. Il s'agit là d'une découverte majeure dans l'histoire des civilisations. Depuis Lima certaines agences proposent la découverte durant une excursion d'une journée. Il est assez difficile de s'y rendre par soi-même, car le site est retiré, en bordure des contreforts du désert.

#### Transports

- **En solo,** prendre un bus pour Supe Pueblo et de là une auto *colectivo* (elles partent du marché) pour Caral. Turismo Barranca part du terminal Lima Norte. Il faut descendre du bus à hauteur du marché de Super. A une rue de là, on trouve le *paradero de taxis ou colectivos* (S/4, 6 passagers à bord) qui vont jusqu'à Caral. La voiture vous laissera au point d'entrée pour les piétons, il reste 20 minutes à parcourir à pied. Vous pourrez vous poster au même point pour le retour, mais des voitures ne circulent que jusqu'à 16h et il faut parfois attendre longtemps. Un taxi peut vous emmener jusqu'à la zone de réception du site archéologique qui vous épargnera la marche à pied, vous attendre et vous ramener. Il vous en coûtera environ S/ 100.

- **A organiser via une agence à Lima,** comme Lima Vision ou bien Mirabus.

### LIMA VISION TOURS

Jr. Chiclayo 444
Miraflores
LIMA
✆ +511 447 7710
*Voir page 173.*

### MIRABUS

Calle Martir José Olaya 190
Miraflores
LIMA
✆ +51 1 242 6699
*Voir page 173.*

## À voir - À faire

Caral est l'équivalent au Pérou des pyramides d'Egypte ou de la civilisation sumérienne, un site vieux de 3 000 à 2 500 ans avant Jésus-Christ, la plus ancienne civilisation d'Amérique. Attention tout de même si le site est intéressant, il n'est pas aussi imposant que les pyramides égyptiennes. Ces pyramides carrées sont en escalier et la plus haute mesure 28 mètres de haut.
Depuis 2003 les investigations, fouilles et mises en valeur sont gérées par un projet commun dont Ruth Shady est la principale archéologue. Le site archéologique de Caral est vaste et étendu. Il regroupe en fait la Cité sacrée de Caral, Vispera et Aspero et les musées communautaires de Supe et Végueta. Pour donner corps et lien à tout cela, le mieux est de le visiter en véhicule privé avec un guide ou de profiter des services des agences depuis Lima.
La route idéale pour une visite complète est de s'arrêter tout d'abord au temple de Vichama (juste après la ville de Huacho) pour observer les frises, puis rejoindre le musée communautaire de Végueta. A 1 heure plus au nord et dans les terres on trouve la Cité sacrée de Caral, le site principal. Juste à l'extérieur de Supe, face au Pacifique de nouveau, on trouve le dernier site archéologique, celui de Aspero. Faire un crochet par soi-même le long de la route vers le nord est possible, mais difficile et on ne pourra qu'accéder à la Cité sacrée de Caral elle-même.
Chaque fin octobre (durant deux à trois jours le dernier week-end du mois d'octobre), on célèbre le Caral Raymi : reconstitution en costumes, danses et ambiance de fête et le soir venu découverte du site aux flambeaux.

### CIUDAD SAGRADA DE CARAL ★★

Acceso Caral ✆ +51 1 205 2500
www.zonacaral.gob.pe
webmaster@zonacaral.gob.pe
*Accès aux sites du lundi au jeudi de 9h à 16h, fin de semaine et jours fériés jusqu'à 18h. Entrée S/ 11, guide-orientateur en espagnol S/ 20 (jusqu'à 20 personnes, obligatoire).*
A son époque de gloire, Caral, la principale cité et centre cérémoniel majeur de la civilisation du même nom devait regrouper de 1 000 à 3 000 individus répartis selon des classes hiérarchiques et des tâches à accomplir. Cette civilisation s'est étendue et a prospéré pendant environ 1 000 ans. A la différence des cités voisines, Aspero et Vichama, Caral se situe dans les contreforts du désert à 23 km du littoral. Elle a été déclarée Patrimoine culturel de l'humanité par l'Unesco.
Plusieurs archéologues ont exploré la zone, et sont mentionnés dans des travaux de recherche comme Max Uhle, Julio C. Tello, Carlos Williams ou le suisse Frederic Engel, mais ce n'est quand 1996 que les travaux de mise à jour de la cité et ses satellites ont abouti et ont été diffusés, de la main de l'archéologue Ruth Shady toujours à la tête du projet.
Sur la zone centrale, on recense 32 structures ou résidences réparties sur deux zones principalement : Caral Alto au nord et Caral Bajo au sud. On peut réaliser le circuit intégral de 2h30 ou le circuit *ligero* de 1h30, l'accompagnement d'un guide-orientateur est obligatoire. Sur plusieurs points stratégiques, on trouve des miradors ou plateformes pour mieux observer les sites.

#### Caral Alto

Caral Alto, au nord, regroupe les constructions et résidences les plus vastes. On y trouve 7 pyramides, deux places circulaires, une Plaza Central, espace de congrégation collective, et la plazuela de la Huanca plus petite.

- **Pirámide Mayor** (Sector E). Mesure 150 mètres de long, 110 mètres de large et 28 mètres de haut. Elle se dresse devant la place centrale où l'on pense que se trouvait le marché. C'était la plus importante du site, celle qu'on voit sur les photos. Elle était entourée d'une place circulaire et de plateformes en escaliers.
- **Edificio Piramidal La Cantera** (Sector B), construit sur un promontoire rocheux qui servit de carrière. On trouve à son sommet un autel circulaire, un fourneau et deux conduits souterrains.
- **Edificio Piramidal Central** (Sector C), le 2e par sa dimension avec une hauteur de 18 mètres. Il est situé à l'ouest de la plaza central. A ses côtés on a retrouvé une petite place qui servait aux rituels.

- **Edificio Piramidal La Galería** (Sector H), tout à l'est de la cité, c'est le 3e par sa hauteur. Il est relié au site par une galerie souterraine.
- **Edificio de la Banqueta** (Sector N), plus petit et anecdotique
- **Edificio Piramidal La Huanca** (Sector I), c'est ici qu'on trouve un monolithe planté dans le sol d'une hauteur de 2,15 mètres.

**Caral Bajo**

Caral Bajo, au sud, présente des édifices de moindre dimension comme le complexe archéologique de l'Anfiteatro ou celui de l'Altar Circular.

- **Templo del Anfiteatro** (Sector L), un complexe fortifié constitué d'une place circulaire en forme d'amphithéâtre. C'est la plus grande du complexe avec 29 mètres de diamètre. C'est la plus importante de cette partie et la plus connue après la Pirámide Mayor.
- **Edificio del Altar Circular** (Sector P), où on trouve à nouveau un autel circulaire, un fourneau et ses conduits.

A l'entrée un petit musée et des panneaux expliquent bien le développement de la civilisation, sa prospérité, les échanges régionaux, le développement de la pêche et de la culture du coton par exemple. On en apprend aussi plus sur la cosmovision, ce lien mystérieux entre les hommes et les éléments qui réglaient leur vie. Sur place on trouve aussi toilettes, petit restaurant et boutique.

### VICHAMA

*Accès inclus dans le billet Caral, mêmes horaires. Depuis le même terminal Lima Norte on peut rejoindre Huacho en bus ou colectivo puis Végueta dans un second colectivo. En route, le véhicule peut vous déposer à l'entrée de Vichama. Vichama se situe environ 1h avant Caral en voiture.*

Située à hauteur du Km 146 de la Panamericana Norte, Vichama est une cité agro-pescuaire au bord de l'océan Pacifique. Sur le site on trouve deux petites places rondes comme des amphithéâtres et un bâtiment principal labyrinthique aux murs en adobe à hauteur d'homme.

C'est ici qu'on trouve les bas-reliefs les plus expressifs le long de murs, réalisés il y a 3 800 ans. On trouve une frise où on était sculptés en reliefs des enfants qui dansent en se tenant les côtes et une tête de mort qui dépeint la famine qu'ont traversée ces civilisations. Au-dessus la tête d'un crapaud les deux pattes solidement posées au sol et un petit canal qui symbolise le retour de l'eau. Plus récemment un autre mur a été mis à jour avec de nouveau des visages humains et une espèce de bouche nourricière d'où jaillissent cinq racines.

L'ensemble est très bien conservé et c'est un témoignage puissant sur cette civilisation qui a été confrontée aux changements climatiques et bouleversements.

### MUSEO COMUNITARIO DE VÉGUETA

Plaza de Armas
Végueta
*Entrée incluse dans le billet à Caral, 9h-17h.*

Si vous vous arrêtez d'abord à Vichama, ce petit musée permet un complément d'information sur la civilisation Caral. Les panneaux expliquent le rôle de la cosmovision et de la religion pour soutenir cette société.

### ASPERO

*Entrée incluse dans le billet Caral, mêmes horaires.*

Une fois à Supe Puerto, on rejoint le site archéologique de Aspero en moto-taxi.

On pense qu'il s'agissait d'une cité de pêcheurs. On y trouve trois temples principaux : Hauca Alta, Huaca de los Idolos et Huaca de los Sacrificios où on a retrouvé des restes de sacrifices humains. la Hucaca Alta était la plus imposante, mais elle a beaucoup souffert de fouilles illégales et a été partiellement détruite. En 2016 on a retrouvé à la Huaca de los Idolos les restes d'une femme dont on présume qu'elle appartenait à l'élite locale il y a 4 500 ans ainsi que des flûtes taillées dans des restes osseux.

# À L'EST

## MARCAHUASI ★

Marcahuasi est un site unique, à 80 km et 3 heures de route à l'est de Lima, sur un plateau situé à 4 000 m d'altitude. On y découvre des ruines préincas et des structures géologiques hallucinantes, aux multiples figures humaines ou animales, comme sculptées par les éléments... Attention, froid intense au cœur de ce *bosque de piedras* mais sensations uniques.

### Transports

Se rendre à Chosica depuis Lima en bus ou *colectivos* (au coin de Javier Prado et Arequipa), compter 2 heures de trajet. De là chercher le *paradero* à San Pedro de Casta, village distant de 3 heures. Deux services de minibus par jour à 7h et 12h. Retour depuis San Pedro de Casta à Chosica à 14h.

### Pratique

▶ **Recommandations.** Il est nécessaire d'emporter ses vivres depuis Chosica. Il est possible de camper sur place (emmener un sac de couchage bien chaud) ou de passer une nuit basique dans le village en contrebas (Hostal Municipal S/ 30 à S/ 40 la nuit). On peut aussi louer un âne.

▶ **Entrée à payer à l'Office du tourisme** de la communauté de San Pedro de Casta S/ 20 (tarif étrangers). Infos sur www.marcahuasi.com

## HUAROCHIRÍ

Huarochirí c'est un peu la nouvelle terre d'aventures du Liménien en manque d'air frais, de paysages et d'adrénaline. Outre le magnifique Bosque de piedras de Marcahuasi, on y trouve aussi quelques routes faites pour l'aventure.

**■ CAÑÓN DE AUTISHA**

Le Cañón de Autisha est une descente de 200 mètres où l'on se faufile entre deux parois immenses puis débute un chemin dans l'obscurité vers la cascade de Sheke et sa lagune sous-terraine. On y va équipé de casques et cordes mais pas de rappel, juste des sentiers étroits et des grottes sombres.

**■ MUNDO AVENTURA TRAVEL**

Av Larco 345, Interior M25 – Miraflores
LIMA ✆ +51 945 100 834
*Voir page 139.*

**■ SONGOS ET HUANANO**

San Jerónimo de Surco
Pour atteindre ces sites, il faut se rendre à San Jerónimo de Surco à 2 heures de Lima. Le premier sont des tobogans naturels qu'on descend à même la roche. Le second est une cascade de 30 mètres qu'on peut descendre en rappel. N'oubliez pas le change et la deuxième paire de chaussures.

# AU SUD

Au sud de la capitale s'étendent les plages prisées des habitants de Lima : el Silencio, Punta Hermosa, Punta Negra, San Bartolo, Santa María, Pucasana, León Dormido, Asia et Bujama. Très fréquentées, elles sont encombrées de bars-discothèques. Armez-vous de patience dans les bouchons les week-ends !

## PACHACÁMAC ★★

A 31 km de la Panamericana, dans la vallée de Lurín, s'étendent les ruines de Pachacamac.

### À voir – À faire

**■ LAS LOMAS DE LUCUMO**

✆ +51 997 944 148
lomasdelucumo.org.pe
*Samedis et dimanches, de 8h à 11h. Entrée S/ 8. Camping S/ 10 par nuit et par personne. Guide local Ruta Los Guardianes (3 heures environ) S/ 40 et Ruta Los Lúcumos (5 heures environ) S/50, groupe de 1 à 15 personnes.*

Ce projet écologique voisin de Pachacamac offre des circuits de promenade de 3h ou 5h pour voir du vert à Lima. Attention on n'y entre plus que le week-end et maximum jusqu'à 11 heures. Sur place on trouve des sentiers d'interprétation qu'il faut suivre en compagnie d'un guide local (départs tôt le matin). Le tarif indiqué est valable pour le l'ensemble du groupe et modique. Nous vous conseillons de prendre donc un guide juste pour vous. Le site est difficile d'accès sans voiture et il faut réserver sa visite. On peut aussi camper sur place.

**■ RUTA XAUXA – PACHACÁMAC** ★

qhapaqnan.cultura.pe
A partir du site de Pachacamac, il est possible d'entamer un trek sur la portion Pachacamac-Xauxa du Qhapaq Ñan. Cette partie de 223 km est très peu connue, mais c'est l'une des plus spectaculaires du chemin inca ! Elle commence d'ailleurs à attirer l'attention du gouvernement, qui entreprend de plus en plus des projets de mise en valeur. Si vous vous lancez dans cette aventure, ne manquez surtout pas le site du Huaycan de Cieneguilla, un labyrinthe en adobe qui a survécu partiellement jusqu'à nos jours ! Prévoir vivres et tente.

**■ SITIO ARQUEOLÓGICO PACHACÁMAC** ★★

Antigua Carretera Panamericana Sur, km 31,5
Lurin
✆ +51 1 321 5606
pachacamac.cultura.pe
reservaspachacamac@cultura.gob.pe
*Pour s'y rendre, prenez un combi sous le pont Benavides (Av. Benavides et Panamericana Sur) en direction de Pachacamac/Lurin (compter 45 min et quelques soles). Du mardi au dimanche de 9h à 17h (16h le dimanche). Fermé le lundi. Entrée : S/ 15 par adulte. Guide : S/ 25 par groupe.*

LIMA ET SA RÉGION

En quechua, ce nom signifie « l'âme du monde, celui qui donne sens au monde ». On est ici en présence du plus important sanctuaire de la *costa* central dédié au dieu Pachacamac (celui qui donne la vie), qui connut son apogée au VIIIe siècle et était encore à l'arrivée des Espagnols un centre important. Les Incas, soucieux de la cohésion de l'empire, maintiendront cette divinité en son temple. Le musée et le site présentent des vestiges en adobe, des murs ornés de figures humaines et de poissons, des idoles taillées dans le bois. Par beau temps, on jouit d'un superbe point de vue depuis la pyramide principale.
La visite vaut la peine d'autant que le nouveau musée du site vient enrichir l'expérience. Il montre les différentes époques et cultures qui s'établirent sur le site. Tout un travail de reconstitution a été fait autour de l'idole en bois de Pachacamac dont on a retrouvé un totem sculpté riche de détails.
On peut aussi découvrir le site à vélo avec le bicitour aux mains de 10 jeunes des communautés voisines : 10 vélos sont à disposition pour un circuit de 2 heures accompagné de deux jeunes rémunérés au pourboire. Ce service fonctionne le samedi de 10h à 15 h et le dimanche de 10h à 14h, sauf le 1er dimanche du mois (gratuit pour les Péruviens donc plus de monde sur place).

- **Acllawasi.** Juste après l'entrée sur la droite c'est la maison des élues où vivaient et travaillaient les femmes sélectionnées pour leurs habilités culinaires, manuelles ou leur beauté. Celui-ci était l'un des plus grands et importants de la côte d'où cet édifice élégant en adobe poli aux grandes fenêtres trapézoïdales entouré de canaux et citernes d'eau. Il a été reconstruit sous la tutelle de Julio C. Tello. On l'observe de l'extérieur et c'est vrai qu'il ne manque pas de prestance.

- **Pirámides con rampa.** Elles sont au nombre de deux et datent de la culture Ychma qui occupa les lieux entre les XIe et XVe siècles.

- **Templo Pintado.** Ici on trouvait un escalier peint de rouge puis des peintures murales de poissons, oiseaux et plantes ont enrichi l'ouvrage. On pense qu'ici existait une zone de bain rituel et peut-être était-ce le lieu originel où résidait l'idole de Pachacamac. Le lieu est malheureusement très endommagé.

- **Templo Viejo.** Cette plateforme impressionnante regroupe des millions de briques d'adobe et une rampe, c'est aussi la plus ancienne. Elle date de 200 à 550 apr. J.-C.. On a trouvé ici aussi beaucoup d'offrandes.

- **Templo del Sol.** Il est le plus imposant du site et orienté vers la mer et les îles. Côté est, Max Uhle découvrit en 1896 le cimetière de femmes sacrifiées, probablement de l'élite, enterrées avec un trousseau de vêtements en laine et de la vaisselle inca. C'est le Templo del Sol le plus grand de toute la côte péruvienne.

## Sports - Détente - Loisirs

**PERU BIKE**
Calle Punta Sal 506 – Surco
LIMA ✆ +51 1 260 8225
*Voir page 193.*

## Visites guidées

**MIRABUS**
Calle Martir José Olaya 190 – Miraflores
LIMA ✆ +51 1 242 6699
*Voir page 173.*

# SAN BARTOLO

Les plages au sud de Lima sont les plus populaires. La route poussiéreuse cache des plages de bonne facure. En été, une escapade d'un jour ou deux vaut la peine. A Punta Hermosa, ça surfe dur. San Bartolo a davantage l'esprit village avec sa jetée bordée de galets, surfeurs également, bons restaurants de ceviche (Albamar, sur la promenade), hôtels sympathiques. Il est préférable de s'y rendre en semaine pour se faire bronzer au calme. On en oublie totalement la ville.

## Transports

San Bartolo est accessible en taxi ou combi (sous le pont Benavides, Panamerica Sur).

## Se loger

**HOTEL LOS DELFINES**
Playa Sur ✆ +51 1 430 7000
losdelfinesanbartolo@yahoo.es
*A partir de S/ 100 la chambre double ou matrimoniale, en semaine ou hors saison et S/ 120 avec terrasse et vue sur mer. Les prix varient beaucoup selon l'époque de l'année. Petit déjeuner S/ 20.*
De jolies chambres avec salle de bains privée et des appartements équipés proches de la plage la plus tranquille du village, l'hôtel propose aussi une petite piscine, la tv câblée et le wifi. Cette maison de plage est simple mais accueillante. Surf, stand-up paddle, yoga ou massages en option.

**KAUHUHU CASA HOTEL**
Malecón San Martín Norte 694, esquina con Las Cascadas
Playa Norte ✆ +51 1 430 8193
www.kauhuhu.com – reservas@kauhuhu.com
*A partir de S/ 170 la chambre double ou matrimoniale, S/ 200 avec balcon-vue sur mer*

*et S/ 300 la familiale. Prix à consulter selon la saison. Pas de petit déjeuner.*
Dans cette grande maison en bois au design contemporain se cachent huit chambres chaleureuses. Certaines ont vue sur mer et jouissent d'un balcon. Toutes ont une TV écran plat avec le câble, le wifi, un ventilateur, une salle de bains privée et un petit réfrigérateur. La décoration est colorée, l'ambiance familiale et relax. On s'y sent comme à la maison, le temps des vacances. Le plus ? Une petite piscine intérieure.

## PUCUSANA

La plupart des plages du sud sont très résidentielles et hébergent beaucoup de maisons de vacances. Pucusana fait exception avec sa baie en demi-lune où flottent les barques de pêcheurs. Le village est populaire et plutôt tranquille, bien plus simple, mais aussi plus authentique que ses voisins. On peut se baigner sur une plage de sable proche, Naplo, accessible depuis le village en 15 minutes à pied ou 5 minutes en moto-taxi. Ici juste une vague de bord. On peut également louer les services des embarcations du port pour faire un tour en bateau d'environ 30 minutes (compter S/ 40), observer mouettes, cormorans et lions de mer adossés à la falaise qui forme cette baie. Enfin on peut grimper à la force des jambes (le chemin est tracé, mais pas sécurisé) la falaise pour attraper le coucher du soleil.

### Transports

Depuis le centre de Lima, prendre Peru Bus qui dessert tous les villages de la côte et descendre le long de la Panamericana Sur à l'entrée de Pucusana. De là des combis ou taxis rejoignent le centre.

### Se loger

■ **HOSPEDAJE CRUZ DEL SUR**
Porto Velho
✆ +51 988 859 199
calle_granholm@yahoo.dk
*Chambre matrimoniale ou double S/ 70 avec salle de bains partagée, chambre familiale (4 pers) S/ 130, mini-appartement S/ 150 pour 2 et S/ 25 par personne (jusqu'à 6 pers) avec salle de bains et cuisine. Petit déjeuner inclus. Wifi.*
C'est à la pointe du *cerro* qu'on a trouvé Peter et son petit hôtel. Soyons clairs, il est tout au bout d'un chemin de terre étroit (mais accessible en voiture ou moto-taxi si on ne regarde pas en contrebas) et entouré des maisons de bric et de broc typiques qui se construisent comme on peut sur les collines caillouteuses. Une fois arrivés, on comprend le coup de cœur qu'a eu ce Danois pour Pucusana. Il a une vue superbe sur la baie et ses bateaux. Et a construit ici son petit hôtel peint de blanc. C'est simple, mais très bien tenu. Il propose cinq chambres de bonne taille équipées de la TV, avec terrasse-balcon commune, salle de bains commune et cuisine en libre-service (3 dans un bâtiment et 2 dans un autre). Il possède aussi des appartements familiaux plus spacieux dont un avec cuisine équipée. Et il préparait une chambre matrimonial privée avec une super vue. Il sert un petit déjeuner sain et généreux sur la terrasse du rez-de-chaussée. Peter peut aussi vous aider à organiser le tour de la baie en bateau par exemple. Il propose aussi les services d'un chauffeur privé pour venir ou aller vers Lima à prix négociés.

### Se restaurer

Le midi, ceviche. Le soir, il n'y a qu'une pizzeria dans le village. Faites vos provisions. Pucusana a aussi son marché pour acheter local.

■ **CEBICHERIA JOHNY**
Malecon San martin 407 et 431
✆ +51 1 430 9084
*Autour de S/ 30-35 le plat. Tous les jours, le midi.*
Sur le Malecón, la promenade qui longe le port, on trouve beaucoup de restaurants de fruits de mer côte à côte. Ces deux terrasses, Johny I et Johny II, appartiennent à la même famille et proposent une cuisine populaire et fraîche à base de poissons et fruits de mer. Un cebiche bien frais et un *arroz con mariscos* et vous voilà rassasié. C'est très correct.

## CERRO AZUL

Pour ceux qui recherchent le repos, le petit village de pêcheurs de Cerro Azul (km 132) paraît tout indiqué pour un court séjour de soleil et de mer (quoique l'eau y soit froide, comme sur tout le littoral). Petits hôtels et surf au programme. Attention le coin est populaire et donc moins calme en été.

## SAN VICENTE DE CAÑETE

San Vicente de Cañete (144 km au sud) est un gros village qui a été peuplé par des groupes précolombiens, puis par les Noirs amenés par des négriers sans âme, et enfin, quand fut aboli l'esclavage au milieu du XIX$^{e}$ siècle, par les Chinois. Un exemple parfait du métissage péruvien. Cela se sent dans son folklore qui, fin août, culmine lors de son festival. Egalement réputé pour sa gastronomie dans laquelle la crevette tient le haut de la carte. A noter qu'on produit du très bon pisco dans les parages. San Vicente de Cañete est situé sur la route qui mène à la vallée de Lunahuana et la réserve Nor-Yauyos.

# LUNAHUANÁ ★

La destination aventure préférée des Liméniens : ensoleillée, avec dégustations de pisco, bonne gastronomie et un río qui offre des routes de rafting du débutant à l'expert. Si vous disposez d'un véhicule, c'est une étape parfaite sur la route à la Reserva Nor Yauyos.

## Transports

Pour s'y rendre, bus Soyuz jusque Cañete (compter 2h30) puis bus locaux ou taxis *colectivos*.

## Pratique

### ■ LUNAHUANA RAFTING

Jr. Grau 180 ✆ +51 1 2841178
www.lunahuanarafting.com
*Rafting : S/ 60 et S/ 110 et de 1h à 3h de descente. Tyrolienne : route courte S/ 70 et longue S/ 130.*
Ce sont les spécialistes des descentes en rafting. Ils offrent des routes courtes ou plus longues, très douces ou plus agitées, de niveau II à IV+. On peut aussi y ajouter plusieurs lignes de tyrolienne qui surplombent la rivière (route courte avec 2 lignes et longue avec 5 lignes dont la dernière de 900 mètres de long). Les fans d'aventure y trouveront leur compte.

## Se loger

### ■ EL REFUGIO DE SANTIAGO

Anexo de Paullo
Carretera de Lunahuana Km 31
✆ +51 991 991 259
www.refugiodesantiago.com
info@refugiodesantiago.com
*A partir de S/ 329 la double, S/ 395 la triple et S/ 461 la quadruple. Petit déjeuner compris. Réductions en semaine sur Internet.*
Ce petit hôtel de charme se situe dans une casa-hacienda pourvue d'un jardin potager et aromatique immense qu'on visite, d'un restaurant bio excellent et d'une piscine. En pierre et matériaux rustiques, il a vraiment une âme. Ces passionnés ne proposent que 5 chambres, la plupart familiales. Il est pas contre difficile d'y accéder sans véhicule (voiture ou taxi). Pas de wifi ici, déconnexion totale.

### ■ LA CONFIANZA

Antigua Bodega La Confianza, Catapalla
✆ +51 968 213 093
www.laconfianza.com.pe
reservas@laconfianza.com.pe
*A partir de 70 US$ la double ou matrimonial en semaine et 120 US$ le week-end. On peut aussi ajouter un lit supplémentaire, 25 US$. Quadruple 90 US$ en semaine et 120 US$ le week-end. Petit déjeuner inclus.*
La Confianza propose deux types de bungalows avec salle de bains privée : simples en bois ou en adobe et avec les plus belles vues en hauteur sur le fleuve et un lit queen. Sur place on trouve aussi une piscine, un restaurant et beaucoup d'activités à la carte (canopy, rappel, quatrimotos, rafting ou balades à cheval). On peut aussi déguster un bon *pisco* dans cette ancienne bodega. Restaurant sur place.

# RESERVA NOR YAUYOS-COCHAS ★★

La Reserva Paisajistica Nor Yauyos Cochas est un endroit magnifique qui a beaucoup à offrir : cascades et lacs turquoises (on en compte plus de 400), petits villages authentiques où dormir chez l'habitant comme Huancaya ou Vitis, truites fraîches pour vos déjeuners, chemins de randonnée, chemin inca, alpinisme, observation de la faune et de la flore, ornithologie, pêche sportive, écotourisme (découverte des activités agricoles : fabrication de miel, traite des vaches, élevage de camélidés, élevage de truites, etc.). Cette destination a été redécouverte par les Liméniens eux-mêmes il y a seulement quelques années. Prévoir 3 jours et 2 nuits sur place pour vraiment profiter, minimum une nuit dans tous les cas. La route pour s'y rendre est étroite, compter 7 heures en voiture depuis Lima, 4h depuis Cañete. Possible de camper (prévoir un sac de couchage chaud). On est entre 2 000 et 5 000 mètres d'altitude.
Eviter toutefois la visite lors des jours fériés péruviens. Sa « proximité » avec Lima en fait une destination fort prisée et rapidement prise d'assaut.
On peut partir de Lima, visiter la Réserve Nor Yauyos puis finir la boucle vers Huancayo dans la sierra central si on est en véhicule privé ou avec une agence. Certains hôtels de Huancayo proposent la visite sur la journée également.

## Transports

- **Il existe le bus** San Juan de Yauyos et Nova Express pour Huancaya, depuis le terminal Molina de Yerbateros situé dans le quartier de San Luis (S/ 25). Il faut s'y rendre et demander, le terminal est informel. Attention à vos affaires, le quartier est populaire. Trajet : 7 à 8 heures.
- **Le plus rapide** est encore de prendre un bus Soyuz jusqu'à Cañete, tôt le matin (compter environ 2 heures 30 / 3 heures) puis un *colectivo* jusqu'à Huancaya (compter environ 4 heures de trajet, départ toutes les heures le matin).

# LA CÔTE SUD

*Les îles Ballestas abritent quelques lions de mer.*

# La côte sud

Huaral
Canta
La Oroya
Lag. Paca
Jauja
Río Mantaro
JUNIN
Marcahuasi
Matucana
Concepción
LIMA
Île de
San Lorenzo
Chupaca
Huancayo
Río
Mantaro
LIMA
Yauyos
Pampas
Huancavelica
Churcampa
San Francisco
Acobamba
Huanta
Río Cañete
Incahuasi
Lircay
San Miguel
HUANCAVELICA
Río Apurímac
Río Pampas
San Vicente de Cañete
Chincha Alta
Castrovirreyna
Ayacucho
Incahuasi
Chincheros
Tambo Colorado
Cangallo
Andahuayl
Îles Chincha
Pisco
Río Pisco
Huaytará
Vilcashuamán
Îles Ballestas
Huancapi
Îles San Gallán
Los Molinos
Huancasancos
Querobamba
RÉSERVE NATIONALE DE PARACAS
Ica
Río Grande
AYACUCHO
Río
Bahía de la Independencia
Lagune de
Huacachina
Pampas
Challhuan
Palpa
Puquio
Nasca
Río Nazca
Coracora
Alpabamb
Río Acarí
Pausa
San Juan de Marcona
Acarí
Lag. Parinacochas
Puerto Inca
Caravelí
N
0
100 km
OCÉAN PACIFIQUE
Routes principales
Routes secondaires
Villes principales
Villes secondaires
Villages
Aéroport régional
Sites archéologiques

Río Urubamba
Río Madre de Dios
Río Las Piedras
PARC NATIONAL DU MANU
MADRE DE DIOS
Manu
Las Piedras
Río Paucartambo
Puerto Maldonado
illabamba
RÉSERVE COMMUNALE AMARAKAERI
Río Inambari
RÉSERVE NATIONALE TAMPOPATA
SANCTUAIRE HISTORIQUE DU MACHU PICCHU
Machu Picchu
oquequirao
Urubamba
Calca
Paucartambo
Río Tambopata
PARC NATIONAL BAHUAJA SONENE
TUAIRE NATIONAL AMPAY
Anta
Cusco
CUSCO
pancay
Urcos
Nevado Auzangate
Paruro
Sibinacocha
Tambobamba
Lag. Pomacanchi
Acomayo
Macusani
quibambilla
Yanaoca
Raqchi
Río Apurímac
Sicuani
Yanahuaya
Sandia
PURIMAC
Antabamba
Río Pampas
Santo Tomás
Lag. Languilayo
Ayaviri
Yauri
Azángaro
Putina
AREQUIPA
Lag. Arapa
Huancané
Caylloma
Cotahuasi
Nevado Escribano
Nevado Mismi
Moho
evado Coropuna
Lampa
BOLIVIE
Juliaca
Río Colca
Chivay
Lac Titicaca
quibamba
Nevado Sabancaya
Lag. Lagunillas
Puno
Ilave
Aplao
Volcán Misti
RÉSERVE NATIONALE SALINAS Y AGUADA BLANCA
Juli
Lag. Salinas
Yunguyo
Nevado Cerco Cerco
MOQUEGUA
Arequipa
Río Vitor
Camaná
Quilca
Omate
Desaguadero
Mazo cruz
Mollendo
Río Tambo
Lag. Lariscota
Moquequa
Punta Bombón
Candarave
Cordillera Barroso
Locumba
Ilo
Tarata
Punta Coles
Río Caplina
Ite
Río Sama
Tacna
Punta Sama
CHILI

# LA CÔTE SUD

*Zone de peuplement très ancienne, la « costa » au sud de Lima et jusqu'à la frontière chilienne fut le foyer de quelques-unes des cultures préincas parmi les plus vivaces, prolifiques et ingénieuses en matière artisanale, artistique et architecturale. Paracas et Nazca furent soumises par l'empire tiwanaku-wari, né entre Puno et Ayacucho, avant que celui-ci ne trouvât ses maîtres dans les conquérants incas. Partant de la capitale, le voyageur parcourra le vaste désert côtier et ses étranges merveilles gravées dans la poussière, léguées par des peuples ignorant l'écriture mais maîtrisant les mathématiques et la physique.*

## PISCO

- **Population :** 105 000 habitants.
- **Altitude :** 0 m, au bord de la mer.

La ville, située dans le département d'Ica, donne son nom à la boisson la plus populaire du Pérou – fabriquée pourtant à 75 km de là –, elle-même empruntée aux anciens habitants indigènes du site, fins potiers qui tournaient d'immenses jarres où fermentait le divin breuvage.

- **La côte fut aussi le théâtre d'un des épisodes majeurs de l'histoire des Amériques** : le débarquement, en 1820, du général San Martín, à la veille d'entreprendre la libération du Pérou et du Chili ; l'événement est signalé par une haute statue équestre du Libertador sur la plaza de Armas et par le nom même de la plage de Pisco : playa de la Independencia.
- **Depuis le tremblement de terre qui a dévasté la ville en 2007**, difficile pour Pisco de se remettre sur pieds. Malgré les années passées les recontructions sont lentes et la ville affiche désormais un visage très commercial pas forcément alléchant pour le touriste. On parle toujours du musée qui devrait naître en lieu et place du Municipio, la cathédrale se remet sur pied fort lentement, le Jirón Comercio et l'Avenida San Martin sont les deux axes clés mais pas grand-chose de séduisant ou d'immanquable. Celle qui a profité de la disgrâce c'est Paracas, passée du village de pêcheurs à la station balnéaire à la mode. Aujourd'hui tout le monde va à Paracas et l'on vous conseille de faire pareil. Les options de logement sont diverses, les agences y sont installées, la mer est à deux pas.

### Transports

**AEROPUERTO INTERNACIONAL DE PISCO – CAPITÁN FAP RENÁN ELÍAS OLIVERA**
✆ +51 56 542046
Il est de plus en plus courant de survoler les lignes de Nasca depuis ce petit aéroport pour s'éviter les 3 heures de route (6 heures aller-retour) jusqu'à Nasca même. L'aéroport est aussi proche de Pisco que de Paracas. Un survol de 1h40 est au prix de 280 US$ avec Aerodiana (www.aerodiana.com.pe ou ✆ +51 1 447 6824). Taxe d'aéroport 4,48 US$. Mêmes règles qu'à Ica il faut attendre que les brumes se lèvent. Une option luxe pour les pressés. Les autres passeront par Nasca puis pourront rejoindre Arequipa en bus.

### Pratique

**CLINICA FAMISALUD**
Calle Progreso 211 ✆ +51 56 534281
famisalud.com.pe/
*Ouvert 24h/24.*

**HOSPITAL SAN JUAN DE DIOS**
Av. Reino de Marruecos S/N, Ex Fundo Alto La Luna, frente a la entrada del Molino
✆ +51 56 535716
hsjdpisco.gob.pe
*Ouvert 24h/24.*

## Les immanquables de la côte Sud

- **Visiter les îles Ballestas et les plages de la Reserva**, près de Paracas.
- **Survoler en avion** les lignes mystérieuses de Nazca.
- **Danser au rythme de la musique afro-péruvienne** de Chincha, au nord de Pisco.
- **Surfer sur les dunes** de sable de Huacachina.
- **Déguster le pisco** et le vin péruvien dans une bodega d'Ica.

## Gare aux terremotos !

La région de Pisco a été dévastée par un terrible tremblement de terre (7,9 sur l'échelle de Richter) en août 2007 faisant plus de 500 morts. De nombreux hôtels et monuments ont été détruits à cette occasion. L'heure est maintenant à la reconstruction mais les travaux avancent lentement, notamment à Pisco et Ica, où il n'est pas rare de voir des rues encore entièrement détruites... Plus récemment, d'autres tremblements de terre ont eu lieu à l'automne 2011, engendrant de nouvelles destructions. Les villes d'Ica et Pisco y ont laissé beaucoup quant aux zones intéressantes pour les touristes. Les excursions se sont donc concentrées sur Paracas et La Huacachina.

**POLICE**
Plaza de Armas
Calle San Francisco 139 ✆ +51 56 532083
*Ouvert 24h/24.*
Un bâtiment flambant neuf inauguré en février 2011, qui abrite aussi le siège du Gouvernement local.

**SERPOST**
Calle Callao 358
*Ouvert du lundi au vendredi de 9h à 18h et le samedi de 9h à 14h.*

## Se loger

**HOSTAL SAN ISIDRO**
Calle San Clemente 103
✆ +51 56 536471
hostal-san-isidro.hoteles-en-ica.com
hostalsanisidro@hotmail.com
*Compter S/ 60 la simple, S/ 80 la matrimoniale, S/ 85 la double, S/ 125 la triple et S/ 160 pour une chambre de 4 personnes, salle de bains privée. Petit déjeuner continental S/ 12 ou américain à S/ 14.*
Un excellent point de chute, recommandé par de nombreux voyageurs, pour ses chambres privées simples, mais propres, et toutes avec salle de bains, l'accueil, la jolie piscine, le cachet colonial, et la quantité de services proposés (wifi, laverie, billard, table de ping-pong...). Un petit peu excentré, à côté du cimetière, mais au centre-ville. Pisco n'est pas très fréquenté par les voyageurs étrangers, l'établissement a un peu vieilli, mais reste très correct.

**HOSTAL TAMBO COLORADO**
Av Bolognesi 159
✆ +51 56 531379
www.hostaltambocolorado.com
*Compter S/ 81 la simple, S/ 112 la double, S/ 122 la matrimoniale et S/ 148 la triple, salles de bains privées, TV, wifi. Petit déjeuner S/10 continental et S/12 americano.*
Une structure de taille moyenne proposant des chambres confortables avec sanitaires privés (eau chaude), télé câblée et wifi. Patio avec des plantes et des photos du Pérou. L'ensemble est lumineux, fleuri et bien tenu. Les chambres sont plus simples et un peu sombres, mais amples. A disposition : bar, petite cuisine équipée (café et thé de courtoisie), organisation d'excursions, laverie et parking. A 2 minutes de la Plaza de Armas.

**POSADA HISPANA**
Av Bolognesi 222 ✆ +51 56 536363
www.posadahispanaperu.com
reservas@posadahispanaperu.com
*Chambre simple S/ 50, double S/ 70, triple S/ 100, quadruple S/ 140. Petit déjeuner à S/ 10 le continental et S/ 12 l'américain.*
Chambres à l'ancienne mais avec salle de bains privée, matelas corrects, et eau chaude qui fonctionne bien. Vous y trouverez aussi un service d'information touristique sur les excursions dans la région, wifi, blanchisserie, coffre, et même une boîte aux lettres pour poster vos cartes… Petite cafétéria sur place. C'est à côté du Tambo Colorado.

*Candélabre de Paracas.*

## Se restaurer

### AS DE OROS

Av San Martín 472
✆ +51 56 532010
www.asdeoros.com.pe
*Midi et soir. Plats à partir entre S/30 et S/50 à la carte.*
Ouvert depuis 35 ans, cet établissement est le plus connu de la ville. Bel espace aéré et moderne avec une terrasse et piscine. On y sert une cuisine créole et internationale de qualité, à base de poisson. Bons cocktails, à base de pisco bien sûr ! Le week-end en soirée discothèque. Un peu plus excentré (moins de 10 minutes de la Plaza de Armas).

### RESTAURANT LA CATEDRAL

Calle San Juan de Dios
Plaza de Armas
✆ +51 56 533132
*Plats à la carte à partir de S/ 20. Menus du jour le midi.*
Une carte locale de plats populaires, poissons et fruits de mer. Cuisine fraîche et de qualité. Le local ne paie pas de mine et le service est un peu lent mais on en ressort satisfait et c'est à deux pas de tout, sur la Place d'Armes.

## Sortir

### TABERNA DON JAIME

Av San Martin 203
✆ +51 955 907 490
*De 16h à minuit et jusqu'à 4h du jeudi au dimanche.*
Reconnaissable avec son mur recouvert de dessins de vignes et de tonneaux, cet établissement fait danser la jeunesse et les touristes de Pisco ! Ambiance assurée avec piste de danse et boule à facettes. Désormais une succursale sur le Malecón de Paracas, à une cuadra du port.

# CHINCHA ET EL CARMEN

A 30 km au nord de Pisco, cette petite ville chaotique passe un peu inaperçue. Elle est pourtant le berceau de la culture afro et abrite une importante communauté de Noirs venus d'Afrique pour cultiver le coton péruvien. Les énormes haciendas San José et San Regis sont passées des mains des Jésuites aux griffes des grands propriétaires, elles ont beaucoup souffert du tremblement de terre de 2007, mais San José a été rouvert comme hôtel de luxe en 2012. A l'extérieur de la ville, de nombreux lodges où les familles liméniennes viennent passer une fin de semaine les doigts de pied en éventail.
La ville de Chincha même est très commerciale et vivante : rues bariolées d'enseignes lumineuses et peuplées de marchands les plus divers (il faudra profiter de l'opulence du coin, beaucoup de fraises, de mangues et d'ananas, mais aussi d'énormes pots de *blanco manjar* ou de bouteilles de Borgoña, vin sucré produit aux alentours...). La Plaza de Chincha a été rénovée, mais ça lui a coûté ses palmiers centenaires, pas au goût de tous malheureusement.
Pour un touriste en quête de folklore, l'intérêt se trouve à côté au village de El Carmen (à 15 min en *colectivo*, départ de la Calle Cagueta près du marché de Chincha) avec sa superbe église jaune soleil et sa place placide. Le dernier samedi de février, la ville s'enthousiasme pour son Festival del Verano Negro, alors que Chincha accueille le Festival de la Vendimia, en l'honneur du vin régional. Le 27 décembre, El Carmen célèbre la fête de la Virgen del Carmen, connue dans la région comme la Peoncita (la petite ouvrière), au cours de laquelle des groupes d'adolescents exécutent la danse des « petits Nègres » – musique et corps vibrants.

## Transports

Compter 1h de route depuis Pisco (géographiquement, Lima-Chincha-Pisco), combis ou *collectivos*. Pour partir en direction de Lima : bus toutes les heures avec Flores, Soyuz ou Ormeño. Toutes ces compagnies sont situées dans la rue du marché, à 1 km de la Plaza de Armas.

## Se loger

Pour se loger, on trouvera de nombreuses *hospedajes* dans les rues autour de la Plaza. Pour plus de confort, casa Andina, chaîne importante au Pérou, a un hôtel à la sortie de la ville et d'autres petits lodges ont poussé. A El Carmen, chambres chez l'habitant très basiques, mais c'est un plan intéressant lors des périodes de fête pour être au plus près.

### CASA ALBERGUE HUARANJAPO

El Carmen
✆ +51 998 785 286
www.huaranjapo.com
huaranjapo@gmail.com
Tourner à gauche juste avant la Plaza de Armas.
*Compter S/ 110 la simple, S/ 170 la double, S/ 240 la triple, S/ 300 la familiale (4 personnes). Petit déjeuner inclus.*
Si vous souhaitez visiter El Carmen et son âme afro tout en étant installés confortablement, ne cherchez plus. Les chambres sont de bonne facture et propres. Il y a six chambres doubles, deux triples et deux familiales. C'est donc petit et un peu comme à la maison. On peut profiter

de la cuisine à libre disposition, d'une piscine, parilla, jeux et wifi. L'endroit est destiné aux fins de semaine des familles péruviennes en mal de campagne, mais c'est un bon pied-à-terre pour explorer le village et ses alentours un jour ou deux.

### ■ VENTURE HOTEL

Maurtua 253
✆ +51 56 268690
*Chambre simple 20 US$, matrimoniale ou double 35 US$, lit queen size 40 US$, salle de bains privée, petit déjeuner buffet inclus.*
Il n'y a pas grand intérêt pour le voyageur à s'arrêter à Chincha même. Autour de la Plaza de Armas des hôtels de ce type, moderne, bien tenu, ont poussé. Venture offre un bon rapport qualité-prix. Les chambres sont bien équipées avec TV et wifi. Parking sur place.

### ■ CASA HACIENDA SAN JOSÉ

Panamericana Sur Km 203 s/n, Chincha Alta
✆ +51 56 313332
www.casahaciendasanjose.com
reservas@casahaciendasanjose.com
*Sur Internet, chambres doubles/matrimoniales à partir de 110 US$, avec vue sur le jardin 145 US$, suite 205 US$. Petit déjeuner inclus. Wifi. Attention, plus cher les fins de semaine.*
Un joyau renaît de ses cendres. Cette superbe casa hacienda, partiellement détruite suite au tremblement de terre, a été transformée avec soin en un hôtel de luxe charmant. L'ensemble compte 12 suites luxueuses élégantes et hautes de plafond avec lit king size, TV et DVD, baignoire et 28 chambres plus petites, mais modernes et impeccables avec salle de bains. Attention wifi dans les parties communes, mais pas jusque dans les chambres. Sur place, plusieurs activités pour ne jamais trouver le temps long : piscine extérieure, vélos à disposition, formules avec cours de danse et percussions (40 US$, gratuit le samedi à 17h), tour en tracteur jusqu'à la maison de Don Amador, célèbre danseur de *zapateo* dont les enfants perpétuent la tradition (dimanche, 11h). La réservation sur Internet inclut la visite guidée des catacombes et de la chapelle. Attention à l'affluence aux dates de fêtes et fins de semaine au Pérou, prix relativement doux pour la qualité du service le reste du temps. Il faut réserver en ligne en saisissant son adresse mail, les tarifs varient beaucoup et vous recevrez une cotisation personnalisée. Puisque les lieux sont superbes, on conseille vivement aux petits budgets de venir y prendre un café ou un jus de fruits – d'ailleurs un tour guidé de la Casa Hacienda est possible sans y loger, 45 minutes (horaires de 9h à 13h et de 14h30 à 16h), S/ 20 pour adultes et S/ 10 pour les enfants.

## Se restaurer

### ■ EL REFUGIO DE MAMAINÉ

El Guayabo, El Carmen ✆ +51 922 956 339
*Tous les jours, uniquement le midi. Compter environ S/ 30 le plat.*
Le restaurant d'Esther Cartagena Castrillón de Cotito s'impose comme l'incontournable de la région en célébrant les saveurs de la cuisine afro. Les assiettes sont richement servies. Le plat-phare ? Pas léger léger, le 6 en 1 avec riz, haricots noirs, *seco de res*, *cau-cau*, *carapulcra* et *sopa seca*. A la carte quelques plats plus simples comme l'inévitable escalope de poulet-salade, beaucoup de plats à base de viscères, et des desserts. A noter des shows de musica negra dont Madame elle-même qui roule des hanches et des épaules après le service. Super ambiance populaire. Accessible en voiture privée ou taxi.

# TAMBO COLORADO

Ces ruines incas, à 1h de voiture de Pisco, témoignent de la gloire de Pachacútec qui y fit construire des silos à grains et des habitations en adobe et en pierre pour ses soldats. C'est le site le mieux conservé de la côte sud. Son nom provient de la combinaison du mot quechua « *tampu* », qui signifie lieu de repos, avec le terme espagnol « *colorado* » accordé à la couleur de ses murs. Au milieu des montagnes nues, trois palais et un labyrinthe de fenêtres et de niches. Entrée 5 soles. Tours depuis Paracas, à partir de 50 US$ en privé.

## Transports

Situé le long de la Libertadores qui mène à Ayacucho, on accède au site depuis la petite ville de Humay, à 45 minutes de Pisco. Mieux vaut y aller avec un tour pour que les déplacements ne soient pas trop compliqués.

## Pratique

Ouvert tous les jours de 8h à 16h, petit musée sur le site. Entrée : S/7,50.

# PARACAS ★★

Paracas est connu pour son joli port de pêche et sa proximité avec les Iles Ballestas et sa colonie de lions de mer et oiseaux marins. Les plages de la Reserva comptent parmi les plus belles du Pérou, on peut aussi les survoler en parapente. Ces dernières années le village a connu un boom touristique et immobilier. C'est un stop séduisant pour découvrir la côte sous d'autres augures. On l'appelle aussi El Chaco Paracas, du nom du village de pêcheurs qu'il fut.

## Transports

Paracas est désormais une destination incontournable, les grosses compagnies de bus y ont leur agence. Compter 4h environ. On vous recommande Oltursa et Cruz del Sur. Des compagnies plus économiques existent mais ce n'est pas simple. Elles vous laisse à l'entrée-sortie de Pisco, ce qu'on appelle « El Cruce ». De là, rejoindre Paracas en taxi (S/ 20) ou prendre un premier colectivo jusque Pisco puis, à côté du marché, un 2e *colectivo* jusque Paracas (trajet total : S/ 4,50). Soyuz est l'une d'entre elles.

**OLTURSA**
Hotel Double Tree Suites by Hilton Paracas, Lote 30 - 34 – Urb. Santo Domingo
✆ +51 994 616 492
corporativo@oltursa.com.pe
*Environ S/ 60 le trajet direct Lima-Paracas.*

**CRUZ DEL SUR**
Av. Principal de ingreso al Chaco 101
✆ +51 1 311 5050
www.cruzdelsur.com.pe
*S/ 55-60 le trajet entre Paracas et Lima. Vente de billets du lundi au dimanche de 8h à 18h30. Prix sur Internet.*
D'ici partent les bus pour retourner à Lima ou continuer le voyage vers Ica, Nasca, Arequipa ou Cusco.

**SOYUZ**
✆ +51 1 205 2370
www.soyuzonline.com.pe
*Environ S/ 30 le trajet.*
Pas de terminal à Paracas. Il faut rejoindre le croisement et monter directement. On paie dans ce cas au chauffeur.

## Pratique

**I PERU**
Av. Libertadores s/n
Entrée Bulevar El Chaco
peru.travel
*Du mardi au dimanche de 7h à 13h et de 14h à 16h. Fermé le lundi.*
Petit module d'information.

## Orientation

**I PERU**
Av. Libertadores s/n
Entrée Bulevar El Chaco
*Voir page 208.*

## Se loger

Il est préférable de se loger à Paracas lorsqu'on visite la réserve du même nom ou les îles Ballestas, car les meilleures excursions ont lieu tôt le matin. La ville a connu un gros boom immobilier et hôtelier. Beaucoup d'hôtels le long de l'avenue principale, les plus tranquilles et exclusifs sont dans la deuxième baie là où les plages sont aussi les plus belles.

### Bien et pas cher

**HOSTAL AMIGO**
Parque Quiñones (à côté du port)
✆ +51 56 545042
hostalelamigo@hotmail.com
*Compter S/70 la chambre simple et S/ 80-100 pour une chambre double ou matrimoniale selon la saison, S/130-150 la triple ou familiale. TV câblée et eau chaude*

*Paracas, paradis des oiseaux marins.*

*24h/24. Internet. Petit déjeuner continental S/ 10.*
Voilà un hôtel qui porte bien son nom tellement Antonio, le propriétaire, est affable et sympathique ! Il vous donnera tous les renseignements dont vous pouvez avoir besoin. Ne vous fiez pas à la façade extérieure de l'hôtel, il offre un espace lumineux au milieu des bougainvilliers. La déco est vieillotte mais les chambres propres et agréables. L'accès à la terrasse directement depuis les deux chambres matrimoniales du 3e étage avec vue sur mer est un plus (mieux de réserver). Excellent rapport qualité-prix.

### ■ KOKOPELLI BACKPACKERS PARACAS

Avenida Paracas 128
Entre San Augustin et Libertador, front de mer
✆ +51 56 311824
www.hostelkokopelli.com
paracas@hostelkokopelli.com
*A partir de S/ 33-36 le dortoir de 14 lits ; S/43 avec 6 lits ; S/ 115 la matrimonial sans salle de bains ; S/ 130 la matrimonial avec toilettes et S/ 150 la double avec salle de bains. Petit déjeuner inclus.*
Une chaîne de backpackers de confiance qui a déjà des hôtels à Lima, Cusco et Mancora. Emplacement privilégié face à la mer et avec piscine. Les chambres sont neuves et propres, les matrimoniales bénéficient d'un lit queen plus ample. Comme souvent dans ces hôtels à l'âme internationale, le concept est bien pensé : restaurant sur place, bar face à la mer et beach parties qui vont avec, kayaks en usage libre, location de paddles. Parfait pour se relaxer, se la couler douce ou faire (beaucoup) la fête.

### ■ PARACAS BACKPACKERS HOUSE

Av. Los Libertadores
Diagonale de la Plaza Quiñones, en traversant l'Avenue
✆ +51 56 536700
www.paracasbackpackershouse.com.pe
albertovelarde@hotmail.com
*A partir de S/ 20 le dortoir de 10 lits ; S/ 45 la simple et S/ 55 la double ou matrimonial sans salle de bains ; S/ 85 la double ou matrimonial et S/ 115 la triple avec salle de bains. Laverie. Wifi. Pas de petit déjeuner.*
Dans le centre, un hôtel simple mais présent depuis les débuts du boom de Paracas. L'espace a été remis à neuf début 2017 et ne cesse de grandir. Il propose des chambres neuves impeccables, certaines avec salles de bains privées. Eau tiède pour tous. Espaces extérieurs agréables avec terrasse à l'avant et patio et ses hamacs à l'arrière, petite cuisine. Lidia et Alberto sont charmants et peuvent vous arranger les tours qui vous font envie.

## Confort ou charme

### ■ HOSTAL SANTA MARIA

Avenida Paracas s/n ✆ +51 56 545045
santamariaparacas.reservas@gmail.com
*Chambre simple S/ 115 et matrimonial S/ 170 avec petit déjeuner continental. Wifi.*
Un excellent rapport qualité-prix pour cette grande maison blanche au cœur du village, à côté de la petite place Aberlado Quiñones. Les chambres sont simples mais lumineuses avec salle de bains privée, wifi et TV. Si vous les prévenez de votre arrivée, il vous envoie un taxi au terminal de bus (S/ 10). La maison a ouvert un second établissement, le Maria Bonita, de l'autre côté de l'Avenue. On continue de préférer l'original, plus au calme.

### ■ HOTEL EL EMANCIPADOR

Av. Paracas N° 25
A l'entrée du golf
✆ +51 56 532818
www.hotelemancipador.com
paracas@hotelemancipador.com
*Chambre simple à 80 US$, double à 100 US$, triple à 110 US$. Bungalows (jusqu'à 6 personnes) à 200 US$. Petit déjeuner buffet inclus.*
Hôtel immaculé à environ 500 m du port, il est situé juste après la barrière de contrôle, un peu en retrait. Les chambres sont relativement modernes et équipées de tout le nécessaire habituel avec petits balcons. Il est possible de se restaurer sur place, au Wayra, élégant avec sa baie vitrée. Piscine de belle taille. Tout ce qu'on peut attendre d'un hôtel de catégorie 3 étoiles au Pérou.

### ■ INTI MAR PARACAS BAY

Reserva de Paracas
✆ +51 991 350 656
www.inti-mar.com
info@inti-mar.com
*Matrimonial à 100 US$, suite matrimonial 120 US$, familiale (lit double plus lit superposé) entre 120 US$ pour 3 personnes, 140 US$ pour 4 personnes et 160 US$ pour 5 personnes. Petit déjeuner inclus.*
A notre connaissance, le seul établissement qui soit situé à l'intérieur même de la Réserve, sur la pointe face à la plage principale de Paracas, près de la plage Atenas. Isolé, il n'a que 6 chambres : une matrimoniale et plusieurs familiales avec lits superposés ou chambres communicantes. Ces bungalows, les uns à côté des autres, sont construits en planches comme les cabanes de pêcheurs. Intérieurs modernes et impeccables. Les chambres manquent un peu de cachet mais dès qu'on met un pied dehors, la récompense est là : on s'y sent seul au monde, avec l'océan en face. Une suite avec vue panoramique surnommée la Roca est exceptionnelle.

On peut récolter et préparer soi-même ses coquilles Saint-Jacques. Restauration sur place à prix raisonnable (de S/ 25 à S/ 40) et possible d'y aller comme visiteur pour déjeuner. Plongée et snorkeling, balades en bateau ou kayak, plages. Attention s'y rendre en taxi privé est obligatoire (S/ 30-35 le trajet).

**HOTEL GRAN PALMA**
Av. Principal de Paracas MzD lote 03
✆ +51 1 66 55932
www.hotelgranpalma.com
reservas@hotelgranpalma.com
*Simple 35 US$ ; double ou matrimoniale 49 US$, avec vue sur la mer 79 US$ ; quadruple 92 US$. Petit déjeuner buffet.*
Cet hôtel propose 20 chambres avec un petit balcon. Moderne, propre et décoré avec goût, offrant eau chaude, wifi, TV. Son véritable atout est la terrasse au 4e étage sur laquelle est servi le petit déjeuner (un buffet très complet) et qui jouit d'une vue majestueuse sur le port. Piscine semi-couverture sur place, à l'entrée et petit bar juste à côté.

**PARACAS SUNSET**
Av. Paracas Mz D Lote 6 ✆ +51 56 534473
paracassunset.com
reservas@paracassunset.com
*Chambre simple 60 US$, double ou matrimoniale 80 US$, triple 95 US$, quadruple 120 US$. Petit déjeuner buffet inclus. Réductions possibles.*
Un petit hôtel 3 étoiles construit par la même famille qui possède le Refugio del Pirata, une adresse économique. Il offre de petites chambres claires en briques et bois desservies par des petites terrasses, une piscine centrale, un petit jardin fleuri, un restaurant aux prix plus que corrects. Une bonne adresse qui a du charme.

## Luxe

**LA HACIENDA BAHIA PARACAS**
Urb. Sto Domingo Lote 25
✆ +51 56 581370
hoteleslahacienda.com
reservas2@hoteleslahacienda.com
*A partir de 240 US$ la nuit pour 2 personnes, petit déjeuner buffet inclus.*
Petit coup de cœur pour l'élégance des lieux. Ici on a opté pour une construction plus traditionnelle, hommage aux anciennes haciendas. Toutes les chambres matrimoniales sont dotées d'un lit king et ont vue sur mer, vues internes pour les doubles ou triples. Confort moderne avec TV, air conditionné, wifi, mais un petit côté à l'ancienne qui ajoute une touche de charme. L'hôtel possède également une très belle piscine tout en courbes. Moins de chambres ici donc un esprit un peu plus intime et exclusif.

**HOTEL PARACAS LUXURY COLLECTION RESORT**
Av Paracas 173
✆ +51 56 581333
www.marriott.com
*Sur internet, à partir de 229 US$ la chambre pour deux, petit déjeuner buffet compris. Vente flash à 160 US$.*
Cet hôtel est sans conteste l'un des plus luxueux du sud péruvien. Fermé après le tremblement de terre de 2007, il a rouvert trois ans plus tard et propose aujourd'hui 120 chambres avec mur de bambou, tables en marbre et des commodités exemplaires (écran plat, Internet haut débit, balcon privé avec vue sur l'Océan...), ainsi que 16 suites incluant un service de majordome. A disposition : deux restaurants (avec un *dress code* à respecter !), lounge bar, centre de remise en forme, salon de coiffure pour hommes, centre d'affaires, salon de beauté, deux piscines extérieures chauffées et spa... Le petit déjeuner buffet est gargantuesque (vous pouvez en profiter même sans louer de chambre, 24 US$). C'est aussi ici depuis le bar qu'on a le plus beau coucher de soleil de la baie, le Chalana est ouvert les fins de semaine vendredi et samedi de 11h à 17h. La vue n'est pas mal non plus depuis le lounge. Cet hôtel propose aussi des excursions vers les îles, la réserve de Paracas et le survol des lignes de Nazca.

## Se restaurer

A Paracas, comme sur toute la côte Pacifique, il est de mise de déguster des spécialités à base de fruits de mer et de poissons. Les meilleurs restaurants proposent d'ailleurs des produits pêchés dans la Réserve toute proche. Il est très agréable de déguster un *ceviche* ou un *chicharrón de pescado* (nuggets de poissons servis avec une sauce tartare) sur la promenade face à la majestueuse baie. Les expériences se valent un peu mais les plus jolies terrasses en hauteur sont situées tout au bout du Malecón à côté de l'embarcadère. Pour des bouchées de coquilles Saint-Jacques hors du commun, cap sur le Inti Mar qui sert aussi à déjeuner sur réservation une cuisine fraîche et maison.

## Sur le pouce

**■ CAFÉ ARENA**
Los Libertadores j1 lote 19
✆ +51 949 052 610
*Tous les jours. A la carte café ou jus S/ 8-12, empanadas S/5, desserts S/ 10-15. Petit déjeuners.*
Un petit café soigné qui propose des petits déjeuners, des sandwiches ou petits plats salés (burgers), des gaufres, des jus et des cafés frappés. Il y fait frais, c'est agréable et bien tenu. Ils sont situés sur l'avenue principale de la ville, pas sur le bord de mer.

**■ FRUZION**
Alameda Alan Garcia Perez Mz C Lt 8
✆ +51 56 311866
*Dimanche de 7h à 15h, du lundi au jeudi de 7h à 18h, vendredi et samedi de 7h à 20h. A la carte entre S/ 15-30.*
La petite cafétéria qui monte pour prendre un café sur le pouce ou un smoothie tout frais avec de la glace pilée. Saveurs locales avec celui de *lucuma*, un fruit très populaire des Péruviens. L'endroit propose aussi une restauration type fast-food avec salades, hamburgers et *tequeño*s à partager. On y va aussi pour prendre des petits déjeuners super complets ou un pancake pour le goûter. La carte est ample avec des options végétariennes. Musique de fond et wifi. Top !

## Bien et pas cher

**■ LOBO FINO**
Alan Garcia Perez ✆ +51 56 534979
*Menu le midi à S/ 15 servi de 12h à 15h en semaine. A la carte S/ 30-35.*
Cette petite cantine de qualité est une adresse petit budget qu'on se passe par le bouche-à-oreille. Excellent menu du jour avec entrée, plat et *refresco* comme il se doit. Cuisine fraîche. Petite terrasse ombragée. Au fond de l'avenue principale, on dirait presque un restaurant routier d'extérieur, mais on y est bien et la cuisine est de qualité pour le prix proposé. A la carte, plats intéressants, mais un peu coûteux pour le cadre.

**■ TABERNA DE DON JAIME**
*Menu à S/ 20 le midi.*
Un des nombreux restaurants du boulevard au bord de mer où déguster poissons et cuisine péruvienne. Rustique et familial. Petite terrasse. Animé le soir.

## Bonnes tables

**■ EL CHORITO**
Avenida Paracas s/n ✆ +51 56 545045
*De 7h à 21h, fermé le lundi. Plats de poisson à la carte entre S/ 30 et 42.*
Cet élégant restaurant se trouve à l'angle de la place principale, dos à l'hôtel Santa Maria et propose tous types de plats. Les petits budgets pourront manger un club sandwich et les gourmets trouveront une large sélection de poissons et fruits de mers. Propre et réputé, les serveurs y officient même en habits, toutefois il n'a de vue ni sur le port ni sur la mer. Remis à neuf début 2017.

**■ LA MUÑA RESTAURANTE**
Malecón El Chaco Mz A
✆ +51 999 045 654
hotelbamboolodge.com
*Tous les jours. A la carte comptez S/ 40-50 le plat.*
Un petit restaurant élégant sur le front de mer avec de jolis matériaux rustiques et une petite terrasse romantique sur l'avant. Optez pour les fruits de mer : noix de Saint-Jacques au parmesan, écrevisses, poulpe à la braise. Service sympathique. Il se démarque un peu de la concurrence. Il est situé au-dessus d'un petit hôtel, le Bamboo Lodge.

**■ RESTAURANT PARACAS**
Av. Paracas L10
A l'entrée du port
✆ +51 56 535138
www.restaurantparacas.com
ventas@grupoparacas.com
*Compter entre S/ 40 et S/ 60. Plats enfants. Tous les jours de 10h à 22h.*
Cette adresse offre des recettes originales à base de poissons et de fruits de mer. Installé au 4e étage d'un bâtiment que l'on atteint par un ascenseur (suffisamment rare au Pérou pour le signaler), on peut déjeuner, dîner ou savourer un cocktail dans un lieu bien décoré en profitant d'une vue imprenable sur la baie de Paracas. Le patron, José Rosas Zarich, propose aussi des activités nautiques : kite-surf, catamaran, paddle mais aussi parapente. Au rez-de-chaussée, pizzeria ouverte sur l'avenue et bar ouvert sur la plage. Une adresse complète.

## À voir – À faire

Que ce soit pour les îles ou pour la réserve, tous les hôtels, mais aussi de nombreuses agences proposent des tours (le prix n'inclut généralement pas le droit d'entrée, pensez donc à rajouter S/ 11 pour les Ballestas, S/ 11 pour la Reserva Paracas et S/ 21 pour Ballestas et Reserva Paracas si vous optez pour le billet combiné. Dans tous les cas, pour Ballestas le port prélève aussi un droit d'entrée de S/ 5. N'hésitez pas à comparer, car les prix varient du simple au double et le service est en général le même, en groupe.

## El Niño

On en entend souvent parler, sans vraiment bien saisir l'impact qu'il peut avoir sur la faune et la flore des régions qu'il traverse. Tous les 5 ans environ, El Niño fait son apparition sur les côtes péruviennes, et ce courant chaud est un véritable désastre pour les îles Ballestas et la réserve de Paracas. C'est le courant froid de Humboldt qui maintient la richesse océanique en plancton, nourriture de base des phoques, otaries, pingouins, dauphins et oiseaux. El Niño, qui est trop chaud, fait fuir ce plancton : les animaux et oiseaux sont donc contraints de migrer, à la recherche de nouvelle nourriture.

Cette catastrophe écologique est d'autant plus grave que Paracas est une étape essentielle pour les oiseaux migrateurs. Si, après avoir parcouru des milliers de kilomètres, ils pensaient trouver repos et nourriture en ces lieux, ils seront fortement déçus d'y trouver El Niño car ils devront repartir aussitôt pour apaiser leur faim, alors qu'ils étaient déjà à bout de souffle. Si, pour les hommes, le climat et la température de l'eau sont agréablement réchauffés par El Niño, en revanche, pour de nombreuses espèces animales, ce « petit enfant » est une importante cause de mortalité.

**La ville de Paracas en soit offre peu de distractions.** Elle s'est convertie en un point de départ idéal pour explorer les Iles et la Réserve. La petite ville ne cesse de grandir et est en construction permanente. On peut faire un détour par la collection de crânes allongés typiques de la culture Paracas, le legs du collectionneur Juan Navarro, en visitant la Marina Turistica (entrée S/ 6, de 8h à 15h). Beaucoup d'activités de plein air par contre pour profiter de l'Océan et de ses vents. Attention le temps est souvent clément en matinée puis le vent *paracas* souffle fort l'après-midi.

### CULTURIDES TIME MACHINE

Av Paracas L10, 1er étage
✆ +51 994 567 802
*Entrée S/ 15 adulte et S/ 10 enfant. Tous les jours de 8h à 22h.*

Un nouveau concept un rien révolutionnaire : un ascenseur de 3 étages qui vous transporte au fil de la culture Paracas. Défilent différentes scènes de mannequins robotisés qui reproduisent les gestes ancestraux avec son et mise en lumière durant une dizaine de minutes. Les 5 dernières sont consacrés à un documentaire sur la biodiversité locale. Intéressant.

### RESERVA NACIONAL DE PARACAS ★★★

*Centre d'accueil des visiteurs ouvert de 7h à 18h. Entrée S/ 11 ou combiné Paracas + Ballestas S/17.*

Au sud de Paracas commence la réserve naturelle de 335 000 ha, avec ses plages désertes où l'on peut apercevoir des lézards, des flamants roses, des dauphins et des otaries. Le camping sauvage y est possible, à condition de prévoir alimentation et boisson.

Plus loin, on pouvait observer une monumentale concrétion rocheuse, paradis des oiseaux, appelée la Catedral, mais celle-ci (si photogénique pourtant !) a été détruite par le tremblement de terre de 2007. On y passe toujours et depuis le mirador superbe plage au sable gris sur la gauche.

La playa Roja avec son sable rouge est tout aussi photogénique. Pour se baigner les eaux calmes de la Mina sont parfaites, des dauphins viennent parfois vous saluer, attention la page est petite et l'affluence nombreuse en fin de semaine en été.

Les tours marquent souvent un arrêt au petit port de Lagunillas, allez déjeuner dans la paillote « El Che » la plus recommandée. Vous pouvez aussi grimper un petit mirador pour avoir vue sur cette petite baie et ses bateaux de pêche.

**Pour la visiter**, on peut choisir le tour organisé en taxi ou en minibus (entre S/ 25 et 80 pour 2 ou 3 heures de visite). Le plus intéressant reste cependant de louer un VTT (S/ 30 la journée sans guide, compter 7 h) ou un scooter (S/ 100) : attention il peut faire très chaud, dans ce cas nous vous conseillons de rester sur le secteur La Roja-Lagunillas (restaurants) et La Mina. Ou l'explorer en quad (S/ 80 pour 2 heures en groupe, un pilote + un passager derrière un quad de tête).

**Dans le Museo de Sitio Julio C. Tello de Paracas** (au point de contrôle de la Reserva, entrée gratuite), on apprend que si les côtes péruviennes ne représentent que 0,1 % du littoral mondial, elles accueillent pourtant 10 % des richesses sous-marines ! La scénographie ludique du musée est accessible aux enfants. On découvre aussi le beau site arraché aux sables de l'oubli, en 1927, par Julio C. Tello, qui révéla les textiles funéraires (bandes superposées de coton qui entouraient les morts et les protégeaient de l'humidité) des cultures paracas et nazca. Ce musée retrace l'évolution de ces civilisations de 200 à 700 apr. J.-C au fil de 120 pièces archéologiques. On y apprend notamment que, si les Nazca enterraient leurs morts dans la position fœtale (symbole de la naissance et donc de la renaissance) avec des couvertures et des objets de céramique, c'était pour qu'ils ne manquent de rien dans la nouvelle vie qui les attendait. Le musée inclut également la nécropole de « Cabezas Largas », datant de 500 av. J.-C. (les hommes de la civilisation paracas se faisaient étirer le crâne dès la naissance), d'où proviennent la plupart des momies du Museo Larco Herrera de Lima. Si vous marquez l'arrêt au Centre d'interprétation, ne surtout pas rater la plage tout de suite à droite au bout d'un long chemin où les flamants roses sont les plus nombreux pour vous souhaiter la bienvenue.

## Sports – Détente – Loisirs

### ADRENARENA PARK

Panamericana Sur Km 253
✆ +51 998 354 188
www.adrenarena.com.pe
marvercor@yahoo.com
*Excursions en buggy à partir de 1 h 33 US$ en groupe et 45 US$ en privé (2 personnes minimum). 3h Laguna Moron 90 US$ en groupe (minimum 4 personnes). Pique-nique nocturne 95 US$ en groupe (minimum 15 personnes). Glamping, 250 US$ par personne la nuit avec excursion, dîner et petit déjeuner.*
Et si au lieu d'aller à la Huacachina comme tout le monde on explorait les dunes de Paracas en *tubulares* (buggy) ou les descend en *sandboard* (surf des sables) ? Le plus ? Pas seulement l'adrénaline mais aussi la possibilité de voir la très belle Laguna Moron, bien plus isolée que celle de Huacachina, ou d'organiser une *fiesta* à la belle étoile. Ambiance jeune et décontractée. Il est aussi possible de passer une nuit hors du commun, sous la tente, au cœur du désert.

### INTI KAYAK

✆ +51 959 370 534
*Tour de 2h et 4,5 km à 18 US$ et tour de 4h et 7,5 km à 25 US$. Réservations par téléphone.*
Départ très tôt le matin vers 6h30 depuis la petite plage privée de l'écolodge Inti Mar. C'est une façon douce et privilégiée d'approcher la Réserve et sa faune. On croise beaucoup d'oiseaux marins, des dauphins et lions de mer si on est très chanceux. Le tour long passe par le Candelabro et comprend une pause baignade à la plage El Pirata. Le projet aux mains d'une jeune équipe est nouveau et mérite un coup de pouce. On peut ajouter une dégustation de coquilles Saint-Jacques fraîchement pêchées.

### KANGAROO KITE

Playa Santo Domingo
✆ +51 986 725 376
kangarookite.net
kangarookiteperu@kangarookite.net
*A partir de 70 US$ l'heure de cours débutant en privé et 150 US$ les 3 heures à 2 participants. Location de matériel.*
Une nouvelle école très complète et très pro qui a su se faire une place à Paracas. Ils sont un terrain synthétique pour l'entraînement et des professeurs performants. Vous y croiserez des Péruviens membres du club qui viennent fendre les vagues les fins de semaine. Ils travaillent main dans la main avec le Bamboo Paracas Eco Bungalows qui loue un parc de petites caravanes en bord de plage.

### LATIN AMERICAN SECRET ADVENTURE

Mz D Lote 03 Alberto Tataje
Dos a la Marina Turistica, entrée du port
✆ +51 945 716 329
excursionesenparacas@gmail.com
*Location de VTT S/ 50 la journée. Sorties en buggy avec guide 40 US$ (minimum 2 personnes).*
L'agence de Joël, en plus des grands classiques, offre des découvertes en buggy, en groupe et avec un guide d'une durée de 4 heures environ. Ils vous fournissent le casque et les lunettes protectrices. C'est vous qui pilotez au milieu de ce désert unique. Fiable et bien équipé, Joël s'adapte à vos envies pour dessiner votre route.

### PARAPENTE TANDEM

✆ +51 994 567 802
www.perufly.com
*A partir de S/ 272 le vol de 10 minutes, S/ 11 l'entrée à la réserve, S/ 49 les droits vidéo que ce soit votre caméra ou la leur.*
Des plages sublimes, un désert derrière, le Pacifique devant : ambiance sauvage pour ce survol. Les parapentes décollent près de la Catedral à environ 20 mètres au-dessus du sol et s'élèvent peu à peu. Vraiment une expérience. Peru Fly est l'agence de José du Restaurant Paracas qui propose de nombreuses activités. RDV à son restaurant, le matin à 8 heures. 2e départ à 10 heures. Prévoir environ 1h30 pour un vol trop court à notre goût mais magique.

## Visites guidées

### ISLAS BALLESTAS ★★★

*Compter S/ 40 pour l'excursion de 2h en bateau en partant de Paracas. Plus S/ 11 d'entrée et S/ 5 de taxes portuaires.*

Les bateaux partent en majorité le matin à 8h, avant que les brumes ne s'installent et offrent des tours assez standardisés avec entre 10 à 35 passagers à bord. Deuxième départ à 10h en saison d'été. Ces îles sont de drôles de formations rocheuses ocres qui abritent une faune marine diversifiée : on y trouve des colonies d'oiseaux comme le « zarzillo » (sorte de mouette), la « chuita » (cormoran aux pattes rouges), le pélican et le « piquero peruano » qui produit le guano – engrais d'une importance capitale pour le Pérou qui le commercialise – mais aussi de très nombreux phoques, otaries, lions de mer et dauphins, et seulement quelques spécimens de pingouins péruviens, dits de Humboldt, en voie d'extinction. Sur le trajet, on croise une étrange figure gravée sur une colline, visible seulement de la mer : el Candelabro. Ce géoglyphe imposant de 128 m de long et 78 m de large ranime les spéculations sur sa signification. On s'approche de près des plages et rochers où les lions de mer paressent, c'est le clou du spectacle.

# ICA

Capitale du département d'Ica, la ville est cernée par de hautes dunes de sable (où se cache l'oasis de Huacachina) et des montagnes basses arides (la pluie est ici un phénomène quasi inconnu). La température, élevée (28 °C en moyenne l'été, 18 °C en hiver), est à peine atténuée par les eaux du fleuve qui fertilise la vallée et la petite brise nocturne qui ébouriffe les cheveux. Le site a été peuplé très tôt, comme partout sur la côte, et les Paracas, habiles céramistes et inventeurs du calendrier astronomique le plus grand du monde, le transformèrent en un des berceaux les plus achevés des cultures du Pérou, bien avant l'arrivée de l'Inca Cápac Yupanqui, qui ajouta ce royaume à celui de son frère Pachacútec. Quand le conquérant, amoureux d'une princesse locale, Tate, partit, il laissa derrière lui un réseau de canaux qui continue d'irriguer 120 000 ha de cultures et les cités de Tambo Colorado, Huaca Sentinela et Taraca.

## Transports

### AÉRODROME LAS DUNAS

Carretera Panamericana Sur
km 299,5
✆ +51 56 256230

Uniquement pour survoler les lignes de Nazca. Movil Air propose par exemple un *full day* à 320 US$ par personne. Départ de Lima avec Movil Tours, leur compagnie de bus, petit déjeuner à bord, survol des lignes de Nasca pour 1 heure 10, Huacachina et déjeuner. En compagnie d'un guide parlant espagnol ou anglais. Retour à Lima inclus (www.movilair.com.pe ou ✆ +51 1 7168005). Le survol seul avec Movil Air est affiché à 180 US$ pour 1 heure 10 de survol. AeroDiana est sur place avec des vols depuis Ica de 1 heure 15 pour 199 US$ et 1 heure 30 pour 220 US$. Il faut réserver et tenir compte de la météo. On doit souvent attendre que se lève les brumes pour pouvoir voler (www.aerodiana.com.pe ou ✆ +51 1 447 6824).

### BUS

Cruz del Sur est la seule compagnie qui peut vous laisser directement à Paracas en prenant les lignes venant d'Arequipa ou Nazca et raliant Lima. Elle offre aussi des trajets sûrs pour Nazca, Arequipa (12h) et Cusco (16h via Nazca, environ 150-180 Soles). Bureaux : esquina de Calle Fray Ramon Rojas y Seba, ✆ +51 56 480 100.
Flores, Soyúz (PeruBus, Av. Matías Manzanilla 130, ✆ +51 56 205 2370) et Ormeño offrent de nombreux départs pour Pisco (1h, à partir de S/ 4), Lima (4h30, S/ 30 départ toutes les 20 min), Nazca (2h, S/ 6, départs à partir de 13h).

## Pratique

- **Indicatif téléphonique :** 056.

## Argent

### BANCO DE CREDITO

Avenida Grau 105

## Santé - Urgences

### HOSPITAL FELIX TORREALVA GUTIERREZ

Avenida Cutervo
✆ +51 56 234798
*Ouvert 24h/24.*

### HOSPITAL REGIONAL DE ICA

Av. Prolong. Ayabaca, Camino a Huacachina
✆ +51 56 580390
www.hrica.gob.pe
*Ouvert 24h/24.*

## Adresses utiles

### POLICE TOURISTIQUE

Calle Lima 367, Int Préfecture
✆ +51 56 221900
*Ouvert 24h/24.*

■ **SERPOST**
Av San Martin 521
✆ +51 56 233881
*Ouvert du lundi au vendredi de 9h à 19h. Le samedi de 9h à 16h.*

## Se loger

Il est préférable d'éviter les hôtels situés autour de la plaza de Armas, tous plus sordides les uns que les autres. Préférez plutôt l'oasis de Huacachina à 5 km à peine de la ville. Avec le développement du tourisme et son lot de buggys et de surf des sables, le lieu est devenu très fréquenté mais c'est joli quand même ! Pour se rendre à Huacachina, prendre un taxi depuis Ica (compter S/ 5 par personne). Plus au calme, les adresses élégantes du quartier de La Angostura. Dans un cas comme dans l'autre, dunes en toile de fond.

### Bien et pas cher

■ **ICA ADVENTURES 2**
Av. Nicolas de Rivera el Viejo 290
Urb Luren ✆ +51 946 191 981
icaadventures2.com
*Dortoirs entre S/ 14-22 de 14 à 6 lits, chambre matrimoniale S/ 69 avec salle de bains commune, deluxe avec lit large et salle de bains privée S/ 77-80, chambre familiale S/ 149. Petit déjeuner continental inclus.*
Ici on trouve des tout petits prix, car le centre d'Ica n'est pas forcément le choix numéro 1 des voyageurs. On est ici dans une zone plus résidentielle, un peu excentrée. Cette auberge propose des combinaisons différentes selon le niveau de confort attendu. Il y a une cuisine à partager et pas mal de petites terrasses à l'air libre sympathiques. Wifi, ping-pong et jeux. C'est moderne, propre, avec un supermarché en bas. Une option à recommander aux petits budgets.

**Autre adresse :** Julio Cevasco 102, ✆ +51 943 356 717

### Confort ou charme

■ **EL CARMELO HOTEL & HACIENDA**
Carretera Panamericana Sur Km 301.2
✆ +51 56 232191
elcarmelohotelhacienda.com
*Chambre simple S/ 135, double ou matrimonial S/ 190, double ou matrimoniale deluxe avec air conditionné S/ 230, junior suite S/ 280, suite S/ 380, chambres familiales 4 pers S/ 450. Petit déjeuner inclus.*
Pour ceux qui sont davantage intéressés par la Route du pisco que par les dunes et le buggy, voilà une option de très bonne tenue dans une hacienda colorée qui porte bien ses années. La nuit inclut une visite à la bodega musée et sa presse de 285 ans au temps où l'on pressait encore les raisins aux pieds. L'hôtel ressemble à un petit village ensoleillé avec ses allées en pavé, sa piscine extérieure, ses salons sous des toits de paille typiques, ses jardins. Attention par contre les chambres ne sont malheureusement pas toutes identiques. Les standards sont petites et sombres, le long des couloirs. Pour plus de confort, optez pour les *deluxe* ou suites plus élégantes. Toutes les chambres ont des salles de bains privées bien tenues. Café-restaurant sur place à la décoration typique.

■ **HOTEL SOL DE ICA**
Calle Lima 265
✆ +51 56 232243
www.hotelsoldeica.com
ventas@hotelsoldeica.com
*Chambre simple S/ 199, matrimoniale S/ 249, triple S/ 299, lit supplémentaire S/ 70. Petit déjeuner buffet compris.*
Ce grand établissement situé en pleine ville à 3 minutes à pied de la Plaza de Armas ne manque pas de charme. Ne vous fiez pas à la façade moderne, les chambres sont réparties dans les bâtiments intérieurs avec vue sur une piscine de belle taille. Toutes les chambres sont amples, équipées de TV et avec salle de bains privée. Attention l'eau chaude peut être un peu paresseuse et le wifi n'arrive pas partout (préférez les étages les plus bas). Le jardin est très fleuri et calme ce qui est un vrai bonheur dans cette vile très bruyante. Seul bémol, le petit déjeuner servi, lors de notre passage, au sous-sol : dommage.

■ **VILLA JAZMIN**
Los Girasoles, Lote 7
La Angostura
✆ +51 56 258179
www.villajazmin.net
reservas@villajazmin.net
*Sur Internet, double ou matrimoniale à partir de 60 US$, 70 US$ avec air conditionné et lit large, 80 US$ avec balcon, triple 80 US$, bungalows pour 4 personnes 120 US$. Petit déjeuner buffet inclus. 10 % de charges pour le service.*
Dans ce quartier résidentiel ont poussé les petits hôtels de bonne facture. Celui-ci a bien grandi. Il propose deux espaces. L'un avec des chambres standards sans air conditionné dans un bâtiment blanc immaculé, avec ses deux étages et sa jolie piscine arrondie tempérée. L'autre bâtiment est plus moderne avec des chambres *deluxe* vraiment amples, certaines avec balcon et une deuxième piscine non chauffée. Vue sur les dunes depuis le 2e étage. C'est calme et confortable. Restaurant à prix raisonnables sur place. Excellent petit-déjeuner le matin. Une bonne affaire surtout en réservant par Internet.

## Luxe

### ■ HOTEL VIÑAS QUEIROLO

Carretera San José de los Molinos km 11
Los Molinos, au nord de Ica
✆ +51 1 2613772
hotelvinasqueirolo.com
reservas@hotelvinasqueirolo.com

*A partir de S/ 550 la nuit en double ou matrimoniale avec petit déjeuner, visite au mirador, visite des vignes et dégustation de vins ou pisco. Pour un devis plus précis, il faut envoyer un mail.*

Un hôtel luxueux établi dans une ancienne hacienda républicaine au cœur d'un des domaines viticoles les plus connus du pays. Il propose 89 chambres réparties entre suites, supérieures (avec vue sur les vignes, de préférence 2e et 3e étages) et juniors *classic*, sobres et élégantes dans les tons crème et blanc avec détails boisés et pierre brute au sol. L'expérience est davantage proche du resort avec restaurant gourmet, deux bars, trois piscines (dont une à 28 °C et une pour les enfants, chauffée également), un gymnase et un court de tennis. Le séjour inclut une visite guidée des vignes en compagnie d'un sommelier, une visite au point de vue (mirador) qui offre une vue à 360° sur les 400 hectares du domaine et une dégustation de vins ou pisco. Le domaine propose des vélos gratuitement et un musée de voitures anciennes a été inauguré. Des excursions sont proposées en supplément (survol des lignes de Nazca, buggy ou Islas Ballestas). Huacachina est à 30 minutes environ, Paracas à 45 minutes. Public local et privilégié. Packages promotionnels disponibles sur Internet.

### ■ LAS DUNAS HOTEL & RESORT

Avenida La Angostura 400
✆ +51 1 2135000
www.lasdunashotel.com
reservas@lasdunashotel.com

*Sur Internet, chambres « estandar » à partir de 102,05 US$ pour 2 pers, « superior » à partir de 127,40 US$ pour 2 pers, « deluxe » 152,75 US$ et suite à partir de 174,20 US$. Petit déjeuner buffet inclus.*

Le top dans sa catégorie à Ica. Les familles péruviennes privilégiées s'y rendent les week-end et jours fériés mais en semaine les prix diminuent et le service en vaut la peine. C'est immense : ils ont 146 chambres. Les chambres sont élégantes et bien tenues autour d'un patio et d'un jardin. Mêmes les chambres standard jouissent de lits larges. Grande piscine avec les dunes en toile de fond et un espace aqualudique pour les enfants. Restaurant, spa et activités sur place. C'est un hôtel dédié au relax, élégant, avec un petit air méditerranéen.

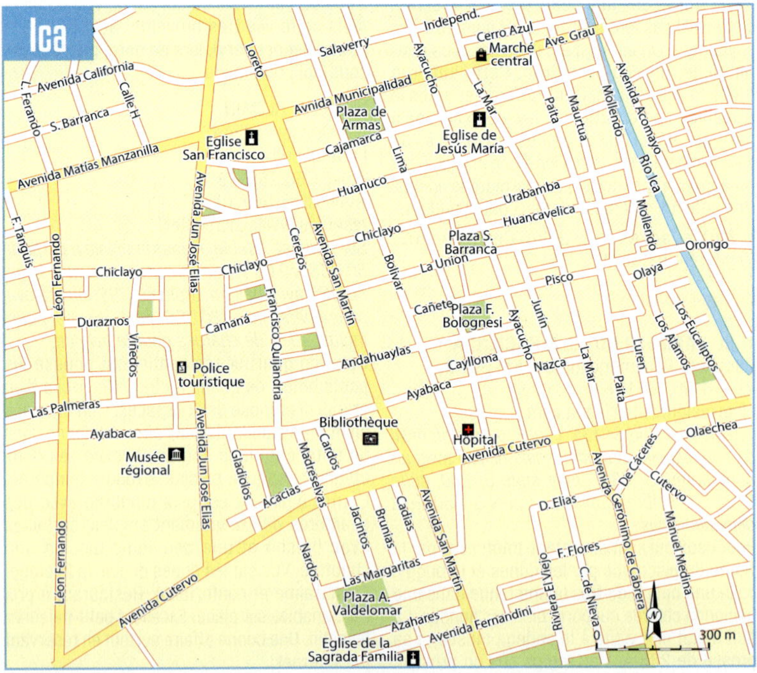

## Se restaurer

Les plats traditionnels d'Ica sont la *carapulcra* (pommes de terre et viande de porc et de poulet en sauce), le *seco con pallares* (ce plat national est servi ici avec de très gros haricots blancs, cultivés déjà il y a plusieurs millénaires), les desserts les plus originaux sont les *tejas*, confiseries de *manjar blanco* (confiture de lait) aromatisées de chocolat, de citron ou de noix de pécan. Quant aux boissons à base de raisin, vous y trouverez non seulement l'eau-de-vie (*pisco*) mais aussi la liqueur (*cachina*)...

### Pause gourmande

■ **CHOCOTEJAS HELENA**
Nicolás de Rivera El Viejo 227
✆ +51 981 399 975
www.helenachocolatier.com
*Du lundi au vendredi de 9h à 19h.*
Helena Soler a réussi à commercialiser la douceur d'Ica à l'international et aux Etats-Unis. On peut visiter la fabrique (pour les groupes) ou passer par sa petite boutique. On y trouve la recette originale des *tejas* (crème de lait et noix de pécan) et tout une gamme de *chocotejas* à l'orange, à la noix ou au guayaba. Une adresse indispensable à visiter pour les gourmands.

▸ **Autre adresse :** Calle Cajamarca N° 139- Plaza de Armas

■ **SRA BUENDIA**
Calle Nasca 247
✆ +51 44 67138
Cette petite adresse ne paie pas de mine, mais les *chocotejas* sont dodues, crémeuses et savoureuses. On a le choix entre citron, noix de pécan, cacahuètes, pruneaux, raisins secs alcoolisés. Pas de fioritures, juste l'essentiel.

### Bien et pas cher

■ **PLAZA 125**
Plaza de Armas
Calle Lima 125 ✆ +51 56 211816
*Petit-déjeuner à S/ 10 ; menu le midi à S/ 14 ou S/ 16.*
Un restaurant de belle taille où l'accueil et le service sont irréprochables. Vous y dégusterez toutes les spécialités de la région, ainsi qu'une cuisine créole et internationale, et des grillades. Une cafétéria classique et centrale.

■ **RESTAURANTE PETROS**
Libertad 173 ✆ +51 947 828 877
*Tous les jours. Sandwiches S/ 15. Plats S/ 30-40.*
C'est l'autre cafétéria de la Plaza de Armas qui sert une cuisine typique. C'est bien servi et correct. La musique y est un peu forte. A la carte on trouve les classiques avec *carapulcra*, *picante de pallares*, *tacu tacu* et l*omito*. Ils ont aussi des formules déjeuner. Le soir, pizzas très simples ou sandwiches.

### Bonnes tables

■ **EL CORDON Y LA ROSA**
Urb San Jose
Avenue Los Maestros D-14
✆ +51 56 218012
*Tous les jours de 12h30 à 23h. A la carte plats S/ 30-45.*
C'est l'adresse que toute la ville recommande, car c'est un restaurant plus élégant avec un bon service. La salle est vaste, la déco un peu classique et froide, mais les assiettes sont généreuses et de qualité. On y propose poissons et fruits de mer, mais aussi quelques beaux plats de viande comme le filet mignon ou une pièce de bœuf sauce poivre. Ils ont aussi une sélection de pâtes aux fruits de mer, al pesto, a lo Alfredo. Bons cocktails. C'est parfait pour un dîner au calme.

■ **EL OTRO PEÑONCITO**
Calle Bolívar 255 ✆ +51 56 233921
*Ouvert tous les jours de 12h à 23h. A la carte à partir de S/ 35.*
Ils sont à deux pas de la Plaza de Armas dans un décor de bistrot et servent une cuisine familiale sympathique. La mama tient les rênes depuis 1968 ( !) mais la relève est assurée avec la 3e génération, Harry, qui n'est pas avare de conseils dans le choix de votre menu et qui a toujours une histoire piquante à vous raconter. A goûter absolument : le *pollo a la iqueña* (une création du restaurant) : poulet, épinards, pisco et sauce aux noix de pécan, un véritable délice ! Quelques options végétariennes à la carte. Et un excellent pisco cathédrale. N'oubliez pas de poser avec Harry pour sa galerie de portraits !

## À voir - À faire

▸ **Peu de chose à se mettre sous l'œil à Ica**, d'autant que la ville a été drastiquement détruite par le tremblement de terre d'août 2007, dont l'Iglesia de La Merced dans un angle de la plaza de Armas, et le Santuario de Luren resté partiellement en ruines (une campagne est en cours pour lever des fonds et reconstruire le beau clocher de 40 m de hauteur et les arcades tout autour de la place).

▸ **On portera toute son attention sur la porte rococo** incrustée de pierres de la Casona del Marqués de Torre Hermosa (plus connue sous le nom de Casa Bolívar, calle Libertad, *cuadra* 1, sur la Place), un des rares exemples de l'architecture vice-royale ayant survécu aux tremblements de terre.

## Recette du pisco !

**La boisson emblématique du Pérou** est élaborée selon des méthodes artisanales (on foule la grappe de raisin aux pieds) ou industrielles. Le jus est alors mis à fermenter dans des jarres de terre au soleil, et la distillation se fait en alambics chauffés au bois de huarango, l'arbre de la région.

**On distingue le « *pisco puro* »** , le « *pisco aromático* », le « *mosto verde* » obtenu avec du jus non entièrement fermenté, le « *pisco acholado* » à base de variétés différentes de raisin, et les « *piscos aromatizados* » à la cerise, à la mangue ou au citron.

**Le cocktail le plus prisé** est indéniablement le délectable *pisco sour*, dont voici la recette pour un verre : une dose de pisco, une demi-dose de jus de citron vert, un demi-blanc d'œuf, une dose et demie de sucre blanc, et 3 glaçons. Passer le tout dans un mixeur, et le tour est joué ! A servir de préférence avec deux pailles : en Amérique du Sud, on partage !

**La plaza de Armas ainsi que le parque Barranca**, quelques *cuadras* plus loin, n'ont rien de renversant, sinon que le soir le Tout-Ica s'y rafraîchit. La Iglesia San Francisco, à deux *cuadras* de la plaza de Armas sur l'avenida Municipalidad, possède de beaux vitraux.

**L'intérêt principal de la région réside plutôt dans les bodegas** qui produisent le fameux Pisco, l'alcool national. Et les tejas, confiseries qui fondent en bouche.

### BODEGA LAZO 1809 ★

A 5 kms d'Ica (1km après la Bodega El Catador)
✆ +51 981 264 883
*Ouvert tous les jours. Discothèque le week-end.*
Une bodega qui tient plus à son site qu'à son vin, car le propriétaire est également un collectionneur. Ainsi, les jarres de pisco se trouvent stockées au milieu d'animaux empaillés, de tableaux, de sculptures ou encore d'objets improbables comme de vieux téléphones... La dégustation se fait à l'ancienne, à l'aide d'une canne à sucre.

### BODEGA EL CATADOR ★

A 3 km d'Ica
Fondo Tres Esquinas 102, Subtanjalla
✆ + 51 56 403516
www.elviejocatador.com
*Ouvert tous les jours. Egalement restaurant au déjeuner (10h-17h).*
Une bodega qui a vu trois générations sur ses terres ! Depuis 1956, El Catador (« le pichet » en français) produit du pisco, mais aussi du vin sec et demi-sec. Visite des vignes, de la zone de pressage et de la zone de fermentation. Dégustation dans une ambiance bon enfant et boutique à la sortie. Au mois de mars, lors de la fête de la vendange, la miss vient elle-même fouler de ses pieds le raisin. Ambiance garantie ! Restaurant sur place. Juste, à côté, la Olla de Juanita offre tous les plats incontournables locaux.

### BODEGA VISTA ALEGRE

Camino a la Tingaña Km 2, Parcona (5 min en taxi d'Ica)
✆ +51 56 232919
www.vistaalegre.com.pe
info@vistaalegre.com.pe
*Ouverte du lundi au vendredi de 8h à 12h et de 13h45 à 15h45. Le samedi de 8h à 12h. Fermé le dimanche.*
Après être passée, elle aussi, entre les mains des Jésuites au XVIIIe siècle, la bodega de Vista Alegre produit aujourd'hui le pisco Sol de Ica qui, depuis plus d'un siècle, conserve les plus hauts niveaux de qualité et de pureté. La visite est assurée avec un départ chaque heure en espagnol, en anglais et un peu en français. Coût S/ 5 qui sont déductibles des produits achetés sur place si c'est le cas.

### BODEGA TACAMA

Av Camino Real, La Tinguiña
(à 4 kms de El Catador)
✆ +51 1 218 3030
www.tacama.com
reservas@enoturismotacama.com
*Tours et dégustation de 1h entre 9h30 à 16h30 S/ 15 ou S/ 20 lors de jours fériés. Tours de la hacienda S/ 26. Sur réservation cata de pisco à partir de S/ 70. Sur réservation tour des vignes et dégustation de vins à partir de S/ 70. Show de marinera à cheval gratuit, samedis et dimanches à 13h30, 14h et 14h30. Fermé le lundi.*
L'élaboration de l'illustre breuvage régional se fait ici selon des techniques modernes et sous les conseils permanents de techniciens français. La bodega a cependant conservé ses cuves de l'époque coloniale ainsi que ses écuries. Ses piscos sont commercialisés en Amérique et jusqu'en Europe. C'est ici qu'il existe le plus d'offres de visites avec plus de temps ou certaines thématiques spéciales pour les passionnés. Nombreux services additionnels à la carte qui en disent plus sur l'hacienda et

le processus. Restaurant gourmet et séduisant sur place, le Tambo Tacama. Bref s'il ne fallait en choisir qu'une...

**MUSEO REGIONAL DE ICA-ADOLFO BERMUDEZ JENKINS**

Avenida Ayabaca (cuadra 8)
Urb San Isidro
✆ +51 56 234383

*Ouvert du mardi au vendredi de 8h à 19h, le week-end de 8h30 à 18h30. Arriver 40 minutes avant. Entrée S/ 7,50 et S/1 pour les enfants jusqu'à 16 ans. Fermé le lundi.*

Ce musée est petit par la taille, mais riche de ses pièces des cultures paracas, nazca, huari, ica et inca : tissus, céramiques, nombreuses momies avec déformations crâniennes, trépanations rituelles et malformations congénitales. Une partie des objets volés en 2004 ont été retrouvés. A l'extérieur, une maquette au 1/500e des lignes de Nazca rend la visite encore plus indispensable. Pas de guides sur place, il faut venir avec un tour ou son propre guide.

**MUSEO DE PIEDRAS GRABADAS**

Plaza de Armas d'Ica
Calle Bolívar 170
✆ +51 56 227676
www.museodepiedrasgrabadasdeica.com.pe

*Visite S/ 35. De 10h à 13h30 et de 16h à 19h30, fermé le dimanche.*

Un lieu à la réputation sulfureuse car les deux salles que le docteur Javier Cabrera a bourrées de « vestiges » n'ont de musée que le nom : en effet, les pierres gravées ont été réalisées par d'habiles et peu scrupuleux artisans contemporains. Ce sont eux – et non les extraterrestres qui vinrent il y a un million d'années, comme le prétend le bon docteur – les auteurs des scènes de chasse au dinosaure ou de transplantation d'organes... Cependant, au-delà de la supercherie, il faut avouer que le travail est en tout point remarquable. Sur réservation uniquement.

# LAGUNA DE HUACACHINA ★

Cette oasis bordée de palmiers est l'un des lieux les plus étonnants du désert côtier péruvien : certains s'y baignent (même si c'est peu recommandé), faire des balades en buggy et surfer sur le sable, mais aussi profiter du beau spectacle d'un coucher de soleil sur les dunes... Ce décor magique lui a valu d'illustrer les billets de 50 soles.

## Se loger

On trouve une ample gamme d'hôtels autour de la lagune de Huacachina. La plupart sont situés sur la droite de la lagune et dans les rues derrière. Les prix indiqués sont souvent négociables, notamment si vous appelez quelques jours avant votre arrivée. Attention, ici le turn-over est important ! Sélection non exhaustive.

### Bien et pas cher

**LA CASA DE BAMBOO**

Au fond de l'oasis, à côte de l'hôtel Suiza
✆ + 51 944 255 871
lacasadebamboo.com
lacasadebamboo1@gmail.com

*S/ 30 à S/ 35 le dortoir de 8 lits (il y en a deux). S/ 100 pour une chambre matrimonial et S/ 180 la familiale. Petit déjeuner additionnel S/ 10-20.*

Un des rares hôtels de l'oasis qui ne dispose pas de piscine, mais le lac est juste à côté et surtout le jardin est vraiment sympa à l'écart du tumulte des passants. Des hamacs sont à votre disposition auprès du bar en bambou. Eau chaude garantie avec un chauffe-eau solaire (et électricité au cas où). Formule petit déjeuner à S/ 10-20 (avec de vrais cafés !), crêpes à S/ 5-10 et formule déjeuner (pasta et brownie) ou dîner à S/ 17. Bon resto aussi avec curry, cuisine thaïe, options végétariennes. Une chouette adresse !

**THE UPCYCLED HOSTEL**

Urbanizacion La Estancia F-5
✆ +51 56 408911
upcyclehostelperu@gmail.com

*Dortoir de 8 lits et 2 dortoirs de 6 lits S/ 50. 4 chambres matrimoniales avec lit queen S/ 125, salles de bains partagée. Salles de bains privées en cours. Petit déjeuner complet inclus.*

Notre coup de cœur. On s'éloigne un peu de l'oasis et à environ 10-12 minutes à pied on trouve le Upcycled Hostel qui se cache derrière un mur en ciment recouvert de lettres colorées. L'idée ici est de proposer un univers plus contemporain avec des matières brutes, du bambou et des objets de déco recyclés. Ça donne à l'ensemble une atmosphère sympathique et décontractée. On s'y sent bien, c'est cosy et propice à la détente. On y trouve comme ailleurs une piscine et un bar-restaurant pour faire la fête, mais l'ambiance est plus calme et la fête s'arrête tôt. Excellente cuisine sur place. Ils proposent des dortoirs et des chambres individuelles en briques et dans une petite maison rose et turquoise à 2 étages. Le jardin est grand, coloré. Bref on a aimé le concept innovant et la vraie prise de conscience pour donner un coup de pouce à l'environnement de ce couple peruano-italien.

## Surf dans les dunes

S'il y a un sport auquel on ne pense pas quand on va au Pérou, c'est bien celui-là. Mais le grand désert de sable autour de l'oasis de Huacachina s'y prête bien ! L'expédition se fait en buggy (départ vers 10h et 16h à partir de S/ 50) : les descentes et les montées dans ces étendues accidentées d'innombrables dunes provoquent déjà des émotions fortes. Puis, en haut d'un « mur » de sable, on chausse une planche de bois, dont la forme est assez similaire à celle du snowboard, après avoir soigneusement étalé de la cire dessous afin que la glissade soit la plus fluide possible.

Si la peur est moins grande que celle éprouvée en haut d'un mur de neige, la technique, elle, est loin d'être simple. Après quelques descentes (on remonte en buggy), vous aurez l'allure d'un bonhomme des sables et comprendrez peut-être enfin que le poids du corps doit se situer sur l'arrière de la planche... Maintenant que les virages se négocient bien, un nouveau paramètre reste à maîtriser : la vitesse !

### LA DUCLE ESTANCIA

Urb. La Estancia
Calle La Poruma C-8
✆ +51 948 974 219
hoteldulceestancia.com.pe

*Chambre simple 24 US$, double ou matrimoniale 30 US$, familial (lit double + lit simple) 44 US$, triple 48 US$. Petit déjeuner inclus.*

Ici on n'est pas tout à fait au bord de l'Oasis, mais en s'éloignant un peu on trouve justement ce type d'établissement plus au calme. Les chambres sont modernes et fonctionnelles, avec salle de bains privée, TV et wifi. N'oubliez pas de vérifier moustiquaires et ventilateur. La décoration est un peu standard, mais ce n'est pas bien grave, car on a un bel espace autour de la petite piscine pour s'installer dehors. Le plus, c'est aussi les vélos à disposition pour rejoindre la Huacachina justement (20 minutes à pied et 10 minutes à vélo). Ils proposent aussi des tarifs avec le tour en quad des sables (S/ 175 pour 2 personnes) et/ou avec en plus un tour de la ville d'Ica et des vignes de Pisco (S/ 280 pour 2 personnes).

### HOSPEDAJE BANANAS

Calle Angela de Perotti s/n
✆ +51 56 237129
bananasadventure.com
frontdesk@bananasadventure.com

*Prix spéciaux en paquets : lit + petit déjeuner + buggy-sandboard ou dîner bbq ou tour des vignobles : S/ 65-80 par personne en dortoir de 4 à 6 lits. Mêmes options en chambre double à partir de S/ 80-100 par personne.*

Ce petit hôtel offre une ambiance relax et sympathique. Les chambres-dortoirs simples en contreplaqué sont disséminées dans un jardin et autour de la piscine et les chambres individuelles lumineuses dans un bâtiment moderne revêtu de touches de bambou. Des hamacs et des canapés vintage permettent de se détendre après une session de sandboard ou une soirée en discothèque... C'est un endroit idéal pour rencontrer d'autres voyageurs. Excellent rapport qualité-prix avec leurs paquets qui cumulent nuits + activités.

### WILDROVER HOSTEL HUACACHINA

Av. Ángela de Perotti s/n
✆ +51 56 404876
wildroverhostels.com
huacachina@wildroverhostels.com

*Compter S/ 27-45 en dortoir de 14 lits à 4 lits, S/ 99 la double ou matrimoniale avec salle de bains privée. Petit déjeuner additionnel.*

L'ex Casa de Arena a été reprise par une petite chaîne d'auberge de jeunesse qui a des antennes à Arequipa, Cusco, La Paz et Mancora. Le concept est resté le même : une sorte de club de vacances pour jeunes voyageurs à petit budget. Ambiance festive assurée : irish bar au bord de la piscine, musique, jardin, BBQ, possibilité d'excursions dans les dunes en buggy, pour 3 heures de folie avec descentes en sandboard (surf des sables). Un vrai *backpacker* avec beaucoup de passage.

## Confort ou charme

### EL HUACACHINERO

Av. Perotti sin numero
✆ +51 956 767 608
www.elhuacachinero.com
info@elhuacachinero.com

*Simple S/ 228. Double ou matrimoniale S/ 266, S/ 332 avec TV et S/ 368 à S/ 415 avec air conditionné. Triple S/ 332 à S/ 415. Parking, eau chaude, piscine. Petit déjeuner américain compris.*

Situé dans un jardin et tout autour d'une piscine, les chambres ici sont bien tenues et confortables, salle de bains privée. Le wifi n'arrive pas dans toutes les chambres attention. Les chambres familiales sont intéressantes. Restaurant sur place.

### HOSTAL CURASI

✆ +51 56 216989
huacachinacurasi.com
reservas@huacachinacurasi.com
*Simple S/ 140. Matrimoniale S/ 170. Double S/ 180. Triple S/ 220. Quadruple S/ 250. Piscine. Petit déjeuner américain compris.*
Un 3 étoiles moderne et impeccable avec une jolie piscine centrale. Les chambres sont simples mais confortables. Restaurant. Tours et excursions sur place. Une belle qualité de service pour le prix.

### HOSTERIA SUIZA

✆ +51 56 238762 – hosteriasuiza.com.pe
reservas@hosteriasuiza.com.pe
*Simple de S/ 152 à S/ 212, double ou matrimoniale S/250 à S/350, triple de S/ 310 à S/ 410 selon catégorie standard et supérieure (lit queen, au bord de la piscine, au calme). Petit déjeuner américain inclus.*
Cet élégant hôtel est sans aucun doute le plus tranquille de Huacachina : un véritable havre de paix. Une maison élégante composée de 32 chambres classiques, confortables et bien équipées (eau chaude, TV, wifi). Les supérieures, au bord de la piscine, sont plus amples et plus calmes. L'ensemble est joli et lumineux peint de jaune et blanc avec ses détails en bambou. Fleuri et agréable, l'hôtel offre aussi une piscine toute en courbes. Une belle adresse. Son restaurant gourmet est une adresse à ne pas manquer si vous êtes gastronome, prix abordables.

## Luxe

### HOTEL MOSSONE

✆ +51 56 213630 – www.dmhoteles.pe
reservas@dmhoteles.pe
*107 US$ la double ou matrimoniale, 126 US$ la triple, 144 US$ la quadruple, 128 US$ la suite. Petit déjeuner buffet compris.*
L'établissement occupe tout un côté de l'oasis ! Le tout-Lima s'y pressait dans les années 1920, même si depuis le temps a fait son œuvre... Des récents travaux ont réhabilité l'ensemble mais c'est parfois bruyant surtout les fins de semaine. L'ensemble a du caractère mais il nous a semblé plutôt froid et à un prix excessif. Par contre la construction est superbe. Ne boudez pas le restaurant, le plus chic de la Laguna.

## Se restaurer

Huacachina n'est pas à proprement parler un haut lieu de la gastronomie péruvienne. Il y a certes de très nombreux restaurants autour de l'oasis mais la qualité n'est pas souvent au rendez-vous. Nous vous recommandons donc de jeter un œil aux assiettes des clients avant de faire votre choix. Les gourmets pourront opter pour les restaurants des hôtels listés précédemment (Huacachinero, Suiza et Mossone). Ceux qui veulent pique-niquer prendront leurs précautions avant de partir d'Ica car il n'y a qu'une minisupérette à Huacachina où le choix est vraiment limité...

### DESERT NIGHTS

✆ +51 56 228458
www.huacachinaperu.pe
*Ouvert tous les jours de 8h à minuit. Plats à partir de S/ 25.*
Pas mal de choix dans ce resto prisé des voyageurs du monde entier, très américanisé. Sa terrasse donne sur le lac ! Même les végétariens seront aux anges. On y sert aussi des copieux petits déjeuners. Wifi.

*La laguna de Huacachina.*

© AUTHOR'S IMAGE

*Surf sur les dunes de la laguna de Huacachina.*

**HOSTERIA SUIZA**
✆ +51 56 238762 – hosteriasuiza.com.pe
reservas@hosteriasuiza.com.pe
*A la carte, à partir de S/ 30 le plat.*
Un établissement élégant qui propose des plats classiques péruviens. Les prix sont abordables pour la qualité proposée.

## Sortir

**THE SILVA HOUSE**
Av. Angela de Perotti s/n Lt. 3
✆ +51 976 826 955
C'est là que ça se passe pour danser toute la nuit et boire un bon cocktail aux noms évocateurs « Fucking Huacachina », « Sex on the desert »... La nuit venue... ça s'enflamme ! Hôtel avec piscine sur l'arrière, animé forcément. Ça dure depuis 12 ans, belle longévité pour les lieux.

## À voir – À faire

**SAND BOARD & BUGGIES**
On vient jusqu'ici pour grimper sur les dunes et profiter d'un coucher de soleil spectaculaire sur l'oasis. Le long de l'avenue principale sur la gauche, des files de sandboards attendent le client. Ce sont des quads avec une dizaine de places à bord et des pilotes qui en rajoutent sur l'adrénaline pour grimper à l'assaut des dunes et les descendre à grande vitesse. Ils emmènent à bord des sandboards pour un baptême. Attention tout de même, en 2018, un accident mortel a eu lieu avec au volant un chauffeur qui n'avait pas le permis. L'activité est très mal régulée, les prix bas, la concurrence rude, choisissez avec soin. On peut aussi louer des surfs des sables et grimper la dune à pied, mais la pente est rude. A noter, taxe touristique de S/ 4 à payer directement sur place.

# CACHICHE

- **Ce sont les sorcières (*brujas*)** qui ont fait la réputation de ce village situé à 4 km au sud d'Ica ! Une visite anecdotique pour admirer la « Palmera de 7 cabezas », un palmier de plus de 300 ans avec des racines apparentes de 50 m en forme de dauphin, d'iguane ou de tortue...
- **La sculpture d'une sorcière taillée dans un tronc de huarango** est aussi digne d'intérêt. En face, vous trouverez un petit musée que Miguel Angel (un des descendants de la sorcière) fait visiter avec humour : pyramide universelle qui canalise l'énergie, tableaux des sorcières, voyante, cartes de tarot et hiboux empaillés, cactus de San Pedro hallucinogènes et petites statues kitsch au nez crochu.

# NAZCA ★★★

- **Population :** 38 732 habitants.
- **Altitude :** 588 m.

Nazca : ces cinq lettres ont fait des milliers de fois le tour du monde. C'est là qu'en plein désert ont été tracées les lignes qui ont suscité tant de polémiques scientifiques et de divagations liées au surnaturel. Depuis leur découverte, la ville vit majoritairement du tourisme, sous la surveillance sèche des dunes et des collines aux alentours. Elles est plutôt placide et tranquille pour une destination si populaire. La plupart des touristes n'y passent pas plus de deux jours. Au loin, les champs et la vie locale continuent.

- **La ville n'a vu le jour qu'en 1821**, alors que la région était peuplée depuis des milliers d'années et qu'elle fut le foyer de la belle et énigmatique culture nazca.
- **Les principales festivités locales** sont celles qui sont liées à la création de la province (23 janvier), à la semaine touristique qui culmine avec l'anniversaire de Maria Reiche le 15 mai, et à l'anniversaire de la proclamation de Nazca « patrimoine de l'humanité », le 15 décembre 1994.

## Transports

**AÉRODROME MARIA REICHE**
Carretera Panamericana Sur (km 447)

✆ +51 56 523556
Les seuls vols sont ceux qui survolent les célèbres lignes de Nazca. Droit d'entrée dans l'aéroport S/ 30, puis compter à partir de 90 US$ pour un vol de 30 min (Movil Air, ✆ +51 940 495 158, movilair.pe). Il existe aussi une option qui regroupe les lignes de Nasca et Palpa pour un survol de 50 minutes à 145 US$.

**■ AEROPARACAS**
Jr Lima 169
✆ +51 949 109 522
www.aeroparacas.com
informes@aeroparacas.com
*Survol de 30 minutes 85 US$. Survol de 60 minutes 170 US$.*
Aeroparacas est la compagnie que nous vous recommandons pour le survol des lignes de Nazca et Palpa. Cette attraction unique au monde n'est pas sans risque. Pour satisfaire une demande grandissante, quantité de petites compagnies aériennes ont vu le jour ces dernières années. Les tarifs ont chuté, le nombre de rotations a augmenté, et l'entretien des machines ayant été considérablement réduit, les accidents se sont multipliés. C'est pourquoi nous recommandons Aeroparacas, dont le personnel, professionnel et responsable, garantit une totale sécurité.

▸ **Autres adresses :** Bureau de Lima : Javier Prado Oeste 870, San Isidro ✆ +51 1 641 7000. • Bureau de Paracas ✆ +51 949 054 491.

**■ BUS**
Les compagnies Soyuz, Cruz del Sur (✆ +51 56 720440) ou Oltursa (✆ +51 56 522265) sont situées à la cuadra 1 de la Calle Lima. Flores et Ormeño au tout début de l'Av Los Incas.

▸ **Lima** : 8h de trajet. Départs 8h30, 11h30, 12h30, 15h30, 16h30, 18h et 23h15 avec Cruz del Sur soit directs soit en prenant place dans les bus venant de Cusco ou Arequipa qui font escale à Nazca. Entre S/ 80 et S/ 100.

▸ **Ica** : 2h30 de trajet. Départs toutes les 30 min avec Flores ou Soyuz, pour S/ 10.

▸ **Pisco** : 3h de trajet. 8 départs par jour avec Flores pour S/ 15.

▸ **Tacna** : 12h de trajet. Départ à 22h avec Ormeño pour S/ 80 (et S/ 70 pour Moquegua).

▸ **Arequipa** : 8h30-10h de trajet. Départ à 14h30, 22h, 22h45 et 23h20 avec Cruz del Sur pour S/ 85-115. Départ à 15h et 22h avec Oltursa pour S/ 80-90.

▸ **Cusco** : 14h30 de trajet. Deux départs avec Cruz del Sur : 21h et 23h55 pour S/ 110. Oltursa à 21h30 pour S/ 130.

## Pratique

▸ **Indicatif téléphonique :** 056.

**■ BANCO DE CREDITO**
Calle Lima 496, esq Grau
✆ +51 56 522445
*Ouvert du lundi au vendredi de 9h à 18h et le samedi de 9h à 13h.*

**■ POLICE TOURISTIQUE**
Avenida Los Incas (cuadra 1)
✆ +51 56 522105
*Ouvert 24h/24.*

**■ SERPOST**
Calle Fermín del Castillo 379
✆ +51 56 522016
*Ouvert du lundi au vendredi de 9h à 18h et le samedi de 9h à 14h30.*



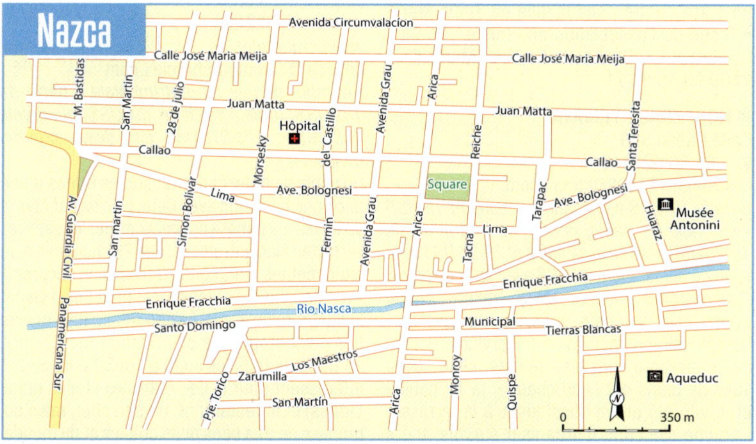

# Se loger

## Bien et pas cher

### ENFANTS DES ANDES

Jr. Yawar Huaca
Nueva Villa, Vista Alegre
✆ 0051 956 58 10 45
www.enfantsdesandes.org
enfantsdesandes@yahoo.com
A 3 km de Nasca.
*35 € par personne et par nuit en pension complète (3 repas).*
Cette association française présente au Pérou depuis 25 ans accueille à Nasca une centaine d'enfants au sein d'une école maternelle et primaire multilingue (français et anglais). Cet apprentissage les prépare à un possible avenir dans l'industrie du tourisme, domaine dans lequel ces langues sont un réel atout, ce qui profiterait aux populations locales, de plus en plus tournées vers le tourisme. Des cours d'espagnol sont également dispensés aux francophones. L'association propose ici 8 chambres à louer, simples et disposant de salles de bains privées. Les repas sont pris en commun. Le centre est situé sur les hauteurs de Nasca et offre un panorama très agréable. Cette immersion sera l'occasion de partager des moments du quotidien avec des Péruviens, et de visiter les environs grâce à l'association. Un bon moyen de joindre l'utile à l'agréable. L'association a aussi ouvert une école de langues depuis octobre 2017. Les locaux peuvent prendre des cours de français grâce aux volontaires et les Français peuvent se mettre à l'espagnol (S/ 1 440 pour 2 semaines de cours, 4 h par jour, 6 jours sur 7 et S/ 240 pour le logement).

**Autres adresses :** L'association possède un autre centre dans la ville de Tingo María • Siège de l'association en France : Le Clos St-Marcel C1, Blvd de la Forbine, Marseille – ✆ 09 70 40 55 71

### HOSPEDAJE YEMAYA

Calle Callao 578
✆ +51 56 523146
luis.roman121262@gmail.com
*Simple 10 US$ sans salle de bains et 15 US$ avec salle de bains, double ou matrimoniale 15-20 US$ sans salle de bains et 20-25 US$ avec salle de bains, triple 30 US$ avec salle de bains. Petit déjeuner américain S/ 15. Transfert gratuit depuis la station de bus. Service de laverie.*
Un hôtel simple mais avec un service efficace. Les chambres sont bien tenues, celles avec salle de bains ont l'eau chaude, la TV câblée et le wifi qui arrive aussi jusqu'à la terrasse. L'équipe s'occupe d'organiser survols, tours archéologiques, buggys. Luis, le propriétaire, a excellente presse. L'adresse de référence à petit prix.

### NANASQA HOSTEL

Calle Los Geranios Mz L, Lt 13
Amaprovi
✆ +51 931 015 223
nanasqahostel@gmail.com
*Dortoirs à partir de S/ 20, chambres matrimoniales à partir de S/ 50. Petit déjeuner en extra.*
Ouvert en 2016, cet *hostel* moderne, propre et coloré avec de bonnes ondes et une grande terrasse à l'étage. Les chambres sont simples, mais lumineuses et propres. Les salles de bains sont bien tenues. On trouve une cuisine à partager. Bref un endroit pour se la couler douce, refaire le monde ou ses plans de voyage. Ils proposent évidemment aussi des survols et sont de bon conseil. Ils sont situés à 15 minutes du centre-ville dans un quartier résidentiel.

### PIRWA BACKPACKERS HOSTEL

Juan Matta 611
✆ +51 56 524475
www.pirwahostels.com
reservaspirwa@gmail.com
*Chambre double ou matrimoniale standard 35 US$ et « superior » 50 US$, triple 45 US$. Petit déjeuner inclus.*
Un hostel convivial, très classique et plutôt tranquille à quelques pas du centre. Le petit déjeuner est correct et le personnel fort sympathique. L'hostel fait aussi office d'agence de voyages. La chaîne Pirwa est sûre et de qualité pour le public sac-à-dos.

## Confort ou charme

### NAZCA LINES HOTEL

Jirón Bolognesi 147
✆ +51 56 522293
www.dmhoteles.pe
hnasca@dematourshoteles.com
*Chambre double ou matrimoniale à partir de 132 US$, triple à partir de 151 US$, quadruple 168 US$ et suite 210 US$, petit déjeuner buffet inclus.*
Un superbe hôtel construit sur les ruines d'une ancienne hacienda avec deux piscines et courts de tennis. La bâtisse est impeccable, les espaces verts très bien entretenus. Les 78 chambres sont plutôt petites mais confortables, bien décorées, avec douche et baignoire. On peut aussi visiter la chambre de Maria Reiche restée telle quelle. Les deux atouts : le planétarium (conférence en français tous les soirs à 18h30 pour S/ 20, intéressant pour le lien entre les étoiles et les Lignes) et le restaurant, un peu cher, mais qui propose de très bons plats créoles et du monde.

A noter que la piscine est accessible pour les personnes extérieures à l'établissement (S/ 30 pour l'accès, un sandwich et une boisson).

### ■ ORO VIEJO

Callao 483
✆ +51 56 521112
www.hoteloroviejo.net
*Chambre simple S/ 150, matrimoniale S/ 200, triple S/ 240. Petit déjeuner américain inclus.*
Un hôtel classique de très bonne facture qui propose 37 chambres simples aux tons chaleureux avec TV câblée et eau chaude. Les chambres sont réparties autour du jardin et de la petite piscine dans des maisonnettes blanches et une jolie maison principale de 2 étages. Bon niveau de confort et rapport qualité-prix. L'établissement accuse un peu son âge mais la prestation d'ensemble reste très correcte.

### ■ WASIPUNKO

Panamericana Sur Km 462
✆ +51 56 631183
www.wasipunko.com
info@wasipunko.com
*Chambre simple S/ 157, double ou matrimoniale S/ 243, triple S/ 298, quadruple S/ 390. Camping S/ 25 par personne. Petit déjeuner inclus. Touristes réduction de 18 % d'IGV.*
Cette ferme-hacienda ouverte à l'agrotourisme est une belle surprise bohème qui possède beaucoup de cachet. Les chambres (ils en ont maintenant 13) rustiques, mais charmantes, ont toutes une salle de bains privée et l'eau chaude via un système solaire et à gaz. On y trouve, en sus, un jardin, des hamacs et une excellente table bio. Edmundo est très engagé dans la préservation des cultures locales. Il propose aussi du tourisme *vivencial* (chez l'habitant), des *pachamancas* (plat traditionnel de viandes cuit à même la terre) en groupe. Vous pourrez même participer à la tonte de la vigogne (*chaccu*) avec les habitants de Lucanas (à quelques heures dans les montagnes) en réservant. Ce coup de cœur vous assure un souvenir différent.

## Luxe

### ■ HACIENDA MAJORO

Carretera Panamericana Sur, km 453
Vista Alegre
✆ +51 56 522490
www.hotelmajoro.com
reservas@hotelmajoro.com
*Chambre simple 120 US$, matrimoniale ou double standard 120 US$, king VIP 156 US$, triple 159 US$ et quadruple 200 US$. Petit déjeuner buffet.*
Nous vous conseillons de quitter la poussiéreuse ville de Nasca, qui, à vrai dire, n'a rien d'extraordinaire à offrir, pour vous rendre à la superbe hacienda Majoro, située à environ 5 minutes du centre-ville en voiture (ou taxi). Vous trouverez, en plein désert, une superbe hacienda de l'époque coloniale aux vastes jardins extrêmement bien entretenus et peuplés d'une vigogne, d'un alpaga et de quelques paons. Les chambres, à la décoration très classique, sont dispersées autour de la propriété. Les pièces communes sont un véritable musée d'art local ! Restaurant sur place, piscine, planétarium et bodega de pisco. Le wifi par contre ne passe pas partout. Un peu cher malgré tout pour le service proposé.



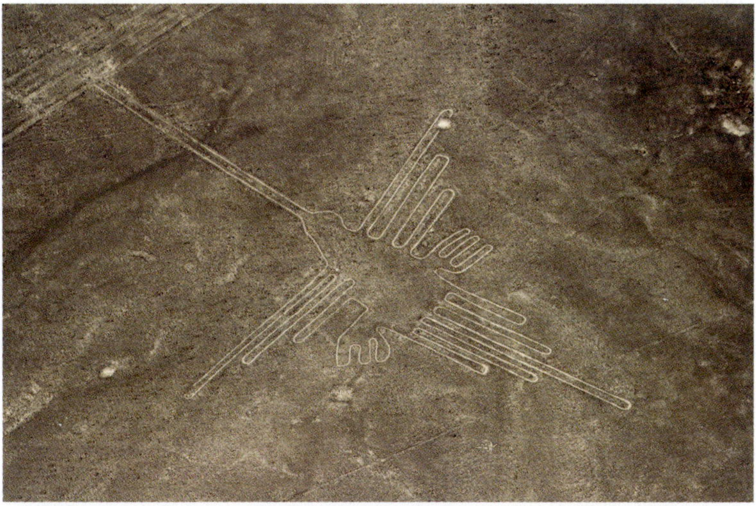



*Géoglyphes de Nazca.*

■ **HOTEL CASA ANDINA NASCA**
Jr Bolognesi 367
✆ +51 56 523563
www.casa-andina.com
travel@casa-andina.com
*Compter 68 US$ pour une chambre simple ou double traditionnelle, 80 US$ pour une supérieure avec lit king et baignoire, 102 US$ la triple. Petit déjeuner buffet inclus. Réductions sur Internet.*
Particulièrement confortable, cet établissement comporte un restaurant ainsi qu'une piscine extérieure, une terrasse, le wifi, un parking, et des services divers tels que laverie ou échange de devises (dollars et soles). Les 61 chambres sont équipées d'une salle de bains privée, télévision câblée, air conditionné, sèche-cheveux sur demande, coffre-fort. Les chambres King supérieures disposent d'une baignoire et d'un minibar. Très bon restaurant accessible aux non-hôtes. L'hôtel est relativement petit, fleuri, avec un petit air de maison de vacances. C'est agréable.

## Se restaurer

De nombreux restaurants proposant des menus économiques entourent la plaza de Armas, mais la rapidité du service et la qualité laissent parfois à désirer... Suivez votre instinct ! Les restaurants d'hôtel sont des valeurs sûres, la table d'hôtes (sur réservation) de Wasipunko aussi.

### Sur le pouce

■ **PAPA & PA**
Calle Bolognesi 237
✆ +51 56 325029
*A partir de S/15-20.*
Des frites, des bonnes sauces, un bon wifi, un service rapide et une salle moderne et agréable, voilà tout le concept de ce petit fast food qui change un peu. Sandwiches aussi, bon jus de fruits. Le concept fonctionne bien et c'est bon.

### Bien et pas cher

■ **MAMASHANA**
Bolognesi 270
✆ +51 56 521286
www.mamashana.com
*Plats à la carte S/ 28-45. Menus entre S/ 20 et S/ 35 pour les groupes.*
Une valeur sûre qui propose des plats de poulet, parillas, fruits de mer avec quelques touches de modernité comme le quinotto (risotto de quinoa). Des classiques internationaux complètent la carte (hamburgers, plats de pâte et lasagnes aussi). Salle boisée, aérée et agréable.

■ **LA TABERNA**
Av. Bolognesi 388
✆ +51 56 402799
*A la carte à partir de S/ 20. Menus le midi S/ 15.*
Cette adresse de routards a déménagé et remis un coup de neuf, la salle est immaculée et moderne. On y sert les grands classiques et l'équipe a repris la tradition des petites dédicaces sur les murs comme dans le local antérieur. Bien tenu, rien d'extraordinaire dans l'assiette mais c'est correct et la nouvelle ambiance est bien plus agréable.

### Bonnes tables

■ **CAFÉ LA ENCANTADA**
Jr Callao 592
✆ +51 56 524216
*Plats à partir de S/ 40. Petit déjeuner à S/ 10.*
Le restaurant de l'hôtel moderne du même nom. La déco y est assez neutre mais aérée et agréable, l'espace compte plusieurs ambiances : espace café, restaurant, discothèque le soir en fin de semaine. La carte se fait complète avec les classiques péruviens mais aussi quelques salades et pizzas. Spécialité de viandes. Ça manque un peu de charme mais on y mange bien et on trouve plus de choix qu'ailleurs. Mezzanine et balcon à l'étage sympathiques.

■ **EL PORTON**
Ignacio Morsesky 120
✆ +51 56 523490
elportonrestaurant.com.pe
info@elportonrestaurant.com.pe
*Plats à la carte à partir de S/ 35-55.*
Cet élégant restaurant de cuisine créole existe depuis plus de 20 ans. Une excellente adresse pour tester les spécialités régionales comme el *adobo de chancho* ou le *tacu-tacu.* Fruits de mer, pâtes et pizzas également. La belle salle intérieure aux touches rustiques est un endroit séduisant pour le dîner.

## À voir – À faire

■ **CASA Y MAUSOLEO MARIA REICHE** ★
Panamerica Sur Km 422, village de San José
A 30 km sur la route d'Ica (au nord de Nazca)
*Ouverture tous les jours de 9h à 17h. Entrée S/ 5.*
Cette petite maison perdue en plein désert témoigne des années difficiles que Maria Reiche a connues alors qu'elle consacrait sa vie à l'étude des Lignes de Nazca. Sa reconnaissance scientifique fût tardive. Ce musée a le mérite de montrer ses outils de travail pour le moins spartiates et les conditions précaires dans lesquelles elle effectuait ses recherches.

On peut aussi voir sa tombe ainsi que celle de son frère dans le jardin. Assez loin de Nazca tout de même, à faire avec un tour qui inclut le mirador.

## ACUEDUCTOS DE CANTALLOC

*Entrée S/ 10. Inclut Cantalloc, Paredones et Geoglifo de las agujas. Visite en tour environ 1h30.*

On remarque d'abord des sortes de fissures qui sont en fait les sorties d'aération d'un réseau souterrain d'aqueducs vieux de près de 2 000 ans, encore en service aujourd'hui. Nazca est alimentée par ces canaux, destinés à capter les eaux de pluie qui daignent tomber deux jours dans l'année. Les galeries où peut se mouvoir un homme debout et les puits en colimaçon sont autant de témoignages de l'ingéniosité dont faisaient preuve les Nazca dans la maîtrise de l'eau.

## LINEAS DE NAZCA ★★★

*S/ 30 de taxes à l'aérodrome. Compter 100 US$ en passant par une agence pour 30 min de vol (aller-retour jusqu'à l'aéroport en taxi inclus) et 80-90 US$ en vous présentant directement à l'aéroport.*

Inscrit sur la Liste du patrimoine culturel de l'Humanité depuis 1994, ce complexe archéologique, formé d'un immense réseau de lignes et de dessins d'animaux et de plantes attribué à la culture nazca mais dont on ne sait pas grand-chose, est pour le moins mystérieux... Ces lignes, qui couvrent une surface de quelque 350 km², ont été découvertes par Paul Kosok en 1939. Elles ont ensuite été étudiées par Hans Horkheimer et Maria Reiche, cette dernière y ayant consacré les 50 dernières années de sa vie.

**On peut voir certaines figures au km 420 de la Panamericana**, à 25 km de Nazca, du haut d'un mirador de 12 m de haut (S/ 2 l'accès) : une main, un lézard et un arbre. On distingue clairement les figures mais on ne capte pas l'amplitude du travail accompli. Egalement un mirador à Palpa (S/ 2 l'accès).

**En avion, on embrasse du regard toute la zone pendant 30 min** (préférez les départs tôt le matin pour moins d'attente à l'aéroport). Les principales compagnies disposent d'appareils pour quatre à sept passagers allant jusqu'à 220 km/heure. Attention, ça tangue ! Ne prévoyez pas un petit-déjeuner trop copieux avant de décoller... Sachez aussi que l'ambassade de France déconseille le survol des lignes en attendant la mise en place de mesures de sécurité depuis les accidents de 2008 et 2010.

© STÉPHAN SZEREMETA

Rocher en forme de tête d'inca.

## CERRO BLANCO

C'est la dune la plus haute du continent ! Sa masse blanche, culminant à 2 080 m au-dessus du niveau de l'océan, peut être aperçue de tous les points de la plaine. Vous pouvez y faire, tout comme à Huacachina, du *sandboard*. Excursion organisée par les agences avec buggy et surf des sables pour environ 50-70 US$ la journée. Attention il faut compter 3 heures pour atteindre le sommet ! L'exploration des dunes s'est étendue. Il est aujourd'hui possible d'entreprendre une excursion en buggy vers la Duna la Marcha ou le Desierto de Usaka – contacter Alegria Tours (45 US$ le tour de 4 heures, Calle Lima 168, ✆ +51 956 640 619 - alegriatoursperu.com).

## MUSEO ARQUEOLÓGICO ANTONINI

Av La Cultura 600

✆ +51 56 523444

*Tous les jours de 9h à 19h, entrée S/ 15.*

Le site est assez joli, car on y entre par un petit jardin et ses canaux avant d'arriver dans le musée. A l'entrée on vous donne un feuillet d'explication. L'idéal est d'être accompagné d'un guide mais on n'en trouve pas sur place. On y trouve grand nombre de pièces récupérées lors de la mission italienne Proyecto Nasca qui fonctionna de 1082 à 1991. Ce projet privé est géré par l'archéologue italien Giuseppe Orefici. On y expose les crânes de quelques momies, beaucoup de céramiques et tissus mais l'ensemble est assez scolaire. Le musée manque de moyens pour bien mettre en valeur et en perspective les pièces. Néanmoins c'est un vrai complément d'information au survol.

## Plus au sud...

**San Fernando et la Punta San Juan de Marcona** sont deux réserves préservées et protégées par le Sernanp qui pourraient bien faire concurrence à Paracas d'ici quelques années. Oiseaux migrateurs (dont le condor à San Fernando), oiseaux marins, pingouins et lions de mer en quantité. Le problème c'est l'accès et le coût des excursions exclusivement praticables en 4x4. Pour les aventuriers qui ont envie d'observer la faune maritime loin de la foule, renseignez-vous à Nazca, ces nouveaux trésors naturels s'ouvrent petit à petit. Comptez environ 100 US$ la journée par personne.

**Jusqu'à Arequipa,** la Panamericana erre dans le vaste désert de pierraille avant d'aborder les courbes que dessine le Pacifique. La côte y est superbe, hébergeant de petites criques secrètes qui sont peu exploitées touristiquement à part celle de la Caleta San José.

**A Chala,** on aura une pensée pour les chasquis qui, selon la chronique, venaient chercher ici le poisson frais servi quotidiennement à la table de l'Inca. C'est l'occasion d'un dernier bain de mer avant la montagne et d'une halte repas que satisfera un bon ceviche. Compter 2h30 en *colectivo* de Nazca.

**Après 200 nouveaux kilomètres de désert de sable et d'eau,** la falaise ouvre sur Ocona et Camaná, et la route, aussitôt après, bifurque vers l'intérieur, en quête des contreforts de la Cordillère et de ses sommets aux neiges éternelles, ou bien continue de longer la côte pour atteindre Moquegua.

## Visites guidées

**VIFLO TOURS**
✆ +51 956 668 730
viflotours@gmail.com
*Tours à partir de S/ 80 par personne en véhicule privé, guide francophone et entrées.*
Orlando est un guide qui a l'habitude du public francophone et peut vous organiser les visites classiques à Nazca : Cantalloc, Chauchilla, Cahuachi en véhicule privé et avec un guide francophone qui vous aidera à comprendre l'importance des lieux. Chaleureusement recommandé. Il peut aussi réserver votre survol, ses tarifs sont plus élevés qu'en direct mais il vous assure la place, vous accompagne et raccompagne depuis l'aérodrome.Orlando gère aussi l'hospedaje Flores (basique) qui propose des dortoirs ou chambres avec salle de bains à prix modiques.

## Shopping

**TALLER DE CERAMICA JENNY**
Los Maestros 285-399
On vous invitera à les visiter sur la route pour l'aérodrome ou au retour d'une excursion pour voir et comprendre comment les Nazcas élaboraient leurs céramiques. La tradition est perpétuée. Belles pièces. Forcément on apprécie que vous repartiez avec quelque chose, mais on peut aussi laisser un pourboire pour la visite.

# PAREDONES

Ce monument, qui fut un centre administratif inca aux imposantes dimensions (300 m sur 100), fut érigé en pierre sur les fondations en adobe originelles, preuve de l'adaptation des Incas aux cultures qu'ils conquéraient.

## Transports

A 1km de la ville, en direction de la route qui mène jusqu'à Puquio. Possible d'y aller en taxi (S/ 10).

## À voir – À faire

**CENTRO ADMINISTRATIVO INCA « LOS PAREDONES »**
*De 8h à 18h. Entrée S/ 10 qui inclut le Geoglifo de las agujas et les Acueductos de Cantalloc.*
Le seul édifice de toute la côte qui présente des pierres taillées rectangulaires dans sa construction. On le doit à l'Inca Túpac Yupanqui.

# CAHUACHI ★

Ce centre cérémonial de 24 km², en grande partie ensablé, se compose de plusieurs ensembles de pyramides et cimetières, occupés par les Nazca entre 370 av. J.-C. et 550 de notre ère. Plus loin, la Estanquería suscite, elle aussi, les questions : à quoi servaient ces douze rangées de vingt pieux en bois de huarango, plantés sur une plate-forme d'adobe et ayant soutenu un toit ? Une énigme soufflée par les sables qui ne manque pas de charme. Le site n'a pas encore été entièrement récupéré malheureusement.

**Accès.** S'y rendre avec une agence ou un taxi qui vous attend : le site est à 24 km ou 35 minutes de Nazca. Entrée libre.

## CHAUCHILLA

En plein désert, l'ossuaire nazca de Chauchilla, vieux de mille ans, offre un spectacle rare, gore en diable, fascinant enfin : des kilomètres carrés de sable parsemés de crânes, de clavicules, de vertèbres, de fragments de tissus, de céramiques et de cheveux tressés. Des milliers de tombes ont été profanées, et les autorités n'en ont, faute de moyens, restauré que neuf. On y voit, dans des fosses de 2 m de profondeur, de nombreuses momies (hommes, femmes aux chevelures de 2 m de long façon dreadlocks, enfants) et des céramiques remplies d'offrandes aux dieux. Troublant et beau à la fois. Entrée S/ 8. Ouvert de 7h à 16h30. Visites en tours environ 2h30.

## SANTUARIO NACIONAL LAGUNAS DE MEJÍA

A 143 km au sud-ouest d'Arequipa (2 heures de route), ce sanctuaire s'étend sur 690 ha. Il est composé de marécages, de marais salants, de roseaux, de montagnes, de l'estuaire et de plages de sable fin. C'est l'endroit idéal pour l'observation d'oiseaux ; on a enregistré ici 195 espèces, parmi lesquelles 75 dont l'habitat est terrestre (on peut donc les observer tout au long de l'année), 6 espèces maritimes et 80 espèces migratrices qui parcourent des distances considérables et peuvent ainsi venir de la jungle ou de l'Arctique. Excursions au départ d'Arequipa, une journée.



## Les lignes : la controverse de Nazca

Les lignes tracées dans la pampa San José constituent l'une des énigmes majeures de notre temps. Elles furent découvertes en 1939 par un universitaire des Etats-Unis, Paul Kosok, qui survolait la zone à la recherche des canaux d'irrigation décrits par le chroniqueur Ciega de León en 1548.

Elles se présentent sous la forme d'un réseau dense de figures zoomorphes (araignée, singe, lézard, colibri, chien, baleine…) et géométriques (spirales, triangles, parallèles), que leur taille (de 15 à 300 m de longueur pour les figures, 10 km pour certaines lignes) ne rend visibles que du ciel.

Les traits ont été tracés après qu'on eut écarté les cailloux et le sable. D'après les analyses de céramiques trouvées sur le plateau, cette œuvre gigantesque aurait vu le jour entre 300 av. J.-C. et 800 de notre ère. Aucune explication satisfaisante n'a été à ce jour donnée pour la signification de cet ouvrage sans équivalent.

Les hypothèses les plus farfelues ont été émises : on serait en présence de pistes d'atterrissage pour vaisseaux spatiaux par exemple.

Parmi les théories les plus sérieuses, retenons celle de Kosok qui dit s'être trouvé en présence du plus grand calendrier astral du monde : les lignes étant des chemins sacrés, les figures géométriques des lieux de culte et les figures animales des représentations des divinités. Ou encore celle qui soutient que tous les tracés s'intègrent dans un rituel du culte de l'eau, se basant sur l'importance que revêtait cet élément pour ces fins hydrauliciens qu'étaient les Nazca (dont les canaux sont toujours en service), dans un désert où il ne pleut que deux jours par an. Au milieu des années 1940, la mathématicienne allemande, Maria Reiche, se fit citoyenne de Nazca et consacra sa vie aux lignes dont elle établit le plan. Les conclusions de la « Dama de Nazca » rejoignent celles de Kosok : les lignes droites correspondraient aux couchers de soleil lors des solstices, qui marquaient le début des cycles agricoles. Plus récemment, une nouvelle école jeta le trouble dans les esprits en affirmant que les théories de Kosok et de Reiche ne tenaient pas compte du fait que le ciel qu'observaient les astronomes il y a 1 000 ans, du fait du mouvement des planètes et des astres, n'était pas le même qu'aujourd'hui. Voilà donc la dispute ravivée et les supputations les plus extravagantes relancées.

Malheureusement, pour l'étendue et l'isolement du site, on déplore parfois quelques saccageurs qui viennent ajouter leur marque aux dessins millénaires. En 2014 un activiste autrichien de Greenpeace avait utilisé le site pour la propagande de la célèbre ONG endommageant la figure du colibri. Sanction ? Peine de prison et forte amende. Fin janvier 2018 un camion de transport a traversé la pampa de Nazca sans tenir compte du classement au patrimoine et endommagé 3 des lignes. Il a écopé de 9 mois de prison. La vigilance a été renforcée.

# MOQUEGUA

- **Population :** 59 682 habitants.
- **Altitude :** 1 412 m.

Après Nazca, en mettant le cap au sud vers la frontière chilienne, on traverse 200 km de désert par la Panamericana, étroit ruban serpentant entre les collines de pierraille et de sable, avant d'arriver à Moquegua, nichée à 1 400 m d'altitude, au cœur d'une oasis de verdure.
La capitale du département de Moquegua attend le visiteur dans la touffeur du climat côtier, tempéré par l'ombre accueillante des ruelles. Les maisons sont d'étranges constructions en adobe, coiffées d'un toit de chaume en forme de chapeau pointu tronqué, mais la plupart ont fait les frais du terrible tremblement de terre de 2001. Peuplée depuis des millénaires, la région fut un centre important de l'Empire tiahuanaco, avant de passer aux mains de l'Inca Yahuar Hacca, puis dans les griffes des *conquistadores* qui fondèrent la cité en 1541.

- **Moquegua, où il fait chaud et sec toute l'année**, est une petite ville riante, à la population ouverte. Les principales fêtes sont las Festividades de Santa Fortunata, le 14 octobre, et l'anniversaire de la fondation de la ville, le 25 novembre, qui se fête en réalité tout le mois de novembre. Moquegua est une halte apaisante sur la route du sud. La vieille ville est réduite mais c'est le plus intéressant.

## Transports

### BUS

La plupart des bus partent du Terminal Terrestre Moquegua. Cruz del Sur se situe à côté sur la Av. Manuel Camilo de la Torre. Certaines compagnies proposent Cusco ou Puno mais attention à la sécurité.

- **Lima** : 3 départs avec Flores à 13h, 15h, 16h30 à partir de S/ 90. 3 départs avec Cruz del Sur, à 16h, 17h30 et 21h, à partir de S/ 100. Compter 18h de trajet.
- **Arequipa** : une vingtaine de départs entre 4h45 et 23h30 avec Flores. Compter S/ 20 et 4h de trajet.
- **Tacna** : une quinzaine de départs entre 6h et 21h avec Flores. Compter 2h30 de trajet et S/ 15.
- **Ilo** : une dizaine de départs entre 9h et minuit avec Flores pour S/ 10. Compter 1h30 de trajet. Plus rapide avec les taxis collectifs qui partent du même endroit, compter alors S/ 15.

## Pratique

- **Indicatif téléphonique :** 053.

### Tourisme - Culture

#### OFICINA DE PROMOCION Y DESARROLLO TURISTICO

Calle Ayacucho, esq Ancash
www.munimoquegua.gob.pe
munimoquegua@munimoquegua.gob.pe
*De 7h30 à 16h, du lundi au vendredi.*

### Argent

#### BANCO DE CREDITO

Calle Moquegua 861

#### BANCO DE LA NACION

Jirón Lima 616 y Tacna 204

### Moyens de communication

#### SERPOST

Plaza de Armas
Calle Ayacucho 560 ✆ +51 53 461049
*Ouvert du lundi au vendredi de 8h à 13h et de 15h à 20h, et le samedi de 9h à 12h.*

### Santé - Urgences

#### HOSPITAL REGIONAL

Av Bolivar 505 ✆ +51 53 633000
*Ouvert 24h/24.*

#### POLICE

Calle Ayacucho 308
✆ +51 53 461391
*Ouvert 24h/24.*

## Se loger

### Bien et pas cher

#### ALAMEDA HOTEL

Jirón Junin 322
✆ +51 53 463971
alamedahotel@gmail.com
*Chambre simple S/ 85, matrimoniale S/ 95 et double S/ 115, triple S/ 138 et quadruple S/ 168. Petit déjeuner inclus (dimanche et jours fériés pas de petit déjeuner).*
Une belle maison en bois, sur trois niveaux et au toit de tuiles. Les chambres avec télévision et wifi, moquette au sol, le service efficace, plus le restaurant, font de cet hôtel une bonne adresse à des prix somme toute raisonnables. Calme.

#### HOSTAL AREQUIPA

Jirón Arequipa 360
✆ +51 53 461338
*Chambre simple S/ 60, matrimoniale ou double S/ 65-70, triple S/ 80 avec salle de bains privée, TV et wifi. Pas de petit déjeuner (additionnels S/ 15)*

Cet établissement est bien placé, à seulement 100 m de la plaza de Armas, mais est en même temps très calme. Confort de base et moderne. Service basique.

**HOSTAL ATLANTIS**
Lima 417
✆ +51 53 462920
*Chambre simple à S/ 50 et matrimoniale à S/ 60. Pas de petit déjeuner.*
Central et simple, cet édifice peint de bleu assure le confort basique (salles de bains privées, eau chaude, TV câblée). Personnel aimable. L'hôtel se situe au 2e étage.

**HOTEL QUINTA LOS LIMONEROS**
Jirón Lima 441
✆ +51 53 461649
*Chambre simple S/ 40, double ou matrimoniale à S/ 55 et triple à S/ 70. Pas de petit déjeuner.*
En plein centre, une vieille gloire que cette maison coloniale avec un jardin abondamment fleuri. Son calme et ses chambres spacieuses classent l'établissement comme le meilleur de sa catégorie. Chambres avec salle de bains privé, eau chaude, TV, wifi, à prix très raisonnables. Assez vieillot mais propriétaires adorables et beaucoup de charme. Bémol, parfois des fêtes sont organisées dans le bâtiment central les week-ends.

**RESIDENCIAL MOQUEGUA**
Calle Cuzco 454 ✆ +51 53 462316
www.residencialmoquegua.com
reservas@residencialmoquegua.com
*Chambre simple à S/ 59, matrimoniale à S/ 83 ou S/ 100 avec lit queen, double à S/ 106. Petit déjeuner inclus.*
Une option bien tenue et agréable, non loin du centre. Dans ce petit hôtel propre, certaines chambres jouissent d'un balcon, salle de bains privée, eau chaude, TV, wifi. Une bonne option, un cran au-dessus des autres listées ici.

## Confort ou charme

**EL MIRADOR**
Alto de la Villa ✆ +51 53 463851
www.dmhoteles.pe
reservas@dmhoteles.pe
*31 chambres standard et 12 junior suites. Chambre double ou matrimoniale 163 US$. Petit déjeuner inclus. Réservez sur Internet, rabais importants.*
Cet hôtel calme et tout confort s'est isolé sur les hauteurs. La vue sur la ville et l'amoncellement de collines à l'horizon est imprenable. Belle et vaste piscine. L'hôtel fait partie de la chaîne DM Hoteles. Il a été rénové pour proposer des chambres élégantes et contemporaines, certaines avec balcon. Restaurant sur place. Service ad hoc.

**CASA ANDINA SELECT MOQUEGUA**
Prolongación Manuel C. de la Torre Ugarte s/n
✆ +51 53 633391
travel@casa-andina.com
*A partir de 92 US$ la nuit en chambre supérieure (lit queen ou double). Ils offrent aussi des junior suites et villas. Petit déjeuner buffet inclus.*
La gamme Select est celle dédiée aux voyageurs d'affaires chez Casa Andina, elle convient très bien aussi aux voyageurs tout court, mais exigeants. Les tarifs sont souvent plus avantageux les fins de semaine.78 chambres, 6 étages, c'est du grand building moderne, mais avec des chambres bien pensées, impeccables et confortables. Toutes ont TV écran plat et wifi, les junior suites ont un espace canapé-table basse en plus et les villas une pièce extra et un lit king. On trouve aussi sur place un restaurant, une piscine de taille moyenne, une salle de gym et un sauna. Un peu aseptisé, mais l'établissement tient ses promesses de service et confort.

## Se restaurer

Moquegua se distingue par quelques spécialités culinaires non négligeables, telles que le *guiso de lengua* (langue en sauce), le cuy frito, le picante de cuy, les *chicharrones* ou encore la *chupe de camarones*. Vous aurez le choix entre tous les *chifas*, *pollerias* et *cevicherias* installés dans les rues adjacentes de la Plaza. N'oubliez pas de goûter aux desserts sucrés, autre fleuron local. Le pisco local est celui de la Bodega Norvill (calle Ayacucho 1370).

**DOÑA PETA**
Calle Antigua Samegua D-20
✆ +51 53 462555
*Ouvert de 10h à 18h. Plat S/ 20-35.*
Une adresse un peu excentrée (compter S/ 5 en taxi), mais qui vaut le déplacement ! Vous pourrez y goûter les spécialités de la région comme le *cuy frito* ou les *chicharones*. La salle est aérée, propre et bien tenue. Attention, les portions sont plus que généreuses !

**EL PUNTO DEL PAISA**
Urb. Primavera H-1 ✆ +51 53 462331
*Tous les jours de 9h à 16h.*
Une belle cevicheria moderne et pimpante qui offre les classiques ceviches, *tiraditos* et combinaison de riz sautés. Il y a aussi des plats à partager (*fuentes*). C'est résidentiel, à la mode, mais bien servi et avec un service très correct. Petit patio intérieur.

**RODA FRUTA**
Calle Moquegua 439 ✆ +51 953 640 605
*Tous les jours de 8h à 21h.*
Un peu excentré, mais une bonne adresse populaire pour prendre son petit déjeuner avec une formule buffet sucré et salé à S/ 12. Menus végétariens le midi. Egalement des pizzas et des *empanadas*. Populaire.

## À voir – À faire

**MUSEO CONTISUYO**
Plaza de Armas
Jr. Tacna 294 ✆ +51 53 461844
www.museocontisuyo.com
*Tous les jours de 8h à 13h et de 14h30 à 17h30, sauf le mardi de 8h à 12h et de 16h à 20h. Fermé jours fériés. Entrée S/ 1,50.*
Le petit musée, très bien agencé, expose de précieuses pièces des cultures préincas locales (chiribaya, tumilaca, estuquina), et des empires Wari et Tiwanaku : textiles, petites boîtes et pipettes en bois pour priser les hallucinogènes, keros gravés en l'honneur de Wiracocha… intéressant et méritant certainement une visite.

**PLAZA DE ARMAS**
Plaza De Armas
Très ombragée, fermée sur un côté par des *casonas*, elle est le centre névralgique des rendez-vous, soit sur les bancs au centre, soit sous la haute façade, seul vestige de la cathédrale sinistrée. La monumentale fontaine aux Trois Grâces, crapauds et cygnes cracheurs d'eau, est due au crayon d'Eiffel.

# CERRO BAÚL

A 20 km de Moquegua, un profond mystère entoure cette surprenante montagne, au sommet plat comme les mesas de l'Arizona. Les Cochunas y avaient installé une forteresse dans laquelle ils résistèrent 55 jours au siège des Incas de Mayta Capác, avant de céder, affamés. Grimper à pied les 600 m de dénivelé (hauteur 2 600 mètres), par un chemin escarpé, est un exercice très faisable et vous prendra environ 1h. En haut, vue panoramique sur la plaine et les contreforts de la Cordillère. Entrée S/ 4.

# OMATE

**La vallée creusée à 2 200 m d'altitude**, entre Arequipa (à 130 km) et Moquegua (à 147 km), est circonscrite par de hauts sommets : Paylogén ou Huaynaputina. Dans le village d'Omate, on entrera dans l'église en adobe, du XVIIIe siècle, pour y admirer l'autel doré à la feuille et les retables néoclassiques. Dans la partie haute du village, l'un des deux moulins de la période de la colonie fonctionne toujours et fournit en farine les boulangers qui cuisent, au feu de bois, le savoureux « *pán de trigo* ».

**Dans les environs, les bains thermaux d'Ulucan attirent la foule**, une foule qui n'embouteille pas le site de Pampa Dolores, où des pétroglyphes laissent deviner, malgré l'outrage des siècles – ils datent de 8 000 ans avant notre ère –, des scènes de chasse.

# ILO

**Population :** 66 484 habitants.
A 90 km de Moquegua, le port d'Ilo affiche une belle santé : port de pêche, il est également le point d'embarquement du cuivre extrait de Toquepala, à 4 000 m d'altitude. La ville est en pleine expansion, à la suite des accords économiques passés avec la Bolivie qui n'a pas de débouché maritime. Le tourisme est également florissant (même si les plages ne sont guère engageantes pour la baignade). Semaines touristiques à la mi-février et fin mai, et le 29 juin, le festival de San Pedro y San Pablo.

## Transports

### BUS

*Pas la peine de vous déplacer jusqu'au terminal terrestre Pampa de Palo (Costañera Sur, km 7) puisque les compagnies ont toutes pignon sur rue sur l'Av Matara.*

**Moquegua** : compter 1h15 et S/ 8 avec Flores. Un peu plus rapide avec les taxis collectifs qui vous attendent dans la même rue pour S/ 12.

**Tacna** : 2h30 avec Flores. Départs réguliers.

**Lima** : un bus direct avec Cruz del Sur qui part à 16h à partir de S/ 102. 3 bus avec Flores : 7h, 14h et 18h pour 20h de trajet. 2 départs avec Civa à 12h30 et 15h à partir de S/ 50 en service *economico*.

**Arequipa** : une quinzaine de départs avec Flores entre 5h15 et 23h à partir de S/ 20.

### LATAM

✆ +51 1 213 8200 – latam.com
Liaisons à Lima 3 fois par semaine les lundis, mercredis et vendredis. A partir de 89 US$ aller-retour.

## Pratique

**Indicatif téléphonique :** 053.

### BANCO CONTINENTAL

Pasaje Malatesta 103, esq Jr. Abtao

### BANCO DE CREDITO

Jirón Zepita 402

### HOSPITAL DE ILO

Avenida N° 01 Mz. C Lote 01 - Area 4 (A – 4)
Pampa Inalambrica ✆ +51 53 496418
www.saludilo.gob.pe
*24h*

### SERPOST

Avenida Mariano Lino Urquieta, cuadra 3
*Ouvert du lundi au vendredi de 8h à 13h30 et de 16h à 18h30. Samedi de 8h à 13h.*

## Se loger

### LE GRAND HOTEL ILO

Avenida Avelino Caceres 3007
✆ +51 53 482421
www.legrandhotelilo.com
*Chambre double S/ 250,80, matrimoniale S/ 262,20, junior suite S/ 330,60, suite S/ 364,80, petit déjeuner inclus.*
Toutes les chambres donnent sur les flots et possèdent une salle de bains privée. Décoration immaculée. L'ensemble est moderne et épuré. Il compte avec deux piscines, une pour adultes et une autre pour enfants. Wifi. Bar et restaurant. Un cran au-dessus du reste pour le confort et le service.

### HOSPEDAJE ROMICOR

Calle Moquegua 458 (angle Ayacucho)
✆ +51 53 481195
hotelromicor@hotmail.com
*Chambre simple S/ 60, matrimoniale à S/ 70, double S/ 90, triple à S/ 100, avec salle de bains privée, TV câblée et téléphone. Pas de petit déjeuner inclus.*
A 100 m de la plaza de Armas, un choix honnête pour les petits budgets. L'établissement a été repeint et a gagné un peu en prestance. Chambres correctes, eau chaude plus paresseuse. Wifi. Dans cette même rue, plusieurs petits hôtels du même genre.

## Faites le tour des casonas...

Ne ratez pas les photogéniques *casonas* qui longent la plaza Belen : leurs façades sont encore bien conservées ! Egalement la Casa de la Familia Alayza (Jirón Ancash 198), qui date du XVIIIe siècle dans un style purement colonial, tout comme la Casa de los Fernandez Cornejo y Córdoba (plaza de Armas) qui porte en fronton un long balcon de bois ouvragé. Plus sobre, la Posada de la Casa Chocano (Jirón Ancash 418), toute d'intimité, fait office dorénavant de magasin !

**HOTEL KARINA**
Jirón Abtao 780 © +51 53 481397
karinahotel@hotmail.com
*Chambre simple S/ 100, double ou matrimoniale S/ 130, semi-suite S/ 145, suite S/ 165, triple S/ 175, petit déjeuner inclus.*
L'hôtel n'est pas tout récent et un peu massif mais il tient bien le coup. Toutes les chambres ont salle de bains, eau chaude et TV. C'est simple mais bien tenu. Belle vue sur l'océan depuis la terrasse de l'étage, restaurant de poisson sur place, bar et wifi. Le petit déjeuner est correct également.

## Se restaurer

Les restaurants de poisson se côtoient sur le Malecón, mais aussi dans toute la ville.

**EL CORSARIO**
Los Olivares Mz02 Lt11
© +51 953 915 427
*Le midi. Comptez S/ 35-50 le plat.*
Une cevicheria un peu plus éloignée du centre (s'y rendre en moto-taxi) où se réunissent amis ou familles pour le déjeuner. Carte classique, portions un peu plus légères qu'ailleurs mais bien travaillées.

**LA POSADA**
Av 28 de Julio 650
© +51 53 481174
Au 1er étage, vous pourrez déguster toutes les spécialités de la région à base de poisson. Les lieux sont simples. Ici on propose une cuisine populaire honnête.

## À voir - À faire

Le Malecón, le phare, la jetée, la Glorieta et les plages : tout ce qui touche au Pacifique, en fait, mérite l'attention.

**MUSEO CHIRIBAYA**
Av.Principal s/n, El Algarrobal
www.centromallqui.pe
*Tous les jours, de 10h à 15h. Entrée : S/ 5.*
Dans le village de l'Algarrobal, entre Ilo et Moquegua, ce musée héberge une dizaine de momies de la culture chiribaya qui occupa la côte sud entre 900 et 1375 ap. J.-C. Le projet est intéressant mais depuis qu'il est passé aux mains de la municipalité, le musée périclite un peu.

**PLAGES**
La playa Boca del Río, située entre le port et Pueblo Nuevo, est une longue bande de sable pas très nette où accostent les petits bateaux de pêche à moteur. A 8 km au sud, la playa Pozo de Lizas, malheureusement proche de la caserne, est une étendue de fin sable blanc propice aux bains de soleil, tandis que la playa Tacona est davantage réservée aux amateurs de pêche sportive. Au nord, la playa Jaboncillo, à la lisière de la ville, est la plus peuplée ; plus loin, la playa Enfermeras nous semble la mieux et la plus tranquille car abritée par les rochers. A 24 km, la playa Alastaya, avec ses galets, est la plage des clovisses.

# TACNA

- **Population :** 288 698 habitants.
- **Altitude :** 562 m.

Fondée en 1537, cette ville frontière avec le Chili participa vaillamment aux luttes d'Indépendance. Prise par les voisins du Sud lors de la guerre du Pacifique, en 1880, Tacna ne sera rendue par les Chiliens qu'en 1929.
La grande vallée verdoyante au milieu des dunes est le centre d'une grande activité économique. Passant par un plateau désertique de roches roses émergeant du sable blond, le trajet de Moquegua à Tacna offre l'un des paysages les plus fascinants de la côte péruvienne. Tacna, capitale du département de Tacna, présente peu d'attractions touristiques et culturelles ; il y fait chaud toute l'année et sec, avec, cependant, la *garúa*, de juin à août. Mais la ville constitue une étape pour ceux qui se rendent au Chili ou en reviennent, et continuent sur Arequipa, Puno ou La Paz.

- **La ville est en liesse** pour la Semana de Tacna, fin août ; la Fiesta de la Virgen, mélange de ferveur chrétienne et de rites païens, début septembre ; la Semana turística (deuxième semaine d'octobre).

## Transports

### Comment y accéder et en partir

**AEROPUERTO CARLOS CIRIANI SANTA ROSA**
Carretera Panamericana Sur Km 5
© +51 52 314672
Lan Peru propose des vols depuis/pour Lima (compter 2h de vol, 4 vols aller par jour et 3 vols retour). Viva Air, compagnie low cost a fait son entrée sur cette destination. Les agences se trouvent sur l'Av Bolognesi (cuadra 4 et 5).

**BUS**
*Les bus partent du terminal terrestre Manuel A. Odria, situé Calle Hipolito Unanue. On peut laisser ses bagages (S/ 1,50 pour la journée), manger, se connecter à Internet, retirer et changer de l'argent et même aller chercher un plan auprès d'I Peru.*

- **Lima** : la plupart des bus partent dans l'après-midi, compter 21h de trajet, à partir de

S/ 60 jusqu'à S/ 150. Départ à 12h, 14h30 et 18h30 avec Flores ou 13h et 18h avec Cruz del Sur.

- **Arequipa** : compter 6h de trajet à partir de S/ 25 jusqu'à S/ 45. Départs toutes les heures entre 5h et 22h avec Flores, et à 6h et 13h30 avec Cruz del Sur.
- **Nazca** : deux départs par jour avec Flores. Compter 12h de voyage, à partir de S/ 60.
- **Moquegua et Ilo** : trois départs par jour avec Flores à 7h, 14h et 18h. Compter entre S/ 12 et S/ 15 pour 2h30 de trajet.
- **Cusco** : Julsa propose un bus par jour à 19h30 pour 14h de trajet et S/ 50. Ce n'est pas la meilleure compagnie.
- **Puno et la Bolivie** : Julsa propose un bus semi cama à 19h30 pour 8h de trajet et S/ 25. Changer ensuite à Puno direction Copacabana ou La Paz.
- **Pour le Chili**, les départs se font en face du terminal terrestre international. Des colectivos et des taxis vous emmènent à Arica, la ville la plus proche de l'autre côté de la frontière 40 km plus loin. Départs entre 5h et 20h, pour 1h à 2h de trajet selon les fouilles et les files d'attente. Coût par passager : S/ 10 en bus et S/ 20 en *colectivo*.

### TRAIN

Estacion de Ferrocarril Tacna-Arica
✆ +51 52 611824
*La gare est située dans la Calle Albarracin, à côté du musée ferroviaire. Prix du trajet S/ 18.*
Le service a été réactivé depuis juin 2016, deux allers-retours par jour. Départ de Tacna à 6h pour une arrivée à Arica à 7h15. Départ de Arica 10h pour une arrivée à Tacna à 11h15. Départ de Tacna à 16h30 pour une arrivée à Arica à 17h45. Départ de Arica 20h pour une arrivée à Tacna à 21h15. Difficile d'obtenir des informations en amont. Il faut se rendre à la gare et acheter son billet la veille ou le jour même. L'autovagon 261 a une capacité env. 45 passagers. Attention 1h de différence entre Chili et Pérou. Quand il est 6h au Pérou, il est 7h au Chili. Les horaires peuvent changer, leur page Facebook est normalement actualisée.

## Se déplacer

Le centre-ville est petit et peut facilement se parcourir à pied. Pour se rendre au terminal terrestre, préférer le taxi (la course est de S/ 8-10).

## Pratique

- **Indicatif téléphonique :** 052.

## Tourisme - Culture

### DIRCETUR
Calle Blondell 50
*Ouvert du lundi au vendredi de 7h30 à 15h.*
Plus administrative que de service direct aux touristes mais parfois cartes et renseignements utiles.

### I PERU
Plaza de Armas
Av San Martin 491 ✆ + 51 52 425514
*Ouverture la semaine de 8h30 à 18h et le dimanche matin.*

## Réceptifs

### SAMA TOURS
Av. San Martin 824
✆ +51 952 872 122
www.samatoursperu.com
reservas@samatoursperu.com
Une petit agence locale qui propose des tours classiques à la découverte des environs.
**Autre adresse :** Av. Bolognesi 528

### DESCUMBRE PERU
Patricio Melendez 197A
✆ +51 52 280296
descumbreperu.com
Cette agence propose des tours en groupe à la demi-journée et à la journée pour découvrir Tacna et les destinations proches : Ilo et ses marais, Moquegua ou encore la sierra de Tacna avec les baños termales de Ticaco.

## Représentations - Présence française

### CONSULAT DU CHILI
Presbítero Andía S/N
✆ +51 52 423063
chile.gob.cl/es/
tacna@consulado.gob.cl
*Ouverture du lundi au vendredi, de 8h à 13h.*
Seulement pour obtenir des informations, car les Européens n'ont pas besoin de visa.

## Argent

### BANCO DE CREDITO
Av San Martín 574

### INTERBANK
Av San Martín 646

## Moyens de communication

### SERPOST
Av Bolognesi 361
✆ +51 52 424641
*Ouvert du lundi au vendredi de 8h à 18h et samedi matin.*

## Santé - Urgences

### HOSPITAL HIPÓLITO UNANUE
Daniel Alcides Carrion 160
Prolongacion Blondell ✆ +51 52 583730
hospitaltacna.gob.pe
*Ouvert 24h/24.*

### POLICE
Callao 121 ✆ +51 52 245496
*Ouvert 24h/24.*

## Se loger

Dans le centre, beaucoup d'hôtels pas chers, avec salles de bains privées, mais pensez à réserver en haute saison pour les week-ends !

## Bien et pas cher

### HOSTAL FAMILY HOUSE
Calle Coronel Bustios 630 ✆ +51 52 425231
www.hostalfamilyhouse.com
*Chambre matrimoniale S/ 80 ou double S/ 90, triple S/ 120. Petit déjeuner inclus (sauf dimanche).*
Une petite pension de famille bien entretenue avec des chambres modernes qui ont toutes une salle de bain privée, TV et wifi. Quelques fleurs, un personnel sympathique, poussez la grille de cette maisonnette jaune, vous y serez bien traités.

### HOSTAL INCLAN
Jirón Coronel Inclan 171
✆ +51 52 244848
hostalinclan@gmail.com
*Chambre simple à S/ 48 avec sanitaires privés et chambre double ou matrimoniale à S/ 58, chambre triple S/ 73. Pas de petit déjeuner.*
Juste à côté de la plaza de Armas, un hôtel basique aux chambres spartiates. C'est propre, l'équipe est attentionnée mais ce n'est pas flambant neuf.

### LA POSADA DEL CACIQUE
Arias Aragüez 300-304 ✆ +51 52 247424
*Chambre simple S/ 65 et double ou matrimonial S/ 95. Petit déjeuner inclus.*
Des chambres confortables avec salle de bains privée dans un ensemble élégamment réparti autour d'un escalier rond et sous une vaste baie vitrée. Un peu plus cher mais la différence en vaut la peine.

## Confort ou charme

### GRAN HOTEL TACNA
Av. Francisco Bolognesi 300
✆ +51 52 424193
dmhoteles.pe/eng/hotel/hotel-in-tacna
*Chambre double ou matrimoniale à 107 US$ et suite à 131 US$. Petit déjeuner buffet compris.*
Depuis 62 ans, une adresse de référence confortable (télévision câblée, Internet, garage, grande piscine) autour de 68 chambres et 7 suites. Il est

passé aux mains de la chaîne DM Hoteles et a été rénové. Confort, TV écran plat, wifi. Il compte maintenant avec une piscine et pataugeoire pour enfants. Restaurant et bar sur place.

**EL MESON HOTEL**
Hipólito Unanue 175 © +51 52 414070
www.mesonhotel.com
*Compter S/ 115-130 la simple, S/ 130-160 la double ou matrimoniale, S/ 170-190 la triple et S/ 200 pour 4 personnes. Petit déjeuner buffet compris.*
Chambres confortables avec télévision câblée et minibar dans un bâtiment moderne. Salles de conférence, Internet et location de voitures. Un hôtel business très correct qui propose des chambres standards ou exécutives avec salle de bains privée. Les espaces sont lumineux et bien agencés. Bon rapport qualité-prix.

**PLAZA HOTEL**
Jirón San Martín 421
Sur la plaza de Armas © +51 52 426952
www.hotelplazatacna.com
*Chambre simple S/ 110, matrimoniale S/ 140, double S/ 160 et chambre triple S/ 180, petit déjeuner inclus.*
L'accueil est chaleureux et le cadre propre, lumineux, coloré. Tv et Wifi. Central. L'établissement propose aussi ses services comme agence de voyage.

### Luxe

**CASA ANDINA SELECT TACNA**
Billinghurst 170 © +51 52 580340
casa-andina.com – travel@casa-andina.com
*Sur Internet, 95 US$ la matrimoniale (lit queen) ou double supérieure et 125 US$ la junior suite. Petit déjeuner inclus.*
Un hôtel moderne et design qui propose 150 chambres impeccables sur 9 étages. Lumineux, bien agencé, neuf, c'est le top de sa catégorie. La piscine en *rooftop* au dernier étage rajoute une touche d'élégance.

## Se restaurer

La cuisine de Tacna est créole, avec une petite touche locale ; on y devine les influences de la sierra (*cuy chactado*, *pepian de cuy*) et celles de la côte (*ceviches* et fruits de mer). Les plats de Tacna sont la *parrillada de cordero* (agneau rôti), les *chicharrones a la tacneña* ainsi que le *zapallo sancochado* (ragoût de courge). Le long de l'Alameda Bolognesi, de nombreuses *pollerías* côtoient les restaurants populaires à petits prix.

**SIENA CAFÉ**
Pasaje Vigil 52
Costado Club Unión © +51 52 283460
Un petit café traditionnel avec bar en bois verni où l'on vient prendre un café, un dessert, un sandwich, un burger. Il fait bon s'y attarder un peu.

### Sur le pouce

**SIENA CAFÉ**
Pasaje Vigil 52
Costado Club Unión © +51 52 283460
*Voir page 237.*

### Pause gourmande

**GELATERIA CAFFE PIAMONTE**
Avenida San Martin 363-391
*A partir de S/ 5.*
Envie de savourer une glace sur la Plaza de Armas ou l'Alameda Bolognesi ? Cette adresse propose une quinzaine de parfums tous plus alléchants les uns que les autres, ainsi que des *postres*. Possibilité de manger sur place, avec le wifi.

### Bien et pas cher

**CAFÉ VERDI**
Pasaje Vigil 57
*Ouverture du lundi au samedi. Petit déjeuner à partir de S/ 8.*
Une bonne adresse si vous avez un petit creux ou une soudaine envie de manger des *empanadas* ! Ce petit café traditionnel donne sur les bancs de la rue piétonne.

**EL CONQUISTADOR**
Av San Martin 727 © + 51 52 424097
*Ouverture du lundi au samedi de 7h à minuit et le dimanche de 8h à 16h. Menu le midi S/ 15. Plats à partir de S/ 20.*
Une bonne adresse avec un grand choix de plats typiques ! On aime le service impeccable et les assiettes bien équilibrées, et c'est assez rare pour être souligné, elles sont accompagnées de pain ! Menus le midi à prix doux.

### Bonnes tables

**CAFÉ DA VINCI**
San Martin 596 © +51 52 637675
cafedavincitacna.com
*Tous les jours de 11h à 23h. Le midi en semaine menu à S/ 19, 50. Plats à la la carte de S/ 25 à S/ 40.*
Une excellente et élégante cafétéria tout de bois vêtue qui envoie pizzas, pâtes, sandwiches, jus et plats de viandes ou poissons dans une ambiance décontractée. Une offre complète. Bonne adresse.

**PUERTO VIEJO**
Av Vigil 1638 © +51 52 424698
*Ceviches à partir de S/ 25 et plats à partir de S/ 30.*
Une adresse un peu excentrée mais une excellente *cevicheria*. Le cadre est très agréable et de la grande salle, vous apprécierez l'activité et la propreté de l'énorme cuisine où se travaillent les poissons, dans une hygiène irréprochable. A goûter absolument : les extraordinaires ceviches à prix doux, mais aussi les *sudados*, *chaufas* et *chicharrones*.

**UROS RESTAURANTE**
Avda. Leguía 1105
✆ +51 52 575185
www.restauranteuros.com
*Tous les jours. Plats de viande ou poisson S/ 40-55.*
Un restaurant classique avec nappes rouges et une touche d'élégance. Ici la spécialité ce sont les poissons ou viandes cuites sur la pierre servis avec pommes de terre du cru ou brochettes de légumes. L'ambiance est un peu sombre en journée, plus romantique la nuit tombée.

**Autre adresse :** Av. San Martin 608

## À voir - À faire

**ALAMEDA BOLOGNESI**
Avenida Bolognesi
Cette immense promenade d'un kilomètre coupe la ville et dispense au promeneur les bienfaits de ses arbres quand cogne le soleil. Ici et là, on notera une statue presque aussi belle que la locomotive du XIXe siècle exposée en son milieu. La promenade a recouvert le río Caplina, qui respire grâce à des vannes d'où monte sa fraîcheur.

**CASA MUSEO DE ZELA**
Jirón Zela 542 ✆ +51 52 411716
*Ouvert du lundi au samedi de 8h à 12h et de 15h à 18h. Dimanche matin. Entrée S/2.*
Cette maison républicaine à deux patios et au toit de terre caractéristique de la région a appartenu à Francisco Antonio de Zela, commandant pendant la guerre d'Indépendance (1820-1824). On y peut voir une galerie de portraits de militaires, du mobilier républicain et une collection de pièces provenant des cultures préhispaniques de la côte.

**CATEDRAL DE TACNA**
Callao
De style Renaissance et néogothique, elle est on ne peut plus massive. Ses tableaux de l'école de Cusco lui évitent cependant un naufrage esthétique total. Et les plans ayant été dessinés dans les ateliers de Gustave Eiffel, on ne pourra pas nous taxer de chauvinisme !

**MONUMENTO DE LA ALIANZA**
Pampas del Campo Alliance
C'est là, à 8 km au nord de la ville (S/ 10 en taxi), que le 26 mai 1880 se déroula une sanglante bataille entre les alliés péruviens et boliviens et l'armée chilienne. Le musée du site (ouvert tous les jours de 8h à 17h) présente des reliques et des traces de ce combat : uniformes, armes, etc.

**MUSEO FERROVIARIO**
Angle Av 2 de Mayo et Calle Albarracín
*Ouvert du lundi au samedi de 8h à 17h. Entrée : S/ 5.*
Dans la gare même sont exposées les machines qui font rêver tous les gosses du monde. Ce musée est considéré comme le plus important d'Amérique latine : plus de 90 % des pièces présentées sont originales et datent de plus d'un siècle. La locomotive 93 fonctionnait même en 1879, au moment de la Guerre du Pacifique contre le Chili. Un peu à l'abandon mais photos sympathiques en perspective. Un plan de rénovation est normalement au programme.

**MUSEO HISTÓRICO Y DE ARMAS**
Jirón Apurímac 202 ✆ +51 52 711171
*Ouvert du lundi au vendredi de 9h à 13h, et les samedis et dimanches de 9h à 15h. Entrée S/ 2.*
Un point sur la Guerre du Pacifique contre le Chili avec des fresques représentant des batailles, des maquettes de navires de guerre, des armes... Pas indispensable.

**PÉTROGLYPHES DE MICULLA**
*Comptez S/ 40 par personne en tour avec dégustation de pisco dans une bodega.*
Ces pétroglyphes situés à environ 30 minutes de Tacna sont assez éparpillés, mais le paysage est sympathique. Et pour s'y rendre, on traverse un pont suspendu de 65 mètres de long. Les tours en général incluent le centre-ville, les pétroglyphes, une dégustation de pisco et un arrêt dans les bains chauds (piscine S/ 8 et privé S/ 10). C'est la façon la plus simple et la moins onéreuse de tout voir en une demi-journée.

**PLAZA DE ARMAS**
Ce n'est pas une véritable place, plutôt le prolongement de l'Avenida San Martín. Un horrible monument, el Arco Parabolico, à la gloire de Bolognesi et Grau, la défigure. La fontaine due à Eiffel rattrape un peu le gâchis. Tous les dimanches matin, défilés militaires et lever du drapeau mettent de l'animation.

**TEATRO MUNICIPAL**
Pasaje Calderón de la Barca
A l'époque de sa construction, en 1870, c'était l'un des plus prestigieux théâtres du continent. Il faut dire que l'édifice de pierre, d'adobe et de bois ne manque pas d'élégance.

## Shopping

**MERCADO**
Angle de l'Av Bolognesi et Cnel Vidal
On y trouve de tout : de l'alimentation, de l'artisanat ou des objets du quotidien. Egalement un marché d'alimentation Av 2 de Mayo (à l'angle du pasaje Calderon de la Barca), et un marché de vêtements au croisement de l'Av Mendoza et l'Av Pinto. Comme la ville est prisée des Chiliens voisins pour le shopping bon marché, les galeries commerciales abondent.

# AREQUIPA
## ET SA RÉGION

*Arequipa – Vue sur le volcan Chachani depuis Yanahuara.*
© STEPHAN SZEREMETA

# AREQUIPA ET SA RÉGION

*Si la renommée de cette ville est pratiquement égale à celle de Cusco, ce n'est pas un hasard. Sa situation dans l'extrême sud des Andes péruviennes dote en effet Arequipa d'un attrait touristique incomparable. Riche en volcans, en cañons (dont notamment celui de Colca, plus profond que le Grand Canyon du Colorado), mais aussi en cultures en terrasses, en vallées et en sources d'eau thermale, voici une région fantastique à laquelle on aimerait consacrer au moins une semaine.*

## AREQUIPA ★★★

- **Population :** 1 034 736 habitants.
- **Altitude :** 2 335 m.

C'est la perle des Andes sèches, au pied des volcans, la deuxième plus grande ville du Pérou, et sans doute l'une des premières par sa beauté... Surplombée par le volcán Misti (5 825 m d'altitude) dont le sommet est éternellement blanc (la neige est cependant en train de disparaître, à cause du réchauffement global de la planète), elle est également proche du volcán Chachani (6 075 m) et du volcán Pichu-Pichu (5 664 m). Située à plus de 2000 m, elle a été fondée le 15 août 1540 par don Garcia Manuel de Carbajal, au nom de Francisco Pizarro. Le nom « Arequipa » provient d'un vocable quechua, *ari-que pay*, qui signifie « oui, vous pouvez rester ». Auparavant, la culture Churajón dominait la région (en témoignent les sites de Casapatac, Sabandía ou Churajón), tandis que la culture Chuquibamba se développait au nord (jusqu'à la province d'Ayacucho). La pierre volcanique blanche, le *sillar*, qui servit à la construction des monuments, des églises et des *casonas*, rappelle l'extraordinaire prospérité que connut Arequipa, centre de commercialisation de l'argent extrait à Potosí (actuellement en Bolivie). Au XIX$^{e}$ siècle, c'est le négoce de la laine d'alpaga, expédiée vers l'Europe, qui fit la richesse des habitants, dont beaucoup sont d'origine basque. En 1870, la construction du chemin de fer vers Cusco et Puno, dans la Sierra, et de Mollendo vers le Pacifique, dopa encore davantage l'économie locale. Bien qu'elle ait souffert de nombreux séismes meurtriers, dont le dernier, en juin 2001, a enlevé à la cathédrale l'un de ses deux clochers (déjà reconstruit), Arequipa a toujours su relever la tête. La cité, qui vénère le Misti comme au Japon on vénère le mont Fuji, est restée très jalouse de ses traditions et a su franchir l'écueil du tourisme, adaptant ses infrastructures, jouant la carte de la propreté et de la sécurité. On est surpris par l'animation, la disponibilité et l'amabilité des gens ainsi que par la beauté des édifices, fruits de la prospérité. Arequipa a été déclarée patrimoine de l'humanité par l'UNESCO. Les fêtes les plus importantes commémorent l'Aniversario de Cotahuasi le 4 mai ; la Virgen de Chapi le 1$^{er}$ mai ; la fondation de la ville le 15 août ; et la Semana Santa début avril. Ces dernières années la ville a connu un boom démographique entraînant la construction de nombreux immeubles et une plus grande proportion de voitures dans les rues mais le charme persiste.

### Quelques règles concernant les tremblements de terre

- **Observez les gens** car certaines personnes sont plus sensibles aux secousses et donneront l'alerte avant même que vous n'ayez ressenti le moindre tremblement.
- **Vérifiez visuellement** les cadres, les verres, les liquides qui bougent sans raison apparente.
- **Dirigez-vous** dans un espace dégagé, comme un carrefour ou une cour.
- **Si vous n'avez pas le temps de sortir,** placez-vous sous un cadre de porte ou une table ou rendez-vous dans une zone spécifique aménagée dans la plupart des bâtiments publics péruviens (zones marquées par un petit panneau vert avec un grand « S »).
- **Si le tremblement de terre vous réveille,** c'est qu'il est d'une intensité importante. Levez-vous et mettez-vous à l'abri.

Arequipa
Curiosité
Eglise
Office de Tourisme
250 m.
San Lázaro
Juan de la Torre
JerusalEn
Institut régional de la Culture
Llosa
Vers l'église de Yanahuara et église San Miguel Arcangel de Cayma
Puente Grau
Ayacucho
Pont Grau
Puente Bajo Grau
Convento de la Recolta
Fundo El Fierro
Complejo San Francisco
Museo de Arte Virreinal de Santa Teresa
Musée Municipal
Zela
Melgar
Casa de la Moneda
Couvent Santa Catalina
Jerusalén
San Francisco
Peral
Colon
Bolivar
Ugarte
Sta Maria
Villalba
Santa Catalina
San Francisco
Préfecture
Rivero
AV. LA MARINA
Moral
Casa Moral
San José
Siglo XX
Casona Ricketts
Poste
Casona Yriberry
Cinéma, théâtre municipal
San Agustin
Mercaderes
Cathédrale
Casona Tristan de Pozo
Mercaderes
O. M. Najar
Eglise San Augustin
Pierola
Pont Bolognesi
Casona de l'université San Augustin
Place d'Armes
G. Moran
Santo
Domingo
Pizzaro
Mairie
Santo Domingo
Sucre
Église et cloître de la Compagnie de Jésus
Palacio Viejo
Dean Valdivia
Palais de Goyeneche
Parc Duhamel
Téléphone International
Puente Quinones
Consuelo
Museo Santuarios Andinos
San Camillo
Peru
Calle Nueva
Iglesia de la Merced
AV. LA MARINA
Av. la Marina
Cruz Verde
Bibliothèque
San Juan de Dios
Tristan
Alto de la Luna
Pizzaro
Pierola
2 de Mayo
La Merced
Alvarez Thomas
San Martin
Sucre
28 de Julio
Chavez
Pont San Martin
Luna Pizarro
Quinta Romana
Garci Carbajal
Leticia
Salaverry
San Juan de Dios
Jorge
E. Norte
Andres Martinez
Salaverry
Av.
Av. Lima
Av. Parra
Tacna y Arica
Socabaya
Av. Quiroz
E. Sur
Parc Melgar
Bonifaz
Socabaya
Gare ferroviaire
Angamos

## Les immanquables d'Arequipa et sa région

- **Visiter le monastère** Santa Catalina.
- **Se balader au hasard dans les jolies rues coloniales du centre**, le jour comme la nuit (très bel éclairage).
- **Effectuer une randonnée de deux jours** (au moins) dans le canyon del Colca.
- **Visiter le couvent de la Recoleta**, pour ses jolis cloîtres et sa superbe bibliothèque qui enthousiasmera les amateurs.
- **Dîner dans l'un des excellents restaurants** d'Arequipa.
- **Faire une excursion aventureuse** au canyon de Cotahuasi ou à la vallée des volcans.

# Transports

## Comment y accéder et en partir

### AEROPUERTO ALFREDO RODRIGUEZ BALLON

Cerro Colorado
Avenida Aviación ✆ +51 54 443464
*A 8 km du centre. Les compagnies ont toutes des bureaux autour de la Plaza de Armas. Une course en taxi jusqu'au centre coûte S/ 25.*
Latam Airlines, Viva Air et Sky Peru desservent cet aéroport en direction de Lima. Latam Airlines offre aussi un vol direct le matin entre Arequipa et Cusco. Et Sky Peru vient d'ouvrir la même liaison les lundis, mercredis, vendredis et dimanches après-midi.

### ATIX

Calle Ugarte 216
✆ +51 54 224327
www.atixrentacar.com
*A partir de 50 US$ par jour, 300 km inclus.*
Location de voitures entre Arequipa, Cusco et Lima. Attention aux frais en plus si le retour se fait dans une autre ville que celle de départ.

### BELMOND ANDEAN EXPLORER

✆ +51 84 581414
*Andean Plains & Islands of Discovery : départs chaque samedi soir depuis Arequipa. A partir de 3 240 US$ pour une cabine de 2 passagers, 2 jours-2 nuits tout inclus.*
Ce train de nuit très luxe a été lancé au printemps 2017. Il propose plusieurs services pour un voyage tout confort entre les cimes andines. De Cusco à Puno, un jour-une nuit, cela s'appelle Spirit of the Water. De Puno à Cusco, un jour-une nuit, cela s'appelle Spirit of the Andes. Arequipa-Titicaca-Cusco est disponible en 2 jours-2 nuits avec le service Andean Plains and Highlands et inclut stop et visites sur les îles du Titcaca. Enfin le trajet Cusco-Titicaca-Arequipa en 3 jours-2 nuits se retrouve sous le nom de Peruvian Highlands et inclut la visite des grottes de Sumbay et les traces laissés par les premiers habitants de l'Altiplano. Le train offre 3 types de cabines (lits superposés, 2 lits simples, suite), toutes avec salle de bains privée et douche. 48 passagers seulement à bord pour ces voyages exclusifs et privilégiés. Le prix comprend tous les repas et excursions.

## Nos conseils

- **Bien que pas très élevée** (tout est relatif), l'altitude peut provoquer quelques troubles les deux premiers jours, surtout chez ceux qui viennent de la côte. Se ménager donc, d'autant que la ville est bâtie sur une pente. Pour ceux qui descendent de Puno et de Cusco, pas de problème : leur réserve de globules rouges y remédie.
- **Les nuits sont fraîches à Arequipa,** et il est nécessaire de se couvrir un peu dès la tombée du soir.
- **Pour bien apprécier la majesté du Misti,** il convient de se lever tôt. A partir de 10h, il est dans les nuages.
- **Ne pas manquer de goûter la cuisine d'Arequipa,** l'une des plus savoureuses du Pérou.
- **A Arequipa** on trouve de très belles pièces en alpaca tout doux.

■ **CRUZ DEL SUR**
Arequipa Terrapuerto
Av. Andres Avelino Caceres s/n
✆ +51 54 369100
www.cruzdelsur.com.pe
Dessert Nazca (départs à 13h30 et 21h30 pour 9h de voyage ; S/ 90) ; Lima (7-8 départs entre 13h30 et 22h pour 16h de voyage, entre S/ 100 et S/ 150 selon le confort), Puno (départ à 8h, 14h et 22h30 pour 6h30 de voyage ; S/ 65 ou S/ 80), Cusco (départs à 20h et 20h30 pour 10h de voyage, S/ 97 ou S/124) ou encore Ica (départs à 19h et 21h30 pour 10h30 de voyage S/ 82 ou S/117).

■ **FLORES**
Calle Miguel Forga, esq. 28 de Julio S/N
✆ +51 54 428044
www.floreshnos.pe
*Dessert Moquegua (de S/ 20 à S/ 25), Tacna (de S/ 25 à S/ 42), Ilo (de S/ 25 à S/ 38), Lima (de S/ 40 à S/ 90), Puno (S/ 18), Cusco (de S/ 25 à S/ 60) et Nazca (S/ 40 ; 10h de trajet).*
Dessert Moquegua toutes les heures, 3h30 de trajet. Tacna : toutes les heures, Ilo : toutes les 2 heures, Lima : toutes les 2 heures, Puno : 6 départs par jour, Cusco : 3 départs à 7h15, 12h30 et 19h45 et Nazca : 3 départs à 5h, 18h30 et 20h30 ; 10h de trajet. Bus aussi pour Ica, Pisco et Chincha.

■ **TERMINAL TERRESTRE TERRAPUERTO**
Av Arturo Ibañez et Andrés Avelino Cáceres
✆ +51 54 427792

▶ **Pour rejoindre le centre-ville** d'Arequipa, trajet en taxi environ S/ 15.

▶ **Vous avez l'embarras du choix selon vos destinations**. Pour Puno, San Cristobal (basique) assure plusieurs liaisons : 6h, 7h30, 8h30, 12h, 16h, 18h30 et 20h30 et deux départs pour Cusco à 7h30 et 19h30. Cruz del Sur part pour Puno à 8h30, 14h et 22h30, pour Cusco à 20h et 20h30, 8 départs pour Lima entre 13h30 et 22h.

▶ **Le terminal terrestre local en direction du canyon de Colca** est situé juste à côté. Pour Chivay (3h à 3h30 de trajet) : Milagros part à 3h puis 14h, Andalucia à 9h30, La Reyna à 1h du matin et 11h. Tous vont jusque Cabanaconde (2 heures de trajet). Compter S/ 20.

▶ **Attention, des vols ont été signalés**, surveillez bien vos affaires !

## Se déplacer

Même si la plupart du temps, les chauffeurs de taxi sont très serviables, gare à ceux qui ne vous emmènent pas où vous voulez car ils touchent des commissions. Gardez votre idée en tête et faites-vous entendre si vous avez décidé d'aller dans un hôtel précis. Les tarifs oscillent entre S/ 6-8 selon la distance. Un combi (minibus) en ville vaut S/ 1, mais mieux vaut savoir où vous allez !

■ **ALIMIRA TRAVEL**
Santa Catalina 312, Of 5
✆ +51 975 736 262
Raoul et Milagros sont aussi connus sous le nom de Aliberry. Ce sont les premiers qui ont proposé aux voyageurs sac à dos le service de mobilité en mini-van seul. Ils effectuent chaque jour la route Arequipa-Chivay ou Cabanaconde et retour pour une somme de 35 à 40 soles le trajet dans des véhicules plus sûrs que les bus publics. Départs à 3h-3h30 du matin. Ils stoppent à la Cruz del Condor à l'aller et à un mirador et des bains thermaux (Yanque ou Chivay) au retour. Vous pouvez entre deux naviguer à votre gré ou faire les treks en solo. Un bon plan.

■ **GOGO BIKING – COLCA CANYON**
Calle José Galvez 117
Chivay ✆ +51 944 250 450
www.gogobiking.pe
hola@gogobiking.pe
*Du lundi au dimanche de 7h à 17h.*
Pourquoi ne pas visiter les villages de la Vallée ou la Cruz del Condor avec un vélo électrique à partir de 15 US$ les 5 heures ou 25 US$ la journée ? La location inclut le casque, cadenas, assurance et une carte de la vallée de Colca. L'équipe allait également mettre en place la location de scooters. Ils proposent aussi un tour guidé et en groupe pour se rendre aux ruines de Uyo Uyo et profiter des bains thermaux pour se détendre (4 heures, 39 US$). Attention ce dernier parcours grimpe sec.

**IMPE TAXI**
✆ +51 54 273434
*24h/24.*

**TAXITEL**
✆ +51 54 200000
*24h/24.*

**TAXI TURISMO**
✆ +51 54 458888
*24h/24.*

## Pratique

- **Indicatif téléphonique :** 054.

### Tourisme - Culture

Dans les rues tout autour de la plaza de Armas et les calles Jerusalén et Santa Catalina, plusieurs agences offrent sensiblement les mêmes services.

**I PERU**
Portal de la Municipalidad 110
Plaza de Armas
✆ +51 54 223265
iperuarequipa@promeru.gob.pe
*Ouvert du lundi au samedi de 9h à 18h et le dimanche de 9h à 13h.*

- **Autre adresse :** Aeropuerto Internacional Alfredo Rodríguez Ballón

### Réceptifs

**CARLOS ZARATE AVENTURAS**
Calle Jerusalén 505-A
✆ +51 54202461
www.zarateadventures.com
carlos@zarateadventures.com
*Lundi à Samedi 9h30-18h.*
Une agence très professionnelle, spécialisée dans l'escalade et le trekking. Ici c'est en famille qu'on vous accueille, et ceci depuis plus de 35 ans ce qui fait de l'agence un pionnier et une valeur sûre ici. On peut faire appel en toute confiance à eux pour le Misti, le Chachani, l'Ampato ou l'Ubinas en trek ou VTT. Si vous êtes un petit groupe d'amis ou familles, ils peuvent vous proposer un itinéraire aventure pensé pour vous. Ils organisent aussi des découverts dans le canyon du Colca. Et enfin des excursions en Amazonie et des périples en 4X4. Habitués du tourisme francophone, ils vous recevront avec grand plaisir.

**CIRCUITPEROU.COM**
Urb Lambramani F-10
3e étage
✆ 09 70 44 67 29
*Voir page 28.*

**COLCA TREK**
Jerusalén 401-B
✆ +51 54 206217
www.colcatrek.com.pe
colcatrek@gmail.com
Une agence de référence à Arequipa. Vlado, aux commandes, est l'un des pionniers. Il a un magnifique lodge à Pinchollo, très proche de la Cruz del Condor, point de départ de l'excursion au geyser, au pied du Hualca Hualca ou de treks alternatifs dans le Colca comme la forteresse de Madrigal. Il possède aussi des VTT avec lesquels ses clients explorent d'une autre façon les environs. Excellent connaisseur de la région pour des excursions plus pointues : une journée vers Reserva Aguada Blanca, treks à Cotahuasi ou jusqu'à une semaine dans la Vallée des Volcans.

**PAPRIKA TOURS**
Urb. Los Alamos E1
Vallecito
✆ +51 54 600139
*Voir page 32.*

**PÉROU VOYAGE**
Los Incas 415-A, Cerro Colorado
✆ + 51 54 446944
*Voir page 29.*

**PERU SCHWEIZ EXPLORER**
Jerusalén 400-A
✆ +51 54 284656
peruschweizexplorer@hotmail.com
Pas de Suisses ici mais Abel et Jessica, une équipe locale qui opère en direct et à petits prix. Compter à partir de 150 soles les 2 jours-1 nuit (à l'Oasis de Sangalle) dans le Colca et 190 soles avec 2 nuits (San Juan de

Chuccho ou Llahuar et Oasis) en groupe de 10-12 personnes. Ils proposent aussi le tour conventionnel d'une journée jusqu'à la Cruz del Condor mais c'est vraiment rapide. Ils ont leurs propres véhicules. Sont aussi opérateurs de montagne pour un accompagnement vers le Misti, Chachani ou Ampato. Sérieux et économiques.

■ **TERRES PERUVIENNES**
Quinta Leoncio Prado 19
Yanahuara
✆ +51 54 275704
*Voir page 38.*

■ **TOURS DE L'IN-KA**
Apt 402 - Lote 8
Urb. Los Rosales D-8
Cercado -Arequipa
✆ +51 54 234559
*Voir page 40.*

■ **VIAJES COLORES PERU**
San Fransisco 204
Bureau 211
AREQUIPA
✆ +51 54 239159
www.viajescolores.pe
natachaeduardo@coloresperu.com
Voilà plus de 25 ans que l'agence Colores Arequipa propose des circuits personnalisés et à la carte dans tout le Pérou principalement aux touristes francophones. Les guides parlent français et l'équipe menée par la très sympathique Natacha est dynamique et efficace. Ils sont toujours à la recherche de parcours inédits, mélangeant les circuits classiques à d'autres, moins conventionnels, comme de courts séjours chez les habitants. Natacha, franco-péruvienne, se mettra en quatre pour vous faire découvrir son pays dont elle est une amoureuse convaincue. Allez-y en toute confiance.

## Représentations - Présence française

■ **ALLIANCE FRANÇAISE**
Calle Santa Catalina 208
✆ +51 54 215579
www.afarequipa.org.pe
af.arequipa@alianzafrancesa.org.pe
*Ouverture du lundi au vendredi de 9h à 13h et de 15h30 à 19h30, le samedi de 9h à 12h et de 15h30 à 18h30.*
L'Alliance organise concerts, expositions d'artistes péruviens, conférences, festival de cinéma… et possède son café : le Crepisimo. Sur place consul honoraire, Véronica Estève, 974 605 141, consulathonorairearequipa@outlook.com

## Argent

■ **BANCO CONTINENTAL BBVA**
Calle San Francisco 108

■ **SCOTIABANK**
Calle Mercaderes 410

## Moyens de communication

■ **SERPOST**
Calle Moral 118
✆ +51 54 215247
*Ouvert du lundi au vendredi de 8h à 20h. Le samedi de 8h à 19h.*

## Santé - Urgences

■ **HOSPITAL REGIONAL DELGADO**
Avenida Daniel Alcides Carrión 505
La Pampilla ✆ +51 54 231818
www.hrhdaqp.gob.pe
*Ouvert 24h/24.*

■ **POLICE**
Palacio Viejo 112 ✆ +51 54 205896

■ **POLICE TOURISTIQUE**
Calle Jerusalén 315
✆ +51 54 201258
*Ouvert 24h/24.*

■ **POMPIERS**
✆ +51 54 213333

## Adresse utile

■ **IMMIGRATION**
Parque n° 2 Quinta Tristán, à côté de l'édifice Alexander
✆ +51 54 421759

## Orientation

Arequipa présente cette structure en échiquier donnée par les Espagnols à toutes les villes du pays, avec cette particularité que les rues, en traversant la Plaza de Armas, changent de nom... mais aussi d'ambiance et de fréquentation. Le sud de la plaza de Armas est plus populaire que le nord. Puis se poursuit avec la banlieue tranquille de Vallecito et ses jolis hôtels. Au nord, on arrive au quartier très chic de Selva Alegre où l'on pourra venir se ressourcer dans le Parque Infantíl, petit coin de paradis pour les enfants. A l'ouest, en traversant par le Puente Grau le río Chili qui, asséché, témoigne de la pénurie d'eau, on pourra jeter un coup d'œil au Parque Grau, juste en dessous, où sont élégamment exposés les bustes des généraux morts à Antofagasta pendant la guerre du Pacifique contre le Chili, en 1879. On arrive ensuite sur l'avenue Ejército, avenue principale de ce quartier d'affaires, avec centres commerciaux, banques et hôtels, menant aux quartiers de Yanahuara et Cayma.

## Se loger

Le parc hôtelier d'Arequipa est très fourni. On trouve de tout, à tous les prix.

### Bien et pas cher

**LA CASA DE JULIE**
Urbanización Los Naranjos J 2, paralela Avenida Dolores
Detrás del grifo Primax, pasando Tradicion Arequipeña.
✆ +51 959 223 066
chezjulieauperou@yahoo.com
*Chambre simple S/ 60 et double ou matrimoniale S/ 110, avec salle de bains privée. Petit déjeuner.*
Giuliana est une Péruvienne dynamique qui a gardé un excellent accent français d'un séjour étudiant chez nous et a ouvert les portes de la maison de sa maman pour recevoir les touristes en mal de bons conseils et de la chaleur d'un foyer. Elle propose six petites chambres impeccables et au calme, avec couettes en plumes et bénéficiant d'une salle de bains privée avec eau chaude. Ce n'est pas le luxe mais Giuliana vous donnera beaucoup de conseils et vous accompagne aussi si vous le souhaitez pour vous faire connaître sa ville. Cuisine à disposition, wifi. Le quartier est à 15 minutes du centre en taxi. Une adresse rassurante.

**LA CASA DE SILLAR**
Rivero 504
✆ +51 54 284249
lacasadesillar.com
reservas@lacasadesillar.com
*Chambre simple S/ 70, chambre double ou matrimoniale S/ 90 et chambre familiale S/160 avec salle de bains privative et petit déjeuner inclus.*
Neuf chambres avec accès wifi et salle de bains privée dans ce sympathique hôtel de poche équipé d'une cuisine, d'un petit jardin et d'une terrasse. Les chambres sont aménagées selon l'architecture et l'espace de cette maison ancienne mais propres et au calme. Du charme et une bonne équipe.

**ECONUNAY HOSTEL**
109 Calle Puente Grau
Barrio de San Lazaro
✆ +51 54 384281
reservas.econunay@gmail.com
*Dortoir (6 lits) à partir de S/ 25 et chambre double ou matrimoniale S/ 70, salle de bains partagée, petit déjeuner inclus.*
Manu, Ingrid et Eric, trois péruviens dynamiques et sympathiques sont en charge de cette auberge de jeunesse dans le quartier de San Lazaro, un peu à l'extérieur du centre et très charmant. La maison est ancienne, les dortoirs colorés au 1er étage, les quatre chambres privées du 2e étage sont petites mais joliment agencées (petit balcon pour l'une des matrimoniales). Les salles de bains sont à partager. Cuisine, patio, terrasse et internet pour les services.

**HOME SWEET HOME**
Calle Rivero 509 A
✆ +51 54 405982
*Compter S/ 35 la chambre simple avec sanitaires privés et S/ 50 la chambre double avec sanitaires privés. Petit déjeuner S/ 5.*
Des chambres basiques mais agréables, un petit déjeuner honnête (en supplément), une cuisine à disposition, un accès libre à Internet et un patio fleuri font de cette adresse un bon plan pour les petits budgets. Egalement service de laverie (S/ 4 le kilo) et agence de voyages. Simple et basique. Attention, les chiens de la maison sont un peu envahissants et l'ambiance festive.

**HOSPEDAJE INKA ROOTS**
2e étage
Calle Santa Catalina 213 A
✆ +51 54 287797
inkarootshostel@hotmail.com
*Dortoir S/ 25 ; chambre simple S/ 30 sans salle de bains et S/ 45 avec salle de bains ; chambre double ou matrimoniale S/ 55 sans salle de bains et S/ 70 avec salle de bains. Petit déjeuner inclus.*
Adorable maison sur deux étages avec deux patios fleuris et une terrasse ensoleillée, à côté du couvent Santa Catalina et à deux *cuadras* de la plaza de Armas. Petit déjeuner sympa avec vue sur le volcan Misti. Très bon accueil et du charme à des prix plus que raisonnables.

## HOSTAL BUBAMARA

Calle Bolivar 402
✆ +51 54 222308
bubamara.arequipa@gmail.com
*Entre 35 US$ a 49 US$ la double ou matrimoniale avec salle de bains privée. Prix variables selon la taille de la chambre et l'époque de l'année. Petit déjeuner inclus.*
Un peu plus à l'écart mais une adresse avec du charme. Toutes les chambres sont en sillar, certaines sous les voûtes, d'autres avec vue. Les deux plus grandes ont des lits queen. Douillettes avec couettes en plumes, wifi, TV câblée et toutes une salle de bains privative. Depuis la terrasse on voit le Chachani. Ici vous accueille Audrey, française, son mari péruvien et sa fille. Parfait pour les couples qui préfèrent la tranquillité aux *backpackers* festifs.

## HOSTAL LE FOYER

Calle Ugarte 114
✆ +51 54 286473
www.hlefoyer.com
reservas@hlefoyer.com
*Chambre double ou matrimoniale S/ 72 sans salle de bains et S/ 104 avec salle de bains. Petit déjeuner inclus.*
On monte un escalier en bois assez raide pour accéder à cet hostal dont les chambres, simples et propres, sont disposées autour d'un patio. Petites mais lumineuses, avec parquet au sol, certaines disposent d'un balcon avec une jolie vue sur le volcan Misti. Terrasse très agréable, avec bar et balancelles, où il est possible de laver et étendre son linge et de prendre son petit déjeuner.

## HOSTAL SANTA CATALINA

Calle Santa Catalina 500
✆ +51 54 243705
www.hostalsantacatalinaperu.com
reservas@hostalsantacatalinaperu.com
*Simple à partir de S/ 30, double à S/ 40, triple à S/ 60 avec salle de bains partagée. Compter S/ 40, S/ 60 et S/ 80 avec salle de bains privée. Wifi et cuisine à disposition. Petit déjeuner possible en extra.*
Très jolie maison peinte en vert et jaune, sur 2 étages, avec patio et terrasse. Possibilité de laver son linge. Préférez les chambres sur cour, plus silencieuses. L'ensemble est un peu vieillot mais l'établissement, très économique et basique, est bien tenu et met aussi à disposition une cuisine et le wifi.

## HOSTERIA LLUVIA DE ORO

Calle Jerusalén 308
✆ +51 54 214252
www.hostallluviadeoro.com
lluvia_de_oro@hotmail.com
*Chambre simple sans salle de bains S/ 45 et double ou matrimoniale S/ 70 sans salle de bains. Chambre simple S/ 70 et double ou matrimoniale S/ 90 (standard) à S/ 110 (superior) avec salle de bains privée. Petit déjeuner continental inclus au tarif le plus haut, non inclus si le tarif est bas.*
C'est avec beaucoup de sympathie et de chaleur que la Señora Garciela vous recevra dans son adorable maison en bois qui appartenait déjà à ses grands-parents. Les chambres sont très simples, un peu vieillottes, mais propres et calmes. Patio très agréable. Pour information, « *lluvia de oro* » est le nom des petites fleurs orange qui grimpent partout dans le patio. Cafétéria ouverte à toute heure. Terrasse. Wifi, tv câblée, laverie et micro-ondes à disposition.

## LOS ANDES BED Y BREAKFAST

Calle La Merced 123 ✆ +51 54 330015
www.losandesbb.com/es/
losandesaqp@hotmail.com
*Chambre simple S/ 42, double S/ 65, triple S/ 135 salle de bains partagée. Chambre simple S/ 75, double S/ 110, triple S/ 135 avec salle de bains privative. Petit déjeuner buffet inclus.*
Une adresse qui ne paie pas de mine mais très bien managée et avec de bonnes idées comme le petit-déjeuner buffet à volonté servie sur la terrasse. Equipe dynamique, cuisine à disposition, chambres bien tenues. Proche de la Plaza de Armas.

## USPALAY

Mercaderes 142
✆ +51 54 211891
www.uspalay.com – reservas@uspalay.com
*Chambre simple S/ 50-80, matrimoniale ou double S/ 100-120, triple S/ 150. Petit déjeuner inclus.*
Située à 20 m de la place centrale dans la rue piétonne Mercaderes, cette maison traditionnelle reconnue au patrimoine culturel est gérée par un couple franco-péruvien. Ils vous proposent des chambres simples, matrimoniales, et triples comprenant toutes une salle de bains. Elles sont modernes et bien tenues. Les chambres disposent également de la wifi gratuite, salle Internet, TV câblée et rangements. Les petits déjeuners sont servis sur la terrasse avec vue sur les 3 volcans. Un excellent rapport emplacement/confort/prix.

# Confort ou charme

## AZUL COLONIAL INN

Lima 617
✆ +51 54 256598
www.azulcolonialinn.com/es-es
Un petit hôtel installé dans une jolie *casona* datant du XXe siècle. Situé dans le quartier calme de Yanahuara, il vous permet de profiter d'une belle vue sur les alentours d'Arequipa. Petit patio coloré où vous pourrez prendre votre petit déjeuner sous le soleil. Les chambres aux couleurs éclatantes donnent envie de rester plus !

**BEAUSEJOUR**
Av. Luna Pizarro 506
Vallecito ✆ +51 54 235513
www.beausejour.com.pe
informaciones@beausejour.com.pe
*Compter entre S/ 180 et S/ 200 la nuit en chambre double ou matrimoniale. Petit déjeuner inclus.*
Voilà notre coup de cour à Arequipa. Véronica et Gérard, un couple franco-péruvien, vous ouvrent les portes de leur très belle maison d'hôtes boutique et ses six chambres. Vous apprécierez la proximité du centre-ville et le calme du quartier, le confort, le jardin et surtout l'attention portée par ce couple de passionnés. Petit déjeuner très complet. Magnifique terrasse à l'étage avec vue sur le Chachani et le Misti. Wifi. Moderne, épuré mais chaleureux.

**CASA DE AVILA**
Puente San Martín 116
Vallecito ✆ +51 54 213177
www.casadeavila.com
info@casadeavila.com
*A partir de S/ 165 la simple, S/ 200 la double ou matrimoniale et S/ 230 la triple. Petit déjeuner inclus.*
A quelque pas de la Place des Armes, au cœur du centre historique, se trouve la Casa de Avila. Calme et à l'abri du trafic, vous pourrez profiter de son grand jardin/patio où le petit déjeuner est traditionnellement servi. Toutes les chambres ont été rénovées et donnent sur le jardin. Bien qu'elles ne soient pas très grandes, elles sont confortables et chaleureuses. Nous préférons celles du 2e étage. Déjeuner et dîner possibles. L'hôtel propose aussi des cours de cuisine sur place et excursions.

**LA CASA DE MELGAR**
Calle Melgar 108
✆ +51 54 222459
www.lacasademelgar.com
lacasademelgar@hotmail.com
*Chambre simple S/ 120, double ou matrimoniale S/ 170 et triple S/ 200. Petit déjeuner buffet.*
Un excellent petit hôtel qui surprend par son charme intact. Superbement restauré, avec ses chambres immenses sous de belles voûtes en pierre. La literie et l'ameublement sont un tantinet vieillot toutefois. Le jardin dans le fond avec les oiseaux qui chantent complète le havre de paix. TV dans les chambres et wifi.

**EL CONQUISTADOR**
Calle Mercaderes 409
✆ +51 54 212916
hotelconquistador.pe/
info@hotelconquistador.pe
*Chambre simple 50 US$, double-matrimoniale 65 US$, triple 80 US$ et supérieure 90 US$. Petit déjeuner compris.*
La belle architecture coloniale donne tout son cachet à cet établissement. Les chambres, elles, sont modernes, avec parquet au sol. Les supérieures ont un lit queen size et une douche italienne. Bon rapport qualité-prix pour ce 3 étoiles.

**EL PATIO DE ELISA**
Calle Peral 206
Cercado
✆ +51 54 241419
www.elpatiodeelisa.com
*Chambre simple S/ 120, double ou matrimoniale S/ 170 ou « superior » S/ 200, triple S/ 200. Petit déjeuner américain.*
La maison coloniale a été entièrement remise à neuf alliant ainsi modernité et charme d'antan. On apprécie particulièrement le grand patio ensoleillé, point central de l'hostal. TV et wifi dans les chambres, salle de bains privative. Elégant.

**HOSTAL LA CASA DE MARGOTT**
Calle Jerusalén 304
✆ +51 54 229517
info@lacasademargott.com
*Simple à 40 US$, double à 55 US$, suite (lit queen, balcon) à 70 US$ et triple à 70 US$ avec salle de bains et petit déjeuner.*
A deux *cuadras* du couvent Santa Catalina, cette charmante maison en pierres blanches délicatement décorée possède deux agréables patios (préférez les chambres qui donnent sur ceux-ci). Chambres bien agencées mais avec moins de charme que le bâtiment principal. Service de laverie, dépôt de bagages et coffre pour objets de valeur, garage et wifi.

**HOSTAL SANTA MARTA**
Calle Santa Marta 207
✆ +51 54 243925
www.hostalsantamarta.com
reservas@hostalsantamarta.com
*Compter S/ 120 pour une chambre simple et S/ 150 pour une chambre double ou matrimoniale, S/ 180 la triple et S/ 220 la quadruple. Petit déjeuner buffet.*
Un hôtel lové dans une ancienne *casona* joliment restaurée. Les chambres, elles, sont contemporaines, dotées de tout le confort nécessaire (sanitaires privés avec eau chaude, télévision câblée, téléphone). Elles sont spacieuses et distribuées autour de deux patios, sur deux étages. Internet wi-fi (disponible dans la salle du petit déjeuner et à la réception). Le service est aimable. Bien situé, à deux pas de la rue San Francisco. Bon rapport qualité-prix.

**HOSTAL SOLAR**
Calle Ayacucho 108
✆ +51 54 241793
www.hostalsolar.com
reservas@hostalsolar.com

*Chambre simple 36 US$ ou double-matrimoniale 45 US$. Petit déjeuner inclus.*
L'Hostal Solar est situé près du couvent Santa Catalina et la cathédrale. C'est un bel établissement, plein de charme qui propose des chambres de petites tailles mais modernes et confortables. La vue sur le volcan Misti depuis la terrasse est très chouette. Vous pourrez l'appréciez en prenant votre petit déjeuner. N'hésitez pas à demander à rencontrer Carlos, le gérant, pour ses nombreux conseils et vos excursions en ville et ses alentours.

**LA HOSTERIA**
Simon Bolívar 405
✆ +51 54 289269
www.lahosteriaqp.com.pe
*Chambre double 88 US$ et supérieure 105 US$. Bains romains 12 US$. Petit déjeuner buffet. Transfert gratuit depuis l'aéroport si réservation via le web.*
Cet hôtel confortable situé dans un patio coloré avec sa fontaine centrale a beaucoup de charme. Dans les chambres vastes et moquettées, TV, wifi, minibar. Le plus ? les bains romains : une piscine tempérée abritée sous un voûte en sillar. Café et bar à disposition. Service de laverie. Une touche de chic.

**HOTEL NATURA INN**
Residencial Ibarguen B-5 Yanahuara Arequipa
✆ +51 54 251253
www.hotelnaturainn.com
*Chambre double ou matrimoniale 69 US$, suite 120 US$.*
Un hôtel calme et qui dispose de chambres confortables et à la décoration épurée. Depuis la terrasse qui offre un panorama 360°, vous pourrez profiter d'une vue splendide sur les volcans. Le petit déjeuner buffet très complet que vous pourrez déguster en profitant du paysage. L'hôtel dispose aussi plusieurs salles de réunion et un restaurant qui sert des plats typiques de la région.

**INKANTO**
Calle Andres Martinez 415
Vallecito ✆ +51 54 477625
www.inkantohotel.com – info@inkantohotel.com
*Chambre simple 53 US$ et double-matrimoniale 69 US$, petit déjeuner inclus.*
Un bâtiment élégant et des chambres spacieuses, modernes et agréables, toutes équipées de TV, wifi et *frigobar*. Un personnel serviable et attentif, qui vous permettra de passer un séjour très agréable. L'hôtel a aussi son restaurant : Sabine, ouvert de 16h à 22h. Une carte variée, mais la spécialité de la maison reste la pizza au feu de bois.

**MAISON DU SOLEIL**
Pasaje Violín 102
San Lázaro ✆ +51 54 212277
www.maisondusoleil.com.pe
reservas@maisondusoleil.com.pe
*Chambre simple S/ 160, double ou matrimoniale S/ 190 et suite S/ 300. Petit déjeuner inclus.*
Autour de la petite place de San Lazaro qui a tout son charme, un hôtel d'excellente facture. Façade en sillar et intérieur moderne. Chambres avec moquette au sol, confortables et standardisées avec salle de bains privative TV câble, wifi, frigobar et table de travail. Très calme. La maison et le quartier ont du cachet, les chambres sont plus classiques. Elégant restaurant au rez-de-chaussée, le Arthur, et menus à prix doux le midi. Terrasse.

**PLAZA RESIDENCE**
Calle La Merced 105 ✆ +51 54 231586
www.plazaresidenceaqp.com
plazaresidence@hotmail.com
*Chambre simple à 55 US$, double à 70 US$, et triple à 80 US$. Petit déjeuner buffet compris.*
Plaza Residence Hôtel vous propose de séjourner dans un palais d'autrefois, construit en 1930. Chaque détail procure une délicieuse nostalgie dans un style élégant et sophistiqué. Parfaitement située à l'un des angles de la place principale de la ville. Elégant mais un peu bruyant. Wifi.

**POSADA EL CASTILLO**
Pasaje Campos 105 ✆ +51 54 201828
www.posadaelcastillo.com
*Chambre simple 45 US$, double ou matrimoniale 66 US$, junior suite 75 US$. Petit déjeuner inclus.*
Tenu par une famille péruano-hollandaise, cet hôtel est situé dans une très belle demeure datant du XVIIIe siècle. Toutes rénovées, les chambres sont simples, mais disposent de tout le nécessaire, et certaines ont même un petit balcon. La salle de restaurant est chaleureuse avec sa cheminée et ses pierres apparentes. Jardin et piscine extérieure.

**POSADA NUEVA ESPAÑA**
Antiquilla 106
Yanahuara ✆ +51 54 252941
www.hotelnuevaespana.com/
nuespana@gmail.com
*Chambre simple S/ 140, double ou matrimoniale S/ 180, triple S/ 250 et quadruple S/ 300. Petit déjeuner inclus.*
Cette posada, proche d'une maison d'hôtes, ne manque pas de charme : vieille *casona* rose à balcons blancs où ont été aménagées des chambres vastes et agréables avec parquet, TV câblée et wifi et décoration aux touches d'antiquaire. Nouveau bâtiment dans le fond. Joli patio ensoleillé dans la partie plus ancienne, notre préférée. Certains membres du personnel parlent français.

**QUEEN'S VILLA**
Luna Pizarro 512
Vallecito ✆ +51 54 235233
www.queensvillahotel.com
info@queensvillahotel.com
*Trois gammes de prix et de confort. A partir de S/ 210 la double ou matrimoniale. Petit déjeuner inclus.*
Son plus ? La piscine semi tempérée et les jardins. Une bonne adresse confortable si l'on voyage en famille. Chambres moquettées et bien tenues entre ligne standard (dans l'ancienne *casona*), touristique (bungalows au bord des jardins) ou *executive* (plus luxueuse face à la piscine). Une offre un peu différente et avec une belle qualité de services.

**SELINA AREQUIPA**
Calle Jerusalén 606 ✆ +51 1 70 97787
www.selina.com/es/peru/arequipa/
*Dortoirs à partir de 10,35 US$ à 17,35 US$ de 12 à 4 lits, chambre double sdb partagée 46,75 US$, chambre double twin ou queen sdb privée 61,75 US$, triple 80,75 US$, quadruple 90,25 US$, suite 95 US$, petit déjeuner inclus.*
Petit nouveau de la chaîne Selina, cet hôtel a tout pour plaire ! Avec son design moderne et son grand jardin, l'endroit donne envie d'y rester plus que prévu. La piscine et la terrasse (où l'on donne des cours de yoga), sont un plus qui en attire plus d'un. Du dortoir pour 12 à la suite, il y en a pour tous les goûts. L'endroit dispose aussi d'un coworking d'un bar-restaurant, et même d'une salle télé. Une belle adresse située sur les hauteurs de la ville.

**LOS TAMBOS**
Puente Bolognesi 129
✆ +51 54 600900
www.lostambos.com.pe
reservas@lostambos.com.pe
*A partir de S/ 229 la matrimoniale ou double, S/ 289 la supérieure. (Réserver via le site internet). Petit déjeuner à la carte inclus.*
Un hôtel situé à quelques pas de la place des armes. Les chambres sont modernes, spacieuses et lumineuses. Le personnel est très accueillant et le service sans faute. Depuis la terrasse on profite d'une vue sur le Misti. Au rez-de-chaussée, une salle cosy et chaleureuse avec une cheminée pour se détendre.

**TIERRA VIVA AREQUIPA PLAZA**
Calle Jerusalen 202
✆ +51 54 234161
info@tierravivahoteles.com
*Chambres simple 52 US$, double ou matrimoniale 59 US$, « superior » 75 US$. Inclus wifi, petit déjeuner.*
Hôtel central, moderne, bien agencé, qui fait partie de la nouvelle chaîne qui monte au Pérou. le gros

plus ? Possibilité de réserver via Internet et de payer directement à l'hôtel, annulation gratuite.

### VILLA DEL CARMEN

Av Mariscal Benavides 215
Urb. Selva Alegre
✆ +51 54 227035
www.hotelvilladelcarmen.com
ventas@hotelvilladelcarmen.com
*Chambre simple S/ 190, double ou matrimoniale S/ 260. petit déjeuner inclus.*
Une résidence élégante avec de belles chambres modernes et lumineuses, toutes avec lit taille queen ou king donc plus larges. Il n'y en a que 14. Wifi, tv câblée, stationnement. Une belle qualité de service.

## Luxe

### CASA ANDINA PREMIUM AREQUIPA

Calle Ugarte 403
✆ +51 54 226907
www.casa-andina.com
travel@casa-andina.com
*A partir de 149 US$ la chambre supérieure et entre 166 et 220 US$ pour une junior suite/suite.*
Une superbe maison coloniale de 1794 en pierre volcanique restaurée en 2008. C'était à l'origine la Casa de la Moneda (où l'on frappait la monnaie), un monument historique national. L'ensemble est d'un luxe subtil et enchanteur avec ses hauts plafonds, ses deux patios, ses 30 chambres, ses 11 suites et son restaurant gourmet. A noter que les deux suites senior (66 m²) et la suite impériale (54 m² avec une vue magnifique et un bain bouillonnant) occupent le manoir original. Les autres chambres sont plus récentes et d'un design plus moderne. Toutes proposent baignoire, téléphone, sèche-cheveux, air conditionné, wifi, télé câblée avec écran LCD, coffre, nécessaire à thé/café, double vitrage... Superbe !

### LA MAISON D'ÉLISE

Av Bolognesi 104
Yanahuara
✆ +51 54 256185
www.hotelmaisondelise.com
reservas@hotelmaisondelise.com
*Compter 105 US$ la chambre simple, 135 US$ la double ou matrimoniale et 185 US$ l'appartement familial. Petit déjeuner inclus.*
La façade sans grand charme de cet hôtel, situé juste de l'autre côté du Puente Grau, cache en réalité une sorte de petit village enchanteur aux couleurs ocre : un ensemble de villas entourées de verdure. Les 43 chambres sont classiques, spacieuses, confortables et bien équipées. « La Maison » compte aussi avec 5 suites plus raffinées avec terrasse privative. Petite piscine pour batifoler. Le resto est dans le ton avec un décor art déco. Wifi.

**SAN AUGUSTIN POSADA DEL MONASTERIO**
Calle Santa Catalina 300
✆ +51 54 206565
hotelessanagustin.com.pe
info@hsaperu.com
*A partir de 155 US$ la double ou matrimoniale. Petit déjeuner buffet.*
Des chambres classiques et élégantes avec tous les services. La bâtiment semblable aux cloîtres colorés du Monastère Santa Catalina fait tout son charme. Magnifique patio et restaurant en sillar.

## Se restaurer

La *picantería* qui fait la renommée d'Arequipa offre un mélange de traditions culinaires. Et comme son nom le laisse deviner, il s'agit d'une cuisine relevée, pour ne pas dire plus. Les traditions, jalousement entretenues, se manifestent jusque dans le cadre : ces restaurants populaires sont signalés par une bannière claquant sur la façade. Les plats sont les fruits d'un tour de main espagnol et d'ingrédients proprement andins et indiens : chicha, piments forts et doux, maïs... La *picantería* a conservé ses racines populaires. Entre ses murs d'aspect modeste se pressent les gastronomes, sans distinction de rang social. Les fleurons (épicés) de la carte s'appellent : *chupe de camarones* (soupe de crevettes avec lait, œuf et origan), *ocopa* (pommes de terre cuisinées dans une sauce au fromage avec des fèves, des oignons, des olives et des piments), *adobo arequipeño* (porc macéré dans de la chicha et des épices) ou encore *rocoto relleno* (piment, à l'allure de poivron, farci). Pour grignoter, goûtez les petits biscuits de la ville : les *antojitos*.

## Sur le pouce

Les rues Jerusalén, Puente Grau et la partie haute de Sucre regorgent de petits restos qui proposent des menus à des prix dérisoires (autour de S/ 10-15).

## Pause gourmande

**CAPRICCIO**
Calle Mercaderes 121
✆ +51 54231353
https://capriccioperu.com/
Une chaîne de cafétéria à la déco boisée et chaleureuse : desserts, cafés, sandwichs, wraps. Une bonne option pour les petites faims.

**CHAQCHAO**
Calle Santa Catalina 204
✆ +51 54 234572
chaqchao-chocolates.com
chaqchao@gmail.com
*Tous les jours, de 9h30 à minuit. Chaque jour, classes de chocolat à 11h et 14h45 qui durent 2h15 et coûtent S/ 65.*
Arequipa n'est pas que la ville du chocolat La Ibérica très connu commercialement, elle héberge aussi cette petite fabrique artisanale de chocolat bio. En bas, sur cour, un petit magasin et l'atelier de production. Au 2e étage un agréable salon de thé relax avec cafés, desserts, churros et wifi. Juste en face, l'Arequipa Beer Club avec ses 60 bières artisanales toutes péruviennes. Pour tous les goûts, à toute heure. Ils sont également partenaires du nouveau lieu qui monte, la pizzeria saine et sympa de Las Gringas.

**LA IBERICA – CHOCOLATERIA**
Mercaderes 102
*Ouvert du lundi au samedi de 9h à 21h.*
Un chocolat industriel mais de très bonne qualité (depuis 1909 !). Observez le symbole de la marque qui est gravé dans le chocolat : un lama dont le cou est encerclé par une corde. Pour les Incas, la corde autour du cou indique l'animal (ou l'individu) à sacrifier. Jetez-vous donc sur la bouchée, elle est faite pour ça ! Le Milky, fondant au lait, est notre préféré.

**MUNANQUI**
Jerusalén 307
✆ +51 54 384416
https://munanqui.com/
Un petit salon de thé confortable pour déguster des infusions à base de plantes et fruits locaux tout frais. Ils proposent des petits déjeuners individuels ou à partager, des pâtisseries et un moment de doux répit.
**Autre adresse :** Yanahuara : Jerusalen 702

**OCACAO**
Calle La Merced 135
✆ +51 54 220774
*De 9h à 22h du lundi au vendredi et 10h-22h le samedi. Fermé le dimanche.*
Ici s'est installé Marc, maître chocolatier belge. Une petite cafétaria avec une carte appétissante. D'abord des truffes et bonbons à tomber (pisco sour, moka, praliné, queso helado). Puis des gaufres belges à accompagner d'un chocolat chaud de Piura. La maison prépare aussi des cafés, chocolats et yogourts frappés pour les jours chauds et des fondues au chocolat à partager pour les frileux. Prix doux.

## Bien et pas cher

**CREPISIMO**
Calle Santa Catalina 208
✆ +51 54 206620
www.crepisimo.com
info@alpandina.com

*Ouvert tous les jours, de 8h à 23h. Menu à partir de S/ 34 pour une salade, une crêpe, une glace et une boisson.*
Le restaurant de l'Alliance française offre son décor typique (comptoir très parisien) ou sa terrasse intérieure pour bavarder, surfer sur Internet ou jouer aux jeux de société (les tables en bois sont décorées avec un plateau de jeux de dames ou jeux de petits chevaux). Une centaine de variétés de crêpes vous attendent ! Viennoiseries toutes fraîches pour le petit déjeuner. Patio tranquille.

**■ HATUNPA**
Calle Ugarte 208
✆ +51 54 212918
*De 12h30 à 21h30. Le dimanche de 12h à 16h. Formules à partir de S/ 12.*
Une espèce de papas'bar où la pomme de terre andine est à l'honneur recouverte de la sauce de votre choix cuisinée minute : options végétariennes ou carnivores, light ou crémeuses. Petit local coloré. Attention très cordiale. Les voyageurs encore peu rompus aux plats locaux aiment beaucoup. Sympathique pour un déjeuner sur le pouce.

**■ ISTANBUL**
Calle San Francisco 231 A
✆ +51 54 214622
*Crêpes, salades, sandwichs et falafels (à partir de S/ 7,50)*
Les proprios turcs et français servent, dans un joli cadre accueillant, des crêpes, des salades, des sandwichs et des falafels. Tout est très bon. Le soir venu, l'ambiance est à la fête et le lieu se transforme en bar avec quelques groupes live. Jolie frise colorée.

**■ LAS GRINGAS**
Calle Santa Catalina 204
✆ +51 54 399895
*De 16h30 à 23h, tous les jours. Compter env. S/ 30.*
Frais, bio et local. Une farine à base de quinoa, des saveurs locales et des germes andins sur ses pizzas au feu de bois. Egalement des options sans gluten, pâtes, salades et bières artisanales. Il faut y aller tôt.

**■ RATATOUILLE**
Puente Bolognesi 214
✆ +51 958 794 192
*De 12h à 15h et de 19h à 22h. Fermé le dimanche. A partir de S/ 10.*
Saveurs fraîches et ensoleillées dans un petit patio. Anwar a trouvé une belle formule pour attirer les touristes en mal de cuisine maison. Le midi menu à petit prix avec entrée, plat et boissons. Jolis desserts à la carte. C'est ouvert aussi le soir, à la carte. Une bonne assiette et une bonne action puisque le resto travaille en coopération avec l'association Rayo del Sol soutenant les enfants du Pérou.

**■ RESTAURANT VÉGÉTARIEN MANDALA**
Calle Jerusalén 207
✆ +51 54 229974
*Ouvert de 8h30 à 21h30. Fermé le dimanche.*
Menus pas chers pour le petit déjeuner (5 choix différents), le déjeuner (S/ 9) et le dîner. Un petit resto zen à l'ambiance paisible et au décor simple et harmonieux. Sa spécialité : le *piqueo Mandala bipersonal* (soja frit, steak de blé, pommes de terre, guacamole et salade) pour deux. Aussi des desserts avec glaces maison.

## Bonnes tables

Les restaurants touristiques se succèdent dans la calle San Francisco et dans le Pasaje Catedral où, loin des bruits de la ville, leurs terrasses se déploient à l'extérieur.

**■ ARI QUEPAY**
Calle Jerusalen 502 ✆ +51 959 672 922
aryquepay.com
*Compter environ S/ 40-50*
Un restaurant rustique qui sert de très bonnes spécialités péruviennes, dont un mémorable *cuy* et des médaillons d'*alpaca* marinés dans le vin et parfumés au romarin : un délice. La salle du resto fait penser à un jardin sous un toit en bambou. Musique folklorique à partir de 18h30. Une adresse sympathique pour tous.

**■ CASTA FIOR**
Francisco Bolognesi 106
✆ +51 54 251868
*En semaine de 8h30 à 22h, le dimanche jusque 16h, fermé le lundi. Compter S/ 50-70.*
Un élégant resto-café-pâtisserie avec un patio intérieur ensoleillé. Plats simples et réussis, viandes (mention très bien pour le *lomo* au poivre) et poissons savoureux, desserts inventifs et délicieux ce qui est rare au Pérou. Vrai chocolat, vrai café. Dans une maison coloniale restaurée et au calme. Bar et terrasse au 2e étage. Une excellente adresse.

**■ EL BUDA PROFANO**
Calle Bolívar 425
✆ 977228590
elbudaprofano.com/
mamay.wallata@gmail.com
*Entrées entre S/ 5 et S/ 15 ; 5 makis pour S/ 8 et 10 pour S/ 15.*
Un des rares restaurants 100 % végan de la région. Le chef vous propose d'excellents sushis que même les carnivores apprécieront. Ils proposent un menu dégustation copieux et abordable. Une belle adresse pour les végans ou végétariens.

**EL TIO DARIO**
Pasaje del Cabildo Nro. 100
✆ +51 54 270473
www.tiodario.com
info@tiodario.com
*Tous les jours de 11h à 16h. Compter S/ 40-60.*
On trouve dans ce restaurant traditionnel et de qualité un beau jardin botanique en étages. A la carte, spécialités de *ceviches*, poissons et fruits de mer au grill et autres mets typiques du Pérou. Les menus de la mer ou d'Arequipa sont disponibles à partir de S/ 48. Derrière ce projet, la même équipe que Crepísimo et Zig Zag. Ce petit restaurant champêtre se situe tout proche de la place de Yanahuara, dans une ruelle sur l'arrière, et avec vue sur le Misti. Recommandé pour un excellent et agréable déjeuner ensoleillé.

**GIANCARLO AUTOR DE PIZZAS**
Calle Zela 313
✆ +51 963 301 342
dagiancarlopizzeria9@gmail.com
*Ouvert de 12h à 15h et de 18h à 22h. Fermé le samedi midi. S/ 15 le midi plat au choix avec entrées et chicha ou sangria et dessert, S/ 25 la même formule avec raviolis, pizzas de S/ 25 à S/ 40 de 4 à 8 parts.*
Une très belle surprise que cette pizzeria qui borde le centre historique. Ici Giancarolo, sicilien d'origine, cuisine avec amour et de bons produits (la plupart importés d'Italie) pour apporter un rayon de soleil italien dans nos assiettes de voyageurs affamés. Ses raviolis fourrés aux épinards ou champignons frais sont excellents. Il propose aussi des lasagnes et des pâtes fraîches qui varient chaque jour. Côté pizzas de vraies saveurs de puristes comme speck et gorgonzola ; roquette, jambon cru et parmesan ou des options végétariennes avec courgettes, aubergines ou tomates cherrys et basilic frais. En dessert tiramisu ou panna cotta par exemple. L'espace est chaleureux avec ses nappes bleues à carreaux et sa petite terrasse. Cerise sur cette belle adresse, on y sert aussi d'excellents spritz.

**ÑAÑAS BY QURA**
San Francisco 125 ✆ +51 54 206 620
reservas@nanas.pe
*A partir de S/ 15 pour un plat.*
Une cuisine saine et originale. Ce petit restaurant propose des options végétariennes et véganes toutes préparées avec des produits locaux et frais. Petits déjeuners, pâtisseries et même pizzas. Il y en a pour tous les goûts. Les jus sont excellents et le personnel très aimable.

**LA NUEVA PALOMINO**
Leoncio Prado 122
Yanahuara ✆ +51 54 252393
*Compter environ S/ 40-60. De 12h à 17h.*
Une picanteria renommée où l'on cuisine encore au *batan*, une grosse pierre qui permet de moudre. Le dimanche c'est *adobo* (porc en sauce) et on trouve à la carte tous les plats de la gastronomie locale, cuisinés avec amour et servis généreusement. Populaire, déco locale et typique, service sympathique. Une adresse sûre pour carnivores et gros appétits avec beaucoup de charme.

**PERUITA**
Palacio Viejo 321
✆ +51 54 212621
*Menu le midi à partir de S/ 10.*
Un restaurant italien qui sert des plats typiques et du vin de chez eux. Plus de 50 pizzas napolitaines différentes sur la carte. Ouvert du lundi au samedi, midi et soir. Un très bon rapport qualité-prix.

**SOL DE MAYO**
Jerusalen 207
Yanahuara
✆ +51 54 254148
www.soldemayo.com.pe
soldemayorestaurant@hotmail.com
*A ne pas confondre avec la Calle Jerusalen du centre ville d'Arequipa ! Pour arriver jusqu'ici, traversez le pont Grau, remontez l'Av. Ejercito puis prenez la 6e rue à droite. Compter S/ 35-40 le plat. Tous les jours de 11h à 18h.*
Une institution puisque cet établissement existe depuis 1897 ! C'est le restaurant touristique par excellence, même si l'on trouve aussi des Péruviens venus y fêter des occasions particulières. Cette maison de style colonial est entourée d'un grand jardin, avec fontaine et orchestre (parfois assourdissant) où l'on mange sous parasols. Spécialités de la maison : *camarones*, *rocoto relleno* et *chicharrón de cerdo*, servis avec des portions généreuses. Une *picanteria* un peu chic.

**TIPIKA**
Luna Pizarro 407
Vallecito
✆ +51 54 223657
www.tipika.com.pe/
*Tous les jours de 12h à 17h. De S/ 25 à S/ 45 le plat.*
Une *picanteria* bien connue des locaux et, comme souvent, immense, avec un patio ensoleillé et de grandes terrasses à l'étage. Les plats envoyés par la cuisine sont consistants, on y décline les fruits de mer, la truite et les classiques du cru : *lechon, adobo, rocoto rellleno* (à partager).

**LA TRATTORIA DEL MONASTERIO**
Calle Santa Catalina 309
✆ +51 54 204062
www.latrattoriadelmonasterio.com

*Ouvert du lundi au samedi de 12h à 15h et de 19h à 23h, et le dimanche midi. Compter S/50-70.*
Une des adresses les plus distinguées d'Arequipa, recommandée pour un dîner romantique, avec ses tableaux, ses pilotis d'embarcadère qui rappellent Venise, et ses bougies. On y savoure des spécialités italiennes (risottos, lasagnes, raviolis, pâtes...) aux accents locaux. Carte des vins étendue et service attentif. C'est tout petit, réservations conseillées donc.

### ZIG ZAG

Calle Zela 210 ✆ +51 54 206020
www.zigzagrestaurant.com
info@alpandina.com
*Tous les jours de midi à minuit. Menus le midi. A partir de S/ 45 le plat.*
Dans cette maison coloniale en pierre volcanique blanche, on commande sans hésiter de l'alpaga, de l'agneau, du bœuf, du saumon ou du poisson d'Amazonie cuits sur pierre de lave ou, plus classique, un des différents carpaccios. Tous ces plats sont généreusement accompagnés de pommes de terre ou de quinoa des Andes et d'une ratatouille maison. Gardez une petite place pour le dessert, pour goûter le vacherin glacé au fruit de la passion ou une mousse au café et pisco du Pérou. Bons vins. Excellente table et service irréprochable. Le midi, menus végétariens (S/ 47), andins (S/57) ou le de la côte ou l'Amazonie (S/ 67).

### ZINGARO

San Francisco 309
✆ +51 54 217662
www.zingaro-restaurante.blogspot.com
*Tous les jours, de 11h à 23h. A partir de S/ 40 le plat.*
On y sert un délicieux *lomo saltado* et son *quinotto de aji amarillo* ou un léger saumon au pisco et *aguaymanto*, avec carpaccio de mangue et purée de patate douce et fruits de la passion. La sélection de viandes, poulet, truite, pâtes (lasagnes de *rocotto relleno*) est ample. Chez Lazos, leur restaurant de parillas juste à côté, on trouve des spécialités de viandes à la pierre volcanique. Deux adresses sûres mais un peu chères pour la qualité servie.

# Sortir

L'essentiel de la vie nocturne d'Arequipa se déroule près de la plaza San Francisco, dans les calles San Francisco, Zela et Ugarte, les soirs de week-end.

## Cafés - Bars

### BRUJAS

Calle San Francisco 300
*Ouvert jusqu'à l'aube.*
C'est le bon plan pour boire un verre pas cher entre amis, avec trois cocktails pour S/ 12 pendant les happy hours.

### CAFE ART MONTREAL

Calle Ugarte 210
✆ +51 54 206652
www.lecafeartmontreal.galeon.com
*Fermé le dimanche.*
A deux pas du couvent Santa Catalina, ce petit café présente de la bonne musique « trova » le jeudi, rock alternatif les vendredi et samedi soir.

### CAFE Y VINO

Calle General Moran 118 (2e étage)
Cloîtres de la Compañia de Jesus
✆ +51 997 678 620
*Ouverture tous les jours de 9h à minuit.*
Vous pourrez y goûter des vins d'Amérique latine bio, des bières artisanales pression et quelques tapas. Vue magnifique sur les cloîtres depuis la terrasse.



# Calendrier des festivités

Les festivals sont très nombreux dans la région. Voici les plus importants :

- **2 février :** Fiesta de la Virgen de la Candelaria. Célébration dans les églises de Cayma, Characato, Chiguata et Chapi, avec processions, corridas, concours de danse et feux d'artifice
- **Semana Santa (semaine qui précède Pâques) :** processions impressionnantes et feux d'artifice
- **1er mai :** Fiesta de la Virgen de Chapi. Procession depuis l'église de Chapi, traditionnel pèlerinage très couru dans la région, à 90 km d'Arequipa ; la légende dit qu'il faut l'effectuer trois années de suite pour que les vœux soient exaucés
- **6-31 août :** Fiesta Artesanal del Fundo el Fierro. Grande foire aux artisanats de tous les coins du Pérou sur la place San Francisco (toute l'année, mais amplifiée à ces dates)
- **A partir du 15 août :** Aniversario de la Ciudad. Divers événements culturels (musique, danses et expositions).

**CHELAWASI PUBLIC HOUSE**
Plaza Campo Redondo 102
San Lazaro
*De 12h à 21h, les vendredis-samedis jusque 23h. Fermé le lundi.*
Ici Casey, de Portland, et Kat, liménienne, ont implanté un petit pub plein de bonnes ondes et de fibres artistiques. On y trouve les bières artisanales incontournables du marché local (dont Sierra Andina en pression) et celles concoctées par l'équipe ainsi que des cidres maison. Hamburgers artisanaux servis sur une planche de bois, chili relevé, salades et mariage entre plats et bières. Expos, concerts. Sympathique.

**MUNANQUI**
Jerusalén 307 ✆ +51 54 384416
*Voir page 252.*

**PISHKU. LA CASONA DEL PISCO**
San Francisco 319
✆ +51 54 231809
www.casonadelpisco.com
*Lundi-mercredi de 12h à 23h. Jeudi-samedi de 12h à 1h. Dégustation de pisco (cata) S/ 30.*
Le pisco est à la mode à Arequipa. On trouve le Museo del Pisco et la Casa del Pisco également. Cette *casona* est la plus ample avec un bar tout en longueur joliment mis en lumière sous les voûtes en pierre. Terrasses extérieures autour d'une fontaine et au 3e étage. A la carte, cocktails macérés, bières artisanales et également un espace restaurant qui sert de la nouvelle cuisine péruvienne. Chic.

## Clubs et discothèques

**DÉJÀ VU**
Calle San Francisco 319
Bon, n'y allons pas par quatre chemins : c'est là que ça se passe, même en semaine. En bas, ou à l'étage sur la terrasse, on danse jusqu'au petit matin. On peut aussi y manger.

**LE FORUM**
Calle San Francisco 317
*Entrée S/ 25.*
Ici, il y a la sélection par l'argent, ce qui n'empêche pas les locaux de considérer Le Forum comme l'un des meilleurs endroits pour s'amuser. Concerts live quelques soirs par semaine. Bar au rez-de-chaussée avec entrée libre. Pub et billard au 2e. Ambiance latino ou des années 1980 au 3e et chill-out au 4e.

**SPLIT**
2e étage
Calle Zela 202
Bar dansant sympa avec musique essentiellement latino. Pour prendre l'air, balcon extérieur avec vue sur l'église San Francisco.

# À voir – À faire

De toutes les villes du Pérou, Arequipa est celle dont les citoyens semblent éprouver le plus fortement le sentiment d'appartenir à une communauté. Là, s'est développée une « culture métisse » propre, dont on apprécie les effets tout d'abord dans l'architecture : les façades des églises et des *casonas* ont intégré le monde indigène qui transparaît dans les figures d'animaux mythologiques, dans la flore andine, dans les fruits « exotiques ». La musique n'est pas en reste ; elle a donné naissance au « yaravi », aux accents tristes et dont on dit que l'essence serait indienne et les caractéristiques espagnoles. La langue, où s'immisce le parler populaire mâtiné d'archaïsmes, de quechua et d'expressions des cholos métis, est si riche qu'elle a suscité la publication d'un dictionnaire. La cuisine, qui n'échappe pas à ce même brassage, mêle les produits de la mer à ceux de la sierra. « Nul ne doute qu'Arequipa

La cathédrale d'Arequipa.

est péruvienne, mais avant tout Arequipa est arequipègne », a-t-on coutume de dire ici. La plaza de Armas est sans doute l'une des plus jolies du Pérou, avec ses arcades qui n'en finissent pas, sa cathédrale aux deux clochers, ses magnifiques palmiers et la vue sur le volcan Misti.

### LA CAMPIÑA

*Compter de S/ 35 à S/ 50 le tour en bus panoramique. Pas moins de 5 bus touristiques proposent cette excursion d'une durée de 4h environ : Cuzero Bus (blanc, Portal de Flores 146, 9h30-14h30) ; Tawantinsuyo (bleu, Portal San Agustin 133, toutes les heures de 9h à 14h) ; Tours Class (vert, Portal San Agustin 101, 9h15-11h-12h30-14h) ; BusTour (jaune, Calle Ugarte 211, 9h-14) ; Tours Panoramico (orange, Portal San Augustin 115, 9h30-14h).*

Une balade proposée par de nombreuses bus tours. On gagne en général le mirador de Yanahuara et de Carmen Alto, ainsi que le moulin de Sabandía, mais aussi la Mansión del Fundador (S/ 10 l'entrée) et la Plaza et le Palacio Goyeneche à Sachaca, le Balenario de Tingo (eaux thermales, entrée à part, toboggans, barques, jeux pour les enfants). La *campiña*, campagne autour d'Arequipa, verdoyante, revêtue des terrasses incas qui la fertilisent, est un damier de villages aux murs blancs, une oasis au milieu de la sécheresse des collines environnantes. Ces dernières années la rapide urbanisation nuit quelque peu au paysage mais le tour reste sympathique.

### CASA MUSEO VARGAS LLOSA

Av Parra 101 ✆ +51 54 283574
aqp.brmariovargasllosa@gmail.com

*Visites en groupe et en espagnol de 4 à 12 personnes à 10h et 14h, S/ 10.*

Un musée high-tech pour l'écrivain le plus reconnu de l'histoire littéraire péruvienne et prix Nobel de littérature. Ce sont 15 salles audiovisuelles qui nous promènent sur les traces de Vargas LLosa avec hologrammes et captures audio. Intéressant pour les passionnés.

### CATEDRAL DE AREQUIPA

Plaza de Armas
www.museocatedralarequipa.org.pe

*Visite tous les jours de 7h à 17h. Entrée du musée S/ 10. Fermé le dimanche. Après 17h et le dimanche accès à l'église gratuit.*

Entièrement construite (et reconstruite après les séismes, dont le dernier, en juin 2001, avait fait tomber un de ses deux clochers) en sillar, pierre volcanique blanche, elle exhibe ses soixante-dix colonnes, ses trois portes et ses deux arcs latéraux sur tout un pan de la plaza de Armas : la « façade » que l'on découvre n'est en fait qu'un seul de ses côtés. L'intérieur, pas particulièrement beau, abrite quelques intéressantes toiles et sculptures, un autel monumental en marbre de Carrare, de grandes orgues fabriquées en Belgique et une magnifique chaire taillée à Lille par un certain Rigot. Entrée du musée, au coin de Santa Catalina.

### COMPLEJO E IGLESIA SAN FRANCISCO

Calle Zela, cuadra 1

*Visite du lundi au samedi de 9h à 12h et de 15h à 17h30. Entrée S/ 5.*

Ce complexe comprend l'église franciscaine, le couvent et un petit temple connu sous le nom de la Tercera Orden. Commencée en 1569, l'église franciscaine a été ébranlée plus d'une fois par les hoquets de la terre. Son apparence actuelle date de 1960. Inspirée du style roman tardif, avec réminiscences de mudéjar (style arabe andalou), elle présente une façade de pierre blanche et de brique rouge d'une grande sobriété. L'autel central est entièrement en argent repoussé, chose assez rare au Pérou où l'on préféra la dorure à la feuille. Le petit couvent a résisté à tous les tremblements de terre. Sobre comme l'église, austère même. Quant à l'église « du Troisième Ordre », on entre dans cette grosse chapelle, adossée à l'église principale, par une porte de pierre, travaillée dans la plus pure tradition d'Arequipa.

### CONVENTO DE LA RECOLETA ★

Calle Recoleta 117
A gauche après avoir franchi le Puente Grau
✆ +51 54 270 966

*Ouvert du lundi au samedi de 9h à 12h et de 15h à 17h. Entrée S/ 10 et S/ 5 pour les étudiants.*

Avis aux amateurs de bibliothèques regorgeant de trésors anciens : voici l'endroit à ne pas manquer ! Le couvent de la Recoleta est en effet d'un lieu unique où sont abrités 20 000 ouvrages, qui ont pour la plupart suivis les conquistadors du XVIe siècle. Attention, on ne peut entrer dans la bibliothèque que 15 minutes par heure, mais n'hésitez pas à vous adresser (en anglais ou en espagnol), à la responsable des lieux, Helen Ryan. Pour le reste, vous pourrez consacrer votre temps à la visite du couvent franciscain proprement dit. Edifié en 1648 par le père Pedro de Mendoza, il possède quatre cloîtres qui sont autant d'exemples d'architecture coloniale arequipègne. Il abrite deux salles d'art précolombien et présente une collection de belles pièces mochica, chimú, vicús, chancay et momies paracas. Petit musée amazonien, autre espace d'art religieux, et pinacothèque avec toiles des écoles de Cusco.

### FUNDO EL FIERRO

Puente Grau

Cette lourde bâtisse, construite au XIXe siècle, servit de collège pour jeunes filles, puis de prison pour femmes. Elle accueille aujourd'hui concerts et foires (grande exposition d'artisanat en août).

## IGLESIA DE YANAHUARA

*Le quartier de Yanahura est situé à 2 km à l'ouest d'Arequipa. Traversez le río Chili par le Puente Grau et longez l'avenida Ejército jusqu'à l'avenida Lima sur la droite, que vous remonterez pendant 5 cuadras.*

Cette église baroque, qui date de 1750, est voisine du mirador d'où vous pouvez admirer le Misti et la partie ancienne d'Arequipa. Des poèmes sont gravés sur les arcades de ce belvédère. Vaut le coup d'œil. Bonnes picanterias dans le quartier (Sol de Mayo, Nueva Palomino) et cevicheria (Tio Dario). Explorer les rues adjacentes.

## IGLESIA LA MERCED

Angle calles La Merced et Tristán

Bâtis dans les premières années de la conquête, l'église et son couvent ont été reconstruits au XVIIe siècle. Le portique mauresque et l'autel churrigueresque suffisent à distinguer l'ensemble, tout comme les trois nefs et les coupoles qui les éclairent. Dans la nef centrale, à gauche, on appréciera une belle peinture du Señor de Huanca. Le cloître est reposant à souhait et de bonnes peintures de l'école de Cusco décorent la salle du chapitre.

## IGLESIA SAN AGUSTIN

Angle des calles San Agustín et Sucre

Datant de 1575, cette église à un seul clocher fut conçue partiellement sur les plans de la Compañía. Très semblable de ce fait à cette dernière, elle est moins impressionnante.

## IGLESIA SAN MIGUEL ARCANGEL DE CAYMA

*Cayma est située à 3 km du centre d'Arequipa : remontez l'avenida Ejército après le pont Grau, jusqu'au croisement avec l'Av Cayma que vous remonterez ensuite sur 2 km pour atteindre le haut du village.*

Sur la place, une petite église de 1719 montre sa façade ouvragée et ornée de motifs amazoniens que l'on retrouve sur les colonnes du parvis. Cette richesse extérieure contraste avec la nef sombre et sa chaire de pierre. A l'entrée, deux grandes peintures de Jacinto Carbajal (1780) ravissent par leur naïveté qui n'a d'égale que leur fraîcheur. On peut visiter le cloître et la salle à manger que fréquentait Simon Bolívar, puis monter sur le toit pour jouir d'une vue panoramique sur la ville qui a malheureusement « mangé » peu à peu la verte campagne proche.

## IGLESIA SANTO DOMINGO

Angle calles Santo Domingo et Piérola

*Visites du lundi au vendredi de 7h à 12h et de 15h à 19h30, le samedi de 7h à 9h et de 15h à 19h30, le dimanche de 5h30 à 12h.*

Bien qu'ayant beaucoup souffert du séisme de 1960, cette église, achevée en 1697, conserve de ses beautés passées une somptueuse porte latérale ouvragée.

## IGLESIA Y COMPLEJO DE LA COMPAÑIA ★★

Calles General Morán et Álvarez Thomás

*Visite tous les jours de 9h à 12h45 et de 15h à 18h. Entrée à la Capilla S/ 4.*

La Compañía représente la forme la plus achevée de l'architecture du XVIe siècle. De style baroque métissé, propre à l'école d'Arequipa, elle en est, avec la cathédrale de Puno, la plus belle réalisation. La façade latérale de pierre ouvragée montre Santiago (saint Jacques) dans une attitude caractéristique de « matamoros » (tueur de Maures). La façade frontale présente une gerbe extravagante formée de fleurs, de fruits, de figures précolombiennes ; un aigle bicéphale y déploie ses ailes. La plus belle église d'Arequipa. N'oubliez pas la visite à la sublime Capilla de San Ignacio avec sa coupole polychromée entièrement couverte de motifs végétaux, animaux et minéraux.

## CLAUSTRO DE LA COMPAÑIA ★★

Calle Morán 118

Datant de 1739, ce double cloître, où murmure une fontaine de pierre, montre des galeries soutenues de piliers ouvragés où voltigent les chérubins. Il héberge aujourd'hui un centre commercial dont la plupart des boutiques sont spécialisées dans les vêtements d'alpaga ou des galeries d'art. Superbe vue de l'étage, où vous pourrez boire un verre à l'Ecobar Cafe y Vino.

## MONASTERIO DE SANTA TERESA

Calle Melgar 303 ✆ +51 54 281188

*De 9h à 17h, le vendredi jusque 20h, fermé le lundi. Entrée S/ 20.*

Ce musée est lové dans le Monastère des Carmélites (toujours en fonctionnement, même si on ne croise pas les sœurs). Très beau patio intérieur ensoleillé. Nombreuses œuvres d'art de l'époque coloniale : sculptures, orfèvrerie, peintures murales, meubles, objets décoratifs. On découvre aussi l'église, qui est toujours un lieu de culte (on entend parfois l'angélus). Intéressant pour mieux connaître une période souvent oubliée des musées péruviens.

## MUSEO HISTÓRICO MUNICIPAL

Plaza San Francisco

*Ouvert du lundi au samedi de 8h30 à 19h et le dimanche de 9h à 15h. Entrée S/ 5.*

On trouve de tout dans ce petit musée : une section préhispanique, les portraits des *libertadores*, des céramiques ou encore des photographies sépia de la ville (notamment d'impressionnantes vues faites après les séismes).

La ville, malgré l'intensité de la circulation des taxis, est faite pour le promeneur. L'œil est sans cesse sollicité par les vastes demeures du XVIIe et du XVIIIe siècle, construites en sillar. De style andalou, nombre d'édifices (re) construits dans les années 1950 ont gardé leur caractère colonial, donnant ainsi à la ville une unité architecturale remarquable, comme el Banco de Crédito (angle Jirón San Juan et Santo Domingo) ou el Banco Internacional (Jirón Mercaderes 217).

### CASA DE LA MONEDA

Calle Ugarte 403

La Casa de la Moneda date de 1794. Ses propriétaires, les marquis de Quiroz, ont fait graver, en toute modestie, sur la porte de leur splendide demeure, la devise : « Après Dieu, Quiroz ». Elle appartient à la chaîne d'hôtels Casa Andina.

### CASA DEL MORAL ★

Calle Moral 318 ✆ +51 54 285371

*Visites du lundi au samedi de 9h à 17h30, entrée S/ 5.*

La Casa del Moral est barrée d'une monumentale porte baroque surmontée de frises et de gargouilles emplumées. Elle héberge une collection de pièces anciennes.

### CASA GOYENECHE ★

A l'angle des calles Palacio Viejo et La Merced

La Casa Goyeneche, dorénavant siège de la banque centrale, avec son patio où glougloute une fontaine, possède un petit musée (toiles de l'école de Cusco). Datant de 1558, plusieurs fois reconstruite, c'est l'une des plus vieilles maisons d'Arequipa.

### CASA IRRIBERRY/ARROSPIDE

Calle Santa Catalina 101

Au coin de San Augustin

La Casa Irriberry est abritée par les murs les plus épais de la ville. La belle porte, avec sa corniche finement ouvragée est une des beautés ciselées de la ville. On la surnomme aussi Casa Arrospide et elle fut construire en 1743. L'Université est toute proche.

### CASA RICKETTS

San Francisco 108

*De 9h à 18h et le samedi matin. Fermé le dimanche.*

Cette *casona* du centre, autre beauté sur votre chemin, appartient aujourd'hui à une banque. Cette maison coloniale était à l'origine un séminaire construit par l'ordre jésuite. Il est ensuite devenu un palais épiscopal, puis une école. La famille de Flora Tristan y installa sa demeure. Une fontaine à tête de puma trône à l'intérieur, au milieu d'un décor de style baroque métissé avec des influences locales.

### CASA TRISTÁN DEL POZO ★

Calle San Francisco 115

La Casa Tristán del Pozo, terminée en 1738, en impose avec son portail et sa frise soutenue par des colonnes toscanes. Elle abrite aujourd'hui le Banco Continental et sa galerie d'art Pedro Brescia Caffetera qui présente des aquarelles de peintres locaux.

### CASONA DE SANTA CATALINA

Santa Catalina 210

✆ +51 54 281334

www.santacatalina-sa.com.pe

*Ouverture de 8h à 21h.*

En face du couvent de Santa Catalina, un patio entouré de boutiques intéressantes, notamment celles de Kuna (vêtements en alpaca), Mili Blume (joaillerie), un stand d'infos touristiques et deux restaurants signés Gaston Acurio : l'accessible Tanta et le gourmet Chicha.

*Rue du centre-ville d'Arequipa.*

### MONASTERIO SANTA CATALINA ★★★

Calle Santa Catalina 301
✆ +51 54 221213
www.santacatalina.org.pe
informes@santacatalina.org.pe
*Ouvert tous les jours de 9h à 17h (dernière admission à 16h). Mardi et mercredi jusqu'à 20h. Entrée S/ 40, gratuit moins de 7 ans. Compter 2h minimum. Guides en français sur place.*

Depuis sa fondation en 1579 jusqu'à son ouverture au public en 1970, le monastère vivait jalousement replié sur lui-même ; aujourd'hui encore, il abrite quelques nonnes qui ont prononcé leurs vœux d'isolement total. Les familles riches y envoyaient leurs filles, accompagnées d'une solide dot qui allait grossir le magot du monastère. Il s'appelait à ses débuts Monasterio de Monjas Privado de la Orden de Santa Catalina de Siena. La première nonne fut Doña María de Guzmán. Veuve de Diego Hernández de Mendoza, jeune, riche, belle et sans enfants, elle céda tous ses biens pour vivre recluse. Le 10 septembre 1579 fut signé l'acte de fondation du Monastère sur quatre terrains appartenant à la ville et Doña María de Guzmán fut nommée « première habitante et prieure ». Le 2 octobre 1580, lors d'une messe solennelle, Doña María, est reconnue comme fondatrice et prend formellement l'habit. Les femmes qui y entrèrent étaient créoles, métisses ou même filles de dignitaires incas. En 1964 le monastère reçut ses premières nonnes espagnoles. En 1582 le monastère fut gravement endommagé par un tremblement de terre et les nonnes elles-mêmes réparèrent leurs cellules. On y dénombre même une aspirante à la Sainteté, sœur Ana de Los Angeles, dont la canonisation n'a jamais abouti. Née en 1604, elle est entrée au Monastère à l'âge de 3 ans pour parfaire son éducation et en a été retirée vers 10 ou 11 ans pour être mariée. Mais une vision lui fait reprendre cette fois de son plein gré le chemin du Monastère. Elle fut prieure pour une période de 3 ans durant laquelle l'austérité fût de rigueur. On lui attribue 68 prédictions, la plupart au sujet de la mort prochaine d'une des autres sœurs ou la guérison inespérée d'une autre. En 1686 à sa mort on ne l'embauma pas car son corps dégageait une odeur agréable et dix ans plus tard quand on la déterra son corps n'avait souffert aucun dommage. On lui attribue des guérisons miracles *post-mortem*.

La visite des lieux donne une idée de ce que pouvait être cette vie monacale : minuscules chambres-cellules, cuisine particulière et chambre pour la servante (cloîtrée elle aussi), ruelles à l'espagnole, peintes de tons ocre, brun, rouge. La plaza Zocodober et sa fontaine, les teintes bleues et orangées des cloîtres entourés d'arcades aux fresques innocentes y apportent cependant une note de gaieté. On s'y perd, on se délecte de la lumière et des couleurs, des fleurs qui ont été installées, des plafonds aux peintures fragiles et poétiques. Avec ses 20 000 m², cette forteresse religieuse est absolument unique en son genre. Les voûtes abritent un musée archéologique avec de précieuses pièces des cultures chimú et nazca, et une pinacothèque. Environ 400 peintures ont été restaurées. On y trouve des toiles de style maniériste, influence des italiens, de style espagnol comme l'archange Saint-Michel et enfin de nombreuses œuvre de l'école cusquenienne qui a « régné » au Pérou durant les XVIIe et XVIIIe siècles. Visite guidée (guides en français) fortement recommandée. Le matin, la lumière y tombe à merveille.

### MUNDO ALPACA-GRUPO MICHELL

Tout au bout de l'Av Santa Catalina
Juan de la Torre 101
San Lazaro
✆ +51 54 202525
www.mundoalpaca.com.pe
mundoalpaca@michell.com.pe
*Ouvert du lundi au vendredi de 8h30 à 18h30, le samedi de 9h à 18h30 et le dimanche de 9h à 17h30.*

Tout en un ! Dans un ensemble extrêmement bien tenu, on découvre un atelier où l'on apprend tout sur le processus de fabrication de textiles à l'aide des anciennes machines. On peut assister à des démonstrations de tissage et approcher des alpagas, logés dans un petit enclos confortable. Une boutique de vente bien achalandée vous attend à la sortie (superbes produits et prix en conséquence). Cafétéria.

### MUSEO SANTUARIOS ANDINOS ★★

Calle La Merced 110
✆ +51 54 215013
www.ucsm.edu.pe/santury
santury@ucsm.edu.pe
*Ouvert du lundi au samedi de 9h à 18h et le dimanche de 9h à 15h. Entrée S/ 20, plus le pourboire pour les guides bénévoles (étudiants d'Arequipa).*

Ce musée propose de nombreuses informations sur des découvertes datant de 1994 et 1995, dont une momie, Juanita, « la princesse des glaces », mise au jour près d'Arequipa, sur le volcán Ampato, par Johan Reinhardt. Un film sur cette découverte est projeté. La collection s'enrichit de mois en mois et fait de ce musée, avec le monastère Santa Catalina, un moment essentiel de la visite de la ville.

### PARQUE SELVA ALEGRE

Tout au nord de la ville
A quelques *cuadras* de la plaza de Armas, vous pourrez ici venir en flâner. Un rien désuet mais c'est le refuge de jeunes couples péruviens... et des enfants avec un parc de jeux ouvert le week-end de 9h à 16h.

■ **PLAZA DE ARMAS**

Une très belle place ample, avec une jolie fontaine centrale, des palmiers, la cathédrale immaculée en fond et les volcans au loin. Très agréable de s'y poser au soleil et regarder le temps couler. Beaucoup de locaux qui y prennent leurs quartiers.

■ **PUENTE CHILINA**

Une fierté que ce pont autoroutier moderne, le plus grand au Pérou avec ses 562 mètres, qui unit les quartiers de Alto Selva Alegre et Cayma, au nord du centre-ville. D'ici on embrasse surtout en un seul point de vue les volcans Misti, Chachani et Pichu Pichu.

## Sports - Détente - Loisirs

■ **ALPINISME**

De nombreux alpinistes se pressent à Arequipa pour partir à l'assaut des volcans aux alentours : El Misti (5 822 m), El Ampato (6 310 m) et El Chachani (6 075 m). Renseignez-vous dans les agences sur l'équipement, le parcours et la météo. Le Misti et le Chachani se trouvent dans la Reserva Nacional de Salinas y Aguada Blanca, juste au nord-est de la ville. L'Ampato est plus technique.

■ **CUSIPATA**

Calle Jerusalén 402-A
✆ +51 54 203966
www.cusipata.com
reservas@cusipata.com
*Compter S/ 70 par personne.*
Les pros incontestés des sorties rafting sur le rio Chili. 6 km et rapides jusqu'à classe IV. 3 heures en tout pour l'excursion dans la vallée de Chilina. Bateaux et équipes pros. Départs 8h, 11h, 14h. Service en anglais disponible. Egalement une route courte en VTT pour connaître les environs proches d'Arequipa.

■ **PÉROU EXCLUSIF**

Calle 28 de Julio 220, Pueblo Tradicional de Paucarpata, Arequipa
✆ +51 974 211 440
www.perou-voyages.com
contact@perou-voyages.com
*Prise de rendez-vous par email pour rencontrer les voyageurs directement à leur hôtel à Arequipa. Derrière cette agence Thomas, un Breton, installé à l'extérieur d'Arequipa (Paucarpata est un des quartiers de la ville). Une bonne adresse pour trouver un service local et bien sûr pour découvrir le Canyon du Colca avec guides francophones. Suggestion : au départ d'Arequipa, excursions classiques ou hors sentiers battus en 2 et 3 jours (avec courtes marches, trek ou randonnée équestre…) dans la vallée et le Canyon du Colca.*
Treks et randonnées équestres dans le Colca. Derrières cette agence Thomas, un breton, installé à l'extérieur d'Arequipa. Une bonne adresse pour trouver un service local et bien sûr pour découvrir le Canyon du Colca avec guides.

■ **RAFTING**

*A partir de S/ 70 par personne (transport et équipement fourni).*
La plupart des agences d'Arequipa proposent dorénavant une excursion en rafting sur le río Chili ! Compter 3h en tout transport inclus. Nous vous conseillons Cusipata (+51 54 203966 - www.cusipata.com) qui fournit de bons équipements. 4 personnes par bateau plus un guide. Cette rivière compte quelques rapides sympathiques (renseignez-vous avant de partir sur le niveau de l'eau).

■ **VTT-DOWNHILL**

*Compter S/ 140 par personne, minimum 3.*
Autre incontournable des agences : la descente en VTT du Volcan Chachani. Départ 8h, retour 14h. Toutes ont le même opérateur.

## Visites guidées

■ **BUS PANORAMIQUES**

*Entre S/ 35 et S/ 50 l'excursion.*
Cinq compagnies de bus panoramiques pour découvrir la ville et ses alentours : Tours Class, BusTour, Tawantinsuyo, Tours Panoramicos et Cruzero Bus. Intéressant pour grouper les visites des alentours immédiats et de la Campiña (infos dans A voir-A faire).

■ **FWT PERU AREQUIPA**

www.fwtperu.com
*Départ tous les jours à 10h15, 12h15 et 3h15 de la Plaza San Francisco.*
Un tour à pied de 2h30 et en groupe pour vous faire découvrir les incontournables de la ville entre lamas, point de vue panoramique et marché.

■ **GOGO BIKING – COLCA CANYON**

Calle José Galvez 117
Chivay ✆ +51 944 250 450
*Voir page 243.*

■ **OASIS COLCA TRAVEL**

Jerusalen 054 ✆ +51 959 768 751
reservasoasiscolca@gmail.com
Le propriétaire de l'Oasis, lodge pionnier tout au fond du Canyon du Colca, a également lancé son agence pour organiser une excursion clé en mains. Pablo Junco organise bien sûr les treks au Canyon mais aussi des randonnées vers des destinations encore peu touristiques comme le Cordillera de Bombaya (qui est de l'autre côté du Canyon del Colca, face au village de Cabanaconde, vers la lagune de Mucurca, ses 4 800 mètres et ses flamands roses, au Nevado Mismi (sources de l'Amazone) ou à travers la Vallée des Volcans de Andagua. Le Colca, par où que l'on passe, est très fréquenté. Pour une découverte loin des foules c'est ici.

### PABLO TOURS

Jerusalén 400
✆ +51 54 203737
www.pablotour.com
pablotour@hotmail.com
*Ouvert du Lundi au samedi de 8h30 à 20h.*
Ici vous reçoit Edwin Junco qui parle français. Vous entendrez sûrement parler de la famille si vous allez à Cabanaconde (il gère la Casa de Santiago et son frère El Valle del Fuego) ou dans le canyon (le dernier frère gère l'Oasis). Vous pouvez l'appeler aussi pour réserver l'un des trois hôtels avec sécurité. Treks en petits groupes (6 maximum), guides professionnels, sécurité. Nouvelles routes comme celle qui relie le Cotahuasi au Pacifique. Il a la réputation d'être un peu cher mais il y a une raison.

### RUTA DEL SILLAR

Aquarela Viajes
Calle San Francisco 204
✆ +51 54 234533
aquarelaviajes@gmail.com
*Sur réservation*
Si, après avoir succombé aux charmes de la pierre blanche volcanique, vous avez envie d'en savoir plus, l'agence Aquerel Viajes et la Red de Cortadores del Sillar ont imaginé un tour de 3 heures pour comprendre et voir d'où vient ce matériel qui fait la spécificité et la beauté de la ville. Deux carrières sont visitées : une en exploitation puis celle de Culebrillas, un petit canyon en pierres blanches jusqu'ici préservé. Départs tous les jours en haute saison.

*Sachaca vu depuis le mirador.*

## Shopping

### CAMPING EQUIPMENT

Calle Jerusalén 300
✆ +51 54 213384
S'il vous manque un accessoire indispensable pour votre randonnée dans le Cañon del Colca ou ailleurs, c'est l'endroit propice pour vous dépanner ! On y trouve tout le nécessaire.

### EL EKEKO

Calle Mercaderes 141
Une galerie de shopping élégante où l'on retrouve Kuna, Ilaria, de jolies boutiques d'artisanat avec des créations plus originales qu'ailleurs (sculptures, tableaux, vaiselle, chapeaux...), une boutique gourmet où trouver de petits cadeaux, et un restaurant.

### FERIA ARTESANAL FUNDO EL FIERRO

Marché artisanal au bout de la Calle San Francisco
*Ouvert de 9h30 à 13h30 puis de 15h à 20h30 du lundi au jeudi, et de 9h à 21h le vendredi et samedi. Fermé le dimanche.*
Coup de cœur pour les tableaux en cuir et bois de Marcella. Nombreuses petites échoppes de souvenirs pêle-mêle. Artisans autodidactes à l'extérieur.

### MERCADO SAN CAMILO

Angle Calle San Camilo et Calle Pierola
Pour un jus de fruits, quelques stands d'artisanat et de jolies scènes vécues dans ce marché populaire dont la structure a été dessinée par M. Eiffel tout de même, il y a plus de 135 ans.

### SBS

Calle San Francisco 125
www.sbs.com.pe
ventas@sbs.com.pe
Une librairie internationale où vous pourrez trouver des romans en français (un peu chers cependant).

# SACHACA

A 15 min en voiture d'Arequipa, ce village aux ruelles ombragées sait accueillir le visiteur quand cogne l'astre solaire. Du mirador à 5 étages, joli panorama, sur le volcan Misti notamment. Belle église de 1807, aux murs tendrement roses.

# CHARACATO

Ravissante campagne à quelque 11 km au sud-est d'Arequipa (45 min). C'est peut-être le village qui a conservé le mieux le caractère de l'Arequipa d'autrefois, tant dans ses costumes et traditions que chez ses habitants. Ses picanterias et petites bodegas de pisco valent le détour.

### LA BENITA DE CHARACATO

Plaza Principal N°114
✆ +51 54 448580
*A partir de S/ 30 le plat.*
Un restaurant champêtre dans la plus pure tradition aréquipénienne. On y sert le répertoire local dans des assiettes immenses qui suffisent largement pour deux. Leur cuisine de terroir a été promue à plusieurs reprises.

# YURA

Beaucoup de thermes dans les environs. Selon nous, ceux-ci sont les plus jolis et mieux entretenus. A 30 km au nord d'Arequipa (1h en voiture), au pied du volcán Chachani, leur température peut atteindre jusqu'à 34 °C. Les thermes sont ouverts de 7h45 à 15h, mais il est préférable d'y aller le matin, pour des raisons d'hygiène. Entrée aux bassins Tigre et Tadeo Haneke à S/ 5 et entrée aux bassins Fierro Viejo et Zamacola à S/ 4.

## Transports

Des bus partent de la Estación de Ferrocaril, Parque Melgar (S/ 2).

## Se loger

### HOTEL DE TURISTAS DE YURA

Av. Principal s/n – Balneario de Yura
✆ +51 54 495025
hotelturistasyura@gmail.com
*Chambre double ou matrimonial à partir de S/ 150, S/ 200 avec bain à remous. Petit déjeuner inclus.*
Cet hôtel est plutôt élégant sous sa façade blanche et ses bardages bleus. Surtout il permet aux amateurs d'eaux thermales l'entrée aux bains et l'usage privilégié du bassin « Tigre » de nuit (à partir de 20h, ils sont nettoyés avant). La clientèle est locale mais c'est une pause tranquille qui a son charme.

# RESERVA NACIONAL DE SALINAS Y AGUADA BLANCA ★

Cette réserve s'étend sur 366 936 ha. Sa flore, sa faune et ses formations géologiques sont protégées. Chaque printemps (de mars à juin), des centaines de flamants roses élisent domicile sur le lac salé d'altitude de Salinas, situé au cœur d'un superbe décor de montagne, à 4 300 m, entre les volcans du Pichu-Pichu et de l'Ubinas. Cela vaut la peine d'y consacrer une journée d'excursion en louant un 4x4 ou via une agence.

### NEVADO CHACHANI

*Compter environ 120 US$ par personne.*
On pourra essayer l'ascension du Nevado Chachani (6 075 m). Considéré comme la montagne la plus facile à escalader du Pérou, ce volcan de plus de 6 000 m est encore actif. A 2 heures en 4X4 d'Arequipa, on arrive au camp de base à partir duquel on se lance dans une marche d'environ 6 heures jusqu'au sommet. Son ascension nécessite 2 jours et 1 nuit. Nécessaires les crampons en cas de neige.
De nombreuses agences proposent la descente en VTT type downhill de 4 800 mètres à 2 500 mètres, en 4 heures.

### VOLCÁN MISTI ★★

*Compter 110 US$ par personne.*
L'ascension du volcan Misti (5 825 m) est la plus pratiquée de la région puisque c'est un peu l'emblème de la ville d'Arequipa. On atteint les jupes de ce volcan en 1h30 de voiture depuis Arequipa. L'ascension (6h de montée le 1er jour et 4h le 2e jour) est récompensée par le fabuleux panorama que le volcan vous réserve...
Les bonnes agences incluent transport, nourriture, tente, matelas et sac de couchage, vestes et pantalons, guide. Prévoir de bonnes bottes, 6 litres d'eau par personne, 1 grand et 1 petit sac.
Le Misti en transport en commun, c'est possible ! Vous n'avez pas forcément besoin de faire appel à un tour-opérateur ; mais comment s'y prendre ?

- **Il faut prendre un combi pour Chiguata**, se faire déposer au pied du volcan, au croisement avec l'autre route qui vient d'Arequipa. Là, il y a une grande propriété privée qui ferme l'accès au volcan. Soit on demande pour faire ouvrir la porte, soit on préfère faire le tour par l'aval. On remonte d'abord la piste fréquentée par des 4X4 (de 2800 à 3400m, compter 2h à 2h30) puis on suit l'unique sentier (facile de se repérer). On marche 4 à 5h de plus pour aller poser le camp à 4600 m.
- **Le lendemain, on met environ 4h pour atteindre le sommet principal.** Comptez 1h de plus pour le détour par le cratère et ses fumerolles. Attention, s'il reste quelques névés sur la trace, les bâtons voir un piolet peuvent être bien utiles. Restez sur les arêtes à la montée, et pour la descente, on préférera les combes pleines de sables (plus accessibles).

Cet itinéraire constitue l'ascension par l'arête sud ; très intéressante car depuis le camp, on assiste un superbe coucher de soleil. Le matin, c'est tout simplement magique de voir l'ombre du volcan sur la ville !

## SUMBAY

Le village de Sumbay, à 4 127 m d'altitude, est situé à 88 km d'Arequipa, derrière le volcan Misti, sur la route de Cailloma. Il est connu principalement pour ses grottes ornées de magnifiques peintures rupestres datant du paléolithique. Vieilles de 6 000 ou 8 000 ans, elles représentent des figures humaines, des camélidés et des pumas.

## VOLCÁN AMPATO

Il est recommandé d'escalader l'Ampato (6 380 m) de préférence entre juillet et novembre, car en janvier et février, il y a un risque non négligeable de neige et de nuages. Cette ascension, quoique considérée comme facile dans sa catégorie, nécessite tout de même du fait de son altitude élevée, un solide équipement : crampons, piolets et sac de couchage bien chaud. Pour l'Ampato, l'ascension s'effectue en 3 jours.

## CAÑON DEL COTAHUASI

Le village, accroché à la pente à 2 680 m, est peu connu des voyageurs et c'est dommage (il faut dire qu'il est à 12h de bus d'Arequipa). La fatigue du voyage est adoucie par la beauté de paysages qui n'ont rien à envier au canyon del Colca : le canyon de Cotahuasi est le plus profond du monde. Le fleuve a taillé ses méandres dans les falaises d'où se jettent des cascades, comme celle de Sipia (150 m de chute) ou de Uskune (90 m), gardées par les condors.

- **A proximité bouillonnent, entre 40 et 100 °C, les sources thermales**, dont on peut profiter à Luicho. Pas moins de huit lagunas offrent leur teinte verte aux coquetteries des *nevados* qui s'y mirent : Solimana, Coropuna, Firuta ; sans oublier les ruines incas de Maauk Allajía ou Uma Qacho. Cotahuasi accueille le visiteur dans l'ombre de ses ruelles étroites et n'est pas peu fière, à juste titre, de son église du XVIIe siècle.

### Transports

Le bus public de la compagnie Reyna prend le départ à 19h. Compter de 10h à 12h de route. Et prévoir de quoi se couvrir, le bus passe des cols à des altitudes élevées de nuit. Environ S/ 30. Turismo Alex assure aussi un service.

### Pratique

- **Des agences organisent des treks** au départ d'Arequipa. Compter 250 US$ par personne pour le transport, l'hébergement et la nourriture.
- **Attention : pas de guichet automatique,** pensez-y.

### Se loger

**HATUN HUASI**
✆ +51 54 581054
www.hatunhuasi.com – hatunhuasi@gmail.com
*A partir de S/ 40 la simple et S/ 70 la double avec salle de bains privée. Petit-déjeuner S/ 10 par personne.*

## Juanita, « la princesse des glaces »

Juanita représente pour Arequipa la découverte majeure de la fin du XXe siècle ! Cette jeune fille a été mise au jour sur le volcan Ampato, le 8 septembre 1995, par l'anthropologue Johan Reinhard. C'est le résultat de plus de 15 ans de recherches. Pendant près de 550 ans, le volcan Ampato (6 380 m), a gardé en son sein cette fillette inca qui, au moment de sa mort, devait avoir tout au plus 12 ou 13 ans. Elle a été offerte à l'Apu (les montagnes sont des dieux) Ampato par les prêtres incas de l'époque. C'est l'éruption du volcan Sabancaya qui en a rendu possible la découverte, les éboulements et glissements de terrain ayant mis à nu la momie, jusqu'alors conservée dans la glace.

Juanita a dû voyager de Cusco accompagnée d'une cour constituée de personnalités de la région. Là, l'Inca lui-même l'attendait pour lui transmettre sa divinité. C'est à ce moment précis qu'elle a dû prendre conscience de sa mort proche et du contact qu'elle établirait avec le dieu de la montagne, auquel elle serait offerte dans un voyage sans retour. Après de grands rites et festivités, elle a dû être endormie avant que ne lui fût donné le coup de grâce dans la tempe droite. Les études réalisées ont déterminé que la jeune fille avait été soumise au jeûne avant d'être exécutée, afin que sa souffrance soit moins vive. Vous pouvez retrouver sa momie bien conservée au Museo Santuarios Andinos d'Arequipa.

Cet édifice moderne propose des chambres simples et bien tenues avec leur salle de bains et vue sur le jardin ou la place. L'eau chaude et la TV et wifi sont incluses. Le service est efficace. Ils offrent aussi des circuits pour découvrir cette région méconnue. Parking sur place.

**■ VALLE HERMOSO**
✆ +51 54 581057
www.hotelvallehermoso.com
reservations@hotelvallehermoso.com
*A partir de S/ 100 la simple, S/ 145 la double, S/ 195 la triple avec salle de bains et petit déjeuner.*
Dans une ancienne ferme entourée de jardins et montagnes vertes, cet hôtel rustique a le charme des bâtisses d'antan. Il propose des chambres confortables, abritées sous les poutres. C'est une option avec une touche de charme et plus de confort.

## ANDAGUA

▸ **A 277 km d'Arequipa, voilà un décor fantastique**, au sens étymologique du terme. Plus de 60 volcans miniatures éteints, coniques, à base épatée et d'une hauteur maximale de 20 m, à 3 587 m d'altitude. On estime que les plus âgés portent beau leur million d'années, entourés de « jeunots » de 50 000 ans.

▸ **Ceux qui se distinguent le plus** et qui sont connus sous le nom de « los Gemelos » (les Jumeaux) se trouvent à 10 km d'Andagua, localité elle-même située au nord de la province de Castilla. Au sud du village d'Andagua, le village d'el Andomarca est construit sur des bases préhispaniques.

▸ **Il faut environ 12h pour parvenir à Andagua** quand on part d'Arequipa. On peut y passer la nuit, en ayant pris soin d'emporter à boire et à manger car il n'y a pas grand-chose sur place (mais les purs et durs s'en contenteront).

▸ **Pour avoir une vue panoramique des volcans** il faut se lancer dans un trek qui part du canyon del Colca pour rejoindre Choca et l'autre côté de la Cordillère, 5 jours de marche. Colca Trek le propose sur demande (www.colcatrek.com.pe).

## TORO MUERTO

Le site de Toro Muerto, à 160 km d'Arequipa, à hauteur de Camana, est fascinant par ses 6 000 pétroglyphes, dont les plus anciens appartiennent à la culture huari (900 à 1200 apr. J.-C.), gravés dans la roche volcanique sur 4 km de longueur et 250 m de hauteur. Plus loin, on se heurte à la masse de l'Ajirhua (5 266 m) et du Luceria (4 257 m), entre lesquels se trouve la partie la plus profonde du *cañon* Colca-Majes, juste avant d'atteindre el Valle de los Volcanes, accompagné par le sommet enneigé du Coropuna (6 615 m). Entrée S/ 5.



# CAÑON DEL COLCA

Le canyon del Colca est la star de la région ! C'est en effet l'un des sites les plus prisés par les voyageurs au Pérou. Ce n'est toutefois pas pour y faire du tourisme que Francisco Pizarro en confia le contrôle à son frère Gonzalo. Stratégique, entre Sierra haute et côte fertile, la vallée était peuplée d'indigènes, regroupés en *reducciones* et obligés, par le fer, à travailler pour les colons. Le Colca vit croître et embellir les agglomérations, dont les places d'Armes regroupaient les autorités : églises, hôtels de ville (*municipios*) et hôpitaux, selon les plans concoctés à Madrid. Les quatorze villages gardent les traces de ce passé de gloire et de sang dans les églises et les *casonas*.
Le travail harassant dans les mines d'argent, d'or et de cuivre, découvertes en 1630, réduisit rapidement la population à 15 000 âmes, puis, sous la République, la vallée s'enfonça dans une léthargie dont elle n'émergea qu'à la fin des années 1920, lorsque Robert Shipee et George Johnson, survolant ce qu'ils espéraient être la « vallée inconnue des Incas », se trouvèrent confrontés à la vertigineuse profondeur du Cañon del Colca.

## Quand y aller ?

▸ **De décembre à avril :** tout est vert, la région est en fleurs, c'est très joli mais il pleut régulièrement. Plus susceptible de voir les condors les après-midis.

▸ **De mai à novembre :** saison sèche mais froide, période idéale pour voir les condors et profiter du soleil. Ils volent tôt le matin, entre 8h et 10h.

▸ **Décembre :** du 8 au 13 décembre, fêtes du Wititi à Chivay. Des centaines de personnes dansent dans les rues de Chivay, vêtues de leurs superbes vêtements traditionnels.

Commença alors la polémique dont l'objet était de savoir si le canyon, profond de 3 000 m, allait reléguer le Grand Canyon du Colorado au rang de rigole (les défenseurs du Colorado considérant qu'il fallait prendre en compte les deux versants du canyon, alors que les autres, dont les Péruviens, ne voyaient que le plus élevé). Loin de ces querelles, les visiteurs du canyon découvriront un lieu fantastique qui est l'un des plus fréquentés depuis 1975, grâce à ses voies d'accès bien tracées. Partant d'Arequipa, la route grimpe à flanc de Chanchani, et traverse, quatre heures durant, les pampas de Canahuasi où paissent les troupeaux de camélidés. On atteint Chivay, capitale de la province de Caylloma, puis Yanque où l'on pourra se loger. Plus loin encore, les villages de Maca (avec sa merveille d'église) et de Pinchollo se recroquevillent au pied des imposants *nevados*, Sabancaya (5 976 m) et Hualca Hualca (6 025 m). Enfin, apparaît le but du voyage, la Cruz del Cóndor et son mirador. Le visiteur rejoint ensuite le dernier village de la vallée, Cabanaconde, avec d'autres options pour se loger. Les départs des treks qui descendent au fond du canyon se font depuis la Pampa San Miguel, 15 minutes avant le village.

## Transports

- **Des bus partent d'Arequipa** à partir d'1h du matin, d'autres à 3h, 9h30, puis l'après-midi (S/ 15 jusqu'à Chivay, S/ 20 jusque Cabanaconde). Les compagnies de transport sont Andalucia, Reyna ou Los Milagros. Le voyage dure environ 3h30 en saison sèche et 4h30 en saison des pluies. Selon nous, la meilleure compagnie est Reyna (départs à 1h du matin et 11h, reyna.com.pe, ✆ +51 54 429339) : elle part à l'heure, elle est plus rapide et ses bus plus confortables. Venez à l'avance pour être certains d'avoir un siège. Pour retourner sur Arequipa de Cabanaconde, Reyna part à 9h et 14h et est 2h plus tard à Chivay.
- **Les agences pratiquent des horaires similaires**. Départs entre 3h et 3h30 pour arriver vers 8h à La Cruz del Condor, ou dans la matinée en passant d'abord une nuit sur place (à partir de S/35-40 le trajet seul ou de S/ 150 pour formule 2 jours-1 nuit dans l'oasis, en fonction de l'agence). Le mieux est bien sûr de parcourir le canyon en plusieurs jours avec les bus locaux ou des agences qui proposent à la carte des visites de deux, trois ou quatre jours.
- **Des minibus locaux et des taxis colectivos** desservent les villages de la région. Les horaires varient beaucoup (on part quand c'est plein) et les véhicules ne sont pas très confortables ! A Chivay, les *colectivos* sont stationnés aux abords du marché ; compter 10 min pour Yanque et 2h30 pour Cabanaconde (également des départs à 7h30, 16h et 17h30 au terminal). On peut aussi y trouver des voitures et chauffeurs à affréter en service privé.
- **Il est aussi possible d'aller directement à Puno** à partir de Chivay avec 4 M Express (busperu4m.com). Départ de Chivay tous les jours depuis l'hôtel La Pascana, sur la Plaza de Armas, à 13h15 ; arrivée 5h30 plus tard à Puno, avec des escales à Patahuasi, Pampa Cañahuas et Lagunillas (50 US$). Egalement Colca-Cusco pour 65 US$. Autre compagnie : Colonial Tours (colonialtours-peru.com) qui part du Balcon de Zacharias (à l'angle de la Plaza), transfert de bus à Patahuasi et arrivée à Puno vers 18h-18h30, 35 US$.

## Pratique

- **Même à Chivay, le distributeur automatique** n'accepte pas tous les types de cartes de crédit. Pensez à emmener du liquide, c'est encore le plus sûr.
- **Vous pouvez acheter votre *boleto turístico***, qui vous donnera accès au mirador de Cruz del Cóndor, pour S/ 70 (valable une semaine), au niveau du poste de péage de Chivay ou au terminal de bus. Le circuit peut être bouclé dans la journée, mais c'est épuisant et vous profiterez peu de cette magnifique région. Deux ou trois jours semblent le minimum à conseiller, et envisagez de partir plus longtemps si vous faites un trek.
- **Au bord du río Colca**, entre les petites terrasses chargées d'arbres fruitiers, la température est tropicale et les moustiques s'en donnent à cœur joie (prévoir un répulsif).

# SIBAYO

A 3 800 m, Sibayo est un petit village en pierres (*Rumillacta* en quechua) peint de jaune, au fond de la Vallée, dans un paysage rocailleux où les hauteurs sont dédiées à l'élevage. A 40 minutes environ de Chivay, il propose une offre solide et exclusive de tourisme chez l'habitant. Ici on conserve ses coutumes et le village est authentique. C'est l'occasion idéale de s'offrir un séjour hors des sentiers battus.

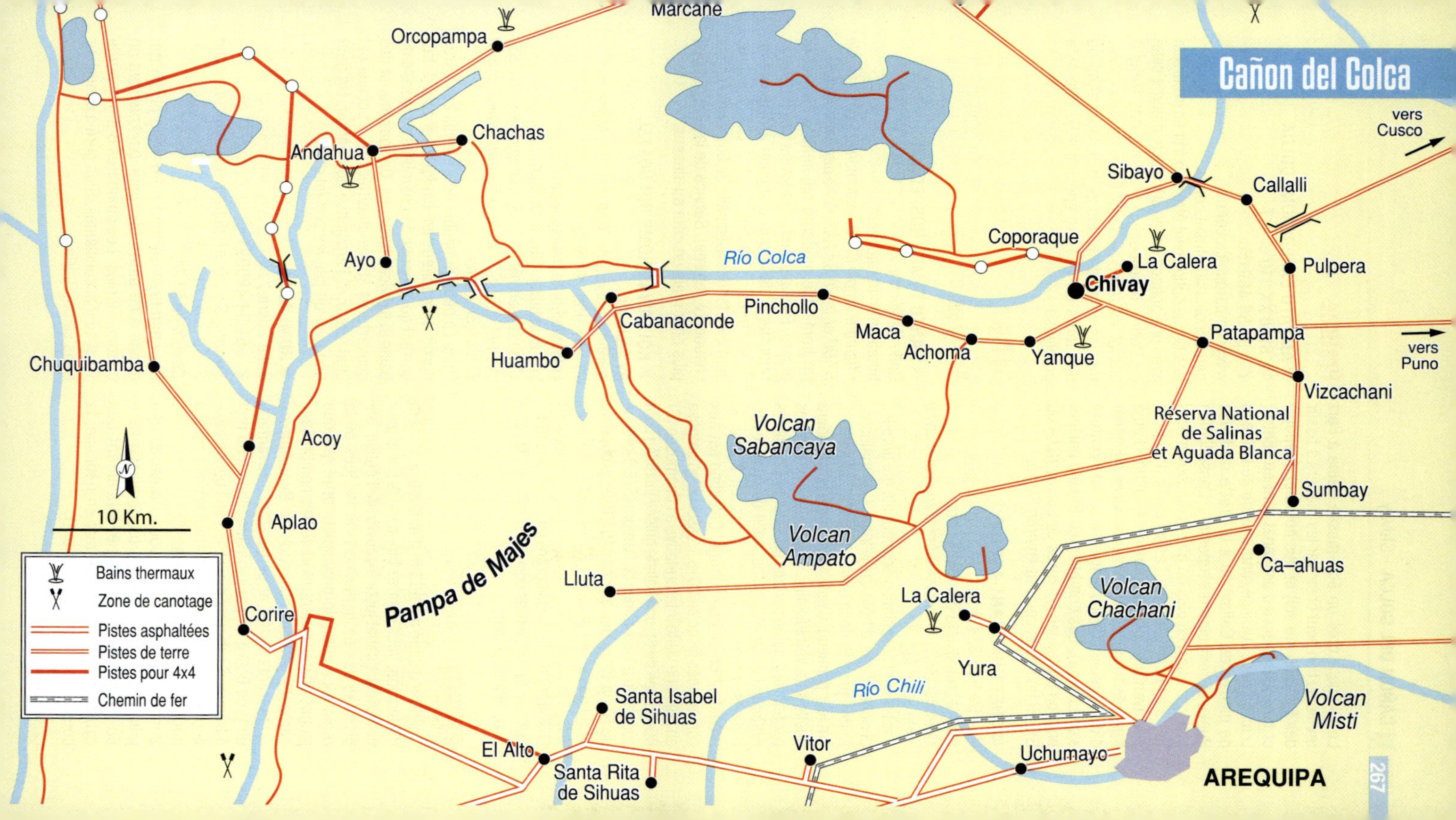

Cañon del Colca
vers Cusco
vers Puno
Marcane
Orcopampa
Chachas
Andahua
Ayo
Chuquibamba
Acoy
Aplao
Corire
Huambo
Cabanaconde
Pinchollo
Maca
Achoma
Yanque
Chivay
La Calera
Coporaque
Sibayo
Callalli
Pulpera
Patapampa
Vizcachani
Río Colca
Réserva National de Salinas et Aguada Blanca
Sumbay
Ca–ahuas
Volcan Sabancaya
Volcan Ampato
Volcan Chachani
Volcan Misti
Pampa de Majes
Lluta
La Calera
Yura
Río Chili
Santa Isabel de Sihuas
Santa Rita de Sihuas
El Alto
Vitor
Uchumayo
AREQUIPA
10 Km.
Bains thermaux
Zone de canotage
Pistes asphaltées
Pistes de terre
Pistes pour 4x4
Chemin de fer

Le village a créé un éco-musée dédié à l'art textile où l'on peut observer les métiers à tisser des femmes (au sol) et des hommes (debout) et quelques pièces d'artisanat sont en vente. D'ici on peut aussi se rendre jusqu'au château de pierres de Callalli ou à la grotte de Molle Punku et ses peintures rupestres. L'association propose aussi en plus du gîte et du couvert des tours à la carte. On peut aussi partir d'ici pour une aventure au long cours celle-là, un « llama trek » de 10 jours qui rejoint la province d'Espinar dans la région Cusco (l'agence Chaski Ventura s'en charge). Les combis pour Sibayo partent environ toutes les 2 heures de Chivay (S/ 4 ou 5), un taxi vous coûtera environ S/ 40.

**CHEZ L'HABITANT-ASETUR**
✆ +51 949 524 535
asetur_rumillacta@hotmail.com
*Compter S/ 75 la nuit avec trois repas et activité avec votre famille.*
Asetur est l'association communale qui gère les dix chambres d'hôte du village. Les maisons, toutes peintes de la même façon et coquettes, ont leur panneau. C'est l'association qui décidera quelle sera votre famille. Maximum 4 personnes par famille pour un partage plus intime. Chambres rustiques et chaleureuses, salle de bains extérieures, repas en famille. Tous les 2 ans, le président en charge change. Célestino est aux commandes jusqu'en 2018. L'association propose en plus une visite interprétative à l'Ecomusée (S/ 60-groupe de 6), une balade guidée jusqu'au pont suspendu ou aux ruines de Paraqra (S/ 60-groupe de 6), la tonte des alpacas (S/ 100- groupe de 6) ou de rafting doux (S/ 250-groupe de 6). Le village semble plutôt uni autour du tourisme chez l'habitant et c'est assez rare pour être souligné. Les prestations extras doivent s'organiser la veille pour le lendemain.

# CHIVAY

Chivay est situé à 3 633 m d'altitude, à 150 km d'Arequipa. Vous pourrez être séduits par le petit marché artisanal juste à gauche de l'église, qui propose des broderies caractéristiques de la région. La capitale provinciale offre quelque lodges un peu excentrés et de très nombreuses adresses pour les backpackers. Beaucoup de restaurants buffet et peñas. C'est davantage un gros bourg de passage auquel on a du mal à trouver du charme mais c'est une bonne base pour explorer les environs, étant le point central notamment des transports.
Sur la plaza de Armas, vous trouverez une jolie église, un office de tourisme (en face de l'église) et une banque. Egalement des cybercafés (prenez votre mal en patience, la connexion est très très lente !).

## Pratique

**AMPATO EXPEDITIONS COLCA**
Av. Siglo XX 110 et 417
✆ +51 54 489156
www.ampatocolca.com
pedroscolca@hotmail.com
Une bonne option peut être de partir en excursion avec une agence basée sur place, comme celle de Pedro. Il propose du rafting, des treks à cheval, les réservations de tourisme chez l'habitant, la vente de billets de bus, la location ou des tours en VTT (sa spécialité !). Une aide précieuse.

## Se loger

### Bien et pas cher

**KANTU TAMPU HOSPEDAJE**
Calle Salaverry 224 ✆ +51 54 632 758
hotelkantu@gmail.com
*Chambre simple S/ 60, matrimonial S/ 80, double S/ 90 et triple S/ 100. Petit-déjeuner inclus.*
Un immeuble moderne qui sent le neuf et le propre. Faux parquet au sol dans les chambres. Chauffage électrique d'appoint à disposition. Couvertures en laine en nombre. Les chambres sont bien tenues avec salle de bains privée, eau chaude, tv, Internet. Service de laverie. Un peu plus cher mais un cran au-dessus.

**KOLLAWAS HOME INN HOSTEL**
Av Siglo XX
A media cuadra del Coliseum La Montera
✆ +51 959 201 689
kollawashome.blogspot.pe
kollawashome@hotmail.com
*Chambre simple 20 US$, matrimoniale 30 US$, double 32 US$, petit déjeuner américain et chauffage inclus.*
Dans ce petit immeuble de 2 étages aux vitres miroir se cachent un *backpacker* tout à fait correct qui propose 11 chambres avec salle de bains et services basiques. On vous fournit des couvertures et une chaufferette. L'accueil est chaleureux et l'ambiance bon enfant. On peut négocier un peu les prix en direct.

**RUMI WASI**
Calle Sucre 714
✆ +51 54 480091
*Simple S/ 30 et double ou matrimoniale S/ 50 avec salle de bains. Petit déjeuner S/ 5. Chauffage S/ 20.*
Dix chambres au fond d'un patio jardin qui donne à ce petit hôtel pour *backpackers* un charme de plus. Les chambres ont une petite TV et sont accueillantes. Bien géré. Le meilleur dans sa catégorie.

## Confort ou charme

### EL REFUGIO

✆ +51 54 257901
www.refugiohotelcolca.com
*A partir de S/ 300 la nuit. Prix variables selon la saison.*
Très bel hôtel à seulement 5min de Chivay. Situé au bord du « rio Colca », vous pourrez profiter depuis votre chambre d'un paysage spectaculaire sur le canyon. L'hôtel a ses propres bains thermaux naturels. Au total 33 chambres, avec chacune sa petite terrasse.
Le cadre paisible vous permettra de déconnecter complètement.

### HOTEL CASA ANDINA COLCA

Calle Huayna Cápac ✆ +51 54 531020
www.casa-andina.com
*Matrimoniale ou double 81 US$. Petit déjeuner buffet compris.*
Cet établissement constitue un point de départ idéal pour une visite du canyon del Colca, à l'écart de la plaza de Armas. Ses 51 agréables chambres, disposées dans des maisonnettes au fil d'une construction en pierres apparentes et toits de paille, disposent toutes de salle de bains privée, sèche-cheveux sur demande et chauffage. Lit *queen* size dans les chambres *matrimoniales*. L'hôtel Casa Andina Colca se différencie par son planétarium : Deep Sky (attention fermé de décembre à mars). Autres services proposés : parking, wifi, laverie, appel de taxis, change de devises, massages.

### HOTEL POZO DEL CIELO

Sur les hauteurs de Chivay, après le pont de l'Inca
Calle Huascar s/n ✆ +51 54 531041
www.pozodelcielo.com.pe
reservas@pozodelcielo.com.pe
*Compter 97 US$ pour une chambre simple ou double-matrimoniale standard, 150 US$ en supérieur et 200 US$ pour une semi-suite, petit déjeuner inclus.*
Un superbe hôtel 3 étoiles construit en matériaux naturels, dans un style rustique et élégant, que l'on peut apercevoir de Chivay. Les trente-six chambres sont particulièrement agréables mêlant poutres, pierres et clins d'œil au folklore et comportent moquette et chauffage. Belle vue panoramique. Toutes sortes de services touristiques sont à la disposition des clients (change de monnaie, laverie, service de taxi, garde des bagages, etc.) et thermo-massages délicieux. Restaurant sur place.

### POSADA DEL COLCA

Av Salaverry 325
✆ +51 54 531040
laposadadelcolca.online
laposadadelcolca@hotmail.com
*Compter S/ 80 pour une chambre simple, S/ 130 pour une double ou matrimoniale et S/ 170 pour une triple. Petit déjeuner américain inclus.*
Au bout de la rue piétonne qui part de la plaza de Armas, cet établissement propose des chambres moquettées confortables avec télévision câblée, sanitaires privés (eau chaude) et chauffage inclus. Les groupes peuvent y trouver leur compte, d'autant que les tarifs restent accessibles. Accueil charmant. Billard et tables de ping-pong. Restaurant sur place.

## Se restaurer

Vous trouverez dans la Calle Zarumilla des restaurants bon marché fréquentés par les locaux avec des menus défiant toute concurrence.

### CABAÑAS

Plaza de Armas 504
✆ +51 999 958 882
*Menus (soupe et plat) à partir de S/ 20. Entrée, plat, dessert S/ 30.*
La cuisine de Willy a bonne réputation auprès de ceux qui vivient dans le Colca toute l'année. Sa carte est ample. Outre les menus (avec options végétariennes !), sélection de viandes, pâtes, crêpes en dessert. Il était auparavant au rez-de-chaussée. Son local du 2e étage manque encore un peu de touches chaleureuses dans la déco mais offre une baie vitrée avec vue sur la Plaza et l'assiette est toujours honnête et fraîche.

### EL BALCON DE DON ZACARIAS

Av. 22 de Agosto 102
✆ +51 54 531008
*Menu buffet à S/ 35. A la carte.*
Ce restaurant qui fait l'angle avec la Plaza de Armas est l'autre buffet dont on parle. Service solide, plats variés, qualité au fil des années. Idéal pour piocher au fil des plats à l'heure du déjeuner.

### Q'ANKA

Salaverry 105, 3e étage
Face au marché
✆ +51 958 296 914
*Tous les jours de 9h à 22h. Plats de S/ 30 à S/ 50.*
Un restaurant qui se démarque. Ici on cuisine sur pierres volcaniques des viandes, de la truite ou des pizzas qui restent chaudes et crépitent. Fruits également à même la pierre avec une boule de glace en dessert. Et sélection de bières artisanales. Une excellente soupe de poulet avec gingembre et quinoa servie dans son pot en argile pour se requinquer de l'altitude. A toute heure, infusions d'herbes fraîches, smoothies, yaourts organiques, cafés ou chocolats. Le local moderne est décoré de quelques touches d'artisanat. Pour nous, la meilleure adresse de la ville. Grimpez les marches !

### URINSAYA
Calle Francisco Bolognesi 1026
✆ +51 54 531235
*Menu buffet le midi à S/ 35. Chambres simples à partir de S/ 40 et double ou matrimoniale S/ 60.*
Ce buffet nous a été recommandé et ne nous a pas déçus. Buffet bien achalandé avec ceviche, trois types de soupes, salades et légumes, en plus d'un défilé de plats traditionnels, de spaghettis, purées ou quinoa aux légumes. Petit espace dessert. Grand espace agréable sous un toit traditionnel. Ne vous fiez pas à la façade extérieure moderne, entrez par le patio et poussez la porte. Chambres peu chères à louer également.

## Sortir

### AROMAS CAFFEE
Plaza de Armas (en diagonale de l'église)
*Ouvert de 7h à 22h du lundi au samedi et de 9h à 20h le dimanche.*
Des quelques cafés de la Plaza, celui de Freddy offre un vrai bon café péruvien ! A déguster avec une pâtisserie ou des *toffees* (chocolat parfumé aux feuilles de coca). Chaleureux.

### MCELROY'S IRISH PUB
Plaza de Armas 120
*Happy hours de 18h30 à 19h30 et de 21h30 à 22h30.*
Un pub où il fait bon s'arrêter boire une bière bien méritée après des randos dans le canyon. On peut aussi y manger des plats typiques ou des pizzas, et jouer au billard.

*Vue magnifique depuis Cruz del Condor.*

## À voir - À faire

### BAÑOS TERMALES LA CALERA ★
A 3 km du centre de Chivay, direction La Calera.
*L'entrée coûte S/ 15. Ouverture tous les jours de 4h à 19h30.*
Les cinq piscines d'eau thermale, à 32 et 40 °C, sont bien agréables pour se relaxer et constituent l'intérêt majeur de ce village. On peut s'y rendre à pied ou en *colectivo* (départ de la calle du General Moràn pour S/ 1). De préférence, allez-y le matin, car la plupart des agences de voyages s'y rendent à partir de 15h.

### NEVADO MISMI
Situé à une vingtaine de kilomètres au nord-ouest de Chivay, le mont Mismi (5 597 m) n'est autre que la source officielle du plus grand fleuve du monde, l'Amazone ! Le torrent Apacheta qui s'écoule de la falaise nord du Nevado Mismi deviendra grand ! Il est considéré comme la source du réseau amazonien la plus éloignée de l'embouchure du fleuve, qui se jette dans l'Atlantique près de 6 800 km en aval, au Brésil. Le petit torrent rejoint très vite le río Apurímac qui s'unit à son tour plus au nord à l'Ucayali puis au Marañón, dans le nord-est du Pérou, pour ainsi former le majestueux fleuve Amazone. Cette découverte a été faite en 1996, puis confirmée par deux expéditions en 2001 et 2007. Ampato à Chivay ou Pérou Ayni Tours à Coporaque peuvent vous y emmener.

## Sports - Détente - Loisirs

### COLCA ZIP-LINING
A 300 mètres de La Calera ✆ +51 958 989 931
colcaziplining.com
*S/ 50 le circuit scénique, S/ 100 le circuit extrême et S/ 150 le circuit monster.*
Un circuit complet tout proche des piscines thermales de La Calera. Il propose trois parcours. Le scénique avec 600 mètres de câbles à 45 mètres de hauteur, environ 30 minutes de circuit et un système de freins opéré par l'équipe pour juste se laisser porter. L'extrême propose 1 200 mètres de câbles à 100 mètres de hauteur et une vitesse de 90 km/heure. Enfin le Monster ce sont 6 câbles pour un total de 2 000 mètres et un vide de 160 mètres, il implique une petite partie d'escalade à la verticale.

## Shopping

### Q'OLCA
Av. Salaverry 219 ✆ +51 988 705 185
madeincolca@gmail.com
Le projet de Dina, Française établie au Colca, pour proposer des pièces originales et artisa-

nales. Elle travaille beaucoup avec les tricoteuses de Sibayo, Tuti ou Callalli. Tout est fait main et, dans la mesure du possible, la laine aussi est locale. Mitaines, bonnets, pulls, tours de cou : une visite à faire pour trouver un souvenir de qualité.

# COPORAQUE ★

A 8 kilomètres à l'ouest de Chivay, Coporaque a gardé son air de village rural tranquille et offre une pause séduisante pour ceux qui préfèrent un séjour plus authentique. Avec ses 3 500 mètres d'altitude, ses sources thermales et ses jolies balades, il est notre coup de cœur le moins fréquenté du Colca. Seul bémol, il faudra compter un peu plus de temps pour rejoindre la Cruz del Condor.

## Se loger

### Bien et pas cher

**ASSOCIATION FORTALEZA DE SAN ANTONIO**
✆ +51 949 683 755
lakantutacoporaque@hotmail.com
*S/ 85 par personne, la nuit, les 3 repas et le partage des activités agricoles.*
Renato de la maison La Kantuta a développé sa propre association. Il propose 4 chambres bien agencées et tenues et deux autres familles en ont également 4. Ses prix incluent la participation à une activité agricole selon le calendrier des saisons. Bavard, il est un hôte agréable.

**ASSOCIATION PUMACHIRI**
✆ +51 945 831 716
pumachiricoporaque@hotmail.com
*S/ 70 la nuit et les trois repas. S/ 100 avec un guide pour des excursions proches.*
Quatre familles du village se sont associées pour recevoir chez elles. A la casa Chatakero maisons colorées et joli jardin, à la casa Chocolate le maïs qui sèche sert de décoration, à la casa Mama Tankari Wasi les maisonnettes sont en pierre. Toutes ont leur caractère, des frises qui décorent les chambres rustiques et chaleureuses, un toit de paille, des salle de bains extérieures avec eau chaude. Un tourisme chez l'habitant de qualité.

### Confort ou charme

**LA CASA DE MAMAYACCHI**
✆ +51 54 531004
www.lacasademamayacchi.com
reservas@lacasademamayacchi.com
*Chambre simple, double ou matrimoniale 70 US$, triple 92 US$, quadruple 110 US$. Petit déjeuner buffet inclus.*
L'agence Giardino qui administre également la Casa de la Abuela à Arequipa vous reçoit au calme dans ce petit village. 28 chambres sont réparties sur deux espaces : le plus ancien en adobe avec parquet et poutres apparentes, douches italiennes, chauffage à gaz. La construction nouvelle en contrebas offre de plus jolies vues mais possède un peu moins de cachet. A noter la sublime salle ronde du restaurant sous un toit boisé avec une immense cheminée et les hamacs et *alpacas* dans le jardin. Détail charmant, les jolis porte-clés de poupées en habits traditionnels. Une adresse de qualité même s'il n'y a ni wifi, ni TV. De nombreuses excursions à pied ou à cheval et packages à partir de 2 jours-1 nuit occuperont votre temps libre.

**Autre adresse :** Arequipa : Calle Jerusalén 606, ✆ +51 54 241206

**HOTEL GRANADA**
✆ +51 54 789852
www.hotelgranadacolca.com
A l'entrée du village en venant de Chivay.
*Simple 55 US$, double ou matrimoniale 60 US$, triple 75 US$, quadruple 90 US$. Petit déjeuner inclus.*
Une belle bâtisse aux touches rustiques à l'entrée du village qui héberge 29 chambres et un jardin central. Chambres coquettes et très bien tenues avec moquette au sol, radiateur électrique, couettes et vastes salles de bains carrelées neuves. Toutes ont une fenêtre qui donne sur le jardin-patio. Certaines ont des terrasses au soleil. Vue sur les volcans. Restaurant avec four à bois pour le petit déjeuner et dîner.

**LA MAISON BRETONNE ANNA WASI**
✆ +51 995 566 319
stevengonidec@hotmail.com
*45 US$ la chambre de 1 à 4 personnes (2 lits doubles). Petit déjeuner inclus.*
Coup de cœur à la sortie du village, pour ce projet de maison traditionnelle, dotée de chambres d'hôtes personnalisées. Cet ensemble de 5 petites « cases » rondes, aux toits de chaume, retiendra assurément votre attention. Portes rondes, puits de lumière, décorations optimisées : Ici la tradition a été pensée et revisitée pour enchanter l'œil du visiteur ! Chaque chambre héberge une petite salle de bains privée élégante et l'ensemble est construit autour d'espaces verts et d'une petite place en pierres. Bonus : le projet est aussi une maison culturelle, dédiée à l'Art (en vente sur place) et à la solidarité. Derrière ce projet, Steven (breton) et Milagros (son épouse péruvienne) très actifs au sein de la commune. Ils représentent au Pérou l'association DEPARTS et travaillent ensemble sur le projet d'animation de la « Casa Cultural Colca » du village (en collaboration avec la Municipalité et la coopération espagnole – AECID). Sur place, une galerie d'art et des ateliers de création, aux mains d'artistes locaux. Un séjour agréable, artistique et engagé !

## À voir – À faire

**AGUAS THERMO-MEDICINALES UMARU** ★

✆ +51 959 918 888

Moins fréquentée, cette adresse se trouve sur la route qui mène de Coporaque à Chivay, avant Aranwa. Un taxi de Chivay vous coûtera environ S/ 40 avec l'attente.

*Tous les jours de 10h30 à 18h30. S/ 15 l'entrée aux piscines situées au bord du rio, S/ 20 l'entrée au bain à remous principal et couvert, S/ 35 par personne l'entrée à un bain à remous privé.*

A notre avis, le plus beau complexe d'eaux thermales de la région. Il s'ouvre sur un grand bain à remous central protégé par un toit en fibre de verre entouré de 10 douches neuves et impeccables. Un jardin en escaliers mène aux maisonnettes qui hébergent 7 bains à remous modernes et privés pour deux personnes (eau à 39 °C), enfin, en contrebas, s'étalent des piscines demi-couvertes. Ici l'eau n'est pas soufrée comme à Chivay. Piscines naturelles et libres à côté d'Aranwa appartenant à la communauté également.

**CASA CULTURAL COLCA DE COPORAQUE**

✆ +51 927 246 597

*Entrée S/5.*

Ce nouveau centre culturel est une alternative pour une découverte interactive avec les habitants de Coporaque. Sur place on trouve : un point d'information touristique sur les attractions du village, une salle d'exposition artistique qui met en avant photos anciennes ou peintures, une salle de production / exposition / ventes d'artisanat local, une petite cafeteria aux produits locaux et un nouveau musée archéologique sur la culture Collahua (exposition de momies). Ce beau projet culturel ouvert depuis le mois d'avril 2019 a définitivement pour vocation de positionner le village de Coporaque comme une excellente alternative de découvertes au sein du Canyon du Colca. On peut organiser sur place plusieurs circuits touristiques autour du village (randonnées pédestres / équestres ou « chasses aux trésors »), prendre des cours d'artisanat ou des cours de cuisine au sein de plusieurs familles.

**TUMBAS YURACQAQA ET UYO UYO**

C'est le trek à ne pas rater dans la zone. Depuis Coporaque on monte durant 30 minutes jusqu'aux tombes collaguas vieilles de 800 ans, Yuracqaqa. On redescend ensuite légèrement pendant environ 20 minutes jusqu'à San Antonio où devait se trouver la maison d'un ancien curaca (prêtre pré-inca). En longeant sur la droite pendant 1h30 on a vue sur Yanque et les centaines de terrasses andines. On rejoint Uyo Uyo qui est en fait de ce côté-ci du rio Colca. On redescend ensuite jusque Yanque où l'on peut déjeuner puis retour en combi jusque Chivay puis Coporaque. Guides locaux ou chevaux auprès de l'association Pumachiri.

# YANQUE ★

Le village, situé à 3 417 m d'altitude et irrigué par d'imposants *ándenes*, abrite un bijou d'église métissée baroque du XVII^e siècle. La façade est un jardin de fleurs de pierre, ses parties latérales s'ornent de deux sirènes, d'un lion et d'un dragon, et l'intérieur comporte de magnifiques retables dorés à la feuille.

## Transports

Les bus publics qui effectuent la liaison entre Chivay et Cabanaconde passent tous par Yanque. On trouve aussi des *colectivos* (qui partent du marché de Chivay et de la Plaza de Yanque) pour S/ 1,5 quand il est plein, S/ 10 pour l'ensemble du véhicule. Vous pouvez également prendre un taxi privé. Comptez S/ 20 en marchandant en espagnol.

## Se loger

Le lieu étant assez isolé, davantage dans l'esprit village, les lodges sont dominants à Yanque. Mais vous trouverez aussi des gîtes comme celui de la Casa Bella Flor. Mieux vaut réserver.

### Bien et pas cher

**CASA BELLA FLOR**

Cusco 303 ✆ +51 952 240 141

www.casabellaflor.com/esp/index.html

*Chambre à partir S/ 30 par personne avec salle de bains. Petit déjeuner S/ 10.*

Natalio parle un peu français. Il vous reçoit avec Hilde sa femme dans l'une de leurs 5 chambres d'hôtes au milieu d'un jardin fleuri (les autres ont subi les dommages d'un séisme en août 2016). Construction en adobe, bonne literie, tissus traditionnels aux murs, salle de bains moderne. Le couple est sérieux. En sus, Natalio propose des démonstrations de tissage, une introduction aux plantes médicinales ou des classes de quechua. Il parlait d'ouvrir un camping entre Chivay et Yanque proche de sources thermales (tentes en location), le consulter.

**CHAKAPATA ECOLODGE**

Av. Chacapi

A la sortie du village, direction sources thermales

✆ +51 943 607 072

chakapata.ecolodge@gmail.com

*Double S/100, matrimoniale S/ 120, triple S/ 150, petit déjeuner continental inclus.*

Un chouette projet signé Emilie et Skander tombés en amour pour ce petit village et ces terres avec une vue à 360° au milieu des champs. Ils y ont construits des *tambos*, de petites maisons rondes en pierres et aux toits de paille pour une capacité de 18 personnes. Ambiance bon enfant, repas frais élaborés sur place. Ce joli projet a été victime d'un incendie en juillet 2017, il fallait donc reconstruire une grande partie. Affaire à suivre.

## Confort ou charme

### KILLAWASI LODGE

Calle Caraveli 408 ✆ +51 54 691072
www.killawasilodge.com
killawasilodge@hotmail.com
*Chambre simple 90 US$, double ou matrimonial 105 US$, triple 130 US$, deluxe 125 US$. Petit déjeuner.*
Une grande maison en adobe à deux étages qui ne manque pas de charme avec ses couleurs ocres et framboises, son toit de chaume et ses balcons en bambou. Les 14 chambres en bois sont élégantes, avec chauffage électrique. En contrebas, les deluxe jouissent d'un lit King, d'une terrasse ensoleillée et de jolies salle de bains privées. Le tarif inclut la balade à Uyo Uyo. Le restaurant Quinoa affiche une carte séduisante : sandwiches, salades ou soupes (S/ 20), alpaca, poulet ou truite (S/ 35), pâtes, risottos ou quinottos et options végétariennes (S/25-35). Il est possible de réserver une table sans être hôte en passant à l'hôtel (déjeuner de 13h à 15h30 et dîner de 18h30 à 21h).

### MISKY WASI

Calle Lima 202 ✆ +51 959 444 851
miskiwasicolca@hotmail.com
*Chambre simple ou double/matrimonial 55 US$, chambre triple 75 US$, cuadruple 95 US$. Petit déjeuner américain.*
Ce petit établissement avec seulement cinq chambres propose un esprit B&B chaleureux. Ici aussi la maison est en adobe et peinte en jaune soleil. Les chambres en bois jouissent de plancher au sol et jolies finitions, chaque salle de bains est moderne. L'ensemble est très bien tenu. On apprécie le chauffage électrique d'appoint dans les chambres, le petit jardin central et l'ambiance calme et familiale. On nous a dit le plus grand bien de la cuisine néo-andine de Elar et sa femme qui vous reçoivent. Les repas sont en extra. L'hôtel propose aussi des balades à pied ou à cheval.

### TRADICION COLCA

Avenida Colca, 119
✆ +51 54 424 926
www.tradicioncolca.com
reservas@tradicioncolca.com
*Chambre simple S/ 160, double de S/ 180, matrimonial S/ 200, triple S/ 240, quadruple à S/ 280, lit en dortoir (4 lits) à S/ 65 par personne. Inclus : petit déjeuner et jacuzzi, ainsi que le trek à 15h.*
Au cœur de ce petit village, Emmanuel a construit un lodge très confortable qui s'unit à la beauté des paysages. Les chambres y sont vastes avec plancher au sol et poutres, deux systèmes de chauffage, une salle de bains impeccable et une eau bien chaude. On bénéficie gratuitement de l'accès aux petits bains bouillonnants maison entre 18h et 20h30. Le sauna est en option à S/ 20 et les massages également (S/ 60 les 30 min). N'hésitez pas à demander conseils au personnel essentiellement francophone sur vos escapades dans le canyon. Une carte maison avec les sentiers GR tracés aux alentours est disponible. La nuit à l'hôtel inclut le trek jusqu'aux ruines de Uyo Uyo qui se termine pas les bains thermaux de Yanque. Neuf chevaux vous attendent à La Caballeriza (à partir de S/ 60. Compter S/ 120 la balade de 2 à 3 h). On peut aussi louer des VTT (S/ 30 la journée). Enfin, n'oubliez pas la visite au planétarium : l'observatoire est muni d'un télescope très puissant et l'on vous aidera à reconnaître les constellations et les étoiles. Cet extra est inclus pour tous les clients qui dînent à l'hôtel. Tradicion Colca offre une prestation très complète. On attire votre attention sur un très bon plan : le dortoir de 4 lits à petit prix. Si Emmanuel n'est pas là, des volontaires vous reçoivent. La structure tourne bien.

## Luxe

### COLCA LODGE SPA & HOT SPRINGS

✆ +51 54 202587
www.colca-lodge.com
info@colca-lodge.com
*Transfert depuis Arequipa, nuit en double ou matrimoniale, petit déjeuner et déjeuner, visite à Cruz del Condor (entrée non incluse) : S/ 545 par personne pour 1 nuit et S/ 920 par personne pour 2 nuits. Chambre double ou matrimoniale 178 US$ et suite 219 US$.*
Ce magnifique lodge au bord du río Colca avec son architecture inspirée des petits villages andins dispose, en plus d'un spa, de ses propres bains thermaux à l'air libre, ce qui est unique dans le canyon. Les 36 chambres sont élégantes et lumineuses mais relativement simples. Plus ample et élégante, les 9 suites ont aussi des lits plus larges. Le vrai plus c'est sa localisation tout à fait privilégiée. Confort irréprochable et cadre naturel exceptionnel : on vous conseille de ne pas prévoir trop d'activités lorsque vous y logez. L'endroit est une invitation à la détente. A noter l'ouverture de La Casa de Dueños, une maisonnette privée et aménagée pour un séjour en groupe ou famille élargie.

**LAS CASITAS DEL COLCA**
✆ +51 1 610 8300
perures.fits@belmond.com
*A partir de 350 US$ la maisonnette (2 adultes et 1 enfants de moins de 5 ans). Petit déjeuner buffet inclus.*
Ces « maisonnettes du Colca » cachent en réalité un établissement de grand luxe situé en plein cœur du majestueux canyon del Colca. Les cottages, au minimum de 120 m$^2$, disposent d'une décoration soignée, d'une cheminée, d'une piscine extérieure tempérée et de tout le confort imaginable. On trouve également un Spa et un petit jardin organique qui fournit le restaurant gastronomique. Elles ont changé de main en 2016 et appartiennent désormais à la chaîne de luxe Belmond.

## Se restaurer

Le village est petit, méfiez-vous de l'heure car vous risquez de ne plus rien trouver à manger une fois la nuit tombée. Sur la Plaza de Armas, deux petites cafétarias honnêtes. Egalement le Willari (Calle Malaga 107) qui sert des menus midi et soir à S/ 10, jusque 21h. Les restaurants d'hôtel sont accessibles sur réservation, le Quinoa du Killawasi Lodge, est excellent.

**ALPACA CHEF**
✆ +51 958 814 893
alpacachef_chivay@hotmail.com
*S/ 35 buffet ou à la carte entrée, plat, dessert. Le midi uniquement.*
Un restaurant champêtre sympathique et aux belles dimensions qui s'adresse surtout aux groupes de retour de la Cruz del Condor. La réservation est indispensable. Si on attend beaucoup de monde ce sera buffet, s'il y en a moins à la carte. Plats régionaux, alpaca et truite.

**URPICHA DEL COLCA**
✆ +51 958 635 365
*Petits déjeuners et Menus le midi à S/ 18. Ouvert de 6h15 à 17h.*
Une table d'hôtes au milieu d'un jardin qu'on nous a recommandé pour sa fraîcheur. Grand espace intérieur également. Excellente attention de Nestor et cuisine créative de Emiliana. Le midi, deux soupes au choix et un plat (en général trois choix entre poulet, alpaca et truite) plus un maté. A la carte, on trouve des spécialités néo-andines comme l'alpaca avec quinotto, l'alpaca parfumé à l'eucalyptus ou le poulet avec trigo al pesto. En dessert, mousse de cactus *sancayo* ou d'*aguaymanto*. Il est préférable de réserver.

## À voir - À faire

Ne manquez pas le Wititi, danse traditionnelle, effectuée sur la Plaza de Armas tous les matins entre 6h et 7h, heure où s'arrêtent les bus touristiques en route pour la Cruz del Condor. Outre les thermes de Chacapi (en contrebas du village), on compte avec un petit musée sur la Plaza de Armas (S/ 5) dont on annonçait la fermeture proche et deux boutiques d'artisanat. Nombreuses marches et balades à cheval.

**BAÑOS TERMALES DE CHACAPI ET PUYE**
*Entrée S/ 15 et ouverture de 4h à 19h.*
Vous pouvez profiter des eaux thermales « Chacapi », situées à 1 km en contrebas du village, et moins fréquentées que celles de Chivay. Sur place, une piscine couverte et une autre à l'air libre. Correct. Plus rustiques, les thermes de Puye, en face, se situent en contrebas le long du rio avec leurs petites piscines en pierre. La communauté l'administre, même prix.

**MUSEO DE YANQUE**
*S/ 5 et S/ 2,50 pour les étudiants et les enfants. Ouvert du lundi au dimanche de 6h45 à 13h et de 14h à 18h.*
On peut faire un tour (15 minutes) dans ce tout petit musée qui expose notamment les maquettes des églises de la région. Rien d'extraordinaire, exception faite des crânes déformés à l'étage (inquiétants !) et, dans la dernière salle, de la superbe fresque murale présentant des moments fort de l'histoire du Pérou.

**RUINES DE UYO UYO** ★
*N'oubliez pas votre boleto turistico.*
Ces ruines collagua dominent la vallée et ses terrasses de l'autre côté du rio Colca. Depuis Yanque, ça grimpe bien et on apprécie les points de vue panoramiques. Comptez environ 2 heures de montée et 1 heure de descente. On finit par les bains thermaux. Tradicion Colca et Killawasi l'incluent dans le prix d'une nuit. On peut aussi y aller par soi-même ou à cheval. Le site est également accessible depuis Coporaque, en longeant à flanc de montagnes.

## Sports - Détente - Loisirs

**CABALGATAS KGORIWAYRA**
✆ +51 995 800 077
https://cabalgataskgoriwayra.com
*Deux heures S/ 60, trois heures S/ 80. A partir de 2 personnes.*
Wilbert Malaga, bon guide, prend bien soin de ses chevaux et propose aussi bien des balades courtes que des randonnées de plusieurs jours à cheval – avec hébergement sous la tente. Le Chakapata Ecolodge travaille également avec lui.

# MADRIGAL

Un passage par le petit village de Madrigal sera l'occasion d'aller voir la forteresse de Chimpa. Il est situé de l'autre côté du canyon, dans sa partie la moins touristique.

### FORTALEZA DE CHIMPA

On peut bien sûr se rendre à la forteresse avec une agence et accompagné d'un guide ou bien depuis Pinchollo, presque en face sur l'autre versant. On peut aussi s'y rendre seul. Renseignez-vous sur l'été de la route à Chivay. Parfois les connexions sont coupées et le trek impossible.

**Rejoignez d'abord Chivay.** Vous devez arriver pour 5h du matin, heure de départ du bus vers Madrigal. Le trajet dure 1h15 et vous déposera sur la place du village. De là, suivez la route du bas (faites-vos confirmer la direction par le chauffeur du bus par exemple) et marchez pendant 1h15 également, pour arriver au pied de la montagne. Vous avez alors 2h de grimpette devant vous ! Des condors survolent les lieux (vous reconnaîtrez les jeunes à leur absence de col blanc). Sur le chemin, on trouvera une *ventana* où l'on peut faire de magnifiques photos, et des abris de roche (avec petite installation naturelle pour faire un feu) où il est possible d'établir un campement si l'on désire passer la nuit sur place. Tout en haut, la forteresse, très bien conservée, vous attend ! Construite en pierres, elle a été édifiée par la culture locale pré-inca Collagua. Elle est de facture assez classique mais c'est surtout un très bel exemple du contrôle stratégique que devaient permettre ces sites : une vue magnifique sur la partie la plus profonde du *cañon* s'offre aussi à vous (derrière l'énorme rocher sur votre droite ; suivez le tout petit sentier). On embrasse aussi les villages de Madrigal, Lari, Ichupampa y Pinchollo.

**Pour pouvoir rentrer à temps** et ne pas louper la navette sur la Plaza de Armas de Madrigal qui vous ramènera à Chivay puis Yanque, vous devrez quitter le site vers 11h30. Vous avez en effet 45 min de descente puis 1h30 de marche (en longeant d'abord le *río* puis en suivant le chemin le long des champs). A 14h, l'unique navette démarre et il sera très difficile de compter sur un covoiturage par la suite...

## PINCHOLLO

Un minuscule village où le vent souffle fort, juste avant la Cruz del Condor sur la route qui relie Chivay à Cabanaconde. Tous les bus publics y passent. A quelque 3 800 mètres d'altitude il y fait un peu plus froid qu'ailleurs mais là aussi calme et authenticité. C'est le point de départ idéal pour se rendre au pied du Huaca Huaca (ou l'escalader, avec matériel) ou jusqu'aux geysers en contrebas. Le mirador d'Uraympampa le plus proche, en contrebas du village, vous permet de voir, sur votre droite, la vallée du Colca et ses terrasses et, sur votre gauche, le début du fameux canyon. Comptez 2 heures de balade aller-retour.

### COLCA TREK LODGE

© +51 54 206217
www.colcatrek.com.pe
colcatrek@gmail.com
*En simple, double ou matrimonial 75US$ la nuit par chambre avec petit déjeuner.*

Il s'agit du lodge qui appartient à l'agence Colca Trek, l'une des pionnières à Arequipa. La construction est nouvelle : petits chalets jaunes en enfilade qui hébergent 12 chambres. A l'intérieur la finition mêle confort et détails rustiques. Les jolies chambres ont des poutres en bois au plafond et jouissent d'une immense baie vitrée qui embrasse un paysage plus rocailleux. Ici les taies d'oreillers et draps sont polaires, les couettes en plumes, les jetés de lit doux et le chauffage électrique. L'adresse est tout confort entre deux treks : salle de bains et eau chaude, grande cheminée dans le salon central ; service d'alimentation. Bonne base pour le Hualca Hualca, les geysers, Madrigal et la Cruz del Condor très proche d'où vous pouvez revenir à vélo.

### GEYSER HATUN INFIERNILLO

Compter 3 à 4 heures de montée plutôt sportive où les mules sont bienvenues pour accéder à ce site naturel hors du commun à 4 425 mètres d'altitude. Une eau souterraine à 85 °C bouillonne et projette sa vapeur depuis les profondeurs au milieu d'un paysage nu de montagnes imposantes. D'ici, trois volcans à l'horizon : l'Amapato au loin (6 320 m, le plus à gauche), le Sabancaya (5 976 m, fumant car toujours en activité) et le Hualca Hualca (6 025 m) à droite.

### HUALCA HUALCA ★

Les plus braves peuvent continuer depuis le geyser jusqu'au pied du Hualca Hualca qui domine l'horizon avec ses 6025 mètres. Le paysage traverse une plaine de cratères fumants jusqu'au camp de base de Shiwe ou Shiwi à 4 850 mètres. Les vicuñas sauvages et les condors sont souvent au rendez-vous. Pour parvenir jusqu'ici compter environ 6 heures depuis Pinchollo avec mules. Certaines agences proposent le tour en dormant aux geysers (attention à l'équipement, il fait très froid). Possible aussi en partant bien tôt le matin pour les sportifs. On peut tenter l'escalade du Hualca Hualca mais elle est réservée aux spécialistes.

### REFUGIO DEL GEYSER

© +51 54 773680
*S/ 30 la nuit et S/ 15 le repas.*

Un petit hôtel en dur, plutôt bien entretenu qui propose des chambres basiques avec salle de bains et surtout des guides qui peuvent vous emmener à cheval jusqu'aux geysers ou au Hualca Hualca. Economique et efficace que ce bon plan. Demandez Sacarias Mamani.

# CRUZ DEL CÓNDOR ★★★

La Cruz del Cóndor et son mirador sont le point d'orgue de toute excursion dans le Cañon del Colca. Là, le temps se fige, tant le décor est impressionnant : le Río Colca, tout au fond du canyon, n'est qu'un mince fil d'argent qui laisse entendre son lointain murmure ; les condors, profitant des courants ascendants, hissent sans effort leurs trois mètres d'envergure jusqu'au sommet de la paroi. Ayant fait le plein d'émotions, le visiteur rejoint le dernier village de la vallée, Cabanaconde, à pied s'il le désire. Un lieu très fréquenté, et pas par hasard.

## Transports

Pour vous rendre à la Cruz del Cóndor, vous pouvez prendre un *colectivo* allant vers Cabanaconde et débarquer en chemin (compter 1h40 de trajet de Chivay). Toutes les combis touristiques s'y arrêtent. Il faut être au mirador vers 8h si possible, au moment où les condors le survolent.

# CABANACONDE

A 2h de route de Chivay (piste en relativement bon état), ce gros village, planté au milieu des champs de maïs à 3 287 m d'altitude, est un cul-de-sac. Les voyageurs à petit budget s'y sentent mieux qu'à Chivay : les cars de touristes sont beaucoup moins nombreux ! Même si le village se modernise peu à peu à coups de ciment, il reste tranquille et agréable.
C'est aussi de là que les courageux, accompagnés ou non d'un guide, entreprendront la plongée de 1 500 m jusqu'au fond du canyon, par une sente en zigzag. Il est aussi possible d'y aller seul, alors demandez, pour S/ 1, à un gamin du village de vous indiquer où débute le sentier.

## Se loger

Au fond du canyon se trouve l'oasis de Sangalle où il est possible d'acheter à boire et à manger. Evidemment, descendre, dormir à l'oasis (nombreux petits camping-hôtels) et remonter le lendemain est préférable, car cela permet de profiter vraiment du fond du canyon. Départ de ce trek, le plus court, depuis le mirador de Cejana Pata. Mais Cabanaconde est un village plus tranquille et authentique que Chivay et peut être une pause sympathique pour se poser un peu. Avec la modernisation de la ville, de petits hôtels *backpackers* additionnels ouvrent pendant la saison.

### Bien et pas cher

**■ ARUM QURPAWASI**
✆ +51 949 920 981
hotelarum@hotmail.com
*Matrimonial S/ 50, double S/ 60, familiale S/ 70. Petit déjeuner inclus.*
Un des nouveaux backpackers flambant neuf. L'ambiance est plutôt froide mais les chambres modernes sont très correctes avec salle de bains, carrelages au sol, lumineuses. Menus le midi à S/ 8.

**■ LA CASA DE SANTIAGO**
Grau
✆ +51 54 203737
www.lacasadesantiago.com
*Chambre double ou matrimoniale S/ 120. Petit déjeuner.*
Un petit paradis simple et tranquille, propriété de Edwin Junco, l'un des frères et gérant de l'agence Pablo Tours à Arequipa. C'est Aquilino qui vous reçoit. Peu bavard mais diablement efficace, il tient les lieux impeccables. Petites cabanes en enfilade en dur, décoration cham-

*Dans la vallée de Colca, près de Cabanaconde.*

## Randonnées dans le Cañon del Colca

A Arequipa, il est difficile de trouver des informations sur les randonnées dans le Cañon del Colca. En effet, les nombreux tour-opérateurs qui siègent en ville n'ont aucun intérêt à vous inviter à acheter uniquement le *boleto turistico*, qui vous donnera accès au parc, puis de vous laissez marcher seul dans le canyon. Avec le *boleto*, on distribue des cartes mais elles sont truffées d'erreurs ! A Cabanaconde, à l'auberge Pachamama House, on trouve des plans très bien faits.

Globalement, les sentiers sont bien visibles et bien indiqués. La zone est sujette aux tremblements de terre, renseignez-vous donc attentivement sur l'état des sentiers. Ne minimisez pas le danger, mais ne tombez pas non plus dans une psychose inverse. Dans le village couchages sommaires, chez l'habitant. Tous remontent depuis l'oasis, le plus « doux ».

### 3 jours/2 nuits : Trek de Tapay

- **Jour 1** : Départ de la pampa de San Miguel, 3 heures de descente jusque San Juan de Chuccho, puis 30 minutes de grimpe jusque Tapay.
- **Jour 2** : Une heure de descente de Tapay à Malata en passant par Cosñihua, puis encore 2 à 3 heures jusqu'à l'oasis. A noter qu'on peut aussi se rendre à Malata par la route, un à deux combis par jour.

### 4 jours/3 nuits : Trek de Fure

- **Jour 1 :** Départ de Cabanaconde, mirador de Achachihua), 4 à 5 heures de descente jusque Llahuar. Il existe un petit camping Llahuar (Robert, ✆ +51 956 271 333). Et, à côté, los Balcones del Colca.
- **Jour 2** : De Llahuar, on peut se rendre en 2 heures de montée à Apacheta puis encore 2 heures pour Fure. A Fure même, plus beaucoup d'habitants, mieux vaut avoir une tente.
- **Jour 3 :** aller-retour à la cascade de Huaruro : 2 heures de montée, 1 heure de descente. Puis de Fure, 2 heures de descente jusqu'à l'oasis.
- **Dernier jour :** retour à Cabanaconde depuis l'oasis de Sangalle. C'est très joli mais beaucoup plus touristique (5 à 6 heures de marche, partir tôt le matin, il fait chaud et ça monte).

pêtres, salle de bains privée et eau chaude. Le plus : le jardin où gazouillent les oiseaux avec vue sur les montagnes et hamacs pour se délasser. Idéal pour les couples qui préfèrent un peu d'intimité à une ambiance festive.

**HOSTAL VALLE DEL FUEGO**
Angle des calles Grau et Bolivar
✆ +51 54 203737
www.valledelfuego.com
*Chambre double ou matrimoniale S/ 80 et S/ 35 par personne pour les plus grandes chambres avec salle de bains privée, petit déjeuner et accès au jardin.*
Ici c'est le domaine de Yamil, un des trois frères Junco. Il gère un petit hôtel coloré et plein de bonnes ondes : 7 chambres dont un dortoir de 7 lits. L'ensemble est plutôt simple et rustique, mais convivial. On aime les chambres 4, 5, 6 et 7 qui jouissent d'une vue sur les montagnes. Les prestations suivent : salle de bains privées, couettes confortables, micro jardin central, excellent petit déjeuner. Et Yamil est là toute l'année pour vous donner tous les conseils importants. Cherchez la porte violette ! Il gère aussi un restaurant à côté : S/ 10 le petit déjeuner bien servi, de S/ 15 ou S/ 20 le menu du midi, excellentes soupes et pizzas au feu de bois le soir. Une très bonne adresse et un guide attachant.

**OASIS PARAISO ECOLODGE**
✆ + 51 54 398439
reservasoasiscolca@gmail.com
Pas dans Cabanaconde mais au fond du Canyon lui-même.
*20 US$ la cabane privée avec salle de bains matrimoniale ou double, 30 US$ triple et 40 US$ quadruple. Il existe des options en supérieures.*
Tenue par Pablo Junco, l'un des trois frères qui ont développé le tourisme dans cette partie du Colca, c'est l'une des auberges les plus anciennes de la zone. Tout y a été amené à dos d'ânes ou d'hommes. Elle propose de petites cabanes individuelles simples en bois. L'établissement se situe au milieu d'un grand jardin, avec une petite piscine. Bref c'est une oasis idéale pour se reposer. Beaucoup de groupes, pensez à réserver en saison en visitant leur agence en Arequipa.

**PACHAMAMA HOME**
San Pedro 209
✆ +51 54 767277
www.pachamamahome.com
colcapachamama@gmail.com
*Dortoir 8-10 US$, double ou matrimoniale 20-30 US$ sans salle de bains et 30-35 US$ avec salle de bains. Petit déjeuner inclus.*
Cet *hostal* avait déjà bonne réputation pour ses conseils et ses pizzas au feu de bois, il a été totalement rénové et propose des chambres modernes impeccables. On aime celle avec son faux mur inca où les bouteilles en verre servent de puits de lumière. Les dortoirs y sont plus simples. Pachamama Home jouit aussi d'une terrasse ensoleillée où prendre son petit déjeuner (avec pain frais cuit au feu de bois), où venir se rassasier d'une cuisine internationale (salades, soupes, pâtes, S/ 15-20). Le soir, son restaurant propose toujours viandes et pizzas au feu de bois. L'équipe est d'excellent conseil et vous fournira les cartes nécessaires pour entreprendre les treks en solo. Ils proposent aussi des tours à la Cruz del Condor avec un retour en VTT en passant par les terrasses (S/ 60) ou une session VTT en pure descente jusque Llahuar (S/ 150). C'est ici aussi qu'on peut acheter ses billets pour la route 4M qui unit Cabanaconde à Puno via Chivay (60 US$, départs tous les jours à 9h30). Petits tours en combi sympas pour une session photo vintage. Certains membres du personnel sont français.

## Confort ou charme

**KUNTUR WASI**
A 13 km de la Cruz del Condor
Cruz Blanca
✆ +51 54 696665
www.arequipacolca.com
info@arequipacolca.com
*Chambre simple à 55 US$, double à 65 US$, triple à 85 US$ et suites de 90 à 120 US$.*
Une bien belle bâtisse qui abrite trente chambres spacieuses et confortables, aménagées avec beaucoup de caractère. On jouit depuis les étages supérieurs d'une vue magnifique sur le canyon. Les services attendus sont proposés (bar, librairie, Internet, garde des bagages, informations touristiques, laverie…), et les suites incluent un minibar et un bain bouillonnant. Une adresse que l'on peut recommander sans crainte. Accueillant.

**POSADA DEL CONDE LODGE HOTEL**
✆ +51 958 310 014
www.posadadelconde.com
pdelconde@yahoo.com
*Au lodge, compter 30 US$ la chambre simple, 40 US$ la double et 50 US$ la triple, petit déjeuner américain inclus. A l'hôtel, 25 US$ la simple, 30 US$ la double et 40 US$ la triple, petit déjeuner continental.*
Le lodge propose 11 chambres décorées avec goût. Elles comportent toutes des sanitaires privés avec eau chaude. Jardin, bar et restaurant à disposition. Le service est très correct. Chambres plus simples au sein de l'hôtel Posada del Condé (ils en ont 24) mais la bâtisse est plutôt sombre.

## Se restaurer

Quelques menus à très petits prix, pour le reste voir les restaurants des hôtels proposés. Excellentes pizzas au feu de bois chez Pachamama et Valle del Fuego. Carte plus fine chez Kuntur Wasi. Possible de réserver sans être hébergé.

**LA GRANJA DEL COLCA**
✆ +51 54 233120
www.restaurantcolca.com
info@arequipacolca.com
*Petit-déjeuner S/ 25 et petit-déjeuner buffet S/ 32. Menu touristique S/ 38. Déjeuner buffet S/ 50. 70 US$ simple, double ou matrimoniale.*
Une bonne et belle idée proche du point de vue sur les condors. Les équipes de l'hôtel Kuntur Wasi ont ouvert ici une petite ferme avec poulets, lapins, moutons et tout autour des champs de quinoa, kiwicha et quelques fruits et légumes. Le bâtiment en pierres avec baie vitrée offre une vue panoramique et des assiettes authentiques. Huit chambres sont à louer, c'est sommaire mais dans un lieu très privilégié. Un espace a été aménagé pour le camping. Balades à cheval et/ou poney. Le lieu inauguré en 2015 est populaire des groupes mais on peut réserver en individuel. Réservation obligatoire.

# À voir – À faire

**MIRADOR DE ACHACHIHUA**
Petit conseil de Yamil de Valle del Fuego pour se mettre en jambes en douceur. Depuis la Placza de Armas, descendre la calle Grau prendre la 2e à gauche (juste l'angle où se trouve son restaurant).Traverser le village pendant 15 minutes environ jusque la Plaza de Toros. Sur la droite un petit chemin vous emmène au mirador à quelques minutes : vue sur la fameuse oasis et le village de Malata sur le versant opposé. D'ici on peut voir trois croix qui forment comme un demi-cercle sur les hauteurs (on les distingue mieux depuis la plaza des Toros). Relier les troix croix en bordant le canyon vous prendra 2 heures avec petites montées et descentes.

# LE LAC TITICACA

Habitants des îles flottantes Uros.

# LE LAC TITICACA

*Que dire qui n'ait déjà été dit sur le lac navigable le plus haut du monde (3 810 m), d'une superficie de 8 559 km², soit quinze fois le lac Léman ! Entouré de montagnes enneigées que l'on discerne dans le lointain, ce lac, qui fut sacré pour les Incas, le reste d'une certaine manière : les indigènes qui y naviguent jettent dans ses eaux deux feuilles de coca en forme d'offrande au dieu. Le Titicaca, « puma de pierre » en aymara du fait de sa vague forme féline, est le lit où naquirent Manco Cápac et Mama Ocllo, couple légendaire tiré des eaux par le Soleil et fondateur de la dynastie des Incas. La formation de cette mer intérieure reste un mystère propre à alimenter et maintenir vives les légendes et les croyances. Les eaux du lac, claires, froides (9 °C, difficile de s'y baigner !), profondes (maximum de 282 m), sont menacées d'un grave péril apparu sous la forme d'une lentille d'eau qui, née de la pollution, est en train de tuer faune et flore aquatiques en tissant un tapis impénétrable pour les rayons solaires. A ce jour, nul ne sait d'où est venu ce fléau qui se nourrit des déchets déversés par les humains dans les eaux, ni comment le combattre.*

*Le Titicaca est un véritable paradis zoologique pour les grues, hérons, mouettes, ibis et canards. Ceux-ci se nourrissent, à l'instar des hommes, de la dizaine d'espèces de poissons, dont le « pejerrey » (la perche) et la « trucha » (la truite), ainsi que des crapauds comestibles dont certains pèsent jusqu'à 3 kg et qu'étudia le commandant Cousteau. La plante est un roseau, le « totora », véritable bienfait des dieux puisqu'il est utilisé dans la construction des îles flottantes, des cases et des embarcations, en vannerie, et pour nourrir le bétail ; mais sur les Iles Uros, on vous proposera aussi d'en goûter ! Quarante et une îles dérangent la platitude de la surface agitée de deux faibles marées quotidiennes. Les îles de Taquile et d'Amantani, côté Pérou, et les îles de Luna et del Sol côté Bolivie sont les plus importantes par leur taille et par leur intérêt touristique.*

## PUNO

- **Population :** 128 637 habitants.
- **Altitude :** 3 827 m.

Au bord d'une immense mer d'eau douce, perchée à 3 827 m d'altitude, Puno est la capitale de l'Altiplano, les hauts plateaux péruviens, et du département de Puno. Très (très) touristique de par sa situation, elle profite d'un climat froid et sec (moyenne annuelle 8 °C), avec pluies abondantes et souvent de la neige de novembre à avril. La ville et le lac s'appuient sur des collines où verdissent les terrasses cultivées (pommes de terre, maïs ou quinoa). La ville grise avec ses toits de tôle (*calaminas*) serait d'un morne ennui sans le Titicaca. La population est ici aux trois quarts indigène et majoritairement descendante de la culture tiahuanuco, ce qui la rapproche des Boliviens avec lesquels elle partage le lac et la langue aymara.

- **Historiquement**, la région fut peuplée par la culture Pukará vers 200 av. J.-C. Celle-ci se caractérisait par ses constructions pyramidales monumentales et son orfèvrerie. Puis la civilisation Tiahuanaco domina l'altiplano à partir de 800 apr. J.-C. environ, et imposa son art de la céramique et du textile. Les Incas soumirent les Collas (originaires du plateau del Collao) lors de leur vaste conquête. Les Espagnols investirent Puno, attirés par les mines d'argent, d'or, de cuivre et l'abondance d'une main-d'œuvre corvéable à merci. La mine de Laykacota en est l'un des exemples les plus édifiants, le vice-roi Comte de Lemos devant même venir sur place afin de calmer les tensions entre les *conquistadores*. Pour cette raison, il fonda San Carlos de Puno en 1668. Cette région fut le théâtre de nombreux soulèvements, dont celui que Túpac Katari dirigea en 1781.

- **Le costume féminin**, proche de celui des voisines boliviennes, est devenu emblématique des populations indigènes de tout le Pérou dans l'imagerie occidentale : jupons et jupes superposés très colorés et petit chapeau en feutre, châle lié aux épaules permettant de transporter, tout à la fois, les enfants et les denrées alimentaires.

- **Le folklore de Puno** est, probablement, avec une quarantaine de danses et plus de 300 groupes, le plus varié et coloré du pays. Les fêtes de la Candelaría, en l'honneur de la Vierge du même nom, la première quinzaine de février, sont l'occasion de processions et danses somptueuses où la couleur le dispute à l'originalité des costumes. Pour la fête de Alasitas y las Cruces, les 3 et 4 mai, les villageois offrent des pièces d'artisanat miniatures dans les rues principales de chaque ville du département. Enfin, le 4 novembre est le jour anniversaire de la fondation de la ville, avec une procession sur le port, des défilés et des concerts dans le centre-ville. Les danses les plus spectaculaires et populaires sont la diablada, le sikuri, la llamerada, la wifala, mises en scène théâtralement au son et rythme des *queñas*, *antaras* (ou *zampoñas*), *sikus*, *pinkullos*, charangos et violons.

Lac Titicaca
BOLIVIE
LAC TITICACA
LAGO WINAVMARCA
Lago Arapa
Ville principale
Autre localité
Aéroport
Curiosité
Site archéologique
0
15 km
N
vers Cusco, Sicuani
vers Putina y Sandia
vers Arequipa
vers Moquegua
vers Tacna
JULIACA
PUNO
EL ALTO
LA PAZ
RESERVE NATIONALE TITICACA
Playas de Qeyahuasi
Isla Suasi
Isla Soto
Isla Amantani
Isla Taquille
Péninsule de Capachica
Péninsule de Chucuito
Iles flottantes
Merquemarca
Sillustani
Inca Uyo
Cutimbo
Mollocco
Inti Uyo
Tiwanaku
Tanka Tanka
Viquechico
Huancane
Moho
Conima
Tilali
Puerto Acosta
Escoma
Puerto Carabuco
Ancoraimes
Achavachi
Santiago de Huata
Huatajata
Huarina
Batallas
Puerto Perez
San Pablo
Tiquina
Tinicachi
Copacabana
Yunguyo
Ollaraya
Anapia
Cuturapi
Copani
Pomata
Juli
Zepita
Desaguadero
Zapana
Guaqui
Taraco
Tiahuanaco
Laja
Viacha
Caracara
Taraco
Suman
Calapuja
Pusi
Lampa
Coata
Capachica
Amantani
Llachón
Huata
Caracoto
Atuncolla
Sillustani
Deustua
Vilque
Paucarcolla
Chucuito
Chimú
Plateria
Acora
Huavllaca
Pilcuyo
Ilave
Larequeri

- **Pour le Titicaca**, pour son paysage d'Altiplano (grande table à l'herbe rase sur laquelle paissent d'innombrables troupeaux de lamas et alpagas qui regardent passer le train), et enfin pour son artisanat, Puno est une destination incontournable lors d'un voyage au Pérou.

# Transports

## Comment y accéder et en partir

### AVION

L'aéroport le plus proche se trouve à Juliaca (45 min de bus de Puno en prenant un colectivo pour S/ 3,50). Vous pouvez aussi prendre un taxi pour S/ 60 environ ou acheter un ticket dans une agence de voyages qui propose un service de navette. Les liaisons vers Juliaca sont possibles via Latam (depuis/vers Lima, Cusco ou Arequipa, latam.com) et désormais via VivaAir (vivaair.com/pe) depuis Lima.

### BELMOND ANDEAN EXPLORER

✆ +51 84 581414 – perurail.com

*Spirit of the Andes, départs le mercredi, Puno-Cusco, 1 jour-1 nuit, à partir de 1 250 US$ pour 2 passagers.*

Ce nouveau train de nuit très luxe a été lancé au printemps 2017. Il propose plusieurs services pour un voyage tout confort entre les cimes andines. De Cusco à Puno, 1 jour-1 nuit, cela s'appelle Spirit of the Water. De Puno à Cusco, 1 jour-1 nuit, cela s'appelle Spirit of the Andes. Arequipa-Titicaca-Cusco est disponible en 2 jours-2 nuits avec le service Andean Plains and Highlands. Enfin le trajet Cusco-Titicaca-Arequipa en 3 jours-2 nuits se retrouve sous le nom de Peruvian Highlands et inclut la visite des grottes de Sumbay et les traces laissés par les premiers habitants de l'Altiplano. Le train offre 4 types de cabines, toutes avec salle de bains privée et douche. 48 passagers seulement à bord pour ces voyages exclusifs et privilégiés. Le prix comprend tous les repas et excursions.

### INKA EXPRESS BUS

Avenida Costanera 430 ✆ +51 84 431398
www.inkaexpressbus.com
reserves@inkaexpressbus.com

*A partir de 50 US$ sans les entrées aux sites et 65 US$ avec les entrées aux sites. Guides à bord en anglais-espagnol. Boissons et repas buffet inclus.*

La Ruta del Sol met à disposition des bus confortables entre Puno et Cusco. Les départs s'effectuent à 7h dans un sens comme dans l'autre (de Puno, Terminal Terrestre ; de Cusco, 5to paradero Ttio), pour une arrivée vers 17h30. C'est un bon plan (quoique très touristique) pour appréhender cette région des Andes. Tout d'abord, parce que le service est de qualité (bus confortable, toilettes, boissons à disposition, guide bilingue en anglais, vues panoramiques, départs à l'heure), ensuite parce que le bus s'arrête en divers endroits : Pukará et son petit musée de taureaux en céramique qui portent chance au bord du Titicaca, La Raya à 4 335 m d'altitude, Sicuani pour la pause déjeuner, Raqchi et son imposant site inca à ne pas manquer, avant une dernière pause à Andahuaylillas et sa fameuse église baroque. Réservations en ligne. L'agence peut aussi vous déposer les billets à votre hôtel. Trois compagnies assurent cette route : Inka Express, Turismo Mer et Wonder Peru. La même page Internet vend les trois compagnies. Bien si vous supportez d'être en groupe et souhaitez faire les visites. Si ce n'est pas le cas, optez pour un trajet sans arrêt comme les directs de Cruz del Sur.

- **Autre adresse :** Cusco : Calle Hospital 737-B

### PERURAIL TITICACA

Av La Torre 224 ✆ +51 84 581414
www.perurail.com
reservas@perurail.com

*Départs les lundi, jeudi et samedi, à partir de 245 US$. Départ à 07h30, arrivée à 17h50.*

Le PeruRail Titicaca court pendant 10 heures de Puno à Cusco à travers les Andes depuis les rives du Titicaca jusqu'à la cité impériale. Accueil en musique à la gare puis les musiciens montent à bord pour la traversée. Les wagons ont le cachet d'antan, de style Pullman. Ils sont panoramiques, élégants et confortables, avec un service aux petits soins qui comprend le déjeuner gourmet et le thé. Ce train est l'un des

## Les immanquables du lac Titicaca

- **Partager l'habitat exceptionnel des îles d'Uros.**
- **Vivre une soirée avec danses et chants folkloriques** dans l'une des *peñas* de la ville.
- **S'offrir un menu gourmet** à La Table de L'Inca pour finir en beauté.
- **Passer une nuit chez l'habitant sur l'île d'Amantani ou Taquile.**
- **Expérimenter un tourisme solidaire** et responsable, chez l'habitant.

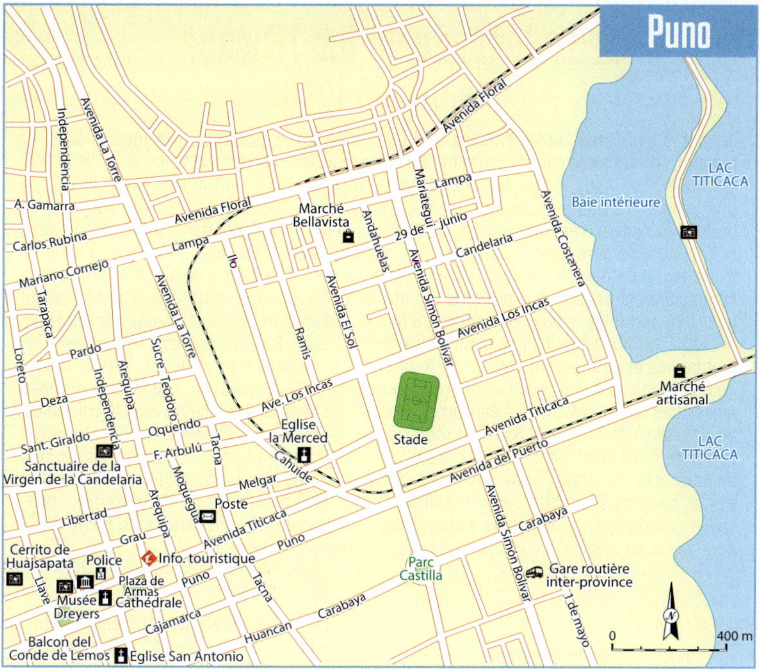


plus hauts du monde et le spectacle est magnifique. Amis photographes, vous ne le regretterez pas. Encore plus sur les derniers kilomètres avant Puno, lorsqu'on longe le lac Titicaca au coucher du soleil. Le PeruRail Titicaca est considéré par de nombreux magazines comme un des plus beaux trains du monde. Jours de départs alternés entre Puno et Cusco, le service est parfois plus économique dans ce sens, à vérifier sur leur page web.

## TERMINAL TERRESTRE

Jr. Primero de Mayo 703
Barrio Magisterial
✆ +51 51 364733

*Le terminal est un peu excentré, il vous en coûtera S/ 5 en vélo-taxi. Distributeur de billets, épicerie et locutorios. Toutes les routes sont désormais goudronnées entre Puno, Arequipa et Cusco.*

- **Arequipa** : 6h30 de trajet. Départ à 8h30, 15h et 22h30 avec Cruz del Sur pour S/ 64. Départ à 20h30 avec Flores pour S/ 25. Départ toutes les heures de 2h à 23h avec Julsa : de S/ 20 en clasico à S/ 35 en cama. Vous pouvez visiter le canyon de Colca sans passer par Arequipa en allant directement à Chivay : un départ par jour à 6h15 avec 4M Express pour 50 $.
- **Lima** : 24h de trajet. Trois départs avec Flores : 12h30, 14h et 15h45 pour S/ 100. Civa à 13h (de S/ 110 à S/ 140) en bus direct SuperCiva.
- **Cusco** : 7h de trajet. Julsa propose deux départs à 4h et à 21h pour S/ 20. San Martin propose 3 départs à 7h30, 21h15 et 21h45. Cruz del Sur part à 8h et à 22h pour S/ 60.
- **Pour la Bolivie** : deux départs par jour pour Copacabana (frontière ouverte de 7h à 19h) : à 7h30 et 14h30. Compter 3h de trajet et S/ 15. Pour La Paz, Ormeño propose un bus direct à 7h30 pour 7h de trajet et S/ 35. Attention pour l'arrivée en Bolivie, il y a 1h de décalage d'horaire ! Autre possibilité : passer par Desaguedero, qui est plus rapide pour aller à La Paz.
- **Tacna** : 10h de trajet. Départ à 20h30 avec Flores pour S/ 50. Départ à 21h15 avec Terra Lines pour S/ 60 en cama. Départ à 21h15 avec Sagitario en semi cama pour S/ 30. De là, vous pourrez gagner facilement Arica, au Chili, en train, en bus ou en taxi.
- **Moquegua** : 7h de trajet. Départ à 20h30 pour S/ 30 avec Flores.

## TERMINAL TERRESTRE ZONAL

Avenida Simón Bolívar

Juliaca n'est qu'à 45 min et le trajet revient à S/ 3,50 en colectivo. Bus également pour Sillustani (S/ 5) et Chucuito (S/ 3).

## La légende du lac Titicaca selon les Incas

Il y a très longtemps, le lac Titicaca était une vallée fertile, peuplée d'hommes paisibles et heureux : un véritable paradis terrestre. On ne connaissait ni la mort, ni la haine, ni l'ambition, ni la faim. Les Apus, dieux des montagnes, protégeaient ce petit monde merveilleux... à une condition : que personne ne tente d'escalader les montagnes jusqu'au sommet, où brûle le feu sacré. Les habitants se gardèrent bien d'enfreindre cette loi pendant un temps si long qu'il se perd dans la mémoire des anciens. Mais les esprits obscurs, qui toujours s'échinent à perdre les hommes, voilèrent le bon sens de ce peuple sain et bienheureux. Ils commencèrent par semer la discorde et à diviser les hommes en clans. Puis ils introduisirent dans leur esprit les notions de courage, d'honneur, d'objectif : il fallait chercher le feu sacré qui brûle sur les cimes des montagnes. Un jour, à l'aube, les hommes s'en allèrent vers les montagnes et entreprirent l'escalade. A mi-chemin, les Apus les arrêtèrent : des centaines de pumas jaillirent des cavernes et dévorèrent tous ceux qui avaient eu l'audace de désobéir aux ordres sacrés. Malgré les supplications des hommes, les Apus se révélèrent inflexibles. Voyant cela, Inti, le dieu du Soleil, se mit à pleurer ; et ses larmes étaient si abondantes qu'en quarante jours elles inondèrent la vallée. Une seule femme et un seul homme survécurent au massacre des Apus ; quand le Soleil se mit de nouveau à briller, ils voulurent revenir chez eux, et contemplèrent abasourdis le spectacle édifiant : un lac immense recouvrait leur belle vallée paradisiaque. Les pumas s'étaient noyés et transformés en statues de pierre. Voilà pourquoi le lac s'appelle « Titicaca », le « lac des pumas de pierre » !

### Se déplacer

Pour une course en taxi, compter autour de S/ 5. Il est vivement recommandé par les locaux de circuler en taxi une fois la nuit tombée, les agressions étant assez courantes. Compter la même somme pour une course en vélo-taxi, mais c'est un moyen de locomotion beaucoup plus sympa et typique à Puno.

## Pratique

- **Indicatif téléphonique :** 51.

### Tourisme - Culture

Pour un guide francophone qui vous accompagnera dans la région (à la journée ou pour l'ensemble de votre voyage), contactez l'office de tourisme.

**I PERU**
Plaza de Armas
Angle Jirón Deustua et Jirón Lima
✆ +51 51 365088
iperupuno@promperu.gob.pe
*Ouverture tous les jours de 9h à 18h et le dimanche de 9h à 13h.*
Beaucoup d'informations ici pour explorer les îles en solo. Les hôtesses peuvent aussi vous donner les contacts directs des associations qui gèrent le tourisme chez l'habitant (*turismo vivencial*) dans chaque île ou autour du lac.

- **Autres adresses :** Aeropuerto Inca Manco Cápac – Juliaca (salle des arrivées) • Terminal Terreste : Jr. 01 de Mayo N° 703, primer nivel, Bloque 01 – Barrio César Vallejo

### Réceptifs

Attention, méfiez-vous de ce que l'on appelle ici les *jalagringos*, rabatteurs de touristes à la sortie des bus et des trains. Ils vous proposeront des tours sur les îles environnantes (Amantani, los Uros et Taquile) à des prix défiant toute concurrence, mais sachez que vous n'aurez aucune garantie quant à la qualité de leurs services et que si, par malchance, il vous arrivait quoi que ce soit ou que vous n'étiez tout simplement pas satisfait, vous n'aurez aucun recours possible puisque ce sont des « agences » informelles... Voici quelques agences sérieuses dont les guides, expérimentés, sont de vrais connaisseurs, passionnés par l'histoire et les légendes de leur lac.

**ALL WAYS TRAVEL**
Jiron Deustua 576, 2e étage
Intérieur de la casa del Corregidor
✆ +51 51 353979
www.titicacaperu.com
allwaystravel@titicacaperu.com
Cette agence de voyages est une incontournable locale, touristique certes mais sûre. Elle s'attache à respecter la nature et les populations locales. Pour ceux que l'anglais ou espagnol indisposent, possible d'obtenir des guides en français en anticipant. L'agréable Eliana Pauca,

qui tient cet établissement avec son père Victor, parle d'ailleurs elle-même le français. Parmi les tours les plus connus, on trouve la visite des îles flottantes d'Uros et de l'île de Taquile ou d'Amantani, mais aussi du site funéraire de Sillustani. All Ways Travel propose également des séjours à la découverte du mode de vie des habitants des îles. Pour ceux qui le souhaitent, il est possible de rester une ou plusieurs nuits sur place afin de partager une partie de l'intimité des locaux, de manger en leur compagnie, de connaître leur savoir-faire artistique… Le bateau de l'agence se révèle particulièrement puissant (1h15 pour Taquile au lieu de 3h) et permet ainsi de passer davantage de temps sur les îles. Guides très avenants. A recommander !

**■ PERUVIAN DREAM**
Jr Horcapata 138
✆ +51 51 351657
www.perudreams.com
peruviandream@gmail.com
L'agence est pionnière dans le tourisme durable et équitable. Celle-ci propose les tours traditionnels autour du Lac mais également des tours plus originaux. On pourra citer par exemple la Route des Camélidés qui nous en a beaucoup appris sur les lamas et leurs cousins. Les guides et le personnel parlent bien français. Les prix sont plutôt avantageux par rapport à la concurrence. Une bonne adresse.

**■ TITIKAKA ADVENTURES**
Jr Lima 208
Galería Camino Real (Oficina n°8)
✆ +51 951 402 502
www.titikakaadventures.com
reservas@titikakaadventures.com
C'est le spécialiste du tourisme d'aventure dans la région ! L'excursion en kayak jusqu'aux îles du lac vous laissera un souvenir inoubliable. L'agence propose également des tours à cheval, quad ou à vélo, ainsi que des tours plus traditionnels. Les tours sont ouverts à tous, sportifs ou non. Contactez Hernan.

**■ TRANSTURIN**
2678 Av. Arce
Sopocachi
LA PAZ (Bolivie) ✆ +591 2 242 2222
www.transturin.com
info@transturin.com
L'une des agences les plus anciennes de Bolivie. Services classiques et culturels dans tout le pays. Dispose également de bateaux de luxe (catamaran) sur le lac Titicaca qui effectuent le trajet depuis Huatajata en passant par Copacabana et l'Isla del Sol (compter 190 US$) puis connectent avec Puno. Un trajet d'une journée qui combine bateau et bus touristique. C'est sa grande spécialité ! Des excursions plus longues (incluant une nuit sur le catamaran) sont possibles. Mais on peut aussi la contacter pour tout séjour un peu partout, on est entre de bonnes mains.

## Représentations – Présence française

**■ CONSULAT DE BOLIVIE**
Cajamarca 664
✆ +51 51 351251
*Ouvert du lundi au vendredi, de 8h à 16h.*
Seulement pour ceux qui n'ont pas de visa, mais maintenant nombre de nationalités (notamment les Français) n'en ont plus besoin. Se renseigner car les règles changent régulièrement.

## Argent

**■ BANCO CONTINENTAL**
Jirón Lima 400-411

**■ BANCO DE CREDITO**
Jirón Lima 510

## Moyens de communication

**■ SERPOST**
Jirón Moquegua 269
✆ +51 51 351141
*Ouverte du lundi au vendredi de 8 à 19h45 et le samedi de 8h à 12h.*

## Santé – Urgences

**■ HOSPITAL NACIONAL MANUEL NUÑEZ BUTRON**
Jr. Ricardo Palma 120 ✆ +51 51 367128
*Ouvert 24h/24.*

**■ POLICE TOURISTIQUE**
Jirón Deustua 558
Plaza de Armas ✆ +51 51 354764
*Ouvert 24h/24.*

# Se loger

Puno possède de nombreux hôtels bon marché mais au confort minimum. Bien s'assurer qu'ils ont l'eau chaude, car ici il fait froid presque toute l'année. A noter aussi que les prix sont plus élevés en juillet-août et pendant les festivités les plus courues.

## Bien et pas cher

**■ COZY HOSTEL**
Titikaka 144
✆ +51 51 200015
cozyhostelperu.com
cozyhostelperu@gmail.com
*Dortoirs de 8 lits 8 US$, de 4 lits 9 US$, chambre simple 23 US$, chambre double ou matrimonial 26 US$, triple 40 US$. Petit déjeuner inclus.*

Un petit hostel sans prétention à 5 minutes de la Plaza de Armas mais avec un service excellent. Leur signature ? Des couvertures zébrées et colorées. Hormis cela les chambres sont lumineuses. Les chambres privées ont toutes la salle de bains, TV câblée et wifi. Cuisine à disposition. C'est coloré et chaleureux ce qui tombe à pic à Puno. Seul bémol, les chambres sur rue sont un peu bruyantes.

**HOSTAL LOS UROS**
Jirón Theódoro Valcárcel 135
✆ +51 51 352 141
https://hostallosuros.com
hostaluros@hotmail.com
*Compter S/ 35 pour un et S/ 60 pour deux avec salle de bains privée.*
Grand hôtel sans beaucoup de charme mais à prix très compétitifs. Les chambres ont la TV câblée et sont plutôt accueillantes. Wifi dans tout l'établissement. Cuisine à disposition. L'eau chaude est un peu paresseuse mais elle fonctionne normalement toute la journée. Par contre le chauffage n'est pas inclus et les chambres sont petites et parfois humides. Pour les budgets serrés.

**EL MANZANO LODGE**
Avenida El Puerto 449
✆ +51 51 364697
www.elmanzanohousetiticaca.com
elmanzanopunoperu@hotmail.com
*Compter S/ 65 la chambre double ou matrimoniale sans vue avec salle de bains privée. Petit déjeuner inclus. Egalement des dortoirs S/ 28.*
Difficile de faire mieux dans cette catégorie, car vous trouverez ici tout le confort dont vous avez besoin ! Les chambres sont bien tenues (avec eau chaude en continu même pour les salle de bains non privatives), le patio est agréable et fleuri, le petit-déjeuner copieux et varié, et surtout l'accueil est des plus prévenants. Internet gratuit et wifi, minuscule cuisine. Service de laverie et de réservation pour les excursions sur les îles. C'est excentré mais ils proposent des vélos à louer (S/ 20 la demi-journée). Seul bémol, le chauffage. Les nuits sont froides.

**POSADA KUSILLOS**
Calle Federico More 162
✆ +51 51 364579
kusillosposada@yahoo.es
*Simple S/ 80, double S/ 120 et matrimoniale (lit king) S/ 120, très bon petit déjeuner inclus.*
Une excellente adresse. Il s'agit d'une maison familiale, à dix minutes à pied du centre, tenue par Genny, à l'extraordinaire hospitalité. Elle se plie en quatre pour satisfaire vos désirs. Il y a en tout 10 chambres classiques mais qui possèdent une literie très convenable, des sanitaires privés avec eau chaude et la télévision câblée ! Petit plus, la bouillotte glissée dans vos draps pour ne pas avoir trop froid. Son fils Gerson est professeur de français et peut organiser/accompagner vos excursions, en réservant en avance (il est très sollicité par les agences).

**TAYKA HOSTEL**
Jr Ayacucho 515 ✆ +51 951 633 355
www.taykahostel.com
reservas@taykahostel.com
*Dortoir S/ 25, simple S/ 60 et double ou matrimoniale S/ 70, triple S/ 100 et quadruple S/ 130 avec salle de bains privée. Petit déjeuner buffet.*
Le Tayka Hostel propose des chambres modernes et bien tenues qui ont le wifi et la petite tv câblée. Le dortoir est en fait une chambre de 4 à partager. Toutes les chambres ont accès à l'eau chaude électrique (il faut prendre le coup de main mais c'est chaud). L'hôtel offre quelques postes Internet en accès libre ainsi qu'une agence de voyage située dans l'hôtel même à prix accessibles. Pour les petits budgets qui ont envie d'un peu de confort et de calme, le rapport qualité-prix est tout à fait correct. Proche de la Plaza de Armas.

## Confort ou charme

**CASA ANDINA STANDARD PUNO**
Jr Independencia 185 ✆ +51 51 365333
www.casa-andina.com
travel@casa-andina.com
*Simple, double ou matrimoniale avec petit déjeuner : 68 US$.*
Cet établissement se situe à cinq *cuadras* de la place centrale. L'hôtel arbore une décoration andine typique. Un escalier en bois traverse les trois étages qui mènent aux 50 chambres modernes, confortables et équipées d'une salle de bains privée, de la télévision câblée, d'un chauffage, d'une ligne de téléphone directe, d'un coffre-fort et de sèche-cheveux sur demande. Des services de taxi, conversion de devises et laverie sont disponibles. Wifi gratuit. On aime son mariage harmonieux avec le centre-ville.

**CASA DON JOSÉ**
Jr A. Velasco Astete 132-134
✆ +51 51 622564
www.casadonjosebyb.com
pocha728@gmail.com
Indiquer : por la Telefonica,
en el Barrio Victoria.
*Simple 29 US$, double ou matrimoniale 39 US$, familiale (4 personnes) 59 US$. Petit déjeuner américain.*
Une adresse qui sort un peu du traditionnel édifice moderne. Ici tout a été recouvert d'adobe, les balcons sont en eucalyptus et le toit en tuiles.

Le petit jardin prend des formes de terrasses andines. Les treize chambres simples mais bien tenues offrent parquet, salle de bains privée, eau chaude à gaz, TV câblée, wifi et chauffage d'appoint sur demande. La propriétaire est absolument charmante. Tranquille et à 10 petites minutes de la Casa del Corregidor, le cœur de Puno.

### CASA PANQ'ARANI

Calle Arequipa 1086
✆ +51 51 364892
www.casapanqarani.com
casapanqarani@hotmail.com
*Chambre simple S/ 88, matrimoniale S/ 130, double S/ 140, matrimoniale queen size S/ 150. Inclus petit déjeuner buffet. Dîner maison S/ 40.*
Cette « maison des fleurs » en quechua fait l'unanimité et c'est notre coup de cœur. Dans une ville bien grise, ça fait fait chaud au cœur de se retrouver au milieu des couleurs. Les cinq chambres comptent salle de bains privée et wifi et sont chaleureusement décorées. Pensez à demander le chauffage d'appoint. A disposition la cuisine, l'espace laverie, le four à bois, la cheminée, la parilla dans le jardin. La table d'hôtes livre une excellente cuisine, il faudra penser à réserver. L'accueil de Edgar et Consuelo est familial. Cette adresse fait vraiment la différence.

### CASONA PLAZA

Jiron Puno 280
✆ +51 51 365614
www.casonaplazahoteles.com
reservas@casonaplazahoteles.com
*A partir de 72 US$ la double.*
Situé en plein centre de Puno, cet hôtel fait partie des 3 établissements de la chaîne Casona Plaza à Puno. Avec des 70 chambres, et ses salles de réunion, il attire beaucoup de professionnels. Les chambres, bien qu'un peu sombres pour certaines, sont grandes. L'hôtel dispose aussi d'un grand restaurant et d'un bar.

### HOTEL CANTUTA INN

Jiron Tacna 797 ✆ +51 51 354009
*Chambre double ou matrimoniale 40 US$. Petit déjeuner inclus.*
Comme souvent la façade décourage mais ne vous y arrêtez pas. Les chambres aux motifs folkloriques sont simples mais bien tenues avec des salles de bains privées pratiques et impeccables. Le petit déjeuner buffet est plutôt généreux. Le personnel est très serviable. Les chambres sur cour sont tranquilles. Central. Un bon rapport qualité-prix.

### HOTEL COLON INN

Calle Tacna 290
✆ +51 51 351432
www.coloninn.com
reservas@coloninn.com
*Chambre simple à 40 US$, double ou matrimoniale à 48 US$, triple à 60 US$, petit déjeuner inclus.*
Un hôtel 3 étoiles de qualité et, malgré sa situation sur le bruyant Jirón Tacna, assez tranquille. Certaines de ses chambres ont un ravissant balcon mais tous les clients peuvent profiter de son adorable petit patio couvert envahi de plantes. Vous trouverez un bar au 4e étage ainsi qu'un restaurant, une pizzeria et le wifi. L'accueil est irréprochable. Bref, on aime beaucoup.

### HOTEL CONDE DE LEMOS

Jr. Puno 681 ✆ +51 51 369898
www.condelemosinn.com
reservas@condelemosinn.com
*Simple, double ou matrimoniale 84 US$, triple 94 US$. Petit déjeuner inclus.*
Excellent rapport qualité-prix pour cet établissement moderne et lumineux. Chambres classiques avec moquette au sol, chauffage électrique additionnel, wifi gratuit, salle de bains privée avec douche espagnole ou baignoire. La terrasse à l'étage accueille un bar-cafétéria avec une très jolie vue. Service de laverie et change de devises. Une adresse de confiance.

### HOTEL EL BÚHO

Jirón Lambayeque 142
✆ +51 51 366122
www.hotelbuho.com
reservas@hotelbuho.com
*Chambre simple à S/ 90, double ou matrimoniale à S/ 130, triple à S/ 160, petit déjeuner buffet inclus. Réservez via Internet.*
Hôtel moquetté, très propre, avec tout ce qu'il faut pour passer d'excellentes nuits, incluant télévision câblée et wifi. Accueil et service professionnels. Fait aussi agence de voyages (American Tours, qui propose des excursions sur les îles côté Pérou et Bolivie). Bon rapport qualité-prix.

### HOTEL PUNO TERRA

Jr Cajamarca 247 ✆ +51 51 363324
www.punoterrahotel.com
reservas@punoterrahotel.com
*Chambre simple 48 US$, double ou matrimoniale 58 US$ et triple 70 US$. Petit déjeuner buffet inclus.*
A quelques pas de la place des Armes, cet hôtel a pour principal atout d'avoir un charmant petit patio avec une fontaine. Chauffage, TV et wifi dans toutes les chambres. Petit déjeuner buffet copieux et complet. Le personnel très aimable est à votre service pour vous indiquer les attractions alentour et vous aider à réserver des excursions.

**HOTEL QALASAYA**
Jr Grau 240
✆ +51 51 368238
www.hotelqalasaya-mistico.com
qalasaya@live.com
*A partir de 53 US$ la simple, 64 US$ la double ou matrimoniale et 90 US$ la suite. Certaines chambres ont vue sur le lac.*
Un hôtel que l'on repère de loin de par sa hauteur. Au 11e étage, un bar-restaurant qui offre une splendide vue sur le lac. Attention, certaines chambres donnent aussi sur le lac, mais pas toutes. Chambres spacieuses et chaleureuses toutes très équipées.

**MIRADOR DEL TITIKAKA**
✆ +51 975 038 693
www.miradordeltitikaka.com
reservas@miradordeltitikaka.com
*Simple 70 US$, double ou matrimonial 90 US$, triple 110 US$. Petit déjeuner. Réductions sur Internet.*
A l'extérieur de la ville, à 15 minutes du centre, le Mirador del Titikaka est situé au milieu de sept hectares de terrain. Toutes les chambres disposent d'une vaste baie vitrée avec vue sur la ville et le lac mystique au loin. D'ici on est en hauteur, ce qui offre une autre perspective du lieu. Les chambres sont lumineuses avec de belles finitions, du parquet au sol, et une salle de bains privée. Le restaurant, avec cheminée, offre une jolie vue sur la ville éclairée de Puno, la nuit tombée. Bémol, on a besoin d'un taxi pour les allers-retours.

**QELQATANI HOTEL**
Jr Tarapaca 355 ✆ +51 51 366172
www.qelqatani.com
reservas@qelqatani.com
*Simple 49 US$, matrimoniale 56 US$, double 63 US$, triple 73 US$ et suite 84 US$. Petit déjeuner buffet.*
Bien plus moderne que d'autres dans sa catégorie. Ses 42 chambres sont moquettées et agréables, avec TV câblée et wifi, baignoire et douche, et petits bonbons à la coca de bienvenue. Les chambres simples ou matrimoniales disposent d'un lit queen. Derrière cette façade séduisante en pierres et bois, se cache une bonne adresse pour ceux qui peuvent se permettre un vrai confort.

**YAVARI BED & BREKFAST**
Pont du Sonesta Posadas del Inca Hotel
✆ +51 992 688 456
www.yavari.org
reservasyavari@gmail.com
*Prix sur demande.*
Le Yavari est un bateau victorien, ancré dans le port de Puno. Construit en 1862, il a été transporté pendant six années à travers la Cordillère des Andes avant de servir de bateau pour transporter les passagers entre le Pérou et la Bolivie sur le Titicaca. Il a été transformé en musée et trois de ses cabines lambrisées font office de chambres d'hôtes. En 2017 le bateau a été fermé pour rénovation. Il devrait donc faire peau neuve.

## Luxe

**CASA ANDINA PREMIUM PUNO**
Av Sesquicentenario 1970
Sector Huaje
✆ + 51 51 363992
www.casa-andina.com
*A partir de 94,50 US$ la nuit en double ou matrimoniale et 109,50 US$ en double ou matrimoniale avec vue. Petit déjeuner buffet.*
Un hôtel élégant et charmant un peu à l'écart de la ville, sur les berges du lac et avec vue sur ses eaux scintillantes (il fait presque face à l'Ile qui héberge le Libertador). Il compte avec 45 chambres, des lits larges et confortables, des salles de bains privatives bien pensées avec baignoires pour se délasser. L'hôtel se marie joliment avec le paysage. Mention très bien pour son restaurant, Alma, qu'on peut aussi connaître sans être hôte et pour profiter de la vue. Terrasse pour les plus courageux. Un ponton privé en bois s'élance vers le lac. Bref une halte douillette parfaite avant ou après les excursions plus rustiques sur les îles.

**HOTEL SONESTA POSADA DEL INCA LAC TITICACA**
Calle Sesquicentenario 610
✆ +51 51 364111
www.sonesta.com/laketiticaca
reservaspuno@sonestaperu.com
*Compter à partir de 170 US$ pour une ou deux personnes avec vue sur le lac. Petit déjeuner buffet inclus. Gratuit jusqu'à 10 ans. Prix sur Internet.*
La majorité des 70 chambres de cet hôtel offrent une superbe vue sur le merveilleux lac Titicaca, les chaînes de montagnes et leurs pics enneigés. Atmosphère tranquille : le centre-ville de Puno se trouve à près de 5 km. Les chambres proposent toutes la télévision câblée, le wifi, une isolation sonore des fenêtres, le chauffage, un sèche-cheveux et un coffre-fort. Service d'agences touristiques. Restaurant panoramique pour le déjeuner et/ou dîner.

# Se restaurer

Il y a dans cette ville très populaire une myriade de petits restaurants familiaux, de *pollerías* (restaurants-rôtisseries), et de *chifas* (chino-péruvien) aux additions moins douloureuses que partout ailleurs. La cuisine, compte tenu

PÉROU
PUKA NINA
Hauts Couturiers du Voyage
Agence de voyage locale francophone au Pérou
Depuis 15 ans, nous créons des voyages sur mesure
Circuits classiques, culturels ou aventure, en famille ou entre amis, combinés, voyages de noce, randonnées, treks, chez l'habitant...
Machupicchu, Cusco, Colca, Arequipa, Titicaca, Amazonie... et bien plus...
www.pukanina.com
perou@pukanina.com
+51 984 114 237
pukaninaperu
tripadvisor
OSEZ LE VOYAGE EN DIRECT AVEC UN SPÉCIALISTE DU PÉROU

BOLIVIE
PUKA NINA
Hauts Couturiers du Voyage
Agence de voyage locale francophone en Bolivie
Depuis 15 ans, nous créons des voyages sur mesure
Circuits 4x4, aventure en famille ou entre amis, combinés, voyages de noce, randonnées, treks...
Salar de Uyuni, Sud Lipez, Potosí, Sucre, Tiawanaku, Amazonie... et bien plus...
bolivie-voyage-sur-mesure.com
bolivie@pukanina.com
+51 984 114 237
pukaninaperu
tripadvisor
OSEZ LE VOYAGE EN DIRECT AVEC UN SPÉCIALISTE DE LA BOLIVIE

des rudesses du climat, est roborative, riche en soupes d'agneau, *chicharrones* (morceaux de porc frits dans leur graisse), *empanadas* (chaussons de viande et de légumes) mais aussi truites fumées (*truchas*) pêchées dans le lac.

- **Les étals au deuxième étage du marché** proposent des jus de fruit pas chers du tout et très copieux. Parfait, avec une salade de fruits, pour entamer la journée du bon pied.
- **La Calle Lima**, rue piétonne et animée au cœur de la ville, est truffée de bonnes adresses qui profitent de leur situation pour augmenter leurs prix (30 % plus cher que dans les rues environnantes).
- **Pour manger une « *trucha* » in situ**, nous vous conseillons d'aller dans les gargotes qui ont investi le port (ouverture entre 10h et 15h, plats à partir de S/ 10).

## Sur le pouce

### CAFÉ BAR CASA DEL CORREGIDOR
Jiron Deustua 576 ✆ +51 51 351921
cafebar.casadelcorregidor.pe
cafebar@casadelcorregidor.pe
*A partir de S/ 10. Plats env S/ 20-30.*
Au fond d'un patio orné de fleurs et de plantes, dans une maison du XVIIe siècle, on trouve ce sympathique café avec terrasse. On aime aussi la salle arrière est décorée avec des vinyles aux murs. On y vend huit variétés de café bio (dont le *tumki* qui a gagné des prix d'excellence !), des smoothies, des sandwiches chauds ou froids, des salades, et des desserts (tarte quinoa-orange). Pour déjeuner sur le pouce au soleil. Ils ont aussi quelques plats, mais moins réussis à notre goût.

### RICOS PAN
Calle Moquegua 326
www.ricospan.com.pe
ricospan@gmail.com
*Ouvert du lundi au samedi de 6h à 22h et le dimanche de 10h à 21h.*
Une enseigne que l'on retrouve à Juliaca comme à Puno : c'est une excellente pâtisserie (délicieux muffins, brioches à la cannelle, empanadas et tartes salées) et le meilleur pain en ville ! Possibilité de petit-déjeuner ou déjeuner sur place dans cette petite cafétéria.

- **Autre adresse :** Jiron Arequipa 332

## Bien et pas cher

### LA HOSTERIA
Jiron Lima 501
✆ +51 51 365406
*Menu S/ 20. A la carte plats S/ 25.*
Encore une pizzeria qui propose un menu touristique à petit prix et plutôt généreux. Pizzas au feu de bois pour le soir. Ambiance chaleureuse.

### LOVING HUT TITIKAKA PERÚ
Pasaje Choquehuanca 188
✆ +51 951 658 633
www.lovinghut.com/pe/
*Menu le midi à S/ 12. Plats à la carte S/ 15-20. Jusque 18h. Fermé le dimanche.*
Ce végétarien, un peu à l'écart du centre, est tenu par un militant de l'alimentation saine et des bons produits qui s'efforce de proposer des saveurs nouvelles. Le matin, on y trouve un excellent lait de soja frais. L'endroit est idéal pour le déjeuner avec son choix intéressant de soupes et salades, mais aussi du quinoa, du riz complet, des haricots secs et lentilles sous toutes leurs formes... C'est frais, simple et convaincant. Attention c'est aussi vite plein.

## Bonnes tables

### BALCONES DE PUNO
Jr Libertad 354 ✆ +51 51 365300
www.balconesdepuno.com
reservas@balconesdepuno.com
*Ouvert tous les jours. Possibilité de manger le midi. Le spectacle du soir commence à 19h30, compris dans le prix du repas.*
Pour tous ceux qui n'auraient pas eu la chance de participer aux fêtes de la Candelaria, le restaurant Balcones de Puno est l'endroit idéal pour assister à un spectacle folklorique. Le show nous fait découvrir plus de huit danses folkoriques. On y sert une cuisine fusion, mélange entre cuisine péruvienne traditionnelle et cuisine moderne, le tout dans une ambiance plus que festive. Réserver de préférence en haute saison.

### LA CHOZA DE OSCAR
Jirón Libertad 334 ✆ +51 51 351199
www.lachozadeoscar.com
gerencia@lachozadeoscar.com
Cet établissement a bien changé ces derniers temps : si la salle à l'arrière conserve l'ambiance populaire/télévision (surtout en journée), la première salle propose aux touristes un spectacle « typique » tous les soirs. La carte est vaste (soupes, viandes, options végétariennes, pizzas). C'est classique mais plutôt élégant et soigné. Menus touristiques le midi.

### LA ESTANCIA GRILL
Jirón Libertad 137
*Plats à la carte à partir de S/ 25.*
C'est la bonne adresse pour des grillades (parrilla) de qualité, à partager à deux (S/ 40) ou à quatre (S/ 80) mais aussi pour manger du poisson. Carte variée. Une adresse populaire avec tables en toile cirée.

**RESTAURANT MOJSA**
Calle Lima 635 2e étage
✆ +51 51 363182
www.mojsarestaurant.com
reservas@mojsarestaurant.com
*Compter environ S/ 30 à 50 à la carte.*
A l'étage : deux salles et deux petites tables sur un balcon, pour l'une des bonnes surprises de la ville ! Une ambiance plus apte à séduire un public international avec son décor de bois et de couleurs qu'une clientèle locale. A la carte, on trouve salades ou soupes, pâtes et classiques péruviens, pizzas (le soir), desserts (ah ! le fondant au chocolat au sel de Maras). Les plats sont de qualité et la cuisine est très propre. La philosophie de l'équipe nous a aussi séduit (en langue aymara, « *mojsa* » signife délicieux !).

**RESTAURANT MUSEO LA CASONA**
Jirón Lima 423, 2e étage
✆ +51 51 351108
www.lacasona-restaurant.com
info@lacasona-restaurant.com
*Carte de S/ 25 à S/ 40. Menu à S/ 20 ou S/25.*
A une demi-cuadra de la plaza de Armas, la Casona est un véritable musée grâce à une impressionnante collection d'objets en fer travaillé (notamment des fers à repasser). Un certain cachet, et les plats sont de bonne facture – il faudra choisir entre pâtes, pizzas, lasagnes, omelettes et plats traditionnels comme le steak d'alpaga. On notera même quelques options végétariennes. Ambiance romantique avec chandelles et cheminée au feu de bois dans les quatre salles.

**LA TABLE DE L'INCA**
Ancash 239 ✆ +51 994 659 357
latabledelinca@gmail.com
*De 12h à 14h et de 18h à 21h. Pas de déjeuner le samedi et le dimanche. Menu entrée/plat/dessert et verre de vin à S/ 80. A la carte, plats S/ 40-50.*
De jeunes chefs français ont décidé de dépoussiérer un peu la cuisine locale pour y mettre une pincée de saveurs françaises. Par exemple ? Velouté de *camote*, *lomo saltado* sauce vin rouge, crème brûlée à la muña... également quelques plats végétariens. Résultat très agréable surtout quand on découvre l'adresse après quelques semaines de voyage. Les desserts sont également très bons. La déco se veut assez classique. Un gourmet bienvenu. Service ad hoc. On apprécie aussi la petite galerie d'art où sont disposées les œuvres d'artistes locaux.

**TULIPAN'S RESTAURANT & PIZZERIA**
Casona Parodi
Lima 394
✆ +51 949 737 220
Un large choix de plats typiques comme de l'alpaga ou un *ceviche* de truite, tous aussi bons les uns que les autres. Le restaurant propose aussi de bonnes pizzas. Si vous venez le midi, vous pourrez manger sous un parasol dans leur petit jardin très mignonnet. Un personnel très aimable pour un repas sans-faute. On recommande !

## Sortir

En semaine, on ne rencontrera que des touristes dans les bars et boîtes de la ville, et il faudra attendre le week-end pour voir sortir les locaux et se trémousser au son de musiques moins internationales.

**PACHA MIXOLOGY**
Calle Lima 370
3e étage ✆ +51 51 363630
*De 7h à 02h.*
Vous pouvez y prendre votre petit déjeuner (avec du café bio !), mais aussi profiter des *happy hours* pour boire un verre le soir avec des bons cocktails (certains moléculaires !) ou des bières artisanales dans une ambiance sans chichi. Wifi. Burgers et plats à la carte. Plutôt jeune et bruyant.

**POSITIVE BAR**
Calle Lima 378 ✆ +51 51 205627
leytton@hotmail.com
Sans l'ombre d'un doute, notre bar préféré à Puno ! Bonne ambiance, bonne déco avec des posters de Bob Marley et des centaines de petits mots collés aux murs, bons cocktails à partir de S/ 10, bonnes tapas. On n'y voit pas le temps passer, même si la musique y est un poil trop forte pour discuter...

## À voir - À faire

**EL BALCON DEL CONDE DE LEMOS**
Calle Conde de Lemos
L'une des rares maisons coloniales de Puno construite au XVIIe siècle (en 1668) et où vécut le vice-roi, comte de Lemos, venu s'installer dans la ville pour étouffer une rébellion. A voir pour son beau balcon de bois ouvragé. Héberge une petite galerie d'art.

**CATEDRAL DE PUNO** ★
Plaza de Armas
*Ouverte tous les jours de 7h30 à 12h et de 15h à 18h.*
Construite au XVIIIe siècle, dans un superbe style baroque métissé qui a fleuri dans le Sud andin. La façade de pierre rose est un festival de motifs chrétiens (espagnols) et indigènes (péruviens) : le Soleil y a rendez-vous avec la Lune et les sirènes y jouent du charango. Etonnant. L'intérieur, où brillent les ors des

dorures à la feuille, n'atteint pas le niveau de folie de la façade. On peut notamment trouver ici des bougies pour les nuits sur les Iles du Lac sans électricité.

### ■ CERRITO HUAJSAPATA ⭐

A 4 cuadras de la plaza de Armas, à l'ouest de la ville.

Ce promontoire, dont le nom signifie testigo de mis amores (témoin de mes amours) et qui s'élève à 50 m au-dessus de la ville abriterait des chemins souterrains qui communiqueraient avec le Qoricancha (temple du Soleil) de Cusco, soit 380 km de galeries... Une garantie : la vue sur la plaza de Armas, les toits et le lac, ainsi que la statue blanche de Manco Cápac, le premier Inca. Ne pas s'y aventurer seul en fin de journée.

### ■ MALECON BAHIA DE LOS INCAS

Sur les berges du lac, une promenade piétonne où l'on peut prendre le frais... même si de mauvaises odeurs d'algues peuvent chatouiller les narines des plus douillets. On y découvrira les *sukankas* ou *intihuatanas*, qui servaient à l'époque d'horloge solaire.

### ■ MERCADO ARTESANAL

Dans la rue qui conduit au port

Puno est le centre le plus important de tissage de *ponchos* et autres habits de laine de lama et d'alpaga. On y vend aussi des masques portés lors de la *diablada*, des instruments de musique, le célèbre *torito de Pucará*. De quoi vous faire plaisir ou faire plaisir à vos amis à votre retour !

### ■ MERCADO LAYKAKOTA

Très excentré, il propose les mêmes produits que le Mercado artesanal mais dans un périmètre plus réduit. L'ambiance y est toutefois un peu plus authentique et les prix moindres car les touristes sont peu nombreux.

### ■ MIRADOR DEL CONDOR

Prolongacion Ilave et Choquehuanca

Vous le verrez de loin avec sa statue de condor aux ailes déployées. Grimpez les 690 marches et profitez d'une vue sur la ville et le Titicaca. Sympathique mise en forme !

### ■ MUSEO MUNICIPAL CARLOS DREYER

Calle Conde de Lemos 289

*Ouvert de 9h à 19h du lundi au samedi. Entrée S/ 15.*

Ce petit musée occupe plusieurs salles où l'on trouvera quelques intéressants objets des cultures préinca et inca : tissus paracas, céramiques chimú, momies, ainsi que des armes, ustensiles, tableaux des périodes coloniales et républicaines. On y rencontre aussi des trésors provenant du site de Sillustani, non loin d'ici. La visite n'est pas indispensable mais il héberge quelques pièces intéressantes.

## Sports - Détente - Loisirs

### ■ INCA SAUNA

411 Jr. Moquegua 411 ✆ +51 932 113 045
incasauna@gmail.com

*Ouvert tous les jours de 10h à 21h. Massages et accès au spa à partir de 120 soles.*

Un endroit propre et bien aménagé pour se détendre, tenu par un Français, Florent, déjà gérant du restaurant La Table Del Inca. L'établissement dispose de sauna, hammam, bain à bulles et de douche d'hydromassages, et propose des massages sur réservation. On peut aussi y boire un jus de fruits frais et déguster de bonnes crêpes préparées par Florent, le patron. Une bonne adresse pour un moment de détente !

## Shopping

### CASA DEL CORREGIDOR

Jr. Deustua 576
casadelcorregidor.pe
Dans la cour de la Casa del Corregidor, cette *casona* d'époque qui attire l'œil du touriste un peu refroidi par le gris de la ville. Au fond, parmi les fleurs, on trouve un excellent petit café et quelques boutiques qui vendent de l'artisanat local.

### MERCADO CENTRAL ★

Jr Arbulu et Tacna
*Ouvert tous les jours de 8h à 18h.*
Plutôt destiné à l'alimentation. Petits stands à jus de fruits. Quelques boutiques d'artisanat.

# LLACHÓN ★

A 74 km au nord-est de Puno, au bout de la péninsule de Capachica, cette communauté de quelque 1 300 habitants conserve encore sa culture et ses traditions. On peut s'y rendre en bateau ou par la route, via Juliaca. Il est possible de pratiquer ce que les Péruviens appellent le « turismo vivencial » : l'équivalent local de nos chambres d'hôtes. Les chambres sont sommaires mais indépendantes. Attention les salles de bains et toilettes sont le plus souvent à l'extérieur et il fait très froid. Par contre rencontres passionnantes en perspective et échanges si on s'efforce de briser la glace. Au pied du lac Titicaca.

## Transports

Pour s'y rendre, on prend un combi de Puno pour Capachica (départs toutes les 30 à 40 min, trajet de 1h20 pour S/ 4) et de là, un autre véhicule vers Llachón (les combis sont plus rares mais au pire, vous pouvez prendre un taxi pour S/ 15 à S/ 20, trajet d'environ 30 min).

## Se loger

Pour un confort optimal et une vue magnifique sur le lac, contactez Valentin Quispe, ✆ +51 951 821 392, llachon@yahoo.com. Il est le premier à avoir lancé le concept de tourisme chez l'habitant (1 dîner + 1 nuit + 1 petit-déjeuner = S/ 60 par personne). Il a aussi des kayaks pour partir sur le lac (20 US$ par personne, guide et bateau vous accompagnent). Felix est un autre membre de la communauté qui a lancé sa petite auberge de façon plus professionnelle : Hospedaje Samary (hospedajesamary@hotmail.com).
Les autres habitations qui reçoivent des visiteurs sont maintenant nombreuses et il est possible de trouver des informations actualisées sur www.astursperu.org ! Si cela n'est toujours pas assez authentique pour vous, creusez du côté de Escallani au nord de Capachica, de la mignonne petite île de Ticonata avec ses maisons rondes en pierre et toit de chaume. Belles initiatives aussi à Chucuito, sur l'autre péninsule au sud de Puno.
L'Office du tourisme IPeru possède le répertoire de toutes les offres de tourisme rural de la zone et elles sont très nombreuses, sur les îles, mais aussi tout autour du lac. Mieux vaut y passer et réserver grâce à eux. les numéros de téléphone et contacts changent souvent. Chaque association rurale élit un nouveau président chaque 2 ans. Il est donc difficile d'établir un contact direct. A moins d'y aller directement et de demander une chambre. Ce qu'on vous trouvera toujours mais il faudra du temps pour la préparer. ces sites sont isolés et les habitants ne vivent pas que du tourisme.

# LES ÎLES DU LAC

Le trio le plus touristique et immanquable est : Uros, Amantani et Taquile. Trois ambiances différentes, trois modes de vie et réalités que l'on peut découvrir davantage en séjournant chez l'habitant. Sachez tout de même que si le vent vous pousse plutôt hors des sentiers battus il est possible de visiter et dormir chez l'habitant également sur la minuscule Ticonata, au sud de la péninsule de Capachica, ou sur le chapelet d'îles Anapia situé dans la partie lac mineur (départ depuis Yunguyo), à la frontière bolivienne, à côté de l'île vierge de Yuspique classée «santuario de vicuñas». IPeru pourra vous donner les renseignements nécessaires. Enfin Suasi, tout au nord du lac, est un paradis privilégié qui héberge un écolodge luxueux.

## ISLA AMANTANI ★★

La forme de vie communautaire a permis, comme sur l'île voisine de Taquile, un tourisme différent : logement chez l'habitant, partage du quotidien des hôtes, habiles artisans dans le travail de la céramique, du cuir et de la laine. Plus verte, la flore de l'île se caractérise par ses nombreux arbustes dont les feuilles, aux propriétés curatives, sont consommées sous forme d'infusions (*muña, kantuta, salvia, tola, patamuña*...). Parmi les curiosités de l'île, les temples de Pacha Tata (dieu du

Ciel) et de Pacha Mama (déesse de la Terre) sont l'occasion d'agréables balades en fin de journée. Les couchers de soleil et les promenades sous le ciel constellé d'étoiles sont des instants éternels de beauté. L'île est tout aussi belle que celle de Taquile. Et tout aussi touristique.

## Transports

A 36 km au nord-est de Puno, soit 3h30 de bateau (ou 1h de rapide). On peut aussi y accéder depuis Capachica en 1h de navigation.

## Pratique

- **Agences.** Pratiquement tous les hôtels et agences de Puno proposent une excursion de deux jours comportant la visite des trois îles (Uros, Amantani et Taquile) incluant une nuit chez l'habitant à Amantani. Il y a du passage donc. Attention toutefois aux prix pratiqués, parfois très bas et très peu bénéfiques aux familles.
- **Tarifs.** Entrée Amantani S/ 8. Comptez environ S/ 30 la nuit et S/ 15 par repas ou pensez à laisser un petit plus.
- **Si vous avez le temps,** il est vraiment plus sympathique de faire ces excursions par vos propres moyens en vous rendant à l'embarcadère tôt le matin (départ 8h20, S/ 30). IPeru peut vous renseigner sur les familles qui reçoivent. Vous trouverez toujours une place sans soucis, elles sont nombreuses. N'oubliez pas votre lampe de poche et, pourquoi pas, des ballons pour les enfants, qui pourront devenir vos compagnons de jeux pendant votre soirée...

## Se loger

**AMANTICA LODGE**
✆ +51 73 411360
www.amanticalodge.com
*A partir de 650 US$ par personne, transferts, dîner andin, open-bar, nuit et petit déjeuner, déjeuner. Prix dégressifs pour la suite familiale, 4 personnes. Enfants 250 US$.*
Une idée et un concept d'architecture français signé Thomas Gimbert qui a débuté avec son Eco Lodge à Mancora. Ici c'est Oswaldo et Justa, habitants d'Amantani et qui ont aussi leur petite auberge (Titicaca Lodge) associés au projet, qui vous accueillent dans seulement deux suites exclusives. La matrimonial mesure 25 m$^2$ avec cheminée, lit king size, vue panoramique et terrasse chauffée. La familiale est une double (deux queen size) avec bain bouillonant. TV et wifi se marient avec les matériaux rustiques. Cuisine gastro exécutée par Adeli, jeune chef local, à base des produits de l'île et belle carte des vins.

**KANTUTA LODGE**
✆ +51 51 630238
www.kantutalodge.com
reservas@kantutalodge.com
*Simple 35 US$, double 60 US$ et triple 80 US$ avec déjeuner, dîner et petit-déjeuner.*
Segundino Cari a décidé de travailler pour lui et sa famille et ouvert sa propre chambre d'hôtes indépendante. Les chambres sont simples mais chaleureuses et colorées. Petit luxe : elles sont dotées d'une salle de bains privée et de l'eau chaude solaire. Chouettes points de vue panoramiques. Repas corrects. Oxygène si besoin. Un cran au-dessus des chambres d'hôtes plus basiques de l'île.

# ISLA TAQUILE ★★★

L'île, couverte de cultures en terrasses, vit une forme de communisme primitif, comme sous les Incas où elle servit de lieu de déportation des prisonniers politiques. Si la propriété est privée, le labeur, lui, est collectif. Coutumes et costumes sont les mêmes depuis des siècles. Les pompons ont un rôle capital dans la vie sociale : leur présence sur le châle porté par les femmes indique leur condition de femme mariée ; les hommes, en plus de leur bonnet à pompon, accrochent à leur large ceinture tissée (tissus étrangement similaires à ceux du Pays basque) un petit sac de coca coloré, caractéristique du statut d'homme marié... Autre trait caractéristique : les femmes filent la laine sur leur fuseau de bois, tout en marchant, alors que les hommes tricotent bonnets, bas, gants et écharpes, qui sont vendus par la coopérative sur la place principale. Des hauteurs du village, que l'on atteint après avoir gravi plus de 500 marches (attention si vous n'êtes pas habitués à l'altitude), la vue sur le lac, la baie de Puno, la Bolivie dans les brumes et l'Altiplano récompense de tous les efforts. Tout comme la nuit passée à tutoyer les étoiles, que l'on n'aura jamais vues aussi proches, sur l'île faiblement éclairée par les lampes alimentées, comme les fours et les cuisinières, par la chaleur solaire, précieusement emmagasinée.

## Transports

A 35 km à l'est de Puno, soit 3h de bateau (45 minutes en bateau rapide). Pour se rendre à Taquile, les bateaux quittent l'embarcadère de Puno à 7h30 pour un tarif de S/ 25 ; le retour est à 14h30.

## Pratique

Ceux qui y restent la nuit pourront dormir chez l'habitant.
Entrée à Taquile S/ 8.

## Se loger

**MUNAY TAQUILE**
Av Titicaca 508
PUNO ✆ +51 51 351448
www.taquile.net
info@taquile.net
*Compter S/ 70 par personne en pension complète. Packs possibles avec l'agence.*
C'est l'association Munay qui gère tout et les familles vous reçoivent selon un système de rotation entre elles. Notez que peu de tours s'arrêtent pour dormir ici, ils vont presque tous à Amantani et ne reviennent que déjeuner le midi. Vous aurez donc presque l'île pour vous seuls hors ce pic touristique. N'oubliez pas votre sac de couchage, il fait froid (surtout en juillet-août) et les couvertures de laine sont assez peu efficaces. Petites maisons simples, salle de bains extérieures. Certaines familles ont ouvert des *hostels* et on peut faire une demande pour y être logés avec plus de confort. Allez visiter l'agence une fois à Puno. Les réservations à distance sont assez peu fiables.

# ISLAS FLOTANTES DE LOS UROS ★★★

Des Uros, on sait peu de chose, sinon qu'ils venaient sûrement du nord du Chili actuel, qu'ils étaient reliés aux Puquina dont ils partageaient une langue encore parlée en Bolivie, et qu'ils avaient du sang noir dans les veines. Les Uros se sont éteints complètement, vers 1950, abandonnant leur terre de roseaux aux indigènes Aymaras de Puno. Ces derniers – dont certains seraient issus d'un métissage avec les Uros – ont occupé les îles, y perpétuant les traditions tout en sachant profiter de l'attrait qu'exerce sur le visiteur un mode de peuplement unique au monde. Qu'on en juge : une soixantaine d'îles artificielles entièrement faites de *totora* (roseaux), amarrées à des piquets leur évitant la dérive, et dont la superficie varie de quelques dizaines à quelques centaines de mètres carrés. Chaque semaine, une nouvelle couche de roseaux est ajoutée pour remplacer celle qui a coulé ; et tous les dix ans, il faut déménager et construire une autre île. Les îles flottantes font environ 15 à 20 mètres de longueur avec 3 mètres d'épaisseur. Les habitants vivent de pêche, d'artisanat, de chasse (ils utilisent le sang des cormorans pour soigner l'épilepsie) et de collecte d'œufs vendus à Puno qu'ils rejoignent sur leurs canots. Ils se nourrissent également de la partie blanche du roseau, qu'ils appellent *plátano del lago* (banane du lac) et de poissons d'élevage dont la truite introduite dans le lac.
Même si on décrit souvent ces îles flottantes comme un piège à touristes, ces visages burinés de soleil, ces vêtements colorés et ces pompons font partie de l'image d'Epinal du Pérou. Ici ce sont les femmes qui vous reçoivent et une ribambelle d'enfants rieurs. La visite se déroule selon un rituel bien cadré mais on a plaisir à partager ce mode de vie hors du commun, grimper dans les canoés de *totora* (jonc) ou acheter une réplique fragile de ce mode de vie comme suspendu. Pour autant la modernité est présente et visible : panneaux solaires, télés, téléphones portables... Une célèbre banque locale avait même mis en place un distributeur automatique flottant. Les enfants aujourd'hui étudient pour la plupart à terre, à Puno mais il reste quelques écoles primaires flottantes. Et les Uros sont devenues pour la plupart un habitat transitoire qu'on partage avec les voyageurs pour une nuit chez l'habitant. En y restant une nuit ou en les visitant par vous-mêmes, vous aurez l'occasion d'une rencontre plus approfondie et sympathique qu'en y passant les 20-30 minutes que proposent les agences lors des visites groupées. Faut-il ou ne faut-il pas y aller ? Si vous craignez qu'on vous pousse à la consommation et à l'achat, passez votre chemin car vous serez en tous les cas sollicités. Si vous voulez expérimenter ce qui fût un temps un mode de vie traditionnel, qui reste spectaculaire et quasi unique au monde, allez-y sans hésiter.

## Transports

A 5 km de la côte, soit 20 min en bateau. Bateaux « colectivos » de 6h à 16h30, S/ 10 aller-retour. Entrée aux Uros S/ 5. Prenez le 1er bateau.

## Se loger

**APU KONTIKI-CHEZ FREDI LUJANO JALLAHUI**
✆ +51 951 610 395
*Compter S/ 30 la nuit. Amener ses vivres.*
Avant Fredi recevait sur son île de Uros Titino plus à l'écart, il s'est désormais rapproché du côté touristique et gère trois chambres basiques. Un minimum d'espagnol est recommandé. Pour une après-midi, vous pourrez partager le quotidien de Fredi et de sa famille, à chasser la poule d'eau et le canard (âmes sensibles s'abstenir), relever les filets de pêche, écouter des explications passionnantes sur la construction des îles flottantes... Possible de passer la nuit sur place, amener son duvet. Toilettes extérieurs. Très simple mais authentique.

**UROS KHANTATI**
✆ +51 951 472 355
uroskhantati@hotmail.com
*S/ 180-200 par personne avec le transport, le déjeuner, dîner, nuit et petit déjeuner. Plus les activités en famille. Déjeuner S/ 30.*

Une expérience hors du commun menée avec beaucoup de savoir-faire et de gentillesse par Cristina. Elle et son époux vous apprendront la pêche, la coupe de totora et quelques coutumes folkloriques (vous aurez le droit au costume). Ses huttes en roseau sont petites mais bien décorées avec duvets et bouillottes. Les douche et toilettes sont extérieures et écologiques, l'eau chaude suit autant que faire se peut. Détail vert, l'électricité de la structure est solaire. Plus cher que d'autres offres de tourisme rural mais vous êtes sur les Uros. La cuisine est excellente.

### À voir – À faire

La visite est intéressante, tant est étrange le mode de vie des Uros, même si l'on a parfois l'impression désagréable d'être réduit au rôle de voyeur ou de vache à lait, surtout au moment du départ avec des chansons improbables de notre comité d'accueil (« Sur le pont d'Avignon » !) Pour vous rendre sur les îles Uros, vous aurez l'embarras du choix parmi toutes les agences : compter S/ 10 par personne pour une excursion en groupe, et entre S/ 70 à S/ 100 pour une excursion privée (a priori beaucoup plus intéressante). Vous pouvez aussi y aller seuls avec les bateaux collectifs qui font l'aller-retour. Les îles ne sont qu'à 5 km de la terre ferme et du port de Puno. Nous vous recommandons d'être vers 7h sur place pour ne pas avoir à subir l'assaut de milliers de touristes au plus fort de la journée. La visite des îles dure environ 2 heures. Quand vous y passez avec une agence sur la route de Taquile ou Amantani c'est bien souvent beaucoup plus rapide.

## ISLA SUASI

Longtemps aux mains de la chaîne Casa Andina dans sa collection Private, plus luxueuse, la Isla Suas a retrouvé son indépendance mais continue de circuler sur toutes les lèvres comme un petit paradis à part sur le lac Titicaca. Particulière, elle l'est déjà par sa position sur la carte : au nord du lac. En s'y logeant le transfert depuis Puno par bateau se fait à 7h et inclut une visite sur les Uros et à Taquile. Par la route, 3 heures de Puno ou 2 heures de Juliaca jusqu'à Cambria après Conima.

**■ ISLA SUASI CASA DE CAMPO**
✆ +51 51 351102
www.islasuasi.pe – reservas@islasuasi.pe
*Compter à partir de 178 US$ la chambre pour une personne, 205 US$ les chambres doubles du 2e étage, 225 US$ la chambre double ou matrimoniale classique, bungalow 490 US$ pour 2 personnes et 960 US$ pour 4 personnes, petit déjeuner inclus. Attention repas sur place et transport en supplément.*
Les 23 chambres ont toutes une fenêtre ouverte sur le lac. Celles du 2e étage sont les plus simples, sous la charpente, disponibles en doubles (2 lits). Au rez de chaussée, les chambres offrent de jolies poutres au plafond, une cheminée, un lit *king-size* pour les matrimoniales ou 2 lits amples pour les doubles et un balcon. Des bungalows sont disponibles avec deux chambres et une terrasse privée. Dans ce petit paradis, on trouve des colibris dans le jardin, des kayaks à disposition, on jouit de ciels étoilés incroyables et de criques perdues, et on a les vigognes comme voisines. L'établissement propose un service de restaurant, ainsi que des massages à la carte. Bref, ce luxe se conjugue avec nature et paysages. Pour s'y rendre, prendre leur navette qui part de Puno à 7h et arrive à Suasi à 12h30. Elle s'arrête brièvement sur les Uros et sur l'île de Taquile pour connaître ces cultures locales. Navette de retour 12h45 de Suasi – 15h30 à Puno.



# LA ROUTE AYMARA

La Route Aymara est plus paisible et moins fréquentée que la péninsule de Capachica ou les Iles. Pour les amateurs d'isolement et paysages grandioses qui poursuivent leur voyage vers la Bolivie, c'est une option. Il y a aussi beaucoup moins d'hôtels. Soit on se loge chez l'habitant (en passant par une agence de Puno, plus sûr pour réserver) soit on a une bourse généreuse et on vous propose quelques sites uniques.
Pour gagner toutes ces destinations vers le Sud et la Bolivie, prenez un bus du Terminal régional (Av Simon Bolivar) à Puno. Compter S/ 2 pour Chucuito (40 min de voyage), S/ 3 pour Juli (1h de voyage), S/ 5 pour la frontière bolivienne Yunguyo (1h30 de voyage) ou Desaguadero (2h30 de voyage).

## CHUCUITO

A 18 km de Puno, sur le lac, Chucuito se recroqueville autour de son église. Le village possède un trésor : le temple Inka Uyo, dédié à la fécondité. Dans l'espace réduit de ses murs, le sanctuaire accueille des sculptures phalliques d'un saisissant réalisme. Les habitantes de la province continuent de s'y rendre dans l'espoir de voir exaucé leur souhait d'avoir un enfant. Entrée S/ 5. La péninsule de Chucuito avance son bras sur les eaux du Titicaca et fait face à celle de Capachica (Llachon). Elle offre aussi des expériences de tourisme rural similaire, un peu plus au calme comme dans la communauté de Luquina Chico.

**AUBERGE LAS CABAÑAS**
Jr Tarapaca 538
✆ +51 951 751 196
www.chucuito.com
lodgecabanas@chucuito.com
*Compter S/ 64 la simple, S/ 96 la double et S/ 126 la triple, petit déjeuner inclus. Un repas coûte S/ 26.*
Cette auberge propose un joli jardin et une superbe vue sur le lac. Ambiance paisible et rustique. Les chambres sont correctes, certaines ont une cheminée, et les bungalows pour 6 personnes sont en duplex avec cheminée. L'endroit sert aussi à recevoir des groupes et réunions de travail. Plutôt froid et isolé malheureusement.

**PÉNINSULE DE CHUCUITO-CHEZ L'HABITANT**
*Comptez env. S/ 80-100 la nuit par personne en pension complète avec activités.*
Si vous voulez sortir un peu des offres de tourisme communautaire les plus proches de Puno et des îles, la péninsule de Chucuito est une autre possibilité où il existe l'association de Turismo Rural Intimarca dans la communauté de Karina (présidente Béatriz Gutierrez, ✆ +51 950 769 562) ou la communauté de Luquina Chico où l'on nous a dit le plus grand bien de la famille de Sixto (président Fernando, ✆ + 51 950 381 428).

**TAYPIKALA HOTEL LAGO**
✆ +51 792266
www.taypikala.com
*Simple 85 US$, double ou matrimoniale 100 US$, triple 125 US$, petit déjeuner inclus.*
Cet immense hôtel moderne au bord du lac avec quelques touches coloniales et un joli jardin compte 77 chambres coquettes et moquettées, avec salle de bains privées, eau chaude, chauffage, wifi. Les suites ont une cheminée et une baignoire à remous. Sauna, salle de yoga, témazcal, piscine, bar et restaurant pour les activités. Pour se faire du bien à un prix raisonnable compte tenu de la gamme de services.

# ACORA

Le village peut s'enorgueillir de ses deux églises, San Juan et San Pedro, véritables bijoux architecturaux. La seconde est l'unique représentante pour l'Altiplano du style mudéjar-mauresque. A 35 km de Puno, un coin d'Andalousie cerné de prairies où paissent les lamas, avec le lac Titicaca en toile de fond. Superbe !

**CASTILLO DEL TITICACA**
A 12 Kms de Acora, Playas de Charcas
✆ +51 950 308 000
castillo.titicaca-peru.com
*Chambre Posada Matrimoniale 250 US$, Appartement Posada Double ou Matrimonial 290 US$, Suite Castillo 430 US$. Pension complète.*
Un château aux airs médiévaux avec son donjon perché sur une falaise qui domine le lac le plus haut du monde, c'est le pari fou de Christian, belge qui a posé ici ses valises et a construit son château. Il propose un cadre intime, un service attentif, un calme souverain pour profiter de balades au grand air et des eaux du lac qui scintillent. Les cinq chambres sont classiques et confortables avec tapis au sol et édredons. Tout autour terrasses et plages de sable rose. Une carte du jour est proposée au restaurant. Ceux qui aiment être seuls au monde sont servis. On est à 45 minutes de Puno, 1h30 de Juliaca.

**PORTAL DE ARAMU MURU**
A mi-chemin entre Chucuito et Acora, il faut prendre une petite route qui s'engage vers le lac à hauteur du village de Plateria pour découvrir ce mur incrusté dans la roche à l'énergie mystérieuse. Toute une forêt de pierres ocre s'élèvent à cet endroit. Si vous passez par là, cette porte magique mérite une petite photo.

# JULI

A 74 km de Puno, soit environ 1h10 de route. La plage de Mollendo se situe non loin de là pour les courageux qui ne craignent pas l'eau froide ! La « petite Rome des Amériques », fondée par les Dominicains en 1534, peuplée à 100 % d'Indiens Aymaras, entourée de sept collines (cela va de soi) et collée au lac, justifie pleinement son appellation par la présence de quatre superbes églises du XVIe siècle, dont une en ruine.

## À voir – À faire

**CATEDRAL DE JULI**
Plaza de Armas
Comme les trois autres églises, elle a été fondée par les dominicains et terminée par les jésuites entre 1555 et 1570. La façade, de guingois, est de style baroque métissé, avec un zeste de churrigueresque. La nef, mélange de pierres, taillées et brutes, et de briques, sur les murs de laquelle survivent des motifs floraux polychromes, abrite de belles toiles italiennes, espagnoles et de l'école de Cusco. Le chœur reluit des feux de son autel doré à la feuille.

**IGLESIA NUESTRO SEÑOR DE LA ASUNCIÓN**
On accède à cette église-musée par un narthex avec arc de pierre ouvragé de style métissé. A l'intérieur, peintures de même provenance que celles de la cathédrale. Entrée S/ 4.

## Les sites de Sillustani et Chucuito

Les agences organisent la visite des sites de Sillustani (S/ 25) et de Chucuito (S/ 80 !), mais vous pouvez également vous y rendre par vous-même en prenant un bus vers le nord jusqu'à la déviation à Sillustani, ou vers le sud pour Chucuito. Une demi-journée suffit pour visiter chacun de ces sites.Puno étant la frontière des mondes quechua et aymara, il est important de savoir que, selon le chemin que l'on prendra à partir de cette ville, l'on basculera dans l'un ou l'autre de ces mondes, très différents et hostiles l'un envers l'autre...

**IGLESIA SAN JUAN DE LATRÁN**

Plus sobre que la précédente, cette église-musée vaut par son arc ouvragé et les tableaux de dimension gigantesque de la nef. Entrée S/ 4.

**SANTA CRUZ DE JERUSALÉN**

Bien qu'en ruine, elle mérite la visite. De son parvis, assis sur un muret, à côté d'une vieille qui file la laine en gardant ses moutons, on médite, regard perdu dans l'immensité verte du lac.

**TANTATANCANI**

Sur la route de Pomata, ce centre de culture aymara présente autant d'intérêt que Sillustani pour ses chullpas, murailles et tours de guet ; mais l'accès en est plus difficile.

## POMATA

A 105 km de Puno, soit 1h30 de route. Ce village possède deux petits bijoux : deux temples des XVIIe et XVIIIe siècles, construits en grès rose et dont les autels sont dorés à l'or fin (entrée S/ 2). De Pomata, deux choix s'offrent à vous pour passer la frontière bolivienne : au nord-est, Yunguyo, au sud-est, Desaguadero.

## YUNGUYO

A 136 km de Puno et à seulement 10 km de Copacabana du côté bolivien, Yunguyo se trouve sur le petit bras de terre qui sépare le grand lac du lac Wiñaymarca. Le passage de cette frontière vous permettra de faire une halte à Copacabana, magnifique village bolivien d'où partent, le matin, des bateaux pour les îles du Soleil et de la Lune. Une autre excursion peut toutefois être envisagée. En 30 min de trajet on parvient au port de Punta Hermosa, d'où partent des bateaux à moteur vers le chapelet d'îles d'Anapia (2h30 de trajet), située sur lac mineur du Titicaca (ou lac Wiñaymarca). Cet archipel conserve ses traditions (dont le « *pago a la tierra* » ou challa ; le « *casarasiri* », un mariage célébré pendant trois jours ; ou encore le « *rutuchi* » ou « *corte de pelo* » – on coupe les cheveux aux nouveaux-nés en présence d'un parrain choisi par les parents), et possède de jolies plages de sable, ainsi qu'une faune des plus intéressantes. La plus grande île, Yuspique, est utilisée par les habitants pour l'élevage des vigognes et classée comme réserve. Là encore, possibilité de tourisme chez l'habitant et d'excursions en bateau à voile d'îles en îles. Chaque activité a un comité qui la pilote. Vous pouvez contacter Maria Chavez au +51 951 991 164. Plus simple, l'agence All Ways Travel en Puno organise également cette visite hors des sentiers battus.

## DESAGUADERO

Pont international avec la Bolivie, à 174 km de Puno. Le passage en Bolivie par cette frontière est plus rapide si l'on désire uniquement se rendre à La Paz. Mais son intérêt principal est ailleurs puisque sur la route de La Paz, vous aurez l'occasion de vous arrêter sur le site mythique de Tiwanaku, centre spirituel majeur de la croix andine… Vous pouvez loger sommairement sur place, si vous manquez les heures d'ouverture de la frontière (de 8h à 19h). Une fois en Bolivie, vous trouvez des bus pour La Paz (3h de voyage).



# LA ROUTE QUECHUA

La route Quechua propose le meilleur (Sillustani et ses chullpas) comme le pire (Juliaca)... Certains points font partie de ceux qu'on apercevra par les fenêtres lors d'un voyage en train ou des arrêts des bus touristiques entre Puno et Cusco : l'un comme l'autre sont une façon de pouvoir voir de jolis sites qu'on aurait pas forcément le temps d'explorer par soi-même un par un. Inka Express Bus et autres compagnies assurent le bus. Peru Rail le train via son service rebaptisé Titicaca Train ou son très luxueux Belmond Andean Explorer lancé en 2017.

# SILLUSTANI ★

A 32 km de Puno, sur la route de Juliaca, la presqu'île de Sillustani abrite des monuments parmi les plus mystérieux du Pérou. On se trouverait en présence d'un cimetière de la culture colla (1000 à 1400 de notre ère) qu'auraient utilisé les Incas. Les murs extérieurs des *chullpas* (les tombes) sont d'influence inca. Les édifices circulaires abritaient des momies que l'on introduisait par une porte dérobée située à leur base. Sur les plus importantes de ces tours, la Torre de la Lagartija (du lézard) et celle de la Serpiente (du serpent), sont gravées des figures de ces deux animaux sacrés.

- **Deux cercles consacrés à la lune et au soleil** continuent, mille ans après avoir été tracés, d'attirer les farfelus illuminés ou les sorciers venus y prier, invoquer un dieu, ou lancer un mauvais sort. Aussi n'est-il pas rare d'y voir de l'affluence en fin d'après-midi et autour de minuit. Dominant le lac Umayo et une île plate dont seuls les chamans sont autorisés à fouler le sol, le site de Sillustani dégage des ondes d'énergie fabuleuses.
- **Entrée S/ 15**.

## Transports

Pour s'y rendre, la plupart des voyageurs contactent les services d'une agence de voyages, qui propose des tours à partir de 14h30 pour S/ 25, incluant le droit d'entrée (S/ 6). Le tour dure environ 3h30, dont 1h30 sur le site. Il est possible de louer les services d'un taxi pour environ S/ 50 (attente comprise). Les plus aventuriers prendront un bus vers Juliaca, descendront à l'embranchement, avant de prendre un combi vers Atuncolla (compter S/ 3). Ouverture de 6h à 18h.

# JULIACA

- **Population :** 276 110 habitants.
- **Altitude :** 3 822 m.

Cette ville peu attrayante (c'est le moins que l'on puisse dire), à 45 km de Puno, est la plus importante du département de par sa population, sa vocation de nœud de transports aériens et de son centre industriel et commercial – c'est le plus grand marché du Pérou pour l'alpaga. Juliaca est triste et grise, surtout quand il pleut ou neige comme à Puno, avec le lac Titicaca en moins. La délinquance est plus élevée ici qu'à Puno. Bref on y atterrit ou en décolle et ne s'attarde pas. Il n'y a pas d'aéroport à Puno.

- **La foire hebdomadaire du lundi** est l'endroit rêvé pour acheter les vêtements d'alpaga les moins chers du pays. La Catedral Santa Catalina, plaza de Armas, avec son clocher et sa coupole, constitue la seule beauté de l'endroit.

## Transports

Juliaca possède un Terminal Terrestre central d'où partent toutes les importantes compagnies.

- **Arequipa** : Flores propose 8 départs par jour entre 9h45 et 18h15 ; de S/ 35 à S/ 50 en cama ; 4h30 de trajet.
- **Lima** : Flores propose 3 départs à 14h, 15h15 et 17h ; S/ 100 ; 22h de trajet.
- **Cusco** : Libertad propose des départs toutes les deux heures ; S/ 20 ; 6h de trajet.
- **Tacna** : Wayna propose deux départs à 9h et 19h ; S/ 30 ; 9h de trajet.
- **Puerto Maldonado** : Santa Cruz propose un départ par jour en semi-cama ; S/ 50 ; 12h de trajet.
- **Puno** : S/ 3,50 en combi pour 45 min de trajet. Départs très réguliers de la plaza Bolognesi.

**AEROPUERTO INTERNACIONAL INCA MANCO CÁPAC**
Urbanización Santa Adriana (5 km du centre)
✆ +51 51 328974
*La course en taxi coûte S/ 10 de la plaza Bolognesi.*
Vols quotidiens de et vers Lima, Arequipa et Cusco avec Latam (www.latam.com). A partir de juillet 2019 Viva Air (vivaair.com), la compagnie low cost, propose également la destination.

## Pratique

- **Indicatif téléphonique :** 051.

### Argent

**BANCO DE CRÉDITO**
Mariano Nuñez 136-138
Plazo Bolognesi

**CASAS DE CAMBIO**
Les maisons de change sont toutes sur l'avenue Mariano Nuñez, qui mène à la gare.

**REPÉREZ LES MEILLEURES VISITES**
★ INTÉRESSANT ★★ REMARQUABLE ★★★ IMMANQUABLE ★★★★ INOUBLIABLE

**INTERBANK**
Mariano Nuñez 109

## Moyens de communication

**SERPOST**
Angle calles Sandia 278 et Ladislao Butrón
✆ +51 51 321391
*Ouverte du lundi au vendredi de 08h à 13h et de 14h30 à 18h. Le samedi jusque 16h.*

## Santé - Urgences

**HOSPITAL CARLOS MONGE MEDRANO**
Carretera Huancané (km 2)
✆ +51 51 321901
*Ouvert 24h/24.*

**POLICE**
Jr Huascar 468 ✆ +51 51 325015
*Ouvert 24h/24.*

**Autre adresse :** Terminal Terrestre. Aéroport.

## Se loger

Les *hostales* sont peu confortables et tout juste propres. Leur préférer les hôtels « étoilés ».

**HOTEL DON CARLOS**
Plaza Bolognesi
✆ +51 323600
www.hotelesdoncarlos.com
reservations@hotelesdoncarlos.com
*Chambre simple à S/ 130 et double ou matrimoniale à S/ 180, petit déjeuner américain compris.*
Un établissement tout confort (télévision, téléphone), avec en prime, une agence de voyages et un transport gratuit depuis ou jusqu'à l'aéroport. Les chambres sont de bonne taille, confortables et bien équipées. Internet. Deuxième adresse, un poil plus luxe, Suites Don Carlos.

**HOTEL LUQUINI**
Plaza Bolognesi
Jr Bracesco 407
✆ +51 51 321510
*Chambre simple à S/ 50, double à S/ 90 et triple à S/ 105.*
Dans une maison ancienne, des chambres bien tenues et confortables, avec salle de bains privée, eau chaude et télé câblée. Le restaurant, économique, est plutôt bon.

**ROYAL INN HOTEL**
Jirón San Román 158
✆ +51 51 321561
www.royalinnhoteles.com
*Chambre simple 105 US$, double ou matrimoniale 110 US$, suite 165 US$, suite 210 US$, petit déjeuner compris.*
Un immeuble moderne, impersonnel, mais dont le personnel sait montrer sa compétence. Chambres moquettées bien équipées et confortables. Bon resto dans un cadre cosy. Les prix sont négociables.

## Se restaurer

Les estaminets douteux et les *pollerías* pour avaler l'éternel poulet-frites abondent, mais c'est à vos risques et périls.

**EL ASADOR POINT**
Jr Unión 119
Juste à côté de la rue Román
✆ +51 51 328686
*Plat à environ S/ 25. wi-fi. Livraison à domicile.*
Grillades de viande d'Argentine (à un prix raisonnable) mais aussi pâtes et pizzas. L'ambiance est sympathique et convient parfaitement à une soirée, qui pourra s'avérer arrosée. En effet, le bar et le billard y sont propices, d'autant plus quand on a dégusté un bon repas *caliente* !

**MELI MELO**
Jirón San Román 167
Un établissement recommandé pour ses desserts : cake, mousse au chocolat, crème brûlée... La chaîne Ricos Pan située juste à côté sert également de bonnes *empanadas*.

**RESTAURANT TRUJILLIANO**
Jirón San Román 163
*A la carte, plats à partir de S/ 25.*
Propose une cuisine créole et à base de fruits de mer très correcte dans sa vaste salle. Les prix sont plus élevés qu'ailleurs dans la ville mais le service et la qualité le justifient. Ça reste correct.

# LAMPA

A 80 km au nord de Puno, soit 30 km au nord de Juliaca. L'église baroque métissée du XVIIe siècle, Santiago Apóstol, justifie à elle seule le détour. Le folklore est également très présent à Lampa, berceau des Ayarachis de Paratia, animateurs incontournables des fêtes de l'Altiplano. C'est ici que l'on élève le chinchilla dont la fourrure orne les manteaux des riches Occidentales. Son succès faillit coûter définitivement la peau de ce petit rongeur, aujourd'hui protégé. La « ville rose » est également connue sur le plateau comme la « cité des sept merveilles ». Pas une de moins...

## Transports

**Pour s'y rendre à partir de Juliaca**, prendre un combi depuis la rue Huascar, pas loin du marché (compter S/ 2,50 pour 45 min de trajet).

## À voir – À faire

### IGLESIA SANTIAGO APÓSTOL

L'église baroque métissée du XVIIe siècle, Santiago Apóstol, justifie à elle seule le détour. A la différence de la cathédrale de Puno, ici la nef et ses retables valent la façade. L'église abrite l'une des deux copies de la *Pietà* de Michel-Ange que compte le continent. Dans la crypte, à laquelle on descend par un étroit escalier, les murs sont recouverts de squelettes. Ils appartiendraient aux constructeurs du monument. Le sacristain a la garde des clés.

## PUCARÁ

A 60 km au nord de Juliaca, sur la ligne de chemin de fer, cet important centre cérémonial inca fut une forteresse, construite par la culture Pukará entre 250 av. J.-C. et 380 apr. J.-C. (site archéologique Kalasaya). Aujourd'hui, la renommée mondiale de ce village repose sur les cornes d'un bovin en céramique, le « torito de Pucará », symbole de robustesse que l'on place, par superstition, au-dessus des maisons nouvellement construites. Un petit musée jouxte la place centrale flanquée d'une église coloniale photogénique : le museo litico de Pucara (S/ 10). Quelques beaux objets, quelques sculptures intéressantes, un art lithique des plus séduisants, mais ne vous attendez pas à monts et merveilles… Ceux qui ont réservé un « tour organisé » entre Puno et Cusco peuvent omettre cette visite et marcher une dizaine de minutes vers le site archéologique, qui domine le village. Une bonne occasion de se dégourdir les jambes en sa baladant dans des lieux chargés d'Histoire.

## AYAVIRI

Une toute petite ville, à 95 km de Juliaca, le long de la voie ferrée. Sur la place, une église qui ne déshonore pas le patrimoine de l'Altiplano : San Francisco de Asís. A 3 km, les eaux thermales de P'oqpoq'ella avec tout autour, les montagnes et des troupeaux de camélidés… On est ici au cœur du cœur des hauts plateaux.

## LA RAYA

Située à 4 312 m d'altitude, cette porte d'entrée de l'Altiplano constitue la halte la plus élevée consentie par le train qui assure la liaison entre Cusco et Puno… et ce n'est pas un hasard : un spectacle d'une grande beauté vous attend. Au pied de cette église d'un jaune flamboyant et au toit rouge, vous apprécierez les contrastes épatants offerts par le ciel azur, le blanc des cimes andines et des lamas, le vert tendre de la vallée… Vous êtes ici en communion avec la nature (à condition d'ignorer les très nombreux vendeurs venus ici rien que pour vous).

## SICUANI

Au pied de l'Apu Jururo, cette petite ville a conservé, dans ses rues souvent tortueuses, un parc important de maisons coloniales à balcon de bois démesuré. Sicuani est la porte de la puna, paysage de steppe à l'herbe rase qui s'étend jusqu'à Puno et La Paz. La ville s'affaire au rythme des arrêts du train mais on la traverse juste.

## SAN PABLO

Dans ce village, le génie et l'histoire andins sont à l'œuvre chez les artisans joailliers qui fabriquent des bijoux, mais aussi des candélabres, des crucifix, des tumis (dieu chimú ou couteau funéraire inca), des clochettes, en or, en argent et en cuivre, à la manière de leurs ancêtres dont ils portent les noms : Yupanqui, Suyo, Tito, Ccorimanya ; mais eux, en plus, utilisent le fer-blanc.

## RAQCHI ★

Voici un village étoilé au firmament des sites archéologiques et de l'indianité. Le temple de Wiracocha (certains penchent pour une caserne) impose l'impériale hauteur de son mur (15 m), de ses portes et de ses colonnes à qui franchit son enceinte. Le complexe d'habitations à six patios et huit ruelles ainsi que les *colcas* (silos) de 8 m de diamètre sont les restes d'une agglomération de 200 maisons. Les cinq *phaqchas* (sources) sont connues comme ayant été les bains de l'Inca. Le chemin inca, toujours en service, conduit jusqu'à Qollasuyo, protégé par des murailles, comme, 500 m plus loin, la caserne (*cuartel*) et la prison (*cárcel*) de Raqay, soit huit édifices autour d'un patio. Trois terrasses délimitent l'espace. C'est sur ces dernières que se déroule, le troisième dimanche de mai, le festival folklorique de Raqchi – le plus célèbre du pays – qui fait renaître les rites incas, avec danses des guerriers, des religieux, des laboureurs. Dignes héritiers des Incas, les habitants de Raqchi excellent dans la fabrication de céramiques : plats, *ocarinas*, statuettes de diables et autres dieux païens. La visite guidée est proposée par tous les bus touristiques Puno-Cusco ou inverse. On a une vue sur l'immensité du site de l'extérieur mais son intérêt archéologique peut valoir d'aller voir de plus près.

- **Entrée** S/ 20.

# CUSCO
## ET SA RÉGION

*Temple inca de Sacsayhuamán.*

# CUSCO

★★★★

- **Population :** 428 450 habitants.
- **Altitude :** 3 400 m.

*Cusco est l'un des hauts lieux du tourisme en Amérique latine (2 millions 624 000 touristes en 2014 !). De fait, il paraît presque impensable de ne pas y séjourner quand on se rend au Pérou. Il faut dire que déambuler dans les ruelles pavées, entre les murs de pierre aux angles multiples, ou sous les arcades de la plaza de Armas est un enchantement constant. Le costume traditionnel des femmes de Cusco, composé d'une jupe noire brodée de motifs colorés, de mantas de couleurs vives (dans lesquels elles portent sur leur dos un bébé ou un fardeau) et d'un petit chapeau de feutre surmonté d'une sorte de napperon à franges, est aussi d'une parfaite originalité.*

*Malgré la saturation touristique, on aime Cusco, on s'y sent bien, et on y revient, toujours, avec la même joie. On peut y passer des mois si l'on veut arpenter tous les sites archéologiques, tous les petits villages, tous les marchés perdus des vallées lointaines. Mais quelques jours suffiront déjà pour illuminer votre voyage. On a l'impression, pour un temps, d'avoir pénétré au cœur d'un monde et d'un royaume imaginaire, presque légendaire. L'environnement des montagnes, la lumière et l'air frais de l'altitude embellissent le tableau. Il pleut cependant fréquemment et fort de décembre à avril, avec une moyenne de 12 °C ; de mai à octobre le temps est sec et froid (8 °C), davantage de juin à août.*

*Les principales fêtes sont la Semana Santa (mars ou avril) ; le Corpus Christi (au mois de juin, le jeudi suivant la Pentecôte), procession en l'honneur des 16 saints patrons vénérés dans la ville ; l'Inti Raymi, la fête du Soleil le 24 juin (c'est de loin la plus impressionnante), la Fiesta de la Virgen del Carmen à Paucartambo le 16 juillet (considérée comme la meilleure fête folklorique de la région), ainsi que le Pachamama Raymi, ou jour de la Terre Mère, début de la nouvelle année andine marqué par des offrandes le 1er août.*

## Histoire

« *Qosqo, hatun llacta napaicuquin* ! » (Cusco, village principal, je te salue) : telle était l'exclamation que poussait le voyageur à la vue de Cusco (le nombril du monde en quechua). Bien que la vallée de Huatanay ait été peuplée des siècles auparavant, l'histoire de la contrée est liée de manière indélébile à celle des Incas. Selon la légende, Manco Cápac traça le plan de sa cité en lui donnant la forme d'un puma à tête de faucon. Avec le temps, la ville se partagea entre la partie haute, Hanan Cusco, et la partie basse, Hurin Cusco. On attribue à Pachacútec (vers 1438) la construction des principaux temples et palais. A partir de 1533, la ville, marquée par le feu et les lois inexorables des Espagnols, se transforma radicalement : les édifices incas furent détruits, les pierres servant à d'autres types de constructions. Sur les fondations anciennes de pierres parfaitement ajustées, les vainqueurs élevèrent d'imposantes églises, des couvents, des collèges et d'élégantes *casonas* (maisons coloniales). Cusco présente une parfaite réussite de ce métissage culturel et artistique qui fait d'elle l'une des plus belles cités d'Amérique latine. Après Lima, la cité impériale fut le pôle des activités sociales de la colonie. L'événement marquant en fut la naissance de l'école artistique de Cusco. Celle-là mêle motifs chrétiens-espagnols et indigènes en un syncrétisme qui, aujourd'hui encore, laisse le visiteur émerveillé. Ville historique, Cusco eut le privilège, dont se seraient passés ses habitants, d'être le théâtre de l'exécution de Túpac Amaru II, sur la plaza de Armas.

## Les immanquables de Cusco et sa région

- **Découvrir le Machu Picchu,** en une journée (épuisant), deux jours (correct) ou en suivant le Chemin de l'Inca (sur 4 jours à partir du km 82 ou sur 2 jours à partir du km 104).
- **Se plonger dans la vallée sacrée** : marché de Pisac, ruines d'Ollantaytambo, les Salinas de Maras, le village de Chinchero... et pourquoi pas y passer quelques jours
- **Visiter le temple du Qoriqancha.**
- **Se balader dans les vieilles rues**, le soir surtout.
- **Passer une soirée dans le superbe quartier de San Blas.**
- **Effectuer un trek de cinq jours vers les ruines de Choquequirao,** spectaculaires.
- **Grimper au sommet** de la Montagne des 7 couleurs même si on n'y est pas tout seuls.

Edifice religieux
Musée
Curiosité
Office du tourisme
Marché
Poste
Police
Gare ferroviaire
Gare routière
200 m.
SAN BLAS
CENTRE HISTORIQUE
Precolombino (MAP)
Musée Inka
Plaza Las Nazarenas
Cathédrale
Musée d'Art religieux
Police
Museo de Arte Contemporaneo
Plaza de Armas
Iglesia de la compañia
Office du tourisme
Santa Catalina
Poste
Museo histórico regional
La Merced
San Francisco
Santo Domingo (Korikancha)
Santa Clara
Marché central de San Pedro
San Pedro
Stade universitaire
Marché Wanchaq
Gare routière
Gare ferroviaire Wanchaq
Stade
Plaza Tupac Amaru
Calle Palacio
Ataud
Procuradores
Suecia
Triunfo
Choquechaca
Sta. Monica
Plateros
Sta. Teresa
Nueva Alta
Espinar
S. Juan
Heladeros
Melo
Nueva Baja
Toedo
Granada Téatro
Marquez Mantas
Maruri Cabracancha
San Augustin
Ahuacpinta
Loreto
Avenida del Sol
San Bernardo
Almagro
Desemparado
Union
Santa Clara
Conceibidayoc
Tupac Amaru
Ccascaparo
Cruz Verde
Tecte
Pera
Tres Cruces de Oro
Avenida Bélen
Pavitos
Lechugal
Ayacucho
Carmen Uicllo
QAuichipunco
Avenida Centenario Matara
San Andres
Av. Grau
Avenida 21 de Mayo
Avenida del Ejercito
Avenida Regional
San Miguel
Paseo de los Heroes
Avenida Garcilaso
Avenida Tullumayo
Colla
Arco Punku
Avenida la Cultura
Avenida Huascar
Recoleta
Avenida Retiro
Avenida Landeo
Jr. Santos
Avenida La Cultura
Avenida Tacna
Avenida R. Zavaleta
Avenida Tomasa Tito Condena
Avenida Manco Capac
Avenida Pachakutec
Alameda Pachakutec
Confraternitad
Pje. Retiro
Ramón Castilla
Avenida Infancia

## Nos conseils

- **Commencez par les sites de la Vallée sacrée en y logeant,** l'adaptation à l'altitude sera plus douce, puis visitez le Machu Picchu et enfin déambulez dans le Cusco colonial. Une semaine est nécessaire pour ne rien rater et que cela reste un plaisir.
- **Désormais Cusco est aussi confrontée à la délinquance :** on évitera les quartiers périphériques et le quartier du cimetière la nuit. Au marché et devant la gare de chemin de fer, on prendra garde aux pickpockets.
- **Cusco est l'une des villes où l'artisanat de qualité est bon marché :** profitez du séjour pour acheter des cadeaux.
- **Il est devenu impossible de se balader à Cusco sans être harcelé** de diverses propositions concernant restaurants, cigarettes, massages... Certains vendeurs de rue, appâtés par des gains possibles auprès des touristes, ne vous lâcheront pas facilement.

L'importance de Cusco comme centre commercial andin commença à décliner au XIXe siècle au profit d'Arequipa. En 1950, la ville supporta (mal) un énième séisme qui abattit les principaux édifices. Le malheur des indigènes fut quelque peu atténué quand les ondes telluriques (générées par la déesse Terre Pachamama ?) découvrirent les magnifiques murs incas honteusement dissimulés derrière les parois des églises : preuve était faite de la prédominance d'une culture sur l'autre. Dans les années 1950 afflua une immigration pauvre de l'intérieur, donnant naissance aux *pueblos jóvenes*, les quartiers pauvres. A partir de 1983, un programme de rénovation des églises et du quartier de San Blas a rendu à la capitale des Incas tout son lustre.

Aujourd'hui Cusca attire aussi beaucoup d'expatriés en quête d'une vie plus authentique. Cusco bouge et crée, se peuple de petites boutiques artisanales, bios et équitables. On y pratique aussi le yoga ou toute sortes de spiritualités qui ne sont pas forcément ancrées dans la culture locale. Néanmoins le cœur de la vieille ville et du centre historique résiste. On peut encore se perdre avec plaisir dans ses ruelles étroites et pavées ou grimper toujours plus haut dans San Blas. Les règles de construction sont drastiques pour ne pas dénaturer ce patrimoine. Il suffit de faire un pas de côté et on se laisse inévitablement séduire par Cusco.

- **La région de Cusco fut probablement habitée autour de 5 000 ans av. J.-C.** par les tribus Yauri et Chumbivilcas. Puis vinrent les pasteurs de Canas et les hommes de Qorqa. On considère que la ville de Cusco fut édifiée environ 3 000 ans av. J.-C., ce qui en fait la plus vieille cité d'Amérique. On ignore à vrai dire quel peuple fut à l'origine de sa fondation : peut-être des colons de Marcavalle, ou alors les Sawasiras, les Antasayas ou les Wallas, des tribus locales. Certains certifient que Manco Capac fut le véritable fondateur, autour de

*Vue sur la ville de Cusco.*

1200 apr. J.-C., ou alors Pachacutec, le neuvième Inca. La culture de Chanapata se développa dans la région autour de 800 av. J.-C., puis les Wari imposèrent leur système social autour de 600 apr. J.-C., construisant des édifices comme Pikillaqta. Les Incas finirent par s'installer au cœur de la vallée autour de 1200 à 1400 apr. J.-C.

**Le 15 novembre 1533, les Espagnols parviennent à Cusco**, qui perd alors son statut de « nombril du monde » aux yeux du nouveau pouvoir en place car Lima est créée en 1535 et devient le siège de toutes les institutions. La rébellion de Túpac Amaru, qui se termina par sa défaite en 1572, après 36 ans de guerre, ne pourra changer la donne : les églises, les cathédrales catholiques se dressèrent peu à peu sur les hautes pierres incas. Malgré tout, Cusco occupe encore une place privilégiée au sein du vice-royaume. Une Cédule Royale, émise à Madrid en 1540, déclare Cusco « Première ville et premier vote de toutes les villes et villages de la Nouvelle Castille ». En effet, la position de la ville est stratégique dans les domaines économiques et commerciaux : elle se situe sur l'axe de la route de l'argent entre Lima, Potosí (en Bolivie) et Buenos Aires (en Argentine). En outre, une grande partie de la noblesse inca continue à vivre à Cusco. Cusco fut à moitié détruite en 1650, suite à un terrible tremblement de terre. Une nouvelle secousse ébranla la ville en 1780, au moment où Túpac Amaru II échoue dans une seconde tentative de rébellion. Aguilar Ubalde en 1805, Mateo Pumacahua ou les frères Angulo en 1814 reprendront le flambeau de la résistance inca, mais sans succès.

**Quand le Pérou devient indépendant en 1821**, la nouvelle République se centralise et Cusco perd définitivement son autorité économique dans le pays. Les Andes se ferment peu à peu au progrès technique, tandis que Lima s'ouvre peu à peu à la révolution industrielle et à ce qu'on appelle, aujourd'hui, la mondialisation : de nombreuses industries textiles de l'intérieur doivent fermer, et les économies régionales sombrent dans le marasme. De fait, Cusco connaît une chute démographique alarmante : de 300 000 habitants en 1532, la ville est passée à 12 000 en 1912. C'est alors que naît un fort courant indigéniste local, flanqué d'un anti-centralisme qui perdure : le *cusqueñismo*. Quand un nouveau séisme détruit la ville presque totalement, un processus de reconstruction fédère les forces régionales et conduit à une remise en question de la politique nationale. L'ONG « Bartolomé de Las Casas » est créée pour développer la recherche des thèmes andins. Le tourisme s'accroît peu à peu. Enfin, de grandes mobilisations paysannes agitent les vallées de Cusco dans les années 1960. Tandis que l'élite intellectuelle et commerciale fuit vers Lima, les paysans gagnent les faubourgs de la ville, qui voit sa population se multiplier. En 1933, un Congrès réalisé dans la ville de La Plata, près de Buenos Aires en Argentine, consacra Cusco comme la « capitale archéologique d'Amérique du Sud ».

**La guérilla civile menée par le Sentier lumineux pendant les années 1980** conduit à une situation de crise inattendue. Certes, Cusco est relativement épargnée, mais la misère se répand partout. Le spectre du terrorisme et l'épidémie de choléra qui sévit sur les côtes (à Chimbote surtout), s'ils ne concernent pas Cusco au premier plan, influent directement sur le tourisme, qui connaît une chute dramatique à la fin des années 1980. Cependant, le gouvernement municipal entame un processus d'embellissement de la ville, et les festivités traditionnelles sont remises à l'honneur. Une fois le Sentier lumineux désarmé et les routes du pays sécurisées, Cusco recommence à respirer et le tourisme connaît un essor sans précédent, qui fait de cette ville merveilleuse l'un des plus grands pôles touristiques d'Amérique aujourd'hui. L'Unesco a déclaré Cusco « patrimoine culturel de l'humanité » le 9 décembre 1983. Cusco a su préserver ses richesses. Le flux touristique est parfois très intense surtout de juin à septembre, mais on croise aujourd'hui toute l'année des touristes à Cusco venus de tous les horizons. Cusco est de nouveau le nombril du monde.



## La ville Puma

L'Inca Pachacutec, le grand transformateur, décida la reconstruction de la ville pour lui donner la forme d'un félin pelotonné : un puma. Ainsi, les astronomes planifièrent un système très complexe de sanctuaires, alignés avec les astres, afin de composer un gigantesque calendrier pour l'organisation sociale et les cérémonies cultuelles et festives. La partie supérieure, correspondant à la tête du puma, devint Saqsaywaman, à la fois temple, refuge, observatoire et centre de réunions populaires. La colonne vertébrale devint la rue Pumakurko : ce fut l'axe essentiel de communication en ville, par lequel passaient tous les ordres de la tête aux autres parties du corps. La place centrale était, bien sûr, le cœur de Cusco, où se concentrait la vie civique. Les deux rivières qui limitaient la ville s'unissaient à Pumaqchupan (« la queue du puma »).

# QUARTIERS

## San Blas ★★

Le sympathique quartier de San Blas, plus en hauteur, a aussi ses caractéristiques bien à lui. Ce coin de Cusco, que l'on atteint par un dédale de ruelles pentues, est considéré comme celui des artistes : en effet, on y trouve les ateliers d'artisans-artistes naïfs. Une visite de San Blas, de sa place si calme, s'impose. Les calles San Blas, Carmen Alto, Canchipata ou Quiscapata sont autant de lieux de pérégrinations propices à la méditation. Dominant la ville, ce quartier d'artistes aux nombreux cafés et restaurants (un petit Montmartre) est devenu un lieu privilégié pour se loger également, à tous les prix.

## Centro histórico et la ville basse ★★★

La ville basse, organisée autour de la Plaza de Armas et sa cathédrale, est riche de murs incas, d'églises, et d'innombrables *casonas* coloniales aux toits de tuiles et aux balcons de bois sculpté. On pousse l'exploration jusqu'à la Plazea Regocijo ou San Francisco, sans oublier le marché central San Pedro. A noter le récent boom touristique du quartier de Santa Ana qui s'est lui aussi peuplé d'hôtels.

# SE DÉPLACER

## L'arrivée

### Avion

■ **AEROPUERTO VELASCO ASTETE**
Avenida Velasco Astete ✆ +51 84 222611
*Office de tourisme dans le hall.*
A 5 km du centre. Prendre un taxi (S/ 15). Vols quotidiens pour Lima (1 heure), Puerto Maldonado (45 min), Arequipa (1 heure), Juliaca (45 min) et La Paz (Bolivie). Attention l'aéroport de Cusco est petit, encastré dans les montagnes, les retards sont fréquents, notamment dus aux conditions climatiques. Latam est la compagnie la plus sûre, grâce aux radars et aux fréquences.

■ **AVIANCA PERU**
Av El Sol 602-B
✆ +51 84 249922
*Ouvert du lundi au vendredi de 9h à 19h, le samedi jusque 18h.*
Comme les autres compagnies, Avianca propose le même tarif pour tous, résidents ou non. Tous les tarifs incluent un bagage en soute. Attention, Avianca a considérablement réduit ses opérations au Pérou et ne propose plus que les liaisons Lima-Cusco.

■ **LATAM**
Av El Sol 840 ✆ +51 1 2138200
www.latam.com
*Ouverture de lundi au vendredi de 9h à 19h et le samedi de 9h à 13h.*
Vols vers Lima, Puerto Maldonado, Arequipa et Juliaca. Depuis peu des vols directs entre Cusco et Iquitos en test les lundis, mercredis et samedis. La politique tarifaire dépend du nombre de bagages à bord. Nombreuses promotions sur Internet, concurrence oblige. A noter que si vous avez une connexion internationale derrière, Latam est la compagnie la plus sûre, quel que soit le climat.

■ **SKY PERU**
✆ +51 1 391 3600
skyairline.com/peru
Sky Peru est la nouvelle venue dans le paysage low cost péruvien. Là encore la politique bagages est à surveiller de près à l'achat. Le bagage à main inclut est de maximum 20 kg, mais selon ces dimensions 25 x 35 x 45 cm. On peut ajouter une valise cabine et/ou une valise en soute. Les tarifs sont Zero/ Plus ou Full. Plusieurs liaisons par jour pour Lima. La compagnie venait d'ouvrir un Cusco-Arequipa les lundis, mercredis, vendredis et dimanches après-midi.

■ **STAR PERU**
Av El Sol 627, Of 101 ✆ +51 84 262768
www.starperu.com
servicioalcliente@starperu.com
*Ouverture du lundi au samedi de 9h à 18h50 et le dimanche de 9h à 12h30.*
Vols vers Lima, mais la compagnie se battait pour rester en lice dans un marché hyper concurrentiel.

■ **VIVA AIR**
✆ +51 1 7050107
vivaair.com/pe
Le 1er *low cost* du Pérou. Prix bas, mais 10 kg à bord maximum. Bagages et services additionnels en supplément. Il faut par exemple impérativement imprimer son check-in soi-même, le service est payant à l'aéroport. Beaucoup de

retards signalés. La compagnie propose 5 vols par jour entre Cusco et Lima.

## Train

Depuis 2010, Peru Rail n'a enfin plus le monopole ferroviaire pour se rendre au Machu Picchu, mais les effets tardent à se faire sentir sur les tarifs. Désormais, deux compagnies se partagent le marché : Peru Rail et Inca Rail. Les trains locaux ne sont pas accessibles aux touristes. Billets un peu moins cher si on se rend à Ollantaytambo, la plus grosse gare de départ, en combi ou *colectivo*, compter 1h30.

- **Limite des bagages à 8 kg à bord** des trains vers le Machu Picchu. Une consigne est disponible à Ollantaytambo. Beaucoup de voyageurs laissent leurs bagages à leur hôtel de Cusco ou la Vallée Sacrée où l'on repasse forcément.

### BELMOND ANDEAN EXPLORER

✆ +51 84 581414
perurail.com
*Départs le jeudi matin de Cusco. Spirit of the Water Peruvian 2 jours-1 nuit Cusco-Puno à partir de 1 250 US$ la cabine pour 2 personnes au départ de Puno et 1430 US$ au départ de Cusco. Highlands 3 jours-2 nuits Cusco-Titicaca-Arequipa, à partir de 4 320 US$ la cabine pour 2 personnes. Pas de train en février.*

Ce nouveau train de nuit de luxe a été lancé au printemps 2017. Il propose plusieurs services pour un voyage tout confort entre les cimes andines. De Cusco à Puno, 1 jour-1 nuit, cela s'appelle Spirit of the Water. De Puno à Cusco, 1 jour-1 nuit, cela s'appelle Spirit of the Andes. Arequipa-Titicaca-Cusco est disponible en 2 jours-2 nuits avec le service Andean Plains and Highlands. Enfin le trajet Cusco-Titicaca-Arequipa en 3 jours-2 nuits se retrouve sous le nom de Peruvian Highlands et inclut la visite des grottes de Sumbay et les traces laissés par les premiers habitants de l'Altiplano. Le train offre 3 types de cabines (lits superposés, 2 lits simples ou suite), toutes avec salle de bains privée et douche. 48 passagers seulement à bord pour ces voyages exclusifs et privilégiés. Le prix comprend tous les repas et excursions. Malgré les prix, il faut réserver plusieurs mois à l'avance pour les cabines les plus accessibles.

### BELMOND HIRAM BINGHAM

✆ +51 84 581414
belmond.com/hiram-bingham-train
reservations.france@belmond.com
*Aller-retour à partir de 705 US$. Cusco, départ 9h05, arrivée 12h24. Machu Picchu Pueblo, départ 17h50, arrivée 21h16.*

Le trajet Cusco-Machu Picchu se fait pour un trajet inoubliable, via le train Belmond Hiram Bingham. Les wagons bleu et or du Belmond Hiram Bingham voyagent pendant 3 heures 30 entre Cusco et le Machu Picchu. Une belle occasion de déguster des spécialités péruviennes pendant le brunch ou le dîner. Le bar offre de très beaux points de vue. Show folklorique, défilé de mode et articles sélectionnés en vente. Du très haut de gamme. Le billet est certes cher mais c'est une excursion complète. Cela inclut la navette aller-retour, la visite guidée sur le site de Machu Picchu en anglais et en groupe et le thé de l'après-midi au Belmond Sanctuary Lodge voisin du site archéologique.

### PERURAIL

Av. Pachacutec S/N
Wanchaq
✆ +51 84 581414
www.perurail.com
reservas@perurail.com
*Tous les jours de 7h à 22h.*

Ce sont les fameux trains bleus vintage que l'on voit sur toutes les photos. Point de vente sur la Plaza de Armas de Cusco. Ci-dessous les différentes options pour relier Cusco ou la vallée sacrée à Machu Picchu :

- **Le tarif économique s'appelle PeruRail Expedition**. Les trajets les moins chers se trouvent au départ de Ollantaytambo, mais il faut rejoindre le village (environ S/ 10 en *colectivo*). Vente à bord.
- **Le tarif PeruRail Vistadome** est un peu plus cher. Le gros plus : les fenêtres panoramiques qui s'ouvrent sur une nature de plus en plus foisonnante. A bord, des musiciens accompagnent le voyage et un audioguide attire votre attention sur les sites importants qu'on longe. On aura aussi droit à un spectacle de danse folklorique. Snack aux saveurs andines inclus et ventes à bord. On trouve ce service au départ de San Pedro, Poroy, Urubamba et Ollantaytambo.
- **De la gare San Pedro de Cusco**. Elle a été remise en fonction pour 2 départs et 2 retours par jour avec PeruRail. Les trains PeruRail Vistadome partent à 6h40 pour une arrivée à 10h52 à Aguas Calientes et 7h30 pour une arrivée à 12h11 à Aguas Calientes. Retours depuis Aguas Calientes à 15h43 et 17h23, arrivée à Cusco 21h23 et 21h52.
- **De Poroy,** un petit village situé à 25 min du centre-ville de Cusco, elle était jusqu'il y a peu la gare la plus proche de Cusco avant la remise en fonction de San Pedro. Seul PeruRail assure ce trajet direct : départ à 6h40, 7h35 et 8h25 de Cusco. Retour du Machu Picchu à 15h20, 16h43 et 17h23. Durée entre 3h et 3h30. Tarif : à partir de 83 US$ l'aller (sur base d'un aller-retour).

- **De Ollaytamtambo à Aguas Calientes** : départ de 5h07 à 21h pour le Machu Picchu avec PeruRail. Retour entre 5h35 et 21h50. Durée 1h30. Tarif : à partir de 55 US$ (sur base d'un aller-retour).
- **PeruRail Sacred Valley** : nouvelle option depuis le 17 juillet 2017 le PeruRail Sacred Valley inclut un déjeuner et/ou dîner à bord dans un wagon spécial et un wagon-bar panoramique. Les wagons ont aussi ce charme et cachet d'antan, musiciens à bord et service ad hoc. A partir de 352 US$ aller-retour. Départ 10h30 de Urubamba et 11h52 de Ollantaytambo, arrivée 13h34. Départ de 19h30 de Machu Picchu Pueblo, arrivée 21h28 à Ollantaytambo puis Urubamba à 22h37. 33 passagers maximum.
- **Option Belmond Hiram Bingham** pour le voyage de luxe, voir ci-dessus.
- **Autre adresse :** Lima : aéroport et Larcomar

### INCA RAIL

105 Portal de Panes
Plaza de Armas ✆ +51 84 581860
www.incarail.com

*Bureau principal ouvert du lundi au vendredi de 7h à 22h, samedi-dimanche jusque 20h. Egalement des bureaux de vente à la gare d'Ollantaytambo (tous les jours de 6h à 19h45) et à gare de Machu Picchu (tous les jours de 7h à 21h30). A partir de 115 US$ aller-retour.*

Sous la marque IncaRail, on retrouve 3 types de services : Voyager, 360° ou First Class (déjeuner ou dîner inclus). IncaRail propose des allers-retours quotidiens depuis Ollantaytambo vers Aguas Calientes-Machu Picchu Pueblo et un aller-retour par jour depuis/à Poroy (Cusco). Depuis 2019 ils opérent aussi des horaires directs depuis Cusco même (départs de la gare de San Pedro, au centre-ville) à 5h en 360° ou 8h28 en First Class. Retours depuis Machu Picchu Pueblo 16h12 en 360° ou 19h en First Class. Un wagon The Private est disponible à la location sur demande, souvent pour les voyages en groupe exclusifs.

### PERURAIL TITICACA

Av. Pachacutec S/N
Wanchaq
✆ +51 84 581414
www.perurail.com
reservas@perurail.com

*Aller simple Cusco-Puno en PeruRail Titicaca : à partir de 245 US$. Départ de la gare de Wanchaq à 7h10, arrivée à 17h30, les dimanche-mercredi-vendredi. Point de vente sur la Plaza de Armas de Cusco.*

Le PeruRail Titicaca court pendant 10 heures de Cusco à Puno à travers les Andes depuis la cité impériale jusqu'aux rives du Titicaca. Accueil en musique à la gare puis les musiciens montent à bord pour la traversée. Les wagons ont le cachet d'antan, de style Pullman. Ils sont panoramiques, élégants et confortables, avec un service aux petits soins qui comprend le déjeuner gourmet et le thé. Ce train est l'un des plus hauts du monde et le spectacle est magnifique. Amis photographes, vous ne le regretterez pas. Encore plus sur les derniers kilomètres avant Puno, lorsqu'on longe le lac Titicaca au coucher du soleil. Le PeruRail Titicaca est considéré par de nombreux magazines comme un des plus beaux trains du monde.

- **Autre adresse :** Plazoleta Regocijo 202

## Bus

### CUSELA

Av. Industrial 550 Res. Industrial Huancaro
Santiago
✆ +51 84 224 782
www.cusela.com.pe
cuscopuno@cusela.com.pe

*Le trajet est à partir de 36 US$ et 51 US$ avec les entrées incluses à Andahuaylillas, Raqchi et Pukara.*

Cusela est la concurrence du Inka Express et propose un service très similaire avec les mêmes arrêts et les mêmes services : guide à bord, buffet inclus. Le prix est plus intéressant.

## Comment circuler dans la Vallée sacrée ?

- **Pisac** : 1h de route. Départ toutes les 15 min de 4h30 à 20h30 sur l'avenue Tullumayo (n° 207) pour S/ 5. Possibilité en taxi collectif pour S/ 20 pour 4 personnes (départ du Pte Grau n° 300). Possibilité de poursuivre jusqu'à Urubamba et ensuite Ollantaytambo.
- **Ollantaytambo** : 2h de route. 4 départs de l'avenue Grau (n° 525) à 4h, 4h40, 5h et 17h pour S/ 10 en mini-van et S/ 15 en autos colectivos.
- **Chinchero** : 1h de route. Départ toutes les 15 min de 4h30 à 20h de l'avenue Grau (n° 525) pour S/ 4. Possibilité de poursuivre jusqu'à Urubamba avec 40 min supplémentaires.
- **Si vous manquez de temps**, les agences proposent des formules pour visiter ces sites en une seule journée au départ de Cusco. Plus confortable car vous n'avez pas à vous préoccuper des transports mais un peu frustrant car les visites sont très rapides.

MachuPicchu TRAIN
CUSCO - PERÚ
Tailormade Experiences by INCARAIL
INCARAIL @INCARAIL @INCA_RAIL
Découvrir le Véritable Esprit du MachuPicchu
THE PRIVATE MachuPicchu TRAIN
THE FIRSTCLASS MachuPicchu TRAIN
THE 360° MachuPicchu TRAIN
THE VOYAGER MachuPicchu TRAIN

**INKA EXPRESS BUS**

Calle Hospital 885 ✆ +51 84 431398
www.inkaexpressbus.com
info@inkaexpressbus.com

*A partir de 50 US$ sans les entrées aux sites et 65 US$ avec les entrées aux sites. Guide hispanophone-anglophone à bord. Boissons et déjeuner buffet compris. Agence ouverte du lundi au vendredi de 9h à 13h et de 15h à 18h, et le samedi matin. Fermée le dimanche.*

La Ruta del Sol met à disposition des bus confortables entre Cusco et Puno. Les départs s'effectuent à 7h dans un sens comme dans l'autre (de Puno, Terminal Terrestre ; de Cusco, 5to paradero Ttio), pour une arrivée vers 17h30. C'est un bon plan (quoique très touristique) pour appréhender cette région des Andes. Tout d'abord, parce que le service est de qualité (bus confortable, toilettes, boissons à disposition, guide bilingue en anglais, vues panoramiques, départs à l'heure), ensuite parce que le bus s'arrête en divers endroits : Andahuaylillas et sa fameuse église baroque, Raqchi et son imposant site inca à ne pas manquer, Sicuani pour la pause déjeuner, La Raya à 4 335 m d'altitude et une dernière pause à Pukará et son petit musée de taureaux en céramique qui portent chance sur les berges du Titicaca. Réservations en ligne. L'agence peut aussi vous déposer les billets à votre hôtel. Trois compagnies assurent cette route : Inka Express, Turismo Mer et Wonder Peru. La même page Internet vend les trois compagnies. C'est un service intéressant, si vous supportez d'être en groupe et souhaitez faire les visites. Si ce n'est pas le cas, optez pour un trajet sans arrêt comme les directs de Cruz del Sur.

**TERMINAL TERRESTRE**

Avenida Micaela Bastidas (à 3 km du centre-ville)
✆ +51 84 224471

*Compter S/ 8 en taxi du centre-ville.*

**Plus d'une vingtaine de compagnies** s'étalent sur les deux étages du terminal, alors n'hésitez pas à faire jouer la concurrence. Les plus recommandables ? Cruz del Sur, Oltursa, Movil Tours. Voici les destinations les plus courues avec des prix qui varient selon le degré de confort (ou d'inconfort !). N'oubliez la taxe de S/ 1.

**Lima, via Nazca et Abancay** : 21h de route. Deux départs par jour avec Cruz del Sur : 14h et 18h pour S/ 125-170. Oltursa à 16h à partir de S/ 110. Movil Tours à 17h entre S/ 130-135. Flores, Tepsa et Molina proposent des prix moins chers.

**Arequipa** : 10h de route. Deux départs avec Cruz del Sur : 20h et 20h30, de S/ 70 à S/ 140. Oltursa à partir de S/ 70 à 20h. San Martin et Yulsa également.

**Puno** : 7h de route. Cruz del Sur départs à 8h ou 22h pour S/ 45. San Martin propose 3 départs par jour : 7h45, 20h45 et 22h (S/ 30 en semi cama). Mêmes départs pour Juliaca avec 1h de route en moins.

**Puerto Maldonado** : 12h de route. Movil Tours départs 9h, 19h30 et 21h de S/ 35 à S/ 80 selon le type de bus. Ormeño et Palomino aussi, plus basiques.

**Andahuaylas** : 9h de route. Celtur et los Chankas proposent deux départs à 7h et 19h, S/ 35. Mêmes départs pour Abancay pour S/ 20 et 4h de trajet. Pour Ayacucho, s'arrêter à Andahuaylas pour encore 9h de route : un véritable périple !

**Copacabana (Bolivie)** : 10h de route. Tranzela propose un départ à 22h en bus cama, de S/ 80. Egalement Litoral qui va jusqu'à La Paz (12h de route).

### Voiture

**HERTZ**

Av. Velasco Astete F-28
Wanchaq
✆ +51 84 500 926
hertzperu.com.pe
cusco@hertzperu.com.pe

*Directement à l'aéroport, tous les jours de 6h à 20h.*

**SIXT CUSCO**

Velasco Astete S/N
✆ +51 951 284 733
www.sixt.com/es

*Ouvert de 6h à 20h.*

## En ville

### Bus

**SIGHTSEEING BUS**

✆ +51 972 982 860

*S/ 35 par personne. Départs à 11h et 15h.*

Voilà un bus sur 2 étages qui fait le tour de Cusco et ses hauteurs pendant 3 heures. On longe quelques incontournables du centre-ville, les ruines de Saqsayhuaman, Qenqo, Puca Pucara, stoppe au Cristo Blanco pour quelques photos panoramiques et termine au Santuario Animal de Cochahuasi, un petit zoo avec des alpagas bien sûr, mais aussi des singes, tortues, petits félins et perroquets. Du grand classique. Attention : le tour est panoramique, pas de stop pour les visites des sites archéologiques. A bord guide espagnol/anglais. Des rabatteuses se trouvent sur la Plaza de Armas et vous orientent.

## Tramway

### TRANVIA DE CUSCO

Plaza Recocijo
Face au Restaurant Emperador
✆ +51 984 693 421
*S/ 30 le tour, vente directe à bord. Départs environ 10h, 12h, 14h30 et 16h.*
Ce vieux tramway en bois a du cachet. Il parcourt les alentours du centre historique puis grimpe et s'arrête au niveau du Cristo Blanco pour une session de photos panoramiques puis sur les hauteurs du Palacio Manco Capac où un wagon identique propose quelques photos du vrai tramway qui parcourait les rues de Cusco et une boutique de souvenirs et snacks à base de produits locaux. La visite totale prend environ 2 heures, plaisante, on peut aussi se poster sur la plateforme arrière et sonner la cloche. Idéal en famille. Des rabatteuses sont postées sur la Plaza de Armas, c'est la façon le plus simple de le trouver. Les horaires sont très aléatoires.

## Taxi

Une course dans la ville ou jusqu'à l'une des gares ferroviaires coûte environ S/ 7-10, davantage vers Poroy (village d'où partent les trains vers le Machu Picchu). Vous pouvez, si vous le préférez (pour plus de sécurité), appeler l'un des numéros de taxi indiqués, mais bien sûr cela revient un peu plus cher.

### ALO CUSCO

✆ +51 84 222 222

### LLAMATAXI

✆ +51 84 222000
llamataxicusco@hotmail.com

### TAXI PRIVÉ

✆ +51 974 892 311
*Rafael est un taxi agréé qui s'adapte à vos envies pour découvrir la Vallée Sacrée. Tarif : S/ 130 pour aller à Ollantaytambo en s'arrêtant à Chinchero, aux Salinas et à Moray.*

## À pied

### FWT PERU CUSCO

Plazoleta Regocijo ✆ +51 958 745 640
freewalkingtoursperu.com
*Départs 19h, 13h ou 15h. Le dimanche à 19h uniquement.*
Beaucoup de concurrence autour du concept mais les pionniers du mouvement FWT désormais mondial sont reconnaissables à leur veste verte. Ils proposent le tour de conseils basiques dans le centre (départs 10h, 13h et 15h30). Ce tour est géré par le mouvement By InkanMilkyway pour la promotion de guides locaux originaires de la région.

# PRATIQUE

- **Indicatif téléphonique :** 084.

## Tourisme - Culture

Les tarifs des expéditions sont très variables, selon le lieu et le confort choisis. Attention, il faut réserver plusieurs mois à l'avance, surtout en haute saison, pour le Chemin de l'Inca qui va jusqu'au Machu Picchu, vérifiez les espaces disponibles sur www.machupicchu.gob.pe, onglet Consultas.

### COSITUC

Av El Sol 103 ✆ +51 84 261465 101
*Tous les jours de 8h à 18h.*
C'est là que vous pourrez acheter votre billet touristique indispensable pour visiter les sites de Cusco et aux alentours. Impossible d'acheter son ticket à l'unité, mais le billet touristique est aussi en vente aux postes de contrôle des sites visités également. Il coûte S/ 130 pour une durée de 10 jours et est valable pour les sites de Moray, Ollantaytambo, Pisac, Chinchero, Tambomachay, Pukapukata, Q'enqo, Saqsayhuaman, Tipon, Pikillacta, les musées de Cusco (monument Pachacutec, museo historico regional, museo de arte contemporaneo, museo de sitio de Qoricancha) et le spectacle du centre Qosqo. Réduction pour les étudiants à S/ 70. Les billets partiels sont à S/ 70, mais ne couvrent qu'une partie : Saqsayhuaman et les ruines voisines sur un jour, Cusco, ses musées, Tipon et Pikillacta sur 2 jours, les 4 sites de la Vallée Sacrée sur 2 jours.
Tous ces billets peuvent aussi s'acheter en espèces sur les principaux sites. Gratuit pour les enfants de moins de 10 ans et demi-tarif de 10 à 17 ans. Attention, pour visiter la cathédrale, il faudra acheter un autre billet, celui du Circuit Religieux auprès du CRA (Cuesta del Almirante 116) à S/ 30.

## Réceptifs

La région de Cusco se prête tout particulièrement à de nombreuses activités sportives. Sachez cependant que la plupart des agences situées autour de la plaza de Armas et calle Plateros vendent ces activités pour faire de l'argent au mépris de toutes les règles de sécurité. Elles travaillent avec les fournisseurs de services les moins chers qui sont rarement les meilleurs. Comme il n'y a pas de contrôle, l'anarchie la plus totale règne dans ce domaine. Voici quelques agences qui proposent un service professionnel et vous orienteront, si besoin est, vers des agences fiables.

**AGENCE PUKA NINA**
Calle Teófilo Benavente K-8
Magisterio
✆ +51 84 285643
*Voir page 26.*

**ANDEAN ADVENTURES PERU**
Urb. Lucrepata E-13
✆ +51 84 229911
*Voir page 26.*

**ANDEAN EXPLORER CUSCO**
Salineras C-7
San Sebastian
✆ +51 984 827 729
www.andeanexplorerscusco.com
reservas@andeanexplorerscusco.com
Une agence locale bien pour les treks ou visiter les initiatives de tourisme rural. Concerne tout ce qui est proche de Cusco et sa Vallée Sacrée.

**ANDES AUTHENTIQUES TOURS**
19 Calle Cruz Verde
✆ +33 1 40 50 33 67
*Voir page 26.*

**ANTIPODE**
Calle Choquechaka 229 -D
✆ +51 84 240867
*Voir page 26.*

**CASAS DEL PERU**
Pasaje Esmeralda 102
Santiago
✆ +51 956 289 869
*Voir page 28.*

**CHASKI VENTURA**
Av. Manco Cápac 515
Wanchaq
✆ +51 84 233952
*Voir page 28.*

**DOS MANOS PERU**
Calle San Agustin 249
✆ +51 84 235115
*Voir page 29.*

**ECOAMERICA PERU**
Oficina 8, 2e étage
Calle Marqués 259
✆ + 51 84 255 136
*Voir page 29.*

**JOURNEY EXPERIENCE**
Urb. Progreso Mz. V Lote 2A
Wanchaq
✆ +51 84 245642
www.thejoex.com
info@thejoex.com
Avec Journey Experience, pas de doute sur la qualité du service. Toute l'équipe est au petit soin pour vous faire apprécier votre séjour au travers de circuits organisés. Guides expérimentés. Spécialité *camino* inca et Huchuy Qosco. De plus, l'agence s'engage activement dans un tourisme responsable participant au développement de certaines communautés locales. Sur la ligne portable indiquée fonctionne un contact Whats'App en français.

**MIL COLORES POR DESCUBRIR**
Av. Colonial 3008, Condominio Alto Colonial, Torre Sauce – Dpt 802
Cercado de Lima
✆ +51 1 993 083 514
*Voir page 30.*

**MILLA TURISMO**
Urb Lucrepata E-16
✆ +51 84 231710
www.millaturismo.com
info@millaturismo.com
Une agence pionnière dans la région et le pays avec plus de 30 années d'expérience, valeur sûre classique. Carlos Milla amis en place une solide structure familiale qui gère notamment Casa San Blas ou Casa Colibri dans la Vallée sacrée ou encore le planétarium de Cusco.

**PÉROU TOURS**
Zona Residencial
Avenue Jorge Chavez B-1
Wanchaq
✆ +51 84 223455
*Voir page 34.*

**PERÚ EXCEPCIÓN**
Oficina 101
Prof. C8 Quartier Urbanización
✆ +51 84 437 690
*Voir page 34.*

**PERU MAJESTIC TRAVEL**
Calle Choqechaka N° 162
✆ +51 940 481 719
perumajestictravel.com
info@perumajestictravel.com
Cette petite agence de la rue Choquechaka en contrebas de San Blas ne paie pas de mine, mais l'équipe sur place saura bien vous orienter. Ils proposent les treks comme Lares ou Salkantay, la Montaña 7 Colores ou encore le très peu exploré Waqrapukara.

**QESWACHAKA PERU TOURS**
Calle Triunfo 392
Centro Artesanal Arte Inca, Intérieur, 2e étage
✆ +51 84 225840
qeswachakaperutours.com
qeswachakatours@gmail.com
Cette petite agence s'est spécialisée dans tous les nouveaux tours un peu hors des sentiers battus de la région de Cusco. Évidemment le

pont inca et tressé de Qeswachaka comme leur nom l'indique, mais aussi le canyon de Chontapour pour voir les condors, la montagne de colores de Palccoyo pour s'éloigner de la foule, la lagune de Huamantay qui borde le glacier Salkantay ou les 7 lagunes de l'Ausangate et Warqrapukara, le nouveau joyau inca. Pour changer un peu des programmes classiques, on vous conseille le tour en 2 jours de Qeswachaka et Waqrapukara.

### PALOTOA TOURS

Calle Plateros 358 ✆ +51 84 237880
www.palotoaamazontravel.com
palotoaamazontravel@gmail.com
Cette agence est spécialisée sur le Tambopata ou le Parc Manu à des tarifs compétitifs. Si vous n'avez pas encore fait votre choix au moment de votre arrivée à Cusco, vous pouvez leur rendre visite, les bureaux sont juste à côté de la Plaza de Armas. Ici pas de tromperie sur la marchandise : on vous indique clairement sur le circuit, par exemple au Manu, si l'on ira dans la zone culturelle ou jusqu'à la zone protégée qu'on vous conseille vivement. Ils ont un lodge à l'entrée de la réserve, un autre le long du fleuve Madre de Dios puis travaillent avec Casa Matchiguenka. Idem au Tambopata, les itinéraires s'adaptent si on souhaite inclure le lac Sandoval ou l'observation des perroquets qui viennent grignoter les falaises d'argile. Ils y travaillent avec un lodge partenaire. Autres options vendues sur leur site Internet le fameux Inca Trail et sa version jungle, ou une formule qui inclue deux incontournables de la région et hors de sentiers battus : Salkantay + Manu. Les groupes ici sont en majorité anglophones. On peut consulter les dates de départ en ligne et s'ajouter à un groupe pour faire baisser la note.

### QOSQO MISTICO

Oficina 201, 2e étage
Calle Triunfo 392
Plaza de Armas
✆ +51 84 227455
www.qosqomistico.com
info@qosqomistico.com
Tenue par Marilu depuis plus de 15 ans, cette petite agence organise les traditionnels tours au Machu Picchu et Cusco ainsi que sur toute la côte sud (Lima, Ica, Paracas, Nazca, Arequipa), Puno et la Bolivie. Classique.



### RESPONSIBLE TRAVEL PERU

Pasaje los Lirios 7A
Urbanización Mariscal Gamarra
✆ +51 84 598331
*Voir page 40.*

### TERRES MAGIQUES DES INCAS

Res. Andalucía Of. 101
Urbanizacion Barrio Profesional C8
✆ +51 84 231 300
*Voir page 36.*

### TIERRAS DE LOS ANDES

Urb. Kennedy A
Calle Turquezas E-11 ✆ +51 84 247277
*Voir page 36.*

**SUNSHINE TRAVEL PERU**
Calle Plateros 373
✆ +51 84 253131
www.sunshineperutravel.com
sunshinetravelperu@hotmail.com
Cette agence qui est située juste à côté de la Plaza de Armas propose des tours dans la région de Cusco. Treks en montagne, tours à cheval ou encore sorties en rafting. Une agence sérieuse ! Ils proposent des sorties tous les jours à 9h pour le Machu Picchu avec transport en bus, train, entrée et guide inclus. De même, départs tous les jours pour la Vallée sacrée ou la visite de Cusco.

**TRAVELATIN**
Choquesaca 393
✆ + 33 182885692
*Voir page 38.*

## Représentations – Présence française

**ALLIANCE FRANÇAISE**
Avenida Cultura 804
Wanchaq
✆ +51 84 223755
afcusco.org.pe
af.cusco@alianzafrancesa.org.pe
*Ouvert du lundi au vendredi de 8h30 à 13h et de 16h à 19h30.*
On y trouve quelques magazines français, un café avec des viennoiseries qui vous feront passer le mal du pays, ainsi que des projections de films et évenements culturels.

**CONSULAT DE FRANCE**
Calle Nueva Baja 560
✆ +51 84 249737
jeanjacquesdecoster@gmail.com
*Accueil du public du lundi au vendredi de 18h à 20h. Consul Honoraire : M. Jean-Jacques Decoster.*

**IMMIGRATION**
Avenida del Sol 612
Intérieur de la Préfecture
✆ +51 84 222741
www.migraciones.gob.pe
esevilla@migraciones.gob.pe
*Ouvert du lundi au vendredi de 8h à 16h. Le samedi de 8h à 12h.*

## Argent

Le mieux pour changer son argent est de se rendre dans les petits bureaux des *cambistas* de l'avenida del Sol. Les taux sont plus intéressants. Les banques pratiquent souvent des taux de change beaucoup moins intéressants.

**BANCO CONTINENTAL**
Av. El Sol 366

**BANCO DE CREDITO**
Avenida del Sol 189

**BANQUE ET ASSISTANCE TOURISTIQUE**
Plaza de Armas
Portal de Harinas 177
Distributeurs mais aussi différentes banques représentées pour vous assister dans l'achat ou la réservation de billets d'avion. Egalement point d'infos touristiques.

## Moyens de communication

**INTERNET ET TÉLÉPHONE**
Plaza de Armas
Portal de Carnes 260
*D'autres adresses dans les rues adjacentes de la Plaza.*

**SERPOST**
Avenida del Sol 800
✆ +51 84 225232
*Ouvert du lundi au samedi de 8h à 20h, le dimanche de 9h à 14h. Service de poste restante, se munir de son passeport.*

## Santé – Urgences

**HOSPITAL ANTONIO LORENA**
Urb Primavera calle Carlos Ugarte s/n
Huancaro-Santiago
✆ +51 84 226511
www.hospitalantoniolorena.pe
*Ouvert 24h/24.*

**HOSPITAL REGIONAL**
Avenida de la Cultura 710
✆ +51 84 231131
www.hospitalregionalcusco.gob.pe
*Ouvert 24h/24.*

**O2 MEDICAL NETWORK**
Calle Bellavista C-11
Huancaro
✆ +51 84 221213
www.o2medicalnetwork.com
info@o2medicalnetwork.com
Cette clinique est spécialisée dans les soins portés aux voyageurs. Mal d'altitude, fracture, insolation,... la clinique possède tout le matériel moderne et l'équipe nécessaire pour vous soigner. Possibilité de rapatriement jusqu'à Cusco en ambulance ou par voie aérienne.

**POLICE TOURISTIQUE**
Plaza Tupac Amaru (à côté de Dircetur)
Wanchaq
✆ +51 84 235123

## Adresses utiles

**■ CENTRO TINKU**
Calle Nueva Baja 560 ✆ +51 84 249737
www.centrotinku.com
info@centrotinku.com
Le centre Tinku est une école de langues qui a été créée par Jean-Jacques Decoster (le consul de France à Cusco) pour permettre aux étrangers d'apprendre l'espagnol ou le quechua. Il fait également office de centre culturel consacré aux échanges entre les universités du monde entier et les populations des Andes, et propose du volontariat dans les domaines de la santé, de l'éducation... Formules en famille. Tinku Tours est l'agence de voyages qui fait partie du Centro Tinku.Il y a aussi un café restaurant sur place ouvert de 8h à 16h.

**■ WIRACOCHA SPANISH SCHOOL**
Cuesta San Blas 561 ✆ +51 84 242562
www.wiracochaschool.org
info@wiracochaschool.org
*Compter 70 US$ par semaine pour 10 heures de cours d'espagnol en groupe, 89 US$ en individuel. Aussi des cours de quechua : compter 199 US$ par personne pour une semaine (20h de cours).*
On peut y apprendre l'espagnol mais aussi le quechua, langue parlée par la majorité des Indigènes de l'altiplano péruvien (mais aussi de Bolivie, d'Equateur, de Colombie et du nord de l'Argentine), et ancienne langue impériale des Incas. Egalement des cours de cuisine et de salsa. L'école peut aussi vous mettre en relation avec des familles d'accueil pour être encore plus en immersion.

# SE LOGER

Cusco propose un grand nombre d'hôtels, pour toutes les bourses et d'un confort très variable. Pour les petits tarifs, mieux vaut visiter plusieurs établissements. En juillet-août, on peut avoir quelques difficultés, compte tenu de l'afflux touristique. Hors saison, ne pas hésiter à discuter les prix. Vous pouvez séjourner dans les environs de la plaza de Armas, où vous serez solliciter par les petits vendeurs, les agences de voyages, les restaurants, ou les propositions de massage... ou, comme nous vous le suggérons, aller dormir sur les hauteurs de la ville (quartier San Blas), pour une meilleure vue, moins d'affluence et un petit air bohème, par contre il faut grimper !

## Centro histórico et la ville basse

### Bien et pas cher

**DRAGONFLY HOSTELS CUSCO**
Siete Cuartones 245
✆ +51 84 247058
dragonflyhostels.com/
cusco.dragonfly@gmail.com
*Dortoirs S/ 30-40 de 10 à 4 lits. Chambre double/ matrimoniale avec salle de bains partagée S/ 119 et quadruple S/ 200. Chambre double/ matrimoniale avec salle de bains privée S/ 159 et triple S/ 199. Petit déjeuner inclus.*
Encore un autre bon plan pour voyageurs sac au dos. Cette *casona* aux balcons repeint d'un vert pimpant est posée en contrebas du quartier de Santa Ana. Elle propose des chambres en dortoir, classiques mais colorées, et quatre chambres doubles ou matrimoniales avec salle de bains partagée ou privée, l'une d'elles peut se transformer en triple. Autre bon plan pour les familles : un dortoir de 4 personnes en duplex. Au rez-de-chaussée on trouve un petit espace bar boisé et cosy, quelques hamacs, poufs et jeux, une cuisine en libre-service. Les Français aiment bien, nous aussi. Moins la musique assez forte le soir. Tout dépend des voisins du jour, mais l'ambiance est en général plus tranquille que dans d'autres *backpackers*.

**HOSTAL ESTRELLITA**
Av. Tullumayo 445
✆ +51 84 234134
*S/ 20 par personne la chambre de quatre ou six à partager, S/ 45 la matrimoniale ou double. Sdb commune. Petit déjeuner inclus.*
Un hostal tout simple, caché à l'arrière de la cour d'une vieille casona. Ici le service est familial, les onze chambres basiques mais on s'y sent bien et au calme. Pas de dortoirs mais au maximum des chambres de 4 ou 6 à partager. Toutes les salles de bains sont communes. Et en hiver on se réchauffe comme on peut. Très simple bien sûr vu le prix mais propre et pratique (cuisine à disposition). En plus c'est à côté de Qosko Maki (au 465), l'une des boulangeries les plus recommandées et recommandables de la ville, et trois rues derrière le Qorikancha.

**MAMA SIMONA HOSTEL**
Calle Ceniza 364
Barrio de San Pedro ✆ +51 84 260408
www.mamasimona.com
info@mamasimona.com
*Dortoirs de 12 à 15 US$ selon le nombre de lits (de 4 à 8 lits), double 34 US$ avec salle de bains commune, matrimoniale ou double avec TV et salle de bains privée 42 US$. Petit déjeuner inclus.*
Un hostel bien remis à neuf, lumineux et très efficace au niveau du service. Les chambres sont petites, mais neuves, modernes et impeccables avec de belles grosses couettes colorées (wifi dans les espaces communs proches de la réception et ordinateurs connectés, cuisine à disposition, livres et jeux en prêt, service de laverie). Plein d'infos sont données sur place. Parfois bruyant, mais ça reste le principe d'un *backpacker*, on vous le recommande ! Ils ont une autre adresse de charme, plus au vert, à Ollantaytambo.

**NAO VICTORIA HOSTEL**
Procuradores 357 ✆ +51 84 386 902
naovictoriahostels.com
info@naovictoriahostels.com
*Dortoirs de 8 lits 13,50-15 US$, dortoirs de 6 lits avec salle de bains privée 16 US$, filles uniquement 19 US$. Chambre matrimonial avec salle de bains privée 50-70 US$. Suite 80-100 US$. Petit déjeuner en buffet inclus.*
Nao Victoria nous a fait une très belle impression. Il est situé dans une petite rue piétonne étroite et festive à 1 min à pied de la Plaza de Armas. Là encore on se retrouve dans un patio en arcades et pierres apparentes. La fibre culturelle a été mise en avant avec des peintures cusqueniennes ou baroques sur les murs. Les dortoirs sont impeccables avec des lits solides, un peu plus larges qu'ailleurs, un rideau noir qui préserve l'intimité, une petite lumière et une prise pour chacun. Ils sont chaque fois calés contre les murs : gain de place. Des coffres en bois sont placés dans chaque chambre qu'on verrouille avec son propre cadenas. On n'a pas noté un tel sens du détail ailleurs. Les salles de bains communes sont bien agencées, avec eau chaude et sèche-cheveux. Nao Victoria propose aussi des chambres privées avec lits queen size, celles des étages sont jolies et chaleureuses, sous les combles, celle du rez-de-chaussée plus sombre. Il y a aussi une suite supérieure, calée sous les toits, avec vue à 360°. Ici il y a 13 chambres, soit environ maximum 50 personnes. L'autre atout c'est un petit café culturel qui offre un menu du jour à S/ 15 et des soirées spéciales avec guitares d'Ayacucho ou rythmes afro-péruviens. Bref ici on a envie de se démarquer un peu et ça paie. Seul bémol, comme dans beaucoup de backpackers la fête peut en déranger certains.

**PARIWANA HOSTEL CUSCO**
Calle Meson de la Estrella 136
✆ +51 84 233751
www.pariwana-hostel.com
cusco@pariwana-hostel.com
*Large gamme de dortoirs de 11 US$ à 16 US$ de 14 lits à 6 lits, option filles uniquement ou salle de bains privée pour la chambre 17-19 US$. Double 50 US$ avec salle de bains commune. Double ou matrimoniale 60 US$ avec salle de bains privée. Suite 75 US$ avec lit queen size, baignoire, petit*

*salon avec TV. Petit déjeuner en buffet inclus.*
Une belle *casona* historique et fleurie, reconvertie en un *backpacker* efficace où défilent les jeunes du monde entier. Les atouts sont de taille : parquet au sol, espaces colorés, jolie suite avec salle de bains privée et beaucoup de services en extra : wifi dans tout l'hôtel, bar-restaurant, cuisine à disposition, laverie, garde des bagages. L'ambiance est forcément animée, mais bon enfant. C'est un peu plus cher, mais beaucoup plus spacieux et très propre. Ils sont à 5 *cuadras* de la Plaza de Armas, environ 10 minutes à pied en parallèle avec l'Av El Sol.

### SELINA PLAZA DE ARMAS CUSCO

Calle Garcilazo 150 ✆ +51 1 70 97787
selina.com
*Dortoirs de 8 lits à 4 lits et de 15 US$ à 24 US$. Tepee 48 US$. Chambre standard avec salle de bains privée : matrimonial 70 US$ et double 80 US$, chambre familiale 100 US$, deluxe 90 US$ et unique 115 US$.*
Selina est une espèce de hostel boutique, un peu hybride. Ils ont ouvert beaucoup de nouvelles adresses en 2019. A Cusco il y a le Selina Saphi plus grand et plus festif et le Selina Plaza de Armas (en fait derrière la Plaza Recocijo, à environ 5 minutes de la Plaza de Armas). On a beaucoup aimé le grand patio avec pierres apparentes et touches de décoration vintage. C'est lumineux et convivial, ici on sert le petit déjeuner (inclus ou non selon le tarif choisi lors de la réservation) et des options à la carte (S/ 12 le Selina breakfast). Il y a aussi un café-bici avec une vraie machine à café pour des espressos serrés. A l'arrière une salle de relaxation accueille des cours de yoga et une salle de ciné connectée à Netflix abrite les soirées d'hiver. Les dortoirs sont de 8, 6 ou 4 lits, tous avec leur salle de bains attenante. Ce qu'on a plus aimé ce sont trois choses : les tentes *tepee* réparties dans le patio arrière avec un lit matrimonial confortable et un espace douillet, mais les salles de bains sont partagées et extérieures et les *tepees* voisins les uns des autres ; les chambres privées deluxe amples avec chauffage électrique, meublées vintage et décorées de collages colorés aux murs ; les chambres quadruples avec lit matrimonial et lits superposés pour les familles branchées. Il y a ici aussi comme dans tous les Selina, une suite exclusive, la Unique, ici sous les combles avec vue. Là aussi selon les soirs la fête peut vous envahir un peu, mais c'est le repère des bobos connectés et les lieux sont bien tenus et rafraîchissants.

### THE LUXE CUSCO HOSTEL

Calle Suecia 348
✆ +51 84 387568
theluxecuscohostel.com
info@theluxecuscohostel.com
*Dortoirs de 13 à 8 lits de 11 à 15 US$, dortoirs filles uniquement 20 US$. Chambre matrimoniale avec salle de bains privée 55 US$ et avec lit king size et vue sur la ville 70 US$. Petit déjeuner inclus.*
Cet hostel à 2 minutes de la Plaza de Armas s'ouvre sur une jolie cour pavée et en gros et ses balcons peints de bleu turquoise sous une verrière. La décoration est joliment arrangée avec le sens du détail. Les chambres sont astucieuses, certains dortoirs en duplex ; attention toutefois, on est parfois très près des combles. Ils ont également deux jolies chambres privées. Certaines salles de bains sont en pierres apparentes ; attention toutefois, la ventilation n'est pas optimale. Une adresse vraiment centrale à tester.

### TURISMO CAITH

Urb. Ucchullo Alto
Pasaje Sto Torbio N4
✆ +51 84 233595
www.turismocaith.org
reservascaith@gmail.com
*Par personne et par nuit 27 US$ avec salle de bains privée. Petit déjeuner inclus.*
Vittoria, italienne et fondatrice du projet, propose des chambres agréables, aux salles de bains impeccables et dans un environnement propice à un séjour réussi (wifi, jardin, agence de voyages). Ici, on fait du tourisme dans une ambiance familiale, de façon responsable. L'hôtel et l'agence soutiennent une fondation qui permet à des petites filles de faire des études et de se former à un emploi. Attention, l'adresse est excentrée, sur les hauteurs à droite de San Blas, au niveau de la cuadra 2 de l'Av. Argentina, proche du Parque España. 25 minutes à pied du centre. Autres hôtels à Yucay dans la Vallée Sacrée et Puno. Public à grand majorité italien.

## Confort ou charme

### CASA ANDINA STANDARD CUSCO PLAZA

Plaza de Armas
Portal Espinar 142 ✆ +51 84 231733
www.casa-andina.com
travel@casa-andina.com
*Simple, double ou matrimoniale à partir de 115 US$, petit déjeuner buffet inclus.*
Un hôtel central et remis à neuf. Ses 40 chambres se révèlent toutes très confortables, dotées d'une salle de bains privée, de la télévision câblée, d'un chauffage, d'un coffre-fort et de sèche-cheveux sur demande. Ascenseur sur place, très rare au Pérou. Restaurant, wifi, laverie, services de taxi et de conversion de devises. Casa Andina possède aussi sur Cusco le San Blas, le Catedral dans sa gamme classique, le Korichancha n'avait pas encore été rénové. Il existe aussi un hôtel de sa gamme plus chic, le premium, sur la Plazoleta Limacpampa. Pratique et confortable.

**EL ANDARIEGO**
Calle San Andrés 270 ✆ +51 84 225593
www.andariegocusco.com
reservas@andariegocusco.com
*Compter S/ 160 pour une chambre simple, S/ 200 chambre double ou matrimoniale, et supérieure queen S/ 240 avec cheminée, S/ 270 pour une triple, chambre familiale (1 lit double et 2 lits simples) S/ 330, appartement jusqu'à 7 personnes S/ 560. Petit déjeuner buffet.*
Très belle maison à l'atmosphère bourgeoise du XIXe siècle, comme en témoigne le mobilier d'époque. Les chambres élégantes disposent de sanitaires privés avec eau chaude et de la télévision câblée, quatre d'entre elles (matrimoniales, les 101, 103, 208 et 209) se parent d'une cheminée. Un petit jardin vous accueille. De nombreux services sont proposés. A noter pour les gourmands que le petit déjeuner buffet est servi avec du pain cuit au feu de bois ! A 10 min en contrebas de la Plaza de Armas, dans une rue parallèle à l'Av El Sol. Simple, accueillant, confortable.

**HOSTAL LLIPIMPAC**
Calle Zetas 400
A hauteur de la Plala Limacpampa, entrer jusqu'au 2e patio ✆ +51 84 222292
www.llipimpachostal.com
info@llipimpachostal.com
*Compter 69 US$ la chambre simple, 78 US$ la double et 95 US$ la triple et 130 US$ la quadruple, avec salle de bains privée. Petit déjeuner buffet inclus.*
A une *cuadra* du Qoricancha, donc très bien situé en plein centre historique, voilà un hôtel adorable, caché tout au fond d'une cour derrière ses grilles, organisé en petites maisons individuelles colorées et boisées. Il y a aujourd'hui 23 chambres, dont des supérieures dans un édifice plus moderne, mais en accord avec l'architecture des lieux. Les chambres y sont plus grandes avec des lits queen size. Lors de notre passage, les prix étaient encore unifiés, mais dans le futur ces chambres plus amples augmenteront sans doute un peu. L'endroit, très propre et calme, offre charme et atmosphère accueillante à ses hôtes pour un prix compétitif. Salle de déjeuner et salons familiaux avec des cadres d'époque et une atmosphère de maison de famille, petit jardin, bon signal de wifi sur place. Un petit coin de nature dans une ville bien agitée et un secret bien gardé. Le seul hic c'est qu'il faut sonner pour entrer et parfois la nuit se fait froide.

**INKARRI CUSCO HOTEL**
Collacalle 204 ✆ +51 84 242692
www.inkarricusco.com
info@inkarricusco.com
*Standard à partir de 46 US$, double ou matrimoniale à partir de 60 US$, supérieure à partir de 72 US$, junior suite à partir de 140 US$. Petit-déjeuner buffet inclus.*
Cette maison coloniale s'ouvre sur un hôtel d'un excellent rapport qualité-prix. Dans la partie ancienne, on trouve 5 chambres-boutique avec une décoration contemporaine et colorée. Dans la partie ancienne, on trouve 5 chambres-boutique avec une décoration contemporaine et colorée. La chambre 112 (familiale) est intéressante pour l'espace et le prix proposé, très spacieuse. Ensuite, les quelque 30 chambres sont réparties autour du 2e patio dans des bâtiments plus modernes, mais avec de grands escaliers, des portes, fenêtres et planchers boisés et la touche cusquenienne de toujours. Les standards sont vêtues de blanc avec une décoration andine de pompons colorés et des salles de bains classiques, bien tenues. Les supérieures offrent une plus grande surface, la 300 avec sa vue qui embrasse les toits de Cusco à presque 360° et son lit king size est une très belle affaire. On trouve aussi un petit bar lounge à l'entrée. Le petit-déjeuner buffet est servi dans un cube vitré moderne qui ouvre sur le patio, le service y est efficace, le buffet varié et les crêpes maison apportent une touche gourmande. Les patios et jardins sont reposants et calmes. L'emplacement de l'hôtel est un peu moins idéal, la rue où il se situe est bordée d'un trottoir très étroit et les quelques minutes pour rejoindre la Plaza sont du même goût, à moins de faire un détour par la rue Romeritos piétonne et qui a du cachet.

**LOS NIÑOS HOTEL**
Calle Meloc 442 ✆ +51 84 231424
www.ninoshotel.com
contact@ninoshotel.com
*Chambre simple 30 US$ avec salle de bains commune et 60 US$ avec salle de bains privée. Chambres doubles ou matrimoniales 55 US$ avec salle de bains commune ou 60 US$ avec salle de bains privée. Chambres triples 55 US$ avec salle de bains commune ou 85 US$ avec salle de bains privée. Quadruple 105 US$ et quintuple 130 US$. Petit déjeuner à partir S/ 14-21.*
Il s'agit d'une maison coloniale restaurée, proposant des chambres de très bonne tenue à la décoration contemporaine élégante et poétique. C'est coloré, frais, bien tenu. On profitera du superbe patio ensoleillé dans des chaises longues autour de la fontaine... La propriétaire, la hollandaise Jolanda Van den Berg, dirige la fondation Niños Unidos Peruanos. Après avoir adopté plusieurs enfants des rues, elle a construit un centre d'apprentissage, un restaurant, un centre médical pour pas moins de 500 enfants. Les profits réalisés par l'hôtel vont entièrement à l'amélioration de leur niveau

de vie. Une initiative à soutenir. Deuxième hôtel aux mêmes prix Calle Fierro. Excellent restaurant. Service de spa. Couvertures électriques en location pour les plus frileux.

### ■ RESIDENCIAL TORRE DORADA

Calle Los Cipreses N-5 Residencial Huancaro Santiago ✆ +51 84 241698
www.torredorada.com.pe
info@torredorada.com.pe
*Compter 105 US$ la simple, 130 US$ la double ou matrimoniale et 190 US$ la triple, petit déjeuner inclus. Promotions sur Internet.*
Le seul établissement mentionné qui se situe à l'extérieur du centre. Il fait très bonne figure dans cette rubrique pour le confort proposé et la qualité des prestations globales. Dans un établissement moderne, les 17 chambres sont impeccables, douillettes et calme et le service personnalisé. Vérifiez bien le prix sur Internet, car il peut y avoir des promotions avantageuses. Excellent petit déjeuner sous forme de buffet. Wifi. Par contre il faut prendre un taxi chaque fois qu'on veut arpenter le centre historique, environ 10 min et S/ 6.

### ■ TAMBO DEL ARRIERO

Calle Nueva Alta 484 ✆ +51 84 260709
www.tambodelarriero.com
info@tambodelarriero.com
*A partir de 155 US$ la matrimoniale supérieure et 210 US$ la double supérieur, 240 US$ la suite familiale et 285 US$ la suite deluxe. Petit-déjeuner buffet inclus.*
Une élégante casona totalement rénovée et peinte d'un jaune chaleureux et d'un bleu profond qui compte trois patios et jardins en enfilade pour un calme royal. Les chambres sont spacieuses, aérées, élégantes et bien agencées. Elles affichent quelques détails qui comptent comme la bouilloire ou le lecteur pour iPhone. Une alliance parfaite entre confort et identité coloniale, dans le quartier de Santa Ana, en contrebas de la Plaza de Armas.

### ■ TERRA ANDINA COLONIAL MANSION

Calle Union 184
✆ +51 84 249413
www.terraandinahotel.com
Reservas@TerraAndinaHotel.com
*A partir de 116 US$ la chambre double ou matrimoniale, 164 US$ la supérieure et 209 US$ la deluxe. Petit-déjeuner buffet inclus.*
Cet hôtel élégant est parfait pour ceux qui privilégient le confort d'une bonne nuit de sommeil. Les chambres sont classiques voire rococos, mais très confortables avec TV écran plat, wifi salle de bains élégante avec sèche-cheveux. Les supérieures ont des lits queen ou king. Les « deluxe » un bain bouillonnant. L'hôtel se situe dans la partie basse du Centre Historique,

un peu plus populaire, mais qui s'est peuplée d'hôtels ces dernières années. Par contre il faudra marcher entre 10 et 12 minutes pour rejoindre la Plaza de Armas. C'est une ancienne maison de maître républicaine boisée et avec un mobilier ad hoc.

### ■ TIERRA VIVA CUSCO PLAZA HOTEL

Calle Suecia 345 ✆ +51 84 245858
tierravivahoteles.com
reservas@tierravivahoteles.com
*Chambre individuelle 95 US$, chambre double ou matrimoniale 100 US$, chambre « superior » 112 US$. Petit déjeuner buffet inclus.*
Une belle formule que celle des Tierra Viva. Cette petite chaîne propose des hôtels à taille humaine et élégants. Le Cusco Plaza n'offre que 20 chambres confortables, modernes avec parquet au sol et décoration andine, lumineuses, toutes avec leur salle de bains privée. Nombreuses terrasses au cœur de l'hôtel et un espace salon colonial. La formule inclut le petit déjeuner, le wifi et les services comme blanchisserie ou change. Tierra Viva compte 3 hôtels dans le centre (le Cusco Centro à côté de la Plaza San Francisco possède 43 chambres, élégant également, il est toutefois moins bien placé dans un quartier plus populaire et bruyant) et un à San Blas.

## Luxe

### ■ ARANWA CUSCO BOUTIQUE HOTEL

Calle San Juan de Dios 255
✆ +51 84 604444
www.aranwahotels.com
*Chambre double classique à partir de 180 US$, deluxe supérieur à 220 US$ et suite à 260 US$ par nuit. Petit-déjeuner buffet inclus.*

Aranwa Cusco Boutique Hotel représente l'essence même du luxe et du confort. L'hôtel est construit dans une jolie maison coloniale du XVIe siècle. Les chambres sont très confortables (lits larges partout) et richement décorées avec la collection d'art personnelle du gérant. La décoration est chargée avec meubles et détails d'époque mais elle sied à Cusco la coloniale. Les chambres deluxe sont également dotées d'un système à oxygène, d'une salle de bains spa, sol chauffant... le top du bien-être. L'hôtel comprend un bar et restaurant.

### ■ ATIQ HOTEL

Av. El Sol 613 ✆ +51 84 223322
www.atiqhotel.com
reservation@atiqhotel.com
*Chambres à partir de 280 US$ via Internet. Petit déjeuner inclus.*

Un city hotel au design élégant où chaque détail a été pensé par Marcel, Péruvien qui a vécu longtemps en France et sait se plier à chaque exigence d'un service à l'européenne. Ses suites sont tout confort avec TV écran plat, wifi ultra rapide, douche italienne ou baignoire, certaines avec bain à remous extérieur. La décoration dans les tons gris, orange et rose dans tout l'établissement est réussie avec en prime moquettes moelleuses, belle lumière, vue sur le Qorikancha et une cafétéria accueillante au rez-de-chaussée. Un sans-faute.

### ■ EL MERCADO

Siete Cuartones 306 ✆ +51 84 582640
elmercadocusco.com
info@elmercadocusco.com
*A partir de 250 US$ en simple ou double « superior » et 305 US$ en junior suite. Petit déjeuner buffet inclus.*

Signé Mountain Lodges of Peru, cet hôtel propose un mariage réussi de cachet historique et design contemporain. Les chambres sont douillettes, de taille moyenne, mais bien pensées et décorées. Confort maximum dans les Junior Suite avec lit king size. Wifi, écran plat, salle de bains privée, chauffage sont au rendez-vous. L'hôtel prétend aussi vous faire partager des moments privilégiés avec musique live et feu de cheminée dans le patio principal ainsi que food-truck la nuit tombée pour goûter aux spécialités locales revisitées. Cher, chic et branché. Offres spéciales sur Internet. La même équipe signe également XO Art House, une maison d'hôtes à la décoration contemporaine, en contrebas de San Blas, calle Coquechaca.

### ■ LA LUNE, ONE SUITE HOTEL

Calle San Agustin 275
✆ +51 84 240543
www.onesuitehotelcusco.com
info@onesuitehotelcusco.com
*300 US$ la nuit pour 2 avec petit déjeuner ou formule 350 US$ la nuit pour 2 incluant petit déjeuner, déjeuner, dîner et bouteille de vin, massages en chambre.*

La Lune, One Suite Hotel est davantage un concept qu'un logement. Le prix inclut la nuitée dans l'unique suite richement décorée et plus que confortable (spa et massage), ainsi que les repas au restaurant le Soleil, dont le gérant Arthur s'occupe également. Ce dernier s'implique à fond pour nous donner un service ultra-personnalisé. Le top du top de l'hôtellerie !

### ■ PALACIO DEL INKA HOTEL CUSCO

Plazoleta Santo Domingo 259
✆ +51 84 231961
www.marriott.com
*A partir de 242 US$ pour une chambre double ou matrimoniale premium. Petit-déjeuner buffet inclus.*

Cet hôtel est l'ancienne Maison des Bustes – ce dont atteste le blason sur la façade – que Pizarro fit construire sur les ruines d'un palais inca. Inutile donc de préciser que le cadre est grandiose : le patio, avec sa fontaine de pierre, est au centre d'un cloître (on y découvrira les restes du mur inca). On s'y sent comme au temps de la conquête, au milieu d'œuvres artistiques sublimes. Les 203 chambres sont spacieuses, raffinées, aux touches coloniales rustiques du plus bel effet, lits king size partout, la décoration va crescendo de la premium à la deluxe *colonial* et suite *impérial*. Les salles de bains sont à la hauteur : impeccables et très bien équipées. La plupart des chambres possèdent une terrasse privative. Quant au service, il est d'un extrême professionnalisme. Bref, la classe ! Marriott possède aujourd'hui les hôtels de la chaîne Libertador mais le service n'a pas bougé d'un pouce.

# San Blas

## Bien et pas cher

### ■ BACKPACKER LA BOHEME

Carmen Alto 283
San Blas ✆ +51 84 235694
www.labohemecusco.com
bplaboheme@gmail.com
*Dortoirs de 4 lits S/ 40, chambre simple avec salle de bains privée S/ 65, double ou matrimoniale avec salle de bains commune S/ 80 ou matrimoniale*

*avec salle de bains privée S/ 120. Petit déjeuner inclus.*

Ce coup de cœur des voyageurs français est maintenant solidement établi. Ici Sarah vous reçoit avec de bonnes ondes dans une jolie *casona* aux couleurs rouges et aux jolis balcons en bois donnant sur un patio. Les dortoirs sont impeccables, les jolies chambres privées, avec dessins aux murs et mantas indigènes comme couvre-lits, disposent du confort nécessaire (petite TV, wifi dans l'hôtel). Et la crêperie vous attend pour se faire un vrai petit ou gros plaisir avec 10 % de réduction (sauf boissons et menu du midi à S/ 17). Les crêpes du petit déjeuner, elles, ont inclus.

### ■ CASA DE HOSPEDAJE FAMILIAR SIHUAR

Calle Tandapata 351
✆ +51 84 227435
www.sihuar.galeon.com

*Comptez S/ 70 pour une chambre simple, S/ 120 pour une double ou matrimoniale, S/ 150 la triple, toutes avec avec salle de bains privée et petit déjeuner.*

Tout au bout de la rue Tandapata avec ses maisons blanches et ses pavés, au calme, vous trouverez cette maison d'hôtes accueillante. Elle comporte un jardin et une véranda en sous-sol. On entre par « en haut » en quelque sorte où se trouvent les six chambres avec une literie pas toute neuve, mais du parquet au sol et des salles de bains modernes, bien tenues. Eau chaude, chauffage électrique dans les chambres inclus, laverie. Sonia et Luis vous accueillent eux-mêmes. Un petit hôtel tout simple. Le petit déjeuner continental pourrait être amélioré. Wifi dans les parties communes.

### ■ CASA DE LA GRINGA

Calle P'asnapaqana 148, à l'angle de Tandapata ✆ +51 84 241168
casadelagringacusco@gmail.com

*Compter S/ 109 pour une chambre double ou matrimoniale avec salle de bains commune et S/ 129 avec salle de bains privée, suite 77 US$, avec petit déjeuner américain inclus.*

Un petit établissement tenu par Lesley, Sud-Africaine, qui fait la joie des aventuriers portés vers le mysticisme. D'ailleurs, les sept chambres (une seule avec salle de bains privée) possèdent ce cachet bohème coloré des années 1970. Petit jardin et patio avec un toit en verre pour admirer les étoiles. On pourra s'initier de façon sérieuse au San Pedro et à l'ayahuasca. Ces deux plantes indigènes sont utilisées depuis des millénaires pour des rites et cérémonies. Internet, cuisine équipée et infos touristiques. Il y a aussi une suite indépendante, dans la maison d'en face, avec salle de bains privée.

### ■ EL ARTESANO DE SAN BLAS

Calle Suytucato 790
✆ +51 84 263968

*Compter S/ 20 pour une chambre simple avec salle de bains commune, S/ 25 avec salle de bains privée et S/ 60 pour une chambre double ou matrimoniale avec salle de bains privée.*

Bon rapport qualité-prix. Les chambres sont un peu froides et basiques mais spacieuses, eau chaude aléatoire comme souvent à ces prix là. Vous pouvez sympathiser avec les autres voyageurs dans le patio ensoleillé bordés de balcons turquoise. Cuisine collective bien équipée. Wifi à la réception. Il faut grimper mais le prix le justifie.

### ■ HOSPEDAJE TURÍSTICO SAN BLAS

Cuesta San Blas 526 ✆ +51 84 244481
www.sanblashostal.com
sanblascusco@yahoo.com

*Chambre simple à S/ 120, double ou matrimoniale à S/ 180. Egalement chambres supérieures à S/ 140 en simple et S/ 195 en double. Petit-déjeuner buffet.*

L'*hospedaje* est idéalement placé, à environ cinq minutes à pied de la Plaza de Armas, en plein cœur du quartier de San Blas. Le rez-de-chaussée est très agréable, un salon spacieux avec cheminée. Les 19 chambres sont petites, mais bien équipées : radiateur, eau chaude toute la journée, télévision par câble et wifi. C'est très correct mais pas encore tout à fait confort.

■ **HOTEL PANTASTICO**
Calle Carmen Bajo 226 ✆ +51 84 247141
www.pan-tastico.com – info@pan-tastico.com
*Dortoir de 4 lits S/ 35, avec salle de bains commune S/ 50 la simple, S/ 90 la double et S/ 120 la triple, avec salle de bains privée S/ 75 la simple et S/ 105 la double. Petit déjeuner inclus.*
Le lieu est surtout connu pour ses boulangeries, l'une ici, l'autre à Tandapata et la 3e à Plateros. Mais Lionel, le Suisse qui est derrière tout ça, compte aussi avec cette sympathique adresse aux petites chambres simples mais bien tenues avec de jolies fresques sur les murs. Et le petit déjeuner est un must avec son pain frais (pains au chocolat sur commande). Wifi, cuisine à disposition, convivial.

■ **SAMAY WASI YOUTH HOSTEL**
Calle Atoqsaycuchi 416 ✆ +51 84 253108
www.samaywasiperu.com
info@samaywasiperu.com
*Dortoir 6 lits à S/ 40 et 4 lits S/ 42, 50, double ou matrimoniale S/ 97 avec salle de bains privée, deluxe à S/ 115 avec TV et vue sur la ville. Petit déjeuner inclus.*
Un établissement parfait pour les petits budgets. Ici, on trouve des chambres boisées, petites, mais chaleureuses avec parquet au sol et murs en pierres apparentes. Beaucoup de zones communes, dont une grande terrasse avec vue sur la ville. L'endroit est propre et confortable et le quartier est tranquille. Wifi, petit déjeuner simple, télévision par câble, cuisine, blanchisserie et prise en charge à l'aéroport ou à la station de bus sont compris dans le prix ! Mario et son équipe seront aux petits soins. Par contre il faut grimper ferme, c'est a- dessus de la rue Tandapata dans un passage en escaliers, ne vous fiez pas aux numéros de la rue plutôt aléatoires.

■ **SANBLEÑA B&B**
Calle Tandapata 352-A ✆ +51 84 227570
cuscobnb.com/ – reservas@cuscobnb.com
*Compter simple, double ou matrimoniale avec salle de bains privée 40 US$. Studios 50 US$. Appartements 60 US$. Chambre familiale pour 4 60 US$. Petit déjeuner inclus.*
Un bel hôtel tout en hauteur ! Très calme. Le fils a repris l'affaire et modernisé l'ensemble. Les chambres sont petites, mais impeccables avec un design contemporain, TV et chauffage électrique d'appoint. Certaines ont une vue sur la ville. Tout en haut on trouve une mini terrasse qui embrasse Cusco. La salle de petit déjeuner est grande avec des chaises colorées et une vraie machine à café italienne.

■ **SUMAQ T'IKAQ**
Calle Tandapata 114 ✆ +51 84 229127
www.sumaqtikaqcusco.com
sumaqtikaqcusco@gmail.com
*Chambre simple S/ 60, double ou matrimoniale S/ 70, triple S/ 90, quadruple S/ 120 avec salle de bains privée (eau chaude). Petit déjeuner inclus.*
Passé une porte bleue et un petit chemin de pierre bordé de bougainvilliers en fleur, il faut sonner fort à la porte sur votre gauche (ensuite on vous donnera la clé) et vous voilà dans une petite auberge toute simple. Sept petites chambres vous attendent. Remises à neuf avec parquet et salles de bains privées, elles sont très bien agencées et offrent un très bon rapport qualité-prix. Cuisine et laverie à disposition. Repris en main depuis peu, c'est un bon plan.

■ **SUPERTRAMP HOSTEL CUSCO**
Sapantiana 424 B
Huaca Sapantiana, San Cristobal
✆ +51 84 225783
www.supertramphostel.com
cusco@supertramphostel.com
*Dortoirs de 8 personnes S/ 45, dortoirs de 4 personnes S/ 50, chambre privée avec salle de bains S/ 140 à 180 selon la superficie. Petit déjeuner inclus.*
Le Supertramp de Machu Picchu était déjà plébiscité, celui-ci connaît le même succès. Placé tout en haut de la ville, en contrebas du Templo San Cristobal, on le reconnaît à son mur de tags colorés surplombé d'une immense baie vitrée. Il offre de jolies vues justement depuis les espaces communs semés de poufs pour se relaxer un moment. Les dortoirs sont bien pensés pour profiter de l'espace un maximum, avec de solides lits superposés en bois, une lumière, une prise et un rideau pour chaque lit. Il y en a deux de 8 lits et un de 4 lits. Les trois chambres privées sont petites, mais super confortables avec de bons matelas, de grosses couvertures et des détails déco recyclés. L'une d'entre elles possède un lit additionnel pour les familles. Evidemment ça bouge ici aussi autour d'événements gastronomico-culturels et musique live (pasta et salsa, ferias, barbecue party) mais ça reste une auberge à taille humaine. Top dans sa catégorie.

## Confort ou charme

■ **AMARU INCA**
Cuesta San Blas 541
✆ +51 84 225933
www.amaruhostal.com
reservas@amaruhostal.com
*Compter S/ 165 la chambre simple, S/ 210 la double ou matrimoniale, S/ 240 la matrimoniale supérieure, S/ 270 la triple et S/ 330 la quadruple. Petit déjeuner américain inclus.*
Charmant hôtel, proposant des chambres très correctes avec salle de bains (douche chaude 24h/24). La plupart donnent sur un patio intérieur très fleuri. Attention celles du rez de chaussée sont plus sombres et bruyantes (départs de

bon matin). Préférez les chambres à l'étage qui offrent une vue superbe sur les toits (dont la 215, qui est en fait un ancien pigeonnier !). Service de blanchisserie et possibilité de consigne à bagages. L'accueil est excellent. A noter il existe une 2e adresse dans cette catégorie, Amaru Colonial, plus haut dans la Chihuampata 642. Et deux adresses à moindre prix : le Mallqui dans le quartier de Santa Ana en contrebas de la Plaza de Armas et L'Hosteria de Anita à San Blas. Excellent service partout.

### ANDENES AL CIELO

Choquechaca 176
✆ +51 84 222237
www.andenesalcielo.com
info@andenesalcielo.com
*Chambre simple 70 US$, double ou matrimoniale 95 US$, deluxe 125 US$, penthouse 175 US$. Petit-déjeuner buffet inclus.*
Cette ancienne maison républicaine très bien restaurée offre des chambres vraiment vastes et confortables distribuées sur 3 étages. Belles salles de bain, chauffage, parquet au sol partout, poutres apparentes. Lits queen size et cheminée dans les versions deluxe. Une adresse élégante qui allie le style boutique et une décoration traditionnelle. Un petit déjeuner de qualité et une terrasse à l'étage complètent l'offre.

### CASA ELENA

Calle Choquechaca
✆ +51 84 241202
casaelenacusco.com
reservas@casaelenacusco.com
*Chambre simple 40 US$, chambre double ou matrimoniale 55 US$, la triple 66 US$ et la familiale 84 US$ et quintuple 100 US$. Petit-déjeuner buffet inclus. Transfert depuis l'aéroport 10 US$.*
Cette maison d'hôtes élégante s'ouvre une belle verrière, un escalier en bois et des plantes vertes. Yves et Elena, sa femme, ont soigné les détails. Les 14 chambres sont classiques, mais confortables et très propres, chauffées par radiateurs (des vrais !), et avec de l'eau chaude abondante. TV câblée, wifi. Le plus, certaines chambres sont équipées de rideaux black out pour prolonger la nuit. La quintuple possède son propre espace cuisine. La cuisine de la maison, dans la salle du petit-déjeuner, peut être utilisée pour réchauffer un plat ou se faire un thé. Un espace salon avec une petite bibliothèque est également accessible. Poussez la porte en bois et entrez *en casa*. Une bonne adresse et un accueil attentionné et chaleureux.

### CASA SAN BLAS

Tocuyeros 566
A mi chemin sur la Cuesta San Blas
✆ +51 84 237900
www.casasanblas.com
reservations@casasanblas.com
*Chambre double ou matrimoniale à 148 US$, appartement ou suite à 210 US$ et senior suite à 259 US$. Petit déjeuner inclus.*
La Casa San Blas est l'un des premiers boutiques-hôtels de Cusco. Il a été créé il y a une quinzaine d'années dans une vieille bâtisse coloniale du bohème San Blas. L'endroit a su rester typique, tout en proposant un vrai confort et beaucoup de style intégrant des clins d'œil à la culture inca. Une superbe terrasse au 3e étage offre une vue imprenable sur la ville de jour comme de nuit. Les suites y sont installées avec lit queen size, cuisine, réfrigérateur et micro-ondes. Oxygène, chauffage, wifi, TV. Les chambres classiques sont confortables et douillettes, mais plutôt petites et les salles de bain un peu étroites. Le petit déjeuner est servi dans le petit bistrot à l'entrée, là encore c'est charmant, mais petit quand il y a foule. Malgré ces petits détails, l'hôtel reste un des préférés de la ville dans sa catégorie, car le service attentif est un vrai plus. A noter : la même équipe gère une adresse plus simple et accessible, type B&B, los Aticos (www.losaticos.com).

### CASONA LAS PLEIADES B&B

Calle Tandapata 116 ✆ +51 84 506430
www.casona-pleiades.com
casonapleiades@yahoo.com
*Chambre simple ou double à 60 US$ (77 US$ en haute saison), matrimoniale avec vue à 66 US$ (82 US$ en haute saison) et triple à 70 US$ (89 US$ en haute saison). Petit-déjeuner buffet inclus.*
Philippe et Mélanie ont monté cette belle structure, idéalement placée, à deux pas de la placette de San Blas. Les sept chambres, avec sanitaires privés et couettes en plumes, sont joliment décorées et sont distribuées autour d'un petit patio central. L'ensemble est bien tenu et chaleureux. Les voyageurs apprécient la terrasse ensoleillée pour bouquiner ou surfer sur Internet. Un atout : on parle français !

### HOSTAL EL GRIAL

Carmen Alto 112
✆ +51 84 223012
www.hostalelgrial.com
hotel_el_grial@yahoo.com
*Chambre simple 35 US$, double ou matrimoniale 52 US$, triple 72 US$. Petit déjeuner inclus.*
Ce petit hôtel ne compte que 7 chambres. Il est situé au bout de la rue la plus branchée de San Blas. Avec son petit patio lumineux fleuri, son escalier et son balcon en bois verni, il a de l'allure. Nous avons préféré les chambres du 1er étage, celles du rez-de-chaussée donnent sur le patio qui sert aussi pour le petit déjeuner. Elles sont petites, mais équipées de couettes moelleuses et tout y est impeccable. Parquet en bois lustré, poutres ou pierres apparentes rajoutent une touche de cachet. On s'y sent bien.

**HOSTAL TIKA WASI**
Calle Tandapata 491, au coin de 7 Angelitos
✆ +51 84 231609
www.tikawasi.com
info@tikawasi.com
*En standard, chambre simple à 67 US$, double ou matrimoniale à 78 US$ et triple à 89 US$. Compter 10 US$ de plus pour une supérieure plus ample et avec vue sur la ville. Petit-déjeuner buffet.*
Un hôtel accueillant, sur les hauteurs de San Blas, qui propose des chambres amples, avec chauffage électrique en chambre, TV, wifi et salle de bains privées. Elles ne sont pas toutes neuves mais restent douillettes et calmes. Elles sont toutes disposées autour d'un petit jardin et sa terrasse, atout charme de l'établissement. Personnel très serviable.

**HOTEL ARQUEOLOGO**
Calle Pumacurco 408
✆ +51 84 232522
www.hotelarqueologo.com
info@hotelarqueologo.com
*Chambre simple 83 US$, double ou matrimoniale à partir de 90 US$, duplex 108 US$, design à partir de 126 US$, triple à partir de 136 US$, et suite à partir de 145 US$, avec petit déjeuner (buffet) et transport vers l'aéroport inclus.*
En contrebas de San Blas, à quelques pas de l'élégante Plazoleta Nazarenas, une vaste *casona* aux multiples patios. Ici, les chambres design sont élégantes et contemporaines, avec poutre apparentes. Les suites déploient des tentures rococo. Plus simples mais vastes, les chambres classiques sont correctes et les duplex bien conçus. L'endroit a beaucoup de charme à la nuit tombée. Joël Evrard, le sympathique Français aux commandes de cette belle machine, possède aussi une agence de voyages (www.travelatin.com) et un restaurant de cuisine franco-péruvienne avec musique lyrique les mercredi et vendredi (La Divina Comedia, www.restaurantcusco.com) ainsi qu'un bar cosy avec piano.

**HOTEL RUMI PUNKU**
Calle Choquechaca 339
✆ +51 84 221102
www.rumipunku.com
info@rumipunku.com
*Chambre simple à partir de 95 US$/120 US$ en supérieure, chambre double à partir de 110 US$/130 US$ en supérieure, chambre triple à partir de 130 US$/170 US$ en supérieure, suite 200 US$. Petit déjeuner buffet inclus. Navette aéroport incluse.*
Cet établissement 3 étoiles est une belle surprise, élégant, avec un charme colonial affirmé autour d'un patio fleuri et sa petite fontaine. La porte d'entrée est une magnifique porte inca travaillée qui auparavant menait à un temple. Les quarante-deux chambres offrent deux catégories de confort (standard et supérieure), toutes proposent une salle de bains privée (eau chaude, sèche-cheveux), chauffage, wifi, TV écran plat... Chambres très bien tenues et de bonne taille. Les supérieures ont vue sur les jardins. Très belle vue sur Cusco depuis la salle commune à l'étage. Depuis peu, un espace sauna et bains à bulles peut être privatisé pour 15 US$ et 2 heures. Le service de massage vous permettra de récupérer d'un bon trek ! Bref une offre complète et confortable de qualité.

**LOS APUS HOTEL**
Atocsaycuchi 515
✆ +51 84 264243
www.losapushotel.com
info@losapushotel.com
*Chambre simple 59 US$, double ou matrimoniale 76-89 US$. Petit déjeuner buffet inclus et transferts offerts.*
Un emplacement parfait au pied de San Blas donc pas de dures montées en perspective, mais une jolie vue tout de même sur les toits environnants et le ciel bleu depuis la terrasse. Los Apus Hotel prend des airs de chalet suisse tout en bois à l'intérieur avec des chambres très confortables, lumineuses, avec de grands lits (queen size même en standard), calmes, qui s'adaptent à la *casona* d'origine (parfois pierres apparentes). Les 202 et 301 ont même un balcon, mais toutes proposent le même confort (TV, wifi, chauffage, salle de bains privée). L'atout indéniable : un petit déjeuner buffet qui occupe deux tables avec fruits à profusion et beaucoup de choix. Antoine, le gérant suisse, parle français.

**POSADA ALEMANA**
Calle Tandapata 260
✆ +51 84 226861
www.hotel-cuzco.com
pensionalemana@hotel-cuzco.com
*Tarifs variables selon la saison. Chambre simple standard de 49,90 US$ à 63 US$ et supérieure*

*de 52,90 US$ à 68 US$, chambre double ou matrimoniale standard de 55,90 US$ à 72 US$ et supérieur de 59,90 US$ à 77 US$. Petit-déjeuner inclus.*

Ici, on trouve 21 chambres lumineuses et bien tenues réparties autour d'un jardin central. C'est calme, accueillant et avec un service impeccable. Les salles de bain sont sans fioriture mais l'eau chaude coule à flots, sèche-cheveux sur demande. TV, wifi et chauffage en chambre. Les chambres supérieures ou plus bénéficient de la meilleure vue. Le petit déjeuner est servi dans la petite cafétéria à l'étage avec une belle vue sur les toits de Cusco. On se sent bien dans ce petit hôtel très calme.

## Luxe

### ■ HOTEL MONASTERIO

Calle Plazoleta Nazarenas 337
✆ +51 1 610 8300
www.monasteriohotel.com
perures.fits@belmond.com
*Chambre double supérieur à partir de 225 US$ et 248 US$ avec oxygène, deluxe junior suite à partir de 432 US$ et 469 US$ avec oxygène, petit-déjeuner buffet inclus.*

Voici une relique coloniale extraordinaire, l'un des plus beaux hôtels du Pérou. Le bâtiment, qui fut le monastère de San Antonio Abad, construit en 1592, devint une université au XVIIe. Aujourd'hui, il fait partie du patrimoine historique national. Du cloître central, on accède à l'église où l'on peut admirer de magnifiques peintures de l'école cusqueña. Les luxueuses chambres sont d'un goût parfait (alliant le charme colonial au confort moderne), et il y règne le calme profond des sphères éthérées. Nous recommandons les chambres du premier patio, plus traditionnelles. Le petit déjeuner buffet, tandis que l'ancien réfectoire du monastère s'emplit de chants grégoriens, est un grand moment. Le restaurant Illary, enfin, est l'une des meilleures tables en ville. Chambres avec diffusion d'oxygène (supplément sur le prix à choisir à la réservation). Spa sur place. Belmond possède aussi le Palacio Nazarenas, voisin. Les prix sur Internet peuvent être intéressants si on veut se faire plaisir.

### ■ INKATERRA – LA CASONA

Plazoleta Nazarenas 211
✆ +51 1 610 0400
www.inkaterra.com
directsales@inkaterra.com
*Suites de 440 US$ à 683 US$. Petit déjeuner buffet, possibilité de déjeuner ou dîner sur place (extra).*

Magnifique manoir du XVIe siècle situé au cœur de la ville historique de Cusco, première propriété Relais & Châteaux au Pérou et membre de National Geographic Unique Lodges of the World, l'hôtel a été entièrement restauré tout en maintenant l'héritage historique et ne comporte que 11 suites exclusives avec tout le confort moderne. Autour du joli patio, c'est le grand luxe : salle de bains en marbre, cheminée, chauffage radiant par le sol, literie incomparable, télévision câblée, lecteur DVD, wifi, mini bar. Thérapies avec produits naturels au Yacu Spa. Petit déjeuner abondant, ils n'ont que 6 tables ! Inkaterra est une chaîne luxueuse qui possède une Hacienda à Urubamba et des lodges à Machu Picchu Pueblo et Madre de Dios-Tambopata dans la forêt amazonienne au sud-est du Pérou, près de Cusco. Ça se remplit très vite.

**PALACIO MANCO CAPAC**
Avenida Don Bosco S/N – Quinta Lomellini
San Cristobal ✆ +51 84 255770
www.ananay-hotels.com
pmcreservas@ananayhotels.com
*Deluxe à partir de 134 US$, Jardin à partir de 174 US$, Suites de 221 US$ à 299 US$. Petit-déjeuner buffet inclus.*
Un nouveau-né au charme raffiné, idéalement situé sur les hauteurs de la ville, à mi-chemin entre Cusco et Sacshayhuaman, au-dessus de l'église San Cristobal d'où, dit-on, on jouit de la meilleure vue de la ville. Au milieu des eucalyptus, cette élégante résidence de pierres, ancienne hacienda, propose aujourd'hui 22 chambres élégantes avec mobilier et décoration inspirés de l'école cusquenienne. Toutes assurent calme royal et confort (lit king size, chauffage, TV LCD, wifi, salle de bains et douche à l'italienne). Ce qui fait la différence c'est la vue sur la ville et/ou les balcons et terrasses privées. Voici une proposition d'hébergement unique en son genre tant les détails et attentions sont nombreux, à commencer par ce salon-salle à manger, très cosy, où l'on peut dîner une cuisine fraîche et sans prétentions issue du potager voisin, ces vastes jardins pour flâner, cette porte inca d'origine... Chic, mais relax. Ananay possède aussi le Quinta San Blas dans un esprit bohème et épuré.

# SE RESTAURER

Cusco regorge de spécialités : *el lechón al horno* (cochon de lait rôti), *kapchi* (fromage avec fèves et pommes de terre), *chin-uchu* (mélange de trois viandes poulet, agneau et cochon d'Inde), *pepián de conejo* (lapin en sauce de cacahuète et piment)... On trouve des restaurants pour tous les budgets même si les bons pratiquent des prix un peu élevés. Après Lima, Cusco est l'autre capitale gastronomique du Pérou et il y a beaucoup d'excellents restaurants qui proposent une cuisine inventive en renouvelant les produits locaux. Les restaurants de menu ou touristiques à petits prix abondent aussi. Attention, suivez les locaux. Si c'est vide ou que les plats proposés sont trop européanisés, à ces prix ça risque de ne pas être très frais. A noter, de plus en plus de saveurs internationales, bio, végétariennes ou de petites douceurs à même de faire fondre les palais occidentaux.

## Centro histórico et la ville basse

### Sur le pouce

**CAFE TINKU**
Nueva Baja 560 ✆ +51 84 249737
*Ouvert du lundi au samedi de 8h à 16h. Sandwiches S/ 10-18. Plats S/ 15-20. Crêpes et desserts S/ 7-10.*
Le café Tinku est situé dans le vieux quartier de San Pedro, tout près du marché, juste à côté du consulat de France. Possibilité de venir déguster cafés, pâtisseries, tartes, salades et quelques plats à la carte. Nous vous recommandons la terrasse et son patio d'époque coloniale. Cuisine à emporter ou à se faire livrer. Paiement en espèces uniquement.

### Pause gourmande

**LA VALERIANA**
Portal Espinar 115
✆ +51 84 506941
*Tous les jours de 7h à 22h, le dimanche de 8h à 21h.*
Un salon de thé élégant avec de bonnes *empanadas* maison, de nombreux gâteaux, des jus de fruits, cafés et autres boissons chaudes. C'est chaleureux avec un service très attentif. 2e adresse Av El Sol 576, en face du Qorikancha.

### Bien et pas cher

Pour déjeuner pour pas cher à Cusco, on trouvera de très bonnes échoppes à l'intérieur du Mercado Central (près de la gare San Pedro) : S/ 8-9 le repas complet ou encore S/ 5 la grande assiette de soupe très nourrissante. La calle Procuradores, piétonne, qui part de la plaza de Armas, abonde en restaurants et cafés les plus divers.

**BOJOSAN UDON BAR**
San Augustin 275 ✆ +51 84 246502
*De 12h30 à 15h30 et de 18h à 22h30. A partir de S/ 20.*
Un bar à soupe design et japonais de la main du propriétaire du Soleil, le restaurant français le plus côté de Cusco. Une cuisine saine, fraîche, excellente qui réchauffe les nuits froides cusqueniennes. Minimaliste et indispensable.

**LAS FRESCAS**
Calle Saphi 478
✆ +51 940 237 140
*De 12h à 20h. A partir de S/ 15.*
Du frais et bio à Cusco, on dit oui ! Ce salad' bar tout simple avec jolies tables en bois propose des soupes du jour, des salades composées toutes faites ou des salades à composer selon ses goûts en piochant parmi les ingrédients. Il y a aussi des wraps pour les plus gourmands. Salades de fruits ou desserts du jour. Une formule qui manquait.

**LOS TOLDOS CHICKEN**
Almagro 171, angle des calles Alamagaro et San Bernardo
Derrière l'église La Merced, une cuadra en descendant Av El Sol
✆ +51 84 229829
Une excellente adresse pour déguster le fameux poulet/frites péruvien. Un quart de délicieux poulet revient à S/ 13, avec un buffet salade en entrée. Très populaire auprès des Péruviens. Le « pollo a la brasa » est quasiment une religion ici.

**MR. SOUP**
Calle Garcilazo 210-2e étage (205)
✆ +51 84 253806
*Tous les jours, de 12h à 15h et de 18h à 22h. Soupes S/ 20-28.*
Un petit restaurant chaleureux au 2e étage d'une *casona* avec 4 grandes tables boisées et un bar : on envoie des cuisines une soupe délicieuse, légère mais riche, c'est ce dont on rêve les soirs de froid à Cusco. Ici soupes de légumes sous forme de crèmes (S/ 20), soupes traditionnelles péruviennes avec leur lot de papas et quinoa (S/ 22) mais surtout soupes internationales délicieuses (S/28). Pour ceux qui n'ont pas peur des saveurs relevées, on vous conseille la Udon, Curry Udon ou Thom Ka Gai.

**NIÑOS RESTAURANTE**
Calle Meloc 442
✆ +51 84 231424
www.ninoshotel.com
contact@ninoshotel.com
*De 6h à 23h. Plats de S/ 17 à S/ 26.*
Coup de cœur pour cette cuisine légère et fraîche à base de produits du jardin. Les deux petites salles sont lumineuses, avec une cheminée pour les soirs de grand froid. Au menu, cafés et pâtisseries maison, spécialité de soupe potiron-carotte (S/ 12), salades, plats de pâte et lasagnes végétariennes. Nous avons aimé le saumon et sa purée de petit pois délicieuse ou le curry indien et riz intégral. Les portions sont petites, mais parfaites pour le soir. Le restaurant est situé dans la cour du Niños Hotel et ses fins sont aussi de collecter des bénéfices pour l'association mais on irait même si ce n'était pas une bonne action. Seul bémol, service lent.

**QORI SARA**
Calle Garcilaso 290
✆ +51 84 651873
*Tous les jours de 7h à 21h30, dimanche le midi. Petit déjeuner S/ 10-15. Menu le midi S/ 12 et le soir S/ 10.*
Cette cantine populaire à côté de la Plaza San Francisco propose des menus généreux (entrée + soupe + plat). Les plats sont traditionnels, large choix. Ça va vite, c'est bruyant et vivant. Les plats sont bien servis et de bonne qualité.

**SANCHO PANZA PINTXOS Y TAPAS**
Calle Suecia 343
✆ +51 84 287525
*Midi et soir. Fermé le dimanche. Fermé de mi-février à mi-mars. Plats et tablas S/ 20 à 35.*
Une cuisine espagnole goûtue et surtout préparée avec passion. Le restaurant a changé de main et c'est maintenant Juan José qui prépare la cuisine espagnole *de casa*. Tapas classiques à partager à la carte, tortillas, paella généreuse et autres plats traditionnels moins connus. La petite salle entièrement taguée par les messages du monde entier ce qui rend l'expérience encore plus chouette. Bonne ambiance le soir, parfois musique live.

## Bonnes tables

**BODEGA 138**
Herrajes 138
✆ +51 84 386238
www.labodega138.com
*Tous les jours, de 11h à 22h30. Brunchs les samedi-dimanche de 10h à 14h. De S/ 29 à S/ 39 un plat de pâtes et de S/ 39 à S/ 49 les pizzas. Salades et soupes.*
Une excellente pizzeria avec une large carte des vins installée dans un local lumineux et agréable. Pizzas fondantes à la pâte moelleuse sont les grands classiques mais on y sert aussi salades, soupes, pâtes et lasagnes et quelques options végétariennes. La carte est vaste. Un sans faute. 2e adresse Plaza San Francisco 154.

**CEVICHE SEAFOOD KITCHEN**
Portal de Panes 181
✆ +51 84 266334
cevicheseafoodkitchen.com
*Tous les jours de 12h à 22h. Entrées S/ 20-35. Ceviches S/ 38-45. Plats S/ 37-49.*
Dans une ambiance définitivement maritime (filets de pêche au plafond, bouées de sauvetage aux murs) on trouve ici tous les plats créoles qui font la richesse de la cuisine de la côte. Pour ceux qui n'ont pas eu le temps de l'explorer ou qui en ont encore envie, la qualité est excellente. Ceviches évidemment, riz aux fruits de mer et *trio* à partager pour goûter, mais aussi *aji de gallina* ou *lomo con tacu tacu*. Au 1er deux petites tables ont vue sur la Plaza de Armas. La cuisine est ouverte, tout y est neuf et propre. Bref ça change de décor, de paysage et de saveurs.

**CICCIOLINA**
Calle Triunfo 393
✆ +51 84 239 510
www.cicciolinacuzco.com
*Tous les jours de 8h à 11h, de 12h à 15h et de 18h à 22h. Plats de S/ 36 à S/ 48.*
Dans le même bâtiment que le resto « A mi manera », voici ce qui est, selon nous,

la meilleure table en ville, du moins la plus constante peut-être. L'entrée par le bar donne le ton : boisé, fleuri, avec piments et maïs qui sèchent. La salle du resto est raffinée (gros murs rouges, miroirs anciens), et la cuisine proposée sort des ritournelles habituelles. Les salades sont merveilleuses, tout comme les pâtes maison, le filet d'alpaca et le tajine marocain. Excellent. Au rez-de-chaussée, boulangerie à emporter le matin. Les mêmes propriétaires ont aussi le Baco, calle Ruinas 465 pour un verre de vin.

### ■ DEVA RESTAURANT

San Agustín 280
✆ +51 84 247717
www.devarestaurant.net
*De 11h à 23h. Comptez entre S/ 30 et S/ 60 (pour les plats plus consistants).*
Petit restaurant tenu par un charmant couple argentino-péruvien. On y trouve une très bonne cuisine locale, et c'est l'endroit idéal à Cusco pour tester le cochon d'inde (*cuy*) ! Une bonne adresse.

### ■ INKA GRILL

Plaza de Armas
Portal de Panes 115
✆ +51 84 262992
www.cuscorestaurants.com
ventas@cuscorestaurants.com
*Compter entre S/ 40 et S/ 60 par plat. Happy hour au bar entre 15h et 18h et 21h et 23h.*
Ce resto situé sur la place même est très populaire pour la qualité de sa cuisine « novoandine ». La cuisine y est superbe. En entrée, les patates douces sont exquises, puis laissez-vous séduire par une *trucha*, un filet d'alpaga ou un *quinotto* (comme un risotto, mais avec du quinoa). En dessert, nous vous conseillons la *crujiente ponderación*, une gaufrette entourée de crème de guanabana fondante. Cusco Restaurants est une chaîne qui regroupe les meilleures adresses de la ville. Du même groupe, on vous recommande aussi sur et autour de la Plaza de Armas, le Limo pour une cuisine à base de fruits de mer inventive, Incanto pour ses pizzas, Green Organics pour une cuisine fusion et fraîche, Kion pour une cuisine aux accents asiatiques réussie et enfin Calle del Medio qui propose une cuisine locale généreuse.

### ■ KUSIKUY

Calle Amargura 140
✆ +51 84 262870
kusikuyrestaurante@gmail.com
Remonter calle Plateros et Saphy, jusqu'au commissariat et grimper à droite.
*Midi et soir, fermé le dimanche. A la carte S/ 40 à S/ 50. Seulement paiement en liquide.*
« *La alegría de comer rico* », nous dit-on (« le plaisir de bien manger »). Superbe *cuy al horno* (commandes 1h avant), mais aussi truites (al huacatay, al ajo), *aji de gallina*, *alpaca a la plancha* avec *risotto de quinoa* ou *rocoto relleno*, des plats typiques très bien préparés. Bonne ambiance et excellent accueil.

### ■ MAMA SELEDONIA

Calle Ruinas 425
✆ +51 84 28 61 27
*Tous les jours. Sandwiches S/ 22-28. Végétariens S/25-28. Plats S/ 35-46. Desserts S/ 9-18.*
Seledonia c'est un petit bout de femme qui exerce ses talents de chef en famille et sert une cuisine locale savoureuse. On y trouve une truite à la maracuya croquante, un *pollo novo andino* recouvert de quinoa, de la viande d'alpaga cuisinée dans la bière brune, entre autres. Et des généreux sandwichs carnivores. Ne manquez pas les croquettes de vinoa en dessert : croquettes de quinoa et fruits secs dans une sauce au vin rouge sucrée. La salle a une belle hauteur sous plafond, lumineuse et deux petites tables ont vue sur la rue depuis le balcon. Si ça se remplit, il est possible de devoir attendre, il n'y a pas encore un débit professionnel ici. Cours de cuisine de 8h à 11h ou de 15h à 18h, 49 US$.

### ■ RICA CHICHA

Calle Arequipa 159 ✆ +51 84 506940
www.ricachicha.com
contacto@ricachicha.com
Rica Chica c'est une *casa cultural* ou maison culturelle avec plusieurs espaces autour d'un patio central. l'histoire d'une famille d'artistes, les Moreyra Cristobal, qui ont uni leurs forces pour proposer un nouveau lieu culturel et créatif. Question cuisine, on trouve Faustina, un bistrot andin très chic et baroque avec une lourde carte comme un grimoire et des recettes maison (comptez S/ 45-53 le plat). On trouve aussi une petite roulotte qui propose des cafés spéciaux et une petite boutique de chocolats, Pacawi, avec quelques généreux desserts maison. On peut donc se poser dans le patio avec ses jolies tables et chaises en fer forgé pour le goûter. Enfin un espace bar fonctionne le soir dans le jardin du fond avec des plats à partager (ailes de poulet, tequeños...) et des bières artisanales. Sur scène Angela, la fille de la famille, et une musique colorée et cadencée comme celle de son papa membre du fameux groupe de musique chicha Los Shapis. Surveillez la programmation. Le lieu est coloré comme l'art urbain actuel et héberge aussi une boutique librairie, La Dragona. Un lieu qui apporte un vent frais et joyeux. Le 2e étage abrite un boutique-hôtel, Casa Montesinos.

**A MI MANERA**
Calle Triunfo 393
✆ +51 84 222219
cuscorestaurant-amimanera.com
reservas@amimaneraperu.com
*Tous les jours de 10h à 22h. Le dimanche à partir de 12h. Plats à partir de S/ 25 et jusque S/ 50.*
Un resto à l'étage d'un patio, qui sert une succulente cuisine « néoandine », où les végétariens ne sont pas oubliés. L'*adobe cusqueño à base de porc* est tout simplement divin, tout comme les r*avioles de camote ou parpadelles de casa,* à déguster avec un verre de *chicha morada*, particulièrement bien préparée ici. Petit déjeuner, sandwichs, salades pour les petites faims mais aussi lunch-box à 10 US$. Initiative conviviale, la maison organise des cours de cuisine avec la chef elle-même à 120 US$.

### Luxe

**LE SOLEIL**
Calle San Agustin 275
✆ +51 84 240543
www.restaurantelesoleilcusco.com
info@restaurantelesoleilcusco.com
*De 12h30 à 15h et de 18h à 22h30. Menu Luxe de France (5 temps) à S/ 152, Menu Dégustation (7 temps) à S/ 195 ou à la carte.*
Le chef Arthur et son équipe nous surprennent avec cette cuisine de haute gastronomie française en plein cœur de Cusco. Les plats proposés, issus uniquement de produits frais, sont tout simplement délicieux et le service personnalisé est impeccable. La carte des vins est impressionnante et saura combler les plus œnologues d'entre nous. Incontestablement, le meilleur restaurant de Cusco. Musique jazz en live le dimanche soir.

## San Blas

### Sur le pouce

**EL BUEN PASTOR**
Cuesta San Blas 575 ✆ +51 84 240 586
*Fermé le dimanche.*
Très populaire, et pour cause : c'est l'une des meilleures boulangeries. On y sert aussi des petites pizzas, des *empanadas*, et une grande variété de pains. A noter : il s'agit d'une ONG, dont tous les profits vont aux jeunes orphelines. Possibilité de manger sur place avec deux petites tables.

**EUSEBIO & MANOLO**
Calle Carmen Alto 116
✆ +51 84 205625
*Formule café + waffle/croissant/toast + jus S/ 10.*
Un tout petit café étroit, mais avec une bonne machine à café, des jus frais, des gaufres, des viennoiseries. Ils servent aussi des bières pression et des vrais sandwichs. On peut emporter. C'est à deux pas de la Plaza San Blas.

**PANADERIA QOSQO MAKI**
Av Tullumayu 465
✆ +51 84 234035
qosqomaki.org
qosqomaki@qosqomaki.org
*Fermée le dimanche.*
Nostalgique de croissants et de petits pains au chocolat chaud pour votre petit déjeuner ? Courez à cette boulangerie où quelques petites tables sont installées pour boire au calme votre café et jus d'orange. Petits prix. Ils ont aussi une petite auberge de jeunesse qui soutient leurs projets également (calle Fierro 525).

**SIETE & SIETE**
Calle Tandapata 260
Au dessus de l'hôtel Posada Alemana
✆ +51 84 226861
www.cafeteria7y7cusco.com
cafeteria7y7@cuzco.com.pe
*De 10h à 14h et de 16h à 22h. Fermé le dimanche. Piqueos et desserts S/8-10.*
Venez vous y asseoir au moment du coucher de soleil, face à la baie vitrée et savourez. On y mange de petites bouchées à petits prix : tortilla, quiche ou pastel de choclo, soupes, strudel, cheesecake ou carrot cake. Le café est bon tout comme les cocktails. On apprécie la cheminée par temps froid. L'hôtel Posada Alemana est également une excellente option pour se loger.

### Bien et pas cher

**BACKPACKER LA BOHEME**
Carmen Alto 283
San Blas
✆ +51 84 235694
www.labohemecusco.com
bplaboheme@gmail.com
*Midi et soir. Fermé le lundi. Menu le midi à S/ 15. Crêpes salées de S/ 12-15 et sucrées de S/ 8-14.*
Une vraie crêperie bretonne au cœur de San Blas. Plein de bonnes ondes et une excellente cuisine fraîche. Une déco colorée. Les prix sont un peu élevés pour cette catégorie mais difficile de résister.

**LE BUFFET FRANCES**
Atoq'Saycuchi 616
✆ +51 979 715 854
*Menus S/ 17-22. Raclette S/ 35 par personne.*
Une raclette à Cusco ? Eh oui ! Vous verrez après des jours de riz, ça fait beaucoup de

bien. Ici Bruno, Français et Véronica, originaire d'Arequipa, propose donc ce plat chaleureux avec du vrai fromage qui fond de Puno, des pommes de terre locales et des jambons dénichés ici aussi. L'endroit est joli, très calme, avec quelques tables dans un patio et d'autres dans de petites pièces. Ils font aussi des petits déjeuners, quiches, croque-monsieur, sandwiches, viennoiseries. Formules pour le déjeuner ou dîner et pour le goûter et un café gourmand à tomber. Montez la côte et cédez à la tentation. Autre bon plan, sur place deux chambres à louer.

### ■ EL CAFE DE MAMA OLI

Plazoleta de las Nazarenas 199
✆ +51 984 779 928
*Ouvert tous les jours de 8h à 20h. Salades de S/ 11 à S/ 16. Tartes salées S/ 10. Desserts S/ 5-6. Jus S/ 10.*
Envie de quiches, de tartes sucrées (la tarte citron meringuée est impressionnante !) ou de jus de fruits généreusement servis (18 variétés) ? Vous êtes à la bonne adresse ! L'adresse a été reprise par des cuisinières locales mais la proposition reste la même.

### ■ GRANJA HEYDI

Cuesta San Blas 525
✆ +51 84 238383
granjaheidicusco.com
*Fermeture le dimanche. Menu du jour le midi S/ 28 à partir de 11h30. Autour de S/ 30-35 le plat à la carte.*
Le temple de la *natural food* ! On aime le petit déjeuner copieux, les hauts plafonds, l'ambiance artistique, et les produits frais et bio (fromages, yaourts, quiches...). On sert aussi de la viande, des plats péruviens typiques et même des crêpes. Bon plan, le menu de midi avec des saveurs fraîches.

### ■ GREEN POINT

Calle Carmen Bajo 235
Au fond du passage
✆ +51 84 431146
www.greenpointveganrestaurant.com
greenpoint.vegan@outlook.com
*De 8h à 22h, menu le midi à S/18 de 12h à 14h. A la carte plats S/ 22-35.*
Le nouveau repaire pour manger sain, léger et consistant (100 % végan et options sans gluten), et ce toute la journée : petit déjeuner le matin, le menu du midi est un succès avec son buffet de salades et prix doux et à la carte le soir (salades, burgers végétariens, pâtes complètes). Le pain se révèle excellent (celui au sel de Maras et herbes est à tomber). Le service est prévenant et l'endroit souvent plein. Seul bémol, le local est sombre et petit, venir tôt et patienter pour obtenir pour une petite place sur la terrasse à l'étage. Cours de cuisine sur place. Epicerie et boulangerie juste en face, de l'autre côté de la rue, My Little Backery by Green Point.

**Autre adresse :** II : Plaza San Francisco 310, ✆ +51 84 242856. Fermé le dimanche.

### ■ JACK'S CAFÉ BAR

Choquechaka 509, à l'angle de la Calle Choquechaca et de la Cuesta San Blas
✆ +51 84 254606
www.jackscafecusco.com
Très populaire auprès des voyageurs du monde entier, ce local sert d'excellents et copieux petits déjeuners type brunch. A midi, essayez la truite fumée aux herbes ou l'une des bonnes salades. Fait aussi bar le soir. Gary est australien mais le Jack's Café est plus un *diner* américain avec burger, *scrambled eggs*, pancakes. Que du réconfort.

## Bonnes tables

### ■ INKAZUELA

Plazoleta Nazarenas 167, 2e étage
✆ +51 84 234924
www.restaurantinkazuela.com
*Lundi de 17h à 22h et du mardi au dimanche de 12h à 22h. Entrées S/ 17-23. Plats S/ 34-45.*
Un local agréable avec une jolie vue et une cheminée. Ici on se régale des soupes ou ragoûts traditionnels et internationaux cuisinés et présentés dans de grandes soupières en terre. Parmi les plats revigorants, poulet aux saveurs caribéennes avec coco, gingembre et curry, bœuf aigre-doux, version locale du chili con carne avec piments péruviens ou alpaca sauce au vin.

**FALLEN ANGEL**
Plazoleta Nazarenas 221✆ +51 84 258184
www.fallenangelincusco.com
*De 11h à 23h. Samedi et dimanche 14h à 23h. Plats à partir de S/ 50 à la carte. Chambre de 420 US$ à 580 US$, moitié prix sur Internet.*
C'est une famille d'artistes qui a ouvert ce restaurant branché et surréaliste. Des baignoires-aquarium en guise de tables, des tableaux alliant culture andine et modernité... Un décor hors du commun qui représente parfaitement la richesse artistique de Cuzco. La cuisine est dans le ton, exotique et excellente. Bar. Egalement une guesthouse de 4 chambres, luxueuses et originales !

**MAP CAFE**
Plaza Nazarenas 231
Dans la cour du Museo de Arte Precolombino
✆ +51 84 242476 – www.cuscorestaurants.com
*Tous les jours de 11h30 à 15h et de 18h à 22h. Plats de S/55 à S/ 70. Menu le midi à 38 US$. Réservation indispensable.*
Situé au sein de l'extraordinaire Musée d'art précolombien, le nec plus ultra de la gastronomie à Cusco (spécialités néo-andines sophistiquées). La carte change selon les saisons en mettant toujours en avant les produits locaux d'une façon raffinée et décalée. La carte des vins est fabuleuse. Truffes chaudes en dessert flambées au pisco comme bouchées à partager. Un rendez-vous à ne pas manquer pour les gourmets, hautement recommandé.

**PACHAPAPA**
Plaza San Blas 120 ✆ +51 84 241318
www.cuscorestaurants.com
*De 11h30 à 22h. Plats entre S/ 35 et S/ 48. Pizzas S/ 27-29.*
Le Pachapapa possède une superbe terrasse dans une cour qui, les jours ensoleillés, ne vous laisse plus repartir. La cuisine, à la fois péruvienne et internationale, est de très bonne facture. Pachamanca sur réservation et autres spécialités. Classiques péruviens : lomo saltado, aji de gallina, tacu-tacu. Mouton, *cuy* (cobaye) ou *alpaca* pour les saveurs locales. Pizzas et calzones au feu de bois. Face à l'église de San Blas.

**RUCULA**
Calle Ataud 266
A côté du Museo Inka ✆ +51 84 403059
ruculacusco@gmail.com
*Tous les jours de 12h30 à 22h. Salades S/ 18. Plats & pâtes S/ 28-35. Desserts S/ 15-16.*
Une nouvelle adresse pour ceux qui aiment les assiettes saines et savoureuses. Les produits cuisinés viennent du potager de Urubamba. Plats végétariens ou végétaliens, mais pas que. Ici on trouve un carpaccio de bœuf tout frais, des soupes ou salades fraîches, des viandes (bœuf ou alpaga), de la truite aux câpres, une pizza maison au fromage de chèvre et rucula bien sûr ou lasagnes. Les fleurs ne sont jamais loin, comestibles bien sûr. Choisir la table avec vue depuis la fenêtre sur les églises de Cusco. Service jeune et dynamique.

### Luxe

**RESTAURANT TUPAY (HÔTEL MONASTERIO)**
Plaza Nazarenas ✆ +51 84 604000
www.belmond.com
*Toute la journée. Shows de opéra 3 soirs par semaine.*
On ne résiste pas à tant de romantisme et de charme andin ! Plats et décoration raffinés, chandelles, carte des vins de haute volée, desserts gourmets et un service de premier ordre. Les mardi, jeudi et samedi, opéra. En journée, vous reçoit aussi le 2e restaurant de l'hôtel, le Illary, sous les arcades du cloître, avec ses saveurs méditerranéennes.

# SORTIR

Parmi les cafés et restaurants cités plus haut, certains sont aussi agréables pour sortir le soir… L'entrée de la plupart des boîtes de nuit de Cusco est gratuite. De plus, on y a souvent droit à une boisson offerte sur présentation d'un de ces flyers distribués dans la rue. Les discothèques ouvrent et ferment plus vite que l'ombre des gringos qui y traînent leurs guêtres.

## Cafés – Bars

### Centro histórico et la ville basse

**LA CHUPITERIA**
Calle Tecsecocha 418, 1er étage
✆ +51 935 393 938
*Tous les jours, de 17h à 3h.*
Un bar à shots qui fait vite le plein. Ambiance festive et collé-serré.

**LOS PERROS COUCH BAR**
Calle Tecsecocha 436
✆ +51 84 241447
*Tous les jours, de 11h à minuit.*
On aime bien ce bar pour sa chouette ambiance, ses sofas confortables et son bar lounge. Décoration baroque et colorée, restauration sur place. Sympa.

**MUSEO DEL PISCO**
Santa Catalina Ancha 398 ✆ +51 84 262709
www.museodelpisco.org
*Tous les jours de 11h à 1h.*

Bar design et séduisant à la clientèle classe. Immense bar à l'entrée et chaises hautes pour déguster un cocktail et écouter de la musique live certains soirs. Salles plus calmes à l'arrière. Possible de prendre une leçon pour s'initier au pisco (cata-dégustation S/ 45 pour 1 personne et S/ 60 pour 2). Restaurant branché au sous-sol. Le bar et le restaurant servent jusque tard.

**NUEVO MUNDO DRAFT BAR**
Portal Confituria 233-B 2do piso
Plaza de Armas
✆ +51 84 240594
*De 17h à 1h. Bouteilles S/ 17. Piqueos S/ 14-24. Hamburgers S/ 30.*
Nuevo Mundo est une bière artisanale péruvienne produite par une équipe de petits français créatifs. Après Lima, voilà le Draft Bar de Cusco sur la Plaza de Armas avec la même formule. Bières en pression ou bouteilles, table de dégustation, quesadillas, frites ou hamburgers pour les petits faims, musique, ambiance relax, service jeune et souriant. Musique live certains soirs avec une bonne programmation. Recommandé.

**PADDY'S PUB**
Calle Triunfo 124, 1er étage
✆ +51 84 225361
www.paddysirishbarcusco.com
*Tous les jours de 10h à 1h.*
L'endroit où boire des Guinness pression, manger des *irish breakfasts* qui vous tiennent au corps pour la journée... et aussi regarder des matchs de foot. Un petit coin d'Irlande au Pérou à la déco aussi identique que les pubs du cru. Très majoritairement anglophone.

### San Blas

**EL HUARIQUE**
Calle Tandapata, derrière l'église de San Blas
*De 18h à minuit, jusqu'à 2h les fins de semaine.*
Avec le KM 0 voisin c'est l'autre bar cool et relax du quartier avec des soirées thématiques salsa, rock, reggae. De nombreux petits groupes locaux y défilent.

**CATEDRAL SAN BLAS**
Calle Carmen Alto 133
✆ +51 84 219785
catedralsanblas.com
*Tous les jours de 12h à 23h et jusqu'à 2h les vendredis et samedis.*
Un autre petit rooftop-terrasse à San Blas. Lors de notre visite, la carte ne nous a pas complètement convaincus, mais celle des cocktails et des piqueos est très bien. Les cocktails ont une vraie signature comme le Yana Wayra avec rhum, café et gingembre ou le Tierra Artisana avec caña, betterave, ananas et pamplemousse. Pour picorer burgers, ailes de poulet ou empanadas croquantes. La terrasse embrasse la ville. Elle n'est pas très grande donc passez voir si vous serez bien installés. Les 2 autres étages du restaurant sont plus classiques avec une déco contemporaine.

**KM 0**
Calle Tandapata 100
✆ +51 998 516 720
*Tous les jours de 18h à 2h.*
Un bar qui bouge bien dans le quartier de San Blas, avec de la musique live quasi tous les soirs ! Décoration atypique et happy hour avec possibilité de tapas.

**LIMBUS RESTO BAR**
Pasñapakana 133
✆ +51 84 431282
www.limbusrestobar.com
*De 9h à 23h30, le dimanche de 15h à 23h30.*
Un bar à cocktail sur les hauteurs de San Blas avec une vue incroyable. Restaurant à la carte avec quelques plats locaux, pâtes, curry et tapas à partager. C'est un peu plus cher qu'ailleurs mais l'ambiance y est aussi plus classe. Le service peut être long lorsqu'il y a du monde. A tester surtout lors des soirées live.

## Clubs et discothèques

### Centro histórico et la ville basse

**CHANGO CLUB CUSCO**
Tecsecocha 415-A
*Tous les jours de 21h à 5h.*
Le club du moment dans une ville qui en change souvent. Bar, musique live puis DJ, carte variée. Il y fait très chaud et ça danse partout. Parfait pour bouger son corps et faire la fête.

**INKATEAM**
Plaza de Armas
Portal de Carnes 298 ✆ +51 974 791 282
www.inkateam.com – inkateam@gmail.com
*Entrée gratuite ou sur réservation via Facebook.*
Un des lieux incontournables pour faire la fête sur Cusco depuis 10 ans : soirées spéciales les vendredis et samedis soir.

**MAMA AFRICA**
Portal de Panes 109, 3e étage
✆ +51 84 246544
*Entrée gratuite*
Une institution depuis des années où sortent danser les touristes de tout bord et dragueurs. L'ambiance monte fort. Il y fait chaud. Public jeune. Musique internationale.

### MUSHROOMS LOUNGE & BAR

Plaza de Armas
Portal de Panes 109, 2e étage
✆ +51 84 246544
*Entrée gratuite, de 21h à 3h.*
Un établissement qui accueille tous les fêtards de Cusco, surtout le week-end. Musique rock and pop. Mojito night le jeudi. Ils sont juste au-dessus du Mama Africa.

### UKUKU'S

Calle Plateros 316 ✆ +51 84 254911
www.ukukusbar.com
C'est le meilleur endroit où faire la fête. La musique oscille entre rock et afro-péruvien et on peut y rester jusqu'au petit matin. Concerts live presque tous les soirs. Le décor est coloré, ce qui donne manifestement du cachet à cet endroit. Une institution depuis 1993.

## San Blas

### CHOLOS CRAFT BEER

Calle Palacio 110
✆ +51 987 885 080
En bas de San Blas, dans la rue qui mène à la Plaza Nazarenas, un bar à bières caché au fond d'une cour où l'on trouve de bonnes pressions artisanales. La production de bières est en plein boom au Pérou et faire un tour par ici vous permettra d'en juger. Foot et burgers également, terrasse extérieure. Chouette.

## Spectacles

### CENTRO QOSCO DE ARTE NATIVO

Av. El Sol 872
✆ +51 84 227901
centroqosqodeartenativo.com
contacto@centroqosqodeartenativo.com
*De 18h30 à 20h30, spectacles tous les jours à 19h. Entrée S/ 30 mais incluse dans le billet touristique de Cusco.*
Ce lieu de spectacle folklorique est de nouveau dans le *boleto turistico*. Pendant un peu plus d'une 1 heure, on assiste à un spectacle enjoué et coloré qui présente les danses traditionnelles folkloriques de la région. Costumes, traditions, musiciens qui jouent en direct chaque soir, ce petit théâtre est sympathique et le spectacle bien rythmé. Un petit musée de costumes typiques est ouvert à la visite. Ce serait dommage de passer à côté.

# À VOIR - À FAIRE

**Vous devez acheter *el boleto turístico*** (S/ 130 pour les adultes ou S/ 70 pour les étudiants) qui vous donnera accès à 13 sites différents. Valable dix jours, le *boleto* est nominatif et indispensable, mais on le rentabilise vite. C'est le plus intéressant si vous souhaitez voir les ruines autour de Cusco et la Vallée Sacrée. Il ne permet pas d'entrer à Machu Picchu. Ce billet s'achète dans n'importe lequel de ces 14 sites ou auprès de Cosituc :

## L'Inti Raymi

La fête du Soleil, qui comme tant de fêtes incas fut interdite par les conquérants, a retrouvé de sa vigueur à partir de 1944. La fête, qui réunissait dans un même recueillement tous les citoyens de l'empire, se déroulait dans le temple du Soleil de Cusco (Qorikancha) à l'époque le 21 juin, jour du solstice. Les processions s'ébranlaient la veille, à la tombée de la nuit, et se prolongeaient jusqu'à la réapparition du dieu suprême. Les réjouissances éclataient après le sacrifice d'un lama, car l'Inti Raymi est aussi la fête de la récolte, de l'abondance.

Aujourd'hui, la célébration est le 24 juin. Elle débute à minuit, plaza de Armas, la foule entonnant l'hymne de Cusco (« Cusco, Cusco est ton nom sacré comme le soleil de l'Empire inca immortel ; tout le monde te porte dans son cœur »). A 9h, l'Inca sort avec sa suite du Qorikancha et se dirige vers Saqsayhuamán où, sur l'esplanade de Chukipampa, vont se succéder chants et danses. Cette évocation en costumes d'époque est quelque peu surfaite et l'entrée fort chère pour le touriste (de 100 à 140 US$, infos sur www.emufec.gob.pe). Elle vaut surtout pour la foule qui y participe avec ferveur. Une foule formée d'Indiens, descendus des communautés environnantes en grands atours traditionnels, pour honorer des dieux que les Espagnols n'ont pu étrangler sous le garrot. On peut y assister librement depuis les hauteurs de Saqshayhuaman mais la vue n'est pas toujours idéale et la foule parfois agitée.

- **A Cusco même :** Museo de Sitio Qorikancha, Museo Histórico Regional, Museo Municipal de Arte Contemporeaneo, Monumento à Pachacutec, Centro de Arte Qosqo.
- **Dans ses environs :** Chinchero, Ollantaytambo, Písac, Moray, Pikllacta, Pucapucara, Q'enqo, Saqsayhuamán, Tambomachay et Tipón.
- **Si vous restez peu de temps à Cusco**, sachez qu'il existe un *boleto parcial* valable seulement pour les sites de la Vallée Sacrée à S/ 70 (S/ 35 pour les étudiants) et valable 2 jours. Circuito III : Chinchero, Ollantaytambo, Písac, Moray.
- **Les autres billets partiels** ne sont pas intéressants économiquement pour quiconque veut visiter Cusco et la Vallée Sacrée. Le circuito I de 1 jour inclut Saqsayhuamán, Pucapucara, Q'enqo, Tambomachay. Le circuito II de 2 jours comprend Museo de Sitio Qorikancha, Museo Histórico Regional, Museo Municipal de Arte Contemporeaneo, Monumento à Pachacutec, Centro de Arte Qosqo, Pikllacta et Tipon. S/ 70 le billet également.
- **Il existe aussi *el boleto religioso*** (S/ 30 pour les adultes et S/ 15 pour les étudiants), qui vous donnera accès à l'incontournable cathédrale, mais aussi Templo San Blas, Templo San Cristobal et le Museo de Arzobispal. Ce billet est lui aussi valable 10 jours.
- **Le Templo de la Compañia de Jesus** sur la Plaza de Armas désormais fait partie de la Ruta del Barroco Andino (S/ 25) ou seul à S/ 10.

## Centro histórico et la ville basse ★★★

### CALLE LORETO OU INTIKIJLLU

Cette ruelle est étranglée par deux imposants murs incas. Celui de gauche, quand on part de la plaza de Armas, était un *aclla wasi*, une maison des vierges du Soleil ; aujourd'hui il soutient l'église et le couvent de Santa Catalina. Celui de droite était un morceau du Amarukancha ou maison des serpents, le palais de Wayna Cápac, dont subsiste une porte de forme typique trapézoïdale.

### CALLES MARURI ET SAN AGUSTIN

Elles sont formées de deux files de casonas à balcons de bois, avec des murs de soutènement incas. Au n° 400 de San Agustín, el Palacio de los quatro Bustos (Hôtel Libertador) est appelé également Casa Pizarro, bien que l'illustre homme de guerre ne l'ait jamais habité. Le bloc suivant (calles Arequipa, San Agustín et Maruri) délimite ce qui fut le palais d'Inca Túpac Yupanqui, et Pukamarka, le temple dédié au tonnerre, aujourd'hui siège de Scotiabank (Calle Maruri 315). On visitera la villa avec sa fontaine de pierre taillée et, à l'étage, le musée consacré à Martin Chambi, photographe à Cusco de 1920 à 1950 et premier à avoir photographié les indigènes de l'époque.

### GALERIA MARTIN CHAMBI

315 Calle Maruri
martinchambi.org
*Tous les jours de 9h à 18h, entrée gratuite.*
Chambi est l'un des pères de la photographie moderne péruvienne. Célèbre pour ses portraits pleins de force des personnages andins ou ses images de Machu Picchu avant son boom touristique. Né dans les Andes près de Puno et son lac Titicaca en 1891, il a d'abord travaillé à Arequipa et dans sa région d'origine puis s'est installé à Cusco en 1920. Le fonds privé de ces photos est beaucoup plus ample que ce qu'on voit ici, mais au fil de ces 4 petites salles à l'étage, on a un aperçu de ce travail sensible de portraitiste et on se plonge dans le Cusco d'antan. On dit de lui qu'il fut le premier photographe indigène. Julia Chambi, sa fille lui succéda, et aujourd'hui Thé Allain Chambi veille sur la collection.

### CHOCO MUSEO ★

Calle Garcilaso 210, 2e étage
✆ +51 84 244765
www.chocomuseo.com
*Musée gratuit de 9h à 19h. Atelier 4 fois par jour : 2h et 25 US$ adulte ou 18,50 US$ de 5 à 12 ans.*
Si vous avez prévu un long séjour à Cusco, faites un tour dans cet endroit qui, finalement, est plus un café avec une expo qu'un véritable musée. Il est possible de déguster des créations maison sur place et des chocolats chauds. Vous pouvez aussi participer à des ateliers de fabrication de chocolat : du grain à la dégustation, possible en français. C'est Alain, un Français, qui a eu cette belle idée. Choco Museo à Pisac et Ollantaytambo (Vallée Sacrée), à Miraflores et sur la Plaza de Armas de Lima.

### CIMETIÈRE LA ALMUDENA

Pour ceux qui souhaitent connaître Cusco à fond, une belle balade par les rues San Pedro et Almudena, au-delà de la ligne de chemin de fer, conduit sur les hauteurs à la place Almudena. Là se trouve le cimetière, dont l'entrée est barrée par une porte de style colonial. Peu de mausolées ou caveaux grandiloquents, la pudeur et la discrétion indiennes, sans doute. En revanche, les tombes brillent du feu des cuivres qui ferment les petites niches à l'intérieur desquelles s'entassent des images pieuses, des menus objets ou jouets – lorsqu'il s'agit d'enfants – des disparus. A gauche du cimetière, la grande *casona* du XVIIe siècle, avec sa double arcade au plafond décoré de motifs floraux polychromes, est le siège de l'Instituto Nacional de Cultura (INC), section restauration de meubles anciens. Visites guidées et/ou nocturnes possibles (à 20h) à S/ 10.

### CONVENTO DE SANTA CATALINA

Calle Santa Catalina Angosta

*Ouvert du lundi au samedi de 8h30 à 17h30 et le dimanche de 14h à 17h. Entrée S/ 8 ou S/ 15 incluant le monastère de Santo Domingo (Qorikancha).*

Aujourd'hui musée religieux, le couvent accueille toujours une trentaine de nonnes qui fabriquent les menus objets vendus à la sortie. Fondé en 1605, sur les ruines de la « maison des vierges du Soleil », l'édifice Renaissance a conservé trois murs incas. Les autels, la salle du chapitre ornée de peintures murales, d'objets d'orfèvrerie, de textiles et de sculptures ne manquent pas d'étonner, ainsi que les peintures de l'école de Cusco : une Virgen del Rosario métisse, des Vierges entourées de motifs de la cosmogonie andine – lunes, serpents… – une Vierge de Tito Quispe à la chevelure dénouée. L'église attenante (ouverte à l'heure de la messe) est riche de retables baroques dorés à la feuille et de peintures.

### CONVENTO SANTO DOMINGO ET QORIKANCHA ★★★

Avenida del Sol et calle Santo Domingo

*Ouvert du lundi au samedi de 8h30 à 17h30 et dimanche de 14h à 17h. Entrée S/ 10 ou billet combiné avec le monastère Santa Catalina à S/ 15. Le musée à l'intérieur du Qorikancha fait partir du billet touristique Cusco.*

Le couvent a été édifié au-dessus du Qorikancha, quartier de l'or en quechua, dont le temple du Soleil occupait, dans la configuration féline de la ville, le sexe. Le mur de pierres noires polies, assemblées si étroitement qu'elles paraissent ne former qu'un seul bloc, est considéré comme le plus parfait de l'art inca. Embelli par Pachacútec, le temple, du haut de son promontoire, dominait un étagement de jardins en terrasses dont la plate-forme supérieure servait de fondation aux différents temples dédiés aux divinités : Soleil, Etoiles, Lune, Arc-en-ciel… Au milieu se tient, muette, une fontaine cérémonielle en pierre massive. L'ensemble, enchâssé dans le couvent, constitue le plus bel exemple des qualités de constructeurs des Incas. Il est dommage que l'église élevée au-dessus par les conquistadores ait quelque peu enlaidi l'ouvrage inca. Mais on ne peut qu'être transporté par la beauté sobre des temples du Soleil (Inti), de la Lune (Qilla) et de Vénus (Chaska), fille des précédents. Visible de l'avenida del Sol, le grand mur courbe est un vestige du sanctuaire principal qui contenait le disque d'or. Celui-ci fut cédé, lors du sac de la ville, à un certain Mancio Serra qui le joua et le perdit le soir même. L'intérieur de tous les temples annexes était recouvert de feuilles d'or – d'argent pour celui de la Lune – et renfermait, on suppose, les momies des épouses et concubines des fils du Soleil. Les jardins étaient décorés de figurines en or que les conquistadores s'empressèrent de fondre en lingots. Construite immédiatement après la conquête, Santo Domingo fut détruite par les séismes de 1650 et 1950. C'est à l'occasion de ce dernier séisme que furent découverts les fragments des temples anciens, à la grande joie des Indiens. De l'église, on retiendra le clocher baroque du XVIIe siècle et, dans le cloître, la pinacothèque et ses œuvres peintes coloniales.

### IGLESIA, CONVENTO DE LA MERCED

Calle Mantas

*Ouvert du lundi au samedi de 8h à 12h30 et de 14h à 17h30. Entrée du musée S/ 9.*

Cette église n'échappa pas à l'ire de la Pachamama, la déesse Terre, en 1650 : reconstruite, elle fut à nouveau endommagée en 1950. Comme toutes ses pareilles (et rivales), elle regorge de retables dorés à la feuille et de tableaux. On notera des christs « surpris » dans des poses rares (baissé comme s'il lavait du linge, courant, léger et aérien) et le chandelier à sept branches de l'autel. On déambule dans le couvent-musée dans l'un des plus beaux cloîtres du Pérou, ouvragé, taillé, baroque et Renaissance à la fois. Dans la salle d'art liturgique, l'ostensoir en or de 1,30 m de hauteur, pesant 22 kg, est rehaussé d'une perle en forme de sirène, la deuxième plus grosse du monde. A voir, un Christ en ivoire.

### IGLESIA SAN PEDRO

A côté de la gare et du marché du même nom

*Aux horaires de messe.*

Construite en 1572, elle était intégrée à l'ensemble, aujourd'hui disparu, appelé Hospital del Espíritu Santo. La nef, d'une édifiante sobriété, se compose d'une coupole, de colonnes doriques et, comme partout, de retables dorés à la feuille, d'un autel en argent repoussé, sans oublier quelques toiles de l'école de la ville. L'ensemble, édifié par un architecte indien, Juan Tomás, porte encore les stigmates du tremblement de terre de 1950.

### IGLESIA SANTA TERESA

Au bout de la calle Santa Teresa

Angle Saphy et Siete Cuartones

La voûte de la nef, la coupole en brique, les murs recouverts d'azulejos sévillans, l'autel doré à la feuille et le tabernacle en argent repoussé classent cette église datant de 1673 parmi les beautés de Cusco. Sur la place proche, le regard est attiré par l'immeuble de la police, avec son interminable balcon de bois et ses fondations incas, dont une belle porte trapézoïdale encadrée de deux colonnes torsadées.

### IGLESIA Y CONVENTO SAN FRANCISCO

Plaza San Francisco

*Le musée du couvent est ouvert tous les jours de 9h à 11h30 et de 15h à 17h. Entrée S/ 15, guide inclus en espagnol.*

Voici une église fondée par les Franciscains en 1645, à deux façades et un seul clocher, dans le plus pur style colonial : chœur et chaises en bois taillé et chaire incrustée d'ivoire. On notera, dans la galerie, des toiles des plus fameux noms de l'école de Cusco (Quispe Tito, Santa Cruz, Sinchi Roca, Zapata) et l'immense peinture de 12 m sur 9 m, peinte par Juan Espinoza de los Monteros et retraçant la généalogie de la « famille » franciscaine.

### ■ MUSEO ARQUEOLOGICO – MUSEO INKA

Cuesta del Almirante, 103

Petite rue qui grimpe le long de la cathédrale

✆ +51 84 237380

*Ouvert du lundi au vendredi de 8h à 18h et le samedi de 9h à 16h. Entrée : S/ 10.*

Ce musée repose, lui aussi, sur les fondations d'un palais inca, celui de Huáscar. S'il y autant de palais à Cusco, c'est parce que chaque Inca arrivé au pouvoir se devait d'édifier son propre palais, à la fois pour marquer la grandeur de son règne et pour y être inhumé au moment d'entreprendre le voyage dans l'au-delà. Outre une porte en pierre taillée, des murs incas, un patio double, caractéristiques propres aux casonas coloniales de Cusco, le Palacio del Almirante renferme un escalier monumental sur la pierre duquel sont sculptés un lion et un démon. Ce musée, très didactique, est riche de tissus, momies, céramiques préincas et incas, ainsi que de peintures illustrant l'histoire de la capitale. Visite utile avant (ou après) celle des sites.

### ■ MUSEO DE ARTE CONTEMPORANEO

Plaza del Regocijo, Palacio Municipal

*Du lundi au samedi de 9h à 18h. Inclus dans le boleto turistico.*

Une demeure républicaine de 1848, avec patio, fontaine, double rangée d'arcades, qui s'est transformée en lieu d'accueil de peintures contemporaines et d'objets d'art populaire (retables, vaisselle…). Anecdotique.

### ■ MUSEO DE ARTE RELIGIOSO DEL PALACIO ARZOBISPAL DE CUSCO ★

Calle Herrajes

A l'angle d'Hatunrumiyoc

✆ +51 84 225 211

*De 8h à 18h. Inclus dans le boleto religioso (S/ 30) ou entrée seule S/ 10.*

Ancienne propriété coloniale des familles aristocratiques de la colonie, ce palais colonial de style mauresque recouvre le palais d'Inca Roca, dont il conserve les fondations de pierre. Le portail, le double patio avec azulejos et retable churrigueresque témoignent de la richesse de ceux qui édifièrent ce petit palais, siège de l'archevêché. Le musée possède 172 toiles des XVII$^{e}$ et XVIII$^{e}$ siècles dont beaucoup provenant d'Europe. Le roi d'Espagne fut reçu dans l'incroyable Salón Dorado du palais.

### ■ PLAZA DE ARMAS DEL CUSCO – HAUKAIPATA ★★★★

Plaza de Armas del Cuzco

Selon la légende, c'est au centre de cette place que Manco Cápac planta son bâton d'or, indiquant ainsi le point à partir duquel devait se développer la future cité. Dans un environnement de montagnes ocre et vertes sur lesquelles jouent ombres et lumières au coucher du soleil, la place, sur quatre côtés, dévide ses arcades ; la Catedral et l'Iglesia de la Compañía rehaussent l'ensemble architectural le plus réussi du Pérou. La place fut le théâtre des fastueuses cérémonies de l'Inti Raymi, fête du Soleil qui regroupait symboliquement, comme de nos jours, les peuples de l'empire de Tahuántinsuyo. C'est ici encore que Pizarro promena son triomphe, que se souleva Manco Inca, que fut exécuté Túpac Amaru II. Aujourd'hui on s'y repose et, sous les arcades, les agences de voyages, les restaurants, les vendeurs d'artisanat créent l'animation. Statue et jolie fontaine centrale depuis 2012. On s'y pose avec plaisir de jour comme de nuit avec les montagnes qui veillent tout autour.

*Vue panoramique sur la ville;*

## PIEDRA DE LOS DOCE ÁNGULOS

Hatunrumiyoc 480

Ce passage étroit et pavé est celui qui rassemble toutes les attentions du touriste. Ici on trouve sur l'un des pans de mur une pierre avec ses 12 angles, parfaitement ancrée au milieu des autres, témoignage du génie inca. Attention selfies et photos en perspective. Un Inca en habits est très souvent posté à côté si on veut ajouter au cliché.

## MUSEO HISTÓRICO REGIONAL-INCA GARCILASO DE LA VEGA

Calle Heladeros

Plaza Regocijo

*De 8h à 17h. Inclus dans le boleto turístico.*

Cette maison est connue comme la Casa de Inca Garcilaso de la Vega, historien et considéré comme le premier métis péruvien, fils de capitaine espagnol et de princesse inca. La belle demeure est un écrin où sont exposées des centaines de trésors de cultures préinca et inca, objets en pierre, coquillages, métaux, taillés, évidés, polis et offerts aux dieux, objets qui pour la plupart ont été mis au jour à Saqsaywamán ; un bracelet a été retrouvé à Machu Picchu en 1995 seulement. A l'étage, les pièces dans lesquelles travailla le premier historien du Pérou montrent peintures et meubles de l'époque coloniale. Recommandé. On peut y aller aussi en famille, car l'exposition est plutôt didactique (grotte des premiers hommes, statues des agriculteurs dans les champs ou des Espagnols à cheval).

## MUSEO MACHUPICCHU – CASA CONCHA

Calle Santa Catalina Ancha 320

✆ +51 84 255535

www.museomachupicchu.com

*Entrée S/ 20 et étudiants S/ 10. De 9h à 17h. Fermé le dimanche.*

Le musée s'est installé dans une superbe maison coloniale du XVIe siècle au cœur du centre-ville de Cusco. Nous recommandons sa visite avant de se rendre au Macchu Picchu car plus de 350 pièces archéologiques trouvées sur le magnifique site y sont exposées. Ces pièces ont été restituées à la ville de Cusco par la célèbre université de Yale cent ans après la redécouverte du Machu Picchu par l'explorateur Hiram Bingham en 1911. Sont exposés des objets en céramique, en pierre, en métal, des pinces, des couteaux, des miroirs, ainsi que des restes de squelettes...

## PLANETARIUM

Reserva ecoturística privada de Llaullipata

Carretera Sacsayhuamán, km 2

✆ +51 84 231710

www.planetariumcusco.com

*Départs à 17hh45 Plaza Regocijo, retour 2h plus tard. Sur réservation. 30 US$ environ.*

Arrivée au Planetarium à 18h suivie d'une présentation de l'astronomie inca et son interprétation. A 18h45, accès au dôme et projection virtuelle pour observer les étoiles et manipuler les télescopes. Attention, par mauvais temps l'expérience sera incomplète. Un ciel dégagé est important. Une équipe passionnée, on apprend beaucoup.

## CATEDRAL DE CUSCO ★★★

Plaza de Armas

*Ouverte tous les jours de 10h à 18h (ou messe de 6h à 9h). Entrée comprise dans le boleto religioso (S/ 30) ou S/ 25 seul.*

Commencée en 1564, la cathédrale sera achevée un siècle plus tard. Les pierres volcaniques roses de sa façade ont été arrachées à la citadelle de Saqsaywamán. Ladite façade Renaissance, sobre, contraste avec le style plateresque chargé de l'intérieur. En forme de croix latine, l'édifice comporte une salle du chapitre, trois nefs, une sacristie et pas moins de dix chapelles latérales, le tout orné d'objets en cèdre taillé (doré à la feuille ou en argent repoussé) et de près de 400 toiles peintes. Jesús, María, José et el Triunfo sont les chapelles latérales ; la deuxième est en fait la cathédrale primitive, construite en 1539 sur l'emplacement du palais de Wiracocha. On y admirera un autel en pierre et la nef où repose Inca Garcilaso de la Vega. Le nom de la chapelle (triomphe) vient de la Virgen del Triunfo qui aurait sauvé la vie de 200 Espagnols lors du siège de Cusco par Manco II.

La cathédrale abrite un chœur du XVIIe siècle, dont les sièges en cèdre sont de véritables œuvres d'art. Ici les styles s'entrechoquent mais éblouissent : autel central rococo de la Santísima Trinidad, retables churrigueresques, chaires baroques... Dans la sacristie, c'est l'impressionnante collection de meubles coloniaux et un Christ en croix attribué à Van Dyck qui attirent le regard. Dans les chapelles, la profusion de peintures de l'école de Cusco (Sinchi Roca, Marcos Zapata et Diego Quispe Tito) transforme la cathédrale en un musée (on notera la toile intitulée la Ultima Cena, où apparaît un *cuy*, témoin précoce du syncrétisme en marche). El Señor de los Temblores montre un Christ à la face noircie par la fumée des cierges qui brûlent sans cesse à proximité. Mais la pièce maîtresse de l'église est un ostensoir d'or de 22 carats de 1,20 m de hauteur, alourdi de plus de 2 000 pierres précieuses et pesant 27 kg.

## IGLESIA DE LA COMPAÑIA DE JESÚS ★★★

Plaza de Armas ✆ +51 84 505833

*Ouverte tous les jours de 9h à 11h10. Messe à 12h. et de 13h à 17h10. Entrée comprise dans la Ruta del Barroco Andino S/ 25 ou entrée seule S/ 10. Inclus CD.*

Datant de 1576, elle fut élevée par les Jésuites, à qui l'on attribue l'ambition d'avoir voulu éclipser la cathédrale, sur l'emplacement du Amarukancha, le palais de Wayna Cápac. Détruite par le séisme de

1650, reconstruite aussitôt, cette élégante église est considérée comme la plus belle réalisation de l'architecture religieuse coloniale des Amériques. Sa façade baroque en pierre taillée est magnifique. D'une seule nef, surmontée de deux clochers, la Compañía loge une coupole et un autel doré à la feuille qui masque l'entrée d'une chapelle souterraine, de cryptes, de passages secrets et d'escaliers dérobés. Parmi les retables les plus intéressants, on notera ceux de San Jerónimo et de San Francisco de Asís. Ici encore, beaucoup de toiles, dont l'une représente le mariage d'un neveu d'Ignacio de Loyola avec une princesse inca. Splendide vue sur la Plaza de Armas depuis l'étage, grimpez.

### PLAZA DEL REGOCIJO OU KUSIPATA

Cette petite place, à une *cuadra* de la place principale, avec son jet d'eau et ses arbres à l'écorce feuilletée qui poussent entre 3 000 et 4 000 m, est entourée de boutiques, restaurants et de deux musées. C'est ici que les Incas célébraient leurs victoires militaires ; c'est également ici que l'on peut jouir d'une petite halte sur l'un des bancs.

## San Blas ★★

### CALLE HATUNRUMIYOC ★★★

Probablement la rue piétonne et étroite la plus touristique de la ville. Quand, par la calle del Triunfo, on se dirige vers San Blas, on passe, au n° 451, devant la célébrissime « pierre aux douze angles ». Aussitôt après, sur la droite, on emprunte le Pasaje Inca Roca où se trouvent deux autres beaux murs de l'ancien palais de ce souverain. Beaucoup d'artisanat à prix très peu chers.

### MUSEO DE ARTE PRECOLOMBINO (MAP) ★★

Plazoleta de las Nazarenas 231
www.map.museolarco.org
*Ouvert tous les jours de 9h à 22h. Entrée S/ 20 pour les adultes, S/ 10 pour les étudiants.*
Privé, mais incontestablement le plus beau musée de Cusco. Sur 2 étages, il nous fait entrer dans le monde des civilisations précolombiennes de manière séduisante, chacune des salles récréant l'atmosphère de la civilisation à laquelle elle est consacrée. La Sala Formativa expose des céramiques des époques cupisnique et pacopampa (de 1250 av. J.-C. jusqu'à notre ère) ; la Sala de Madera, des sculptures de dieux en bois des civilisations chimú et inca (1300-1532 apr. J.-C.) ; la Sala Nazca, des vases et des sculptures nazca (1 à 800 apr. J.-C.) ; la Sala Mochica (1 à 800 apr. J.-C.), des bouteilles effrayantes à tête de chouette montée sur des corps de citrouille (forme nouvelle d'art : moins de dessins et plus de travail de sculpture) ; la Sala Huari (800 à 1300 apr. J.-C.), des céramiques et des objets en terre cuite sur le thème de la femme et de la fertilité ; la Sala Chancay-Chimú (1300-1532 apr. J.-C.), des bouteilles à têtes d'oiseaux ; la Sala Inca (1300-1532 apr. J.-C.), des instruments de musique (ocarinas en forme de coquillages), des outils de guerre mais aussi d'impressionnantes vasques de taille imposante ; la Sala de Conchas Marinas, toutes sortes de bijoux mochica (1 à 800 apr. J.-C.) faits de coquillages et ossements de requins, le tout dans une ambiance de fonds marins ; la Sala de Plata, des broches et des bijoux cérémoniels habilement travaillés par les Chimú, qui savaient allier l'esthétique à l'utile ; enfin, la Sala de Oro, des bijoux, des armes et des couronnes vicús (- 1200 à notre ère). Visite fortement recommandée.

### IGLESIA SAN BLAS ★

Plazoleta San Blas
*De 8h à 18h. Incluse dans le boleto religioso ou S/ 10.*
Cette petite église, la plus vieille de Cusco, date de 1536. Elle héberge une inestimable chaire en cèdre, taillée d'une seule pièce et qui valut à son créateur, Diego Tomás de Cerda, vingt-cinq ans de labeur. L'œuvre, purement baroque, est un feu d'artifice d'angelots fessus, de chérubins joufflus, de monstres grimaçants et de flore grimpante. L'autel principal, dû à Mateo Tuyro Túpac, ainsi que le balcon sculpté de belle facture méritent également d'être vus.

### MUSEO DE LA COCA

Plaza San Blas 618, 2e étage
✆ +51 84 501020
*De 9h à 20h. Entrée S/ 10 (étudiants S/ 5).*
Un petit musée privée plutôt bien pensé et qui a le mérite d'apporter des réponses sur la plante qui fascine tant les voyageurs : la coca. De la cosmovision andine à aujourd'hui. Petite boutique avec des idées de cadeaux originaux (accès libre) : bonbons, bières, savons... à la coca !

### PLAZA LAS NAZARENAS ★★

Sur cette place tranquille, on notera les portiques coloniaux taillés et les murs du Yachayhuasi, ou temple du Savoir, qui forment une partie de la façade de l'église Las Nazarenas. On passe ensuite par la calle de las Siete Culebras (rue des Six Couleuvres), où vécut Mancio Serra qui hérita fugacement du disque d'or du Qorikancha, on admire la Casa de las Serpientes, une maison inca décorée de serpents gravés. Sur la petite place, l'imposante Casa Cabrera, appartenant à la Banco Continental, fut élevée en 1534 à l'emplacement d'une demeure inca, le Caucha Inka, par Alonso Díaz, compagnon de rapine de Pizarro.
Sur la place toujours, on pourra visiter l'église San Antonio Abad, du XVIIe siècle, à la porte très ouvragée, de même que le monastère qu'occupent le luxueux hôtel Monasterio : il suffit de s'adresser à la réception de l'hôtel (entrée libre). Ne pas oublier de visiter le MAP.

■ **TEMPLO SAN CRISTÓBAL** ★★

*De 8h à 18h. Inclus dans le boleto religioso ou S/ 10.*

On atteint l'église en gravissant la colline par les ruelles étroites, dont certaines en escaliers qui mènent à la citadelle de Saqsaywamán. Le temple catholique se trouve sur les vestiges du palais de Colcampanta, qui est dû à Pachacútec et dont on voit un double mur percé de niches et d'une porte. En adobe, sauf le campanile de pierre du XVIII^e siècle, San Cristóbal s'illumine le soir, veillant sur la plaza de Armas en contrebas. Le parvis est un belvédère d'où l'on voit une bonne partie de la ville. Le clocher offre une vue encore plus impressionante mais réservée à ceux ayant acquitté le *boleto religioso*.

# SHOPPING

## Centro histórico et la ville basse

Les boutiques foisonnent dans le centre de Cusco pour vous faire plaisir : bijoux, vêtements en laine d'alpaga, artisanat...

### Artisanat - Déco - Maison

■ **ARTISANS RUE SAN AUGUSTIN**

Des petites échoppes où on trouve encore des artisans. Ceux qui travaillent le cuir (sacs, bottes) par exemple auxquels on peut passer commande. Petites coopératives. Un peu plus authentique qu'ailleurs.

■ **CENTRO DE TEXTILES TRADICIONALES DEL CUSCO**

Av del Sol 603 ✆ + 51 84 228117

www.textilescusco.org

*Tous les jours de 7h30 à 20h.*

Certes, dans cette boutique, les vêtements (ponchos, ceintures, bonnets, sacs à main...) sont bien plus chers que dans les boutiques touristiques, mais ils sont encore réalisés au fil à tisser par les Péruviennes que l'on peut d'ailleurs voir à l'œuvre. Chaque pièce est signée par l'artisane qui l'a élaborée et durera des années. Egalement un musée qui retrace le processus de fabrication et met en valeur des costumes de fête. Qualité irréprochable. Ils organisent aussi des ateliers ou « workshops » pour les passionnés qui auraient envie d'apprendre.

▸ **Autres adresses :** à l'intérieur de la cour du MAP, de 10h à 18h, sauf le dimanche. • A l'intérieur du Museo Inka, de 9h à 16h, sauf le dimanche.

■ **ISA LUNA ALALAU CUSCO**

Intérieur Hôtel San Augustin El Dorado

Av. Sol 395

On trouve dans Cusco plusieurs petites boutiques tendance qui présentent les collections de Isa Luna, créatrice du cru qui crée des poteries pleines d'imaginaire : petits taureaux, cœurs vibrants, retables. Autour d'elle toutes les petites marques sont réunies pour trouver des pièces uniques. On trouve deux boutiques sous le nom de Alalau (Av El Sol 395 et Cuesta San Blas) et deux boutiques Isa Luna (Carmen Alto 162, angle de Ruinas et Choquechaca).

■ **KING OF MAPS**

Portal de Carnes 218

Plaza de Armas

Une galerie qui propose des reproductions de cartes d'antan plutôt chouettes. Ça change du poster traditionnel de Machu Picchu.

### Marchés

■ **MERCADO SAN PEDRO**

Av Tupac Amaru

Un grand marché couvert comme on les aime au Pérou ! Vous y trouverez des produits alimentaires et artisanat commercial. On ne vous conseille pas d'acheter ici mais c'est un incontournable pour faire des photos, sentir les odeurs et saveurs et se dépayser. Possibilité de prendre un petit déjeuner ou déjeuner. Prudence cependant pour les estomacs délicats.

### Mode - Sport

■ **COCOLISO**

Calle Palacio 122

✆ +51 84 242159

Coup de cœur total pour la boutique d'Elise, créatrice franco-péruvienne qui a lancé sa petite collection de tee-shirts et sacs sérigraphiés, vêtements tout doux en alpaga et présente aussi des bijoux ou sacs d'autres petits créateurs. On sent la différence avec toutes les autres boutiques : créativité et qualité. Oui c'est plus cher mais c'est très très joli. Petit café également. Sous un porche.

## San Blas

Fidèle à sa réputation de « Petit Montmartre », c'est ici que vous devez chiner pour trouver des reproductions de l'école cusquénienne ou des dessins représentant Cusco et la Vallée sacrée. Jolis travaux au Cuesta San Blas 552 chez Sonia Loayza.

**L'ATELIER**

Carmen Alto 227 A – www.gridcusco.com

*De 10h30 à 18h30, fermé le dimanche.*

Que ce soit dans son premier atelier ou dans son café-concept, Ingrid, Française tombée amoureuse de San Blas, séduit avec des pièces vintage retravaillées et des créations. Collection de bijoux dessinés par la créatrice également. Bref l'occasion de trouver un petit cadeau pour soi qui fera toute la différence. Café avec une jolie vue et une excellente tarte au citron à l'étage de la 2e adresse, sise dans la montée Atoqsaycuchi 605 A. On trouve aussi ses créations à Bordeaux. Grid a bien grandi.

**Autre adresse :** Café Concept : Atoqsaycuchi 605 A, de 10h30 à 19h, sauf le lundi.

**DON SABINO**

Calle Tandapata 370 ✆ +51 978 262 005

Le tout petit atelier de ce luthier vaut le détour pour ceux qui cherchent des instruments travaillés à la main. Il faut passer commande ou choisir parmi les pièces exposées. C'est petit, humble et sans prétention comme Sabino Huaman Cuispe lui-même qui est souvent à l'arrière de la maison et apparaît pour vous conseiller et, si vous le poussez un peu, jouer un air de charango ou de mandoline.

# SPORTS – DÉTENTE – LOISIRS

La Vallée Sacrée est une invitation à la randonnée ! Mais à Cusco, vous serez aussi assaillis de propositions (préférez le Vilcanota ou le rafting itinérant sur l'Apurimac), du vélo (chouette full day entre Maras et Moray), ou encore du cheval (10 US$ la demi-journée jusqu'au Templo de La Luna). Ici, comme ailleurs, prenez vos précautions avant de faire confiance au rabatteur. Préférez les agences que nous avons sélectionnées dans la partie « Pratique ».

**CUSCO BIKING TOURS**

477 San Andres ✆ +51 84 225 183

cuscobikingtours.com

*Ville du Cusco 39 US$, Hauteurs de Cusco 49 US$, Colored Rock 59 US$, Maras-Moray ou Vallée Sacrée 89 US$. Locations demi-journée 15 US$, journée complète 20 US$, semaine 120 US$.*

Avec cette petite agence, on part sur des demi-journées (9h ou 14h) dans Cusco ou autour pour pédaler. Ils proposent aussi les fameuses randos Maras-Moray ou Vallée Sacrée plus physique sur une journée entière. On peut aussi louer des vélos sur place. Point de ralliement le Wasicleta Café, un endroit plein de bonnes ondes qui promeut des déplacements alternatifs (facebook.com/wasicleta). Attention aux camions et bus sur les routes étroites.

**ERIC ADVENTURES**

San Sebastián

Urb. Santa María A1-6 ✆ + 51 84 272862

www.ericadventures.com

Cette agence vous proposera des tours de rafting, kayak, bodyboard, hydrospeed de tous niveaux. Louent 4x4, VTT, kayaks, équipements de camping. Les circuits archéologiques ou thématiques ne sont pas oubliés.

**LORENZO EXPEDITIONS**

Calle Suecia 368 ✆ +51 941 469 929

www.lorenzoexpeditions.com

info@lorenzoexpeditions.com

L'Inka Jungle Trail est une route alternative au classique Inca Trail, tout comme le Salkantay. Depuis quelques années, l'Inca Trail se réserve 6 mois à l'avance puisqu'un quota maximum de participants annuel a été mis en place. L'Inka Jungle Trail passe par la jungle pour rejoindre Machu Picchu. Il plaît énormément aux jeunes, puisqu'il ne se résume pas uniquement à de la randonnée en montagne, mais offre un panel d'activités exceptionnelles : descente en VTT d'une matinée de la cordillère à la jungle, rafting, randonnées dans les plantations de cacao et de coca, une partie de chemin inca, tyrolienne... Les paysages traversés de jungle montagneuse sont très très chouettes. Lorenzo Expeditions est l'agence la plus sérieuse proposant ce trail, groupe de 8 maximum. On peut le faire en 4 jours/3 nuits ou en 3 jours/2 nuits.Nous ne vous recommandons pas la version courte, son prix est de 10 US$ de moins et l'on perd la journée de marche sur les sentiers incas qui surplombent le fleuve, dommage. Attention il faut souvent ajouter le train du retour et des extras pour les activités sportives comme rafting et tyrolienne.

**PARAPENTE CUSCO**

✆ +51 958 198 448

www.parapentecusco.com

*Environ 100-120 US$ le survol.*

Carlos et son équipe partent de Cusco pour vous emmener sur les hauteurs de la Vallée Sacrée, aux alentours de Maras et vous faire voler quand le vent est favorable. Leurs prix incluent l'aller-retour, une vidéo souvenir et un survol d'environ 20 minutes. Si le temps est au bleu, vous aurez un panorama extraordinaire sous vos pieds, les montagnes et sommets enneigés au loin et la sensation d'être un condor pour quelques minutes. Ils viennent la veille à votre hôtels de Cusco vous confirmer tous les détails. Si le survol n'a pas été possible vous ne paierez que les frais de transport.

# AU NORD DE CUSCO

**Saqsayhuaman, Q'enqo, Pukapukara, Tambomachay** : ces quatre sites sont ouverts au public tous les jours de 7h à 18h. On peut s'y rendre à pied (compter 2h de marche, car la route grimpe sec) et rentrer à Cusco par un bus que l'on arrêtera devant Tambomachay, ou faire le contraire : prendre un bus qui dessert la Vallée sacrée, descendre à Tambomachay et visiter à rebours en descendant à Cusco. Un autre moyen de visiter ces quatre sites est de s'y rendre à cheval. Toutes les agences de Cusco vous le proposeront. Après Puka Pukara et en chemin pour Pisac, n'hésitez pas à vous arrêter à Awana Kancha, une sorte de ferme (entrée libre, km 23) où vous pourrez approcher des lamas, alpagas, vigognes et *huanucos*. Vous pourrez également y voir des femmes en train de tisser et visiter une jolie boutique d'artisanat.

**El Valle Sagrado.** En contrebas, le long du fleuve Urubamba, on trouve la Vallée sacrée des Incas, leur jardin fertile. Elle est aujourd'hui le lieu idéal pour passer quelques jours au vert et s'acclimater à l'altitude. On peut la parcourir en une journée en visitant Pisaq puis Maras et Moray et enfin Ollantaytambo, mais si on a plus de temps ne surtout pas hésiter à se poser dans l'un des nombreux lodges entourés de jardins autour de Yucay ou Urubamba ou dans le village traditionnel de Ollantaytambo. Les randonnées sont nombreuses et la vie est douce.

## SAQSAYHUAMÁN ★★

Ce site inca protégeait Cusco. De la forteresse, on a une vue panoramique unique sur la ville. Les murailles s'étagent sur trois niveaux en représentant les trois mondes (d'en haut, des hommes et d'en bas) et épousent la forme d'un immense zigzag : dans ce sanctuaire était honoré l'éclair. Les pierres exactement ajustées, aux angles multiples, aux arrondis suaves, pouvant atteindre 5 m de hauteur et peser jusqu'à 360 t, furent acheminées depuis une carrière exploitée de l'autre côté de la colline (performance inouïe quand on sait que les Incas ne connaissaient ni le cheval ni la roue). Des portes d'accès et des volées d'escaliers conduisent au secteur religieux où apparaissent deux autels de pierre, les fondations du Torreón, tour de guet circulaire où l'on voit parfaitement les canaux d'adduction d'eau qui l'alimentaient, taillées en pleine roche.

Séparée de cet ensemble gigantesque par une esplanade où est célébré l'Inti Raymi (fête du Soleil célébrée le 24 juin) se trouve la butte rocheuse polie par l'usage et étrangement striée d'où l'Inca présidait les cérémonies du haut de son trône de pierre. Plus loin, entre les tombes, autour du réservoir circulaire découvert en 1986, serpentent les *chincanas*, passages souterrains creusés dans la terre ou la roche et soutenus par des parois en *adobe*.

*Temple inca de Sacsayhuamán.*

Les environs de Cusco

## PUKA PUKARÁ

3 km après Q'enqo, au bord de la route, le fortin gardait l'accès à la capitale et à Tambomachay proche. Les pièces, aux ouvertures trapézoïdales selon les codes incas, offrent une belle vue sur la vallée et les sommets enneigés dans le lointain. Entrée comprise dans le *boleto turistico*.

## Q'ENQO

A 500 m de Saqsaywamán, cet important sanctuaire vaut surtout pour sa construction arrachée à la froideur du granit. Au centre de l'amphithéâtre où vingt sièges sont taillés dans le rocher, une idole monolithique exhibe sa forme féline (ou de crapaud selon certains), symbole de fertilité. Sous l'énorme bloc rocheux a été aménagé un sanctuaire avec autel de sacrifice et trône. Sur le sommet, d'autres sièges, d'autres trônes entourent une rigole qui zigzague, évoquant l'éclair ou le serpent. Tout autour s'étendent les terrasses que les Incas et leurs prédécesseurs destinaient aux cultures.

## TAMBOMACHAY

C'est à 200 m du fort de Puka Pukará que l'Inca allait prendre les bains, pense-t-on, dans un temple voué au culte de l'eau. Les fontaines superposées où le précieux liquide jaillit à gros bouillons cristallins, les murs de pierre superbes font de ce lieu un havre magique dans l'aridité ambiante. On comprend pourquoi les fils du Soleil allaient s'y reposer.

# EL VALLE SAGRADO

A 32 km de Cusco, à Písaq, commence cette vallée mythique tracée par le *río* Urubamba. Entre les hauts sommets, la plaine déploie une harmonie de tons allant du rouge de l'argile, avec laquelle on fait les briques d'adobe, aux verts des prairies et cultures, rehaussés des pastilles jaunes des fleurs sauvages ou rouge violine du quinoa. Sur cent kilomètres où lézarde, en saison sèche, l'Urubamba, on traverse villes et villages qui ont conservé quelques traces d'un passé impérial de prospérité et de gloire.

## Transports

Pour se rendre dans la vallée, chaque village a son *paradero*, point de départ des *colectivos* ou *combis*, toute la journée. Demandez à un taxi de vous conduire au *paradero* du village qui vous intéresse.

Písaq et Ollantaytambo sont, avec le Machu Picchu et Saqsayhuamán, les plus beaux vestiges du passé inca. La visite de ces deux sites est donc indispensable ! On peut, sans passer par une agence (mais cela prend plus de temps), faire le circuit dans la journée : 1h de bus de Cusco à Písaq, 3h en montant à pied aux ruines, 1h30 de bus jusqu'à Ollantaytambo, 1h30 dans la forteresse et retour à Cusco (2h30 de bus). On peut aussi passer la nuit dans le village d'Ollantaytambo et prendre le train le lendemain pour le Machu Picchu. La Vallée s'est peuplée de lodges et autres adresses champêtres. Il y a de quoi occuper bien des journées sans revenir à Cusco. De plus la Vallée est en contrebas, moins haute et au climat plus agréable. On vous conseille de débuter par la Vallée Sacrée et ses 2 500 mètres (transfert direct depuis l'aéroport) et terminer par Cusco une fois acclimatés.

# PÍSAQ ★★★

La porte d'entrée de la vallée est à 2 970 m d'altitude. Célèbre avant tout par sa foire dominicale, Písaq l'est aussi par les ruines récemment restaurées, double richesse qui attire chaque année davantage de touristes. Cette donnée a modifié considérablement les us et coutumes des communautés où les maires indigènes continuent d'assister à la messe avec leurs attributs distinctifs, comme le *varayoc*, sorte de sceptre recouvert d'argent. La foire a quelque peu perdu de son âme et la qualité des produits s'en ressent ; les vrais bons artisans ont pignon sur la Jirón Bolognesi.

Quoi qu'il en soit, Písaq demeure un joli village, avec ses rues pavées de galets, sa plaza de la Constitucion (où l'office de tourisme vous fournira un plan) qu'ombrage un impressionnant pisonay, arbre barbu dont il n'existe qu'une cinquantaine dans toute la vallée. Sous les frondaisons, une statue rappelle le sacrifice du cacique Bernardo Tambohuacso, assassiné par les Espagnols en 1780.

Si l'on veut assister à la foire de Pisaq, il est conseillé d'y dormir la veille au soir afin d'être parmi les premiers sur place. A présent, le marché artisanal ayant lieu tous les jours, il n'est plus nécessaire de subir la cohue du dimanche pour faire vos achats de bijoux ou tissus. Par contre, ne soyez pas surpris le village s'est transformé peu à peu en un centre où affluent les touristes mystiques. Un petit Katmandu.

## Transports

- **Bus.** Compter environ 1h depuis Cusco. Le colectivo vous laisse de l'autre côté de la rivière, à trois *cuadras* de la place centrale. Départs depuis l'Av Tullumayo et calle Puputi pour S/ 10.
- **Un taxi** depuis Cusco revient à S/ 60 - 80 environ (plus cher à l'aller qu'au retour, où l'on ne peut payer que S/ 35).

## Se loger

### Bien et pas cher

**CHASKA WASI**
Av. Amazonas 124
✆ +51 957 593 387
chaskawasi@hotmail.es
*Chambres partagées de 3 personnes 15 US$, chambre simple S/ 70, double ou matrimoniale S/ 120, triple S/ 145 et familiale S/ 160. Petit déjeuner S/ 10-15.*
Cet hôtel aux touches rustiques se situe au milieu d'un jardin et à l'entrée du village près du pont. Il offre de jolies vues sur les montagnes. Les chambres lumineuses et colorées sont bien agencées. Les chambres *backpackers* (7 chambres) disposent d'une salle de bains commune, alors qu'une salle de bains privée est attitrée à toutes les autres chambres privées, une dizaine. Eau chaude et wifi pour tous. Cuisine et salle de méditation sont à disposition. Petit spa sur place. Ambiance relax et décontractée.

**PISAC AYLLU**
Calle Puno 315
✆ +51 84 203058
*Chambre simple à S/ 40 et double ou matrimoniale à S/ 80. Petit déjeuner S/ 10-20.*
Un petit *hospedaje* honnête et accueillant. Toutes les chambres ont une salle de bains privée, eau chaude et wifi. La décoration est jolie avec tissus folkloriques. Autour d'une petite cour fleurie. Central et familial.

### Confort ou charme

**LA CASA DEL CONDE**
Pata Pata
✆ +51 84 787818
lacasadelcondepisac@gmail.com
*Chambre simple 45-60 US$, double 60-80 US$, junior suite 80-100 US$, junior suite triple 100-120 US$, junior suite quadruple 120-140 US$. Petit déjeuner inclus.*
Une fermette principale et d'autres maisonnettes indépendantes constituent ce petit lodge fruit du labeur de Jorge, liménien expatrié aux Etats-Unis puis installé ici en quête de nature.

Son travail a été repris par sa sœur, Carolina, et son fils Alejandro. Bref une vie de famille à la campagne, au calme, avec vue sur les terrasses vertes du site de Pisac. Il est vrai que les chambres sont plutôt simples mais chaque maison-chambre possède une salle de bains privée, un chauffage électrique, une couette moelleuse, le câble et un accès wifi. Et les jardins sont la vraie récompense du lieu. Le petit déjeuner avec des produits frais est réussi.

■ **HOTEL PISAC INN**
Plaza Constitución 333
✆ +51 84 203062
www.pisacinn.com
info@pisacinn.com
*A partir de S/ 177 la chambre simple, S/ 215 la double ou matrimoniale, S/ 243 la matrimoniale lit king size, S/ 272 la chambre familiale. Petit déjeuner inclus. Les prix augmentent un peu en saison.*
Un hôtel central (autour de la Plaza principale) bien tenu, chaleureux et coquet. Il propose 11 petites chambres aux tons andins autour d'un patio fleuri. Toutes ont une salle de bains privée, bonne literie, TV, wifi. Il y a également un restaurant La Cuchara de Palo qui sert notamment de bonnes pizzas. Une bonne adresse.

■ **HOTEL ROYAL INKA PISAQ**
Sur la route des ruines à 1,5 km
✆ +51 84 203064
www.royalinkahotel.pe
reservas@royalinkahotel.pe
*Chambre simple à partir de 50 US$, double à 70 US$, triple à 110 US$. Petit déjeuner inclus.*
On s'y rend en 15 min à pied depuis le centre. Les chambres sont spacieuses et bien équipées (certaines avec cheminée), et on propose toutes sortes d'activités (tennis, piscine intérieure, bain bouillonnant, sauna, balade à cheval, location de vélos). Populaire auprès des groupes. Si vous êtes indépendants, réservez. Evitez les chambres qui donnent sur la route où défilent les minibus depuis les premières heures de la journée. On peut profiter de l'ample piscine couverte chauffée grâce aux panneaux solaires qui la surplombent sans loger dans l'hôtel (S/ 15), de 8h à 17h.

■ **NIDRA WASI**
Sector Matara, La Rinconada S/N
✆ +51 949 990 535
nidrawasi.org
reservas@nidrawasi.com
*Chambre simple 45 US$, double 70 US$, matrimoniale 80 US$, triple 90 US$. Petit déjeuner 10 US$. Pension complète 30 US$. Yoga shala S/ 20 la classe en groupe.*

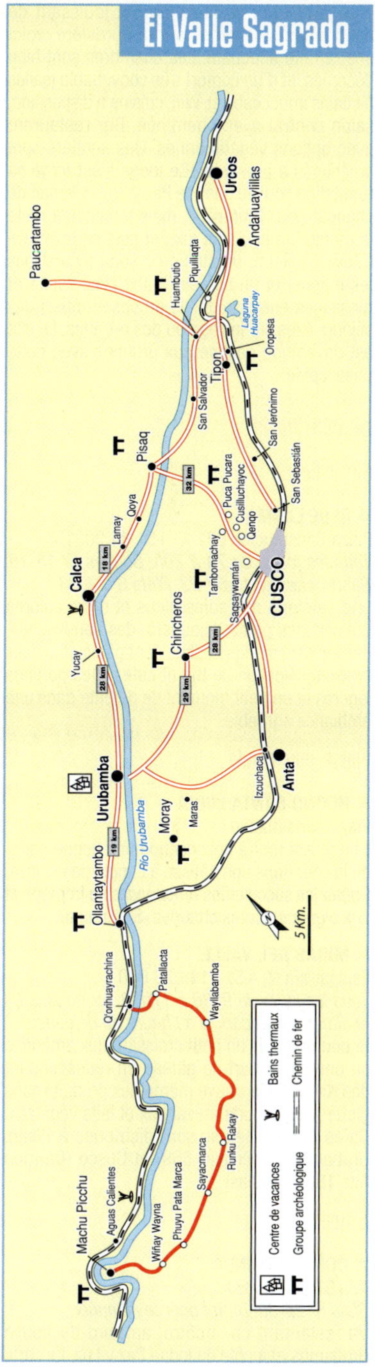

Très joli ! Près de la rivière, et jouissant de panoramas splendides sur la cordillère, voici une retraite adéquate. Les chambres sont bien décorées, et d'un confort très convenable (salles de bains impeccables). Wifi, cuisine à disposition, salon central avec cheminée. Bar restaurant avec options végétariennes. Des sentiers sont aménagés à proximité. Ce lodge s'est forgé sa réputation sous le nom de Paz y Luz et venait de changer pour Nidrawasi, mais le concept reste le même, un peu plus luxe et plus complet. On trouve d'ailleurs un studio de yoga (cours tous les matins) et un spa sur place avec sauna et massages énergisants. Ils proposent aussi des séjours axés sur le yoga ou des retraites. Le site est davantage destiné aux groupes avec cette philosophie.

# Se restaurer

## Sur le pouce

### BLUE LLAMA

Plaza Constitucion 621 ✆ +51 84 203135

*Tous les jours, de 7h à 20h. Soupes S/ 15-19. Sandwiches S/ 15,50-23. Plats S/ 24-33.*

Une cafétéria aux sofas bleus et murs colorés qui sert des petits déjeuners, des sandwiches, des soupes, quelques plats dont pâtes et raviolis maison, sélection de thé et café... Des portions légères et un petit moment de détente dans une ambiance agréable.

## Pause gourmande

### HORNO SANTA LUCIA

Plaza Constitucion

L'imposant four à bois occupe une bonne partie de la cour dans une bâtisse à l'angle de la Plaza. Goûter les succulentes *empanadas* au fromage et aux oignons, toutes chaudes, S/ 4 l'unité.

### MIGAS DEL VALLE

Espinar s/n ✆ +51 914 929 040

*Tous les jours de 9h30 à 17h30, ferme plus tôt le dimanche et parfois à l'heure du déjeuner.*

Et pourquoi pas un petit croissant aux amandes ou une petite part de gâteau en redescendant des ruines ? On trouve même des produits sans gluten, des yaourts artisanaux et laits végétaux. Cafés à emporter. Ils sont distribués à Pisaq, Urubamba (Jr Bolivar 559) et Cusco (Carmen Alto 189, San Blas).

## Bien et pas cher

### DOÑA CLORINDA

✆ +51 84 203051

*Plats S/ 25-35. Buffet pour le déjeuner.*

Un restaurant champêtre, au bord du fleuve Urubamba et à côté du lodge Paz y Luz. La carte est typique de la gastronomie péruvienne classique avec truites, bœuf ou poulet à toutes les sauces. Plats andins comme spécialités. Mention spéciale pour le lomo saltado. Le lieu est sympathique avec des fresques colorées et des poutres au plafond. Beaucoup de groupes s'y arrêtent.

### MULLU

Plaza de la Constitucion 352, 2e étage

✆ +51 84 203073

*Plats S/ 20-40. Tous les jours de 10h à 21h.*

Mullu est une galerie d'art et une boutique d'artisanat au rez-de-chaussée où l'on vend des tee-shirts et des tableaux, et un café/resto à l'étage. On y essaiera le tajine de cordero ou le curry thaï et autres saveurs exotiques. Belle terrasse qui donne sur la plaza. C'est lent mais comme souvent. Parfois musique et événements en soirée.

### SAMANA WASI

Plaza de la Constitucion 509 ✆ +51 84 203133

*Menus entre S/ 14 et S/ 17.*

Propose de délicieuses truites fraîches à des prix très accessibles. A déguster dans le charmant patio sur l'arrière, avec la cordillère en toile de fond, ou sur la terrasse de la plaza. Menu végétarien également. Bien pour le déjeuner. A l'intérieur de l'hospedaje du même nom.

## Bonnes tables

### CUCHARA DE PALO

A l'intérieur du Pisaq Inn

Plaza Constitucion 333 ✆ +52 84 203062

cucharadepalorestaurant.com

*Tous les jours de 7h à 20h30.*

Un restaurant chaleureux et décontracté avec un petit jardin terrasse le midi et feu de cheminée le soir. Ils servent une cuisine péruvienne classique et réussie. Le service est attentif. On a aimé le *aji de gallina* crémeux.

### TIERRA BISTRO ORGANICO

Esquina Calle Grau con Arequipa

✆ + 51 974 213 502

*Salades et soupes S/ 15-25. Pizzas S/ 25. Pâtes S/ 30. Plats S/ 35-50.*

Un nouveau venu qui propose une cuisine fraîche et une carte courte. On prend place à de grandes tables de bois avec vue sur un jardin un peu fou. Le lieu est vaste avec des meubles chinés et chaleureux. Dans l'assiette belles soupes et salades. On trouve aussi un plat de pâtes servi dans la poêle et un ragoût de champignons réconfortant. Pour les carnivores chorizos *de alpaca, lomo saltado* ou pièces de viande de Oxampampa. Tapas et quesos pour le soir. Ils sont à côté du petit jardin botanique.

### ULRIKE'S CAFÉ

Calle Pardo 613 ✆ +51 84 203195

*Compter autour de S/ 35 le plat.*

Dans un décor cosy (sofa, nounours, superbe mezzanine avec vue sur les terrasses incas), voici la meilleure adresse pour déjeuner ou dîner. Le menu est de très bonne facture, avec des produits frais. Mention très bien pour le *alpaca saltado.* A essayer en dessert : le strudel, spécialité du proprio, un expatrié allemand, mais son gâteau à la carotte est sympa aussi !

## À voir – À faire

### IGLESIA DE PÍSAQ

Plaza de la Constitucion

Cette église possède une étrange façade. L'intérieur, superbe, présente un autel doré à la feuille.

### PARQUE ARQUEOLÓGICO DE PÍSAQ ★★★

On s'y rend de deux façons : en taxi, que l'on prend à l'entrée du village près du pont, ou à pied si l'on est motivé pour grimper pendant 2h. Depuis Cuzco, compter environ 45 min en combi.

*Entrée comprise dans le boleto turístico (vous ne rentrerez pas sur le site sans lui).*

Le site de Pisaq est une bonne alternative pour ceux qui sont rebutés par la masse oppressante de touristes qui affluent vers le Machu Picchu. Plus petites mais pas moins incroyables, ces ruines offrent une plongée tout aussi fantastique dans la culture inca. Depuis le village, la montée permet de découvrir petit à petit la vallée et la confluence du río Urubamba et de son affluent le Wilcamayu, en empruntant le chemin qui part à côté de l'église de la plaza de la Constitucion (à la guérite, on montre son *boleto*). On découvre alors des terrasses pentues (toujours cultivées) qui donnent le vertige. C'est d'abord pour stabiliser la montagne que ces terrasses ont été creusées. Puis on les a cultivées. Après les avoir longées, on découvre le système ingénieux de canalisations, et avant d'arriver à Pisaqa (où étaient stockées les vivres de la cité-citadelle), on remarque sur la droite de nombreux trous dans la montagne. C'est en réalité le cimetière (vertical) de la cité. En regardant bien, on aperçoit (tout à fait à droite) une petite bâtisse où on a récemment retrouvé une momie ! Cette jeune femme était à genoux, les mains crispées comme d'avoir gratter. On suppose qu'elle avait été mal droguée, qu'elle s'est réveillée et serait morte d'étouffement.

Tout proche, un chemin mène jusqu'à deux hautes habitations en adobe et au toit de canne. Plus haut encore, le centre cérémoniel de Intihuatana enroule ses murs de pierre taillée autour du temple du Soleil enserrant le calendrier solaire. On aperçoit le bout du tunnel percé dans la montagne, où l'on ne passe qu'à la queue leu leu et cassé en deux ; cet improbable accès rendait le temple hors d'atteinte. Au-delà se trouve un ensemble nommé Q'allaq'ana, avec bassins et fontaines, puis le quartier résidentiel de Q'anchisraq'ay entièrement fortifié d'un mur crénelé. Montez en taxi et redescendez jusqu'au village à pied. Si vous vous rendez sur le site assez tôt, vous aurez la chance de vous retrouver quasiment seul et vous pourrez peut-être apercevoir des colibris se gorger de *cantuta* dans les fourrés.

### LA TIERRA DE LOS YACHAQS

Calle Nueva Baja 426-Cusco

✆ +51 920 086 666

www.yachaqs.com

Pour ceux qui veulent prolonger un peu l'expérience, cet organisme propose des séjours chez l'habitant très bien pensés et gérés par eux-mêmes. Au dessus de Písaq, la communauté de Amaru est l'un de ces villages agricoles qui vous reçoit. Chambres proprettes (attention il fait froid par contre) avec salle de bains extérieures, excellente cuisine, promenades, enseignements sur les plantes médicinales et l'art du tissage. On peut y passer une nuit mais aussi seulement y déjeuner. Des treks plus longs sont aussi organisés comme celui de Huchuy Qosco. Recommandé mais il faut insister lors des premiers contacts. Les personnes qui gèrent l'association n'ont que peu accès à Internet. Ils ont aussi un bureau à Cusco directement.

## LAMAY

Encore un petit village de long de la Vallée, juste après Pisac. Il est le point d'arrivée du trek de Huchuy Qosco. On peut aussi le faire d'ici avec des guides locaux. Quelques adresses zen.

### ECO VILLA MAGICA SANCTURAY LODGE

✆ +51 84 245779

aldeayanapay.org

*Dortoir de 8-10 lits et salle de bains partagée S/ 60, chambre simple S/ 125, matrimoniale S/ 170 avec salle de bains privée. Camping S/ 30 par personne. Petits déjeuners, déjeuners et dîners végétariens inclus dans le prix du séjour.*

Pas facile de trouver des adresses à petits prix dans la Vallée Sacrée, cette auberge alternative a trouvé place dans la bourgade de Lamay. Elle propose des séjours en immersion avec pension complète végétarienne (la viande peut être ajoutée). 34 personnes dans l'auberge principale et 40 de plus en camping (20 tentes). Confort basique et eau chaude un peu paresseuse, mais ça reste un bon plan pour se mettre au vert ou en famille. Ce petit village est un projet de l'ONG Yanapay pour conscientiser et appuyer des élèves locaux. Permaculture, éveil spirituel, méditation, en plus des tous plus classiques. C'est ouvert à tous, mais destiné davantage à ceux qui ont envie de se poser un peu. Prix préférentiels pour les volontaires.

■ **NUNU BOUTIQUE HOTEL**
Carretera Pisac-Urubamba km 41.5
✆ +51 981 203 001
nunuboutiquehotel.com
*Chambre simple 100 US$, double ou matrimoniale 130 US$, quadruple ou familiale 250 US$. Petit déjeuner inclus.*
Ce petit lodge est très coquet et propose 6 chambres, chacune dans une petite maisonnette autour d'un jardin. Chacune possède sa terrasse. Les lits sont king avec un linge de lit spécialement doux et adapté au froid. Les chambres sont colorées avec de jolis détails andins et des pièces de brocante. Bref c'est confortable et chaleureux. Le petit déjeuner andin est généreux. Une très belle option pour se faire chouchouter. Le lieu étant dans un village plutôt petit, il est recommandé de s'y rendre en taxi et dîner sur place.

## HUCHUY QOSCO ★

Huchuy Qosco ou Cusco Chico. La citadelle, au sommet du Cerro Raccay, à 3 650 m, servit de refuge à Yahuar Huaca lors de l'invasion chancay et de lieu de déportation des Incas pendant la conquête espagnole. L'intérêt du site tient dans le fait qu'il date du règne de Wiracocha et qu'il est relié à Cusco par un chemin passant par la Laguna de Coricocha et Tambomachay. On y trouve les restes des murs de palais monumentaux, assez semblables à ceux du Qorikancha, et des maisons à six issues. Ici vivaient près de 500 familles.

- **Entrée S/ 7**

### Transports

Huchuy Qosqo est situé au cœur de la Vallée, juste au-dessus de Cusco. On peut s'y rendre :

- **par la route qui le contourne vers la gauche** en prenant l'ancien chemin qui démarre à Tambomachay, sur les hauteurs de Cusco (environ 6 heures) ou en 4 heures en rejoignant d'abord en combi la communauté de Tauca (combi qui font route pour Urubamba, ils vous laissent à l'embranchement juste après Chinchero) ;
- **ou par la route qui le contourne vers la droite.** Stopper en combi au village de Limay (après Písaq et Coya, avant Calca), puis rejoindre le site à pied (4 heures en montée, 2 heures en descente).
- **Le site est éloigné et accessible qu'à pied.** Si on veut le faire en une journée, partir tôt. Il est souvent proposé comme trek par les agences.

### Pratique

Le trek peut s'organiser sur la journée depuis Chincheros jusqu'à Lamay ou en passant une nuit sur place, à pied ou à cheval. On peut passer par une agence ou trouver son chemin par soi-même en se renseignant à Chincheros où vous trouverez aussi des guides locaux. C'est une belle destination moins touristique.
Entrée sur le site S/ 10.

## CALCA

Sur la route vers Urubamba, à 17 km de Písac, ce gros bourg présente peu d'intérêt, en dehors des murs incas. Arrêt facultatif mais très intéressant à la sortie du village au nouveau musée Inkariy.

■ **MUSEO INKARIY** ★★
✆ +51 84 792 819
www.museoinkariy.com
*De 9h à 17h30 tous les jours. Entrée S/ 35. Formule musée plus déjeuner à S/ 55.*
Voilà un nouveau site indispensable pour ceux qui explorent la Vallée avec des enfants mais qui plaira à tous. Ce musée ne présente pas de pièces originales mais un travail titanesque de reconstitution de chaque culture pré-inca en tableaux qui mettent en lumière et en musique des mannequins plus vrais que nature. Reproductions de céramqieues et bijoux également. Une vraie plongée au fil de l'histoire préuvienne grâce à un travail fin et remarquable. Marquez l'arrêt. Une formule avec déjeuner (sur réservation) permet d'en faire une pause culturelle sur le chemin vers Ollantaytambo par exemple.

## LARES

Lares est un trek alternatif pour rejoindre Aguas Calientes et donc Machu Picchu. Attention vous arriverez dans le village, en contrebas du site archéologique et y monterez en bus comme tout le monde. Mais vous aurez traversé des paysages déserts de puna et lagunes parsemés ci et là de maisonnettes en pierres et paysans qui semblent d'être figés dans le temps. Lares c'est définitivement une carte postale andine. Le trek en soit n'est pas très difficile. Bien pour les familles, moins pour les sportifs acharnés.

■ **TREK DE LARES**
*Via une agence comptez environ 450 US$ pour l'ensemble du trek en groupe et avec guide hispanophone-anglophone. Mountain Lodges of Peru a également monté ici ses lodges luxueux qui permettent de faire un trek tout confort. La formule 5 jours-4 nuits coûte 1 899-2 500 US$, elle inclut la visite à Pisaq et nuit à Lamay, trek de Lares et nuit à Wacahuasi, 2 nuits dans des hôtels confortables de Ollantaytambo et Aguas Calientes, pension complète, visite à Machu Picchu et train de retour. Infos : mountainlodgesofperu.com*
Nous vous détaillons ici le programme du trek jour par jour.

- **Jour 1. Cusco- Calca- Lares.** Les transports partent en général tôt, vers 5h30. Vous prenez le petit-déjeuner à Calca (2 940 mètres), toujours dans la Vallée Sacrée, puis la route se met à grimper. Vous passerez ensuite par Totora et Maucaupata. Après environ 4 heures de voyage vous arriverez à Lares (3 200 mètres) où vous pourrez profiter des bains thermaux (entrée S/ 10). Après le déjeuner, vous commencerez votre marche et rejoindrez au bout d'environ 4 heures de marche, le campement de Wacahuasi à 3 600 mètres.

**Jour 2. Wacahuasi – Ipsaycocha – Patacancha.** Après le petit déjeuner vous reprendrez le trek en direction du second campement. Vous grimperez jusqu'au point le plus élevé de ce trek, 4 450 mètres, et pourrez observer les pics de Pitusiray, Sawasiray ou Chicon. Vous arriverez à la lagune de Ipsaycocha où vous déjeunerez à hauteur de 4 100 mètres. A partir de ce moment, le reste du trek est une longue descente. Puis, dans l'après-midi, vous atteindrez Patacancha. Ici, vous croiserez des communautés qui vous montreront notamment leurs costumes tissés à la main. Patacancha est une communauté ouverte au tourisme rural. Ils ont également des chambres chez l'habitant et animent des ateliers de tissage. Les agences dorment en tente, un peu à l'écart du village.

**Jour 3. Patacancha – Willoq – Ollantaytambo – Aguas Calientes.** Vous passerez par les restes archéologiques de Qochapata et Punamarca. Vous marcherez sur une route en cailloux peu transitée et emprunterez également quelques restes du Chemin Inca. En fin de matinée vous atteindrez Ollantaytambo et rejoindrez le flux des touristes qui prennent le train pour Aguas Calientes.

**Jour 4. Machu Picchu.** Visite du site et retour en train.

# YUCAY

Un village joliment préservé, calme et traditionnel. A mi-chemin entre Písaq et Ollantaytambo, voici une bonne option pour passer une nuit. Il n'est qu'à 15 minutes en taxi de Urubamba où il y a davantage de restaurants. Quelques jolies promenades sont à programmer sur les hauteurs. Les paysages entre Calca et Yucay sont sublimes. Entre ces deux villages se sont établis quelques lodges importants comme el Inkaterrra Hacienda Urubamba ou el Aranwa Sacred Valley.

## Se loger

### ARANWA SACRED VALLEY HOTEL& WELLNESS

Antigua Hacienda Yaravilca
Huayllabamba ✆ +51 84 581900
www.aranwahotels.com
info@aranwahotels.com
*A 45 minutes de Ollantaytambo et 1h15 de Cusco. A partir de 160 US$ pour une chambre coloniale lit king size ou double queen size et 180 US$ pour chambre deluxe contemporaine lit king ou double queen. Petit-déjeuner buffet inclus.*

Construit dans une ancienne hacienda, cet hôtel allie charme colonial et modernité. Les chambres coloniales sont un peu plus petites et de style plus baroque tandis que les deluxe affichent une décoration contemporaine et apaisante. Il compte 115 chambres, dont 14 suites, et comporte une galerie d'art et photo, un musée, une salle de cinéma ainsi qu'une librairie. Le plus, c'est la piscine et le bain à remous extérieurs, chauffés et accessibles à tous les hôtes. Comme tous les hôtels de la chaîne Aranwa, un point d'honneur est porté sur le bien-être avec notamment un spa (accès sur réservation), une salle de massage, et un salon de beauté. Un petit paradis dans la Vallée sacrée !

### LA CASONA DE YUCAY HOTEL

Av. San Martin 104
Plaza Manco II
✆ + 51 84 201116
www.hcy.pe
reservas@hotelcasonayucay.com
*Chambres premium doubles ou matrimoniales 134 US$, familiales 175 US$. Petit déjeuner inclus.*
Un très bel établissement, aux tons épurés et chics. On vous le recommande surtout pour ses chambres familiales avec mezzanine. En bas un lit king size, en haut 2 lits simples et deux salles de bains dans 43 m², bref on est installés confortablement. Beau jardin. Bar et restaurant sur place. Il y a 42 chambres dans cette ancienne hacienda. Demandez les chambres intérieures.

### EXPLORA VALLE SAGRADO

Urquillos ✆ +51 84 300 000
www.explora.com/fr
reserve@explora.com
Quelques kilomètres avant d'arriver à Yucay.
*A partir de 1 835 US$ par personne pour un séjour de 3 nuits, tout inclus.*
Ouvert en 2016, c'est un des plus beaux hôtels de la Vallée Sacrée. A 1h15 de Cuzco, dans une des zones les plus profondes de la vallée, l'Explora Valle Sagrado utilise des matières locales dans une architecture magnifique, qui s'intègre parfaitement à l'environnement andin. Les 50 chambres ont vue sur les champs de maïs ou les montagnes qui entourent l'hôtel, et proposent un confort ultra haut de gamme (40 m² pour les chambres standard). En plus des grands espaces communs, l'hôtel possède un Spa intégré dans une maison coloniale rénovée, avec piscine chauffée, bains bouillonnants, saunas et salles de massage. Fidèle au concept Explora du Chili, l'Explora Valle Sagrado propose des séjours de 3 nuits minimum, incluant les transfert aller/retour à l'hôtel, les repas d'une excellente qualité, les consommations au bar, et surtout les explorations – plus de 20 en van, à pied, ou en VTT, d'une demi-journée ou d'une journée entière -, accompagnées de guides bilingues experts, allant de la Vallée Sacrée jusqu'à Cuzco, en passant par le Macchu Picchu.

**INKATERRA HACIENDA URUBAMBA**
Huayoccari ✆ +51 1 610 0400
www.inkaterra.com
*Simple ou double : Casita à 528 US$, Jr Suite à 770 US$ et Suite à 935 US$. Petit-déjeuner buffet, l'heure du thé et programme d'excursions à l'intérieur de la propriété, 10 % de service inclus. Gratuité pour enfants de -12 ans lorsqu'ils partagent la chambre avec un ou deux adultes – maximum 2 par chambre.*
Douze chambres et 24 suites très élégantes dans ce havre de paix signé Inkaterra, pionnier et champion d'un écotourisme de luxe au Pérou. Un sans-faute avec un buffet de petit déjeuner immense et des produits frais du potager bio de l'hacienda que l'on peut visiter. Visite du processus de la *chicha de jora* et dégustation offerte pour toute nuit sur place ainsi que différentes balades pour les passionnés de paysages et d'oiseaux. Restaurant élégant et intime. Les chambres sont parfaites, pleines de détails et de confort et on pourra se détendre au nouveau Mayu Spa avec massages aux pierres chaudes andines et Sauna Sec notamment. Membre de Virtuoso, National Geographic Unique Lodges of the World.

## Se restaurer

**HUAYOCCARI HACIENDA**
Carretera Cusco-Písac-Urubamba, entre km. 60 y 61✆ +51 984 690 703
haciendahuayoccari.com
reservas@haciendahuayoccari.com
*Déjeuner de 11h30 à 16h et dîner à partir de 18h (groupe de plus de 10 personnes). Menu de 4 temps S/ 180 par personne.*
Ce restaurant propose une cuisine 100 % bio et un menu avec choix dans la carte généreux. Il comprend un apéritif, une entrée, une soupe, un plat, un dessert et un café. Fromages de la région, truites et poulets sont un délice ! Les desserts sont inoubliables. Musée à visiter sur place. Une petite route part du Km 61 pour y arriver. Un poil cher, réservation obligatoire. C'est surtout une halte pour de nombreux groupes d'agences exclusives, mais ça a de l'élégance sans aucun doute.

**RESTAURANTE AÑAÑAU**
Calle Garcilaso 155 Plaza Principal
✆ +51 84 201623
restauranteananau@gmail.com
*Tous les jours de 12h à 21h. Menu de S/ 70. A la carte plats à partir de S/ 40-50.*
Un restaurant gourmet vivement recommandé. A la carte ? Quinotto al curry et langoustines, gnocchis sauce huacatay et fromage, ou truite sous toutes ses formes. Il y aussi des pizzas plutôt audacieuses comme la pizza poulpe à l'olive ou la végétarienne avec tomates cerises et brocoli. Généreuse carte des vins. Le menu, midi et soir, propose entrée-plat-dessert et un verre de vin. Le soufflé au chocolat est divin. Ils ont aussi quelques chambres.

# URUBAMBA

A 21 km de Calca et 1 heure de bus de Cusco ou 45 min de Písaq. Cette grosse bourgade sans grand charme a vu fleurir les lodges et autres restaurants bio. Le marché égaie les mardis, jeudis et samedis par ses couleurs locales et ses produits authentiques (rien à voir avec celui de Písaq ni de Chinchero). Le visiteur s'arrêtera sur la plaza de Armas, agrémentée d'une sculpture en l'honneur du maïs et d'une église à une seule nef, avec voûte et coupole recouvertes de bois peint en vert, et autel doré à la feuille comme les retables endormis dans leur niche. Centrale, Urubamba est considérée comme la capitale de la Vallée sacrée. Elle permet d'échapper à la bruyante Cusco et est un point de départ idéal pour la visite des *salinas* de Maras ou du site de Moray.

## Transports

- **D'Urubamba partent les bus** pour Chinchero et Ollantaytambo (30 min), depuis le terminal terrestre un peu excentré. Un combi depuis Cusco revient à S/ 5 (départs Avenida Grau).
- **Un taxi collectif** revient à S/ 8 pour Cusco et s'avère beaucoup plus rapide, compter S/ 5 pour Ollantaytambo.
- **Il existe une gare que dessert Peru Rail** pour les voyageurs en partance ou de retour du Machu Picchu.
- **En ville,** choisissez les mototaxis. De même pour se rendre à Yucay.

## Pratique

- **Argent**. Il existe des guichets automatiques de chaque côté de la route vers Ollantaytambo et sur la plaza de Armas.
- **Poste**. Elle est située juste à côté de la plaza de Armas.
- **Télécommunications.** Aucun problème pour se connecter à Internet et joindre le monde entier par téléphone, notamment sur la plaza de Armas.

**CENTRO DE SALUD**
Av Ferrocarril

**CLINICA CIMA**
La Cantuta C8 ✆ +51 84 201333
cima-clinic.com

Une clinique privée installée à Urubamba qui travaille avec plusieurs assureurs et propose une équipe qualifiée pour les problèmes d'altitude notamment.

**ESSALUD**
Av 9 de Noviembre
✆ +51 84 201032

## Se loger

A Urubamba même, dans la ville, quelques établissements offrent des chambres simples avec salles de bains communes pour environ S/ 15 par personne. Beaucoup de lodges dans les environs éparpillés dans la campagne. Attention si votre lodge est loin, il faudra faire appel à un taxi ou transport local pour vous restaurer ou consommer sur place.

### Bien et pas cher

**FLYING DOG HOSTEL URUBAMBA**
Camino a Cotohuincho S/N
✆ +51 977 743 011
flyingdogperu.com
*Dortoir S/ 35, chambre double ou matrimoniale avec salle de bains S/ 135, chambre matrimoniale premium avec TV et baignoire S/ 150, chambre triple S/ 165. Petit déjeuner inclus.*
Cette auberge de jeunesse est située dans plusieurs bâtiments côte à côte et colorés. Elle propose des chambres de belle taille et à un rapport qualité-prix intéressant notamment pour les couples ou familles. Cuisine en libre accès. Wifi, salle TV et jeux. Petit jardin. C'est proche à pied du terminal de bus et *collectivos*. On continue de préférer séjourner à Ollantaytambo, mais c'est une option convaincante ici aussi.

**HOSPEDAJE LOS JARDINES**
Jr de Convención 459 ✆ +51 984 759 139
www.hospedajelosjardines.blogspot.com
tourjardines@hotmail.com
*A partir de 43 US$ la chambre double ou matrimoniale. Chambres simples et triples également disponibles. Petit déjeuner inclus.*
Une auberge qui porte bien son nom car se cache derrière une élégante grille verte au bout de la rue de la Convencion un superbe jardin ensoleillé. Les chambres sont relativement simples (bonne literie) mais lumineuses et bien tenues. On propose des excursions à cheval ou à vélo. A noter : les fumeurs ne sont pas bienvenus.

**LOS PERALES ECOLDOGE**
Pasaje Arenales 102 ✆ +51 84 201151
www.ecolodgeurubamba.com
*Compter S/ 45 par personne la nuit. Petit déjeuner à partir de S/ 15.*
Une excellente adresse à petits prix. Le jardin fleuri est planté de poiriers (d'où le nom). Les chambres rustiques et propres sont équipées de salle de bains privée. Côté petit plus : pain maison cuit au feu de bois et produits locaux, laverie et repas sur demande. Simple mais on se sent bien dans cette adresse familiale tenue avec gentillesse par Paulino. Au calme, un peu hors du village.

### Confort ou charme

**LA CAPILLA LODGE**
Rumichaca Km 75 Carretera Urubamba-Ollantaytambo ✆ +51 84 434627
www.lacapillalodge.com
capillareservations@gmail.com
*Chambre matrimoniale ou twin 30-40 US$, double avec 2 grands lits 55 US$, triple 45 US$, quadruple 60 US$. Les prix peuvent augmenter de 5 US$ en saison haute. Petit-déjeuner buffet.*
Rhomina s'est établie dans ce charmant lodge en adobe. Derrière la porte bleue et le clocher, un joli jardin fleuri et des chambres confortables aux touches rustiques avec salle de bains privée, eau chaude, couettes et décoration champêtre. Wifi dans les espaces communs. Restaurant et excellente cuisine. Une salle de yoga s'est rajoutée à la prestation. Un refuge testé et approuvé.

**CHASKA OCUPI**
Carretera Cusco-Písac-Urubamba, km 71
✆ +51 941 413 404
www.chaskaocupi.com
*150 US$ la nuit en tente double avec petit-déjeuner buffet. Sur place box lunch 10 US$, déjeuner 15 US$ et dîner 18 US$. Hébergement gratuit de 0 à 3 ans puis 25% de réduction entre 3 et 10 ans.*
Ce tout nouvel hébergement venait d'ouvrir ses portes et propose de dormir dans de belles tentes en toile glamour montées sur de petits tecks en bois et plantées au cœur d'un jardin et près d'une ancienne hacienda. Il est bien placé pour visiter les lieux tout autour de la vallée sacrée. Les tentes sont au nombre de 22, toutes avec deux lits simples. On attendait encore la version pour amoureux. Le gros plus c'est le charme bohème avec des matières chaleureuses à l'intérieur des tentes qui sont équipées de chauffage et d'une salle de bains attenante en matériaux naturels avec eau chaude. Elles s'ouvrent aussi sur une petite terrasse individuelle. Les lieux proposent aussi une zone pour faire sa *parilla*, une tente lounge et restaurant et beaucoup d'espaces verts. Évidemment la nuit tombée, à la lueur des bougies, ça ne manque pas de charme. Toutefois les tentes sont assez proches les unes des autres.

**HACIENDA DEL VALLE**
Yanahuara
✆ +51 84 201408
hhp.com.pe
reservas@hhp.com.pe
*Chambre simple 55, 30 US$, double ou matrimoniale 58,80 US$, chambre triple 90,30 US$, suite 104,30 US$. Petit déjeuner inclus.*
Un petit hôtel fleuri et confortable sur les hauteurs de Yanahuara à mi-chemin entre Urubamaba et Ollantaytambo. Beau parquet au sol dans les chambres qui se font un petit cocon simple et confortable, toutes avec salle de bains privée et wifi. Les matrimoniales ont un lit queen size et une baignoire, des petites touches de confort bienvenues pour se détendre vraiment. Restaurant sur place. Service professionnel. Parfois des mariages ou événements sont organisés les fins de semaine mais hors de ces dates, on y est en paix.

**LAS CHULLPAS ECO LODGE**
Querocancha S/N
✆ +51 84 201568
www.chullpas.pe
info@chullpas.pe
*Chambre simple, double ou matrimoniale 70 US$, triple 90 US$, quadruple 100 US$. Petit déjeuner inclus. Feu de bois pour la cheminée inclus.*
Au cœur d'un jardin, un lodge en matériaux traditionnels avec un accueil chaleureux de Nancy et Edna. Les dix chambres sont réparties dans de petits pavillons individuels et ont un charme rustique, toutes avec salle de bains privée, cheminée ou poêle à bois. On vient ici chercher le calme. On peut explorer les ruines proches. Studio de yoga sur place. Grand jardin un peu brouillon sur place. Idéal pour une retraite au vert. On trouve un restaurant sur place, principalement végétarien. Situés à 2 km en amont de la route Urubamba-Ollantaytambo.

**LIZZY WASI BOUTIQUE HOTEL**
✆ +51 994 207 921
www.lizzywasi.com – info@lizzywasi.com
*A partir de 85 US$ la double ou matrimoniale, 100 US$ la triple et 115 US$ la quadruple. Petit déjeuner inclus.*
Lizzy comme Elisabeth, une Américaine qui a su faire de cette maison un havre de paix plein de charme. Ses trois chambres sont vastes, avec poutres au plafond, tissus colorés partout, et une belle lumière – chambres matrimoniales, doubles ou familiales au choix. Les salles de bains sont élégantes. Un charmant établissement dans lequel on profite de la cheminée dans le salon, du jardin et du wifi dans les espaces communs.

**TIERRA VIVA VALLE SAGRADO URUBAMBA HOTEL**
✆ +51 1 4453613 – tierravivahoteles.com
reservas@tierravivahoteles.com
*Chambre standard double ou matrimoniale 82,80 US$, chambre supérieure double ou matrimoniale 118,80 US$. Petit-déjeuner buffet inclus.*
Un nouveau venu dans la chaîne des Tierra Viva, ces petits hôtels au service impeccable. Ici on trouve 36 chambres, d'immenses jardins, un spa avec bain bouillonnant et espace de massages, un restaurant sur place et le wifi. Bref une prestation complète. Comme toujours les chambres affichent leur identité andine avec sobriété. Parquet au sol, poutres peintes en blanc et belle hauteur sous plafond, chauffage électrique, salle de bains impeccables.On est entre de bonnes mains, juste un peu à l'écarte à la sortie de Urubamba en direction de Ollantaytambo.

**VILLA URUBAMBA**
✆ +51 84 205133
villaurubamba.com
reservas@villaurubamba.com
*Chambre double ou matrimoniale 105 US$, chambre master 143 US$, bungalow 200 à 250 US$ de 2 à 4 personnes. Petit-déjeuner buffet inclus.*
Tranquillité, jardin, fleurs, colibri, il y a même une petite cascade au cœur du lieu. Ici encore les 16 chambres bien que standards sont d'une taille correcte tout comme les salles de bains. Le confort est excellent. Les meubles artisanaux sont impressionnants. Les 5 chambres master sont plus vastes avec lits plus larges et petit salon. Le restaurant sur place est très classique, mais tout à fait correct. Bon rapport qualité-prix.

## Luxe

**CASA ANDINA PREMIUM VALLE SAGRADO HOTEL & VILLAS**
5to paradero Yanahuara
✆ +51 1 213 9739
www.casa-andina.com
*Chambre supérieure matrimoniale ou double lit king size 148 US$, junior suite 188 US$, chambre supérieure triple 225 US$. Petit déjeuner buffet inclus.*
Cet hôtel bénéficie d'un emplacement privilégié, sur deux étages, au cœur d'une terre de 3 hectares dans la Vallée sacrée, entouré de jardins et d'espaces verts. Les 91 chambres (toutes supérieures ou suites) sont toutes équipées d'une salle de bains privée, de la télévision câblée et du wifi, d'un chauffage, d'un kit de préparation de café, d'une baignoire. Splendide, l'établissement ne badine pas en termes de qualité de service. Un restaurant sert les repas pour le petit déjeuner, le déjeuner et le dîner. Les jardins sont vastes et il existe un espace avec des jeux pour les enfants. Enfin, un spa saura vous remettre d'aplomb. Le gros plus pour se faire vraiment plaisir ? Les suites situées dans les 6 villas Andean Cottages avec

douche à l'air libre, grande salle de bains, baies vitrées et terrasses privées. Elles sont à réserver directement par mail.

**K'UYCHI RUMI**
Carretera Urubamba – Ollantaytambo Km 74.5
Après le Sol y Luna
✆ +51 84 201169
www.urubamba.com – info@urubamba.com
*Compter 120 US$ 1 personne, 140 US$ 2 personnes, 180 US$ 3 personnes... jusqu'à 350 US$ pour 7 personnes. Petit déjeuner inclus.*
A 3 km du centre, six maisons modernes construites en adobe, sur 6 000 m² de terrain, entourées de beaux jardins. Chaque maison, en duplex, peut loger jusqu'à six adultes, et possède deux chambres, deux salles de bains avec eau chaude, une cuisine (bien équipée), un salon avec cheminée, une terrasse et un balcon. Wifi. On peut se garer. Attention : pas de service de restaurant, mais petit déjeuner inclus et une équipe à disposition pour réserver un tour ou poser une question. Une très bonne adresse, parfaite pour les familles et les groupes d'amis.

**SAN AGUSTIN MONASTERIO DE LA RECOLETA**
Jr. Recoleta s/n Urubamba
✆ +51 84 201666
www.hotelessanagustin.com.pe
info@hotelessanagustin.com.pe
*Compter 94 US$ la double ou matrimoniale. Réductions sur Internet. petit-déjeuner buffet inclus.*
Un hôtel rustique très charmant, lové dans un monastère franciscain qui date du XVIIe siècle : autant dire que l'ensemble a du cachet ! Les chambres sont de grand confort, et l'on jouit de panoramas magnifiques sur les montagnes et les ruines de murs incas.

**SOL Y LUNA LODGE & SPA**
Fundo Huincho Lote A5, sur la route de Ollantaytambo ✆ +51 84 608930
www.hotelsolyluna.com
info@hotelsolyluna.com
*Chambre supérieure matrimoniale lit king ou double à 308 US$, supérieure family casita pour 2 adultes et 2 enfants 492 US$, deluxe 522 US$ et premium 770 US$. Petit-déjeuner buffet inclus.*
L'un des hôtels les plus luxueux de la Vallée sacrée, estampillé Relais & Châteaux. Les vingt-huit bungalows, sur un ou deux niveaux, sont modernes (bien que d'apparence rustique) et très bien aménagés autour d'un grand parc. Les salles de bains sont tellement belles et pratiques qu'on dormirait dedans. Certaines *casitas* sont familiales avec mezzanine. Piscine, écuries, bar-pub et restaurant. L'accueil et le professionnalisme du personnel sont parfaits. Les propriétaires (suisse et français) organisent de nombreuses activités depuis l'hôtel, comme le parapente, le rafting, la randonnée et le VTT et bien sûr des balades à cheval. Souffrirait peut-être de son succès (beaucoup de clients = service un peu moins efficace), mais le restaurant est de premier ordre. Une fondation a été créée pour soutenir les communautés locales proches.

**TAMBO DEL INKA**
Avenida Ferrocarril ✆ +51 84 581777
www.marriott.com
reservastambodelinka@libertador.com.pe
*Chambre deluxe 322 US$, deluxe avec terrasse 347 US$, junior suite à 424 US$, senior suite 517 US$. Petit-déjeuner buffet inclus. Réservez sur Internet.*
Au cœur de la vallée de l'Urubamba se trouve le Tambo del Inka. L'hôtel, qui traduit dans un style contemporain la richesse de la culture andine, possède 128 chambres (dont certaines ont une terrasse), un spa, une piscine chauffée dont une partie est couverte et l'autre à l'air libre, un restaurant, un bar et même sa propre gare ferroviaire pour se rendre au Machu Picchu ! Les chambres sont évidemment très confortables avec lit king ou deux lits queen size. Ceux qui logent ici peuvent profiter du circuit thermal du spa, d'une expérience locale (dégustation de bières artisanales, cours pour préparer du pain...), e-bike à l'intérieur de la propriété, wifi rapide. A savoir pour les familles, 2 enfants de moins de 12 ans gratuits par chambre (n'inclus pas les petits déjeuners). Petit bonheur pour les non-hôtes, l'accès au spa et sa magnifique piscine possible pour la journée à S/ 100 (S/ 80 moins de 5 ans), de 7h à 15h, réservation obligatoire. Pour une soirée romantique, le restaurant sur place, le Hawa, est très bien côté.

# Se restaurer

## Bien et pas cher

### KAIA SHENAI

Av. Mariscal Castilla 563
✆ +51 84 509754
*Ouvert de 12h à 18h et 19h les vendredis et samedis. A partir de S/ 15 un plat à la carte. Menu S/ 16-20.*
Un végétarien qui vous émoustille les papilles. Saveurs fraîches et riches en goût qu'on adore qui se balancent entre tacos et hamburgers de lentilles, salades et sandwiches. Jus et tisanes de toutes sortes et d'excellents desserts parfont le tout. Le midi un menu est proposé avec une soupe délicieuse en entrée, et option poulet pour les réfractaires aux légumes. De plus l'endroit est coloré, hippie à souhait, avec un grand jardin sur l'arrière et quelques tables. Jeux pour les enfants. Boutique pour trouver des idées cadeaux écologiques. Le mot d'ordre ? Aimer, nourrir, jouer. Très réussi. Concerts et événements ponctuels. Yoga sur place.

### URIBAMBA TIERRA COCINA ARTESANAL

Av. Berriozabal
✆ +51 980 728 604
*De 12h à 20h, le dimanche de 12h à 17h. Fermé le mardi. Plats S/ 20-50.*
Une cuisine d'auteur simple servie par d'excellents produits. Beaucoup de plats de viande généreux, chorizo artisanal *de alpaca*, pâtes maison et légumes croquants. Glaces maison. Ambiance entre bistrot et brasserie chaleureuse. Cerise sur un ventre satisfait la maison offre assez souvent les chilcanos lors d'opérations promotions. Bref, entrez dans cette petite maison jaune les yeux fermés.

## Bonnes tables

### ALHAMBRA

Km 74, sur la route vers Ollantaytambo
✆ +51 84 201200
restaurantalhambra.pe
*Le midi, buffet à 20 US$. Fermé le soir. Tous les jours de 12h30 à 15h30.*
Sur la route vers Ollantaytambo, très nombreux restaurants buffets pour déjeuner. Préférez l'Alhambra au Tunupa. Dans une bâtisse évoquant une hacienda, le buffet est un bon plan pour le prix. On peut manger dehors sous des toits de palme, en jouissant de la superbe nature alentour.

### EL HUACATAY

Jr. Arica 620
✆ +51 84 201790
elhuacatay.com
elhuacatay321@gmail.com
*De 13h à 21h30. Le dimanche de 12h à 17h. Entrées et salades S/ 28-32, pâtes et végétariens S/ 34-38, viandes et poissons S/ 48-54, desserts S/ 20-22.*
Certes c'est un peu cher, mais c'est délicieux. Fin, surprenant, inventif, mêlant saveurs du monde et excellents produits locaux. La carte se renouvelle régulièrement, mais on peut la consulter en ligne. Superbes plats aussi pour les végétariens. Un exemple ? Les ajis fourrés au quinoa et aux petits légumes gratinés au brie d'Oxampampa. C'est une cuisine de gourmet où l'on vous recommande de piocher dans les entrées (carpaccio d'alpaga ou langoustines sauce coco entre autres), excellentes pièces de viande en sauce, truite ou curry et petits desserts bienvenus. Bières artisanales sur place. Salon de jardin sous des tonnelles aux beaux jours et salles intérieures boisées une fois la nuit tombée.

### PACA PACA

Av. Mariscal Castilla 640
✆ +51 84 201181
*De 13h à 21h. Fermé le lundi. Compter S/ 30-45 le plat.*
Un lieu au fort potentiel sympathie situé au 2e étage. La décoration a été pensée champêtre entre plancher en bois, artisanat, mobiles au plafond et fleurs sur les tables. Une excellente cuisine innovante qui allie la fraîcheur des produits péruviens et les saveurs plus internationales. On retient les excellents raviolis. A noter également des pizzas au feu de bois. Boutique d'artisanat en bas. On n'a plus envie d'en partir.

# Sortir

### CAFÉ PLAZA

Jiron Bolivar Nro. 440
Plaza de Armas
✆ +51 84 201118
Le soir, on peut aller boire un verre et manger des tapas au Café Plaza qui dispose d'une jolie terrasse avec des murs très colorés et des banquettes confortables avec des gros coussins.

# Sports - Détente - Loisirs

### HACIENDA DEL CHALAN

Puente Paucarbamba Yanawara – Ollantaytambo
✆ +51 984 737 897
www.haciendadelchalan.com
reservas@haciendadelchalan.com
*De 9h à 17h. Fermé le dimanche.*
Yojan est le spécialiste des randonnées à cheval dans la Vallée. Ses chevaux péruviens qu'on

appelle caballo de paso sont formés pour tous les publics et doux. Il propose des excursions d'une demi-journée comme celle qui rejoint les Salineras de Maras jusqu'à des treks et camping de plusieurs jours. Vous êtes entre de bonnes mains.

### NATURA VIVE

Pachar, sur route de Urubamba à Ollantaytambo
✆ +51 84 201253
www.naturavive.com
info@naturavive.com
*Compter S/ 180 le parcours de zip-line ou via ferrata seul, S/ 275 zip-line et via ferrata. Inclus aller-retour depuis Cusco ou lodge proche, box-lunch. Déjeuner gourmet dans une capsule S/ 790-880 par personne selon l'activité. Nuit à partir de S/ 1 385-1475 par personne selon l'activité.*
Un projet fou signé Ario et Natalia, qui ravira les amoureux de la roche et de l'adrénaline. Deux formules : une via ferrata qui consiste à escalader 300 mètres, passer un pont suspendu et descendre en rappel. Ou/et descendre via le zip-line ou tyrolienne : des câbles de 150 à 700 mètres de long d'où on glisse attaché à son harnais, avec 400 mètres de vide pour le point le plus haut. On peut aussi y arriver en marchant, mais dans tous les cas il faut descendre ! Au-dessus trois capsules transparentes suspendues comme des nids de condors : le Skylodge. Pour passer la nuit, dîner (avec vin) et petit déjeuner, toilettes, couettes, très confort et un panorama exceptionnel. Pour ceux que ça ne branche pas du tout, la Cerveceria del Valle artisanale a ouvert un peu plus loin pour attendre les amis au chaud. Une 4e capsule sert aujourd'hui pour les groupes (maximum 12) qui souhaitent déjeuner sur place et profiter davantage du panorama. Les nuitées comme le déjeuner incluent l'une des deux activités au choix (zip-line ou via ferrata) ou les deux réunies.

# CHINCHERO ★★

Chinchero est la porte d'entrée dans la Vallée Sacrée des Incas, c'est aussi son point le plus haut avec une altitude de 3 762 mètres. Face à Chinchero, une route en terre mène aux très jolis sites de Moray et Maras. La route asphaltée redescend, elle, vers Urubamba puis Ollantaytambo.

## Transports

Pour s'y rendre, voir dans la rubrique « transports » de Cusco. Un taxi collectif demande environ S/ 6 par personne, un combi S/ 3 (mais c'est beaucoup plus lent).

## À voir – À faire

### RUINES DE CHINCHERO ★★

*Entrée comprise dans le boleto turístico.*
A 3 750 m d'altitude, sur un plateau où alternent les cultures de maïs, de pommes de terre, de quinoa et les alpages ras, cette petite ville est plantée dans un décor de sommets tourmentés. Dans sa partie basse, au marché du dimanche haut en couleur et senteurs fortes (coca, muña, hierba luisa, rudas, autant de plantes à infuser) qui fait sa célébrité, on pratique encore un peu le troc, mais le tourisme en modifie la donne. Dans sa partie haute, sur le vaste parvis de l'église toute blanche construite sur des murs incas, les marchands d'artisanat ont envahi l'espace. Ce qui reste d'authenticité s'exprime dans les palabres, accompagnés de force chicha, entre les Indiens, dont certains en habits traditionnels. Au-dessous s'étendent les terrasses où flânent les visiteurs ; les amoureux s'isolent sous les murs aux pierres cyclopéennes. Le blanc de l'église, le vert de la végétation, le rouge des murailles composent un tableau impressionniste sur fond de sommets culminant à 6 000 m. Un petit lac de la taille d'un grand étang ajoute une touche romantique à l'estampe.
Il existe aussi un petit musée sur place, entrée S/ 7.

# MARAS ★★

A 10 km du village du même nom, la carrière de sel, déjà exploitée par les Incas, est tout simplement accrochée à la montagne, où scintille sa grande tache blanche au milieu des montagnes ocre. Le principe est simple : l'eau salée qui surgit du sol est stockée dans des petites piscines et, sous l'effet du soleil, l'évaporation est telle que le sel monte à la surface. Le sel de Maras est ensuite traité et vendu sur les marchés par les habitants du village (que l'on peut encore voir à l'œuvre le matin) ou exporté à l'international. Nombreux stands et boutique sur place. On y va en tour avec agence, à cheval, en quad, à vélo... Le lieu est très touristique, mais sublime. Depuis juillet 2019 on ne peut plus marcher entre les terrasses, mais les observer depuis différents miradors. Cette mesure de protection ne devrait pas s'appliquer lors des mois où les terrasses sont au repos (période des pluies, de décembre à mars). Les tours associent souvent les visites de Chinchero, Moray et Maras, proches les uns des autres.

- **Entrée S/ 10.** Maras ne fait pas partie du billet touristique, l'entrée bénéficie directement aux membres propriétaires des salines.

### Transports

Pour gagner ce superbe site, prendre les taxis collectifs (environ S/ 2) qui attendent à l'intersection de la route principale (Urubamba-Cusco) et de la route pour Maras. Ils vous déposeront au début de la promenade, qui dure moins d'une heure. Pour vous emmener en haut du site par la route, le taxi vous demandera S/ 25.

## MORAY ★

Moray, malgré sa belle petite église coloniale, est surtout réputée pour ses énigmatiques ruines disposées en cercles concentriques et s'enfonçant de 150 m dans la terre (entrée comprise dans le *boleto turistico*). Selon certains chercheurs, il pourrait s'agir d'un centre expérimental d'agronomie inca. En fonction de leur orientation, ces terrasses bénéficiaient de climats différents, créant peut-être ainsi les conditions optimales pour les cultures incas. On accède d'une terrasse à l'autre par de petites pierres sortant des terrasses même, formant ainsi des marches, encore un témoignage de la grande ingéniosité dont faisaient preuve les Incas. Trois de ces mystérieuses terrasses peuvent être vues sur le site.

### Transports

Les agences les intègrent quasi toutes dans leur circuit, mais vous pouvez aussi vous y rendre en VTT de Cusco ou en *colectivo.*

### Se restaurer

**MIL CENTRO**
Vía a Moray ✆ +51 926 948 088
milcentro.pe
*Menu dégustation en 8 temps 160 US$ ou S/ 528. Mariage des vins S/ 269. Mariage de jus S/ 124.*
Mil est un laboratoire aux mains de Virgilio Martinez, le jeune prodige du Central à Lima. Ici aussi son menu dégustation est un voyage par étapes à la découverte des écosystèmes andins. C'est léger, éthéré, travaillé et surprenant à chaque bouchée. L'expérience complète dure environ 3 heures. Une cuisine cérébrale qui n'est pas du goût de tous, mais qui enchante tous les curieux en quête de nouvelles saveurs et nouveaux savoirs.

## OLLANTAYTAMBO ★★★

Toute la cité est construite selon les plans des villes incas et les édifices ont conservé les bases en pierres de l'empire, comme l'église Santiago Apóstol. Dans ce « siège de l'indigénité », les hommes portent le costume traditionnel, ce qui est de plus en plus rare au Pérou : court poncho à franges aux couleurs exclusivement rouge et orangée, petit chapeau noué avec un ruban sous le menton. Les femmes sont vêtues de jupes et fichus de mêmes tons que leurs compagnons et ont sur la tête un petit chapeau de paille en forme de corbeille, également attaché avec un ruban. C'est dans cette citadelle que Manco Inka vainquit Pizarro en 1538, en sonnant les clarines d'une révolte que continueront ses descendants à partir de leur refuge amazonien de Vilcabamba.
Le nom du village vient du général Ollantay (*tambo* signifiant « lieu de repos »), qui se retira en ces parages par amour pour Cusi Collo, fille de Pachacútec. Anobli par l'Inca en raison de son courage mais resté roturier par le sang, le général n'a pu obtenir la main de la fille du premier des Incas. Retranché dans cette cité, il passa son ennui à la fortifier. Cette belle histoire inspira une pièce de théâtre rejouée chaque année lors de l'Ollantay Raymi le 29 juin. Un villlage de pierres et canaux qui a su garder son charme malgré le flux touristique.

### Transports

- **Collectivos**. Nombreux départs directs par jour de Cusco de l'Av Grau n° 525 pour S/ 10. Si vous avez raté le dernier (17h20), il faut changer à Urubamba où les liaisons sont beaucoup plus nombreuses. Départs possibles en minibus de l'Av Huascar n°128 pour S/ 8 avec Sumaq Wayna Tours.
- **Train.** De très nombreux voyageurs choisissent de fuir Cusco et de séjourner ici, pour une raison bien simple : le train entre Cusco et Aguas Calientes y passe plusieurs fois par jour… et c'est un peu moins cher. Consulter les prix des deux compagnies ferroviaires. La gare se trouve à 15 min à pied de la plaza de Armas en longeant le rio.
- **Mototaxi**. Elles sillonnent le village et sont pratiques pour rejoindre la gare rapidement. La course de la plaza du village à la gare coûte S/ 3. Sinon entre 15 et 20 minutes à pied.

### Se loger

Escale plébiscitée des voyageurs, Ollantaytambo compte de nombreux hôtels pour tous les goûts et pour tous les budgets. Beaucoup de turn-over dans les adresses peu chères. Demandez à votre hôtel de Cusco de vous en recommander un. Certains ont même ouvert une 2e adresse dans le village comme Mama Simone ou Casa de Mama. De plus, n'hésitez pas à négocier en basse saison !

## Bien et pas cher

### CASA DE WOW

Patacalle 840 ✆ +51 84 204010
www.casadewow.com
reservas@casadewow.com
*20 US$ la nuit par personne avec salle de bains partagée en double ou quadruple. Familiale avec salle de bains partagée de 35 US$ à 55 US$. Matrimoniale avec salle de bains privée de 35 US$ à 45 US$. Familiale de 55 à 85 US$. Les prix varient selon le nombre d'occupants. Petit déjeuner américain inclus.*
Idéal pour les familles car dormir dans ces lits là c'est une aventure : en effet ils sont tous en bois recyclés avec les formes étranges que leur a donné la nature. L'hôtel est petit mais cette trouvaille architecturale et les chambres colorées en font un lieu plein de bonnes ondes. Attention certaines chambres ont leur salle de bains d'autres non. On y ajoute un peu de confort avec une cuisine à disposition, salon avec TV, terrasse à l'étage avec vue, wifi dans les chambres et bons conseils ! Treks dans les environs et cérémonies mystiques proposées.

### HOSTAL ISKAY

Patacalle 722
✆ +51 84 204004
www.hostaliskay.com
info@hostaliskay.com
*Chambre simple 42 US$, chambre double ou matrimoniale 49-52 US$, supérieure 60-70 US$, familiale triple 85 US$. Petit déjeuner inclus.*
Les plus ici ce sont le jardin fleuri et la vue qui donnent juste en face des ruines. Les supérieures en jouissent et sont vastes et élégantes. Les chambres classiques sont petites mais confortables, avec de grosses couettes pour le froid et de l'eau chaude dans les sanitaires privés. On est sensible aux petits détails rustiques qui donnent du charme à l'ensemble, sans oublier le côté pratique (cuisine à disposition, salon avec TV, wifi). Excellent buffet de petit déjeuner et ses pancakes. Un très belle adresse pour le prix proposé. Tours et treks sont proposés sur place.

### JANAXPACHA HOSTEL

Calle Cien Ventanas S/N (entrée du village)
✆ +51 84 436701
janaxpacha.backpackers@gmail.com
*Avec salle de bains partagée, chambre simple 12 US$, double ou matrimoniale 25 US$, triple 34 US$. Avec salle de bains privée, chambre double ou matrimoniale 27 US$, triple 32-37 US$, familiale pour 5 personnes 50 US$. Petit déjeuner américain inclus.*
Une bonne adresse bien tenue à prix raisonnables. Ce n'est pas un *backpacker* plutôt un hôtel familial. On trouve aussi 12 chambres, la moitié simple, double, matrimoniale et triple ont des salles de bains partagées. L'autre moitié possède une salle de bains privée (avec de l'eau vraiment chaude !), dont les familiales. Excellent rapport qualité-prix pour la familiale avec un lit matrimonial et 3 lits simples. Elles ne sont pas très grandes, mais plutôt coquettes et avec une literie confortable. Grande cuisine à disposition. Wifi. Petit jardin central. Proche de la Plaza de Armas à 5 minutes.

### MAMA SIMONA HOSTEL

✆ +51 84 436757
mamasimona.com
ollanta@mamasimona.com
*Dortoir (4 lits) 14 US$ par personne, matrimoniale 38 US$, salle de bains privée. Petit déjeuner inclus.*
Un hostel coloré, au milieu d'un grand jardin avec ses hamacs, neuf et très bien tenu. C'est la même équipe que Mama Simona à Cusco. Les chambres sont pratiques et lumineuses, ils proposent des dortoirs de 4 maxi ou des chambres matrimoniales. La vue est sublime. Location du chauffage S/ 10 par chambre. Beaucoup de voyageurs mais les espaces sont amples et l'ambiance joyeuse. A environ 15 minutes à pied de la Plaza soit environ 30 minutes de la gare ou prendre un mototaxi. On recommande chaudement.

### PICAFLOR B&B

Calle Lari 444 ✆ +51 84 436758
bnbpicaflortambo.com
info@bnbpicaflortambo.com
*Chambre matrimoniale ou double 50 à 60 US$, triple 80 US$. Petit déjeuner américain inclus.*
Dans le centre piétonnier et historique, ce petit B&B se situe juste en face de l'entrée des ruines de Pinkuylluna. Il n'y a que 6 chambres : 3 matrimoniales dont la Rumi avec un lit queen size plus large, 1 familiale avec un lit matrimonial et un lit simple et 2 triples réparties sur 2 petits étages. A l'entrée on trouve un petit autel andin pour remercier Pachamama, un puits de lumière central et les chambres tout autour, distribuées autour de l'escalier. Elles sont boisées et chaleureuses, très propres et coquettes. Les salles de bains sont modernes avec douches italiennes et équipées de sèche-cheveux. Les chambres possèdent un radiateur électrique inclus dans le tarif proposé. Les espaces communs sont un peu réduits, mais la salle du rez-de-chaussée, avec cheminée et une grande tablée commune, est accueillante. Pas de jardin ici par contre. Ils travaillent avec leurs voisins du Kamma GuestHouse, plus contemporain, mais d'une excellente qualité et avec une terrasse au dernier étage pour le petit déjeuner. Le Picaflor nous a semblé plus chaleureux avec son identité andine marquée, mais les deux sont d'un excellent rapport qualité-prix.

### THE UPCYCLED HOSTEL OLLANTAYTAMBO

Calle Horno 618 ✆ +51 982 054 725

*Dortoir S/ 50 par personne. Matrimoniale S/ 125. Petit déjeuner inclus.*

Une jolie trouvaille sise dans les rues piétonnes pavées du centre de Ollantaytambo. Ils ont ouvert il y a peu sur le modèle du Upcycled de la Huacachina. Ici, on propose des dortoirs de 3 ou 4 lits spacieux et des chambres privées (il y en avait 5, on en prévoit 7). C'est coloré, lumineux avec des détails déco recyclés bien sûr. Les chambres privées ont des lits queen size, donc amples, des tapis et des couvre-lits turquoise. Bref c'est à la fois simple et chaleureux. Celles du 2e étage ont vue sur les ruines de Pinkuylluna. Petit bar en bas, mais ça reste calme. Tout petit jardin. Une salle TV plus sombre propose Netflix. Wifi. On aime beaucoup.

## Confort ou charme

### EL ALBERGUE

Dépasser la station de train, le long de la voie ferrée ✆ +51 84 204014

www.elalbergue.com

reservations@elalbergue.com

*Compter 109 US$ en standard king ou twin, 119 US$ en Plus, 209-229 US$ en supérieur avec vue sur le jardin ou balcon, petit déjeuner inclus.*

Un endroit tranquille, tenu par Wendy, un peintre de Seattle. Situé à hauteur du quai de la gare, il est parfait pour se lever au dernier moment et attraper le train de 5h. Chambres amples et confortables à la décoration bohème et artistique, jardin agréable, sauna au feu d'eucalyptus et service de massage. L'hôtel dispose aussi d'une boutique où l'on peut dénicher des livres et de l'artisanat. Un service de transport privé peut être assuré. Excellent restaurant sur place. Les allées et venues des trains peuvent déranger si vous comptez être au calme (les chambres standards sont les plus anciennes qui sont plus proches des rails), mais à part ça c'est le sans-faute. Pour les familles il existe aussi une Casita avec deux chambres communicantes. Idéal si votre planning est serré. Très prisé, réservez.

### APU LODGE

Calle Lares s/n tout au bout de la rue

✆ +51 84 436816

www.apulodge.com – info@apulodge.com

*Chambre simple 65 US$, double ou matrimoniale 75 US$, triple 100 US$, familial pour un couple et un enfant 90 US$ ou un couple et deux enfants 100 US$, suite pour un couple et 3 enfants à 140 US$. Petit déjeuner américain inclus.*

Au bout de la partie traditionnelle du village et d'une rue piétonne pavée (charrette pour transporter vos bagages si vous prévenez par téléphone) au milieu d'un jardin et avec une vue splendide sur les montagnes, Apu Lodge abrite des chambres en bois chaleureuses avec salle de bains privée. L'ambiance est intime, car il n'y a que neuf chambres. Le jardin est ample, très calme. L'équipe vous donne des plans et plein de conseils pour vous balader seuls (petites cartes maison). Louise, la propriétaire, est écossaise. Elle est moins souvent là, mais veille au grain et on sent que ses travailleurs sont chouchoutés. Restaurant sain et frais sur place pour le dîner (la carte est courte, mais du jour). Petit déjeuner servi sous forme de petit buffet avec fruits frais, céréales, laitages et œufs sur demande. Le personnel local est très attentif. Seul bémol, d'ici la gare est à quasiment 30 minutes à pied. Une belle adresse si vous séjournez un peu plus longtemps ou même une excuse parfaite pour séjourner plus longtemps, car vous n'aurez pas envie de partir. Paiement sur place en espèces de préférence.

### HOSTAL SAMANAPAQ

Au coin de la Alameda de Las Cien Ventanas et Pallpamccaro

✆ +51 84 204042

www.samanapaq.com

reservas@samanapaq.com

*Chambre simple 77 US$, double ou matrimoniale 84 US$, supérieure 103 US$, familiale 150 US$. Petit-déjeuner buffet inclus. Réductions sur Internet.*

Un mur d'enceinte en pierres entoure cet bel hôtel champêtre. Cette maison traditionnelle en adobe sur deux étages est entourée d'un grand jardin central. La décoration des chambres est un peu standard mais elles sont impeccables et neuves avec des salles de bain très propres et fonctionnelles. Il y en a 20 en tout qui se partagent l'accès à des salons chaleureux, une cheminée centrale et un restaurant.

### HOTEL MUNAY TIKA

Av. Ferrocarril 544

✆ +51 84 204111

munaytika.com

reservas@munaytika.com

*Double ou matrimoniale 45 US$, triple 60 US$. Petit-déjeuner buffet inclus.*

Bien placé, car sur l'avenue qui descend vers la gare cet hôtel est placé au cœur d'un petit jardin et propose des chambres bien tenues avec salle de bains privée. Les chambres qui donnent sur le jardin sont les plus calmes. C'est très correct pour le prix proposé.

### HOTEL PAKARITAMPU

Avenida Ferroccaril

✆ +51 84 204020

www.pakaritampu.com

hotel@pakaritampu.com

*Compter 214,10 US$ la simple, 222,26 US$ la double ou matrimoniale, triple 285,09 US$ ; en supérieur, 252,50 US$ la double ou*

*matrimoniale ; suite familial 463,13 US$. Petit-déjeuner buffet inclus.*
Idéal pour séjourner au calme tout en étant très proche de la gare. Cette grande bâtisse aux tons pastel possède de superbes vues sur la vallée et les ruines. Les 37 chambres (dont certaines avec balcon) et une suite sont très bien équipées. Parmi les espaces communs, on trouve aussi un salon avec TV câblée et cheminée. Service de blanchisserie et wifi. Ils proposent aussi un service de restauration moins indispensable, car on est tout proche du restaurant El Albergue. L'architecture et les jardins sont sympathiques, les chambres manquent un peu de chaleur pour le prix.

**■ SAUCE HOTEL BOUTIQUE**
Calle Ventiderio 248
A la sortie de la place en direction des ruines
✆ +51 84 204044
reservassauce@gmail.com
*Chambre simple 100 US$, double 120 US$, triple 175 US$. Baisse des tarifs de novembre à fin avril. Petit-déjeuner buffet inclus.*
Bel établissement avec ses 8 chambres propres et cossues, avec jolis meubles et salle de bains privée. Dans l'entrée de l'hôtel, salon avec cheminée peinte de bleu ciel, quelques livres à feuilleter et une impressionnante collection de bonnets péruviens ! Salle de bains privée, eau chaude 24h/24 et service chaleureux. Superbes points de vue sur les ruines, certaines chambres ont de belles vues, mais il faut vérifier à la réservation. Petit déjeuner généreux et bio. Des balades à cheval sont organisées vers Pumamarca (4 heures). Distributeur de billets à l'entrée. Très central entre la Plaza de Armas.

## Se restaurer

### Pause gourmande

**■ EL CAFÉ DEL ABUELO**
Calle Convencion S/N ✆ +51 980 732 111
Derrière cette façade crème peinte à la main se cache un petit café chaleureux sur 2 étages. On vous le recommande surtout pour reprendre des forces avec un café crémeux, un thé, un milkshake ou un de leurs nombreux desserts maison : crumble aux pommes, brownie, brioche a la cannelle, cheesecake aux fruits de la passion, pancakes... Ils font aussi de la petite restauration et des cocktails. Cosy.

### Bien et pas cher

**■ APU VERONICA**
Avenida Ventiderio ✆ +51 973 214 402
*Menu du jour le midi S/ 17. A la carte S/ 25 à S/ 60. Tous les jours de 10h à 22h.*
Un nouveau venu au 2e étage d'un immeuble qui borde le fleuve. C'est une belle surprise que l'Apu Veronica qui sert avec énergie et fantaisie sur de grosses planches en bois. Ici on propose un menu le midi (attention, il faut demander cette carte spéciale avec deux entrées et trois plats au choix) pour les petits budgets. Les gourmands préféreront les plats à la carte généreux. On trouve quelques soupes locales, des burritos bien servis et des plats plus familiaux comme le canard au four, le lomo saltado servi directement à même la poêle ou le saqra mixto, une combinaison de viandes cuites directement sur la pierre. Bon point également les plats sont accompagnés de délicates salades servies sur une feuille de maïs et semées de fleurs et de pommes de terre natives frites. L'adresse est populaire, avec raison. Le restaurant en soi ne paie pas de mine, mais la cuisine a de la saveur.

**■ CAFÉ LA ESQUINA**
Plaza de Armas ✆ +51 84 204076
*De 7h à 21h. A la carte S/25 sandwichs, salades, ailes de poulet barbecue et plats.*
Comme son nom l'indique, il fait le coin de la Plaza de Armas et est plus discret que les autres enseignes touristiques. Néanmoins c'est une bonne surprise avec un menu classique ou végétarien. Excellente soupe carotte-gingembre, mais aussi sandwichs aux falafels et salades. Options de bonne qualité à la carte. Formule pour picorer avec ailes de poulet et bière artisanale. Desserts maison et bon café. Bref un bel éventail et une petite terrasse sur l'avant bienvenue.

**■ HEARTS CAFÉ**
Avendio Ventiderio
✆ +51 84 436726
Sur la gauche juste avant le pont.
*Ouvert 7 jours sur 7, de 7h à 21h30.*
Sonia, l'emblématique anglais du Heart's café, a quitté les lieux et la formule aujourd'hui est beaucoup plus classique. Ça reste une bonne adresse pour se restaurer à toute heure de sandwiches, salades ou plats légers. Plutôt pour picorer que pour faire un festin. Les larges banquettes sont accueillantes. Wifi.

**■ IL PICCOLO FORNO**
Calle del Medio 120 (Chaupi Calle 120)
✆ +51 84 625492
*A la carte S/ 23-26 lasagnes, S/ 30-50 pizza, S/ 25 hamburgers.*
Ce petit local, dans une rue étroite qui remonte sur la droite de la Plaza de Armas, est coquet avec son four à pizza au fond et ses quelques tables colorées. Ici encore l'endroit a changé de main. Les pizzas restent très correctes avec une pâte légère. Ils servent aussi des hamburgers et plats péruviens. On n'est plus en Italie, mais ça reste une adresse plaisante.

## Bonnes tables

### EL ALBERGUE

Dépasser la station de train, le long de la voie ferrée
✆ +51 84 204014
www.elalbergue.com
reservations@elalbergue.com
*Tous les jours de 12h à 15h et de 18h à 21h. A la carte entrées (S/21-29), salades (S/19-27), pâtes fraiches (S/29-36), plats (S/35-59) et desserts (S/18-21). Pachamanca campestre, sur réservations le midi, à 12h et 14h30, 35 US$.*

Sans nul doute, le meilleur restaurant de la ville. Il est situé sur le quai de la gare, mais n'est pas réservé qu'aux clients de l'hôtel et on vous le recommande. Même si vous logez plus haut dans le village, le trajet en vaut la peine et des mototaxis peuvent vous véhiculer. On trouve ici une cuisine fraîche, saine, inventive. Les produits viennent d'un immense potager derrière le restaurant qu'on peut aussi visiter. Ils y élèvent même leurs viandes, y produisent du café et une eau-de-vie de qualité qui sert à tous les cocktails de la *casa*. Pour les gros estomacs, la Pachamanca est tout un voyage, à l'heure du déjeuner, avec beaucoup de viandes, tartes, salades... Elle est cuite dans le four traditionnel en terre puis servi sur de grandes tables extérieures. Il faut réserver. Le restaurant lui-même est plus intime (attention, réservez !). Il y a même un musicien le soir autour de la dizaine de tables du salon principal. On peut aussi s'installer dans le wagon à l'entrée ou dans le jardin derrière. Les plats sont délicieux et pas beaucoup plus chers qu'ailleurs. Il y a de vraies options végétariennes, des plats de pâtes maison très réussis en demi-portion légère et portion complète plus généreuse et des plats à partager. On a aimé le *rocoto de gallina* crémeux et baigné d'une salsa de rocoto par exemple. Parillas et *cuy* pour les plus gourmands. Boissons également maison. Et petit digestif local. Bravo !

### CHUNCHO

Plaza de Ollantaytambo (angle Chaupi Calle)
✆ +51 84 204 014
chuncho.pe
*Tous les jours de 12h à 22h. Entrées S/13-28. Plats S/ 27-47. Desserts S/14.*

Chuncho est la nouvelle proposition 100 % andine de l'équipe de El Albergue. Idéalement situé sur le côté de la Plaza de Armas, on monte au 2e étage et entre dans un univers tout en bois, palettes, fauteuils moelleux et tabouret de bar. Dans ce décor chaleureux, on nous propose une cuisine andine avec des produits locaux et des recettes traditionnelles. Du maïs croquant, des fromages du cru, des algues marines, des racines amazoniennes, des tubercules locaux, de la viande d'*alpaca*, du *cuy*, du mouton ou de la truite. Tout se découvre et se marie. Il faut venir ici animé d'une vraie curiosité. On repart convaincu qu'il y a encore beaucoup de trésors à découvrir dans les jardins et assiettes péruviennes.

## Sortir

### ORISHAS CAFÉ RESTAURANT

Av. Ferroviaria 119
✆ +51 84 204178

En descendant vers la gare, un restaurant vaste, élégant et coloré. La cuisine est assez chère et peu convaincante mais c'est agréable d'y prendre un verre. Le bar proposent 3 cocktails pour le prix de 2 (3x2). On aime son emplacement au bord de la rivière.

## À voir - À faire

### CERVECERIA DEL VALLE ★

Pachar
✆ +51 984 553 892
www.sacredvalleybrewingcompany.com
juan@cerveceriadelvalle.com
*Ouvert du vendredi au dimanche de 14h à 19h.*

Ni un bar, ni une attraction mais les deux ! Cette brasserie artisanale ouvre ses portes aux curieux pour découvrir et goûter les bières produites (prix très abordables : S/ 5 pour un verre, S/ 10 pour une pinte). Egalement, une rangée de shots pour tout tester : par exemple la Roja contient la graine du cactus ou *tuna*, la Pilsner du maïs fermenté, la Stout du café et chocolat bio, et la IPA sept sortes de houblon. On trouve cette production artisanale aussi en bouteille dans Ollantaytambo village, à La Esquina Café ou El Albergue. La Cerveceria se situe hors du village : prendre un colectivo depuis le marché jusqu'à Pachar (S/ 1, moins de 10 min de trajet), descendez au pont.

### PUERTA DEL SOL – INTI PUNKU ★

Ceux qui restent plus longtemps et aiment les défis plus physiques apprécieront cette randonnée qui prend entre 8 à 10h aller-retour. Nous vous la recommandons uniquement par beau temps. La vue à 360° sur les montagnes, le pic Veronica et cette porte inca qui s'ouvre est unique. On peut aussi y aller à cheval.

### RUINAS DE OLLANTAYTAMBO ★★★

*Entrée comprise dans le boleto turístico. Les guides demandent environ S/ 30.*

La forteresse d'Ollantaytambo, qui barrait l'accès à la Vallée sacrée en direction de Cusco et du Machu Picchu, n'était pas terminée quand Pizarro débarqua, comme en témoignent les blocs disséminés sur le terrain. On accède au sommet, à travers un étagement de terrasses agricoles, par un escalier particulièrement raide. Un temple à dix niches accueillant les momies surplombe le temple du Soleil formé de six gigantesques monolithes, dont le poids avoisinerait les cinquante tonnes (on se demande encore comment ils furent hissés là-haut). Plus haut, des habitations en adobe et pierre sèche se confondent avec le rocher et un chemin de ronde contourne l'éperon, jusqu'à d'autres demeures, avec, dans le fond, des bassins, des bains alimentés par des canaux taillés dans le rocher (certaines pierres portent des griffures, traces d'entame de la taille). Sur la montagne, en face, où l'on pourra voir se dessiner le visage d'un étrange homme barbu, l'école militaire et la prison balisent les limites du peuplement. On entre et sort de la citadelle par deux portes monumentales, percées dans les murailles d'adobe et de pierre brute sous lesquelles se pressent les marchands de bibelots.

**RUINAS DE PINKULLYUNA** ★

Sous le nom de Pinkullyuna, on désigne les ruines en hauteur, face à celles d'Ollantaytambo, qu'on aperçoit à la droite du village. En fait ce sont les entrepôts agricoles de l'époque. Cette montée vaut la peine car au bout d'1h30 on s'offre une vue magnifique sur Ollantaytambo village et sa forteresse. Et il n'y a quasiment personne. Prenez la calle Lares, à droite juste avant la Plaza, suivez et vous trouverez une porte ouverte sur la montagne, des escaliers en pierre et un panneau indiquant « Pinkullyuna – heures de visites 7h-16h30 ». Gratuit.

## Sports – Détente – Loisirs

**KB TAMBO**

A l'angle de Av. Ferroccarril & Av. Ventidero
kbperu.com
KBperu@hotmail.com
Une bonne agence pour organiser treks, balades à cheval, VTT, rafting dans toute la zone. Aux commandes, Janecek, américain. C'est eux par exemple qui peuvent vous emmener à l'Inti Punku d'Ollantaytambo.

## Shopping

**ALQA**

Chaupi Calle s/n
✆ +51 995 505 716
alqa.co
info@alqa.co
*Tous les jours de 10h à 19h.*
Ce superbe endroit est à la fois une boutique, une galerie d'artisanat et une espèce de petit musée pour découvrir ce qui se fait de mieux comme artisanat local. Toutes les pièces en vente ici sont des trouvailles. Johana et Antonio parcourent les vallées et lient des alliances avec les plus talentueux. L'endroit et les prix sont davantage pour un public expert ou de collectionneurs, mais c'est intéressant pour tous. Très calme et élégant ce lieu a de l'esprit et de l'âme.

**AWAMAKI**

Calle Principal
✆ +51 84 436744
awamaki.org
info@awamaki.org
*De 9h à 18h.*
Awamaki est une petite ONG très active dans la région. Elle travaille avec les femmes des communautés traditionnelles de Patacancha et Willoq et des designeuses internationales pour offrir des pièces traditionnelles mais dans la tendance et l'air du temps. C'est cher mais avec une vraie griffe, de superbes matières et belles finitions. Vous pouvez aussi les contacter pour visiter ces communautés qui offrent des tours de une journée avec déjeuner ou 3 jours-2 nuits avec ateliers tissages et randonnée jusque la lagune Ipsaycocha. KB Tambo Tours combinent aussi ces tours avec des sorties cheval ou VTT. Awamaki propose aussi des nuits et repas-cours de cuisine chez l'habitant dans Ollantaytambo même où de nombreuses familles qui vivaient auparavant en altitude sont venues s'installer. Bref pour shopper un souvenir avec un supplément d'histoire ou vivre une aventure authentique, c'est un excellent contact.

# AGUAS CALIENTES – MACHU PICCHU PUEBLO

Situé à 2 km avant Puente Ruinas, ce village constitue une étape incontournable avant la visite de la cité perdue. Y coucher offre l'avantage d'être sur le site dès 6h, à l'ouverture, mais même à cette heure il y a foule. Aguas Calientes favorise les rencontres : l'ambiance qui y règne le soir, quand sont passés les trains pour Cusco, a quelque chose d'irréel. Toutefois, de nombreux hôtels ont poussé ces dernières années et l'atmosphère est nettement plus « gringa » qu'auparavant avec des happy hours dans tous les cafés et des propositions de massage à tous les coins de rue...

## Transports

- **On n'y vient qu'en train,** depuis Cusco ou Ollantaytambo, ou à pied pour les adeptes de randonnée...

## Bon plan pour arriver à Aguas Calientes !

**Prenez un *colectivo* du terminal Quillabamba à Cusco** (terminal pour les départs vers la jungle), en direction de Santa Maria (4h de route et S/ 30), le mieux est de réserver vos places la veille afin de maîtriser les horaires. Ensuite, prenez un autre *colectivo* pour Santa Teresa (2h de piste et S/ 10) pour une route splendide mais dangereuse (n'oubliez pas votre produit anti-moustiques !). La route ayant gagné en popularité on trouve aussi des mini-vans directs à S/ 40. Vous pourrez dormir à Santa Teresa dans un hôtel basique ou à l'Ecoquechua Lodge (www.ecoquechua.com) et profiter des thermes splendides de Colcamayo (beaucoup plus jolis que ceux de Aguas Calientes). A noter qu'on peut également faire cette partie à pied : chemin inca, sublime randonnée le long de la rivière... et dormir un peu avant au Yellow River (www.quellomayo.com) avec ses coquettes chambres d'hôtes dans les plantations de café. Ceux qui veulent s'y essayer ont aussi la possibilité d'affronter le parcours de *zipline* de Cola de Mono (www.canopyperu.com)

**L'idée est ensuite de marcher 2h jusqu'à la station hydraulique** appelée Hydro Electrica (le camion ou le *colectivo* s'y rendent pour S/ 5 supplémentaires, mais autant marcher, le chemin est très joli). Précision : pour ne pas vous tromper de chemin, empruntez les escaliers qui descendent vers le *rio*, puis traversez celui-ci à l'aide du monte-charge. Au cas où, un pont en bois permet de franchir le *rio* mais beaucoup plus loin sur la droite.

**Enfin, restent 10 km le long de la voie ferrée** (en fait, on marche même dessus, il n'y a aucun sentier alors soyez vigilants aux éventuels passages de trains et attention aux chevilles fragiles) jusqu'à Aguas Calientes. Il faut marcher dans la centrale en empruntant le pont métallique pour rejoindre la voie de chemin de fer. Faites attention : il ne faut pas suivre la voie en contrebas, mais, quand on approche de la sortie de la centrale, emprunter un petit sentier qui part sur la droite entre les arbres : on rejoint une autre voie, qui est la bonne. Après 2 heures de route environ, on passe devant une bicoque qui affiche un menu en anglais puis on atteint un tunnel qu'il ne faut pas du tout franchir : prenez la route sur la droite pour rejoindre enfin Aguas Calientes...

**Pour repartir d'Aguas Calientes**, on peut rebrousser chemin, mais le retour pourrait s'avérer fastidieux. Le mieux est donc de gagner le fameux Km 82, soit 32 km le long de la voie, sans aucun chemin alternatif. Attention, sur cette portion-là, des trains circulent, donc prenez d'infinies précautions : restez bien attentifs aux bruits ambiants. Compter entre 7 h et 10 h de marche. Une fois arrivés au Km 82, on peut attraper un camion ou un combi pour Ollantaytambo. De là, plus aucun problème pour rallier Urubamba et Cusco.

**Cette route est aussi vendue par les agences sous le nom de Jungle Trail** en formule 4 jours-3 nuits. Descente en VTT et rafting. Nuit à Santa Maria. Randonnée. Nuit à Santa Teresa. *Zipline* et marche. Nuit à Aguas Calientes. Visite à Machu Picchu. Train de retour à Ollantaytambo. Lorenzo Expeditions en est le spécialiste.

## Pratique

Sur la Plaza et l'Av Pachacutec, vous trouverez la mairie, la Poste, le centre culturel où vous pourrez acheter vos billets d'entrée pour le Machu Picchu si ce n'est déjà fait (ouverture du lundi au dimanche de 5h à 20h30), ainsi que l'office de tourisme. Ne quitter pas le village sans votre entrée au Machu Picchu. On ne peut pas acheter son entrée une fois sur le site comme ailleurs.

## Se loger

La plupart des hôtels se situent dans la rue principale qui part de la place du village (Avenida Pachacutec), où se dresse la Municipalidad et qui monte jusqu'aux bains thermaux. Les moins chers se sont installés de l'autre côté du fleuve : entre le fleuve et la voie ferrée, c'est le quartier populaire de Las Orquideas. Turn-over énorme. Nombreuses chambres sombres et plutôt sommaires à partir de S/ 20 par personne et par nuit. Si vous voulez être sûrs d'un endroit correct, réservez ceux que l'on vous indique, sinon vous trouverez toujours quelque chose à l'arrivée. Les hôtels servent le petit déjeuner dès 4h30 ou 5h, souvent sous forme de buffet. Il est aussi possible de camper ! Il faut marcher 2 km vers le nord, en direction du Machu Picchu, et s'arrêter juste avant le pont : compter S/ 15 par personne (douche, toilettes et cuisine sur site).

## Bien et pas cher

### ECOPACKERS HOSTELS
Av. Imperio de los Incas 136 ✆ +51 84 211121
ecopackersperu.com
reservasmapi@ecopackersperu.com
*Dortoirs (maxi 6 lits) 10,40 US$ à 13,20 US$. Double 35 US$. Matrimoniale 50 US$. Petit déjeuner inclus. Hausse des prix lors des périodes festives.*
Encore un *hostel* qui a une adresse à Cusco et une autre ici. Mais cette formule est la plus recommandable si on veut un lit propre et une chambre pas trop glauque. Ici chaque dortoir a sa propre salle de bains tout comme les matrimoniales avec lit *queen size* et TV écran plat. On trouve aussi un dortoir de 4 lits exclusivement féminin. Les chambres sont fonctionnelles et propres. Terrasse à l'étage.

### LOS CAMINANTES HOSTAL
Av Imperio de Los Incas 140
✆ +51 84 211007
*Chambre simple à S/ 25 et double ou matrimoniale à S/ 50 avec salle de bains partagée. Chambre simple S/ 50 et double ou matrimoniale à S/ 70 avec salle de bains privée. Pas de petit déjeuner.*
Un hostal aux prix raisonnables pour la qualité proposée. Salle de bains partagée ou privée, eau chaude, chambres propres. Bruyant car proche de la gare mais très correct pour ce type d'*hostal*.

### SUPERTRAMP HOSTEL
Calle Chaskatika 203
Urbanizacion Las Orquideas ✆ +51 84 435830
www.supertramphostel.com
*Dortoirs de 12 à 8 lits de S/ 38 à S/ 42. Chambres privées double ou matrimoniale S/ 110. Salle de bains commune. Petit déjeuner inclus.*
Un *backpacker* malin où ça parle anglais toute la journée mais bien plus propre et pratique que les nombreuses adresses limite du village. Murs tagués et colorés, ambiance jeune et sympathique, couettes dans les chambres impeccables. Il y a ici 3 dortoirs et 2 chambres privées. Ils ont aussi un restaurant qui sert de très bons burgers. Et un bar à l'étage. Wifi. Le succès a permis d'ouvrir une adresse dans le même esprit à Cusco, dans le quartier de San Cristobal.

## Confort ou charme

### EL MAPI BYINKATERRA
Av. Pachacutec 109 ✆ +51 84 211011
www.elmapihotel.com
*Compter 220 US$ la supérieure simple ou double et 275 US$ la suite. Petit déjeuner et dîner à la carte inclus.*
Un hôtel de 122 chambres de la fameuse chaîne Inkaterra, plus économique que ses pairs, mais de très bonne facture, situé au cœur de Machu Picchu Pueblo. Le prix inclut un pisco sour et un dîner à la carte. Les chambres sont confortables et bien agencées, contemporaines. Un spa vient d'être inauguré.

### GRINGO BILL'S
Calle Colla Raymi 104 (ruelle qui part de la Plaza) ✆ +51 84 211046
www.gringobills.com
gringobills@yahoo.com
*Chambre double standard à partir de S/ 231, chambre lit king-size S/ 315, chambre triple standard à S/ 357, chambre familiale S/ 560. Petit déjeuner inclus. Prix sur Internet. Demi-pension possible.*
Une institution depuis 1979 ! Les chambres sont aérées, lumineuses, de grand confort. Ils en ont aujourd'hui 40. Les plus confortables ont vue sur la montagne. Certaines possèdent même un balcon. Le restaurant est très bon. Nombreuses prestations touristiques, services sérieux. Wifi.

### INTI PUNKU HOTELS
Calle Wiñay Wayna B3 ✆ +51 84 225120
intipunku.pe – info@intipunku.pe
*Intipunka Alameda Inn : chambre simple 74,50 US$, double ou matrimoniale 79,95 US$, triple 104,95 US$. Intipunku El Tambo : chambre simple 80 US$, double ou matrimoniale 90 US$. Intipunku Mapi : chambre double ou matrimoniale 106,90 US$, supérieure 133 US$, triple 139,90 US$, et suite 197,50 US$. Petit déjeuner inclus.*
Un nouvel acteur sur la scène souvent peu convaincante du Machu Picchu. La chaîne d'hôtels IntiPunku propose des chambres classiques, impeccables, avec une bonne literie, salle de bains privée, chauffage, TV écran plat et fenêtre antibruit. Ils ont 3 gammes d'hôtels du standard au plus haut de gamme : Alameda Inn, Tambo, ou Machu Picchu. Tous les hôtels sont situés dans le quartier qui borde le marché jadis plus populaire, mais qui s'est peuplé d'hôtels. Bref un peu de confort bienvenu.

### PANORAMA B&B
Av. Hermanos Ayar 305 ✆ +51 952 335 044
www.mapipanorama.com
*Chambres simple 75 US$, double ou matrimoniale 82 US$, supérieure 100 US$ et triple 110 US$. Petit déjeuner. Baisse des tarifs de novembre à fin mars. Petit déjeuner inclus.*
C'est un Français qui a eu l'excellente idée d'ouvrir cet hôtel où l'on trouve ce qu'on vient chercher : un bon lit (les chambres supérieures ont même des lits king size), une chambre propre, lumineuse et impeccable, un service aux petits soins. TV, wifi et vue sur la rivière ou les montagnes en sus. Bref vous l'aurez compris, notre coup de cœur dans cette catégorie.

**RUPA WASI**

Calle Huanacaure 105 ✆ +51 84 211101
www.rupawasi.net – info@rupawasi.net
*Prix pour deux personnes, chambres standard 60-75 US$ et suite 110-125 US$, selon la saison. Petit déjeuner inclus.*

Une excellente option presque bucolique puisqu'il y a des bougainvilliers fleuris et que toutes les chambres-cabanes sont en bois. Belles nuits en perspective : lits confortables, balcon, belles salles de bains, eau chaude, wifi. Les suites jouissent d'une vue privilégiée. On est au cœur du village et son bric-à-brac, mais on arriverait presque à l'oublier. Très correct par contre les chambres ne sont pas forcément aussi vastes que ce qu'on voit sur les photos. Options pour dîner sur place, le Tree Restaurant est vraiment de très bonne facture et les box-lunch sont excellentes. Pourquoi chercher plus loin ?

**TAYPIKALA BOUTIQUE MACHUPICCHU**

Avenida Pachacutec Mz 19 Lote 9
✆ +51 84 234911 – www.taypikala.com
*Chambre simple 220 US$, double ou matrimonial 230 US$, triple 260 US$ ou suite 299 US$. Petit-déjeuner inclus. Demi-pension possible. Prix négociés sur Internet, réservez !*

Le petit dernier d'une chaîne bien conçue. Cet hôtel moderne et sobre possède des chambres vastes, lumineuses, certaines avec baie vitrée, tout confort avec tv, wifi. Un ensemble élégant. Café-restaurant.

**TIERRA VIVA MACHU PICCHU HOTEL**

Av. Hermanos Ayar N°401 ✆ +51 84 211201
tierravivahoteles.com
*Chambre double ou matrimoniale 144 US$, supérieure 165 US$, suite 238 US$. Petit déjeuner buffet inclus.*

La chaîne Tierra Viva a construit ici un hôtel lumineux, contemporain et confortable. Il est placé sur l'avenue face au fleuve donc un peu plus à l'écart du train et de ses rails. Ses 43 chambres sont élégantes, avec quelques touches folkloriques, et des salles de bains privées neuves. L'ensemble est desservi par ascenseur. Buffet généreux le matin. C'est une vraie bonne adresse tout confort.

## Luxe

**INKATERRA MACHU PICCHU PUEBLO HOTEL**

Au-dessus de la station de trains à l'entrée du village
✆ + 51 1 610 0400
www.inkaterra.com
*Chambre double : Compter 602 US$ la chambre « superior deluxe », 656 US$ la suite junior et 1 036 US$ la suite Inkaterra. Cette formule inclut la demi-pension (dîner et petit-déjeuner), l'heure du thé, et les excursions à l'intérieur de la propriété (orchidées natives (372 espèces dans leur habitat naturel) – Record mondial selon la AOS –, oiseaux (214 espèces, dont 18 de colibris), plantation de thé organique...) pour 2 personnes. Gratuité pour enfant de moins de 12 ans qui partage sa chambre avec un ou deux adultes – maximum 2 enfants par chambre.*

83 *casitas* et villas (2) dispersées sur 5 ha de jardins tropicaux dans la forêt nuageuse de la Réserve historique du Machu Picchu. Membre de Virtuoso et de National Geographic Unique Lodges of the World. Vous dormirez dans un cadre bien agréable, bercés par le doux murmure de la cascade ou du feu qui crépite dans votre cheminée. La piscine alimentée par de l'eau de source, le bain bouillonnant ou l'UNU SPA vous attendent pour vous délasser après une marche jusqu'au Machu Picchu. Un guide peut vous accompagner à la découverte des orchidées, des ours, ou du thé organique (vous pourrez déguster le fruit de votre propre cueillette). Le petit déjeuner comme le dîner à la carte dans le restaurant principal sont dignes des plus grands chefs ; autre option : le Café Inkaterra situé à l'entrée de l'hôtel dominant le fleuve Vilcanota propose aussi d'excellents déjeuners à la carte. L'ENA SPA vient d'être entièrement rénové.

**SUMAQ**

Av. Hermanos Ayar Mz 1 Lote 3
✆ + 51 84 211059
www.machupicchuhotels-sumaq.com
reservations@sumaqhotelperu.com
*La « Superior Deluxe » Simple à 478 US$, la « Superior Deluxe » Double ou Matrimoniale à partir de 440 US$, Chambre familiale Superior à partir de 550 US$, la Junior Suite Double ou Matrimoniale à 720 US$ et la Imperial Suite Matrimoniale à 1 200 US$. Inclus la demi-pension, une classe de cuisine et cocktail, un pisco sour.*

Le Sumaq Machu Picchu Hôtel bénéficie d'une expérience de longue date dans l'hôtellerie de luxe. L'établissement est une référence dans tout le Pérou. Bien souvent, les gens apprécient d'y terminer leur voyage le rendant d'autant plus inoubliable. Il est situé sur les rives de la rivière Vilcanota, à proximité des principales attractions touristiques de la petite station. La gare est à seulement dix minutes à pied, mais l'hôtel assure tout de même la navette. La cuisine est créative et raffinée et le service est irréprochable. L'établissement a mis en place une politique d'accueil envers les familles avec des classes de cuisine pour les enfants, un conteur et un programme de visite juste pour eux avec comme une espèce de chasse au trésor (pour les 6-11 ans) et une petite mascotte qui représente un chien péruvien. Promotions sur la 2e nuit. Une belle adresse !

## Se restaurer

Attention les restaurants « à la criée » dont les serveurs vous interpellent en vous offrant des *pisco sours* ne sont jamais une grande affaire. Si vous avez un budget serré, traversez le fleuve et aller dans un *chifa* ou une *polleria* du quartier las Orquideas, comme la population locale. Les restaurants touristiques se trompent dans l'addition, prennent des commissions sur la CB, bref ne sont pas une bonne affaire. Quelques bonnes adresses toutefois et les restaurants d'hôtel comme le Mapi, le Adela's ou le Inka Wasi sont très biens.

### Sur le pouce

**LA BOULANGERIE DE PARIS**
Puente Sinchi Roca
✆ +51 84 211398
Rien que le nom fleure bon le croissant et pain au chocolat non ? Une excellente adresse, française bien sûr, avec de très bonnes pâtisseries, tartes salées, sandwiches, le tout fait maison. A consommer sur place dans le petit espace avec canapés ou à emporter pour les cimes. On peut y passer très tôt (mieux de réserver la veille) pour récupérer sa box-lunch. Top !

### Bien et pas cher

**MAPACHO CRAFT BEER & PERUVIAN CUISINE**
Avenida Imperio de los Inca 614
✆ +51 984 759 634
mapacho.pe
*Du lundi au vendredi de 10h à 22h, samedi-dimanche jusqu'à minuit. Hamburgers S/ 28. Plats S/ 32-45.*
Tout est dans le titre. Ici c'est cuisine locale décontractée et bières artisanales pression ou en bouteilles. Tartares, salades, plats de viande, truite, hamburger, un crémeux *aji de gallina* et un toujours tentant *lomo saltado*. Bref une cuisine réconfortante pour clôturer une journée en général physique. Niveau ambiance, c'est proche d'une cafétéria avec ses tables en bois et ses affiches de pub au mur. Les tables avec vue sur la rivière au fond sont plus sympathiques. Ils sont le long des rails une fois le pont traversé.

**MUNAYCHA**
Av Imperio de los Incas 526
✆ +51 84 435857
Le long de la voie ferrée et de la gare, un grand nombre de restaurants proposent un menu touristique. Celui-ci nous a plu pour la qualité de la présentation, la fraîcheur des produits et le service. Attention souvent on vous charge le service sur l'addition directement, libre à vous d'en tenir compte ou non.

**PETIT PARIS RESTAURANT**
Calle Q'ori Wakanki 701
✆ +51 984 332 200
*Tous les jours de 11h à 22h. Menus le midi S/ 15. Menu buffet S/ 30.*
Ils sont un peu plus éloignés du centre, mais tout est proche à Aguas Calientes, au-dessus de la gare dans le quartier Las Orquideas ou en remontant les rails, au 2e pont proche de l'entrée du Inkaterra Machu Picchu Pueblo. Attention, les Péruviens ont repris la main ici et les plats proposés ne sont plus français. L'adresse est donc plus classique : poulet et truite principalement. La terrasse est sympathique. Les prix proposés sont très abordables.

### Bonnes tables

**FULL HOUSE PERUVIAN CUISINE**
Av. Imperio de los Incas 620
✆ +51 941 260 271
fullhousemachupicchu.com.pe
*A la carte à partir de S/ 45.*
Un restaurant de cuisine péruvienne classique, mais qui sert des plats réussis, présentés avec soin et servis par un personnel affable et professionnel. Ce qui est rare dans le pays, mais encore plus à Machu Picchu Pueblo. Ils ont aussi des pizzas, mais on vous conseille l'*aji de gallina, lomo saltado* ou les plats d'*alpaca* avec une bière artisanale ou une *chicha morada* maison. Plats végétariens également. Décoration contemporaine et assiettes plus gourmettes. En journée, profitez de la grande terrasse avec vue sur la rivière. Ils sont le long de la voie ferrée une fois le pont traversé.

**INCONTRI DEL PUEBLO VIEJO**
Av Pachacutec
✆ +51 84 211072
*Tous les jours de 11h à 22h. Plats S/ 30-40. Pizzas S/ 35-45.*
Encore une belle surprise, à quelques pas de la Plaza en remontant l'avenue principale, un ample local design qui mêle le bois et une déco contemporaine et surtout qui sert d'excellentes pizzas au feu de bois avec de vrais ingrédients frais comme il se doit. Ce n'est pas beaucoup plus cher et ça n'a rien à voir avec les pizzerias qui pullulent. N'hésitez plus ! Glaces artisanales également. Evidemment un Italien est aux manettes. Si vous avez aimé, ils ont également ouvert le Carpe Diem de pure cuisine italienne à Cusco (12h-22h30 fermé les lundis, calle Plateros 361).

**INDIO FELIZ**
Lloque Yupanqui 103 (perpendiculaire à l'Av Pachacutec)
✆ +51 84 211090
www.indiofeliz.com
*Menu à S/ 77,50. A la carte, plats de S/ 45-70. Tous les jours de 12h à 22h.*

Le menu est le meilleur choix : quiche lorraine, soupe créole, truite au citron, poulet au gingembre et moutarde... Le chef est français (Patrick Vogin). Ce resto est une légende dans le pays, il a remporté de nombreux prix, et c'est là que mangent les stars, les hommes d'affaires, les politiciens et les gens bien renseignés. Les murs sont tapissés d'une déco originale : des centaines de cartes de visite ! Le tout est baroque, coloré et chaleureux. Ils ont aussi une petite terrasse. Pour un déjeuner réconfortant après la grande visite.

### THE TREE HOUSE RESTAURANT

Jr Huanacaure 105 ✆ +51 84 435849
rupawasi.net – treehouse@rupawasi.net
*Tous les jours de 5h30 à 22h. Plats de S/ 38 à 55. Compter S/ 80-100 un repas complet. Box lunch S/ 35-40.*
Un peu cher oui, mais c'est une excellente surprise que ce restaurant en bois agréable, au bout d'une montée de marches dans une rue improbable derrière la Plaza de Armas. La cuisine s'adresse aux gourmets avec des plats ronds en bouche. Pièces de viande bien choisies, excellents raviolis et gnocchis maison, sauces généreuses. Options végétariennes et excellents desserts sont à noter. L'endroit se pare de romantisme le soir venu. Ils préparent aussi des lunch-box complètes pour le Machu Picchu. Cours de cuisine. Pour les trouver ils sont juste à côté et appartiennent au Rupa Wasi Lodge.

### TOTO'S HOUSE

Av Imperio de los Incas S/N
✆ +51 84 234312
grupointi.com
*Tous les jours de 11h30 à 21h. Déjeuner buffet 28 US$.*
Un immense restaurant avec une vue sur la rivière et stratégiquement placé : il est situé juste à côté du pont le long de la voie ferrée, on ne peut pas le rater. Il offre un espace pour 400 couverts sur 2 étages et des shows folkloriques et musique andine en soirée. La cuisine est un peu standard, mais de qualité. Le buffet des déjeuners est très prisé surtout par les agences, mais c'est un bon plan pour que tout le monde ressorte content.

## À voir – À faire

### BAÑOS TERMALES ★

*Les bains sont ouverts de 5h à 20h (S/ 10). Possibilité de louer des serviettes et des maillots de bain juste à l'entrée.*
Situés dans le haut du village, les bains thermaux paraissent bien tentants après les quatre journées passées sur le « Camino del Inca » et la douche tiède de votre hôtel, mais attention aux moustiques... Très fréquentés le soir. Moins en journée.

### LOS JARDINES DE MANDOR ★

Le long de la voie ferrée, en direction de Hydroelectrica
Km 114.3 Ferrocarril Cusco – Machupicchu
✆ +51 940 188 155
www.jardinesdemandor.com
serviciosmandor@gmail.com
*Entrée S/ 10. Camping S/ 10 par personne et par nuit. Tentes à louer S/ 20 par nuit avec matelas. Chambres à partir de 20 US$ par personne avec salle de bains partagée et 25 US$ par personne avec salle de bains privée. Petit déjeuner inclus. Restaurant sur place.*
A 1 heure du village d'Aguas Calientes en direction d'Hydroelectrica (pour ceux qui arrivent par ce chemin qui longe la voie ferrée, à environ 1 heure 20 de Hydroelectrica) vous trouverez le projet écotouristique d'Erwin qui a ouvert un circuit qui permet d'observer la faune et la flore de cette région de *ceja de selva* : un petit bout de jungle avec une cascade au fond du chemin bien agréable pour ceux qui n'auront pas le temps d'explorer davantage la *selva peruana*. Il a également monté un restaurant, un site pour planter sa tente (avec salle de bains), un bungalow privé et deux chambres (une matrimoniale et une familiale ou groupe) avec salle de bains à partager. Si vous voulez vous éloigner du flux, c'est le site idéal. Compter 1 à 2 heures de promenade sur le site. Nombreux oiseaux et colibris.Si vous êtes passionnés, Erwin propose aussi des Nature Tours de plusieurs heures en groupe. Ce projet qu'on a vu grandir est vraiment chouette et peut mériter une nuit de plus pour explorer les paysages après les ruines.

### MUSEO MANUEL CHÁVEZ BALLON

Sendero al Museo, Puente Ruinas
✆ +51 958 194 475
Juste après le pont, avant la montée vers le site du Machu Picchu.
*Ouvert tous les jours de 9h à 17h. Entrée S/ 22. Etudiants S/ 11.*
Ce petit musée en contrebas du site archéologique près du Puente Ruinas a été amélioré ces dernières années. On trouve plusieurs salles, des vidéos, des panneaux explicatifs et les pièces clés du développement inca. C'est surtout une occasion de voir ces quelques pièces découvertes sur le site. C'est intéressant et ses jardins sont apaisants, mais il faut marquer l'arrêt. Il n'est ni situé à côté des ruines ni situé au centre du village. L'idéal est de demander à descendre du bus devant l'entrée du musée, le visiter puis rentrer à pied jusqu'à Aguas Calientes à 20 minutes environ.

### PUTUCUSI ★★

Longer la voie ferrée à la sortie du village (en direction du pont), chemin sur la droite avant le pont.

Le Putucusi est le sommet qui fait face au Machu Picchu de l'autre côté de la rivière Urubamba et de la voie ferrée. On pouvait y grimper par un chemin bien balisé, mais très sportif. L'escalade se faisait au moyen d'échelles en bambou : on marche, on grimpe une échelle, on marche, on grimpe une échelle et ainsi de suite. Mais ces échelles se sont dégradées et n'ont pas été réparées. Possible si, et seulement si, vous avez votre propre matériel de grimpe. Jusqu'à nouvel ordre. Compter environ 2 à 3 heures de montée. Au bout une vue panoramique sur le site de toute beauté. Soyez très prudents si vous tentez l'aventure. Déconseillé en période de pluies.

## MACHU PICCHU ★★★★

Il est difficile d'évoquer le Machu Picchu (l'une des sept nouvelles merveilles du monde d'après le vote universel réalisé en 2007) : tout semble avoir été dit, écrit, pensé… Ce nom mythique résonne par-delà les siècles et les océans… Oui, entre 5000 et 6000 visiteurs pourront arpenter le site chaque jour en haute saison, oui, les prix ont flambé, oui, le tourisme dans la région évoque parfois un Disneyland de céramiques et d'alpaga… Mais il est quasiment impossible de venir au Pérou sans visiter ces ruines légendaires, et il est aussi impossible de ne pas en repartir ému, enthousiaste, prêt pour de nouveaux départs. Si vous choisissez le premier horaire du matin ou l'après-midi il y a moins de monde sur le site.

En 2011, pour le centenaire de sa découverte par l'explorateur américain Hiram Bingham, le site a encore battu son record de fréquentation. Le nombre de visiteurs est passé de quelque 200 000 en 1987 à 1,2 million depuis 2014. L'UNESCO a accordé plus de souplesse et les nouvelles règles avec des horaires d'entrée échelonnés devraient permettre de mieux répartir les visiteurs sur le site au fil de la journée. Vous ne serez sûrement pas tout seuls...

- **Attention, choisissez bien votre période pour visiter le site** : fin janvier 2010, des pluies diluviennes ont bloqué 2 500 touristes dans la ville d'Aguas Calientes et au Machu Picchu. Un pont aérien sans précédent a même dû être mis en place par les autorités péruviennes pour les évacuer !

### Transports

- **Le train est l'unique moyen rapide de se rendre à Aguas Calientes**. Attention, il arrive assez fréquemment que des rivières en crue ou des coulées de boue provoquent des glissements de terrain, bloquant ainsi la voie ferrée pour quelques heures ou quelques jours. L'autre voie d'accès est via Santa Maria, Santa Teresa et Hydrolectrica.
- **Les navettes de Consettur qui assurent les liaisons** en 30 minutes avec la cité des Incas partent de la gare d'Aguas Calientes (24 US$ l'aller-retour, la moitié pour un seul trajet). Ces navettes souffraient de longues queues, c'est moins vrai depuis que les horaires d'entrée ont été échelonnés. Présentez-vous environ 1 heure avant l'heure prévue d'entrée sur le site. Ceux qui emprunteront le Chemin de l'Inca (Camino del Inca ou Inka Trail) arriveront à pied par l'Intipunku.

## 100 ans après, le Pérou commence enfin à récupérer ses biens !

Le Pérou est le pays d'Amérique latine le plus touché par le trafic et le vol de biens patrimoniaux. Depuis juillet 2011, 16 pays d'Amérique latine, d'Asie, d'Europe et d'Afrique se sont unis pour améliorer la législation internationale en matière de défense du patrimoine. Dorénavant, il est possible d'interrompre les relations scientifiques avec des pays qui possèdent des objets archéologiques dérobés. Heureuse coïncidence, en marge des festivités organisées pour le centenaire de la découverte du Machu Picchu, le Pérou a récupéré quelque 360 pièces archéologiques (pierres, objets en métal et céramiques) découvertes sur le site, qui durant un siècle, étaient demeurées entre les mains des universitaires et scientifiques de l'université de Yale depuis leur découverte par l'explorateur américain, Hiram Bingham. Une première victoire, même si 33 000 pièces sont encore aux Etats-Unis… De la même façon, le Pérou réclame la restitution de 100 vestiges textiles appartenant à la culture Paracas, qui ont été sortis illégalement du pays en 1929 et qui sont actuellement abrités au musée des Cultures du monde de Göteborg en Suède.

# Chemin de l'Inca

LIAISON CUSCO / MACHU PICCHU

## TABLEAU DES DUREES DE TRAJET

| | |
|---|---|
| Cusco- Ollantaytambo en train | 2h30 |
| Cusco- Ollantaytambo en autobus | 1h45 |
| Ollantaytambo- Aguas Calientes en train | 1h30 |
| Aguas Calientes- Machu Picchu en bus | 20 minutes |
| Aguas Calientes- Machu Picchu à pied | 1h30 |
| Chemin de l'Inca | 2 à 4 jours |

## CHEMIN DE L'INCA

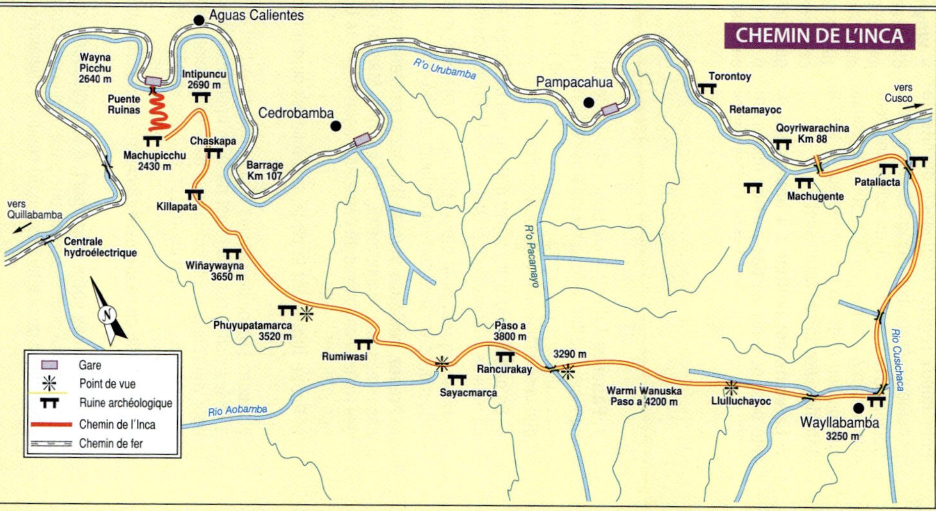


## ENVIRONS DU MACHU PICCHU

**Pour monter à pied depuis Aguas Calientes,** traversez la ligne de chemin de fer, prenez la grande route des bus (il n'y en a qu'une) jusqu'à croiser le río Urubamba. La grimpette, très bien balisée, commence juste après le pont, légèrement sur la droite. En partant vers 4h30, vous aurez la chance d'être parmi les premiers sur le site (à 6h, à l'heure de l'ouverture) ; munissez-vous d'une lampe frontale si vous partez vers 4h30, il fait encore très noir. De toute façon, ne vous en faites pas : il est tout à fait possible de s'écarter des gros groupes d'agences, le site étant plutôt étendu.

## Pratique

Impossible de se présenter devant les ruines sans ticket : vous n'aurez plus qu'à rebrousser chemin.

Pour mieux réguler l'affluence du site, le système de réservation change régulièrement. Depuis 2019 il a été établi un échelonnement des horaires d'entrée : 400 à 500 personnes chaque heure, de 6h (1re entrée sur le site) à 14h (dernière entrée sur le site).

**La visite est limitée à 4 heures** sur le site pour qu'il n'y ait pas plus de maximum 3 000 personnes en même temps. Fini les siestes sur les terrasses andines. On peut éventuellement y rester la journée, mais il faut acheter deux billets pour les deux horaires consécutifs.

**Un guide est désormais récommandé. Il est obligatoire pour les groupes de plus de 4 personnes.** Ils seront chargés de répartir les visiteurs entre les 3 circuits qui se croisent pour une visite de 2 heures 30 à 3 heures... et de les pousser vers la sortie. On peut s'unir à un groupe avant d'entrer, c'est ce qui est le plus économique (maxi 20 personnes par groupe) ou organiser une visite en privé via une agence. Il est donc toujours possible d'entrer aussi par soi-même.

**La balade jusqu'à l'Intipunku,** seul point de vue gratuit sur le site, est toujours possible, mais il faudra faire vite. Comptez 1heure minimum aller-retour.

**Wayna Picchu est toujours le billet d'entrée le plus exclusif.** 400 visiteurs par jour. 200 billets disponibles pour une montée entre 7h et 8h et 200 pour une montée entre 10h et 11h. Cela se fait sans guide, mais on est censé en rejoindre un une fois sur les ruines générales. Un billet Wayna Picchu autorise 6 heures de présence sur le site et permet de ressortir une fois pour utiliser les toilettes.

## Conseils

**Patience !** C'est la clé pour cette visite tant attendue. En effet le Machu Picchu est capricieux. Situé dans une zone tropicale, il est assez souvent caché sous les nuages avant de se dévoiler peu à peu. Si vous avez le grand bleu tant mieux, sinon attendez sur le site que la cité inca se révèle toute entière.

**En cas de pluie**, il y a peu d'abris. Les quelques maisonnettes de gardien recouvertes de toits de chaume sont prises d'assaut. Prévoyez un K-way.

**Moustiques.** Si le ciel est bleu, pensez bien à prendre votre lotion. De tout petits moustiques voraces sortent les jours de chaleur.

**Prenez quelques vivres.** Une seule cafétéria très chère est située à côté de l'entrée des ruines. Sur le site même, il n'y a rien. Mais on peut entrer en glissant dans son sac des fruits secs, barres de céréales, sandwichs, une bouteille d'eau... Rester discret et ne rien jeter sur le site.

**Pause pipi** avant la visite. Les toilettes sont à l'entrée du site. Ce sont les seules et uniques. S/0,50.

**Rusez !** On ne devrait pas vous le dire, mais tout de même : la nouvelle norme qui limite à 4h les visites sur le site est mise en application petit à petit. Vous pouvez ruser un peu pour vous éloigner et profiter des balades et points de vue gratuits dont il serait dommage de se priver. Partez d'abord sur les sites satellites comme Intipunku et Puente del Inka. Ensuite le sens de la visite du cœur des ruines vous amènera gentiment vers la sortie et il est difficile de se promener à contre-courant (coups de sifflet des gardes et contrôle de l'heure d'entrée).

**Tamponnez votre passeport.** A la sortie, sur la droite, une petite table et un tampon fort convoité pour estamper une page de son passeport avec une représentation à l'encre bleue fidèle du Machu Picchu. Un chouette souvenir.

# Machu Picchu

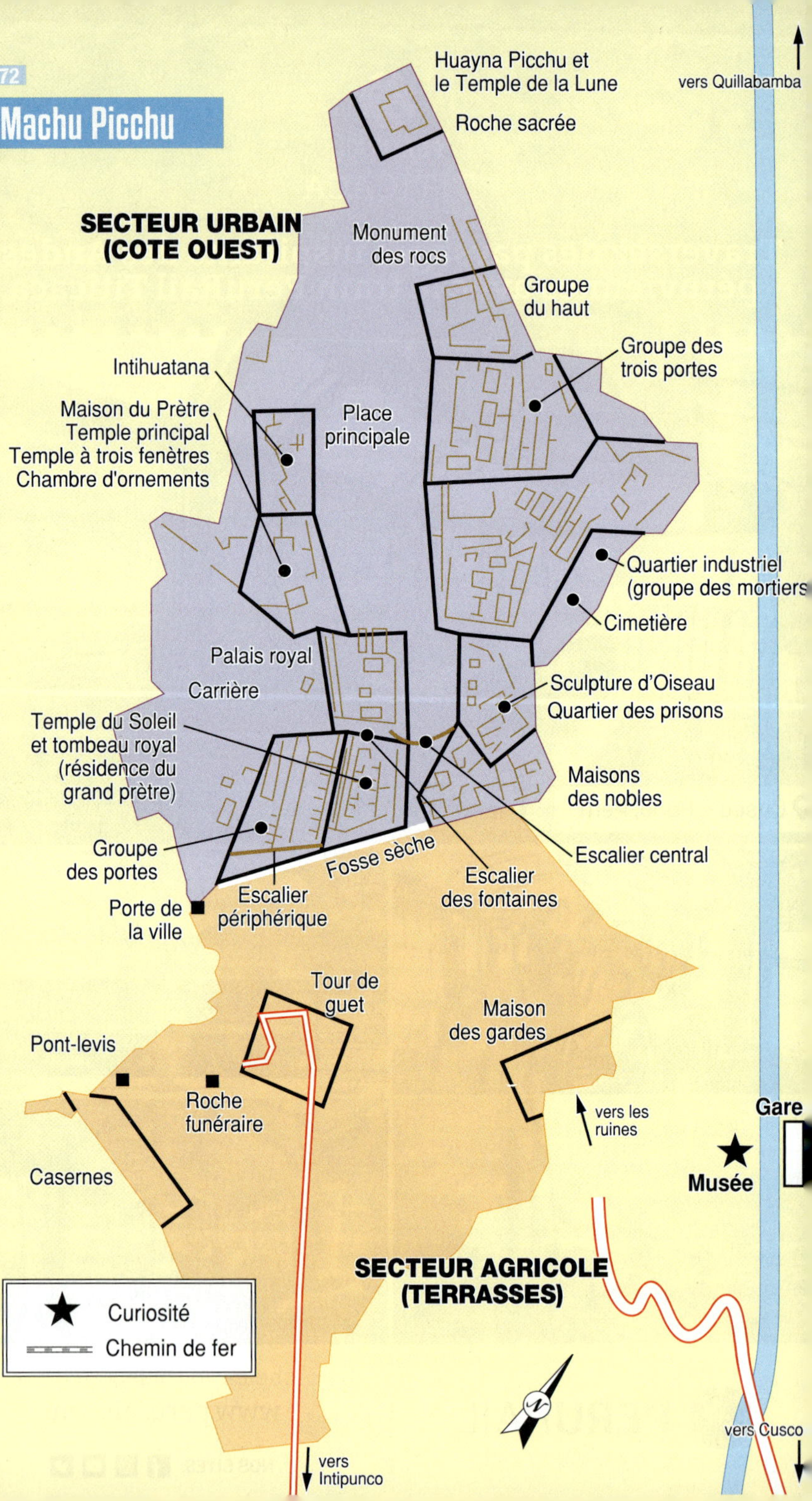

▶ **Montaña Machu Picchu est le 2e billet qui permet de rester davantage.** Il offre 7 heures de présence sur le site et permet de ressortir une fois pour utiliser les toilettes. Deux horaires de montée vers le site, entre 7h et 8h et entre 9h et 10h. La vue panoramique embrasse tout le site, les montagnes et fleuves alentour.

▶ **Nous vous recommandons les horaires de l'après-midi.** Les prix sont les mêmes, mais le site se vide peu à peu et ne ferme qu'à 17h30.

▶ **A noter que trois lieux stratégiques sont désormais soumis à des horaires de visite rotatifs** pour ne pas abîmer davantage les lieux. Cela concerne l'Intihuatana, le Templo del Sol et le Templo del Condor. Il est donc impossible d'être sur le site et de voir les trois, il faut choisir ou se contenter de celui qui est ouvert lors de la visite. Nous vous indiquons les horaires prévus, susceptibles de changer : Intihuatana ouvert de 7h à 10h, Templo del Sol ouvert de 10h à 13h, Templo del Condor ouvert de 13h à 16h.

▶ **Tout est géré par un site Internet** commun, où vous pouvez acheter votre billet en ligne : www.machupicchu.gob.pe. Mais aussi à Cusco, au ministère de la Culture (Calle Maruri, Cusicancha, de 7h à 19h30 sauf le dimanche), dans le centre même (Calle Garcilaso, de 7h à 19h30 sauf le dimanche) ou encore au centre culturel d'Aguas Calientes situé à côté de la Plaza (ouvert tous les jours de 5h30 à 20h30). Les agences peuvent également faire la réservation, mais elles prennent une commission.

▶ **Les tarifs évoluent sans cesse**, pour atteindre en 2019 : S/ 152 pour un adulte. Tarif avec le Wayna Picchu : S/ 200 pour un adulte. Montaña Machu Picchu : S/ 200 pour un adulte. Les étudiants (sur présentation d'une carte) bénéficient d'un demi-tarif, mais il faut passer par une agence ou acheter sur place en montrant sa carte qui doit avoir obligatoirement une photo et une date de validité clairement indiquée, pas de réservations possibles pour ces tarifs réduits sur Internet.

## À voir – À faire

### CANTERAS

Les carrières étaient situées juste à côté de l'entrée principale du site et on a retrouvé des maisonnettes rustiques qui devaient servir de logements aux gardiens mais aussi aux carriers, tailleurs et sculpteurs de pierres. On y a retrouvé au fil des excavations des marmites, assiettes, récipients... On pense que les lieux servaient à cuisiner pour de nombreuses personnes et à préparer la *chicha*. Ces carrières ont laissé apparaître de nombreuses pierres taillées ou en cours et des rampes pour pouvoir les déplacer. C'est ici que les pierres étaient finalisées avant d'être placées sur le site. Le polissage s'exécutait une fois les pierres posées.

### TEMPLO DEL SOL Y TUMBA REAL ★★

*En raison des dommages sur le site, il ne sera plus accessible au public qu'entre 10h et 13h.*

Dans le quartier des nobles se situe le Torréon ou Templo del Sol (que Bingham appelait aussi « Tombeau Royal »). On accède à cette tour conique composée de blocs finement travaillés par une porte à deux montants. Il semble que le lieu servait aux cérémonies qui célébraient le solstice de juin. Un incendie y a laissé des traces toujours visibles. Sous la grande roche qui supporte le Torréon on trouve une petite cavité dont on pense qu'il s'agissait d'un mausolée pour les momies. Dans la tour se trouvent plusieurs autels sacrificiels. À proximité se trouvaient 142 squelettes, présumés majoritairement féminins. L'hypothèse la plus commune est qu'il s'agirait d'*acclas*, jeunes filles sacrifiées pour célébrer le culte du Soleil. Mais une étude plus récente, menée par l'américain John Verano en réexaminant les restes humains du Peabody Museum de Yale, a montré qu'il s'agissait de squelettes tout autant des deux sexes et de tout âge.

### ESCALINATA DE LAS FUENTES ★

Autour de ce grand escalier on trouve 16 petites chutes d'eau artificielles créées grâce à la taille des pierres en forme polygonale. Tout autour on trouve de petits canaux creusés dans la roche. L'eau provenait d'une source sur les hauteurs du mont Machu Picchu et qu'on a réussi à canaliser pour irriguer la cité. On a aussi retrouvé un système qui filtrait les eaux de pluie et les redirigeait vers le canal principal.

### RESIDENCIA REAL ★★

Sur le côté sud de la Plaza Sagrada.

De toutes les constructions destinées aux logements c'est celle-ci qui est la plus grande, la mieux distribuée et la plus finement exécutée du site. Sa porte d'entrée donne directement à la source la plus importante de la cité et, de l'autre côté, au bout d'un grand escalier, au Templo del Sol. On y trouve deux pièces formées de linteaux monolithiques et de murs de pierre soigneusement polis. L'une de ses pièces est composée d'une plus petite dépendance qui bénéficiait d'une sortie directe au canal d'écoulement des eaux. On y trouve aussi un enclos pour camélidés et une terrasse avec vue sur l'est de la cité.

### PLAZA SAGRADA ★

Il paraît évident que cette grande place rectangulaire était destiné à différents rituels. C'est ici qu'on trouve deux des constructions les plus imposantes du site avec leurs immenses pierres taillées, le Templo de las Tres Ventanas et le Templo Principal.

# CAMINO INCA

Les plus sportifs et chanceux accèderont aux ruines du Machu Picchu après un trek mythique de 4 jours, le célèbre Camino Inca (Inca Trail en anglais).

■ **CAMINO INCA** ★★★★

*On ne peut malheureusement plus entreprendre l'excursion seul (les règles et contrôles sont très stricts) et le concours d'une agence est obligatoire. Celles-ci se succèdent sur la plaza de Armas de Cusco et dans la calle Plateros, mais attention, le prix sont en fonction du service. Il faut compter environ 650 US$ pour les 4 jours de rando (40 km), sans oublier le pourboire pour vos accompagnants, mais cela inclut les trains, entrées, visite du site. Il est hautement recommandé de réserver à l'avance (souvent plein 6 mois à l'avance), le nombre de marcheurs sur le sentier étant limité à 500 personnes (porteurs compris) par jour. Ne croyez pas ceux qui vous disent le contraire. Attention, le chemin est fermé en février.*

**Circuit de 4 jours**

**Pour cette balade mythique riche en émotions**, il faut prévoir quatre jours et trois nuits, tant cette voie que suivaient les « chasquis », estafettes assurant les communications entre les points cardinaux de l'empire, est empreinte d'Histoire. La majeure partie du chemin est empierrée et en bon état, avec, au bout, la récompense qui fait oublier toutes les fatigues : le Machu Picchu ! L'itinéraire lui-même, qui débute dans la sierra et émerge dans la *selva*, impressionne par l'efflorescence de la végétation et par les lacs et montagnes qui paraissent y avoir été semés, pour le seul plaisir du randonneur. La végétation tout le long du parcours expose à l'envie ses atours : puyas, orchidées, essences odoriférantes (cèdre, eucalyptus, laurier), et si vous avez de la chance, vous pourrez apercevoir une loutre, un puma ou un perroquet. Les colibris se montrent aussi très souvent.

**Les groupes sont constitués généralement de 10 à 15 personnes,** comprenant un guide expérimenté connaissant la végétation et l'Histoire des Incas, des porteurs et des cuisiniers qui, bien souvent, sont les mêmes. Les porteurs accomplissent un travail considérable : ils doivent arriver avant vous sur les sites pour monter le camp et préparer le repas puis, une fois que vous serez repartis, défaire le camp et courir (avec au moins 20 kg sur le dos) pour vous dépasser et installer le prochain camp avant votre arrivée. Ces porteurs-cuisiniers vous prépareront des repas équilibrés et variés (de la truite au poulet en passant par les spaghettis bolognaise), avec toujours une soupe en entrée et un mate de coca (infusion de feuilles de coca) en dessert. Ce mate est absolument indispensable pour atténuer les inévitables problèmes de respiration.

**Pour voyager serein**, n'hésitez pas à laisser vos bagages et votre argent à l'hôtel, mais pensez bien à prendre votre passeport, indispensable pour rentrer sur le site du Machu Picchu. En plus, vous pourrez le faire tamponner en sortant pour frimer auprès de vos amis !

**Au km 88,** le train (ou le bus) abandonne sa charge de randonneurs – il faut être prêt car le convoi ne s'arrête qu'une petite minute – avant de plonger dans un tunnel et continuer sa route enfumée et cliquetante. On traverse le rugissant río Urubamba par un pont suspendu et l'on entame la marche sur le chemin de trekking le plus couru d'Amérique. 3 km plus loin, on est déjà dans le vif du sujet avec le site archéologique de Llaqtapata, soit cent habitations d'architecture différente, une place trapézoïdale et des édifices à deux étages. Le plus remarquable est constitué par une suite de terrasses de pierres étirées sur 2 km. Il serait dommage, dans l'excitation d'un début de parcours qui s'annonce passionnant, de négliger Llaqtapata. Mais déjà le chemin devient très escarpé avant de se stabiliser ; le doux ronronnement du frais río Kusichaka atténue les premières brûlures aux poumons, et l'ombre des arbres apaise le marcheur.
3h30 après avoir laissé le train à son destin parallèle, on aperçoit, à 2 770 m d'altitude, les masures de Wayllabamba, unique village sur le parcours, dans une vallée où les canaux d'irrigation et les terrasses incas montent à la conquête de la pente.

**Il est l'heure de souffler** et de choisir entre filer jusqu'à Llulluchapampa – il faudra alors marcher une paire d'heures de plus – ou bien rester à Willabamba pour se reposer. A ce stade, on se trouve face à un gros défi physique : abandonner la vallée pour grimper par le ruisseau Hatun Wayruro et passer le col de Warmihuanusqa. Le lendemain, quand on repart, le paysage a changé : l'herbe rase, dessechée par les vents froids, a pris la place de la forêt. Quand on atteint le col, on se trouve à 4 200 m, point culminant du chemin de l'Inca (partie à ne pas sous-estimer et qui ne conviendra pas à toutes les jambes). Le terrain devient très pentu (dénivelé de près de 1 000 m) dans la descente (attention aux genoux !) jusqu'au río Pacamayu, frontière entre *sierra* et *selva*, territoire des moustiques. Après le déjeuner, en manière de digestion, petite grimpette jusqu'aux ruines de Runkuraqay, lieu d'observation et sanctuaire dont les parois ont défié les siècles.

**Le regard jeté vers l'arrière accroche le sommet enneigé du Verónica** et glisse, à l'est, sur le tapis vert de la forêt tropicale. A partir de cet instant, la marche devient une véritable partie de plaisir : on n'a plus qu'à descendre en direction de la « cité perdue ». A 3 500 m, Sayaqmarka étale ses ruelles, maisons, fontaines et canaux préhispaniques. On campe près des murailles, car ici le coucher de soleil est absolument extraordinaire. Un lac sur la droite, des fleurs partout et le tableau est complet. Le chemin devient alors une réalité de pierre facilitant l'approche de Machu Picchu. On baigne là en plein mystère, au milieu des nuages, entre les bâtiments de Phuyupatamarca, centre de distribution de vivres inca. Le complexe doit son nom à la profusion d'orchidées qui y poussent en grand nombre, toute l'année. Empruntant le chemin de l'Inca qui relie Phuyupatamarca à Winay, « jeune femme » en quechua, on longe un intéressant ensemble d'habitations et de fontaines. Plus loin, on plante la tente à 4h de marche de l'Inti Punku, porte du Soleil, pour la troisième et dernière nuit sous les étoiles, la tête déjà au Machu Picchu si proche et que l'on sera parmi les premiers à visiter, avant l'arrivée des bus...

**C'est ici que vous retrouverez les autres groupes** pour un grand festin, une douche (sans eau chaude mais cela fait du bien quand même) et que vous remercierez les porteurs et cuisiniers de vous avoir accompagnés. Le lendemain matin, réveil à 3h30 pour la dernière marche, voire la course, jusqu'à la porte du Soleil d'où l'on guettera son lever sur la merveilleuse cité inca. Une récompense qui rachète une fatigue bien légitime.

### Circuit de 2 jours

Cette option est très intéressante pour ceux qui ne se sentent pas la force physique d'un trek trop intense et de nuits à la dure mais ont envie de profiter des paysages. On prend un train de bon matin, on descend au Km 104 et l'on fait toute la dernière partie du Camino Inca comme les autres marcheurs. Dénivelés, marches et montées et descentes. On arrive par la Porte du Soleil en fin d'après-midi pour découvrir un site plus tranquille. Puis on remontera le lendemain matin (après avoir passé la nuit dans un vrai lit) pour la visite guidée du lendemain. On voit donc le Machu Picchu deux fois. Il faut passer par une agence, les quotas sont régulés mais avec les règles de visite durcies c'est une bonne solution pour en profiter davantage. Par contre le prix tout inclus avec train aller, marche, entrées, visite, nuit, train de retour est sensiblement le même que pour le trek de 4 jours, environ 650 US$.

*La cité perdue de Machu Picchu.*

### MACHU PICCHU ★★★★

Av. José Gabriel Cossio 408
Urb. Magisterio, I Etapa
✆ +51 84 229 297
www.machupicchu.gob.pe

*Il faut avoir son ticket d'entrée à l'avance. Tout est géré par le site Internet, où vous pouvez acheter votre billet en ligne. S/ 152 pour un adulte, S/ 77 pour un étudiant et S/ 70 pour un enfant. Tarif avec le Wayna Picchu ou Montaña Machu Picchu : S/ 200 pour un adulte, S/ 125 pour un étudiant et S/ 118 pour un enfant. Il est désormais obligatoire d'effectuer la visite en compagnie d'un guide (dans les faits on peut toujours entrer seuls sur le site). Compter 20 US$ par personne pour une visite privée (minimum 60 US$). A l'entrée du site même, peu parlent français, il est préférable de réserver via une agence.*

Sur le flanc oriental s'élèvent les deux grandes zones agricole et urbaine de la ville qui, dit-on, fut le dernier refuge des *acllas* (Acllahuasi), ces vierges du Soleil chargées de perpétuer les rites sacrés fuyant les soudards de Pizarro. Dans le secteur urbain se concentraient les activités laïques, avec quartiers d'habitation et canalisations, et sacrées, avec les temples, les mausolées, les maisons royales. L'architecture elle-même sépare les deux mondes : plutôt grossière pour ce qui touche à la vie du peuple, raffinée pour les édifices de la noblesse. Par un grand escalier, on parvient à un édifice de guet qui permet d'avoir une vue plongeante sur le site. Juste au-dessous, un ensemble de pierre réunit l'ancienne Tumba Real (ou Mausoleo) gardée par une tour (Templo del Sol ou Torréon). Las Escalinatas de las Fuentes et un étagement de seize fontaines où, semble-t-il, étaient pratiquées les ablutions rituelles. L'ensemble jouxte la Residencia Real composée d'un patio, de deux pièces principales et de nombreuses autres salles de service. Par la volée d'escaliers au nord, on atteint la Plaza Sagrada qui marque l'entrée du quartier religieux. La place centrale est fermée par plusieurs temples. C'est ici que l'on ressent le mieux sans doute les vibrations mystérieuses et inconnues qui émanent de ce site. Ici, raison et magie s'affrontent. L'Intihuatana au sommet d'un pyramide qui se dégage clairement du site est le lieu le plus réputé. Il semble qu'il servait de calendrier solaire et continue de produire une énergie puissante due notamment à sa position stratégique par rapport au soleil.

### TEMPLO DE LAS TRES VENTANAS ★★

Sur le côté ouest de la Plaza Sagrada.

Le Templo de las Tres Ventanas, qui orne la place principale, paraît un puzzle d'un précision incroyable tant les blocs polygonaux s'incrustent parfaitement les uns aux autres.

### TEMPLO PRINCIPAL ★★

Sur le côté ouest de la Plaza Sagrada.

Le Templo Principal, comme son nom l'indique, aurait été l'un des sites cérémoniels les plus importants de la cité inca. Dos à celui-ci, on trouve la Casa del Sacerdote, un endroit où les prêtres conservaient les ornements sacrés utilisés lors des cérémonies. Il semble que cette pièce maîtresse n'ait jamais été totalement achevée.

### INTIHUATANA ★★★

Sur le côté ouest de la Plaza Sagrada.

*En raison des dommages sur le site, il ne sera plus accessible au public qu'entre 7h et 10h.*

Il s'agit d'un promontoire qui domine légèrement les autres constructions, on a construit des terrasses sur les quatre flancs qui forment une espèce de pyramide à la base polygonale. Pour y accéder, on trouve deux larges escaliers, au nord et au sud. L'escalier du sud est le plus intéressant car il a été taillé dans une seule et même pierre sur la plus grande partie des 78 marches qui le composent. Tout en haut se trouve la pierre Intihuatana (du quechua «on l'on attache le soleil»). Cette pierre en forme de polygone mesure environ 1 mètre de haut pour 2 mètres de diamètre, taillée en une seule pièce. Ses différentes faces projettent des ombres en relation avec le mouvement du soleil selon les époques de l'année. La roche elle-même possède quelques marche pour que le prêtre puisse y accéder et poser sur la table de la partie centrale ses offrandes. Cela permettait de prévoir les changements climatiques et donc les moments importants pour l'agriculture tout au long de l'année. Le mouvement des étoiles était également surveillé. L'ombre que produit le petit pilier central permettait de mesure l'écoulement du temps. C'est pourquoi on parle aussi de «cadran solaire inca».

On dit de l'Intihuatana que la pierre irradie son énergie propre. On pouvait auparavant poser les mains pour sentir cette puissance, aujourd'hui le site est protégé et on doit garder une distance de quelques centimètres. Certaines théories parlent d'un vortex d'énergie sur lequel serait construit la cité de Machu Picchu et ce serait précisément là qu'on sentirait le plus fortement cette force. Voilà qui rajoute sans aucun doute à la mystique du lieu.

### GRUPO DE LAS TRES PORTADAS

C'est l'œuvre la plus symétrique et qui rassemble 18 édifices dont 16 répartis selon un plan octogonal et 2 extérieurs. On y trouve 3 patios, de grands bâtiments rectangulaires et deux pièces voisines. On le nomme secteur haut ou groupe de l*as tres puertas ou portadas*. On lui attribue une fonction utilitaire avec des lieux de vie et résidentiels, des ateliers et des entrepôts. Il se trouve dans le secteur Hurin presque en face (de l'autre côté de l'immense Plaza) de l'Intihuatana.

© STÉPHAN SZEREMETA

Le groupe des Trois Portes, au nord du site.

© SUSANNE KREMER

Entrée de la forteresse Inca du Machu Picchu.

© PAVAN ALDO

Les constructions en terrasses bordent les flancs de la cité.

© PAWOPA3336

La cité inca est dominée par le fameux pic du Wayna Picchu.

### ACLLAHUASI – LOS MORTEROS ★★

Sur le côté est de la Plaza Sagrada.

Il s'agit d'un plus grand ensemble de la cité et pourtant on ne lui connaît qu'une porte d'accès ce qui semble donc indiquer qu'il s'agissait de l'Acllahuasi (la maison des femmes élues) deu Machu Picchu. Ces femmes se consacraient aux services religieux et à un artisanat fin et de qualité. On y trouve une plus vaste pièce en pierre polie avec au sol, deux pierres taillées en forme de mortiers (*morteros*) circulaires qui auraient servi à moudre les grains. D'autres théories laissent penser qu'on remplissait d'eau ces deux coupelles taillées pour que les astres s'y reflètent. Ce qui est sûr, c'est que des preuves solides montrent que le lieu servait aux rituels : on y trouve des autels et une vaste place autour d'une grande pierre. L'élite y résidait.

### TEMPLO DEL CÓNDOR ★★

Au sud de Los Morteros.

*En raison des dommages sur le site, il ne sera plus accessible au public qu'entre 13h et 16h.*

Il ne s'agit pas d'une seule mais d'un groupe de constructions glissées au milieu des roches. Parmi elles, on trouve quelques grottes qui servirent pour y exercer des rituels. On trouve aussi celle qui donne son nom à cet ensemble : une pierre taillée au centre d'un vaste patio où beaucoup devinent les traits d'un condor. Au sud de cette pierre on trouve des logements réservés aux élites avec un accès privé à l'une des sources du Machu Picchu. On y a aussi retrouvé des constructions comme des petits enclos dédiés à l'élevage de *cuyes* (cochons d'Inde).

### ROCA SAGRADA ★

Tout au bout du site, au nord-ouest.

Cette pierre plane qui surplombe un grand piédestal est une espèce de borne qui marque l'extrême nord de la cité. C'est aussi le point de départ du chemin qui mène au Wayna Picchu.

### WAYNA PICCHU ★★★

A la pointe nord-ouest du site.

*Attention désormais il faut acheter son ticket spécial Wayna Picchu à l'avance (parfois plusieurs mois) via Internet, l'entrée se fait entre 7h et 8h ou entre 10h et 11h pour 200 personnes seulement à chaque tour. Tarif Machu Picchu + Wayna Picchu : S/ 200 pour un adulte. Les visiteurs qui possèdent le billet Wayna Picchu ont droit à 6h de visite sur le site du Machu Picchu.*

Un grand classique : le Wayna Picchu, célèbre pic noir et merveilleux poste d'observation sur les vallées et les ruines. Un point d'observation panoramique et en à-pic qui coûte quelques sueurs froides et frayeurs mais offre une vue exceptionnelle sur le cœur des ruines.

### INTI PUNKU ★

Tout au sud du site.

Cette porte du soleil impeccablement conservée sert de porte d'entrée sur le site à tous les vaillants marcheurs du Camino Inca (dans sa version 82 km ou 104 km). Mais on peut aussi y accéder gratuitement depuis les ruines principales en longeant la falaise par un petit chemin bien marqué et en pente douce. Au fur et à mesure que l'on s'éloigne, le site se dévoile dans toute son ampleur, parfois voilé de nuages, toujours mystique. Comptez environ 1h30 aller-retour avec de nombreuses pauses photos.

### MONTAÑA MACHU PICCHU ★★

*L'entrée se fait entre 7h et 8h ou entre 9h et 10h pour 400 personnes à chaque tour. S/ 200 pour un adulte. Les visiteurs qui possèdent le billet Wayna Picchu ont droit à 7h de visite sur le site.*

Tout comme le Wayna Picchu, la Montaña Machu Picchu est une autre balade qui donne lieu à un billet d'entrée spécial. La balade est un peu plus longue, un peu plus douce (la montée est moins forte qu'au Wayna Picchu) et plus clémente pour les sujets au vertige. La vue est plus vaste. Elle embrasse le site, les montagnes alentours et les rivières à leurs pieds.

### PUENTE DEL INCA ★

*Comptez 1h aller-retour.*

C'est une balade qui longe la montagne par l'arrière. Le pont en lui-même est plutôt petit mais suivre ce sentier vous permet de vous éloigner de la foule, profiter de ruines plus petites mais tout aussi chargées d'énergie et de paysages et de vues qui changent à chaque pas.

# À L'OUEST DE CUSCO

## SALKANTAY ★★★

Mollepata est le point de départ du fameux trek de Salkantay qui contourne cette montagne légendaire, son chapeau de neige et ses 6 271 mètres. Cette terre agricole qui possède plusieurs variétés de climats est un village paisible qui voit passer plus de 50 000 touristes par an qui partent à la conquête de cette voie d'accès qui les mènera jusqu'à Machu Picchu Pueblo puis à la citadelle inca. Respirez l'odeur des eucalyptus avant de vous lancer. Vous pouvez aussi rejoindre la laguna Humantay voisine et avoir flirté avec les glaciers andins en une journée depuis Cusco.

### ■ MOUNTAIN LODGES OF PERU

✆ +51 84 582 120
mountainlodgesofperu.com

*De 2 990/3 990 US$ en trek et 3 125/4 125 US$ à cheval selon la saison. Haute saison du 1er avril au 31 octobre et du 15 au 30 décembre.*

Mountain Lodges of Peru propose de réaliser ce trek du Salkantay en faisant étape de lodge en lodge, soit avec un niveau de confort bien supérieur au trek classique, et à un prix qui l'est aussi. Cela comprend cinq nuits dans leurs lodges et une nuit à Aguas Calientes, la pension complète, la visite du Machu Picchu et le train du retour.

### ■ LAGUNA HUMANTAY

*Compter environ 35 US$ la journée complète avec une agence.*

Pour ceux qui ne pourront pas réaliser le trek du Salkantay mais veulent tout de même approcher le mythique sommet de nombreuses agences vendent désormais une excursion au lac Humantay, à l'entrée de la route du Salkantay. Départ entre 4h30 et 5h pour rejoindre Mollepata. Despuis Soraypampa qu'on rejoint en voiture on peut voir et photographier les glaciers du Salkantay (6 230 m.n.s.m) et Humantay (5 250 m.s.n.m). Rejoindre ce lac nécessite une marche de 3 km en montée, environ 1h30. On peut aussi border ce lac turquoise et les paysages vierges sont splendides. Les agences incluent un petit déjeuner à Mollepata et un menu buffet au retour. On rejoint Cusco en fin d'après-midi.

### ■ PERU ECOCAMP

Av Huayruropata Nro. 1915 - Ofi. 104
✆ +51 974 010 300 – www.peruecocamp.com

*Tour de 3 jours/2 nuits 859 US$ en pension complète et groupes de 8 pers maximum.*

Ces petites bulles dômes ont poussé le long du trek du Salkantay pour offrir aux aventuriers en quête de confort une option écologique. Elles sont de 28 m² en moyenne, hébergent deux lits simples ou un lit king size, une salle de bains complète avec douche à hydromassage. Énergie solaire, eau traitée par UV et traitement des déchets ad hoc. On les trouve à Pincopata, Soray, Humantay, Milpo et à Santa Teresa, un pied dans la jungle où arrivent les marcheurs du Salkantay et tous les adeptes de la route alternative à Machu Picchu. Les prix sont élevés et celui de l'excursion qui inclut Machu Picchu encore plus mais on peut aussi organiser le trek de cette façon pour s'offrir une expérience hors du commun et organiser par soi-même la visite à Machu Picchu.

### ■ SALKANTAY TREK ★★★

*Comptez environ 250 à 300 US$ l'ensemble de la prestation en groupe et avec guide hispanophone-anglophone. Les agences qui proposent ce trek sont très nombreuses.*

Le trek du Salkantay est proposé depuis plusieurs années comme une alternative au Camino Inca. Attention vous n'arriverez pas sur les ruines du Machu Picchu à la fin du trek mais dans le village d'Aguas Calientes-Machu Picchu Pueblo, comme tout le monde. Par contre vous aurez vécu un trek intense, au cœur de paysages sauvages et aussi divers que la géographie du pays. Voici ci-dessous la route classique :

**Jour 1. Cusco-Mollepata-Salkantay-Challway.** Départ tôt le matin. Après 4 heures de trajet arrivée à Mollepata. La route continue sur des chemins de terre qui serpentent entre les vallées. Le trek débute au cœur d'une verte vallée, à Soraypampa (3 700 m). Vous voyez déjà au loin les pics neigeux comme le Humantay (5 217 m) et le Salkantay (6 264 m). Ce jour est le plus exigeant car c'est celui où l'on franchit le point le plus haut du circuit, les 4 600 mètres. Le trek débute par 2 heures de montée entourés de paysages sublimes. Vous aurez sans doute la chance d'apercevoir des condors au-dessus de vos têtes. Nuit sous la tente à côté des terrasses andines de Challway à 3 500 m. Selon les agences, des mules et porteurs peuvent être mis à disposition.

**Jour 2. Challway-La Playa-Lucmabamba.** Vous entrerez dans une zone de jungle montagneuse et descendrez de plus en plus vers la chaleur. Vous verrez les orchidées, la végétation touffue et les familles qui vivent dans la zone. Vous longerez la rivière Salkantay puis Santa Teresa et Totora. Le chemin est principalement en descente. Le camp autour de La Playa est souvent très plein. Nous vous recommandons de rejoindre le 2e camp, Lucmabamba à 2 100 mètres et plus au calme.

**Jour 3 Lucmabamba-Llactapata-Hidroelectrica-Aguas Calientes.** Là encore, tous ne font pas ce détour par Llactapata mais c'est l'option que nous vous recommandons. Il va falloir monter mais c'est pour emprunter les restes d'un Chemin Inca à travers les plantations de café, bananes, avocats... La montée nécessite 3 à 4 heures de marche jusqu'au point le plus haut du chemin, Llactapata, à 2 700 m. Récompense absolue : si le temps le permet, vous pourrez profiter d'une vue sur les ruines de Machu Picchu, certes lointaines mais la perspective par beau temps est magique. Il vous restera 2 heures de descente jusqu'à Hydroelectrica. D'ici vous pouvez prendre le train pour un trajet de 45 minutes à travers la jungle (billets sur place) ou longer les rails comme tous les marcheurs qui empruntent ce chemin ou celui du Inka Jungle Trail (environ 2 heures à 2 heures 30 le long de la voie ferrée). Retour à la civilisation. La nuit est organisée dans l'un des nombreux hostal de la ville ou à réserver par vos soins si vous souhaitez plus de confort.

**Jour 4. Visite du Machu Picchu.** Puis train et retour à Cusco.

# CHONTA

Depuis Cusco aussi on peut voir le roi des Andes survoler un canyon. Ça se passe à Chonta au-dessus de l'Apurimac.

### TOUR MIRADOR DE LOS CONDORES CHONTA

*Compter environ 50 US$ par personne. Entrée Killarumiyoc S/ 10. Entrée Cañón del Cóndor S/ 10.*

Il n'y a pas des condors uniquement au Colca, Cusco a lui aussi son site d'observation privilégié dont la réputation grandit. Les agences de Cusco proposent donc une journée complète d'excursion qui permet de voir l'oiseau roi des Andes survoler le canyon de l'Apurimac. En général on s'arrête également sur les zones archéologiques de Killarumiyoc et Tarawasi. Si le temps est dégagé on peut voir les glaciers Salkantay et Huamantay et leurs cimes au loin et enfin on rejoint en marchant environ 1h un site d'observation privilégié qui domine le canyon. La marche se fait sur terrain plat, le chemin longe la montagne pour rejoindre le canyon (attention peut-être au vertige). Ici les condors dorment et font leurs nids avant de s'élancer en vol au-dessus du précipice de 1 500 mètres de l'Apurimac. Il est possible de louer des mules sur place. Les tours quittent Cusco vers 8h30 et sont de retour vers 20h et incluent le déjeuner. Certains incluent également une paire de jumelles, c'est important d'en avoir une.

# CHOQUEQUIRAO ★★

Site inca fabuleux comparable au Machu Picchu en termes de surface et de majesté ! On l'atteint en 2 jours de marche depuis Cachora, village situé à 4h de bus de Cusco. Ce site n'étant encore accessible qu'à pied, il est pour cette raison très peu fréquenté. Les ruines sont encore loin d'être toutes dégagées et des fouilles ont encore lieu en ce moment. Ce « berceau d'or », en langue quechua, aurait été érigé par Pachacútec après sa victoire sur les Chancas. A Cachora, vous pouvez louer les services d'un muletier, avec un ou plusieurs ânes, pour vous accompagner dans votre périple, ou faire un trek organisé par une agence. Et c'est parti pour 34 km dans les montagnes... On murmure l'idée d'un téléphérique. En attendant les lieux restent relativement tranquilles. Sachez aussi que des treks unissent Choquequirao à Machu Picchu en passant par la cordillère, à faire avec une agence comme Yunka Trek par exemple. L'autre voie d'accès via Huanipaca est désormais davantage praticable et permet donc de réaliser une boucle ou un trek un peu plus court, renseignez-vous sur place.

## Se loger

### CASA DE SALCANTAY

Cachora
✆ +51 984 281 171
www.salcantay.com
casadesalcantay@yahoo.com

*30 US$ par personne la nuit. Petit déjeuner inclus.*

L'option confort du village est la bienvenue pour des nuits avant le départ ou à l'arrivée. Dans un joli jardin, on loge dans les chambres d'une grande maison en pierre et bois, avec salle de bains privée et eau chaude. Ambiance familiale avec Jan, hollandais, et Yovanna, son épouse péruvienne qui proposent aussi l'organisation du trek, bien ficelé. Une bonne adresse.

### VILLA LOS LOROS

A 17 km de Huanipaca, sur la route de Carmen
✆ +51 987 843 683
www.choquequiraolodge.com

*A partir de 250 US$ le trek, minimum 4 personnes, nuit au Loros Lodge incluse. Chambres à partir de 30 US$, petit déjeuner inclus.*

Cet établissement, tenu par un Italien, est situé non loin dans la vallée interandine de Huanipaca, là où se situe la voie d'accès la plus directe et la plus courte pour le Choquequirao qu'on rejoint en 17kms et 8 heures de marche. Cette voie a subi il y a quelques années des épisodes de blocage suite aux précipitations et coulées de boue, mais il semble que le problème ait pu être réglé. C'est donc un point de départ et/

ou d'arrivée idéal. Immergés dans l'exubérante végétation qui longe le *rio Tambobamba*, les installations permettent de se reposer au contact de la nature et confortablement. La structure est rustique et en harmonie avec la nature, mais les chambres sont confortables, avec sanitaires privés et eau chaude, et profitent de vue sur le glacier Qorihuayrachina ou le fleuve. En cuisine on retrouve des produits du potager ou des truites d'élevage. Des départs sont organisés depuis Cusco et les excursions incluent le transport, le logement (dans l'hôtel ou en camping) et la nourriture. C'est une chance de pouvoir réaliser ce trek exigeant tout en profitant du confort. Le trek le plus court est de 4 jours/3 nuits. Une journée de marche aller et retour sont nécessaires et l'on campe en contrebas du site archéologique qu'on explore une journée complète. On vous conseille la formule en 4 nuits avec une vraie nuit de repos avant et après la marche. On peut aussi organiser avec eux une boucle partant de Cachora et terminant à Huanipaca au Villa Los Loros et les treks plus longs à Machu Picchu.

- **Bureaux à Cusco :** Av. El Sol, Pasaje Grace, Ed. San Jorge, Dpto 11

## À voir – À faire

### TREK CHOQUEQUIRAO – MACHU PICCHU ★★★

*8 jours de marche.*

- **Depuis Cachora (jour 1),** où vous aurez préalablement fait appel à un muletier et à ses ânes, vous pourrez, après avoir atteint Choquequirao en 1 jour et demi (jours 2 et 3), continuer votre route vers le Machu Picchu. La présence d'un guide s'avère quasi indispensable car, connaissant parfaitement la région, il vous évitera de vous perdre et pourra en plus vous faire partager ses connaissances sur la flore et tous les sites archéologiques.

- **Depuis Choquequirao,** vous atteindrez Coryhuayrachina le soir suivant (jour 4), après avoir traversé le río Blanco.

- **Le lendemain (jour 5),** vous passerez le col de Yanama pour atteindre le village de Yanama le soir même, au bord d'un nouveau río.

- **Le jour 6** sera digne du jour 2 du chemin de l'Inca au niveau de la difficulté, puisque l'on passe un col à plus de 4 000 m pour camper le soir dans le village de Totora (on peut installer sa tente dans la cour de l'école).

- **La nuit suivante,** on dormira dans le village de La Playa d'où l'on repartira le lendemain matin (jour 7) en camion pendant 1h30 ou à pied (route asphaltée) pour Santa Teresa (1h30).
On traversera ensuite, à l'aide d'une tyrolienne, le río Urubamba et on atteindra en quelques heures le village d'Aguas Calientes, au pied du Machu Picchu.

- **Le 8e jour,** vous découvrirez donc le site tant mérité du Machu Picchu !

### TREK DE CHOQUEQUIRAO ★★

*Trek de 5 jours depuis Cusco. Avec une agence, compter environ 300 US$ par personne. Droits d'entrée sur le site : S/ 65.*

Pour faire un trek en individuel depuis Cusco : achetez vos vivres à Cusco avant de partir pour 5 jours, en comptant le muletier et vous, et prévoyez de l'antimoustique, un chapeau et de l'eau. Prenez un bus en direction d'Abancay jusqu'à la bifurcation, que le chauffeur vous indiquera pour Cachora. A cet endroit, il serait dommage de passer à côté du site de Saywite (S/ 10) qui, en plus de ses terrasses, escaliers et canaux d'irrigation, possède une pierre aux dimensions impressionnantes appelée « Pacha » qui, paraît-il, permettait de prédire l'avenir. Descendez ensuite, en 1h30, par le chemin qui va tout droit et qui coupe la route, jusqu'au village de Cachora où vous trouverez aisément un muletier (à partir de S/ 35 par jour, autant pour chaque âne). Vous pourrez notamment faire appel à Christian Peña ou son cousin Giovani. Attention les dénivelés sont importants (3 000 m puis 1 500 m puis 3 000 m de nouveau) et c'est physique. Si vous n'avez pas une excellente condition, louez aussi un cheval qui pourra faire les montées à votre place. Il y a en tout 5 espaces de camping et un juste sous les ruines.

- **Jour 1 :** 10 km de montée douce, puis 10 km de descente raide jusqu'au río Apurímac, que vous traversez sur un pont sympathique. De là, vous n'aurez plus qu'à monter 3 km (300 m de dénivelé) jusqu'au lieu-dit de Santa Rosa (point d'eau) où vous installerez votre campement.

- **Jour 2 :** partir tôt pour arriver sur les ruines avant midi. 4h de montée sur 10 km (500 m de dénivelé), passez Marampata et arrivée sur le merveilleux, et encore méconnu des touristes, site inca (entrée S/ 37). Suivant le temps dont on dispose, on passera uniquement l'après-midi sur le site, mais il serait préférable d'y rester la journée du lendemain, sachant que l'on peut y camper.

- **Jour 3 :** journée sur le site et début de la descente jusqu'au campement situé sur les bords du río, de l'autre côté du pont, Playa Rosalinas.

- **Jour 4 :** 10 km de montée très raide, puis 10 km de douce descente vers le village de Cachora. Il est préférable de dormir à Cachora pour partir tôt le lendemain matin vers Cusco car très peu de bus passent à la déviation en fin d'après-midi.

- **Jour 5 :** se lever tôt pour faire la montée avant que le soleil n'ait atteint son point le plus haut puis retour à Cusco.

# À L'EST ET AU SUD-EST DE CUSCO

## SAN SEBASTIÁN

San Sebastian est un quartier au sud de Cusco. On peut voir y une église du XVIIe siècle, élevée là pour célébrer la victoire de Pizarro sur Almagro, lors de la guerre fratricide entre *conquistadores*, grisés par le pouvoir et saisis par la fièvre de l'or. La façade de l'église est de pur style baroque. Cela peut être un premier stop sur la route de la vallée sud.

## TIPÓN ET PIKILLACTA

Au sud de Cusco, cet impressionnant ensemble constitué de douze terrasses, d'une grande muraille barrant le site, d'édifices à ouvertures trapézoïdales, d'une tour de guet qui permet de découvrir la vallée, fut un sanctuaire, peut-être destiné au culte de l'eau, comme pourraient le laisser penser les nombreux canaux, bassins et fontaines qui font du cadre l'un des plus bucoliques et frais des alentours de Cusco. Plus au sud, au bord de la lagune de Huacarpay, on trouve le site de Pikillacta, des ruines préincas bien préservées. Les deux visites sont souvent associées à la Ruta del Barroco Andino qui descend la vallée sud.

Les sites de Tipon et Pikillacta sont associés au billet touristique Cusco et Vallée Sacrée. On peut donc les visiter avec ce billet.

### Transports

- **Combis** depuis l'Avenida la Cultura à Cusco jusque Tipon village, de là gravir, durant 1h environ, la petite route qui conduit aux ruines. Entrée comprise dans le *boleto turístico.*

## PAUCARTAMBO

Pour parvenir à ce village, à 100 km de Cusco, il convient, au km 29, de quitter la route menant à Puno pour s'engager sur une piste en piteux état. Paucartambo a gardé intacte son histoire : la cohabitation, puis les mélanges, se sont banalisés entre Indiens et descendants de *conquistadores*, et cette réalité transparaît dans la fête de la Virgen del Carmen, une des plus belles du pays, qui commence le 15 juillet pour une semaine de processions, danses et musiques d'une exceptionnelle beauté. Les dévots métis et le peuple quechua se retrouvent pour exprimer, avec des nuances, leur foi. Le village vaut également pour son vieux pont Carlos III enjambant le río Q'enqomayo, et pour son observatoire naturel de Tres Cruces sur la route au-dessus du village qui embrasse la plaine amazonienne. Paucartmabo est le dernier village andin sur la route qui descend ensuite en zigzag jusqu'aux portes du parc national Manu.

Pendant la fête, de nombreuses agences proposent des paquets ce qui facilite grandement les choses, car les quelques hôtels sont réservés très longtemps à l'avance.

### FIESTA DE LA VIRGEN DEL CARMEN

*Voir page 111.*

### GALLITO DE LAS ROCAS

La compagnie de bus locale Gallito de las Rocas dessert le village et continue au sud en route jusqu'à Pilcopata, point de départ vers le Manu par le fleuve. Ces bus partent d'un terminal qui change régulièrement. Attention il y a plusieurs accidents mortels. On vous conseille donc une agence, c'est plus cher, mais plus sûr.

### MIRADOR DE TRES CRUCES ★★

L'attrait principal du village, unique dans le pays, est l'observatoire naturel de Tres Cruces, perché à 4 000 m d'altitude. De ce balcon, on jouit d'une vue exceptionnelle sur la forêt équatoriale et il se dit, à juste titre, que le lever du soleil, qui émerge soudain de son lit végétal, y est le plus beau du continent. Il faut trouver un taxi qui accepte de faire le trajet à 3h du matin – c'est relativement facile. Le mirador est à plus d'1h de route cahotante en voiture du village.

### MUSEO DE LOS PUEBLOS DE PAUCARTAMBO

Plaza Kukuli S/N

*De 8h30 à 17h, fermé le lundi. Entrée S/ 10.*

Si vous marquez un stop pour découvrir ce village figé dans le temps, visitez le musée local. Il présente les costumes typiques et personnages du festival de la Mamacha Carmen. C'est bien fait et les costumes sont comme souvent incroyables.

## ANDAHUAYLILLAS ★★

C'est un petit village agréable qui s'enorgueillit d'une magnifique église, d'un style baroque sans concessions.

## Transports

**Des bus partent de l'Avenida La Cultura à Cusco**, pour environ S/ 5. Compter 1h30 de voyage. Possible de s'arrêter d'abord à Canicunca, le plus éloigné et s'arrêter au retour à Hauro puis Andahuaylillas. Compter une grosse demi-journée.

## À voir - À faire

### SAN PEDRO DE ANDAHUAYLILLAS ★★

www.rutadelbarrocoandino.com

*Entrée S/ 15. Inclut Andahuaylillas, Huara et Canincunca. Entrée S/ 25 pour toute la route barroque avec la Iglesia de la Compañia sur la Plaza de Armas de Cusco.*

Magnifiquement rénovée, on la surnomme la « Chapelle Sixtine d'Amérique latine ». Elle date du XVIIe siècle, et il est interdit de prendre des photos. C'est la première étape au sud de Cusco de la Ruta del Barroco Andino qui a ouvert les portes des églises de Huaro et ses fresques démoniaques (notamment *Le Jugement dernier*) et Canicunca. L'entrée des trois temples associés coûte 15 soles et 25 soles avec la Compañia de Jesus sur la Plaza de Armas de Cusco.

L'église d'Andahuaylillas est la magnifique première étape d'un itinéraire partant sur les traces du baroque andin. Si vous avez l'occasion de pousser plus loin, les deux autres temples sont un peu plus au sud, mais proches. Les bus touristiques qui relient Cusco et Puno en marquant des visites touristiques ne s'arrêtent qu'ici. C'est évidemment la pièce maîtresse. On vous conseille vivement la visite, car sous ce modeste temple blanc se cache une petite merveille de couleurs, dorures et dessins destinés à évangéliser les peuples locaux. Elle est bien plus touchante que la froide et pompeuse Cathédrale de Cusco.

# VINICUNCA - MONTAÑA DE SIETE COLORES ★★★

Cette montagne qui dessine un arc-en-ciel de rouge et d'ocre, d'où son nom (aussi appelée *Rainbow Mountain* pour les touristes), est devenue la nouvelle « poule aux œufs d'or » des agences de Cusco. Evidemment c'est magnifique, et auparavant n'y avaient accès que les quelques vaillants qui faisaient le trek de l'Ausangate. Aujourd'hui on peut faire cette marche sur une journée, mais il y a foule. On dénombre en saison 1 500 personnes par jour. Attention, le point final se situe à 5 100 mètres d'altitude. Cette marche n'est recommandée qu'en fin de séjour, une fois acclimatés à l'altitude.

**Voilà le programme type.** Rendez-vous à la réception de votre hôtel entre 4h et 4h20. Après 2h30 de route, arrêt au petit village de Cusipata pour prendre le petit déjeuner. Après +/-45 minutes de route, vous arriverez au point de départ de votre randonnée, Phullawasipata (4 626 mètres). Pendant environ 1h30 à 2h de montée, vous pourrez observer des paysages à couper le souffle comme la cordillère enneigée de Vilcanota ainsi que des élevages d'alpagas et de lamas !

Cette voie d'accès (on démarrait avant de Pitumarca) réduit l'importance du dénivelé à affronter : il y a seulement 400 mètres de dénivelé, mais l'altitude se fait ressentir. Pour les moins sportifs, vous pouvez, si vous le souhaitez, faire le trek à cheval. Les villageois vous attendent au bord du chemin, coût total : 50-70 soles par cheval. Le prix décroît au fur à mesure qu'on grimpe. Arrivés au mirador (5 020 mètres), vous avez environ une heure pour admirer la montagne aux sept couleurs ! On peut ensuite soit redescendre par le même chemin soit opter pour traverser la Vallée Rouge (c'est de plus en plus populaire, mais on vous le recommande vraiment) car on prend la dimension de ces montagnes rougeoyantes qui forment en fait toute une cordillère de couleurs). Cette marche de retour prend environ 2h30 à 3h jusqu'au village de Phullawasipata où l'on déjeune après son trek. Retour à Cusco prévu vers 17h. Les horaires dépendent beaucoup du rythme du groupe.

**Coût moyen de la journée** 30 à 35 US$. Entrée sur place S/ 10.

# NEVADO AUSANGATE ★

Possibilité de faire un trek très physique et sublime de 5 à 6 jours autour et au pied du *nevado* Ausangate (6 333 m) dans la cordillère Vilcanota, au sud-est de Cusco. C'est un itinéraire trop peu fréquenté et éloigné de tout secours pour s'y aventurer seul sans avoir une bonne expérience des randonnées en haute altitude. Il est important d'être déjà acclimaté à l'altitude pour ne pas trop souffrir, le point le plus haut du trek est à 5 200 mètres d'altitude. Mieux vaut avoir passé à Cusco ou altitude similaire une semaine pour que le corps soit bien habitué.

## Transports

3h de route entre Cusco et Tinki : bus jusqu'à Ocongate (depuis le Coliseo à Cusco, des taxis vous y déposeront pour environ S/ 5), puis des taxis collectifs pour Tinki.

# Pratique

## Tourisme - Culture

- **Les *arrieros* (muletiers)** sont compétents et leurs services très peu chers (environ S/ 30 par jour, âne compris). Sinon compter 500 US$ en passant par une agence.
A Tinki, renseignez-vous dans une épicerie ou dans un hôtel pour trouver un *arriero* (vous pourrez demander Raymondo par exemple à l'Hôtel Nevado) qui se fera un plaisir de vous guider dans sa région. Il est conseillé d'arriver avec ses duvets, réchaud et tente loués préalablement à Cusco puisqu'à Tinki il est difficile de trouver du matériel de location. Vous ferez, en revanche, le plein de nourriture à Tinki même où les épiceries disposent de tout le nécessaire. Bon trek !

- **Dans le village précédent, Ocongate**, on trouve un bon hôtel de confort qui organise les treks sur mesure, El Parador del Ausangate, ✆ +51 84 784798.

## Réceptif

### ANDEAN LODGES

Av. Brasil A 14 Urb. Quispicanchi
Cusco ✆ +51 84 224613
www.andeanlodges.com/fr/
info@andeanlodges.com

*A partir de 920 US$ en formule 3 jours-2 nuits et 1 550 US$ en 5 jours-4 nuits, pension complète.*

Andean Lodges propose d'effectuer le trek du Nevado Ausangate en faisant des stops chaque nuit dans des refuges de pierre tout confort. Coûteux, mais très bien organisé, en accord avec les communautés et le confort n'est pas de trop après les efforts de la journée. Ils ont été les premiers à travailler avec les communautés de cette zone où se trouve aujourd'hui la très fameuse Montagne des 7 Couleurs, Vinincunca. Leur expérience est bien plus complète et ils sont encore les seuls à proposer ces treks itinérants. Attention, on navigue à 5 000 mètres ou plus, une acclimatation préalable est nécessaire ainsi qu'une bonne forme physique.

# CORDILLERA ARCOÍRIS PALCCOYO

Vous voulez voir ces montagnes de couleur, mais ne vous sentez pas d'attaque pour la montée plus exigeante de Vinicunca ? C'est par ici que ça se passe : à Palccoyo. Bonus, bien moins de monde sur place.

### CORDILLERA ARCOIRIS PALCCOYO

*Compter environ 50 US$ par personne avec une agence.*

Palccoyo présente au final pas mal d'avantages pour voir ces montagnes arc-en-ciel sans se sacrifier. On démarre de Cusco vers 6h30. En chemin on stoppe à Checacupe pour apprécier le pont colonial et le pont inca voisin puis on reprend le véhicule jusqu'à Villa de Combapata (3 630 m.s.n.m.). On quitte l'asphalte pour passer par les villages de Chiara et Palccoyo. Depuis le stop des bus, on peut déjà voir des montagnes de couleur et l'Ausangate en toile de fond. Marche sur place d'environ 2 km douce, mais exigeante à cause de l'altitude qui atteint les 5 200 mètres. Les agences incluent un déjeuner avant le trajet du retour. Evidemment on n'aura sans doute pas le même goût et bonheur de la montée accomplie que chez la voisine Vinicunca et les trajets sont longs. A vous de faire votre choix.

# WAQRAPUKARA

Un nouveau joyau inca au cœur des vallées andines et un trek sportif pour le rejoindre. Encore très peu de monde.

### RUINES DE WAQRAPUKARA

*Compter environ 45-50 US$ ou S/ 150 avec une agence.*

Ce trek d'une journée est physique : 13 km au programme et une altitude maximum de 4 100 mètres. On ne vous le recommande pas à la descente de l'avion. Waqrapuaka est un site cérémoniel inca encore partiellement recouvert de végétation, mais dressé comme souvent dans un écrin de montagnes escarpées et de vertes vallées de toute beauté. Les tours partent de Cusco entre 3h30 et 4h du matin pour rejoindre la communauté de Pitumarka. On continue encore sur quelques kilomètres non asphaltés puis on débute la randonnée : des montées et des descentes qui s'enchaînent, des lagunes sur votre route puis enfin un mirador avec vue sur le Waqrapukara qu'on rejoint finalement en environ 40 minutes de descente. On reste sur le site au plus 2 heures, mais davantage que le site c'est les paysages, ces vents qui soufflent, cette végétation fragile qui font partie de la récompense. Waqrapukara avec ses deux tours qui forment comme deux pics qui dominent la vallée impressionne lui aussi. Retour par Campi et un chemin plus plat. Attention certains voyageurs ont tenté la randonnée en autonomie et se sont égarés. Il est important de bien connaître la géographie des lieux.

# LA CORDILLÈRE CENTRALE

*Trekking dans la Cordiliera Huayhuash.*

# LA CORDILLÈRE CENTRALE

*La Cordillère centrale traverse le pays du nord au sud sur près de 1 000 km, escortée par la Cordillère occidentale (dont la Cordillère blanche) à l'ouest, et la Cordillère orientale à l'Est. Plus méconnue, elle réserve des surprises plus authentiques. Ce qu'on perd en confort, on le gagne en rencontres et paysages bruts et sauvages.*

## RÉGIONS D'AYACUCHO ET HUANCAVELICA

### AYACUCHO ★★

- **Population :** 180 766 habitants.
- **Altitude :** 2 746 m.

Capitale du département d'Ayacucho, cette ville, l'une des plus accueillantes du Pérou avec son climat doux (moyenne 17,5 °C), a été depuis les années 1980 quasiment proscrite pour les visiteurs du fait qu'elle était le berceau du Sentier lumineux, groupe terroriste qui sema la terreur. Aujourd'hui, le danger est a priori écarté et les compagnies aériennes et terrestres ont rétabli la liaison. Ayacucho, ex-Huamanga, compte plus d'une trentaine d'églises qui en font un point de rencontre de tous les fidèles du pays, lors de Semana Santa. Le folklore y tient toujours une place importante, notamment pour le carnaval très suivi ici, entre la mi-février et la mi-mars. Sa Plaza de Armas entourée de voûtes et colonnes en pierre a beaucoup de charme. Une petite Cusco que très peu se risquent à connaître.

- **Ayacucho est le creuset de l'Empire wari-tiwanaku**, le plus puissant, entre 900 et 1200, avant l'avènement des Incas. On sait mieux aujourd'hui l'importance dans le Pérou ancien de cette culture longtemps négligée. Elle régna sur tout le Sud andin et la côte Sud. Quand elle disparut mystérieusement, Pokras, Chancas, Huancas, peuples qui formaient l'empire, se fédérèrent pour attaquer Cusco. Quand se consolida l'Empire inca, ces mêmes peuples résistèrent un demi-siècle avant de céder, en 1438, devant Pachacútec qui bâtit Ayacucho, « le coin des morts » en quechua. Les Espagnols surent s'allier aux Chancas pour vaincre les Incas. Après avoir vaincu Almagro, Pizarro éleva une ville qui reçut le nom de San Juan de la Victoria. Le 9 décembre 1824 eut lieu la célèbre bataille d'Ayacucho à la pampa de Quinua, opposant 9 000 soldats du dernier vice-roi José Laserna à 5 750 indépendantistes de Simon Bolivar et José de San Martin, conduits par le général Antonio José de Sucre. Cette bataille mythique et décisive pour l'indépendance du pays ne dura en fait que deux heures : assez de temps pour que la terre s'imprègne du sang de 1 800 soldats royaux (seulement 310 morts et 609 blessés pour l'armée de Sucre). Le vice-roi et son état-major sont faits prisonniers. Et San Juan reprit son nom quechua.

- **Ignorée par le pouvoir central durant la période républicaine**, Ayacucho déclina, connaissant une atroce pauvreté, terreau sur lequel Abimael Guzmán, professeur de philosophie, cultiva une révolte qui déboucha sur la création du Sentier lumineux en 1980. Le bilan de ces conflits armés est tragique dans la région : plus de 10 000 paysans assassinés, 3 000 disparus, 50 000 orphelins et 170 000 personnes déplacées (visiter à ce sujet le Musée de la Mémoire). Après plus de vingt années de violences, le calme semble revenu, permettant à de nombreuses familles ayant fui de retrouver, peu à peu, leur terre et à Ayacucho de recouvrer sa tradition d'accueil. Authentique et touchante, Ayacucho est une rencontre différente.

## Les immanquables de la Cordillère centrale

- **Se balader** dans les ruelles pavées et sous les arcades de la ville magnifique d'Ayacucho.
- **Emprunter le train le plus haut du monde** (il fonctionne une à deux fois par mois entre avril et novembre). Ou le *tren macho* qui relie Huancayo à Huancavélica.
- **Assister à la fête de Los Negritos,** danses et parades folkloriques paillardes à Huancavelica (début janvier).

## Transports

### Comment y accéder et en partir

L'aéroport Alfredo Mendivil Duarte est situé à 3 km à l'est de la ville, sur l'Avenida Castilla. Compter S/ 10 en taxi pour rejoindre le centre et encore moins en colectivo.

■ **LATAM**
Jr. 9 de diciembre 107
✆ +51 1 213 8200
www.latam.com
*Du lundi au vendredi de 9h à 19h et le samedi de 9h à 13h.*
A partir de 50 US$ le tarif aller avec bagage à main et 67 US$ avec valise en soute. C'est une option intéressante au vu du sérieux de la compagnie la plus importante du pays. Il existe entre deux et trois vols par jour depuis Lima et au retour d'Ayacucho.

■ **SKY PERU**
www.skyairline.com/peru
La compagnie venait de lancer un vol avec des allers-retours les mardis, mercredis, jeudis et samedis et un tarif à partir de 18 US$ ou S/ 59 par trajet.

### Se déplacer

▸ **Pour Lima** (9h30 de route), nous vous conseillons Cruz del Sur (Jr Caceres 1264, ✆ +51 66 312813), qui propose des départs à 21h, 21h30 et 22h, pour S/ 69 ou S/ 98 en fonction du confort. Ou alors Molina Express (Jr 9 de Diciembre 457, ✆ +51 66 319989) qui propose 6 départs quotidiens à 7h30, 8h, 20h, 21h, 21h30 et 22h pour S/ 30 à S/ 45. Encore moins cher mais aussi moins confortable, Ayacucho Express (Jr. Manco Capac 270), qui part tous les jours à 20h30 à partir de S/ 25.

▸ **Pour Cusco** (22h de route), ce n'est pas une partie de plaisir, mais les paysages sont dantesques. Le mieux est de diviser le trajet en deux. Tout d'abord, deux départs pour Andahuaylas : à 7h30 et 19h30 pour 10h de trajet avec la compagnie Celtur (174, psje Caceres) ou Los Chankas (Jr. Manco Capac 450). Puis d'Andahuaylas vers Cusco (même horaire, même temps de parcours et même compagnie). Compter S/ 35 par trajet. Pour les plus courageux (ou les plus pressés !), il est possible de faire tout le parcours en une seule fois pour S/ 55. Pensez à prendre des habits chauds pour la nuit dans le bus et les 2h d'attente au terminal d'Andahuaylas...

▸ **Pour Huancavelica**, il n'existe pas de bus directs. Il est préférable de passer par Rumichaca (2h30 de trajet), où un combi part à 10h30 tous les jours vers Huancavelica (encore 4 heures supplémentaires).

**La cordillère centrale**

▶ **Pour Huancayo** (8h de route) avec Molina Express qui part trois fois par jour, à 20h, 20h30 et 21h pour S/ 30. Egalement avec Turismo Central (Jr. Manco Capac 462) : départ à 20h pour S/ 40.

▶ **Pour Ica** (7h de route) : deux départs quotidiens avec Antezana (Jr. Manco Capac 273) à 20h45 et 21h45. Compter entre S/ 35 et S/ 45 selon votre confort.

## Pratique

▶ **Indicatif téléphonique :** 066.

## Attention, deux terminaux de bus à Ayacucho !

Le nouveau terminal inauguré en octobre 2010 se situe près de l'aéroport, compter S/ 5 en taxi et S/ 1,50 de taxe. Les compagnies ont une adresse dans la ville et parfois un départ depuis le terminal. Vérifiez bien d'où part votre bus au moment où vous achetez votre billet !

## Tourisme - Culture

■ **I PERU**
Jr Cusco 108 ✆ +51 66 318305
iperuayacucho@promperu.gob.pe
*Ouvert du lundi au samedi de 9h à 18h, le dimanche de 9h à 13h.*
Très bon accueil avec un grand choix de brochures (en français) sur Ayacucho mais aussi sur tout le Pérou.

▶ **Autre adresse :** Aeropuerto Coronel FAP Alfredo Mendívil Duarte (Salle des arrivées)

## Argent

■ **BANCO CONTINENTAL**
Portal Unión n°24, esquina con jirón 9 de Diciembre
*Ouvert du lundi au vendredi de 9h à 18h, et le samedi de 9h à 13h.*

■ **BANCO DE CREDITO**
Portal Union 28 (Casa Chacon)

## Moyens de communication

■ **SERPOST**
Jirón Asemblea 293 ✆ +51 66 312224
*Ouvert du lundi au vendredi de 8h à 20h et le samedi de 8h à 16h.*

## Ayacucho Sud, Vallée d'Andamarca

Ayacucho est aussi une immense région sauvage. Au sud, des paysages splendides vous attendent. Pour y accéder, passerzpar la route qui relie Nazca à Cusco. En quelques heures, on laisse le désert aride pour plonger dans des montagnes dantesques et frôler les 4 000 mètres d'altitude.

**Reserva Nacional Pampas Galeras.** On y arrive en 3 heures de route depuis Nazca. C'est la réserve de vigognes la plus importante du Pérou. Les 23 et 24 juin pendant que la foule se presse à l'IntiRaymi, ici se célèbre une coutume encore confidentielle : la tonte rituelle des vigognes ou *chaccu*. Danses folkloriques et costumes folkloriques sont aussi de la partie. Possible de se loger sommairement dans la ville de Puquio à quelques kilomètres plus au nord.

**Andamarca et la Valle del Sondondo.** Si vous avez un peu de temps et que vous aimez vous aventurer hors des sentiers battus, le village de Andamarca, au creux de vallées en terrasses parmi les mieux préservées du Pérou, vaut le détour. Il est à 2 heures de route de Puquio au nord-est (il faut sortir de la route principale, combi depuis le terminal de Puquio). Village paisible, belles ruines de Caniche sur un ciel azur flamboyant, c'est la terre des Danzantes de Tijeras (Danseurs aux ciseaux). Ici Chuspicha a par exemple son petit musée et quelques-uns peuvent vous faire une démonstration sur demande. Petit bureau d'information touristique sur la Plaza de Armas, demandez Fatima (✆ 993 443 513, miskiandamarca@hotmail.com). Possible de se loger dans un hôtel moderne, le Miski Puñuy (Jorge Chavez 223, contacter Pascual Tito Flores à adeturcperu@hotmail.com) ou à l'Hospedaje Andenes plus rustique avec son joli jardin. Les 24 et 25 août Andamarca célèbre son *Yaku Raymi* ou Fête de l'Eau avec confrontations de Danzantes de Tijeras, messes et cérémonies païennes. Vraiment intéressant et très peu de touristes. Les célébrations débutent quelques jours avant.

**Mirador de Condores** : dernière étape sur cette route pleine de surprises. En partant à 5h30 de Andamarca en moto-taxi, on rejoint à 45 minutes de là le Mirador de Chipao dans le village voisin de Mayobamba où nichent plusieurs familles de condores. Si le soleil est au rendez-vous, spectacle ganranti. On les voit encore mieux que depuis le Cañon del Colca. Proches, mini volcans ou geysers et bains thermaux.

**Vous y rendre.** Depuis Lima, bus direct à Puquio avec la compagnie Wari Palomino, 11h de voyage, S/ 40-60, www.expresowari.com.pe. Depuis Nazca, combis à Puquio. Depuis Ayacucho, Fabián Aguilar de Waman Tours peut vous organiser une route en camionette 4x4, compter 3 jours-2 nuits.



## Santé - Urgences

**HOSPITAL REGIONAL DE AYACUCHO**
Avenida Independencia 355
✆ +51 66 312181
hospitalregionalayacucho.gob.pe
*Ouvert 24h/24.*
Juste à côté : l'hôpital Minsa, la Clinique de la Esperanza et des pharmacies ouvertes 24h/24.

**POLICE**
Jr 28 de Julio 325 - 331
✆ +51 66 312055

## Se loger

### Bien et pas cher

**HOSPEDAJE ZARAGOZA**
Jirón Manco Capac 268
✆ +51 978 291 600
nperezgb@yahoo.com
Cette façade saumon cache un patio intérieur avec un bâtiment sur 2 étages peint de jaune et ses quelques plantes. Cette proposition donne un sérieux coup de neuf aux hostales. Chambres petites, mais d'excellente tenue, parquet neuf au sol, salle de bains impeccables. Préférez les chambres intérieures, car la rue est bruyante.

**HOSTAL LA FLORIDA**
Jiron Cusco 310
✆ +51 66 312565
hostalflorida2@hotmail.com
*Compter S/ 40 la chambre simple, S/ 70 la double ou matrimoniale, S/ 85 la triple et S/ 100 pour 4 personnes. Pas de petit déjeuner.*
Très bon point de chute pour les budgets réduits. Les chambres, qui disposent de sanitaires privés et de la télé câblée, sont confortables (préférez celles à l'étage, elles jouissent d'une belle vue sur la vallée). Le patio luxuriant avec une jolie fontaine est un régal et on propose le wifi, un plus séduisant ! Cafétéria à côté pour prendre le petit déjeuner ou possibilité d'utiliser la petite cuisine. Le tarif est négociable si on reste plusieurs nuits.

■ **TRES MASCARAS**
Jr Tres Mascaras 194 ✆ +51 66 312921
hoteltresmascaras.galeon.com
hoteltresmascaras@yahoo.com
*Compter S/ 70 la simple et S/ 90 la matrimoniale ou double avec salle de bains privée. Petit déjeuner S/ 10.*
Une jolie *casona* d'époque avec sa petite fontaine, son jardin et ses oiseaux. Les chambres y sont vieillottes (attention matelas durs) mais plutôt propres avec eau tiède et TV. Elles sont amples et surtout les espaces communs sont agréables. Wifi dans les parties communes. Tranquille et charmant.

### Confort ou charme

■ **HOTEL SANTA ROSA**
Jirón Lima 166
✆ +51 66 312 083
*Chambre simple S/ 105, matrimoniale S/ 135 ou double S/ 150, triple S/ 190, suite S/ 190, petit déjeuner buffet inclus. Nous vous indiquons ici les tarifs exonérés pour les touristes.*
Bel hôtel dans une grande *casona* à patio et arcades. Les chambres, avec télévision câblée, sont de belles dimensions et la literie est bonne. Le restaurant autour de la fontaine n'est pas mal du tout. Possibilité de faire laver son linge. Wifi. Un mariage entre l'hôtel d'affaires et l'hôtel chic. Agence recommandée sur place, Esmeralda Tours.

■ **VIA VIA 1 PLAZA**
Portal Constitución 4, Plaza de Armas
✆ +51 66 312834
www.viaviacafe.com
reservas.viaviacafeayacucho@gmail.com
*Compter S/ 130 la simple, S/ 190 la matrimoniale (lit queen), S/ 200 la double et S/ 280 la suite quadruple. Petit déjeuner inclus.*
Coup de cœur pour ce petit hôtel qui compte 20 chambres dans une ancienne *casona* magnifiquement restaurée et qui donne sur la Plaza de Armas. Les chambres sont situées à l'arrière de la maison mais elles cumulent chaleur et caractère. La décoration se fait sympathique et douillette – ah les duvets de plume ! Le plus ? Le petit déjeuner servi sur la terrasse du Via Viva Café avec vue sur la Plaza. Pauline est belge, son époux péruvien, et ils sauront vous conseiller pour les excursions aux alentours. Ils ont beaucoup fait pour dynamiser le tourisme dans cette petite ville de province et leur hôtel est l'incontournable de la ville.

■ **VIA VIA 2 ALAMEDA**
Alameda Bolognesi 720-724
✆ +51 66 318944
*Compter S/ 100 la simple et S/ 130 la matrimoniale (lit queen) et S/ 140 la double, S/ 200 la suite familiale, petit déjeuner buffet inclus.*
Un peu à l'écart du centre (à 10 min à pied de la place centrale), voici une belle bâtisse coloniale construite en 1947, proposant 13 chambres accueillantes et confortables (petites salles de bains privées avec eau chaude, télé câblée, wifi) autour d'un jardinet avec ses hamacs. Atmosphère très agréable. Petit coin pour que les enfants jouent. L'équipe du Via Via Café-Hotel est à présent en charge de l'établissement ce qui a permis un bon coup de neuf. Le restaurant sur place est excellent également.

### Luxe

■ **HOTEL PLAZA**
Jirón 9 de Diciembre184
✆ +51 66 312 202
dmhoteles.pe
*Chambre matrimoniale ou double 89,50 US$ et suite avec vue 132,50 US$. Petit déjeuner buffet inclus.*
Voici un grand hôtel classique de 63 chambres et 6 suites, élégant et bien tenu. Le patio est un enchantement et les chambres sont bien agencées, tout comme le bar où il fait bon laisser couler le temps. A noter que l'hôtel dispose aussi d'une discothèque. Il fait partie de la chaîne DM Hoteles. Bon service mais un peu froid à notre goût.

## Se restaurer

Les restaurants bon marché abondent ! Ils servent généreusement les spécialités locales : picante ayacuchano (savoureux ragoût à base de porc, pommes de terre, piment et cumin), mondongo ayacuchano (tripes avec maïs cuit dans la cendre, cumin et origan), patachi (sorte de pot-au-feu avec lard, bœuf frais et séché, blé et petits légumes), un régal qui tient au corps.

### Sur le pouce

■ **LA MIEL**
Portal Constitucion N° 11-12
✆ +51 66 317183
*Tous les jours de 10h à 21h30. Petits prix.*
Une caféteria typique où l'on trouve des empanadas et tartes salées, des sandwichs, des gâteaux plutôt réussis dont l'excellent gâteau au chocolat et du café qui mériterait un soupçon d'amertume en plus. Parfait pour une pause.

### Bien et pas cher

■ **LA CASONA**
Jirón Bellido 451 ✆ +51 66 312733
*De 12h à 21h. Menu le midi S/ 17. A la carte à partir de S/ 20.*
Dans un cadre varié (deux pièces à la déco différente), ce restaurant traditionnel propose une cuisine qui mérite qu'on s'y arrête. Spécialités locales très bien cuisinées (truite, *puca picante, puca con cuy*...). L'accueil est bon enfant et les portions sont copieuses. Menu le midi en semaine.

**CENTRO TURISTICO CULTURAL SAN CRISTOBAL**
Jr 28 de Julio 178
*Tous les jours, de 8h à 21h. A partir de S/ 5 pour un café et S/ 15 pour la petite restauration.*
Plusieurs restaurants se font concurrence dans ce joli patio ensoleillé toute la journée. A côté, vous trouverez des boutiques d'artisanat, quelques peintres et un fleuriste qui parfume toute la place ! Très agréable pour déjeuner ou prendre un café. Petite fontaine centrale.

**MAMA REBECA**
Jr. Garcilazo de la Vega 370
*De 12h à 15h uniquement. Plats à partir de S/ 7.*
La reine du Puca Picante c'est elle : Mama Rebeca ou Rebeca Ayme Palomino qui, à 80 ans, est toujours derrière les fourneaux de sa minuscule cuisine. Son restaurant est tout petit avec quelques tables dans le jardin mais l'attention toute familiale et la cuisine savoureuse.

## Bonnes tables

**LOS ALAMOS**
Jirón Cuzco 215
✆ +51 66 312782
*De 12h à 16h. A la carte à partir de S/ 20.*
Une belle *casona* avec un grand jardin intérieur et des arcades du plus bel effet colonial. Le cadre est agréable et la cuisine locale bonne et variée : *cuy, chicharrón, truchas*... Service affable et efficace. L'établissement fait également hôtel.

**PUKA'S WASI**
Jr. Cuzco 246 ✆ +51 66 280818
Cette *casona* aux touches contemporaines accueille un restaurant correct et multi-facettes. Le midi, menu et plats traditionnels légèrement revisités. Le soir, piqueos et cocktails dans une ambiance plus tamisée. *Calientitos* (cocktails servis chauds) pour les soirs de grand froid. Le lieu est vaste et manque encore un peu de chaleur humaine, mais on peut y jeter un œil en toute confiance avant de se décider.

**SUKRE**
Portal Constitucion N° 9
✆ +51 966 136 359
*Tous les jours, de 9h à 23h. Petit déjeuner S/ 15. A la carte plats S/ 20-30. Menu (le midi en semaine) S/ 12-15.*
Une nouvelle adresse dans cette ville qui en compte peu et qui mise sur une bonne cuisine péruvienne avec des saveurs créoles et asiatiques. Ils servent aussi des petits déjeuners. A la carte, ceviche nikkei, truite croquante couverte de quinoa, *lomo saltado* à la touche française (pour ses champignons)... La vue sur la Plaza de Armas est un atout de plus. Le soir, en plus de la carte, piqueos et cocktails. Certains soirs animations musicales.

**VIA VIA CAFÉ**
Portal Constitución 4
Plaza de Armas
✆ +51 66 312834
www.viaviacafe.com
ayacucho@viavia.world
*De 7h30 à 22h30 tous les jours. Menu le midi de S/ 11 à S/ 19 en semaine, menu végétarien. A la carte comptez S/ 30-35.*
Ce restaurant est sympathique à toute heure surtout pour sa grande terrasse sur le balcon ouvert à la Plaza de Armas et son atmosphère chaleureuse. On y sert des petits déjeuners, des menus le midi à prix accessibles avec une option végétarienne systématiquement proposée, des glaces artisanales... Le soir, la cuisine est légère et travaillée avec tapas ou plats à la carte comme le délicieux quinotto con trucha. Des cocktails sont proposés. Du jeudi au samedi soir, on y écoutera avec plaisir de la musique folklorique en vivo. Ce lieu est très agréable, avec l'âme plus internationale que d'autres à Ayacucho. Une belle pause pour le voyageur.
A noter, leur 2e adresse située sur la Alameda Valdelirios propose également une cuisine locale savoureuse à prix plus économique (menu le midi S/ 11).

## À voir – À faire

**ALAMEDA MARQUEZ DE VALDELIRIOS**
Prolongement de la Jr 28 de Julio
Après avoir dépassé l'église Santa Teresa et l'église San Cristobal, vous arrivez dans ce joli parc fleuri où il fait bon se reposer ou pique-niquer. Il longe la rivière malheureusement transformée en dépotoir. Tout au bout, une arche célébrant la victoire patriotique lors de la bataille d'Ayacucho le 9 décembre 1824. Si vous tournez à droite juste avant le collège, vous apercevez tout en haut le quartier artisanal de Santa Ana. On l'appelle aussi Alameda Bolognesi.

**CASA DE LA VIUDA DE ALCALA**
Portal Independencia 65, Plaza de Armas
C'est dans cette superbe *casona* que le général Sucre, après son triomphe à la bataille d'Ayacucho, reposa sa carcasse malmenée au combat.

**CASA DEL MARQUES DE TOTORA**
Portal Union 637, Plaza de Armas
La porte, haute et austère, ne laisse pas deviner la finesse et l'élégance des arcades et du patio dont elle défend l'entrée.

**CASA JAUREGUI**
Jr 2 de Mayo 210
Cette *casona* du XVIIe siècle possède un portique de pierre d'où se détache un blason avec un aigle à deux têtes et deux singes (certains disent deux lions) qui paraissent soutenir le balcon. Patio magnifique qui accueille aujourd'hui une pizzeria.

## « Bienvenidos al barrio artesenal de Santa Ana - San Jose »

A gauche de l'église Santa Ana, se trouve cette inscription sur une arcade vous souhaitant la bienvenue ! Car la plupart des artisans d'Ayacucho (potiers et tisserands) habitent et travaillent ce quartier. Ayacucho est un centre artisanal, dont la griffe est immédiatement reconnaissable. C'est ici que sont fabriqués les retables, appelés « cajones de San Marco » : ces créations, aujourd'hui considérées comme des œuvres d'art, foisonnent de figurines fabriquées dans du plâtre et une pâte à base de pomme de terre. A Ayacucho également sont taillées les statuettes d'albâtre, appelées « piedra de Huamanga ». Tapis, bijoux, châles multicolores en laine de mouton teints naturellement avec des fibres végétales complètent la production artisanale. Vous pouvez visiter le musée du textile en grimpant les marches sur le côté gauche de l'église (entrée gratuite, ouverture du lundi au samedi de 10h à 13h et de 14h30 à 17h) et la boutique à côté où l'on vous expliquera le processus de fabrication. N'hésitez pas également à aller frapper aux maisons attenantes : les artisans se feront un plaisir de vous montrer leur travail ! Quelques noms.

- **Artesanía en Piedras de Huamanga** : Julio Galvez, Barrio de Santa Ana, sur le côté de la Plaza.
- **Artesanía y Tejidos** : Alfonso Sulca, Barrio de Santa Ana, sur le côté de la Plaza.
- **Taller de tejidos de la Familia Gallardo** : Plaza N°105, sous une tonnelle fleurie.
- **Taller de Retablos Quichua** : Noé Pizarro y Edwin Pizarro Lozano. Jr. Universidad Nacional San Cristóbal de Huamanga 278, Barrio de Belén.

### CASA MUSEO JOAQUIN LOPEZ ANTAY

Jirón Cusco 424

✆ +51 956 695 466

*Du lundi au samedi de 15h à 18h.*

Ce petit musée familial rend hommage au 1er rétabliste du Pérou. Un bel hommage et une mise en scène intimiste, c'est un bel endroit à connaître et soutenir.

### CATEDRAL DE AYACUCHO ★★

*Visites du lundi au samedi de 9h à 12h30 et 17h30 à 19h, le dimanche de 10h à 11h et de 17h30 à 19h.*

Construite entre 1631 et 1671, grâce à l'impôt prélevé sur les Indiens, cette église monumentale étonne d'abord par sa façade Renaissance baroque rose, soulignée par deux clochers de pierre grise. Les retables churrigueresques, le chœur de style mudéjar, l'autel doré à la feuille avec tabernacle en argent repoussé, la chaire en bois sculpté et les tableaux de l'école indigène d'Ayacucho illustrent parfaitement le style baroque métissé.

### IGLESIA DE LA COMPAÑIA DE JESUS ★★

Jr 28 de Julio

*Ouverture du lundi au dimanche de 6h30 à 7h30 et de 10h à 12h30 et du lundi au vendredi de 17h à 19h*

Stuée au début de la rue piétonne, cette église d'une seule nef, datant du XVIIe siècle, est profondément originale avec sa façade de pierre rose et grise. L'intérieur possède tout ce qui fait la richesse des églises coloniales péruviennes : retables et autel churrigueresques aux motifs floraux et zoologiques de la selva, confessionnaux en bois finement taillé, patios et arcades Renaissance. On la dit inspirée des églises d'Arequipa.

### IGLESIA LA MERCED

Jr de 2 Mayo 213

*Ouverture le dimanche de 8h à 9h*

Construite en 1540. En face de la Casa Jáuregui, sur une petite place. Derrière la façade de pierre chaulée reposerait la courageuse María Parado de Bellido.

### IGLESIA PAMPA SAN AGUSTIN

Au coin Jr del Sol et Jr San Martin

Cette église étonne par son impressionnant portique ouvragé : une dentelle de pierre.

### IGLESIA SAN CRISTOBAL

Jr 28 de Julio 651

Cette modeste église est l'édifice le plus ancien d'Ayacucho. Rustique, simple, elle date de 1540. C'est là que furent enterrés les soldats tués pendant la guerre civile qui déchira la société des *conquistadores*, immédiatement après la conquête.

### IGLESIA SAN FRANCISCO DE ASIS

Jr 28 de Julio, Cuadra 3

*Ouverture tous les jours de 7h à 8h et de 18h à 19h, et le dimanche de 7h à 10h*

Après le passage sous el Arco de Triunfo, face au marché, on est arrêté par ce qui pourrait être la plus belle église d'Ayacucho. Grande, fortement charpentée, elle date de 1552. Ses retables offrent une profusion d'ornements, de même que l'autel avec ses motifs mêlés : arabesques, grappes, pampres… Les tableaux, représentant saints, rois d'Espagne et incas, rayonnent dans leur cadre en argent repoussé, et la chaire en bois ne dépare pas l'ensemble. A côté de l'église se trouve le couvent et, à côté encore, la statue de San Francisco baigne dans la douceur intemporelle du jardinet.

### IGLESIA SAN FRANCISCO DE PAULA

Jr Callao 195

*Ouverture du lundi au dimanche de 7h à 8h et de 19h à 20h*

Construite en 1713, dans le plus pur style Renaissance, San Francisco de Paula, que beaucoup considèrent comme la plus belle des 33 églises d'Ayacucho, vaut essentiellement pour sa façade et sa chaire en bois.

### IGLESIA SANTA ANA

De la plaza Santa Ana, on jouit d'une vue panoramique sur la ville et la campagne environnante. Cette église baroque, dans la pénombre de laquelle émergent l'autel en argent repoussé et la chaire baroque en bois sculpté, vaut l'effort de monter jusque-là. On peut s'y rendre à pied depuis la Alameda Bolognesi. C'est ici que se situent de nombreux ateliers d'artisans.

### IGLESIA SANTA TERESA ★

Jr 28 de Julio, cuadra 6

*Ouverture du lundi au dimanche de 5h30 à 7h15 et le jeudi de 8h à 18h*

On l'atteint après avoir franchi le vieux pont. Construite en 1668, avec le couvent des Carmélites, elle est exceptionnelle car entièrement en brique. Dans l'unique nef, on appréciera le chœur plateresque et la chaire dorée à la feuille. Les petites confiseries qu'on y achète sont préparées par les nonnes. Fruits au sucre délicieux.

### IGLESIA Y CONVENTO DE SANTA CLARA

Calle Grau cuadra 3, au coin avec Calle Carlos F. Vivanco

*Ouverture tous les jours de 6h30 à 7h30 et les jeudis de 14h à 16h*

Pour entrer, il suffit d'enjamber les vendeurs du marché, accroupis entre les étals. L'extérieur, sobre, contraste avec l'intérieur andalou où flamboie le style mudéjar. C'est dans ce couvent que se serait réfugiée, campagnes achevées mais encore épée au poing, la « Monja Alférez » (la nonne lieutenant) doña Catalina de Erauzo, immortalisée, parmi d'autres poètes, par José María de Heredia.

### IGLESIA Y CONVENTO SANTO DOMINGO ★★

Jirón 9 de Diciembre (cuadra 2)

*Ouverture tous les jours de 6h30 à 7h30 et le dimanche de 7h à 8h*

**Le couvent conserve le portail originel de 1548**, le reste datant du XVIIIe siècle. Les styles juxtaposés, notamment un incroyable gothique-mudéjar, lui donnent un curieux aspect. Selon certains historiens, le couvent servit aux autodafés de l'Inquisition et les arches du campanile firent office de gibets : pour d'autres, le couvent absorbait le trop-plein de fidèles quand l'église débordait. Laquelle église surprend par ses dimensions et son harmonie.

**Si l'on continue sur Jirón 9 de Diciembre,** on atteint une petite place arborée qu'orne la statue de María Parado de Bellido, devant une chapelle.

### MILLPU

Ces piscines naturelles turquoise sont nichées au creux d'un petit canyon et d'une pureté incroyable qui a fait leur succès. Par contre le voyage pour s'y rendre et en revenir (sur une journée, en général en tour) est plutôt fastidieux : réveil aux aurores et entre 4 à 5 heures de route aller puis retour. Il faut en fait rejoindre la province de Huancaraylla et la petite communauté de Circamarca. Attention, en principe, la baignade est interdite par les autorités qui tentent de protéger ce petit joyau d'une popularité croissante et un peu envahissante. Après la période des pluies, les piscines n'ont plus la couleur annoncée. Le reste de l'année, c'est un vrai coup de cœur géologique.

### MUNICIPALIDAD

Plaza de Armas

Construit en 1735, cet édifice fut restauré à maintes reprises dans des styles qui ne s'harmonisaient guère avec l'architecture coloniale de la place. Il a heureusement conservé sa belle entrée originelle.

### MUSEO ANDRES AVELINO CACERES

Jr 28 de Julio 508

*Ouvert de 9h à 13h et de 15h à 17h du lundi au vendredi et de 9h à 13h le samedi. Entrée : S/ 2.*

Le musée, confié à la surveillance de l'armée, est logé dans la grande Casona Vivanco qui date du XVIIe. Au rez-de-chaussée, des manuscrits, des photos et des armes ayant appartenu au Maréchal Cáceres, qui s'est illustré dans la guerre du Pacifique contre le Chili de 1879 à 1883 maintenant la résistance depuis la sierra. Les salles à l'étage exposent d'intéressantes peintures de l'Ecole de Cusco avec un tableau représentant une Cène inédite : le Christ devant un *cuy* (!). Egalement des meubles d'époque.

*Plaza de Armas, Ayacucho.*

**MUSEO DE LA MEMORIA**
Prolongacion Libertad 1229
✆ +51 66 317170
anfasepayacucho@gmail.com
*Ouverture du lundi au vendredi de 9h à 13h et de 15h à 18h. Samedi de 9h à 13h.*
Créé par l'Association des familles des victimes et disparus, ce musée retrace 20 ans de conflit entre le Sentier lumineux et l'Etat péruvien. On y trouve la chronologie de ce conflit qui a fait officiellement 70 000 morts et disparus, des lettres des victimes, une reconstitution d'une fosse commune et d'une salle dans laquelle les militaires torturaient des suspects pour leur soutirer des informations. Sur un mur, des dizaines de photos poignantes qui interpellent le visiteur : il s'agit des photos des femmes qui ont perdu un être cher. La visite se termine par une sculpture : la balance de la justice y est déséquilibrée, tout un symbole... Petit musée, peint à l'extérieur, mais qui permet de mettre des mots sur des douleurs toujours tues.

**MUSEO HISTÓRICO REGIONAL HIPÓLITO UNANUE**
Av. Independencia 502 ✆ +51 66 312056
*Fermé le lundi. Adultes S/ 2.*
Une visite qui complémente celle du site archéologique wari. Ici sont exposées des pièces de cette culture qui domina la région ainsi qu'antérieures, permettant de mieux comprendre qui étaient ces valeureux guerriers, précurseurs d'un modèle d'empire similaire à celui des Incas.

**PALACIO DEL MARQUES**
Portal Unión 47, Plaza de Armas
Ayacucho a le plaisir et l'honneur de présenter au visiteur la maison la plus vieille des Amériques : la Casa Velarde Alvarez. Bâtie en 1550 par des ouvriers indiens, elle garde les marques de ses constructeurs : mur de pierre et escalier menant du patio à l'étage, de tradition inca, parois intérieures décorées de figures d'animaux sacrés, pumas et serpents. C'est actuellement le centro culturel de l'Université San Cristobal de Huamanga. Les vendredis et samedis soir, souvent des spectacles en accès libre : récital, musique, folklore.

**PLAZA DE ARMAS** ★★
Sur cette plaza de Armas, appelée aussi plaza Sucre, la statue du Libertador, joliment fleurie, occupe le centre. Avec sa cathédrale, ses *casonas* et ses coquettes arcades, la plaza Sucre concurrence celles de Cusco et Lima par sa beauté.

**PREFECTURA**
Plaza de Armas – Portal Constitucion
Dans cette grosse maison coloniale du XVIIIe siècle (Casona Boza y Solis) fut détenue María Parado de Bellido, héroïne de l'Indépendance, dont la cellule se voit encore à l'entrée, sitôt franchie la lourde porte en pierre taillée. Le patio est cerné de nobles arcades et de balustrades en bois ouvragé.

**UNIVERSIDAD SAN CRISTOBAL DE HUAMANGA**
L'immense maison, élevée en 1677, appartint à l'évêque Cristóbal de Castilla y Zamora, frère du roi Carlos II. Dans le patio croît une vigne dont on dit que l'un des sarments fut exporté vers Ica et « enfanta » la production vinicole de la ville du pisco. L'université actuelle se trouve sur l'avenida Independencia : elle accueille le Centro Simón Bolívar dont fait partie le Museo Histórico Regional Hipólito Unanue.

## Sports – Détente – Loisirs

**VOLANDO POR EL PERU**
✆ +51 947 266 396
volandoporelperu@gmail.com
*Compter S/ 220 le vol de 10 à 15 minutes.*

Ronald Flores est passionné de Ayacucho et sa nature sauvage et tente peu à peu d'implanter son sport de prédilection dans ces montagnes. Il vous emmène en voiture au cerro Campanalloc au-dessus de la ville et plonge en tandem pour vous offrir une vue aérienne des collines alentour et de la ville quadrillée. Vidéo possible. Il partage son temps entre Lima et Ayacucho et n'est malheureusement pas toujours disponible. Contactez le via WhatsApp pour vérifier.

## Visites guidées

### ESMERALDA TOURS

Jr Lima 166
Intérieur Hotel Santa Rosa
✆ +51 988 535 080
aristoteles60@gmail.com
Autour de la Plaza de Armas de Ayacucho, on trouve de nombreuses agences qui vendent les tours classiques, Héli, lui, est passionné d'un tourisme davantage sportif et d'aventures et expert en destination hors des sentiers battus. Si vous ne le trouvez pas au bureau (situé à l'intérieur de l'hôtel Santa Rosa), n'hésitez pas à le contacter via WhatsApp ou sur les réseaux sociaux où il est très actif. Parmi ces propositions ? Un petit plongeon au pied d'un volcan, rafting, VTT, kayak ou paddle, excursions aux piscines de Millpu (un trésor naturel, mais assez éloigné d'Ayacucho même) ou cañones de Qorihuillca.

### WAMAN TOURS

✆ +51 999 403 066
Fabián Aguilar est un guide discret, amoureux de sa région, qui peut vous organiser la route des Eglises, des visites chez les artisans ou des tours avec véhicule vers Vilcashuaman ou Wari-Quinoa. Il ne parle qu'espagnol malheureusement mais n'est pas de ceux qui récitent un programme appris par cœur. Conseillé.

## Shopping

### MERCADO ARTESANAL SHOSHAKU NAGASE

Plazoleta Maria Parado de Bellido
Ce centre baptisé propose diverses boutiques d'artisanat : bijoux, tissus, vêtements, céramiques, retables...

### MERCADO DE ABASTOS ANDRÈS F. VIVANCO

Entre les Av Grau et 28 de Julio (cuadra 3)
Un marché typiquement andin, avec ses stands de fruits et légumes, de petits pains, de fromages...Les travaux prévus pour sa réhabilitation tardent à s'achever.

# VILCASHUAMÁN

Vilcashuamán fut le principal centre administratif du Tahuantinsuyo, l'Empire inca. Ici, comme le célèbre Qorikancha de Cusco, on trouve une église de pierre construite sur les bases du Templo du Soleil inca. Les deux sont très bien conservés. Plus loin, l'ushnu ou pyramide cérémonielle où l'on trouve toujours le siège de l'Inca Pachcútec qui dominait la place. Bel ensemble. Les plus belles ruines de la région.

**Pour aller à Vilcashuamán**, « faucon sacré » en quechua, distante de 110 km d'Ayacucho, prendre la direction de Vischongo et poursuivre plus au sud. Le trajet, rendu pénible par l'état de la piste, dure environ 3 heures. On peut s'y rendre en bus public : départs tous les jours, vers 5h environ. Le plus intéressant sera d'y consacrer une journée avec une agence en s'arrêtant voir les impressionants cactus géants *puyas raimondi* de Titancayocc, puis la laguna de Intihuatana et ses ruines où l'inca se baignait.

**Autour du 28 juillet et des fêtes nationales, se déroule le VilcasRaymi** : une recontitution historique de la bataille qui opposa les Incas aux Chankas. Possibilité d'hébergement sur place.

*Statue de l'empeureur Inca Tupac Yupanqui, Vilcashuamán.*

# WARI - HUARI

Les ruines de la capitale de l'Empire wari, construite vers 600 apr. J.-C., se trouvent à 20 km d'Ayacucho. On y reconnaît le tracé classique des centres urbains de l'époque : secteurs administratif, religieux, d'habitation et de production. Les constructions de pierre de trois étages attirent immédiatement l'attention : on suppose que les nobles y étaient ensevelis. Le reste consiste en aqueducs, passages souterrains qui auraient pu cacher des tombes, une étrange et monumentale table de pierre, des maisons avec fours et un amphithéâtre. Beaux points de vue panoramiques.

- **Entrée** : S/ 6. Du mardi au dimanche de 8h30 à 17h30.
- **Une visite guidée** coûte environ S/ 40 (départ à 9h30 et retour à 15h). On peut aussi s'y rendre par ses propres moyens : il suffit d'attraper un bus en direction de Quinua, depuis le quartier Magdalena, et de descendre aux ruines. Les visites de groupe incluent le champ de bataille d'Ayacucho ou Pampa de Ayacucho (symbolisé par un grand obélisque blanc de 40 m de haut) et le village artisanal de Quinua en contrebas.

# QUINUA

A 30 km au nord-est d'Ayacucho, ce village a été marqué par la guérilla entre le Sentier lumineux et l'armée dans les années 1980. Maintenant que le calme est revenu, les habitants se sont fait une spécialité des petits objets de céramique représentant églises aux clochers extravagants et personnages folkloriques. Les ateliers que l'on peut visiter se situent le long du Jr. Sucre. C'est dans la pampa proche (à 15 minutes à pied depuis le village, bien indiqué) que se déroula la célèbre bataille qui scella l'indépendance du Pérou le 9 décembre 1824, ce que commémore un immense obélisque immaculé. Le village est très visité par les Péruviens, beaucoup de stands et restaurants pour faire une pause.

# HUANCAVELICA ★

- **Population :** 49 570 habitants.

Quel dommage que cette jolie ville encaissée dans les montagnes à 3 675 m soit si loin de la route touristique classique. Située à 130 km de Huancayo et 250 km d'Ayacucho, Huancavelica, a été créée le 5 août 1572 par le vice-roi Francisco de Toledo sous le nom de Villa Rica de Oropesa. Elle gagne à être connue avec ses nombreuses rues piétonnes, ses églises (qui ouvrent toutes à 17h), ses nombreuses fêtes folkloriques toute l'année, ses bains thermaux et sa population si accueillante...

- **Les affrontements dans les années 1980 liés au Sentier lumineux** ne sont plus qu'un mauvais souvenir. Mais le département de Huancavelica reste l'un des plus pauvres du Pérou. Son histoire a été marquée par les mines de mercure, dont la fameuse mine Santa Bárbara. A la différence de cette activité économique qui a décliné, le folklore, jalousement conservé par les descendants des indigènes soumis au travail obligatoire dans les mines, reste vivace et la *Danza de las Tijeras* en est la quintessence : les hommes vêtus de lourds costumes brillants rivalisent, ciseaux en main, de prouesses techniques et d'acrobaties dont semblent s'être inspirés les danseurs de smurf et de break-dance.

## Transports

- **Pour Lima** : Molina (Av Muñoz 608) propose deux départs quotidiens, à 19h et 20h pour S/40. Tout comme Oropesa, Ticllas et Antezana et Yuri (situées aussi sur l'Av Muñoz), avec ou sans cama. Compter 10h de trajet.
- **Pour Huancayo** : Ticclas et Yuri proposent plusieurs départs quotidiens. Compter 4h de trajet.
- **Pour Ayacucho** : un seul bus de Union Andino part à 4h du matin de la Plazoleta Tupac Amaru pour S/ 13 jusqu'a Rumichaca. Compter 4h de trajet dans les montagnes, puis enchaîner (rapidement si vous avez de la chance) avec un colectivo jusqu'à Ayacucho pour S/ 11 pour encore 4h de trajet.

**GARE FERROVIAIRE**
Avenida Ferrocarril ✆ +51 67 452 898
Le fameux « Tren Macho » parcourt 128 km en traversant 38 tunnels et 11 ponts. Le trafic ferroviaire a repris en mai 2012 entre Huancavelica et Huancayo. Un train circule les lundi, mercredi et vendredi dans le sens Huancayo-Huancavelica, et les mardi, jeudi et samedi dans le sens inverse. Le départ se fait à 6h30. Compter de S/ 9 à S/ 13 (avec service buffet) par personne, ventes le jour précédent. Compter 4h de trajet mais époustouflant et bien plus économique que le train qui relie Lima à Huancayo. Station Chilca à Huancayo au croisement de l'Av. Huancavélica, Ferrocaril et Leoncio Prado. A Huancavelica, la station se trouve au bout de l'avenue (Av. Los Chancas), derrière la cathédrale.

## Pratique

- **Indicatif téléphonique :** 067.

### Tourisme - Culture

**INFORMATIONS TOURISTIQUES**
Jirón Victoria Garma 444 (1er étage)
✆ +51 67 452938

### Réceptif

**CIELO AZUL**
Jr. Manuel Asencio Segura 140, Plaza de Armas
✆ +51 990 970 168
www.turismocieloazul.com

Cette agence a pignon sur rue pour vous donner toute l'info dont vous avez besoin (en français, quand des guides ou étudiants sont sur place !). Elle propose plusieurs circuits pour découvrir la région. En plus, les bénéfices sont reversés à l'association Pukullawa, qui aide les enfants démunis. Attention, dans ce même local, alternent 4 associations de tourisme une semaine chacune. Cielo Azul et Jose Antonio De la Cruz Huaylla sont les plus expérimentés. Ils proposent le circuit des lagunes ou du *bosque de piedras*, la visite de la mine Santa Barbara ou des journées basées sur l'échange avec les communautés locales. Les prix sont tout petits et ça permet de connaître davantage cette destination très peu touristique.

## Argent

**BANCO DE CREDITO**
Jirón Virrey Toledo 383

## Moyens de communication

**INTERNET**
Av Muñoz et Toledo
Si peu d'hôtels disposent du wifi, les cybercafés pullulent dans le centre-ville.

**SERPOST**
Calle Francisco Angulo 569
*Ouvert du lundi au vendredi de 8h à 13h et 15h à 18h. Le samedi de 8h à 16h.*

## Santé - Urgences

**HOSPITAL DEPARTEMENTAL**
Avenida Mariscal Cáceres ✆ +51 67 452990
www.hdhvca.gob.pe
*Ouvert 24h/24.*

**POLICE**
Plaza Santa Ana
*Ouvert 24h/24.*

## Se loger

**HOSTAL ASCENCION**
Plaza de Armas
Jr Manco Capac 481 ✆ +51 67 453103
*Chambre simple à partir de S/ 30 et double à partir de S/ 60 sans salle de bains ni petit déjeuner. Chambre simple à partir de S/ 60-70 et double à partir de S/ 100 avec salle de bains. Petit déjeuner continental inclus.*
Quelques chambres propres avec salle de bains privée et TV câblée. D'autres sont plus petites avec lavabo et toilettes dans la chambre mais salle de bains sur le palier. Salon TV au rez-de-chaussée. Ensemble correct et propre. Les chambres des étages supérieures et avec plus de confort sont plus sympathiques. Central.

**HOSTAL LA PORTADA**
Jr Virrey Toledo 252
Face à Santa Domingo ✆ +51 67 451050
*Simple sans salle de bains S/ 20 et double S/ 25. Avec salle de bains, simple S/ 40, matrimonial S/ 50 et double S/ 60. Pas de petit-déjeuner.*
Le meilleur rapport qualité-prix de la ville. Bâtiment propre, bon accueil, chambres bien tenues avec eau chaude et TV. Wifi dans les espaces communs. Pas de chauffage mais des couvertures. Lumineux.

**LATAM**
Plaza Vea Huancayo (Centre commercial)
Av. Ferrocarril 1057
✆ +51 1 2138200
latam.com
*Tous les jours de 9h à 22h.*
Latam est également présente à Jauja avec trois vols par jour, ce sont les avions les plus sûrs. A partir de 37 US$ le trajet avec bagage à main et 53 US$ avec valise en soute.

**Adoration des Rois Mages**. L'une des festivités les plus typiques, représentant le passage des Rois Mages à Bethléem. Les participants s'ornent de masques, de perruques et de plumages, composant de grotesques personnages que le folklore local nomme « Kichcamachu ». Le 6 janvier, les trois Rois Mages quittent à cheval la place Túpac Amaru, entourés d'une multitude d'esclaves, et s'arrêtent à chaque coin de rue pour prononcer un discours expliquant les motifs de leur voyage, jusqu'à la place Santo Domingo où ils se reposent, avant de poursuivre jusqu'à la bibliothèque municipale. La crèche est installée dans l'église San Francisco, où s'achève le merveilleux périple avec l'adoration à l'enfant Jésus. La fête se termine le lendemain avec la Procession de la Sainte Famille, après trois jours de liesse populaire.

**Los Negritos**. Au début du XIX^e^ siècle, l'importance minière de la ville attira bon nombre de métis noirs. La festivité débute par l'arrivée des immigrants près du cimetière, simulant une épidémie de fièvre paludique, et la lecture du « Bando », consistant en l'annonce de cinq jours de réjouissances pour fêter l'enfant Jésus pendant la 2ème semaine de janvier (du 14 au 18).
L'idée générale est d'inviter tous les commensaux à boire et manger en rangeant sa mauvaise conscience au placard pour se livrer à des jeux érotiques. Des satires se moquant des autorités sont prononcées. Cette tradition évoque l'arrivée historique des métis, coupables, selon les autorités de l'époque, de toutes sortes de paillardises.

**Semana Santa**. Une fête beaucoup plus austère et silencieuse, évoquant l'entrée du Christ à Jérusalem et les sept jours de la Passion jusqu'à sa crucifixion et sa Résurrection au troisième jour. Comme dans de très nombreuses villes d'Amérique latine, l'une des cérémonies les plus populaires et les plus colorées.

**Fêtes de la Croix et de l'Esprit Saint**. En mai, nombreuses corridas de taureaux (en provenance d'Espagne). La Fête de la Croix a lieu dans les quartiers de Yananaco, Ascensión, San Cristóbal et Santa Ana. On descend toutes les croix, notamment celle du Señor de Potocchi (qui mesure huit mètres). Les « *pitureros* » annoncent sur la place centrale l'arrivée des taureaux. Ainsi, pendant six jours, les plus téméraires (secondés par les effets puissants des liqueurs) vont défier les taureaux. Dans cette région, les habitants considèrent que la fête fut un succès quand il y a des blessés ou même des morts ! Puis on remonte les Croix sur les collines, entre chants et beuveries.

**Huaylas Trilla y Trompeo**. Dans la zone d'Acobamba, cette festivité porte le nom de « qachuva ». Elle est liée aux activités agricoles et a lieu au moment de la récolte du blé et de l'orge. Elle consiste en une danse animée pour écraser les gerbes afin de séparer les grains, au son des chants de jeunes gens invités par le propriétaire du terrain pour l'occasion, tandis que la chicha et l'aguardiente coulent à flots. Il s'agit aussi d'une belle occasion pour les célibataires qui ont ainsi l'opportunité de dénicher l'âme sœur. Les femmes portent un chapeau en laine de mouton orné de rubans fleuris, signe qu'elles sont disponibles. En général, le « travail » se termine après minuit, quand tous les grains ont été séparés ; mais la fête ne s'achève pas là, et l'on entame des jeux comme la « *paka paka* » (cachette), le « *sacha tiray* » (« extraire l'arbre »), jusqu'au petit matin, où l'on réalise le « Sawanakuy Kullkuy » : les jeunes gens emportent leur promise dans une lavallière (cravate large nouée en deux nœuds). Le 30 août.

**Danzantes de Tijera**. Il s'agit d'une danse païenne religieuse d'origine médiévale. Un peu d'histoire : les Tusuq étaient à l'époque précolombienne considérés comme des prêtres, des devins et des chamans. L'arrivée des Espagnols se caractérisa par une persécution sans pitié contre eux, les poussant a se réfugier dans les hauteurs inaccessibles. Plus tard, comme les Espagnols ne parvinrent pas à effacer leurs croyances religieuses, ils décidèrent de les intégrer à leur société, sous réserve qu'ils effectuent des danses en l'honneur du dieu chrétien. Aujourd'hui, la Danza de Tijera exprime une vision magique et religieuse, en représentant les esprits de la pachamama, yacumama, hanaccpacha, ucupacha... Ces danses épousent celles venues d'Espagne (jota, contradanzas, menuets) et un certain mouvement messianique andin. L'utilisation des ciseaux (femelle et macho) remonte au temps de la persécution des Tusuq, qui recherchèrent un moyen d'exprimer leurs sentiments religieux quand ils devaient travailler dans les mines. La danse est clairement compétitive et lorsque deux danseurs s'affrontent on le nomme « Atipanacuy », mais il existe aussi une danse mineure, appelée « Qolla alva », qui se découvre la nuit venue. Le 25 décembre est une date propice à l'appréhension de cette profonde cérémonie (on danse sur l'autel de l'église San Francisco).

■ **HOTEL PRESIDENTE**
Plaza de Armas ✆ +51 67 452760
huancavelica.hotelpresidente.com.pe
*Chambre simple de S/ 260 à S/ 280, double et matrimoniale de S/ 280 à S/ 360, triple S/ 380. Petit-déjeuner buffet.*
La *casona* la mieux conservée de la place, sur un flanc de la cathédrale, propose 45 chambres spacieuses, décoration de bon goût et salles de bains privées. Le seul hôtel digne de ce nom, et qui le fait sentir avec des tarifs plutôt prohibitifs.

## Se restaurer

Pas beaucoup d'options qui sortent du traditionnel menu consistant. Notons toutefois le Killa Café (Jr. Virrey Toledo 315, sur la Place) qui propose cafés, gâteaux, pancakes et wifi, la pizzeria Roma II (Jr. Manco Capac cuadra 5) pour ses pizzas et pâtes honnêtes, le chifa Ton Wa (Jr Huancavelica 752) pour de revigorantes soupes ou plats chino-péruviens.

## À voir - À faire

■ **BAÑOS TERMALES DE SAN CRISTOBAL**
Avenida 28 de Abril
*Ouverture du lundi au vendredi entre 6h et 15h. Tarif : S/ 1,50. Le jeudi, seulement piscines privées.*
Trois piscines différentes avec toboggan et plongeoir. L'occasion de nager et de profiter des bienfaits des sources thermales en regardant les montagnes aux alentours. Attention l'eau est entre 18° et 22 °C, pas si chaude. En sortant, ne manquez pas la jolie place où les mamas lavent leur linge. Pour redescendre dans le centre-ville, prenez l'escalier orné de statues représentant les personnages fêtés dans la ville toute l'année. D'autres bains sont situés plus à la sortie est de la ville au sein du Parque Ecológico de Seccsachaca ou Villa Cariño. Grottes et cavernes et deux piscines à l'air libre. Agréable.

■ **BOSQUE DE PIEDRAS DE SACHAPITE**
A 18 km de Huancavelica, la nature a arraché à la roche d'étranges et titanesques figures. On est à 3 800 mètres. L'endroit est assez réduit, mais les paysages de landes andines tout autour soufflées par les vents ajoutent à la balade.

■ **CATEDRAL DE HUANCAVELICA**
Il aura fallu cent ans (1633-1733) pour construire cette merveille architecturale métissée et baroque : deux clochers blancs encadrent le portique de pierre rouge ouvragé : les nombreux retables et l'autel dorés à la feuille éclairent la nef obscure, tendue de belles toiles dues à des artistes indigènes.

■ **IGLESIA SAN FRANCISCO**
Construite en 1774, de taille plus modeste que ses imposantes homologues, cette église renferme un trésor pictural constitué par une collection de toiles représentant *la Sainte Famille et les saints.*

■ **IGLESIA SAN SEBASTIAN**
A trois *cuadras* de la plaza de Armas, cette église, purement baroque de façade, de retable, de chaire et d'autel central doré à la feuille, date de 1662. On y vénère el Niño de Lachoc qui, selon la légende, fut d'un grand secours lors de l'invasion chilienne.

■ **IGLESIA SANTA ANA**
Sur une placette défigurée par une sculpture représentant un ballon de football, la petite église est un chef-d'œuvre de ce qu'a produit le baroque métissé.

■ **IGLESIA SANTO DOMINGO**
A 100 m de la Cathédrale, cet imposant édifice étale ses dimensions inhabituelles, sa façade très ouvragée et sa porte également minutieusement travaillée en pierre rouge. L'autel, à l'intérieur, et la petite chapelle sont au diapason : beauté et décrépitude.

■ **PLAZA DE ARMAS**
Très belle, au pied des hauts sommets tourmentés, malgré l'état de délabrement des casonas qui l'entourent. On remarquera celle du XVI$^{e}$ siècle, avec ses arcades trapues, qui abritait l'ancienne mairie, et, à côté, celle au long balcon de bois. Comme toujours, c'est le point de rendez-vous des habitants.



# RÉGION DE JUNÍN

## HUANCAYO

- **Population :** 456 250 habitants.
- **Altitude :** 3 303 m.

La capitale du département de Junín est la 2$^{e}$ ville la plus importante de la sierra après Cusco. Enclavée entre les montagnes, elle ferme la vallée du río Mantaro, dont les crues, en hiver, sont tragiques pour les villages qui le bordent. La température oscille, la journée et durant toute l'année, entre – 5 °C (tôt le matin) et 21 °C. La ville, très commerçante, connaît une activité qui ne se dément jamais, et ses marchés attirent les habitants des vallées voisines et même de Lima, distante de 300 km.

# SUR LES TRACES DE TINTIN ET MILOU !



Souvenez-vous de la BD *Le Temple du soleil* : pour échapper aux « méchants » lancés à sa poursuite, le héros emprunte le Ferrocarril Central, ce train mythique qui traverse la cordillère centrale. 10 000 personnes ont travaillé à sa construction entre 1870 et 1908, sous le commandement du nord-américain Henry Meiggs. Sa devise « tracer un chemin de fer là où seuls les lamas pouvaient passer ». Supprimée pendant plusieurs années, cette ligne est de nouveau en service à la saison sèche (du mois d'avril à novembre) à raison de deux allers-retours par mois.

Le départ se fait tôt le matin de la belle Estación de Desamparados de Lima. Au programme : 335 km dans les montagnes. Ames sensibles s'abstenir car le train part du niveau de la mer pour atteindre Huancayo (3 260 m) avec un point culminant à 4 818 m, bien au-dessus du Mont-Blanc ! Deux infirmières sont à bord et il n'est pas rare qu'elles soient sollicitées par les voyageurs qui n'arrivent pas à bien respirer à cause de l'altitude. D'ailleurs dans le wagon bar, le maté de coca a plus de succès que le pisco en raison de ses vertus à combattre le mal des montagnes...

Bien installés sur les banquettes de velours vert, vous regardez le paysage qui défile... Après avoir quitté la grisaille de Lima en longeant le Rio Rimac, le train couine un peu dans les virages, secoue (souvent) sa vieille carcasse, mais maintient bien sa vitesse moyenne d'environ 30 km/heure ! Place ensuite aux plateaux désertiques en passant par Chosica et Matucana (2600 m) et ses quelques villageois qui saluent joyeusement le passage du train. En prenant de la hauteur, à partir de San Mateo, on commence à voir les cimes enneigées et quelques lamas par la fenêtre. Après la traversée du village minier de Casapalca, l'oxygène se fait plus rare, le train monte péniblement le Monte Meiggs et on arrive à Ticlio, la plus haute station ferroviaire du monde. La vue sur le lac et la cordillère est splendide ! Après une fraîche pause photo, on redescend pour un nouvel arrêt dans la gare de fret de La Oraya (3 600 m), une zone minière où l'on extrait du zinc et du plomb. Une surexploitation du site qui tranche avec les grands espaces vierges que l'on vient de traverser... Arrivée vers 18h à Huancayo, où l'on change encore de décor.

■ **FERROCARRIL CENTRAL ANDINO**
Av. Jose Galvez Barrenechea 566
San Isidro
LIMA ✆ +51 1 390 5858
www.ferrocarrilcentral.com.pe
*Compter par adulte entre S/ 700 et S/ 1 000 selon la classe (aller/retour). Réductions pour les enfants. Compter entre S/ 500 et S/ 750 un aller simple depuis Lima. Compter entre S/ 311 et S/ 520 un aller simple depuis Huancayo. Petit déjeuner et déjeuner compris. Les départs s'effectuent depuis Lima deux fois par mois entre avril et novembre : départ le samedi à 7h du matin et arrivée 12 heures plus tard. Le train part de la Estación Desamparados. Trois jours plus tard, il « redescend ».*

Le train a repris du service entre Lima et Huancayo. Cette ligne fut conçue dans la douleur au cours de la deuxième moitié du XIXe siècle. Sur 335 km, le train franchit 58 ponts, 69 tunnels et négocie pas moins de 1 154 virages. A Ticlio, le point culminant, on se retrouve tout de même à 4 818 m d'altitude ! Autant dire que ce trajet est mythique. Il a même inspiré Hergé pour l'album de Tintin, *Le temple du Soleil*. Commentaires en espagnol, en anglais... et en français ! Les sièges sont confortables partout, mais seuls les voyageurs en « classe touristique » ont accès au wagon-bar en plein air (idéal pour les photos). Pensez à prévoir des habits chauds.

▸ **Autre adresse :** Estación Desamparados : Jr Ancash 201, juste derrière le Palais du Gouvernement.

Sa feria dominicale est le plus grand rendez-vous hebdomadaire de tout le Pérou. On ignore l'origine du nom « Huancayo » : peut-être deux mots quechuas, *wanka* « pierre » et *yuq* « celui qui possède » : « le lieu de la pierre ». Certains disent ainsi qu'en lieu et place du Parc Huamanmarca se dressait une pierre ovale imposante... aujourd'hui disparue, et, dit-on, remplacée par une chapelle construite en novembre 1580 (terminée en 1619 et définitivement détruite par un tremblement de terre en 1876).

**La région fut occupée par les Huancas** (ou Wankas) que les Incas défirent, après de sanglantes batailles, en 1467. Ce peuple nourrit une telle haine des vainqueurs que, durant la conquête, il soutint les Espagnols qui les laissèrent un temps en paix avant de raser leurs lieux de culte. Le 1er juin 1572, Don Jerónimo de Silva y Advocada fonde un peuplement, « Santisima Trinidad de Huancayo », en réalité un « tambo », une auberge pour les voyageurs. Peu à peu, la ville se forma tout autour, tandis que le Camino Inca devint la Calle Real qui traverse Huancayo du nord au sud.
Huancayo est connue dans le pays pour son marché, mais aussi pour son folklore de danses pleines d'énergie, en costumes colorés : *el huaylarsh* célèbre la pomme de terre, la *chonguinada* est une parodie du très français menuet, la *tunantada* présente les différentes classes sociales héritées de la colonisation et les rapports qui les (dés) unissent, conflits que *los chinchilpos* et *los gamonales* mettent en scène. Les masques jouent un rôle central dans les fêtes qui éclatent en feux d'artifice chorégraphiques, comme la Bajada de Reyes (première quinzaine de janvier), le Carnaval et la Semana Santa.

**L'artisanat fournit les marchés et boutiques de Lima** en *mates burilados* ou lainages en alpaga.
On se rend à Huancayo de Lima en avion (45 minutes de vol plus le trajet depuis l'aéroport qui se situe à Jauja) ou en bus, soit 7 heures de route. Pour Ayacucho, il faut compter 8h de route. Pour Huancavelica, le train constitue une agréable alternative.

## Transports

### BUS

**De nombreuses compagnies assurent la liaison avec Lima** plusieurs fois par jour (7h de trajet). Comme Cruz del Sur, Ferrocarril 151 (✆ +51 64 223 367), qui propose quatre départs par jour (à 8h30, 14h, plusieurs départs entre 22h et 23h, www.cruzdelsur.com.pe). Nous pouvons aussi recommander de vous rendre au Terminal Terrestre (Av.Evitamiento, El Tambo) où se trouvent quasiment toutes les compagnies, dont Oltursa ou Junin. Les horaires mentionnés ci-dessus correspondent aux départs depuis Huancayo vers Lima.

**Pour Jauja/Concepción**, départs depuis l'angle de Jr Amazonas et Av Giraldez (irréguliers), ou colectivos depuis la Calle Calixta 531. Compter 30 min vers Concepción, 50 min vers Jauja.

**Pour Ayacucho**, avec Molina, Angaraes 334 (✆ +51 64 224 501), départ à 20h30 (compter 8h de trajet). Attention, certains bus disposent de toilettes, d'autres non.

**Pour Huancavelica** : les bus restent plus fiables, mais moins poétiques que le train pour cette destination. Une dizaine de départs toute la journée avec Bus Ticllas, Av Ferrocarril 1562-1566-1590 (durée 4h).

**Vers la Selva Central (San Ramon, La Merced, Satipo)**, compter 7h de voyage jusque Satipo. Départs depuis le Terminal de El Tambo à l'extérieur de la ville ou via Turismo Central (22h30), Jr. Ayacucho 274 (✆ +51 64 583 716, turismocentral.com.pe)

**Pour l'international** : Ormeño, Av Mariscal Castilla 1379. Une compagnie excentrée (tout au bout de l'Av Real et Castilla, El Tambo) qui propose des liaisons pour l'Argentine, le Chili, l'Equateur, la Bolivie, le Venezuela et la Colombie.

### TREN MACHO

Estacion de Chilca
Avenida Ferrocarril 461
*Compter de S/ 9 à S/ 13 (avec service buffet) par personne.*
Un train se rend de Huancayo à Huancavelica, traversant des paysages et des villages superbes et côtoyant le Pont de Izcuchaca, d'abord établi par les Incas, avant d'être embelli par les Espagnols et d'être le théâtre de combats sanglants pendant la guerre d'Indépendance. On appelle ce train « el tren macho » car, dit-on par ici, « il part quand il veut et arrive quand il peut ». Mais depuis sa remise en service, il est plutôt ponctuel : départs à 6h30 les lundi, mercredi et vendredi de Huancayo (les mardi, jeudi et samedi de Huancavelica).

## Pratique

**Indicatif téléphonique :** 064.

## Tourisme - Culture

### POINT INFO TOURISTIQUE

Calle Real 481
1er étage de la Casa del Artesano

**Autre adresse :** Kiosque sur la Plaza Huamanmarca

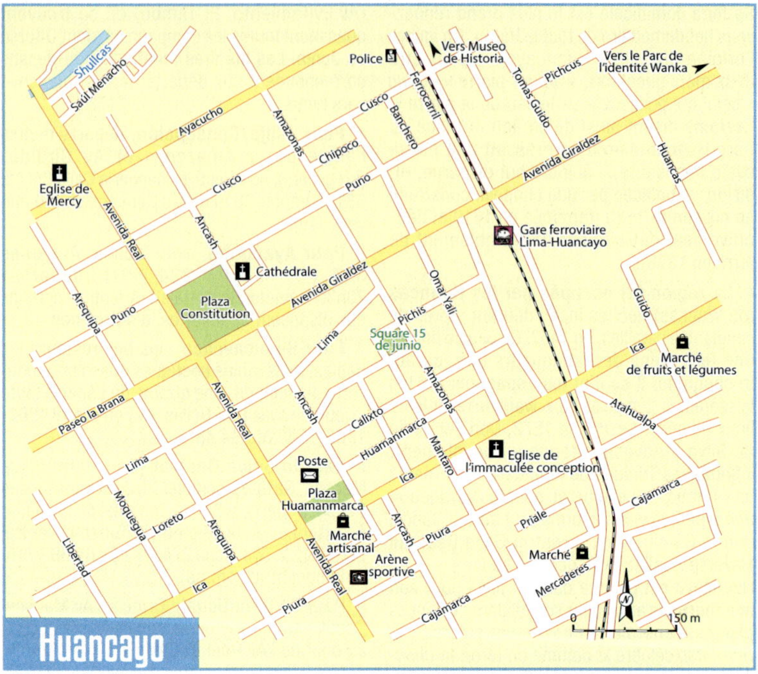


## Réceptif

### ■ PERUVIAN TOURS

A côté de la cathédrale
Plaza Constitución 122
Oficina 1, 2ndo piso
✆ +51 64 213069
Cette agence propose différentes formules pour visiter les alentours de Huancayo : le lac de Jauja, le couvent de Ocopa, le musée de Warivilca ou des randonnées sur mesure dans la cordillère Huaytapallna ainsi que la selva central.

## Argent

### ■ BANQUES

Les banques et les bureaux de change se trouvent sur la Plaza de la Constitucion et le long de la Calle Real.

## Moyens de communication

### ■ SERPOST

En face de la mairie
Centro Civico
✆ +51 64 232101
*Ouvert du lundi au vendredi de 8h à 20h, le samedi jusqu'à 16h.*

## Santé - Urgences

### ■ HOSPITAL DANIEL A. CARRION

Avenida Daniel Alcides Carrion 1552
✆ +51 64 232222 – hdachyo.gob.pe/hdac
*Ouvert 24h/24.*

### ■ HOSPITAL EL CARMEN

Jirón Puno 911 ✆ +51 64 233691
hospitalelcarmen.gob.pe
*Ouvert 24h/24.*

### ■ POLICE

Avenida Ferrocarril 550
Entre les Jr. Ayacucho et Cusco
✆ +51 64 211637

### ■ POLICE TOURISTIQUE

Avenida Ferrocarril 555 ✆ +51 64 219851

# Se loger

## Bien et pas cher

### ■ LA CASA DE LA ABUELA

Prolongacion Cusco 794 y Jose Galvez 420
A hauteur de la cuadra 10 Av. Giraldez
✆ +51 64 234383 – www.incasdelperu.org
*S/ 35 en dortoir (10 lits) avec salle de bains partagée, S/ 60 la simple, S/ 80 la double ou*

*matrimoniale et S/ 105 la triple avec salle de bains privée extérieure ou dans la chambre. Petit déjeuner inclus.*
Une adresse amicale, avec salon (télévision, DVD), bar, cuisine équipée, ping-pong, billard, gymnase, hamacs dans le jardinet : de tout pour le voyageur jeune et fringant. Les chambres sont simples avec lits en fer forgé et couvertures *mantas*. On peut aussi les contacter pour venir planter sa tente et profiter des installations. L'ambiance est chaleureuse. Incas del Peru propose depuis des années des formules qui permettent aussi d'associer des cours de quechua, d'artisanat, d'instruments andins, de danse folklorique... Ils ont aussi des tours en groupe vers de Huaytapallana ou la Selva Central.

**LA ESCONDIDA**
Jr. Alfonso Ugarte 206
Barrio Salcedo (detrás del Maxxoh)
✆ +51 948 508 442
hotel.laescondidahuancayo.com
laescondidahuancayo206@gmail.com
*Chambre simple S/ 65, matrimoniale S/ 70 et avec baignoire S/ 79, triple S/ 150 et quadruple S/ 200. Petit déjeuner inclus.*
Une maison de campagne un peu à l'écart du centre et au vert. Cela reste simple, mais amical. Les chambres sont basiques avec salle de bains privée et eau chaude. Jardin sur place. Attention certains soirs des fêtes de mariage ou autres cérémonies sont organisées, bien se renseigner avant.

**POSADA JUNCO Y CAPULI**
Jirón Julio C. Tello 414
El Tambo ✆ +51 64 244368
posadajuncoycapuliperu.com
posadajuncoycapuli1@gmail.com
*Chambre simple 21,5 US$, matrimonial 25,5 US$, double 26,5 US$, triple 35 US$ ou 40 US$ pour 4 occupants. Petit déjeuner inclus.*
Si un hôtel tire son nom d'un vers de César Vallejo, cela laisse présager une bonne surprise. Ici on trouvera une ambiance chaleureuse, comme à la maison. Il s'agit plus d'une maison d'hôtes que d'un hôtel de masse, par sa taille et son service attentionné. On aime ses espaces fleuris, ses dix petites chambres simples avec parquet en bois (salle de bains privée et eau chaude) qui bénéficient de la TV câblée et du wifi. Il y a aussi une cuisine à disposition. L'établissement est situé à une dizaine de *cuadras* de la Place principale, dans un quartier résidentiel calme.

**SAMAY HOSTEL**
Jiron Florida 285
Altura del Obelisco, Av. Giráldez Cuadra 9
✆ +51 64 655937
samayperu.com – reservas@samayperu.com
*Par personne : en chambre triple 12 US$ avec salle de bains partagée et 13 US$ avec salle de bains privée, en chambre double 14 US$ avec salle de bains partagée et 16 US$ avec salle de bains privée, en chambre simple 18 US$ avec salle de bains partagée et 20 US$ avec salle de bains privée. Petit déjeuner inclus.*
Un nouveau *backpacker* pensé pour les voyageurs jeunes et motivés qui veulent sortir des sentiers battus. Les chambres sont basiques mais correctes. Jardin, cuisine à disposition, vélos ou motos à louer et tours proposés dans la région. Du clé en mains. Attention le lieu n'est pas facile à trouver, persistez avec le chauffeur de taxi.

## Confort ou charme

**EL MARQUEZ**
Jr. Puno 294 ✆ +51 64 219026
www.elmarquezhuancayo.com
reservas@elmarquezhuancayo.com
*S/ 180 simple et S/ 250 la matrimonial, suite à S/ 290 avec lit queen size et bain à remous. Petit déjeuner inclus.*
Un hôtel chic et confortable, sur la Place Constitución. Habitation chaleureuse avec moquette au sol et baignoires, wifi, TV, *lobby* et *business center*. La clientèle est davantage l'homme d'affaires mais le voyageur qui aime être à son aise ne boudera pas son plaisir. Restaurant sur place.

**HOTEL GRAN PALMA HUANCAYO**
Juan Parra del Riego 749
El Tambo ✆ +51 1 6655932
hotelgranpalma.com/huancayo
reservas@hotelgranpalma.com
*Chambre simple à partir de 40 US$, double ou matrimoniale 46 US$, triple 60 US$ et familial (chambres communicantes) 85 US$. Petit-déjeuner buffet inclus.*
Cette petite chaîne d'hôtels régionaux modernes et bien pensés vient de s'installer à Huancayo. Les chambres sont impeccables, chauffées et insonorisées, avec salle de bains privée, TV et wifi. Sa façade blanche et ses toits pointus recouverts de tuiles d'argile dénotent un peu dans une ville à l'architecture de fortune. Gymnase et sauna sur place. Le petit-déjeuner buffet est généreux.

**HOTEL TURISMO**
Jirón Ancash 729 ✆ +51 64 231072
turismo.hotelpresidente.com.pe
hturismo@hotelpresidente.com.pe
*Chambre simple à partir de S/ 215, double S/ 245, triple S/ 285, petit déjeuner inclus. Chambres supérieures et VIP également disponibles.*
Un bâtiment de style colonial, avec patio et balcons de bois à moucharabieh. Chambres confortables avec moquette au sol, télévision câblée et accès wifi partout. Bar-restaurant dans le même bâtiment. C'est un Centre de Convention destiné à un public d'affaires. C'est un peu impersonnel mais douillet.

## Se restaurer

La gastronomie de Huancayo a donné quelques plats succulents à la cuisine péruvienne comme la *papa a la huancaína* (pomme de terre avec sauce crémeuse légèrement piquante) qui fait le tour des tables du pays, ou le *mondongo* (tripes avec maïs). On trouve aussi la *patasca de trigo* (soupe de viande de porc ou d'agneau cuite avec blé, chou et fèves). A Huancayo, les *pollerías* se concurrencent à raison d'une tous les 10 m et servent, sur le pouce, le *pollo a la brasa*, plat national.

### Bien et pas cher

**EL PADRINO**
Avenida Huancavelica 487
✆ +51 64 234924
*Ouvert à partir de 7h du matin. Plats de S/ 15 à S/ 30.*
Au cœur de la foire du dimanche, une institution ouverte dès l'aube ou presque. Ceux qui souhaitent faire un petit déjeuner copieux se délecteront des célèbres mondongos et de soupes de tête d'agneau. Les autres attendront le déjeuner et le dîner en profitant de la musique andine jouée en *live*. Une cantine très populaire. Olinda, la charismatique propriétaire, est décédée en janvier 2019, mais le restaurant familial reste ouvert.

### Bonnes tables

**ANTOJITOS**
Jr Puno 591 ✆ +51 64 202244
*Ouvert à partir de 20h du mercredi au dimanche. Plats à la carte à partir de S/ 25.*
Une peña-restaurant qui change de l'ordinaire. On y propose des pizzas à partager, de la sangria ou cocktails, et de la musique *live* les vendredis et samedis soir. Ça danse, ça rit, ça vit. On peut y aller en semaine, plus calme. Central.

**LA CABAÑA**
Prolongacion Cusco 794 y Jose Galvez 420
✆ +51 64 393298
incasdelperu.org
travelinfo@incasdelperu.org
*Service de 17h à 23h30 tous les jours. A la carte à partir de S/ 25.*
Cette institution, ouverte depuis 1991, a déménagé mais garde la même formule. Au menu : pizzas au feu de bois, pâtes, mais aussi spécialités péruviennes comme le *cuy* et la *trucha*. Les samedis et dimanches ouvert dès 7h avec la classique *mondongo* qui soigne tout. On y recueillera également des informations touristiques avec l'agence Incas del Peru : www.incasdelperu.org. Toute leur offre : agence, restaurant et b&b est désormais réunie au même endroit.

**COQUI CAFE**
Jirón Puno 294
✆ +51 64 234707
www.coquicafe.com
coquicafe@coquicafe.com
*Tous les jours, de 7h à 22h30. A la carte à partir de S/ 10. Plats de S/ 20 à S/ 30.*
LA place to be pour un bon petit déjeuner ou goûter. Cette boulangerie-pâtisserie sert un bon *espresso* et propose plusieurs formules. A la carte, on trouvera sandwiches, petites pizzas, salades, restauration légère à partager. Les places y sont chères, surtout le week-end... Une sélection de cocktails est servie, le soir tombé. Bref un lieu qui change au fil de la journée mais qui tombe à point pour se poser. Deux adresses dans le centre (Jr Ancash 235) et dans les centres commerciaux.

**Autres adresses :** Centre-Jr Ancash 235 • Centro Comercial Real Plaza 1ro & 2do. nivel

**HUANCAHUASI**
Avenida Mariscal Castilla 2222
El Tambo
✆ +51 64 244826
www.huancahuasi.com
*Tous les jours de 9h à 18h. Plats à partir de S/ 20.*
Une adresse excentrée mais cet établissement reste très fréquenté par les voyageurs (et les locaux), qui y apprécient l'ambiance populaire. Peu propice aux repas en tête-à-tête, il est pourtant conseillé pour sa cuisine mâtinée de saveurs andines (piqueo Huancahuasi avec porc frit, cochon d'Inde et pommes de terre). Aussi fameux pour ses petits déjeuners qui s'éternisent jusqu'à 11h. C'est ce qu'on appelle un *recreo*, une adresse pour faire un festin les fins de semaine en famille et avec musique. La carte est riche en spécialités locales.

**RESTAURANT OLÍMPICO**
Plaza Constitución Jr Giraldez 199
✆ +51 64 219515
*Tous les jours. Menus le midi en semaine à S/ 20. A la carte à partir de S/ 30.*
L'une des adresses les plus courues, notamment par les classes moyennes, qui viennent pour la salle vaste et moderne, le service impeccable et la qualité des plats nationaux. Les prix sont un poil élevés peut-être, mais on trouve aussi un bon menu à prix correct. Cuisine diverse : nuits de pâtes et pizzas, dimanches et cuisine de la mer.

## Sortir

**IMAGIN'ARTE**
Jr Ancash 260
*A partir de 17h. A la carte à partir de S/ 15.*
Un endroit hybride qui s'anime en soirée et vous reçoit pour verre de vin. Le lieu héberge une

petite galerie d'art, organise des petits concerts, des micro libres, des stand-ups. Selon le jour où on s'y rend, on y trouvera quelque chose de différent mais c'est un des lieux qui dynamise la vie culturelle locale et sa décoration, un rien hippie, est attrayante. A 2 pas de la Plaza Constitución.

## À voir – À faire

### CAPILLA LA MERCED
Calle Real cuadra 1, au coin de Centenario
*Ouverture au public 8h-12h et 15h-18h*
Dans cette petite chapelle, sans grandes richesses, fut signée la Constitution du Pérou de 1839.

### CERRITO LA LIBERTAD
Au bout de la Giráldez
De la terrasse naturelle, que l'on atteint en montant pendant un petit kilomètre, on jouit d'une belle vue sur toute la vallée du Mantaro. Petit parc et petit zoo.

### MERCADO MAYORISTA RAEZ PATIÑO
Calle Ica, de l'autre côté de l'Av. Ferrocarril
Les étals, les marchands ambulants occupent tous les jours les rues au-dessus de la plaza Huamanmarca. Stands de jus de fruits sur la calle Ica. La feuille de coca, cultivée plus bas, déborde des grands sacs en jute et les bancs croulent sous des monceaux de fruits et légumes. Les femmes de Huancayo, à la différence des autres Indiennes de la sierra, portent un costume aux tons ternes et un chapeau de paille blanc à bord relevé. A côté du centre commercial Real Plaza : choc des cultures.

### PARQUE DE LA IDENTITAD WANKA
Quartier San Carlos
A hauteur de la cuadra 10 de Av. Calmell Del Solar
*Ouvert tous les jours de 8h à 21h. Entrée libre.*
Ce parc fut aménagé pour accueillir les sculptures des plus célèbres musiciens wankas en costume traditionnel. En plus des évocations des musiciens et compositeurs du genre, figurent des objets de l'artisanat local, comme cet énorme *mate burilado* sculpté qui trône au milieu du parc. Un lieu très agréable pour se promener. Architecture à la Gaudi.

### PISCIGRANJA INGENIO
Ici s'est établi un élevage de truites arc-en-ciel, poisson qui fut importé en 1928 de Sacramento (Etats-Unis). 75 bassins permettent d'apprécier les cycles de croissance de ces beaux (et succulents) salmonidés. Nombreux restaurants locaux. Les locaux y vont surtout en fin de semaine pour « prendre le vert ». Musique folklorique en fond sonore, truites sous toutes ses formes et bières. Allez dans les restaurants les plus fréquentés. Petit sentier qui les longe et se perd le long du torrent. On se sent déjà dans la Vallée du Mantaro. S'y rendre en combi depuis Huancayo, 30 minutes environ.

> **Bon plan !**
>
> Essayez de programmer votre visite un dimanche : vous aurez alors droit à un défilé sur la plaza de la Constitución avec chants patriotiques, enfants en uniformes et fanfares. Le dimanche, c'est également le jour de la feria qui attire chaque semaine des milliers de visiteurs.

### PLAZA CONSTITUCIÓN
En 1544, les Dominicains y avaient édifié un monastère, aujourd'hui rasé. La cathédrale, en dehors de sa façade, présente peu d'intérêt.

### PLAZA HUAMANMARCA
Scella la fondation de la ville en 1572 par don Jerónimo de Silva. La plus ancienne place de Huancayo est entourée des principaux édifices administratifs, comme la poste et la mairie. C'est là aussi que furent fusillés les héros de la guerre du Pacifique par les Chiliens, comme en atteste un monument.

### RUINES WANCAS
*Entrée Wariwilca S/ 3.*
Le musée du site de Wariwilca, à 6 km du centre, occupe l'aire d'une ville de l'Empire wari (1200 à 800 av. J.-C.). Au nord-est, sur les hauteurs, quelques *colcas* (silos) de pierre et d'adobe témoignent du passé wanca, tout comme à Quilcas (à 12 km) les deux citadelles encore visibles et, à Tunanmarca (à 47 km), les restes de la capitale des Wankas (1200-1460) rasée par les Incas.

## Sports – Détente – Loisirs

### CORDILLÈRE HUAYTAPALLANA
Av. Giraldez 675 ✆ +51 64 223303
www.incasdelperu.org
incasdelperu@gmail.com
La montagne sacrée qui protège la vallée et que l'on aperçoit par beau temps. Comptez au minimum une journée pour accèder aux premières neiges. Environ 1h30 de la ville en voiture (taxi) puis 4 km jusqu'au mirador. Les sentiers sont bien marqués mais si la bruine s'en mêle on risque de s'y perdre. Belles balades, paysages sauvages, premières neiges à quelques heures à pied. Attention au froid. Mastiquer quelques feuilles de coca aide à combattre l'altitude. Mieux vaut passer par une agence. Incas del Peru est spécialiste depuis des années.

## Shopping

### CASA DEL ARTESANO

En face de la Cathédrale

Calle Real 481

*Ouverture tous les jours, 9h-13h et 16h-22h*

Idéal pour faire ses cadeaux : vous y trouverez des tissages, des pulls, des bonnets, des *mates burilados*, ces calebasses sculptées dans les villages voisins. Le choix est plus authentique à la féria.

### CENTRE COMMERCIAL REAL PLAZA

Au croisement avec Av. Ferrocarril

Avenida Giraldez

Un centre commercial avec un supermarché bien achalandé, boutiques de mode et son lot de restaurants (chifas et pizzas). Egalement un cinéma.

### FERIA

*Tous les dimanches*

Cette foire hebdomadaire, créée en 1572, est une véritable institution et une attraction à nulle autre pareille. S'étalant sur 11 *cuadras* de l'avenida Huancavelica, elle attire tous les habitants des vallées environnantes. Beaucoup de vêtements et autres produits chinois mais persistez : quelques *cuadras* sont encore aux mains des artisans (2e et 3e en descendant depuis la calle Ayacucho). Intéressant pour les cadeaux et les souvenirs. Vendeurs au coin des rues pour les petits creux. Coloré.

# CONCEPCIÓN

C'est dans cette ville de 60 000 âmes, à 21 km de la capitale départementale, qu'en 1882 fut livrée une âpre bataille contre les Chiliens. La coquette plaza de Armas, avec sa fontaine du XVIIIe siècle et ses araucanas (arbre symbole du Chili et de la région de l'Araucanie !), a conservé son style colonial de la sierra. La cathédrale néoclassique a bien souffert du séisme de 1947, mais pas la Casa Ugarte León, sur la même plaza de Armas qui, avec sa façade néoclassique du début du XXe siècle, son toit de tuiles, son patio, ses jardins et son verger, est la mieux conservée de la vallée. C'est aujourd'hui un hôtel.

**Circuit artisanal**. Les amateurs d'objets andins pourront, grâce à un court circuit, assouvir leur soif d'achats. C'est à Cochas Chico (à 11 km de Huancayo) que sont fabriqués les mates burilados. Tout le village y travaille, à la vue des visiteurs : hommes, femmes, enfants, vieillards. Hualhuas (à 12 km au nord) s'est spécialisé dans le tissage des tapis, ponchos, chompas en laine d'alpaga ou de mouton, teints à la main et de grande qualité. San Jerónimo de Tunán (à 16 km) se dédie à la bijouterie-joaillerie en filigrane : son église baroque du XVIIe est l'un des fleurons de la région et le marché du mercredi une agréable sortie. Les chapeaux de feutre et les bonnets de laine sont fabriqués à San Agustín de Cajas (à 10 km au nord, avant Hualhuas) et disponibles au marché du lundi.

**Folklore.** Intéressant de découvrir ces villages lors des carnavals de février-mars où l'on danse le Hauylarsh. Ou en août, mois du Santiago où les troupeaux s'ornent de rubans colorés et on danse en ronde en tapant du pied au sol.

### CONVENTO SANTA ROSA DE OCOPA

Amarilis 436

*Ouvert tous les jours sauf le mardi. Entrée S/ 5.*

A 33 km de Huancayo, on s'y rend en colectivo, direction Concepción, jusqu'à Matahuasi où l'on change de bus. Ce couvent à quatre cloîtres fut bâti en 1725. On peut y dormir, de façon monacale. La pinacothèque renferme des tableaux de l'école de Cusco et la bibliothèque quelque 25 000 volumes. Fresque giganteque de Josué Sanchez aux couleurs exotiques comme celles de Gauguin. Le petit bijou de cette vallée.

### TUKI LLAJTA PUEBLO BONITO

Av. Centenario s/n

✆ +51 64 797107

www.tukillajta.com

info@tukillajta.com

*Matrimonial à partir de S/ 220 avec cheminée. Suite avec cheminée, terrasse et baignoire, S/ 320. Petit déjeuner inclus. Bungalow de 6 à 8 personnes, S/ 80 par personne. Formule 2 nuits avec petit déjeuner et un tour inclus, S/ 395 par personne en supérieure matrimoniale (hors festivités).*

Huancayo elle-même n'ayant pas beaucoup de charme, on ne saurait trop vous conseiller (si vos moyens le permettent) ce lodge paisible à mi-chemin entre Huancayo y Concepción. Elégant mélange de pierres, bois et tuiles, il domine la vallée. Il propose des chambres ou suites confortables et chaleureuses avec cheminées et TV. Les suites sont plus vastes et embrassent la vallée. Restaurant de bonne qualité sur place. C'est certes un privilège mais il en vaut la peine. Nombreux tours dans la Vallée du Mantaro au départ du lodge en voiture ou à vélo. Ils peuvent organiser les taxis pour venir vous chercher au terminal de bus ou train. Ils offrent aussi une formule qui permet de découvrir la réserve de Yauyos (Huancaya) sur une journée. Nous vous en parlons dans nos pages Lima Régions mais elle est en fait à mi-chemin entre Lima et Huancayo. Autre journée de découverte proche vers le lago Junin et le bosque de piedras de Huayllay. Une formule de 3 nuits permet aussi de découvrir la région entre les deux voyages en train Lima-Huancayo-Lima.

# JAUJA

Jauja est la deuxième ville que construisirent les Espagnols au Pérou, le 25 avril 1534 (sous le nom de « Santa Fe de Hatun Xauxa »), et Pizarro en fit provisoirement sa capitale. De ce passé, elle garde ses rues étroites, quelques *casonas* en adobe aux couleurs pastel, mais est aujourd'hui guère plus qu'une bourgade de province de 15 000 habitants. Cette petite ville est à la fois bruyante dans les quartiers populaires et plutôt triste dans le centre historique où très peu de façades originelles restent en place. Jauja est en fête tous les mercredis et dimanches à l'occasion de son marché bourdonnant.

## La Tunantada

C'est l'une des principales raisons de faire le détour par Jauja aujourd'hui presque tombée dans l'oubli. Cette fête folklorique est célébrée chaque 20 janvier avec un concours de danse, puis les 24 et 25 janvier avec le défilé rituel des 26 groupes de danseurs et leur orchestre. Ses personnages représentent les Espagnols ventrus qui faisaient la loi à une époque pas si lointaine, l'indigène comme amante, l'Indien esclavisé, l'Argentin qui faisait du commerce avec ce côté des Andes et autres personnages hauts en couleur. Un théâtre dansant énergique qui ravive l'âme de la première capitale péruvienne.

## Transports

A environ 1h15 en voiture de Huancayo. Nombreux combis ou autos colectivos qui les relient.

### AÉROPORT FRANCISCO CARLE

3 km au sud de la ville ✆ + 51 64 362109

Peruvian Airlines et Latam permettent de rallier Lima en 40 min. Puis 30 min environ pour Huancayo.

## Se loger

Très peu à faire à Jauja. Nous vous conseillons Huancayo ou la Valle du Mantaro. Il y a des *hostales* comme partout sans grand charme mais pratiques pour passer une nuit proche comme le Tunanmarca.

## À voir - À faire

### CAPILLA DE CRISTO POBRE

La Capilla de Cristo Pobre, en béton des années 1920, se veut une réplique de Notre-Dame... La façade est travaillée, le reste... Sans commentaires...

### CATEDRAL DE JAUJA

La cathédrale que construisit Pizarro fut la première élevée sur le sol inca. En forme de croix latine, elle montre fièrement son autel en bois ouvragé, recouvert de dorure à la feuille, et sa coupole peinte, caractéristique, qui la rend unique au Pérou.

### HATUN JAUJA

A 20 km de Jauja, ce centre administratif inca, construit sous Huayna Cápac selon les plans utilisés pour Cusco, rayonnait sur la vallée du Mantaro. Belle vue panoramique.

### LAGUNA DE PACA

Le lac, à 2 km de Jauja, est abrité par les roseaux où nichent hérons et grues. Les rives ont malheureusement été envahies par des restaurants assez bruyants et populaires les fins de semaine qui contribuent à gâcher sa beauté sauvage. Possibilité de faire du canoë et de pêcher.

# TARMA

- **Altitude :** 3 050 m.

La petite ville du département de Junín, à 57 km de La Oroya et 115 km de Huancayo, au fond d'une vallée fertile jouit d'un environnement végétal prodigue en eucalyptus et produit les fleurs qui iront jusqu'à Lima. Sa beauté naturelle lui valut le surnom de « perle des Andes ». Bien que fondée en 1538, Tarma possède peu de constructions coloniales.

- **Dans les environs de Tarma**, quelques ruines intéresseront les connaisseurs. Les plus significatives se trouvent autour du village de Huasahuasi (à 48 km au nord), dans une région déjà peuplée il y a 5 000 ans et aujourd'hui capitale de la pomme de terre avec ses 820 variétés : San Pedro del Tambo et ses demeures rectangulaires ; Purunmarca, à 3 km à pied, et son cimetière avec passages souterrains ; Taulish et sa tour de guet circulaire (on notera que tous les sites sont entourés de fossés les isolant des ennemis et les protégeant des pluies torrentielles). S'y rendre avec un guide expert de la zone.

- **Les amoureux de paysages sauvages** trouveront leur bonheur avec les lacs, comme la Laguna Mamacocha (à 13 km et 3 800 m d'altitude), dont les eaux cristallines sont si froides qu'il n'y a pas de vie animale ou encore la Laguna Torococha, ainsi appelée pour le rocher rouge en forme de bovin avachi en son centre.

## Transports

### TERMINAL TERRESTRE
Av Vienrich
Au bout du Jr Arequipa
Ici se concentrent les bus, mini-vans ou autos colectivos qui relient Tarma à Lima (7h), à Huancayo (3h) ou à San Ramon ou La Merced (2h) et la Selva Central.

## Pratique

- **Indicatif téléphonique :** 064.

### HOSPITAL DE APOYO
Avenida Pacheco 362
✆ +51 64 321400
*Ouvert 24h/24.*

### OFFICE DE TOURISME
Jiron 2 de Mayo 775
✆ +51 64 321010
*Ouverture du lundi au vendredi de 8h à 13h et de 15h à 18h.*

### SERPOST
Jirón Callao 356
✆ +51 64 321241
*Ouvert du lundi au vendredi de 8h à 13h et de 15h à 18h. Le samedi de 8h à 16h.*

## Se loger

### HACIENDA LA FLORIDA
Carretera Central km 39
✆ +51 64 341041
www.haciendalaflorida.com
reservas@haciendalaflorida.com
*Chambre simple à S/ 95 et double à S/ 160 en basse saison et S/ 125 à S/ 215 en haute saison (avril-décembre). Egalement triples, quadruples et familiales. Inclus le petit déjeuner, ainsi que la visite et la participation aux activités de l'hacienda. Possibilité de demi-pension. Tente : S/ 20 avec salle de bains commune et sans petit déjeuner. Casa Ecologica S/ 300 la nuit.*
Cette ferme constitue un excellent lieu pour se relaxer. Les chambres chaleureuses avec une touche rustique disposent d'une salle de bains privée avec eau chaude. A l'aube, un copieux petit déjeuner est servi, tandis qu'au déjeuner de délicieux plats sont concoctés, à base de légumes fraîchement cueillis une heure auparavant dans un jardin bio. Certaines nuits, un grand feu est allumé autour duquel chacun peut écouter de la musique traditionnelle ou le récit d'histoires locales. Wifi. Vélos à louer pour S/ 10 l'heure. Ils ont aussi une maisonnette indépendante à louer de 160 m² avec une chambre matrimoniale et lit king, salle de bains, cuisine indépendante, wifi... pour se reconnecter avec la nature environnante.

### HACIENDA SANTA MARIA
Jr. Vista Alegre 1249
Quartier de Sacsamarca
✆ +51 64 321232
haciendasantamaria.com
santamaria.hacienda@gmail.com
*Chambres simples à 50 US$, suites matrimoniales à 65 US$, habitation familiale avec balcon et vues à partir de 92 US$. Bons prix via Booking. Petit déjeuner inclus.*
Dans une hacienda d'époque qui a joué un rôle dans la bataille péruvienne de Junin pour l'indépendance on trouve des chambres impeccables qui ont gardé leur cachet et certaines leurs meubles d'époque. La salle à manger a des allures de petit musée. Et une bouillotte vous attend sous les couvertures pour les nuits froides. Les voisins se sont unis pour faire connaître leur quartier : artisanats, miel, traite, champs de fleur à visiter. Excellents guides pour la région.

### HOSPEDAJE RESIDENCIAL EL DORADO
Jr. Huánuco Nº 488
✆ +51 64 324151
hospedajeeldoradotarma.com
reservas@hospedajeeldoradotarma.com
*Selon la taille de la chambre, chambre simple de S/ 35 à S/ 45, chambre matrimoniale de S/ 50 à S/ 70 et chambre familial S/ 150. Petit déjeuner en extra.*
Un hostal basique mais sympathique avec ses 3 patios en enfilade, ses balcons en bois et ses chambres un rien *rococos* hommage aux temps glorieux de cette maison de maître. Le temps s'y est comme figé. Les chambres classiques ont toutes une salle de bains privée, TV et wifi. La 210 est une chambre familiale pour 4 personnes avec salon attenant. Une petite caféteria sur place permet de se dépanner. L'équipe à l'accueil est très serviable. Super qualité-prix.

**REPÉREZ LES MEILLEURES VISITES**

★ INTÉRESSANT ★★ REMARQUABLE ★★★ IMMANQUABLE ★★★★ INOUBLIABLE

# RÉGION DE HUÁNUCO

## HUÁNUCO

- **Population :** 89 502 habitants.
- **Altitude :** 1 894 m.

Sur les rives du río Huallaga, affluent de l'Amazone, la capitale du département de Huánuco est une ville inter-andine dynamique. Les produits agricoles comme la cascarilla, sensée combattre le paludisme, la coca et le café en assurent la prospérité. Huánuco jouit d'un climat tropical chaud toute l'année (moyenne 22 °C) et une apaisante petite brise y souffle le soir.

- **La ville, fondée par le *conquistador* Gómez de Alvaro en 1539**, garde de la colonie quelques églises et casonas. Le nom de la ville viendrait de « wa-nuco pampa », terre du guanaco. La danse emblématique du folklore local, et qui s'exécute dans toutes les fêtes, est celle de los Negritos, qui remonterait au temps où les esclaves africains travaillaient dans les haciendas. Les principales festivités de Huánuco sont la Pascua de Reyes, du 24 décembre au 15 février, qui se mêle avec le carnaval ; la Fundación de la Ciudad le 15 août ; el Festival turístico, du 19 au 27 septembre ; et la Fiesta del Señor de Burgos, patron de la ville, du 27 au 29 octobre.

### Transports

- **On rejoint Huánuco** en avion de Lima (1h) avec Star Peru (starperu.com), la connexion devrait reprendre fin 2019. En bus de Lima (400 km) par la Carretera Central qui dessert également Huancayo via Ticlio et Cerro de Pasco (9h).
- **Mototaxi** : compter S/ 1,50 pour se déplacer en ville.
- **Lima** : de nombreuses compagnies partent tous les jours pour S/ 30 à S/ 60 en fonction du confort pour 9h30 de trajet. Les départs s'effectuent vers 10h et 22h, et le bus de nuit est plus confortable. Leon de Huanuco est une compagnie de bon niveau
- **Huancayo** : Turismo Central (Jr Tarapaca 598) propose un voyage à 21h30 pour S/ 15 environ. Compter 7h de trajet.
- **Cerro de Pasco** : des colectivos font la navette en 2h pour quelques S/ 12.
- **Tingo Maria** : les bus demandent S/ 6 pour 3h de voyage. La plupart continuent vers Pucallpa, 5h plus loin (compter S/ 35 en tout). Transportes Leoncido Prado (Jr Valdizan 235) part à 8h, Transportes Transamazonica (Jr Valdizan 260) part à 4h30 et Turismo Las Brisas (Jr Valdizan 246) part à 7h45. A noter qu'il est plus rapide de prendre une auto colectivo pour Tingo Maria : 2h de voyage pour environ S/ 10.
- **La Unión** : compter 4h de voyage pour au moins S/ 10. Turismo Union (Jr Tarapaca 449) part à 7h30. On peut ensuite poursuivre vers Huaraz (Transportes Yungay effectue le trajet depuis La Union, compter 14h de voyage en tout).

**BAHIA CONTINENTAL**
Jr. Hermilio Valdizan 718
© +51 62 519999
bahiacontinental.com
Propose trois bus pour Lima entre 21h et 22h pour S/ 40 à S/ 55 selon le niveau de confort. Compter 9h de trajet.

### Coup de cœur

**CASA HACIENDA SHISMAY**
© +51 62 631174 – www.shismay.com –casa_hacienda_shismay@hotmail.com
*Compter S/ 90 la simple, S/ 180 la double, S/ 270 la triple. Petit déjeuner inclus.*
Sans nul doute, l'option la plus complète si on souhaite découvrir les vallées et montagnes de cette région authentique. Construite en 1859, la casa hacienda fut ensuite abandonnée puis restaurée en 2005 par les enfants du dernier propriétaire. Monument historique, elle est chargée d'histoire et offre des chambres confortables et chaleureuses avec salle de bains et douche chaude. D'ici on peut louer les services d'un guide local (S/ 25 la journée) et des chevaux (S/ 25 la journée) pour découvrir les lagunes alentour par exemple. Restaurant sur place : cuisine locale à prix doux (S/ 20 le plat). Toute la communauté est impliquée dans la gestion de l'hôtel. L'école et le village bénéficient de retombées. Un tourisme vraiment responsable. A 17 km soit 45 minutes de Huanuco, le transfert dont ils peuvent aussi s'occuper et qu'on vous recommande car le site est éloigné vous coûtera S/ 50 par trajet jusqu'à 4 personnes.

**TURISMO CENTRAL**
Jr. Tarapacá 598
✆ +51 62 624945
www.turismocentral.com.pe
Turismo Central est une compagnie sûre pour effectuer les liaisons entre Huancayo et Huanuco (6 heures) ou Pucallpa (7 heures). Plusieurs départs le soir, entre S/ 40 et S/ 60.
D'autres terminaux informels existent en plus des compagnies citées. Elles proposent des colectivos ou des voitures en covoiturage : c'est plus cher bien sûr, mais aussi plus rapide. Le Comité 15 (Av Prado près du rio) propose par exemple des voitures pour Tingo Maria (S/ 18 pour 2h30 de trajet). Le terminal Etnasa (à gauche après le pont Señor de Burgos) propose des bus pour Tingo Maria, Pucallpa ou Cerro de Pasco qui partent quand ils sont pleins. Pour La Union, rendez-vous sur le Jr Bolivar où vous trouverez des combis : comptez 3h30 de trajet pour S/ 25 (de là, vous pourrez prendre un autre combi direction Huaraz que vous rejoindrez en 3h).

## Pratique

- **Indicatif téléphonique :** 062.

### Tourisme - Culture

**DIRCETUR**
Jr Bolivar 381 ✆ +51 62 512980
*Ouvert du lundi au vendredi de 7h45 à 12h45 et de 14h45 à 16h45.*

### Argent

**BANCO DE CREDITO**
Angle Jirón Huánuco et 2 de Mayo 1005

**BBVA CONTINENTAL**
Jr 2 de Mayo 1137
Plaza de Armas

### Moyens de communication

**SERPOST**
Jiron 2 de Mayo 1157 ✆ +51 62 512503
*Ouvert du lundi au vendredi de 8h à 20h, le samedi de 8h à 13h30.*

### Santé - Urgences

**HOSPITAL REGIONAL**
Jirón Hermilio Valdizán 950
✆ +51 62 512400
*Ouvert 24h/24.*

**POLICE**
Jirón Constitución 621
✆ +51 62 513117
*Ouvert 24h/24.*

## Se loger

### Bien et pas cher

**GRAN HOTEL CUZCO**
Jirón Huánuco 616
✆ +51 62 515070
www.hotelcuzcohuanuco.com
contacto@hotelcuzcohuanuco.com
*Compter de S/ 50 à S/ 90 pour une chambre simple, double ou matrimoniale avec salle de bains privée. Certaines avec douche espagnole. Chambres VIP avec hydromassage.*
Cet établissement, bien sous tous rapports et rénové, avec chambres spacieuses et jardin, dispose également d'un service efficace et chaleureux. Apprécié des représentants de commerce péruviens, il sert aussi une bonne cuisine du cru. TV et wifi. Une piscine extérieure a vu le jour.

**HOSTAL HUANUCO**
Jirón Huánuco 777
✆ +51 62 511617
*Compter S/ 40 la simple, S/ 50 matrimoniale et S/ 60 la double avec salle de bains privée. Sans petit déjeuner.*
Ancien siège de la Société des auteurs péruviens, cette *casona*-labyrinthe est merveilleusement calme. Le jardin au fond, avec son avocatier, ses bananiers, ses fleurs et ses colibris, est un havre de paix. Simple mais propre et bon marché, c'est notre meilleure adresse. Rénové en 2014.

### Confort ou charme

**GRAND HOTEL HUANUCO**
Plaza de Armas
Jr. Dámaso Beraún 775
✆ +51 62 512410
grandhotelhuanuco.com
reservas@grandhotelhuanuco.com
*Chambre simple à S/ 180, matrimoniale ou double S/ 255, triple à S/ 310, petit déjeuner buffet inclus.*
Parfaitement rénovée, cette superbe *casona* coloniale propose 34 chambres disposées autour d'un joli patio. En plus du confort habituel, le Grand Hotel dispose d'une piscine, d'un sauna et d'une salle de gym ! Wifi dans tout l'établissement. le prix inclut les transferts depuis/vers l'aéroport.

## Se restaurer

Difficile de conseiller une adresse qui sorte du lot à Huanuco, même si nous ne sommes pas déçus par les restaurants du Real Hotel et du Grand Hôtel Huanuco. Signalons aussi les chifas Khon Wa (Av Prado 820 et Jirón Damaso Beraun 635) qui ont bonne réputation. Et la polleria Shorton Grill (Jr Beraun 683) qui est très fréquentée par les locaux. Enfin une pizzeria avec petites nappes à carreaux et assiettes correctes La Piazetta (Jirón Damaso Beraun 845).

## Sortir

Petit café qui sort du lot, le San Ignacio (Jr Beraun 634 et Jr Dos de Mayo 935 Casona Bermudes). Pour un verre, direction El Trapiche (Jr 2 de Mayo 945) qui sert des cocktails à base d'eau-de-vie localement produite par l'Hacienda Cachigaga qu'on peut d'ailleurs aussi visiter.

## À voir – À faire

### HACIENDA CACHIGAGA

Route à Tomayquichua
✆ +51 960 528 268
*Visite gratuite, tous les jours de 9h à 17h.*
Dans cette ancienne hacienda, à 10 km du centre, on assiste au processus de production et de distillation de l'alcool de canne. 180 tonnes par mois. Dégustation des nectars, miels, eau-de-vie et rhum... Honorato Lopez, le propriétaire peut même vous faire visiter un peu sa demeure personnelle digne d'un petit musée si vous le rencontrez.

### IGLESIA LA MERCED

Angle Jirón Huánuco et Valdizán
La pièce rare de cette église, érigée en 1566, est la couronne que porte la Vierge, cadeau de Charles Quint.

### IGLESIA SAN CRISTOBAL

Angle Jirón Dámaso Beraún et San Cristóbal
Première église construite par les conquérants, elle possède de belles images de saints de pure inspiration baroque.

### IGLESIA SANTO DOMINGO CRISTO REY HUÁNUCO

Angle Jirón Ayacucho et 2 de Mayo
De style néoclassique, elle vaut surtout pour son autel doré à la feuille, ses colonnes ornées de motifs floraux et fruitiers, et l'oiseau Pillco, évidents témoignages du métissage propre aux régions andines.

### KOTOSH

*Entrée S/ 5. De 9h à 17h15.*
A 5 km de la cité, quelques ruines signalent cette huaca datant de 2 000 ans av. J.-C. Ici furent exhumées les très célèbres mains croisées en argile que l'on peut voir au Museo Arqueológico de Lima.

### PLAZA DE ARMAS

Entourée de bâtiments coloniaux (Municipio, Grand Hotel Huánuco), de jacarandas et de ficus, avec une fontaine taillée d'une seule pièce dans la pierre, cette place est tout indiquée pour une rêverie sur un banc, à l'heure de la sieste ou quand s'élève la petite brise du soir. La cathédrale, moderne, est franchement moche.

### PUENTE CALICANTO

Le pont, construit en 1884, relie la ville aux quartiers de maisonnettes d'adobe peintes de couleurs vives et agrippées à la colline. Cet ouvrage en pierre volcanique, qui rappelle les ponts parisiens, est l'un des seuls de cette facture de toute la sierra. Un nouveau pont a été construit juste à côté.

## Visites guidées

### ECOTUR

✆ +51 962 916 400
ecoturhuu25@hotmail.com
César Antezana est un passionné de la région et propose des tours sur mesure pour découvrir le patrimoine archéologique ou naturel de la région. Cultivé, il vous en apprendra beaucoup. En espagnol uniquement.

# HUÁNUCO PAMPA – HUÁNUCO VIEJO

A 7 km de La Unión, dans un décor digne de Sergio Leone... Les vestiges de cette immense cité inca reflètent la grandeur inca. Sur 20 km², on appréciera la configuration des villes de l'empire du Soleil, avec leurs rues, places, magasins, centres cérémoniels... Huánuco Viejo, qui a vu le jour sous le règne de Túpac Inca Yupanqui (1460-1480), était un relais sur la route Cusco-Cajamarca-Quito et fut la capitale administrative du Chinchaysuyu au nord. Murs de pierre ornés de frises et de bas-reliefs, belles portes, quelques édifices donnent une idée de la démesure architecturale qui marqua le règne de cet empereur. On y est seul au milieu des vigognes. Le seul souci c'est que le site n'a pas été restauré et est peu mis en valeur. Pour les passionnés qui aiment mêler ruines et paysages venteux et sauvages.

- **Accès.** Compter une journée aller-retour plus visite depuis Huánuco. Avec une agence possible d'unir cette route et la visite de Garu, un complexe archéologique antérieur, de la culture Yarowilca.
Entrée du site de Huanuco Pampa : S/5. Entrée du site de Garu : S/5.
- **Fête du Soleil** chaque année le dernier samedi du mois de juillet.

# CORDILLERA DE HUAYHUASH ★

Le deuxième sommet le plus haut du Pérou, le Yarupajá (6 634 m), appartient à cette chaîne montagneuse de 40 km, au sud-ouest de La Unión.
Les andinistes de bon niveau rejoindront le point de départ, à 140 km de Huánuco, roulant vers Dos de Mayo, Lliclatambo, puis, par une déviation, vers Choras, Baños et Queropalea. De là, un chemin muletier conduit à la verte Laguna Carhuacocha, puis, 15 km plus loin, vous amène à pied d'œuvre.

**HIGH TOURS PERU**
Jr. Dámaso Beraún 827
✆ +51 62 517203
www.hightours.pe
reservas@hightours.pe
Les spécialistes dans le coin pour vous accompagner.

# TANTAMAYO

A 158 km de Huánuco et 3 500 m d'altitude, Tantamayo a été pratiquement isolée du monde au début des années 1990, marquées par une intense activité des groupes armés révolutionnaires. Aujourd'hui, l'insécurité qui pourrait y sévir est surtout le fait des narcotrafiquants. Ne pas vous y rendre seuls.
En tout cas, cette ville est un cliché andin, avec ses ruelles étroites, sa place centrale et son église. Non loin se trouve un intéressant complexe archéologique découvert par le Français Bertrand Flornoy. Sur une aire de 65 km² sont disséminés les sites de Susupillo, de Piruro, de Selmín Granero et de Japallán, témoignages de civilisations qui s'étendirent sur quatre siècles, de 1000 à 1400. A Susupillo se dressent des « gratte-ciel » de cinq étages, uniques dans les cultures préincas, avec escaliers intérieurs et toits de pierre. La proximité entre ces cités et la selva conforte l'opinion de ceux qui prétendent que les civilisations andines, inca comprise, proviendraient de l'Amazonie. Unique. En version accompagnée, Cesar de l'agence Ecotur est de confiance.

# JAGRARAJ

A 177 km de la capitale du département et à 12 km de Llata (environ 5h de Huánuco), l'énigme que constituent ces ruines préincas continue de nourrir les hypothèses : en effet, comment ont été hissées des pierres de plusieurs quintaux dans des lieux inaccessibles de la falaise ? Peintes en bleu, elles forment des abris à une seule entrée. Les peintures rupestres, rouges et ocre, représentant des êtres humains et des animaux, de la proche grotte de Llacuy, peuplée de chauves-souris et de chouettes, ne sont pas moins mystérieuses. Il pourrait s'agir d'un cimetière.
Possible d'unir par la route Jagraraj et Tantamayo mais il faudra passer une nuit rustique dans un village.

# TINGO MARÍA

- **Population :** 46 191 habitants.
- **Altitude :** 652 m.

Plantée dans la *selva alta*, dans le département de Huánuco, à 135 km de Huánuco et 300 km de Pucallpa, la ville la plus jeune de la *selva* est née il y a à peine plus de cinquante ans, fille de la route Huancayo-Pucallpa et des campements ouvriers. Le climat est ici très chaud (23 °C de moyenne) et humide (taux d'humidité de 78 %).

- **La danse de Tingo María est le chuncho**, d'origine amazonienne, dont les figures expriment les états de la vie de la forêt s'éveillant à la civilisation. Malgré la tension, la ville fait la fête pour San Juan le 24 juin, pour las Fiestas Patrias les 28 et 29 juillet, pour la patronne de la ville Santa Teresita le 3 octobre, et pour sa fondation le 15 octobre.
- **Attention, la ville souffre d'une mauvaise réputation** à cause des narcotraficants qui sévissent dans la région. Les choses se sont beaucoup calmées et on redécouvre aujourd'hui ses richesses naturelles. Très peu touristique, elle gagne à être connue.

## Transports

- **Les compagnies de bus** se trouvent sur les avenidas Raimondi et Enrique Pimentel, tout comme les colectivos et les taxis à partager qui sont plus rapides, mais plus chers. Turismo Central est une bonne compagnie (Av. Raymondi Cdra 9, ✆ +51 62 562668)
- **Huánuco** : compter 3h pour environ S/ 10.
- **Pucallpa** : généralement deux départs à 7h et 19h pour 8h de trajet pour S/ 20 ou 4h30 en taxi pour S/ 45. La route longe le canyon el Boqueron del Padre Abad, sensations garanties !
- **Tarapoto** : 12h de trajet en bus pour S/ 65, 8h dans un minivan pour S/ 85 environ. Cette route qui passe par Tocache est la moins bien desservie. Ici le narcotrafic a encore sa place, prudence.
- **Lima** : généralement deux départs à 7h et 19h, compter entre S/ 40 et S/ 50 selon le confort pour 12h de trajet.

*Huayhuash.*

## Pratique

**Indicatif téléphonique :** 062.

### BANQUES
Elles sont toutes sur l'avenida Raimondi : Continental au n° 543, de Crédito au n° 249 et de la Nación au n° 179.

### SERPOST
Av Alameda Perú 451 ✆ +51 62 562100
*Ouvert du lundi au samedi de 8h à 20h.*

## Se loger

Le tourisme national progresse peu à peu et avec lui l'offre sur place. Dans les adresses à petit prix, eau froide mais la chaleur et l'humidité compensent. Il y a aussi quelques lodges ou *recreos* destinés à la population locale.

### ENFANTS DES ANDES
Naranjillo ✆ +51 956 58 10 45
www.enfantsdesandes.org
enfantsdesandes@yahoo.com
A 7 km de Tingo Maria, en moto-taxi.
*35 € (environ S/ 120) par personne et par nuit en pension complète (3 repas).*
Cette ONG française présente au Pérou depuis 20 ans accueille à Tingo Maria 40 enfants en situation difficile. Dans ce foyer, les enfants trouvent un bon lit, une nourriture équilibrée, des soins, un uniforme et des fournitures scolaires. Les enfants sont suivis par des tuteurs et un psychologue. Le matin est consacré à l'école, tandis que l'après-midi est passé à faire les devoirs et toutes les tâches de la vie en communauté (lessive, récolte du cacao, etc.). La maison est située au fond d'un champ de 4 hectares, où l'on cultive du cacao, des fruits... L'association propose aussi 4 chambres doubles, au confort très simple, pour les visiteurs. Les repas sont pris dans la cantine avec les enfants. Il est possible de visiter les alentours. Un bon moyen de joindre l'utile à l'agréable !

**Autres adresses :** L'association possède un autre centre dans la ville de Nazca • Siège de l'association en France : Le Clos Saint-Marcel C1, boulevard de la Forbine – Marseille (✆ 09 70 40 55 71)

### SHUSHUPE HOTEL
Av. Alameda Perú 362 ✆ +51 62 284505
shushupehotel.pe
reservas@shushupehotel.pe
*Chambre individuelle S/ 109, matrimoniale basique S/ 160, matrimoniale confort S/ 190, double S/ 180, triple S/ 270. Petit-déjeuner buffet. Attention prix gonflés en haute saison (vacances locales).*
Au centre-ville ce nouvel hôtel apporte un vent de nouveautés. Les chambres sont modernes avec une touche de design et équipées de salle de bains privées, TV et wifi. La terrasse sur le toit est sympathique. On y sert le petit-déjeuner buffet et on y trouve une petite piscine avec vue sur les collines environnantes. L'ensemble est vert et coloré. Ambiance familiale de touristes locaux les fins de semaine. Resto-bar au 1er étage et karaoké en mezzanine.

**VAGO HOSTEL HOME**
Jr. Jorge Chavez 280 Castillo Grande
✆ +51 971 492 299
vagohostel@gmail.com
*Dortoirs à partir de S/ 30 la nuit et par personne. Chambre matrimoniale dans appartement partagé S/ 55. Chambre matrimoniale indépendante S/ 70. Duplex pour 4 personnes S/ 110. Appartement pour 6 personnes S/ 170. Pas de petit déjeuner. Cuisine sur place.*
Cette grande maison auberge de jeunesse au vert est bien sympathique. On y trouve un dortoir hétéroclite en rez-de-chaussée et des appartements qu'on peut louer par chambre ou entier. Situés à l'étage, ils ont les plus belles vues. Si on partage le grand appartement de 6 personnes, la salle de bains est elle aussi partagée. On peut privatiser un autre espace en duplex pour 2 ou 4 personnes. Surtout pas de télévision. Ici on vient goûter un peu de cette vie alternative au rythme de la jungle, la cuisine est partagée et tout le monde met la main à la pâte. Un *vago* est à la fois un vagabond et un dilettante : tout est dans le titre. Réservations pour 2 nuits minimum, ici on ne vient pas de passage comme à l'hôtel, mais on prend le temps de se poser en famille.

**VILLA JENNIFER**
Km. 3.4 - Sector Monterrico –
Distrito de Castillo Grande
✆ +51 62 56 1555
www.villajennifer.com
villajennifer53@hotmail.com
*Compter S/ 120 la simple, S/ 140 la matrimonial et S/ 150 la double. Egalement des chambres plus vastes et des familiales entre S/ 220 et S/ 240. Petit déjeuner inclus.*
Incontestablement cet hôtel est la perle cachée de Tingo Maria. A environ 15 minutes du centre, cette ancienne hacienda a été reconvertie en un hôtel rural et écologique qui a beaucoup de charme. Les détails rustiques y ont été conservés tout en se mêlant harmonieusement au confort moderne. La décoration y est soignée. On profite de sa belle piscine centrale ou de la petite piscine sauvage à l'arrière, au milieu d'un grand jardin et des oiseaux qui vont avec. Péruano-danois, Graciela et Erlan ont fait de leurs 10 hectares un refuge parfait. Un petit sentier permet de grimper jusqu'à un mirador.

## Se restaurer

Les *chifas* et *pollerías* abondent dans le centre de Tingo Maria. Pour changer un peu, El Carbon Carnes & Parillas (Av Antonio Raimondi 435) est une valeur sûre locale.vous pouvez aller ou La Estancia (Alameda Peru 554, ouvert tous les jours jusqu'à minuit) pour goûter spécialités ou viandes grillées. Enfin la terrasse du moderne Hotel Natural Green Lounge est vitrée et ouverte sur l'extérieur et bien confortable pour prendre un verre.

## Sortir

Pour poursuivre la soirée, non loin de là, vous trouverez la Kabaña (Alameda Peru 560) pour danser jusqu'au petit matin dans un charmant décor tout en rondins de bois. Ou le Trapiche et ses cocktails aphrodisiaques (Alameda Peru 764).

## À voir – À faire

Plusieurs agences organisent des visites guidées des alentours de la selva. N'oubliez pas votre maillot de bain et votre antimoustiques. L'office de tourisme situé sur la Plaza de Armas pourra aussi vous conseiller des guides particuliers. Ils vous fournissent aussi la liste des agences de la ville ou sur www.munitingomaria.gob.pe

**LA BELLA DURMIENTE**
Colline en forme de femme s'abandonnant au sommeil et qui est devenue le symbole de Tingo María. Vue privilégiée depuis le Mirador de Jacintillo.

**CUEVA DE CASTILLO GRANDE**
La promenade, de 8 km vers le nord, s'effectue dans la luxuriante végétation de la selva. Oiseaux nocturnes au bout du chemin.

**CUEVA DE LAS LECHUZAS** ★
*Entrée payante. S/ 10.*
A 20 km de la ville, cette caverne de 30 m de hauteur est infestée de guácharaos, des oiseaux nocturnes en voie d'extinction, et encombrée de gigantesques stalactites et stalagmites. Elle fait partie du Parque Natural de Tingo Maria et c'est la plus visitée et mieux conservée des grottes. Prévoir de bonnes torches électriques. Piscines naturelles dans le parc.

**CUEVA DE LAS PAVAS ET CASCADES** ★
Cette « grotte » n'en est pas une, mais cette gorge, sous sa voûte végétale, en a l'aspect. Les eaux cristallines invitent à la trempette au milieu de papillons de toutes les couleurs. La légende affirme que dans ces mêmes eaux vivent des paons d'argent, ce que nombre de gens qui les ont « vus » confirment. Populaire. Petit restaurant local à l'entrée, le Palafito.
D'autres cascades qui valent le détour et la baignade ? Santa Carmen, la plus proche, et San Miguel, plus puissante. Renseignez-vous aussi sur le chemin qui longe le Rio De Repente. Il s'agit d'une marche épique avec traversée du torrent le long de cordes et 3 belles cascades au bout du chemin. Pour cette balade, comptez la journée et sachez que c'est sportif.

# LA CORDILLÈRE BLANCHE

*Laguna 69*

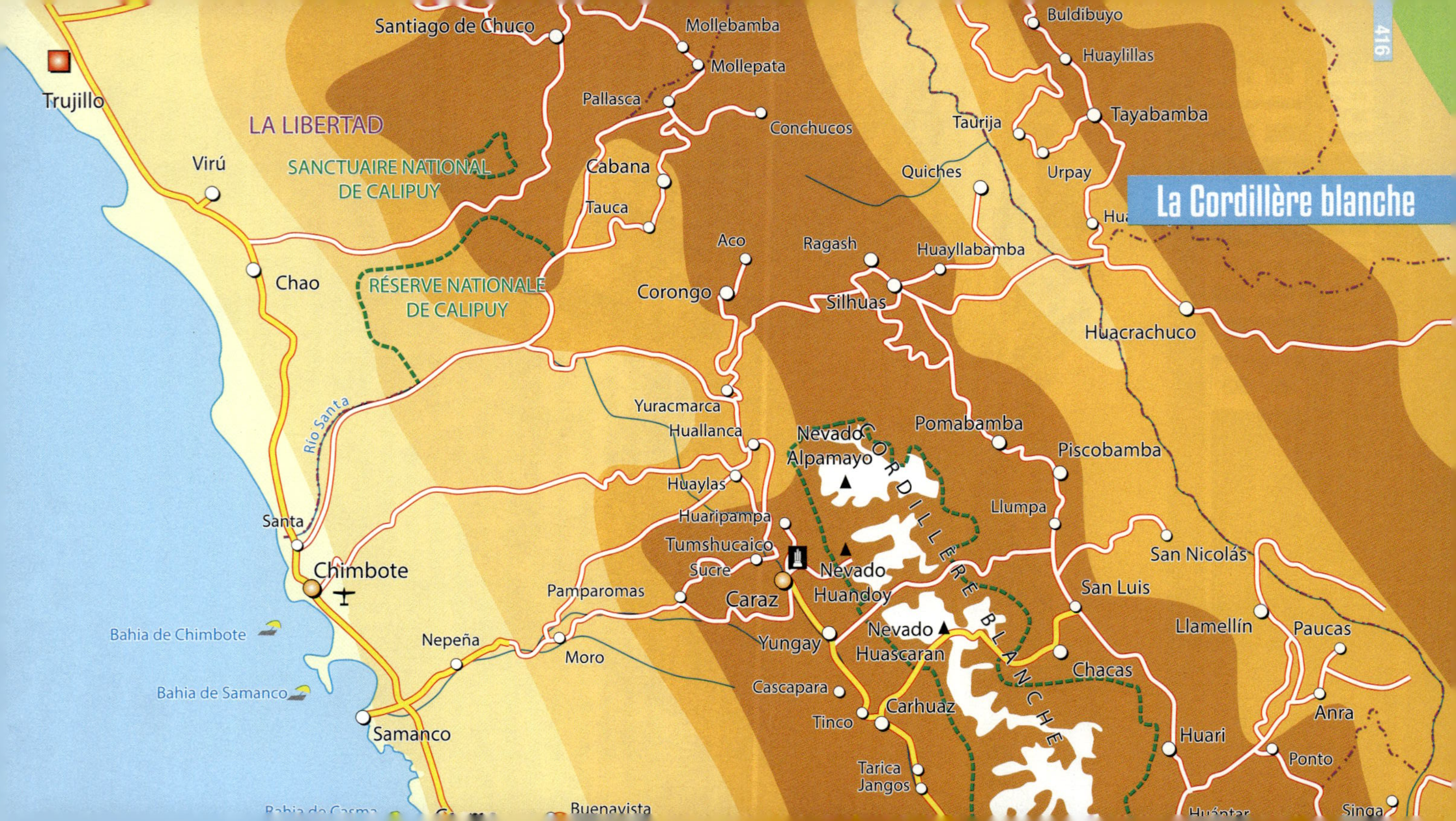
La Cordillère blanche
Trujillo
LA LIBERTAD
Virú
Chao
SANCTUAIRE NATIONAL DE CALIPUY
RÉSERVE NATIONALE DE CALIPUY
Santiago de Chuco
Mollebamba
Mollepata
Pallasca
Conchucos
Cabana
Tauca
Aco
Corongo
Ragash
Huayllabamba
Silhuas
Quiches
Taurija
Urpay
Buldibuyo
Huaylillas
Tayabamba
Huacrachuco
Río Santa
Santa
Chimbote
Bahia de Chimbote
Bahia de Samanco
Samanco
Nepeña
Moro
Pamparomas
Yuracmarca
Huallanca
Huaylas
Huaripampa
Tumshucaico
Sucre
Caraz
Nevado Alpamayo
Nevado Huandoy
Nevado Huascaran
CORDILLÈRE BLANCHE
Yungay
Cascapara
Tinco
Carhuaz
Tarica
Jangos
Pomabamba
Piscobamba
Llumpa
San Nicolás
San Luis
Chacas
Llamellín
Paucas
Anra
Huari
Ponto
Singa
Buenavista

Puerto Casma
Sechín
Yaután
Ruines de Chanquillo
Huaraz
Waullac
San Marcos
Chavin de Huántar
Llata
PARC NATIONAL DE HUASCARÁN
ANCASH
Las Haldas
Recuay
Ticapampa
Aija
Cátac
La Unión
Culebras
Punta Culebras
Nevado Pastorurí
Río Santa
Huallanca
Tuquillo
Río Huarmey
Pararín
Huarmey
Aquia
Raquia
Chiquiári
Huayllacayán
Nevado Yerupajá
Chasquitambo
CORDILLÈRE HUAYHUASH
Punta Las Zorras
Punta Tiro Alto
Ocros
Cajatambo
Punta Bermejo
Cochas
Fortaleza de Paramonga
Paramonga
Pativilca
Barranca
LIMA
0
20 km
Routes goudronnées
Routes secondaires
Capitale de province
Villes importantes
Villes secondaires
Aéroport régional
Curiosité touristique
Sites archéologiques
Plages

# LA CORDILLÈRE BLANCHE

## Les immanquables de la Cordillère blanche

- **Une randonnée** autour du massif Huascarán, notamment vers la laguna 69.
- **Se poser et explorer les environs** à Caraz, la petite sœur de Huaraz, au calme.
- **Visiter** le site archéologique de Chavin de Huantar.
- **Faire un trek sportif** de plus de 10 jours dans la fabuleuse cordillère Huayhuash.

*La Cordillère blanche mérite amplement son nom, déroulant sur 180 km une trentaine de sommets de plus de 6 000 m aux cimes enneigées, dont le Nevado Huascarán, point culminant du Pérou avec ses 6 768 m de haut. En première ligne des effets néfastes du réchauffement climatique, elle reste malgré tout un site naturel sublime.*

## CALLEJÓN DE HUAYLAS ★★

Le Callejón, haute vallée andine comprise entre 2 300 et 3 200 m et longue de 180 km, au fond de laquelle coule le río Santa, est encastré entre la Cordillera Blanca et la Cordillera Negra. La première, protégée des vents chauds par son homologue, ne compte pas moins de 35 pics enneigés, dont le Huascarán qui, avec ses 6 768 m, est le troisième plus haut sommet du continent après l'Aconcagua (6 900 m) et le Nevado Ojos de Salado (6 893 m) séparant l'Argentine du Chili. La vallée jouit de tous les climats et paysages andins : paramo, puna et cultures en terrasses. Au pied des géants de glace s'étalent des lacs parmi les plus beaux du Pérou. Le Callejón est fermé au sud par Recuay et au nord par Caraz. Après cette ville, la route plonge en lacets vertigineux le long du Cañon del Pato, profond de 1 000 m, avant de longer le río Santa par d'impressionnantes gorges jusqu'à Chimbote. Cette vallée, où se trouve le Parque Nacional Huascarán, inscrit sur la liste du patrimoine naturel de l'humanité de l'Unesco depuis 1985, est le point de ralliement des andinistes du monde entier. Parmi la flore de montagne se distingue l'incroyable puya Raimondi, une espèce de cactus au tronc droit qui porte près de 10 000 fleurs et mesure entre 8 et 12 m, et le quenual, arbre vivant au-dessus de 3 000 m et dont l'écorce rouge feuilletée se desquame. Dans la vallée on trouve quelques lodges, points de départ idéals pour les randonnées et à l'environnement plus séduisant que dans la ville même de Huaraz.

Cette vallée de toutes les beautés fut aussi celle des pires drames, comme le séisme du 31 mai 1970 qui rasa tout ou partie des villes de Caraz, Yungay, Carhuaz, Huaraz et Ranrahirca, déjà anéantie par une avalanche 8 ans auparavant. En 1970, ce ne sont pas moins de 70 000 personnes qui périrent et les pierres tombales témoignent encore du drame. A l'exception de Caraz et de quelques édifices de Huaraz, c'est tout le passé architectural colonial qui, ce jour-là, bascula dans l'abîme. Aujourd'hui, ces villes séduiront le

## La Cordillère blanche, victime du réchauffement climatique

Dans les années 1930, les glaciers de la Cordillère blanche couvraient quelque 850 km². Dorénavant, ils ne couvrent plus que 600 km². Chaque glacier rétrocède en moyenne de 20 mètres de glace chaque année. Les glaciers sont maintenant trop petits pour maintenir les niveaux de débit d'eau des rivières, ce qui signifie qu'ils seront probablement 30 % inférieurs aux niveaux les plus bas rencontrés pendant les saisons sèches. Outre une crise de l'eau qui menace de plus en plus dans un pays où 28 millions d'habitants vivent dans des zones qui n'hébergent que 1,8 % des réserves d'eau et où 70 % de l'énergie est hydroélectrique, le temps est également compté pour admirer ces pics enneigés et la Cordillère blanche (35 % des glaciers du Pérou) peine de plus en plus à mériter son nom...

## Système des Juges de l'Eau de Corongo

Au nord du Callejon de Huaylas, une pratique unique perpétrée dans le petit village de Corongo est entrée en 2017 dans la liste du patrimoine immatériel de l'Humanité de l'UNESCO. L'origine remonte aux temps pré-incas et déjà avait pour but de permettre un approvisionnement équitable et durable de l'eau ainsi qu'une gestion juste de la terre pour la préservation des ressources pour les générations à venir. Ce système régit toujours les pratiques agricoles et se base sur trois principes fondamentaux : solidarité, équité, respect de la nature. L'autorité suprême est le juge de l'eau qui gère les ressources hydriques et les fêtes du village. En effet ce respect pour l'eau fait partie intégrante de l'éducation et des danses folkloriques du village. Le patron du village, San Pedro (Saint-Pierre), est lui aussi associé à l'eau et à la prospérité qu'elle permet. Lors de leur intronisation, un spectre orné d'une image de San Pedro est d'ailleurs remis aux juges pour symboliser l'autorité qui leur revient. Les villageois nettoient les canaux qui distribuent l'eau périodiquement. Et chaque année la fiesta de San Pedro, le 29 juin, est un moment important pour remercier ce protecteur qui défile dans les rues, porté par ses gardiens vêtus de masques colorés. On danse en son honneur. Cet exemple de syncrétisme se perpétue au fil des générations. Dans d'autres villages de la sierra, dans les régions de Ayacucho ou Huancavelica, notamment on célèbre aussi l'eau en dédiant une journée au nettoyage des canaux et à sa répartition au milieu de chants traditionnels. Ces Yaku Raymi (fête de l'eau) se célèbrent à différentes époques selon les villages et régions.

visiteur par leurs paysages et leur population à majorité indigène : les costumes des femmes sont bigarrés et les chapeaux de paille sont plus courants que les feutres. Les gens parlent le quechua à 60 % et sont d'un naturel plus calme que dans les grandes villes de la côte, même si l'abus de chicha entraîne des rixes très violentes entre les hommes, que l'on voit souvent ramenés à domicile par leur épouse. Le Callejón possède des sites archéologiques de haut intérêt légués par les cultures chancay et chavín, le plus remarquable étant celui de Chavín de Huántar.

On se rend dans le Callejón de Huaylas par la route à partir de Lima, 400 km en 8h environ. Autre voie d'accès, via Chimbote, on serpente 50 m au-dessus de l'impétueux río Santa, entre les falaises décharnées, où subsistent les ruines des mines de charbon, de la Cordillera Negra. La caillasse réfléchit les rayons ardents et les cactus balisent l'itinéraire. A Huallanca, avec sa centrale hydroélectrique, commence le Cañon del Pato, abrupte montée rasant le précipice, percée de 30 tunnels. Choisir les sièges à droite, dans le sens Caraz-Chimbote, à gauche dans l'autre direction. Frissons garantis !

# PARQUE NACIONAL HUASCARÁN ★★

Avec ses 340 000 hectares qui englobent la quasi-totalité de la Cordillère blanche, le parc national Huascarán se caractérise notamment par ses 296 lacs de haute montagne (parmi lesquels ceux de Parón, Cullicocha, Llanganuco, Auquiscocha et Rajucolta), et par ses 663 glaciers, comme le Huascarán (6 768 m), le Huandoy (6 395 m), le Chopicalqui (6 354 m), le Hualcán (6 122 m) et le spectaculaire Alpamayo (5 947 m). Période idéale pour le trek : de avril à octobre. Pour la haute montagne : de mai à septembre.

## Pratique

■ **ADMINISTRATION DU PARC DE HUASCARAN**

Huaraz

✆ +51 43 422086

pnhuascaran@sernanp.gob.pe

*Ouvert du lundi au vendredi de 8h à 13h et de 14h30 à 18h.*

Attention, il existe dorénavant un droit d'entrée : compter S/ 30 l'entrée à la journée, S/ 60 pour un pass valable 2 à 3 jours et S/ 150 pour un pass valable de 3 à 4 jours. Présentation du passeport obligatoire à l'achat. Le tourisme d'aventures ou trek doit être obligatoirement encadré par une agence et/ou guide officiel. Possible d'acquitter son droit d'entrée ici même ou aux postes de contrôle des principales attractions du Parque Nacional. La période privilégiée pour randonner est entre le mois de mai et le mois d'août.

## Se loger

A vos cartes, vous trouverez ici les auberges ou lodges éparpillés le long du callejon de Huaylas ou dans le Parc national Huascaran lui-même. Ce sont sans conteste les meilleurs options pour rayonner sur une zone.

## Bien et pas cher

### HUMACCHUCO

Plaza de Armas Yungay
Carretera YungayLlanganuco Km 16
✆ + 51 944 976 192
www.trchumacchuco.org
turismovivencial@hotmail.com

*Par personne, à partir de S/ 118 le full day, S/ 260 pour 2 jours-1 nuit avec Llanganuco et Laguna 69 pour 2 jours (hors transports et droit d'entrée du parc). Programmes jusque 4 jours-3 nuits. Contacter directement Armando Tito ou ses associés de la communauté.*

La communauté rurale de Humacchuco est située au pied du Huascarán et du Huandoy. Vous logerez chez l'une des cinq familles de la communauté de s'étant investies dans le projet touristique. Chaque famille dispose d'un bungalow de style andin, de 4 lits, et vous invite à partager leur quotidien, de participer aux travaux des champs, de découvrir les environs et d'effectuer des randonnées dans le Parc National Huascaran ou autour du lac Llanganuco. Repas à base de produits locaux, spécialités péruviennes. Les déchets sont triés ou transformés en fumier pour la ferme. Vous pourrez effectuer une visite de 2 heures au sein de la communauté, durant laquelle vous découvrirez la légende des sommets du Huascarán et du Huandoy, ou bien une marche de 3 heures jusqu'aux ruines Huyta Pallana et éventuellement au pied du glacier du Huandoy.

Il s'agit là d'un projet communautaire : les prestations touristiques sont fournies par les populations locales. Plusieurs familles participent à l'activité touristique (hébergement, repas, artisanat, visites guidées, etc.). Une partie des recettes est reversée dans une caisse commune pour les besoins de la communauté. Ils sont désormais autonomes.

L'agence Responsible Travel Peru qui les a lancés continue aussi de les commercialiser ainsi qu'une communauté un peu plus au sud qui propose une expérience similaire, la de Vicos, responsibletravelperu.com

### ILLARIY

*Sous tente S/ 15, en chambre environ S/ 55 par personne. Repas en extra.*

Une petite adresse de trekkeurs puisque cette maison de campagne est située au point de départ du trek de Santa Cruz, sans doute le plus populaire du Huascaran. Ils ont ici 11 chambres basiques et un terrain pour planter la tente mais de l'eau chaude pour tous et le sens de l'accueil. Balades à cheval possible. Ici les randonneurs passent et ce beau projet écologique est un point de chute sympathique.

## Confort ou charme

### LA CASITA DE MI ABUELA

✆ +52 43442010
www.lacasitademiabuela.club

*Chambre simple 35 US$, chambre matrimoniale 45 US$, chambre triple 65 US$, chambre 8 lits refuge 80 US$. Petit déjeuner inclus.*

Dans cette maison de campagne on trouve des chambres petites, colorées et douillettes, en briques, avec salle de bains privée. C'est surtout bien pratique car au cœur du parc et donc proche des différents lieux pour débuter les treks. La maison a aussi son petit café-pizzeria et un restaurant plus vaste qui accueille les trekkeurs. Les glaciers vous font de l'œil depuis le jardin. Petit musée andin sur place. C'est un camp de base très correct.

### CHURUP MOUNTAIN LODGE

Huaraz
churupmountainlodge.com
booking@churupmountainlodge.com

*Chambre quadruple familiale avec salle de bains et WC extérieurs 55 US$ par personne en pension complète, double avec salle de bains 147 US$ pour 2 personnes en pension complète, deluxe double avec salle de bains 290 US$ pour 2 personnes en pension complète.*

Un lodge-auberge qui se marie à merveille avec son environnement tout en pierres brutes et matières boisées. C'est la même équipe qu'au Llanganuco Lodge (Alex est le frère de Charlie qui gère Llanganuco Lodge) qui est venu se poser de ce côté du Callejon (au sud, plus proche de Huaraz) pour proposer un concept similaire : un endroit confortable, chaleureux et d'où l'on peut tout faire à pied. Restaurant sur place avec un menu réduit mais qui change tous les jours et des pique-niques à emporter. Jardins bios tout autour, montagnes à vue et voûte stellaire à portée de main. Très tentant. Le lodge est situé à environ 40 minutes de Huaraz soit S/ 50 en taxi depuis le terminal de bus.

### LLAGANUCO MOUNTAIN LODGE

✆ +51 976 592 524
llanganucomountainlodge.com
llanganucolodge@gmail.com

*Chambre matrimoniale à partir de 176 US$ la nuit (pour deux nuits passées) en saison basse, pension complète. Les tarifs changent selon la saison et le nombre de nuits passées sur place. En juillet-août, 205 US$ sur la base de 3 nuits, en pension complète pour 2 personnes.*

Un endroit vraiment privilégié au pied des montagnes avec le Huásacaran et le Huandoy qui vous font de l'oeil le matin lorque vous prenez

votre petit déjeuner au milieu du jardin. Charlie, britannique, a créé cet hôtel luxueux pour les amoureux des treks. Chambres chaleureuses, vastes lits, baignoire, touches de bois. D'ici Charlie peut vous fournir les cartes de 16 treks à faire en une journée. Les 4 imperdables : lac et ruines de Keushu, Llaganuco, Huandoy, Lac 69. Comme les tarifs sont dégressifs au plus on reste, ça vaut le coup d'y penser. On est au cœur du site. Génial restaurant comme un petit chalet d'alpage, la pension complète est incluse. Propose aussi des treks de plusieurs jours et packages. Pas de tv ni de wifi mais une terrasse et la vue, imprenable. Service de laverie. Pensez au liquide, en soles.
Un bus Movil Tours peut vous amener de Lima à Yungay (Ejecutivo VIP, départ 21h40) puis de là taxi jusqu'au lodge (S/ 45).

## Luxe

### CUESTA SERENA BOUTIQUE HOTEL

Anta
✆ +51 1 7009705
cuestaserena.pe
reserva@cuestaserena.pe
*A partir de 210 US$ la chambre double, 260 US$ la deluxe, possible de venir avec les enfants et ajouter des lits. Paquets 3 jours-2 nuits pension complète et excursions proches 1 200 US$.*
En contrebas de la route principale qui traverse tout le Callejón, un lodge, petit, raffiné et intime (12 personnes maximum) qui invite à se relaxer en regardant les paysages spectaculaires alentour. Chambres coquettes, certaines avec d'immenses fenêtres panoramiques. TV dans le salon commun, cheminée, piscine couverte, espaces qui invitent à la pratique du yoga, service de massages. Ici rusticité et confort se mêlent et le charme opère. Une pause idéale après des journées spartiates de trek. Chambres avec vue, suites deluxe et bungalow familial au choix, restaurant sur place. Paquets possible qui inclut des excursions à Llanganuco, aux bains thermaux de Chancos ou au centre d'exposition des artisans de Don Bosco à Jangas.

## À voir – À faire

### ALPAMAYO ★★★

L'Alpamayo culmine à 5 947 m. On dit que ce blanc sommet est le plus parfait du monde en raison de sa forme de diamant taillé. Il est malheureusement invisible de la vallée car masqué par des sommets plus élevés que lui : Santa Cruz (6 260 m) et Quitaraju (6 035 m). Pour en apprécier la perfection, il faut donc s'y rendre à pied : prendre un combi, tôt le matin, jusqu'à Hualcayan, puis marcher 20 km. A cette altitude et avec le dénivelé, il vous faudra 12h environ pour l'aller, idem au retour. Comptez donc 3 à 4 jours pour en mesurer la dimension. Un autre trek populaire mais exigeant permet d'en faire le tour : Los Cedros-Santa Cruz, compter 92 km et une semaine. Idéal au départ de Caraz.

Le sommet Alpamayo.

## Les refuges du Huascarán

Il existe au cœur du Parque Nacional 5 refuges de montagne qui appartiennent à l'ONG Don Bosco, des prêtres italiens qui travaillent aussi à l'ébénesterie de Chancas entre autres. La concession leur a été accordée exclusivement ce qui fait grincer quelques dents, reste que ce sont les seuls refuges au milieu de ces montagnes. L'agence est basée à Marcará, à 27 km au nord de Huaraz. Ici il y a ussi une auberge-restaurant. Au sud, le long de la Quebrada Ishinca on rencontre à 3 heures de marche du village de Collon le refuge Ishinca et à 2 heures de plus Longoni : jolis lacs à explorer autour. Au nord, le refuge Huascarán est à 5 heures de marche (ou 4 du village de Musho) et permet de rejoindre le 1er camp de base et toucher la glace. Le Perù al Pisco est à 3 heures de marche : une bonne base pour escalader le Pisco et à 2 heures de marche de Llanganuco, possible de se rendre à la Laguna 69 en une bonne jounrée, en contrebas de Cebollapampa. Enfin Contrehierbas se situe dans le Callejón de Conchucos au nord beaucoup moins fréquenté (départ depuis le village de Yanama, 3 heures de marche).

- **Refuges simples avec dortoirs mais prix accessibles** : S/ 120 la pension complète, S/ 90 la demi-pension et S/ 40 la nuit. Possible aussi de passer par leur agence pour organiser un trek avec eux. Ce ne sont pas des spécialistes de l'alpinisme mais l'équipe est composé de jeunes Andins qui sauront vous conseiller sur les marches autour de chaque refuge.
- **Les joindre :** Maximo Minaya au ✆ +51 971 110 088 ou + 51 43 44306, refugiosandinos@hotmail.com ou guidedonbosco@hotmail.com, www.refugiosandinos.com/

### GLACIAR PASTORURI

*Compter S/ 50 pour une excursion à la journée.*
40 km après Huaraz, sur la route de Lima, on emprunte une piste en terre bosselée qui s'enfonce dans la puna à l'herbe rase et ses marécages que paissent taureaux et chevaux. La piste file, par la Quebrada de Pachacoto, vers les volcans enneigés. Après Carpa, à 4 000 m d'altitude, au pied des névés qui la lèchent, elle se fraie un chemin entre les puya Raimondi, ces incroyables cactus en forme de chandeliers à une branche qui poussent ici en abondance.
Au sommet du col, à 4 850 m (l'un des plus élevés du Pérou), un chemin à gauche conduit au glacier Pastoruri. Le glacier est l'un des symboles des méfaits du réchauffement climatique : en 40 ans, il a perdu 52 % de sa couverture de glace et l'on ne peut plus ni y skier ni l'escalader. Toutefois les paysages sont superbes et on peut toujours approcher les premières neiges malheureusement plus si éternelles. La piste continue en direction de Huanzalá, Huallanca, La Unión, frôlant un sérac en équilibre au-dessus d'elle. Cette vallée d'altitude offre peut-être l'un des plus beaux paysages de la sierra. Tout au long des quelque 30 km de piste, on aperçoit, entre les cours d'eau, les cabanes de bergers circulaires à toit de chaume.

### LAGUNA 69 ★★★

C'est le lac le plus loin de Huaraz, mais le plus beau (difficulté moyenne). Prendre un bus jusqu'à Yungay (1h30) puis un autre jusqu'à Cebollapampa (encore 1h30) et finalement marcher 3h30 en zigzag jusqu'à la lagune en franchissant parfois les torrents selon la saison. Superbe vue panoramique sur les pics enneigés des environs (notamment le Pisco). On vous conseille de partir à 6h30 du matin pour avoir une vue dégagée. La randonnée en elle-même vous prendra entre 6h et 8h aller-retour selon votre rythme.

### LAGUNA CHURUP

C'est la balade la plus proche de Huaraz (30 km en 1h30) : prendre un bus jusqu'à Llupa (environ S/ 3 pour 40 minutes), puis 4h30 de marche assez raide jusqu'à la magnifique lagune turquoise située à 4 485 m et entourée de sommets enneigés. Partir vers 7h30 le matin. Attention, il y a un passage de mur de pierre à escalader. Nous vous recommandons aussi le Churup Mountain Lodge pour explorer le coin.
A noter qu'un trek de trois jours peut être entrepris, incluant la Laguna Churup. Après l'avoir atteinte, on continue vers Pitec, situé à 3 750 m d'altitude, où l'on peut camper. Le lendemain, on poursuit en 4h en remontant la vallée de la Quebrada Quilcayhuanca jusqu'au campement des Olivos (4250 m). Une journée pas très difficile : 15 km de marche. On peut donc en profiter pour visiter la Quebrada de Cayesh dans l'après-midi. Le troisième jour est le plus délicat. On visite la Laguna Tullpacocha (4 350 m), puis on descend 44 km jusqu'à Pitec, soit environ 8h de marche. On revient ensuite à Llupa. A noter que ce trek n'est pas très difficile en soi et conviendra même aux débutants.

### LAGUNA LLANGANUCO ★★

*Via une agence comptez environ S/ 50.*

Ce très beau lac aux eaux vertes est coincé entre trois impressionnants *nevados* : Huandoy, Huascarán et Yanapaqcha. Pour s'y rendre depuis Huaraz, prendre un combi pour Yungay, 1h de trajet, S/ 5. Un autre combi (tous stationnés derrière le Municipio) peut faire les 24 km de route. Au lac, les chauffeurs attendent 1h, ce qui est bien suffisant pour en faire le tour. Llanganuco est une beauté photogénique mais aussi très populaire puisque accessible par la route. Petites barques et stands de nourriture sur place.

On peut aussi effectuer ce trek à pied au départ de la communauté de Huamacchuco ou en dormant au refuge Perú del Pisco de Don Bosco ou au très confortable Llanganuco Lodge. Toutes les agences proposent aussi la journée en mini-van mais nombreux arrêts assez fastidieux et gros groupes. On est aussi bien seuls. Prévoir des manches longues parce qu'ici, bien qu'on soit à 3 850 m, abondent les abominables « *jejenes* », sortes de mouches à la piqûre douloureuse et persistante. Possible de passer à pied par le sentier Maria Josefa qui traverse une belle forêt de quinuals en longeant un torrent pour redescendre si on est logés à proximité ou en excursion privée.

### LAGUNA PARÓN

Situé à 100 km de Huaraz et 32 km de Caraz, ce lac dispose de la plus grande surface de la Cordillera Blanca. Pris entre Artesonraju, Pirámide de Garcilaso et Chacraraju, trois *nevados* qui frôlent les 6 000 m, Parón est, à 4 185 m, dans son écrin sauvage avec ses eaux vertes, l'une des attractions principales du Callejón. Si vous y allez par vous-même, combis qui partent à 7h du marché central jusque Pueblo Parón. Le chemin n'est pas si simple à trouver : normalement 9 km et 4h de marche. Le souci c'est qu'au retour il y a très peu de voitures et ce sont 19 km de Pueblo Paróon à Caraz. Possible de planter la tente au poste de contrôle. A Caraz, nous vous recommandons deux agences. C'est souvent bien plus simple.

### LAGUNA LLACA

Ce superbe lac s'étale au pied des *nevados* Ranrapalca et Oxhapalca, dans un décor sauvage, à 4 000 m d'altitude. Transport et randonnée privés. Isolée.

### PUNTA OLÍMPICA

Montant par la vallée de Ulta qui fraie sa route entre les géants Huascarán et Hualcán, on arrive à un belvédère pris dans les neiges : cette Punta, point le plus élevé de la route Carhuaz-Chacas, à 4 890 m, offre le plus beau panorama existant sur la Cordillera Blanca. La route est entièrement asphaltée, on traverse aussi le tunnel le plus haut du monde taillé dans la roche à 4 732 mètres d'altitude. Possible de dormir dans le magnifique village de Chacas sculpté de la main des missionnaires italiens, ça vaut même vraiment le coup.

## Le trek de Santa Cruz, un des treks les plus célèbres au monde

Empruntant les deux vallées étroites et profondes qui fendent la Cordillera Blanca, ce grand classique s'effectue compte 50 kms en 3 ou 4 jours, avec un guide (à partir de S/ 600 par personne auprès d'une agence comprenant le trajet en bus au départ et à l'arrivée, la nourriture et la tente, faites bien attention au choix de l'agence : les prix bas cachent souvent quelque chose). La route (en voiture donc) passe la Laguna de Llanganuco, pour descendre par el Valle Morococha, jusqu'au hameau de Colcabamba (3 300 m). C'est d'ici que débuta la marche : par el Valle Huaripacapa, planté de quenuales, sous le nevado Taulliraju (5 830 m). On campe alors dans la Quebrada de Paria, à 3 800 m, où il n'est pas impossible de voir, à l'aube, des vigognes, des daims ou un ours à lunettes. Reposé, on monte jusqu'au col de Punta Unión, à 4 750 m (attention au mal des montagnes !), d'où l'on observe comment se fait le partage des eaux entre le Pacifique et l'Atlantique et l'on apprécie l'immaculée blancheur des *nevados* engoncés dans les nuages : Artesonraju (6 025 m), Quitaraju (6 035 m), Rinrijirca (5 800 m). Un chemin préhispanique conduit d'ici à la vallée Santa Cruz ; à droite s'étire la Laguna Taullicocha (le taulli est un arbuste qui prolifère dans la région) ; au loin l'Alpamayo, plus bas, à la confluence des vallées Santa Cruz et Arhuaycocha, le camping où se reposer. Le lendemain, après être passé, à 3 900 m, par les Lagunas Hatuncocha et Ichipcocha où abondent les canards, on arrive au bout du périple au village de Cashapampa, à 18 km de Caraz et l'un des seuls villages du Callejón de Huaylas à avoir échappé au séisme de 1970. On peut aussi partir de Caraz et arriver à hauteur de Yungay.

# HUARAZ

- **Population :** 163 936 habitants.
- **Altitude :** 3 090 m.

Huaraz, distante de Lima de 420 km, est la capitale du département d'Ancash. Détruite quasi entièrement par le tremblement de terre de 1970 (80 000 morts sur la région), la ville continue à panser ses plaies et à se reconstruire, sans retrouver sa beauté coloniale d'antan faite de ruelles et de *casonas*. De larges avenues la traversent, coupées de rues souvent non asphaltées, beaucoup d'immeubles modernes et bétonnés. Ce n'est donc pas sa face disparue qui arrête le visiteur mais son cadre naturel unique, au cœur de cette Cordillera Blanca qui n'en finit pas d'exhiber ses atours. En juillet-août, Huaraz est une ruche bourdonnante dispensant ses doux bienfaits à un nombre sans cesse croissant de visiteurs.

- **La ville vit au rythme d'un calendrier fourni de fêtes**, dont on retiendra le carnaval en février, la Fiesta del Señor de la Soledad début mai ainsi que le Festival del Andinismo (concours de sports de montagne) fin juin et l'Aniversario de Huaraz le 25 juillet, peu de temps avant la fête nationale de l'Indépendance le 28 juillet. De Huaraz partent toutes sortes d'excursions à pied, à VTT ou en escalade. Partez avec une agence de confiance, les chemins sont exigeants.

## Transports

- **Toutes les compagnies de bus** ont leur siège dans les avenidas Raimondi, Fitzcarrald et Tarapacá (ou 27 de Noviembre), et les Jirón Morales, Caraz et Bolívar. Compter 7h pour Chimbote, 8h pour Lima, 9h pour Trujillo. Liaison possible pour Pucallpa mais il faut avoir du temps... et de la chance pour les correspondances à La Unión, puis Huanuco, et Tingo Maria.
- **Les taxis** sont nombreux dans le centre : compter S/ 3 pour une course à l'intérieur de la ville et S/ 8-10 pour les alentours comme Monterrey.
- **Des combis** vous emmènent dans les autres villes du Callejón de Haylas : Monterrey (20 min), Carhuaz, Yungay (1h), Caraz (1h30) pour environ S/ 6. Généralement, les combis partent du bout de l'Av Fitzcarrald.

### CRUZ DEL SUR

Av Bolivar 491
✆ +51 43 380100
www.cruzdelsur.com.pe
Il y a plusieurs départs pour Lima à 11h (en haute saison) et 3 entre 22h et 22h45, compter entre S/ 80 et S/ 120 selon le confort pour 8h de trajet.

### MOVIL TOURS

Av. Confraternidad Oeste 451
✆ +51 43 422555
www.moviltours.com.pe
ventas@moviltours.com.pe
Départs pour Chimbote puis Trujillo (22h20 et 23h15 pour S/ 40-60) et tout le nord ou Lima (9h30, 11h, 14h30 et très nombreux de nuit pour S/ 40-85). On aime le Premier, un super-cama, couché à 180°, pour S/ 115. Intéressant pour ceux qui ne souhaitent pas dormir à Huaraz car Movil Tours relie aussi les villages du Callejón de Huaylas : stop à Carhuaz, Yungay et Caraz. Plusieurs services par jour dans un sens et dans l'autre

- **Autre adresse :** Caraz : Av. 9 de Octubre 332 Pasaje Santa Teresita, ✆ +51 43 391184

*Laguna Paron.*

### OLTURSA

Av. Antonio Raimondi 825
Barrio Cono Aluviónico Este
✆ +51 43 423717
Transports vers Lima à partir de S/ 55 (au 2e étage), et S/ 80 (1er étage), en « cama ». Egalement un bureau de vente (uniquement, pas de départs de cette adresse) à Av. Confraternidad Internacional Oeste 408, ✆ +51 43 220283.

### TRANSPORTES LINEA

Jr Bolívar 450 ✆ +51 43 426666
linea.pe
Départ à 21h pour Chimbote (S/ 25-55), Trujillo (S/ 30-60) et Lima avec un service correct : toilettes, repas chaud et couverture…

### YUNGAY EXPRESS

Car. Carretera Huaraz-Caraz Nro. 67
A Caraz uniquement. Derrière le BCP.
✆ +51 43 391492
Le légendaire bus de jour qui relie Chimbote via le cañon del Pato (c'est plus long mais plus joli) pour S/ 30 ne part plus directement d'Huaraz mais seulement de Caraz. Assurez vous que c'est bien la route via Huallanca. Départs 7h30, 9h, 12h et 20h pour 6 h de trajet. De jour c'est évidemment mieux et plus sûr. Le bus passe aussi par Casma si vous voulez voir Sechin.

## Pratique

- **Indicatif téléphonique :** 043.

## Tourisme - Culture

### IPERU

Plaza de Armas
Pasaje Alonso Martel (Atusparia), Of. 1
✆ +51 43 428812
iperuhuaraz@promperu.gob.pe
*Ouvert du lundi au samedi de 9h à 18h et le dimanche de 9h à 13h.*
Office de tourisme.

- **Autre adresse :** Caseta de Información Turística (parking bus de tourisme) Jr. San Martín cuadra 6 s/n

## Réceptifs

Toutes les agences proposent les mêmes services à des prix quasiment similaires : rafting (d'avril à mai), VTT, excursions dans le Callejón de Huaylas, treks dans la Cordillera Huayhuash, cours d'escalade sur paroi rocheuse ou sur glace, rando à cheval… De quoi occuper les plus sportifs pendant un long moment ! Mais attention, méfiez-vous des arnaques et partez avec quelqu'un qui vous donne confiance. Voici celles que nous recommandons :

**ALPA-K**
Parque Ginebra, Pasaje Oxapalca 656, 4e étage
✆ +51 43 348792
www.alpa-k.org – bertrand@alpa-k.org
Agence de voyages et de tourisme francophone qui propose aussi bien des trekkings, dans la Cordillère Blanche et dans la Cordillère Huayhuash, que des voyages organisés, en groupe ou en privé, dans tout le Pérou. Bertrand, Suisse marié à une Péruvienne originaire de Huaraz, est aux petits soins. Il est l'expert numéro 1 pour vous trouver un guide francophone pour vous accompagner sur place. A Huaraz même, ils offrent l'aide logistique pour les alpinistes venus se mesurer aux sommets et des treks à la carte, de façon responsable, au prix correct pour tous. Ils proposent le populaire Santa Cruz et un autre, alternatif, dans la vallée d'Ishinca, une des plus belles de la Cordillère Blanche, et plus proche d'Huaraz. On y dort en refuge et il n'y a pas de logistique. Il se fait entre mai et fin septembre qui correspond aux dates d'ouverture du refuge Ishinca. Mais ils travaillent surtout via Internet en vendant des circuits complets à la carte et en privé. Ils proposent aussi donc le classique circuit culturel au sud et la découverte du Machu Picchu avec des guides francophones sélectionnés. Ils proposent également un circuit vers le nord à la découverte des cultures chimus et moches.

**ANDEAN SUMMIT**
Psje. Wuamashraju N° 692
Parque Ginebra (face à la Maison des guides)
✆ +51 990221361
www.andeansummit.com
info@andeansummit.com
Une grosse agence sérieuse qui propose des guides en anglais ou espagnol. Trek sur la journée ou de plusieurs jours, grimpes et sommets, balades à cheval, canyoning, VTT, saut à l'élastique... bref l'aventure avec un grand A. Un peu plus cher certes mais sûr.

**DISCOVERY PERU**
Av. Luzuriaga 834
✆ +51 43425689
www.discoveryperu.com
info@discoveryperu.com
Il s'agit de l'agence de Bruno, le Français qui tient depuis des années la pizzeria Bruno. De confiance pour les treks. Il propose aussi la location de camionnettes avec chauffeur pour un voyage personnalisé. On arrive jusqu'à lui par le bouche-à-oreille. Il vient d'ouvrir également un lodge niché au cœur de la cordillère blanche, le Copacabaña, vers lequel renvoie directement sa page.

**PERU QORIANKA**
Jr Huaylas 250 - Centenario Indenpendencia
✆ +51 969 005 051
www.peruqorianka.com
info@peruqorianka.com
Créée en 2011 par un couple de guides, cette agence basée à Huaraz organise des excursions de plusieurs jours dans tout le Pérou. Ils ont également des départs en groupe à date fixe notamment pour les treks dans la cordillère blanche. Expériences chez l'habitant et découverte des coutumes locales sont aussi proposées. En bref, un vaste choix pour organiser votre circuit !

**QUECHUANDES**
Av. Luzuriaga 522, 2e étage
✆ +51 943 562 339
quechuandes.com – info@quechuandes.com
*Agence de voyages spécialisée dans le trekking, l'andinisme et l'escalade sur rocher, ainsi que les visites culturelles. Ouvert du lundi au samedi de 9h à 20h et de 11h à 20h le dimanche. Dispose de 4 chambres d'hôtel, type B&B, ainsi qu'un mur d'escalade.*
Une agence responsable et bien pensée fondée par un guide péruvien et une passionnée de photo belge. pour vous entourer, des guides locaux membres de l'association de guides officiels spécialisés montagne d'Ancash (AGOEMA). Ils proposent toutes les sorties à la journée classiques, plus les treks importants. Possible de faire un package avec différentes sorties sur une semaine par exemple. Responsable.

## Moyens de communication

**INTERNET**
De nombreuses *cabinas* le long de l'avenida Luzuriaga.

**SERPOST**
Plaza de Armas
Avenida Luzuriaga 714
✆ +51 43 421030
*Ouvert du lundi au vendredi de 8h à 20h et le samedi jusqu'à 18h.*

## Santé - Urgences

**CLINICA SAN PABLO**
Jr. Huaylas 172
✆ +51 43 421698
*Comptez minimum S/ 35 la consultation.*
Pour éviter la queue dans les hôpitaux publics, une bonne option.

**POLICE TOURISTIQUE**
Plaza de Armas
✆ +51 43 421341

## Orientation

- **Le centre touristique de Huaraz est assez restreint** : la plupart des touristes se concentrent autour de la plaza de Armas et le long de l'avenida Luzuriaga, quartiers que les locaux semblent éviter... En revanche, si l'on s'aventure quelque peu dans les rues aux alentours, on a de nouveau la sensation d'être au cœur du Pérou, avec ses marchés, ses métiers de rue, ses couleurs et ses odeurs fruitées...
- **Parque Periodista et Parque Ginebra** : deux points clés touristiques ces petites places avec restaurants, terrasses et bars et surtout pas de voitures aux alentours.
- **Le jiron Jose Olaya** est la seule rue qui a résisté au tremblement de terre de 1970. Elle se situe dans le quartier de la Soledad en traversant l'Av. Confraternidad et on peut encore y voir d'élégantes *casonas* coloniales avec une coquette place agrémentée d'une fontaine. Jolie promenade.
- **Le quartier Independencia**, de l'autre côté du río Quilcay, ne présente pas grand intérêt.

## Se loger

La basse saison court de novembre à avril, tandis que de mai à octobre les tarifs grimpent un peu. Nous vous indiquons les deux.

### Bien et pas cher

**ALBERGUE CHURUP**
Jirón Figueroa 1257
✆ +51 43 424200
www.churup.com
info@churup.com
*Compter S/ 45-65 en dortoir, S/ 100-150 la chambre simple, S/ 140-200 la double et S/ 195-285 la triple. Tarifs variables basse-haute saison. Petit déjeuner inclus.*
La famille Quirós-Romero au grand complet (parents et enfants) vous accueille dans sa ravissante auberge, composée de trois dortoirs et treize chambres. On y trouvera salon avec cheminée et canapés, jardin avec hamacs et un coin cuisine où l'on peut feuilleter les classeurs décrivant les différentes excursions à faire dans la région. Service de laverie, dépôt de bagages, wifi et cours d'espagnol. Les prix ont beaucoup augmenté mais le service est de qualité.

**ALOJAMIENTO SOLEDAD**
Jirón Figueroa 1267
✆ +51 43 421196
www.lodgingsoledad.com
info@lodgingsoledad.com
*Compter 15 US$ pour un lit en dortoir, 30 US$ pour une chambre double et 32 US$ pour une matrimoniale avec salle de bains commune, et 40 US$ avec salle de bains privée. Chambre triple 40 US$ avec salle de bains commune et 45 US$ avec salle de bains privée. Réductions en basse-saison. Petit déjeuner inclus.*
Cela fait plus de 15 ans que cette famille accueillante reçoit des visiteurs du monde entier dans sa maison. Les chambres sont classiques mais confortables (avec eau chaude sur demande), le salon est décoré d'une cheminée bien agréable, et il est possible d'utiliser la cuisine. Enfin, en plus de pouvoir déguster un petit déjeuner célèbre pour sa succulente confiture maison orange-papaye, vous pourrez profiter de la jolie vue sur le quartier de La Soledad et sur les cimes enneigées. Service de laverie et dépôt pour les bagages.

**ANDESCAMP LODGE**
Huascar 615
✆ +51 43 423842
www.andescamplodge.com
andescamphostel@gmail.com
*Dortoir S/20-22, double ou matrimoniale S/ 50 sans salle de bains ou S/ 60 avec salle de bains. Petit déjeuner en extra à la cafétéria.*
Une grande auberge agréable pour les *backpackers*. De nombreux espaces communs pour se retrouver et discuter. L'auberge a sa propre agence et organise tout type d'excursion dans la région. Bar sur place, wifi gratuit dans toute l'auberge et service de laverie avec coût.

**CAROLINE LODGING**
Urb. Avitentel. MZ D lote 1
✆ +51 43 422 588
www.carolinelodging.com
carolinelodging@gmail.com
*Dortoir S/ 20 avec salle de bains partagée, S/ 25 avec salle de bains privée, matrimoniale S/ 45 avec salle de bains partagée et S/ 50 avec salle de bains privée, double avec salle de bains privée S/ 65. Petit déjeuner inclus.*
Simple, économique et propre : la formule a son succès et on se le recommande chaudement. Les chambres dans l'annexe du fond sont plus au calme et un peu plus spacieuses, celles du bâtiment principal pour les budgets serrés. Terrasse sur les toits, laverie, salle de tv, cuisine en libre accès et barbecue, échanges de livres. Bref tout ce dont on a besoin. Tito et Anita vous attendent. Ils ont aussi des appartements à louer pour les longs séjours ou volontariats.

**HOSPEDAJE FAMILIAR B&B MI CASA**
Av 27 de Noviembre 773
✆ +51 43 423375
www.micasahuaraz.jimdo.com
*Compter S/ 85 pour une chambre simple, double ou matrimoniale et S/ 110 la triple. Formules à la semaine et au mois. Petit déjeuner inclus.*

Dans cette tranquille et très agréable maison, on bénéficie de l'attention exceptionnelle des hôtes, Alcides (glaciologue qui a étudié en France) et sa femme Francisca. Les six chambres sont simples mais propres et les salles de bains impeccables. Une grande table accueille tout le monde pour le petit déjeuner. De la terrasse sur le toit, la vue est magnifique sur les pics enneigés. Dépôt pour les bagages. Les prix sont intéressants si on veut louer au long cours.

**HOSTAL SCHATZI**
Jirón Simón Bolívar 419
✆ +51 43 423074
contacto@hostalschatzi.com
*Compter environ S/ 50 pour une chambre simple, S/ 70 pour une double et S/ 80 pour une matrimoniale. Cafétéria en extra.*
Les dix chambres, plutôt étroites mais bien tenues avec poutres au plafond et petites fenêtres, donnent toutes sur un joli jardin central où il fait bon prendre le soleil. Les salles de bains privées sont irréprochables. Un grand espace permet de faire sécher sa tente et faire un brin de lessive après un trek. Bonne adresse, tranquille et confortable. Wifi.

**HOSTEL BENKAWASI**
Parque Santa Rosa 928
✆ +51 43 423150
benkawasihuaraz@hotmail.com
*Dortoir S/ 30, simple S/ 60, matrimoniale ou double S/ 90, triple S/ 120. Avec salle de bains. Prix négociables en basse saison. Petit déjeuner inclus.*
Une adresse solide présente depuis des années et aux mains de la famille qui a lancé le Festival de l'Andinismo. Ambiance jeune et bon enfant, chambres simples et pratiques de bonne qualité et propres, tv câblée (sauf dans le dortoir), wifi. Petite terrasse, cuisine, billard, services pour les bagages. Un bon plan.

**HUMBERTO GUESTHOUSE**
Calle las Rudas N° 566
Río Seco
✆ +51 43 771730
www.humbertohouse.com
humbertonaval@hotmail.com
Une petite auberge située à une dizaine de minutes de la ville. Les chambres sont très bien équipées et décorées avec simplicité. Agence sur place pour organiser vos excursions sportives dans la région. Personnel très aimable qui vous fait sentir comme à la maison. Une bonne adresse, bien qu'un peu excentrée.

## Confort ou charme

**LA CASA DE ZARELA**
Jirón Julio Arguedas 1263
✆ +51 43 421694
*Compter 13,50-15 US$ en dortoir. 90 US$ en supérieure avec salle de bains privée. Tarifs variables selon la saison. Petit déjeuner inclus.*
Charmante petite maison où l'on accède aux chambres par des escaliers en colimaçon. Terrasse ensoleillée avec chaises longues et espace pour faire sécher les tentes. Rendez-vous des montagnards, la jeune propriétaire des lieux l'est elle aussi. Wifi, cuisine en accès libre, café-restaurant.

**HOTEL COLOMBA**
Jirón Francisco de Zela 210
✆ +51 43 421501
www.huarazhotel.com
*Chambre simple S/ 180 à S/ 250, double S/ 250 à S/ 320, selon qu'on opte pour standard ou supérieur. Triple S/ 380, quadruple S/ 450, quintuple S/ 500, sextuple S/ 600. Petit déjeuner buffet inclus.*
Sur ses 11 000 m² de terrain et de végétation luxuriante, cet hôtel, dont les fondations remontent à 1903, a rassemblé jardin d'enfants, parking, terrain de foot, gymnase, salle de repos (billard, ping-pong, salle de lecture, wifi...) et même une chapelle ! Un paradis sur terre donc, avec les services de restauration en salle ou dans les chambres. Un établissement qui vaut bien un hôtel de luxe.

**OLAZA'S GUEST HOUSE**
Jirón Julio Arguedas 1242
✆ +51 43 422529
www.olazas.com – info@olazas.com
*Compter S/ 80-110 pour une chambre simple, S/ 100-140 pour une double ou matrimoniale et S/ 140-180 pour une triple. Tarifs basse-haute saison. Petit déjeuner compris.*
Un petit immeuble récent et peint d'un orange lumineux avec des chambres modernes et pratiques disposées autour d'un patio fleuri. Calme, l'établissement propose une immense terrasse avec une vue qui invite à se reposer ou à prendre un bain de soleil, en regardant bien évidemment la magnifique cordillère. Possibilité d'utiliser la cuisine, de laver son linge et d'échanger des livres. Wifi à disposition. Transferts gratuits vers le terminal de bus.

## Luxe

**ANDINO CLUB HOTEL**
Calle Pedro Cochachín 357
✆ +51 43 421662
www.hotelandino.com
andino@hotelandino.com
*Chambre simple S/ 330-430, double entre S/ 420-620 sans-avec terrasse et vue, ainsi*

*que triple, quadruple ou quintuple. Petit déjeuner inclus. Junior Suite à partir de S/ 638. Etrangers, 18 % de réductions (igv).*
Propriété de Suisses amoureux fous du Callejón, ce vaste établissement confortablement équipé, situé sur les hauteurs de la ville, possède plusieurs jardins intérieurs et découvre une vue exceptionnelle sur la chaîne de montagnes. Les chambres avec terrasses sont une invitation au farniente. Certaines disposent d'une cheminée (les plus chères). Le restaurant Chalet Suisse propose des petits déjeuners, déjeuners et dîners de très bonne facture.

#### LAZY DOG INN

Caseria de Cachipampa
✆ +51 943 789 330
www.thelazydoginn.com
*Chambre d'hôtes avec sdb sur le palier à partir de 65 US$. Simple de 80 à 100 US$, matrimonial de 120 à 135 US$, bungalow de 90 à 105 US$ pour une personne et de 130 à 150 US$ pour deux. Les prix incluent petit déjeuner et dîner. Repas extra possible. Option de camping en tipi équipé de 4 lits, 35 US$ avec petit déjeuner et dîner.*
Une magnifique maison de campagne adossée à un minusucule village, à 10 km environ à l'est de Huaraz. On s'y rend en taxi mais ensuite quantité de treks sont à faire sur place dont Churup. Les chambres spacieuses avec cheminées et verrières affichent un style rustique-chic, avec le wifi surtout. Plusieurs options de la petite chambre d'hôte à prix plus doux, bungalows indépendants dans le jardin et depuis peu un tipi de camping. La maison est chaleureuse et accueillante, la cuisine ouverte et la nuit tombée tous se réunissent et se délassent au coin de la cheminée. Parfait pour se relaxer (sauna en accès libre), faire de longues marches ou du cheval. Diana, la propriétaire canadienne, est très investie dans le soutien à l'école du village.

## Se restaurer

Les plats typiques de la région sont la *llunca kashki* (soupe au blé et au poulet), le *pecan caldo* (soupe de tête d'agneau), le *picante de cuy*, le *cuchicanca* (porc rôti), la *pachamanca* (mélange de viande, pomme de terre et maïs cuit sous terre à la mode préhispanique, sur des pierres chaudes recouvertes de feuilles et d'herbes aromatiques). Un autre aliment, le *tocosh*, a aussi une fonction médicinale : il s'agit de pommes de terre en putréfaction qui contiennent une grande quantité de pénicilline, que l'on mange ici en soupe. Vous en verrez au marché, dirigez-vous à l'odeur. Le goût est très spécial mais, après avoir ingurgité une de ces soupes, vous serez à l'abri de toute attaque de grippe pendant quelques années. Attention, il n'est pas vraiment recommandé de manger poisson et fruits de mer à Huaraz, sauf le jour de leur arrivage au marché : le vendredi. Ou la truite fraîche et locale.

### Sur le pouce

#### CALIFORNIA CAFÉ

Jirón 28 de Julio 562
✆ +51 43 428354
Petits déjeuners pas chers, copieux et excellents dans une ambiance décontractée de voyageurs sportifs (petits canapés et magazines de montagne). Nuits sushi les samedis soir, cocktails, gâteaux pour les petits creux, on y trouve toujours quelque chose. Parfait pour rencontrer d'autres voyageurs et échanger ses impressions et bons plans. Ils vendent aussi des cartes topographiques très bien faites.

### Bien et pas cher

Si votre estomac est déjà un peu habitué aux nouvelles saveurs, allez donc prendre un petit déjeuner ou un déjeuner au Mercado Central, à l'angle de l'avenida Raimondi et du Jirón De La Cruz Romero. Dans les rues environnantes, on vous proposera également de délicieux jus de fruits (dont le « *super especial* » avec œuf, algarrobina, papaye et autres ingrédients magiques).

#### LA BRASA ROJA

Av Luzuriaga 915
✆ +51 43 427738
www.facebook.com/labrasarojaperu/
Restaurant assez grand, sur deux étages, qui est toujours plein ! On y mange bien pour pas cher, notamment le traditionnel poulet braisé-frites ou « pollo a la brasa ».

#### CHILI HEAVEN

Parque Ginebra ✆ +51 43 425532
Spécialités indiennes, mexicaines et thaï, d'où le nom du restaurant « le paradis du piment ». Plats de bonne facture épicés comme il se doit, prix corrects, réductions le midi. Service assez lent mais ça passe plus vite sur la terrasse au soleil.

#### EL FOGON

Av. Luzuriaga 928 ✆ +51 43 421267
Plats de viande, *parrillas* et pâtes, menus à petits prix le midi, très bonne relation qualité-prix, populaire et à juste raison.

#### MI COMEDIA PIZZERIA

Av. Centenario 351, Independencia
Al Frente de la Unasam
✆ +51 43 587954
Un vraie pizza italienne et des lasagnes presque aussi fondantes. Le local est classique mais la qualité des pizzas en fait l'incontournable de la ville quand il s'agit de se faire un petit plaisir réconfortant. Une petite Nutella-glace à partager en dessert ?

### RECREO PILATOS

Jirón Cochachín 146
✆ +51 43 422444
*Ouvert uniquement à midi, de 12h à 16h. Réservation souhaitée.*
On y sert de savoureux *llunca de gallina* et *picante de cuy*, dans le cadre populaire d'un patio-terrasse et dans une animation bon enfant. Il faut grimper pour y arriver, mais ça en vaut la peine. Typique mais le choix est réduit. Pour ceux qui cherchent quelque chose de 100% traditionnel.

## Bonnes tables

### BISTRO DE LOS ANDES

Plaza de Armas
Av Luzuriaga 702, 2ndo piso
✆ +51 43 429556
https://bistrodelosandes.com
*Compter de S/ 15 à S/ 30 pour un plat.*
La carte est bien fournie : spécialités internationales (comme la raclette ou le poulet au curry) et nationales (*ají de quinua* ou truite), ainsi qu'une grande variété de desserts. La cuisine concoctée par le couple franco-péruvien, Michel et Lola, est soignée et servie généreusement. Echange de livres anglais, allemands et français. Michel, qui maîtrise les langues des livres qu'il échange, peut également organiser pour vous des cours d'espagnol. Il a sa propre agence de voyages spécialisée en trekking et pêche sportive (www.perouvoyages.com).

### CAFE ANDINO

Calle Lucar y Torre 530
(3e étage)
✆ +51 43 421203
cafeandino@hotmail.com
*Ouvert tous les jours de 9h du matin à 10h du soir.*
Un endroit très populaire chez les voyageurs qui aiment refaire le monde ou leur trek dans de larges fauteuils en écoutant de la musique occidentale. Le décor y est aussi pour beaucoup : chouette mezzanine, cheminée, bibliothèque, photos, cartes de voyages... Wifi. L'entrée est décorée d'un logo représentant une montagne rouge enneigée. Du matin au soir, une carte alléchante et légère avec sandwiches, salades, café, desserts et toujours quelque chose de tentant du petit déjeuner au dîner. Attention, risque d'addiction.

### CRÊPERIE PATRICK

Avenida Luzuriaga 422 ✆ +51 43 426037
patrick_berc@hotmail.fr
*De 16h à 22h30. Fermé le dimanche hors saison. Compter S/ 30 pour un plat.*
On mange ici, pour des prix raisonnables, des plats français de qualité (civet de lapin au vin, raclette, fondue, choucroute), des crêpes dont on choisit soi-même les ingrédients, ainsi que quelques spécialités régionales (*cuy* ou *alpaca* bourguignon). Patrick, installé à Huaraz depuis 1986, vous fera aussi goûter ses propres confitures (granola, pisco, moutarde...). Ici on vient dîner et bavarder. A la française quoi.

### PIZZA BRUNO

Jirón Luzuriaga 834 ✆ +51 43 425689
*Ouvert de 16h30 à 22h30. Compter S/ 30.*
Bruno, marin-chef cuisinier français, tombé amoureux des montagnes péruviennes (peut-être à cause de sa femme), prépare d'excellentes pizzas, pâtes, crêpes, pâtisseries mais aussi des viandes délicieuses (steak au poivre par exemple). Par ailleurs, les toilettes des femmes sont une curiosité du restaurant. Bon service. Bruno organise aussi des treks, loue des 4X4 à la journée et possède maintenant son lodge à Carhuaz avec un joli nom en forme de clin d'œil : le Copacabaña Lodge.

### TRIVIO

Parque Del Periodista ✆ +51 43 220416
www.triviorestobar.com
Deux projets audacieux qui ont fusionné : le restaurant du chef belge Kristof et la première adresse centrale de la bière artisanale Sierra Andina née ici même. Le tout nous donne un lieu différent, ouvert toute la journée et qui propose de solides petits déjeuners et un café bio de Chachapoyas (Shuqush), un menu le midi à petit prix, des crêpes, l'incroyable carbonade flamande à la bière brune locale, pâtes fraîches, quiches, tartes, soupes et salades. Plus tard, bar avec terrasse. De bonnes ondes.

## Sortir

### 13 BUHOS

Parque Ginebra
Un bar relax et très agréable qui propose toute une gamme de bières artisanales, des burgers qui font chaud au cœur et un billard pour se relaxer entre amis. Ambiance boisée et agréable. Ils ont une terrasse qui donne sur un parc arboré. Menus locaux à S/ 10 le midi et en terrasse s'il vous plaît. Lucho et son équipe font l'unanimité. Le 2e étage est un restaurant proposant viandes grillées et frites.

### BONUS TRACK

Jr. Julian de Morales 767
Parque del Bombero
Musique live les fins de semaine pour une ambiance jeune et fétarde. Des drapeaux et des pochettes de disque aux murs, un bon son, des cocktails : une bonne formule.

### JOSHE PIZZA BAR

Av Luzuriaga 646
2e étage
Longtemps était ici le mythique X-Treme Bar. Nouvelle équipe, nouvelle ambiance : on grignote des pizzas au feu de bois, écoute du rock et boit une bonne bière avec un décor de vinyles du sol au plafond. Ici c'est chez Joshe alias Le Rocher pour les intimes.

■ **EL TAMBO**
Jr José de la Mar 776
1er étage de la Taberna El Tambo
*De 10h à au petit matin.*
Ambiance décontractée, populaire et musicale (groupes en live). « *Quien come y bebe en este bar solo muere de viejo* » (« Celui qui mange et boit dans ce bar mourra vieux »). Mais mourra quand même… L'un des spots évidents où faire la fête toute la nuit. Au 1er étage un snack bar plus lounge et en bas la disco, la vraie.

## À voir – À faire

■ **FERIA ARTESANAL**
Plaza de Armas
Beaucoup de bijoux, de ponchos, de bonnets et de gants... Cusco reste meilleur marché pour l'artisanat car c'est souvent produit localement.

■ **LAGUNA WILCACOCHA**
Balade dans la cordillère noire. 10 minutes de combi sur la route principale vers le sud puis 1 à 2h de montée pour le lac. Mieux vaut y aller un jour sans nuages pour profiter du panorama sur la cordillère blanche.

■ **MARCHÉ**
Angle de l'av Raimondi et du Jr De La Cruz Romero
Très animé, très coloré, très bruyant : un marché andin comme on en rêve. Les indigènes portent fièrement costume traditionnel et chapeau de paille ou de feutre, à ruban noir étrangement plissé en forme d'éventail. On y trouve tout ce que la vallée produit en fruits et légumes.

■ **MIRADOR DE RATAQUENUA**
On monte par l'avenida de la Confraternidad Este jusqu'au cimetière (où l'on peut lire, gravée sur la pierre, l'histoire tragique du Callejón de Huaylas entre le séisme du 31 mai 1970, les accidents dans lesquels périrent des andinistes, et le massacre des militants de l'APRA en 1931…). On continue par el Pedregal pendant 2 km. On a là, au détour d'un virage, une vue époustouflante sur la Cordillère et ses volcans aux neiges éternelles. Pour raison de sécurité, il est fortement déconseillé d'y venir la nuit, ou alors en groupe seulement.

■ **MUSEO ARQUEOLÓGICO DE ANCASH**
Plaza de Armas Av Luzuriaga 762
✆ +51 43 421551
*Ouvert du mardi au vendredi de 9h à 17h15 et samedi de 9h à 14h15. Entrée S/ 6.*
Ce musée n'expose que peu de pièces de la culture recuay (200 à 600 apr. J.-C.), mais toutes sont d'une grande valeur, qu'il s'agisse de céramiques, d'ustensiles ou de momies. A l'extérieur, vous pouvez vous promener dans un étonnant jardin (c'est le plus grand de ce type en Amérique du Sud) qui abrite 140 monolithes chavín. Une flânerie qui invite à la réflexion...

## Une idée de trek

A Huaraz, les cartes de randonnées sont chères, mais elles sont souvent affichées (dans les hôtels, auberges, bureaux des guides, etc.) et on peut les prendre en photo puis les imprimer.

■ **TREK DE QUILCAYHUANCA**
*Durée : 3 jours. Randonneurs confirmés.*
Ce trek présente l'avantage d'être proche de Huaraz mais d'offrir une solitude quasi-totale. Le départ est identique à celui du trek du lac Churup. Compter S/ 70 en taxi jusque Pitec et S/ 90 jusqu'à l'entrée de Quilcayhuanca. Attention, ce circuit n'est pas de tout repos ! Le 1er jour, on remonte la vallée pour poser le camp à 4 200 m (5h de marche), puis 1h30 de plus pour l'aller/retour au lac situé juste en haut. Ne partez pas sur la gauche sinon vous remonterez la moraine et vous arriverez au-dessus du lac.Le 2e jour (7 à 8h de marche), il faut monter encore afin de passer un col à 5 100 m et basculer dans la vallée au nord-ouest. Repérez-vous et suivez bien les cairns à la montée, pour ne pas perdre le sentier. A la descente, bien raide, faites également attention à bien repérer votre chemin. Ce passage est périlleux et ne convient pas à tous. Enfin, posez le camp dans la vallée, à 4 300 m, pas loin de la rivière.Pour le 3e et dernier jour, rien de difficile ne vous attend. Il faut descendre tranquillement la courbe de la vallée (environ 5h) Enfin, à la sortie du parc, vous avez deux possibilités : à gauche, vous rejoignez le parking pour le lac Churup et priez pour qu'une voiture s'arrête et vous ramène, ou à droite, vous descendez à pied jusqu'à Marian (2h de plus). Ce trek assure une solitude maximale mais nécessite de l'expérience et une bonne condition. La vue sur les sommets vierges de la cordillère blanche est tout simplement magique !

### IGLESIA DE LA SOLEDAD

Plazuela del Señor de La Soledad

Construite après le tremblement de terre de 1970, cette église du quartier de La Soledad a été érigée en hommage au « Seigneur de la Solitude », patron de la ville de Huaraz, dont elle abrite une représentation datant de la fondation de la ville, au XVIe siècle.

### PARQUE DE PERIODISTA

Calle Julian de Morales

Ce « parc des journalistes » est une petite place sympa, avec fontaine et restos en terrasse tout autour, juste derrière l'avenida Luzuriaga (petit passage entre les n° 629 et 635).

### PISCIGRANJA DE TRUCHAS

Av Noreste Rio Quilcay

A 30 min de marche du centre, après le pont sur le Rio Quilcay.

*Entrée S/ 1. Ouverture tous les jours de 9h à 13h et de 15h à 17h.*

Vous y découvrirez les différentes étapes de la vie d'une truite, de l'œuf à l'âge adulte, avant qu'elle ne se retrouve dans votre assiette. Agréable restaurant pour les goûter en contrebas. Continuez après la rue José Olaya, la seule préservée du tremblement de terre. Une sympathique promenade.

## Sports - Détente - Loisirs

### CASA DE GUIAS

Parque Ginebra 28 G

✆ +51 43 721811

www.agmp.pe

contacto@agmp.pe

Une adresse indispensable pour préparer une excursion avec les guides de haute montagne, acheter une carte topographique ou demander un simple conseil. On peut y dormir, manger une pizza et boire un verre. Une adresse devenue quasiment une agence de voyages-restaurant comme les autres.

### MONTTREK

Av Luzuriaga 646, 2ndo piso

✆ +51 43 421124

www.monttrek.com.pe

monttrek@terra.com.pe

*Ouvert 7j/7.*

Ils sont les gros du marché local et leurs groupes sont importants en taille pour réduire les coûts. On les choisira plutôt pour les sorties parapente (en tandem dans la Cordillera Negra), rafting (niveau III à V), VTT et escalade. Leur trek à Santa Cruz ou la Cordillera Huayhuash sont les moins chers du marché, avec un service en conséquence : guides peu causants, services basiques.

## La Cordillera Huayhuash, l'un des plus beaux treks du monde

Située à 50 km au sud-ouest de la Cordillère blanche, la cordillère Huayhuash s'étend sur 30 km du nord au sud. Ses 7 pics au-dessus de 5 500 m ainsi que 7 autres au-dessus de 6 000 m sont tous aussi anguleux les uns que les autres. Son plus haut sommet, le Yerupajá, culmine à 6 634 m, occupant ainsi la deuxième place, après le Huascarán, des sommets péruviens. Le paysage sur lequel se détache cette cordillère est bien différent de celui de la cordillère Blanche caractérisé par ses canyons profonds et étroits. Ici on se trouve dans de grands espaces avec, à l'est, des petites arêtes rocheuses hautes de 600 m et surplombant la vallée visitée par des troupeaux de vigognes. Au pied des pics de la Cordillère se succèdent de magnifiques lacs turquoise où l'on pourra s'approvisionner en truites. Huayhuash représente un excellent exemple de l'écosystème des hautes Andes.

La faune et la flore y sont similaires à celles de la cordillère Blanche quoique moins perturbées, donc plus sauvages, et concentrées sur des surfaces plus petites. Les lacs sont l'habitat de nombreux oiseaux, sédentaires comme migrateurs, et les forêts de la partie ouest abritent des espèces rares en voie de disparition. Vous pourrez, avec un guide et des ânes, effectuer un trek d'une durée minimale de 9 jours et, si votre temps n'est pas trop compté, parcourir les 160 à 190 km du magnifique circuit autour de la Cordillère, le tout exigeant naturellement une très bonne condition physique. Ce trek est considéré par certains, après celui de l'Himalaya, comme le deuxième plus beau du monde.

## Le mal des montagnes, ça vous gagne...

- **Avant de vous lancer dans une expédition**, assurez-vous d'être bien préparé à l'altitude. Si vous arrivez de Cusco ou de Puno, pas de problème. En revanche, si vous venez directement de Lima, acclimatez-vous doucement aux hauteurs andines en restant quelques jours au calme à Huaraz. Des pharmacies prescrivent aussi quelques médicaments contre le *soroche* à titre préventif.
- **Prenez le temps de faire le tour des agences !** Les conditions de trek (salaire des porteurs et cuisiniers, qualité de la tente et du duvet, parcours choisi, nombre de personnes...) doivent rentrer en ligne de compte en plus des tarifs pratiqués.
- **Prévoyez quelques barres de céréales** (les magasins sont bien achalandés à Huaraz) dans votre sac à dos, mais aussi des pilules pour purifier l'eau (essayez de vous en procurer auparavant car c'est une denrée extrêmement rare au Pérou). Et, bien sûr, n'oubliez pas les incontournables crème solaire et lotion antimoustiques.

**MOUNTAIN BIKE ADVENTURES**
Jiron Lucar y Torre 525
2e étage © +51 43 424259
www.chakinaniperu.com
julio.olaza@gmail.com
Pour les fous de VTT, le propriétaire Julio Olaza propose des excursions sur des VTT de qualité et met l'accent sur la sécurité : casques et guides expérimentés ne vous lâcheront pas. Excursions de plusieurs jours et trekkings également.

**SKYLINE ADVENTURE SCHOOL**
Pasaje Industrial #137
Barrio de Cascapampa © +51 43 427097
www.skyline-adventures.com
info@skyline-adventures.com
L'un des spécialistes pointus de la grimpe. Ils ont une école d'escalade avec des séjours de 6 à 12 jours et organisent aussi une formation aux premiers secours pour les guides locaux. Avec eux, treks à date fixe et super préparation. Ils vous prennent en charge depuis l'arrivée à Lima et l'ensemble du séjour sur place (hors des repas dans la ville). Ils ont aussi un circuit spécial pour les enfants. Une formule sûre. Guides en anglais et espagnol, français possible mais les guides sont peu nombreux. Beaucoup d'Anglais et Américains.

## CHAVÍN DE HUÁNTAR ★★

Depuis 1985, le site archéologique de Chavin est inscrit au patrimoine culturel de l'humanité de l'UNESCO. Le terme de Chavín vient de la notion quechua de *chowpin*, qui signifie « le centre du centre ».

**SITIO ARQUEOLOGICO DE CHAVÍN DE HUÁNTAR** ★★
*De nombreuses agences organisent la visite, avec un arrêt à la Laguna de Querococha, pour environ S/ 40 par personne. On peut aussi emprunter les bus locaux, plus lents, et dormir (sommairement) à Chavín. Compter 7h de route aller-retour avec un trajet magnifique, mais pas de tout repos. Le site est ouvert de 9h à 17h. Entrée : S/ 10. Fermé le lundi.*
Après une centaine de kilomètres de Huaraz, par une route en mauvais état, on accède, à 3 200 m, à un complexe archéologique qui fut, durant le premier millénaire de notre ère, le plus important centre cérémoniel de la Cordillère. On y déambule d'une place à une esplanade et l'on débouche d'une pyramide abritant des galeries souterraines, décorées à l'origine de bas-reliefs, sur des salles où furent érigés des monolithes gravés d'étranges figures. L'édifice principal, el Castillo ou Grande Pyramide, de 75 m de longueur et 13 m de hauteur, est composé de trois terrasses de granite superposées. Au-dessous, galeries, couloirs et chambres enterrées communiquent par des escaliers et des rampes ; à l'extérieur, un portique est formé de deux colonnes cylindriques, sculptées de figures d'oiseaux. La corniche, également ouvragée, porte huit condors ou faucons stylisés (on notera que tous regardent vers la droite, sauf un dont la tête est tournée à gauche).
En face a été dégagée la place sur laquelle se dressait l'Obelisco Tello visible au musée. *El Templo del Lanzón*, à l'intérieur de la Grande Pyramide, est l'édifice le plus ancien de l'ensemble puisqu'il date de 1200 av. J.-C. On peut y voir une pierre haute de 5 m, d'une étrange beauté brute, figurant un personnage à tête de félin et à la chevelure faite de serpents.
Visite à compléter avec le Museo Nacional de Chavín qui se situe à l'autre bout de la ville, où l'on trouve céramiques et outils mais surtout l'Obelisco Tello original et une intéressante collection de *pututos*, gros coquillages utilisés en soufflant fortement dedans pour appeler à la ronde.

### TREK OLLEROS-CHAVÍN

*Durée : 3 jours. Chemin classique, accessible à tous.*

Sautez dans un combi jusqu'à Olleros. De là, remontez la vallée jusqu'à 4000 m (environ 5h de marche) pour poser le premier camp. Le lendemain, continuez la remontée de la vallée pour passer un col à 4700 m, et établissez votre bivouac à 4400 m (ou encore un peu plus bas). Le surlendemain, poursuivez la descente de la vallée jusqu'à Chavin. C'est le passage le plus joli. On peut observer le changement de végétation au fur et à mesure de la descente, ainsi que l'évolution des conditions de vie humaine au fil de l'ascension (qui devient très rude en haut). On peut aussi l'effectuer dans l'autre sens. Dans ce cas, dans l'excellente caféteria-restaurant Buongiorno, à la sortie du site archéologique, ils peuvent vous fournir une carte ou vous aiguiller.

## WILCAHUAIN

A 7 km au nord-est de Huaraz (35 min en voiture ou 3h à pied), vous trouverez un site de culture préinca wari qui date de 900-1200 apr. J.-C. Ce site se divise en deux ensembles : un édifice pyramidal de trois étages, avec *cabezas claves* (pierres clés taillées en forme de visage) et pièces taillées en sous-sol. A 300 m se trouve un groupe d'habitations parfaitement conservées dans lesquelles on pénètre courbé pour visiter l'enfilade de pièces (emporter une lampe de poche). Le chemin qui grimpe à travers la campagne permet d'aller à la découverte des villages où la compagnie des porcs est aussi fréquente que celle des hommes. Arrivé au site après 3 heures de marche, on apprécie une pause face aux *nevados* Ranrapalca et Oxhapalca. Le chemin, immédiatement à la sortie de la ville, sur la droite, est signalé par un panneau, ensuite mieux vaut parler espagnol et demander la route. Une bonne balade pour s'acclimater, le site en lui-même est petit. Entrée S/ 5, fermé le lundi. Taxi S/ 25.

## MONTERREY

Ce village situé à 7 km au nord de la ville sur la route de Carhuaz (S/ 1 en *colectivo* et S/ 5 en taxi) mérite un arrêt pour ses thermes (entrée : S/ 4 la piscine commune et S/ 6 la petite piscine privée, ouverture de 6h à 17h). On se baignera dans les deux piscines aux eaux rouges ferrugineuses à 50 °C, aux vertus soi-disant curatives pour les rhumatismes, la dépression et les douleurs musculaires ; ou en louant une petite piscine privée. Le site pourrait être grandement amélioré, mais ça délasse !

### EL PATIO DE MONTERREY

Carretera Huaraz-Caraz (km 6)
✆ +51 43 424965
elpatio.com.pe – reservas@elpatio.com.pe
*Chambre simple 85 US$, double 103 US$, triple 129 US$, quadruple 154 US$, bungalow familial avec cheminée 180 US$. Petit déjeuner inclus.*

A quelques mètres des sources thermales de Monterrey, cet hôtel de 25 chambres est situé dans un cadre privilégié, en pleine campagne. De style rustique, alliant divers matériaux naturels, il a tout pour plaire : salles de bains avec baignoire, salle à manger, salons avec TV et cheminée, parking et un accueil exceptionnel. wifi. Service de petit déjeuner et dîner.

## CARHUAZ

A 32 km de Huaraz, toujours dans le département d'Ancash, la petite ville de Carhuaz Borrachera (« ivresse »), à 2 645 m d'altitude, n'a conservé, après le drame de 1970, que quelques *casonas*, rappelant son lustre d'antan. Au pied du Hualcán (6 150 m), comparable en puissance au Huascarán, Carhuaz est encaissée entre les *nevados*.

- **Peu de chose à apprécier en dehors de son impressionnant cadre naturel**, si ce n'est la petite Plaza de Armas avec sa touchante fontaine ainsi que sa nouvelle cathédrale, assez laide mais qui abrite un Christ en croix du XVIIIe siècle, digne représentant de l'école de Séville. Les fêtes de la Virgen de las Mercedes, célébrées la deuxième quinzaine de septembre, sont l'occasion de processions, de danses, de défilés de personnages mythiques et de corridas.

### Transports

- **A mi-chemin entre Huaraz et Caraz**, il vous faudra une heure pour vous rendre à votre destination dans un sens ou l'autre en *colectivo* pour S/ 5.
- **En direction de Chacas**, de l'autre côté de la Cordillera Blanca, il y a deux ou trois transports (*colectivo* ou camion) chaque jour. La route est désormais goudronnée. Le point culminant est la Punta Olímpica, d'où la vue sur les montagnes environnantes est à couper le souffle ; si vous désirez visiter ce point de vue en une journée, louez un taxi (30 US$ environ) ou allez en combi jusqu'à Shilla et, de là, marchez environ pendant 4h. Chacas possède un centre italien de développement de l'artisanat, Don Bosco, dirigé par une congrégation religieuse.

C'est une ville magnifiquement préservée et hors des sentiers touristiques classiques. Petits hôtels et restaurants. Infos sur www.chacasperu.com.

## Pratique

- **Indicatif téléphonique :** 043.

## Se loger

### COPACABAÑA LODGE

Ruta Marcará-Copa Grande Km.10
✆ +51 981682134
www.lodgecopacabana.com
*Matrimonial 117 US$, triple familial 143 US$, cabane familiale avec baignoire 234 US$, petit déjeuner et dîner inclus.*
Cette construction moderne plantée au cœur d'une forêt et surplombé de montagnes est gérée par Bruno qui possède une pizzeria à Huaraz, référence des guides de voyage depuis des années. Ici on pose son sac au vert et on se relaxe confortablement. Les chambres sont vastes et mêlent briques et matériaux bruts. Certaines ont vu sur le Copa, le glacier qui protège les lieux. Plusieurs chambres sont familiales. Le dîner est inclus et la cuisine familiale. D'ici la même équipe peut vous organiser différentes marches ou balades vers le Copa ou les lagunes voisines. Profitez-en pour découvrir des endroits moins touristiques comme la laguna Rajucolta ou Auquiscocha.

### HOSTAL LA MERCED

Jr Ucayali 724 ✆ +51 43 394241
hostallamerced@hotmail.com
*Compter S/ 30 par personne pour une chambre*
Chambres agréables avec TV câblée et salle de bains, décorées avec moult figures religieuses.

### HOTEL EL ABUELO

Calle 9 de Diciembre 257 ✆ +51 43 394456
elabuelohotel.com
*Compter 60 US$ la chambre simple, 77 US$ la double et 82 US$ la matrimoniale (lit king), petit déjeuner compris.*
L'hôtel le plus moderne, mais aussi le plus cher. Le jardin sur l'arrière est joli, la literie est confortable et l'ensemble globalement satisfaisant avec des possibilités d'excursions (rando à pied et à cheval). L'établissement se revendique *eco & bird friendly*. A noter que le restaurant est sans doute le meilleur de la ville. Mais face aux lodges qui ont fleuri dans les environs il manque un peu de caractère.

### MONTAÑA JAZZ LODGE

✆ +51 43 630023
www.montanajazzperu.com
Bus desservant Carhuaz et Caraz dans la Vallée Callejón de Huaylas.
*Petit bungalow-duplex pour 4 : S/ 360 avec salle de bains, 2 bungalows pour 4 personnes : S/ 425 avec salle de bains et cuisine, duplex-bungalow pour 5 personnes : S/ 500 avec salle de bains, cuisine et cheminée.*
Populaire chez les Liméniens, ce lieu propose des bungalows dressés dans un bout de campagne bien sympathique, à 5 minutes de la ville en voiture. Un bon camp de base, confortable, pour explorer les lagunes alentour ou prendre la route de Chancas et San Luis, de l'autre côté de la cordillère, dans le Callejon de Conchucos. Plusieurs restaurants champêtres dans les environs. Cuisine dans les bungalows. Un hébergement original !

## Se restaurer

Mis à part le restaurant de l'Hostal Abuelo, la plupart des établissements font plutôt figure de cantines pour les groupes de passage. Sinon, on peut dénicher de nombreux glaciers, comme le café Heladeria El Abuelo sur la plaza de Armas.

## À voir – À faire

### QUEBRADA DE BRUJA ARMANAN

Cette balade d'une vingtaine de minutes mène à la « cascade où se baignent les sorcières ». On y voit un « árbol Pati », l'un des rares spécimens encore vivants de cet arbre en voie de disparition.

# YUNGAY

- **Population :** 20 070 habitants.
- **Altitude :** 2 548 m.

Cette ville du département d'Ancash, située à 60 km de Huaraz et à 10 km de Caraz, est celle qui a le plus souffert en 1970. En effet, le séisme provoqua le décrochement du glacier qui surplombe la ville et l'avalanche de glace et de boue acheva de la détruire, à l'exception de la statue du Christ à l'entrée du cimetière et des quatre palmiers de la Plaza de Armas. A l'époque, des 23 000 habitants, seuls survécurent 300 enfants d'une école située plus à l'écart. Aujourd'hui, le Campo Santo évoque le souvenir du drame. Yungay, reconstruite à quelques centaines de mètres, est un perpétuel chantier qui, on le devine, ne s'achèvera jamais.

## Pratique

- **Indicatif téléphonique :** 043.

### POLICE

✆ +51 43 393300
*Ouvert 24h/24.*

### SAUVETEURS DE HAUTE MONTAGNE

Av Arias Grazziani ✆ +51 43 793333
*Ouvert 24h/24.*

## Se loger

Une adresse pour la nuit : l'hostal Gledel (avenida Graziani, ✆ +51 43 393048), neuf et confortable ; S/ 20 par personne en haute saison. Plus intéressant, c'est d'ici qu'on rejoint Humacchuco pour une expérience de tourisme communautaire, ou le Llanganuco Mountain Lodge pour être au cœur des massifs sans renier le confort.

## Se restaurer

Pour vous restaurer, allez sur la place principale ou au marché où de nombreuses échoppes proposent une cuisine pas très variée, principalement à base de poulet.

## À voir – À faire

### CAMPO SANTO

A 2 km de la ville reconstruite.

*Ouvert tous les jours, de 8h à 17h Entrée : S/ 5.*

Un lieu saisissant, qui permet de voir comment ce village a été purement et simplement rasé le 31 mai 1970 par le tremblement de terre. Quelque 18 000 personnes sont mortes en quelques minutes. Restent encore quelques vestiges : carcasse d'un bus, troncs de palmiers ou pierres d'une église. Un peu plus loin, le cimetière est un lieu très fréquenté par les habitants qui viennent se recueillir ou admirer le Chist qui domine le site par sa taille et sa pureté.

# CARAZ ★

- **Population :** 15 000 habitants.
- **Altitude :** 2 256 m.

Ce gros bourg du département d'Ancash est situé au bout du Callejón (et de la route goudronnée), à 65 km de Huaraz. Ayant mieux résisté au séisme de 1970 que les autres agglomérations de la vallée, il conserve l'indéniable cachet que lui donnent ses ruelles étroites, son climat chaud et sec, sa situation entre les deux cordillères et la présence impressionnante du Huandoy culminant à 6 300 m. Connue pour sa douceur (« Caraz, dulzura »), la ville peut être un excellent camp de base pour les randonneurs et les andinistes. Bien plus calme que Huaraz et proche de nombreux treks. Nous, on irait bien directement à Caraz... Sa spécialité culinaire est le *manjar blanco*, une friandise à base de confiture de lait : il faut bien justifier sa réputation de douceur !

- **A seulement 22 km au nord de Caraz**, le cañon del Pato offre des pics à 1 000 m de profondeur ! On peut s'y rendre en route pour Chimbote avec la compagnie de bus Yungay Express. Autre curiosité : la laguna Paron, à 32 km de Caraz. Possibilité d'excursions. Se renseigner auprès des agences. Enfin c'est le point de départ idéal pour la route Los Cedros-Santa Cruz qui contourne l'Alpamayo.

## Transports

C'est d'ici que part le Yungay Express pour Casma et Chimbote via le Cañon del Pato. Des bus comme Movil Tours desservent aussi Caraz directement en passant par Huaraz. Voir section Transports Huaraz.

Si vous venez d'Huaraz, 2h environ de combi.

- **Les compagnies de bus régionales** s'arrêtent à deux cuadras de la Plaza de Armas, dans les rues Sucre, Villar et Cordova.

## Pratique

- **Indicatif téléphonique :** 043.

### BANCO DE CREDITO

Jirón Villar 217

### OFICINA DE TURISMO

Plaza de Armas

Installé dans l'immeuble « el municipio », cet office saura vous donner des brochures et des conseils pour partir découvrir la région.

### SERPOST

Jirón San Martín 909

*Ouvert du lundi au samedi de 8h à 12h et de 14h à 18h.*

Attention suspendue lors de notre passage.

## Se loger

### APU ECOLODGE CARAZ

✆ +51 995 194 288

ecastillo@apuecolodge.com

*Appartement pour 2 personnes : S/ 150, pour 3 S/ 200, pour 4 S/ 250. Maison pour 5 personnes : S/ 400, pour 6 S/ 450, pour 7 S/ 500.*

De belles maisons blanches en briques au milieu des champs. Tous les bungalows-maisonnettes ou appartements pour être plus exacts (il y en a 8 en tout d'une capacité de 4 à 7 personnes) ont salle de bains, cuisine, réfrigérateur et salle de séjour. Idéal pour les familles ou groupes d'amis. Jardin bio, pizzas maison certains soirs, jeux pour les enfants. Nombreuses balades, escapades en VTT, rafting ou treks sont à prévoir : la vue à 360° sur la vallée verte et les sommets au loin vous mettra l'eau à la bouche. Erick, qui parle français, effectue des allers-retour entre Lima et son coin de paradis et connaît bien la zone. Mieux vaut réserver quelques jours à l'avance.

■ **CAMPING GUADALUPE**
Km 266 Barrio San Miguel
✆ +51 943 689 086
A 2 km au sud de Caraz.
*S/ 15 la nuit par personne.*
Un bon plan pour les camping-cars ou voyageurs en tente à moto par exemple. Cet immense espace vert est juste à côté de la maison de Jaime, le propriétaire qui vit là. Douche, eau chaude et toilettes. Espace cuisine à partager.

■ **LOS PINOS LODGE**
Pasaje 9 # 116
Barrio Yanachaca
✆ +51 43 391130
reservas@lospinoslodge.com
*Compter S/ 150 pour une chambre simple, S/ 170 la matrimoniale, S/ 180 la double, S/ 280 la suite. Petit déjeuner inclus.*
Une bonne adresse. Excellent accueil de Luis, très chaleureux et disponible. Son agence est très bien également. Il a considérablement amélioré l'endroit et les chambres douillettes ont désormais toutes une salle de bains privée avec eau chaude, TV écran plat, wifi. Les suites ont une vue sympathiques. Elegant, boisé, dans la ville mais champêtre. DVD en libre accès, librairie, restaurant le soir et bar, parking. Lors de notre passage, il louait et gérait le Caraz Backpacker, tout proche, à S/ 20 par personne, une bonne option également.

## Se restaurer

### Bien et pas cher

■ **CAFE LA TERRAZA**
Jr Sucre 1107
✆ +51 43 301226
*Ouvert de 8h à 22h. Fermeture le samedi. Plats à la carte à partir de S/ 20. Menu le midi à S/ 8-10.*
Une cafétéria avec une jolie terrasse intérieure remplie de plantes vertes et des tables de bistrot. Toutes sortes de plats classiques péruviens, des sandwichs, des quiches et même de savoureuses crêpes. Populaire. Le menu du midi à petits prix et frais est un bon plan.

■ **ENTRE PANES CAFÉ HOUSE**
Jr. San Martin 211
*Ouvert de 12h à 16h et de 19h à 22h. A la carte à partir de S/ 15.*
Une nouvelle petite cafétéria pimpante. Derrière sa façade blanche et bleue se cache un petit espace intérieur accueillant proposant une cuisine de bonne qualité et fraîche, avec *lomo saltado* et frites maison, dinde fumée, hamburgers, sandwichs, jus, café et gâteaux (ah, le cake carotte-noix de pécan). Le service est un peu lent mais « tout ce qui est bon se fait attendre », vous prévient-on. Bières artisanales et cocktails pour patienter dans une bonne ambiance. Et comme le dit l'ardoise : ici, pas de wifi, parlez-vous.

### Bonnes tables

■ **CAFE DE RAT**
Jiron Sucre 1266 – Plaza de Armas
✆ +51 43 391642
*Ouvert tous les jours, de 8h à 22h. A la carte, à partir de S/ 25.*
Un vrai café pour voyageurs avec décor boisé et détails chaleureux. Au-dessus du Pony's Expeditions, qui appartient aux mêmes propiétaires. L'endroit est parfait pour faire traîner l'après-midi autour d'un jus ou d'un café. Bonnes pizzas le soir à partager, quelques plats de pâtes également. Plus cher que dans les autres établissements de la ville mais rien d'excessif et le charme des lieux mérite le coup d'œil.

■ **INTI RUMI INN**
Nueva Victoria ✆ +51 964 964 651
intirumi.com – info@intirumi.com
*Entre S/25-40 selon les plats et formules.*
Cette auberge tenue par un couple américain (d'où le nom « inn ») est à la fois un hôtel de campagne et un savoureux restaurant qui propose des plats sains réalisés avec amour, légumes du potager, aromates et goût. La vue est magnifique sur le sommet du Huandoy. C'est à l'extérieur de la ville, privilégiez le déjeuner et passez un coup de fil avant mais si Kelly y est vous serez bien reçus.

■ **LA PIZZA DEL ABUELO**
Jr. Raymondi 425 ✆ +51 965 729 489
*De 12h à 16h et de 19h à 22h. A la carte à partir de S/ 25.*
On y trouve des pizzas et lasagnes plus que correctes pour ce petit village. On aime la 4-fromages avec du bleu, ou la tomate-cerise et aguaymanto, sans oublier le brownies en dessert. Les produits sont de qualité et l'ambiance décontractée. Les prix sont abordables. Cette adresse est bien sympathique. Pour gringos mais parfois ça fait du bien.

## À voir – À faire

Les petites ruelles sinueuses, pentues et (mal) pavées du centre, la plaza de Armas qui arbore fièrement les couleurs péruviennes (rouge et blanche), ainsi que les *casonas* sont à même d'intéresser le promeneur. Pour vous offrir une vue panoramique de la ville, du río Santa, de la Cordillera Negra et du Huandoy enneigé, vous pouvez grimper jusqu'au mirador du cerro San Juan. Ne manquez pas le marché avec ses chapeaux typiques, ses fleurs et bien sûr son artisanat.

*Puyas raimondi.*

■ **PUYAS DE WINCHUS**
A 42 km de Caraz.
L'un des quelques endroits où poussent en quantité des cactus géants (on compte 5 000 espèces !). En *colectivo* à partir de Caraz, descendre à Pueblo Libre, puis grimper sur la Cordillera Negra (5 heures). Le lundi et vendredi seulement, des micros vont à Pamparomas ; de là, après une courte marche de 30 min, on arrive au milieu de ces surprenants candélabres naturels. Pour repartir, descendre jusqu'à Pueblo Libre (3 heures) et prendre un combi.

■ **RUINAS DE TUMSHUCAICO**
Suivre l'avenida 28 de Julio jusqu'au pont au-dessus du rio Llullán, puis tourner à gauche.
De la Grande Pyramide de la période sechín (1500 av. J.-C.) ne subsistent qu'un escalier et un beau mur courbe que les habitants n'ont pas démantelé. Le peu que l'on voit donne toutefois une idée de ce qu'étaient les dimensions originelles de l'ensemble (300 x 250 m et 25 m de hauteur). Des fouilles sont encore en cours. N'hésitez pas à demander des explications au prolixe gardien des lieux.

## Sports – Détente – Loisirs

■ **APU AVENTURA**
Pasaje 9 #116 Barrio Yanachaca Caraz
Barrio Yanachaca
✆ +51 997 774 440
L'une des agences de confiance du village est celle de Luis qui gère Los Pinos Lodge. Il s'est fait une spécialité des sports extrêmes avec rafting, *cuadrimotos*, VTT *downhill*... Il peut même vous proposer de vous rendre jusqu'à Huanchaco, la plage de Trujillo via le Cañon del Pato en VTT et camping. Il organise aussi tous les treks classiques dans la zone. La plus proche est celle de Parón mais il peut vous emmener partout où vous le souhaitez dans la région.

## Visites guidées

■ **PONY EXPEDITIONS**
Jr Sucre 1266
Plaza de Armas ✆ +51 43 391642
www.ponyexpeditions.com
info@ponyexpeditions.com
Beto (Alberto), le propriétaire, connaît très bien la région et organise toutes sortes de balades. Il peut vous aider à trouver un guide, un porteur, un cheval ou une mule. Il loue le matériel pour la randonnée, les ascensions et des vélos tout-terrain. Une adresse indispensable… d'autant que Beto parle un peu français.

# HUAYLAS

C'est à Huaylas que naquit, entre 1514 et 1516, Quispesisa, plus tard Inés Huailas Yupanqui, fille de Wayna Cápac, sœur d'Atahualpa et de Huáscar, puis concubine, enfin, de Francisco Pizarro.

■ **CHUPACOTO**
Ce site sechín, à 30 km de Caraz, dans la commune de Huaylas, attend qu'on le déterre. Il cache un grand nombre de pierres gravées, représentant des scènes propres à cette culture : carnages, décapitations…

# LA CORDILLÈRE NORD

*Cathédrale de Cajamarca.*

# LA CORDILLÈRE NORD

## Les immanquables de la Cordillère nord

- **Atteindre** en téléphérique la forteresse de Kuélap, refuge des guerriers des nuages.
- **Se balader** dans Cajamarca la coloniale, et goûter aux produits laitiers de la région.
- **Faire un trek** dans les environs de Chachapoyas entre les orchidées et les nuages.
- **S'émerveiller** devant l'une des chutes d'eau gigantesques de la région : Gocta ou Yumbilla.

*Le nord de la Cordillère péruvienne possède un climat plus tempéré et le carnaval de Cajamarca est le plus réputé du pays. Le département d'Amazonas sera, lui, une bonne transition avant de descendre se perdre dans la forêt amazonienne. Même si son nom susurre déjà l'Amazonie on est ici dans une nature plus montagneuse avec des sommets recouverts de végétation et une période de pluies plutôt intense. Les ruines qu'il héberge sont superbes et très peu visitées. La forteresse de Kuélap serait un peu le Machu Picchu du nord. L'amateur de merveilles naturelles aura aussi de quoi faire : on appelle cette région la forêt de nuages et les orchidées et bromélias y sont innombrables ainsi que les chutes d'eau gigantesques. Cette route alternative est idéale pour ceux qui veulent fuir le flux de touristes au sud. Chachapoyas est la capitale, mais est assez loin elle-même des différents sites, de très jolies auberges et lodges bordent toute la route et les principaux lieux de visite, ça peut être aussi une bonne option pour se mettre au vert et croiser les colibris qui virevoltent nombreux dans les jardins. Chachapoyas reste la meilleure option pour les voyageurs au budget plus réduit, d'ici partent des tours à la journée sur chaque lieu important.*

# RÉGION DE CAJAMARCA

## CAJAMARCA ★★

- **Population :** 218 175 habitants.
- **Altitude :** 2 750 m.

La capitale du département Cajamarca possède un cachet indéniable. Elle le doit tout à la fois à sa situation dans la Cordillère, à son climat tempéré (de 5 à 20 degrés ; sec de juin à novembre, très pluvieux de décembre à mars) et aux traces d'une histoire riche en événements majeurs. Les traditions vestimentaires des femmes, le folklore sont ici très vivaces et le carnaval (février-avril), le plus réputé du Pérou, est aussi l'un des plus attrayants d'Amérique latine, comme les autres fêtes que sont la *Fiesta de las Cruces* (mars-avril, avec le dimanche des Rameaux), la *Fiesta de San Juan Bautista* (24 juin) à Chota, Cutervo et San Pablo, le *Corpus Cristi* en juin et le *Cajamarca Canta y Baila* (du 24 décembre au 6 janvier). Parmi les événements qui se sont déroulés à Cajamarca, on retiendra surtout le jour du 16 novembre 1532 où Pizarro fit prisonnier l'Unique Seigneur de l'Empire inca, Atahualpa, à la suite d'une fourberie dont il avait le secret. Pizarro, qui ne disposait que de 177 hommes, mais aussi de trois canons et de quelques chevaux (armes et animaux inconnus des Incas), invita l'Inca à discuter à Cajamarca. Il avait dissimulé canons et arquebuses sur la colline principale (Cerro Santa Apolina), qui domine la place centrale. Sommé de se convertir au vrai Dieu, Atahualpa, croyant peut-être à une plaisanterie (les historiens péruviens pensent plutôt qu'Atahualpa n'apprécia pas du tout que les Espagnols refusent de boire la chicha offerte dans un *queiro*, vase cérémoniel d'une importance capitale), jeta à terre la Bible, un geste qui déclencha de la part des Espagnols un massacre épouvantable. Prisonnier, l'Inca proposa de racheter sa liberté en comblant d'une part d'argent pour deux parts d'or jusqu'à hauteur de son bras levé, la pièce où il était détenu, connue sous le nom de *Cuarto del Rescate*. Neuf mois plus tard, quand fut réunie la rançon, Pizarro le fourbe fit fondre en lingots l'inestimable trésor et fit étrangler, puis décapiter Atahualpa qui n'échappa au bûcher qu'en se convertissant au tout dernier moment.

# La Cordillère nord

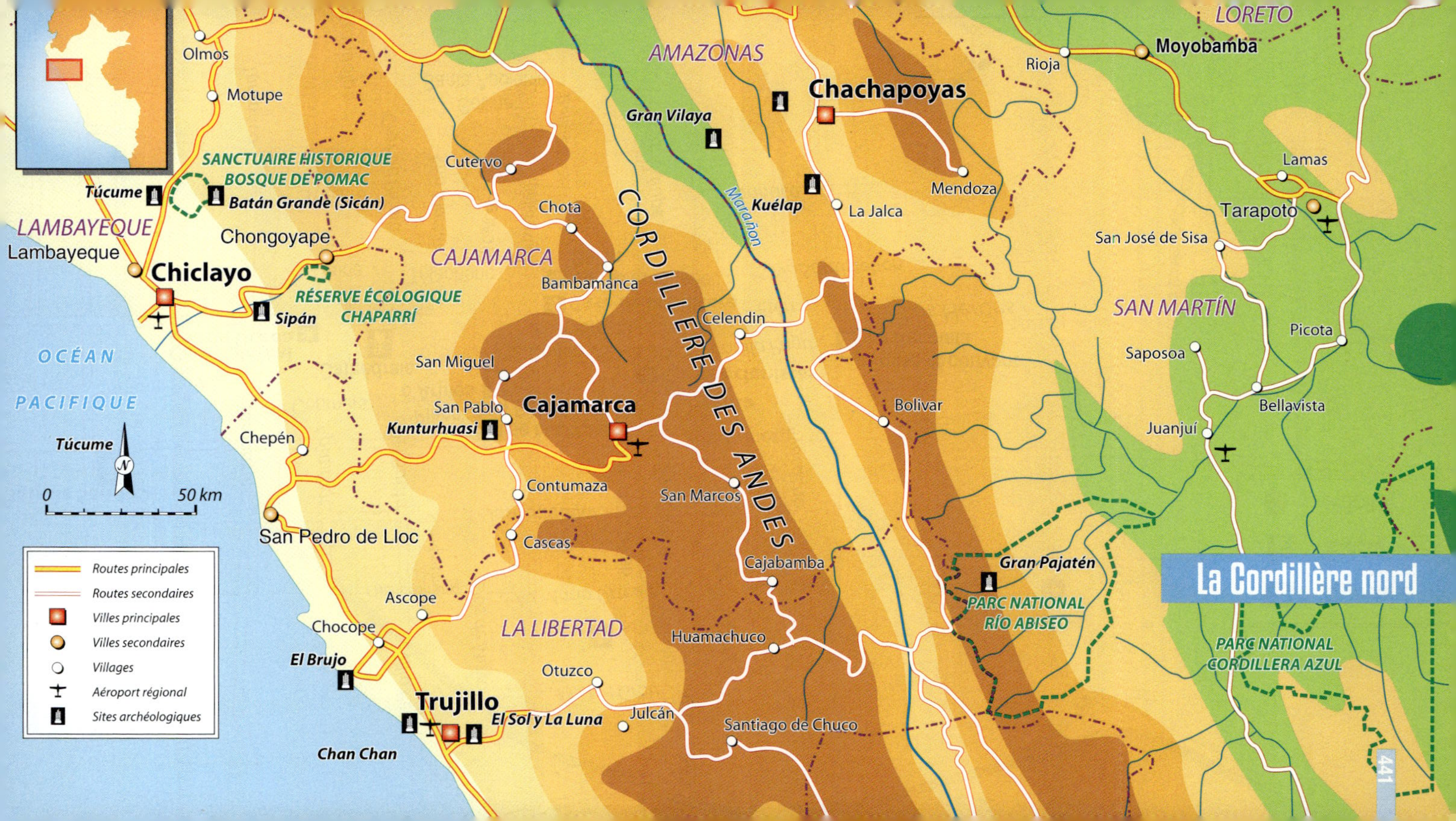

Cajamarca
Curiosité
Eglise
Hôpital
Michel Grou
Guadalupe
Revillo Perez
Dos de Mayo
Chanchamayo
Av. Mario Urteaga
Michel Grau
Cinco Esquinas
San Martin
Antonio G. Urrelo
José Sabogal
Marañón
Iglesia San José
Angamos
Tarapacá
Apurimac
Del Batán
El Inca
Ayacucho
Amazones
Eglise et couvent San Francisco
Place d'Armes
Courriers
Amalia Puga
Cathédrale
Convento Monjas Concepcionistas
Eglise et couvent La Recoleta
Casa colonial Conde Uceda
Cuarto del rescate (chambre du rachat)
Amalla Puga
Del Comercio
Av. Los Héroes
Casa de la Cultura
Etén
Eglise et musée Belén
Mairie
Téléphone
Silva Santisteban
Junín
Théâtre
Cruz de Picdra
San Martín
Bellavista
Huánuco
Colline Santa Apolonia
Belén
Atahuolpo
200 m.

Ce jour-là, toute l'histoire d'un continent venait de basculer : un monde, l'Occident, venait d'assurer sa domination sur un autre, celui des indigènes. Aujourd'hui, avec ses casonas à un étage et au toit de tuiles, ainsi que ses superbes églises, Cajamarca passe pour l'une des villes péruviennes au passé colonial le mieux conservé, ce qui lui a valu d'être classée patrimoine historique et culturel des Amériques. La région souffre souvent de tensions sociales, ce qui freine son plein développement touristique. Après le départ de l'entreprise Yanacocha et son projet minier rejeté par les communautés locales, la ville est aujourd'hui plus triste avec davantage de mendicité et sa totale mise en valeur se fait attendre. Dommage.

## Transports

La plupart des compagnies de bus se trouvent dans les avenidas Atahualpa (*cuadras* 3 à 5) et Sucre. La route de montagne n'est pas de tout repos, et de petits sachets en plastique sont distribués dans les bus pour les estomacs fragiles…

- **Attention, pour aller à Chachapoyas**, deux possibilités s'offrent à vous. Soit passer par Celendín et Leymebamba. La route est absolument superbe mais ses ravins aussi ! Et Virgen del Carmen est la seule compagnie à effectuer la liaison, en 12h et pour S/ 50. Soit revenir sur Chiclayo (même si cela paraît invraisemblable, ce sont les locaux eux-mêmes qui recommandent ce trajet). Le parcours entre Chiclayo et Chachapoyas dure une dizaine d'heures (S/ 55-80, départs à 21h avec Móvil Tours).
- **Pour Lima**, compter 14h de trajet, 6h pour Chiclayo et 6h pour Trujillo.

### Comment y accéder et en partir

**AEROPUERTO ARMANDO REVOREDO IGLESIAS**
A 3 km de la ville sur la Carretera Cajamarca – Otuzco
✆ +51 76 343960
*Ouverture de 6h à 18h tous les jours.*
Compter 1h15 pour Lima. Plusieurs vols quotidiens possibles avec Latam (Jr. Sor Manuela Gil 151 - Centro Comercial El Quinde Tienda 107, latam.com), Viva Air (vivaair.com). Bien vérifier la politique tarifaire quant aux bagages inclus. Star Peru (starperu.com) vient d'entrer sur la destination. Le climat changeant n'aide pas à la fiabilité des horaires surtout entre novembre et avril.

**CRUZ DEL SUR**
Av Atahualpa 844
www.cruzdelsur.com.pe
Départs de Lima tous les jours à 18h30. Compter entre S/ 110 et S/ 150 et 14h de trajet.

**LINEA**
Avenida Atahualpa 318 ✆ +51 76 348357
www.transporteslinea.com.pe
ammt@transporteslinea.com.pe
Cette compagnie est très recommandable pour voyager dans le nord du Pérou. Elle propose de nombreux bus pour Lima, Chiclayo, Trujillo, Chepen, Guadalupe et Pascamayo.

**TEPSA**
Jiron Sucre 422
✆ +51 76 363306
tepsa.com.pe
Bus cama pour Lima à 18h pour S/ 100-125.

**TURISMO DIAS**
Jr. Atahualpa 307 ✆ +51 76 344322
Une compagnie régionale qui propose des bus pour Lima, Chiclayo, Trujillo, Chimbote, Cajabamba et Piura. Service basique.

**TURISMO VIRGEN DEL CARMEN**
Av Atahualpa 333
✆ +51 76 606966
www.turismovirgendelcarmen.com.pe
ventas@turismovirgendelcarmen.com.pe
La seule compagnie qui relie Cajamarca à Chachapoyas via Celendin et Leymebemba. Changement de bus à Celendin, c'est un « faux direct ». Pour le trajet complet, comptez 11-12h et S/ 50. Départs à 5h et 18h depuis Cajamarca. Nous vous conseillons le trajet de jour. La route est en à-pic et tortueuse, attention au vertige.

### Se déplacer

**TAXI SEGURO**
Jirón José Olaya 298
✆ +51 76 365103

**TAXI SUPER SEGURO**
Avenida Hoyos Rubio 520
✆ +51 76 507090

## Pratique

- **Indicatif téléphonique :** 076.

### Tourisme - Culture

**I PERU**
Jr Cruz de Piedra 601
Plaza de Armas
*De 9h à 18h et le dimanche matin.*
L'organisme d'informations de Promperu.

**OFFICE DU TOURISME**
Intérieur du Couvent de Belén
✆ +51 76 362903
*De 7h30 à 13h et de 14h30 à 17h. Fermé le week-end.*
Précieuses informations, plans et cartes sur la région.

### Argent

**BANCO CONTINENTAL**
Jirón Silva Santisteban 719-721

**BANCO INTERBANK**
Jirón Dos de Mayo 546
✆ +51 76 362460

### Moyens de communication

**SERPOST**
Jirón Apurimac 624-626
✆ +51 76 364065
*De 8h à 20h, 19h le samedi. Fermé le dimanche.*

### Santé - Urgences

**HÔPITAL RÉGIONAL**
Jr. Larry Jhonson S/N, Barrio de Mollepampa
✆ +51 76 599040
www.hrc.gob.pe
*Ouverture 24h/24*

**POMPIERS**
Avenida Atahualpa 107
✆ +51 76 363333

**POLICE**
Plazuela Amalia Puga
✆ +51 76 362165

## Se loger

Cajamarca possède des établissements embrassant toute la gamme, des hôtels bon marché sans confort aux 5-étoiles.

### Bien et pas cher

**CHAKRA RUNA BACKPACKER**
Pasaje Cutervo 129
Urbanizacion Ramon Castilla
✆ +51 971 096 916
chakraruna.backpacker@gmail.com
*A partir de S/ 23 par personne en dortoirs. S/ 48 la matrimoniale. Salle de bains à partager. Petit déjeuner S/ 8.*
Cette petite auberge de jeunesse est récente, colorée, bien aménagée, avec cuisine, laverie, salon télé, wifi et bavardages d'usage. Ils ont des chambres partagées (4 personnes-2 dortoirs) et des matrimoniales (2 chambres). A 10 minutes à pied du centre-ville. On peut même vous louer des vélos. Petit, familial, sympathique.

**HOSPEDAJE LOS JAZMINES**
Jr. Amazonas 775
✆ +51 76 361812
www.hospedajelosjazmines.com.pe
reservas@losjazmines.pe
*Lit dans une chambre partagée S/ 35. Chambre double ou matrimoniale à S/ 90, triple à S/ 120 jusqu'à la sextuple à S/ 220 avec salle de bains privée. Cafétéria sur place.*
Cette jolie *casona* avec des balcons de bois et un patio feuri propose des chambres neutres mais bien tenues. L'*hospedaje* permet d'appuyer l'association Santa Dorotea et son internat. TV, wi-fi, laverie et café-restaurant sur place. Le service est toujours aimable. Le meilleur établissement de cette catégorie.

**HOSTAL PLAZA**
Jirón Amalia Puga 669
Plaza de Armas
✆ +51 76 362058
*Salle de bains commune ou salle de bains privée, standard ou plus confortables, de S/ 20 à S/ 130. Pas de petit déjeuner.*
Ce grand hôtel labyrinthique, avec grande coursive en bois autour du patio-restaurant, est une institution indémodable de la ville pour les *backpackers* située juste à l'angle de la Plaza de Armas. Les chambres avec salle de bains privée possèdent un balcon qui donne sur la place. D'autres sont plus simples. Il y en a pour tous les goûts. L'édifice qui a vu des générations de voyageurs passer possède un charme suranné, mais les chambres sont propres et bien tenues... Possibilité de laver soi-même son linge ou de le donner à laver. L'eau n'est tiède qu'entre 6h et 10h du matin, puis entre 18h et 22h... En bas dans le patio nombreux petits magasins.

### Confort ou charme

**HATUCHAY INKA APPART HOTEL**
Jr Dos de Mayo 221
✆ +51 76 357059
www.hatuchayinkaaparthotel.com
*Selon le nombre d'occupants, comptez : S/ 180 pour 2, S/ 240 pour 3 et S/ 300 pour 4 personnes. Petit déjeuner inclus.*
Un bon plan pour les voyageurs ou familles avec des chambres charmantes et bien équipées. Toutes ont une salle de bains privée, eau chaude, TV, wifi. Les lits sont larges et confortables. Le sol est revêtu de parquet, les plafonds assez bas sont peints de blanc et quelques-uns ont encore les poutres d'antan. L'ensemble est chaleureux. On profite également d'une cuisine à disposition et d'une terrasse avec vue sur les montagnes. Le petit déjeuner est généreux. L'emplacement est sympathique, à mi-chemin vers le cerro Santa Apolonia qui domine la ville.

**HOSTAL EL CABILDO**
Jirón Junín 1062
✆ +51 76 367025
www.elcabildohostal.pe
reservas@elcabildohostal.pe
*Chambre simple à S/ 110, double à S/ 140, triple à S/ 205 et quadruple à S/ 245, petit déjeuner inclus.*

Magnifique hôtel installé à une *cuadra* de la plaza de Armas, dans une maison coloniale avec patio et fontaine en pierre. Comme souvent un peu vieillot, mais les chambres sont adorables (à condition d'aimer les couvre-lits fleuris) et de tout confort (TV, wifi, service de chambre). L'accueil est irréprochable. On adore !

### ■ HOTEL CASABLANCA

Jirón Dos de Mayo 446
Plaza de Armas
✆ +51 76 362141
www.atlantishotelescasinos.com
*Chambre simple à S/ 140, double ou matrimoniale à S/ 185, triple S/ 230, familiale S/ 245, petit déjeuner inclus.*
Un superbe hôtel à l'ancienne, entièrement boisé, chaud, très cinématographique. Les chambres ont été rénovées et un peu standardisées (décoration moderne et c'est un peu dommage), mais le confort y est. Préférez celles du 2e étage, plus éloignées du casino. Le personnel est discrètement efficace. En dehors des périodes d'affluence (carnaval, Semana Santa...), l'établissement consent des rabais importants.

### ■ EL PORTAL DEL MARQUES

Jr del Comercio 644
✆ +51 76 368464
www.portaldelmarques.com
reservas@portaldelmarques.com
*Chambre simple à S/ 143, double ou matrimoniale à S/ 216, triple à S/ 270, suite à S/ 275, petit déjeuner buffet inclus et transfert à l'aéroport. Demander les tarifs corporatifs.*
Une adresse centrale qui dispose de chambres confortables avec moquette au sol, sanitaires privés, télévision câblée, wifi, mini bar et bain à remous dans certaines. L'hôtel propose aussi un restaurant, un bar et un casino. L'ensemble est bien tenu, de bon ton et ne manque pas de charme : là encore patio, balcons en bois et fontaine centrale.

### ■ SAN ROQUE LODGE

Delfin Cerna 461
✆ +51 76 344175
*Chambre double ou matrimoniale 50 US$, triple 66 US$, suite avec bain à remous 66 US$. Petit déjeuner inclus.*
Une maison de campagne design qui offre des chambres vastes, confortables avec salle de bain privé, TV, wifi et même un walk-in closet. Les baies vitrées ouvrent sur le jardin. Il n'y a que 4 chambres, mais un service soigné. Cette oasis se situe dans une zone centrale, mais l'hôtel lui-même est éloigné de la rue : on entre par le jardin puis on découvre la maison. Le petit déjeuner andin est un plus. Le public est en général davantage composé de familles péruviennes.

## Luxe

### ■ HOTEL LAGUNA SECA & SPA

Avenida Manco Cápac 1098
Baños del Inca ✆ +51 76 584300
www.lagunaseca.com.pe
hotel@lagunaseca.com.pe
*Chambre simple à S/ 387, double à S/ 478, suite de S/ 573 à S/ 676. Petit déjeuner inclus. Transferts de/vers l'aéroport inclus. Etrangers, réduction des 18 % d'IGV au moment du paiement.*
Sans aucun doute, le haut du pavé à Cajamarca. D'abord, pour sa situation à proximité de Los Baños del Inca, le village voisin connu pour ses bains thermaux. Les chambres (avec minibar, télévision câblée et air conditionné) disposent toutes de petites piscines thermales (original et délicieux), et l'hôtel, romantique à souhait, propose une jolie piscine à l'air libre où l'on se prélasserait des heures. Le confort de la chambre est somme toute classique mais ce gros plus fait toute la différence.

### ■ POSADA DEL PURUAY

Route Porcón Km 4,5 ✆ +51 76 367028
www.posadapuruay.com.pe
reservas@posadapuruay.com.pe
*Chambre matrimoniale à 50 US$, chambre double ou suite Executive à 75 US$, sans petit déjeuner. Formules à 95 à 110 US$ selon les chambres avec petit déjeuner, transferts de/vers l'aéroport et de/vers le centre-ville, balade à cheval inclus et certains tours. Promotions par Internet.*
Une superbe *casona* de 1830 restaurée proposant quatorze chambres de grand confort (grandes salles de bains privées avec baignoire et eau chaude, bar-réfrigérateur, télévision câblée, wifi...) et de caractère. Elles sont vastes et remarquablement bien tenues. Toutes sortes d'activités sont proposées, dont de mémorables balades à cheval ou des séances de pêche dans la lagune. Beaucoup de jardins sur place et des jeux pour les enfants. Excellent accueil de Nora et de toute sa petite famille. Une adresse de charme : on y resterait des jours.

## Se restaurer

On peut manger à très bon compte dans les nombreux restaurants de cuisine traditionnelle : *el picante de papa con cuy frito* (cochon d'Inde rôti sauce cacahuète et pommes de terre), le *chicharrón con mote* (viande de porc frite et maïs blanc) et le *chupe verde* (soupe de pommes de terre et herbes). On ne manquera pas de savourer les *panes de trigo* (pain de blé) que les Indiennes vendent dans la rue. Fait surprenant au Pérou, on trouve à Cajamarca de nombreux produits laitiers : yaourts, laits, fromages... On goûtera notamment le célèbre *queso suizo*, le fromage suisse, une spécialité de la région !

## Sur le pouce

### SANGUCHON

Jr Junín 1137
✆ +51 76 340950
*Hamburgers ou sandwiches de poulet de S/ 9 à S/ 13. Jus de fruits et salades de fruits. Tous les jours de 18h à minuit. Fermeture plus tôt si peu de monde.*
Beaucoup de choix et d'ingéniosité parmi les burgers et les « tartines en étages », pour un prix raisonnable. On déguste son acquisition sous le regard d'Elvis ou Travolta épinglés au fond de la grande salle moderne et le sourire du personnel très sympathique.

## Pause gourmande

### HELADERIA HOLANDA

Jirón Amalia Puga 657
✆ +51 76 830113
heladeriaholanda.wordpress.com
*Tous les jours de 9h à 19h.*
Ces glaces sont un vrai succès local avec 4 adresses en ville. On trouve ici des saveurs uniques élaborées avec les fruits frais de la région comme la mûre, le sureau ou l'aguaymanto et un lait naturel. Essayez donc le « cielo cajamarquino ». Les lieux sont vastes et propres. De plus, l'entreprise donne un coup de pouce à de jeunes sourds et muets pour leur insertion sociale.

## Bien et pas cher

### CASCANUEZ

Jirón Amalia Puga 548
✆ +51 76 366089
*A la carte S/ 15-30. Tous les jours de 7h30 à 22h.*
Une bonne cuisine dans une salle bien tenue, avec des serveurs tout sourire et, en fin de repas, le plaisir de déguster une savoureuse pâtisserie accompagnée d'un bon expresso. Cette cafétéria offre un excellent rapport qualité-prix. Sandwichs, petite restauration, gâteaux, plutôt une cafétéria bien garnie qu'un vrai restaurant. Le soir beaucoup de locaux viennent prendre un *lonche*, une espèce de goûter-dîner en famille. Recommandée.

### EL ZARCO

Jr. del Batán 170
✆ +51 76 363421
*Menu le midi à S/ 10 et à la carte S/ 15-30. Tous les jours de 7h à 22h.*
Une institution populaire qui propose une longue carte de toutes les spécialités péruviennes. La cuisine est tout à fait honnête. Bon rapport qualité-prix avec le menu du midi. On recommande cette cantine proche de la Plaza de Armas.

### MERCADO CENTRAL

Jirón Amazonas (cuadra 5)
Un endroit idéal pour des petits déjeuners ou déjeuners typiques, copieux et pas chers.

### PIZZERIA EL MARENGO

Jirón Junín 1201 ✆ +51 76 368 045
*De 18h30 à 23h. De S/ 20 à S/ 50-60.*
Dans cette toute petite salle très chaleureuse, entièrement en bois, on assiste à la confection des pizzas au four à feu de bois. Trois tailles de pizzas, à déguster sur place ou à se faire livrer. On n'est pas en Italie mais c'est correct et l'ambiance est sympathique en soirée.

### TUNA CAFÉ

Amalia Puga 734
A côté du Cuarto de Rescate
✆ +51 76 363735
*Menu le midi à S/ 10. A la carte, S/ 15-25 le plat.*
Un petit local sans prétention, mais accueillant qui sert de bons classiques péruviens. On s'y sent bien. Ils proposent aussi des options végétariennes. Ce bistrot sans arrogance, un rien coquet avec ses rideaux à l'entrée et sa vaisselle estampillée fait le plein le soir tombé.

## Bonnes tables

### EL QUERUBIN PIZZA PASTA Y VINO

Jr Amalia Puga 583 ✆ +51 76 340900
*A la carte à partir de S/ 20-25. Tous les soirs de 18h à 23h.*
A une demi-*cuadra* de la plaza de Armas, ce restaurant/cafétéria propose une très bonne cuisine locale et des plats de pâtes. Les pizzas ne sont pas leur point fort. Souvent, un groupe de musique andine accompagne votre dîner. Honnête.

### PAPRIKA

Jr Cruz de la Piedra 707
Hotel Costa del Sol
✆ +51 76 343434
costadelsolperu.com/cajamarca
*A la carte à partir de S/ 30. De 5h30 à 10h et de 12h à 22h.*
Pour ceux qui recherchent davantage un vrai restaurant avec une cuisine plus fine, ce restaurant d'hôtel est une option. Quelques tables avec vue sur la Plaza de Armas, une cuisine péruvienne de bonne facture et une carte des desserts sympathique. Ce n'est pas pour autant gourmet mais c'est un bon classique.

### RESTAURANT SALAS

Jr Amalia Puga 637
Plaza de Armas
✆ +51 76 357420
*Compter S/ 18 à 24 pour un bon plat ou S/ 15 pour un menu. Tous les jours de 7h à 22h.*
C'est LE restaurant de Cajamarca, ouvert depuis

## Le carnaval

La fête populaire la plus prisée du Pérou se donne le temps et les moyens de la réussite. Deux semaines avant le vendredi d'ouverture, la ville bruit, s'agite et frémit : on répète chants et danses, on bichonne les chars fleuris, on embellit les costumes et on festonne les façades. On est enfin prêt pour les deux semaines de folie que dure la fête. Ce ne sont plus alors que défilés de bandas et de fanfares, groupes costumés et grimés, bals populaires, ripailles et libations. Les moments forts sont le concours de Patrullas y Comparsas, le Corso et, à la fin, la veillée funèbre et l'enterrement de l'idole de la fête, le dérisoire Rey Mamo.

Durant le carnaval, les habitants d'un naturel fermé et taciturne, se « déboutonnent ». Ils ouvrent leur maison et invitent le passant à danser, à boire un verre de chicha ou de bière et même à manger. Une belle grande fête populaire, en un mot. Un carnaval de Rio en miniature. Ceux qui souhaiteraient participer au carnaval devront louer leur chambre d'hôtel longtemps à l'avance.

1947 ! Tout le monde accourt dans cette vaste salle, pas très gaie, il faut l'avouer, où s'affaire une foule de garçons en tablier blanc. C'est à voir ! Cuisine de bonne facture proposant un éventail de plats péruviens... très généreusement servis. Une cantine incontournable. Deuxième adresse plus chic au Jirón Cruz de Piedra 639, le Salas Tradicion, même esprit mais la salle est plus moderne.

## Sortir

### USHA USHA

Jr Amalia Puga 142
✆ +51 910 762 290
*Les jeudis, vendredis et samedis de 21h à 3h du matin. Paiement en liquide.*
Une *peña* située à environ 4 *cuadras* de la Place d'Armes que l'on vous conseille, pour son ambiance intime et bohème (les murs sont couverts de graffitis). Super ambiance, à partir de 21h, jusqu'au petit matin. Jaime Alberto Valera Bazán a fondé le lieu et le tient à bout de bras pour défendre les rythmes et la culture locale comme les *huaynos* ou les *carnavales*. Entrée à S/ 5 par personne.

## À voir – À faire

### CATEDRAL DE CAJAMARCA

*De 16h à 19h.*
L'édifice, dont la construction qui s'étira sur plusieurs décennies fut achevée au milieu du XVIII^e siècle, s'appelait à l'origine Santa Catalina. La façade de pierre volcanique blanche ouvragée est un chef-d'œuvre d'art baroque métissé, propre à la sierra, très joliment illuminé de nuit. L'intérieur à trois nefs, où rutile l'imposant autel doré à la feuille, contraste par sa sobriété. Accessible aux heures de messe.

### CERRO SANTA APOLONIA

Depuis la Plaza de Armas, accès par les escaliers du Jirón Dos de Mayo et San Martín.
*Y aller de jour avant le coucher du soleil. Entrée modique sur place.*
De ce promontoire naturel, on a une vue panoramique sur la ville et sur les montagnes environnantes : on comprend pourquoi Pizarro y cacha ses sbires et ses armes à feu. Dans le jardin (entrée : S/ 1 à S/ 3), on aperçoit çà et là des traces de constructions incas et surtout un siège taillé dans la roche et orné d'un soleil gravé, le trône de l'Inca.

### COMPLEJO DE BELÉN ★★

Jirón Belén, cuadra 6
*Ouverture du mardi au dimanche de 9h à 13h et de 15h à 18h. Entrée : S/ 5. L'office de tourisme est dans le patio.*
L'ensemble du XVIII^e siècle est formé d'une église et des anciens hôpitaux pour hommes et femmes.
L'église est singulière : ses plafonds, peints de figures polychromes, montrent des angelots particulièrement curieux. L'hôpital des hommes, aux murs de pierre épais, au plafond voûté, est entouré de petites niches dans lesquelles les patients attendaient de recevoir l'extrême-onction. Aujourd'hui, l'hôpital abrite un musée de la médecine. On pénètre dans l'hôpital des femmes, de l'autre côté de la rue, par une lourde porte de pierre taillée de style métissé et dont le linteau est soutenu par deux cariatides à quatre seins, signe de fécondité. A l'intérieur, le Museo Etnologico présente des objets représentatifs des cultures préincas, comme ces trois momies d'enfants. Les murs gardent encore des traces des peintures polychromes qui les décoraient. Un petit musée qui dit pas mal de choses sans lasser le visiteur. Dans l'ancien hôpital pour hommes, exposition de peintures d'artistes locaux.

## Villages typiques et fêtes

- **Chetilla,** où l'on parle exclusivement le quechua, est enclavée dans la puna, à 3 200 m d'altitude. Le costume des femmes est singulier avec sa jupe, pièce de tissu pliée en deux, et son mouchoir glissé sous le chapeau. Le village est difficile d'accès.
- **Jesús.** A 20 km au sud. Situé dans un beau paysage andin, ce village s'est spécialisé dans l'artisanat de vannerie et de tissage. Ses processions de janvier (Dulce nombre de Jesús) sont colorées.
- **Llacanora.** A 13 km au sud. Bus n° 4 en direction de Los Baños del Inca. Un village comme on les imagine (fête le 24 juin) et qui possède des grottes avec des peintures rupestres (Cállac Puma). L'hacienda la Collpa fait partie du village.
- **Hacienda la Collpa.** Prendre, à l'angle du Jirón Bolognesi et de l'avenida San Martín, un des bus qui va à Jesús (S/ 2, 20) et descendre au bout de 15 min environ. A une quinzaine de kilomètres de Cajamarca, en direction du village de Jesús, cette hacienda se consacre à l'élevage bovin et à la fabrication de produits laitiers. L'éleveur appelle ses vaches par leur nom entre 16h30 et 17h environ pour qu'elles se placent dans l'étable. Transport retour jusqu'à 18h30 environ.
- **Namora** est, dit-on, le berceau du carnaval de Cajamarca. La grande fête de la capitale du « capulí », petit fruit savoureux, est Santa Rosa de Lima, le 30 août. Toute proche (une demi-heure en voiture), la laguna San Nicolás est d'une belle eau verte.
- **Pariamarca.** A 7 km au sud. Avec ses ruelles étroites, Pariamarca conserve fidèlement ses traditions ancestrales, comme le démontre la Fiesta de la Virgen del Rosario, en octobre.
- **Porcón.** A 20 km sur la route de Bambamarca. Arrêt de bus à l'angle du Jirón Angamos et de Sara Mac Dougal. C'est le village le plus traditionnel de la région. On n'y parle que le quechua et les habitants, habiles artisans, confectionnent de petites figurines de pierre et des ponchos superbes. Les femmes portent des jupes plissées vivement colorées, un haut chapeau de paille et de nombreux colliers. Les plus belles festivités s'y déroulent à l'occasion de la Semana Santa ; le jour des Rameaux, les fidèles parcourent les environs en portant des autels aux figures religieuses couronnées de palmes et de fleurs. L'une des fêtes les plus spectaculaires du Pérou. On peut aussi passer quelques jours à la campagne dans la communauté évangéliste de Granja Porcon qui a mis en place différents logements et programmes champêtres.
- **San Lorenzo de Matara.** Sur la route de Cajabamba. On y produit les alfajores, friandises fourrées au manjar blanco (confiture de lait) prisées des Péruviens. La célébration de la Fiesta San Lorenzo, le 10 août, comporte « la danza de los buitres » (danse des vautours).
- **San Miguel de Pallaques.** A 20 km de la capitale. La ville, créée par Pizarro alors qu'il marchait à la rencontre d'Atahualpa, se tasse autour de son église à un seul clocher. La fête qui célèbre l'archange patron de la localité se déroule la dernière semaine de septembre. Les artisans locaux, dont on peut visiter les ateliers, confectionnent des vêtements, des ponchos et des écharpes de bonne qualité.

### CONJUNTO MONUMENTAL LA RECOLETA

Angle avenidas Maestro et Los Héroes

Dans le quartier populaire de San Sebastián pointent les deux clochers en forme de flèche, et non de tour comme ailleurs, de cette modeste église achevée en 1678. On peut l'observer de l'extérieur. Si on a de la chance, on la trouve ouverte mais c'est très irrégulier. A l'intérieur, les beaux retables baignent dans une lumière suave, sous la coupole bleue. Le couvent et ses cloîtres frais ajoutent à la calme harmonie du lieu.

### CUARTO DEL RESCATE ★★

Jirón Amalia Puga 750

*De 9h à 13h et de 15h à 18h et le dimanche matin. Entrée : S/ 5 (inclus le Complejo de Belén et son musée).*

La cellule où fut détenu Atahualpa, cette pièce qu'il devait remplir une fois d'or et deux fois d'argent pour retrouver sa liberté, est le seul vestige inca de Cajamarca. On notera le poli et l'ajustement des pierres ainsi que le trait tracé sur le mur, à la hauteur du bras levé de l'Inca. Emouvant mais tout petit. La visite est anecdotique mais chargée d'histoire.

**IGLESIA SAN FRANCISCO**

*Musée S/ 5. Messe 19h.*

Sur la plaza de Armas, face à la cathédrale. Cette église, construite au XVIIIe siècle sous le nom initial de San Antonio et dont les deux clochers datent du début du XXe siècle, présente une façade baroque en pierre volcanique très travaillée, surchargée même ! Les trois nefs abritent des retables baroques remarquables, dorés à la feuille. La chapelle, attenante au transept gauche, est plus intéressante avec son autel gothique et ses frises et corniches ouvragées. Par la sacristie, on gagne les cloîtres et un petit musée d'art religieux.

**PLAZA DE ARMAS** ★★

La place où eut lieu l'entrevue entre Atahualpa et Pizarro, suivie de la lâche exécution du premier, est des plus harmonieuses avec ses églises, ses maisons coloniales et sa petite fontaine en pierre du XVIIIe siècle, sous la colline appelée Cerro Santa Apolonia.

## Visites guidées

**DESTINOS VIAJES Y SERVICIOS**

✆ +51 976 771 879

destinos_viajes@hotmail.com

Une petite agence de voyages locale qui vend les tours classiques. Pratique pour les lieux plus éloignés où le transport public reste un défi. Prix modiques.

# BAÑOS DEL INCA

Pultumarca, comme on appelait alors los Baños del Inca, était le lieu de résidence d'Atahualpa avant son entrevue tragique avec Pizarro. Les eaux des piscines qui tiédissent avant de s'y déverser, jaillissent à près de 70 °C. Les paysages, délicieusement bucoliques, sont superbes. Une excursion évidente pour se relaxer. Tellement, d'ailleurs, qu'il y a parfois beaucoup de monde... trop, disent certains. N'oubliez pas votre serviette !

**THERMES BAÑOS DEL INCA** ★★

Atahualpa, Baños del Inca

✆ +51 76 348385

www.ctbi.com.pe – informes@ctbi.com.pe

A 6 km de Cajamarca, les bus passent toute la journée par les Jirón Amazonas et Huánuco. Un taxi revient à S/ 8.

*Ouverture tous les jours de 5h à 22h (dernier accès à 20h). Visite S/ 2. Entrée piscine collective S/ 3, piscine privée S/ 6, piscine exclusive S/ 20, sauna S/ 10, massage et hydromassage S/ 20. Auberge (S/ 60 la double ou matrimoniale) et bungalows (S/ 180-200) sur place.*

Les thermes de l'Inca lui-même forme un ensemble de piscines dont certaines sont à l'air libre et d'autres isolées et privées. Essayez d'y aller en semaine et hors des horaires trop fréquentés.

# VENTANILLAS DE OTUZCO

Ces étranges excavations dans la roche, probablement des sépultures, témoignent de l'ancienne culture cajamarca (200 av. J.-C. jusqu'à 1300 ap. J.-C. environ).

**VENTANILLAS DE OTUZCO – NÉCROPOLES PRÉ INCAS**

Compter 15 min en combi pour parcourir les 8 km au départ de Cajamarca.

*Ouvert tous les jours de 8h30 à 17h45. Entrée : S/ 5. Tour S/ 20.*

Ces niches creusées dans la roche sont proches de Cajamarca. Le site a gardé son mystère, planté d'herbes longues. On ne peut s'approcher qu'à une certaine distance.

# NECRÓPOLIS DE COMBAYO

Les nécropoles de Combayo sont moins facilement accessibles, mais mieux préservées que celles de Otuzco, en raison de leur relatif isolement. Accrochées en files à la falaise calcaire et partiellement revêtues d'une végétation mousseuse, on apprécie davantage la trace qu'ont voulut laisser les populations Caxamarca. On estime leur âge à 3500 ans. Situées à flanc du Cerro San Cristóbal, elles forment partie du Capac Ñan ou « Gran Camino Inca ». On peut observer ces tombes depuis un chemin aménagé. Certaines hébergent encore les os pour lesquelles elles ont été creusées.

## Transports

Entrée libre mais nous vous recommandons d'y aller avec une agence. Les *combis* y passent mais pas de façon constante. Pour rejoindre le village de Combayo, mieux vaut partir tôt (il y fait froid l'après-midi et il sera plus difficile de trouver un moyen de rentrer) ; compter 1h15 environ pour 26 km.

# CELENDÍN

Sur la route qui mène à Kuélap et Chachapoyas, la ville de Celendin est située à 110 km de Cajamarca. Tôt intégrée à l'empire inca, la ville est cependant espagnole (ses habitants sont considérés comme les plus blancs des Péruviens), avec ses rues tirées au cordeau et son église blanche. Dans les environs, se trouvent les ruines d'Oxamarca. Celendín est en fête du 15 juillet au 4 août. Les dimanches sont très animés grâce aux marchés, celui aux bestiaux étant particulièrement coloré.

**Le logement et la restauration** n'y posent pas de problème. Adresses locales au confort basique. On recommande l'Hôtel Imperial (Dos de Mayo 568) à S/ 30-35 la chambre double, ou l'Hôtel Mi Posada (Jr. Pardo 388) qui, pour S/ 40, propose des chambres doubles avec sanitaires privés.

## GRANJA PORCÓN

A 25 km au nord de Cajamarca (1h de trajet en taxi). On y trouve une coopérative agricole évangéliste, Atahualpa Jerusalén, grande productrice de pommes de terre, de lait, de laine de mouton… Ses 5 600 ha de terrain sont occupés par des forêts de pins d'une grande beauté. Outre ses produits laitiers et artisanat de qualité, visite des ateliers et restaurant de cuisine locale bien typique. Possible de camper ou de se loger dans des gîtes sur place avec balades à cheval et visites incluses. Infos sur www.granjaporcon.org.pe. En pleine harmonie avec la nature.

## MINA DE YANACOCHA

Cette mine d'or exploitée depuis 1993 est la deuxième plus grosse mine d'or en activité du monde ! Vous pouvez vous en faire une idée en visitant www.yanacocha.com, mais le site n'est pas accessible au public. Les tensions sociales qu'elle a provoqué ne sont toujours pas résolues à ce jour.

## SAN PABLO – KUNTUR WASI

Bâtie en terrain accidenté en 1534, la ville est chargée d'histoire. Tout près, le site de Kuntur Wasi, la « maison du condor », datant de 1000 av. J.-C., comprend un complexe cérémoniel de plusieurs places et plates-formes soutenues par de hauts murs. Les recherches ont montré que différentes cultures se sont succédé ici entre 1000 et 50 av. J.-C. Les plus impressionnants sont certainement les vestiges du système de canalisations en usage au cours de ces différentes époques. La complexité de ce système force l'admiration.

### MUSEO ET SITE DE KUNTUR WASI

Site cérémoniel à 93 km au nord-ouest de Cajamarca (2h de trajet). Musée à 3 km de San Pablo, en haut du mont La Copa.
*Entrée : S/ 5. Tour S/ 120 à S/ 140 par personne.*
La découverte de tombes et d'objets a suscité la création de ce petit musée qui héberge notamment une magnifique collection d'orfèvrerie en or et pierres précieuses, dont une splendide couronne aux 14 visages. L'emplacement a été choisi pour offrir des retombées locales grâce à la visite du musée malheureusement l'éloignement et le manque de diffusion fait que les tours sont encore chers pour découvrir les lieux à 2 h de route de Cajamarca. On visite aussi le site archéologique lui-même et son totem mystérieux planté au milieu de paysages soufflés par les vents.

## CUTERVO

Située à 260 km au nord de Cajamarca, cette ville mérite une visite pour sa fontaine centrale en bronze du XIXe siècle et pour son église à la nef obscure mais élancée où luit un autel doré à la feuille. Cutervo possède l'une des arènes les plus importantes du Pérou ; les plus grands matadors du monde viennent y combattre durant les fêtes patronales, du 23 au 30 juillet et du 10 au 20 août. Le parc national de Cutervo abrite une faune et une flore des plus diverses : jaguar, tigre, ours à lunettes... ainsi que des forêts naines et brumeuses…

## Conga : le projet de trop

Début 2012, la marche de l'eau de Cajamarca à Lima a fait la Une des journaux péruviens pendant plusieurs semaines… Il faut dire que le mouvement des paysans de la région de Cajamarca illustre de façon assez emblématique la difficulté de concilier le développement économique et la protection de l'environnement au Pérou. Alors que la mine de Yanacocha est déjà la 2e plus grande au monde, la compagnie américaine Newmont souhaiterait investir près de 5 milliards de dollars dans un autre projet aurifère à quelques km de là : c'est le projet Conga. Ce nouveau site pourrait produire entre 580 000 et 680 000 onces d'or par an. Le hic : ce projet de mine à ciel ouvert à 3 500 m d'altitude, doit sacrifier – et remplacer – quatre lacs-réservoirs, dans une région où l'approvisionnement en eau est un problème chronique. Echaudés par une grande pollution au mercure en 2000 à cause de la mine, les habitants ont donc manifesté pour demander le retrait du projet et des garanties environnementales. Les bras de fer sur place sont constants. Le projet est gelé jusqu'à nouvel ordre. Une des figures de la résistance sur place est Máxima Acuña qui a gagné le prix Goldman pour l'environnement en 2016 et fait l'objet d'un documentaire engagé et aporétique, produit au Pérou, *Hija de la Laguna*. Celui-ci fut un succès sur les réseaux sociaux avant même sa sortie en salle.

### Transports

Accès plus facile depuis Chiclayo : 4 h de route par les bus qui relie Chiclayo à Jaen, arrêt à San Juan de Chiple. De là des taxis *colectivos* parcourent la route restante en 2h.

## CUMBEMAYO

Cumbemayo, le plus grand ensemble de ruines de la région, passe pour avoir été l'un des ouvrages les plus considérables en matière d'ingénierie hydraulique de l'Amérique précolombienne (« kumpi mayo » signifie en quechua « canal bien fait »). On y remarque un aqueduc creusé dans la roche, des grottes ornées de fresques (*petróglifos*), une cavité qui fut un sanctuaire, « bouche » de la figure humaine qu'évoque le roc et à laquelle on accède par un escalier taillé. Travaillés par l'érosion, d'autres blocs alentour, los Frailones, rappellent des moines encapuchonnés.

■ **RUINES PRÉ INCAS DE CUMBEMAYO**
A 22 km au sud-ouest de Cajamarca et à 3 400 m d'altitude.
*Ouvert tous les jours, de 9h à 17h. Entrée : S/ 8. Tour : environ S/ 30 par personne.*
Compter 45 min en *taxi colectivo* mais il y a peu de transports. Une excursion organisée en groupe ne coûte pas plus de S/ 30 par personne pour une demi-journée et c'est vraiment le plus pratique. Prévoir des vêtements chauds, le site étant très venté. Cumbemayo est une extraordinaire forêt de pierres entourées de canaux sculptés par les différentes civilisations qui s'y établirent. Impressionnant.

## CAJABAMBA

La ville fut fondée dès les premières années de la conquête. Dans un exceptionnel environnement de montagnes, à 124 km de Cajamarca (4h en taxi *colectivo*) et à 2 400 m d'altitude, Cajabamba, agrippée à la pente, est restée très coloniale d'aspect : petites maisons blanches à balcon en bois et place centrale avec église baroque à deux clochers. Les Diablos de Cajamarca animent toutes les fêtes, notamment celle du saint patron le premier dimanche d'octobre.

# RÉGION D'AMAZONAS

Bienvenue sur la terre des guerriers des nuages, les ultimes résistants qui cachaient leurs forteresses et villages dans les sites les plus inaccessibles. C'est à prendre en compte si on souhaite découvrir la région car comme souvent les sites sont très distants. Il faut compter une semaine pour tout voir. Vous avez deux options dessiner un parcours et sauter de lieu en lieu : de Gocta à Kuélap, de Kuélap à Leymebamba... Vous trouverez des options pour loger au plus près des sites à Gocta, Lamud, Nogalcucho (en bas de Kuélap) mais souvent un peu plus chères. Ou vous pouvez établir votre camp de base à Chachapoyas et rayonner sur la région avec différentes visites d'une journée. En général les agences proposent Gocta sur une journée, Karijia et les grottes proches sur une journée, Kuélap sur une journée, Revash et le musée de Leymebamba sur une journée. Les sites sont encore sauvages, la nature y est belle, la météo rugueuse entre novembre et avril, plus douce de mai à octobre. A vos cartes !

## CHACHAPOYAS ★★

- **Population :** 29 247 habitants.
- **Altitude :** 2 334 m.

Ici, le visiteur a l'impression de vivre sur une île entre les montagnes. La capitale de la *selva* haute du nord est au centre d'un site chargé d'histoire, balayé par le ballet de nuages. Cette jungle montagneuse, humide, riche en orchidées et en bromélias, s'appelle d'ailleurs *bosque de nubes* ou « forêt de nuages ». La région fut peuplée dès 7000 av. J.-C., puis colonisée par 500 000 Chachapoyas qui y développèrent leur culture de 900 à 1400, avant de passer sous la coupe de l'Inca Túpac Yupanqui. Fondée le 5 septembre 1538, Chachapoyas est chronologiquement la sixième ville du Pérou dont se dotèrent les Espagnols, après Piura, Cusco, Jauja, Lima et Trujillo. C'est tout près de là, à Pampas de Higos, que les troupes de libération, commandées par l'enfant du pays, Torribio Rodríguez de Mendoza, infligèrent leur première défaite à celles du roi d'Espagne. Cité tranquille, comme assoupie, isolée en altitude, sous des températures clémentes (moyenne annuelle 15 °C), Chachapoyas s'ouvre au tourisme. La ville semble s'éveiller lors de ses nombreuses fêtes, comme le carnaval, la *Semana turística et son Raymi Llaqta,* carnaval folklorique (du 1er au 7 juin) ou la *Fiesta Patronal Virgen de Asunta* (du 7 au 15 août). Attention toutefois au paludisme présent dans les régions basses du río Marañón, que l'on franchit pour passer d'une cordillère à l'autre.

## Transports

- **Chachapoyas dispose d'un aéroport**, mais aucune ligne ne le dessert à ce jour. Des vols locaux le desservent depuis Tarapoto via la petite compagnie Saeta mais mieux avoir le cœur bien accroché. 30 minutes et 3 vols par jour aller-retour pour S/ 70. Renseignez-vous sur www.saetaperu.com, ces vols subventionnés sont régulièrement reprogrammés.
- **Depuis 2016 Latam dessert l'aéroport de Jaen**, à 4 h de route de Chachapoyas, le plus proche donc. Le voyage est coûteux mais la ligne est sûre.
- **La route est une voie d'accès plus économique à Chachapoyas**. Partant de Chiclayo, il faut compter environ 10 heures de trajet. Certaines compagnies sont directes, d'autres effectuent la liaison Chiclayo-Tarapoto et vous laisseront à Pedro Ruiz, où des *autos colectivos* attendent pour continuer le trajet en 2h.
- **L'autre possibilité à proscrire en saison des pluies**, est de partir de Cajamarca via Celendín et Leymebamba. La compagnie Virgen del Carmen effectue le trajet jusqu'à Chachapoyas en 11-12h. La piste est en terre, les ravins sont effrayants, mais les paysages sont sublimes.
- **Pour Tarapoto dans la *selva***, il faut en fait prendre une *auto colectivo* ou un bus en direction de Chiclayo et descendre à Pedro Ruiz (1h30 de trajet). De là, de nombreux bus partent, entre 20h et 2h du matin, vers Tarapoto (7h, S/ 30), ainsi que des *auto colectivos* de Pedro Ruiz à Nueva Cajamarca. De Nueva Cajamarca à Moyobamba, et de Moyobamba à Tarapoto.

### Comment y accéder et en partir

Les compagnies des bus se trouvent sur la Jirón Ortíz Arrieta (*cuadras* 3 et 4), la Jirón Salamanca (*cuadras* 7 et 8) et la Jirón Grau (*cuadra* 3).

**ATSA**
✆ +51 1 717 3268
*Voir page 46.*

**MOVIL TOURS**
Jirón Libertad 464 ✆ +51 41 478545
www.moviltours.com.pe
ventas@moviltours.com.pe
Pour Lima : un bus à 13h et un autre à 22h. Compter 22h de trajet en VIP pour S/ 130-165 (essayer d'emporter un bon livre ou de la musique pour passer le temps !). Un départ également pour Chiclayo (à 20h15 ; compter 9 heures de trajet, S/75). Un départ pour Trujillo (à 19h30 ; compter 13 heures de trajet, S/ 65-85).

**TRANS KUELAP**
Av. Salamanca 726
✆ +51 74 271318
www.transserviskuelap.com
Beaucoup plus basique et économique. Liaison pour Chiclayo-Lambayeque et Trujillo, via Pedro Ruiz, Bagua, Jaen, pour environ S/ 50.

**TURISMO VIRGEN DEL CARMEN**
Terminal Terreste, Jr Triunfo
✆ +51 976 015 594
www.turismovirgendelcarmen.com.pe
ventas@turismovirgendelcarmen.com.pe
Compter 11 à 12h de trajet pour rejoindre Cajamarca via Leymebamba et Celendín pour S/ 50. Changement de bus à Celendín, c'est un « faux direct ». Départs à 19h30 et 6h du matin. Préférez l'horaire de jour, la route n'est pas facile.

**VIPAC**
✆ +51 1 6101900
www.viajespacifico.com.pe
turismo.interno@vipac.pe
*Comptez 69 US$ l'aller-retour Jaen-Chachapoyas-Jaen. Aller ou retour 35 US$. Tarifs Etrangers.*
Jaen étant l'aéroport le plus proche, cette navette mise en place par la plus grosse agence de voyage qui opère sur cette destination Viajes Pacifico, simplifie le voyage. 4 heures à bord d'un mini-van confortable qui vous attend dès la sortie du vol. Il faut réserver et payer à l'avance. Il est possible de payer directement à l'aéroport si et seulement si le mini-van a été affrété par d'autres voyageurs. La navette vous laisse et/ou vient vous chercher à votre hôtel. Faire le même trajet en transport en commun est un peu moins onéreux mais parfois bien compliqué.

## Pratique

- **Indicatif téléphonique :** 041.

### Tourisme - Culture

**IPERU**
Jr. Ortiz Arrieta N° 630 ✆ +51 41 477292
iperuchachapoyas@promperu.gob.pe
*Office de tourisme ouvert de 9h à 18h et le dimanche matin.*

- **Autre adresse :** Estación de Embarque Telecabinas Kuélap (Carretera Tingo – Kuélap Km 3,3 – Nuevo Tingo)

### Réceptifs

- **De nombreuses agences** vous vendent le tour à Kuélap sur la journée en mini van, ou la zone Karajia-Lamud (Pueblo de Los Muertos-Caverne de Quiocta). Sur la Plaza de Armas.
- **Randonnées.** Pour les treks de plusieurs jours, il est conseillé de s'adresser à une des agences qui se trouvent sur la Plaza de Armas.

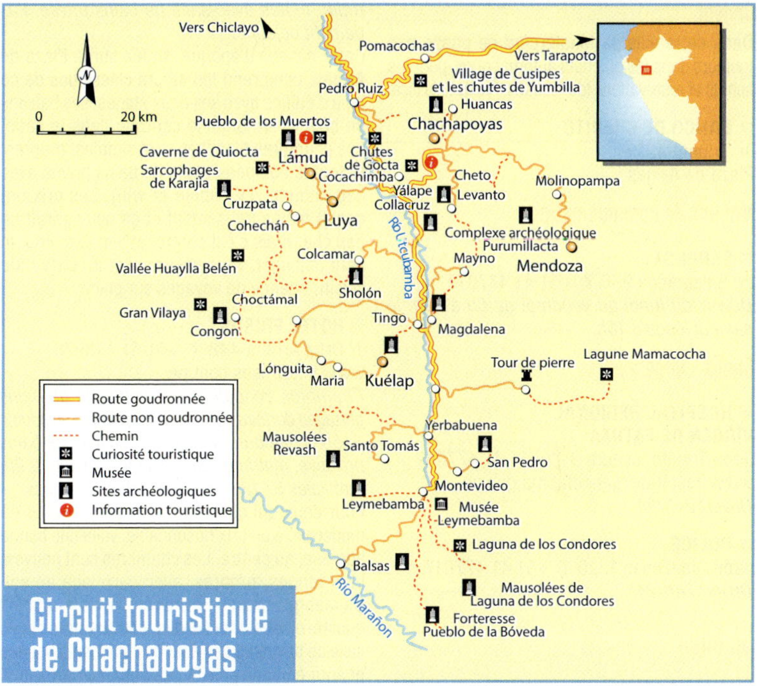


**Circuit touristique de Chachapoyas**

On vous proposera par exemple les circuits de Gran Vilaya ou de la vallée de Bélèn.

### PERU NATIVO

www.peru-nativo.com
contactos@peru-nativo.com
Une agence franco-péruvienne à même de planifier vos expéditions dans ces contrées reculées du Pérou. Olivier, docteur en archéologie préhispanique et spécialiste des Chachapoyas, et son équipe, sont en effet des organisateurs de choix ! Ils connaissent la région comme leur poche et trouveront l'excursion ou le trek qui vous convient. Toujours attentifs à la sécurité, ils ne font que du service privé et opèrent dans tout le nord du Pérou : Tarapoto, Chachapoyas, Piura et les plages, Chiclayo, Trujillo, Cajamarca, Huaraz, ainsi que les transferts à la frontière équatorienne (via Tumbes, Piura ou San Ignacio). A contacter en préparant votre voyage via leur page Web pour établir un circuit à la carte.

### PHIMA VOYAGES

Jr Union 688 ✆ +51 991 869 596
www.phimavoyages.com
info@phimavoyages.com
Depuis qu'ils ont posé leurs valises à Chachapoyas avec leurs trois garçons, Martina et Philippe ont sillonné la région et le nord dans son ensemble pour proposer des séjours qui leur ressemblent : chaleureux, humains, respectueux, curieux... Ils sont de nouveau établis en France, mais ont laissé une solide équipe sur place et sont parfois présents en saison haute. Si vous voulez visiter cette région qui a été leur coup de cœur confortablement, en véhicule privé, avec des guides francophones et de belles rencontres, c'est ici que ça se passe. Ils ont axé leur offre sur les échanges avec les habitants et les incontournables archéologiques ou paysagers. Le top pour en profiter sans se préoccuper de quoi que ce soit. Leur site Internet est une mine d'or pour découvrir le nord, on peut même y télécharger un petit guide gratuit.

### REVASH TOURS

Plaza de Armas ✆ +51 41 477391
fburga6490@gmail.com
Cette agence tenue par Carlos Burga et son fils Fernando est située dans l'hôtel Revash. Elle vous proposera des excursions sur les sites de Kuélap avec guide francophone, la cascade de Gocta, les sarcophages de Karajia... Possibilité de circuits sur mesure.

### SANTA MARIA TRAVEL & TOURS

Jr. Ayacucho 932
Plaza de Armas ✆ +51 943 162 707
*Voir page 32.*

### Argent

Dans cette ville, la Mastercard ne passe pas toujours dans les guichets automatiques, pour les achats et réservations touristiques. Préférez la Visa.

**BANCO DE CREDITO**
Jr. Triunfo 421
Plaza de Armas

### Moyens de communication

**SERPOST**
Jr. Salamanca 956 ✆ +51 41 477019
*Ouvert du lundi au vendredi de 8h à 19h, le samedi jusqu'à 16h.*

### Santé - Urgences

**HOSPITAL REGIONAL VIRGEN DE FATIMA**
Jirón Triunfo, cuadra 3 ✆ +51 41 477092
www.hospitalvirgendefatima.gob.pe
*Ouvert 24h/24.*

**POLICE**
Jirón Amazonas 1220 ✆ +51 41 477017
*Ouvert 24h/24.*

## Se loger

### Bien et pas cher

**CHACHAPOYAS BACKPACKERS**
Calle Dos de Mayo 639 ✆ +51 41 478879
www.chachapoyasbackpackers.com
chachapoyasbackpackers@gmail.com
*Compter S/ 20 en dortoir de 4 lits simples, S/ 35 la chambre simple, S/ 42 la double ou la matrimoniale et S/ 60 la triple, toutes avec salle de bains commune. S/ 60 la matrimoniale ou la double et S/ 85 la triple avec salle de bains privée. Pas de petit déjeuner.*
Dona et José ont gagné le cœur des *backpackers* du monde entier avec leur petit hôtel composé de dortoirs et de chambres basiques mais très propres, avec salles de bains partagées (quelques-unes ont une salle de bains privée), et une très bonne literie. Voilà pour les grandes lignes mais les petits plus sont nombreux : wifi, terrasse, accès à la grande cuisine, salon avec TV, service de laverie et sens de l'accueil. Ils offrent des tours réguliers via l'agence Turismo Explorer. José parle un peu français.

**HOSTAL AMAZONAS**
Jr Grau 565
Plaza de Armas ✆ +51 41 478839
e.castaneda.r@hotmail.com
*Compter S/ 70 la chambre simple, S/ 120 la double, S/ 150 la matrimoniale et S/ 190 la triple, toutes avec salle de bains privée. Pas de petit déjeuner.*
Cette *casona* d'époque, située sur la Plaza de Armas, comprend les atours classiques de ce type d'édifice avec ses deux étages, ses balcons en bois et sa fontaine centrale dans le patio. Les chambres blanches sont simples, propres, et toutes équipées (salle de bains privée avec eau chaude, TV câblée et wifi). Les prix ont gonflé malheureusement et ça nous paraît un peu cher mais c'est central et aimable. Pour le petit déjeuner, vous pouvez aller au Café Café voisin. Agence de voyages sur place.

**HOTEL FRISOS**
Jr Ortiz Arrieta 448 ✆ +51 41 478978
www.hotelfrisos.com.pe
*Chambres économiques avec salle de bains partagée dortoirs de 4 lits S/ 25 ; simple ou double S/ 50 ; chambres standards avec salle de bains privative, matrimoniale S/ 70-90, double S/ 90, familiales S/ 120-160. Petit déjeuner inclus.*
Pour ceux qui cherchent plus d'intimité et de modernité à un prix raisonnable, voilà une bonne adresse, au centre. Les chambres sont neuves, bien tenues, propres, avec carrelage au sol. Ça manque un peu de charme, mais le rapport qualité-prix est très correct. Les chambres avec salle de bains ont des douches vraiment chaudes et sont équipées de TV, wifi un peu paresseux sauf près de la réception. Au 2e étage un petit balcon-terrasse commun permet d'observer la Plaza au loin. Les prix incluent un petit déjeuner offert dans un restaurant partenaire proche de la Plaza de Armas, on peut aussi négocier sans petit déjeuner. Un restaurant était en projet.

### Confort ou charme

**LA CASONA DE CHACHAPOYAS**
Jr. Chincha Alta 569
✆ +51 41 477353
www.lacasonadechachapoyasperu.com
reservas@lacasonadechachapoyasperu.com
*Chambre simple S/ 120, double ou matrimoniale S/ 170, triple S/ 220, suite queen S/210. Petit déjeuner inclus.*
Un petit hôtel charmant est lui aussi situé dans une ancienne *casona* avec balcons en bois et joli patio central planté de bougainvilliers. Les treize chambres sont confortables, les salles de bains un peu petites et peu pratiques, mais le rapport qualité-prix est correct. Très calme, préférez les chambres à l'étage. Le petit déjeuner est généreux.

**LA CASONA MONSANTE**
Jr Amazonas 746
✆ +51 41 477702
www.casonamonsante.com
informes@casonamonsante.com

*Standard S/ 200 pour une chambre simple, S/ 250 pour une matrimoniale ou une double, S/ 350 pour une triple, S/ 400 la quadruple. Supérieur S/ 300 matrimoniale ou double, S/ 450 triple. Petit déjeuner buffet inclus.*
Une vieille bâtisse du XIXe siècle rénovée... et avec goût ! Joli patio fleuri (superbes bégonias) et jardin riche de plus de 1 500 plantes exotiques. Les chambres ont un parquet, toutes ont une salle de bains privée avec eau chaude, et les balcons sont un délice, ce qui fait de cette adresse à nos yeux la meilleure option pour loger en ville, alliant charme et confort. L'établissement a été agrandi, les chambres sont amples et lumineuses. Certes c'est un peu plus cher, mais ici la qualité le vaut. A noter que dans la catégorie supérieure les chambres ont un lit king size en matrimoniale et deux lits queen size en double, la triple compte avec trois lits deux places, bref c'est confort. Wifi.

### HOSTAL REVASH Y CASONA DEL ROSARIO

Plaza de Armas
Jirón Grau 517
✆ +51 41 477391
fburga6490@gmail.com
*Économique environ S/ 80 en matrimoniale ou double, S/ 120 la triple et S/ 140 la quadruple avec salle de bains privative au 3ème étage dans la partie ancienne. Standard à S/ 100 la double ou la matrimoniale, S/ 140 la triple et S/ 160 la quadruple, avec salle de bains privative. Supérieure S/ 140 matrimoniale ou double, triple S/ 160, vue sur la Plaza et balcon. Petit déjeuner inclus.*
L'aimable Carlos Burga et son fils Fernando proposent une vingtaine de chambres confortables et spacieuses, donnant sur un joli jardin et équipées d'une salle de bains privée, TV câblée, wifi. L'ensemble a du charme, mais est un peu vieillot et humide. L'importante demande pendant les fêtes et jours fériés gonfle les prix. Le reste de l'année, c'est négociable en visitant plusieurs chambres, certaines sont plus petites, d'autres plus lumineuses. Carlos organise également, avec son agence Revash Tours, des excursions quotidiennes dans la région, à Karajía, Kuélap (guide francophone disponible)...

### VILLA DE PARIS

Prolongacion Dos de Mayo cuadra 15
✆ +51 41 631310
www.hotelvilladeparis.com
contactenos@hotelvilladeparis.com
*Chambre simple à S/ 140, S/ 180 la matrimoniale, S/ 190 la double, S/ 220 la matrimoniale ou la double supérieure, S/ 250 la triple, S/ 410 le bungalow pour 5 personnes. Hausse des prix du 20 juillet au 15 août. Petit déjeuner inclus.*
Cette hacienda a été reconvertie en hôtel de caractère au milieu d'un vaste jardin, un peu plus éloigné du centre environ 10 minutes en taxi. Ici le service est complet : restaurant, télévision, Internet, piscine. Les espaces sont amples, les chambres ont du cachet. Rustique et élégant. Une bonne formule mais la centrale électrique voisine ronronne tout prêt, c'est le seul bémol.

## Luxe

### ACHAMAQUI CASA HACIENDA

Km 39 Carretera Pedro Ruiz Chachapoyas – Amazonas
✆ +51 933 189 144
reservas@achamaqui.pe
*Chambre double ou matrimoniale de 75 à 95 US$ selon standard, supérieure ou traditionnelle. Inclus petit déjeuner.*
Cette superbe demeure coloniale a été gérée un temps par la chaîne Casa Andina puis a repris son indépendance. Rénovée, avec ses deux beaux escaliers en bois et des balcons qui courent le long de la façade, elle est une adresse de charme entourée d'un verger, en contrebas de Chachapoyas (environ 20 km ou 30 minutes en voiture). Les chambres standards donnent sur le jardin, les supérieures sont plus proches de la piscine, au rez-de-chaussée, les traditionnelles sont les plus amples, avec de jolis détails rustiques dans la décoration et des balcons qui s'ouvrent sur les collines environnantes et la rivière Utcubamba. Les chambres sont connectées au wifi et ont tout le confort moderne : sèche-cheveux, écran plat... Une piscine vient ajouter la touche relax. Restaurant sur place. L'hôtel a mis en place des activités quotidiennes gratuites comme le ciné pour les enfants, les sessions d'art, la découverte de la ferme, des oiseaux ou des sarcophages voisins, le feu de bois à la nuit tombée. L'accent est mis aussi sur la découverte de la culture locale comme la route du café, les poteries ou les tissages.

# Se restaurer

Les spécialités de Chachapoyas sont le *purtumute* (maïs bouilli, haricots secs, patates douces et poisson de rivière) ainsi que la *cecina* (viande de porc séchée et salée mais qui n'a pas l'agréable saveur fumée d'autres régions de la jungle).
On consommera, avec grande modération, le *guarapo* (alcool de canne à sucre) et le *chuchuasi* (eau-de-vie à base d'une écorce amère), apprécié de tout l'Ouest péruvien. Quelques adresses émergent du lot (fourni) de restaurants.

## Sur le pouce

### AMAZONAS 632

Jr Amazonas 632 ✆ +51 970 385 862
www.amazonas632.com
*En semaine 7h30 à 12h30 et de 17h à 23h. Le week-end de 17h à 23h.*
Un resto-bar moderne où l'on trouvera des wraps, sandwiches, pizzas, cafés, jus de fruits et desserts. De quoi nourrir le gringo en mal de saveurs internationales. L'endroit est impeccable et plein de bonnes ondes. On vous laisse colorier votre chouette qui sert d'emblème au lieu, nous on a aimé y faire une pause.

## Bien et pas cher

Les petits restaurants typiques ne manquent pas à Chachapoyas. Autour de la Plaza de Armas, l'offre est relativement importante.

### CAFÉ FUSIONES

Jr. Ayacucho 952
Plaza de Armas ✆ +51 41 479170
www.cafefusiones.com
*Du lundi au samedi de 6h45 à 22h30, le dimanche de 7h à 11h et de 18h à 22h.*
Coup de cœur pour cette cafétéria colorée tenue par Marilyn. Les produits locaux et bio sont à l'honneur : sandwichs, hamburgers de lentille, pâtes, café et pâtisseries. Les excellents petits déjeuners comprennent pancakes ou crêpes. Certes, ce café est plus cher que la concurrence mais ses prestations sont bien au-dessus. C'est aussi un lieu culturel et une agence (Nuevos Caminos) pour sortir des sentiers battus. Echange de livres, quelques petits cadeaux à shopper sur place, et bonne connexion wifi Indiscutablement chaleureux. Plusieurs salles, une petite terrasse à l'avant et dans le patio à l'arrière une petite boutique équitable s'est installée.

### CHACHA

Intérieur de l'Hostal Plaza, Plaza de Armas
Jirón Grau 545-549 ✆ +51 41 477107
*De 7h à 23h. Comptez S/ 20 pour un plat. Menu le midi en semaine autour d'un plat du jour : S/ 7.*
C'est dans une *casona* dont le patio est très aéré que vous pourrez vous régaler d'une cuisine simple, régionale et de bonne qualité. Les portions sont copieuses et le service impeccable.

### LA REAL CECINA

Jr Hermosura 616
Plazuela Burgos ✆ +51 41 477469
*A la carte S/ 20-25. Tous les jours de 10h à 23h.*
L'endroit de confiance ont vu les quelques expats de la ville les yeux fermés pour manger les quelques plats locaux dont la fameuse *cecina* (viande séchée) malheureusement moins savoureuse ici que dans la *selva*. On y trouve les lomos et poulets classiques, de bonnes frites et une sympathique terrasse intérieure. Honnête.

## Bonnes tables

### CANDELA

Jiron Dos de Mayo 728
Barrio Santo Domingo
✆ +51 967 969 542
*Le soir à partir de 19h. Plats à partir de S/ 20 et pizzas à partir de S/ 30.*
Pizza croustillante, raviolis frais, lasagnes ? Ça vous tente ? Vous avez trouvé l'endroit parfait avec son four à bois. Carte limitée mais l'essentiel y est. Saveurs aux rendez-vous.

### EL BATAN DEL TAYTA

Jr La Merced 604
✆ +51 982 777 219
elbatandeltayta.com
*Compter de S/ 20 à S/ 40 le plat. Du lundi au samedi de 12h30 à 23h, le dimanche de 18h15 à 23h.*
Ce jeune chef a su séduire les touristes de tous horizons avec une carte qui mélange traditions et touches de nouveauté. L'endroit est définitivement sympathique avec une décoration très jungle et quelques tables sous hutte. Ses plats sont ingénieux, malheureusement les viandes locales ne sont pas très savoureuses. Privilégiez plutôt les pièces de bœuf. Vous y trouverez aussi quelques options végétariennes. A l'entrée, espace lounge avec parfois des concerts acoustiques le week-end et un bar créatif lui aussi : supers jus locaux méconnus, *sours* à base d'eucalyptus, tuna ou pur pur et un cocktail de « caspiroleta de hormigas » qui vaut au moins pour la photo avec ses jolies fourmis comestibles qui décorent le verre. Bref il y a de quoi faire et découvrir chez David.

### TERRA MIA CAFÉ

Jr Chincha Alta 557 ✆ +51 41 477217
*Compter de S/ 20 à S/ 40 le plat. De 07h30 à 12h30 et de 15h30 à 22h.*
Une option plus chic avec options locales (*juanes*) ou internationales (hamburgers-frites) et plein de choix de desserts, dont des gaufres ! Le décor est agréable avec ses voûtes en pierre, son plancher en bois et son joli comptoir en bois. C'est davantage un café pour une pause gourmande ou un verre et des petites choses à picorer en soirée qu'un vrai restaurant.

### LA TUSHPA

Jr Ortiz Arrieta 753 ✆ +51 41 477471
*Plats à partir de S/ 15-20. Viandes aux environs de S/ 30. De 18h30 à 23h. Fermé le dimanche.*
A des prix très corrects, cette adresse propose des plats de viande grillée sous toutes les coutures,

pâtes et pizzas. Le décor est simple mais la cuisine excellente. D'autres restaurants de ce genre sont installés dans la Jr. Ortiz Arrieta.

## Sortir

### LA REINA

Jr Ayacucho 520-544
✆ +51 973 834 664
*Le soir. Le verre S/ 1.50. Arco-Iris dégustation S/ 15.*
Le lieu incontournable pour sortir et découvrir les liqueurs locales macérées dans des fruits régionaux. Ce bar est emblématique, sis dans une immense *casona* où il fait plutôt froid mais on s'y réchauffe très vite. D'autant que les prix sont tout petits. On y sert des petits verres ou shots et des planches de dégustation « arco iris » (arc-en-ciel) pour faire le tour de la carte.

## À voir - À faire

La région est extrêmement riche en vestiges laissés par les cultures préincas. Dans les environs, citons Kuélap, le « Machu Picchu du Nord » ; Yalape, près de Levanto, et ses frises en zig-zag ; les mausolées de Revash ; ou encore Jalca et ses 120 structures circulaires ornées de frises. Mais ce ne sont que des exemples ! En ce qui concerne la ville proprement dite, les petites maisons d'un étage en adobe et leurs petits balcons de bois mauresques surplombant des rues en terre ocre semblent figer Chachapoyas dans le temps. Il règne une atmosphère de quiétude que rien ne semble pouvoir troubler, pas même l'agitation (si faible) du marché couvert. Le soir, par le Jirón Ayacucho, on grimpe au sommet des escaliers sur la colline de terre pour assister à l'un de ces couchers de soleil sur les Andes qui restent à jamais dans les mémoires.

### BAÑOS THERMALES DE TOCUYA

*Entrée : S/ 3.*
Ambiance familiale et totalement locale ! On se baigne dans un endroit magnifique, sous les arbres, et à côté d'un petit *río* aux rapides déchainés. Pour vous y rendre : le *paradero* est situé Jr. Amazonas 833 (à Chachapoyas) ; sautez dans un véhicule en direction de Mendoza, à 2h30 de là (S/ 20). Une fois dans la petite ville, profitez du marché couvert sur la Plaza de Armas pour vous y constituer un pique-nique. Ensuite, hélez un taxi (S/ 7 par personne) afin de vous rendre à Tocuya. De la place du minuscule village, il vous faudra revenir un peu sur vos pas afin d'accéder au large chemin de terre (sur votre droite). Pendant les 15 minutes de marche qui mènent aux bains, les grimpeurs n'hésiteront pas à tenter de cueillir des oranges et des citrons dans les arbres environnants. Site enchanteur.

### MERCADO ARTESANAL

Jirón Amazonas
Jirón Ortíz Arrieta (cuadras 5 à 7)
Jirón Dos de Mayo (cuadra 6 à 10)
Situé à l'angle de plusieurs rues, il est de taille moyenne. On y trouve des fruits de la zone et des stands avec les spécialités culinaires locales. Ça vaut une visite pour quelques photos et une plongée dans un quotidien plus populaire.

### MIRADOR DU CAÑON DEL SONCHE

Sans faire appel à un tour-opérateur, on peut se rendre au mirador du cañon del Sonche pour profiter d'un très joli panorama, avec des cascades au loin. Pour y aller, on s'adresse à un taxi-colectivo près de la Plaza de Armas de Chachapoyas qui vous mènera jusqu'au village de Huancas, le mirador n'est pas loin. Le retour se fait bien à pied (un peu moins de 2h en moyenne). Rien de fou mais c'est une belle balade et on a vite fait le tour de la ville donc...

### TREK INCA DE CHACHAPOYAS À KUÉLAP ★★

*Durée : 3 jours. Pour randonneurs habitués ou jeunes aventuriers.*
Comme il est difficile de trouver des cartes dans le secteur, la meilleure solution est encore d'organiser son trajet grâce aux traces GPS qu'on trouve sur Internet. D'ailleurs, imprimez ces informations car là où vous allez, la fréquentation est plutôt rare. Il est aisé de partir directement de la Plaza de Armas de Chachapoyas à pied (1h pour rejoindre le départ du Chemin Inca au niveau de la route principale), mais vous pouvez également demander à un taxi de vous y déposer.

▸ **La première étape consiste à rejoindre Levanto** (7 à 8h de marche). Le chemin est bien tracé et on peut passer par le sentier qui mène aux ruines de Yalape (bien qu'un peu difficile à trouver). Une fois passé Collacruz, soyez attentifs car le Chemin Inca est moins évident à suivre (il est moins fréquenté). Passez la nuit à Levanto ou prévoyez la tente (vers 2300 m, un alpage vous attend ; vous dormirez dans les prés au milieu des vaches, avec de l'eau à proximité).

▸ **Le lendemain, la destination à atteindre est Tingo** (entre 6 et 8h de marche). Il faut descendre au fond de la vallée (un oranger est là pour prendre des forces avant de traverser le ruisseau). Suivez la piste en remontant un peu, avant de partir à flanc de montagne sur la droite. Après un mirador, on redescend et on passe devant des ruines enfouies dans la végétation. Une fois arrivé dans le bas de la vallée principale qui va à Tingo, il faut la remonter un peu jusqu'à trouver un câble pour traverser la rivière ! C'est spectaculaire dans ce petit chariot... Attention aux doigts ! Enfin, suivez la route jusqu'au fond de la vallée et vous trouverez Tingo.

**Le dernier jour est consacré à la montée vers le magnifique site de Kuélap** et à sa découverte. Tout est indiqué et vous mettrez environ 4h.

### VALLÉE BELÉN ET GRAN VILAYA ★★

Pour ceux qui en ont le temps, c'est sans doute le trek et les paysages les plus extraordinaires de la région.

**Prendre un Zeta Bus**, une espèce de combi 4x4 et partent vers 2-3 h du matin. Ils passent devant la Huaylla Belen et peuvent vous y laisser.

**Première marche de 5h.** On prend le départ depuis la sublime vallée de Belén, où coule le fleuve comme un serpent d'argent. De Belén, on rejoint La Pirquilla jusqu'au sommet de La Escalera. Puis on redescend cette fois en direction de Congon. Ici vous pouvez acheter des vivres, trouver des guides locaux et des chevaux si vous êtes partis seuls.

**Nous vous conseillons de rejoindre Kuélap en 2 jours-1 nuit.** Depuis Congon, on longe le río Vilaya pendant 2 heures, puis il y a 2 autres heures de grimpe jusqu'à Lanche. Enfin, de Lanche, 3 heures 30 au milieu de la forêt d'orchidées jusqu'à la Punta Yumal avant de redescendre vers Choctomal et l'accès à Kuélap. Tout le long, on oscille entre 2 000 et 3 000 mètres d'altitude. La Punta Yumal, le point le plus haut de la région est à 3 800 mètres.

**Notez que la plupart des sites sont recouverts de végétation** et vous pourriez bien les rater et donc ne pas voir grand choses si vous partez sans guide.Le trek n'est pas bien marqué et il est périlleux de le tenter seul. Peru Nativo est une bonne agence pour vous accompagner. Compter 5 jours et 4 nuits pour le faire tranquillement avec la visite du site archéologique. Tout au long du chemin, vous croiserez des ruines mystiques et zigzaguerez parmi la forêt brumeuse aux arbres tortueux couverts de mousse.

## Sports - Détente - Loisirs

### CHACHA RAFTING

Jr. Ortiz Arrieta N°508
Plaza de Armas
✆ +51 41 798867
amazontrek.com.pe
canotajechachapoyas@gmail.com
*S/ 80 par personne, durée environ 2 heures, départs tous les jours à 9h et 14h.*
Cette petite agence organise des sorties rafting sur l'Utcubamba, plus occasionnellement sur le Marañon plus technique.

## YÁLAPE

A 21 km au sud de Chachapoyas (1h de route). S'étendant sur 4 ha, ces vestiges architectoniques pré-incas datent de 1100 à 1300. Pour s'y rendre, le mieux est de demander à un taxi de vous emmener au début du sentier qui indique la direction des ruines (direction Levanto). Après environ 30 minutes de marche tranquille (montée légère), on arrive à Yalape. Ensuite, on redescend à pied jusqu'à Chachapoyas. Pas plus de 3 heures 30, presque toujours en descente.

## LEVANTO

A 22 km au sud de Chachapoyas (1h de route). Cet ensemble archéologique préinca se caractérise par sa forme circulaire et sa décoration faite de frises en forme de zig-zag. On remarquera également

## A la rencontre des communautés Aguarunas et Huambisas

La visite à ces deux communautés, qui vivent dans la région où eut lieu la guerre péruviano-équatorienne de 1995, tient de l'aventure. Les communautés, dont les plus importantes regroupent jusqu'à 600 individus, vénèrent leur « apu » (mot quechua qui désigne une colline ou une montagne personnifiant les dieux). Les hommes portent une jupe de coton, comme les femmes qui, en outre, revêtent une sorte de chemise.
Mais, de plus en plus, ils adoptent l'habit occidental. Certains anciens ornent leur visage des tatouages rituels de fête. De Chachapoyas, on va donc à la rencontre des Aguarunas et des Huambisas, en bus d'abord, passant par Bagua Grande (3h), Bagua Chica (1h), Imasita (4h), puis en hydroglisseur (5h) ou en bateau (24h !) jusqu'à Nieva qui dispose d'hostales sommaires. Le recours à un guide est impératif car ces peuples ne parlent pas l'espagnol et sont très attachés à leurs traditions (il y a quelques années, quatre touristes européens payèrent de leur vie leur intrusion avec caméra et appareil photo lors d'un rite initiatique secret). Plutôt accueillantes, les communautés acceptent que des étrangers partagent, durant plusieurs jours, leurs activités. Une plongée inoubliable dans l'Amazonie profonde, avec son lot d'animaux (perroquets, crocodiles, singes...) et un feu d'artifice d'orchidées. Wazuriri Expeditions (voir Tarapoto) peut vous orienter mais sachez aussi que ces expéditions sont coûteuses, car les déplacements sont difficiles.

## De Chachapoyas à Cajamarca (via le site de Kuélap et le village de Leymebamba)

Normalement, ceux qui veulent découvrir le site de Kuélap partent le matin de Chachapoyas et y reviennent le soir après la visite. Mais si vous désirez rejoindre Cajamarca et ainsi fermer la boucle du Nord (Lima-Trujillo-Chiclayo-Chachapoyas) sans revenir par le même chemin, il est possible de s'arranger !

- **Tout commence très simplement puisque vous suivez d'abord la procédure habituelle** : partir avec une agence de Chachapoyas jusqu'à Kuélap et visiter celui qu'on appelle « le Machu Picchu du Nord ».

- **Ensuite, il faut demander à votre chauffeur de vous déposer sur le chemin du retour, dans le village de Tingo** (dit aussi Tingo Bajo) ; faites–le avant le départ pour être sûr de ne pas avoir de mauvaise surprise. Assurez-vous également qu'on ne vous dépose pas à Tingo Alto. Pour la petite histoire, s'il existe un Tingo Bajo et un Tingo Alto, c'est parce que le village du bas a été entièrement inondé quelques années auparavant. Certains ont dès lors décidé de se délocaliser en haut des montagnes.

Précisez donc bien votre arrêt : Tingo Bajo, devant le poste de police du village. C'est en effet là que vous trouverez un combi qui vous emmènera à Leymebamba pour S/ 10. Vous pouvez aussi vous renseigner auprès de Virgen del Carmen, compagnie de bus qui assure la liaison Chachapoyas-Cajamarca, pour connaître leur heure de passage à Tingo Bajo et réserver votre place en achetant un billet même si vous ne montez qu'en route. Toutefois, il y a des hostals sommaires et la Estancia El Chillo proches, au cas où vous arriviez tard.

- **Adressez-vous aux policiers pour qu'ils arrêtent le bon véhicule pour vous.** Et en attendant (ça peut parfois durer 1h), n'hésitez pas à aider les Péruviennes, assises devant leur maison, qui effectuent l'une ou l'autre tâche ménagère. Suivant la saison, elles épluchent parfois des haricots aux graines magnifiques (on dirait des perles). Votre travail sera vivement apprécié !

- **Une fois arrivé à Leymebamba**, il vous faudra passez une nuit sur place. Petits hôtels proches de la Plaza de Armas ou La Casona de Leymebamba, de bonne facture (www.casonadeleymebamba.com). La journée du lendemain pourra être consacrée à la visite du musée de Leymebamba et au site de Revash.

l'impressionnant canal datant de la même époque, d'une longueur de 20 km.

- **Pour s'y rendre, des taxis collectifs** quittent le marché de Chachapoyas tôt le matin (Jr Sosiego, cuadra 1).

- **Le tarif est de S/ 6 par personne.** Compter 8h d'expédition en comptant l'aller-retour et la visite. L'entrée au site est gratuite. Un guide (toujours intéressant pour expliquer l'histoire) revient à environ S/ 40, depuis Chachapoyas.

## KUÉLAP - NUEVO TINGO ★★★

C'est à un couple d'anthropologues français, les Reichlen, que l'on doit l'exploration systématique, en 1948, de Kuélap, l'un des sites archéologiques majeurs du Pérou. Ouverture de 8h à 17h ; entrée S/ 15.

Perché à 3 080 m d'altitude, au milieu d'une jungle d'orchidées accrochées aux arbres couverts de mousse, cet ensemble fortifié est constitué de deux plates-formes superposées sur lesquelles a été édifié un village. Le mur d'enceinte (le plus imposant après Saqsaywamán dans la Vallée Sacrée près de Cusco) court sur 584 m de longueur et 110 m de largeur, pour une hauteur maximale de 30 m. Il était malheureusement soutenu par un système de contention lors de notre visite, la restauration est urgente. Les trois issues étroites et tourmentées permettaient de défendre efficacement la citadelle et de résister aux tremblements de terre. Parmi les 400 habitations de forme circulaire, les édifices les plus remarquables sont el Tintero (on n'en connaît pas encore la fonction exacte), cône renversé de plus de 5 m de hauteur à l'intérieur duquel fut percée, à une profondeur de 5 m, une chambre ; les six bâtisses décorées de frises de pierre représentant pour la plupart des yeux de puma ; el Castillo, monument rituel de 3 étages et el Torreón, s'élevant à 7 m et servant de tour de guet. L'ensemble appartient, comme les autres vestiges de la région, à la culture chachapoyas, « montagne au sommet brumeux » en quechua, qui connut son apogée entre 900 et 1200, avant de céder la suprématie aux cultures chipuric et revash. Le site de Kuélap mérite bien quelques heures de voyage sur des routes cabossées.

# Transports

## Comment y accéder et en partir

Situé à 72 km au sud-ouest de Chachapoyas, il faut compter 3h30 de piste en camionnette. Si l'on ne passe pas par une agence (compter S/ 65 la journée en groupe de 15), il faut prendre un micro jusqu'au village de Maria puis marcher environ 45 min. Les environs de Chachapoyas sont proprement merveilleux et la promenade est un régal pour les yeux. Le trajet en auto dure 7h aller-retour et la visite vous prendra bien 3h ; c'est pourquoi il est conseillé d'y consacrer une journée entière. A noter qu'à Maria, il y a des chambres chez l'habitant et un restaurant communutaire excellent – ne croyez pas ceux qui vous disent qu'il n'y a rien.

Une autre solution, si l'on aime les randonnées et le sport, consiste à prendre un bus jusqu'à Tingo en y passant la nuit et de faire les 4h d'ascension tôt le matin car le soleil frappe fort dans la journée et la pente est raide. Si vous décidez de faire du camping, emportez des vêtements chauds pour la nuit, car n'oubliez pas que vous êtes à près de 3 000 m !

Sur la route, vous traverserez *Las Palmeras de oro*, une forêt de palmiers qui vaut la peine de ne pas s'endormir au cours du trajet !

## Se déplacer

### TELEFÉRICO DE KUÉLAP

*Trajet aller-retour S/ 20.*

Inauguré en mars 2017 et construit par une entreprise française, le nouveau téléphérique de Kuélap contribue largement à la popularité du site auprès des touristes locaux. En périodes festives, l'affluence a explosé. Le reste du temps c'est encore assez calme. Pour prendre le téléphérique il faut se rendre au village de Nuevo Tingo. De là des navettes de bus effectuent la liaison jusqu'au point de départ du téléphérique même. Il y a 26 cabines de 8 passagers maximum et le temps de trajet est d'une vingtaine de minutes. La vue panoramique sur les hauts-plateaux verdoyants vaut le détour. Une fois en haut il reste 20 à 30 minutes de marche pour accéder à l'entrée du site archéologique.

Ce projet faisait partie d'une série ambitieuse de téléphériques lancée par le président Ollanta Humala. Il est à ce jour le seul au Pérou.

© CATHERINE FAUCHEUX

Kuélap.

# Se loger

Le village de Nuevo Tingo d'où l'on emprunte le téléphérique a vu se développer les hostales à prix raisonnables ou des projets un peu plus rustiques aux mains de Français venus chercher ici une autre vie. Nos vrais coups de cœur se trouvent sur la route en contrebas où se cachent des maisons d'hôtes de charme. Sachez qu'il est aussi possible de pratiquer le tourisme communautaire (chez l'habitant à Maria, relativement proche du point d'arrivée du téléphérique). Les adresses changent souvent. Renseignez-vous auprès de IPeru Chachapoyas.

## Bien et pas cher

### ALBERGUE GAÏA BIANCA

Jr Natividad – Village de NUEVO TINGO

✆ +51 967 203 700

*Chambre double ou matrimoniale S/ 60. Ils possèdent 4 chambres et 2 salles de bains. Petit déjeuner S/ 12. Dîner S/ 15.*

Ici se sont établis Anaïs et Kevin, deux Français, tout proche du départ des télécabines pour Kuélap. Ils ont construit eux-mêmes une jolie maison traditionnelle de 2 étages en bois et en adobe de deux étages. Au premier ils disposent de 4 petites chambres de 12 m² avec une petite fenêtre et deux salles de bains. Tout y est neuf et bien tenu. Au rez-de-chaussée ils ont installé un petit salon de coiffure (si !) et vendent des huiles essentielles et des produits maison comme confitures ou savons. Ici on mange exclusivement végétarien, un maximum de fruits et légumes de leur jardin potager. Et pourquoi pas profiter d'un massage ou de soins à base de plantes locales et pierres chaudes pour repartir chargé de bonnes énergies.

### HOSPEDAJE EL IMPERIO KUELAP

✆ +51 979 457 498

*Chambre avec salle de bains partagée S/ 30 par lit, chambre matrimoniale avec salle de bains privée S/ 50. Petit déjeuner et repas extra, de S/ 5 à S/ 15.*

La señora Teodula est la voisine de toujours de Kuélap et elle a aménagé des chambres dans la maison familiale : 6 chambres matrimoniales avec salle de bains, chambres doubles, triples ou quadruples avec salle de bains partagée, eau chaude. Elles sont simples, mais l'accueil est vraiment hors pair. Fany, sa fille, est guide accréditée. Elle peut vous emmener sur les ruines quand elle est sur place et vous offrir une visite privée très intéressante. Préférez y aller l'après-midi, moins de monde. Repas maison sur place. Il est aussi possible de faire des balades à cheval autour de la zone.

## Confort ou charme

### LA CASA DE DOÑA LOLA-ACP MILPUJ

Km 282 Carretera Chachapoyas
– Leymebamba ✆ +51 41 630244
peherediarce@gmail.com
*Chambre simple S/ 132, chambre double S/ 239, chambre triple ajouter S/ 60. Petit déjeuner S/ 22, déjeuner ou dîner S/ 38, box-lunch S/ 27,50. Découverte du sentier interprétatif S/ 20.*

Un gros coup de cœur pour Perico et sa maman Lola. Ici ils ont construit leur maison d'hôtes en pierres brutes avec beaucoup de créativité, d'ingéniosité et surtout une vraie détermination. Nous sommes à environ 1 heure 15 de Chachapoyas et à peine à 30 minutes de Kuélap au cœur d'une réserve naturelle privée qu'ils protègent et où ils effectuent un suivi des petits félins andins qui sont leurs timides voisins. Bref, c'est un lieu qui a une âme. On y mange une cuisine familiale, fraîche, avec principalement des produits du potager. Au petit déjeuner on a du miel frais qu'on peut aussi acheter. On est proche de Kuélap (route auxiliaire) en voiture, à cheval ou en VTT, du téléphérique également, des mausolées de Revash, du site de la Jalca et du Musée des momies de Leymebamba. Ici on trouve 4 chambres matrimoniales et 2 chambres doubles confortables, les 2 chambres triples (lit simple et lit superposé) plus anciennes et plus simples qui partagent une même salle de bains en pierres qui dispose d'un système d'eau chaude à l'alcool testé et approuvé. Lola et Perico vous invitent aussi à partager leur quotidien en récoltant les légumes du potager, en cuisant les grains de café ou en parrainant un des arbres de la réserve. Un autre refuge et aire de camping sont en construction.

### EKOKUÉLAP LODGE

Jr Natividad 235 – Village de NUEVO TINGO
✆ +51 986 191 621 – ekokuelap@outlook.fr
*Chambre double S/ 150. Chambre matrimoniale S / 150-170, triple S/ 190 et quadruple S/ 220. Petit déjeuner inclus.*

Ce qu'ont bâti Maud et Carlin, couple franco-péruvien, c'est ce qu'on appelle des tambos ou chozas dans la région : de petites maisons rondes en terre avec un toit de poutres. La *choza familiar* a deux étages, le 1^er^ étage est composé d'une chambre double, salle de bains indépendante, eau chaude et TV. Le 2^e^ étage possède un lit 2 places et un lit additionnel qu'on peut occuper à 2 ou 3, il a aussi sa salle de bain. Enfin ils ont aussi un petit duplex avec la chambre en mezzanine pour 2 ou 3 personnes. En tout, 7 à 10 personnes maxi. Réservez, c'est mieux. Ils ont une petite terrasse, un jardinet planté d'arbres, cactus et autres. Ils ont aussi installé un mur avec les mêmes matériaux pour garder cette petite bulle intacte. Ici aussi on propose un café restaurant bio (le petit déjeuner l'est aussi), une cuisine aux touches françaises ou italiennes, des desserts et des produits locaux. Ils sont à l'entrée du village à 5 minutes à pied des télécabines. Outre les tours classiques, Carlin, qui parle français, peut vous emmener découvrir les réserves naturelles voisines et zones d'observation ornithologique.

### ESTANCIA EL CHILLO

Carretera a Leymebamba Km 46.5
✆ +51 41 630510
estanciaelchillo@gmail.com
*Compter S/ 140 par personne avec dîner et petit déjeuner buffet.*

Au cœur du canyon d'Utcubamba, une vieille *estancia* avec ses bougainvilliers pour un séjour rempli d'âme. Il s'agit plus d'une belle auberge familiale que d'un lodge. Les 22 chambres sont simples mais vastes, toutes avec salle de bains privée et eau chaude. On peut pratiquer le kayak sur l'Utcubamba, la pêche ou les treks. A mi-chemin entre Leymebamba et Chachapoyas, voici l'un des établissements les mieux situés pour découvrir à la fois Leymebamba et son musée, Revash et ses mausolées ou encore Kuélap. Didier est en charge des réservations, sa maman d'un accueil chaleureux.

### SPATULETAIL LODGE

Village de Choctamal
40 min en voiture de Kuélap
✆ +51 995 237 268
www.marvelousspatuletail.com
*Compter 45 US$ la chambre simple, 55 US$ la double et 70 US$ la triple. Petit déjeuner 12 US$, déjeuner ou dîner 15 US$. Cartes de crédit acceptées.*

Géré par la communauté villageoise de Choctamal, ce petit lodge est une noble initiative (les bénéfices sont partagés entre les employés). On voit les ruines de Kuélap depuis le grand balcon. On y trouve sept chambres confortables et agréables avec sanitaires privés et eau chaude. A disposition : un télescope pour observer les étoiles et la Croix du Sud. Un bon point de chute, mais attention : il faut réserver en avance et prévoir les services de taxi pour y arriver, en partir et se rendre sur le site archéologique de Kuélap.

## LAGUNA DE LOS CONDORES ★

A 93 km au sud de Chachapoyas, un site que l'on atteint à partir de Leymebamba, après 45 km, soit 12 heures de marche. En avril 1997, une découverte exceptionnelle a été faite sur ce site : on y a mis à jour 219 momies dans un parfait état de conservation et quelque 3 000 objets ayant appartenu aux cultures inca et chachapoya. La plupart de ces momies n'ayant pas encore été étudiées, une salle du musée y est consacrée. Partir avec une agence ou un guide local. A Leymebamba, il est possible de louer les services d'un guide et ses chevaux (le trajet est intense). Nous vous conseillons contacter Jabier Farje Alvarado, ✆ +51 967 988 164 (demandez-le auprès du musée). Compter au minimum 1 jour pour l'aller, 1 jour sur place et 1 jour pour le retour. Cabane rustique pour passer la nuit au bord de la lagune. Le site est isolé, splendide, magique. Bref, ça en vaut la peine. Mais la marche est dure et boueuse. A ne pas tenter en saison des pluies.

### Se loger

A Leymebamba d'où on prend le départ pour le trek Laguna de los Condores ou, où l'on visite le Musée des momies, on trouvera deux hostales basiques autour de la petite Plaza centrale et une adresse confortable.

#### Bien et pas cher

**CASA RURAL INTIMACHAY**
Jirón Próspero 310
Village de Leymebamba
✆ +51 988 443 846
*S/ 30 la nuit par personne avec petit déjeuner. S/ 10 par repas.*
Cette maisonnette rustique appartient à Jabier Farje, guide expert de la région et particulièrement de la Laguna de los Condores. Il a 3 chambres doubles/matrimoniales ou triples avec salle de bains privative et eau chaude chauffée au gaz. C'est simple mais bien tenu, un peu comme une chambre d'hôtes. Jabier est un très grand bavard (en espagnol) et Maria excellente cuisinière. C'est un bon point de chute pour les petits budgets qui veulent faire le trek ou découvrir les ruines environnantes comme celles de la Peña Calata. On est un peu à l'écart du village, à environ 5 minutes à pied du musée de Leymebamba.

**LOS VIAJEROS BED & BREAKFAST**
Jr. San Martín 115
Village de Leymebamba
✆ +51 929 965 400
losviajerosleymebamba.com
informes@losviajerosleymebamba.com
Cette petite maison traditionnelle sur 2 étages se situe légèrement au-dessus du village. Les chambres sont rustiques comme dans une maison de famille, mais avec salle de bains privative et eau chaude (et baignoire fort bienvenue dans les chambres les plus grandes). Il y a également une chambre quadruple avec lit superposé pour les familles. La cuisine est en accès libre, ainsi qu'un salon avec cheminée et un jardin avec barbecue selon la saison. Un lieu agréable pour respirer un peu d'air pur. Il venait d'être inauguré.

#### Confort ou charme

**CASA MALLQUI**
Av. Austria S/N
Village de Leymebamba
✆ +51 994 296 749
info@casamallqui.com
*Chambre matrimoniale ou double 95 US$ ; chambre familiale avec 2 chambres, 2 salle de bains et une cheminée 150 US$. petit déjeuner inclus. Wifi.*
Ayako, japonaise, a repris les lieux en main. Il s'agit de l'hôtel qui jouxte le musée de Leymebamba. Elle propose 2 chambres *matrimoniales* avec lits larges et 1 chambre double qui sont assez vastes avec de jolies poutres au plafond et élégamment meublées, plus une chambre familiale communicante superbe. Il y a un petit jardin. Le petit déjeuner inclus. Egalement un service de restauration indispensable, car on est un peu loin du village. Ça peut être une étape avec la visite du musée, ou un point de départ pour les treks. On y observe les oiseaux, visite les artisans voisins. Calme et confortable.

**LA CASONA DE LEYMEBAMBA**
Jr. Amazonas 223
Village de Leymebamba ✆ +51 957 607 416
casonadeleymebamba.com
lacasonadeleymebamba@gmail.com
*Chambre simple S/ 135, chambre double ou matrimoniale S/ 245, triple S/ 290. Petit déjeuner inclus. Dîner S/ 50, box lunch S/ 35.*
Il s'agit d'une maison de famille en bois, le plancher couine un peu, mais c'est lumineux et fleuri. Les chambres sont douillettes et avec salle de bains privée. Après un trek, c'est tout de même une bonne option. Dîner sur place. Options très basiques dans le village et B&B autour.

**RANGRA WASI**
Ave. Austria s/n, San Miguel
Village de Leymebamba
✆ +51 982 537 111
rangrawasi.com
info@rangrawasi.com
*Simple 70-80 US$, double 120-145 US$, triple 175-210 US$, familiale 4 personnes 230-*

*270 US$, familiale 6 personnes 260-300 US$. Petit-déjeuner buffet inclus. Déjeuner ou dîner S/ 75 et box lunch S/ 30.*
La proposition de Patricia c'est une espèce de retraite dans la nature avec vue sur les collines environnantes. L'écolodge est situé à la sortie du village, à environ 10 minutes en voiture du musée de Leymebamba et 50 minutes de la fortaleza de Kuélap. Les bungalows sont entourés d'une forêt mise sur pied par les hôtes ces dix dernières années. Rangra Wasi compte 4 bungalows : 2 familiaux de 4 ou 6 personnes avec lits superposés et 2 qui peuvent être simples, matrimoniales ou doubles, tous avec salle de bains privative et eau chaude. Ils sont en pierres brutes et en bois avec de grandes baies vitrées qui s'ouvrent de haut en bas sur les jardins. On sent que les maîtres des lieux ont consacré une grande attention au confort et aux finitions. Sur place, on trouve un restaurant avec de superbes produits locaux, tant mieux, car c'est un peu compliqué de sortir dîner ailleurs. Ce refuge n'est pas donné, mais c'est une belle parenthèse, apaisante.

## À voir - À faire

### MUSEO DE LEYMEBAMBA ★★

Avenida Austria, San Miguel
80 km au sud de Chachapoyas sur la route de Celendín
✆ +51 971 104 909
www.museoleymebamba.org
*Tous les jours de 10h à 16h30. S/ 15 l'entrée.*
Cette institution se consacre à la recherche archéologique et anthropologique sur les cultures péruviennes antiques. Outre les momies et les objets découverts dans la Laguna de los Condores, le musée expose textiles et céramiques mis au jour dans les environs. Un musée moderne, très bien pensé, riche. Une visite essentielle. N'oubliez pas de vous rendre au KentiCafé, dans un jardin sur les hauteurs, en face du musée peuplé de colibris. Le musée propose aussi des chambres chez l'habitant, dans le bâtiment sur la route en face, Casa Mallqui.

# CATARATA GOCTA ★★★

Cette chute d'eau est située entre les villages de Cocachimba et San Pablo. Avec ses 771 m, elle est la 15e au monde, mais on gonfle souvent le chiffre. La vue depuis Cocachimba qui fait face à la chute est spectaculaire. La randonnée depuis San Pablo est moins fréquentée et plus complète. Aujourd'hui le village et les collines de Cocachimba sont devenus une parenthèse verte pour les voyageurs indépendants au lieu de séjourner à Chachapoyas. Les locaux mettent peu à peu en place des offres de marches pour observer les orchidées, explorer la forêt plus en altitude ou apprendre davantage des habitants. La vie est douce à Cocachimba et on finit par y rester plus que prévu.

## Transports

Depuis Chachapoyas on ne peut rejoindre Cocahimba ou San Pablo qu'en taxi ou *colectivo* tôt le matin. Sinon il faut participer à un tour d'agences ou organiser le transfert via votre hôtel sur place. Environ 40 minutes de route.

## Se loger

### Bien et pas cher

Nombreux hostales dans le village à petits prix pour une nuit. Ça ouvre et ça ferme mais on compte avec le Hostal Gocta le Gallito de las Rocas et le Healthy Stay Gocta (direct ou sur Booking).

#### ALBERGUE SACHAPUYO

✆ +51 997 028 202
alberguesachapuyo@gmail.com
*Chambre simple S/ 100 et double ou matrimoniale S/ 200. Petit déjeuner inclus.*
Rafael est le voisin chanceux du Gocta Lodge. Depuis son jardin et sa terrasse où pendent les hamacs, on a la même vue incroyable sur la chute. Ils proposent des chambres simples et propres avec salle de bains privative et eau chaude, l'usage de sa cuisine et une ambiance familiale d'échanges entre voyageurs. Ils ont 3 chambres dans la maison principale et 4 nouvelles étaient en construction et seront les nouvelles en usage. Ce serait presque comme une auberge de jeunesse sans dortoirs. Quand il n'est pas là, Javier et Ruben sont à votre service. On peut réserver notamment via Booking.

### Confort ou charme

#### GOCTA LAB

✆ +51 929 505 746
goctalab.org.pe – contacto@goctalab.org.pe
*Chambre matrimoniale avec salle de bains S/ 250 et bungalow familial (2 lits doubles et lits superposés) S/ 400. Petit déjeuner inclus.*
On trouve ici le projet alternatif de la zone avec un fort ancrage responsable. En plus des bungalows Gocta Lab propose de recevoir en résidence les porteurs de projet de bioconstruction, biologie, agriculture, permaculture, art, céramique. Choisir cette auberge espagnole c'est aussi appuyer ses autres projets. Les bungalows, eux, sont de petits nids douillets à l'identité andine marquée. Moins séduisants d'extérieur, ils sont très joliment aménagés. Le bungalow familial peut héberger une tribu tout entière. Sergio et Gianna communiquent de bonnes ondes. Attention, wifi seulement dans la maison principale, mais en a-t-on vraiment besoin ?

### GOCTA LODGE

Cocachimba ✆ +51 42 526694
www.goctalodge.com – info@goctalodge.com
*Matrimoniale ou double S/ 360, triple S/ 440, suite S/ 510, petit déjeuner inclus. Packages de plusieurs jours qui incluent excursions à Kuélap, Karajia et/ou Leymebamba.*

Une immense maison blanche, réplique des *casonas* de l'époque, et ornée de balcons tout en bois. Situé dans le village même (derrière le cimetière !), le lodge propose des chambres amples et zen, toutes avec vue sur l'impressionnante cascade de Gocta. La piscine à débordement achève de vous combler. Repos complet et balades dans le jardin où s'aventurent colibris et toucans. Cuisine excellente aux touches andines. L'une des offres les plus luxueuses de la région.

### MAMAQ TAMBO LODGE

Centro Poblado de Cocachimba s/n Barrios Altos ✆ +51 949 288 429
www.mamaqtambolodge.com
*Bungalows familiaux avec lit king et 2 lits simples, 110 US$ pour 1 à 2 pers, 140 US$ pour 3 pers, 171 US$ pour 4 pers et 200 US$ pour 5 pers. Les prix diminuent au fil du nombre de nuits sur place. Petit-déjeuner inclus.*

Dernier né dans la série des écolodges dans la zone, le Mamaq Tambo n'est pas en reste. Il est un peu plus en hauteur du village, mais ses 3 bungalows avec mezzanine sont là encore des constructions superbes semi-ouvertes sur la nature extérieure avec pierres brutes, bambous et bois. Les salles de bains hébergent de jolies baignoires qui s'ouvrent sur la chute de Gocta et une douche italienne. L'espace relax avec wifi est ample. Les petits plats maison peruano-italiens sont sympathiques. Ici on retrouve Francesco et Carmen qui ont un très joli B&B à Barranco et ont décidé d'aller goûter de plus près à cette nature à portée de mains. Ici on parle aussi français.

## Luxe

### GOCTA NATURA

Camino a Cocachimba Gocta
✆ +51 993 508 637
goctanatura.com – info@goctanatura.com
*A partir de 200 US$ le bungalow. Petit déjeuner inclus.*

Cette offre plus exclusive, un peu en retrait du village, s'est ouverte peu à peu à un public plus large. Il y a 5 bungalows sur place d'environ 70 m² avec de très belles finitions, plancher au sol, salle de bains en marbre, puits de lumière. Certains ont des lits queen size, d'autres king size et banquette additionnelle qui peuvent se transformer en triple si besoin est. Le top ? Tangara et Pudu del Norte de 80 m² qui ont en plus un balcon/terrasse privatif. Les plus belles chambres ont vue directement sur la chute de Gocta. Sur place, petite piscine naturelle et excellent restaurant de produits frais.

## Se restaurer

Quelques restaurants touristiques ouverts à l'heure du déjeuner autour du terrain-place centrale du village. Une bonne option est aussi de réserver le déjeuner au Gocta Lodge (à la carte ou buffet selon le nombre de personnes et les réservations du jour).

## À voir - À faire

### RANDONNÉE À GOCTA

✆ +51 971 206 797
*S/ 10 entrée aux chutes et S/ 20 pour chutes et miradors (boucle San Pablo). Guide-orientateur en espagnol S/ 50 en Cocachimba, S/ 40 en San Pablo, S/ 80 pour la boucle.*

- **Depuis Cocachimba :** compter 2 heures de marche en descente (5 km) pour rejoindre le pied de la chute. C'est tout en descente et plutôt facile. Le plus dur est ensuite de remonter. Les habitants proposent des chevaux à louer et ils sont les bienvenus (comptez environ S/ 40 la location du cheval). Les propriétaires tirent les chevaux d'un pas léger, il n'y a donc pas besoin d'être un expert en équitation.
Si vous le faites seuls, profitez-en pour partir tôt sur le site avant les groupes d'agence nombreux. Les tours en groupe démarrent à 9h.

- **Depuis San Pablo,** on effectue une boucle. On se rend en marchant de San Pablo à la naissance de la première chute (chemin plat, environ 2 heures), on longe la chute en descente (environ 2 heures 30 en descente), puis on arrive au pied de la chute comme tout le monde et on termine à Cocachimba avec la vue panoramique de cette cascade au creux de la jungle montagneuse. Dans le village de San Pablo, il y a également des guides locaux disponibles pour vous accompagner. Cette boucle vous prendra la journée. De même vous pouvez effectuer la dernière partie à cheval puisque vous emprunterez sur cette dernière partie le même chemin que ceux qui sont partis de Cocachimba.

- **Les agences vendent des « full day »** avec transport depuis Chachapoyas à Cocachimba et marche ensuite chacun à son rythme.

- **Autre adresse : Depuis** San Pablo, ✆ 948 104 074, facebook.com/AsociacionComunalDeTurismoSanPabloGocta

## CATARATA YUMBILLA ★★

Gocta avait à peine connu la gloire et la reconnaissance qu'un autre nom se murmurait : Yumbilla. Avec ses 896 mètres, elle figure dans le top 5 des chutes d'eau les plus hautes du monde selon le World Waterfall Database. Et elle est située plus au nord, près du village de Cuispes, à environ 30 minutes en moto-taxi de Pedro Ruiz. Laquelle

voir ? Les deux seraient l'idéal. Même si Gocta est moins haute et n'est composée que de deux chutes, la vue panoramique, depuis le mirador de Cocahimba, dessine une photo magnifique et unique.
Mais Yumbilla ne manque pas d'atouts, moins connue, plus sauvage et impressionante. Un chemin de 4 km (en 1h30-2h) boueux mais plat mène au bas du 1er saut et à la naissance du 2e, non sans avoir vu deux cascades plus petites en chemin. Un autre trek permet d'arriver au pied de la belle où s'est formée comme une grotte naturelle, stupéfiante. Et un 3e tout en haut de la montagne où elle prend naissance, au fond d'une grotte et d'un ruisseau bordé de sable blanc.
Et c'est sans mentionner Pavilion et Chinata, les sœurs jumelles de Yumbilla, d'autres chutes qu'on aperçoit de la route et qu'on peut également approcher... Bref, Yumbilla, c'est une suite d'aventures et d'explorations, au cœur de la forêt de nuages, réjouissantes également pour la flore (orchidées, bromélias, arbres couverts de mousse, fougères) et sa grande quantité d'oiseaux aperçus en chemin. Ce n'est pas une mais plusieurs chutes d'eau, au cœur de ce qu'il est désormais convenu d'appeler *El valle de las cataratas*.

## Transports

Depuis Chachapoyas prendre un *colectivo* jusqu'à Pedro Ruiz (on y passe aussi en venant de Jaen ou Tarapoto-Moyobamba) puis une moto-taxi vous coûtera S/ 15 et environ 20 minutes de cachots pour rejoindre Cuispes, le village proche de Yumbilla.

## Se loger

**■ POSADA DE CUISPES**
Jr. Bongará 214 – 220, Plaza de Armas
✆ +51 977 314 711
www.laposadadecuispes.com
laposadadecuispes@gmail.com
*Par personne et par nuit S/ 65. Petit déjeuner S/ 10. Déjeuner ou dîner S/ 15.*
La Posada de Cuispes est le seul hôtel-auberge de la zone. On y trouve quatre chambres rustiques mais amples, jolies avec de hauts plafonds, colorées et avec salle de bains privée (eau chaude) dans la partie ancienne. Cinq nouvelles chambres ont vu le jour, maintenant le même charme simple. Le jardin en a un peu souffert, mais l'âme naturelle des lieux est toujours là. Le jardin abrite des colibris et quelques touches artistiques. Le site est isolé, l'hôtel propose donc une restauration simple sous forme de menus et prévoit d'ouvrir le restaurant aux touristes de passage pour un déjeuner à la carte. C'est en tout cas le lieu incontournable pour explorer la zone. L'équipe de Javier propose aussi des tours depuis la zone.

## À voir – À faire

Yumbilla ce n'est pas une mais plusieurs chutes d'eau. La randonnée la plus facile vous prendra environ 5 heures aller-retour et vous emmènera le long d'un chemin de jungle humide chargée de végétation, de bromélias et d'arbres tortueux et revêtus de mousse. Le chemin passe d'abord sous la chute d'eau de Medio Cerro et longe celle de Cristal avant d'arriver à deux miradors différents : l'arrivée du 1er saut et le départ du second. Beaucoup plus sauvage et préservé que Gocta. les chutes d'eau sont toutes deux impressionnantes.
Si vous restez plusieurs jours vous pouvez aussi aller explorer Pabellon, une très jolie chute large et qui se dépose en voiles sur les pierres (environ 3 heures aller-retour) ou Chinata (environ 6 heures aller-retour).

- **Droits d'entrée** S/ 10.
- **Guide** S/ 40 par groupe.

## Sports – Détente – Loisirs

**■ ASOCIACIÓN DE TURISMO « YACU URCO » – CUISPES**
✆ +51 956 030 811
jarvikcuispes@hotmail.es
*S/ 100 le parcours niveau débutant, S/ 150 niveau certifié. Prix de groupe.*
Jarvik est un jeune guide qui a beaucoup contribué au développement du tourisme dans la zone. Il dirige l'association de guides locaux qui proposent des marches ou treks accompagnés. Nouveauté également, le canyoning. Juan Luis, espagnol et diplômé, a installé des lignes et formé les guides locaux. Leur prestation inclut le transfert depuis Cuispes, une box lunch, l'entrée au site, le guide pour le canyoning le matin et pour le trek l'après-midi. Le parcours débutant est plutôt facile et sympathique, l'autre est plus impressionnant. On retrouve également plus d'infos sur Facebook via Canyoning Explorer, la page de Juan Luis.

# KARAJÍA

- **Datant d'environ l'an 1000**, les 6 sarcophages en argile de la culture chipuric, accrochés à la paroi rocheuse et dont la partie inférieure contenait une momie, sont une curiosité en soi : tant par leur taille (2 m de haut) que par leur invraisemblable situation à flanc de falaise... Accès : S/ 5. Parfois l'accès difficile rend impossible de pouvoir observer les sarcophages.

**48 km au nord-est de Chachapoyas**, soit environ 4h de route. Pour s'y rendre, prendre un combi dans le Jirón Ortíz Arrieta qui vous emmènera à Luya, petit village aux rues de terre où l'on croise des ânes et des habitants en chapeau de cow-boy (trajet : 1h environ pour S/ 5). De Luya, il vous faudra prendre un autre combi vers Cruzpata, si vous avez la chance d'en avoir un direct, ou sinon vers Coechán, village à 45 min de marche de Cruzpata (trajet : 1h, S/ 5). De Cruzpata, vous n'aurez plus que 20 min de descente, à travers champs de canne à sucre et de maïs (après avoir donné une obole au « Comite de turismo »), jusqu'aux six fameux sarcophages. Attention, pour le retour, suivez les mêmes instructions, mais sachez qu'à partir de 15h, il n'y a plus de combi à Cruzpata.

**Des excursions en groupe** y sont organisées pour S/ 80, comprenant également la visite de la grotte funéraire de Quiocta (prévoir de bonnes chaussures pour y aller), les entrées et le déjeuner. C'est franchement la meilleure option.

### TAMBO SAPALACHAN

✆ +51 987 936 003
tambosapalanchan.com
tambosapalanchan@gmail.com
*A partir de 120 US$ la nuit. Chambres avec lit queen size ou twin, possibilité d'ajouter un lit supplémentaire 30 US$. Petit déjeuner inclus.*
Ce lodge est situé à Lamud, le village le plus proche de Karajia et ses sarcophages. Si vous aimez le calme absolu, les hauteurs et la sérénité c'est pour vous. Ici Paul et Nora ont bâti leur maison de campagne et plusieurs maisonnettes élégantes en pierres brutes pour leurs hôtels. Leurs chambres sont très spacieuses et confortables avec des salles de bains amples et élégantes. Bref ici on aime mettre les petits plats dans les grands. Paul vous propose des circuits en 4x4 qu'il pilote ou un autre véhicule à la location. Nora cuisine des plats frais et inventifs. La petite équipe a trouvé son rythme et on s'y sent bien. Le seul bémol c'est qu'on est loin de tout et il faut le prendre en compte mais tous les sites sont visitables sur une journée.

# JAÉN

On arrive dans la cité fondée par l'Espagnol Diego Palomino en 1549, sur les rives du río Chinchipe, après avoir franchi el Abra de Porculla, le col le plus bas des Andes péruviennes (2 040 m). Proche du Marañón, Jaén a développé la culture du cacao, du café, du tabac et du riz grâce à son climat tropical chaud et humide. La ville ne présenterait aucun intérêt pour nous si elle n'était pas une des portes ouvrant sur l'Amazonie.
Ceux qui s'y trouvent le 14 septembre auront le privilège d'assister à la Fiesta del Señor de Huamantanga qui, depuis 1870, draine une grande foule.

**Attention** aux moustiques, agents du paludisme, car on est déjà en Amazonie !

### AEROPUERTO DE JAEN-SHUMBA

*A environ 20 minutes de la ville. La navette Vipac (Viajes Pacifico) est la façon la plus sûre de rejoindre Chachapoyas à 4h de route. On peut aussi trouver des navettes sur place S/ 50.*
Depuis 2016 deux vols par jour permettent de rejoindre Jaén depuis Lima et ainsi de rapprocher Chachapoyas du voyageur pressé. La compagnie la plus sûre sur cet itinéraire est Latam. Comptez 1 heure 30 de vol. Les tarifs varient selon le nombre de bagages inclus. Promotions sur Internet. VivaAir, low cost, vient de faire son entrée sur cette destination.

# SAN IGNACIO

Cernée par la *selva* tropicale, à 110 km de Jaén sur les collines San Ignacio de Loyola et culminant à 1 350 m, la ville que bâtirent les jésuites en 1646 présente les mêmes traits que la capitale provinciale. Le Cerro Campana permet d'avoir une vue d'ensemble sur la cité et la forêt environnante. Les amateurs d'aventures peuvent, à cheval ou à dos de mulet, rejoindre le site de Faical où furent gravés des pétroglyphes ; le parcours est sauvage et fascinant. Les ríos Miraflores, la Mora et Namballe sont propices à la pratique du canoë.

# LA CÔTE NORD

*Murs en adobe de la culture Chimu à Trujillo.*

# LA CÔTE NORD

## Les immanquables de la côte Nord

- **Une matinée** à Chan Chan, le superbe site archéologique près de Trujillo.
- **Un coucher de soleil** sur la plage de Huanchaco et ses radeaux de totora.
- **Une plongée** au musée du Señor de Sipan, l'un des plus réussis du Pérou, à Lambayeque.
- **La découverte des pyramides** *moche* comme celle de Tucume.
- **Un repos** bien mérité sur l'une des plages de Tumbes : à Mancora entre amis ou Punta Sal en amoureux.

*Avant que les Incas ne s'imposent, à partir de 1438, sur l'ensemble du territoire, le sable de la bande côtière au nord de l'actuelle Lima avait servi de fondations à des civilisations aussi remarquables que chavín, vicús, mochica ou encore chimú. Ces cultures avaient pour habitude d'ensabler leurs cités quand elles les abandonnaient, les préservant ainsi de l'érosion totale et du pillage. Cette région aride, désertique, attire le visiteur pour ses vestiges qui, peu à peu, renaissent au soleil, et pour ses plages plutôt froides et agitées jusqu'à Piura, bien plus paradisiaques à l'extrême nord. Un voyage au Pérou comportera immanquablement un séjour sur cette côte nord, riche d'histoire et de paysages que l'on croit, à tort, réservés à l'Afrique ou au Moyen-Orient. Si vous avez peu de temps, filez directement à Trujillo, Casma et Chimbote ne sont pas des arrêts indispensables.*

## Niño Costero : inondations meurtrières de février 2017

Ce phénomène météorologique anormal a frappé durement les régions du nord du Pérou entre février et mars 2017 avec des pluies diluviennes qui ont plongé les villes sous l'eau, inonder et isoler les campagnes, saccager les récoltes. On compte 143 morts et plus de 200 000 sans-abris ou personnes provisoirement délogées par les pluies. Les routes ont été coupées. Les infrastructures ont souffert et on a vu des torrents d'eau se déverser aussi sur les quartiers périphériques de Lima aux habitats plus précaires établis au bord de cours d'eau asséchés souvent dans des zones inconstructibles.

Comme souvent, le pays a rebondi vite et on panse les plaies pour relancer la machine économique. Ces inondations ont donné lieu à un formidable élan populaire d'aide humanitaire et de donations baptisé « una sola fuerza ». Les forces militaires, policières et humanitaires se sont unis et ont fait un travail important pour relier des populations abandonnées. Les villes du nord déjà peu séduisantes et plutôt poussiéreuses continuent d'afficher quelques meurtrissures. Les sites archéologiques et touristiques ont rouvert et reçoivent les touristes comme auparavant.

Ce phénomène climatique dû au réchauffement de l'Océan qui crée une humidité anormale et provoque des pluies intenses est connu. Il avait déjà frappé en 1983 puis 1998 et auparavant dans l'histoire. Il semble d'ailleurs que les *Moché*, ces rois du désert autour de Lambayeque, aient disparu suite à un désastre climatique. Certaines maladies comme la dengue se sont propagées mais les campagnes sanitaires suivies ont réussi à éviter le désastre. Ces régions encore peu visitées comptent sur le tourisme pour se remettre sur pied. Les conditions pour y voyager et les apprécier sont aujourd'hui rétablies.

La côte Nord
Golfe de Guayaquil
HUAQUILLAS
TUMBES
TUMBES
Parc Nat. Cerro de Amotape
EQUATEUR
Canoas
Cerros de Amotape
1
El Alto
TALARA
1140 m.
Las Lomas
Ayabaca
SULLANA
Tambo Grande
Cerro Viejo 3934 m.
Baie de Paita
La Huaca
Colan
Paita
PIURA
Morropon
Vicus
Huancabamba
La Arena
Catacaos
La Union
Baie de Sechura
Sechura
PIURA
Naupe
Jaén
AMAZONAS
Santiago
Cenepa
Numpatkay
Mara-on
Olmos
CHACHAPOYAS
Parc National Cutervo
DESIERTO DE SECHURA
Motupe
4154 m.
1
LAMBAYEQUE
Ile Lobos de Tierra
Morrope
Tucume
Mochumi
Lambayeque
Picsi
4057 m.
CHICLAYO
Tuman
Pimentel
Monsefu
CAJAMARCA
Sana
Puerto Etén
Ile Lobos de Afuera
Lagunas
Chepén
CAJAMARCA
CORDILLERE OCCIDENTALLE
Guadalupe
Pacasmayo
Chicama
Paijan
4325 m.
Puerto Chicama
Chocope
Cartavio
Santiago de Cao
TRUJILLO
Chan Chan
Pyramides Moche
Santiago de Chuco
Moche
LIBERTAD
OCEAN PACIFIQUE
1
ANCASH
Santa
Isla Del Santa
CHIMBOTE
Isla Blanca
Moro
Nepeña
Casma
Sechin
N
0
75 km
Huarmey

# RÉGION D'ANCASH

## CASMA

- **Population :** 35 765 habitants.
- **Altitude :** 0 m, au bord de la mer.

Les premières cultures (yunga ou yunca) se sont installées ici, sur la côte, à 60 km au sud de l'actuelle Chimbote, à 150 km de Huaraz, la capitale départementale d'Ancash, et à 380 km de Lima. Le nom de Casma pourrait venir du quechua *kansa* (« coton ») ou *kaxsma* (pavillon de l'oreille, allusion à la configuration du site, entre les collines). Autour de la ville, les sites archéologiques sont parmi les plus anciens du Pérou. Entre les VIIe et IXe siècles av. J.-C., les apports des cultures andines donnèrent une originalité certaine aux constructions mi-adobe, mi-pierre. Casma faisait partie de l'empire du Grán-Chimú qui s'étendit de Tumbes au nord, jusqu'à Paramonga au sud de la ville. Conquise par Túpac Yupanqui, après d'âpres combats, Casma se déplacera durant deux siècles, au gré des fondations et abandons pratiqués par les Espagnols, avant de se fixer définitivement en 1751. Détruite entièrement par le séisme du 31 mai 1970, la cité, reconstruite, sommeille au soleil brûlant (c'est la « ville de l'éternel soleil »), protégée par les collines des vents soufflants de la pampa désertique. Casma serait oubliée de tous si elle ne possédait pas, à 7 km, l'un des sites préincas les plus fascinants du Pérou : le Cerro Sechín. La fête locale la plus importante est celle de María Magdalena, le 22 juillet.
Si on veut marquer une étape sur la route du nord entre Lima et Trujillo, Casma se trouve pile à mi-chemin, le site de Sechin ne manque pas d'intérêt et les plages notamment de Tortugas sont belles. On vous recommande plutôt ce stop que la ville de Chimbote plus industrielle et sans grand attrait.

### Transports

- **Bus**. Ils stationnent tous sur les Av Ormeño et Huarmey mais font de toute façon plusieurs fois le tour de la ville pour accueillir des passagers. Compter 6h de trajet pour Lima, 1h pour Chimbote, 3h pour Trujillo et 6h pour Huaraz.
- **Pour Huaraz via le Cañon del Pato**, Yungay Express (✆ +51 955 656 680) passe par Casma puis Caraz avant d'arriver à Huaraz. Les bus ne sont pas tout neufs, mais c'est la route la plus panoramique, à faire de jour. Départs à 13h, 21h30 et 22h30 pour S/ 30. Demandez à une moto de vous conduire à l'agence, située au-dessus de la station-essence du rond-point.

### Pratique

- **Indicatif téléphonique :** 043.

**BANCO DE CREDITO**
Jirón Bolívar 181

**INFORMATIONS TOURISTIQUES**
A l'intérieur du Palacio Municipal
Plaza de Armas

**SERPOST**
Plaza de Armas
Av Fernando Lomparte
✆ +51 43 412291
*De 8h à 13h et de 16h à 19h, fermé le dimanche.*

### Se loger

Les hostales de Casma offrent le strict minimum. Un cran au-dessus et pour pas si cher, on est nettement mieux.

**LAS ALDAS**
Panamericana Norte, km 347
Playa La Gramita ✆ +51 986 369 758
www.lasaldas.com – lasaldas@gmail.com
*Compter S/ 130 par personne la nuit et S/ 180 en pension complète. Suite S/ 180 et S/ 230 en pension complète. Camping libre, tickets pour WC et douche.*
L'ensemble de 16 bungalows pour 3 à 10 personnes, équipés de salle de bains, cuisine et terrasse, est à portée des flots. Un havre de paix entre deux longs transferts. Possibilité de visites guidées des sites archéologiques. Sechin est à environ 30 minutes de trajet.

**EL FAROL INN**
Av Tupac Amaru 450
✆ +51 43 411064
hostalelfarol@hotmail.com
*Compter S/ 90 une chambre simple et S/ 130 une double ou matrimoniale, petit déjeuner américain inclus. A Tortugas S/ 80 la matrimoniale ou double en basse saison et S/ 130 en haute saison (de mi-décembre à mi-avril), petit déjeuner américain inclus.*
Un cadre agréable avec un grand jardin et une piscine. Les chambres sont spacieuses mais un peu vieillottes. En fin de semaine, familles et enfants investissent les lieux ; en semaine, l'ambiance est plus tranquille. Essayez aussi El Farol Tortugas sur la plage du même nom, un peu moins cher et agréable pour prendre un bon bol d'air. La plage est superbe, déserte sauf jours fériés et vacances.

- **Autre adresse :** Tortugas, Km 394 Panamericana Sur, Caleta Sur, ✆ +51 43 411064

**HOSTAL MONTECARLO**
Av. Nepeña Mz2 Lote 206
Face au marché de Casma ✆ +51 43 411421
jrios_s@hotmail.com
*Chambre simple : S/ 45, double ou matrimoniale : S/ 50, familiale S/ 60. Pas de petit déjeuner.*
Le minimum requis : un lit, une salle de bains avec eau chaude, TV et wifi. Cafétéria sur place. C'est correct, animé à cause du marché proche, mais pour une étape d'une nuit ça passe.

## Se restaurer

**LAS PONCIANAS**
Calle Manco Capac s/n Km
379 Panamericana Norte ✆ +5143 412123
lasponcianas.com – hotelponcianas@gmail.com
*Plats à partir de S/ 30-32.* Un club-hotel un rien massif mais qui propose un restaurant de bonne facture avec des plats régionaux. Possibilité de manger près de la piscine également. Ils ont aussi des chambres et des formules en pension complète. Il faut s'y rendre en taxi, ce n'est pas dans le centre même de Casma.

**RESTAURANT TIO SAM**
Av Huarmey 138 ✆ +51 43 580659
*Plats à partir de S/ 20.*
Ce hangar décoré de bambous propose une cuisine locale fort honorable. C'est une cantine touristique indémodable qui propose beaucoup de poissons et fruits de mer et quelques plats *chifa*.

## À voir – À faire

**SITES ARCHÉOLOGIQUES**
Outre l'incontournable Temple de Sechin, on peut aussi visiter la Fortaleza de Chanquillo, à 15 km au sud-est de la ville : le calendrier solaire le plus vieux d'Amérique, avec 2300 années au compteur ! La Pampa de las LLamas et Las Aldas hébergent aussi des ruines intéressantes, bien que mal conservées.

# CERRO SECHÍN

Le Cerro Sechín est célèbre dans tout le Pérou pour ses ruines découvertes en 1937. Elles se présentent sous la forme d'un bâtiment carré de 51 m de côté, aux coins courbes, orné de frises taillées dans la roche plutôt impressionnantes : têtes tranchées, mains suppliantes, visages de suppliciés.

**SITE ARCHÉOLOGIQUE DE CERRO SECHÍN**
A 5 km au sud-est de Casma
20 min en voiture
*Ouvert de 9h à 17h. Fermé le lundi. Accès : S/ 5.*
Découvertes en 1937, les ruines se présentent sous la forme d'un bâtiment carré de 51 m de côté, aux coins courbes, cernant une pyramide de terre invisible. Le mur d'enceinte, fait de grosses pierres parfaitement ajustées et gravées, est véritablement extraordinaire. Il se lit comme une bande dessinée qui met en scène 300 personnages. Des guerriers triomphants y dansent sur les corps dépecés, écartelés, sanguinolents des vaincus égorgés, mutilés, énucléés, éventrés, aux chevelures hérissées par l'horreur ; deux files de guerriers, précédés par un étendard, progressent vers l'entrée, foulant les cadavres. Certains chercheurs, plutôt que d'y voir des massacres guerriers, pensent que Sechín fut un centre consacré à la science et à la chirurgie (les médecins d'il y a 5 000 ans faisaient preuve de grandes connaissances anatomiques, pratiquant trépanations et autopsies). Les chirurgiens auraient ainsi utilisé les prisonniers de guerre pour se livrer à des expériences : Sechín serait un sanctuaire où étaient honorés guerriers et médecins. Quoi qu'il en soit, on ne peut qu'être saisi par la perfection et la modernité du trait, la minutie du travail des graveurs dont on voit les esquisses dans le parc environnant, où jaillissent d'entre les pierres de véloces lézards verts à cou rouge. Le musée du site, musée Max Uhle, réunit des reproductions et des bas-reliefs polychromes, des traces de pieds moulées dans la boue, des momies ainsi que des céramiques qui permettent d'apprécier l'évolution de cette culture. Un peu à l'abandon toutefois.

# PLAYA TORTUGAS

Une plage avec un décor de carte postale ! El Farol y a un 2e hôtel. On y trouve aussi le Ponciana Beach et le plus humble hostal Gabriela. Quelques restaurants comme le Cabo Blanco pour y déguster des excellents plats de fruits de mer.

**PLAGE**
A 20 km au nord-ouest de Casma
30 min en voiture
L'un des plus beaux sites balnéaires du nord de Lima, en retrait de la Panamericana (500 m à faire à pied). L'eau ici est claire, la rade protégée des vents et, bien que ce soit la plage préférée des habitants de Chimbote, voire de Huaraz, elle n'est pas trop « polluée » par le tourisme.

# CHIMBOTE

- **Population :** 371 012 habitants.
- **Altitude :** 0 m, au bord de la mer.

Ce port de pêche, le plus important du Pacifique sud-américain, s'est implanté à 440 km de Lima, sur les vestiges des nombreuses populations qui, depuis des temps immémoriaux, sont descendues de la *sierra* vers les climats plus cléments de la côte.

La « cité des sang-mêlé » a connu un développement fulgurant, passant de 100 habitants en 1940 à plus de 370 000 aujourd'hui, grâce à l'implantation de la pêche, des conserveries et des usines transformant le hareng en farine. La crise enfonce chaque jour davantage la ville, qui baigne en permanence dans les relents de poisson, de pauvreté et de crasse ; phénomène accentué par la chaleur obstinément tropicale et l'absence de précipitations. Le choléra y sévit encore, et la délinquance de nuit y est parmi les plus élevées du pays. On ne s'arrêtera à Chimbote que dans l'attente du bus qui va à Caraz via le Cañon del Pato ou à Trujillo, 120 km plus au nord. On évitera par mesure sanitaire de manger les fruits de mer qui sont la spécialité de la ville, mais on pourra goûter un *arroz con pato* (riz au canard) ou un *cuy picante* (cochon d'Inde très « picante »).

- **Chimbote fête San Pedrito le 29 juin**, et el Mejor Ceviche del Perú, le 2e dimanche de mai. Avant de s'y rendre, il est bon de se remémorer le dicton populaire en vogue dans ce département d'Ancash dont fait partie Chimbote : *Huaraz-hermosura* (Huaraz, la beauté), *Caraz-dulzura* (Caraz, la douceur) et *Chimbote-apestura* (Chimbote, la puanteur). Sans commentaire...

## Transports

### TERMINAL TERRESTRE EL CHIMBADOR
Carretera Panamericana Norte
A 5 km du centre

- **Les agences changent vite à Chimbote** ainsi que les destinations qu'elles desservent. On fait son changement sans quitter le terminal ni même jeter un coup d'œil sur la ville tellement elle a mauvaise réputation. Movil Tours est présente et fiable (Bureau 29, ✆ +51 43 353616, www.movilbus.pe). On peut rejoindre Huaraz, Lima ou les villes de la côte nord.
- **Compter 6 heures 30 de trajet pour Lima**, 1 heure pour Casma, 2 heures 30 pour Trujillo, 6 heures pour Chiclayo.
- **Pour Huaraz via le Cañon del Pato**, Yungay Express passe par Casma puis Caraz avant d'arriver à Huaraz. Les bus ne sont pas tout neufs, mais c'est la route la plus panoramique, à faire de jour. Départs à 14h, 22h30 et 23h30 pour S/ 30.

## Pratique

- **Indicatif téléphonique :** 043.

### Argent

#### BANCO DE CREDITO
Jirón Elías Aguirre 358

- **Autre adresse :** Av. Fco. Bolognesi 689

#### CHANGE
Jirón Ruiz et Av Bolognesi
Les *cambistas* vous attendent devant de petites tables de camping.

### Moyens de communication

#### SERPOST
Jr Tumbes cuadra 4 esq Leoncio Prado
✆ +51 43 324073
*Du lundi au vendredi de 9h30 à 19h45, le samedi de 8h à 16h, fermé le dimanche.*

### Santé - Urgences

#### HÔPITAL RÉGIONAL ELEAZAR GUZMÁN BARRÓN
Av Brasil, Nuevo Chimbote
*Ouvert 24h/24.*

#### POLICE
Av. Victor Raul Haya de la Torre 296
✆ +51 43 323380
*Ouvert 24h/24.*

## Se loger

### GRAN CHIMU
Av Galvez 109
Sur le Malecón ✆ +51 43 328104
hotelgranchimu@gmail.com
*Compter S/ 105 pour une chambre simple et S/ 135 pour une double ou matrimoniale avec vue sur la Plaza, S/ 150 pour une double ou matrimoniale avec vue sur mer. Petit déjeuner américain inclus.*
Planté face au port, l'ex-Turistas a retrouvé son lustre d'antan, tout de rouge vêtu. Bonne maison selon les critères de ce type d'institution avec des chambres modernes et des lits amples. En plus, le Malecon a été réhabilité et constitue aujourd'hui un beau lieu de promenade (enfin, on se contente de ce qu'on a). Bar et restaurant sur place. Wifi.

### HOSTAL LA CASONA DE BUENOS AIRES
Av. Pacífico Mz L2 Lt. 19
Nuevo Chimbote ✆ +51 43 280049
lacasonahostal.negocio.site
A côté du Banco Continental,
proche de la Plaza de Nuevo Chimbote.
*Chambre simple : S/ 40-50, matrimoniale ou double : S/60, triple S/ 80. Pas de petit déjeuner.*
Nuevo Chimbote est la partie moderne de la ville, le terminal se situe entre les deux. C'est presque plus agréable car les usines de farine de poisson ne sont pas à côté. Un hostal simple avec des chambres propres et plutôt colorées avec TV, salle de bains privée et wi-fi. Bien pour ce prix. Casino en bas, *pollo a la brasa* à côté, ambiance populaire.

■ **HOTEL CANTON**
Jirón Manuel Villavicencio 197
✆ +51 43 344388
*Compter S/ 75 pour une chambre simple et S/ 95 pour une double ou une matrimoniale. Petit déjeuner inclus.*
Grand hôtel très propre, bien tenu, au personnel compétent et affable. Extrême-oriental quant au cadre, comme l'indique son enseigne. *Chifa* au rez-de-chaussée. Une bonne adresse.
Ils ont aussi un hostal Canton plus économique, Jirón Manuel Villavicencio 120, ✆ +51 43 356276.

■ **LAS ORQUIDEAS**
Jr. Alfonso Ugarte 549
✆ +51 43 322945
www.lasorquideaschimboteperu.com
hostallasorquideaschimbote@gmail.com
*Chambre simple à S/ 95, matrimoniale à S/ 110, double S/ 120, triple ou triple familiale S/ 165. Petit déjeuner de courtoisie inclus sauf le week-end.*
Central, propre, lumineux. Les chambres avec toutes une salle de bains privée, TV et wifi.

## Se restaurer

Ce n'est pas le top en matière d'hygiène ni de décor ; une valeur sûre : les *chifas*. Quelques cafétérias sauvent aussi la mise.

■ **CHIFA CANTON**
Avenida Bolognesi 495, au coin de Manuel Villavicencio
*Plats à la carte à partir de S/ 15. Formules entrée (soupe ou raviolis frits) et plats au même prix.*
De l'hôtel du même nom. Cuisine tout ce qu'il y a de créole et de cantonais. Accueil très cantonais, lui aussi.

■ **EL PORTON GAUCHO**
Jr Huascaran
Urb. Buenos Aires ✆ +51 43 315534
*Midi et soir, tous les jours. Plats autour de S/ 30-40.*
La nouvelle adresse de la ville. Il faut s'y rendre en taxi. On y trouve un esprit ranch et des viandes grillées. C'est plutôt bien pensé et correct dans les assiettes. C'est animé en fin de semaine. Bref une chouette option dans une ville pas très enthousiasmante.

■ **MAR & LUNA**
Jr Villavicencio 104, au coin du Malecon Grau
✆ +51 43 345205
*De 12h à 16h. Plats à partir de S/ 25.*
Plutôt pour déjeuner, ce restaurant constitue une option sûre et agréable pour un ceviche ou un plat à base de poisson frais. Un resto-paillotte populaire.

■ **VENECIA**
Angle Avenida Bolognesi 386 et Enrique Palacios
✆ +51 43 325490
*Midi et soir. Plats à partir de S/ 20.*
Le cadre n'a rien de folichon, mais le restaurant est spacieux et propre, et les plats sont plutôt bien préparés.

## À voir - À faire

▶ **Pas grand-chose à se mettre sous la dent,** si ce n'est les couchers de soleil visibles du Malecón, sur la rade où se balancent les navires et où plongent les pélicans. Le marché quotidien, le long de la Jirón Váldez et dans les rues parallèles, est un voyage dans les senteurs les plus diverses ; les herboristes y abondent. Une curiosité : le marché aux animaux vivants, des petits aux plus gros.

▶ **Trois plages non polluées** permettent des bains de soleil (chaud) ou d'océan (froid) : Caleta Dorada, El Dorado et playa Catalán. Cette dernière est la plus propice à la baignade car abritée par des collines qui la protègent des vents et de l'agitation des flots. Plus au sud, allez jeter un coup d'œil aux plages Atahualpa (17 km) et Besique (25 km), avec ses étonnantes grottes.

■ **CERRO DE LA JUVENTUD**
C'est un lieu de promenade traditionnel en famille, dominé par une immense croix. On y a une belle vue sur la rade entourée d'étranges collines en forme de pain de sucre. Mais ça n'est pas Rio pour autant...

# MORO

A 4 km de Moro, à 1h de Chimbote à l'intérieur des terres, le long de la vallée de Nepaña, les ruines de Siete Huacas sont les traces d'un ancien palais fortifié. La forteresse de Kiske (dans la coopérative de San Jacinto), octogonale et flanquée d'un monolithe gravé, aurait été un observatoire astronomique.

# SANTA

A côté de la ville de Santa, quelques kilomètres au nord de Chimbote, les constructions en adobe el Castillo et la Fortaleza de San Dionisio rappellent la puissance de l'Empire chimú. De là, vue panoramique sur la vallée et le río Santa, langue verdoyante léchant le sable du désert. Les amateurs de vestiges iront à Paredones (juste avant Moro), site pré-Chavín (1500 av. J.-C.) avec d'épais murs de pierre d'origine virú.

# RÉGION DE LA LIBERTAD

## TRUJILLO ★★

- **Population** : 970 000 habitants.
- **Altitude** : 34 m.

Trujillo, capitale du département de La Libertad, à 560 km de Lima, à 260 km de Cajamarca et à 220 km de Chiclayo, est en quelque sorte un condensé du Pérou. Trujillo a bien mérité son nom de « ville de l'éternel printemps », avec un climat sec et une température balançant entre 19 et 24 °C. Entourée de prestigieux vestiges, tel Chan Chan, cette agréable cité coloniale est une halte très appréciée entre nord et sud, *costa* et *sierra*. Trujillo est l'une des villes les plus riches en bâtiments coloniaux conservés. Ses habitants vivent en moyenne mieux que leurs compatriotes ; ils sont accueillants, polis et joyeux. La vieille ville est calme et propre, attention toutefois aux alentours. Trujillo a la réputation d'une ville dangereuse où ont lieu beaucoup de vols. C'est vrai en périphérie mais le centre historique est sûr et, on le redit, magnifique. Salaverry, situé à 17 km, est le port de pêche et de plaisance de Trujillo ; Huanchaco, sa station balnéaire, est propice au surf et est devenu le point de chute des *backpackers* qui visitent la région en posant leurs sacs en bord de plage : une option séduisante également.

- **C'est Diego de Almagro qui fonda**, le 6 décembre 1534, la ville de Trujillo de Nueva Castilla, cette nouvelle ville de 31 habitants, en l'honneur de Pizarro, originaire de Trujillo en Espagne (cette amitié, empoisonnée par la fièvre du pouvoir, se terminera en guerre fratricide). Le 29 décembre 1820, les citoyens de la ville décrétèrent l'indépendance du Pérou et, en 1824, Bolívar y créa l'université Santo Tomás y Santa Rosa de La Libertad. Il donna le nom de La Libertad au département l'année suivante. Le tremblement de terre de 1970 mit à mal la ville de la *marinera*, danse mêlant les influences espagnoles (les femmes portent des robes sévillanes à volants) avec les influences africaines et indigènes (les hommes sont coiffés du chapeau de paille, de type Panama). Chaque année, la dernière semaine de janvier, a lieu le Concours national de marinera.
- **Les autres festivités** sont le Festival Internacional de la Primavera (dernière semaine de septembre, en l'honneur de la « ville de l'éternel printemps »...), le carnaval de Huanchaco (fin février) inspiré du carnaval de Venise, la Fiesta de San Isidro Labrador (d'une durée de 30 à 50 jours entre les mois d'avril et mai), le Concurso Nacional de Caballos Peruanos de Paso (le 29 septembre, pendant la fête du printemps) où les chevaux eux-mêmes dansent la marinera, la Fiesta de la Virgen de la Puerta (le 15 décembre) et El aniversario de la Independencia de Trujillo (le 29 décembre).

*Trujillo.*

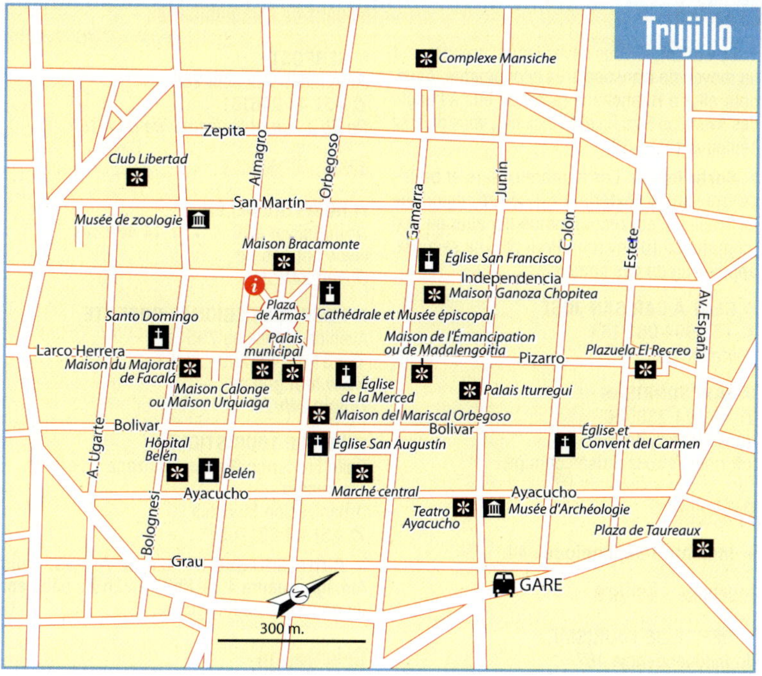


# Transports

## Comment y accéder et en partir

### AEROPUERTO CARLOS MARTÍNEZ DE PINILLOS

Sur la route de Huanchaco
✆ +51 43 464013
Vols journaliers vers/de Lima (1h10 min) avec LATAM (latam.com). A noter que cette même compagnie propose un Trujillo-Cusco direct selon la saison. SkyPeru (www.skyairline.com) la nouvelle compagnie low cost vole également à Trujillo avec un aller-retour par jour.

### BUS

**Trujillo possède désormais un terminal terrestre.** Les compagnies les plus recommandables sont Cruz del Sur, Linea, Oltursa et Movil Tours.
Terrapuerto, Auxiliar Panamericana Nte, (terrapuertotrujillo.com – ✆ +51 44 626741).
Cruz del Sur a encore sa propre agence et son propre terminal, Av. Amazonas 437, ✆ +51 44 369100.

**Pour Lima**, départs en général le midi ou tard le soir. Compter 8 heures de voyage, à partir de S/ 35 jusqu'à S/ 120.

**Pour Huaraz**, préférez Linea qui part à 9h45 et 21h15 à partir de S/ 40 environ. Movil Tours part à 22h20 (S/ 45 ou S/ 60). Compter 8 heures de route. Service direct pour Caraz avec Movil Tours à 21h40.

**Pour Tarapoto**, Movil Tours part à 15h, compter 19 heures de trajet pour S/ 90 (semi cama) ou S/ 120 (cama).

**Pour Chachapoyas**, Movil Tours part à 16h, compter 15 heures de trajet pour S/ 55 à S/ 75.

**Pour Piura**, Linea part à 23h pour environ S/ 25. Compter 6 heures de route. Ou départs toutes les heures avec transfert à Chiclayo (moins cher). Emtrafesa part à 10h30, 13h30 et 23h30 pour environ S/ 20.

**Pour Mancora et Tumbes**, voir avec Emtrafesa qui part à 19h, compter 10 heures de trajet pour environ S/ 25. El Sol part à 20h30 et demande le même prix.

**Pour Chiclayo,** Linea part toutes les heures environ, compter à partir de S/ 12 pour 3 heures de route.

**Pour Cajamarca**, Emtrafesa part à 21h45, Linea à 10h30, 22h et 22h30, compter 7 heures de route à partir de S/ 25 environ.

## Se déplacer

- **Le combi**, si vous savez lequel prendre, est un moyen de transport très économique. Ainsi, pour aller à Huanchaco (arrêt de bus à l'angle des Avenidas España et Mansiche), vous paierez seulement S/ 1,50.
- **Sortir le soir**. Les nombreux bars et boîtes se trouvant à l'extérieur du centre historique de Trujillo, il est recommandé d'y aller en taxi (compter S/ 10 environ). Pour plus de sécurité, appelez un de ces numéros :

**RENT A CAR SAN JOSÉ**
✆ +51 994 061 184
*Voir page 48.*

**TAXI SONRISAS**
✆ +51 44 233000
taxisonrisas.com.pe
informes@taxisonrisas.com.pe

## Pratique

- **Indicatif téléphonique** : 44.

### Tourisme - Culture

**OFFICE DE TOURISME**
Jr. Independencia 467
Oficina 106
✆ +51 44 294561
iperutrujillo@promperu.gob.pe
*De 9h à 18h, et le dimanche de 9h à 13h.*

- **Autre adresse :** IPERÚ Trujillo Complejo arqueológico Huaca de La Luna, tous les jours de 9h à 15h.

### Représentations - Présence française

**ALLIANCE FRANÇAISE**
Jirón San Martín 858
✆ +51 44 231232
www.aftrujillo.org.pe
info.trujillo@alianzafrancesa.org.pe
Sympa pour rencontrer d'autres Français, lire des bouquins ou des revues, ou même voir des films. Si vous êtes là, ne ratez pas la soirée du 14 juillet !

### Argent

**BANCO CONTINENTAL**
Jr Francisco Pizarro 620

**BANCO DE CRÉDITO**
Jirón Gamarra 562

**BANCO INTERBANK**
Jirón Gamarra 463
✆ +51 44 482735

### Moyens de communication

**SERPOST**
Jiron Independencia 286
✆ +51 44 246131
*De 8h à 20h et le samedi de 8h à 16h.*

### Santé - Urgences

**HOSPITAL BELÉN**
Jirón Bolívar 350 ✆ +51 44 480229
www.hbt.gob.pe
*Ouvert 24h/24.*

**HOSPITAL REGIONAL DOCENTE**
Avenida Mansiche 795
✆ +51 44 481200
www.hrdt.gob.pe
*Ouvert 24h/24.*

**POLICE TOURISTIQUE**
Calle Frederico Gerdes Manzana L Lote 2, 1ra cuadra
Urbanizacion Mochica
✆ +51 44 291705

- **Autre adresse :** Plaza de Armas, calle Almagro cuadra 4, de 8h30 à 22h00, bâtiment du gouvernement régional.

## Orientation

De nombreuses rues portent deux noms à Trujillo (les noms les plus récents étant écrits en petits caractères). La numérotation des rues commence à l'avenida d'España, qui entoure le centre-ville, et il est fortement recommandé de ne pas s'aventurer en dehors de ce périmètre, la zone étant considérée comme dangereuse. Là encore, certains corps de métier se regroupent par rue, les coiffeurs dans Jirón Orbegoso, les opticiens dans Jirón Bolívar...

## Se loger

Trujillo est davantage une ville avec des établissements confortables et dédiés au tourisme d'affaires. Pour les petits budgets, le choix est bien plus vaste à Huanchaco. A l'inverse à Huanchaco pas beaucoup d'adresses vraiment confortables.

### Bien et pas cher

**EL MOCHILERO**
Jr Independencia 887 ✆ +51 44 297842
*Dortoir de 11 lits : S/ 25, dortoir de 7 lits avec sa salle de bains : S/ 30. Simple : S/ 35, matrimoniale : S/ 50, double : S/ 60 avec salle de bains commune. Matrimoniale ou triple S/ 70 avec salle de bains privée. Cabanes pour 1 personne : S/ 35. Petit déjeuner : S/ 5-7. Menu du jour végétarien S/ 7.*

Une auberge de jeunesse qui vous offrira toutes les commodités d'usage : salle de bains à partager plutôt bien entretenue, possibilité de faire sa lessive et d'utiliser la cuisine, wifi... Les chambres sont spacieuses, mais vieillottes avec des casiers individuels. Le patio coloré avec les hamacs est le lieu idéal pour rencontrer d'autres voyageurs. Un rapport qualité-prix honnête. Attention en hiver, l'endroit peut être humide, la maison accuse les années. C'est une base pour explorer la ville, les tours vendus sont très basiques, mieux vaut se débrouiller seuls.

### MAISON D'HOTES CASA DE CLARA

Jirón Cahuide 495
Urbanización Santa María
✆ +51 44 299997
trujilloperu.xanga.com
casadeclara@yahoo.com
*Compter S/ 35 la simple, S/ 50 la matrimoniale avec salle de bains commune et S/ 50 la simple, S/ 65 la matrimoniale avec salle de bains privée. Petit déjeuner : S/ 7-10. Dîner : S/ 12.*
Atmosphère familiale chez Clara et son mari anglais Michael, ainsi qu'un très bon confort. Agréable salon, patio fleuri, et terrasse. Il y a 16 chambres, 10 avec salle de bains et 6 avec salle de bains à partager, eau chaude partout, certaines chambres avec TV. Le couple vous concocte des visites guidées à la carte. Un peu à l'écart du centre (10 min à pied), mais face à un petit parc tranquille et très calme le soir venu. Un excellent point de chute, un peu comme chez mamie. Attention, Clara propose des repas maison, il y a une cuisine additionnelle sur place pour se faire un thé ou café ou réchauffer un plat. Wifi.

### RESIDENCIAL MUNAY WASI

Jr Colon 250
Centro Historico
✆ +51 44 231462
www.munaywasihostel.com
residencialmunaywasi@hotmail.com
*Petits dortoirs à partir de S/ 30 par personne avec salle de bains commune, chambre simple à S/ 50, double ou matrimoniale à S/ 80, triple à S/ 110, quintuple S/ 130. Petit déjeuner inclus. Cuisine à disposition. Wifi.*
Une maison avenante, meublée comme à la grande époque, qui propose des chambres simples et petites, mais très bien tenues et agréables. Maria Carmela vous reçoit avec soin. Son plus ? Une situation très centrale. Maria Carmela vous donne des conseils personnels et des cartes pour explorer peu chères. C'est davantage une pension de famille. Pas de fêtes ou ambiance bohème comme ailleurs, mais c'est aussi plus propre. Selon les points de vue l'hôtesse peut être un peu envahissante, à vous de choisir la formule qui vous va le mieux.

## Confort ou charme

### CASA ANDINA STANDARD TRUJILLO PLAZA

Jr. Diego de Almagro 586
✆ +51 44 201044
www.casa-andina.com
travel@casa-andina.com
*A partir de 81 US$ pour une double ou matrimoniale. Petit-déjeuner buffet inclus.*
Un hôtel de la chaîne Casa Andina, une valeur sûre, s'est installé depuis peu dans le centre même de la ville. Les 46 chambres sont modernes et fonctionnelles, bien équipées, avec TV, wifi, air conditionné. Le plus, c'est une literie plus large et plus confortable qui respecte les standards de qualité de la marque. Il manque sans doute un peu d'identité propre pour que ce soit un coup de cœur. L'établissement est équipé d'un ascenseur. Restaurant sur place. Casa Andina propose aussi un Premium, plus haut de gamme, à la sortie de la ville à côté du golf avec piscine.

### GRAN BOLIVAR HOTEL

Jiron Bolivar 957
✆ +51 44 262200
www.granbolivarhotel.net
granbolivarhotel@yahoo.com
*Chambre simple : 55 US$, matrimonial ou double : 69 US$, suite : 111 US$. Petit déjeuner inclus. Exonération de 18 % pour les étrangers.*
Deux en un : le charme d'une *casona* d'époque avec son patio, ses boiseries, sa fontaine et des chambres classiques, un peu vétustes mais élégantes avec air conditionné, TV écran plat et wifi. Préférez les chambres qui donnent sur l'intérieur, plus calmes. Café et restaurant, gymnase, salle de billard et même agence de voyage. Une option chic qui a encore de beaux restes.

### HOSTAL COLONIAL

Jirón Independencia 618
✆ +51 44 258261
hotelcolonial.com.pe
hotelcolonialtruji@gmail.com
*Compter S/ 120 pour une chambre simple, S/ 140 pour une double ou matrimoniale, et S/ 170 pour une triple. Petit déjeuner américain inclus.*
Joli hôtel installé dans une maison coloniale rénovée et repeinte en rouge et crème. Vous ne pourrez résister au charme de sa fontaine, de son jardin, de ses azulejos, de ses colonnes et de ses balcons. Les chambres sont un peu datées mais coquettes, toutes avec salle de bains privée, eau chaude, wifi et TV. Préférez celles du rez-de-chaussée au fond. Le petit déjeuner est pris dans le restaurant Mochica voisin, un rien pompeux mais la qualité est vraiment supérieure. Le Colonial reste une très bonne option.

■ **HOSTAL EL CENTURION**
Calle Paraguay 304
Urbanizacion El Recreo ✆ +51 44 241177
www.hostalelcenturion.com
reservas@hostalelcenturion.com
*Chambre simple S/ 75, chambre double ou matrimoniale S/ 105, suite junior S/ 120. Petit déjeuner inclus.*
De petites chambres lumineuses dans une maison d'hôtes moderne et bien tenue un peu à l'écart du centre historique même, 15 minutes à pied. Toutes les chambres ont une salle de bains privée (baignoire dans la junior suite), TV, câble, wifi. Celles du 2e étage sont plus lumineuses. Préférez les chambres avec vue sur le parc voisin. Petits balcons-terrasses et grande terrasse à l'étage qui s'ouvrent sur les arbres proches : ici on voit du vert et on prend l'air, ce qui est suffisamment rare pour être souligné. Impeccable, tranquille et une équipe attentionnée. On recommande.

■ **PARAISO HOTEL TRUJILLO**
Jirón San Martín 240
✆ +51 44 200073
hotelesparaiso.com.pe/trujillo/
reservastru@hotelesparaiso.com.pe
*Chambre simple S/ 161, chambre double ou matrimoniale S/ 203, triple ou junior suite S/ 231. Petit déjeuner inclus.*
Un hôtel moderne et bien placé. Bon rapport qualité-prix. Les chambres sont bien tenues, un peu standard, mais avec tout le confort : TV, salle de bains privée et eau chaude, frigo-bar, air conditionné, wifi. Petit plus, une belle terrasse ouverte à l'étage et une petite piscine agréable en été (décembre-avril).

## Luxe

■ **HOTEL COSTA DEL SOL TRUJILLO CENTRO**
Jr Independencia 485
Plaza de Armas ✆ +51 44 232741
reservas@costadelsolperu.com
*Simple, double ou matrimoniale supérieure S/ 340, suite junior à S/ 500, petit déjeuner inclus. Exonération des 18 % d'IGV au moment du paiement.*
Cette solide bâtisse de deux étages accroche le regard avec ses balcons en bois andalou. Elle possède 79 chambres, immenses avec des lits à l'avenant, moquettées, meublées avec soin, les suites sont plus amples. On y trouve un restaurant Paprika, une piscine à l'air libre, et un gymnase bien équipé. Sans conteste, l'un des meilleurs hôtels de la ville. Poussez la porte de son Bar Walak qui a beaucoup de charme, tout en bois et tentures, pour un cocktail ou un verre de vin. Les lieux ont changé de propriétaire, ils étaient auparavant aux mains de Libertador et sont passés au portefeuille de Costa del Sol.

# Se restaurer

▶ **De nombreux petits vendeurs ambulants** vont vous proposer des *anticuchos* (brochettes de cœurs de bœuf), *papa rellena* (fameux beignets de pommes de terre farcies), *cachanga* (pain rond et plat frit dans l'huile), *picarones con higo* (beignets sucrés servis avec du sirop de figue), *churros*, *chumbeque* (turon avec du miel), ainsi que toutes sortes de pâtisseries fourrées au *manjar blanco* (confiture de lait).

▶ **La spécialité de Trujillo** est le *seco de cabrito* (chevreau macéré dans la chicha et le vinaigre avec de l'ail, des oignons et des haricots noirs, ou frijoles).

## Bien et pas cher

Comme ils sont assez rares dans ce pays et que, paradoxalement, Trujillo en regorge, voici quelques adresses dans la grande artère commerçante Pizarro (qui est piétonne, ce qui ne gâche rien) pour apprécier un bon petit déjeuner ou un goûter. Quatre bons établissements se succèdent : au 747, le café Romano sert d'excellents cafés ; au 739, le café Asturias, plus spacieux, présente un décor plus recherché (menu S/ 11,50 le midi en semaine) ; au 737, le café Oviedo est un peu plus cher ; et au 725, le café de Demarco attire la clientèle avec ses spécialités italiennes.

■ **RINCON DEL VALLEJO**
Jirón Orbegoso 311
✆ +51 968 115 719
rincondevallejo.pe
informes@elrincondevallejo.pe
*Du lundi au samedi de 7h à 23h et le dimanche de 7h à 15h. Entrées et sandwiches S/ 5-10. Plat du jour S/ 18,90. A la carte S/ 20-30.*
Coup de cœur pour ce bistrot populaire avec la cumbia qui résonne en toile de fond (grande télé dans la salle à l'arrière) et ses tablées d'amis ou de famille. Ici on vient manger une cuisine populaire et bien servie. Chaque jour une spécialité locale différente : lundi *shambar*, mardi et samedi *caldo de carnero*, mercredi *sancochado*, jeudi *patasca* et vendredi *menestron* (pot-au-feu XXL avec beaux morceaux de viande). Pour les estomacs moins vaillants, on trouve les plats créoles classiques, des sandwiches et des desserts sympathiques. Le soir, ça se remplit. Belle ambiance.

## Bonnes tables

■ **CASONA DEZA**
Jr Independencia 630 ✆ +51 44 474756
*De 12h à 23h, fermé le mardi. A la carte, café et desserts à partir de S/ 7. Plats à partir de S/ 25.*
C'est l'endroit idéal pour déguster un plat italo-péruvien de très bonne facture comme les raviolis de *aji de gallina* ou les linguinis noires

sauce fruits de mer. On l'apprécie aussi pour un café ou une douceur dans l'après-midi ou pour picorer de petites tapas avec un verre de vin le soir. Cette *casona* chaleureuse meublée d'époque a beaucoup de charme et est une oasis bienvenue au cœur de la ville. On aime beaucoup.

**EL SOMBRERO**
Av Mansiche 267
Sector Jorge Chavez
✆ +51 44 2323394
*Tous les jours de 10h à 22h. Plats S/ 40-50.*
Une adresse assez chic et populaire à Trujillo un peu à l'écart du centre. Ici on vous reçoit dans un immense local moderne et immaculé avec un service en nœuds papillon et empressé. L'établissement propose souvent des shows folkloriques les fins de semaine. Ça manque un peu de charme à notre goût, mais les portions sont généreuses et la cuisine impeccable. Laissez-vous tenter par un ceviche El Sombrero servi avec sa crème douce de *aji rocoto* et sa *causa* (purée de pommes de terre froide) surmontée de poulpe à la braise. Ils proposent aussi des plats de courbine en sauce bien servis. Il existe un 2e local sur le front de mer à Huanchaco.

**Autre adresse :** Av. Larco 510, Huanchaco, ✆ +51 44 462283

**EL VALENTINO**
Jirón Orbegoso 224 ✆
+51 44 221328
*Environ S/ 36 à S/ 51 la pizza ou les pâtes. Tous les jours de 18h à minuit.*
A deux pas de l'avenida España, le Valentino est considéré par les habitants comme l'un des meilleurs restaurants italiens de la ville. Il est composé de deux espaces, l'un plus cafétéria et un espace chic avec belles nappes et reposant le soir venu.

**EL MOCHICA**
Jirón Bolívar 446-458-462
✆ +51 44 3701524
www.elmochica.com
ventas@elmochica.com
*Compter S/ 45-60 le plat. Tous les jours midi et soir.*
Dans une élégante *casona* à deux salles (choisir celle du fond), toute la cuisine *norteña* de qualité. A vous de décider : *cabrito* (chevreau en sauce) ou *arroz con pato* (riz et canard). Si vous venez le lundi, c'est *shambar*, une soupe traditionnelle épaisse. Accueil attentionné. Les salles sont immenses, très élégantes. Attention, une guerre des Mochica est en cours : la famille s'est divisée et différents locaux ont été ouverts sous le même nom. On nous a également recommandé le Mchk de Coqui Ñique, Juan Pablo II 463, Urbanizacion San Andre, ✆ +51 44 295 181 (s'y rendre en taxi).

**RESTAURANTE ROMANO CRIOLLO**
Av Los Estados Unidos 162
Urb. El Recreo ✆ +51 44 244207
restaurantromano.com
*A la carte : S/ 44-59. Tous les jours, de 12h à 16h.*
Le meilleur endroit pour goûter aux succulentes spécialités du nord du Pérou. Populaire auprès des locaux, ce restaurant régional n'est ouvert que le midi. Bel établissement moderne avec briques apparentes à l'intérieur et grande terrasse sur l'arrière. Le *tacu tacu* sauce crevettes est tout bonnement délicieux.

## Sortir

**CASONA DEZA**
Jr Independencia 630
✆ +51 44 474756
La Casona Deza, aujourd'hui reconvertie en café élégant et cosy vaut assurément le coup d'œil. Quelques concerts de musique classique pour les dates spéciales du calendrier.

**EL BOTICARIO**
Avenida Larco Herrera 992
✆ +51 44 287632
*De 20h à 1h ou 2h. Fermé le dimanche.*
Un bar élégant et branché où déguster de vrais cocktails pensés et calibrés.

**EL ESTRIBO INTERNACIONAL**
Jirón San Martín 809
✆ +51 44 224641
*Du mercredi au samedi, concerts. Droits d'entrée selon la programmation.*
Passez prendre la programmation des concerts pour une plongée dans la musique locale : salsa, cumbia...

**EL PATIO ROJO**
Jirón San Martín 883
✆ +51 44 242339
Un petit café coloré et bio qui rénove le genre en ville. Jus de fruits, salades ou burgers et sandwichs bio, desserts et une sélection de bières artisanales. Quelques produits en vente également. Il se situe à la lisière de l'Av. España qui entoure le centre-ville historique. Soirées spéciales signalées sur les réseaux sociaux avec musique en vivo.

## À voir – À faire

De son passé colonial, Trujillo a conservé de belles églises et des *casonas* bien restaurées. Ses douze églises résument les styles qui ont traversé l'architecture du Virreinato, mais sont souvent fermées hors horaires de messe. On se balade dans cette ville au patrimoine architectural très riche avec grand plaisir, le nez en l'air. On déplore que beaucoup de monuments ne soient pas accessibles au public.

### CATEDRAL DE TRUJILLO
*Ouverte aux heures de messe, 9h et 18h.*
Sur la vaste plaza de Armas, cette église, bâtie entre 1647 et 1666, ne dépare pas le paysage avec sa façade sobre et sa monumentale porte en bois cloutée. Les retables baroques et rococo méritent le détour ainsi que les toiles de l'école de Cusco comme « La Transverberación » de Santa Teresa y Santo Toribio de Mogrovejo.

### IGLESIA BELÉN
Angle Jirón Almagro et Ayacucho
Construite entre 1680 et 1708, l'église de Belén abrite une pièce rare : une sculpture en pierre de la Sainte Famille.

### IGLESIA DE LA COMPAÑÍA
Angle Jirón Almagro et Independencia
Presque sur la plaza de Armas, ce couvent et sa chapelle sont aujourd'hui le siège de l'université. La chapelle, l'une des plus anciennes réalisations de la ville (1632), présente une intéressante porte polychrome.

### IGLESIA DE MANSICHE
Avenida Mansiche (sur la route de Huanchaco)
Construite par les Indiens pour les Indiens, elle présente un style métissé, très différent des précédentes.

### IGLESIA LA MERCED
Jirón Pizarro 550
Edifiée en 1536 puis reconstruite en 1634, après le tremblement de terre de 1619, cette église est le meilleur témoignage de l'opulence de la ville, une opulence jamais démentie au cours des siècles. Baroque, chargée d'ors, elle renferme une sculpture de la Vierge, debout sur un croissant de lune noir, couronnée de flammes ou des rayons du soleil : les deux astres principaux des civilisations préhispaniques.

### IGLESIA SAN AGUSTÍN
Angle Jirón Bolívar et Orbegoso
C'est l'église qui souffrit le plus du séisme de 1970, dont elle fut relevée en huit ans. L'autel central en bois, doré à la feuille et particulièrement rutilant, est comme un défi lancé par les (re) constructeurs à la Pachamama, la terre mère. A l'entrée, une statue du saint noir, Benito de Palermo.

### IGLESIA SAN FRANCISCO
Angle Jirón Gamarra et Independencia
Elevée en 1625, c'est la doyenne de Trujillo. En forme de croix latine, elle possède une élégante nef voûtée. Egalement un magnifique retable peint en 1630 (on pense qu'avant le tremblement de terre de 1970, tous les murs de l'église étaient recouverts de retables).

### IGLESIA SAN LORENZO
Angle Jirón Ayacucho et Colón
De taille modeste, bien que datant du XVIIe siècle, cette église a été de tout temps celle des pauvres. Le plafond est recouvert de planchettes de bois brut antisismiques (elle porte encore les stigmates du séisme de 1970). A noter, l'autel rococo et, parmi les nombreuses toiles, une belle Vierge. L'église a été entièrement restaurée en 1999.

### IGLESIA SANTO DOMINGO
Angle Jirón Pizarro et Bolognesi
C'est l'une des pièces maîtresses, monument historique de la ville. Elle est construite comme une basilique avec une nef centrale et des chapelles latérales. Au-dessus de la chaire, on retrouve une statue ailée de saint Vincent en pain d'or. Le retable central est de style baroque, très riche.

### MARINERA ET CABALLOS DE PASO-CASA ALCOR
Esquina El Palmar y Via de Evitamiento
Urb. El Golf ✆ +51 948 315 055
alcorshowcaballosperu.business.site
*Tous les jours de 13h30 à 14h45. Entrée : S/ 30, enfants de 8 à 12 ans S/ 10. Sur réservation. Durée du spectacle approximativement 45 minutes.*
La marinera et ses caballos de paso, c'est l'atout culturel de Trujillo, qui organise chaque année son Concours national de marinera fin janvier. Cette danse de séduction a un charme tout particulier sous le soleil du Nord avec ses jupes froufroutantes qui virevoltent autour des galants en poncho de coton et grand chapeau. On exécute aussi cette danse avec le *chalan* (ou cavalier) sur son cheval. Les *caballos de paso* et leur marche élégante font partie du patrimoine péruvien. Ce joli spectacle a déménagé et s'est professionnalisé. La visite en vaut la peine.

### MONASTERIO EL CARMEN ★★
Angle Jirón Colón et Bolívar
C'est l'ensemble cloîtres-église le plus imposant de la région. Parmi ses richesses, le mobilier cultuel, plus de 150 toiles des XVIIe et XVIIIe siècles, dont notamment celles de l'école de Quito, et des retables, dont l'un sculpté par Fernando Collado et considéré comme l'œuvre majeure de cet artiste. Le mobilier cultuel et les retables datent de 1759. L'ensemble est malheureusement fermé à la visite depuis quelques années. Belle illumination la nuit. Normalement ouvert les dimanches matin.

### MUSEO DEL JUGUETE
Jr Independencia 705 ✆ +51 44 208181
*Fermé le mardi. En semaine, de 10h à 18h, le dimanche 10h à 13h. Adulte S/ 7 et enfants S/ 3.*
On voit nos jouets évoluer à travers l'histoire depuis l'époque préhispanique jusqu'aux années 50. On trouve aussi des jouets de diverses parties du monde. Gerardo Chavez, artiste plastique, est à l'initiative de ce sympathique petit musée au 2e étage. Le plus vieux jouet ? Un sifflet datant de la culture *viru*.

# PETIT PARCOURS POUR ADMIRER QUELQUES CASONAS...



Outre les *casonas* ci-dessous, on ne manquera pas, dans la *calle* Ayacucho, au n° 426, une maison qui force l'admiration par les fastes andalous de sa fontaine, ses marbres et le plafond en bois ouvragé de son entrée, par ses *azulejos* et ses suaves tons pastel. Et tant d'autres *casonas* encore. La Casa de la Emancipacion et la Casa Urquiaga sont les seuls ouverts au public.

### CASA DE LA EMANCIPACIÓN

Jirón Pizarro 610

*Fermé le dimanche. Du lundi au vendredi de 9h à 13h et de 16h à 19h. Le samedi de 9h à 13h. Gratuit.*

La Casa de la Emancipación appartient aujourd'hui à la Fondation BBVA qui a continué de la maintenir et l'ouvre au public. C'est une demeure remarquable avec ses deux patios, dont le second est abondamment fleuri. Le salon central témoigne de la richesse des anciens propriétaires ; y est exposé un acte de 1537 enluminé, signé de la main de Carlos V, autrement dit Charles Quint en personne. C'est précisément ici que le marquis de Torre Tagle prépara la déclaration d'indépendance de Trujillo de 1820 et c'est également de ces lieux que gouvernait le président Riva Agüero.

### CASA DE LA PORTADA DE LOS DOS LEONES

Jirón Independencia 630

La Casa de la Portada de los dos Leones, où se tient aujourd'hui le conseil régional, est une superbe demeure du XVIe siècle. Ses trois patios, ses constructions en bois d'algarrobo (espèce maintenant protégée dont on extrait l'algarrobina), ses peintures murales colorées, son fronton rococo et ses deux lions au-dessus de la porte de style baroque lui donnent beaucoup de cachet. Elle est d'ailleurs considérée par les spécialistes comme la plus représentative de l'architecture de Trujillo.

### CASA DEL MARISCAL ORBEGOSO

Jirón Orbegoso 553

La Casa del Mariscal Orbegoso, qui porte le nom du président de la République auquel elle appartint, possède une riche collection de peintures murales et d'imposants miroirs.

### CASA DEL MAYORAZGO DE FACALÁ

Jirón Pizarro 314

La Casa del Mayorazgo de Facalá, aux belles grilles de ferronnerie, accueille des expositions temporaires. Scotiabank a repris les lieux. On peut normalement y entrer discrètement mais difficile de sortir l'appareil photo.

### CASA URQUIAGA – CASA CALONGE

Jr Pizarro 446

*Ouvert de 9h30 à 15h30. Le samedi de 9h30 à 13h. Fermé le dimanche.*

La Casa Urquiaga ou Casa Calonge, d'un bleu étincelant (grilles forgées en jaune), est un véritable joyau : on peut encore y admirer le bureau de Simon Bolivar, qui y vécut deux ans après avoir déclaré l'Indépendance du Pérou en 1824. C'est aussi là que vécut le premier vice-roi du Pérou en 1604, et elle hébergea la première banque de Trujillo. On peut la visiter sans problème en montrant son passeport.

### CASONA DEZA

Jr Independencia 630

✆ +51 44 474756

La Casona Deza, aujourd'hui reconvertie en café élégant et cosy vaut assurément le coup d'œil. Quelques concerts de musique classique pour les dates spéciales du calendrier.

### PALACIO ITURREGUI ★★

Jirón Pizarro 668-688

✆ +51 44 234212

La *casona* la plus remarquable, par ses proportions et ses richesses, est celle du Palacio Iturregui. Ses trois patios, sa multitude de salons sont le siège du Club Central. Le Palacio fut bâti au XIXe siècle par Manuel de Iturregui y Aguilarte, un noble d'origine basque qui prit part aux luttes de libération. C'est le siège du Club Central, le club social le plus exclusif de la ville. Selon les directoires, le lieu est plus ou moins accessible pour un coup d'œil.

### ■ MUSEO ARQUEOLÓGICO

Jirón Junín 682
✆ +51 44 474850
*De 9h à 16h45. Fermé le samedi après-midi et le dimanche. Entrée : S/ 5.*
Les onze salles de ce musée nous renseignent sur les cultures cupisnique, salinar, virú, chimú et inca. On remarquera les pièces des cultures de l'époque formative, notamment chavín, et les superbes objets de la période mochica, qui donna peut-être au Pérou antique ses plus belles céramiques. Des bas-reliefs polychromes et d'impressionnants masques grimaçants proviennent des Huacas. La salle vedette réunit les objets retrouvés dans la Huaca de la Luna où se pratiquaient les sacrifices humains – les ossements de quatre-vingt-dix guerriers immolés y ont été mis au jour.

### ■ PLAZA DE ARMAS ★★★

Son emplacement dans la ville est tel qu'il a été souhaité par Diego de Almagro. Au centre de la place, on peut admirer le monument de la Liberté, étrange statue baroque de marbre dont on dit que ses parties génitales ont été raccourcies à la suite d'une plainte des bonnes sœurs dont le couvent se trouvait juste en face... Cette place est ample, bordée de *casonas* colorées, habillée de palmiers, c'est sans nul doute l'une des plus élégantes du pays.

## Visites guidées

### ■ MICHAEL WHITE ET CLARA BRAVO

Calle Cahuide 495
Urbanización Santa María
✆ +51 44 243347
trujilloperu.xanga.com/
casadeclara@yahoo.com
*S/ 50 la demi-journée ou S/ 80 la journée, transports en taxi ou bus public.*
Clara, Péruvienne, et son mari Michael, Anglais, tous deux passionnés par l'archéologie, se feront un plaisir de vous faire visiter les sites de la région. Ils parlent plusieurs langues, et leur réputation n'est plus à faire. Michael n'est pas toujours là, il guide en français. Clara guide en espagnol et en anglais.

### ■ VIAJES PERU NORTE

✆ +51 950 042 086
viajesperunorte.com
guianorteperu@hotmail.com
*Devis sur demande.*
Luis a appris le français en autodidacte, mais est un fin connaisseur de la région. Il est patient et a une petite équipe avec lui d'unités de transport et guides. Les sites de la région nécessitent vraiment un accompagnement pour en saisir la profondeur et l'intérêt à l'échelle historique et culturelle.

# HUACAS DEL SOL Y LA LUNA ★★

Les civilisations du Nord ont laissé de précieux témoignages sur leurs modes de vie dans les frises qui ornent leurs temples et dans les tombes que protégeaient ces temples. Les céramiques, bijoux et objets découverts sont mis en avant dans des musées modernes et bien pensés, les plus aboutis du pays. La Huaca del Sol et de la Luna est le premier pas d'un voyage vers les civilisations pré-incas. Elle met en lumière l'une des plus anciennes des civilisations de cette zone, la *moche* qui s'étendit entre 200 et 800 apr. J.-C.

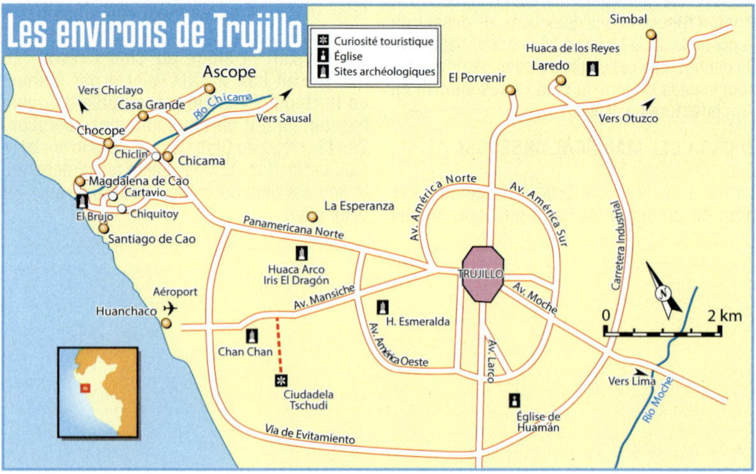

## Se loger

### ■ MOCHE SANCTUARY LODGE

Carretera Campiña de Moche Km.5 s/n
✆ +51 947 736 177 – www.mochelodge.com
*Junior Suite S/ 329 et Suite S/ 439. Petit déjeuner inclus. Réductions possibles en réservant directement pour plusieurs nuits. Transferts vers et depuis l'aéroport inclus si réservations pour plusieurs nuits – sur demande. Restauration sur place sandwiches et piqueos S/ 15-22, entrées S/ 20-38, plats S/ 30-45, desserts S/ 15-18.*

Si vous cherchez le calme et le contact avec une nature qui s'épanouit ici librement, c'est l'hôtel qu'il vous faut. Dans un immense jardin sont plantées 20 maisonnettes en adobe amples et élégantes, hommage aux méthodes de construction locales et meublées comme un clin d'œil au passé colonial prospère de la région. Les Junior suites sont deux chambres communicantes sous une maisonnette, idéal pour les familles. On peut aussi ne vous assigner que l'une d'elles, voyez s'il est possible dans ce cas de ne pas avoir de voisin, mais les terrasses et espaces privés de chacun sont bien protégés. Un cran au-dessus, les suites occupent une maisonnette à elles seules. Elles sont équipées d'une immense baignoire en mosaïque ouverte sur la chambre et qui fonctionne comme bain à remous. Suites et Junior suites ont aussi une douche italienne ample et de très belles finitions des salles de bains éclairées par des puits de lumière naturels. Les Junior suites sont équipées de lit queen size, tandis que les suites ont des lits king size. On trouve aussi tout le confort moderne avec câble, TV écran plat, bon wifi dans chaque maisonnette, sèche-cheveux. Pas de frigo-bar, mais l'on peut faire garder des choses en cuisine et le restaurant propose aussi un service en chambre. Les prix ne sont pas excessifs vu l'élégance des lieux et on y propose une cuisine locale qui met en avant les produits de la mer, les asperges produites dans la région et des saveurs japonisantes. Le restaurant s'ouvre sur une terrasse qui embrasse le jardin et ses arbres centenaires. Quelques tables sont installées dans le jardin où pendent aussi des hamacs. Ici trouvent refuge de nombreux oiseaux. Le Moche Sanctary Lodge propose aussi une piscine les jours de beau temps, elle n'est pas tempérée. Le petit déjeuner est servi à l'assiette quand le lodge n'est pas plein et sous forme de buffet les autres jours. Il est très généreux avec des saveurs salées, jus de fruits frais, céréales, laitages, pain brioché à la carotte maison. Bref c'est un lieu où on a plaisir à suspendre le temps. Il est voisin du musée de la Huaca del Sol et de la Luna qu'on peut donc même visiter à pied. Par contre si l'on veut se rendre au centre de Trujillo il faudra faire appeler un taxi (entre S/ 15 et 20 la course, approximativement 20 minutes), idem pour Chan Chan ou Huanchaco.

## Se restaurer

Tout autour de la Huacas del Sol y de la Luna, on trouve ce qu'on appelle la campiña et de très nombreux restaurants champêtres. C'est très fréquenté les fins de semaine ou dates festives. On nous a recommandé le Sol y Luna.

## À voir – À faire

### HUACA DEL SOL – HUACA DE LA LUNA ★★★

A 8 km au sud de Trujillo
www.huacasdemoche.pe
*De 9h à 16h. Entrée : S/ 15 (S/ 10 pour la Huaca de la Luna et S/ 5 pour le musée). Pour s'y rendre, prenez un colectivo en direction de Campiña de Moche sur l'Av. Suarez, au niveau de l'Av. Los Incas à Trujillo pour S/ 1,50. Un taxi revient à S/ 20 environ.*

**C'est dans la Huaca de la Luna** que furent déterrés les restes de 107 guerriers sacrifiés et de nombreux bas-reliefs polychromes. C'est en 1991 que l'archéologue Ricardo Morales met à jour les premiers secrets.
On explore le site via des escaliers installés tout le long de l'édifice pour avoir un meilleur point de vue sur les frises. Du haut de la Huaca, très beau panorama sur les alentours. Le tout est malheureusement assez dégradé, mais les frises qui subsistent émerveillent par leurs détails et leurs couleurs. Les archéologues affirment que pas moins de 250 000 personnes participèrent à sa construction. Sa construction ne dura pas moins de 600 ans !
On y retrouve surtout Aie Paec peint de rouge et ocre, le dieu aux dents de félin entouré d'oiseaux et de serpent, qui représente la montagne quand Cico paec est le dieu marin entouré de vagues. Le mur le plus impressionnant se situe sur la partie arrière de la huaca : 6 étages de frises distinctes avec la procession des vainqueurs et vaincus enchaînés, les prêtres, les araignées, les pêcheurs et ainsi successivement. Un autre pan de mur très coloré vient représenter tous les rituels ou mythes de l'époque comme une espèce de calendrier. Les dessins sont en partie effacés, mais une reproduction permet d'explorer la richesse et l'imaginaire des Moche. Autour des années 600 ou 650, la région subit des phénomènes d'El Niño chroniques ce qui entraîne une révolte sociale puisque ni les prêtres ni les nobles ne parviennent à contrôler le climat puis une migration progressive qui donnera naissance à la voisine Chan Chan construite sur un sol en terrasse qui permet à l'eau de filtrer. Malgré tout, la Huaca del Sol et de la Luna reste un lieu de culte, d'hommage aux ancêtres enterrés ici.

**La Huaca del Sol est la plus haute du Pérou** avec ses 45 m. Elle n'est pas ouverte au public et n'a pas encore fait l'objet de fouilles approfondies. Elle est imposante et assez photogénique, comparée à sa voisine qui a été petit à petit déconstruite pour accéder aux trésors qu'elle renfermait.

**Le musée**, subventionné par des fonds privés, est très didactique et riche. Une visite incontournable. Ici on retrouve les offrandes avec lesquelles on enterrait les morts, dont de nombreuses céramiques peintes qui permettent de se représenter le mode de vie des Moche. On retrouve les animaux anthropomorphiques, des portraits réalistes où se dessinent les traits avec précision et des scènes de sacrifice. On pense aujourd'hui que les sacrifices n'étaient pas si fréquents, mais qu'une caste spéciale était élevée et entraînée pour l'office de combattant, un peu comme de nobles gladiateurs. Dans les moments cruciaux comme par exemple le phénomène El Niño, des combats étaient organisés et il en découlait vainqueurs et vaincus. Les vaincus restaient entre 10 ou 15 jours à être préparés en vue de leur sacrifice ultime. La Huaca de la Luna connut aussi une occupation chimú dont on a retrouvé des statuettes miniatures qui permettent de reconstituer les scènes d'adoration aux momies (les Chimú avaient eux recours à la momification tandis que les *Moche* non). Enfin quelques céramiques *huari* témoignent de la dernière phase d'occupation des lieux.

*Frises de Huaca de la Luna.*

■ **MUSEO ARQUEOLÓGICO MUNICIPAL MOCHE**
Calle Francisco Bolognesi 359
*Du lundi au vendredi de 8h à 13h et de 14h et 16h30. Entrée S/ 5.*
C'est ici au 3e étage de la mairie de Moche que l'on retrouve une partie de l'incroyable collection privée de José Cassinelli Mazzei. Ce passionné avait, il fut un temps, un petit musée à Trujillo avec des étagères et des étagères de céramiques incroyables. À sa mort, le musée a été fermé et une grande partie de la collection rangée dans des cartons. On retrouve ici avec plaisir quelques-unes des pièces. Évidemment l'exposition n'est pas aussi bien mise en scène que dans un musée, mais les pièces sont intéressantes, il y en a presque 500. Avec un bon guide, le détour en vaut la peine pour en apprendre encore plus sur les civilisations du Nord. Attention : fermé le week-end.

## HUACA ESMERALDA

A proximité de la ville, dans le prolongement de l'avenue Mansiche, la Huaca Esmeralda complète le tableau des autres *huacas* découvertes dans la région. Elle est contemporaine de Chan-Chan, vestige de la culture chimú.

■ **HUACA ESMERALDA**
A 3 km de Trujillo, sur la route de Huanchaco, juste avant Chan Chan.
*Ouverture tous les jours, de 9h à 16h. Entrée comprise dans le billet de Chan Chan.*
La dernière découverte de la culture chimú des environs de Trujillo est une pyramide de deux niveaux ornée de motifs géométriques et zoomorphes. Intéressant contraste avec les immeubles qui la bordent. Si vous devez choisir, cette visite est la moins essentielle.

## CHAN CHAN ★★★

Une cité de sables immense et émouvante. Gérée par le ministère de la Culture, on déplore seulement que son musée soit si mal en point. La visite, comme une promenade poétique, est indispensable.

■ **COMPLEJO ARQUEOLÓGICO CHAN CHAN** ★★★
www.chanchan.gob.pe
A 5 km au nord-ouest de Trujillo, sur la route de Huanchaco. En combi, compter 10 min pour S/ 3, en taxi S/ 15.
*Ouvert tous les jours de 9h à 16h30. Entrée comprenant l'accès aux Huaca Arco Iris et Esmeralda S/ 10. A visiter de préférence le matin avant que le ciel ne se voile. Un combi vous laissera au croisement, le site est plus loin à pied environ 20 min. Evitez la plage Buenos Aires par sécurité.*

© STÉPHAN SZEREMETA
Temple de Chan Chan.

Ensevelie sous le sable, c'est l'une des cités préincas les plus impressionnantes du Pérou. En langue muchik, parlée sur la côte avant l'arrivée des Incas, Chan Chan signifie « où il y avait du soleil ». Ce fut la capitale de l'Empire chimú qui rayonna du IXe au XVe siècle, après avoir supplanté le royaume mochica (IVe au IXe siècle). Elle a été inscrite par l'Unesco sur la Liste du patrimoine culturel de l'humanité en 1986. Les chimus sont des adorateurs de la lune. La cité de terre la plus étendue du monde avait une superficie de 14 km² sur lesquels se dressaient pas moins de vingt-huit palais où auraient vécu environ 150 000 personnes. On pense que la civilisation chimu était militaire avec un seigneur et maître de chaque vallée.
De cette grandiose ville, seuls restent aujourd'hui des murs d'*adobe* que les orages continuent d'éroder. Il reste encore neuf palais sur pied. Des palais de Chaiwac, Uhle, Laberinto, Gran Chimú, Squier, Velarde, Bandalier et Nik An, plusieurs ont été restaurés et des copies des frises originales installées pour donner une idée plus juste des lieux. Ils sont éparpillés le long de la route Panaméricaine et l'on visite le plus impressionnant, le Palacio Nik An. L'état général de la ville donne une idée de la brutalité avec laquelle s'est effondré le colosse aux pieds d'argile sous les coups des Incas. Ces derniers, qui tenaient les montagnes, soumirent les peuples de la côte en déviant les fleuves et en les privant ainsi d'eau.

**Le Palacio Nik An** (le palais du centre en langue muchik) – ex-Palacio Tschudi – est un ensemble monumental ébouriffant : on circule entre les murs de brique dont certains culminent à 13 m, on débouche sur d'immenses espaces, les patios. Les murailles sont chargées de bas-reliefs représentant de manière répétitive et envoûtante des poissons, des oiseaux, des animaux fantastiques, des écureuils. Les espaces sont chaque fois divisés en 3 niveaux : le ciel lisse, la mer représentée par les lignes et les vagues et la terre et ses animaux. Les formes les plus étranges sont des alvéoles, superposées comme les rayons d'une ruche, et les sièges des dirigeants. On erre ensuite dans les vestiges hantés par les gallinazos (petits vautours d'Amérique au plumage noir) et l'écho de la mer, sous le soleil brûlant atténué par le vent violent. Un espace central aujourd'hui peuplé de roseaux était l'un des plus grands bains purificateurs. On a retrouvé près de 140 puits d'eau tout autour de Chan Chan dont 90 % se trouvent à l'intérieur des palais : celui qui possédait l'eau possédait le pouvoir. C'est ici dans ce palais immense qu'on célébrait la fête des Morts et ses momies sacrées pour lesquelles les habitants apportaient des tributs de toute la vallée, on pense donc qu'une grande partie était aussi des greniers ou dépôts de toutes les offrandes.

**A noter que Chan Chan regroupe quatre sites plutôt espacés** : le complexe principal dit Palacio Nik An, le musée du site (assez basique en comparaison d'autres dans la région, et pas forcément indispensable ; compter 20 min de marche depuis le palacio Nik An, on y présente des céramiques et un résumé de l'histoire de la ville – attention, il est fermé le lundi), Huaca Esmeralda et Huaca Arco Iris. Aussi songera-t-on à négocier avec un taxi pour aller d'un site à l'autre.

**Des investigations sont encore menées** et on a retrouvé par exemple en octobre 2018, 20 statues dans le Palacio Gran Chimu ou Utzh Anselon la nouvelle dénomination. Ces statuettes de 70 cm de hauteur et vieilles de 800 ans étaient les probables gardiennes des lieux. Chacune porte un masque beige composé d'argile et de coquillages écrasés. Henry Gayoso Rullier, l'architecte en charge du programme d'investigation, les date de 1100 à 1300, l'époque médiane de la culture chimu. Il a aussi été mis à jour un couloir entièrement décoré de bas-reliefs qui permettait l'accès à un site cérémoniel. Malheureusement vous ne verrez rien de tout cela, car le site n'est pas accessible au public et aucune des statuettes n'a encore rejoint le musée qui, répétons-le, n'est pas à la hauteur de l'importance des lieux et c'est fort dommage.

# HUACA ARCO IRIS

La *huaca* Arco Iris ou del Dragón se situe dans la ville de la Esperanza, au bord de la route Panamericana Norte. C'est l'une des plus anciennes de la région. Elle fut elle aussi occupée par différentes civilisations : moche, chimus puis wari qui y laissèrent davantage leur marque avec une pyramide bien structurée de 10 mètres dont un mur de 228 mètres de long reste sur pied et est orné de dessins en relief. Un de ses motifs représente une espèce de mille-pattes dragon qui a donné son nom au site. Très bien conservée, la visite est intéressante et complète Chan Chan qui, bien que fort ample, a moins à offrir au niveau du travail d'ornements.

**HUACA ARCO IRIS**
A 5 km de Trujillo vers la Panamericana Norte. Prendre un bus en direction de la Esperanza depuis l'avenida España.
*Ouvert tous les jours de 9h à 16h30. Entrée comprise dans le billet de Chan Chan.*
Cette construction pyramidale, dont on visite la terrasse supérieure, était entre autres un sanctuaire. Mieux conservée que le reste, elle permet d'apprécier des bas-reliefs et des frises où dansent des guerriers. Tout laisse à penser qu'on y célébrait le culte de l'arc-en-ciel (*arco iris*) lié à la fertilité.

# HUANCHACO ★

A 12 km seulement de Trujillo, cette station balnéaire est relativement calme et est devenue très populaire auprès des surfers et *backpackers* du monde entier. Le Pacifique, lui, est souvent en colère, mais on peut s'y baigner. Sur la plage, sèchent les photogéniques *caballitos de totora*, « petits chevaux de roseau », qui surfent sur l'océan. Ces petits canots préincas utilisés par les pêcheurs sont en tout point semblables à ceux du lac Titicaca, si ce n'est leur proue ressemblant à celle d'une gondole vénitienne. A noter que dans les zones voisines de cette ville nouvelle posée sur le désert des archéologues ont retrouvé en 2019 les cadavres de 227 enfants sacrifiés, probablement comme un tribut aux dieux dans l'espoir de résorber le phénomène El Niño. Les équipes sur place trouvent régulièrement des témoignages de ces cultures ancestrales au fur et à mesure que l'on construit sur le désert. La région est incroyablement riche en témoignages et il reste encore beaucoup de travail de recherches et de valorisation à faire. Les sites de ces découvertes ne sont pour l'instant pas visitables.

## Transports

Des minibus partent toutes les 5 minutes en direction de Trujillo des Av Larco et Rivera qui longent l'océan : S/ 1,50 (ou S/ 15 en taxi).

© STÉPHAN SZEREMETA

*Pêcheurs préparent les filets à Huanchaco.*

## Pratique

■ **BCP**
Av la Ribera 222
Juste à côte de l'hostel Moksha

■ **CENTRO DE SALUD**
Jirón Atahualpa 405
✆ +51 44 461547

## Se loger

L'offre hôtelière est large et variée à Huanchaco mais la destination est davantage pour voyageurs bohèmes, surfeurs et à petit budget pour lesquels l'offre se renouvelle sans cesse. Super ambiance de station balnéaire en saison, beaucoup restent plus longtemps que prévu. Les hôtels un peu plus coûteux se remplissent vite en saison et restent bruyants. Si vous cherchez le calme et le confort, Trujillo ou la campiña seront plus à votre goût.

### Bien et pas cher

■ **ATMA HOSTEL YOGA**
Calle Ricardo Palma 442
✆ +51 44 418806
atmahuanchaco.com
info@atmahuanchaco.com
*Dortoirs S/ 22-25 (8 à 4 lits). Chambre simple avec salle de bains partagée S/ 40 et double S/ 60. Chambre simple avec salle de bains privée S/ 50 et double S/ 75. Classes de yoga S/ 7 pour les hôtes. S/ 13 pour les invités.*
Ici, le Hollandais qui gérait la Casa Amelia et son épouse péruvienne, professeure de yoga, ont créé cette petite auberge blanche tranquille. C'est propre, moderne et bien tenu. Au centre, on trouve une petite cour colorée avec quelques chaises, des hamacs, trois lapins et une tortue. La cuisine est moderne, plutôt grande, à partager. Au rez-de-chaussée il y a la chambre des volontaires et une petite chambre simple. Les plus belles chambres sont réparties sur les deux étages. Les dortoirs sont à taille humaine. Beaucoup de petites terrasses et espaces détente. Au 3e étage on a encore une terrasse ensoleillée, et au 2e un vrai studio de yoga qui est aussi ouvert aux hôtes hors des heures de classe. On a aimé l'ambiance tranquille, amicale. Ici, le bruit s'arrête à 22h30. TV avec Netflix et wifi.

■ **CASA AMELIA**
Av. Victor Larco 1150
El Boqueron
✆ +51 945 844 801
lacasadeamelia.com
contacto@lacasadeamelia.com
*S/ 30 par personne et par lit. S/10 par personne en camping-car.*
Tout au fond du jardin, la maison en terre et aux toits de chaume contraste aussi avec ses homologues de béton. Il faut sonner et insister et Amélia vous ouvre la porte de la maison. Elle avait auparavant un manager, elle gère maintenant elle-même et on ne vous recommande pas les dortoirs. Mais les deux chambres à l'étage en duplex (lit simple en bas et lit matrimonial en haut) sont bien tenues et avec salle de bains privée. Le jardin-cuisine est un peu fouillis, mais plein de bonnes ondes. Bon plan pour les voyageurs en camping-car : usage de la maison et des espaces communs mis à disposition. Wifi.

**HOSTAL CAMPING NAYLAMP**
Avenida Victor Larco 1420
✆ +51 44 461022
www.hostalnaylamp.com
naylamphuanchaco@hotmail.com
*Compter S/ 15 pour planter une tente et S/ 18 pour la louer. Lit en dortoir : S/ 20. Chambre simple : S/ 40-55, double : S/ 60-75, triple : S/ 110, quadruple : S/ 130. Prix rez de chaussée-1er étage.*
Vous trouverez ici un petit coin de paradis sur deux niveaux : au rez-de-chaussée, les chambres disposées autour d'un adorable patio avec hamac, cafétéria et bar. Celles du 1er étage, avec vue, sont un peu plus chères. Et une rue au-dessus, un petit coin de verdure avec terrain de volley, hamacs... Idéal pour planter sa tente et d'autres chambres. Egalement cuisine en libre disposition, service de laverie, wifi, échange de livres... Populaire, et c'est aussi notre coup de cœur.

**MOKSHA YOGA & SURF HOSTEL**
La Ribera 224 ✆ +51 973 713 628
mokshahostel@gmail.com
*Dortoirs S/ 15 (de 2 à 6 lits). Chambre matrimoniale avec salle de bains partagée S/ 40 et avec salle de bains privée S/ 80.*
Ici, on trouvait l'hostel Meri avec les mêmes bonnes ondes. Coco, Suédoise dynamique, a repris l'établissement en main après la coulée de boue qui l'avait dévasté en 2017 et gardé l'esprit bohème et coloré avec des meubles recyclés et de jolis dessins aux murs. Les plus belles chambres sont au fond du patio, privées et tranquilles. Celles de l'étage sont aussi lumineuses. Il y en a 4 avec salle de bains partagée et 3 avec salle de bains privée qu'on peut louer pour une, deux ou trois personnes selon l'agencement. Ici, on trouve aussi un excellent restaurant végétarien et végan avec pain maison et des currys délicieux, une petite école de surf à l'entrée Koa, des cours de yoga chaque matin à 8h, la soirée salsa le jeudi soir bon enfant... Coco organise aussi un petit marché bio le jeudi matin avec des produits alimentaires bio, des vêtements, des plantes, des bijoux, bref tout ce qui est produit localement. Et en plus de tout cela, c'est elle aussi qui anime son projet d'école pour les femmes et les enfants de la zone, Malayeka Charity. Elle recrute des volontaires et ici on ne paie pas pour faire son volontariat comme dans d'autres programmes sur cette zone. Bref, bravo Coco.

## Confort ou charme

**HOSTAL HUANKARUTE**
Av la Riviera 312 ✆ +51 44 661982
www.hotelhuankarute.com
reservas@hotelhuankarute.com
*Compter S/ 145 pour la chambre simple, S/ 185 pour une chambre double ou matrimoniale et S/ 260 pour la triple. Petit déjeuner inclus.*
Une belle structure avec une grande piscine et une terrasse très agréable avec vue sur l'océan à l'étage. Les chambres sont modernes, d'un style épuré avec des murs blancs qu'égaient quelques tableaux, elles comprennent toutes une salle de bains privée avec eau chaude. Wifi, billard, table de ping-pong, vélos et informations touristiques. Attention, par contre l'établissement donne sur la route qui traverse la station balnéaire et qui est bruyante les fins de semaine, surtout l'été. Demandez les chambres avec vue intérieure. En règle générale, en haute saison, l'expérience est moins agréable.

**LAS PALMERAS DE HUANCHACO**
Avenida Victor Larco Herrera 1624
Los Tumbos
✆ +51 44 461199
palmerashuanchaco.com
info@palmerashuanchaco.com
*Chambre simple S/ 130, chambre double ou matrimoniale S/ 150-250 selon la vue, triple S/ 200, familiale S/ 300. Petit déjeuner américain inclus.*
Depuis que Huanchaco s'est agrandi c'est ici, de l'autre côté de la baie qu'on trouvera les hôtels les plus tranquilles. Cet hôtel jaune soleil avec sa piscine et ses palmiers est de très bonne facture comme une grande maison de vacances bien tenue. Pas d'extravagance, mais 21 chambres modernes et propres avec salle de bains privée, certaines avec terrasse et vue sur mer. Le petit déjeuner est assez sommaire néanmoins. Si vous recherchez le calme, demandez les chambres à l'étage plus éloignées de la piscine.

# Se restaurer

Sur tout le front de mer, les terrasses des restaurants de poisson se tiennent au coude à coude. Sur la petite place, près du *muelle* (le grand ponton en bois, accès à S/ 1 ; il n'est plus très costaud mais attention, on parle de le reconstruire), se tient aussi une sorte de marché où l'on mange des spécialités locales : *papas rellenas*, *anticuchos* préparés par les *mamitas* du coin, et *picarones* (beignets) en dessert.

## Sur le pouce

**MY FRIEND**
Los Pinos 533
*Menu le midi S/ 15.*
My Friend est un petit hostal relax mais la terrasse en bas est un bon plan pour les petits budgets qui cherchent des menus locaux bien

servis. Ils servent aussi des petits déjeuners peu chers. Bref une bonne cantine, isolée de la route, dans un grand patio abrité.

## Bien et pas cher

**LA BARCA**
Raimondi 111
El Boqueron
✆ +51 44 568989
*Plats à partir de S/ 23 à S/ 35. Tous les jours de 7h à 20h.*
Dans le paysage un peu monotone du bord de mer, cette barque en bois de 2 étages dans une petite rue adjacente se démarque. C'est une adresse locale et populaire qui propose des petits déjeuners typiques avec poissons frits et plats comme le ceviche de *conchas negras*, beaucoup de poissons et fruits de mer ou le canard et le chevreau typiques de la zone. Les plats sont généreux. Petite terrasse au 2e étage. Ils ont leurs habitués.

**CHOCOLATE CAFE**
Av Rivera 752
✆ +51 44 626973
*De 8h30 à 18h. Fermé le mardi. Petit déjeuner S/ 8-15. Plats à partir de S/ 12-20.*
Les lieux ont changé de propriétaire et perdu un peu de l'âme bio qui les animait. La façade reste fleurie avec une micro table pour 2 en terrasse. A l'intérieur grandes tables en bois comme à la maison. On y sert des petits déjeuners, pancakes sucrés ou salés, sandwichs, salades, wraps et quelques plats de pâtes. C'est davantage une cafétéria qu'un restaurant gourmet. Les prix sont plutôt raisonnables, concurrence oblige. Et ça fait toujours du bien de se poser un peu dans cet univers douillet.

**D'LA OLA RESTAURANTE**
Av Victor Herrera 630
✆ +51 975 976 189
*Tous les jours midi et soir. A la carte plats S/25-35.*
Sur le front de mer on est perdu face à la foule d'adresses et de restaurants similaires, certains à des prix qui laissent à douter de la qualité finale et sur un coup de tête on entre ici avec un service impeccable et des tables élégantes. Ils ont aussi une terrasse en hauteur comme les voisins. Ici tout est à la carte, mais à prix raisonnables. La cuisine est fraîche. Mention spéciale pour le *tacu tacu* et sa sauce crémeuse aux *langostinos* qui existe aussi en version spaghettis. Pour goûter à plusieurs plats à la fois, formule trio avec ceviche, riz aux fruits de mer et beignets de poisson. On a aimé aussi les plats pour les enfants trop souvent ignorés des cartes péruviennes. Le soir, le billard sur la terrasse met plus d'animation. On sert des bières locales de Chimbote, les Ankashinas et des brochettes de légumes, viandes et poissons à la parilla. Les lieux sont nouveaux. Espérons que ça dure.

**OTRA COSA VEGETARIANO**
Avenida Victor Larco 1312
✆ +51 444 62602
*Jus et cafés S/ 6-12. Compter S/ 15-22 le plat. Pancakes et crêpes S/ 6-14. Menu le midi à S/ 13,50 le plat du jour et S/ 15,50 la soupe et le plat du jour.*
Un incontournable des lieux depuis des années tenu par un Hollandais et une Péruvienne qui propose des saveurs internationales à prix raisonnables : salades, falafels, sandwichs. Ils sont aussi connus pour les généreuses portions de lasagne végétarienne. Et en dessert ? Tarte aux pommes ou crêpes maison. Tout est cuisiné sur le moment. Un endroit bohème, simple et un peu fouillis avec petite terrasse extérieure et patio intérieur, à fréquenter aussi pour se connecter aux associations locales. Ici on vous laissera vous poser à votre aise. Service très aimable et souriant, un peu lent si cela se remplit mais c'est le prix à payer pour une cuisine maison.

## Bonnes tables

**BIG BEN HUANCHACO**
Avenida Larco 1184
El Boqueron
✆ +51 44 461378
www.bigbenhuanchaco.com
reservas@bigbenhuanchaco.com
*Ouverture de 11h30 à 17h30. Accepte les cartes de crédit.*
C'est l'un des restaurants chics de Huanchaco, avec une vue superbe sur l'océan. A la carte ou au buffet : poissons et fruits de mer de qualité, et des prix en conséquence.

**HUANCHACO BEACH**
Avenida Larco 800
✆ +51 44 461484
*Compter S/ 35-45 le plat.*
Une nouvelle option qui a le vent en poupe et qui travaille les plats locaux à base de fruits de mer avec classe. Ceviches bien sûr. Et pour les réticents, poulet ou bœuf et sélection de pâtes. Les Péruviens adorent cette petite maison blanche élégante qui a su garder son charme d'antan. Les amateurs de saveurs locales seront récompensés. Mention spéciale pour les coquilles Saint-Jacques et les plats à base de crabe qu'on écrase joyeusement, l'un des plats typiques de cette partie de la côte.

## Sortir

### FROGS BEACH BAR

Parador turistico Quibisich
Entrée de la plage de Huanchaco
✆ +51 951 176 015
*Du mercredi au dimanche, le soir.*
Suite aux plaintes des riverains, les lieux de fête ont été excentrés et se trouvent à l'entrée du village accessible en mototaxi ou environ 20 minutes à pied. C'est ici, en bord de plage que se sont concentrés les bars et terrasses. Le Frogs Beach Bar est celui de l'hostel Frogs Chillhouse où se retrouve la jeunesse *backpacker* essentiellement anglophone. Karaokés, concerts live, billard, tout dépend des soirs, mais il y a souvent quelque chose qui s'y passe, les pieds dans le sable.

## À voir - À faire

Le long de la plage, des artisans locaux déballent leurs bijoux, statuettes, bateaux en roseau... Le pont s'avance sur la mer et on peut s'y promener quand les vagues ne sont pas trop agitées (S/ 0,50 enfant et S/ 1 adulte). Huanchaco fête son carnaval fin février.

### IGLESIA DE HUANCHACO

L'église (la seconde plus vieille du Pérou : 1535-1540) est toute simple, avec un San José en habit de marin qui se dresse en face du cimetière où repose Víctor Raúl Haya de la Torre, le fondateur de l'APRA (Alliance populaire révolutionnaire américaine). Du promontoire, on contemple le Pacifique, et Chan Chan au loin.

## Sports - Détente - Loisirs

Vous pouvez y prendre des cours de surf (nombreux magasins de location de planches sur l'Av. Larco, il a été créé une association, les prix sont donc normalement harmonisés), des cours d'espagnol et même de yoga. Possibilité de faire des randonnées à cheval sur la plage.

### MUCHIK SURF SCHOOL

Calle Independencia 100
Playa la Curva
✆ +51 44 633487
www.escueladetablamuchik.com
info@escueladetablamuchik.com
Une planche de surf jaune vif portant l'inscription « If you don't stand up, you don't pay » indique l'établissement.
*Compter S/ 70 la leçon privé et S/ 60 en groupe (tout compris). Possibilité de louer uniquement un surf pour S/ 20, une combinaison pour S/ 10, ou les deux pour S/ 25. Ouvert de 7h à 19h.*
S'il existe beaucoup d'écoles de surf à Huanchacho, celle de Chicho et Omar est sans doute la plus ancienne, et celle à ne pas manquer. En effet, ces deux frères passionnés qui tiennent des conférences sur leur sport à divers endroits de la planète, ont choisi pour devise « Si vous ne parvenez pas à vous lever sur votre surf et à prendre la vague, vous ne payez pas ». Pour les débutants, voilà une promesse qui fait bien envie ! Et pour cause, même pour les plus pataud s, la patience, la technique et la bonne humeur de vos professeurs vous feront faire des miracles. Grâce à quelques postures de yoga et deux-trois petits secrets, le Pacifique sera bientôt à vous !

# EL BRUJO

Ce site majeur de la côte nord est situé dans la vallée de Chicama sur 100 ha. Magnifiquement mise en valeur, son musée est intéressant. On y voit l'une des seules momies tatouées de la région.
A plus d'une heure de voiture de Trujillo, cette *huaca* est malheureusement éloignée mais souvent incluse dans les tours qui relient Trujillo à Chiclayo. Ne la ratez pas.

### SITIO ARQUEOLOGICO EL BRUJO

Santa Teresa de Jesús 170
Ascope
✆ +51 990 303 730
elbrujo.pe
info@elbrujo.pe
A 60 km de Trujillo, soit 1h15 en voiture.
Prendre les bus en direction de Chocope.
*Ouverture tous les jours de 9h à 17h (accès jusqu'à 16h). L'entrée coûte S/ 10.*
El Brujo, situé dans la vallée de Chicama sur 100 ha, est considéré par beaucoup comme un site majeur de la côte nord. Ici, l'élément central est un temple (Huaca El Brujo) où avaient lieu les sacrifices humains des Mochicas. Il présente des murs aux tons polychromes et des bas-reliefs sculptés de danseurs ; on est saisi d'horreur devant la figure de l'égorgeur, el Degollador. Récemment, une momie tatouée et très bien préservée a été découverte sur ce site, la fameuse Dama de Cao (d'environ 1 600 ans) exposée avec toutes ses possessions dans un musée dernier cri, riche en animations vidéo. Le site est éloigné certes mais souvent inclus dans les tours qui relient Trujillo à Chiclayo. Très intéressant et la fondation Wiesse qui appuie le projet fait un travail spectaculaire pour que le site ne soit pas oublié. Mérite amplement le détour.

# RÉGION DE LAMBAYEQUE

## CHICLAYO

- **Population** : 594 759 habitants.
- **Altitude** : 29 m.

La « Cité de l'amitié », capitale du département de Lambayeque, rayonne sur le nord de la côte à 770 km de Lima, à 220 km de Trujillo et à 580 km de la frontière avec l'Equateur. Chiclayo est un nœud de communication vital entre la *costa*, la *sierra* septentrionale (route Chota-Cajamarca) et la *selva* (axe Jaén-Bagua Grande). La ville, agitée et chaude (de 19 à 36 °C), a très peu conservé de son passé architectural, néanmoins c'est une étape importante sur la route des Seigneurs du Nord puisque c'est ici qu'ont été faites d'importantes découvertes sur la culture moche : quelques sites intéressants éparpillés dans la région et un musée de premier ordre. Chiclayo est un point de chute central. On peut aussi lui préférer un lodge des environs, bien plus accueillant. Ses fêtes les plus importantes sont l'anniversaire de sa fondation (18 avril) et la Feria artesanal (du 2 au 9 décembre).

### Transports

#### AEROPUERTO JOSE QUIÑONES GONZALES

Avenida Bolognesi
✆ +51 74 229059
*Ouvert 24h/24.*
Vols quotidiens de/vers Lima (1h20) avec Latam Peru (www.latam.com – agence : Calle Manuel María Izaga 770). Viva Air, la compagnie low cost, dessert également Chiclayo (www.vivaair.com). Star Peru est venu compléter l'offre début 2019 (www.starperu.com).

#### BUS

- **La plupart des compagnies de bus** disposent d'un bureau sur l'Avenida Bolognesi : Cruz del Sur, Linea, Movil Tours, Tepsa et Cial, Oltursa (Av. Balta 598).
- **Départs vers le Sud** : Lima (12 heures de voyage), de S/ 60 à S/ 150. Départs à 20h avec Linea. Services excellents avec Cruz del Sur et Oltursa. Vers Trujillo : 3 heures 30 de voyage.

Les environs de Chiclayo

**Départs vers la cordillère** : Chachapoyas (10 heures de voyage), compter S/ 55-75. Préférez un bus de jour, la route est superbe. Movil Tours offre le service direct VIP de nuit, départ à 21h. Vers Cajamarca (6 heures de voyage), compter S/ 20, très nombreux départs. Pour Tarapoto dans la *selva*, compter 13 heures 30 de voyage, de S/ 80 à S/ 105 avec Movil Tours, 3 départs à 17h, 17h30 et 18h.

**Départs vers le Nord** : Tumbes (8 heures de voyage), compter S/ 60-90 avec Oltursa, départ à 23h59. Piura (3h), S/ 20, départs réguliers avec Linea.

**Aux alentours de Chiclayo** : pour Lambayeque, compter 15 min de trajet pour S/ 2 (départ des *colectivos* Plazuela Aguirre). Pour Túcume, départ des combis de l'ovalo Pescador (Avenida Luguia), compter 45 min de trajet. Pour el Bosque de Pomac, départ du terminal terrestre Epsel. Compter 45 min de trajet et S/ 4. Pour les plages de Pimentel, départs incessants dès que le combi est plein, du même endroit que pour Lambayeque.

## Pratique

**Indicatif téléphonique** : 074.

## Tourisme - Culture

### I PERU

Calle San José 823
Palacio Municipal – frente al Parque Principal de Chiclayo
✆ +51 74 205703
www.turismoperu.info
iperuchiclayo@promperu.gob.pe
*Du lundi au samedi de 9h à 18h et le dimanche de 9h à 13h.*

**Autre adresse :** Museo Tumbas Reales de Sipan

## Réceptif

### MOCHE TOURS

Calle 7 de Enero 638
✆ +51 74 232184
www.mochetourschiclayo.com.pe
reservas@mochetourschiclayo.com.pe
Cette agence qui a pignon sur rue propose des visites thématiques : Tour Sipan (Huaca Rajada, pyramides de Tucume et musée de Tumbas Reales de Sipan), Sican (musée de Sican et sanctuaire de Pomac), ou les plages de Pimentel, Santa Rosa et le village artisanal de Monsefu. Pratique, car les lieux sont dispersés.

## Représentations - Présence française

### ALLIANCE FRANÇAISE
Jirón Juan Cuglieván 644 ✆ +51 74 237571
www.afchiclayo.org.pe
Dispense principalement des cours de français.

## Argent

### BANQUES
Toutes les banques (et les cambistes de rue) sont regroupées sur la Plaza de Armas et dans l'Avenida Balta.

## Moyens de communication

### SERPOST
Jirón Elias Aguirre 140 ✆ +51 74 237031
*Ouverture du lundi au samedi de 8h à 20h.*

## Santé - Urgences

### HOSPITAL ALMANZOR AGUINAGA ASENJO
Calle Hipólito Unanue 180 ✆ +51 74 237776
*Ouvert 24h/24*

### POLICE TOURISTIQUE
Avenida Sáenz Peña 830 ✆ +51 74 238658
*Ouvert 24h/24.*

# Se loger

Disons le franchement : Chiclayo n'est pas une destination de charme. Poussiéreuse, bruyante, moderne, la ville ne compte pas de jolies adresses. Il est possible de loger à Pimentel, Tucume ou Chaparri mais cela est plus coûteux. Chiclayo est un bon point de chute pour les visites, passionnantes, qu'on effectue dans la journée. Très peu d'adresses *backpackers* mais la ville regorge de petits hôtels peu chers destinés aux représentants de commerce.

## Bien et pas cher

### HOSTAL AMIGOS
Calle Juan Cuglievan 616
✆ +51 74 226237
www.hostalamigos.com
reservas@hostalamigos.com
*Chambre simple S/ 60, matrimoniale S/ 80, double S/ 100 familiale ou triple S/ 120. Pas de petit déjeuner.*
Un hôtel classique et fiable avec des chambres propres. Sol carrelé, literie correcte, petit ventilateur d'appoint, TV câblée, wifi. Toutes ont leur salle de bains avec eau chaude. Pas grand-chose à dire sur la décoration très classique. Un point fait pencher la balance : une petite terrasse sur les toits. Bon accueil.

### HOSTAL SOL RADIANTE
Jirón María Izaga 392 ✆ +51 74 237858
*Compter S/ 45 pour une chambre simple et S/ 60 pour une matrimoniale. Pas de petit déjeuner.*
Dans un petit immeuble de béton, les 15 chambres, correctes sans plus (ni moins), sont souvent complètes. Toutes ont leur salle de bains privée avec douche et la TV et le câble. C'est l'un des hôtels les moins chers de la ville pour des prestations assez solides. Wifi. Accueil très courtois. On y croise des représentants de commerce de toute sorte.

### HOSTAL VICTORIA
Calle Maria Izaga 933 ✆ +51 74 225642
*Compter S/ 35 pour une chambre simple, S/ 50 pour une matrimoniale et S/ 60 pour une double et S/ 80 pour une triple. Pas de petit déjeuner.*
Les chambres sont d'un excellent rapport qualité/prix : simples mais spacieuses et confortables avec sanitaires privés (eau chaude), télé câblée, chaise, bureau, ventilateur... Une petite cuisine est à disposition. Les propriétaires sont charmants. Attention les chambres sur rue sont bruyantes, comme partout en ville. Wifi.

## Confort ou charme

### HOTEL PARAISO
Av Pedro Ruiz 1064 ✆ +51 74 228161
www.hotelesparaiso.com.pe
reservascix@hotelesparaiso.com.pe
*Chambre simple S/ 115, matrimoniale ou double S/ 145, triple S/ 170. Petit déjeuner en extra.*
Un hôtel bien tenu, moderne et lumineux, d'un confort supérieur pour les tarifs pratiqués et d'une propreté réjouissante. Là encore c'est très classique, mais on y est bien reçu. Wifi. Le Moka café sert des petits déjeuners à la carte, menus et plats classiques à la carte. Un service à la chambre est proposé. Petite terrasse extérieure.

### SUNEC HOTEL BOUTIQUE
Calle Manuel Maria Izaga 472
✆ 51 74 205110
sunechotel.com.pe
reservas@sunechotel.com.pe
*Chambre simple standard S/ 160 et executive S/ 180, matrimoniale ou double S/ 210, deluxe avec lit king size S/ 230, triple S/ 270. Petit-déjeuner buffet inclus.*
Cet hôtel business tout neuf propose des chambres modernes à la déco contemporaine avec des touches de couleur. Les lits sont amples, les salles de bain modernes, les chambres bien équipées. Elles sont climatisées et équipées de rideaux black out pour pouvoir dormir dans l'obscurité complète. TV câblée et wifi bien sûr. On aime la petite piscine couverte sur le toit et le petit-déjeuner buffet très correct.

### Luxe

#### CASA ANDINA SELECT CHICLAYO

Av. Federico Villarreal 115 ✆ +51 74 234911
www.casa-andina.com
travel@casa-andina.com
*Compter 95 US$ la supérieure en queen ou twin, 115 US$ la suite junior et 138 US$ la suite. Petit déjeuner buffet inclus.*
Construit sur le mode pyramidal des cultures régionales d'antan, totalement modernisé, cet hôtel de 130 chambres sur 7 étages se tient un peu à l'écart du centre-ville, à environ 15 ou 20 minutes à pied. Wifi en chambres, et toutes les commodités d'usage, dont une piscine. Les chambres sont sobres et chics, bien isolées et très confortables. Petit parc juste en face. On est très bien lotis dans cette petite bulle dans une ville qui malheureusement manque de charme.

#### HOTEL COSTA DEL SOL

Avenida Balta 399 ✆ +51 74 227272
www.costadelsolperu.com
reservas@costadelsolperu.com
*Chambre double à 83 US$, triple à 103 US$, suite à 123 US$. Petit-déjeuner buffet inclus. Fortes réductions sur Internet.*
Les chambres disposent de l'air conditionné, de la TV câblée, d'un accès direct à Internet, d'un minibar, et les suites se parent d'un bain à remous. En outre l'hôtel compte une piscine couverte sur le toit, un restaurant, un centre d'affaires, un sauna et un casino. Le bar Walak est, comme toujours avec cette chaîne, contemporain et sympathique. Attention aux chambres sur rue, Chiclayo est une ville très bruyante.

## Se restaurer

Les rues autour de la plaza de Armas abondent en restaurants de cuisine péruvienne pas chers ainsi que les inévitables *pollerías*. A noter pour des adresses plus chics, belles propositions dans les restaurants d'hôtels comme au Sunec ou au Paprika, restaurant du Costa del Sol.

### Pause gourmande

#### MAPACHE FRIO

Calle Vincente de la Vega 800
✆ +51 967 255 728
www.mapachefrio.com
*Tous les jours de 10h à 22h, le dimanche jusqu'à 21h. A partir de S/ 10.*
Une adresse toute neuve et plutôt élégante en ville qui propose un bon café et une carte de desserts à s'en lécher les babines. Cheesecakes, glaces, cafés frappés ou milk-shakes avec sucre, chantilly et gaufrettes. On trouve aussi des hamburgers, sandwichs et salades, plus classiques. Bref une adresse légère dans un décor coquet pour faire une pause et repartir du bon pied.

### Bien et pas cher

#### CAFÉ 900'S

Calle Maria Izaga 900 ✆ +51 74 209268
*De 8h à 23h. Le dimanche de 12h à 22h. Plat du jour et boisson S/ 15 et S/ 20 le samedi (sauf dimanche).*
La meilleure option de la ville qu'il ne compte pas beaucoup de restos aux bonnes ondes. Ce local ample à la déco agréable où l'on profite des journaux mis à disposition. Ouvert du petit déjeuner jusqu'au soir, le café 900's est la bonne option à midi avec plats du jour et à la carte, dans l'après-midi pour des desserts maison ou le soir avec sa carte de cocktails et bières artisanales. Musique acoustique tous les soirs et concerts de rock le samedi soir. Ce n'est pas donné mais c'est de qualité et le lieu est très agréable.

#### LAS AMERICAS

Jirón Elías Aguirre 824 ✆ +51 74 209381
*Toute la journée. Café et jus entre S/ 5-10. Plats à la carte à partir de S/ 15.*
Une vaste salle classique qui propose menus du jour et incontournables péruviens. C'est une bonne cantine locale.

#### RESTAURANT ROMANA

Av Balta 512 ✆ +51 74 223598
*Toute la journée, de 7h30 à minuit. Plats à la carte à partir de S/ 15-20.*
Une institution à Chiclayo. Ne vous fiez pas au nom du restaurant : la carte propose essentiellement des spécialités péruviennes ! Une adresse fréquentée par les locaux comme les touristes.

### Bonnes tables

#### FIESTA GOURMET

Av Salaverry 1820 ✆ +51 74 201970
www.restaurantfiestagourmet.com
*Tous les jours, sauf dimanche soir. Autour de S/ 40 à S/ 70 le plat.*
Un restaurant gourmet sous la coupe d'Hector Solis qui, quand on évoque la cuisine du nord, est l'un des chefs incontestés. Le lieu idéal pour goûter aux plats locaux dont beaucoup disent que c'est la meilleure cuisine du Pérou. On trouve des *ceviches* et fruits de mer bien sûr, mais il faudra aussi goûter au *cabrito* ou à la *tortilla de raya*, deux spécialités locales incontournables.

#### VICHAYO RESTOBAR

Los Alamos 230 – Urbanizacion Santa Victoria
✆ +51 74 227664
*Midi et soir, dimanche midi uniquement. Ceviche S/ 38-40. Plats et pâtes S/ 35-40.*
Dans un décor contemporain et élégant, voilà un restaurant de poisson et fruits de mer prisé des habitants. Il est situé dans une zone calme et résidentielle, là où sortent les locaux lorsqu'ils ont envie de se faire plaisir. Imitez-les sans

hésiter. Les plats sont réussis, le décor et le service sympathique. On y trouve tous les plats régionaux et des poissons et fruits de mer.

**HEBRON**

Avenida Balta 605 ✆ +51 74 222709

*Ouvert tous les jours de 7h30 à minuit.*

Décor très chaleureux avec du bois partout et des larges banquettes vertes. Grande salle de jeux pour les enfants à l'arrière du restaurant. La cuisine est simple mais de qualité : viandes grillées, *pollo à la brasa*, bonnes pâtisseries.

## Sortir

**CUATRO ONCE BISTRO BAR**

Juan Cuglievan 411 ✆ +51 74 625834

*De 17h à minuit ou 2h. Fermé le dimanche.*

Une belle sélection de bières artisanales, des cocktails, une carte de restauration assez fournie (mais on vous conseille les valeurs sûres alitas, tequeños, hamburgers, ce bar cafétéria avec ses dessins BD aux murs existe depuis des générations et a su se renouveler. Ça reste un lieu sympathique et plutôt bien achalandé. Musique live les vendredis soir.

**PREMIUM BOULEVARD**

Av Balta 100 ✆ +51 74 204833

En plein centre, vous pouvez juste y boire un verre ou danser jusqu'au bout de la nuit.

## À voir – À faire

La Plaza de Armas et la cathédrale de style néoclassique (1869) qui l'obstrue sont sans aucun intérêt, à part peut-être les vautours qui y nichent en masse. La plazuela Elias Aguirre, un peu plus à l'écart, vaut le coup d'œil.

**CAPILLA LA VERONICA**

Jirón Torres Paz

Cette chapelle, bien que discrète, n'en est pas moins le plus beau lieu de culte de Chiclayo. Ce monument historique séculaire est remarquable par sa structure unique, son autel, et le retable qui le jouxte.

**CONVENTO FRANCISCANO SANTA MARIA**

De cet édifice du XVIe siècle, démoli pour cause de modernisation en 1961, il ne reste que le cloître en adobe. Ce peu que la bêtise humaine a laissé sur pied mérite un petit détour.

**MERCADO MODELO**

Calle Arica

L'un des marchés les plus typiques du Pérou. Vous y trouverez comme d'habitude des fruits et des légumes, des jus de fruit, des vêtements, de l'artisanat, mais aussi un coin réservé aux brujos. Dans ces étals, il y a des plantes médicinales ou hallucinogènes, des os de baleine, des peaux de serpent... prisés par les chamans.

**PASEO DE LAS MUSAS**

Tout au bout de l'Av Balta, après avoir dépassé l'Av Junin

Une allée piétonne bordée de muses, c'est-à-dire de statues de pierre de style grec. Etonnant, mais les habitants de Chiclayo semblent l'avoir bien adoptée...

## El Señor de Sipán : la découverte du siècle !

En avril 1987, après avoir débarrassé le site des pilleurs, les archéologues du musée entreprirent de fouiller les deux grandes pyramides de Sipán, à 28 km de Chiclayo. Sous les tonnes de sable et de briques d'adobe effondrées, ils découvrirent une tombe. Quel ne fut pas leur éblouissement devant cette découverte qui allait révolutionner nos connaissances des cultures préincas !
Pour la première fois, la sépulture intacte d'un souverain mochica allait livrer ses secrets. Le seigneur, âgé d'environ 42 ans, était accompagné dans son interminable voyage vers l'autre monde par huit personnages : trois femmes (l'épouse ainsi que deux favorites de 20 ans), un jeune enfant, un gardien mutilé des deux pieds, trois guerriers en armes, tous sacrifiés, comme le lama posé sous le corps du señor, et un chien. Les défunts avaient été ensevelis avec leurs objets, bijoux... soit près de 1 000 pièces qui permirent de mieux décrypter une civilisation qui ne connaissait pas l'écriture. Dans les étages inférieurs de la pyramide, 1 150 vases peints de scènes de la vie quotidienne débordaient de victuailles. Le souverain était ainsi paré pour la route. Cette découverte, rejoignant celles du Viejo Señor de Sipán et du Sacerdote, vient d'être complétée, en 1997, par la mise au jour du caveau du chef de guerre du Señor : on y a trouvé des gravures de bijoux représentant des aspects encore inconnus des Mochicas. Le Señor de Sipán n'a pas fini, dans son long voyage, d'étonner et de nous passionner. On peut visiter le site de la découverte, Huaca Rajada de Sipán, et son musée in-situ, dans le village de Saltur, à 45 minutes de Chiclayo (S/ 10 l'entrée). Mais la partie plus importante des découvertes est exposée dans le musée moderne et très bien mis en scène de Tumbas Reales de Sipan, à Lambayeque.

## BOSQUE DE POMAC ★

Il s'agit d'un sanctuaire historique qui héberge à la fois une réserve écologique riche d'oiseaux (plus de 100 espèces répertoriées) et un site archéologique qui fût la première capitale des Sican ou Lambayeque, antérieurs aux Moches. Une civilisation prospère qui savait cultiver, exploiter les minerais et créer des trésors d'orfévrerie. Ce serait un phénomène El Niño qui aurait détruit cet empire, reconstruit ensuite à Tucume. La *Huaca del Oro* et la *Huaca de las Ventanas* sont deux immenses collines en forme de pyramides qui dominent la vallée. Les trésors retrouvés sont exposés au Musée sican de Ferreñafe, à 15 minutes de là. Mieux veut explorer les lieux avec un tour ou en louant un taxi, le Bosque de Pomac est vaste. Entrée : S/ 10, tous les jours de 9h à 17h, guides : S/ 30, artisanat à l'entrée.

**Le Ranch Santana situé à Pacora** propose d'explorer le site à cheval (de S/ 55 à S/ 95 et de 3h à une journée complète, ✆ +51 979 712 145 – www.cabalgatasperu.com). Ils ont également des bungalows rustiques (S/ 35 par personne) et un espace pour planter la tente. Pacora est un village isolé au-dessus de celui de Tucume, sur la route qui mène à Motupe. Vous entrerez alors par le nord du Bosque de Pomac. Réservez et on vous expliquera comment vous y rendre ; un service de taxi depuis Chiclayo peut être organisé pour S/ 40.

## FERREÑAFE

Sur le chemin entre Chicalyo et le Bosque de Pomac, c'est ici qu'on trouvera le musée Sican qui met en avant une culture antérieure à celle des *moches* et toutes les pièces d'orfévrerie retrouvées dans la Huaca del Oro à Pomac. Muséographie plus classique mais pièces intéressantes.

### MUSEO NACIONAL SICAN ★

Avenida Batán Grande
18 km de Chiclayo ✆ +51 74 286469
*De 9h à 17h, fermé le lundi. Entrée : S/ 8.*
Sont exposés dans ce musée les objets trouvés dans les tombes de Sicán, sur le site de Batán Grande.

## ÁREA DE CONSERVACIÓN PRIVADA CHAPARRI ★★

Une réserve hors du commun dans la région, fruit de l'obstination de Heinz Plenge, qui passa de photographe de chasse à photographe naturaliste et travaille aujourd'hui pour *National Geographic* par exemple. Il y a construit un lodge unique et un parcours didactique au cœur des 36 000 hectares qui bénéficient à la communauté via le coût de l'entrée et le service de guides. Petits renards, sangliers sauvages, *condor real* s'ébattent dans cette forêt sèche. Et surtout *el oso de anteojo,* l'ours à lunette fait ici l'objet d'un programme de réintroduction. On peut donc l'approcher sur le site ou le voir au loin sur les collines environnantes.

### AREA DE CONSERVACION PRIVADA CHAPARRI ★★★

✆ +51 978 519 857
*S/ 30 l'entrée à la réserve, S/ 50 le guide et S/ 100 le service de taxi nécessaire pour rejoindre les lieux de visite ou S/ 200 depuis Chiclayo.*
Mieux vaut joindre l'association de guides ou une agence pour réserver, les lieux sont isolés et le coût en transport, si on est seuls, peut s'avérer élevé. La visite en elle-même dure environ 3 heures à pied mais elle débute à 30-40 minutes de trajet en voiture depuis Santa Catalina de Chongoyape. Contactez Juan Carrasco, guide privé et passionné de la communauté au ✆ +51 978 519 857. 214 espèces d'oiseaux, 21 espèces de mammifères et 20 espèces de reptiles et d'amphibiens ont été répertoriées. Parcours très didactique et intelligent. Pour se rendre à Santa Catalina de Chongoyape, combis au terminal Epsel de Chiclayo ou taxi direct.

### CHAPARRI ECO LODGE

✆ +51 984 676 249
www.chaparrilodge.com
info@chaparrilodge.com
*Les prix varient selon le nombre de personnes qui constituent votre groupe. Pension complète à partir de S/ 244 la nuit (base 2 nuits minimum) en chambre standard et S/ 275 en chambre supérieure pour groupes de 10. Jusqu'à S/ 350 ou S/ 387 pour des petits groupes (4 personnes).*
De très jolis bungalows et une suite en matériaux naturels comme l'adobe, qui offrent de quoi se délecter d'un restaurant naturel et traditionnel et d'une petite piscine. Les douches privées sont comme une plongée dans un petit jardin. Mais surtout, au cœur de l'aire de conservation, il est un lieu privilégié pour l'observation de la faune et le *birdwatching*, dans un silence total. Un endroit unique pour les amoureux de la nature où la pension complète rend le séjour en immersion exceptionnel.

## ZAÑA

**A 46 km au sud de Chiclayo**, voici une ville marquée au fer rouge de l'histoire et du malheur. Alors qu'elle s'apprête à fêter son accession au statut de capitale du Virreynato du Pérou, elle est frappée par une première malédiction : le pirate Edward Davis la met à sac en 1686, emportant même les cloches qui avaient sonné l'alerte. Alors que les patriciens, affolés par les raids des corsaires, avaient déjà fui, la nouvelle de l'arrivée du redouté John Drake achève de vider Zaña, qui resta sous la seule autorité des esclaves noirs. Mais il était dit que la litanie des catastrophes n'était pas terminée : le 15 mars 1720, le río Zaña en crue dévaste la ville.

**Les ex-esclaves bâtirent leurs masures** entre les ruines du couvent gothique de San Agustín et ses frondaisons d'hibiscus. Seule trône dans cette plaine de malheur l'imposante maison entièrement en bois de l'*hacienda* Cayalti, ressemblant beaucoup aux demeures des planteurs de coton de Louisiane.
On peut visiter à Zaña les ruines de l'imposant couvent, mais c'est un peu désolé et le petit musée afro-péruvien très dynamique. C'est vraiment dommage, mais on ne vous recommande pas un détour juste pour cela, ça n'en vaut pas la peine et en ville on ne trouve rien pour se restaurer par exemple. Zaña dormira probablement encore plusieurs années riche d'un passé mouvementé, mais négligé.

**MUSEO AFROPERUANO**
Calle Independencia 645 ✆ +51 74 431042
*De 9h30 à 17h. Entrée S/ 5.*
Un apport important à un pan de l'histoire péruvienne souvent laissé de côté. Ce petit musée communautaire dispose de sept salles à l'architecture rustique qui exposent dessins et photos de la vie de la diaspora africaine au début du siècle dans la région et les pays voisins, masques rituels et objets quotidiens. L'une d'elles est aussi consacrée aux instruments de torture qui réduisaient les esclaves au silence et à l'obéissance. On y vend aussi des instruments (beaucoup sont toujours utilisé pour jouer les rythmes afro-péruviens très prisés des habitants de la côte : *cajón*, *cajita*, *quijada de burro*) et de l'artisanat. Inauguré en 2005 et encore peu visité, il vaut mieux annoncer sa visite à madame le professeur Carmen Cossio qui peut organiser une visite guidée et un spectacle avec musiciens et danseurs les fins de semaine, le coût est aditionnel.

## PUERTO PIMENTEL

**Ce port de pêche**, à 11 km de la capitale, offre une immense plage quasi déserte, ce qui en fait la préférée des habitants de Chiclayo. On y voit les *caballitos de totora* (ces petits bateaux en roseau) sur lesquels les pêcheurs bravent l'océan. Jolie promenade. Bons retaurants, essayez la Tienda del Pato, plus à l'écart avec de jolies tables sur la mer (2e *malecòn*, à côté de la *capitaneria*).

**Pour se rendre à Pimentel**, pas de problème depuis Chiclayo, des combis effectuant le trajet toute la journée à intervalles très réguliers.

### Se loger

Pour les adeptes du calme, ce port est plutôt désert en semaine et hors des périodes de vacances mais on y est tranquilles. Option économique au Garuda Hostal ou chic au Casona del Muelle. Plus près de la ville de Chiclayo, une adresse confortable ci-dessous.

**LA POSADA DEL INGLES**
Carretera Chiclayo ✆ +51 74 612586
*Chambre simple 30 US$, chambre matrimoniale 40 US$, matrimoniale executive 52 US$, familiale de 4 à 5 personnes 58-75 US$. Petit déjeuner inclus.*
Au milieu du désert certes, mais un havre bienvenu de fraîcheur et tranquillité. Mes chambres sont vastes et confortables avec salle de bain bien équipée. On y est au calme, tout autour du jardin intérieur. La petite piscine est très bien entretenue. On y sert un bon petit déjeuner sur la terrasse. John, propriétaire des lieux est de très bons conseils pour visiter la région. Les taxis vous y déposent et viennent vous y chercher facilement, environ 15-20 minutes du centre de Chiclayo. On est sur la route qui mène à Pimentel mais en fait plus proche de Chiclayo que du port lui-même.

## PUERTO ETÉN

Encore plus au sud, ce village fantôme sorti d'un western s'enfonce dans le sable et l'oubli. Les maisons jadis aristocratiques, la voie ferrée où rouille le dernier train sont les vestiges d'un passé prospère, quand Etén vivait de son chemin de fer. Possible de voir les locos abandonnées derrière la municipalité. Etén s'est dotée d'un nouveau *malecòn* avec ponton qui s'avance sur la mer et d'une promenade. Plus populaire pour se baigner mais plus calme aussi. Cevicherias pour le déjeuner.

## LAMBAYEQUE

A 12 km au nord-est de Chiclayo, l'ancienne capitale du département de Lambayeque est une mine de richesses archéologiques et architecturales. En 1720, les Espagnols en firent leur centre régional. De cette époque, la ville a gardé quelques constructions, comme en témoigne la Plaza de Armas où tous les bâtiments sont de style colonial. Malheureusement très peu sont restaurées et les petites rues sont poussiéreuses et un peu désolées. Elle est forcément sur votre chemin pour ses deux musées, dont le plus fameux, celui du Señor de Sipan, moderne et vraiment recommandé. On peut également y déjeuner avec bonheur. Pour le reste, passez votre chemin.

## Pratique

### HOSPITAL BELEN DE LAMBAYEQUE
Calle Ramón Castilla 597
(Panamericana Norte) ✆ +51 74 283481
*Ouvert 24h/24.*

### SERPOST
Jirón Atahualpa 120-130
✆ +51 74 282246
*Du lundi au samedi de 9h à 17h, fermé le dimanche.*

## Se loger

### HOSTERIA SAN ROQUE
Jr 2 de Mayo 437
✆ +51 74 282860
hosteriasanroque.com
hosteriasanroque@gmail.com
*Dortoirs S/ 50, chambre simple S/ 150, matrimoniale ou double S/ 200, triple S/ 250 et quadruple S/ 300. Petit déjeuner américain inclus.*
Cette *casona* joliment restaurée avec son arbre centaine au milieu du patio est une bonne option de charme, la seule de cette petite ville. Les chambres sont très classiques, un peu monacales, mais avec salle de bains privée et surtout on peut profiter d'une petite piscine extérieure tempérée. C'est vert et calme. Le seul souci à nos yeux c'est que Lambayeque manque sérieusement de vie, mais si on vient pour les musées et se reposer c'est parfait. Petite restauration proche.

## À voir – À faire

Quelques bons restaurants régionaux à signaler. El Cantaro, un peu plus éloigné du centre, est une grande cantine en bois fréquenté par les Péruviens pour ses spécialités comme *el arroz con pato* ou *la tortilla de raya* (Calle 2 de Mayo 180, ✆ +51 74 282196, de 9h à 17h). C'est vraiment excellent et généreusement servi. Ils ont un petit café local avec sandwichs la nuit tombée. La Casa Desclazi est située à l'intérieur d'une *casona* ancienne peinte en rouge et vert (Calle 8 de Octubre 345, ✆ +51 74 284341, de 10h30 à 17h).

### CAPILLA DE LAS RAMADAS
A côté de la cathédrale, s'élève un ensemble de plusieurs chapelles qui accueillaient les différents groupes ethniques ou sociaux : San Lucía pour les Noirs, San Roque pour les Indiens, Santa Catalina pour les riches.

### CASA DE LA LOGIA OU CASA MONTJOY
Construite il y a quatre siècles, cette maison est chargée d'histoire : elle a servi d'abri aux patriotes en lutte pour l'indépendance. La *casona* de trente pièces, superberment restaurée, est l'une des perles du continent ; le balcon de bois, soutenu par 148 poutrelles, court sur 67 m de façades d'angle (l'un des plus longs d'Amérique latine).

### CATEDRAL DE LAMBAYEQUE
Ses deux fiers clochers surmontent trois nefs ceintes de balcons en ferronnerie. Les trois retables baroques éclipsent les sept autres, néoclassiques, pourtant magnifiques. Le chœur, tout de bois de cèdre sculpté, est aussi un bijou.

### MUSEO ARQUEOLOGICO NACIONAL BRÜNING ★
Avenida Huamachuco, cuadra 8
✆ +51 74 282110
*Ouvert tous les jours de 9h à 17h. Entrée : S/8.*
C'est grâce à l'ethnographe et linguiste allemand Heinrich Brüning, qui, de 1884 à 1925, consacra son énergie et sa fortune à étudier les civilisations du Pérou, qu'a été construit ce musée (Brüning légua ses collections au Pérou avant de retourner dans son pays). Sur quatre étages, sont exposées près de 1 500 pièces (céramiques, armes, ustensiles et momies) des cultures chavín, lambayeque, vicús, mochica, chimú et sicán. Intéressant, mais une muséographie un peu démodée face au musée de Tumbas Reales de Sipan.

### MUSEO TUMBAS REALES DE SIPAN ★★
Avenida Juan Pablo Vizcardo y Guzmán
✆ +51 74 283977
*De 9h à 17h, fermé le lundi. Entrée : S/ 10.*
D'architecture moderne, ce nouveau musée ouvert en 2002 est la fierté de toute la région !

Il abrite la collection d'objets archéologiques provenant de la tombe du Seigneur de Sipán, qui sont en or, en argent et en cuivre. Les reconstitutions des tombes et de la vie quotidienne à Sipan (dont une animée et musicale) sont impressionnantes. Très belle muséographie. Incontournable si vous êtes dans la région, avec le site de Tucume assez proche. N'oubliez pas de visiter les stands d'artisanat derrière le musée : travaux de qualité. Demandez la *aldea mochica* (on peut y entrer sans accéder au musée).

## TÚCUME ★

**Situé à 35 km au nord de Chiclayo**, le site de Tucume est ouvert tous les jours de 8h à 17h. Aussi appelé Vallée des pyramides (il y en a 26), ce site a subi les influences successives des cultures lambayeque (1000 apr. J.-C.), chimú (1365 apr. J.-C.) et inca (1471 apr. J.-C.). Le tout nouveau musée se trouve sur le site même avec ses 1500 pièces, dont les trésors retrouvés dans la tombe de l'un des derniers gouvernants incas de la région.

**De nombreuses *huacas*** rappellent que de 1000 à 1470, époque où il tomba aux mains des Incas, l'Empire mochica fut l'un des plus puissants du Pérou. La Huaca Larga, aux dimensions gigantesques (700 x 280 m et 30 m de haut), est la plus grande construction en adobe du monde.

**La plate-forme qui s'appuie sur le Cerro Purgatorio** soutenait temples, habitations, lieux de culte et de sépulture. Dans le Templo de la Piedra Sagrada, signalé par une pierre polie inclinée, furent exhumés différents types d'offrandes : lamas sacrifiés et 700 figures miniaturisées en argent. Ce temple, le plus prestigieux de l'Empire mochica, l'est resté sous les Incas. La petite construction de la Huaca de las Balsas est une énigme : elle n'a cessé d'être agrandie durant plus de 300 ans.

**Le site est vaste et se divise en deux routes** (mirador et/ou Huaca de las Balsas), plus le musée. Il est préférable d'y aller tôt le matin car la chaleur sur le site est intense. C'est l'une des visites incontournables si vous êtes intéressés par la culture moche. Le site est agréable, intéressant et le musée très bien fait. Il s'est rénové, agrandi et est très didactique (✆ +51 74 835625 – entrée : S/ 8-12 selon la route choisie).

### LOS HORCONES DE TUCUME

Caserio San Antonio ✆ +51 951 831 705
www.loshorconesdetucume.com
reservas@loshorconesdetucume.com
*Chambre simple (lit double) : 60 US$, double ou matrimoniale supérieure : 120 US$, familiale : 160 US$. Petit déjeuner inclus.*
Pour les budgets aisés, sans aucun doute la meilleure option de la région, à deux pas des pyramides. De magnifiques maisons en terre aux finitions parfaites, au milieu d'un jardin avec piscine. L'établissement a gagné plusieurs prix pour son architecture éco-responsable. Ce lodge rural de 12 chambres est une pause de charme dans un voyage. Balades à cheval. Restauration avec des produits bio. C'est mieux quand Rosana, la fondatrice, est sur place, mais dans la région il y a peu d'offres avec ce profil écolo, calme et relax. Par contre, ils reçoivent peu de visites et on peut avoir la sensation que tout n'est pas prêt ou attendre longtemps pour les repas préparés maison. Il n'y a rien autour.

## MOTUPE

Situé à 79 km de Chiclayo, ce complexe archéologique d'Apurlec, d'une superficie de 27 km$^2$ légué par la culture tiahuanaco que développèrent plus tard Mochicas, Chimús et Incas, présente des pyramides et des réservoirs détériorés par les *huaqueros*. Les visites sont rares, car les sites n'ont pas été préservés. Se concentrer sur le reste.



### Le terrain de prédilection des sorciers

Les vallées de la précordillère sont le refuge d'adeptes de la sorcellerie. Plus que partout ailleurs au Pérou, c'est dans cette région peuplée par les anciens esclaves africains que se sont développées ces pratiques, et c'est à Salas (entre Motupe et Sicán) qu'elles sont les plus vivaces. Comme dans les BD, les sorciers utilisent des figurines de glaise à l'effigie de la personne à qui l'on veut jeter un sort et qu'ils transpercent avec des aiguilles. Les *brujos* usent aussi de breuvages à base de plantes, de graisse de cobaye et remédient aux peines de cœur. Si vous consultez, attention aux potions proposées : certaines peuvent contenir des sucs du redoutable cactus San Pedro, puissant hallucinogène ! Le lodge de Tucume peut vous mettre en relation avec des chamans du secteur et vous initier aux *baños de florecimiento,* un bain de plantes pour renouveler son énergie.

# RÉGION DE PIURA

## PIURA

- **Population :** 484 475 habitants.
- **Altitude :** 29 m.

A 30 km du Pacifique, entre Chiclayo et Tumbes, au milieu d'une plaine désertique, la capitale provinciale (département de Piura) connaît de fortes chaleurs (35 °C l'été, 16 °C l'hiver) et de maigres pluies (de janvier à mars). Peuplée à l'origine par les Tallanes ou Yungas, puis par les Mochicas, la région tomba dans le giron de l'Inca Yupanqui, quarante ans avant l'arrivée des Espagnols, dans les années 1530. Gagnée par les idées de liberté, Piura proclama son indépendance le 4 février 1821 et envoya mille de ses fils contribuer à la libération de l'Equateur proche (200 km).

- **Piura pourrait vouloir dire « lieu d'approvisionnement » en quechua**, langue oubliée ici depuis trois siècles. La ville est très active (pêche dans les environs, coton et pétrole), plutôt agréable et élégante une fois la chaleur de la journée estompée, mais elle manque quelque peu d'attraits touristiques pour en faire une étape importante. Filez directement au nord sans regret. A proximité, on trouvera des centres importants d'artisanat (céramiques, chapeaux de paille, ustensiles taillés dans le très dur bois de zapote). La danse de los Diablicos, masqués et emplumés, anime les fêtes locales dont la plus grande est celle de Nuestra Señora del Carmen.
- **Plus que de Piura elle-même c'est de sa côte qu'on parle** et sur laquelle on met le cap pour pouvoir profiter des plus belles plages du Pérou. Attention on n'est pas aux Caraïbes, mais l'océan Pacifique y est plus chaud et le sable plus blond qu'ailleurs. Il existe aussi un port de pêche où les tortues de mer jouent les protagonistes et des tours en catamaran qui permettent d'observer les baleines à bosse d'août à octobre. Des monstres marins qui peuvent mesurer jusqu'à 16 mètres et peser près de 40 tonnes et vous saluent de la queue le long du littoral de Organos, mancora ou Tumbes plus au nord.

### Transports

#### AEROPUERTO CARLOS CONCHO IBERICO

Village de Castilla
✆ +51 73 344503
L'aéroport est situé à 5 km de la ville, à 20 minutes du centre. Vols quotidiens de/vers Lima (1h30) avec Latam (www.latam.com). On trouve aussi les low cost VivaAir (vivaair.com) et SkyPeru (skyairline.com). Latam a son agence Calle Libertad (*cuadras* 7 et 8).

#### BUS

- **Presque tous les bus se trouvent au** terminal terrestre Gechisa (proche de l'Óvalo Cáceres).
- **Compter pour Lima** : 16h de trajet, nombreux départs entre 17h et 20h à partir de S/ 70. Compter S/ 90-135 avec Oltursa, plus luxueux. Trujillo : 6h de trajet, pour environ S/ 40. Chiclayo : 3h de trajet, départs toutes les heures pour environ S/ 20 avec Linea. Talara (2h de trajet) ou Mancora (3h de trajet), départs toutes les heures de 4h à 21h pour environ S/ 16. La compagnie Eppo est la plus économique, elle dessert toutes les villes du bord de plage (Av. Panamericana 1219 Mz. 243 N° 1219, ✆ +51 73 304543 – www.eppo.com.pe). Tumbes : 6h de trajet pour S/ 35-50 avec Oltursa par exemple.
- **Des colectivos se rendent à Catacaos**, Paita, Sullana et les autres villages depuis l'angle de l'avenue Loreto et Jiron Tumbes. A partir de S/ 3.
- **Pour Huancabamba et Chulucanas**, se rendre au Terminal Terrestre de Castilla. Compter entre 6h et 10h de trajet, à partir de S/ 30 avec Civa ou Turismo Huacabamba.
- **Passage de la frontière équatorienne** : les bus de la compagnie Transportes Loja Internacional desservent la ville de Loja (frontière avec l'Equateur). Compter 9h de trajet pour 15 US$. On peut aussi se rendre directement de Piura à Guayaquil : compter S/ 80 par personne.

### Pratique

- **Indicatif téléphonique** : 73.

#### Tourisme - Culture

##### I PERU

Plaza de Armas
Jr Ayacucho 459 oficina 102
✆ +51 73 320249
iperupiura@promperu.gob.pe
*Du lundi au samedi de 9h à 18h et le dimanche de 9h à 13h.*

- **Autre adresse :** Aeropuerto Cap. FAP Guillermo Concha Iberico (Salle des arrivées)

### TURISMO PERU NORTE
Huanuco 489
✆ +51 73 332161
www.turismoperunorte.com
piura@turismoperunorte.com
Une agence on ne peut plus classique mais qui peut être une option pour organiser les visites proches.

## Représentations – Présence française

### AGENCE CONSULAIRE
Calle Libertad 269
✆ +51 73 310936
gaelledella@gmail.com
Consul Honoraire : Gaëlle Della Vedoya.

## Argent

### BANQUES
Toutes les banques se trouvent dans le premier tronçon des rues qui partent de la plaza de Armas.

## Moyens de communication

### SERPOST
Plaza de Armas
Calle Ayacucho 307
✆ +51 73 309393
*Du lundi au vendredi de 8h à 18h, le samedi jusqu'à 16h.*

## Santé – Urgences

### HOSPITAL REÁTEGUI
Avenida Grau 1185
✆ +51 73 284760
*Ouvert 24h/24.*

### POLICE
Av Sánchez Cerro 1381
✆ +51 73 307641
*Ouvert 24h/24.*

# Se loger

## Bien et pas cher
Les chambres les plus économiques se trouvent dans les petits hostals de la *calle* Junin, *cuadras* 7 et 8.

### HOSTAL LOS JARDINES
Av. Los Cocos 436
Urb. Club Grau
✆ +51 73 326590
www.hostallosjardines.com
reservas@hostallosjardines.com
*Avec ventilateur : chambre simple S/ 70, matrimoniale S/ 85, double S/ 90, familiale S/ 100. Avec air conditionné : matrimoniale S/100, double S/ 110, familiale S/ 120. Pas de petit déjeuner.*
Plus excentré mais dans un quartier très calme et verdoyant, un petit hôtel familial à l'accueil agréable avec de grandes chambres modernes et fonctionnelles et leurs salles de bains privées. Bon rapport qualité-prix. La 105 et 305 sont les plus prisées car plus ventilées. Certaines chambres ont l'air conditionné mais elles sont plus chères.

### HOTEL COSTABELLA
Calle Libertad 1082
✆ +51 73 307807
hotelcostabella.com-piura.com
hotel.costabella@hotmail.com
*Compter S/ 90 la chambre simple, S/ 120 la matrimoniale, S/ 130 la double, S/ 150 la familiale, S/ 180 la quadruple, toutes avec air conditionné. Pas de petit déjeuner.*
Un hôtel moderne et confortable avec chambres classiques carrelées avec sanitaires privés (eau chaude), air conditionné et TV câblée. Wifi, laverie. Populaire auprès des Péruviens aussi, ce qui est toujours bon signe. Plusieurs cafétérias proches à pied pour le petit déjeuner.

## Confort ou charme

### LAS PALMERAS
Av Loreto 945 ✆ +51 73 305554
reservas.laspalmerashotel@gmail.com
*Compter S/ 90-110 la chambre simple, S/ 100-130 la matrimoniale et S/ 120-140 la double (ventilateur ou air conditionné). Petit déjeuner inclus.*
Un hôtel qui ne manque pas de classe avec un joli patio autour d'une petite piscine extérieure. Les chambres sont grandes, simples mais agréables, plutôt lumineuses, et disposent toutes d'une salle de bains privée et d'un ventilateur ou de l'air conditionné. Service de cafeteria, Wifi.

### WYNDHAM COSTA DEL SOL
Calle Loreto 649
✆ +51 73 302864
www.costadelsolperu.com
reservas@costadelsolperu.com
*Compter S/ 300 la simple, double ou matrimoniale, S/ 335 en supérieure, S/ 385 junior suite et S/435 suite. Petit-déjeuner buffet inclus. Réductions sur Internet.*
Le cousin des hôtels de Chiclayo et de Tumbes : mêmes prestations haut de gamme, avec toutes les commodités d'usage. Les chambres standards ont des lits queen size et les supérieures des king size. Belle piscine sur le toit bordé de tek et de parasols, restaurant et casino complètent cette infrastructure. Un peu massif d'extérieur, mais confortable. Restaurant sur place, le Paprika, d'excellente facture.

### Luxe

**CASA ANDINA STANDARD & PREMIUM PIURA**
Av. Ramón Mujica S/N Urb. San Eduardo, El Chipe
✆ +51 73 285000
casa-andina.com
recep-cappiura@casa-andina.com
*Casa Andina Standard, à partir de 75 US$ la nuit pour 2 personnes. Casa Andina Premiun, à partir de 95 US$ la nuit pour 2 personnes. Petit déjeuner buffet inclus.*
A la même adresse, deux Casa Andina ont pris place. Comme toujours avec la chaîne les établissements sont amples, modernes, lumineux avec un service complet. Le Premium compte 83 chambres et une piscine (il faut très chaud à Piura, croyez-nous). Le Standard est plus simple, mais vient d'être rénové et on peut faire usage des installations de l'établissement voisin et des jardins. Les deux partagent le restaurant Plaza bien coté. Ces hôtes sont situés dans une zone résidentielle et calme de la ville.

**LOS PORTALES**
Plaza de Armas
Calle Libertad 875
✆ +51 73 328887
www.losportaleshoteles.com.pe
reservas@losportales.com.pe
*Chambre matrimoniale à partir de 96 US$ et supérieure à 115 US$. Petit-déjeuner buffet inclus. Réductions sur Internet.*
Cette superbe *casona* coloniale a tout à fait sa place dans l'environnement de la cathédrale. L'hôtel est en soi une beauté, avec ses patios, ses escaliers, son restaurant (un peu cher) au bord de la piscine et ses deux bars. Les chambres sont au diapason. Les standards ont un lit queen size et les supérieures un lit king size. Toutes bénéficient de l'air conditionné. Le pisco sour de bienvenue et le trajet à l'aéroport sont offerts. C'était la meilleure adresse au cœur de la ville, la concurrence s'impose peu à peu, mais du coup les prix baissent : tant mieux !

## Se restaurer

Le Jirón Grau qui conduit vers la plaza de Armas accueille des restaurants de cuisines traditionnelles : créole, *chifa* et, bien sûr, *pollo a la brasa*, à des prix très raisonnables.

### Bien et pas cher

**CHIFA CANTON**
Calle Tacna 125
✆ +51 73 32 85 85
chifacanton.com
*Formules et plats à partir de S/ 12. A la carte S/ 20-30.*
Quand il est question de rapport qualité/prix, la Chifa est souvent une valeur sûre pour une touche de savoir-faire oriental qui ne manque pas de saveur. Le local est grand, moderne et neutre mais l'assiette a de quoi convaincre.

**MATHEO'S**
Jiron Tacna 532
Plaza de Armas
✆ +51 73 308807
*Tous les jours. Menu le midi en semaine S/ 12. A la carte S/ 15-25.*
Petite cafétéria sur la Plaza de Armas qui dépanne au petit déjeuner (salades de fruits, *yogurt shake* de *tuna*, mangue ou *chirimoya* avec céréales, fruits secs et miel), pour les menus du midi ou grignoter quelques empanadas. Connue pour ses options végétariennes.

**PICANTERIA LA SANTITOS**
Jr Libertad 1001
✆ +51 73 309475
lasantitos.com
*Ouvert de 10h à 23h, dimanche midi uniquement. Ceviches S/32-43. Plats S/ 30-60.*
Un grand classique pour déguster ceviche et fruits de mer... mais aussi de plats de viande traditionnels comme le *cabrito* ou plus classiques. On trouve aussi des plats à partager. Atmosphère agréable, au son de la musique côtière. Carrelage à damiers, murs colorés et tableaux d'antan. Très populaire.
2e adresse, champêtre avec jardin à l'extérieur de la ville, Carretera los Ejidos del Norte Km 142.

**LA TOMASITA**
Calle Tacna 853
✆ +51 73 321957
*Plats de S/ 30 à 45. Tous les jours à midi, de 11h à 16h.*
Ce restaurant régional traditionnel a bonne presse et avec raison. La carte est longue, mais on préférera les saveurs locales : la tortilla de fruits de mer, le *cabrito* (chevreau, riz et haricots en sauce) et, si on vient à plusieurs, les *fuentes*, plats à partager avec *causas* (millefeuille de patates douces et langoustines), crabe, poulpe à l'olive, riz aux fruits de mer. Meublé et décoré comme une *picanteria* champêtre, au centre-ville.

### Bonnes tables

Les restaurants des hôtels chics de la ville servent aussi une cuisine fine comme le Paprika (Hotel Costa del Sol) ou la Plaza (le bar grill du Casa Andina Standard, Av. Ramón Mujica S/N Urb. San Eduardo, El Chipe).

**BOTTEGA CAPUCCINO**
Calle San Miguel 298
Urbanizacion Santa Isabel
✆ +51 73 301111
*Petit déjeuner S/ 11-21. A la carte : S/ 20-30. De 11h à 23h, dimanche soir uniquement.*
L'incontournable cafétéria de Piura a quitté la Plaza de Armas pour rejoindre un quartier résidentiel plus chic. On y trouve des crêpes, sandwichs, quiches, lasagnes, quelques plats et de délicieux desserts. C'est plus gourmet et varié qu'ailleurs. Le local est neuf, lumineux et avec air conditionné.

**EL CARACOL AZUL**
Urbanizacion Chira Manzana A Lote 15
✆ +51 73 350677
*Tous les jours midi et soir. Entrées S/ 17-32. Plats S/ 32-60.*
D'après les locaux, le meilleur resto pour déguster poissons et fruits de mer (*conchas negras*, *conchas de pala*, langoustes, mérou, sole, etc.). Lui aussi est situé dans une zone plus résidentielle. Cette cantine populaire bien tenue fait le plein les fins de semaine.

## À voir - À faire

**CASA MUSEO GRAU**
Jirón Tacna 622
✆ +51 73 326541
*Du lundi au vendredi de 9h à 12h et de 15h30 à 18h. Entrée libre.*
Cette *casona* cossue a appartenu au maréchal Miguel Grau, héros de la guerre contre le Chili à bord de son navire *Le Huascar* en 1879. Remarquable exemple de l'architecture patricienne de la colonie, la maison regorge de meubles, documents et objets relatifs à la vie du grand homme. Deux salles sont consacrées aux expositions de peinture contemporaine.

**CATEDRAL**
Plaza de Armas
Datant de 1588, elle garde jalousement les trésors de sa nef : autel doré à la feuille, retable de la Virgen de Fatima qui l'orne depuis 350 ans, portrait du libertador San Martín peint par Ignacio Merino et une Purísima Concepción de l'école de Quito.

**IGLESIA SAN FRANCISCO**
Angle Jirón Lima et Callao
C'est dans ses murs que fut décrétée l'indépendance de la ville, en 1821.

**MUSEO ARQUEOLOGICO MUNICIPAL VICUS**
Angle Avenida Sullana et Jirón Huánuco
*De 9h à 17h et le dimanche matin, fermé le lundi. Entrée : S/ 4.*
Le complexe culturel Luis Eguiguren présente deux collections : une de peinture et l'autre, plus intéressante, de pièces précolombiennes, essentiellement des céramiques. Depuis 2001, la collection s'est aussi enrichie de la « Sala de Oro », qui présente des pièces retrouvées dans la tombe du Señor de Olleros. Une pièce est également consacrée à la conquête espagnole, Piura étant la première ville fondée par les *conquistadores*. Pas à la hauteur des autres musées du Nord, mais peut valoir le détour.

**PLAZA DE ARMAS**
Doucement ombragée, la place et ses alentours immédiats ont conservé quelques beaux bâtiments coloniaux dignes d'intérêt, comme le siège de la Banco Central.

# SIMBILA

A côté de Catacaos. Tous les habitants de ce village sont potiers de père en fils depuis des siècles. Soit 60 familles au complet que l'on peut voir travailler selon les techniques ancestrales.

# CATACAOS

Ce village, à 12 km de Piura (S/ 3 en taxi collectif), se revendique comme la capitale de l'artisanat, notamment des chapeaux de paille à large bord, des vases en bois et des bijoux. Malheureusement, ils côtoient de plus en plus des articles made in China. Les boutiques sont essentiellement situées sur Jr Comercio.

**Il y a un office de tourisme au rez-de-chaussée de la mairie,** sur la Plaza de Armas, qui pourra vous indiquer où sont les excellents restaurants typiques qu'on nomme *picanterias* : El Sabor Cataquense (Jr Zepita 501, compter S/ 30 le ceviche), El Ganzo Azul ou El Tondero (Calle Josefina Ramos de Cox).

**FORTALEZA DE NARIHUALA**
Proche de Catacaos
(3 km, 5 min en voiture).
*S/ 5, fermé le lundi.*
La Fortaleza de Narihuala est la seule ruine archéologique bien conservée de la région et elle comprend aussi un petit musée. Elle était la capitale de la culture Tallán.

# SECHURA

L'église avec ses hauts clochers mériterait presque à elle seule ce déplacement de 54 km vers le sud. On pourra en profiter pour aller piquer une tête dans l'océan, sur les plages proches et propres de San Pedro, Chulliyachí ou Matacaballo ou voir la tranquille Laguna de Ñapique à 15 km à l'est de la ville, refuge notamment de flamants roses.

# PAITA

**Ce gros village abrite la célèbre église de San Lucas de Colán** et, dans le centre, la Basílica La Merced qui reluit de tous ses vitraux. La maison de Manuelita Sáenz, compagne de Bolívar et seule femme *libertadora* connue, est l'autre attraction de Paita.

**On se rafraîchit les idées** et le corps, rompus par la chaleur, sur les plages proches de Colán, de Yarila et de Cangrejos.

# COLÁN

Compter 1h de route depuis Piura (60 km). Quand cogne le soleil, la playa Esmeralda de Colan est un enchantement avec ses palmiers et son sable, à condition d'y aller à 15h, au moment où se lève la brise marine. On peut s'y baigner mais attention aux raies. On y loge dans des hôtels relativement sommaires et l'on peut sortir en mer avec les pêcheurs (environ S/ 30 par personne), ou dans les établissements plus chics qui ont fleuri (Luna Nueva ou El Sol de Colán, à partir de S/ 120 la matrimoniale hors saison ; ou plus chic, El Sunset Bay, environ 80-90 US$ la matrimoniale).

### IGLESIA SAN LUCAS

A 5 min de la plage, l'église San Lucas, plantée en plein désert, fascine avec son clocher si blanc qu'il rend le sable gris. Datant de 1536, elle fut la première église construite au Pérou.

# HUANCABAMBA

La « ville qui marche » (250 km au sud-est de Piura) possède 14 lacs, dont 3 au moins sont les préférés des sorciers et guérisseurs : les lacs de Huaringas, de Shimbe et de la Negra. On est bien dans les Andes et tout devient fantastique. Se rendre à Salala à 2 heures de Huacabamba où des guérisseurs vous attendent et peuvent vous héberger. On y va en bus ou via le Chemin de l'Inca en plusieurs jours de marche (se renseigner auprès de IPeru à Piura).

# AYABACA

On entre ici dans la précordillère, à 2 500 m d'altitude. Il fait doux et la montée est jolie. Dans les environs, on trouvera les ruines d'Aypate, les pétroglyphes de Samanga, les lagunas de Prieta et d'El Inca. Possible de dormir à l'hôtel Samanga, le plus recommandable.

**Chaque 13 octobre**, la Fiesta del Señor Cautivo y attire un grand nombre d'Equatoriens et de pèlerins venus à pied jusqu'ici. Pénitences et spectacles hauts en couleur.

## Transports

Compter 6h de route pour parcourir les 200 km depuis Piura pour S/ 40 environ. Compagnies Transporte Vegas ou El Poderoso Cautivo.

# EL ÑURO

Ce petit village de pêcheurs plutôt pauvre est désormais sur toutes les lèvres. En effet, une colonie de tortues vertes a élu domicile près de son ponton qui s'avance vers la mer et on peut donc venir y nager ou y plonger avec elles. On vous conseille d'y aller avec une agence qui pratique un écotourisme raisonnable et de ne pas les nourrir. La popularité du lieu nuit à la tranquillité des tortues mais la magie opère toujours.

# LOS ÓRGANOS

A partir d'ici commencent les plages de rêve péruviennes. Los Organos est plus familiale, Vichayito qui la suit vers le nord très luxe, Mancora plutôt fétarde, et enfin Punta Sal (qui appartient à Tumbes) romantique.

## Se loger

### BIOSFERA HOSTEL

Panamericana Norte km 1153
✆ +51 938 234 326
biosferadelnoroeste@gmail.com

*Dortoirs de 4 personnes 12 US$, chambre familiale ou à partager avec lit double et lit superposé 35 US$, chambre matrimoniale avec lit king size et salle de bains privée 40 US$.*

Un petit hostel aux bonnes ondes. Ici, Aldo propose de petits dortoirs (salle de bains à partager) et une chambre plus vaste avec belle vue sur la plage. Il met à votre disposition la cuisine, le barbecue, le petit jardin et sa petite piscine. C'est une adresse communautaire où viennent aussi se poser des chercheurs ou autres digital nomades. Derrière cet hostel existe une vraie passion pour la protection de l'environnement et le développement touristique de la zone. On est entre d'excellentes mains pour explorer les environs donc.

### CASA PUERTO SOL

✆ +51 73 492222

*Compter S/ 120 la matrimoniale ou S/ 150 la familiale (3 à 4 personnes). Attention en haute saison les prix peuvent doubler. Petit déjeuner S/ 10.*

Dans sa maison sympathique du bord de plage, Manuela n'a que trois chambres : une familiale quadruple, une matrimoniale et une autre matrimoniale à l'étage avec terrasse, hamacs et vue sur la mer, à réserver en priorité. Toutes ont leur salle de bains privée et le wifi. Ambiance détendue et familiale. Manuela peut vous indiquer où faire vos courses et où vous restaurer.

**HANGA ROA BUNGALOWS**
El Mirador ✆ +51 73 257600
www.hangaroalosorganos.com
hangaroaperu@yahoo.com
*Compter S/ 50-70 par personne avec le petit déjeuner selon le nombre de nuits et la saison.*
A quelque 150 mètres de la plage, un peu sur les hauteurs, le Hanga Roa propose de jolies chambres rustiques partiellement en bambou, toutes avec salle de bains privée et eau chaude : matrimoniale, triple ou familiales avec lits superposés. Ils ont aussi des bungalows plus vastes pour 4 à 7 personnes, le plus grand Cabllito de Mar est équipé d'une cuisine. Toutes ont un ventilateur, un bar-réfrigérateur, le wifi et l'accès à la piscine. Service de massage et bar-restaurant avec une cuisine de qualité sur place

**SOLEIL BUNGALOWS**
Punta Veleros ✆ +51 73 257637
soleilbungalows.com
*Chambre familiale au 1er ou 2e étage S/ 100 par personne, bungalow queen matrimonial S/ 200, bungalow king matrimonial S/ 250. Petit déjeuner inclus. Plus cher en haute saison.*
Une piscine, la plage en contrebas et de jolies installations mêlant murs blancs et bambous. Les petits bungalows matrimoniaux tout ronds sont charmants, il y en a 4. Les cinq chambres familiales sont plus classiques au 1er ou 2e étage (celles du 2e sont séparées en deux chambres distinctes). Jardins. On est au calme et proche des spots de surf. Bref très chouette.

## Se restaurer

Beaucoup de restaurants de fruits de mer autour de la Plaza de Armas, de l'autre côté de la Panamericana. On recommande notamment Las Brisas del Pacifico. On trouvera aussi des *tiendas* pour faire ses provisions, et un marché.

## Visites guidées

**BIOSFERA EXPEDITION & RESEARCH CENTER**
Panamericana Norte km 1153
✆ +51 938 234 326
adurand@biosferaexpedition.com
Aldo Durand est un passionné de l'Océan et ses ressources qui travaillent depuis des années autour de projets d'écotourisme dans toute la zone nord de la côte. En plus de son petit *hostal*, il a développé des tours en canoë avec les pêcheurs de crabes aux Manglares de Tumbes, pour partager un petit bout du quotidien des pêcheurs de El Ñuro ou sur les traces du crocodile de Tumbes aux cerros de Amotape.

**PACIFICO ADVENTURES**
Av. Rivera del Mar
A 150 mètres au sud du port de Los Organos
✆ +51 73 257686
www.pacificoadventures.com
pacificoadventures@yahoo.com
*Tour d'observation des baleines S/ 130, départ 7h30 et durée 2 heures et demie.*
Sebastian et Belen sont les spécialistes incontestés de l'écotourisme sur place. Ils ont 4 types d'embarcations pour pêcher en haute mer ou observer les oiseaux marins, les dauphins et surtout les baleines *jorobadas* ou baleines à bosse en août, septembre et octobre. On vous fournit un hydrophone pour pouvoir écouter le chant des baleines. Magique. Et garanti : Pacifico Adventures promet 98 % de chance de voir les baleines et vous invite à revenir gratuitement si ça n'avait pas été le cas. Sur place, dans leurs bureaux, petit musée marin réussi, café et ventes de tee-shirts et autres souvenirs.

# MANCORA ★

C'est la plage la plus courue par les jeunes qu'ils soient Liméniens ou étrangers. Devenu récemment le paradis des surfeurs, il s'agit aujourd'hui d'une station balnéaire vibrante de vie et très populaire en haute saison. Ambiance festive certes, mais Mancora est aussi un vrai village avec des restaurants, des marchés, ce que les autres destinations n'offrent pas toujours. Plus au sud, la plage est agréable à longer et bordée d'hôtels plus exclusifs dans la zone de Las Pocitas puis Vichayito. En janvier, février, à Pâques et en juillet les prix flambent en raison des vacances scolaires péruviennes.

## Transports

- **Il y a maintenant trois aéroports en fonction proches** : Piura, Talara ou Tumbes. Le plus proche de Mancora est Talara où volent Latam (1 vol par jour, latam.com) et la low cost Viva Air (4 à 5 vols par semaine selon la saison, vivaair.com). A Piura, Peruvian Airlines est une bonne option à petits prix (peruvian.pe). A Tumbes, Sky Peru propose des tarifs négociés (skyairline.com).
- **Les compagnies de bus** se trouvent sur l'Av Piura et Grau (son prolongement). Depuis et vers Lima, compter 19-20h de trajet et entre S/ 70 et S/ 140 selon le degré de confort. Bus directs avec Cruz del Sur, Oltursa, Flores ou Civa. Pour aller en Equateur, traverser la frontière avec Ormeño ou CIFA. Compter 20h pour Quito et 8h pour Guayaquil (de S/ 60 à S/ 80). Pour rejoindre Tumbes, compter 2h de trajet pour S/ 15 en *colectivo*. Pour rejoindre Piura, compter 2h30 de trajet.

## Se loger

L'offre hôtelière est importante à Mancora, mais pensez tout de même à réserver en haute saison (de fin décembre à mi-février). Les prix en profitent d'ailleurs pour grimper (voire doubler !) pendant cette période. La plupart des adresses chics se trouvent sur Las Pocitas, 1 km avant l'arrivée à Mancora (S/ 3 en motocar), juste après l'encore plus chic Vichayito. Ces plages sont agréables à explorer à pied dans tous les cas.

### Bien et pas cher

#### KONTIKI

Au centre du village, sur les hauteurs

*Compter S/ 110 en bungalow matrimonial avec salle de bains et S/ 80 en chambre matrimoniale sans salle de bains. Pas de petit déjeuner.*

L'hôtel le plus haut du village, au sommet de la colline. Il vous en coûtera les marches à monter et à descendre, mais en échnage vous aurez une très belle vue et une brise qui fait du bien. Tous les bungalows sont rustiques, bâtis en matériaux écologiques, avec vue sur la baie et salle de bains. Ils peuvent héberger entre 2 et 4 personnes. Egalement deux chambres avec salle de bains à partager, avec vue sur l'intérieur, plus économiques. Cuisine à disposition sur place donc pas de petit déjeuner. L'établissement était en train de changer de mains lors de notre passage, contactez les en amont.

#### LOKI DEL MAR

Av Piura 262 ✆ +51 73 258484

www.lokihostel.com

*Compter S/ 29 le lit dans un dortoir de 8-10 lits et S/ 42 dans un dortoir de 4 lits. Chambres doubles à S/ 110 et quadruple S/ 192 avec salle de bains. Petit déjeuner inclus.*

Réservation indispensable : c'est une des adresses favorites des jeunes qui veulent profiter de la piscine (26 m), du bar et des activités organisées par cette auberge de jeunesse. Idéal si vous voulez faire la fête et parfaire votre anglais. Beaucoup se font inviter aux soirées et vont dormir ailleurs, un peu plus au calme.

#### LA MAISON

Calle Padre Martin O'Grady

Derrière Hotel La Posada, La Quebrada

✆ +51 922 145 815

www.lamaisonmancora.com

*Chambre simple 25 US$, matrimoniale 50 US$, lit queen size ou king size 60 US$, chambres familiales pour 3 ou 4 personnes 75 US$. Petit déjeuner inclus.*

Cette Maison en matériaux naturels est assez joliment terminée avec des chambres en rez-de-chaussée avec sol coloré et d'autres à l'étage avec plancher. Les lits sont protégés par d'amples moustiquaires. Toutes ont des salles de bains privées petites, mais ingénieuses et riches de petits détails déco. Il n'y a que deux petites chambres, les suites sont de vastes chambres avec petit salon coloré et accueillant pour se détendre. Ici aussi on trouve une petite piscine et un espace terrasse ombragée. Les chambres à l'étage ont elles aussi leur terrasse. Les espaces sont agréables dans un joli jardin avec les petits oiseaux pas loin. Le petit-déjeuner est généreux. Ça venait d'ouvrir et nous a fait une très bonne impression. Ils sont de l'autre côté de la Panaméricaine à environ 250 mètres de la plage.

#### NAIF RUSTIC & ECOLOGIC LODGE

Zona Veraniego, Playa Mancora

✆ +51 991 343 037

www.naifmancoraperu.com

naifmancora@yahoo.com

*Compter S/ 65 par personne sans petit déjeuner et S/ 10 par personne en plus avec petit déjeuner. Chambres simples, matrimoniales, doubles ou bungalows.*

Rustique et naturel : ici on trouve des chambres en bambou au milieu d'un jardinet à 60 mètres de la plage. Toutes les chambres ont leur salle de bains privée, eau chaude, moustiquaire, terrasse, wifi. On trouve aussi sur place deux bungalows familiaux, un petit pour 4 personnes et un plus grand sur 2 étages qu'on peut louer entier ou séparément. Petite cuisine à disposition. Massages, surf, kayaks, balades à cheval ou classes de cuisine en extra. Petite piscine bordée de hamacs sous un toit de palmes. Simple et sympathique, par contre la propriétaire n'est pas toujours là et tout n'est pas impeccable.

#### LA POSADA

A droite après le pont, à l'entrée de Mancora

Barrio La Quebrada ✆ +51 73 258328

laposadamancora.com

hlaposada@hotmail.com

*Chambre matrimoniale 22 US$, triple 33 US$ et quadruple 44 US$. En haute saison, les prix doublent. Petit déjeuner S/ 12-15. Camping S/ 15 par personne.*

Une auberge de jeunesse fort agréable avec ventilateurs, cuisine commune, petite piscine, jardin ombragé et wifi. Bonne ambiance. Petit bémol : il faut traverser la route pour arriver jusqu'à la plage. Les chambres privées sont toutes équipées de salle de bains, TV et wifi. Selon l'époque de l'année on peut négocier les prix. Ils proposent également un bungalow pour 4 personnes à louer au mois.

### Confort ou charme

#### ECO LODGE

Panamericana, Km 1215

La Quebrada, Barrio Industrial

✆ +51 73 496859

www.ecolodgemancora.com

ecolodgemancora@gmail.com

*Chambre simple 40 US$, matrimoniale 90 US$, supérieure 120 US$, suite familiale 140 US$. Petit déjeuner inclus.*
Le nouveau chouchou du village : Tom, architecte français, a construit ici un petit paradis écologique et chic qui propose de vastes chambres avec salle de bains privée et ses produits bio à la coco, air conditionné, terrasse... Certaines ont une cuisine équipée additionnelle. Belle piscine, jardin exotique, ambiance zen. Il propose aussi des packages incluant kite-surf, yoga ou massages. Le tout à 150 mètres de la plage.

#### ■ LAS OLAS MANCORA

Avenida Piura 135
Face à l'Océan, au sud de la plage
✆ +51 73 258099
lasolasmancora.com
lasolasmancora@yahoo.com
*Chambre simple 55 US$, matrimoniale ou double 70 US$, avec vue sur mer 90 US$. Petit déjeuner inclus.*
Les chambres sont spacieuses et confortables, les balcons aussi, le petit déjeuner est copieux, on sort les pieds dans le sable en 1 minute, bref ici on vient chercher le confort, la détente et la proximité immédiate des vagues. Les chambres sont un peu classiques, mais fonctionnelles. Pas de piscine sur place, mais l'océan vous tend les bras. Très bien situé, proche du centre, mais au calme.

#### ■ SAMANA CHAKRA

Las Lagunas de Máncora
✆ +51 73 290673
samanachakra.com
samanachakra@gmail.com
*Matrimoniales avec vue sur le jardin : 80-100 US$ la nuit, avec vue sur la mer : 100-130 US$ la nuit. 10 US$ de plus par personne jusqu'à 5 personnes par chambre. Petit déjeuner inclus.*
Comme son nom l'indique, ici on se consacre au zen : les bungalows sont amples, très élégants et avec de jolies finitions mariant les matériaux naturels ; douche à l'air libre et avec de gros galets au sol. L'idée est de déconnecter et se reconnecter. Jolie piscine ample et restaurant sur place. Une très belle prestation. En sus, classes de yoga, reiki, kayaks, paddle, surf, kite-surf... et massages pour s'en remettre. En haute saison les classes sont quotidiennes, en basse saison on peut les ajouter à la carte et sur réservation, compter environ S/ 35 l'heure.

### Luxe

#### ■ HOTELIER ARTE Y COCINA

Plage de Pocitas
2 kms au sud de Mancora ✆ +51 73 258702
www.hotelier.pe – reservas@hotelier.pe
*Selon la saison, compter S/ 300 la suite matrimoniale deluxe avec bain bouillonnant, S/ 110 par personne en suite familiale (4 personnes). S/ 70 la demi-pension et S/ 125 la pension complète. S/ 650 par personne pour 4 jours-3 nuits en demi-pension avec pêche et cours de cuisine.*
Comme son nom l'indique, cet hôtel allie l'art et la cuisine de haute tenue. Son propriétaire Javier Ruzo, un ancien photographe bourlingueur qui a travaillé pour l'agence Magnum, a décoré chaque chambre de façon unique avec des peintures, des photos et des poèmes. Le jardin abrite des belles sculptures de pierres. L'ensemble est d'un goût exquis, avec une grande piscine et un restaurant Donde Teresa face à l'océan. Il est tenu par sa maman Teresa Ocampo, bien connue à la télévision péruvienne pour ses recettes. Compter S/ 30 le ceviche et S/ 35-40 le plat. Possible d'y aller sans être logés. wi-fi.

## Se restaurer

### Sur le pouce

#### ■ GREEN EGGS & HAM

Sur la plage ✆ +51 73 258004
*A partir de S/ 15.*
Pour des petits déjeuners sains et costauds, un verre de lait de coco tout frais, des pancakes ou des gaufres avant d'aller affronter l'Océan. Voilà une petite maison de plages qui fait recette, grimpez au 2e étage, installez-vous sur la terrasse et commencez bien la journée. Repérez le menu du midi, un bon plan également.

### Bien et pas cher

#### ■ ANGELA'S PLACE

Av Piura 396 ✆ +51 73 411396
angelas_mancora@yahoo.com
*Ouvert tous les jours de 8h à 23h. Menu le midi à S/ 22. A la carte S/ 23-30.*
Les végétariens peuvent venir ici les yeux fermés. Les gourmands aussi, pour goûter la fameuse crêpe au chocolat maison mélangé avec de la coco et de l'orange ! Le pain et les yogourts sont également maison. Parfait pour le petit déjeuner ou son menu du midi. Notez que l'établissement offre aussi un service d'échange de livres en anglais, espagnol et français. wi-fi.

#### ■ CAFÉ DEL MUNDO

Av. Piura 233 ✆ +51 948 922 103
*A partir de S/ 15 à la carte. Plats S/ 25-35. Menu le midi S/ 15.*
Une petite caféteria avec de jolis dessins aux murs et une ambiance détendue. La petite équipe propose des plats simples et frais, un menu le midi qui inclut le pain à l'ail et une limonade et des sandwiches, jus, cafés à la carte. Depuis 2014 ce petit café franco-péruvien a su se faire des adeptes. Sans prétention mais bien sympathique.

## Bonnes tables

**AQUA**
Av Piura 324
Face à l'hôtel Loki
✆ +51 73 411570
*Menu du jour le midi S/ 30 avec jus de fruits ou S/ 35 avec un verre d'alcool. A la carte S/ 35-55. Fermé le lundi.*
Un restaurant de fruits de mer design et élégant qui sert un ceviche d'huîtres servi dans sa coquille XXL ou de thon à l'avocat et à la mangue, d'excellents plats plus généreux comme le *picante de mariscos* ou les langoustes et des cocktails. C'est un peu plus cher qu'ailleurs certes, mais pour se faire plaisir à l'heure du dîner on ne devrait pas le regretter.

**BUDA MANCORA CUISINE**
Av. Piura 440
✆ +51 73 290616
*A la carte S/ 30 à S/ 50.*
Un grand espace moderne qui surfe sur la fusion des saveurs péruviennes et japonaises. Ils proposent une carte plus tentante mais assez chère avec sushis, curry thaï, thon au sésame et autres pépites savoureuses. Plats légers. Bien pour un dîner à partager.

**LA MOSCA EN LA SOPA**
Av. Piura 229
✆ +51 986 741 937
*A la carte S/ 30-45.*
Ici, on trouve des plats généreux avec de bonnes pièces de viande ou de thon servies avec des sauces généreuses, des plats de pâtes, des bières artisanales, une ambiance colorée et décontractée. C'est une fusion entre cuisine argentine et péruvienne réussie.

**LA SIRENA D'JUAN**
Av Piura 326
✆ +51 73 258173
*Menu le midi à S/ 35. Le soir, c'est à la carte, compter S/ 40-50. De 12h à 16h et de 19h à 23h.*
Un établissement qui propose une cuisine exotique à base de poisson : goûtez le fameux thon mariné dans une sauce à base de gingembre-maracuya, un délice ! La carte propose de bons vins pour accompagner le tout. La mezzanine coquettement fleurie à l'étage est agréable. Charmant. testez le menu à midi qui reste raisonnable et revenez le soir pour un dîner romantique et raffiné.

## Sortir

Outre ses plages prisées par les surfeurs, Mancora est réputée pour ses discothèques. Les cafés pullulent sur le Malecón et font le plein tous les soirs, en haute saison bien sûr. Les fêtes ont aussi lieu dans les bars des hostales et auberges de jeunesse.

**ATELIER MANCORA**
Av Piura 360
✆ +51 973 906 020
*De mardi à dimanche de 12h30 à 1h, lundi soir.*
Un bar à vin à la plage, il fallait oser. Tom, l'architecte de l'Eco Lodge, a d'abord débuté ici en construisant ce bar design et classe à 90 % avec des matériaux de récupération. Maje est désormais aux commandes. On y trouve des plats et tapas gourmets. Concerts acoustiques certains soirs. Ça change du flot des bars de plage ou de l'avenue.

## Sports - Détente - Loisirs

Les sports nautiques font la loi ici, le surf en tête bien sûr car les spots de Mancora reçoivent régulièrement des compétitions internationales ! Mais on peut aussi s'initier au kite surf, faire du jet ski ou des randonnées à cheval sur la plage.

**ECOFUNDO LA CAPRICHOSA**
Quebrada Fernández
✆ +51 73 258574
www.ecofundolacaprichosa.com
reservas@ecofundolacaprichosa.com
*Canopy : S/ 100, parcours d'aventure : S/ 50 et mur d'escalade : S/ 20. Full day : 3 activités (circuits d'aventure, zipline, mur d'escalade), piscine et déjeuner : S/ 150-160. Equitation : S/ 75 pour 1 heure à cheval et déjeuner.*
Dans la partie du *bosque seco* à quelques 10-15 minutes de Mancora a poussé un projet alternatif bien sympathique, avec 4 tyroliennes pour un total de 1600 mètres dans les airs, des parcours d'aventure à 10 mètres du sol, un mur d'escalade, une piscine et ses toboggans, un restaurant, des balades à cheval, des parcours pour observer les oiseaux... Ils ont aussi un très bel ensemble de 7 bungalows naturels et chics pour ceux qui aimeraient une autre perspective (65 US$ la matrimoniale).

**WILD KITE SURF PERU**
Hotel Casa Mediterranea
Sur la plage central de Mancora
✆ +51 941 324 784
wild-kitesurf-peru.com
wildkteam@gmail.com
Pour les passionnés de la vague et du kite, Mancora a des vents favorables et de bons spots à offrir. On peut aussi débuter ici. Location de matériel et cours. Equipe internationale aux commandes. Ça parle anglais et espagnol bien sûr, mais aussi français.

# RÉGION DE TUMBES

## PUNTA SAL ★

Une belle plage de sable blanc, facile d'accès et abritée par des collines. Une vraie carte postale ! C'est notre préférée et aussi celle qu'ont choisi tous les hôtels de luxe. Malheureusement, un hôtel all inclusive s'est implanté au nord de la plage, mais le charme subsiste. Préférez les formules en pension complète, les restaurants n'y sont pas nombreux. En janvier, février, à Pâques et en juillet les prix flambent en raison des vacances scolaires péruviennes.

### ■ HOTEL SMILING CRAB

Panamericana Norte, km 1187
✆ +51 72 540002
www.hotelsmilingcrab.com.pe
reservas@hotelsmilingcrab.com.pe
*A partir de S/ 165 en chambre matrimoniale au 1er étage avec vue, S/ 196 avec terrasse, S/ 350 en familiale (4 personnes) en saison basse. S/ 60 de plus en pension complète. Les prix augmentent en saison haute.*
Un des derniers hôtels, à environ 1 km le long de la plage. Elégants petits bungalows immaculés en pierres, bois et toits en palmier. Les 8 chambres ont toutes un lit queen size, une salle de bains, TV et wifi, et lits additionnels dans les familiales. Petite piscine et pataugeoire. Bon rapport qualité-prix.

### ■ HUA PUNTA SAL

Panamericana Norte, km 1187
✆ +51 72 540043
www.hua-puntasal.com
info@hua-puntasal.com
*A partir de S/ 120 la double ou matrimoniale sans eau chaude et sans vue en basse saison (d'avril à novembre), S/ 140 avec eau chaude et vue sur la mer. Petit déjeuner inclus. Pension complète : S/ 60 par personne. Comptez S/ 100 de plus par chambres en haute saison.*
Des chambres simples et lumineuses qui combinent bois et bambou, ils n'en comptent que 6, toutes avec salle de bains privée et ventilateur. Pile au centre de la plage, au cœur du village de Punta Sal. Restaurant et activités à la carte.

### ■ PUNTA SAL SUITE & BUNGALOW RESORT

Ex-Panamericana Norte, km 1192
✆ +51 72 596700
www.puntasal.com.pe
reservas@puntasal.com.pe
*En pension complète : de 100 US$ à 150 US$ par personne et par jour, selon la saison et la catégorie de la chambre.*
Au nord de la plage (au-dessus du Decameron All Inclusive), un petit paradis pour une semaine de farniente devant des belles plages, à profiter de la piscine et de l'excellente cuisine. Petit déjeuner buffet mais déjeuner et dîner à la carte et le choix est large et alléchant. L'hôtel propose des activités de pêche, observation des oiseaux, jeux nautiques et randonnées à cheval.

## CANCAS

Port de pêche et village des douanes où l'on trouve un artisanat de coquillages à la mode des ancêtres tumpis.

### ■ LAS CHERELAS

Panamericana Norte 1199
Canoas de Punta Sal
✆ +51 72 283526
www.lascherelas.com
lascherelas@gmail.com
*De la chambre matrimoniale à 160 US$ au bungalow pour 6 personnes à 345 US$, cocktail de bienvenue, petit déjeuner et tour en kayak inclus.*
Canas se trouve plus dans les terres, cette option chic a élu domicile en bord de plage, entre Punta Sal et Canoas. Les bungalows (pour 4 ou 6 ; en période creuse on vous le laisse à vous seul sans louer la chambre voisine) bénéficient tous de l'air conditionné, salle de bains privée, TV, wifi, bar-réfrigérateur et terrasses. Piscine, hamacs, restaurants, balades à cheval ou en cuatrimotos, et tours spécialisés de pêche, tout pour vivre les doigts de pied en éventail.

### ■ MAMAQOCHA BEACH HOUSE

Barrio Las Mercedes 108
✆ +51 72 283526
www.mamaqocha.com
mamaqocha@gmail.com
*Prix flexibles selon la saison et le nombre de personnes. Compter 40 US$ par personne avec 3 repas. Plusieurs packages sont proposés incluant petit déjeuner, dîner et tours comme le 4 jours/3 nuits à 170 US$ avec observation des baleines en mer, visite de Puerto Pizarro, snorkelling avec les tortues au Ñuro.*
Un hôtel intime et familial de bord de plage, plus simple et accessible que d'autres dans cette zone. Chambres matrimoniales avec salle de bains privée ou suites avec vue sur la plage et terrasse. Simple et les pieds dans l'eau.

# ZORRITOS

A 30 min en voiture (S/ 3 en *colectivo* que vous prendrez de l'Av. Mariscal Castilla ou de l'Av. Tumbes). C'est ici que fut foré, en 1882, le premier puits de pétrole de tout le continent. Aujourd'hui que le puits est fermé, c'est la plus jolie plage de la région – en forme de fer à cheval. Non loin de là, faites un petit détour dans les terres pour vous baigner dans les bains de boue thermaux de Hervideros (le site n'est malheureusement pas très entretenu et assez sommaire, mais l'expérience est sympathique ; entrée modique sur place).

**CASA ANDINA SELECT ZORRITOS TUMBES**
Carretera Panamericana Norte Km 1232
Bocapán ✆ +51 72 596800
www.casa-andina.com
travel@casa-andina.com
*Chambre matrimoniale supérieure avec lit queen size : 92 US$. Suite duplex avec lit king size et 2 lits simples : 130 US$. Petit déjeuner buffet inclus. Promotions hors saison.*
Cet hôtel de la fameuse chaîne péruvienne Casa Andina a les pieds dans l'eau. On y trouve 75 chambres et il se situe à environ 40 minutes de l'aéroport de Tumbes. L'hôtel est moderne, réparti entre différentes maisonnettes de deux étages, piscine bordée de palmiers, jeux pour enfants, plage de sable blond, restaurant, bar, spa, gymnase, wifi... Bref l'idéal pour se la couler douce, mais ils proposent aussi un excellent programme d'excursions via Green Trail Expeditions : kayak, balades à cheval, exploration des zones protégées... De décembre à avril, c'est le boom et il y a également des activités collectives organisées comme karaoké, feu de bois ou ateliers pour les enfants. Hors saison, c'est plus tranquille.

**LA CASA DE DIEGO**
Km 1236 Panamericana Norte
✆ + 51 941389500
lacasadediego.com – info@lacasadediego.com
*Chambre double 40 US$, triple 54 US$, quadruple 64 US$, maison entière pour 12 personnes 200 US$. Petit déjeuner américain inclus.*
Voilà un sympathique bungalow de plage à bardages sur 2 étages. En tout la casa de Diego possède 4 chambres, chacune avec TV câblée et wifi, une salle de bains privée, l'eau chaude, une terrasse et son hamac. La chambre matrimoniale au 1er étage domine la plage et est équipée d'un lit king size. La triple est familiale avec un lit double et un lit simple additionnel et la quadruple a un lit superposé. Enfin ils proposent aussi un bungalow privé familial pour 3 personnes. La cuisine et le barbecue sont en libre-service. Diego cuisine également. Les chiens et chats viennent vous saluer. L'ambiance est relax, les murs fins, car tout est en bambou, mais c'est une ambiance familiale et amicale. Ils organisent également des tours aux bains de boue proches ou dans les mangroves. On peut se baigner juste devant la maison, attention aux courants. Le centre de Zorritos pour l'approvisionnement est à environ 5 minutes en moto-taxi.

**ECO-HOTEL GRILLO TRES PUNTAS**
Panamericana Norte, km 1235
✆ +51 72 794830
www.casagrillo.net – reservas@casagrillo.net
*Possible de planter sa tente pour S/ 15-18 sans petit déjeuner. Egalement des bungalows à S/ 35-45 par personne et par jour sans salle de bains et S/ 65-75 par personne et par jour avec salle de bains, selon la saison. Petit déjeuner inclus.*
Dans le combi menant à Zorritos, demandez au chauffeur de vous déposer 3 km plus loin, à « Tres Puntas », une auberge écologique tenue par León, un Espagnol qui a voyagé 20 ans avant de trouver son paradis. La plage est sauvage et, avec un peu de chance, vous pourrez y voir des tortues et des dauphins. Les bungalows sont écologiques, l'ambiance relax, le restaurant excellent, les prix très corrects. Excursions possibles. On n'a plus envie d'en partir.

# TUMBES

- **Population** : 110 279 habitants.
- **Altitude :** 7 m, au bord de la mer.

Capitale du département de Tumbes, la ville des Tumpis, peuple préhispanique, est la plus septentrionale du Pérou, Lima se trouvant à 1 270 km. La ville est quasi frontalière avec l'Equateur : le poste-frontière est à Aguas Verdes, 20 km plus au nord. La température y est semi-tropicale (19 à 38 °C) et le climat sec. Tumbes présente peu d'intérêt, mais ses plages léchées par le courant chaud El Niño sont avec celles de Piura les plus belles du pays, et les seules où l'on puisse vraiment se baigner. La plage de Zorritos un peu plus au sud s'est bordée d'hôtels et maisons de plage pour quelques jours les pieds dans le sable. On séjournera donc peu dans la ville même de Tumbes, sauf si l'on doit se rendre en Equateur par la route.

**Les Incas de Wayna Cápac connurent des difficultés** pour soumettre les Tumpis, excellents marins et vaillants guerriers, tout comme Pizarro qui dut batailler ferme, en 1532, pour vaincre les troupes du *cacique* Chilimasa, s'ouvrant ainsi la route de la conquête de l'Empire inca.

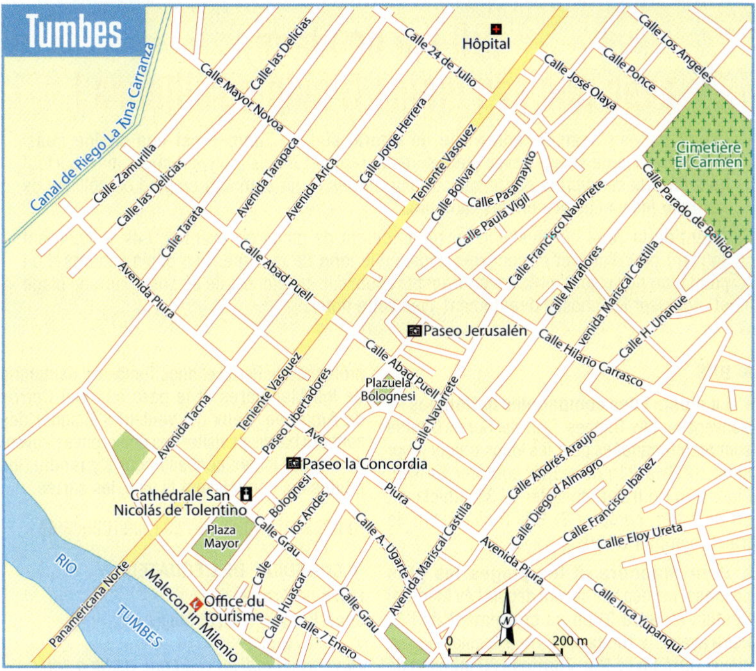


## Transports

■ **AEROPUERTO PEDRO CANGA RODRIGUEZ**
Avenida Panamericana Norte (km 1276)
✆ +51 72 521688
Deux vols quotidiens de/vers Lima (2h) avec Latam Peru (www.latam.com). Pour une fois, pas la peine de marchander, car les prix des taxis sont indiqués à l'aéroport : compter S/ 25 jusqu'au centre de Tumbes. Les compagnies moins chères desservent aussi les plages du nord. SkyPeru (skyairline.com) dessert Piura ou Tumbes les mercredi, vendredi et dimanche. Viva Air (vivaair.com) vole à Piura et Talara.

## Tumbes, principale porte d'entrée des migrants vénézuéliens

La situation dans la ville même de Tumbes est très tendue suite à l'arrivée continue d'un flux de migrants fuyant la pauvreté économique et la crise politique du Venezuela de Nicolas Maduro. Le Pérou a accueilli jusqu'à fin 2019 environ 800 000 à 1 million de migrants. C'est le 2e pays d'accueil après la Colombie.

Au poste-frontière d'Aguas Verdes des queues interminables se forment suite aux différentes législations en vigueur pour contrôler l'entrée. Tumbes est alors la première ville étape. De nombreuses familles dorment dehors avant de continuer leur périple. Pour la plupart la destination est Lima et notamment le quartier de San Juan de Lurigancho dans la banlieue rebaptisé *barrio chamo* (chamo en vénézuélien signifie ami), mais on trouve aussi de nombreux migrants dans la sierra. La cohabitation est parfois difficile et plus les chiffres grimpent plus les réactions de xénophobie se font sentir. Derrière cette réalité dure se dessine une vraie crise humanitaire. Pour le voyageur Tumbes n'est pas une ville sûre et les plages qui bordent l'agglomération peu également, les plages d'hôtel ne sont pas affectées.

## 100 km de plage, avec une eau moins froide qu'ailleurs !

Longé par la Panamericana Norte, le littoral sud de Tumbes est une chaîne quasi ininterrompue de villages avec plages, restaurants et hôtels (souvent chers mais surtout hors de prix pendant la haute saison, jours fériés et fin d'année) au pied de collines de terre sur lesquelles planent les vautours.

Attention la zone est destinée au repos doigts de pieds en éventail. Les villages ont souvent peu d'intérêt et sont très espacés le long de la route. Les déplacements d'un point à un autre sont difficiles en transport public. L'idée ici est de se poser sur une plage et organiser les choses directement avec votre hôtel.

### BUS

- **La plupart des compagnies nationales** se trouvent sur l'Av Tumbes. Cruz del Sur ou Oltursa sont recommandées pour les longs trajets. Pour Lima : 20h à 21h de trajet, compter S/ 130. Piura : 4h de trajet, compter S/ 35. Chiclayo : 8h de trajet, compter S/ 60. Trujillo : 11h de trajet, compter S/ 70.
- **Pour Mancora et les plages les plus proches**, les départs se font depuis l'Av Mariscal Castilla (cuadra 3) ou au croisement de l'Av Piura avec l'Av Tumbes, dès que le colectivo est plein, entre 6h et 18h. Zorritos : 20 minutes de trajet. Mancora : 2h de trajet, compter S/ 15-20.
- **Passage de la frontière avec l'Equateur** à Aguas Verdes : compter 30 min et S/ 5. Pour Guayaquil (6h de trajet) et Quito (12h de trajet), la compagnie Transporte CIFA s'arrête pour que vous puissiez faire les formalités d'usage à la frontière.

## Pratique

- **Indicatif téléphonique** : 72.

### Tourisme - Culture

#### IPERU
Jr Bolognesi 194
Municipalidad Provincial de Tumbes – Centro Cívico
✆ +51 1 616 7300
iperutumbes@promperu.gob.pe
*De 9h à 18h et le dimanche matin.*
Office de tourisme.

- **Autre adresse :** à la frontière de Aguas Verdes, à côté de Migraciones.

#### SERNANP
Av. Panamericana Norte 1739
✆ +51 72 526489
www.turismonaturaleza.pe
Le Sernanp gère toutes les aires naturelles protégées du Pérou et donc Tumbes el Santurario de los Manglares et le parc national Cerros de Amotape. Ceux qui veulent s'éloigner des sentiers battus et visiter ces deux zones peuvent demander ici les conseils pour s'y rendre, les guides qui connaissent la ville, les cartes...

### Représentations - Présence française

#### CONSULAT DE L'ÉQUATEUR
Plaza de Armas
Jirón Bolívar 129 (2e étage)
✆ +51 72 521739
*Ouvert du lundi au vendredi, de 8h à 14h.*
Le visa n'est plus obligatoire pour les Européens.

### Argent

#### BANCO DE LA NACION
Jirón Bolívar (cuadra 2)
✆ +51 72 522355

#### INTERBANK
Calle Bolivar 139
Plaza de Armas

### Moyens de communication

#### SERPOST
Calle San Martín 208
✆ +51 72 523868
*Du lundi au vendredi de 9h à 18h, et le samedi jusqu'à 17h.*

### Santé - Urgences

#### HOSPITAL DE APOYO JAMO
Prolongación Av. Fernando Belaunde Terry S/N
Ciudadela Noe 3ra Etapa
*Ouvert 24h/24.*

#### COMISARÍA CNP PIZARRO
Calle José Olaya
✆ +51 72 543021
*Ouvert 24h/24.*

## Aller en Equateur

Le passage de la frontière, côté péruvien, se fait à Aguas Verdes. On gagne l'Equateur, à pied, par un pont. Les formalités (indispensable tampon de sortie) s'effectuent un kilomètre plus tôt. Faire donc très attention car on peut franchir la frontière sans s'en rendre compte, tant est dense l'animation sur le pont et de chaque côté. Côté équatorien, à Huaquillas, le poste est immédiatement sur la gauche, une fois franchi le pont. Les formalités des deux côtés s'effectuent 24h/24. Il faut changer ses soles péruviens à Tumbes car en Equateur les banques ne les prennent pas (et vice versa), et les cambistes de rue, qui grouillent le long de la frontière et changent dollars, sucres et soles, offrent des taux très désavantageux.

## Se loger

**■ HOSPEDAJE LOS VIÑEDOS**
Calle Bolognesi 420
✆ +51 72 522868
www.losvinedosperu.com
newexpeditionperu@gmail.com
*Compter S/ 30 la chambre simple, S/ 40 la double, S/ 50 la matrimoniale, S/ 57 pour une triple, avec salle de bains privée. Encore moins cher avec salle de bains partagée. Pas de petit déjeuner.*
Difficile à repérer car il n'y a pas de panneau ni de numéro sur la porte, mais cet établissement simple et bien tenu propose des dortoirs et des chambres avec sanitaires privés ou non et un ventilateur. Agence de voyages sur place pour vous faire connaître la région. Wifi.

**■ HOSTAL FRANCO**
Paseo de la Concordia 105, ex San Martín
✆ +51 72 525295
www.francocordova.com
hospedajefranco@yahoo.com
*Chambre simple à S/ 35, double ou matrimoniale à S/ 55 et S/ 60 avec lit king size, triple à S/ 70. Pas de petit déjeuner.*
Le gérant de cet immeuble moderne est sympathique, et ses chambres, avec ventilation, sont bien tenues et peu chères. Ils ont également une 2e adresse similaire si le 1er est plein.

▸ **Autre adresse :** Abad Puell N° 777, ✆ +51 72 523981, hospedajecordova@yahoo.com

**■ HOSTAL ROMA**
Plaza de Armas
Angle Jirón Grau et Bolognesi
✆ +51 72 524137
*Chambre simple à S/ 45, double ou matrimoniale à S/ 70 et triple à S/ 95.*
Un hôtel propre et moderne. Les chambres ont toutes la télévision et une salle de bains privée. Il est plus calme que d'autres adresses similaires. Bon rapport qualité-prix.

**■ WYNDHAM COSTA DEL SOL**
Plaza Bolognesi
Calle San Martín 275
✆ +51 72 523991
www.costadelsolperu.com
reservastumbes@costadelsolperu.com
*Chambres simples, doubles, matrimoniales 55 US$ ; triple à 89 US$ et suite king à 119 US$. Petit déjeuner inclus.*
Un bel hôtel moderne avec tout le confort et un personnel efficace, plus une belle piscine, un restaurant, une salle de gym et de l'air conditionné dans toutes les chambres. Le déjeuner du dimanche inclut l'entrée à la piscine. La meilleure adresse en ville. Wi-fi.

## Se restaurer

Compte tenu de la chaleur de la journée, les restaurants sont ouverts assez tard. On dégustera les spécialités régionales comme le ceviche ou le *arroz con mariscos* (riz aux coquillages), chez Los Gustitos (Plaza de Armas, Jr Bolivar 149), El Viejo Tenedor de Oro (Croisement Jr Bolivar et Jr Abad Puell 755) ou encore des bonnes glaces au Moka (Calle Bolognesi 252).

## À voir – À faire

▸ **Impossible de repartir de Tumbes** sans avoir vu l'imposante mosaïque de la plaza de Armas : intitulée « La rencontre des deux mondes », elle symbolise le choc des cultures indienne et européenne à l'arrivée des Espagnols. Egalement une impressionnante mosaïque représentant un Christ sur sa croix au bout du Paseo de la Concordia (appelé aussi Calle San Martin). Sur le Malecon Mileno, la sculpture « el Beso » vaut le coup d'œil.

▸ **Attention**, Tumbes étant une ville frontière, évitez de vous éloigner du centre le soir : les rues sont peu sûres.

## PUERTO PIZARRO

**Situé à 15 km de Tumbes**, ce village est réputé pour ses *manglares* (mangroves). Cette végétation drue d'eau saumâtre est vitale pour les locaux. Dans cet écosystème singulier vivent et croissent crevettes, crabes et poissons et de nombreux oiseaux dont le singulier *fragata* et son goitre rouge vif. On part en tour en canot à partir de l'embarcadère situé sur le Malecón. Un environnement très dépaysant.

**On peut également en profiter** pour faire trempette sur l'île de l'Amour, admirer la faune sur l'île des Oiseaux ou encore visiter le zoo consacré aux crocodiles, une espèce en voie de disparition. La location d'un bateau pour 3h coûte de S/ 60 à S/ 150 (pour 6 passagers).

**On y accède pour S/ 2 de Tumbes** en *colectivos* qui partent de la *calle* Huascar ou de la *calle* Navarrete.

**Si les *manglares* vous tentent, mais que vous cherchez quelque chose de plus intime et authentique**, vous pouvez aussi rejoindre Puerto 25 et partir en petits groupes avec les pêcheurs. De Tumbes il faudra prendre un combi jusqu'à Zaramilla (S/ 2) puis une moto-taxi jusqu'à Puerto 25 (S/ 10). Cette zone est classée comme Santuario Nacional de los Manglares (S/ 10 l'accès au sanctuaire) et donc protégée, et l'affluence y est beaucoup plus réduite. Vous y attendent des guides locaux pour vous emmener sur leurs embarcations pour un tour court de 2h à S/ 100, ou long de 6h à S/ 250. Mieux vaut faire une réservation via une agence ou vous renseigner auprès du Sernanp.

**Biosfera Expedition Research Center** propose des excursions responsables bien pensées. Ils sont sur la plage Los Organos plus au sud (facebook.com/Biosferaexpeditionresearchcenter ou ✆ +51 938 234 326), mais vous pouvez les contacter pour une excursion en privé ou vous ajouter à un groupe déjà formé.

## ISLA DE AMOR

Située à 300 m du Puerto Pizarro, cette île offre un paysage de mangroves. Possibilité de se baigner et de se restaurer sur place.

## PLAYA LA CRUZ

Une plage en demi-lune, très courue car les eaux y sont peu profondes et calmes. Restaurants sur la plage avec terrasses agréables. Populaire mais pas toujours très propre malheureusement.

## PARQUE NACIONAL CERROS DE AMOTAPE

A 2h30 de Tumbes par la route, en passant par Bocapán, Casitas et Huásimo ou Playa Rica. Cette réserve animalière et florale permet de se familiariser avec des animaux peu connus : crocodile de Tumbes (animal en voie de disparition), paon, tigrillos, perroquets... Sa visite ne peut se faire qu'avec un guide. Leon, espagnol propriétaire du Casa Grillo Tres Puntas (à Zorritos) organise des expéditions en 4x4. Le Sernanp à Tumbes peut aussi vous fournir des contacts et informations pour découvrir cette forêt tropicale sèche, très peu explorée.

**Biosfera Expedition & Research Center** propose des tours responsables dans la zone. Ils sont basés à Los Organos plus au sud (facebook.com/Biosferaexpeditionresearchcenter ou ✆ +51 938 234 326), mais vous pouvez les contacter pour une excursion privée.

# L'AMAZONIE

*Lago Sandoval.*

# L'AMAZONIE

*N'est-ce pas là que les Anciens situaient le berceau de leur rêve, qui coûta tant de sang et de larmes aux peuples qui y vivaient et à ceux qui souhaitaient s'en emparer ? Dès les premières années de leur implantation, les Espagnols tentèrent des percées en direction de l'Atlantique : en 1557, Orellana, avec soixante hommes, descendit le río Napo et déboucha dans l'Amazone. En 1559, la fameuse expédition commandée par Pedro de Ursúa, avec Lope de Aguirre comme second, traversa le río Marañón et dériva, sans le savoir, sur l'Amazone, jusqu'à l'île de Margarita dans l'Atlantique. C'est durant ce voyage qu'Aguirre se rebella contre son roi et se proclama prince d'un royaume qui jamais n'exista. En 1972, Werner Herzog en fit son premier film sur la thématique amazonienne,* Aguirre, la colère de Dieu, *dans lequel il retrace cette épopée vouée à l'échec menée par un Klaus Kinski flamboyant en conquistador imbu de lui-même. Les Incas, selon certaines hypothèses historiques, seraient originaires de ces régions hostiles ; ils y pénétrèrent, mais superficiellement, à l'apogée de l'empire. Une chose est sûre : les échanges avec ces régions, dépositaires des mines de sel ou de plumes chatoyantes, leur sont même antérieures. Ce territoire connut une autre fièvre avec l'exploitation de l'*Hevea brasiliensis, *autrement dit le caoutchouc.*

*On divise traditionnellement l'Amazonie en* ceja de selva, *à la frontière entre les Andes et l'Amazonie (Chachapoyas) ;* selva alta, *jungle haute aux montagnes touffues (Chanchamayo, Tingo María, Tarapoto) ; et* selva baja, *jungle basse et plane au bord des fleuves et partiellement inondée (Iquitos, Pucallpa, Puerto Maldonado). Cette région sauvage, qui couvre les deux tiers du territoire péruvien, où se forme le plus grand fleuve du monde, l'Amazone, reste encore une zone où l'on peut vivre vraiment l'aventure avec un grand A.*

*En août 2012, l'Amazonie a été classée parmi les « 7 merveilles naturelles du monde ». Une grande campagne de sensibilisation sur la protection de l'environnement avait d'ailleurs été organisée dans tout le pays. Un pas important face aux fléaux de la déforestation et l'exploitation de l'or. L'écotourisme est dans ce cas une réponse des plus pertinentes pour soutenir la préservation d'un patrimoine naturel d'une richesse unique.*

# RÉGION DE LORETO

Loreto représente presque un tiers du territoire péruvien ! Autant dire une énorme région, et la plus septentrionale du pays. Le taux d'humidité y est de 80 % en moyenne (précipitations régulières, saison plus sèche entre juin et septembre) et les températures oscillent entre 25°C et 30°C de moyenne. Elle abrite le plus grand port fluvial du pays, Iquitos, qui est aussi sa capitale, au bord de l'Amazone et de l'Itaya. De nombreuses rivières traversent la région et toutes font parties du système hydrographique amazonien. La plupart sont navigables et donnent ainsi la possibilité d'effectuer des voyages en bateau hors du commun et spectaculaires ! Outre les grandes étendues de forêt, le territoire est recouvert de plaines qui sont inondées par ces larges rivières en été. En dehors d'Iquitos, centre névralgique de la région où se concentre une population importante et presque autant de mototaxis, la zone est habitée par diverses peuplades indigènes, comme les Boras ou les Urarinas. Les plus éloignées, à plusieurs jours de navigation, sont encore attachées à leurs traditons.

## Les immanquables de l'Amazonie

- **Un séjour d'au moins trois jours à Iquitos** ou à Puerto Maldonado, au cœur de la jungle, dans les lodges environnants.
- **L'observation des oiseaux,** des perroquets, des singes, des plantes médicinales, des orchidées.
- **Une croisière de plusieurs jours sur le fleuve Amazone** et ses dauphins roses.
- **Se baigner sous les eaux fraîches des chutes d'eau** de la *selva alta*.

Parc ou réserve national
Frontières
Limites départementales
Routes secondaires
Voie ferrée
Aéroport international
Aéroport
COLOMBIE
QUATEUR
BRESIL
AMAZONIE
Santa Maria
Curacay
Bartra Nuevo
Santa Clotilde
Puerto Tunigrama
Francisco de Orellana
Pucaurco
Putumayo
Pebas
Iquitos
Nan ay
Puerto José Pardo
Amazone
Nauta
Javari
Marañon
Requena
vers Chachapoyas
Ucayali
Yurimaguas
Réserve Nationale Pacaya Samiria
Rioabamba
Tarapoto
Dos de Mayo
Bolognesi
Orellana
Bellavista
Puerto Wilches
Tocache Nuevo
Tiruntán
Pucallpa
100 km
Tingo Maria
Iparia
Huánuco
Cumaria
Bolognesi
Puerto Portillo
Esperanza
Pozuzo
Cerro de Pasco
Atalaya
Cocarma
Tarma
Puerto Prado
Parc National Manú
Iberia
La Oroya
San Lorenzo
Huancayo
Urubamba
Lucerna
Manú
Puerto Maldonado
Mala
Ithahuania
Manu
Huancavelica
Ayna
Echarate
Machu Picchu
Rés. Nat. Bahuaja-Sonene
Cuzco
Réserve Nationale de Tambopata

Cette région a inspiré de nombreux artistes, écrivains et réalisateurs. On pense notamment au célèbre ouvrage de Mario Vargas Llosa, *Pantaléon et les Visiteuses* (1973), qui, autour d'une satire burlesque et osée du fanatisme militaire et religieux au Pérou, emmène ses lecteurs dans la région de Loreto. Plus récemment dans *Le Rêve du Celte* (2011), il retrace la lutte de l'anticolonialiste Roger Casement durant la fièvre du caoutchouc. Même époque pour le héros fiévreux du cinéaste Werner Herzog, *Fitzcarraldo*, qui tentera en vain de faire fortune pour construire à Iquitos un véritable opéra.

## IQUITOS ★★★

- **Population : 458** 673 habitants.
- **Altitude :** 104 m.

Capitale du département de Loreto, Iquitos est implantée en pleine forêt, à 588 km de Pucallpa, mais à seulement 370 km de Leticia, en Colombie. Le climat y est très chaud (28 °C de moyenne) et très humide. De juillet à septembre, la décrue des eaux laisse apparaître d'accueillantes plages de sable blanc sur les trois fleuves qui encerclent la ville : río Nanay, río Itaya et río Amazonas (l'Amazone).

- **L'Amazonie a été peuplée très tôt** par des tribus nomades ou semi-sédentaires. C'est dans ce village d'indigènes, Iquitos, que la ville fut fondée en 1757 par les Jésuites, qui y implantèrent une de leurs premières missions. Après leur départ, en 1769, Iquitos s'enlisa dans la torpeur équatoriale. Elle fut réveillée près d'un siècle plus tard, en 1864, par le général péruvien Castilla, qui y accosta avec quatre bâtiments de guerre. La reprise du commerce avec le Brésil fut suivie pour ce gros bourg, à partir de 1880, d'un véritable essor dû à l'exploitation du latex. La prospérité de la ville s'exprima dans le faste des demeures (on faisait venir des *azulejos* du Portugal) et le train de vie extravagant des riches propriétaires. Les vestiges dorés de cette période « bénie » subsistent sous les traits vieillis de l'ex-hôtel Palace, de style mauresque, de la Casa de Fierro, œuvre de Gustave Eiffel sur la plaza de Armas, et du Malecón Tarapacá. La fièvre du caoutchouc a néanmoins coûté la vie à de nombreuses ethnies asservies par les barons pour la récolte : une période violente qui a décimé les populations locales et semé la méfiance. De cette époque date également le Barrio Belén, un quartier flottant populaire faits de cases précaires et de canaux. On s'y réfère souvent avec pompe comme à la « Venise amazonienne ». On y vit certes les pieds dans l'eau mais la pauvreté n'a pas beaucoup reculée.
- **La principale fête locale** est la Fiesta de San Juan (culte de l'eau, le 24 juin). A 4 km d'Iquitos, la communauté de San Juan de Miraflores honore son patron par des danses et des défilés que la chicha rend plus gais encore. Simultanément, Iquitos bruit de sa Semana Turística (du 17 au 24 juin). Le carnaval début mars attire aussi beaucoup de monde.
- **La capitale amazonienne** est le point de départ idéal d'expéditions dans la *selva* qui, si elle n'est plus vierge, demeure néanmoins pleine de mystères et de curiosités. Les amateurs de nonchalance fluviale prendront un bateau au départ de Pucallpa ou de Yurimaguas et se laisseront bercer plusieurs jours durant sur le río Ucayali ou le río Huallaga (le confort y tout relatif).

### Quelques conseils

- **Attention à la saison**. En saison des pluies (janvier-avril) les fleuves sont plus hauts et les déplacements plus rapides mais tout est inondé. Les excursions se feront en barque. Attention dans la partie haute, les routes sont souvent coupées. A partir d'avril, tout se calme.
- **Se renseigner sur les foyers de paludisme et de dengue**. Emmener des médicaments de France, difficiles à trouver sur place. Ne pas oublier le vaccin contre la fièvre jaune.
- **Ne pas se déplacer** sans un puissant produit antimoustiques et un antihistaminique.
- **Ne dormir que dans des lits équipés de moustiquaire.**
- **Ne pas boire d'eau qui ne serait pas embouteillée et capsulée.**
- **Emporter des vêtements imperméables** et des chaussures hautes.
- **Ne jamais s'aventurer seul** sur les fleuves et dans la forêt. La présence d'un guide local permet de nouer une relation de confiance avec les communautés.
- **Ne cueillir** ni fleurs ni fruits.
- **Ne pas se laisser attendrir par les animaux vendus :** il est interdit de les sortir du pays.

IQUITOS
BELEN
Mi Museo Iquitos
Museo de Barcos Historicos Ayapua
Casa Morey
Plaza de Armas
Casa de Fiero
Ex-Hotel Palace
Casa Cohen
Museo de Cultura Indigenas
Museo Amazonico
Plaza Sargento
Plaza 28 de Julio
Cementerio general
Río Amazonas
Río Itaya
vers Centro de Rescate Amazónico - CREA; anta Clara-Santo Tomas
100m
N
Nauta
Diego de Almagro
Calle 3
Pje. j
Brasilia
Pasaje k
Cabo Pantoja
Cusco
Unión
Avenida San Antonio
Cahuide
Monitor Huascar
Maynas
Pasaje Cóndor
Avenida del Periodista
Rosa Merlino
Amazonas
Lima
Iquitos
Breña
Arequipa
Pasaje Versalles
La Paz
Pablo Rosell
Misti
Avenida Augusto Freyre
Pje. Ganso Azul
Chiclayo
Avenida de la Marina
Roger Walter
Ángel Brusco
Celedín
América
Pasaje Iván
Pasaje las Delicias
Pantoja
Loreto
Yavarí
Pasaje Marañon
Napo
Pevas
Mi Perú
Jiron Putumayo
Tavara
S. Rosa
Señor de los Milagros
César Calvo de Araujo
Teniente Pinglo
Bolívar
Pucallpa
Loreto
Callao
Avenida Alférez West
Avenida Samanez Ocampo
La Condamine
Requena
Nauta
ta Rosa
30 de Agosto
S. F. de Asís
Atlántida
Sargento Lores
Echenique
Alzamora
Tacna
Huallaga
Fitzcarrald
Raymondi
Morona
Brasil
Ricardo Palma
Avenida Mariscal Cáceres
Bermúdez
Soledad
Echenique
Ramón Castilla
Fanning
Malecón Tarapacá
San Martín
García Sanz
2 de Mayo
9 de Diciembre
Ucayali
Pto. Morey
ida del Ejército
é Gálvez
Abtao
Bolognesi
Avenida Alfonso Ugarte
Arica
Próspero
Ramírez Hurtado
Atahualpa
Moore
Libertad
Avenida Miguel Grau
Yurimaguas
Benavides
Avenida Elías Aguirre
Arica
José Gálvez
Calle 7
16 de Julio
Paquito
Calle 5
Contamana
Donadío
Iquitos
Calle 1
Calle 4
Calle 14
Penjamo
Itaya
Venecia
Los Rosales
Blasco Núñez
Miramar
Amazonas
Leticia
S. Rosa
6 de Octubre
Vesubio

## Conseils sur les voyages en ferry

- **Ne suspendez votre hamac** ni près du moteur, qui a tendance à envoyer ses gaz sur le plus proche, ni près des toilettes, ni près d'une ampoule car elles restent allumées la nuit et attirent pas mal de bestioles.
- **Grimpez à bord muni de votre Tupperware**, de couverts et d'une tasse. Les repas sont servis directement de la marmite au récipient, sauf si vous êtes en cabine où vous aurez le droit normalement à la livraison dans une boîte en polystirène.
- **N'oubliez pas** votre produit anti-moustiques.
- **Gardez l'œil** sur vos affaires dès l'embarquement et lors des arrêts. Ou louer une cabine (lits superposés), souvent invivable à cause de la chaleur, mais fermée par un cadenas dont vous seul avez la clé. Une cabine et un hamac sont l'idéal.
- **Emportez quelques extras.** Le prix du trajet comprend les repas, mais, selon les embarcations, l'hygiène n'est pas toujours top et les menus ne varient pas. Fruits, gâteaux, conserves améliorent le quotidien.
- **Emportez un stock d'eau purifiée,** ainsi qu'un savon qui ne nécessite pas de rinçage.
- **Emportez de quoi lire et vous occuper.** Les paysages, même magnifiques, peuvent parfois être lassants. Préferez les parcours les plus courts. Dernière chose : le bateau ne part que quand il est plein de marchandises et passagers, il est souvent retardé. La seule chose à faire est de patienter et vérifier au port fréquemment.

## Transports

### Comment y accéder et en partir

**AEROPUERTO INTERNACIONAL CORONEL FRANCISCO SECADA VIGNETTA**
Avenida Abelardo Quiñones (km 6)
✆ +51 65 260532
*Compter S/ 20 en taxi ou S/ 10-12 en moto-taxi.*
Plusieurs vols quotidiens de/vers Lima (1 heure 50 de vol) avec Latam (www.latam.com et agence Calle Prospero 232), Star Peru (www.starperu.com et agence Calle Napo 260). Star Peru rejoint aussi Tarapoto (1 heure de vol) ou Pucallpa (1 heure de vol aussi). VivaAir (vivaair.com) et Sky Peru (skyairline.com) sont aussi entrées sur le marché avec des vols Lima-Iquitos-Lima.

**EN BATEAU**

- **De/vers Pucallpa (4h30 en *autos* de Tingo Maria)** : Selon le sens du courant (c'est plus long entre Iquitos et Pucallpa), le voyage dure 4 à 5 jours à bord des bateaux « Henry » (✆ +51 65 263948). La « lancha », sorte de ferry d'une capacité de 250 personnes part quasi tous les jours du port, à midi de Pucallpa et à 18h du Puerto Masusa d'Iquitos (Av la Marina). Compter S/ 100 pour le transport et les repas pour toute la traversée. Attention, les conditions de vie sont spartiates : vous dormirez dans un hamac sur le ponton. Certains bateaux disposent de cabines pour deux personnes en lits superposés (il y fait très chaud, mais vous aurez plus d'intimité et moins d'inquiétude concernant vos affaires) : compter S/ 150. Réserver une cabine n'empêche pas de déplier son hamac sur le pont pour être au frais.
- **De/vers Yurimaguas (à 2h en *autos* de Tarapoto S/ 20 le trajet)** : Il faut compter 2 à 3 jours en « lancha », à bord des bateaux « Eduardo, Gilmer, Bruno ». Les départs sont supposés être fixes les mercredis et samedis à partir de midi du Puerto La Boca (✆ +51 65 351270) de Yurimaguas et quasi tous les jours à 18h d'Iquitos mais c'est très aléatoire. Compter S/ 100 en hamac et S/ 150 pour une cabine de 2. Si vous êtes pressés, un bateau rapide fait la liaison en 12h (repas à bord), S/ 130, Transportes Clever, 3h du matin. Prévoir le transport additionnel entre Nauta et Iquitos, 1h30 en autos, S/ 10. Pour faire plus court les passagers de *lancha* peuvent aussi descendre à Nauta. La *lancha* mettra 10 à 12h de plus. A noter, cette route est aussi le point d'accès au Pacaya Samiria en entrant par le village de Lagunas.
- **Pour vous rendre aux frontières du Brésil** (Tabatinga) ou de la Colombie (Leticia) ou à mi-chemin à Pevas : prévoyez un voyage de 2 à 3 jours pour S/ 60 en hamac et S/ 130 en cabine de 2. Départ tous les jours sauf le dimanche. Il existe aussi des bateaux plus rapides : les agences Golfinho (✆ +51 65 615085, vendredi et dimanche) et Transtur (✆ +51 65 221356, mardi, jeudi et samedi) se trouvent sur l'Av Raymondi (*cuadra* 3). Elles proposent des départs quasi tous les jours à 5h30 du matin.

Compter 10h de voyage pour S/ 200 (repas compris). Pour les formalités douanières, rendez-vous avant de partir à l'Office de l'immigration à Iquitos. Prévoyez S/ 6 au passage du poste frontière de Santa Rosa de Yavarí sur le rio.

### Se déplacer

On se déplace ici en moto-taxi et à deux roues. Pour une course moyenne, compter S/ 2 ou S/ 3. Ce sont toujours de grands moments d'émotion que l'on passe à bord de ces petites machines rigolotes en compagnie de son chauffeur, qui fait rugir le moteur de son engin pour montrer sa puissance à ses rivaux et concurrents.

**TAXI AEROPUERTO**
Plaza 28 de Julio
Av Aguirre 705 ✆ +51 65 241284
*Compter S/ 20-25 pour le trajet jusqu'à l'aéroport.*

## Pratique

- **Indicatif téléphonique :** 065.

### Tourisme - Culture

**I PERU**
Plaza de Armas
Calle Napo 161 (oficina 4)
✆ +51 65 236144
iperuiquitos@promperu.gob.pe
*Ouvert du lundi au samedi de 9h à 18h et le dimanche de 9h à 13h.*
L'office de tourisme vous donnera la liste des agences habilitées pour organiser des excursions dans la selva.

- **Autre adresse :** Aeropuerto Internacional Coronel FAP Francisco Secada Vignetta (Salle des arrivées)

### Réceptifs

Dans la jungle des agences... Le tourisme d'aventure est à l'origine de la multiplication d'agences proposant des raids dans la jungle. Ces agences, qui disposent de leurs propres moyens de transport (canots à moteur), proposent un hébergement en lodge constituant un point de départ idéal pour les balades. Mais attention, autour de la Casa de Fierro sur la plaza de Armas, de nombreuses personnes cherchent à vendre des tours plus ou moins officiels à des prix intéressants (30 US$ par jour et par personne). Cependant vous n'avez aucune preuve de leur sérieux. Si vous décidez de leur faire confiance tout de même, ce sera à vos risques et périls. Attention à l'improvisation, au camping dans des zones a priori interdites. Deux options : séjourner dans l'un des lodges situés à l'intérieur des réserves ou recouper les informations pour trouver la bonne agence (les hôtels ont souvent leurs recommandations). Dans tous les cas, activités suivantes au programme :

- **Tours en canoë** sur l'Amazone ou un de ses nombreux affluents avec, au programme, pêche au harpon ou à la ligne, recherche de piranhas, rencontre avec les dauphins roses.
- **Recherche de nuit de caïmans dans les marécages** (on les repère à leurs yeux rouges brillant dans la nuit noire).
- **Observation, découverte et expérimentation de plantes médicinales** (écorces d'arbre, fleurs, fruits, feuilles, lianes qui contiennent de l'eau... ou du poison).
- **Recherche d'anacondas, de tarentules, de singes, d'aigles ou encore de paresseux.**

**LLAQUIPALLAY EXPEDITIONS**
Brasil 1209
✆ +51 965 982 854
https://llaquipallay.com/es/
llaquipallay@gmail.com
*A partir de 90 US$ la journée, 270 US$ le pack 3 jours-2 nuits en lodge ou camping.*
Marcel Bendayan est un enfant du pays qui a mis au point différents programmes. Il propose des « full day » au fil des fleuves ou dans la réserve la plus proche, Allpahuayo Mishana : plus conseillée pour une découverte. Ceux qui veulent vraiment expérimenter la jungle opteront pour un pack de 3 jours/2 nuits permettant d'entrer dans la réserve du Pacaya Samiria et d'explorer la zone de Yanayacu Pucaté. L'agence possède un lodge rustique (chambres à 4 lits, salle de bains commune) à San Regis.



## Quelques livres à emporter dans la selva

- **Céline Valadeau**, *Le corps de l'homme, l'esprit des plantes. Soigner chez les Yanesha en Haute Amazonie péruvienne*, IRD, 2015.
- **Frédéric Darriet,** *Des moustiques et des hommes. Histoire d'une lutte millénaire*, IRD, 2014.
- **Charles-Marie de La Condamine**, *Voyage sur l'Amazone*, La Découverte Poche, 2014.
- **Mario Vargas LLosa,** *Le rêve du celte*, Folio Gallimard, 2011.

## Représentations – Présence française

**CONSULAT DE COLOMBIE**
Calle Calvo de Araujo 431 ✆ +51 65 231461
iquitos.consulado.gov.co
ciquitos@cancilleria.gov.co
Pour se renseigner sur le passage de frontières ; une halte nécessaire pour ceux qui poursuivent leur route.

**OFICINA DE MIGRACIONES**
Mariscal Cáceres (cuadra 18)
✆ +51 65 235371
migraciones.gob.pe
Résoudra vos problèmes de passeports et visas.

## Argent

**BANCO DE CREDITO**
Plaza de Armas

**BANCO INTERBANK**
Jirón Próspero 336

**WESTERN UNION**
Sargento Lores 171

## Moyens de communication

**INTERNET**
Vous trouverez des cabines dans les rues autour de la plaza de Armas. Une bonne adresse avec beaucoup d'ordinateurs, des ventilateurs et des boissons fraîches : El Cyber (Jr Putumayo 374), ouvert tous les jours de 8h à minuit. Hôtels et restaurants offrent le wi-fi. Connexions lentes en général.

**SERPOST**
Avenida Arica 402 ✆ +51 65 231915
*Ouvert du lundi au samedi de 7h à 19h30.*

## Santé – Urgences

**HOSPITAL APOYO**
Cornejo Portugal 1710 ✆ +51 65 264731
*Ouvert 24h/24.*

**HOSPITAL REGIONAL DE LORETO**
Av 28 de Julio ✆ +51 65 251882
*Ouvert 24h/24.*

## Adresses utiles

**COMISARIA DE MORONA**
Calle Morona 120 ✆ +51 65 231123
*Ouvert 24h/24.*

**COMISARIA DE PUNCHANA**
Avenida de la Marina/28 de Julio
✆ +51 65 251970
*Ouvert 24h/24.*

**POLICE TOURISTIQUE**
Av Sargento Lores 834
✆ +51 65 242081
La police peut vous être d'une grande aide en cas de problème avec une agence de voyages.

**SERNANP**
Jorge Chávez N° 930-942
✆ +51 65 223555
Cet organisme, qui dépend du ministère de l'Environnement péruvien, délivre les autorisations permettant d'entrer dans la réserve naturelle du Pacaya Samiria. Les agences s'en chargent souvent elles-mêmes. Compter S/ 60 pour 3 jours.

## Orientation

La ville, qui ressemble à un échiquier géant, est assez étendue et s'organise autour de plusieurs places : la plaza de Armas, la plus proche de fleuve Itaya et donc la plus touristique (la promenade qui longe le fleuve porte 2 noms différents : Boulevard ou Malecón Tarapacá, utilisés indifféremment), la plaza 28 de Julio, qui est en fête tous les samedis (scène musicale, stand de cuisine locale…) et la plaza Sargento Lores, près de l'ancien aéroport.

## Se loger

### Bien et pas cher

Il faut savoir qu'à Iquitos, la chaleur et l'humidité sont telles qu'une douche chaude n'est pas forcément un point important.

**EL COLIBRI**
Calle Nauta 172
✆ +51 65 241737
hostalcolibri@hotmail.com
*Chambre simple S/ 60, double ou matrimonial S/ 70 à S/ 90. Les prix varient avec ventilateur ou air conditionné. Petit déjeuner extra : S/ 9 et S/ 10.*
Un patio lumineux, quelques plantes, des chambres propres. C'est simple mais bien tenu. Ventilateurs dans toutes les chambres, air conditionné en option, petite tv, eau chaude à gaz sur demande, wifi, laverie et séchoir sur le toit. Aucune chambre n'a de vue mais plus on monte dans les étages, plus elles sont agréables. Vraiment central, à une *cuadra* du Malecon.

**FLORENTINA HOSPEDAJE**
Jr Huallaga 212
✆ +51 65 233591
https://hospedajeflorentina.com
hospedajeflorentina@hotmail.com
*Chambre simple à partir de 22 US$, chambre matrimoniale ou double 32 US$, triple 40 US$. Les prix peuvent augmenter avec ventilateur ou air conditionné. Petit déjeuner inclus.*
Un hôtel tout en longueur. Préférez les chambres du fond plus calmes. Toutes sont spacieuses

## Une aventure amazonienne

Petit budget, besoin d'être dépaysé et grosse envie d'aider ? C'est par ici que ça se passe !

**INTI ECO LODGE**
✆ +51 953 781 349
www.intiecolodge.com
intiecolodge@gmail.com
*Dortoirs. S/ 25 pour les trois repas par jour comme volontaire (4h de travail par jour le matin) et S/ 30 par nuit si vous ne voulez que visiter le projet et pas mettre la main à la pâte. Consulter Anne pour savoir où en est son projet.*
Le projet d'Anne, française, revenue s'installer au Pérou pour démarrer un projet de vie et de tourisme durable basé sur la permaculture, la construction écologique, les plantes médicinales et le respect des communautés voisines. Contactez-la si vous souhaitez collaborer à la construction de son rêve comme volontaire en associant tourisme et travaux pratiques. Les conditions sommaires mais on vous garantit beaucoup d'apprentissage au bout de la route au contact des locaux et des autres venus prêter main forte depuis les 4 coins du monde. Depuis qu'Anne est dans nos pages, on ne reçoit que des commentaires galvanisés de voyageurs qui ont trouvé là-bas les paysages et l'énergie qui rendent une expérience inoubliable.

bien qu'un peu sombres, avec salle de bains, wifi et télévision. L'air conditionné est en option. Sympathique mini coin détente avec ses hamacs. Petit déjeuner inclus.

**FLYING DOG**
Malecon Tarapaca 592
✆ +51 65 223 755
www.flyingdogperu.com
flyingdoghostels@gmail.com
*Dortoir à S/ 28, simple avec salle de bains S/ 85, double ou matrimoniale avec salle de bains à S/ 99, double avec vue et air conditionné S/ 105. Petit déjeuner inclus.*
Une maison spacieuse qui propose des dortoirs modernes et bien tenus. Les espaces communs sont immenses, le petit déjeuner buffet inclus, la cuisine en accès libre et le wifi disponible. Leurs chambres double avec vue sur le fleuve Itaya ont beaucoup de charme. L'hôtel fait partie d'une chaîne qui a acquis une sérieuse réputation auprès des voyageurs. Situé au calme, au bout du Malecon Tarapaca, à la frontière avec Belen, au bord du fleuve. La sécurité a été renforcée.

### Confort ou charme

**CASA FITZACARRALDO**
Avenida La Marina 2153 ✆ +51 65 601138
www.casafitzcarraldo.com
info@casafitzcarraldo.com
*Petite chambre 58,5 US$, bungalow matrimonial 100 US$, chambre verte double (4 pers.) 90 US$, suite (celle de Claudia Cardinale) et chambre matrimoniale bleue (celle de Micke Jagger) 108 US$, appartement 4-6 pers. 126 US$. Les prix diffèrent selon la saison de l'année.*
C'est ici que les équipes du film de Werner Herzog sur la folie d'un baron du caoutchouc furent hébergées : où voulez-vous dormir dans la cambre de Mick Jagger ou de Claudia Cardinale ? Occupant une maison chaleureuse, les quatre chambres ont chacune leur tempérament, dicté par l'histoire du film. Elles sont agréables, simples et amples. L'hôtel propose aussi un bungalow et des appartements. Le tout au milieu d'un jardin fou avec une jolie piscine et une cabane perchée dans les arbres sur plusieurs étages. Eloigné du centre (accessible en 10 minutes de moto-taxi) mais une vraie oasis. Le producteur du film, Walter Saxer, y vit toujours et pourra vous souffler quelques anecdotes ou projeter le film la nuit tombée dans la chaleur moite de la *selva*. Jardin, café, restaurant, de toutes les façons même si vous n'y logez pas ça vaut la peine de venir jeter un coup d'œil.

**LA CASONA**
Avenida Fitzcarrald 147
✆ +51 65 234394
www.hotellacasonaiquitos.com.pe
contacto@hotellacasonaiquitos.com.pe
*Chambre simple de S/ 85 à S/ 100, matrimoniale S/ 100 à S/ 115, double de S/105 à S/125, triple S/ 115 à S/ 150, avec ventilateur ou air conditionné. Petit déjeuner continental extra à S/ 7.*
De grandes chambres modernes et impeccables. Elles ont toutes leur salle de bains et l'air conditionné en option. L'hôtel s'ouvre sur une petite terrasse agréable avec un espace pour se servir thé ou café. Il est lumineux, coloré et offre un service impeccable. Excellent rapport qualité-prix. Accès à la piscine inclus mais elle se situe dans un autre bâtiment, à plusieurs rues de l'hôtel.

## Lodges à l'est d'Iquitos

Les lodges à l'est de la ville sont souvent considérés comme les plus confortables, avec piscine et air conditionné. Plus proches du resort que de la cabane dans la jungle. Nous avons sélectionné deux options plus authentiques. De nombreux lodges au contact de la nature sont aussi localisés au sud, autour de la Réserve Pacaya Samiria, de l'aire de conservation régionale Tamshiyacu-Tahuayo et enfin des rivières Yarapa-Cumaceba.

### AMAZON EXPLORAMA LODGES

Avenida de la Marina 340 ✆ +51 65 252 530
www.explorama.com –amazon@explorama.com
*A partir de 415 US$ par personne pour 3 jours-2 nuits au Ceiba Tops (départ le lundi) ou Explorama Lodge (départ le vendredi). A partir de 1289 US$ par personne pour un programme 5 jours-4 nuits incluant 2 nuits à l'ExplorNapo le plus retiré.*
Cette compagnie, installée depuis plus de 50 ans à Iquitos, possède cinq lodges et offre des services de guide en français. Les prix s'en ressentent, mais son organisation frise la perfection ! Beaucoup de groupes de touristes américains. Ici, c'est la grosse mécanique.

- **L'ExplorNapo Lodge et l'ACTS** (Amazon Conservatory for Tropical Studies) sont situés à 160 km d'Iquitos, soit environ 4 heures de bateau. Il s'agit de deux lodges très simples (distants de 30 minutes à pied environ) mais très proches de la nature. L'ACTS est surtout destiné aux chercheurs. Les bungalows, avec les toits en feuilles de palmier, sont fonctionnels, avec douches et toilettes communes. Le point culminant de votre séjour dans ce lodge sera la balade sur un parcours de ponts suspendus d'une longueur de 700 m, dans la forêt primaire, à 36 m du sol. Autre activité très prisée, la pêche aux piranhas. On vous préparera pour le repas suivant les poissons que vous aurez pêchés.
- **A 80 km d'Iquitos** (environ 2 heures 30 de bateau), l'Explorama Lodge propose des chambres doubles (2 lits) basiques mais avec salles de bains privées. L'intérêt, ici, c'est la balade en bateau à la recherche des dauphins roses et des paresseux réfugiés dans les arbres. On visite également un village de prétendus Indiens natifs où acheter des souvenirs. Le tout a malheureusement le goût d'une triste mise en scène.
- **Le lodge le plus proche d'Iquitos** (40 km, 1 heure 30 en bateau) est le Ceiba Tops : celui-ci permet une première approche de la selva, dans des conditions de confort très satisfaisantes. Il s'agit du seul lodge disposant de l'électricité, et ça se voit : bungalows avec air conditionné ou ventilateur et salle de bains privée, piscine, bar, restaurant et tout le luxe d'un très bon établissement.

### EL CAUCHERO HOTEL

Calle Raymondi 449
Plaza Ramon Castilla
✆ +51 65 233637
www.elcaucherohotel.pe
gerencia@elcaucherohotel.com
*Chambre simple 35 US$ et 60 US$ avec vue, double ou matrimoniale 45 US$ et 75 US$ avec vue. Air conditionné, salle de bains privée, wifi. Petit déjeuner américain inclus.*
L'établissement venait de changer de mains et la nouvelle équipe était bien décidée à lui donner la place qu'il mérite. Voilà un hôtel sympathique avec son ample espace boisé au rez-de-chaussée et sa piscine. Les chambres sont elles aussi vastes, simples avec quelques détails ethniques avec salle de bains et douche électrique pour l'eau chaude, TV câblée, wifi. Les suites (2 lits doubles) sont familiales et attractives avec leur immense baie vitrée qui donne sur le Malecón et le fleuve. Elles jouissent d'un frigobar en plus. Cette petite place est au calme, chose rare à Iquitos. Ce sont les quasi-voisins du Casa Morey.

### HOTEL EPOCA

Ramirez Hurtado 616
Au bout du Malecon Tarapaca
✆ +51 65 224172
epoca.com.pe
reservas@epoca.com.pe
*Chambre simple à partir de 47 US$, matrimoniale 55 US$, double 65 US$, triple 74 US$ et familiale 118 US$. Air conditionné, salle de bains privée.*
Dans un bel immeuble patrimoine de la Nation et derrière une façade de *azulejos* se cache le nouveau petit bijou en ville à un prix somme tout accessible. Les chambres sont toutes différentes, modernes et confortables, avec par ci par là un détail qui rappelle cette époque de splendeurs que connût la Iquitos des exploitants du caoutchouc. Les salles de bains sont privées, l'eau chaude solaire. Entrée vintage à souhait pour se mettre

dans l'ambiance. On aime aussi la jolie vue sur le Malecon et la rivière Itaya au loin depuis les portes-fenêtres à l'étage. On est à la lisière du populaire Belen.

### NATIVA APARTMENTS

Calle Nanay 144
✆ +51 65 600270
www.nativaapartments.com
nativaapartments@gmail.com
*Chambre simple à partir de 40 US$, chambre double ou matrimoniale 55 US$, chambre triple 65 US$, appartement (2 chambres-4 pers) 100 US$. Air conditionné, salle de bains privée, kitchenette. Pas de petit déjeuner.*
De grandes chambres pensées comme de petits appartements avec coin cuisine, frigo-bar, salle de bains attenante, eau chaude, TV, wifi. Confortable et lumineux. Le plus est l'accueil de Monica, la propriétaire, qui se révèle une guide précieuse pour trouver la bonne personne ou le bon endroit dans la jungle d'Iquitos. L'hôtel est dans sa maison et l'ambiance est intime et familiale. Un petit havre de paix mais à un prix coquet.

## Luxe

### CASA MOREY

Calle Loreto 200
Place Ramon Castilla ✆ +51 65 231913
www.casamorey.com
reservations@casamorey.com
*Chambre simple 70 US$, double ou matrimonial 95 US$, triple 135 US$. Air conditionné, salle de bains privée. Petit déjeuner inclus.*
Un bijou historique au cœur de la ville. A l'époque du caoutchouc, cette demeure appartenait à Luis Morey, capitaine de bateaux. Depuis, elle a été restaurée à l'identique par le biologiste Richard Bodmer et son épouse Tula Frang. Ses 14 chambres sont immenses et ont toutes une salle de bains en *azulejos*. Leur décoration est sobre et simple mais l'ensemble a du cachet. Concessions à la modernité : toutes petites TV et wifi. Par contre si vous n'aimez pas les vieilles bâtisses avec leurs petits défauts pratiques (l'eau qui goutte, le bruit qui résonne) ce ne sera pas pour vous. Profitez de la petite piscine ou du frais de la bibliothèque. La même équipe est à l'initiative du Museo de Barcos Historicos ancré en face et du Museo de Culturas Indigenas. La visite de la Casa Morey est incluse avec l'entrée aux musées.

### DOUBLE TREE BY HILTON

Plaza de Armas
Jirón Napo 258
✆ +51 65 222555
*Chambre supérieure simple, double ou matrimonial 160 US$, executive suite 280 US$, suite deluxe 390 US$. Petit déjeuner inclus. Réductions sur Internet.*
Cet hôtel cinq fois étoilé propose des chambres spacieuses et confortables rénovées avec air conditionné, minibar, coffre-fort, TV câblée, coin salon et des lits gigantesques. On y trouvera également une immense piscine, un gymnase, une salle de conférences, un bain à remous, un sauna, un restaurant et deux bars. La suite junior dispose, à la place de la baignoire, d'un bain à remous aux dimensions impressionnantes et la suite de 60 m², d'un bain à remous, d'un sauna, d'une vue sur la piscine, d'un home theater DVD et d'un *plug* pour son IPhone. Transport assuré depuis ou jusqu'à l'aéroport

### HOTEL VICTORIA REGIA

Jirón Ricardo Palma 252
✆ +51 65 231983
www.terraverde.pe
reservas.victoriaregia@terraverde.pe
*Double ou matrimoniale à partir de 75 US$. Tarifs sur Internet.*
Un établissement 3 étoiles aux prestations conformes à son standing. Confort, sécurité, calme, professionnalisme, etc. Belle piscine, restaurant, salle de jeux avec billard et air conditionné dans les chambres. Wifi. L'établissement est massif et moderne mais les chambres confortables. Terra Verde gère aussi un hôtel de ville plus abordable, le Acosta, et un lodge relax avec piscine et jardin en fleurs dans la jungle, le Heliconia River.

## Se restaurer

La cuisine de l'Amazonie est très différente de celle de la *sierra* ou de la *costa*. Exotique et surprenante, elle abonde en saveurs et senteurs dont certaines ne sont pas inconnues à nos palais occidentaux. Ses grands classiques ont pour nom *ensalada de chonta* (salade de cœurs de palmier), *ceviche de paiche* (gros et succulent poisson des fleuves amazoniens), *guiso de paiche* ou *de dorado* (poissons en sauce), *juanes* (préparation de riz, poulet, olives et œufs cuits dans des feuilles de bijao), *cecina* (viande de porc salée et séchée)... On profitera du séjour pour faire le plein de fruits qui ont poussé dans leur milieu naturel : papaye, goyave, noix de coco et bananes à profusion. On sirotera, à petits traits, le masato, boisson à base de yuca (manioc), l'aguajina, rafraîchissement préparé avec un fruit de la région (*el aguaje*), ou le camu-camu, gonflé en vitamine C et très frais. On se méfiera par contre du chuchuhuasi ou *7 raíses*, alcools dans lesquels ont macéré écorces et/ou racines. Ces breuvages aphrodisiaques ont des noms colorés qui laissent peu de place à l'imagination. Un exemple ? *El rompecalzon* (« qui fend les petites culottes »)...

## Sur le pouce

**MARIA'S CAFÉ**
Calle Nauta 290
✆ +51 65 231388
*Ouvert du lundi au jeudi de 7h30 à 12h30 et de 17h à 21h, du vendredi au samedi jusqu'à 23h.*
Une adresse où il fait bon goûter les salades de fruits frais, les sandwichs, les *empanadas*, les *postres* ou les *jugos* maison ! L'accueil est charmant. Idéal pour reprendre des forces sous le ventilateur de cette belle *casona* au charme suranné, où vous pourrez admirer des photos d'époque. wi-fi.

## Bien et pas cher

Parmi les nombreux petits restaurants situés dans les environs de la plaza de Armas, voici quelques bonnes adresses : Mitos y Cubiertos (Jirón Napo 337) et son menu du midi, spécialités locales ou grillades et Huasai (Jirón Fitzcarrald 131) avec un copieux menu à l'heure du déjeuner également à S/ 15. Vous trouverez également de nombreux restaurants (mention spéciale pour La Notte) et bars (bonne ambiance au Undu) le long du Malecón.

**LA BLANQUITA**
Calle Bolognesi 1181
✆ +51 65 266015
*Compter entre S/ 15 et S/ 30, plus sympa le soir.*
Un petit local tout simple, quelques tables à l'extérieur et le meilleur de la cuisine amazonienne faite maison. *Tacacho con cecina* (bananes vertes écrasées, salées et frites et viande de porc fumée), *juanes de gallina, chancho o chonta* et choix de poissons cuits à même la feuille de palmier. Une expérience typique.

**EL SITIO**
Sargento Lores 404, esquina con Huallaga
*A partir de S/ 15. Le soir uniquement.*
Une adresse de poche que tout le monde recommande. Des dizaines de brochettes différentes qui crépitent sur de petits barbecues : viande, poisson ou légumes, servies avec manioc et salade. Des tartes salées et des soufflés qui fondent en bouche : essayez celle à la *chonta*. La cuisine se veut simple et l'ambiance est familiale. Bruyant mais accueillant.

**KARMA CAFÉ**
Calle Napo 138
✆ +51 65 222663
*A partir de S/ 20, fermé le lundi.*
Un café bobo à Iquitos. Au Karma Café, vous trouverez des banquettes, des poufs et des tables hautes, de l'art amazonien aux murs et une carte inventive avec d'excellentes salades, houmous, currys, sandwichs végétariens ou non, et quelques spécialités péruviennes. Jam sessions les jeudis, vendredis et samedis en soirée. Le café propose aussi une carte compatible avec la diète d'ayahuasca. Un lieu zen et attachant pensé par Josselin, un baroudeur français. C'est le spot depuis déjà quelques années.

**CHEZ MAGGY LOS MADEROS**
Av Raimondi 158-177
✆ +51 65 241816
www.chezmaggylosmaderos.com.pe
Le paradis des pizza cuites au feu de bois, mais aussi des pâtes et brochettes à déguster sur de jolies tables en bois. Fraîcheur garantie grâce aux puissants ventilateurs. En face, toujours à 1 *cuadra* de la plaza de Armas, se trouve une *pollería* de la même chaîne.

## Bonnes tables

**AL FRIO Y AL FUEGO**
Av La Marina 138 ✆ +51 965 607 474
reservas@alfrioyalfuego.com
*Du mardi au dimanche de 12h à minuit. Compter de S/ 35 à S/ 60.*
Plus qu'un restaurant, c'est une expérience romantique. Cette vaste hutte flottante posée sur le fleuve Itaya propose une cuisine locale goûteuse. Poissons frais dans leurs feuilles de biajo, grillades, poisson mariné dans une sauce « cocona » ou mariage spaghettis-cecina au menu. On peut aussi y aller juste pour un cocktail au soleil couchant. Petite piscine en accès libre. Evitez les fins de semaine, plus bruyantes.

**AMAZON BISTRO**
Malecon Tarapaca 268 ✆ +51 65 600785
amazon.bistro@gmail.com
*Ouvert tous les jours de 6h à minuit. Menus le midi à S/ 22. A la carte entre S/ 35 et S/ 50.*
Marc est belge, mais il a joué la carte française, pour la déco comme pour la cuisine. La Tour Eiffel bleu-blanc-rouge que l'on voit au milieu des banquettes en bois et des *azulejos* est un bon indice, mais surtout, la carte ne trompe pas : croque-monsieur, croque-madame, plateau de fromages, vol-au-vent, ou encore mousse au chocolat... Bières belges et excellent café pour compléter. La matin, pain au chocolat (arriver tôt) et croissants. Le midi, menu fusion franco-péruvien à un prix intéressant. Le soir, ambiance plus intime. Quelques tables en terrasse. Wifi.

**FITZCARRALDO**
Malecón 100 ✆ +51 65 507545
restaurantefitzcarraldo.com
ofunes@restaurantefitzcarraldo.com
*Compter S/ 30 le plat. Ouvert 7j/7, de midi à minuit.*
L'un des meilleurs restaurants en ville à notre goût ! *Chicharrones* de caïman ou *majas al vino*

pour les spécialités locales. Envie d'une bouchée fraîche ? Essayez le carpaccio de doncella à l'huile d'olive et aux câpres. La petite salle intime et l'ouverture sur le Malecón en font aussi un excellent point de chute pour regarder le coucher du soleil. Touristique.

## Sortir

Bars et discothèques sont nombreux dans la ville. Au centre, on privilégiera les calles Raimondi et Fitzcarraldo. Plus loin, le centre de congrès del Pardo (Av. Mariscal Caceres 1046) et son orchestre de cumbia, Explosion de Iquitos, est une plongée dans l'âme festive de la ville (certains vendredis et samedis). Tous les moto-taxis connaissent. Mieux d'y aller en compagnie de locaux.

### ARANDU BAR

Malecón 133

Derrière ce bar et sa déco un peu folle : Christian Bendayan, artiste local et pop. Cocktails et musique, terrasse, plein d'histoires de voyages à partager entre aventuriers. Un spot intéressant.

### EL MUSMUQUI

Calle Raymondi 382 ✆ +51 65 242942

*Tous les jours, de 18h à 2h.*

Chic, il propose les fameux cocktails exotiques et aphrodisiaques aux noms pleins de promesses. En semaine l'endroit est plutôt tranquille, idéal pour prendre un verre en amoureux.

### EL MUSMUQUI

Calle Raymondi 382

✆ +51 65 242942

*Tous les jours, de 18h à 2h.*

Chic, il propose les fameux cocktails exotiques et aphrodisiaques aux noms pleins de promesses. En semaine l'endroit est plutôt tranquille, idéal pour prendre un verre en amoureux.

### LA MONA CAFÉTÉRIA

Nauta 656

✆ +51 65 241770

*De 7h30 à 23h du lundi au samedi et le dimanche de 8h à 12h30 puis de 17h à 23h.*

Une grande cafétéria avec terrasse où il y a aussi des frappés tout frais et, luxe suprême, des bières artisanales Sierra Andina, Nuevo Mundo ou Magdalena. On trouve même la production locale : la Mona, une *amber ale* maison. A accompagner de sandwiches, pâtisseries ou crêpes.

### NOA

Jirón Fitzcarald 298

noanoa@eldoradoplazahotel.com

*Du jeudi au samedi. Droits d'entrée selon événement ou liste.*

Une discothèque plus centrale et plus branchée que les autres. L'entrée est payante en fin de semaine. La boîte ne s'éveille pas avant minuit, heure à laquelle les Iquiteños envahissent la piste de danse climatisée.

## À voir - À faire

### CASA DE FIERRO

Plaza de Armas

La « maison de fer », classée au Patrimoine historique et culturel de la Nation, est comme son nom l'indique entièrement bâtie en fer. Elle est l'oeuvre de Gustave Eiffel, en 1887, et fut d'ailleurs présentée à Paris en 1889, avant d'être envoyée à Iquitos en 1895. Le magnat du caoutchouc espagnol Anselmo del Aguila en hérita, alors que des problèmes de logistique empêchèrent son transport jusqu'à Madre de Dios qui, dit-on, devait être sa destination finale.

### CASONAS ★

Quelques beaux vestiges à débusquer, vêtus d'*azulejos* et balcons en fer forgé. La Casa Cohen (à l'angle des Jirón Próspero et Morona). La Casa Morey y Hijos (Jirón Próspero 502) vaut aussi le coup d'œil, elle abrite désormais un hôtel et peut se visiter (billet couplé au Museo de barcos historicos, ancré en face). Le long du Malecon Tarapaca et dans les petites rues perpendiculaires, jusqu'à l'arrivée à Belen.

### CEMENTERIO GENERAL

*S/ 3 en moto-taxi depuis le centre. Entrée libre.*

Une visite hors des sentiers battus pour découvrir un cimetière qui l'est lui aussi. Les tombes et les niches sont colorées et certaines revêtues d'*azulejos*, signes du faste d'antan. Quelques statues de marbre. C'est ici que repose le célèbre baron du caoutchouc Carlos Fermín Fitzcarrald. Un pavillon est consacré aux restes de la commuanuté juive qui résida à Iquitos.

## Racing Amazon River

Depuis plus de 20 ans, cette course en pirogue sur l'un des fleuves les plus mythiques au monde est une compétition pour les locaux et une aventure au goût de défi pour quelques touristes de passage. Les équipes de 4 personnes doivent d'abord fabriquer leurs pirogues puis descendre le fleuve. Durée du parcours : 190 km en 3 jours environ. Chaque année, mi-septembre. Infos : www.racingamazonriver.com

## Quelques tribus des environs d'Iquitos

- **Cocamas.** Le groupe le plus important de la zone vit sur les rives des ríos Nanay et Amazonas. Ses membres ont adopté le mode de vie des Occidentaux et se sont mêlés avec les descendants d'Européens venus en Amazonie au moment du boom du caoutchouc. Il est donc difficile de les reconnaître comme groupe ethnique.
- **Witotos et Boras.** Ces deux peuples partagent les mêmes territoires sur la rive droite du río Putumayo, affluent du Nanay et de l'Amazone. Bien que vivant pratiquement dans une même communauté, ces deux groupes ont conservé leurs traditions propres et leur langue.
- **Yaguas.** Les 3 000 membres de cette communauté vivent sur les rives de l'Amazone. Les hommes portent des vêtements en fibre végétale, les femmes, qui se peignent le visage en rouge, une étroite robe de toile. Ils restent parmi les derniers à chasser à la sarbacane qu'ils manient à la perfection.
- **Ticunas.** Les 2 000 membres de la communauté descendraient des Indiens Caraïbes. Vivant également sur le fleuve Amazone, ils se teignent entièrement le corps avec des colorants végétaux. Ce sont eux qui fabriquent le mortel curare (poison dont ils enduisent l'extrémité de leurs fléchettes) qu'ils échangent avec les Yaguas contre des sarbacanes.
- **Orejones.** Cette communauté de moins de 200 individus vit au bord du río Napo, entre Yanayacu et Sucusari. Ils doivent leur nom d' « oreillards » aux imposants disques de bois qui ornent le lobe étiré de leurs oreilles.

### CENTRO DE RESCATE AMAZÓNICO – CREA ★★

A côté des locaux du IIAP
Km 4,5 de la carretera a Nauta
www.centroderescateamazonico.com/
javier@centroderescateamazonico.com
*Du mardi au dimanche de 9h à 15h, entrée S/ 20 (S/ 10 pour étudiants). Possible d'y aller en moto ou en bus public (ligne 49).*
Ce centre a été à l'origine créé pour recevoir les bébés lamantins orphelins à cause de la chasse. Succès total ! Certains sont retournés à la vie sauvage et les visites sont nombreuses pour voir les plus petits jouer dans leur bassin ou recevoir le biberon. Le projet s'est développé et accueille aujourd'hui tortues, singes, paresseux et autres victimes du trafic animal. Un beau projet à soutenir.

### EX-HOTEL PALACE ★

A l'angle du Malecón et du Jirón Putumayo
Le bâtiment, qui fut édifié entre 1908 et 1912 pour le gros négociant Otoniel Vela, est désormais occupé par l'armée. Avec ses trois étages, il présente un bel assemblage de fer forgé, d'*azulejos* et d'arabesques ondoyant sur les corniches. Depuis peu on peut aussi visiter librement l'intérieur.

### MALECÓN TARAPACÁ ★★

Le long du fleuve, quelques villas de la fin du XIXe siècle témoignent encore de la prospérité passée ; aujourd'hui abîmées, elles servent d'entrepôts et de magasins. Mais d'importants travaux d'embellissement ont été menés à bien pour restaurer une promenade d'où une vue imprenable s'étend sur le fleuve Itaya, qui se jette ensuite dans l'Amazone et les bidonvilles flottants de Belén. Le soir tombé et la fraîcheur (un peu) revenue, le lieu se remplit de passants, de spectacles et de vendeurs à la sauvette.

### MERCADO DE BELÉN ★★

Un quartier flottant et populaire que l'on rejoint en canot pendant la saison des pluies en partant d'El Huequito et en remontant le río Itaya, ou à pied en partant du centre en longeant le Malecon Tarapaca. N'hésitez pas à vous enfoncer dans les ruelles, notamment le passage Paquito, où vous trouverez toutes sortes de plantes médicinales (dont la liane servant à préparer l'ayahuasca). Pendant la saison des pluies, la terre ferme disparaît. Les rues deviennent des canaux et les véhicules sont remplacés par des barques que les gosses dirigent à la rame d'une main sûre. C'est sans conteste la période de l'année où il est le plus photogénique pour les touristes. Belén est un centre commercial actif, faisant office tout à la fois de port, de marché, de zone d'habitation (il y a même une discothèque flottante !) et de point de rencontre entre pêcheurs, paysans et commerçants débarquant de leur pirogue les produits de la forêt. Avec ses maisons sur pilotis, Belén est le portrait exact d'un port amazonien comme le conçoivent nos imaginations occidentales : agité, bruyant, interlope, un peu fantomatique, un rien irréel, mais toujours fascinant... En période sèche, le lieu vous fera un tout autre effet : coloré et vivant certes mais très sale aussi. Longez les allées du marché, mais ne vous enfoncez pas dans le quartier en cette saison.

**Pour visiter la partie basse du mercado**, privilégiez pour la sécurité de vos affaires un guide local qui saura vous piloter comme il se doit. Surtout, faites-vous discrets avec votre appareil photo. Comme pour tous les marchés, la visite est plus intéressante le matin.

### MI MUSEO IQUITOS

Calle Yavarí Cdra 12
Parque Zonal ✆ +51 65 234272
*Du mardi au vendredi de 9h à 20h, samedi jusqu'à 17h et dimanche jusqu'à 15h. Fermé le lundi.*
Des œuvres contemporaines et quelques expositions spéciales pour rendre hommage à la créativité et création amazonienne. Une belle idée qui manque de public mais c'est intéressant pour voir les œuvres colorées de l'Amazonie d'aujourd'hui.

### MUSEO AMAZONICO

Malecón Tarapacá 386
*Ouvert du lundi au vendredi de 8h à 12h et de 15h à 18h, le samedi de 9h à 13h.*
Ce musée situé dans une vieille bâtisse de 1863 restaurée en 1999, présente des statues d'indigènes en fibre de verre (taille réelle). Celles-ci respectent les codes vestimentaires et la culture des peuples autochtones qui vivaient ou vivent encore pour certaines dans la *selva*. Quelques pièces, parfois une expo photo. Le lieu, public, est injustement oublié. Au n° 354, on peut grimper au deuxième étage et jeter un œil à la Biblioteca Amazonica et son ample collection. La bâtisse restaurée héberge la Direction de la Culture.

### MUSEO DE BARCOS HISTORICOS AYAPUA ★

Plaza Ramon Castilla
Ancré sous la Place
✆ +51 65 223707
reservations@casamorey.com
*Tous les jours de 8h à 18h. Entrée S/ 15.*
Construit en 1906 à Hambourg en Allemagne, il a connu une première vie comme bateau chargé du transport du si précieux caoutchouc. Restauré à la perfection et affichant sa classe toute victorienne, il est aujourd'hui ancré comme bateau-musée et offre différents salons climatisés qui mettent en scène les barons de l'époque, présentent des photos des indigènes, des manuscrits... Petit bar sur le ponton. L'entrée comprend la projection de *Fitzcarraldo* dans le salon du bas, et un tour dans la baie à bord d'un petit bateau toussotant d'époque.

### MUSEO DE CULTURAS INDIGENAS AMAZONICAS ★

Malecon Tarapaca 332
✆ +51 65235809
reservations@casamorey.com
*Ouvert de 8h à 20h, tous les jours. Entrée S/ 15.*
Ne vous fiez pas à l'exposition du rez-de-chaussée, les salles à l'étage sont bien mieux achalandées. En tout plus d'une quinzaine d'ethnies de tout le bassin amazonien présentée à travers son artisanat, ses vêtements, ses instruments... Magnifiques couronnes de plumes. Ces pièces toutes issues d'une collection privée sont surtout les seules à témoigner de la culture locale traditionnelle dans la ville. Le musée est climatisé. Intéressant.

*Port de Belén.*

### ■ PLAZA DE ARMAS
Plaza De Armas
Avec le Malecón Tarapacá, elle constitue la promenade préférée des habitants, qui viennent y prendre le frais à la tombée de la nuit. On y trouve le Palacio Municipal et la cathédrale Iglesia Matriz (construite entre 1911 et 1924, de style néogothique et ornée d'une horloge suisse, mise en lumière de nuit), une fontaine centrale et la Casa de Fierro signée Gustave Eiffel.

### ■ SANTA CLARA-SANTO TOMAS
Ces deux localités, situés sur la route qui mène à l'aéroport (respectivement à 12 km et 16 km du centre) sont deux centres de production de l'artisanat traditionel. Ils méritent une visite durant la période sèche, lorsque des plages de sable blanc se forment le long du rio Nanay. Uni Suni ou Santa Rita, au départ de Santa Clara, sont les plus tranquilles. Une route relie les deux villages.

## Visites guidées

### ■ LATITUD SUR
Jr Callao 637 ✆ +51 942 107 005
www.latitudsur.org – iquitos@latitudsur.org
Cette ONG a à cœur de développer le tourisme solidaire et communautaire en portant des projets menés par les autochtones. Ils proposent des *city tours* avec accompagnement francophone (rare à Iquitos) et des séjours chez l'habitant dans la communauté de St Rafael ou sur le fleuve Tahuayo. Une belle initiative pour un séjour authentique.

## Shopping

### ■ BOUTIQUE D'ARTISANAT LOCAL
Plaza de Armas
Au rez-de-chaussée de la Casa de Fierro
On y trouve des tissus amazoniens peints à la main par les Indiens Shipibos, des figurines et ustensiles en bois de palo de sangre, des potions médicinales à base d'écorces d'arbres, des tatous en bois flotté...

### ■ MERCADO ARTESANAL ANACONDA
Malecón Tarapacá (en contrebas de la promenade)
Divers stands y sont installés. On en trouve aussi au bout du Malecón face à l'ancien Grand Hotel. Quelques travaux en bois. Tissus et broderies shipivos. Peintures.

### ■ MERCADO ARTESANAL DE SAN JUAN
Le plus vaste des marchés mais aussi le plus éloigné du centre. Quelques kilomètres avant l'aéroport, à la sortie de la ville.

# RÍO NANAY

Tout débute au marché de Bellavista Nanay, idéal pour explorer la gastronomie locale. On y vend les *suris* en brochette (gros vers croquants), des *congompes* (escargots) et autres mets délicats. Ici on trouve un port pour se rendre à différents villages qui borde le Nanay. Les motoristes vous proposent souvent un tour d'une journée qui inclut un restaurant flottant (sympathique), la *Isla de los Monos* (pas forcément recommendable car c'est davantage un zoo qu'un refuge), le show artistique des Boras (à Padre Cocha, danses et artisanat avec beaucoup de mise en scène) et le mirador de Independencia, une tour d'observation sur la naissance du fleuve Amazone. Ne vous arrêtez que là où vous le souhaitez vraiment. A vous de voir, mais cela constitue tout de même une chouette escapade d'une journée au fil du fleuve. Nous vous recommandons de toute façon la visite de la Ferme aux papillons, devenu un refuge pour animaux.

### ■ PILPINTUWASI BUTTERFLY FARM ★
Padre Cocha ✆ +51 65 232 665
www.amazonanimalorphanage.org
*Cette ferme se situe à Padre Cocha, sur la rivière Nanay. Pour s'y rendre, prenez un bateau du port Bellavista à Iquitos. Ouvert du mardi au dimanche de 9h à 16h. Entrée S/ 20 ou 5 US$. Les bateaux peuvent vous accompagner sur la journée, comptez S/ 50-60.*
Il s'agit d'un orphelinat pour animaux et d'une ferme aux papillons. Une bonne occasion de pouvoir admirer jaguars (dont le célèbre Pedro Bello !), tapirs, fourmiliers, tortues, perroquets, singes uakari à tête rouge et une multitude de papillons colorés (pas moins de 40 espèces différentes). On recherche toujours des volontaires pour aider à la préservation de ces espèces en danger. Visite guidée... en compagnie des capucins, très curieux ! Attention un ex-employé a ouvert sa ferme à papillons et cherche des clients dès le port. Demandez bien le refuge pour animaux de Gudrun, la fondatrice de Pilpintuwasi.

### ■ SAN PEDRO LODGE
San Pedro, Río Nanay ✆ +51 955 628 164
www.sanpedrolodge.com/es/
*Le bungalow simple S/ 140 et double S/ 240. Le bungalow avec vue sur le fleuve simple S/ 200 et double S/ 300. Inclus le transport depuis/vers l'aéroport et 3 repas.*
Des bungalows rustiques et simples mais d'ordinaire les lodges sont à plusieurs heures de bateau et celui là à 30-45 minutes selon la saison et le niveau de l'eau. L'ambiance est décontractée. Le lodge est aux mains de Cato et d'une équipe de volontaires mais son prix accessible et sa proximité en font une première expérience de la jungle séduisante. Attention tout de même la zone, proche de la ville, n'est pas intacte mais c'est un bon point de départ pour rayonner autour des attractions du rio Nanay (fermes aux papillons, mirador de l'Amazone). Ils organisent des excursions à la journée et des excursions camping autour du fleuve Yarapa.

L'autre grand voyage que l'on peut faire à Iquitos, c'est partir en croisière le long du fleuve mythique, l'Amazone. La plupart des bateaux partent d'Iquitos et se dirigent vers Nauta, puis à l'intérieur de la réserve Pacaya Samiria. D'autres offrent aussi des trajets vers le rio Nanay ou Yarapa. C'est une expérience unique qui n'existe dans aucune autre partie de la *selva* péruvienne. L'ampleur des fleuves et des crues permet cette découverte d'un autre genre. Attention, ces croisières sont plutôt chics et il faut réserver à l'avance. Il est possible d'avoir des prix plus avantageux en se joignant à un groupe et en choisissant un départ déjà fixé.

■ **AQUA EXPEDITIONS**
✆ +51 1 434 5544
www.aquaexpeditions.com
*Compter 4 050 US$ à bord de l'Aqua (4 jours-3 nuits).*
Deux flottes pour un luxe absolu. Ces bateaux élégants et design, avec de vastes baies vitrées, remontent l'Amazone en direction de la réserve du Pacaya Samiria pour des croisières de 3, 4 ou 7 nuits. Le Aqua, récemment remanié, propose 8 suites immenses et est légérement plus petit et intime que l'Aria avec ses 16 suites. La promesse est la même : vue panoramique sur la rivière et la jungle, cuisine raffinée, service impeccable. Le plus luxueux, il est complet plusieurs mois à l'avance.

■ **DELFIN AMAZON CRUISES**
✆ +51 65 262 721
www.delfinamazoncruises.com
info@delfinamazoncruises.com
*Suites à partir de 3 200 US$ par personne pour 4 jours-3 nuits sur le Delfin II. Master Suites à partir de 4 150 US$ par personne pour 4 jours-3 nuits sur le Delfin I.*
Le Delfin a tout du lodge flottant. Le numéro 1, le plus intime et luxueux de tous, possède 4 suites et accueille 8 passagers ; le Delfin 2 voyage avec 28 passagers à bord. Dans les deux cas, les cabines sont lambrissées, on se repose dans l'espace bain à remous et les chambres, ouvertes sur l'Amazone via de grandes baies vitrées, ont aussi de vastes terrasses. Air conditionné et eau chaude. Ajoutez à cela le souci du détail et une cuisine gourmet qui transporte les sens. Un autre luxe.

■ **SELVA VIVA**
Jr. Callao # 637
www.latitudsur.org – iquitos@latitudsur.org
*A partir de 375 US$ par personne et par jour (base de 4 personnes) pour une croisière à la carte. Départs en groupe, se renseigner. Séjour communautaires à partir de 2 personnes sur 4 jours minimum sur le río Tahuayo à la rencontre de la forêt primaire et ses habitants.*
Ce petit bateau sympathique appartenait à l'ONG franco-péruvienne Latitud Sur. Le capitaine est aujourd'hui le gérant. Difficile de dire comment vont évoluer les choses mais lors de notre passage nous avions beaucoup aimé ce bateau familial pouvant accueillir au maximum 10 à 12 personnes à bord. Une cabine pour les couples avec deux fenêtres à l'avant, les autres ont deux lits simples, toutes sont lambrisées. Douche et WC à chaque étage. Il fonctionne partiellement grâce à ses panneaux solaires. Le luxe y est moindre mais l'ambiance sympathique que ce soit pour déjeuner sur le pont supérieur, faire sa sieste dans un hamac ou se retrouver le soir tombé dans la salle à manger lambrisée. Excellente cuisine familiale.

■ **UCAMARA EXPEDITIONS**
Romulo Espinar 732
✆ +51 65 231483
www.ucamaraexpeditions.com
info@ucamaraexpeditions.com
*Croisières de 4 jours-3 nuits, à partir de 3 142 US$ (pont supérieur) à bord du Cattleya. De 4 jours-3 nuits de Iquitos à la triple frontière à partir de 4 365 US$ (pont supérieur) à bord du Cattleya.*
Une compagnie locale qui propose de petites embarcations 100 % luxe avec d'immenses baies vitrées, des revêtements en bois vernis du sol au plafond, et des douches italiennes en cabine. Le *Cattleya* et le *Spondias* possèdent seulement 4 cabines (8 passagers) et opèrent la route du Pacaya Samiria.

## PARQUE TURISTICO QUISTOCOCHA

Le long de l'embarcadère se balancent des canots invitant à naviguer sur la Laguna Quistococha. Un circuit complet d'environ 1h30 comprend la visite des aquariums et de leur faune, des vivariums où sommeillent des grands serpents, des minizoos peuplés de pumas, tigrillos et autres otorongos, petits félidés de la jungle. Attention toutefois, le zoo n'est pas aussi ample et harmonieux que les deux autres refuges pour animaux indiqués. Quistococha, à 13 km au sud d'Iquitos sur la route de Nauta, est surtout un centre touristique qui s'anime les fins de semaine avec baignade dans la lagune et restaurants touristiques. Bruyant et pittoresque.

**Pour s'y rendre,** inutile de s'adresser à une agence. Il suffit d'emprunter un de ces bus publics tout en bois (le 49, angle de Jirón Próspero et José Gálvez). Ouverture tous les jours, de 8h à 17h30. Entrée S/ 5.

## RESERVA NACIONAL ALLPAHUAYO-MISHANA

La réserve Allpahuayo-Mishana a été créée en 2004. Elle préserve l'une des plus vastes forêts de sable blanc (appelées *varillaje*) de l'Amazonie péruvienne. Les scientifiques y ont dénombré à ce jour 145 espèces de mammifères, 476 espèces d'oiseaux, 120 espèces de reptiles, 83 espèces d'amphibiens, 155 espèces de poissons, 522 espèces de papillons et 1 780 espèces végétales. Cette réserve est facilement accessible (par la route, Km 26,5) et constitue donc un excellent point de chute pour se familiariser avec l'Amazonie. Attention, la zone est aussi partiellement habitée et moins bien préservée que l'immense Pacaya Samiria. Surtout intéressant pour les amateurs de *birdwatching*.

### ALLPAHUAYO MISHANA BED & TREES

✆ +39 33 18374571

allpahuayomishana.net

*2 jours/ 1 nuit, à partir de 125 US$ par personne (2 personnes). 3 jours/ 2 nuits à partir de 175 US$ (2 personnes). Tout inclus.*

Une bonne introduction à la jungle si on a peu de temps. Une petite et jeune équipe italo (Daniel) -péruvienne (Carmen) propose un joli bungalow individuel pour un couple, autour d'un tronc gigantesque, avec moustiquaire et terrasse pour le hamac. Un autre bungalow propose une petite chambre individuelle et des matelas à l'air libre abrités sous des moustiquaires. Toilettes communes. Pas d'électricité. Rustique mais plein de bonnes ondes ! On explore la forêt derrière, on se baigne dans les fleuves et le dernier jour, on traverse la jungle pour repartir sur le rio Nanay. Grenouilles, serpents, flore et petits singes sont au rendez-vous. Si les propriétaires ne sont pas là, un guide local est en charge et la famille veille.

### CENTRO DE INTERPRETACIÓN

Le point d'entrée est accessible en bus (le 49) ou en taxi. A 30 minutes à la sortie d'Iquitos en direction de Nauta.

*Entrée : S/ 22.*

C'est le paradis des ornithologues, le matin tôt. Ici vit la *perlita de Iquitos* (*Polioptila clementsi*), un oiseau de la famille des passereaux découvert assez récemment, mais aussi beaucoup de hérons. Quatre circuits ont été conçus, dédiés aux plantes médicinales, aux fruits, aux zones en bordure du fleuve et aux *aguajales* (petites lagunes), comptez entre 30 min et 3h à pied. Et normalement, chaque matin à 8h, des visites guidées sont proposées en espagnol. Cette réserve est la plus riche et la plus diverse des sites proches d'Iquitos. Malheureusement, il faut souvent chercher les infos par soi-même, la gestion est publique. Pour plus d'infos, consulter le Sernanp.

## RESERVA COMUNAL TAMSHIYACU-TAHUAYO

Cette réserve, administrée et sous la protection des quelques 6000 personnes qui y vivent, met l'accent sur la protection de la faune et la flore. Ici vivent 14 espèces de primates, des loutres géantes, des lamantins et plus de 400 espèces de oiseaux. De nombreux lodges se sont installés aux abords de cet espace préservé, pour profiter de sa plus grande accessibilité et de sa richesse. Une belle expérience, presque aussi diverse que celle du Pacaya Samiria.

### AMAZONIA EXPEDITIONS AND LODGES

✆ +51 65 635253

www.perujungle.com

*1 495 US$ les 8 jours-7 nuits (pas de supplément pour les voyageurs seuls). Regardez sur Internet les « Last Minute Special ». Séjours possibles à partir de 3 jours-2 nuits, prix sur demande.*

Ces deux lodges sont situés dans la réserve communale Tamshiyacu Tahuayo, l'une des premières à avoir été formée et l'une des plus riches en diversité. Le 1er (Tahuayo Lodge) propose un survol de la jungle en tyrolienne qui relie 3 des plus grands arbres de la zone, des treks ou des tours en canoë. Les bungalows sont élégants, en bois verni, parfois avec un tronc ou une racine qu'on n'a pas voulu ôter et qui font partie de la décoration. Ils ont tous salle de bains privée et terrasses, électricité solaire, LED pour l'éclairage. Leur 2e lodge (Research Center), à 15 km du 1er, est recommandé pour les adeptes de la faune. Les chambres sont plus rustiques et les salles de bains à partager. Si vous partez moins de 5 nuits vous ne ferez un stop que au 1er lodge, le Tahuayo. Si vous optez pour l'exploration longue, vous aurez le temps de tout voir. Ils travaillent aussi avec Yale sur des programmes de conservation et ont mis en place une association pour renforcer l'éducation et la santé au niveau local. Une valeur sûre depuis 1981 (année à laquelle Paul, biologiste américain et fondateur, débuta ses expéditions), à 4 heures d'Iquitos en bateau rapide.

**Autre adresse** : Iquitos : AE Tours Tahuayo Lodge, Av La Marina 100.

### MUYUNA AMAZON LODGE

✆ +51 65 242858
www.muyuna.com
reservas@muyuna.com
*Compter S/ 1 360 par personne pour une excursion de 3 jours-2 nuits (de 2 à 10 personnes). S/ 2 410 pour une excursion de 6 jours-5 nuits. Pension complète. Tout inclus.*
Analia et Percy ont ouvert ce lodge en 1999 le long du fleuve Yanayacu (les eaux noires). Les chambres en matériaux rustiques, situées côte à côte, sont en harmonie avec la nature. Elles sont vastes et plutôt chics, avec salle de bains et eau tiède, dans le respect de la simplicité de la jungle. Côté aventure dans la jungle, on a le compte avec les moustiquaires, les lampes à kérosène, pas d'électricité ni de signal téléphonique. Terrasse pour se délasser dans des hamacs avec vue sur la jungle et quand les eaux sont hautes les dauphins qui passent. Le buffet est varié et délicieux. Avec ses 26 lagunes et ses guides bien formés, il s'agit d'un site exceptionnel pour l'observation des oiseaux, les paresseux, les caïmans et les nénuphars géants qui recouvrent les lagunes.

**Autre adresse :** Iquitos : Calle Putumayo 163.

## NAUTA

A 1h30 par la route d'Iquitos, cette petite localité est la porte d'entrée du Pacaya Samiria. En général les bateaux partent d'ici pour reminter l'Amazone et entrer dans les eaux noires qui s'enfoncent en différents ríos à travers ces 2 millions d'hectares. C'est également ici qu'on peut embarquer ou désembarquer lors d'une traversée vers/depuis Yurimaguas ou Lagunas. Ce qui écourte le voyage en *lancha* de quasiment 12h ! On y trouve des petits hôtels basiques et restaurants et l'activité normale d'un port. La ville en elle-même n'a pas le charme d'Iquitos, mais si vous arrivez par le fleuve et pensez repartir immédiatement vers le Pacaya Samiria, il est possible d'y passer une nuit. On propose parfois la visite à la lagune Sapi Sapi et ses tortues taricaya mais elles sont bien plus séduisantes, quelques heures plus loin, à l'état sauvage. A 30 minutes en *deslizador*, la visite au *mirador* construit dans la communauté de Miguel Grau peut valoir la peine pour avoir un point de vue en hauteur (33 mètres) sur l'immense Amazone et la réserve de Pacaya Samiria voisine. Il a été construit à côté du point exact où les ríos Ucayali et Marañon donnent naissance au río Amazonas.

### HOSPEDAJE LA RIVERA II

Calle Jorge Bardales Ruiz 376
✆ +51 65 411716
*Chambre simple à S/ 40 et S/ 60 avec air conditionné. Chambre matrimoniale à S/ 70 et S/ 80 avec air conditionné. Pas de petit déjeuner.*
Un hôtel basique qui offre des chambres pratiques avec salle de bains privée et TV câblée. Internet disponible mais très lent. A deux *cuadras* de la Plaza de Armas. Honnête pour dépanner.

## RÍO YARAPA – RÍO CUMACEBA

Dans cette partie de la jungle qui borde le rio Ucayali juste avant qu'il se se jette dans l'Amazone, se sont développés beaucoup de lodges. C'est probablement l'un des endroits où il y en a le plus au cœur de la vaste région Loreto. On est entre le Pacaya Samiria et la Réserve communale Tamshiyacu Tahuayo.

### LIBERTAD JUNGLE LODGE

Rio Ucayali
✆ +32 474 33 18 83
iquitos-tour.com
info@iquitos-tour.com
*3 jours-2 nuits 330 US$ par personne (minimum 2). Transferts, pension complète, excursions : tout inclus.*
Ce projet basé sur l'enthousiasme et la participation de la communauté se place parmi les moins chers pour la qualité de services offerts. Point important, les tours s'effectuent en privé et en petit groupe. 12 membres de la communauté se sont associés pour lui donner vie et forme. Le lodge est spacieux et proche du village. Les cabanes sur pilotis sont individuelles avec salle de bains privées, très simples, en bois, elles ressemblent aux maisons des habitants du village et tous les lits sont protégés par une moustiquaire en plus de la maille extérieure. La nourriture est locale et savoureuse. Si on veut quelque chose de plus rustique, deux petits cabanes sont accessibles quand les eaux sont hautes (période de pluies) et on peut dessiner son plan de route en optant pour le camping. Une nuit de camping (5 sites au choix) peut remplacer une nuit en lodge à partir d'un programme de 2 nuits et on peut le décider selon ses intérêts, l'accessibilité, la saison... Ce côté à la carte est vraiment agréable. On pioche aussi parmi les 18 activités proposées pour définir chaque journée. L'autre belle surprise c'est la vie toute proche puisque les enfants du village ne sont jamais loin et l'occasion de partager un quotidien amazonien sans fards.

**TREEHOUSE LODGE**
Rio Yarapa ✆ 1 801 797 2777
www.treehouselodge.com
reservations@treehouselodge.com
*3 jours-2 nuits base chambre double 695 US$ par personne. Transferts et pension complète.*
Pour une petite folie ou une lune de miel, des maisons dans les arbres, des vraies, reliées par des passerelles à la Indiana Jones. Il y en a 10, toutes rondes, avec la nature tout autour. C'est exclusif déjà et les voisins sont loin ce qui est rarement le cas dans les lodges. Le reste ressemble aux formules tout inclus avec buffet dans une maloka centrale mais avec de petites tables pour 2 ou 4 maximum et excursions à la carte entre kayak, observations de la nature et/ou des dauphins et levers/couchers de soleil. Il est vraiment à part. Très romantique si on aime le côté sauvage. Certains cabanes sont familiales, enfants à partir de 5 ans.

## RESERVA NACIONAL PACAYA SAMIRIA ★★

La réserve de Pacaya Samiria (la plus grande du Pérou et la quatrième d'Amérique du Sud) se situe à 183 km au sud-est d'Iquitos. On y entre depuis le port de Nauta, à 1h30 en voiture d'Iquitos. La route est entièrement goudronnée. Ensuite, il faut encore 2 heures de bateau pour arriver au PV1, le premier poste de contrôle de la réserve, à hauteur de la communauté 20 de Febrero. C'est sans conteste le joyau d'Iquitos. Elle protège environ 130 espèces de mammifères, 330 espèces d'oiseaux, 150 espèces de reptiles et 250 espèces de poissons (dont le gigantesque *paiche*, le plus grand poisson d'eau douce du monde). La grande réussite de la réserve a été de mettre hors de danger la petite tortue taricaya, aujourd'hui son emblème. Les communautés locales protègent les œufs sur des plages artificielles et chaque année en octobre-novembre, vous pouvez voir les bébés tortues retrouver la liberté. Très peu de *lodges* ont été construits à l'intérieur. On vous en recommande un, communautaire. Soyez prudents au moment de réserver vos visites. Une seule journée dans la réserve comporte beaucoup de transport pour peu de faune et flore. La jungle rêvée est plus à l'intérieur et nécessite du temps, se livrant au fil de ses 2 millions d'hectares. C'est une jungle lacustre, c'est-à-dire inondable. Entre décembre et avril, l'eau monte et on parcourt alors la jungle en pirogue : de nombreux oiseaux, des dauphins, des paresseux et des iguanes perchés dans les arbres se dévoilent. A partir d'avril, quand les cours d'eau descendent, on peut faire quelques treks avec une bonne paire de bottes (fournies) et apercevoir la faune terrestre. Une bonne option pour les petits budgets peut être d'y entrer au départ de Lagunas en pirogue (accès par bateau depuis Yurimaguas).

**IVY MARA EY LODGE**
Calle Echenique 473
Iquitos ✆ +51 956 340 930
www.pacaya-samiria.com
*Groupe de 4 personnes : programme 3 jours-2 nuits S/ 900 par personne et 4 jours-3 nuits S/ 1000. Pension complète. Excursions incluses. Si vous n'êtes que 2 un peu plus cher ou vous pouvez vous unir à un groupe et le tarif baisse.*
Coup de cœur pour ce refuge, le seul qui soit vraiment dans la réserve de Pacaya Samiria. Huit chambres doubles avec salle de bains et moustiquaires ont été réparties dans 4 bungalows. Rustique mais bien pensé, il est le lien entre vous, la jungle et ses habitants. Evidemment, ce n'est pas le grand luxe, mais la nourriture est bonne, l'ambiance intime et la faune et la flore sont au rendez-vous. L'endroit fait partie d'un projet de l'ONG GreenLife et a reçu le label Green Choice de Control Union Peru. Les guides locaux appartiennent à l'association Ecotours Yarina, et la visite du village est prévue. Si vous voulez découvrir une jungle authentique, ne cherchez plus.

**PACAYA SAMIRIA AMAZON LODGE**
Au bord du rio Marañon
Iquitos ✆ +51 1 469 4521
www.pacayasamiria.com.pe
1h45 jusqu'à Nauta par la route, puis 40 min de bateau le long du fleuve Marañon.
*3 jours/2 nuits : 630 US$ par personne (groupe de 2) et 505 US$ par personne (groupe de 4). Pension complète et excursions incluses.*
Neuf bungalows individuels sur pilotis ; 6 d'entre eux ont deux niveaux et peuvent accueillir jusqu'à 6 personnes. Il s'agit d'un des lodges rustique mais douillet les plus proches de l'entrée de la réserve de Pacaya, au bord du fleuve Marañon : un bon compromis pour goûter à la vie sauvage, confortablement et à un prix raisonnable. Les chambres sont équipées de moustiquaires, avec salle de bains privée et eau tiède. Electricité régulée selon horaires. Les excursions vont feront découvrir les abords de la réserve avec des guides locaux. Bar, terrasse et hamacs, massages et option dîner romantique au cœur de la jungle.

**Autre adresse :** à Iquitos : Calle José Galvez 546

**SAMIRIA ECOLODGE**
✆ +51 971 296 127
samiriaecolodge.com
*Programme 3 jours-2 nuits 720 US$ pour 2 personnes. Prix sur Internet. Pension complète. Excursions incluses.*

## Oiseaux, singes, dauphins roses et autres suprises

La jungle est un univers envoûtant. On y est constamment à l'affût de quelque chose, on y vit dans un état d'observation permanente : les yeux levés vers le ciel, on cherche à apercevoir des toucans, des aigles royaux, des singes ou des paresseux... Les yeux rivés au sol, machette à la main, on regarde à deux fois où l'on met les pieds, de peur de troubler le repos d'un anaconda ou d'un caïman dont on a repéré les traces fraîches dans la boue. Et on entend résonner les cris puissants des singes *ahullador* (*Alouatta seniculus*) au petit matin. On prend garde également à ne pas poser ses mains sur les troncs d'arbre, car c'est là que les tarentules se prélassent – toutes velues et de couleur violette – et où les fourmis piquantes attaquent... Quand, séduit par la douceur et le calme apparents de l'eau, on part se balader en canoë, on reste continuellement sur le qui-vive pour ne pas se laisser renverser (les canoës ne sont que des troncs d'arbre creusés et la stabilité n'est pas leur plus grande caractéristique), tout en guettant d'un œil ces mammifères très surprenants que sont les dauphins roses. Ils viennent à nous en exécutant des sauts de toute beauté et en nous invitant à venir jouer dans l'eau avec eux... Plus lourds et moins élégants que leurs comparses gris, ils ont été relativement bien protégés par la légende qui les accompagne : le dauphin rose serait en fait un homme blanc qui séduit les jeunes filles et les pousse à les suivre au fond des fleuves. La population locale lui porte un certain respect. La petite tortue taricaya ou les lamantins ont davantage souffert de la déprédation mais ils font tous les deux l'objet d'une politique de repopulation. Le fameux piranha est également au programme de la pêche à la ligne de toute excursion qui se respecte ; il se révèle savoureux une fois frit.

Il est rare dans cette région de trouver un lodge à la fois confortable et proche de la nature. Le Samiria Ecolodge relève le défi avec des cabanes de 56 m² équipées de lit king size ou de 2 lits doubles, salle de bains privée, eau chaude, air conditionné, électricité et un futon sur votre terrasse pour se poser face au paysage. Il n'y a que 10 cabanes individuelles pour un traitement plus luxe, on peut y être 4 maximum. Le lodge est proche de la zone d'entrée au Pacaya Samiria ce qui facilite les sorties nature. Jolie salle pour dîner et piscine sur place.

- **Autre adresse :** Iquitos : Calle Napo 475.

# YURIMAGUAS

Cette petite ville se trouve au bout de la route du nord, à 2h30 de route en *auto compartido* depuis Tarapoto. Administrativement, elle se trouve déjà dans l'immense région de Loreto. Pas grand chose à y voir, à part une église plutôt jolie et des marchés typiques. Mais elle est intéressante car c'est le port de départ des *lanches* qui rejoignent Nauta puis Iquitos. Ce voyage étant plutôt court (2 jours/1 nuit) jusqu'à Nauta, il est intéressant pour ceux qui veulent tenter cette expérience hors des sentiers battus.

A 12h en *lancha* et 5h en *deslizador*, coup de cœur pour Lagunas, porte d'entrée du Pacaya Samiria à l'atmosphère plus rustique et authentique que dans les *lodges* d'Iquitos : vous entrez dans la réserve via le Rio Tibillo, en pirogue.

## Transports

### EMPRESA DE TRANSPORTE YURIMAGUAS

✆ +51 65 352356

*Autos colectivos. Compter S/ 20-25 le trajet entre Tarapoto et Yurimaguas.*

Pour les trouver, demandez aux moto-taxis le « paradero de autos para Yurimaguas ».

### TRANSPORTE BRAVO & LAMAR

*Compter S/ 50 et 5h de trajet. Départ à 9h.*

Cette navette hors-bord est le mode de transport le plus direct jusque Lagunas. L'hôtel Huallaga peut se charger des réservations. Sinon aller jusqu'au port et demander.

### TRANSPORTE EDUARDO

✆ +51 65 351270

*Comptez S/ 100 pour un hamac et S/ 150 pour une cabine. Le trajet entre Yurimaguas et Nauta prend environ 2 jours/1 nuit ; plus long dans l'autre sens, car à contre-courant. Pour rejoindre Lagunas, comptez 10 heures environ et S/ 30.*

Difficile de donner un horaire de départ exact. En général, soyez là entre 15h et 18h. Les jours sûrs sont le mercredi et le samedi, mais ne jurez de rien... Une seule certitude : une fois le bateau plein, le départ est donné.

## Mai 2019 : la terre tremble

Le 26 mai 2019 à 2h40 du matin, un tremblement de terre de magnitude 7,5 secoue l'Amazonie péruvienne. Son épicentre se situe à 70 km au sud-est de Lagunas dans la région de l'Alto Amazonas. Le séisme est ressenti dans de nombreuses régions du Pérou, de Trujillo jusqu'à Lima, et engendre d'importants dégâts notamment dans la région de Loreto. La ville de Yurimaguas est la plus touchée. Au total, 16 immeubles s'effondrent, entraînant le décès d'une personne ainsi qu'une douzaine de blessés. Plus de 200 familles se retrouvent sans abri. Aux alentours, de nombreuses routes sont impraticables enclavant encore plus la petite ville. L'Etat installe alors 138 foyers d'urgence, mais la ville reste encore à reconstruire…

### TRANSPORTE NR

✆ +51 953 998 980

*Départs tous les jours. Ils relient Nauta pour S/ 130.*

Ces bateaux s'appellent *deslizador* ou *expreso*. Les noms et horaires changent souvent. Il vaut mieux se renseigner avant. Compter 12 heures de trajet, repas basique à bord.

## Pratique

### HUAYRURO TOURS LAGUNAS

Calle Arica 111

Hotel Rio Huallaga

✆ +51 965 662 555

www.peruselva.com

info@peruselva.com

*Compter S/ 165 par jour d'excursion, à partir de 2 personnes. Soit S/ 495 les 3 jours/2 nuits. Réductions pour les groupes ou séjours plus longs.*

C'est l'agence de confiance dans la zone. Ils travaillent aussi avec l'hôtel Huallaga auprès duquel vous pouvez réserver. Ce qu'ils proposent ? L'exploration du Pacaya Samiria de la façon la plus aventureuse qui soit : en pirogue. On part avec un guide-cuisinier-rameur et les vivres et on avance au son de la pagaie. L'idéal pour ne pas effrayer les animaux : singes, oiseaux, dauphins... On apprend aussi à pêcher au harpon. On croise les caïmans à la nuit tombée. Les guides sont locaux et en charge de la surveillance de cette partie de la réserve, l'étroit río Tibillo. Les séjours en général sont de 2 nuits dans le refuge privé construit par l'agence Capamento Poza Gloria avec des chambres-dortoirs et salle de bains partagée. Les repas sont frais et cuisinés par votre guide-rameur-cuisinier, bien que peu variés. Mais c'est ainsi que l'on se sent comme un aventurier... Et les prix sont beaucoup plus économiques qu'à Iquitos ou dans d'autres destinations de la *selva* qui n'offrent pas beaucoup d'alternatives aux lodges. Pour ceux qui veulent tenter l'extrême : la traversée du Pacaya Samiria jusqu'au PV1 (le point le plus proche de Nauta et d'Iquitos) nécessite environ 25 jours. Une autre idée du luxe. L'idéal est de rester deux à trois nuits dans la jungle minimum.

## Se loger

### HOSTAL EL PUERTO

Calle Mariscal Castilla 603 ✆ +51 65 353589

*Matrimoniale simple : S/ 50, matrimoniale confort : S/ 60.*

Un autre hôtel plutôt neuf qui offre un bon rapport qualité/prix avec salle de bains privée, TV câblée et air conditionné en option. Il est proche du port (à 10 minutes à pied) dans un quartier populaire. Pour rejoindre le centre, comptez 10-15 minutes à pied.

### RIO HUALLAGA

Calle Arica 111 ✆ +51 65 353951

www.hotelriohuallaga.com.pe

*Chambre simple : S/ 180, chambre matrimoniale : S/ 250, air conditionné et salles de bains privées. Chambres pour les voyageurs backpackers : S/ 60. Petit déjeuner inclus.*

Comme les bateaux ne partent quasiment jamais à l'heure et qu'ils offrent un confort plutôt sommaire, l'attente dans un hôtel confortable est un bon point. Ici, l'espace est vaste et boisé. Les chambres sont amples, avec air conditionné, bar-réfrigérateur, TV câblée et wifi. Elles ont une petite terrasse avec hamac, et il y a une petite piscine pour prendre le frais. Autre avantage dans une ville qui ne regorge pas de bonnes adresses : un restaurant de bonne qualité pour un *lomo saltado* ou un plat de pâtes bienvenu. Le petit déjeuner, facturé à part lorsqu'on vous fait un prix, est à éviter : les jus et *humitas* sont biens, mais pour le pain frais vous repasserez. L'hôtel offre des chambres au sous-sol pour les petits budgets : basiques et sombres, mais vous bénéficiez toujours des services de l'hôtel. Le Huallaga offre des tours dans la zone, assez chers sauf en groupe. Ils peuvent aussi se charger de toutes les réservations pour le Pacaya Samiria via Lagunas.

## À voir – À faire

On vient à Yurimaguas basiquement pour attendre le bateau et continuer sa route. On peut explorer le lac de Cuipari ou de Pucuna (où un projet de libération de tortues taricaya a été mis en place) mais ce n'est pas indispensable. Lagunas est l'incontournable de cette région.

# RÉGION DE SAN MARTÍN

La majeure partie des 51 253 km² de la région de San Martín est recouverte par une forêt amazonienne montagneuse propre aux régions de la *selva alta*. Les zones préservées se mêlent à l'agriculture (café, fruits, riz) et l'élevage. On alterne donc entre plaines verdoyantes et montagnes touffues, semées de cascades fraîches. Située dans la partie nord du pays, limitée au nord par la région de Loreto et la région d'Amazonas, à l'est par la région d'Ucayali, à l'ouest par la région de la Libertad et au sud par la région de Huanuco, la région de San Martín a été fondée le 4 septembre 1905. Elle a reçu le nom de José de San Martín, homme politique et général argentin, l'un des principaux acteurs dans le processus d'indépendance de plusieurs pays d'Amérique du Sud, dont celle du Pérou qui fut proclamée le 18 juillet 1821.
La région est prisée des Péruviens pour quelques jours de repos : climat et vues panoramiques spectaculaires. Elle est aussi un des points d'entrée pour rejoindre Chachapoyas et la forteresse de Kuélap. Enserrée dans une jungle montagneuse et nuageuse, Chachapoyas n'a pas d'aéroport proche. Tarapoto, à 8 heures de route, est l'accès le plus direct mais la région mérite bien quelques pauses dans votre itinéraire.

## MOYOBAMBA

- **Population :** 59 073 habitants.
- **Altitude :** 874 m.

Fondée le 25 juillet 1540 par Juan Peréz de Guevara qui la nomma « Santiago de los Ocho Valles de Moyobamba » (« Saint Jacques des huit vallées de Moyobamba »), à 2h30 de route de Tarapoto, la capitale du département de San Martín est la ville la plus ancienne d'Amazonie. Elle vit la présence de nombreux missionnaires sur ses terres : d'abord les Franciscains au milieu du XVIIe siècle (missions de Trinidad, Concepción, San Luis et San Francisco), puis les Jésuites un peu plus tard.

- **Elle se trouve à la frontière de deux régions** : le relief accidenté de l'ouest représente la bordure est de la cordillère des Andes (la cordillère nord) et, à l'est, la vallée inondable est le commencement de la jungle plane (Yurimaguas-Iquitos). Cité au climat agréable (de 25 à 34 °C) bien que pluvieux (pluies abondantes et spécialement entre les mois d'octobre et avril), elle vit à l'abri de hauts sommets dont le magique Angaíza où, selon la légende, fut enterré un fabuleux trésor : c'est pour cela que, certains jours, la montagne étincelle.
- **L'âge d'or de Moyobamba eut lieu à la fin du XIXe siècle** : l'industrie du chapeau de paille, exporté dans le monde entier (parallèlement au caoutchouc) avait justifié alors à elle seule que la France, le Brésil ou l'Allemagne y installent un consulat.
- **Bien que capitale de la région, elle est beaucoup plus paisible** que Tarapoto : entre cascades, bains thermaux, orchidées et colibris à la parade, ses petites adresses ne manquent pas de charme. Elle peut être un stop fort sympathique le long de la route nord qui mène à Chachapoyas, à 6h de là.

### Transports

**MOTOTAXIS**
*Courses dans la ville S/ 3. Courses vers los Baños de San Mateo S/ 6.*

**MOVIL TOURS**
Avenida Almirante Grau 320
✆ +51 42 563720
www.moviltours.com.pe
Plusieurs bus quotidiens en provenance de Tarapoto desservent Chiclayo (10h), Trujillo (15h), Lima (21-25h). Pour rejoindre Chachapoyas, le bus vous laissera à Pedro Ruiz (6h) et de là il vous faudra poursuivre en *autos colectivos*.

**TERMINALES**
Terrestre : Av Grau. La plupart des bus s'y arrêtent.
De autos collectivos : Autos Cajamarca, Jr. Serafin Filomeno N°298. Autos San Martin, Jr Benavides 276.

### Pratique

- **Indicatif téléphonique :** 042.

### Tourisme - Culture

**INFORMATIONS TOURISTIQUES**
Dircetur (Dirrecion Regional de Turismo)
Jiron San Martin 301
✆ +51 42 562043

### Argent

**BANCO DE CREDITO**
Calle de Alvarado 903

### Moyens de communication

**SERPOST**
Jirón Filomeno 501 ✆ +51 42 562209
*Ouvert du lundi au vendredi de 8h à 13h et de 15h à 19h, le samedi de 9h à 12h.*

## Santé - Urgences

**HOPITAL MINSA**
Av Grau, Cuadra 2
✆ +51 42 562160

**POLICE**
Jirón Pedro Canga 298
Plaza de Armas ✆ +51 42 562508
*Ouvert 24h/24.*

## Se loger

**EL PORTON CASA HOSPEDAJE**
San Martin 445
✆ +51 42 56 2900
*Simple S/ 70, Matrimoniale S/ 90, Double S/ 110, Familiale (3 lits) S/ 160. Petit déjeuner S/ 10.*
Une agréable petite posada où Alonso et Miriam, tous deux à la retraire, vous reçoivent comme à la maison. Chambres en briques modernes et bien tenues avec salle de bains. Elles sont disposées le long d'un jardin fleuri avec quelques hamacs et canapés pour en profiter. Peintures colorées. Simple mais chaleureux.

**PUERTO MIRADOR HOTEL**
Jirón Sucre
✆ +51 42 562050
www.hotelpuertomirador.pe
informes@hotelpuertomirador.com
*Compter S/ 132 la chambre simple, S/ 264 la double ou la matrimoniale (king size), S/ 330. CB acceptées. Petit déjeuner buffet inclus.*
Cet établissement offre une vue superbe sur la vallée, et les chambres sont confortables (sanitaires privés avec eau chaude), à défaut d'être particulièrement bon marché. La piscine, en revanche, est un véritable délice. Fait également agence de voyages. Bon à savoir : le petit déjeuner buffet (S/ 15) ou le déjeuner (S/ 30) sont accessibles au public en général. Un bon plan dans une ville qui ne compte pas beaucoup d'options gastronomiques.

## Se restaurer

**FUNDO ALEGRIA**
Carretera Baños Termales Km 2,5
✆ +51 958 856 443
www.fundoalegria.com.pe
reservas@fundoalegria.com.pe
*De 12h à 16h, compter de S/ 20 à S/ 25 le plat.*
Un gros restaurant juste à la sortie des Bains thermaux, à côté du Jardin aux orchidées. Il offre aussi une piscine et un centre de convention. Les fins de semaine, l'ambiance est à la fête. Plus tranquille les jours de semaine. Pour déjeuner d'un ceviche, *chicharron de paiche* ou *lomo saltado con tacu tacu.*

**NANCY'S SNACK**
Serafín Filomeno Cuadra 5
Juste à côté de Serpost
*Tous les jours, de 7h à 21h. A la carte à partir de S/ 7.*
Una cafétéria toute simple qui propose de bons jus frais, des salades de fruits et de la petite restauration : *tamales*, *empanadas*, plats de riz. Pour les petits creux ou un dîner léger.

**LA OLLA DE BARRO**
Pedro Canga 383 ✆ +51 42 563450
*Compter de S/ 30 à S/ 50 le plat.*
L'un des restaurants typiques les plus anciens de la ville. Il décline une carte ample. Le service est un peu lent mais cela reste une valeur sûre et la décoration est sympathique. Tentez le *juane* ou *avispajuane* typiques et une salade fraîche de *chonta* (coeur de palmiers).

## À voir - À faire

**BAÑOS SULFUROSOS DE OROMINA**
www.sulfurosos.moyobamba.net
A 7 km de Moyobamba. 20 à 25 minutes en mototaxi.
*Entrée S/ 1 par personne*
Situés dans la forêt de Protección del Alto Mayo, au pied du Cerro Oromina, ces bains de soufre (eau froide et naturellement soufrée) sont connus pour les propriétés thérapeutiques de leurs eaux. Dans les environs, on peut visiter la grotte « de l'amour » (Cueva del amor) et la cascade d'Asnacyacu, caractérisée par sa piscine naturelle d'eau cristalline et fraîche. L'ensemble a été rénové et constitue une chouette excursion d'une demi-journée.

**BAÑOS TERMALES DE SAN MATEO** ★
www.banos-termales.moyobamba.net
richard@moyobamba.net
A 5 km de Moyobamba, on s'y rend en colectivo ou en moto-taxi.
*Ouverture de 5h à 19h. Entrée S/ 1,50.*
Situés à 945 m d'altitude, ces bains sont appréciés pour leurs propriétés médicinales. Leurs eaux, incolores, inodores et dont la température varie entre 32 et 40 °C, seraient en effet idéales pour le traitement de l'arthrite, des rhumatismes, des douleurs musculaires ainsi que du stress. Sur place, vous trouverez en plus des bains : deux piscines, un restaurant et une aire de jeux pour enfants. Plus calme le matin tôt ou en semaine. Les fins de semaine c'est le rendez-vous des familles. De là continuez jusqu'au Jardin d'orchidées Waqanki ou au Fundo Alegria pour le déjeuner.

**JARDÍN BOTÁNICO DE SAN FRANCISCO**
Jr Arequipa cuadra 1
www.jardinbotanicomoyobamba.com
richard@jardinbotanicomoyobamba.com

Le jardin botanique San Francisco est un agréable lieu de promenade.

**PUERTO DE TAHUISCO**

Le port de Tahuisco a été rénové. Des petits bateaux à moteur vous attendent pour un tour familial. Le dimanche, plats typiques et plus d'animation.Deux points de vue panoramiques sur le port, le rio Mayo et, au loin, toute la vallée. Pour les trouver, demandez à un mototaxi de vous emmener au mirador de la Punta de Tahuishco et Punta San Juan. Chouette à toute heure. Tout dépend si vous êtes plutôt matinal ou vespéral.

## Visites guidées

**SELENE TOURS**

✆ +51 42 564471 – www.selenetours.com

*Compter entre S/ 40 et S/ 60 la journée, en groupe. Devis pour particuliers.*

Une agence de voyage qui peut être pratique pour explorer les sites un peu plus éloignés. Elle propose des tours classiques en mini van avec guide espagnol mais peut aussi vous faire un devis pour un groupe réduit. Cela peut être intéressant pour explorer chutes d'eau dans les environs. La journée qui comprend Morro de la Calzada et Baños de Oromina est aussi un bon plan.

# RESERVA ECOLÓGICA RÍO AVISADO – TINGANA

Pour ceux qui n'auront pas le temps de partir au cœur de la jungle, voilà une belle option communautaire excellemment bien gérée. Cette réserve de 3 500 hectares est un petit bout de jungle inondable miraculeusement préservée. Ici, les arbres marchent dit-on, tant les racines des *renacal* s'étendent au-dessus de l'eau. C'est aussi un paradis pour les observateurs d'oiseaux. Les singes (les petits *fraile* et le *mono negro*) et paresseux sont aussi au rendez-vous.

**ADECAR** ★★

20 abril 1092

Moyobamba

✆ +51 942 958 538

www.tingana.org

info@tingana.org

*A partir de 2 personnes, compter S/ 120 la journée d'excursion, qui comprend le petit déjeuner, l'exploration en pirogue toute la matinée et le déjeuner. Possible de dormir sur place (à partir de S/ 30 la nuit). Repas extra : S/ 15. Taxi de Moyobamba à Boca del río Huascayacu : S/ 80.*

Embarquez depuis le port de Boca del río Huascayacu (40 minutes en taxi depuis Moyobamba) pour l'aventure : 1h de navigation puis on tourne à droite et on entre dans un bras bien plus étroit, le río Avisado. Quelques minutes de plus et vous verrez apparaître une cabane dans les arbres spectaculaires : c'est la porte d'entrée dans l'univers de Tingana. Ici, Juan Isuiza et ses troupes veillent sur leur réserve avec soin. Ils ont construit deux bungalows familiaux (5 couchages sur 2 étages) et proposent aussi une cuisine familiale. Cela vaut la peine de s'y attarder un peu pour profiter davantage du lieu et partager une vraie expérience écotouristique aux mains de la communauté. Comme il s'agit d'une jungle inondable, tout dépend des eaux mais la plupart du temps les excursions s'effectuent en pirogue entre les racines entremêlées. On voit davantage de faune lors des mois de pluie (de janvier à mai). Quelques balades à pied sont aussi possibles en saison sèche. Comme il s'agit d'un écrin préservé, ici se sont réfugiés beaucoup d'animaux et pouvoir les observer dans le silence est un vrai privilège. Plus accessible, la communauté voisine de Santa Elena est désormais privilégiée par les agences mais le charme des lieux n'est pas tout à fait le même. Une option pour ceux qui manquent de temps.

# CATARATAS DEL GERA

A 21 km au sud-est de Moyobamba, soit 40 min de voiture et encore 20 min de marche. Ces cascades sont entourées d'une végétation vierge de toute trace humaine. On observe l'eau tomber, en trois étapes, d'une hauteur de 120 m.

# EL MORRO DE CALZADA

Sanctuaire écologique, à 20 km de Moyobamba, dans le hameau de Calzada. On le reconnaît à sa montagne qui domine les vallées alentour. De nombreuses espèces végétales et animales, dont le *shushupe*, un serpent très venimeux en voie de disparition, prospérent ici. On peut y accéder en taxi mais c'est sans doute mieux de passer par une agence qui saura vous guider. Des balades à pied sont proposées, et un mirador permet de profiter des lieux vus d'en-haut.

# RIOJA – NUEVA CAJAMARCA

Rioja est un village à 20 km de Moyobamba (20 minutes de route), où les habitants fabriquent des chapeaux de paille de qualité. Le citoyen d'honneur de Rioja est un « empereur » du caoutchouc qui y régnait à la fin du XIXe siècle, Julio César Arana. Les tours classiques comprennent le rio Tioyacu (une jolie piscine naturelle transformée en *recreo* assez bruyant) et la visite d'une distillerie locale, le Chuchu Center. Elle compte aussi avec un petit musée local : le musée Toé (Jr Libertad 1225). La visite vaut surtout la peine pendant la période du carnaval entre février-mars selon les années (chars et festivités).

**CUEVA DE PALESTINA**
Terminal Terrestre La Molina
Jr. Bolognesi 563
Nueva Cajamarca ✆ +51 951 581 485
cuevadepalestina.weebly.com
adesup.palestina@gmail.com
*Compter 20 minutes de moto-taxi jusqu'à Palestina. Tour de S/ 20 (grotte et mariposario). Entrée S/ 3. Petit déjeuner et déjeuner S/ 10 à S/ 15. S/ 25 le moto-taxi (2 à 3 passagers) aller-retour.*
La Cueva de Palestina est une nouvelle attraction. A 30 minutes de Rioja, dans les extérieurs du village de Nueva Cajamarca, une petite communauté redonne vie à une grotte vieille de millions d'années. Celle-ci a été pillée durant des années, et la zone fossile se visite aujourd'hui en compagnie de guides locaux. Ce n'est pas Lascaux mais elle présente 11 salles amples avec ses stalactites, stalagmites, gorges, boyaux et légendes. Des spéléologues français interviennent dans cette zone et une route d'aventures plus développée devrait voir le jour. Pour l'heure, le tour inclut le service la visite de la grotte et des piscines naturelles du torrent qui la borde (env. 1 heure 30) ainsi qu'une petit ferme à papillons. Nous vous conseillons de rester partager le déjeuner en compagnie des familles locales. Une plongée sous la terre doublée d'un moment de partage d'un quotidien bien différent.

**MIRADOR DE GALLITOS DE LAS ROCAS**
Terminal Terrestre
Jr. Bolognesi 563
Nueva Cajamarca
*Familia Alejandria, entrée S/ 2 et guide S/ 5.*
A la sortie de Nueva Cajamarca (village de Primavera, à 20 minutes de moto-taxi) a été aménagé un petit *leck* : un point d'observation sur le lieu exact où l'oiseau national péruvien flamboyant vient roucouler lors de sa parade : à 5h et à 17h, 7 jours sur 7. Par contre c'est un peu au petit bonheur la chance pour les trouver. Comptez sur les moto-taxis une fois sur place.

# TARAPOTO ★

- **Population :** 180 073 habitants.
- **Altitude :** 356 m.

Tarapoto, toujours dans le département de San Martín, au confluent du Bajo Mayo et du río Huallaga, possède un climat subtropical, chaud et humide, aux températures qui oscillent entre 20°C et 32 °C. Elle fut fondée le 20 août 1782 par l'évêque de Trujillo, don Baltazar Jaime Martínez de Compagñon y Bujanda, qui l'appela Santa Cruz de los Motilones de Tarapoto.

- **Ce n'est qu'au XXe siècle**, à partir du percement de la Carretera Marginal, que la ville connaît un véritable essor, avec la culture du coton, du tabac, de la coca et l'accueil des populations venues de la *sierra*. Tarapoto fête son anniversaire du 9 au 20 août, avec concours de beauté, danses, combats de coqs, défilés et expositions. Bien qu'elle n'en soit pas la capitale, c'est la ville la plus dynamique de la région. Assez bruyante avec son ballet incessant de moto-taxis.
- **Pour les Liméniens**, Tarapoto est une terre de fêtes et de détente. C'est un lieu de villégiature prisé pour ses hôtels avec piscine et palmiers, et sa vie légère.

## Transports

- **Pour arriver en bus de Lima**, il faudra passer par les difficiles routes du nord (Lima-Trujillo-Chiclayo-Moyobamba : 1 445 km en 24 heures, mais on peut le faire par étapes).
- **Il n'existe pas de terminal terrestre**, mais la plupart des compagnies de bus se trouvent sur l'avenida Salaverry, entre les cuadras 6 et 8 (Móvil Tours au n° 880 ✆ +51 42 529193). Compter 3h pour Moyobamba, 7h pour Chachapoyas via Pedro Ruiz (descendre à Pedro Ruiz puis continuer en *autos colectivos*), 15h pour Chiclayo et 24h pour Lima.

**AEROPUERTO FAP GUILLERMO DEL CASTILLO PAREDES**
Jr Pimenta
✆ +51 42 522278
Vol quotidien de/vers Lima (55 min) avec Latam Peru (www.latam.com), Star Peru (www.starperu.com), les low cost VivaAir (www.vivaair.com) et SkyPeru (skyairline.com). A noter que avec Star Peru on peut aussi rejoindre Iquitos sans repasser par Lima.

**MOTO-TAXIS**
*Entre S/ 3 et S/ 5 la course dans la ville. Les moto-taxis peuvent aussi vous accompagner et attendre aux points les plus proches. Compter S/ 30 pour 2 à 3 heures.*

## Pratique

- **Indicatif téléphonique** : 042.

### Tourisme – Culture

**PUNTO INFORMACION MUNICIPAL**
Plaza de Armas
L'office de la Municipalité, qui ne regorge pas d'informations mais dont les employés pourront au moins vous donner les prospectus des agences de la ville et vous expliquer comment aller jusqu'à certains points par vos propres moyens.

## Les cérémonies de l'ayahuasca

L'ayahuasca est à la mode et quasiment tous les lodges et guides vous le proposent comme une expérience spirituelle extraordinaire. Attention tout de même : trouver un bon chaman serait comme trouver un bon psy chez nous. Il s'agit de prendre des recommandations et de s'y rendre avant de commencer tout processus. Il est essentiel d'être dans une relation de confiance. L'ayahuasca est un produit issu de la décoction de deux lianes amazoniennes (l'ayahuasca et la chakruna), interdit en France car considéré comme stupéfiant et hallucinogène. Au Pérou, la plante fait partie du patrimoine culturel de la nation. Pendant des siècles, elle a été utilisée par les ethnies amazoniennes pour dominer leurs ennemis, jeter des sorts et pouvoir avoir accès à un niveau de conscience supérieur. On est normalement chaman par hérédité après avoir soi-même beaucoup pratiqué l'ayahuasca et d'autres plantes médicinales. Il s'agit d'une médecine traditionelle qui imposait le respect avant de se transformer en buisness. Le chaman est celui qui prépare le breuvage mais aussi qui va vous guider lors de votre voyage ou transe par ses chants (les *ikaros*), et qui est censé vous accompagner ensuite à comprendre les informations reçues. Les chamans appartiennent souvent aux ethnies shipibo ou ashaninka. On vous proposera désormais de l'ayahuasca même dans les rues de Cusco, mais c'est une plante amazonienne qui résonnera d'autant mieux dans un environnement propice : celui de la jungle. Le processus devrait être accompagné d'une diète avant d'ingérer le produit qui aboutit souvent à de puissants vomissements, pendant et après. Il vaut mieux donc être dans un centre prévu à cet effet et prévoir quelques jours au calme. Prenez votre temps et ne succombez pas aux sirènes qui poussent à la consommation. Le coût moyen d'un séjour dans ces centres se situe autour de 75 à 100 US$ par jour.

### Réceptif

■ **WAZURIRI EXPEDITIONS**
Basé à Lima
✆ +51 986 422 548
https://500px.com/jl_franco
jfrancocastro@gmail.com
Joseluis Franco Castro est photographe et spécialiste des aventures hors des sentiers battus. Il guide de petits groupes et prépare un itinéraire sur mesure pour connaître les communautés, explorer les espaces naturels en trek (région Amazonas, Cordillera Escalera, Tingana) ou accompagner des diètes de médecine naturelle. Il faut par contre le contacter en amont de votre arrivée. Il est basé à Lima et fait des allers-retours dans sa région d'adoption. Services en espagnol uniquement.

### Argent

■ **BANCO DE CREDITO**
Jirón Maynas 130
✆ +51 42 522682

### Moyens de communication

■ **SERPOST**
Jirón San Martín 482
✆ +51 42 522021
*Ouvert du lundi au samedi de 8h à 20h.*

### Santé - Urgences

■ **CLÍNICA SAN MARTÍN**
Jirón San Martín 274 ✆ +51 42 523680

■ **HOSPITAL DE BANDA DE SHILCAYO**
Jirón Pajatén
Cuadra 2 ✆ +51 42 526112

■ **POLICE**
Jirón Ramírez Hurtado
Cuadra 2
✆ +51 42 522141
*Ouvert 24h/24.*

## Se loger

### Bien et pas cher

■ **ALOJAMIENTO VIAJERO WASSI**
Jr. Andres Avelino Caceres N°145 - 151
✆ +51 42 530368
www.alojamientoviajerowassi.com
martinezvelasquez@hotmail.com
*Chambre matrimoniale : 15 US$, double : 25 US$, triple : 30 US$. Pas de petit déjeuner.*
Un hébergement basique à un prix raisonnable : chambres avec salle de bains privée, ventilateur, TV câblée et wifi. Elles sont simples mais propres. La maison est calme et l'accueil sympathique.

### BACKPACKER COLIBRI
Jr. Gregorio Delgado 374
✆ +51 42 527798
*Dortoirs : S/ 35, chambre matrimoniale : S/ 70. Salle de bains partagée. Petit déjeuner végétarien compris.*
Un petit hôtel plein de bonnes ondes pour les petits budgets. Les dortoirs n'ont que 4 lits, on est donc au calme. Les chambres sont simples (salle de bains extérieure commune, eau chaude, wifi, jardin, laverie). Le plus, c'est l'attention d'Ana qui sait très bien comment visiter la région de façon alternative et saura vous faire ses recommandations. Elle a aussi une petite maison de campagne écologique à San Roque de Cumbaza, pour ceux qui veulent se couper du monde.

### LOS HUINGOS LODGE
Prolongacion Alerta 620
✆ +51 42 524171
www.huingoslodge.com
reservas@huingoslodge.com
*Chambre simple : S/ 100, matrimoniale : S/ 120-150, double : S/ 160 et triple : S/ 180-200. Petit déjeuner continental inclus.*
A 15 minutes à pied à l'extérieur de la ville, et déjà un pied dans la jungle, voici une adresse à l'excellent rapport qualité/prix. Elle propose des bungalows de brique amples avec terrasse et hamac, aux intérieurs spacieux et bien équipés (salle de bains privée avec eau chaude électrique, bar-réfrigérateur et petite kitchenette). Attention, wifi uniquement dans les zones communes. L'immense jardin fleuri où paressent oiseaux et papillons est le must de la maison. Idéal pour être au calme. Accessible en moto-taxi (S/ 2).

## Confort ou charme

### ALBERGUE LA PATARASHCA
Jirón San Pablo de la Cruz 362
✆ +51 42 527554
www.lapatarashca.com
reservas@lapatarashca.com
*Compter S/ 120 pour une chambre simple, S/ 160 pour une double ou matrimoniale, S/ 190 triple et S/ 260 la junior suite. Supplément pour l'air conditionné : S/ 150 la simple, S/190 la double et S/ 220 la triple. Petit déjeuner inclus.*
Dans un cadre idyllique de végétation luxuriante, de perroquets beaux parleurs, hamacs et terrasse au cœur de la ville, cet hôtel propose des chambres entièrement en bambou et bois naturel. L'auberge propose aussi un service d'excursions à prix très abordables, un café créatif et sympathique et un restaurant régional délicieux. Une piscine de belle taille et éclairée la nuit vient compléter la prestation. Notre adresse préférée ! Elia, la maman en cuisine, et Cindy, sa fille, sont connues de tous à Tarapoto.

### CORDILLERA ESCALERA LODGE
Prolongacion Alerta 1521 ✆ +51 928 544 671
www.cordilleraescalera.com
info@cordilleraescalera.com
*Bungalow double ou matrimonial : 80 US$, bungalow pour 6 avec cuisine : 170 US$. Cuisine commune en accès libre. Petit déjeuner et transfert inclus.*
Ces immenses bungalows tout en bois et élégants situés au fond d'un jardin en pente, fleuri, disposent d'un coin salon, d'un bar-réfrigérateur, et du wifi dans les espaces communs. Le plus grand est équipé d'une cuisine. On y va surtout pour le silence et la vue panoramique. Ils proposent aussi des diètes de médecine naturelle dans le confort du lodge. A 15 minutes en moto-taxi du centre, sur la route d'accès à Alto Shilcayo.

### HOTEL RIOSOL
Jirón Jiménez Pimentel 407
✆ +51 42 523154
riosol_tarapotohotel@hotmail.com
*Compter environ S/ 120 pour une chambre simple, S/ 155 pour une double, S/195 pour une triple, S/ 200 pour une chambre executive avec lit king size et bain bouillonnant. Petit-déjeuner buffet inclus.*
Les chambres sont équipées de l'air conditionné, d'un minibar, de la TV câblée et du wifi. Egalement une belle piscine, une salle de conférences et un bar-restaurant dans un grand édifice moderne. Un petit luxe à un prix somme toute raisonnable.

### MADERA LABRADA LODGE
Pasaje Santa Monica, S/N
A côté de la Fabrica de Chocolates La Orquidea
✆ +51 42 531865
maderalabradatarapoto.com
*Chambre simple S/ 120, double ou matrimoniale S/ 200, triple S/ 240 et quadruple S/ 280. Petit déjeuner inclus.*
Un petit goût de jungle au bord de la ville puisque cet hôtel est bâti comme les lodges avec des chambres en bambou et toits de palmes, meubles en bois. Le tout autour d'une grande piscine (avec pataugeoire) et jardins. Comme dans les lodges les chambres sont plutôt petites, avec ventilateur et salle de bains privée, mais elles ont le charme rustique et exotique qu'on vient chercher. Bruyant en période de fête.

## Luxe

### PUMARINRI AMAZON LODGE
Carretera Shapaja-Chazuta, Km 16
✆ +51 42 526694
www.pumarinri.com – info@pumarinri.com
*Double ou matrimonale : S/ 280, superior avec petite piscine individuelle : S/ 325. Formules 3 jours/2 nuits à partir de S/ 769 en chambre ou S/ 879 en suite, en pension complète et excursions incluses.*

A 1h de Tarapoto, au bord du río Huallaga, un lodge qui offre une vue spectaculaire et une belle qualité de service : les suites sont amples avec douche italienne, TV à écran plat et air conditionné. Dans ce lodge, il y a deux types de chambres sous un même bungalow. Les suites en bas, plus grandes, mieux équipées, avec une terrasse. Et au 2e étage du même bungalow, des chambres coquettes mais plus simples, sous les toits, avec un balcon. Les deux espaces sont loués séparement ou à une même famille selon le nombre de personnes. Les jardins sont sublimes, la piscine centrale extérieure très agréable. Le mieux : souscrire un forfait avec excursions au programme comme la balade à la jolie chute d'eau de Pucayaquillo ou en bateau le long du Huallaga pour voir les *shanshos* parader.

**■ TUCAN SUITES**
Jr. 1° de Abril 315
La Banda de Shilcayo
✆ +51 42 528383
www.tucansuites.com
info@tucansuites.com
*Suites à partir de S/ 329 la nuit en double ou matrimoniale. Petit déjeuner inclus. Séjours 3 jours/ 2 nuits : S/ 579 par personne, repas et excursions incluses.*
Les propriétaires du Pumanrinri Lodge ont ouvert cette étape stylée au cœur de la ville. Ici, toutes les chambres sont des suites qui multiplient les détails design. La Executive jouit d'un lit king size et d'un bain bouillonnant. La Duplex dispose d'un lit queen size mais de deux étages et d'une vue sur la piscine centrale. Il y aussi des appartements avec deux chambres communicantes pour les familles. Dans tous les cas, salle de bains privée avec baignoire et eau chaude, TV LCD, air conditionné, kitchenette avec espace repas et terrasse. Impeccable.

## Se restaurer

Dans la selva, où les crustacés et le poisson sont la base de la cuisine, les aliments sont préparés d'une manière un peu spéciale. On les enroule dans des feuilles de bijao et on les fait cuire sur le charbon… C'est ce que l'on appelle les juanes, si c'est de la viande, ou patarashca, si ce sont des produits de la rivière.

### Sur le pouce

**■ RAYO DEL SOL-PANADERIA FRANCESA**
Au coin de Jr. San Pablo de la Cruz et Jr. Rioja
Frente al Club Social ✆ +51 999 785 353
bambinsdesbidonvilles.org
rayodesol.perou@gmail.com
*Du lundi au vendredi de 7h à 21h et de 7h à 14h le samedi.*
Une cafétéria toute neuve et joliment arrangée pour ce projet qui aide à la construction d'une école dans le quartier pauvre de Morales. On y trouve du café bien sûr et des viennoiseries-pâtisseries, des crêpes, des tartes salées et même des madeleines. On peut aussi les contacter pour y faire du volontariat.

### Bien et pas cher

**■ MERCADO CENTRAL**
Angle Jirón Lima et Nicolás de Pierola
Pour ses succulents jus de fruits et pour sa cuisine locale de la selva à de tout petits prix.

**■ QUILPA CAFÉTERIA**
Jr. Leoncio Prado 155
✆ +51 942666453
casadepalos.pe/quilpa
casadepalosboutique@gmail.com
*Compter entre S/ 12 et S/ 20.*
Une belle terrasse au 2e étage pour cette cafétéria en bois truffée de peintures amazoniennes colorées. Sur les ardoises sont affichées les formules du jour : sandwich + café fraîchement toasté par exemple. Essayez le sandwich *lomo saltado* ou *pollo estilo caprese*, ou une *ensalada de casa*. Il y aussi des *juanes* maison à petits prix ou des plats plus classiques. Calme et joliment agencée, elle est située au-dessus de l'hôtel Casa de Palos et ouverte à tous.

**■ REAL GRILL**
Sur la Plaza de Armas
✆ +51 42 522714
*Compter entre S/ 20 et S/ 30 à la carte.*
Une valeur sûre sur la place avec à la carte tous les classiques péruviens comme le *lomo saltado a la milanesa*, quelques plats régionaux à base de chorizo ou de *cecina*, des plats de pâtes, des salades, des sandwichs et des jus de fruits. Efficace.

**■ SUCHICHE CAFÉ**
Jr. Lamas 245
✆ +51 42 531987
*Compter entre S/ 20 et S/ 30. Du lundi au samedi, deux menus le midi avec option végétarienne economico S/ 10 et ejecutivo S/ 12.*
Du sang neuf en ville avec ce café tout en long et son joli bar qui fait aussi galerie d'art. Idéal à toute heure. Belle sélection de salades, *enrollados* ou plats comme le *lomo saltado*, la *chuleta ahumada* ou le *pollo* mais aussi de jus de fruits. Vous trouverez sur place un petit espace épicerie pour s'approvisionner en chocolat, café, huile de coco bio. Le menu du midi est une option à petit prix vraiment intéressante : entrée, plat, jus et dessert. Suchiche est dos à l'hôtel Patarashca. On peut aussi passer dans les canapés du jardin pour picorer sa carte. Concerts en fin de semaine.

## Bonnes tables

**CAFÉ D'MUNDO**
Jr. Alegria Arias de Morey 157
✆ +51 42 524918
*Compter autour de S/ 30 la plat de pâtes ou la pizza.*
Pour un dîner en amoureux dans le patio à l'air libre et à la lumière des bougies. Bonnes pizzas croustillantes et surprenantes lasagnes de cecina à la coriandre sauvage. On y vient pour l'ample terrasse, et la carte des vins. Une ambiance à part dans la ville.

**CHALET VENEZIA**
Jr. Alegria Arias de Morey 298
✆ +51 42 522 104
*Fermé le lundi. Compter entre S/ 30 et S/ 50 à la carte.*
Un mariage réussi entre les produits frais amazoniens et le génie de la simplicité italienne. Sous un joli chalet en bois chic, une trattoria qui sert un excellent *pollo a la venezia*, du « filet migon » et une sélection complète de spaghettis. Jolie petite terrasse bien qu'un peu bruyante. Visiter le nouvel espace boulangerie et ses pains maison. Christian, le chef, est français.

**RESTAURANT PATARASHCA**
Jirón Lamas 261 ✆ +51 42 523 899
*Plats de S/ 20 à S/ 40.*
Restaurant accolé à l'auberge du même nom (même propriétaire) et de qualité égale. On y sert une cuisine typique de la *selva* (*paiche, juanes, patarashca…*), dans le cadre fort agréable de la terrasse abritée du 1er étage. Essayez aussi les *costillas ahumadas* en miel de cacao. Quelques desserts ont trouvé leur place dans la carte. Incontournable.

## Sortir

Les Jirón Lamas et La Cruz regorgent de petits bars, pubs et boîtes.

**STONEWASI**
Jirón Lamas 222 ✆ +51 956 395 939
*De 15h à 3h.*
Terrasse, musique des Beatles, caméra antique géante. Armando (dit El Chino) et son équipe savent vous recevoir avec de délicieux cocktails. L'incontournable des nuits tarapotines depuis des années.

**YURAC YANA LOUNGE**
Jr. Augusto B. Leguía 514 ✆ +51 973 846 719
*De 18h à 3h. Fermé le dimanche.*
Ce resto-bar avec grands canapés propose de la musique live certains soirs. Lumières tamisées, plats à partager et grignoter, cocktails de la zone plutôt osés comme le Pisco Mule ou La Margarita Corona. Bref il est sympa de s'y relaxer après une longue journée.

## À voir – À faire

**CHOCOLATES LA ORQUIDEA**
Jr Santa Monica 200
✆ +51 42 526573
*Gratuit, tous les jours entre 9h et 18h.*
Le cacao a connu un boom depuis son implantation comme culture alternative à la coca. Cette entreprise, la plus importante de la région, produit ses propres liqueurs et chocolats. Préférez les plus amers et donc les plus purs. On peut visiter les locaux de fabrication, apprendre le processus, faire ses emplettes et appuyer ainsi l'économie locale.

**TABACALERA DEL ORIENTE**
Jr Martinez de Compagñon 1138
✆ +51 42 530235
www.tabacaleradeloriente.com
info@tabacaleradeloriente.com
*Du lundi au vendredi de 8h à 12h. Gratuit.*
Ici, un Italien a réussi à implanter une variété de tabac habana. On fabrique donc de manière traditionnelle des cigares comme là-bas. On peut visiter la plantation, les ateliers, les caves à cigare et ramener quelques souvenirs « roulés à la main ».

## Sports – Détente – Loisirs

**AMAZON MOUNTAIN BIKERS**
Jr.Capirona 160
✆ +51 954 800 519
www.amazonmountainbikers.com
info@amazonmountainbikers.com
*Compter entre S/ 60 et S/ 80 la demi journée (de 9 à 14 km, 3 à 4 heures), S/ 100 à S/ 120 la journée complète (24 km), S/ 135 le doublé mountain bike-rafting. Minimum 4 personnes.*
Pour sortir de la routine et découvrir les paysages vallonés, rien de mieux qu'un bon coup de pédale. Les mountain bikes sont solides, de bonne marque, fournis avec gants, casques, barres et boissons énergétiques. Bon esprit ! La route à emprunter est au choix, selon votre niveau d'exigence physique et la météo, qui rend les chemins plus ou moins boueux. Bruno, péruvien et initiateur du projet, saura vous guider et vous donner du peps si il vous en manque un peu.

**ECORUTAS**
Jr. Ramírez Hurtado 436
✆ +51 945 294 945
eco_rutas@hotmail.com
*Compter S/ 70 le tour à partir de 2 personnes : canopy et/ou rafting. Tarifs dégressifs selon le nombre de participants.*
La descente en rafting est la même que chez les concurrents, sauf que deux lignes de tyroliennes ont été ajoutées pour plus de frissons. L'une surplombe le río à une quizaine de mètres, l'autre pique en ligne droite dans les arbres. Facile pour

les habitués, amusant pour les autres. Attention toutefois, le prix des deux activités se cumule.

**KURIYAKU RAFTING**
Jr Libertad 265 ✆ +51 942 793 388
kuriyacu.blogspot.com
canotaje.tarapoto@gmail.com
*S/ 70 par personne la descente. S/ 70 par personne le tour de 3 à 4 heures jusqu'à la cascade La Union en cuatrimotos.*
La descente du fleuve Mayo offre des rythmes doux et quelques sensations. Parcours entre San Miguel et Maceda. On débute par le saut libre depuis une passerelle suspendue à 7 mètres de hauteur. On peut faire une partie du parcours à la nage et s'essayer à la corde façon Tarzan. Une chouette demi-journée. Kuriyaku offre aussi des circuits en cuatrimotos.

## Visites guidées

**AGENCE DE TOURISME MARTIN ZAMORA**
Jirón San Martín 213
✆ +51 42 525148
www.tarapototravel.com
martin.zamora@tarapototravel.com
Martín vous propose six circuits touristiques différents en 4X4 ou mini-van alternant découvertes de lagunes (Azul, Lago Lindo), chutes d'eau (Cataratas de Huacamaillo, del Ahuashiyacu, Tununtunumba) et villages (Moyobamba, Lamas, Rioja). Plus agréable à la carte.

## Shopping

**INTI**
*De 9h à 20h, jusqu'à 17h le dimanche.*
Ici Sandra, Franco-Péruvienne, a regroupé tous ses produits coup de cœur un peu alternatifs et faits avec amour. On y trouve des chocolats, des produits bio, des savons, des vêtements à l'esprit ethnique. Un joyeux fourre-tout coloré et plein de bonnes ondes.

**MERCADO ARTESANAL**
Plaza de Armas
Pour des produits artisanaux de qualité, il est recommandé de se rendre au village de Lamas. Toutefois, ici, ceux qui cherchent une petite idée cadeau trouveront plusieurs petits chalets bien fournis. On déambule et marchande.

# CORDILLERA ESCALERA ★

Cette réserve régionale de 2 500 hectares a été formée par 30 agriculteurs qui décidèrent de se reconvertir dans l'écotourisme. Les treks d'une journée partent à la découverte de la cascade de Tamushal, de Velo de la Novia et de VinoYacu. Nombreux oiseaux et points de vue panoramiques. Possibilité de camping dans le parc. Attention, prévoir la journée : ça grimpe et il faut traverser le torrent à plusieurs reprises. Beaucoup de grenouilles toutes plus colorées les unes que les autres dans les parages. Certains guides sont spécialistes.

**ASOCIACIÓN DE PROTECCIÓN DE FLORA Y FAUNA**
Au bout de la Prolongacion Alerta
TARAPOTO ✆ +51 42 532063
asociacionflorayfauna@gmail.com
Demandez Juber Samanga, le guide le plus engagé de la zone. Il n'est pas toujours facile de trouver le chemin jusqu'aux chutes d'eau sans personne. C'est l'une des excursions les plus sportives de la zone. Comptez environ 3h de montée en traversant le torrent à plusieurs reprises pour atteindre le Velo de la Novia ou Tamushal. Mais vous serez seul au monde, perdus dans la forêt. Papillons et grenouilles sur votre route.

# SAN ROQUE DE CUMBAZA

Ce petit village à 45 minutes de Tarapoto a vu naître plusieurs *lodges* et initiatives écologiques. Une belle étape pour se couper de tout pendant quelques jours, se baigner dans les eaux du río et partir en trek jusqu'à Toro Yacu, l'impressionnante cascade. Compter deux jours et une nuit de camping pour profiter de la randonnée et des lieux.

**CHIRAPA MANTA ECOLODGE**
✆ +51 963 756 234
www.chirapamanta.com
chirapamanta@gmail.com
*Chambre matrimoniale ou double : S/ 165, familiale (un lit double et un lit superposé) : S/ 215. Toutes avec salle de bains privée. Chambre double avec salle de bains partagée S/ 140. Dortoir Quilla Manta (4 lits) : S/ 60. Petit déjeuner américain inclus. Déjeuner ou dîner (végétarien ou classique) : S/ 25 le menu complet.*
C'est ici que Javier et Claudia, tous deux liméniens et communicants, ont construit leur rêve d'une autre vie : en totale harmonie avec la forêt. Leur maison d'hôtes est entièrement bâtie en matériaux naturels et recyclés, et ne manque pas de charme. Deux chambres en bas, une familiale en haut, une cuisine centrale : l'idée c'est de partager avec les autres hôtes de passage. Leur maison à eux est plus loin, bâtie sur le même modèle, le long du fleuve, au calme. Ils ont construit une immense maloka où l'on peut faire sa routine de yoga, et ils proposent des massages et des sessions d'ayahuasca pour les groupes, sur réservation. Pour se reconnecter... C'est de loin l'option la plus agréable du village.
Javier peut aussi coordonner le trek vers Toro Yacu et vous mettre en contact avec les communautés natives (Quechuas, Lamistas) de la zone.

■ **RUNAMAZON-GUIDES LOCAUX**
✆ +51 940 172 690
runamazon.wixsite.com/runa
runamazonperu@gmail.com
Le village a aussi son service de guides locaux et des bungalows gérés par la communauté, bétonnés. Difficile d'arriver sans prévenir mais en téléphonant avant, vous pouvez organiser la route à la cascade Toroyacu en formule trek de 4 jours/3 nuits ce qu'ils appellent le « Amazonas Inka Trail ». Les prix seront plus accessibles, le confort plus basique. Le projet, sous la tutelle de Rodrigo (qui répond au téléphone), fonctionne sur la base d'un commerce équitable : les frais liés à l'excursion sont en partie reversés aux communautés et à la conservation. Il est aussi possible de s'unir à ce projet pour faire du volontariat.

## CATARATAS DE HUACAMAYLLO

Moins connue et plus sauvage, cette cascade se trouve à 30 min de route de Tarapoto jusqu'à San Antonio de Cumbaza puis, de là, à 1h30 de marche dans la jungle en franchissant les torrents. Le chemin est plat, on surprend les papillons, et on est presque seuls au monde. La chute en elle-même est petite mais la piscine naturelle ample. Prévoir des vivres si vous voulez y rester une partie de la journée. Il y a quelques épiceries dans le village mais rien d'extravagant. Attention, ce trek n'est pas recommandé à la saison des pluies : la crue du torrent est rapide et vous resteriez bloqués.

▸ **Accès.** Entrée : S/ 3. *Autos compartidos* depuis le terminal à Tarapoto pour San Antonio de Cumbaza, de 6h à 16h-17h. Compter S/ 10 le trajet. C'est une des routes de prédilection de Wazuriri Expeditions, qui travaille avec Alberto, un maestro qui a son petit centre juste à l'entrée du chemin pour la cascade : grande maloka, chambres en bambou, simple mais de confiance.

## CATARATAS DE AHUASHIYACU

A 20 km au nord-ouest de Tarapoto, soit 40 min en voiture, sur la route de Yurimaguas. Dans ce paradis de la biodiversité poussent des arbres gigantesques et de nombreuses plantes médicinales. Au milieu de la jungle, au pied du Sacha Casho, on pourra s'arrêter le temps de faire un vœu, selon la coutume. Plus loin se trouvent les chutes d'Ahuashiyacu dont les eaux rafraîchissantes et cristallines sont un véritable régal. Attention, comme il ne faut marcher que 10 à 15 minutes, ses piscines naturelles sont souvent pleines.

▸ **Accès.** Compter S/ 80 en taxi pour l'aller-retour et l'attente. Entrée : S/ 5.

## LAMAS

▸ **Située en haut d'une colline à 1 000 m d'altitude,** c'est la seule bourgade de la *selva* qui ne soit pas baignée par un fleuve. La population y est très mêlée et les Indiens parlent un étrange idiome fait de quechua mâtiné de dialectes de la forêt.

▸ **Lamas s'étend sur des terrasses**, ce qui lui vaut le nom de « ville aux trois étages ». Selon la légende, le premier étage était habité par les peuples venus du Sud afin d'échapper aux Incas (*los chancas*), le second était habité par les métis et le dernier servait de mirador. La différence reste toujours très marquée entre Indiens natifs et métis ; en témoignent les fêtes patronales célébrées séparément. Ou la présence d'un château neuf, œuvre des extravagances d'un Italien, qui surplombe le *wayku* ou village natif. Il se visite et propose un restaurant honnête. N'oubliez pas non plus d'aller jusqu'au mirador principal pour embrasser du regard toute la vallée.

▸ **Fêtes.** Santa Cruz de los Motilones (fête des métis), le 17 juillet, et Santa Rosa (fête des natifs), le 30 août. Le petit musée ethnique de Lamas, sur la partie haute, peut vous aider à vous familiariser avec la culture lamista.

### Transports

A 22 km de Tarapoto, soit 30 min en voiture. Lamas est accessible en *autos compartidos* depuis Tarapoto. Demandez à un moto-taxi de vous emmener au Terminal de autos para Lamas (S/ 8).

### À voir - À faire

■ **BARRIO DEL WAYKU**
C'est la visite traditionelle proposée à Lamas : le *wayku* ou quartier bas toujours habité par les descendants des natifs. On vous conseille vraiment de vous y rendre seul. La place est entourée de boutiques d'artisanat plutôt intéressantes. Un peu plus en hauteur, vous trouverez celle qui réunit tout la communauté : le centre *Waska waska warmi wasi.* Sur la gauche de la place, une boutique est plus animé : c'est celle où Daniel et Juben jouent et les enfants du village se réunissent pour danser. Le quartier est plus animé le dimanche, jour où les habitants des communautés sur les hauteurs y viennent. La fête du 30 août est toujours pleine de vie et de folkore.

## LAGUNA AZUL - SAUCE ★

A 50 km de la ville, environ 2 heures en voiture. Après avoir parcouru les 35 km qui séparent Tarapoto de Puerto López, avoir traversé le río Huallaga et passé les collines, on arrive dans le village de Sauce, installé sur les rives de la Laguna Azul. D'une superficie de 430 ha et de 35 m de profondeur, à 650 m d'altitude, cette lagune s'habille de teintes passant du bleu turquoise au vert émeraude. Elle abrite une faune diversifiée (martins-pêcheurs, hérons, aigles...) qui apprécie la température de ses eaux (entre 25 et 28 °C). De là, tout est possible : se baigner, faire du canoë ou du cheval, et aussi dormir sur place. N'oubliez pas la visite thermale à Paucaryacu. Les lodges ont fleuri sur les berges ces dernières années. A éviter pendant les jours fériés nationaux, c'est une belle échappée le reste du temps.

## Se loger

### Bien et pas cher

**LA CABAÑA DEL LAGO**
✆ +51 1 2663292
www.lagunaazul.com.pe
neygarcia@lagunaazul.com.pe
*Compter S/ 70 la matrimoniale et S/ 90 la familiale. Petit déjeuner et repas en extra. Formules pension complète et activités possibles.*
Des cabanes toutes simples séparées en plusieurs petites chambres. Les matrimoniales ont un lit double et les familiales deux lits doubles. Pas beaucoup d'intimité mais une terrasse, un hamac, et le lac à deux pas. Toutes les chambres ont leur salle de bains privée et la TV câblée. Simple mais économique. Restaurant sur place. Le lieu est géré par une agence, Turismo Fanda.

**MALOCA INN**
✆ +51 984 307 267
reservas@hotelmalocainn.com
*Chambre double ou matrimoniale S/ 180, triple S/ 230 et quadruple S/ 280. Petit déjeuner inclus.*
Ces deux maisons blanches sur 2 étages font face à une piscine et un grand jardin qui descend vers le lac. Ici 12 chambres disponibles, 10 matrimoniales et 2 familiales avec salle de bains privée, eau chaude, TV par câble et ventilateur. Les chambres sont neuves, propres et les lits amples. La hutte centrale sert pour les repas. On est au centre du village avec le même programme que partout : relax. Prix dégressifs si on reste plus longtemps.

### Confort ou charme

**SAUCE LODGE**
✆ +51 1 642 9920
saucelodge.com
saucelodge@gmail.com
*Bungalow matrimonial à partir de S/ 220, triple S/ 250, familiale S/ 400. Petit déjeuner inclus. Activités additionnelles S/ 40.*
Des bungalows matrimoniaux, triples ou familiaux jusqu'à 5 personnes pour profiter du jardin et des activités qu'offre la Laguna Azul dont le kayak. Jeux sur place. Restaurant. Un petit lodge rustique-chic de seulement 6 bungalows qui propose un prix sympathique. Le lodge se situe au bout de la Laguna Azul dans un secteur un peu plus isolé. Mais de toute façon il n'y pas grand-chose à se mettre sous la dent dans le village. On vient pour déconnecter.

### Luxe

**EL SAUCE RESORT**
San Pablo de la Cruz 248
✆ +51 1 6371770
www.elsauceresort.com
informes@elsauceresort.com
*Chambres à partir de 100 US$ la nuit, cabanes à 155 US$ la nuit et bungalows à 205 US$ la nuit. Inclus : le petit déjeuner, le tour de la lagune et un tour à cheval. Formules « paquetes » à consulter.*
Un hôtel chic au bord de la lagune, comptant dix chambres avec terrasse et hamacs voisines les unes des autres, douze bungalows indépendants, cinq bungalows familiaux de deux étages et une suite de deux chambres. Toutes les unités proposent télé câblée, eau chaude, frigobar, wifi, ventilateur, sans oublier les deux piscines et le spa avec bain bouillonnant, sauna, massages à la carte... Un repos véritable loin de tout : on est à 54 km de Tarapoto (50 min de trajet).

**LAGO LINDO**
✆ +51 42 524100
www.puertopalmeras.com.pe
cta@puertopalmeras.com.pe
*Compter S/ 500 la nuit, et S/ 1 250 le forfait 3 jours/2 nuits. Possible de découvrir Lago Lindo pour une journée (de 9h à 18h avec déjeuner) : S/ 225.*
Un vrai joyau. Lago Lindo est une réserve privée, au-dessus de Sauce et de sa Laguna Azul. Elle a été entièrement reboisée. Le lac propose des canoës pour s'approcher des oiseaux, *shanshos* ou paresseux. Les bungalows sont rustiques mais avec salle de bains privée, un peu chers pour le standing mais la vue est imprenable : les levers et couchers de soleil sur le petit lac sont magiques. Il est aussi possible de faire l'excursion d'une journée et de décider d'y rester ou non. Plus exclusif que la Laguna Azul.
- **Autre adresse :** Bureau à Tarapoto

## À voir – À faire

Autour de la Lagune on peut se balader à cheval, louer des kayaks ou des moto aquatiques. Grimper jusqu'à la petite cascade Ojos. Une fois arrivé, on réserve via son hôtel ou lodge ou via les rabatteurs qui ne manquent pas.

### BAÑOS TERMALES DON GRIMALDO

✆ +51 942 740 573

*S/ 30 le tour incluant transport, entrées et jus de fruit.*

Bains de boue, petites piscines d'eau fraîche en galets et petite lagune bordée de jungle : voilà un endroit où savourer un moment de détente.

### ECOPARQUE LA SOÑADA

✆ +51 973 1918 12

ecoparquelasonada.com

*Tour à la journée S/ 120 par personne et S/ 90 la demi-journée.*

Un vrai projet vert qui a permis de replanter ici 40 000 arbres et 15 000 arbres fruitiers. Les oiseaux sont nombreux. Le tour vous fait découvrir le cacao et comment on le travaille, la variété d'espèces d'arbres et également une serre à orchidées et une serre à papillons. Sur place on trouve des jeux pour les enfants et des sculptures inspirées des légendes de la jungle. Il faut réserver ou s'inscrire via son hôtel, on vient vous chercher et vous vous unissez à un groupe qui découvre les lieux avec vous. Le déjeuner est inclus. Une piscine naturelle se prête à la baignade. Ce parc écologique se trouve de l'autre côté de la Laguna Azul, on s'y rend en bateau.

# RÉGION D'UCAYALI

Au bord du río Ucayali se trouve la capitale de la région, à savoir la ville portuaire de Pucallpa. Il y fait chaud... très chaud ! En effet, le climat tropical de cette région peu élevée du bassin amazonien donne des températures conséquentes toute l'année (autour de 27°C). La région est traversée dans sa partie orientale par le río Ucayali, qui lui donne son nom et qui naît de la confluence du río Tambo et du río Urubamba. Les premières personnes à s'établir dans la région d'Ucayali furent les Panos, vers 2000 av. J.-C., qui s'installèrent tout au long du fleuve. Aujourd'hui, de nombreuses communautés indigènes vivent dans des zones enclavées voire reculées. Les cours d'eau jouent donc plus que jamais un rôle important pour les communications. La destination n'a jamais connu de véritable engouement touristique. S'y rendent davantage les *backpackers* pour rejoindre Iquitos sur les gros ferries de marchandise via le rio Ucayali. On visite aussi la région pour la médecine naturelle, l'ayahuasca et les savoir des shipibos, natifs amazoniens et gardiens des savoirs chamaniques. Si vous n'êtes intéressés ni par l'un ni par l'autre, la jungle n'a que peu d'intérêt. Elle est moins bien préservée qu'à Iquitos ou Madre de Dios par exemple.

## PUCALLPA

- **Population** : 326 040 habitants.
- **Altitude** : 154 m.

Sur les rives du río Ucayali, Pucallpa, « terre rouge » en quechua, est le premier port fluvial de la selva centrale. Peuplée depuis plus de mille ans par les Shipibos et les Cashibos, qui lui donnèrent le nom de Mayusín, « terre maudite », la province, qui vivotait depuis la fondation de sa capitale au XIXe siècle, se développa à partir de 1940. C'est de cette époque que date la percée de la route menant à Huánuco, route rendue nécessaire par l'exploitation intensive de l'hévéa... Aujourd'hui, Pucallpa est la deuxième ville amazonienne en importance, avec une industrie reposant sur l'extraction du bois, le pétrole et les échanges portuaires. L'agriculture intensive a eu raison de la forêt tropicale la plus proche de la ville. Celle-ci s'est beaucoup modernisée. Elle offre quelques hôtels de luxe, mais elle a aussi perdu beaucoup de son identité. Pendant la saison des pluies, les fleuves débordent et les rues deviennent d'infranchissables bourbiers. Colorée, pleine de senteurs et de sons, Pucallpa est faite pour un tourisme hors des sentiers battus. Beaucoup viennent ici attirés par la culture native (celle des Shipibos) et sa maîtrise des plantes médicinales. Si vous êtes friand de nature et de paysage, préferez le Nord et Tarapoto ou le Sud et Puerto Maldonado. C'est certes triste mais l'écotourisme n'a pas été la voie de développement choisie ici. On atteint la ville par avion à partir de Lima ou des autres grandes villes du pays.

- **Quand vous venez de Tingo Maria**, la route se traîne dans la Cordillera Azul puis plonge littéralement vers la *selva* basse et le canyon de Bosquerón del Padre Abad, aux parois verticales hautes de plus de 1 500 m et aux à-pics terrifiants. Puis des chutes aux noms évocateurs rafraîchissent le voyageur : Baño del Fraile (« bain du moine »), Velo de la Novia (« voile de la mariée ») ou Ducha del Diablo (« la douche du diable »). C'est aussi une jolie excursion d'une journée offerte depuis Pucallpa, en rejoignant Aguaytia puis les chutes.
- **La capitale du département d'Ucayali** est à 285 km de Tingo María et à 425 km de Huánuco. Le climat y est chaud et humide avec des pluies abondantes entre octobre et mai. La ville fête San Juan, du 18 au 24 juin, la Gran Feria Regional avec concours de plats typiques et danses, du 23 au 31 juillet, ainsi que l'anniversaire de sa fondation, du 5 au 20 octobre, sans oublier le Festival del Carnaval Ucayalino en février.

## Transports

Pour se balader en ville, les moto-taxis demandent environ S/ 2. Autour de la ville, compter S/ 5, guère plus de S/ 10 pour des destinations plus éloignées.

**AEROPUERTO INTERNACIONAL CAP. FAP. DAVID ABENZUR RENGIFO**
Carretera Federico Basadre km 5,5
✆ +51 61 572762
Liaisons avec Lima, Iquitos et Tarapoto, avec Latam (latam.com), Star Peru (starperu.com), SkyPeru (skyairline.com)

**BATEAU**
Il est possible de monter dans des cargos de marchandises qui vont jusqu'à Iquitos. Compter S/ 100 pour 4 jours de traversée avec le repas (frugal) compris. N'oubliez pas votre hamac (S/ 40 au port de Pucallpa), votre gamelle et votre antimoustiques. Si vous parlez un peu l'espagnol, préparez-vous à faire des rencontres extraordinaires et à voir des paysages magnifiques. Cela compensera largement votre manque de confort et d'intimité... Il y a aussi des cabines spartiates mais plus sûres (S/ 150). Attention tout de même à la saison : de mi-juillet à mi-octobre, les eaux sont basses et le voyage se rallonge, voire s'éternise si le ferry s'enlise dans les bancs de sable... Si c'est le cargo qui vous tente, la route Yurimaguas-Iquitos au nord est plus courte.

- **Compagnie :** Henry, ✆ +51 961 613 941, transportefluvialhenry.com.

Difficile de réserver, il faut aller au port et attendre que le bateau soit prêt, ça prend entre quelques heures ou jours, question de patience.

**BUS**
Turismo Central se trouve sur l'av Raimondi 768 (www.turismocentral.com.pe) et propose des départs pour Huanuco, Lima, Huancayo, et Satipo. Tepsa (Jr Tacna 542) propose des départs pour Tingo Maria, Huanuco, Lima. Transmar (Jr Raymondi 793, www.transmar.com.pe) opère la route jusqu'à Tarapoto. Les départs se font normalement les lundis, mercredis et vendredis, le soir.

- **Lima** : 20h de route (parfois davantage en saison des pluies), compter S/ 100.
- **Tingo María** : 4h30 de route en covoiturage (*autos collectivos*), compter S/ 45, plus long mais moins cher en bus, sur une chaussée qui s'est bien améliorée. Il vaut mieux voyager de jour car la remontée de la cordillère est magnifique.
- **Huanuco** : 8h de route.
- **Tarapoto** : 11h de route. La route qui passe par Tocache a été assainie et sécurisée, néanmoins ne vous attendez pas au même type de service que sur les lignes importantes.

## Pratique

- **Indicatif téléphonique** : 061.

### Tourisme - Culture

**DIRCETUR**
Jirón 2 de Mayo 111
✆ +51 61 571303
*Ouvert du lundi au vendredi de 7h30 à 17h.*
En l'absence de point d'information municipal ou de bureaux I Peru, la Dirección Regional de Comercio Exterior y Turismo de Ucayali peut être un bon plan pour obtenir quelques informations et cartes. Attention, il s'agit d'une administration, pas d'une agence de voyage.

### Argent

**BANCO DE CREDITO**
Av Raimondi 404
✆ +51 61 577892

### Moyens de communication

**SERPOST**
Avenida San Martín 418
✆ +51 61 571382
*Ouverte du lundi au vendredi de 8h à 18h30 et le samedi de 8h à 17h30.*

### Santé - Urgences

**HOSPITAL REGIONAL**
Jirón Agustín Cauper 285
✆ +51 61 575209
*Ouvert 24h/24.*

**POLICE**
Jirón Independencia (cuadra 3)
✆ +51 61 591433
*Ouvert 24h/24.*

## Se loger

### Bien et pas cher

**HOSPEDAJE BARBTUR**
Av Raimondi 670
✆ +51 61 572532
barbtur_1981@hotmail.com
*Compter S/ 25 pour une chambre simple et S/ 35 pour une double avec salle de bains partagée. S/ 40 pour une chambre simple et S/ 50 pour une double ou matrimoniale avec TV et salle de bains privée. Pas de petit déjeuner.*
Un hébergement basique dans sa catégorie avec TV câblée, wifi et ventilateur pour les chambres les plus chères. Bon rapport qualité-prix et accueil impeccable.

### HOSTAL KOMBY

Jr Ucayali 360
✆ +51 61 571562
*Compter S/ 65 pour une chambre simple, S/ 85 pour une matrimoniale et S/ 125 pour une triple. Supplément de S/ 20 pour l'air conditionné. Petit déjeuner et transfert inclus.*
Confortable et propre, avec une petite piscine centrale et wi-fi dans tout l'établissement. L'intérieur des chambres a été modernisé. Un bon plan !

## Confort ou charme

### GRAN HOTEL MERCEDES

Jirón Raimondi 610
✆ +51 61 575120
granhotelmercedes.com
*Cabane familiale pour 4 : S/ 90 par personne et par nuit, et pour 6 : S/ 80 par personne et par nuit. Suite S/ 280-350, petit déjeuner continental inclus.*
Cet établissement confortable propose un beau jardin, une grande piscine, un restaurant tout à fait acceptable, comme le prix des chambres (dotées de sanitaires privés avec eau chaude, air conditionné, TV câblée et réfrigérateur). Wifi. La concurrence est rude donc les prix doux pour la qualité de la prestation.

### HOTEL D'SELVA

Jr. Tacna 149
✆ +51 61 595022
www.hoteldselva.com
dselva@hoteldselva.com
*Compter S/ 100 la chambre simple et S/ 130 la matrimoniale. Matrimoniale à partir de S/ 180 avec bain bouillonnant et lit queen size.*
Cet hôtel flambant neuf présente une jolie façade en bois travaillée. A l'intérieur, c'est moderne. Les chambres sont assez standards mais spacieuses et lumineuses, avec salle de bains privée (bain bouillonnant en option), TV et wifi. Agréable petite piscine à l'arrière de l'hôtel. A deux pas du centre mais au calme.

### MANISH HOTEL, EX FORESTA INN

Av. Centenario, km 4,8
✆ +51 61 577167
www.manishhotel.com.pe
reservas@manishhotel.com.pe
*Compter S/ 200 pour une chambre simple, S/ 250 pour une double ou matrimoniale, S/ 290 la suite et S/ 440 le bungalow individuel de 4 personnes. Petit déjeuner américain inclus.*
Un bel hôtel confortable dans un grand jardin planté de palmiers. Il propose des bungalows individuels en bois, des chambres en briques à la déco design, et tout le confort incluant TV, wi-fi, air conditionné et bar) réfrigérateur. On est au cœur de 20 000 m² de réserve forestière, avec arbres fruitiers et plantes médicinales. L'endroit tient aussi du petit *resort* avec sa piscine, son gymnase, son bar-restaurant... Ce dernier est d'ailleurs excellent. Le seul hôtel de la ville qui ait déjà un pied dans la « jungle ». A 15 minutes du centre-ville.

## Luxe

### CASA ANDINA SELECT PUCALLPA

Jiron Sucre 198
✆ +51 61 586600
www.casa-andina.com
travel@casa-andina.com
*A partir de 75.65 US$ la chambre matrimoniale avec lit queen size, ou 99 US$ la junior suite avec lit king size. Petit déjeuner buffet inclus.*
La chaîne d'hôtels d'affaires Casa Andina a ouvert ici courant 2015 un établissement de la gamme Select. Chambres vastes avec TV LCD, bar-réfrigérateur, air conditionné et ventilateur, wifi et base pour smartphone. Piscine, massages, cafétéria et un restaurant qui revisite la cuisine péruvienne à la sauce tex-mex, La Plaza, adresse fraîche et pimpante. Bref une adresse moderne et séduisante qui offre souvent des tarifs réduits sur Internet les fins de semaine.

### WYNDHAM COSTA DEL SOL

Av. San Martín 200
✆ +51 61 570101
costadelsolperu.com
reservaspucallpa@costadelsolperu.com
*Chambres doubles, suites et matrimonial deluxe, à partir de 70 US$.*
L'ex Ucayali River a intégré la chaîne Costa del Sol : un 5-étoiles de plus de 100 chambres modernes et design, avec piscine, restaurant, bar lounge, spa et casino. Les chambres ont le tout confort avec TV écran plat, lits larges, baignoires, rideaux noirs et vitres thermoacoustiques. Cet immense hôtel vitré a su séduire par sa modernité et son service impeccable. Pour les adeptes du cocooning et du tout-confort, c'est la meilleure option. Paprika, le restaurant sur place, est une bonne option.

# Se restaurer

Vous aurez ici l'embarras du choix pour manger dans les habituels *chifas* et *pollerías*. Ne partez pas sans avoir goûté les *juanes* et les *tamales* dans les petites gargotes que l'on trouve dans la rue. Regardez aussi dans notre sélection d'hôtels de charme ou luxe. Ils proposent tous des restaurants de très bonne facture accessibles au public.

## Sur le pouce

### C'EST SI BON

Jr Independencia 560
Sur la droite de l'église et la Plaza de Armas
✆ +51 61 574049

*Toute la journée, de 8h à 23h. Fermé le dimanche. A la carte, compter S/ 5 les jus de fruits et desserts, S/ 15 repas.*
On trouve de très bons jus de fruits et desserts, des plats rapides et de jolies coupes de glace sur cette plaisante terrasse à deux pas de la plaza de Armas.

## Bien et pas cher

### EL VIAJERO
Jr Libertad 374
✆ +51 61 575710
*Ouvert de 8h à 16h. Fermé le samedi. Menus le midi en semaine à S/ 12. Plats à la carte à partir de S/ 15.*
Teresita est la championne du *juane*, ce plat amazonien constitué de riz parfumé, poule, olives, oeuf, cuit à même la feuille du palmier. Ces *juanes* sont à déguster avec la crémeuse sauce de *cocona*. Les menus le midi en semaine, plus économiques et classiques, sont également recommandés. Cette adresse est un bon plan local.

## Bonnes tables

### EL BRASERITO
Av San Martin 498
✆ +51 61 571443
*Tous les jours, midi et soir. Fermé le dimanche. Plats S/ 25-30.*
Un grand classique pour les plats locaux et les viandes grillées. Le local est un peu sombre et il y fait chaud mais l'attention est sympathique et les plats défilent. C'est une bonne cantine.

### KITTY
Tarapaca 1062
✆ +51 61 634831
www.restaurantkitty.com
yda_sanchez@hotmail.com
*De 8h à 21h. Plats à la carte à partir de S/ 15.*
Dans cet établissement moderne proche du marché, on trouvera une cuisine amazonienne un peu plus élaborée que d'habitude. Goûtez au *paiche* (cet immense poisson amazonien) *a la loretana* par exemple. On y sert aussi des plats italiens : lasagnes, ravioles ou spaghettis et plusieurs types de salades. Plusieurs formules petit déjeuner pour le matin. Le tout de qualité.

### CHEZ MAGGY PIZZERIA
Jirón Inmaculada 643
✆ +51 61 574958
www.chezmaggylosmaderos.com.pe
vanesa@chezmaggylosmaderos.com
*Tous les jours, de 17h à minuit.*
Un établissement agréable, tout en bois et toit de palmes, qui sert des pizzas à l'américaine avec une croûte épaisse qu'on peut partager. Ils ont également des plats de pâtes. Maggy est une chaîne présente dans toutes les villes de la jungle et une valeur sûre.

## Sortir

### EL TRAPICHE
Jr Inmaculada 566
*Du mercredi au dimanche, à partir de 19h. A la carte, S/ 10.*
L'alcool de canne à sucre vient de Huanuco et le Trapiche sert des cocktails détonnants et exotiques qui vous ravigotent, typiques de la jungle. La carte est en soi un joyeux aphrodisiaque avec les noms coquins qui s'y déclinent. Le cadre est simple mais accueillant.

## À voir – À faire

### CASA DEL ESCULTOR AGUSTIN RIVAS
Jr. Tarapacá 861
*Du lundi au samedi de 9h à 12h et de 16h à 19h. S/ 2 l'entrée.*
Pour découvrir les immenses statues taillées dans le bois du *renaco*, œuvres de l'artiste. C'est un peu poussiéreux mais c'est une collection unique.

### CASA DEL PINTOR PABLO AMARINGO SHUÑA
Jr. Sánchez Cerro 465-467
✆ +51 61 572503
*Visite gratuite, du lundi au vendredi de 9h à 17h.*
N'ayez crainte, la petite maison d'un des peintres amazoniens les plus célèbres est bel et bien dans les faubourgs de la ville où les rues sont en terre. Ici, une grande salle présente ses œuvres. Chaman puis peintre autodidacte, on retrouve dans ses œuvres les visions, légendes et couleurs propres à l'art sacré amazonien. On y trouve aussi des cartes postales et des reproductions. C'est ici aussi que la petite école Usko Ayar continue d'enseigner la peinture aux plus jeunes.

### CATEDRAL DE PUCALLPA Y PLAZA DE ARMAS
Peu de choses à voir dans Pucallpa même.

- **La cathédrale**, juste sur la Plaza des Armas, est un beau bâtiment moderne avec bois et vitraux travaillés. Elle a été travaillée par les artisans de Don Bosco, de la région de Huaraz.
- **En face, la Plaza de Armas** présente plusieurs statues en hommage aux indigènes et métis qui peuplèrent la région ainsi que des jeux d'eau et de lumière. Chouette la nuit, quand la place s'anime.
- **Une partie du Jr Tacna** qui mène à la Plaza del Reloj a été rendu piétonnier. Quelques bancs en forme de coques de bateaux ponctuent le parcours. En bas de la Plaza del Reloj se trouve le marché.

**PARQUE NATURAL DE BARBONCOCHA**
A 4,2 km sur la route Federico Basadre.
*L'entrée coûte S/ 3.*
Ses 186 hectares se répartissent autour d'un lac au centre duquel on trouve une île aux singes et de vastes allées qui mènent aux différents espaces des animaux. Dans ce zoo, beaucoup d'animaux capturés sont désormais pensionnaires. Les espaces ne sont malheureusement pas bien grands. On y trouve un otorongo, des biches, des sangliers, des crocodiles, des loutres, des tortues et nombre d'oiseaux. Ce parc est très fréquenté par les habitants en fin de semaine.

**Le Museo Antropológico y de Historia Natural** est situé au même endroit. On y trouve quelques pièces ethnographiques, céramiques et costumes principalement, et des fossiles des animaux qui nous ont précédé il y a plusieurs millions d'années, comme la mâchoire d'un grand caïman qui aurait atteint 18 mètres de long pour un poids de 2 500 à 5 000 kilos.

## Visites guidées

**AMAZON WORLD PERU**
Jr. Zavala Nº 647 - 651
✆ +51 61 575539
https://www.amazonworldperu.com.pe
expediciones@amazonworldperu.com
Arturo et son équipe sont des spécialistes de la zone et proposent des services d'excellente facture. On peut facilement découvrir la ville et ses quelques points clés comme le zoo Parque Natural en solo, mais pour explorer Yarinacocha et notamment ses *caños* (bras plus resserés), ses réserves d'oiseaux ou les chutes d'eaux de la Cordillera Azul connues comme Velo de la Novia et Boqueron del Padre Abad, il est recommandé de passer par un professionel. Ils savent mieux que quiconque trouver le bon endroit pour observer cette nature cachée ou vous guider vers les artisans shipibos les plus ouverts. Un service excellent.

# LAGUNA DE YARINACOCHA

A 9 km de Pucallpa, cet immense lac aux eaux bleues est le site touristique le plus visité de la région. On y accède en un petit quart d'heure de bus ou de moto-taxi. En juillet 2016 a été lancé le projet du nouveau Malecón mais l'aboutissement tarde. Quoi qu'il en soit ce lac est idéal pour les promenades en *peque peque*, petites barques ainsi nommées pour le bruit de leur moteur. De là, on peut visiter les communautés shipibos de San Francisco ou Santa Clara qui vendent leurs produits artisanaux : colliers, céramiques et tissus brodés somptueux.

## Pratique

Pour en explorer davantage, le mieux est de louer les services d'un propriétaire de *peque peque*. Ils peuvent vous offrir une journée pour vous aventurer jusqu'à la Boca del Ucayali par des bras resserrés (en chemin, on aperçoit paresseux, iguanes, beaucoup d'oiseaux et des dauphins), et vous arrêter dans l'une des communautés au retour : elles sont touristiques et ont l'habitude des visites, par contre attendez-vous à ce qu'on vous force un peu la main pour rapporter des souvenirs. Au demeurant, l'artisanat shipibo est de loin le plus abouti des artisanats amazoniens. Demandez les embarcations The Best, des fils de Don Eduardo, au port de Yarinaocha. Compter S/ 250 pour une journée et 10 à 12 personnes à bord. Alternativement, optez pour un circuit avec Amazon World.

## Se loger

**SACHAMAMA ECOLODGE**
Communauté de San Juan
✆ +51 61 575539
amazonjungleecolodge.webnode.com
amazonworld_co@yahoo.es
*Compter 60 US$ la chambre simple, 75 US$ la matrimoniale ou la double avec petit déjeuner et transfert. Pension complète : 75 US$ par personne. Nombreux packages.*
Des bungalows en bois typiques à l'extérieur, confortables à l'intérieur, avec salle de bains et eau chaude, climatisation, restaurant... Ils sont situés dans une partie plus calme de Yarinacocha, au milieu d'un grand jardin, à 20 minutes du port principal de la lagune en moto-taxi. L'ensemble a été réhabilité et a rouvert fin 2013 avec une piscine et un hammam en nouveauté. Arturo et son équipe vous proposeront une grande variété d'excursions ainsi que des séjours axés autour de la médecine traditionnelle. Ce n'est pas la pleine nature mais c'est de bon standing et vous êtes à deux pas pour vous aventurer durant la journée et dormir paisiblement (et quasiment sans moustiques) le soir. Même équipe que l'agence Amazon Explorer.

**SOL DE MAYO**
Jr Los Cedros Manzana 9
A 10 cuadras del Campo Ferial
✆ +51 61 633139
info@soldemayo.com
A 10 cuadras du Campo Ferial.
*S/ 50 la nuit en chambre simple, S/ 60 en chambre double et S/ 90 en chambre triple. Petit déjeuner S/ 15. Menu S/ 18.*
Une petite *guesthouse* toute en bois, rustique et décorée de scènes multicolores avec son jardinet. La salle de bains est à part (avec eau chaude),

mais à usage privé et impeccable. Les chambres sont petites et simples mais propres. Ici viennent souvent les voyageurs qui sortent d'une diète et se passent le mot, mais tous sont bienvenus. Il y a une petite bibliothèque, des hamacs dans le jardin et du thé à disposition, la cuisine est ouverte à tous. Wifi dans la maison. Elena saura vous guider pour toutes les excursions proches. Elle parle un excellent français. Un bon plan pour les petits budgets. Une petite galerie de jeunes artistes amazoniens (sculptures et peintures) a été installée. Elena possède également un centre de médecine naturelle qui propose des diètes ; parlez-lui de vos doutes et du chemin à prendre...

## Se restaurer

La grande attraction de la lagune, ce sont ses restaurants flottants. Pleins le dimanche avec orchestre et danseuses, plus calmes en semaine. Bon plan : d'ici on peut observer un superbe coucher de soleil sur les eaux, vers 17h45.

### LA CABAÑITA

Ponton sur le côté droit de la Lagune
✆ +51 61 596950
*Fermé le lundi. A la carte : entre S/ 15 et S/ 30.*
Sur ce grand ponton flottant, on vous sert une cuisine amazonienne traditionnelle et savoureuse. Nous avons aimé la salade de cœurs de palmier et le poisson frais. Le dimanche, on sert aussi le typique *jaune* (riz, piment doux, olives, œuf dur et poulet) cuit à même la feuille du *bijao*. La musique y est forte le week-end, l'ambiance plus calme en semaine.

## Shopping

### MAROTI SHOBO

Plaza de Armas de Yarinacocha
Cette galerie est un espace communautaire qui permet aux femmes de toutes les communautés shipibos avoisinantes d'exposer et de vendre leur artisanat. On y trouve des sacs, vêtements, tissus et céramiques. Les peintures sont végétales et les broderies à la main respectent la culture amazonienne : de belles pièces à négocier directement avec celles qui les ont créées. On prend plaisir à parcourir ce petit marché surtout si on n'a pas pu visiter les communautés elles-mêmes, ou pour un joli cadeau de dernière minute.

# SAN FRANCISCO

C'est la communauté shipibo la plus ouverte au tourisme. En période de pluies, elle se situe à 1h30 environ de *peque peque* depuis le port de Yarinacocha. En saison sèche, des *autos collectivos* font l'aller-retour depuis les environs du marché. Parfois les groupes s'y rendent aussi, mais si vous y allez par vous-mêmes, vous risquez fort d'être seuls à pouvoir vous promener librement dans le village, discuter avec les artisans, les regarder travailler ou visiter leur feria où est regroupé tout leur artisanat, travaillé, peint et brodé à la main. C'est une visite essentielle si l'on veut se plonger dans les racines de cette région. Pucallpa a quelque peu tourné le dos à la culture traditionelle. Ici, on tente de la maintenir comme on peut.

## Se loger

Certains habitants sont plus ouverts que d'autres et offrent même un tourisme chez l'habitant : chambres simples, salles de bains extérieures, repas en famille. Demandez Carlos Flores, qui a une petite maison peinte de vert et blanc sur le côté gauche de la feria. Ou visitez sa voisine, Graciela Valdez, qui produit des céramiques et fait volontiers découvrir son atelier. Vous pouvez aussi consulter Elisa Vargas : chamane, elle a créé un petit espace avec bungalows individuels au calme où elle propose des cérémonies et diètes (961 931 159, www.sankennete.org).

### ANI NII SHOBO

A 7 km de San Francisco
Accès par la route ou par bateau en saison des pluies
www.aniniishobo.org
contact@aniniishobo.org
*Compter 150 US$ la nuit en chambre simple, 130 US$ par personne en chambre double, 110 US$ par personne en chambre triple. Inclus : tous les repas et le programme choisi. Les prix diminuent avec la durée du séjour.*
Le lodge comme on le rêve, avec des bungalows individuels en bois vernis sur pilotis, les pieds dans la lagune. On vient ici pour les cérémonies d'ayahuasca, la connexion avec la nature et son énergie : 30 hectares ont été reboisés alentour. Souvent, les centres de médecine traditionnelle offrent un confort précaire. Ici, en plus d'être zen, c'est ample et élégant. Les prix comprennent l'alimentation végétarienne, savoureuse, et le travail avec les plantes. Guides, yoga, sauna naturel, massages sont également disponibles. Un programme d'exploration de 5 jours est prévu : pour se déconnecter, connaître les lieux et, si vous le souhaitez, tenter l'ayahuasca. On ne vous oblige à rien, mais sachez que les clients du lieu sont en général venus pour un travail en profondeur. Derrière le projet, Andrés Selamé, un Chilien qui a su faire naître le centre dont il rêvait et qui travaille au plus près des communautés voisines. Il a par ailleurs mis en place Nii Juinti, une école qui souhaite transmettre ces savoirs traditionnels aux plus jeunes.

## CONTAMANA

Aujourd'hui, pour plonger dans la forêt vierge au départ de Pucallpa, il faut malheureusement voyager plus loin. Contamana, au bord du río Ucayali, en direction de Iquitos, devient peu à peu cette terre encore à explorer. Ici, on trouvera des *collpas de guacamayos*, des torrents et des sources thermales. En général, les agences prévoient une *avioneta* pour s'y rendre, d'où les coûts élevés. On peut aussi y aller en *lancha* (sur le *Henry* qui effectue la route Pucallpa-Iquitos) mais il faut prendre son mal en patience car l'heure du départ ou d'arrivée n'est jamais précise. On peut aussi effectuer l'aller en *avioneta* et le retour sur la *lancha* en direction d'Iquitos.

**AMAZON WORLD PERU**
Jr. Zavala 647-651
Pucallpa ✆ +51 961621577
www.amazonworldperu.com.pe
amazonworldperu@gmail.com
*Compter 800 US$ le séjour de 6 jours/5 nuits.*
Arturo est spécialiste de la région et un homme de confiance pour s'engager sur des routes moins connues. Son agence gère le Sachamama Lodge, au bord de la lagune Yarinacocha, et propose plusieurs routes d'aventure dans la région. Contamana est davantage axée sur la biodiversité et l'exploration d'une jungle encore primaire. Camping et marche au programme. Les coûts sont élevés en raison d'un accès compliqué. Il propose aussi tous les tours classiques sur une journée.

# RÉGION DE MADRE DE DIOS

Située au sud-est du Pérou, la région tire son nom du río Madre de Dios et sa capitale se nomme Puerto Maldonado. Une particularité : c'est la région la moins peuplée du Pérou ! Madre de Dios compte des paysages enchanteurs parmi lesquels se démarquent de grandes étendues de forêt vierge, d'innombrables palmiers et des fleurs exotiques d'une grande beauté. La partie forestière de la région est pleine de ressources et on y trouve même de l'or. Ce qui a occasioné ces dernières années une poussée des exploitations informelles et una vaste déforestation en amont du fleuve Tambopata. A l'époque de l'Empire inca et donc des premiers habitants qui peuplèrent cette région, Madre de Dios était connue sous

le nom d'Antisuyo. Bien plus tard, c'est en 1890 que Carlos Fermín découvrit un passage qui réunissaient les bassins des ríos Ucayali et Madre de Dios. Et dans les décénnies qui suivirent, de nouvelles routes furent ensuite tracées vers de nombreux sites et des mines d'or. Le 26 décembre 1912 fut officiellement créé le département de Madre de Dios. Au cœur de cette région, on trouve des sites exceptionnels tel que le parc Manu, une zone naturelle de 1 900 hectares, à cheval avec la région de Cusco et accessible depuis cette ville, ou encore la réserve Tambopata qui est connue pour sa grande biodiversité et ses lodges plus accessibles. On notera le lac Sandovalou, et le parc Bahuaja Sonene, à la frontière avec la Bolivie et encore quasiment inexploré.

# PUERTO MALDONADO

- **Population :** 85 024 habitants.
- **Altitude :** 183 m.

La capitale du département de Madre de Dios présente toutes les caractéristiques d'un gros bourg amazonien, 25 °C en moyenne et fort taux d'humidité (grosses pluies entre novembre et avril). Ancienne terre des Mojos, qui opposèrent une longue résistance aux Incas avant de succomber sous les coups de boutoir des troupes de Sinchi Roca ; fondée au XIXe siècle, Puerto Maldonado ne s'est réellement peuplée qu'au XXe siècle, en accueillant des émigrants venus de Cusco et de Puno. Depuis deux décennies, la découverte de l'or dans les Ríos Inambari et Madre de Dios a réveillé la ville et elle bruit de moto-taxis et de constructions modernes et cimentées. Soyons honnêtes : la ville elle-même n'a pas beaucoup de charme. Mais l'attraction ici ce sont les *lodges* encore plongés dans une forêt primaire où la faune est exceptionnelle. Une fois sur place, vous oublierez tout.

## Transports

Difficile d'accès auparavant, cette ville de 70 000 habitants a bien rattrapé son retard ces dernières années ! Grâce au concours du Brésil qui y a vu un intérêt économique pour exporter ses marchandises, la route jusqu'à Cusco a été asphaltée (compter 10h de route) et le pont pour relier le Brésil et la Bolivie (promesse électorale depuis 30 ans) a enfin été terminé ! Il remplace le bac qui était jusqu'à présent le seul moyen pour traverser le rio de Madre de Dios pour les piétons, les voitures et même les bus. Magnifique vue depuis ce pont orange immense (inauguré en février 2011) sur le rio de Madre de Dios et l'autre rio (Tambopata) qui se rejoignent.

### AEROPUERTO INTERNACIONAL PADRE JOSÉ ALDAMIZ

Carretera La Pastora – La Joya, km 7
✆ +51 82 571533
*Compter S/ 10 en mototaxi pour rejoindre le centre-ville de Puerto Maldonado. Tous les lodges viennent vous chercher directement à l'aéroport.*
Vols quotidiens entre Lima/Cusco et Puerto Maldonado (certains font une escale à Cusco) avec Latam Peru. A l'heure de notre enquête c'était la seule compagnie présente. Nous ne doutons pas que la destination attirera d'autres compagnies. Restaurant. Boutique d'artisanat. Distributeur de billets. Office de tourisme I Peru dans le hall des arrivées.

### BATEAU

Il est possible en théorie de rejoindre la réserve du Manu via le río Madre de Dios. Mais c'est assez long (plus de 20h) et coûteux. La plupart des agences vous transfèrent directement par la route depuis Cusco.

### BUS

- **Les agences de bus sont situées sur l'Av. Tambopata** (S/ 2 pour y aller du centre). Seules les villes de Puno et Cusco sont desservies par une route asphaltée (attention, prévoyez des habits chauds car choc thermique garanti la nuit !)
- **Puno** : 15 heures de trajet, S/ 45 sans cama. Juliaca : S/ 40. Petites compagnies, essayez Wayra.
- **Cusco** : 10 heures de trajet. S/ 50 en semi-cama ; S/ 60 en cama et S/ 30 en éco. Avec Tepsa ou Civa. Cruz del Sur est entré sur ce marché, bus Cruzero Suite 21h depuis Cusco, S/ 80. Même heure et prix dans l'autre sens.
- **Brésil** : départs à midi de mardi à dimanche pour Rio Branco (compagnie Brazil Moviltour), 10 heures de trajet, S/ 100. Pour Inapi : compter 4 heures de voiture (250 km) ou 10 heures de bateau.

### MOTO

Puerto Maldonado est une ville qui se visite en scooter : compter S/ 5 l'heure de location et S/ 50 la caution avec passeport. Beaucoup d'agences de location, « Los Gatos », au croisement des rues de Puno et Gonzalez Prata est sérieuse. Attention, le port du casque est désormais obligatoire et surveillé.

## Pratique

- **Indicatif téléphonique :** 82.

### Réceptifs

**CARLOS EXPEDITIONS-MONTE AMAZONICO LODGE**
Av Velarde 141
✆ +51 82 571320
www.carlosexpeditions.com
reservas@carlosexpeditions.com
Cette agence travaille deux routes principales, comme quasiment toutes les agences. La première est celle du Lago Sandoval en 2 jours/1 nuit, à partir de 120 US$. La deuxième propose la Collpa de Guacamayos en 2 jours/1 nuit, à partir de 250 US$. On peut également combiner les deux pour être sûr de ne rien rater. Vous serez logés au Monte Amazonico Lodge. Il y en a deux, simples et rustiques, avec repas sous forme de buffet, chambres en bois équipées de moustiquaires et électricité partielle, salles de bains privées. Celui proche du Lac Sandoval est situé sur le fleuve Madre de Dios mais pas juste à côté du Lac, il faudra donc faire l'excursion comme la majorité des touristes, il dispose d'une piscine sur place. Le 2e est situé sur le fleuve Tambopata.

### Argent

Banco de Crédito, Interbank et Banco de la Nación se situent sur la plaza de Armas.

### Moyens de communication

**SERPOST**
Avenida León Velarde 675 ✆ +51 82 571088
*Ouverte du lundi au vendredi de 8h à 17h. Et le samedi de 9h à 12h.*

**TÉLÉPHONE ET INTERNET**
Plaza de Armas
Armez-vous de patience pour consulter vos mails en Amazonie...

### Santé - Urgences

**HOSPITAL SANTA ROSA**
Jirón Cajamarca 171 ✆ +51 82 571019
*Ouvert 24h/24.*

**POLICE**
Jirón Daniel Alcides Carrión 401
✆ +51 82 571022
*Ouvert 24h/24.*

## Orientation

Comme toute ville nouvelle et en plein essor, Puerto Maldonado est souvent en travaux ! Des travaux rendus difficiles en période de saison des pluies (de novembre à février) car les rues se transforment en bourbier. Puerto Maldonado est assez étendue et l'on vous conseille de vous déplacer en scooter ou mototaxi (S/ 2 pour une course en ville). D'autant que la chaleur-moiteur est très vite insupportable.

## Se loger

### Bien et pas cher

**GREEN HOUSE TAMBOPATA**
esquina con Ernesto Rivero ✆ +51 82 637636
www.greenhousetambopata.com
informes@greenhousetambopata.com
*A partir de 30 US$ la chambre par nuit, de 2 à 4 personnes. Petit déjeuner inclus.*
Une maison simple peinte et colorée qui sert de camps de base pour d'autres tours avec l'équipe locale de Carlos (appelez le Charlie) et Karen. Ce qu'ils proposent surtout ce sont des tours d'exploration ou à la journée : VTT le long du Corredor Tambopata, kayaks sur le fleuve, ponts suspendus dans la jungle (le parcours de Inkaterra) et des séjours au plus long cours. L'équipe est accueillante, la maison aussi qui vit et vibre au fil des visiteurs. Les excursions sont bien pensées et réalisées. Pour ceux qui n'ont pas le budget lodges, allez regarder.

**PIRWA MALDONADO HOSTEL**
Esquina de Jr. Moquegua y Jr. Tacna
A una cuadra de la estación de bomberos
pirwahostelscusco.com
reservaspirwa@gmail.com
*Dortoir de 4 personnes S/ 40, matrimoniale ou double avec salle de bains S/ 98, triple S/ 137. Petit déjeuner inclus.*
Une chaîne de *backpackers* de confiance qui propose ici un petit hostel pour se poser au frais et organiser la suite. Les chambres sont modernes, propres, avec TV. Il y a une terrasse et le wifi.

**TAMBOPATA HOSTEL**
Jr Gonzales Prada Nº 161 ✆ +51 82 574201
tambopatahostel.com
reservations@tambopatahostel.com
*Compter S/ 30 pour un lit dans un dortoir. A partir de S/ 60 pour une chambre sans salle de bains, et de S/ 80 avec salle de bains. Petit déjeuner compris.*
Une auberge de jeunesse située à seulement une *cuadra* de la Plaza de Armas. Jerson, Ericka et leurs équipes sont bien sympathiques et s'orientent surtout vers un public jeune et festif (ambiance relax, hamac, wifi, tours pour les petits budgets comme le Lago Sandoval à 65 US$). En 2015, ils ont ouvert un lodge pour ce même public près de la Quebrada Mississipi, le long du río Tambopata, à 2h en bateau de la Collpa de Guacamayo. C'est la référence pour les voyageurs *backpacker*.

## Confort ou charme

### ECOALDEA KAPIEVI

Carretera Tambopata, 1,5 km
✆ +51 82 637112
www.ecoaldeakapievi.com/es-es
*Compter 70 US$ le bungalow pour une personne et 80 US$ pour deux personnes. Petit déjeuner végétarien compris.*
Il s'agit d'une éco-communauté à 10 minutes de la ville. Ici, on reçoit les touristes dans de grands bungalows en bois aux toits tressés, divisés en deux chambres et tous équipés d'une salle de bains privée. Tous sont répartis comme de petites maisonnettes au milieu d'un grand jardin botanique. Pierina réalise des thérapies avec les fleurs de Bach et les fleurs amazoniennes. Chaque matin, il y a une routine de yoga à laquelle vous pouvez prendre part pour 10 US$. Les repas végétariens sont excellents (déjeuner ou dîner à 10 US$). Ici aussi, on pourra vous connecter pour les cérémonies d'ayahuasca. D'ici, vous pourrez effectuer d'autres visites le long du couloir touristique Tambopata : comme la jolie piscine au calme de La Habana Rural Inn, la visite du refuge pour animaux Amazon Shelter ou des plages de Botafogo. Réservations plus faciles via Booking.

### HOTEL CABAÑA QUINTA

Jirón Moquegua 422 ✆ +51 82 571045
hotelcabanaquinta.com
reservas_cabanaquinta@hotmail.com
*Compter S/ 160 pour une double ou une matrimoniale et S/ 200 avec avec air conditionné. Le tarif inclus le petit-déjeuner buffet.*
Chambres spacieuses et joliment décorées, possédant l'air conditionné et un minibar, au milieu des plantes. Excellent restaurant à prix corrects. Deux salles de conférence, une petite piscine mais rafraîchissante quand même, un bains à remous, une agence de voyage, et un accès gratuit à Internet et en wifi. Chaises longues et ambiance décontractée. Transfert gratuit de/à l'aéroport. Une institution en ville !

### SOTUPA ECO HOUSE

Carretera Tambopata Km 11,5
Bajo Tambopata ✆ +51 950 416 257
www.sotupa.pe – reservas@sotupa.pe
*A partir de 125 US$ la chambre simple standard et 150 US$ la double avec salle de bains privée. Pension complète.*
Situé à 25 min par la route de Puerto Maldonado ce lodge est très bien pour les petits budgets.
Les cabanes sont simples, mais très bien agencées. Préférez les supérieures qui donnent sur le fleuve plutôt que celles donnant sur le jardin. Le personnel est très serviable et la cuisine délicieuse. Situées au bord du fleuve on y apprécie les couchers de soleil. Les lieux disposent de kayaks et de vélos pour visiter les alentours (à louer sur place).

### WASAI PUERTO MALDONADO ECOLODGE & PUERTO MALDONADO HOSTEL

En face de la capitainerie
Jr Billinghurst ✆ +51 1 4368792
www.wasai.com
reservas@wasai.com
*Lodge : avec ventilateur 40-56 US$ pour une chambre simple et 60-75 US$ pour une chambre double. Lodge avec air conditionné 50-66 US$ et 70-85 US$. Petit déjeuner et transfert inclus. Tarifs selon la saison.Hostel : dortoirs 12-16 US$, chambre simple 30 US$, double ou matrimoniale 36 US$, ventilateur, salle de bains, petit déjeuner inclus.*
Le meilleur établissement de Puerto Maldonado selon nous, alliant un confort de très bonne facture au charme tropical du bois et des plantes. On y trouve le même charme que dans un lodge, mais au centre de la ville, au bord du fleuve Madre de Dios et du pont gigantesque qui l'enjambe. Quelques paresseux grignotent les arbres et la piscine vous tend les bras. Egalement restaurant avec plats à partir de S/ 40. Essayez le *pescado a la paca* : cuit à la vapeur au cœur du bambou. Le groupe Wasai a aussi son Wasai Tambopata Lodge à 3h de bateau depuis le port de Infierno, un lieu privilégié pour être proche de la *collpa* El Chuncho et son ballet de perroquets et d'aras. Le lodge est intime, avec des chambres ou des cabanes individuelles, toutes avec salle de bains et de nombreux oiseaux dans le jardin même. L'hostel est un excellent plan dans ce petit bout de jungle en bord de fleuve. On peut aussi profiter de la piscine. On a aimé son côté rustique mais accueillant, et l'équipe est excellente. Possible d'organiser de continuer avec la même équipe au Wasaï Tambopata Ecolodge, petit, rustique et sympathique, bien placé pour explorer la collpa El Chuncho. Kayak et petits parcours aventure-zipline sur place.

## Se restaurer

Les spécialités locales sont le *patarashca* (poisson cuit à la braise dans une feuille), la *sopa de motelo* (tortue cuisinée dans sa carapace), le *muchangue* (œuf de tortue accompagné de banane verte), ainsi que le gibier de la forêt, dont le *pikuro*, petit rongeur à chair très fine. Attention tout de même, les tortues ou le petit gibier sont souvent résultats de la chasse illégale qu'il ne veut mieux pas encourager si on veut encore avoir quelque chose à regarder une fois dans la jungle. Plus réjouissant : de nombreux fruits exotiques déclinés en *refrescos* (jus distillé sucré) et *jugos* (pur jus) ou *helados* (glaces) ainsi que la *castaña* (noix du Brésil) qu'on retrouve partout.

## Sur le pouce

### LOS GUSTITOS DEL CURA
Calle Loreto 258
Sur un côté de la Plaza de Armas
*Ouvert tous les jours, de 8h à 23h, sauf le mercredi.*
On y découvrira des glaces succulentes aux saveurs locales (*castaña, araza, huicongo, copuazu*), mais aussi jarres de jus de fruits frais, gâteaux, empenadas, sandwichs, *causa rellena*... La grande terrasse intérieure est toujours bondée. Bon café aussi.

### LA SEMILLA
Jr Arequipa 281, 3e étage
Plaza de Armas
*De 9h à 14h30 et de 17h à 22h, le samedi toute la journée, fermé le dimanche. A partir de S/ 10.*
Un petit local coloré qui vend des salades, des pizzas, des crêpes, des pâtisseries et des jus de fruits frais. Une carte courte et faite maison. Un four à pain qui fournit des fournées fraîches. Un lieu lumineux. C'est nouveau et on espère que ça marchera.

## Bien et pas cher

### CEVICHERIA EL TIGRE
Jr Tacna 456 ✆ +51 82 572286
*Ouvert de 7h30 à 15h.*
Un véritable spécialiste du poisson qui vous propose une cuisine familiale avec des portions plus que généreuses. La salle est immense et très prisée des Péruviens qui viennent en famille festoyer sous la fresque géante d'un tigre.

### EL CALIFA
Jr Piura 266 ✆ +51 82 571119
*Plats S/ 20-30.*
Ce restaurant prépare avec goût toutes les spécialités du cru, notamment le poisson et le gibier, et accueille régulièrement des chanteuses. Un peu excentré mais c'est une bonne cantine régionale avec une carte très complète.

## Bonnes tables

### BURGO'S
Calle 26 de diciembre 195-197
✆ +51 82 573653
*Tous les jours de 12h à 23h. Plats à partir de S/ 15-20.*
Il s'agit du restaurant le plus luxueux de la ville sans pour autant être extravagant sur les prix. Ici, on trouve une cave à vins à l'entrée et les serveurs portent le noeud papillon. L'endroit est lumineux et élégant. On aime la terrasse sur l'arrière avec de petites loupiotes la nuit tombée. On y sert quelques cocktails et une cuisine amazonienne revisitée : poulet en *salsa de castaña*, fetuccini crémeuses avec *cecina* (charcuterie espagnole), *paiche a la hoja*, makis locaux consistants... Le midi, c'est à la carte. Le soir, chaque plat de viande donne accès au buffet de salades, légumes, pommes de terre et autres accompagnements. On peut aussi demander seulement l'accès au buffet pour un dîner plus léger.

### EL HORNITO
Av Daniel A. Carrion 271
✆ +51 82 572082
*De 18h à minuit. A la carte à partir de S/ 25.*
Cette bonne trattoria avec des pizzas et des plats de pâtes fraîches à la carte fait le plein les soirs de fin de semaine avec ses balcons sur la Plaza de Armas. Une adresse réconfortante.

### LA VACA LOKA GALERIA & RESTAURANTE
Jr Loreto 224
*Compter entre S/ 15 et S/ 30 pour un plat.*
Si vous aimez les viandes, allez vite réserver votre table au Vaca Loka, qui propose une cuisine délicieuse dans une ambiance bohème chic. Le restaurant est au 2e étage. Les produits sont d'excellente qualité. N'oubliez pas d'arroser la viande de sauce à la castaña. On y vend aussi de l'artisanat local.

## Sortir

- **Bon cocktails** de pisco sour et maracuya sour à l'Asadazo (Jr Arequipa 229).
- **Plusieurs discothèques dignes de ce nom** (ambiance survoltée le week-end) : El Witite, qui se trouve à la cuadra 1 de l'Av León Velarde (près de la plaza de Armas), ou juste à côté la Karambola (Jr Arequipa 162). Parfois, c'est très bien au Teocas, un peu plus à l'écart de la place centrale. Entrée payante : à partir de S/ 10.

## À voir - À faire

Si vous avez déjà réservé votre lodge, les services incluent les trajets depuis et vers l'aéroport. Vous ne verrez que très peu de la ville (à part les locaux de l'agence où souvent on laisse en consigne ses gros bagages). Mais Peurto Maldonado tiraillé entre commerce de l'or illégal et écotourisme n'a que peu à offrir aux voyageurs. Les lodges situés en pleine jungle qu'on vous présente dans les pages suivantes proposent tous des formules tout compris incluant une pension complète et des excursions de jour comme de nuit dans la jungle. Si vous arrivez en bus et attendez encore de trouver le lodge ou le guide qui saura vous convaincre, sachez qu'ils vous attendent à l'arrivée. Regardez bien où leurs auberges se situent sur une carte et ce qui est inclus ou non.

En attendant balade au frais sur la Plaza de Armas, photos du pont orange qui enjambe le rio et quelques excursions proches.
Possible sur une journée, excursion au Lago Sandoval (via une agence) dans la Reserva Nacional Tambopata ou visite du canopy de Inkaterra (en réservant à l'avance à leurs bureaux) sur le Rio Madre de Dios. Le reste demandera de passer par les lodges.

## Visites guidées

### RAINFOREST EXPEDITIONS

Av Aeropuerto, La Joya km 6
✆ +51 1 719 6422
www.perunature.com
*Gros tour-opérateur spécialiste de l'écotourisme.*
Cette agence propose de découvrir la forêt amazonienne en compagnie de guides locaux, chacun spécialiste d'une thématique : observations des oiseaux, de la flore, des communautés locales... Rainforest Expeditions a développé plusieurs projets écotouristiques en collaboration avec des ONG travaillant dans la conservation. Elle cogère plusieurs lodges dans la réserve de Tambopata – 275 000 hectares créée en 1990. Et possède le lodge Tambopata Research Center (TRC), au sein de la réserve de Tambopata, à la frontière avec le Parque Nacional Bahajua-Sonene. C'est le plus loin et donc le plus privilégié pour l'observation de la faune ou les séjours photos (également proposés). Plusieurs activités sont proposées : balades, observation des oiseaux et notamment des perroquets et macaw, découverte des habitats locaux, marche, pirogue, kayak, canopy... Rainforest Expeditions gère d'autres lodges : Posada Amazonas : à 45 minutes de pirogue de Puerto Maldonado, 30 chambres élégantes. Ainsi que le Refugio Amazonas : à 4 heures de Puerto Maldonado dans une réserve privée de 200 hectares, 32 chambres pour les aventuriers et les familles. Récemment s'y est ajouté Amazon Villas, le plus chic de la gamme.

### TAMBOPATA TREK

✆ +51 958 966 220
tambopatatrek.com
*Journée chez l'habitant 65 US$, journée au Sandoval 45 US$, trek de 3 jours-2 nuits 190 US$, repas inclus.*
La petite agence de Johanna, française, et Kike, son mari, s'efforcent de protéger leur petit bout de jungle de façon responsable et de proposer des séjours plus authentiques que les gros lodges concurrents. Avec eux on peut organiser une journée chez l'habitant en faisant une partie du chemin en VTT (2 heures) ou au Lago Sandoval ou une petite expédition itinérante en dormant chez les habitants (notamment au Km 47 chez la señora Esther partenaire du projet depuis ses débuts) puis chez eux, dans leur refuge. Une expérience différente ancrée dans la réalité de la jungle.

# RÍO MADRE DE DIOS

A l'est de Puerto Maldonado, le Río Madre de Dios s'enfonce au plus loin de la forêt amazonienne du Pérou, avant de traverser la frontière bolivienne. Aux détours des courbes de la rivière qui s'écoule vers ce pays voisin, on trouve une terre sauvage peuplée d'animaux et de plantes exotiques. De beaux *lodges* permettent une immersion totale dans ce poumon vert. En général, ils gèrent chacun une concession dédiée à l'écotourisme pour préserver au mieux leur territoire et sa biodiversité.

## Se loger

### Bien et pas cher

#### INKATERRA GUIDE FIELD STATION

Tambopata – Km 17 aguas abajo
✆ +51 1 610 0404
www.inkaterra.com
*Programme 3 jours-2 nuits, chambre quadruple à partager à partir de 176 US$ par personne et en cabane double (2 lits 1 place) 264 US$. Pension complète. Excursions incluses et 10 % de service inclus.*
Ce lodge était jusqu'à présent réservé aux étudiants, volontaires, scientifiques, chercheurs et guides de la chaîne Inkaterra. Le public peut désormais réserver en appelant. Pas de réservations en ligne disponible pour le moment. Ils proposent des chambres pour 4 à partager ou des cabanes doubles. Les salles de bains sont privées pour chaque chambre. Les repas sont inclus sous forme de buffet. Les excursions incluses dont le fameux Canopy d´Inkaterra Reserva Amazónica et le lac Sandoval en payant son entrée à la Réserve. L'idée est d'attirer un public à la recherche d´une expérience durable directe où il est possible de participer de certains projets dirigés par l´ONG, Inkaterra Asociación (ITA). La qualité des prestations est tout à fait correcte et carrée. Bon plan.

## Confort ou charme

### CORTO MALTESE AMAZONIA – JUNGLE EXPERIENCE

Bureaux du lodge à Puerto Maldonado, face au Wasaï Lodge.
✆ +51 82 573831
www.cortomaltes-amazonia.com
info@cortomaltes-amazonia.com
*Programmes 2 jours/1 nuit, à partir de 220 US$ par personne tout inclus (minimum 2 personnes) jusqu'au 5 jours/4 nuits à partir de 500 US$.*
Depuis avril 2000 la famille Bache est installée non loin de Puerto Maldonado, aux portes de la réserve du Tambopata et de l'Ile des singes, dans un site d'exception, au bord du río Madre de Dios qui serpente dans la forêt amazonienne. Le Corto Maltese est l'un des secrets les mieux gardés du Pérou, un paradis sans artifices où luxe naturel et charme exotique se conjuguent pour le plus grand plaisir des sens. Nous vous recommandons de passer quelques jours dans ce lodge à la fin de votre séjour, en formule pension complète. Vous logerez dans l'un des 32 bungalows spacieux et individuels (c'est rare), ouverts sur un jardin tropical peuplé de perroquets et de toucans. Sur place, de nombreuses activités sont proposées, comme des promenades dans la jungle, une sortie nocturne en bateau pour découvrir les caïmans, un circuit d'observation d'oiseaux, une excursion au lac Sandoval (un des plus beaux joyaux de l'Amazonie péruvienne). Un chaman est à votre disposition pour une cérémonie d'ayahuasca dans une maloca spécialement construite à cet effet. L'établissement est pionnier dans l'organisation de séminaires dédiés à cette médecine traditionelle. Les meilleurs *maestros ayahuasqueros* y travaillent avec la famille depuis l'ouverture du lodge. Pour finir, vous prendrez plaisir à vous baigner dans la piscine de l'établissement, juste à côté du centre de massages, vous vous délecterez d'une cuisine savoureuse à base de produits locaux provenant du marché de Puerto Maldonado, et au bar, on ne manquera pas de vous concocter le célèbre *pisco sour.* Au Corto Maltese, on prend enfin le temps de respirer, de se déconnecter, et de se ressourcer.

### ECOAMAZONIA LODGE

Bajo Rio Madre de Dios km 30
✆ 51 1 2422708
www.ecoamazonia.com
reservas@ecoamazonia.com
*Les formules vont de 2 jours/1 nuit (265 US$) à 5 jours/4 nuits (525 US$). Deux nuits sont un minimum pour multiplier vos chances de voir la faune.*

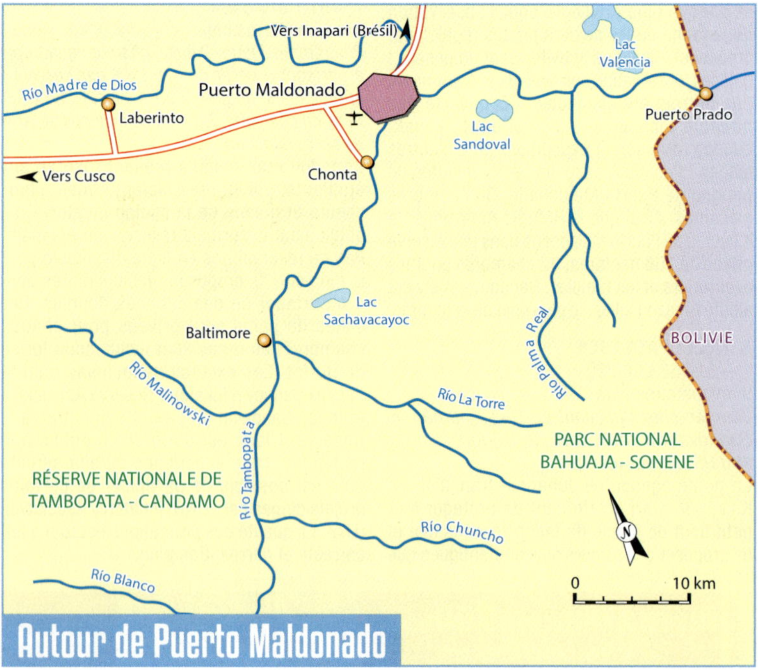

Cette agence très sérieuse gère le lodge du même nom situé dans une réserve privée de 5 000 hectares en bordure du río Madre de Dios. De là, vous pourrez aller voir l'île des Singes, la Cocha Caimáan et Perdida, d'où vous observerez depuis une tour d'observation dans les arbres la faune et la flore ; le lac Apu Víctor ; les ríos Gaminata et Briolo... Vous serez logés dans de jolis bungalows au milieu de la jungle (il y en a 50, indépendants), équipés de moustiquaire, de salle de bains privée et de hamacs. Un restaurant, un bar et une piscine seront également mis à votre disposition.

### ■ INKANATURA HEATH RIVER WILDLIFE CENTER

✆ +51 1 2035000 – www.inkanatura.com

*Tours qui combinent deux écosystèmes, à partir de 4 jours/3 nuits. Départs fixes les lundis et jeudis, 756 US$ par personne en double. Pension complète.*

Le Heath est un bras de l'Amazone qui marque la frontère entre le Pérou et la Bolivie. Bordant deux écosystèmes radicalement différents (forêt tropicale de plaine et savane), il traverse la réserve péruvienne du Tambopata et le Parc national bolivien du Madidi, deux zones encore vierges, immenses, encore quasiment inaccessibles et peuplées d'une faune incroyable. Peu de choses ont changé ici depuis la découverte des lieux par l'américain Edwin, en 1880. Le Heath River Wildlife Center est le seul éco-lodge sur cette rivière. Ce centre unique permet d'accéder, en seulement une demi-journée, à des falaises d'argile où nichent les aras et permet de vivre en harmonie avec une Amazonie encore protégée de la déforestation. Le lodge, construit avec des matériaux écologiques (acajou, palmier), offre tout le confort nécessaire. Chaque bungalow privé dispose d'une salle de bains (douches chaudes) et de toilettes. Hébergement en pension complète et excursions organisées.

## Luxe

### ■ INKATERRA HACIENDA CONCEPCIÓN

Tambopata – Km 8 aguas abajo

✆ +51 1 610 0404

www.inkaterra.com

directsales@inkaterra.com

*Programme 3 jours/2 nuits en Chambre double à partir de 799 US$ pour deux personnes, cabanes à partir de 913 US$. Il faut y séjourner minimum 3 jours/2 nuits. 10 % de service inclus. Pension complète. Excursions programmées en groupe, transferts par la route et en bateau à l'auberge et retour. Enfants de 5 à 12 ans : 50 % de remise lorsqu'ils partagent la chambre avec un ou deux adultes – maximum 2 enfants par chambre et applicable seulement dans une cabane.*

## Frictions autour de la conquête de l'or

Inquiet de l'expansion de l'activité minière sauvage et de son impact destructeur sur la forêt amazonienne, le gouvernement péruvien a créé en 2011 un délit d'extraction minière illégale, passible de quatre à dix ans de prison, en fonction de circonstances aggravantes de pollution ou d'emploi d'enfants. Ces dernières années, l'Etat a aussi mené des opérations coup de poing pour détruire des centaines de dragues et d'excavateurs sur des fleuves de la province de Madre de Dios. Ce décret provoque la colère des mineurs artisanaux, mais aussi des Indiens d'Amazonie employés plus ou moins officiellement dans les mines. Ils accusent le gouvernement de criminaliser le petit secteur minier et de faire l'amalgame entre l'extraction illégale et les mines artisanales. Des manifestations violentes sont fréquentes, notamment sur la route entre Cusco et Puerto Maldonado près de Mazuco. L'avion est donc la voie la plus sûre en cas de menaces.

Il se murmure aujourd'hui que le trafic de l'or illégal serait au moins aussi important que celui de la cocaïne dans le Pérou d'aujourd'hui. Les lobbys sont puissants. Et les ravages de la déforestation et du mercure qui pollue les fleuves commencent à avoir des conséquences. Bien que faible, le poids de l'écotourisme est essentiel pour montrer une autre voie de développement possible, surtout aux communautés davantage victimes qu'acteurs dans ce saccage de leur jungle.

Un établissement Inkaterra (spécialisée dans l'écotourisme) qui a ouvert ses portes en février 2011. Les élégants bungalows sont construits avec des matériaux naturels. Vous trouverez un sifflet à l'intérieur pour prévenir si vous croisez une bête indésirable malgré les moustiquaires... Le programme d'excursions est alléchant : randonnée dans le parc pour admirer la flore, visite du jardín botanique et de l'épave du bateau « Fitzcarrald » naufragé, balade de nuit en pirogue pour voir les caïmans et une famille de capybaras. Le jour, place aux loutres, perroquets, singes ou autres. Membre de National Geographic Unique Lodges of the World. Nouveau : Le Nua Spa.

**INKATERRA RESERVA AMAZONÍCA**
Oficina Av Elmer Faucett km 7 (à côté de l'aéroport)
Madre de Dios – Km 15 aguas abajo
✆ +51 82 573534
www.inkaterra.com
directsales@inkaterra.com
A 1h de Puerto Maldonado sur le río Madre de Dios (km 15).
*Formule avec pension complète et excursions à la carte chaque jour. 3 jours/2 nuits pour deux dans une cabane supérieure double : 1 082 US$ ; 4 jours/3 nuits pour deux dans une cabane supérieure double : 1 422 US$. 10 % de service inclus. Enfants de 5 ans à -12 ans : 50 % de remise lorsqu'ils partagent la chambre avec un ou deux adultes – maximum 2 enfants par chambre.*
Idéalement situé près du lac Sandoval et en face de l'île aux singes, construit avec des matériaux naturels, c'est un lodge au confort parfait. Les bungalows (35 *cabañas* privées dont 3 suites dont une avec piscine privée) disposent d'un cabinet de toilette privé, douche, eau chaude et froide, et d'une terrasse où se balancent deux hamacs. Electricité alimentée par générateur durant certaines heures. La cuisine est excellente et l'eau est filtrée. Un immense jardin botanique et une Réserve Ecologique privée de 10 000 ha réunissent toutes les espèces de plantes, des plus communes aux plus rares, avec un parcours dans les arbres (Inkaterra Canopy Walkway) financé par l´ONG, Inkaterra Asociación (ITA) où vous pouvez admirer la flore et l'Amazone sur des passerelles à 30 m du sol. Les guides sont très disponibles et certains parlent français. Un véritable palace dans la jungle.
Le parcours de canopy est également disponible pour un « full day » pour les clients extérieurs, renseignez-vous.

## À voir – À faire

**INKATERRA RESERVA AMAZONÍCA**
Oficina Av Elmer Faucett km 7 (à côté de l'aéroport)
Madre de Dios – Km 15 aguas abajo
✆ +51 82 573534
www.inkaterra.com
directsales@inkaterra.com
A 1h de Puerto Maldonado sur le río Madre de Dios (km 15).
*Compter S/ 300 l'excursion (groupe de 4 personnes minimum ou acquitter la différence). Personne additionnelle à partir de S/ 80.*
A 1h de Puerto Maldonado en bateau, cette réserve privée de 10 000 ha abrite une multitude d'animaux sauvages, une flore intacte, de

nombreuses espèces aquatiques et le lodge Reserva Amazónica. Sur réservation, il est possible d'organiser un parcours de 2 heures 30 sur leur Canopy Walkway ou ponts suspendus. Toutefois vous n'aurez pas la priorité et cela n'est possible que si des guides sont disponibles sur place. A organiser directement avec le bureau du Puerto Maldonado 24 heures avant minimum. Sortie 13h45 et retour 17h.

### ■ ISLA DE LOS MONOS ★

Petite île sur le río Madre de Dios, juste au nord du lac Sandoval de la réserve Tambopata. L'unique habitant de l'île s'occupe des singes, qu'il est possible de voir de près. Il est intéressant de faire cette halte avant de se rendre dans un lodge, car dans la selva elle-même, il est parfois difficile de les voir et encore plus de les reconnaître. Beaucoup d'agences le proposent et, comme on y va en bateau, il faut de toute façon passer par un tour.

### ■ LAGO VALENCIA

Un beau lac, à 60 km de Puerto Maldonado, à la frontière avec la Bolivie, et à 4h en canot à moteur. Idéal pour l'observation des oiseaux, des familles qui pêchent aux abords ou récoltent les fameuses *castañas*. Assez éloigné, il n'est inclus que dans les formules de séjour plus longs au sein des lodges situés le long du río Madre de Dios. Sur le parcours, on remarquera les orpailleurs au travail.

### ■ PAMPAS DEL HEATH

Grandes étendues de verdure le long du río Heath, ces *pampas* sont quasimment les dernières savanes amazoniennes à être si bien conservées. En effet, les autres espaces de ce genre ont été altérés par l'agriculture ou les élevages. Pourtant, ce biotope est le lieu de vie d'espèces rares telles que le loup à crinière ou l'ours à lunettes ! Enfin, c'est dans les Pampas del Heath que les recherches les plus intensives ont été réalisées afin de répertorier les plantes vasculaire des savanes (comme leur nom l'indique, ces plantes sont pourvues de vaisseaux par lesquels circule l'eau puisée par les racines).

# RESERVA NACIONAL TAMBOPATA ★★★

Cette réserve, c'est un million et demi d'hectares dédiés à la nature, 1 300 espèces d'oiseaux, 1 200 espèces de papillons, 200 essences terrestres, des singes, mais aussi des centaines d'espèces de poissons, des loutres géantes rarissimes, des tortues, des batraciens... En bref, tout un petit monde aquatique et amphibien qu'il est possible d'apercevoir, par exemple au Lago Sandoval. En effet, avec son bassin paisible et bordé de palmiers géants, le lac Sandoval troue la forêt dense et laisse ainsi place à une biocénose très spéciale et variée. Il est aussi le seul à être suffisament proche de la ville pour pouvoir être exploré en un jour (ou y rester plus longtemps dans l'un des lodges qui le bordent). Notons qu'à ce jour, seulement 3 % du territoire de cette réserve ont été étudiés ! Il reste donc beaucoup à découvrir. La Reserva Nacional Tambopata a été créée dans le but de préserver la faune et la flore de cette région, toutes deux représentatives de l'incroyable diversité de l'Amazonie. Enfin, sachons que ces paysages grandioses n'abritent pas seulement végétation et animaux puisque des populations indigènes et métis peuplent toujours les lieux. Plus vous irez loin en remontant le cours du fleuve Tambopata (on dit *río arriba*), plus vous accéderez à des sites privilégiés pour voir la faune sauvage. Les *Research Center*, quasiment à la frontière avec le parc Bahuaja Sonene, sont les mieux lotis. Enfin, dernier conseil : pour voir les animaux, inutile d'essayer tous les lodges, le plus sûr est d'en choisir un et de pouvoir y rester plus longtemps et de multiplier les sorties par petits groupes (2 à 3 c'est l'idéal). Les guides seront vos meilleurs yeux.

## Se loger

### Bien et pas cher

### ■ CASA SANDOVAL- JUNGLE PRO

Jr Lambayeque 1145
Puerto Maldonado
✆ +51 82 351128
info@tambopatajunglepro.com
*Formule 3 jours-2 nuits : 240 US$ et 4 jours-3 nuits : 340 US$ par personne.*
Au Lago Sandoval, les choses sont assez claires : comme le lac est intégré à la réserve, impossible de s'y rendre seul. On doit être obligatoirement accompagné d'un guide au poste de contrôle. Beaucoup viennent pour la journée, mais c'est le défilé. Une option luxueuse est de passer la nuit au Sandoval Lake Lodge à réserver via Inkanatura.
La Casa Sandoval, elle, est un petit lodge familial plus abordable que ses concurrents qui appartient au neveu de la seule famille autorisée à recevoir des touristes car elle vit sur ces terres depuis des années. Ici vous êtes donc entre de bonnes mains. Les chambres sont simples, en planches, avec moustiquaire, salles de bains communes, espace hamac. Le tout est propre et convivial. Le reste, c'est la jungle qui vous l'offre : on est aux premières loges pour voir les loutres, perroquets, caïmans et le coucher de soleil spectaculaire. Oscar gère avec dynamisme sa petite entreprise.

### CAYMAN LODGE

✆ +51 82 9601 388
cayman-lodge-amazonie.com
info@cayman-lodge-amazonie.com
*Programme de 3 jours-2 nuits, de 2 à 9 personnes, 250-280 US$ selon les visites choisies. Tout inclus. Droits d'entrée Réserve Tambopata environ 10 US$.*

Si vous cherchez une ambiance plus rustique, ce petit lodge d'une Française (Annie) qui parle toujours avec son accent du Sud et gère sa petit équipe avec poigne, est fait pour vous. Christophe son fils lui prête main forte. Ils sont sur place et ont de bons guides qui parlent français. Ici les bungalows sont plus simples, salle de bains privée avec eau à température (comme il fait chaud l'eau n'est jamais glacée), générateur pour l'électricité commune, lampes à kérosène et bougies pour s'éclairer. N'oubliez pas votre lampe torche ou frontale. Le lodge est bien placé, au bord de la rivière Tambopata et propose des excursions sur des lacs proches pour observer la faune. On y croise pas mal de groupes en haute saison mais l'expérience reste dépaysante et exotique. Au final, c'est ce qu'on vient chercher ici non ?

## Confort ou charme

### INKANATURA SANDOVAL LAKE LODGE

✆ +51 1 203 5000
www.inkanatura.com
*Tours de 2 jours-1 nuit, à partir de 340 US$ par personne, 3 jours-2 nuits : 440 US$, 4 jours-3 nuits : 630 US$ en double. (supplément pour une chambre simple). Pension complète. Si votre groupe est de plus de 4 personnes les tarifs baissent.*

Le Sandoval Lake Lodge surplombe le superbe lac Sandoval, entièrement bordé d'épais et imposants palmiers peuplés d'une riche faune (differentes espèces de singes, nombreuses espèces d'oiseaux exotiques...). Cet emplacement privilégié vous donne un accès exclusif au lac en début de matinée et en fin d'après-midi, c'est-à-dire aux heures de choix pour observer la faune et faire de belles photos. Le programme du lodge comprend les nuits en hébergement en chambre simple ou double avec salle de bains privative, douche (eau chaude), électricité et ventilateurs, ainsi que les repas, les transferts de l'aéroport à Puerto Maldonado, l'accompagnement de guides naturalistes, les excursions à la recherche des loutres géantes, des singes et des aras, les excursions en forêt, et les excursions de nuit pour voir les caïmans. Le lodge est spécialisé dans la réception de petits groupes et son objectif est de préserver le lac et la forêt tropicale environnante. Il est détenu par un groupe de conservation à but non lucratif, Peru Verde, qui fait partie de l'agence InkaNatura. La seule famille voisine se consacre aussi à l'écotourisme et à la récolte de noix du Brésil.

### POSADA AMAZONAS

Contacter Rainforest Expeditions
Avenida Larco 1116, Dep. 4
Miraflores, Lima ✆ +51 82 572 575
sales@rainforestexpeditions.com
A 2h de Puerto Maldonado sur le río Tambopata. Prendre un avion jusqu'à Puerto Maldonado depuis Lima ou Cusco (respectivement 45 ou 90 minutes). De là, prendre un bus jusqu'au Infierno River Port puis une pirogue pour atteindre le lodge Posada Amazonas.
*Lodge géré par Rainforest Expeditions. Programme pour 2 personnes 3 jours/2 nuits : 1 178 US$ en chambre supérieure, pension complète, tours inclus.*

Situé près de Puerto Maldonado, cet écolodge offre une trentaine de chambres rustiques, spacieuces et très confortables, installées dans des bungalows bâtis en matériaux locaux, avec salle de douche privée et eau chaude. Ambiance conviviale et repas sous forme de buffet. Un bâtiment abrite une dizaine de hamacs et une petite bibliothèque. Le lodge est construit dans une réserve privée de 2 000 hectares adjacente à la réserve Tambopata. Les guides participent aux inventaires écologiques afin de mieux connaître la biodiversité de la réserve. Le lodge appartient à la communauté d'Infierno ; il est cogéré par l'agence Rainforest Expéditions. Un comité de contrôle élu par les membres de communauté a été créé afin de superviser la bonne gestion du lodge et de faciliter la communication entre membres de la communauté. 60 % des bénéfices profitent à la communauté. Parmi les activités proposées : marches dans la jungle aux côtés de guides péruviens spécialisés connaissant parfaitement la faune et la flore locales. Près du lodge, une tour d'observation de 36 mètres de haut offre une vue époustouflante. La visite du lac Tres Chimabadas permet d'approcher oiseaux, caïmans et loutres. Beaucoup de singes sur place également.
Lors des visites, les groupes sont limités à 10 personnes. Electricité à certaines heures, trois fois par jour. Les déchets sont triés et les produits hygiéniques utilisés sont biodégradables.

### TAMBOPATA ECO LODGE

Jr. Javier Heraud Mza. 9P Lote 6B
✆ +51 82 571397
www.tambopatalodge.com
ventas@tambopatalodge.com
*Pour une formule de 3 jours/2 nuits, 494 US$ par personne. Tout inclus. Entrée à la Réserve S/ 65.*

Un très beau lodge, construit en matériaux traditionnels (sans sacrifier au confort moderne), parfaitement intégré dans son environnement. L'ensemble est élégant, confortable, les suites sont particulièrement recommandées pour les couples. 25 km de sentiers ont été aménagés tout autour, permettant de se familiariser avec le lac Condenado (observation d'oiseaux), le lac Sachavacayoc (avec un peu de chance, on peut y observer des loutres géantes), et une foule d'animaux comme les perroquets ou les capibaras.

**Autre adresse :** Cusco : Calle Nueva Baja 432, ✆ +51 84 245 695

## Luxe

### REFUGIO AMAZONAS

Contacter Rainforest Expeditions
Avenida Larco 1116, Dep. 4
Miraflores, Lima
✆ +51 1 719 6422

Refugio Amazonas se trouve à 3 heures et demie de route de Puerto Maldonado. Prendre un avion jusqu'à Puerto Maldonado depuis Lima ou Cusco (respectivement 90 ou 45 minutes de vol). Les prix incluent les transferts depuis/vers l'aéroport : mini bus jusqu'au port de Infierno puis une pirogue (3h30 de traversée) jusqu'au lodge.

*Pour 2 personnes, 3 jours-2 nuits, à partir de 1 204 US$ en chambre supérieure. Pension complète et tours inclus.*

Ce lodge de 32 chambres est construit au milieu d'une réserve privée de 200 hectares à 2h de Puerto Maldonado (1h de transport et 1h de bateau) grâce à la nouvelle voie d'accès. Une petite hutte a été construite près de l'habitat de mammifères pour les observer au plus près. L'ensemble a été construit à partir de matériaux naturels (bois, bambou et palme). Les chambres sont équipées d'un cabinet de toilette privé et de moustiquaires. Elles sont amples et confortables avec électricité et wifi (à certains horaires) et eau chaude. Belle salle commune pour les repas et espace bien-être. L'ensemble se fond parfaitement dans l'environnement. Un générateur permet de recharger les batteries une fois par jour. Eclairage à la bougie et à la lampe (kérosène).

Côté écologie, les déchets sont triés et les produits hygiéniques utilisés sont biodégradables. Les repas sont préparés à base de produits frais, fruits et légumes. L'eau est bouillie.

Diverses activités au programme pour les enfants, les adolescents et les personnes moins sportives. Découverte de la canopée, visite de fermes et de centres de recherche, balades en pirogue, VTT... Un sentier a été aménagé pour les enfants et les sensibiliser à la biodiversité. Ainsi les 6-12 ans pourront découvrir la forêt et ses habitants en compagnie d'un guide local qui propose des activités ludiques. Les groupes sont limités à 10 personnes. Les employés sont natifs de la communauté. Ce projet écotouristique intègre les familles de la zone qui vivent de l'extraction de noix du Brésil en compensation d'une méthode d'utilisation durable de la forêt.

### TAMBOPATA RESEARCH CENTER (TRC)

Contacter Rainforest Expeditions
Avenida Larco 1116, Dep. 4, Miraflores, Lima
✆ +51 1 719 6422

*Géré, comme la Posada et le Refugio Amazonas, par Rainforest Expeditions. Programme 4 jours/3 nuits pour 2 personnes à partir de 2 379 US$ en chambre confort. Pension complète. Tours inclus. Entrée à la Réserve Tambopata incluse.*

TRC est un des lodges les plus isolés ; aussi vous promet-il une fabuleuse aventure au cœur de la forêt tropicale. Une nouvelle voie d'accès le situe désormais à 3h30 de Puerto Maldonado sur le río Tambopata, 1h de transport en véhicule puis 3h30 en bateau. Tous les bâtiments sont reliés par des passerelles. On mange tous à une grande table : clients, guides et chercheurs, qui sont nombreux là-bas. Cela permet un échange d'informations intéressant. Les singes et autres mammifères s'approchent souvent du lodge.En plus d'héberger les visiteurs, le TRC est surtout un centre de recherches où guides, chercheurs et passionnés veillent à la conservation de la biodiversité de cette réserve nationale, située non loin du parc national de Bahajua-Sonene. Le TRC participe notamment au « Tambopata Macaw Project » qui vise à mieux connaître le mode de vie de ces grands perroquets et à les préserver.Le lodge a été totalement rénové pour offrir plus de confort. Il comprend 24 chambres aménagées dans des bungalows simples et confortables, avec salles de bains privées, eau chaude, hamac à disposition. Electricité à certaines heures. Les déchets sont triés, et les produits hygiéniques utilisés sont biodégradables.

Les visiteurs se verront proposer des excursions en forêt avec des guides spécialisés. Le point culminant de votre séjour sera sans doute la visite chaque matin d'une falaise de sédiments où se donnent rendez-vous des centaines de perroquets. Impressionnant ! Nicolas Hulot y est venu pour tourner un reportage d'*Ushuaia*. Toutes les activités sont très bien organisées. Il est vrai que ce lodge demande un long trajet en bateau et que ses prix sont plus élevés, cependant les excellentes prestations et les souvenirs que vous accumulerez valent bien un effort financier.

## À voir – À faire

### COLLPAS- OBSERVATION DES PERROQUETS ET ARAS ★★

Les *collpas* sont des falaises d'argile où les perroquets et aras multicolores viennent se nourrir des sels minéraux nécessaires à leur alimentation. Ce rituel a lieu chaque matin à partir de 6h30 et jusque 10h environ. Posada Amazonas possède sa petite *collpa* de perroquets. Les plus fameuses sont celles de Chuncho (on peut s'y rendre par exemple en dormant au Wasaï Tambopata Lodge) et encore plus loin, de Colorado (proche du Tambopata Research Center de Rainforts Expeditions). Evidemment, plus c'est loin, plus le spectacle est grandiose. Un festival de couleurs et de sons qui ravit.

### LAGO SANDOVAL ★★

Pour s'y rendre : bateau à moteur depuis Puerto Maldonado, 3,5 km à pied puis autre canoë à rames pour explorer le lac ou rejoindre les hébergements (familles sur place et un seul lodge).

*Attention, on ne peut pas s'y rendre seul. Il faut être accompagné d'un guide. L'entrée est contrôlée par l'organisme qui gère les parcs et réserves nationales. Entrée : S/ 30 la journée ou S/ 65 les 5 jours pour la réserve.*

Ce lac ombragé par de hauts palmiers, à 1h en *peque peque* sur le río Maldonado, est un sanctuaire d'animaux tels que crocodiles, loutres, grues et tortues. Les amateurs de pêche y trouveront de quoi assouvir leur passion. On s'y rend par un sentier long de 5 km, fréquenté par les singes (pour les voir, il faut y aller tôt, à l'heure où ils se mettent en quête de nourriture) puis on explore le site explore en pirogue (rameurs locaux) ou sur de grandes plateformes elles aussi arrimées à des pirogues. C'est le top pour les oiseaux, petits singes, caïmans et une famille de loutre si elle daigne traverser vers la partie du lac ouverte au public (l'autre est réservée). Dormir au bord du Sandoval permet de l'explorer avant ou après les autres. Les couleurs des levers et couchers de soleil sont spectaculaires. En journée moins de faune et plus de monde mais le site, petit écrin-miroir bordé de palmiers, est ravissant.

# PARQUE NACIONAL BAHUAJA-SONENE

Le Parc national Bahuaja-Sonene, situé dans le sud-est du pays, protège une éco-région appelée Yungas del Perú. En règle générale, les *yungas* sont des forêts qui se situent sur le versant oriental des Andes. C'est une zone de transition entre les hauteurs des montagnes andines et les forêts profondes, et comme pour toutes les forêts de la région, ces *yungas* ont des caractéristiques liées au climat tropical. Le parc contient environ 20 000 espèces de plantes, au moins 600 espèces d'oiseaux, 174 espèces de mammifères et 100 espèces de reptiles et autres amphibiens. Les chanceux pourront même croiser des animaux extrêmement rares comme le loup à crinière, la loutre géante, l'ours à lunettes, ou le caïman noir ! Le souci, c'est que son isolement en a fait un lieu très peu exploré : moins de 500 touristes par an. L'une des opportunités pour s'y aventurer, c'est de prendre part à un Tambopata Jungle Rafting ou River Safari : une aventure de 8 à 9 jours de rafting pour descendre tout le río Tambopata depuis San Pedro de Putina Punco (à 8h de Juliaca) jusqu'au TRC de Rainforest Expediciones. Comptez 1500 US$ par personne, en groupe. Contactez Mayuc River Rafting (mayuc.com) ou Apumayo Expediciones (apumayo.com).

## Polémique sur les « safaris humains »

C'est la nouvelle attraction : des guides malintentionnés organisent des « safaris humains » pour permettre aux touristes de photographier des tribus indiennes en isolement volontaire qu'on appelle « no contactados », au risque de contribuer à leur extermination. Situés à la frontière entre les parcs Manu et Alto Purus, les Mashco-Piro, une des 15 tribus indiennes du Pérou n'ayant pas de contact régulier avec le monde extérieur (il n'en reste plus qu'une centaine ainsi dans le monde), sont les plus menacés. Quelques images de la tribu saisies sur les berges du río Piedras ont suffi à alimenter les désirs malsains de voir ces « vrais » Indiens. Il y a plus d'un siècle, les Mashco-Piro avaient déjà été contraints de s'enfoncer plus loin dans la jungle par les sociétés chargées de fournir le caoutchouc pour la production d'automobiles et de vélos en Europe et aux Etats-Unis. Ces tribus sont extrêmement vulnérables et la transmission d'un simple rhume pourrait leur être fatale. Au Pérou et au Brésil, toute tentative de contact est d'ailleurs passible d'une peine de prison, mais cela n'effraie guère les voyagistes peu scrupuleux. Abstenez-vous.

# PARQUE NACIONAL DEL MANÚ ★★★

A 650 km de Puerto Maldonado, ce parc, traversé sur 300 km par le río Manu, a été classé réserve de la biosphère, puis inscrit au patrimoine mondial de l'humanité par l'Unesco. Il recouvre la *puna*, la *selva* haute dans sa plus grande superficie et la *selva* basse. Température de 3 à 25 °C. Plus de 100 espèces d'arbres (cèdres, acajou, jacarandás, palmiers) et des orchidées.

**Il est plus facile d'entreprendre cette expédition** à partir de Cusco par l'intermédiaire d'une agence qui s'occupera, entre autres choses, des autorisations d'accès. Prévoir vêtements légers, imperméable, chapeau, lunettes de soleil, insecticides et moustiquaire. De Cusco, il faut compter 14h de route : on passe par la vallée de Paucartambo, près de Tres Cruces de Oro, ensuite par la vallée de Kosñipata, puis par Patria, Pilcopata et Salvación, soit 265 km avant l'arrivée au hameau de Shintuya, sur les rives du Madre de Dios, en pleine forêt vierge. De Shintuya, on embarque sur le Manu jusqu'à Boca Manu, que l'on peut atteindre en avionnette (30 min de Cusco, vols très inconstants malheureusement). Après avoir croisé quelques hameaux, on entre dans une aire inhabitée, propice à l'observation d'une faune et d'une flore exceptionnelles.

**Pour profiter pleinement des beautés de la réserve,** prévoir au moins une semaine sur place.

## Pratique

### AECOTUR PARQUE MANU

Calle Plateros 359, Cusco

Attention, le parc national Manu fait l'objet de règles strictes. N'y sont autorisées à opérer que les agences membres de l'Aecotur : Asociación de Empresas constituidas Operadores de Turismo al Parque Nacional del Manu. Celles-ci ont un accord avec les autorités et peuvent vous emmener dans le parc même. Les autres, nombreuses, vous vendront le Manu mais dans la partie en amont, classée réserve naturelle et culturelle. La biodiversité n'est pas la même, la forêt n'est plus primaire. Pour faire le tri, Martha Alegria, présidente de Aecotur, est dans l'obligation de remettre la liste des opérateurs si vous lui en faites la demande en vous rendant à l'adresse de son agence Vilca Expediciones. Selon nos dernières informations, les agences accréditées incluaient : Vilca Expediciones (manuvilcaperu.com), Pantiacolla Tours (pantiacolla.com), Sas Travel Tour (sastravelperu.com), Manu Nature Tours (manuperu.com), Inka Natura (inkanatura.com), Expediciones Manu (manuexpeditions.com), l'ONG Crees (crees-expeditions.com) et Manu Ecological Adventure (manuadventures.com).

### EXPEDICIONES VILCA

Calle Plateros 359
CUSCO
✆ +51 84 244751
www.manuvilcaperu.com
reservas@manuvilcaperu.com

L'agence est spécialiste du Manu mais surtout sa directrice Maria Alegria est présidente de l'AECOTUR (Associacion de Operadores del Manu). Elle a donc obligation de vous remettre la liste des seules agences accréditées pour opérer à l'intérieur du Parc national le plus divers du Pérou. En effet beaucoup d'agences proposent le Manu mais ne peuvent se rendre que dans la zone culturelle qui le borde. Or la biodiversité se trouve dans la zone réservée. Parmi les agences spécialistes et autorisées, citons Pantiacolla Tours, Manu Nature Tours et Inka Natura.

### RESPONSIBLE TRAVEL PERU

Pasaje los Lirios 7A
Urbanización Mariscal Gamarra
CUSCO ✆ +51 84 598331
*Voir page 40.*

## Se loger

Leur programme comprend un guide biologiste bilingue (d'autres langues que l'anglais sont possibles avec anticipation), l'hébergement, tous les repas, le transport depuis les pavillons à partir de leurs deux points de départ, Cusco (CUZ) et Puerto Maldonado (PEM), jusqu'au Tambo Blanquillo Lodge et inversement. Sur place on trouve deux types d'hébergements (Tambo et Bungalow,) le premier avec salle de bains partagée et le second avec salle de bains privée. En 2018, la BBC a tourné pendant 12 semaines un chapitre de leur nouvelle série *Planet Earth* sur place. Il convient également de mentionner qu'en 2019, Trip Advisor leur a octroyé le titre d'hôtel n° 1 au Manu pour la sixième année consécutive. Leur emplacement aux portes de la Réserve est parfait.

### CASA MATSIGUENKA

✆ +51 84 225 595
www.casa-matsiguenka.com
casa.matsiguenka@gmail.com

*Réservez via l'ONG SE Peru, via une agence comme Responsible Travel ou sur internet. A partir de 1 500 US$ par personne le séjour au cœur du Parc Manu en groupe.*

Nous sommes Tambo Blanquillo Logde, une réserve privée située dans la zone tampon du Manu (le plus grand parc national d'Amérique du Sud). Nous offrons un certain nombre d'attractions, parmi lesquelles la Ccollpa de perroquets et d'aras de TB, mondialement connu comme l'un des meilleurs Ccollpas d'oiseaux de la planète pour le nombre d'espèces qui s'y rencontrent et qui ne sont pas seulement des oiseaux, mais des mammifères aussi. Nous pouvons presque le comparer aux "waterholes" africains, où se rassemblent des animaux de différentes espèces pour boire de l'eau, manger et parfois pour chasser d'autres espèces. Les forfaits que nous proposons sont au nombre de 4, le programme :

**MANU EXPRESS 4 jours / 3 nuits, MANU PURE ADVENTURE 5 jours / 4 nuits, le programme COMPLETE MANU de 6 jours / 5 nuits et MANU EXTRAORDINAIRE 7 jours / 6 nuits.**

Nous réalisons également des programmes spéciaux (sur mesure) pour des groupes spécialisés. Tous les programmes peuvent commencer et se terminer en Cuzco (CUZ) et / ou en Pto. Maldonado (PEM). Eye, pour

le retour par la CUZ, un supplément de (supplément) de 500 US $, indépendamment du nombre de passagers. Notre programme comprend un guide biologiste bilingue (d'autres langues que l'anglais est possible avec anticipation), l'hébergement, tous les repas, le transport depuis les pavillons à partir de nos deux points de départ, Cuzco (CUZ) et Pto Maldonado (PEM), jusqu'au Tambo Blanquillo Lodge. et inversement, accès illimité à toutes nos attractions. Les prix (en dollars) varient en fonction du nombre de personnes par groupe et du type d'hébergement. Plus de gens viennent nous rejoindre, plus le service est économique. Nous avons deux types d'hébergements (Tambo et Bungalow) le premier avec salle de bain partagée et le second avec salle de bain privée. En 2018, la BBC a tourné pendant 12 semaines un chapitre de leur nouvelle série PLANET EARTH. Il convient également de mentionner qu'en 2019, Trip Advisor nous a choisis comme l'hôtel n ° 1 à Manu pour la sixième année consécutive."

## Parcs nationaux d'Amazonie

Ce projet écotouristique est mené dans le Réserve de biosphère de Manu et plus précisément dans la réserve communale Amarakaeri (RCA) qui s'étend sur 402 335 hectares. Il fut initié avec l'appui de la Fédération native du Río Madre de Dios (FENAMAD), le Programme des Nations unies (PNUD) et le Fonds des Amériques (FONDAM). Cette collaboration a permis de former les habitants aux activités touristiques, de construire et financer les infrastructures écotouristiques. La réserve est gérée en accord avec le gouvernement péruvien par les huit communautés natives de la zone (ce rassemblement communautaire s'appelle Wanamei) : Shintuya, Shipetiari, Diamante, Puerto Azul, San José, Puerto Luz, Boca Isiriwe et Barranco Chico. Vous y observez de nombreux animaux dont des espèces en voie d'extinction qui ont ici trouvé refuge, comme la loutre géante, le singe-araignée ou encore le fameux jaguar. Vous serez hébergé à la Casa Matsiguenka, une auberge gérée par les membres des deux Communautés Indigènes matsiguenga, résidant à l'intérieur du Parc National. Ce projet touristique multi-communal est la seule activité économique concédée par l'administration du parc à ces populations. Pendant votre séjour vous aurez l'opportunité d'effectuer des excursions en forêt, guidés par des guides Matsiguenga, qui seront ravis de partager avec vous leurs connaissances sur la faune et la flore environnantes. Cinq circuits ont été aménagés pour faire découvrir aux touristes l'ensemble de la réserve et ses richesses naturelles. Les communautés se sont engagées à préserver les ressources naturelles de leur réserve et à les utiliser de manière rationnelle.

### MANU WILDLIFE CENTER

✆ +51 1 203 5000
inkanatura.com/manu-tours-and-lodges
*Au départ de Puerto Maldonado, formule 4 jours-3 nuits à 1 627 US$ par personne (minimum 2 personnes), départs fixes les lundis et jeudis. Pension complète et transport en bateau inclus. Au départ de Cusco, formule 6 jours-5 nuits 2 413 US$ par personne. Pension complète. Transport en bus aller-bateau retour. Fin du voyage à Puerto Maldonado.*

La référence au plus proche du Parc national Manu. Ce lodge est géré par l'association InkaNatura et c'est la référence en termes de nature, biodiversité, exclusivité... Ils proposent plusieurs formules. Si l'on prend le départ de Puerto Maldonado on sera plus vite au cœur du sujet. Il faut tout de même 7 heures 30 de trajet entre voiture, ponts et bateau pour rejoindre le Manu Wildlife Center, auprès notamment des aras, tapis et loutres géantes. Le programme Manu & Beyond vous emmène encore plus loin avec 3 nuits au Manu Park Wildlife Center situé au cœur du parc national (5 nuits minimum). L'autre trajet part de Cusco et vous permet de traverser la jungle montagneuse et humide, de zigzaguer au milieu des nuages et de voir au plus près la parade amoureuse du coq de roche rouge feu (on passe 1 nuit au bien nommé Cock of the Rock Lodge) puis on redescend vers la jungle basse, le long des fleuves et passe les 3 dernières nuits au Manu Wildlife Center. On finit le périple à Puerto Maldonado, cette fois ça ne prendra « que » 6 heures car le bateau descend la rivière au lieu de la remonter.

### TAMBO BLANQUILLO LODGE

✆ +51 01 249 9342
www.tamboblanquillo.com
info@tamboblanquillo.com
*Programme Manu Express 4 jours/3 nuits, Manu Pure Adventure 5 jours/4 nuits, Complete Manu de 6 jours/5 nuits et Manu Extraordinaire 7 jours/6 nuits. Programmes spéciaux (sur mesure) pour des groupes spécialisés. Tous*

*les programmes peuvent commencer et se terminer à Cusco ou à Puerto Maldonado. Les prix (en dollars) varient en fonction du nombre de personnes par groupe et du type d'hébergement.* Tambo Blanquillo Logde se situe au cœur d'une réserve privée située dans la zone voisine du Manu (le plus grand parc national d'Amérique du Sud). Sur place on trouve une *collpa* de perroquets et d'aras, reconnue pour le nombre d'espèces qui s'y rencontrent englobant oiseaux et mammifères. Cette *collpa* est comparable aux « waterholes » africains, où se rassemblent des animaux de différentes espèces pour boire de l'eau, manger et parfois chasser d'autres espèces. Leur programme comprend un guide biologiste bilingue (d'autres langues que l'anglais sont possibles avec anticipation), l'hébergement, tous les repas, le transport depuis les pavillons à partir de leurs deux points de départ, Cusco (CUZ) et Puerto Maldonado (PEM), jusqu'au Tambo Blanquillo Lodge et inversement. Sur place on trouve deux types d'hébergements (Tambo et Bungalow,) le premier avec salle de bains partagée et le second avec salle de bains privée. En 2018, la BBC a tourné pendant 12 semaines un chapitre de leur nouvelle série *Planet Earth* sur place. Il convient également de mentionner qu'en 2019, Trip Advisor leur a octroyé le titre d'hôtel n° 1 au Manu pour la sixième année consécutive. Leur emplacement aux portes de la Réserve est parfait.

## ZONA NATURAL Y CULTURAL

Le Parque Nacional Manu a vu sa zone d'intervention étendue. On a donc une zone vierge accessible depuis Boca Manu et une surface bien plus vaste, convertie en zone naturelle et culturelle en récupération. C'est ici, le long de la vallée de Kosñipata puis le long du Río Alto Madre de Dios, entre Picolpata et Boca Manu, qu'on trouve plusieurs stations biologiques, *lodges* ou communautés. Le panorama est incroyable et la biodiversité est au rendez-vous (oiseaux et flore), mais c'est une zone où l'homme est intervenu.

### ■ ACCA – ASOCIACIÓN PARA LA CONSERVACIÓN DE LA CUENCA AMAZÓNICA

✆ +51 84 222329
www.acca.org.pe

*Deux stations biologiques sur cette route. Wayqecha : chambre simple à 160 US$ et double à 95 US$ par personne avec salle de bains privée et eau chaude, dortoir partagé à 55 US$. Villa Carmen : chambre simple à 170 US$ et double à 105 US$ par personne avec salle de bains privée et eau chaude, dortoir partagé à 55 US$. Repas compris.*

Sur cette route spectaculaire qui mène aux portes du Manu, on descend de 3500 mètres à quelques 500 mètres en lacets vertigineux et paysages somptueux qui s'ouvrent sur la jungle. On aurait envie de s'arrêter tout le temps. C'est possible en passant par ACCA. Cette association ouvre désormais ses stations biologiques où travaillent des chercheurs au milieu des touristes. A Wayqecha, au cœur de la forêt de nuages, des cabanes individuelles de bonne facture. On y découvre les orchidées, beaucoup d'oiseaux et les paysages d'arbres noueux recouverts de mousse. Deux ponts suspendus vous attendent pour un point de vue unique. A Villa Carmen, tout en bas de la vallée, les bungalows sont chics et design. Ici c'est le rouyaume des colibris. Singes et bactraciens sont aussi au programme. N'oubliez pas entre les deux de demander un arrêt au mirador de Gallito de las Rocas (il appartient à un lodge un peu à l'abandon, à mi-chemin ; ils peuvent gérer l'entrée pour vous). A 5h30 et 17h30 tous les jours, l'oiseau national du Pérou, rougeoyant, roucoule et parade : un spectacle exceptionnel. Pour les adeptes, ACCA gère aussi une troisième station, Los Amigos, le long du río Madre de Dios, à mi-chemin entre Manu et Puerto Maldonado. Il faudra faire une halte dans un des lodges du Boca Manu. Les trois stations nécessitent 10 jours mais c'est un parcours totalement privilégié.

*Cruz del Condor.*

# PENSE FUTÉ

# PENSE FUTÉ

## ARGENT

### Monnaie

La monnaie du Pérou est le *nuevo sol* (*soles* au pluriel) symbolisé S/. Circulent des billets de S/ 200, S/ 100, S/ 50, S/ 20 et S/ 10 ainsi que des pièces de S/ 5, S/ 2, S/ 1, S/ 0,50, S/ 0,20, S/ 0,10 et S/ 0,05. Il est important d'avoir toujours de la monnaie sur soi, dans les bus ou dans la rue, car les petits vendeurs, eux, auront rarement le change pour des grosses coupures.

### Taux de change

Taux de change en novembre 2019 : 1 € = S/ 3,73 environ soit S/ 1 = 0,26 €. Pour les grosses sommes, les prix sont souvent exprimés en dollars (US$) ; 1 US$ = S/ 3,37 environ.

### Budget

Même si la vie a considérablement augmenté ces derniers temps, un voyage au Pérou reste abordable (mais largement moins bon marché que la Bolivie).

- **On peut se loger convenablement à l'hôtel** (chambre double avec sanitaires privés mais eau chaude non garantie) pour S/ 50 par personne (entre 14 € environ). Pour S/ 100 à S/ 150 par personne (25-40 €), on accède à la gamme correspondant à un 2-étoiles aux normes européennes. Pour un palace avec piscine, sauna, tennis et autres commodités, il faut compter environ 100 US$ (90 €) pour deux.
- **Les restaurants réservent aussi d'agréables surprises** en matière de budget. La formule menu à midi (comportant invariablement une soupe, une viande accompagnée de légumes, riz ou/et frites et une boisson), est très avantageuse : on mange bien pour S/ 15 à S/ 20. A la carte, compter le triple environ. Les fruits sont également bon marché, et une bouteille de bière de 66 cl coûte entre S/ 4 et S/ 8 selon les endroits. En comparaison, l'eau minérale est chère : S/ 3 pour 1,5 L.
- **Prendre l'avion n'est pas ruineux non plus**. La forte concurrence de ces dernières années a fait chuté les prix. Quant au bus, moyen le plus commode et confortable si on choisit une compagnie recommandée, il s'avère fort abordable. Plus confortable, le train est aussi beaucoup plus onéreux, comparé aux autres moyens de transport, car ils sont essentiellement à des fins touristiques et/ou luxe notamment pour se rendre au Machu Picchu et entre Arequipa, Puno et Cusco.

### Banques et change

Les banques sont en général ouvertes de 9h à 18h, du lundi au vendredi et le samedi matin de 9h à 13h. Les bureaux de change (*casas de cambio*) sont également ouverts le dimanche. Changer de l'argent est chose aisée au Pérou. On privilégiera les bureaux de change qui marquent les billets et ont les meilleurs taux de change. Les cambistes de la rue ont la réputation d'être peu fiables mais c'est assez exagéré. L'aéroport propose des bureaux de change officiels mais à un taux très bas.

Les dollars en mauvais état (inscriptions, taches, déchirures ou trop froissés) seront refusés ou changés dans la rue à un taux de change misérable. Un bon conseil, donc : lors du change, n'acceptez que des nouveaux billets.

Une autre option est d'utiliser votre carte bancaire. Pour les retraits mais aussi les paiements par carte. Attention dans certains endroits on vous fera payer une commission pour utiliser votre carte bancaire (de 2 % à 5 %). Visa est plus connu et reconnu que Mastercard. Le taux de change utilisé pour les opérations s'avère généralement plus intéressant que les taux pratiqués dans les bureaux de change (à ce taux s'ajoutent par contre des frais bancaires, indiqués ci-dessous).

### Carte bancaire

Si vous disposez d'une carte bancaire (Visa, MasterCard, etc.), inutile d'emporter des sommes importantes en espèces. Dans les cas où la carte n'est pas acceptée par le commerçant, rendez-vous simplement à un distributeur automatique de billets.

En cas de perte ou de vol de votre carte à l'étranger, votre banque vous proposera des solutions adéquates pour que vous poursuiviez votre séjour en toute quiétude. Pour cela, pensez à noter avant de partir le numéro d'assistance indiqué au dos de votre carte bancaire ou disponible sur internet. Ce service est accessible 7j/7 et 24h/24. En cas d'opposition, celle-ci est immédiate et confirmée dès lors que vous pouvez fournir votre numéro de carte bancaire. Sinon, l'opposition est enregistrée mais vous devez confirmer l'annulation à votre banque par fax ou lettre recommandée.

**Conseils avant départ.** Pensez à prévenir votre conseiller bancaire de votre voyage. Il pourra vérifier avec vous la limitation de votre plafond de paiement et de retrait. Si besoin, demandez une autorisation exceptionnelle de relèvement de ce plafond.

## Retrait

Les paiements se font essentiellement en soles, la monnaie nationale. Même s'il est à noter que l'inflation aidant, l'usage de dollars américains (non abîmés de préférence) est aussi répandu à travers tout le pays pour les agences de voyages, les restaurants et les hôtels de luxe.

**Trouver un distributeur** La carte Visa est majoritairement acceptée dans tous les distributeurs des grandes villes. Les retraits avec la carte Eurocard/Mastercard sont plus difficiles, mais faisables. Vous trouverez des guichets automatiques dans toutes les villes et des guichets spécialisés (ATM) pour les cartes internationales si les guichets classiques vous les refusent. Pour connaître le distributeur le plus proche, des outils de géolocalisation sont à votre disposition. Rendez-vous sur visa.fr/services-en-ligne/trouver-un-distributeur ou sur mastercard.com/fr/particuliers/trouver-distributeur-banque.html.

**Utilisation d'un distributeur anglophone.** De manière générale, le mode d'utilisation des distributeurs automatiques de billets (« ATM » en anglais) est identique à la France. Si la langue française n'est pas disponible, sélectionnez l'anglais. « Retrait » se dit alors « withdrawal ». Si l'on vous demande de choisir entre retirer d'un « checking account » (compte courant), d'un « credit account » (compte crédit) ou d'un « saving account » (compte épargne), optez pour « checking account ». Entre une opération de débit ou de crédit, sélectionnez « débit ». (Si toutefois vous vous trompez dans ces différentes options, pas d'inquiétude, le seul risque est que la transaction soit refusée). Indiquez le montant (« amount ») souhaité et validez (« enter »). A la question « Would you like a receipt ? », répondez « Yes » et conservez soigneusement votre reçu.

**Frais de retrait.** L'euro n'étant pas la monnaie du pays, une commission est retenue à chaque retrait. Les frais de retrait varient selon les banques et se composent en général d'un frais fixe d'en moyenne 3 euros et d'une commission entre 2 et 3 % du montant retiré. Certaines banques ont des partenariats avec des banques étrangères ou vous font bénéficier de leur réseau et vous proposent des frais avantageux ou même la gratuité des retraits. Renseignez-vous auprès de votre conseiller bancaire. Notez également que certains distributeurs peuvent appliquer une commission, dans quel cas celle-ci sera mentionnée lors du retrait.

***Cash advance.*** Si vous avez atteint votre plafond de retrait ou que votre carte connaît un disfonctionnement, vous pouvez bénéficier d'un *cash advance.* Proposé dans la plupart des grandes banques, ce service permet de retirer du liquide sur simple présentation de votre carte au guichet d'un établissement bancaire, que ce soit le vôtre ou non. On vous demandera souvent une pièce d'identité. En général, le plafond du *cash advance* est identique à celui des retraits, et les deux se cumulent (si votre plafond est fixé à 500 €, vous pouvez retirer 1 000 € : 500 € au distributeur, 500 € en *cash advance*). Quant au coût de l'opération, c'est celui d'un retrait à l'étranger.

## Paiement par carte

De façon générale, évitez d'avoir trop d'espèces sur vous. Celles-ci pourraient être perdues ou volées sans recours possible. Préférez payer avec votre carte bancaire quand cela est possible. Les frais sont moindres que pour un retrait à un distributeur et la limite des dépenses permises est souvent plus élevée.
Notez que lors d'un paiement par carte bancaire, il est possible que vous n'ayez pas à indiquer votre code pin. Une signature et éventuellement votre pièce d'identité vous seront néanmoins demandées.

**Acceptation de la carte bancaire.** Vous pouvez utiliser votre CB, restez vigilants et évitez de vous séparer de votre carte au moment d'un paiement (sauf dans les hôtels et restaurants de luxe bien sûr, encore que)

**Frais de paiement par carte.** Hors zone Euro, les paiements par carte bancaire sont soumis à des frais bancaires. En fonction des banques, s'appliquent par transaction : un frais fixe entre 0 et 1,20 € par paiement, auquel s'ajoutent de 2 à 3 % du montant payé par carte bancaire. Le coût de l'opération est donc globalement moins élevé que les retraits à l'étranger. Renseignez-vous auprès de votre conseiller bancaire.

# Transfert d'argent

Avec ce système, on peut envoyer et recevoir de l'argent de n'importe où dans le monde en quelques minutes. Le principe est simple : un de vos proches se rend dans un point MoneyGram® ou Western Union® (poste, banque, station-service, épicerie...), il donne votre nom et verse une somme à son interlocuteur. De votre côté de la planète, vous vous rendez dans un point de la même filiale. Sur simple présentation d'une pièce d'identité avec photo et la référence du transfert, on vous remettra aussitôt l'argent.

## Pourboires, marchandage et taxes

**Pourboire.** Il est d'usage de laisser environ 10 % de pourboire à un guide touristique, au restaurant... Dans les restaurants de bonne gamme, on vous demandera systématiquement si vous voulez inclure le pourboire en payant par carte bancaire, ce n'est pas obligatoire, mais très attendu donc. En revanche, pas de pourboire dans un taxi, un hôtel, etc. De toute façon, un pourboire reste à votre discrétion.

**Le marchandage** est de rigueur sur les marchés touristiques, mais pas dans les boutiques avec pignon sur rue, sauf exceptions. En marchandant, n'oubliez pas que le prix d'un article d'artisanat (un pull en laine par exemple) est ridicule. En grappillant 5 soles, vous économisez environ 1,50 €. C'est une misère pour vous, mais une somme importante pour le vendeur bien souvent. N'abusez pas. Mais, évidemment, ne vous laissez pas abuser (certains commerçants demandent 10 fois plus que le prix normal, surtout si vous ne parlez pas un mot d'espagnol).

**Taxes.** La plupart des prix incluent une taxe de vente de 18 % (quand il s'agit d'achats avec facture) auxquels les étrangers ne sont pas soumis. Le seul moyen de se la faire rembourser est d'effectuer votre achat juste avant d'embarquer, à l'aéroport. Sachez aussi que les nuits d'hôtel sont exemptées des 18 %. Dans les destinations touristiques, les hôtels travaillent avec le tarif « étrangers » et ajoutent les 18 % pour les résidents.Dans les autres destinations régionales, il est possible de poser la question pour avoir un tarif mieux négocié.

## Duty Free

Puisque votre destination finale est hors de l'Union européenne, vous pouvez bénéficier du Duty Free (achats exonérés de taxes). Attention, si vous faites escale au sein de l'Union européenne, vous en profiterez dans tous les aéroports à l'aller, mais pas au retour. Par exemple, pour un vol aller avec une escale, vous pourrez faire du shopping en Duty Free dans les trois aéroports, mais seulement dans celui de votre lieu de séjour au retour.

# BAGAGES

## Que mettre dans ses bagages ?

Pour bien préparer son bagage et éviter les désagréments, il convient de prendre en compte la date du voyage, les régions à visiter et le type de tourisme envisagé (randonnées, trekking...). En tout état de cause et quelles que soient les régions choisies, il faut être bien chaussé et bien protégé du soleil : prévoir de bonnes chaussures de marche, pas trop pesantes, mais solides – les chemins sont caillouteux et, en saison des pluies, les rues des villes et les sentiers sont de redoutables bourbiers –, des lunettes de soleil et des crèmes de protection.

**Dans la sierra**, les températures peuvent varier de plus de dix degrés entre le jour et la nuit : prévoir des vêtements légers et d'autres chauds. Les matières polaires sont à privilégier. On trouvera bonnets et gants sur place. Glissez aussi un vêtement de pluie type parka, notamment entre novembre et avril. On trouve aussi des ponchos de pluie un peu partout.

**Dans la selva**, compte tenu de la chaleur, il est préférable de porter des vêtements amples, en coton, à manches longues et de couleur claire à cause des moustiques, et éviter les dessous en matières synthétiques. Ne pas oublier non plus le chapeau – on peut l'acheter sur place également dans les lodges, mais on trouve peu de produits vraiment techniques. Poncho pour la pluie, mais on a souvent trop chaud dedans.

**A Lima**, l'été est fort ensoleillé, mais l'hiver fort humide. Il pleut très peu, mais les lieux ne sont que très rarement chauffés, il est donc important d'avoir une veste douillette avec soi entre avril et décembre.

### Matériel de voyage

**INUKA**
✆ 04 56 49 96 65
www.inuka.com
contact@inuka.com
Ce site vous permet de commander en ligne tous les produits nécessaires à votre voyage, du matériel de survie à celui d'observation en passant par les gourdes ou la nourriture lyophilisée.

**TREKKING**
www.trekking.fr
Trekking propose dans son catalogue tout ce dont le voyageur a besoin : trousses de voyage, ceintures multi-poches, sacs à dos, sacoches, étuis… Une mine d'objets de qualité pour voyager futé et dans les meilleures conditions.

## DÉCALAGE HORAIRE

Le décalage horaire avec la France est de 6 heures en moins en hiver et de 7 heures en été. Lorsqu'il est midi à Paris, il est 6h du matin au Pérou en hiver et 5h du matin en été.

## ÉLECTRICITÉ, POIDS ET MESURES

**Electricité.** Les prises électriques péruviennes fournissent du 220 V, 60 cycles, sauf à Arequipa (50 cycles). Si vous comptez emporter des appareils électriques, les formats ronds européens et plats américains sont généralement acceptés, mais il est recommandé de prévoir quand même un adaptateur à fiches plates (vous en trouverez facilement dans toutes les villes touristiques), les prises pouvant être de type ou d'écartement différents. Des coupures de courant peuvent se produire, n'oubliez pas d'emporter quand même une bonne lampe de poche.

**Poids et mesures.** Le Pérou utilise le système métrique et la mesure en kilogramme. En revanche, l'essence vous sera servie en *galón*, une unité ayant cours aux Etats-Unis et qui équivaut à 3,8 litres.

## FORMALITÉS, VISA ET DOUANES

**Pour un voyage au Pérou**, aucun visa n'est nécessaire. Un visa touriste d'une durée de 90 jours vous sera automatiquement délivré à votre arrivée sur le territoire. La durée maximum est de 183 jours par an avec visa de tourisme.

**Votre passeport doit être valide 6 mois après la date d'entrée**. Attention les contrôles se sont renforcés de ce côté.

**Des contrôles de passeport sont possibles** au moment du passage d'une frontière provinciale. Vous devez aussi présenter votre passeport lors de la réservation des vols nationaux ou internationaux et même lors d'achats de tickets de bus auprès de certaines compagnies. Il est de votre responsabilité de vérifier et d'exiger la présence des tampons d'entrée et de sortie de chaque pays que vous visitez. Cela est spécialement le cas à la frontière avec l'Equateur.

**La fiche touristique** (ou *tarjeta migratoria*) est désormais électronique. Vos données sont automatiquement entrées dans le système de Migraciones. Si vous vous trouvez dans les régions frontalières et que votre visa est sur le point d'expirer, il est conseillé de passer à l'étranger pour entrer de nouveau comme touriste et pouvoir prolonger son temps sur place. Une prolongation est aussi possible via la page Internet de Migraciones (migraciones.gob.pe).
Attention, si votre séjour dépasse la durée autorisée, une amende de 1 US$/jour de retard vous sera demandée à la sortie du territoire.

**Une petite combine toujours utile** : faites une ou deux copies de tous vos papiers officiels (passeport, billet d'avion, permis de conduire), des coordonnées de votre assurance, de vos numéros de traveller's check, etc., que vous disperserez dans vos divers bagages. De plus, si vous comptez faire un long séjour au Pérou, il est conseillé d'enregistrer votre passeport à votre consulat afin d'éviter de nombreuses procédures si on vous le vole.
Attention aux conditions d'entrée pour vos animaux de compagnie. Renseignez-vous avant votre départ pour savoir comment ils pourront vous accompagner.

## Recommandations

- **Emmenez un stylo** dans l'avion afin de remplir le formulaire douanier péruvien. Ne déclarez rien à la rubrique « objets de valeur » et faites l'ignorant si l'on vous demande pourquoi vous n'avez rien écrit.
- **Emportez une ou deux étiquettes** de bagages supplémentaires pour les achats.
- **Gardez avec vous les objets essentiels** et de quoi vous changer au cas où vos valises auraient décidé de faire un petit détour.
- **Le contrôle douanier des bagages** se passe de la manière suivante : juste avant la sortie, vos bagages passent sous un portique et vous appuyez sur un bouton. Lumière verte, vous passez ; lumière rouge, c'est la fouille. Si vous êtes plusieurs et que l'un de vous gagne le droit de se faire fouiller, seul celui-ci se présente au douanier, les autres vont l'attendre un peu plus loin.
- **Pensez à cacher votre argent** à différents endroits : au fond des chaussures, dans les chaussettes, etc., même pendant le trajet. Vous ne savez jamais qui sera assis à côté de vous pendant le vol.
- **Fermez tous vos bagages** enregistrés à clef, que vous garderez à portée de la main.
- **Si vos bagages sont manquants ou endommagés**, demandez immédiatement qu'un constat soit établi ; ce document pourra vous servir ultérieurement auprès des assurances.
- **Faites votre check-in en ligne pour reconfirmer votre siège à bord entre 48h à 24h avant selon les compagnies.**
- **Au retour, gardez sur vous les factures des objets artisanaux** que vous avez achetés pour prouver qu'ils n'appartiennent pas au patrimoine national. Elles peuvent vous être demandées par les douaniers.

## Obtention du passeport

Tous les passeports délivrés en France sont désormais biométriques. Ils comportent votre photo, vos empreintes digitales et une puce sécurisée. Pour l'obtenir, rendez-vous en mairie muni d'un timbre fiscal, d'un justificatif de domicile, d'une pièce d'identité et de deux photos d'identité. Le passeport est délivré sous trois semaines environ. Il est valable dix ans. Les enfants doivent disposer d'un passeport personnel (valable cinq ans).

- **Conseil.** Avant de partir, pensez à photocopier tous les documents que vous emportez avec vous. Vous emporterez un exemplaire de chaque document et laisserez l'autre à quelqu'un en France. En cas de perte ou de vol, les démarches de renouvellement seront ainsi beaucoup plus simples auprès des autorités consulaires. Vous pouvez également conserver des copies sur le site Internet officiel (mon.service-public.fr). Il vous suffit de créer un compte et de scanner toutes vos pièces d'identité et autres documents importants dans l'espace confidentiel.

## Formalités et visa

### VSI

Parc des Barbanniers
2, place des Hauts Tilliers
Gennevilliers
✆ 08 26 46 79 19
www.vsi-visa.com
contact@vsi-visa.com
Spécialiste des visas depuis 1984, Visa Sourire International se charge de l'obtention de votre visa, que ce soit pour tourisme, affaires, travail ou stage. Ils interviennent à votre place, y compris dans l'urgence. VSI, la garantie d'obtenir votre visa dans les meilleurs délais en vous évitant des heures d'attente aux consulats et ambassades.

## Douanes

### INFO DOUANE SERVICE

✆ 08 11 20 44 44
www.douane.gouv.fr
ids@douane.finances.gouv.fr
*Standard téléphonique ouvert du lundi au vendredi de 8h30 à 18h.*
Le service de renseignement des douanes françaises à la disposition des particuliers. Les téléconseillers sont des douaniers qui répondent aux questions générales, qu'il s'agisse des formalités à accomplir à l'occasion d'un voyage, des marchandises que vous pouvez ramener dans vos bagages ou des informations utiles pour monter votre société d'import-export. À noter qu'une application mobile est également disponible sur le site de la douane.

# HORAIRES D'OUVERTURE

Les magasins ouvrent en général de 9h à 13h et de 15h ou 16h à 20h. Les supermarchés sont ouverts tous les jours, même le dimanche, de 9h à 20h voire 22h dans les grandes villes. Les compagnies d'aviation et les agences de tourisme sont ouvertes de 9h à 17h et souvent le samedi matin. Il est parfois difficile, notamment dans les villes moyennes et petites, de trouver un restaurant qui serve après 21h, une difficulté aggravée le dimanche.

# INTERNET

- **Les lieux de connexion à Internet** sont disponibles (de S/ 1 à S/ 5 pour une heure), même dans les villages les plus reculés, mais le haut débit n'est pas encore arrivé partout. La 3G, la 4G et la 5G fonctionnent bien. De très nombreux hôtels sont équipés du wifi.
- **Astuce** : de nombreux cafés Internet proposent un service de téléphone par Internet (Net2Phone, Messenger, Skype) qui coûte beaucoup moins cher que si vous utilisez un téléphone traditionnel. Intéressant pour les appels internationaux.
- **@ :** pour écrire une adresse e-mail, la manipulation n'est pas la même que sur nos claviers. L'arobase s'obtient en appuyant simultanément sur les touches ALT + 6 + 4.
- **WhatsApp** fonctionne très bien au Pérou. De nombreux hôtels ou restaurants sont habitués à gérer une communication via WhatsApp.

# JOURS FÉRIÉS

- **Janvier** : Año Nuevo (Nouvel An) le 1er.
- **Février** : A Puno, Virgen de la Candelaria, le 2.
- **Mars-avril** : Semana Santa (Semaine Sainte). Sont fériés les jeudis après-midi et vendredis de Pâques.
- **Mai** : Fête du Travail le 1er.
- **Juin** : A Cusco, Corpus Christi (9e jeudi après Pâques) et Inti Raymi (le 24). National, San Pedro y San Pablo (la Saint-Pierre et la Saint-Paul) le 29.
- **Juillet** : Fiestas Patrias (fête de l'Indépendance) le 28 et le 29.
- **Août** : Santa Rosa de Lima le 30.
- **Octobre** : Bataille d'Angamos le 8. A Lima, Señor de los Milagros (le Seigneur des Miracles) le 18.
- **Novembre** : Todos Santos (Toussaint) le 1er.
- **Décembre** : Día de la Purísima Concepción (jour de l'Immaculée Conception) le 8, Navidad (Noël) le 25.

# LANGUES PARLÉES

La langue nationale est l'espagnol. Le quechua est aussi une langue officielle mais elle n'est parlée que dans la *sierra*, et cohabite avec l'aymara sur les bords du lac Titicaca. Dans la jungle, on rencontre en outre des langues régionales. L'anglais est pratiqué par les personnes qui ont un lien avec le tourisme. De plus en plus de jeunes le parlent également. Dans toutes les grandes villes, vous pourrez suivre des cours d'espagnol et parfois même de quechua. La meilleure manière d'apprendre une langue, enfin, c'est évidemment de se mêler à la population...

### ■ ASSIMIL

11, rue des Pyramides (1er)
Paris
✆ 01 42 60 40 66
www.assimil.com – contact@assimil.com
M° Pyramides
*Du mardi au samedi de 10h à 13h et de 14h à 18h.*
Précurseur des méthodes d'auto-apprentissage des langues en France, Assimil reste la référence lorsqu'il s'agit d'apprendre à parler ou écrire une langue étrangère avec une méthodologie qui a fait ses preuves : l'assimilation intuitive.

### ■ ROSETTA STONE

www.rosettastone.fr
Sur ce site Internet, votre niveau est d'abord évalué et des objectifs sont fixés en conséquence. Ensuite, vous vous plongez parmi les 10 000 exercices et 2 000 heures de cours proposés. Enfin, votre niveau final est certifié selon les principaux tests de langues.

# POSTE

La poste péruvienne (Serpost) est assez efficace, mais le service n'est pas donné par rapport au coût de la vie : compter S/ 10 pour envoyer une lettre en France et S/ 5 pour une carte. L'acheminement du courrier prend entre trois semaines et un mois.

# QUAND PARTIR ?

## Climat

La variété des climats péruviens rend le pays agréable toute l'année. Ici, les saisons intermédiaires n'existent pas ; été et hiver couvrent des périodes de l'année différentes selon les régions.

- **Sur la côte (*la costa*)**, le climat est doux et il ne pleut pratiquement jamais, à l'exception de l'extrême Nord. Les mois les plus chauds, de décembre à avril, connaissent des températures de l'ordre de 28 à 29 °C ; les plus froids, de juin à août, avec des températures de 13 à 19 °C, sont ceux où pèse la *garúa*, une brume qui filtre les rayons solaires et afflige les habitants d'un cafard languide. Ce phénomène disparaît toutefois dès qu'on s'élève au-dessus de 600 m ou que l'on met le cap vers le nord, ce qui explique les migrations de fin de semaine des Liméniens voulant échapper à la chape triste et humide qui étire sa grisaille entre ciel et mer.
- **La cordillère des Andes, ou *la sierra***, est ensoleillée toute l'année et les nuits y sont froides. La période idéale pour visiter la sierra se situe entre mai et octobre. Attention toutefois si vous choisissez des hôtels basiques ou dormez chez l'habitant les lieux ne seront pas chauffés et les températures peuvent descendre en dessous de 0 °C la nuit. Entre novembre et avril, les pluies sont fréquentes. Elles deviennent souvent diluviennes en février et mars et rendent périlleux les voyages sur les pistes de terre ravinées, avec des risques de glissements de terrain et d'avalanches de boue. C'est pourtant à la saison des pluies qu'il fait le plus doux, de 19 à 25 °C pendant la journée.
- **Dans la forêt amazonienne (*la selva*)**, il fait très humide et très chaud : 30 °C en août et environ 35 °C entre décembre et avril. Attention périodes de *friajes* où la température descend en juillet-août, mais difficile à anticiper. Même s'il ne s'agit le plus souvent que de courts orages, la pluie peut aussi tomber plusieurs jours d'affilée.

**MÉTÉO CONSULT**
www.meteoconsult.fr
Les prévisions météorologiques pour le monde entier.

## Haute et basse saisons touristiques

**Sur les hauteurs de la Cordillère des Andes**, la très haute saison touristique s'étend de mi-juin à fin août : c'est alors la meilleure saison pour visiter le Machu Picchu et les autres sites incas (temps sec et ensoleillé) mais il y a beaucoup de monde et souvent la queue par exemple pour monter en navette jusqu'au site de Machu Picchu. La meilleure saison serait donc de mi-avril à mi-juin quand toute la Vallée Sacrée est au vert et les visiteurs moins nombreux.

**Sur les côtes**, la très haute saison touristique s'étend de mi-décembre à fin février, cette période correspondant aux vacances scolaires péruviennes. Ciel bleu, grosses chaleurs mais plages bondées.

**En Amazonie**, la haute saison touristique s'étend d'avril à novembre, quand il pleut moins. Toutefois, même en saison des grosses pluies, le soleil n'est jamais loin. L'Amazonie est encore relativement épargnée par le tourisme de masse.

## Manifestations spéciales

Au Pérou, on compte plus de 3 000 fêtes traditionnelles ; si la plupart ont été christianisées, il n'en reste pas moins que les influences précolombiennes restent encore vivaces. La seule fête qui attire des milliers de voyageurs étrangers, et nécessite donc que vous réserviez votre hébergement longtemps à l'avance, est la fête de l'Inti Raymi, le 24 juin à Cusco.
Attention, les Péruviens commencent à voyager beaucoup plus dans leur pays. La Semaine sainte et les dates autour des 28 et 29 juillet, fête nationale, sont souvent très demandées. Si vous désirez toutefois profiter de vos vacances au Pérou pour assister à une manifestation particulière, référez-vous à la partie « Découverte / Festivités ».

# SANTÉ

Les conditions sanitaires et les infrastructures médicales sont très modestes au Pérou (en dehors des cliniques privées), et plus vous vous écarterez des deux pôles que sont Lima et Cusco, plus il vous sera difficile de recevoir des soins efficaces pour des maladies que vous pourrez contracter lors de votre voyage. Les maladies locales sont différentes de celles qui sévissent en Europe et un minimum de précautions est nécessaire.

## Soroche – Mal des montagnes

Quand vous venez au Pérou, c'est bien évidemment pour découvrir ses paysages montagneux enivrants. Cependant, vous devez vous souvenir que la cordillère des Andes n'est pas une chaîne de montagne accueillante. On y est en permanence au-dessus de 2000 m d'altitude et bien souvent au-dessus de 3000 m. Rien de bien inquiétant en soi (c'est à la portée de tous), mais il faut absolument monter progressivement. Jeunes et moins jeunes, sportifs ou pas, seront certainement exposés au problème de l'altitude durant un séjour au Pérou. En effet, se retrouver à une extrême altitude quelques jours, voire plusieurs semaines, n'est pas dans nos habitudes. Appelé *soroche* ou encore MAM (mal aigu des montagnes), il est lié à une montée trop rapide en haute altitude, à l'absence d'acclimatation et au manque d'oxygène. Quels sont les symptômes ? Ils sont différents chez chaque individu. Ce qui est sûr, c'est que les effets appariassent très rapidement, après quelques heures en altitude et durent environ 3 jours. Maux de tête, nausées, vomissements... vous ne serez alors plus en état de poursuivre votre circuit. Comment le prévenir ? Eviter de vous rendre en avion directement à Arequipa, Cusco, Huaraz... Il vaut mieux prendre le bus de manière à monter progressivement. Voici quelques précautions supplémentaires : dormir suffisamment, ne pas trop manger, bien s'hydrater (avec de l'eau minérale, du thé...), minimiser la consommation d'alcool et de tabac, ne pas attaquer un trek dans la journée ou le jour qui suit votre arrivée.

### SOROJCHI PILLS

Ce médicament qui permet de soulager le mal d'altitude s'est imposé dans toutes les pharmacies péruviennes. On peut se le procurer sans ordonnance. Un bon moyen de s'assurer de ne pas perdre quelques jours de vacances.

## Conseils

Le mal d'altitude est le problème le plus fréquent au Pérou. Caractérisé par des nausées et un fort mal de tête, il survient au-dessus de 2 500 m. Pour en atténuer les effets, il faut, la veille et le matin, manger très sobrement. Arrivé en altitude, un repos de 2 ou 3 heures dans une chambre d'hôtel permet de mieux l'affronter. Manger moins, boire beaucoup d'eau et prendre du paracétamol peuvent soulager. Autres techniques : se coincer des feuilles de coca derrière les dents, boire un maté de coca ou sucer des rondelles de citron. Vous pouvez également trouver des médicaments en pharmacie (Effortil en vente libre, Diamox (acétazolamide) sur prescription, pour les adultes uniquement ; Sorojchi Pills au Pérou). Attention, les symptômes ne sont pas à prendre à la légère, le mal d'altitude peut avoir des conséquences graves, comme l'embolie.

## Le mancenillier

Petite note au sujet d'un arbre toxique : le mancenillier, que l'on trouve sur les plages, possède un fruit qui ressemble à une petite pomme. Très nocif, son ingestion peut être mortelle. Lorsqu'il pleut, il n'est pas recommandé de s'abriter dessous, car même un simple contact avec ses feuilles est toxique et peut provoquer des brûlures féroces.

## Maladies et vaccins

Pour entrer au Pérou, aucun vaccin spécifique n'est exigée si vous arrivez d'Europe, d'Amérique du Nord, d'Océanie ou d'Asie. Cependant, si vous avez effectué un voyage récent dans certains pays d'Afrique ou d'Amérique du Sud, un certificat de vaccin contre la fièvre jaune vous sera demandé.

Par ailleurs, il est recommandé d'être à jour sur les vaccins habituels (Hépatite A, Hépatite B, Rage, Tetanos-poliomyélite, Typhoïde).

Il est fortement conseillé de vous protéger contre la fièvre jaune et le paludisme si vous avez l'intention de vous rendre en zone amazonienne. De même, pensez à rester vigilent contre les risques liés à l'eau, celle du robinet n'étant pas potable.

### Fièvre jaune

La fièvre jaune est une maladie virale, transmise à l'homme par les moustiques. Elle est surtout présente dans les régions tropicales. Après une semaine d'incubation, la maladie provoque fièvres, frissons et maux de tête. Pour les cas les plus graves, après plusieurs jours apparaît un syndrome hémorragique caractérisé par des vomissements de sang noirâtre, un ictère et des troubles rénaux. Il n'existe aucun traitement spécifique pour soigner la fièvre jaune, si ce n'est le repos au lit accompagné de médicaments permettant de lutter contre les symptômes.

### Hépatite A

Pour l'hépatite A, l'existence d'une immunité antérieure rend la vaccination inutile. Elle est fréquente lorsque vous avez des antécédents de jaunisse, de séjour prolongé à l'étranger ou êtes âgé de plus de 45 ans. L'hépatite A est le plus souvent bénigne mais elle peut se révéler grave, notamment au-delà de 45 ans et en cas de maladie hépatique préexistante. Elle s'attrape par l'eau ou les aliments mal lavés. Si vous êtes porteur d'une maladie du foie, la vaccination contre l'hépatite A est hautement recommandée avant tout type de voyage où l'hygiène est précaire. Elle doit être effectuée en deux fois mais la première injection, un mois avant le départ, suffit à assurer une protection pour un voyage de courte durée. La deuxième (six mois à un an plus tard) renforce la durée de l'immunité pour des dizaines d'années.

### Hépatite B

Risque élevé dans le pays. L'hépatite B est plus grave que l'hépatite A. Elle se contracte lors de rapports sexuels ou par le sang. Le vaccin contre l'hépatite B est à faire en deux fois à un mois d'intervalle (mais il existe des vaccinations accélérées en un mois pour les voyageurs pressés), puis un rappel six mois plus tard pour renforcer la durée de la protection.

### Paludisme

La transmission du paludisme est possible de mars à novembre et localisée dans les zones rurales des provinces de l'Hormozgan et du Kerman et dans la partie méridionale du Sistan-Baluchistan. Consultez votre médecin pour connaître le traitement préventif adapté : il diffère selon la région, la période du voyage et la personne concernée. Eviter le traitement est possible si votre séjour est inférieur à sept jours (et sous réserve de pouvoir consulter un médecin en cas de fièvre dans le mois qui suit le retour.) En plus des cachets, réduisez les risques de contraction du paludisme en évitant les piqûres de moustiques (répulsif et vêtements couvrants). Entre le coucher et le lever du soleil, près des points d'eau stagnante et des espaces ombragés, les risques de se faire piquer sont les plus élevés.

### Rage

La rage est encore présente dans le pays. Il faut donc éviter tout contact avec les chiens, les chats et autres mammifères pouvant être porteurs du virus. L'apparition des premiers symptômes (phobie de l'air et de l'eau) varie entre 30 et 45 jours après la morsure. Une fois ces symptômes constatés, le décès intervient en quelques jours, dans 100 % des cas. En cas de doute, suite à une morsure, il faut donc absolument consulter un médecin, qui vous administrera un vaccin antirabique associé à un traitement adapté. Le vaccin préventif ne dispense pas du traitement curatif en cas de morsure.

## Typhoïde

La fièvre typhoïde est une infection bactérienne qui se traduit par de fortes fièvres, une diarrhée fébrile et des troubles de la conscience. Les formes les plus graves peuvent engendrer des complications digestives, neurologiques ou cardiaques. La période d'incubation de la maladie varie entre dix et quinze jours. La contamination se fait par les selles ou la salive, de manière directe (contact avec une personne malade ou un porteur sain) ou indirecte (ingestion d'aliments contaminés : crudités, fruits de mer, eau et glaçons). Le vaccin, actif au bout de deux à trois semaines, vous protège pour trois ans. En cas de contamination et de non-vaccination préventive, un traitement par les fluoroquinolones sera préconisé.

## Centres de vaccination

Pour plus d'informations, vous pouvez consulter le site Internet du ministère de la Santé (www.sante.gouv.fr) pour connaître les centres de vaccination proches de chez vous.

■ **INSTITUT PASTEUR**
25-28, rue du Dr Roux (15e)
Paris ✆ 01 45 68 80 00
www.pasteur.fr
*Sur le site Internet, vous pouvez consulter la liste des vaccins obligatoires pays par pays.*
L'Institut Pasteur, créé en 1888 par Louis Pasteur, est une fondation privée à but non lucratif dont la mission est de contribuer à la prévention et au traitement des maladies, en priorité infectieuses, par la recherche, l'enseignement, et des actions de santé publique. Tout en restant fidèle à l'esprit humaniste de son fondateur Louis Pasteur, le centre de recherche biomédicale s'est toujours situé à l'avant-garde de la science, et a été à la source de plusieurs disciplines majeures : berceau de la microbiologie, il a aussi contribué à poser les bases de l'immunologie et de la biologie moléculaire. Le réseau des Instituts Pasteur, situé sur les 5 continents et fort de 8 500 collaborateurs, fait de cette institution une structure unique au monde. C'est au Centre médical que vous devez vous rendre pour vous faire vacciner avant de partir en voyage.

▶ **Autre adresse :** Centre médical : 213 bis rue de Vaugirard, Paris 15e.

## En cas de maladie

Un réflexe : contacter le consulat de France. Il se chargera de vous aider, de vous accompagner et vous fournira la liste des médecins francophones. En cas de problème grave, c'est aussi lui qui prévient la famille et qui décide du rapatriement. Pour connaître les urgences et établissements aux standards internationaux : consulter les sites www.diplomatie.gouv.fr et www.pasteur.fr

## Assistance rapatriement – Assistance médicale

Si vous possédez une carte bancaire Visa® et MasterCard®, vous bénéficiez automatiquement d'une assurance médicale et d'une assistance rapatriement sanitaire valables pour tout déplacement à l'étranger de moins de 90 jours (le paiement de votre voyage avec la carte n'est pas nécessaire pour être couvert, la simple détention d'une carte valide vous assure une couverture). Renseignez-vous auprès de votre banque et vérifiez attentivement le montant global de la couverture et des franchises ainsi que les conditions de prise en charge et les clauses d'exclusion. Si vous n'êtes pas couvert par l'une de ces cartes, n'oubliez surtout pas de souscrire une assistance médicale avant de partir.

## Hôpitaux – Cliniques – Pharmacies

▶ **Vous trouverez des hôpitaux** dans toutes les villes de taille moyenne du pays, mais vos interlocuteurs parleront rarement le français. Vous pourrez également faire appel à la police touristique qui, normalement, est censée parler l'anglais. Si l'urgence n'est pas primordiale, les réceptionnistes peuvent aussi vous indiquer des cliniques privées ou des cabinets de médecin : l'attention y est souvent bien meilleure.

▶ **L'ambassade de votre pays** tient à votre disposition une liste de centres de soin, de docteurs et de pharmacies que vous pouvez consulter. Nous indiquons quelques hôpitaux publics dans les « Adresses utiles » de chaque ville.

▶ **Si le problème est grave** ou qu'une intervention chirurgicale est nécessaire, préférez le rapatriement, d'où l'importance d'avoir une assurance qui le couvre. Si vous avez besoin d'un médicament, sachez qu'il serait étonnant que le pharmacien parle anglais, et donc encore plus français. Les pharmacies ont souvent les mêmes médicaments qu'en Europe, donc si vous connaissez le nom de celui dont vous avez besoin, vous le trouverez sûrement. Dans les villes, il y a des pharmacies à chaque coin de rue.

## Urgences

■ **POLICE** ✆ 105

■ **POMPIERS** ✆ 116

■ **SAMU** ✆ 106

# SÉCURITÉ ET ACCESSIBILITÉ

## Dangers potentiels et conseils

Si les gens vous regardent dans un premier temps comme une curiosité (vous êtes physiquement différent et ils vous le font bien savoir), ils vous adresseront la parole facilement et seront ravis de discuter un petit moment avec vous afin de savoir d'où vous venez, ce que vous faites au Pérou, si cela vous plaît... Ils vous inviteront facilement chez eux et vous donneront leur adresse (ou vous demanderont la vôtre) au bout de cinq minutes, pour un éventuel retour dans leur ville !

Comme dans tout pays d'Amérique latine, on n'est pas à l'abri de mauvaises surprises. Agressions et vols sont toujours possibles.

Prudence sur le trajet qui mène de l'aéroport aux quartiers résidentiels de Lima, les vols suite à un coup de poing américain dans la portière ne sont pas rares. Pas d'écran à la main et en général toutes les pièces de valeur sont mieux protégées dans le coffre.

En ville, il faut éviter de se promener dans les quartiers pauvres à la nuit tombée, ainsi que près de la gare, du terminal de bus ou dans les marchés. Evitez également d'afficher des objets de valeur (montre, appareil photo, bijoux), au risque de tenter inévitablement le malfrat. Les endroits touristiques d'une ville et les sites historiques sont une aubaine pour de nombreux voleurs. Une autre technique très appréciée est de détourner l'attention de la victime par une boisson renversée ou un accrochage en voiture (etc.), alors restez vigilants.

Dans les gares, stations de bus, trains et autobus, il ne faut, sous aucun prétexte laisser ses bagages sans surveillance. Au cours des déplacements en car, il vous sera donné des tickets d'enregistrement des bagages. Le choix de la compagnie compte. Les gros sacs ne peuvent pas vous accompagner ; les plus petits oui, gardez-les à vos pieds et non dans l'espace au-dessus de vos têtes, peu sûr.

Les chauffeurs de taxi ne sont également pas tous fiables : essayez tant que possible de garder votre sac près de vous, quand vous voyagez avec toutes vos affaires, commandez-en un auprès de la réception de l'hôtel. Si vous arrêtez un taxi dans la rue, choisissez un modèle avec le contenu du coffre visible. Pensez aussi à fermer vos portières et ne pas utiliser votre mobile (trop voyant) dans des zones populaires ou quand le trafic est à l'arrêt.

Les régions de la *sierra* centrale (Ayacucho, Huánuco, Huancavelica) ont longtemps (1980-2000) été le théâtre de massacres de masse perpétrés par le Sentier lumineux. La situation s'est depuis normalisée. Une zone reste toutefois risquée : le VRAE, dans la jungle autour des fleuves Ene et Apurimac.

Pour connaître les dernières informations sur la sécurité sur place, consultez la rubrique « Conseils aux voyageurs » du site du ministère des Affaires étrangères : www.diplomatie.gouv.fr/voyageurs. Sachez cependant que le site dresse une liste exhaustive des dangers potentiels et que cela donne parfois une image un peu alarmiste de la situation réelle du pays.

## Femme seule en voyage

C'est avant tout une question de confiance : confiance en soi mais aussi dans les gens qui vous entourent. Si vous commencez à vous méfier de tout le monde, votre voyage s'en trouvera gâché. Soyez insouciante mais pas inconsciente (soyez claire et sachez dire non à des propositions douteuses). Attention au phénomène *bricheros*, à Cusco notamment : des artistes et artisans au type indien, un peu hippie, professionnels de la séduction qui ont la réputation de profiter de celles qui tombent dans leurs filets.

Tâchez de ne pas vous promener seule tard le soir dans les rues peu fréquentées. Il est primordial de suivre les conseils des locaux quand ils vous disent qu'un quartier est dangereux... et prendre alors un taxi. Ne vous offusquez pas si vous vous faites siffler des dizaines de fois par jour ou si vous entendez des commentaires sur votre passage « que guapa ! », « que bonita ! »... Cela fait partie de la tradition dans ce pays machiste, ça à même un nom « le piropo » «.

## Voyager avec des enfants

Il n'y a aucun problème pour voyager avec des enfants au Pérou, en prenant bien sûr ses précautions, notamment concernant les problèmes de santé (avoir une trousse à pharmacie bien équipée aide beaucoup). Faites tout de même attention avec des enfants en bas âge, surtout si vous comptez voyager en-dehors des sentiers battus. Un voyage en terre inca a tous les atouts pour séduire vos enfants : balades à cheval (sur l'île d'Amantani par exemple, sur le lac Titicaca), danses traditionnelles sur l'altiplano, et le spectacle toujours hilarant des lamas (surtout si vous arrivez à les faire cracher !). Essayez en revanche d'éviter les grandes villes avec des enfants : bruyantes, polluées, elles ne remporteront probablement par leur suffrage !

Les Péruviens adorent les enfants : voyager avec eux vous permettra une familiarité que beaucoup d'autres voyageurs ne pourront avoir, et des portes s'ouvriront devant vous. Pensez à amener des stylos, du papier, etc. pour faire des cadeaux aux enfants péruviens que vous croiserez sur la route !

### Voyageur handicapé

Les infrastructures sont très peu adaptées aux voyageurs handicapés, sauf dans les plus grands hôtels de luxe des régions les plus touristiques.

### Voyageur gay ou lesbien

Pas si facile de voyager au Pérou pour un voyageur gay ou lesbien, dès que l'on sort de la capitale. Le Pérou reste un pays machiste. Sur l'altiplano, il n'est pas recommandé de s'afficher (toutes préférences sexuelles confondues), les Indigènes n'étant pas du tout habitués aux débordements de passion.

- **Pour préparer votre séjour à Lima**, consultez le site lima.gaycities.com ou le site de l'IGLTA (International Gay & Lesbian Travel Association) www.iglta.org.

## TÉLÉPHONE

### Comment téléphoner ?

- **L'indicatif** du Pérou est le +51.
- **Renseignements téléphoniques** : 103 ou 108 (international).
- **Les numéros de téléphone** comportent six chiffres, sauf à Lima et Callao où ils en ont sept.
- **Téléphoner de France au Pérou** : 00 51 + indicatif départemental sans le 0 + les 6 chiffres (ou 7 pour Lima) du numéro local (ex : de Paris à Cajamarca : 00 51 76 123 456).
- **Téléphoner du Pérou en France** : 00 33 + indicatif régional sans le 0 + les 8 chiffres du numéro local (ex : de Lima à Toulouse : 00 33 5 12 34 56 78).
- **Téléphoner du Pérou au Pérou dans le même département** : les 6 chiffres (ou 7 pour Lima) du numéro local (ex : de Ica à Pisco : 123 456).
- **Téléphoner du Pérou au Pérou d'un département à l'autre** : indicatif régional avec le 0 + les 6 chiffres (ou 7 pour Lima) du numéro local (ex : de Ayacucho à Iquitos : 065 123 456).

### Téléphone mobile

Nous recommandons d'acheter un portable sur place, à très bas prix (communications souvent incluses, à hauteur du prix du téléphone). Ou, si vous disposez de votre téléphone, de le dé-simlocker en France afin d'acheter une puce (carte SIM) sur place : celle-ci ne coûte pas plus de S/ 10 à S/ 20 et vous permet de bénéficier d'un numéro local, idéal pour appeler hôtels, agences, etc. Ou vos amis si vous êtes perdus ! Il vous faudra peut-être faire plusieurs boutiques (privilégiez les petites échoppes) car le contrôle sur la circulation de ces puces a été renforcé et on ne peut a priori plus s'en procurer sans être résident. Au Pérou, toute règle a ses exceptions. Vous trouverez tout de même, mais ne vous étonnez pas au premier refus.

Un service de location de téléphone portable est disponible à l'aéroport de Lima, mais les prix sont prohibitifs. La compagnie Calro est également présente dans le hall des arrivées.

Utiliser son téléphone mobile : si vous souhaitez garder votre forfait français, il faudra avant de partir, activer l'option internationale (généralement gratuite) en appelant le service clients de votre opérateur. Qui paie quoi ? La règle est la même chez tous les opérateurs. Lorsque vous utilisez votre téléphone français à l'étranger, vous payez la communication, que vous émettiez l'appel ou que vous le receviez. Dans le cas d'un appel reçu, votre correspondant paie lui aussi, mais seulement le prix d'une communication locale. Tous les appels passés depuis ou vers l'étranger sont hors forfait, y compris ceux vers la boîte vocale.

Wifi dans la plupart des hôtels, parfois dans les chambres, parfois uniquement à la réception. Beaucoup d'agences et d'experts du voyage au Pérou communiquent via What's App. Il peut donc être utile de charger l'application pour joindre gratuitement des gens sur place via le réseau wifi ou envoyer des messages (les messages de texto ne passeront pas).

### Cabines et cartes prépayées

Les téléphones publics ne sont plus si fréquents qu'autrefois. On les trouve souvent à côté des petites boutiques alimentaires (*tiendas*). On les utilise avec des cartes (vendues dans ces mêmes *tiendas*) ou de la monnaie.

# À VOIR – À LIRE

## Cartographie et bibliographie

### Cartographie

Il est conseillé d'emporter les cartes topographiques nécessaires car il est difficile de se les procurer sur place. Les meilleures cartes sont les suivantes :

- **Pérou, Equateur, Nelles Maps**, *1/2 500 000*, qui contient de plus une carte de Lima, de Quito et des Galapagos.
- **South America North West**, *International Travel Map Production, 1/4 000 000.* Assurément l'une des meilleures.
- **Amazon Basin**, *International Travel Map Production, 1/4 000 000.* Pour ceux qui prévoient un voyage dans la jungle.
- **Le South American Explorers Club** a de nombreuses cartes que ses membres peuvent consulter.

### Bibliographie

- **Sébastien Jallade**, *Espíritu Pampa Sur les chemins des Andes.* Editions Transboréal, 2012. Un voyage existentiel et une quête identitaire au cœur de la cordillère des Andes, une immersion dans sept hauts lieux du Qhapaq Ñan, le grand réseau des chemins préhispaniques.
- **Chrystelle Barbier**, *Pérou : Ombres et lumières*, Editions Toute Latitude, 2007. De la correspondante du *Monde* en poste : un éclairage précieux sur l'histoire récente du Pérou.
- **Romain Gary**, *Les oiseaux vont mourir au Pérou*, Gallimard, 2013. Un roman qui débute sur une plage, à dix kilomètres au nord de Lima.
- **Mariella Villasante Cervello**, *Grand récit de la guerre interne au Pérou,* L'Harmattan, 2015.
- **Roberte Manceau,** *Atawallpa, ou La Dérision du destin,* Editions Peuples du Monde, 1992.
- **William Prescott,** *Aztèques et Incas*, Pygmalion, réédité en 2007. Histoire de ces deux grandes civilisations précolombiennes, cet ouvrage qui a plus d'un siècle et demi reste toujours une référence.
- **Jeremy Narby, Jan Kounen, Vincent Ravalec** *Plantes et chamanisme : Conversations au tour de l'ayahuasca & de l'iboga,* Mama Editions, 2012. Le livre le plus connu de Jeremy Narby sur le sujet est *Le serpent cosmique, l'ADN et les origines du savoir,* Georg Editeur, 1997.
- **Inca Garcilazo de la Vega,** *Commentaires royaux sur le Pérou des Incas*, Flayosc, 2000. Cet ouvrage, en trois tomes, paru en 1609, est l'œuvre d'un métis péruvien, descendant par sa mère de l'Inca Huayna Capac. Elevé au Cusco, il a émigré en Espagne où il rédigea cette œuvre d'historien.
- **Claude Auroi,** *Des Incas au sentier lumineux,* Georg Editeur, 1997.
- **Hugo Cabieses, Baldomero Caceres, Roger Rumrrill et Ricardo Soberón,** *Hablan los diablos. Amazonía, coca y narcotráfico en el Perú,* TNI/ ABLA YALA/MLAL, 2005. Pour être incollable sur les derniers chiffres des narcotrafics au Pérou.
- **William H. Prescott,** *Histoire de la conquête du Pérou,* Tome 1, « La découverte de l'empire Inca », Pygmalion, 1997. La première édition remonte à 1840. Tome 2, « La chute de l'empire Inca ».
- **Jean-Claude Roux,** *Des Andes à l'Amazonie 1891-1893 : Voyage d'un jeune naturaliste au temps du caoutchouc,* Ginkgo, 2007.
- **César Itier,** *La littérature orale quechua : de la région de Cusco,* Karthala, 2005. Une somme de belles histoires, où pourquoi, par exemple, le Soleil refuse la main de sa fille-étoile à l'homme qui l'a séduite... *Les Incas*, les Belles Lettres, 2010.
- **Wachtel Nathan,** *La vision des vaincus : les Indiens du Pérou devant la Conquête espagnole, 1530-1570,* Folio, 1992.
- ***Le Pérou des Incas,*** collectif, Larousse, 2005.
- **Daniel Levine**, *Pérou Millénaire : 3000 ans d'art préhispanique*, La Cita Biarritz, 2014.
- **Bondil Nathalie**, *Pérou : les Royaumes du Soleil et de la Lune*, Cinq Continents, 2013.
- **Hiram Bingham**, *La fabuleuse découverte de la cité perdue des Incas : La découverte de Machu Picchu*, Pygmalion, 2008.
- **Ernest Roze**, *Histoire de la pomme de terre,* FB Editions, 2015.
- **Jean Montaldo,** *Main basse sur l'or de la France,* Albin Michel, 1998. Le récit nous conduit de la France au Pérou, aux Etats-Unis et en Espagne...

- **Henri Sterlin,** *Nazca, la clé du mystère,* Albin Michel, 1983, réédité en 2000.
- **Annie et Jean Pichon,** *Pérou d'or, d'argent er d'émeraude.* Evocation d'un voyage au contact des peuples et des choses, Anako, 2003.
- **Pedro Pizarro,** *Récit de la découverte et de la conquête des royaumes du Pérou,* Editions du Félin, 1992.
- **Simone Waisbard,** *Sous le masque d'or de Chan Chan,* Laffont, 1980. Une étude sérieuse menée par une spécialiste en archéologie précolombienne.
- **Frank Bruce Lamb,** *Un sorcier dans la forêt du Pérou*, Editions du Rocher, 1996. La vie de Manuel Cordova-Rios parmi les membres de la tribu des Huni Kuis.
- **David Solon,** *Villa el Salvador, la ville née du désert,* De l'Atelier, 1998. Ou comment des Péruviens sans logis décident de reconstruire leur vie…

### Filmographie

- ***Qhapaq Ñan, La voix des Andes*** : Stéphane Pachot et Sébastien Jallade ont filmé les chemins préhispaniques qui irriguent la Cordillère des Andes au travers des témoignages de leurs habitants. www.lavoixdesandes.com

## AVANT SON DÉPART

**CONSULAT DU PÉROU EN FRANCE**
25, rue de l'Arcade (8e)
Paris
✆ 01 53 70 42 00
www.rico-perou.com
perou.ambassade@amb-perou.fr
*Ouverte du lundi au vendredi de 9h à 14h.*

**CONSULAT GENERAL DU PEROU**
25, rue de l'Arcade
Paris ✆ 01 42 65 25 10
www.consulado.pe/es/paris
info@conper.fr
*Ouvert du lundi au vendredi de 9h à 14h, et le dernier samedi du mois aux mêmes horaires.*
Carte et brochures du Pérou. Informations pour vous aider à préparer votre voyage et conférences dernier jeudi du mois (sur inscription).

**SERVICE ARIANE**
www.diplomatie.gouv.fr
Ariane est un portail, proposé sur le site du ministère des Affaires étrangères, qui permet, lors d'un voyage de moins de 6 mois, de s'identifier gratuitement auprès du Ministère. Une fois les données saisies, le voyageur pourra recevoir des recommandations liées (par SMS ou mail) à la sécurité dans le pays. En outre, la personne désignée par le voyageur comme « contact » en France sera prévenue en cas de danger. De nombreux conseils et avertissements sont également fournis grâce à ce service !

## SUR PLACE

**ALLIANCE FRANÇAISE**
Av Arequipa 4595
Miraflores
LIMA
✆ +51 1 610 8000
*Voir page 140.*

**AMBASSADE DE FRANCE**
Avenida Arequipa 3415
San Isidro
LIMA
✆ +51 1 215 8400
*Voir page 140.*

**INSTITUT FRANÇAIS D'ÉTUDES ANDINES**
Avenida Arequipa 4595-2e étage
Miraflores
✆ +51 1 243 6090
www.ifea.org.pe
*Lun-Vie : 9h00 à 13h00 et de 14h00 à 17h00.*
Centre de recherche dépendant du ministère des Affaires étrangères français. La bibliothèque sur l'Av. Arequipa est ouverte au public, elle se situe au 2e étage de l'Alianza Francesa de Miraflores. Le siège principal est situé à Barranco (Jr. Batalla de Junín 314), mais le lieu est destiné aux chercheurs et étudiants.

**I PERU (OFFICE DE TOURISME)**
✆ +51 1 574 8000
www.peru.travel
iperu@promperu.gob.pe
Ces offices de tourisme bien achalandés sont répartis dans tout le pays et reconnaissables par un « I » rouge. Le numéro vert est accessible 24h/24 pour des infos touristiques ou un problème avec une agence de voyages.

# MAGAZINES ET ÉMISSIONS

## Presse

### EL CAFE LATINO

63, rue du Maréchal Leclerc
Saint-Maurice – elcafelatino.org
*Bi-média (version print et digitale) bimensuel bilingue.*
Magazine socio-culturel bilingue français-espagnol bimestriel, *El Café Latino* s'est donné pour objectif de présenter l'ensemble des pays d'Amérique latine en Europe à travers leur culture, leur géographie et leur histoire. Ambassadeur culturel en Europe du « Nouveau Monde ». *El Café Latino* souhaite faire naître le désir de découvrir, chez ceux qui le connaissent peu, ce continent gigantesque et magnifique. Si fort apprécié des Latino-Américains vivant en Europe, *El Café Latino* est également apprécié du lectorat français qui y trouve tout ce qu'il désire savoir sur l'Amérique latine.

## Radio

### RFI

80, rue Camille Desmoulins
Issy-les-Moulineaux ✆ 01 84 22 84 84
www.rfi.fr
RFI (Radio France Internationale) est une radio française d'actualité diffusée mondialement en français et en 13 autres langues, disponible en direct sur Internet (rfi.fr) et applications connectées. Grâce à l'expertise de ses rédactions basées à Paris et de son réseau de 400 correspondants, RFI propose à ses auditeurs des rendez-vous d'information et des magazines offrant les clés de compréhension du monde.
anglais, cambodgien, chinois, espagnol, haoussa, kiswahili, mandingue, persan, portugais, roumain, russe, vietnamien.

## Télévision

### FAUT PAS RÊVER – FRANCE 3

www.twitter.com/fprever
Rendez-vous voyage et découverte incontournable de France 3, diffusé un lundi soir sur trois (en alternance avec *Thalassa* et *Le Monde de Jamy*). Présenté par Philippe Gougler et Carolina de Salvo, *Faut pas Rêver* nous invite à la découverte des peuples et des cultures du monde à travers de magnifiques reportages et des rencontres originales.

### FRANCE 24

80, rue Camille Desmoulins
Issy-les-Moulineaux
✆ 01 84 22 84 84 – www.france24.com
France 24, quatre chaînes internationales d'information en français, anglais, arabe et en espagnol. Émettant 24h/24 et 7j/7 sur les 5 continents. La rédaction de France 24 propose depuis Paris une approche française du monde et s'appuie sur un réseau de 160 bureaux de correspondants couvrant la quasi-totalité des pays du globe. Disponible en Italie sur la TNT : 241 (en français) – sur Tivu : 73 (en français), 69 (en anglais) – sur Sky : 541 (en français), 531 (en anglais). Également sur Internet (france24.com) et applications connectées.

### RMC DÉCOUVERTE

✆ 01 71 19 11 91
https://rmcdecouverte.bfmtv.com
Média d'information thématique, cette chaîne – diffusée en HD – propose un florilège de programmes dédiés à la découverte, et plus particulièrement des documentaires liés aux thématiques suivantes : aventure, animaux, science et technologie, histoire et investigations, automobile et moto, mais également voyages, découverte et art de vivre.

### THALASSA – FRANCE 3

www.thalassa.france3.fr
thalassa@francetv.fr
Rendez-vous incontournable de France Télévision, quasi historique, *Thalassa*, le magazine de la mer, existe depuis 1975. L'équipe de journalistes part à la rencontre de tous les acteurs du monde marin. Dans cette émission hebdomadaire, où il est souvent question d'environnement, d'écologie, de pêche et de pêcheurs, de navigants, de tours du monde à la voile, la découverte du littoral français et les grandes aventures du bout du monde y sont régulièrement à l'honneur pour mieux comprendre les enjeux actuels et les actions en faveur de la planète bleue.

### TREK

www.trekhd.tv
*Chaîne thématique.*
Chaîne du Groupe AB consacrée aux sports en contact avec la nature qui propose une grille composée le lundi par les sports extrêmes ; mardi, les sports en extérieur ; mercredi, les sports de glisse sur neige ; jeudi, les expéditions, avec des voyages extrêmes ; vendredi, le jour des défis avec des jeux télévisés de TV réalité ; samedi, deuxième jour de sports de glisse sur mer ; dimanche, l'escalade, à main nue ou à la pioche. Remplaçant la chaîne Escales, Trek est disponible sur les réseaux câble, satellite et box ADSL.

# RESTER

*Nombre de visiteurs séduits par ce pays souhaitent s'y expatrier pour profiter de ce cadre de vie exceptionnel pour une ou plusieurs années. Cependant, si vous désirez résider plus de trois mois au Pérou, vous devrez opérer un changement de visa par une demande auprès de la Direction des Migrations de Lima (Avenue España 734, quartier de Breña – www.migraciones.gob.pe).*

**Obtention du permis de travail**. Il faut constituer un dossier comprenant votre curriculum vitae, des photocopies de vos diplômes apostillées et traduites par un traducteur officiel, ainsi que votre contrat de travail (signé par votre employeur devant un notaire). Ce dossier doit être déposé par l'entreprise au ministère du Travail qui vous délivrera un permis de travail qui vous sera nécessaire à l'obtention d'un permis de séjour auprès de l'Immigration. Ces démarches administratives devront être effectuées sur place, pendant les trois mois impartis par le visa touriste. Le *carné de extranjeria* remis a une validité d'un an. On peut aussi effectuer une demande en tant qu'investisseur, travailleur indépendant, étudiant... L'administration péruvienne est complexe. Beaucoup s'aident de spécialistes dans l'art de passer les barrages administratifs qui monnayent cher leurs services, mais évitent beaucoup de tracas. On appelle cela des « tramitadores » de « tramite » en espagnol qui signifie formalité administrative en général.

# ÊTRE SOLIDAIRE

**ACTION CONTRE LA FAIM**
14/16, boulevard Douaumont (17e)
Paris
✆ 01 70 84 70 84
www.actioncontrelafaim.org
srd@actioncontrelafaim.org
*Joignable par téléphone de 9h à 13h et de 14h à 18h.*
ONG internationale spécialisée dans la lutte contre la faim dans le monde, Action contre la Faim est présente dans une quarantaine de pays, active dans les domaines de la nutrition, santé, sécurité alimentaire, de l'eau, de l'assainissement. L'association intervient avant tout dans des situations de crise. Le but étant de rendre les populations autonomes d'un point de vue de la nutrition disponible, en apportant une aide concrète et en formant les intervenants locaux qui prendront bientôt le relais dans des infrastructures adaptées aux besoins. Ses missions de volontariat durent de trois mois à un an en Afrique, Asie, Amérique, Europe centrale, dans le Caucase, au Moyen-Orient et dans les Caraïbes.

**FRANCE VOLONTAIRES**
Avenida Arequipa 4130-Oficina 105
Miraflores
LIMA
✆ +51 1 2883553
ev.peru@france-volontaires.org
*Ouvert du lundi au vendredi de 9h30 à 17h00. (En entrant dans l'immeuble, suivre le couloir à gauche au fond du hall, dernière porte sur la droite)*
Un réseau géré par l'Etat français qui permet de connecter volontaires et associations locales demandeuses. Offres en service civique, VSI ou de courte durée. Le bureau de Lima sélectionne les offres qui lui arrivent et garantit une certaine sécurité. Renseignez-vous en priorité ici avant d'accepter une mission. Il y a beaucoup de volontariat sans base formelle et véritable projet derrière malheureusement.

# ÉTUDIER

Pour étudier ou poursuivre vos études supérieures, il vous faut prendre contact avec le service des relations internationales de votre université. Préparez-vous alors à des démarches longues. Mais le résultat d'un semestre ou d'une année à l'étranger vous fera oublier ces désagréments tant c'est une expérience personnelle et universitaire enrichissante. C'est aussi un atout précieux à mentionner sur votre CV.

# ACTION CONTRE LA FAIM INTERVIENT AU PÉROU

© Max Cabello pour Action contre la Faim

**BASES**
Piura, Puno, Ayacucho

**OUVERTURE DE LA MISSION** 2007

**PERSONNEL** 9 humanitaires

**BÉNÉFICIAIRES** 3 277 personnes

CENTRES OPÉRATIONNELS
ACTION CONTRE LA FAIM

## NOS PROGRAMMES

- Nutrition et santé
- Eau, assainissement et hygiène
- Sécurité alimentaire et des moyens d'existence

## CONTEXTE

Le Pérou est, après la Colombie, le deuxième pays de la région qui compte le plus grand nombre de **migrants vénézuéliens**. D'ici la fin de l'année, ce nombre aura triplé et la majorité d'entre eux y demeureront de manière permanente. Notre bureau à Lima participe activement aux travaux des **instances humanitaires** pour la **coordination de la réponse** à cette crise et contribue à l'analyse de la situation humanitaire.

## NOTRE INTERVENTION

En 2018, les équipes d'Action contre la Faim ont continué à travailler sur des projets visant à **réduire la malnutrition infantile** au Pérou. Le pays fait également partie du **programme régional** que nous avons développé en réponse aux **flux migratoires** en provenance du Venezuela. À Lima, outre le besoin d'accès aux services de base, nos équipes mènent des actions d'insertion sociale et professionnelle ainsi que d'accompagnement psychosocial.

**AGENCE POUR L'ENSEIGNEMENT FRANÇAIS À L'ÉTRANGER (AEFE)**
23, place de Catalogne (14e)
Paris
✆ 01 53 69 30 90
www.aefe.fr
Cette agence, sous tutelle du ministère des Affaires étrangères, anime et gère un réseau de près de 500 établissements d'enseignement français à l'étranger. Offres d'emploi à l'international pour les titulaires de la fonction publique (Education nationale principalement) et informations sur la politique pédagogique, la scolarité et l'orientation émaillent le site Internet de cet organisme qui soutient également l'association Anciens des lycées français du monde.

**CIDJ**
www.cidj.com
La rubrique « Europe et International » sur le serveur du Centre d'Information et de Documentation Jeunesse fournit des informations pratiques aux étudiants qui ont pour projet d'aller étudier à l'étranger.

**ÉDUCATION NATIONALE**
www.education.gouv.fr
Sur le serveur du ministère de l'Éducation nationale, une rubrique « International » regroupe les informations essentielles sur la dimension européenne et internationale de l'éducation.

**MINISTÈRE DES AFFAIRES ÉTRANGÈRES**
www.diplomatie.gouv.fr
Il est bon d'y jeter un œil avant votre départ pour connaître les formalités de départ et y glaner de bons conseils : santé, transports, précautions à prendre et risques à éviter. Dans la rubrique « Services aux citoyens » vous trouverez un guide de l'expatriation, une *check-list* des démarches à effectuer, les modalités de demandes de documents officiels ou encore des informations sur le registre des Français à l'étranger. A noter aussi que les informations mises à disposition dans l'espace politique, économie et socioculturel du serveur du ministère des Affaires étrangères sont fort utiles pour les personnes qui s'intéressent aux enjeux et réalités du pays.

**WEP FRANCE**
95, avenue Ledru Rollin (12e)
Paris
✆ 01 48 06 26 26
www.wep.fr
info@wep.fr
WEP propose plus de 50 projets éducatifs et séjours linguistiques dans une trentaine de pays pour une durée allant de une semaine à 18 mois. Possibilité également de planifier des programmes combinés (études et projet humanitaire par exemple).

## INVESTIR

**APAVIT**
Urbanisation Santa Beatriz
Pasaje Antonio Roca 121
LIMA
✆ +51 1 433 1111
www.apavitperu.org
apavitperu@hotmail.com
L'association péruvienne des agences de voyages et du tourisme vous recevra pour tout besoin et vous épaulera si vous souhaitez vous lancer dans le secteur du tourisme au Pérou.

**BUSINESS FRANCE**
77, Boulevard Saint-Jacques (14e)
Paris ✆ 01 40 73 30 00
www.businessfrance.fr
cil@businessfrance.fr
L'Agence pour le développement international des entreprises françaises travaille en étroite collaboration avec les missions économiques. Le site Internet recense toutes les actions menées, les ouvrages publiés, les événements programmés et renvoie sur la page du Volontariat International en Entreprise (VIE).

**Autre adresse :** Espace Gaymard 2, place d'Arvieux – 13002 Marseille.

**CHAMBRE DE COMMERCE**
Avenida Camino Real 479, oficina 201
San Isidro
LIMA
✆ +51 1 4214050
www.ccipf.com
Une équipe française vous informe sur les opportunités et subtilités du pays. Un suivi complet est possible contre paiement d'une adhésion. C'est aussi un endroit excellent pour rencontrer d'autres expatriés investisseurs.

**REPÉREZ LES MEILLEURES VISITES**
★ INTÉRESSANT ★★ REMARQUABLE ★★★ IMMANQUABLE ★★★★ INOUBLIABLE

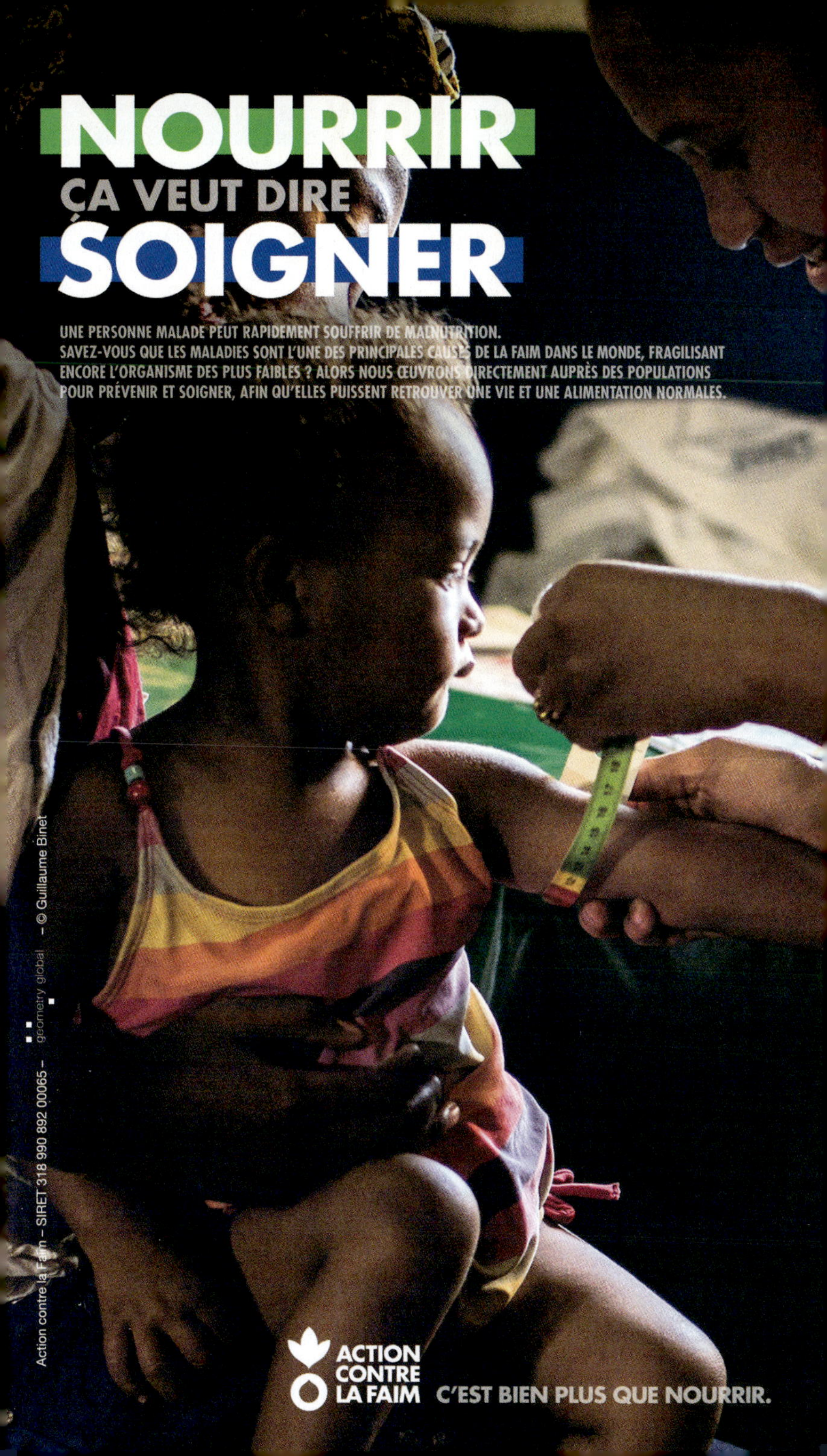
NOURRIR
ÇA VEUT DIRE
SOIGNER
UNE PERSONNE MALADE PEUT RAPIDEMENT SOUFFRIR DE MALNUTRITION.
SAVEZ-VOUS QUE LES MALADIES SONT L'UNE DES PRINCIPALES CAUSES DE LA FAIM DANS LE MONDE, FRAGILISANT ENCORE L'ORGANISME DES PLUS FAIBLES ? ALORS NOUS ŒUVRONS DIRECTEMENT AUPRÈS DES POPULATIONS POUR PRÉVENIR ET SOIGNER, AFIN QU'ELLES PUISSENT RETROUVER UNE VIE ET UNE ALIMENTATION NORMALES.
Action contre la Faim – SIRET 318 990 892 00065 – geometry global – © Guillaume Binet
ACTION CONTRE LA FAIM
C'EST BIEN PLUS QUE NOURRIR.

# INDEX

## A



## B



## C

URGENCE
ÉDUCATION
© Naïade Plante

## M



## N



## O



## P